Senf
D1748273

ELISABETH FÜLSCHER

KOCHBUCH

Susanne Vögeli, Max Rigendinger, Aarau, Herausgeber

2013 hier + jetzt, Verlag für Kultur und Geschichte, Baden

Impressum

Die Herausgeber danken für die freundliche Unterstützung dieser Publikation:

SWISSLOS
Kanton Aargau

**LOTTERIEFONDS
KANTON ZÜRICH**

Stadt Zürich Kultur
Stadt Winterthur
Ortsbürgergemeinde Aarau
Ernst Göhner Stiftung
Hans und Lina Blattner-Stiftung
Kulturstiftung der Neuen Aargauer Bank
ZFV-Unternehmungen, Zürich
Thomas B. Brunner

Bildnachweis:
Farbtafeln: Bernhard Moosbrugger, ©Fotostiftung Schweiz/2013, ProLitteris, Zürich
Schwarzweiss-Tafeln Nr. 46, 47, 52–55: Hans Finsler, ©Stiftung Moritzburg Halle (Saale)
Illustrationen: Johanna Fülscher, ©Elisabeth Ovenstone Fülscher

Herstellung: hier + jetzt, Verlag für Kultur und Geschichte GmbH, Baden
Lektorat Kommentare: Regula Bühler, hier + jetzt
Gestaltung und Satz Kommentare: Peter Frey, Aarau
Projektkoordination: Konrad Wittmer, Aarau

www.hierundjetzt.ch
ISBN 978-3-03919-300-4

3. Auflage 2013
©2013 Susanne Vögeli und Max Rigendinger in Lizenz von Elisabeth Ovenstone Fülscher

Inhalt

Vorwort
Susanne Vögeli, Max Rigendinger [4]

Elisabeth Fülscher – erfolgreiche Autorin und selbstbewusste Unternehmerin
Elisabeth Joris [6]

Das Fülscher-Kochbuch Teil 1

Fleisch im Fülscher
Andreas Heller [18]

Die Veränderung des Weinangebots
Philipp Schwander [21]

Die Küche und ihre Werkzeuge
Max Rigendinger [26]

Was Rezepte und Kochbücher als Lehrmittel erzählen … und wie sie sich verändern
Ute Bender, Ruth Städeli [32]

Ein Kochbuch als Klassiker, Kult und Kulturerbe
Walter Leimgruber [39]

Die Lust des Auges
Max Küng [47]

**Ikonen der Küche:
Elisabeth Fülscher, Betty Bossi, Marianne Kaltenbach, Jamie Oliver**
Christian Seiler [52]

Wir haben die Unschuld verloren
Ruth v. Blarer [60]

Zimt und Zauber: panaromatische Erinnerungen
Stefan Zweifel [65]

Autorinnen und Autoren [73]

Das Fülscher-Kochbuch Teil 2

Vorwort

«Kochbuch» – so bescheiden und so selbstverständlich betitelte Elisabeth Fülscher ihre umfassende Rezeptsammlung. Das Buch erschien erstmals 1923, herausgegeben von Elisabeth Fülschers Lehrerin Anna Widmer. Nach deren Tod bearbeitete Elisabeth Fülscher das Werk weiter und machte es zum Kochbuch-Klassiker der Schweiz.
Rund 1700 Rezepte und praktische Tipps zu allen erdenklichen Bereichen der Schweizer Küche seiner Zeit enthält das «Fülscher». Es steht für verlässliches Küchenhandwerk. Wer ein Rezept oder eine bestimmte Zubereitungsart sucht und nirgends findet, wird im «Fülscher» selten enttäuscht.
Wir sind seit Jahrzehnten in Küche und Kochschule tätig. Das «Fülscher» ist uns seit den Anfängen ein geschätzter Begleiter bei unserer Arbeit. Daher wollten wir den vergriffenen Kochbuchklassiker mit einer Neuauflage wieder aufleben lassen und auch jüngeren Generationen zugänglich machen. Dies nicht zuletzt, weil es viele Gemeinsamkeiten unserer eigenen Kochschule mit jener von Elisabeth Fülscher gibt.
Elisabeth Fülscher überarbeitete und erweiterte ihre Rezeptsammlung regelmässig. Dabei entstanden in der Zeit, in der sie ihre Kochschule in Zürich führte, acht Ausgaben. Seit 1966 wurden die Rezepte nicht mehr verändert und sind deshalb auch ein eindrückliches Zeitdokument. Damit diese einmalige Rezeptsammlung von hohem Niveau vollständig erhalten bleibt, haben wir uns entschieden, das Buch als Faksimile der Ausgabe von 1966 neu aufzulegen. Damit bleiben auch heute kaum mehr gekochte Gerichte wie der Hirnpudding oder der Kalbsnierenbraten weiterhin im Buch. Ebenso bleibt das ausgeklügelte Nummernsystem von Elisabeth Fülscher erhalten – eine unerlässliche Voraussetzung, um sich innerhalb der 1700 Rezepte im Buch zu orientieren. Auch die originalen Illustrationen von Johanna Fülscher und die Fotos von Hans Finsler und Bernhard Moosbrugger sind wichtige Elemente für das Verständnis der damaligen Schweizer Küche.
Das Lebenswerk von Elisabeth Fülscher ist heute noch ein Rezeptbuch für die private Küche. Es ist auch eine reiche Inspirationsquelle für Köchinnen und Köche. Die Rezepte eignen sich für alle, die es wagen, eine Kochzeit entgegen den Empfehlungen von Frau Fülscher zu verkürzen, die Speckwürfeli einfach wegzulassen oder eine Creme weniger zu süssen. Alle Basisrezepte und Klassiker, da kocherprobt und zeitlos, haben die Jahre im Kochbuch schadlos überstanden.

Das Projekt einer Neuauflage des «Fülscher» ist auf breites Interesse gestossen. Walter Leimgruber, Vorsteher des Seminars für Kulturwissenschaft und Europäische Ethnologie der Universität Basel, schreibt: «Traditionen sind – entgegen der landläufigen Meinung – nie nur Dinge, die man unverändert weitergibt, Traditionen funktionieren nur, wenn sie jeweils als solche akzeptiert und in der Folge weiterentwickelt werden. Dazu braucht es Vermittlungsinstanzen. Kluge Kochbücher sind solche Vermittlungsinstanzen. Sie erst sorgen dafür, dass man weiss, was ‹üblich›, ‹normal›, ‹traditionell› ist, und sie leiten an, wie man dies pflegen, weiterführen und auch neu denken und kreieren kann.»
Neben Walter Leimgruber haben sich profilierte Autoren und Autorinnen mit dem «Fülscher» und seiner Bedeutung für die heutige Küche auseinandergesetzt und ergänzen die Neuausgabe mit Textbeiträgen zu Themen rund um das Kochen und Essen. So ist das Kochbuch zugleich ein Lesebuch zu Kultur, Geschichte und Ernährung in der Schweiz.
Kochkultur, Essgewohnheiten, Ernährungswissenschaft und Kochtechnik haben sich in den letzten 50 Jahren stark verändert. Viele von Elisabeth Fülschers Rezepten werden heute noch in Variationen gekocht, vorwiegend von jener Generation, welche von ihren Müttern oder Verwandten mit Fülscher-Rezepten umsorgt wurden. Die meisten Kochbücher sind voll von persönlichen Notizen und beigelegten Zetteln. Alle persönlichen Kocherfahrungen und Vorlieben von Gästen und Familie wurden so festgehalten.
Um das Rezeptgut von Elisabeth Fülscher weiter pflegen und lebendig erhalten zu können, haben wir eine öffentliche Kochwerkstatt im Internet eröffnet. Unter elisabeth-fuelscher.ch werden in Zusammenarbeit von unserer Kochschule und Kochbegeisterten Fülscher-Rezepte fortwährend aufgefrischt und veröffentlicht. Rezepte waren auch für Elisabeth Fülscher keineswegs ein für alle Mal festgeschrieben, sie wurden in einem stetigen Prozess verändert und weiterentwickelt. Kocherfahrungen aus ihrer Kochschule hat sie laufend in ihre Rezeptsammlung integriert. Heute bietet sich ein Koch-Blog geradezu an, um an einem Rezeptwerk wie dem von Elisabeth Fülscher weiterzuarbeiten. Auch deshalb, weil heute Kochkenntnisse nicht mehr selbstverständlich am häuslichen Herd weitergegeben werden. Buch und Website ergeben so zusammen eine spannende Kombination von Nachschlagewerk mit kulturgeschichtlichem Hintergrund und digitaler Rezeptsammlung für einen modernen Haushalt.

Susanne Vögeli und Max Rigendinger
Aarau, im Sommer 2013

Elisabeth Joris

Elisabeth Fülscher – erfolgreiche Autorin und selbstbewusste Unternehmerin

Das Essen sei nicht nur «für das materielle, sondern auch für das seelische Wohl der Familie» von Bedeutung. Diesen Stellenwert privat zubereiteter Mahlzeiten unterstrich Elisabeth Fülscher 1947 im Vorwort zur 5. Auflage ihres Kochbuchs mit einem Zitat aus Pestalozzis Volksroman «Gertrud und Lienhard». Und wertvoll seien sie ebenso für die Gesellschaft.

«Uns haben die vergangenen Jahre zudem wieder eindrücklich zum Bewusstsein gebracht, wie sehr das Mass an Hingabe und Können, welche die Frau der Zubereitung der Nahrung schenkt, sich auch volkswirtschaftlich auswirkt. Es ist mir ein Anliegen, meinen Schülerinnen und einem weitern Kreis von Frauen mit meinem Kochbuch zu helfen, ihrer schönen, verantwortungsvollen, doch nicht immer leichten Aufgabe zu genügen.»

Mit Pestalozzi als Referenz definierte sich Elisabeth Fülscher als dem Bildungsbürgertum Zugehörige und schrieb ihre berufliche Tätigkeit als Kochbuchautorin ins bürgerliche Ordnungssytem der Familie ein: der Mann als Ernährer und die Ehegattin als Hausfrau und Mutter. Zugleich verknüpfte sie das Kochen mit den zeitspezifischen Erfahrungen. Den Mangel an Lebensmitteln während der vergangenen Kriegsjahre evozierend, verwies sie auf die ebenso patriotische wie auch volkswirtschaftliche Verantwortung der modernen Hausfrau und Konsumentin.

Die Professionalisierung des Haushalts

Wie Elisabeth Fülscher hatte sich seit dem 19. Jahrhundert schon eine ganze Reihe von Frauen über die Professionalisierung der den Frauen zugeschriebenen familienspezifischen Rolle selbständig gemacht: als Autorinnen von Ratgeberliteratur zur Führung des Haushalts und als Gründerinnen von Privatschulen für «Töchter» und zukünftige Ehefrauen. Den Widerspruch zwischen

Elisabeth Fülscher
1895–1970

dem in ihrem Werk gezeichneten Bild der Frau und der eigenen Selbständigkeit thematisierten diese Frauen nicht. Doch mit ihrem öffentlichen Auftreten markierten viele von ihnen ein von Berufsstolz genährtes Selbstbewusstsein. Das Kapital für ihre berufliche Tätigkeit waren neben hauswirtschaftlichen Erfahrungen ihre Bildung, ihr Talent zum Schreiben, ihre Tatkraft, ihre Freude am Gestalten – auch im Sinn einer Konturierung der gesellschaftlich akzeptierten Frauenrolle.
Ein Grund für die Professionalisierung weiblicher Zuständigkeiten lag in der materiellen Situation vieler Familien der Mittelschicht, die nicht in der Lage waren, die Existenz der unverheirateten Frauen zu garantieren. Berufliche Karrierewege in den von Männern besetzten Bereichen waren sehr schwierig. So gab es zwar den Beruf der Köchin, diesem fehlte es jedoch gänzlich an gastronomischem Flair: Die Köchin kochte im Privathaushalt oder in einfachen Gastbetrieben. Die Lehre als «Koch» sollte noch bis lange nach dem Zweiten

Weltkrieg Männern vorbehalten sein, der «Chefkoch» dirigierte eine Garde von männlichen Köchen und Hilfsköchen. Der Beruf der «Köchin» dagegen implizierte eine weniger qualifizierte und kürzere Ausbildung. Die sich formierende gemeinnützige Frauenbewegung stützte die Nachfrage nach gesellschaftlich akzeptierten frauenspezifischen Ausbildungsgängen – selbst im Bereich des Kochens. Weibliches Kochen war Kochen für die Familie, das wie das Nähen von allen Frauen gelernt werden musste. So strichen Frauenvereine die Bedeutung der Familie in sittlich-moralischer und gesundheitlich-hygienischer Hinsicht hervor.

Hamburg – Winterthur – Zürich

Auch Elisabeth Fülscher war als unverheiratete Frau auf ein Einkommen angewiesen. Ihre Eltern – beide aus Hamburg – stammten aus einfachen Verhältnissen. Der Vater arbeitete sich dann zum Ingenieur empor. Um 1895 kam er nach Winterthur zur Firma der Gebrüder Sulzer. Diese produzierte die Gesteinsbohrmaschine der Baugesellschaft Brandt & Brandau aus Hamburg, eine in ganz Europa bekannte Spezialistin im Tunnelbau. Die Winterthurer und die Hamburger Firma waren Teil des für den Simplonbau verantwortlichen Baukonsortiums.

Die Familie Fülscher markierte ihren sozialen Aufstieg in Winterthur mit dem Umzug von einem Quartier in der Nähe des Stadtzentrums an den vornehmen Brühlberg. Der grosse Garten bot zwar lauschige Plätze, diente der Familie jedoch vorwiegend zur Selbstversorgung mit Gemüse. Für die Kinder bedeutete dies vor allem Arbeit. Die 1895 geborene Elisabeth Fülscher hatte vier Geschwister: Beide Schwestern waren Kunstmalerinnen, die eine war zusätzlich noch Bildhauerin, beide Brüder waren Architekten. Sie selber besuchte wohl die städtische «Mädchenschule», deren Fächerkanon auf die zukünftige Rolle der Schülerinnen als gebildete Hausfrauen und Mütter oder auf frauenspezifische Berufsfelder ausgerichtet war.

Eigentlich hätte ihre Tante Kindergärtnerin werden wollen, erzählt Elisabeth Ovenstone-Fülscher im Gespräch, doch fehlten ihr dazu die musikalischen Fähigkeiten. Deshalb habe sie sich für die Ausbildung zur Hauswirtschaftslehrerin entschieden. Diese Ausbildung boten entweder das 1898 gegründete Seminar des Schweizerischen Gemeinnützigen Frauenvereins im Zürcher Zeltwegquartier oder private gewerbliche Unternehmen an, deren Inhaberinnen nicht selten ihre Lehre zu einem Kochbuch verarbeiteten. So auch Anna Widmer, Inhaberin der «Privatschule für Frauenbildung und Kochschule» an der Witikonerstrasse 53 in Zürich. Neben Kochkursen am Vormittag und Abend bot die Schule auch Spezialkurse in Kunstgewerbe, Nähen und Hauswirtschaft. Anna Widmer avancierte bald zur Mentorin von Elisabeth Fülscher, die bei ihr arbeitete und logierte. Im Vorwort ihrer 1923 publizierten Rezeptsammlung dankte sie der inzwischen 28-Jährigen «für ihre unentbehrliche Mithilfe am Kochbuch», das den Schülerinnen als Lehrmittel und später den «jungen Hausfrauen» helfen sollte, sich «in der eignen Küche» zurechtzufinden. In der erweiterten und nun auch bebilderten 2. Auflage von 1928 figuriert Elisabeth Fülscher dann neben Anna Widmer als Mitherausgeberin des simpel und einfach «Kochbuch» benannten Werks. Hinzugekommen waren insbesondere eine ganze Reihe von Rezepten für Hors d'œuvres, Vorspeisen und Rohkost. Nach Anna Widmers Tod 1930 sicherte sich Elisabeth Fülscher nach einem Konflikt mit deren Erben die Rechte am Kochbuch und an der Kochschule. Mit dem Umzug an die Plattenstrasse 86 rückte sie die Kochschule näher ans Hochschulquartier und an den reichen Zürichberg.

Während die erste Auflage des Kochbuchs den nicht sehr erheblichen Zeitaufwand und die nicht allzu hohen Kosten hervorhob, spiegelten die Neuauflagen von 1928 und von 1934 bereits die Weltläufigkeit der modernen Hausfrau der oberen Mittel- und Oberschicht, auf die sich Elisabeth Fülschers Wirken lebenslang ausrichten sollte. Nicht nur praktische Unterstützung bot das Buch in seinen immer wieder erweiterten Auflagen, sondern es vermengte traditionelle Kochkunst mit neuen Essgewohnheiten. Die Rezepte verkörperten ebenso den bürgerlichen Lebensstil wie neuste Erkenntnisse der Physiologie, Diätetik und Ernährungslehre.

Eine ausgeprägte Berufsidentität

Selbstbewusst, modern und weltläufig zugleich zeigte sich in Sachen Haushaltführung in den 1920er- und frühen 1930er-Jahren auch die Frauenbewegung, die am 2. Schweizerischen Frauenkongress von 1921 die Hausfrauen ermunterte, sich in Vereinen zusammenzuschliessen, um ihre Interessen auch als Konsumentinnen wahrnehmen zu können. Das Selbstverständnis der Hausfrau demonstrierte 1928 die Schweizerische Ausstellung für Frauenarbeit, die SAFFA, die der Rationalisierung der Hausarbeit durch Planung und moderne Hilfsmittel einen grossen Stellenwert einräumte. Im Vorfeld des Zweiten Weltkriegs wusste sich die Schweizer Regierung der hauswirtschaftlichen und organisatorischen Kompetenzen der Frauen zu bedienen und gleichzeitig jegliches eigenständige Agieren zu unterbinden. Vielmehr hatten sie im Auftrag des Eidgenössischen Kriegsernährungsamtes mit ihrer Broschüre «Die Schweizer Frau im Dienste der Landesversorgung» die Frauen zum sparsamen Umgang mit den vorhandenen Lebensmitteln aufzurufen. Die hübschen Zeichnungen animierten zum Kochen mit Produkten aus dem Garten und der Schweizer Landwirtschaft.

Ähnlich den Frauenverbänden verstand sich Elisabeth Fülscher volkswirtschaftlicher Verantwortung verpflichtet. Dieses Selbstverständnis floss sowohl in die im Selbstverlag herausgegebene 3. Auflage von 1934 ein als auch in die 4. Auflage von 1940, welche die Empfehlungen des Kriegsernährungsamtes in einer spezifischen Rezeptsammlung integrierte: «Heute ist es ganz besonders wichtig, ja notwendig, die Kochkunst im besten Sinne des Wortes zu beherrschen, um die zur Verfügung stehenden Nahrungsmittel möglichst gut, zweckmässig und volkswirtschaftlich verwerten zu können. Ich habe das Buch in diesem Sinne sorgfältig revidiert und ergänzt, ausserdem ein kurzes Merkblatt für das Kochen in Kriegszeiten zusammengestellt. So wird der grösste Teil der Rezepte, auch unter Berücksichtigung der Rationierung, zubereitet werden können. Neben diesen, für den Alltag bestimmten Gerichten, enthält das Buch ein grosse Zahl von feinen und erlesenen Speisen, die für die festliche Tafel bestimmt sind.» Mit diesem Satz verdeutlichte Elisabeth Fülscher in ihrem Vorwort zur Auflage vom Dezember 1940 aber auch, dass sie sich der grossen Bandbreite von Nutzerinnen ihres Buches sicher war: Frauen der Mittelschicht, die bei der alltäglichen Menüplanung auf Sparsamkeit achteten, aber ebenso Frauen, die sich trotz Krisenfolgen und kriegsbedingter Rationierung eine gepflegte Küche leisten konnten.

Elisabeth Fülscher bestand darauf, als «Fräulein Fülscher» angesprochen zu werden. Darin manifestierte sich das Selbstbewusstsein der unverheirateten, finanziell unabhängigen Frau mit einer starken Berufsidentität. Auf die Moderne verwies nicht nur ihre Lebensführung, sondern auch die Optik der Buchausgabe von 1940. Sie enthielt neu Fototafeln in Schwarz-Weiss zu Gebäck und Desserts von Hans Finsler, dem Leiter der Fotoklasse der Kunstgewerbeschule Zürich. Nicht «hausbacken» kamen diese Süssigkeiten daher, sondern in klarer Anreihung im Sinn der neuen Sachlichkeit. Diese Fotografien zeugen von der Verbindung von Elisabeth Fülscher zur Welt der Künste und des Kunsthandwerks, der Welt auch ihrer Geschwister. Sie sollte in den folgenden Ausgaben noch verstärkt zum Tragen kommen. In der kurz nach dem Krieg erschienenen Ausgabe von 1947 dankt die Autorin ihrer Schwester, der Malerin Johanna Fülscher, «hat sie doch durch ihre wertvollen Ratschläge in künstlerischer Hinsicht sowie durch ihre ansprechenden und sorgfältig ausgeführten Illustrationen wesentlich zu reicheren Gestaltung des Buches beigetragen». Die grossen Farbtafeln mit detailgetreuen Zeichnungen von Gemüse, Kräutern und Pilzen sollten in späteren Ausgaben ergänzt werden durch kleine Zeichnungen von Hasen und Hühnern, Früchten und Gemüse, Zutaten und Utensilien aller Art am Rand der Rezepte. Auch die sorgfältige Typografie und die Präsentation des Umschlags verrät das Flair der Herausgeberin für moderne Gestaltung.

Die Vielfalt der Fifties
Die Farbfotografien von Bernhard Moosbrugger, Finslers Nachfolger in der Kunstgewerbeschule, ergänzten in späteren Auflagen die farbigen Zeichnungen von Johanna Fülscher und die strengen Schwarz-Weiss-Bilder von Hans Finsler. Seine grossformatigen, von oben aufgenommenen Bilder der auf Tischen angeordneten Gerichte, von Suppen über reiche Hors d'œuvres bis zu vielfältigen Fleisch- und Gemüseplatten, erinnern an die stilisierte Formenvielfalt und fröhliche Farbenpracht von Textilien aus den 1950er-Jahren. Diese Stimmung versprühten auch die einleitenden Worte von Elisabeth Fülscher zu den erweiterten Auflagen des Kochbuchs von 1952 und 1960.
Nach Elisabeth Fülschers Intention sollte die Ausgabe von 1952 einen Beitrag leisten «zu eigener schöpferischer Kochkunst», zur «Gestaltung einer gesunden und frohen Familie, aber auch zur Pflege einladender Gastlichkeit». Diese Gestaltung der Fröhlichkeit ausstrahlenden Familie war nun mitgeprägt vom Geist der amerikanischen Küche und Fortschrittlichkeit, vom Hauch auch der grossen weiten Welt, die sich weder dem Einfluss der orientalischen Küche noch moderner Vorratshaltung entzog: Spargeln, Ananas und Tomatenpüree aus der Büchse, Hollywood-Salat, Riz Colonial und Nasi Goreng, Tiefkühlprodukte für die Diät- und Krankenküche, Alufolien zum Abdecken im Backofen, den Mixer zum Pürieren. Die suggerierte Leichtigkeit des Seins verkörperte sich in Fülschers Kaltschalen, Sulzen und luftigen Nachtischen, ebenso in den Vorschlägen zur Verwertung von Fisch-, Fleisch- und Pouletresten, die dank Kühlschrank als kalte Platten modernes Lebensgefühl verbreiteten. Dennoch markierte sie gegenüber der Amerikanisierung von Küche und Leben auch Skepsis. Das propagierte Haushalten ohne Aufwand liess in Bezug aufs Kochen eine Qualitätseinbusse befürchten.

Am Römerhof
Der Aufschwung zeigte sich auch im nicht abbrechenden Erfolg von Elisabeth Fülscher: weitere Auflagen und steigender Absatz des Kochbuchs, steigende Zahlen auch von Schülerinnen und Kursbesucherinnen. Am augenfälligsten bezeugte den Erfolg der Kauf des stattlichen, mehrstöckigen Hauses an der Sprensenbühlstrasse 7 beim Römerhof, in unmittelbarer Nähe zur Talstation der Bahn zum Grand Hotel Dolder. Zwar verfügte Elisabeth Fülscher über Erspartes und wohl auch etwas ererbtes Vermögen – der Vater war 1945 gestorben. Doch allein hätte sie im repräsentativen Haus einen rentablen Kursbetrieb nicht garantieren können. Sie fand in der Leiterin der Hauswirtschaftsschule auf dem Schloss in Uster eine Geschäftspartnerin. 1951 öffnete die «Privat-Kochschule Elisabeth Fülscher + Gertrud Ludwig» am neuen Ort ihre Türen. Es war auch der Beginn einer über zehn Jahre dauernden Wohn- und Arbeitsgemeinschaft.
Die beiden Frauen lebten und arbeiteten zusammen, auch wenn die enge Kooperation dieser unterschiedlichen Persönlichkeiten wohl nicht immer ganz einfach war. Gemeinsam schrieben sie das Programm für die Morgen-, Nachmittags- und Abendkurse aus. Beide nutzen sie die zur Kochschule umgebauten Räumlichkeiten im Erdgeschoss, wenn auch getrennt und je auf eigene Rechnung. Beide wohnten sie im Haus, Zimmer an Zimmer, und teilten sich die wenigen zusätzlichen privaten Räume. Sie teilten sich selbst die österreichische Haushälterin, die ihnen im Berufs- und Erwerbsalltag praktische Hilfe leistete. Bertha Pragerstorfer wohnte im Dachgeschoss, putzte, wusch, half beim Einkaufen und bekochte Elisabeth Fülscher, die privat nie am Herd stand.
Äusserste Regelmässigkeit prägte den Tagesablauf von Elisabeth Fülscher. Wenn möglich, erledigte sie am Morgen die administrativen Arbeiten – ihr Schlafzimmer diente ihr dabei als Büro. Auf Kursbeginn hin kam sie von den privaten Räumlichkeiten herunter in die Kochschule. Täglich las sie die NZZ, die Mittagsruhe war ihr heilig. Sie orientierte sich über Trends, holte sich in Delikatessenläden Informationen über neuste Zutaten, erweiterte und veränderte ihre Rezeptsammlung, plante die Herausgabe der Neuauflagen im Eigenverlag, kümmerte sich um den Vertrieb und verpackte jedes einzelne Buch selber. Sie pflegte den Austausch mit ihren Lieferanten wie dem Metzger oder dem Gemüsehändler und baute so ihr Netzwerk aus. Disziplin, Konzentration und Perfektion – in der Kochschule ebenso wie in der Gestaltung des Buches – waren ihr zentrale Anliegen. Doch die hohen Ansprüche und

der grosse Aufwand hatten ihren Preis: Sie war oft geplagt von Migräne, in späteren Jahren litt sie zunehmend an Asthma. Ihre Leiden nahmen die Kochschülerinnen nicht wahr. Einige ehemalige Kursbesucherinnen lobten neben ihrer Disziplin ihre «Herzlichkeit», andere ihre «Herzhaftigkeit».

Disziplin und Konzentration

Während das Kochbuch grosse Verbreitung fand, war es eine eher wohlhabende Kundschaft, die Elisabeth Fülschers Kurse buchte. Bei weitem nicht alle Frauen konnten sich diese Kurse in den 1950er- und 1960er-Jahren leisten: Der sechswöchige Basiskurs kostete 500 Franken, damals eine hohe Summe. Hier holten sich junge Frauen vor der Heirat den letzten Schliff für ihre zukünftige Rolle als Vorsteherinnen eines gutbürgerlichen Haushalts. Das Programm war sehr dicht, gelernt wurde von A bis Z alles, was von einer gehobenen Küche erwartet wurde. Es begann am Morgen mit einer Einführung und dem Bereitstellen der Zutaten und dauerte bis zum fertigen Aufräumen nach dem Mittagessen. Unabhängig vom Vorwissen und von der Herkunft ihrer Kochschülerinnen galt für Elisabeth Fülscher die Devise: «Alle sind gleich!» Die sozialen Differenzen zeigten sich dennoch. Gelehrt wurde nicht eine Luxusküche, und Restenverwertung war selbstverständlicher Bestandteil des Unterrichts, aber die Wahl der Zutaten sowie das Programm orientierten sich an der Führung eines Haushalts mit Angestellten. So waren Anweisungen, wie sich das Dienstpersonal bei Einladungen zu verhalten habe, integrierter Teil von Fülschers Ausbildungskonzept.

Lisbeth Fischer aus dem aargauischen Dottikon, die 1956 – 20-jährig, verheiratet und schwanger – auf Rat ihrer Schwiegereltern den Morgenkurs besuchte, sieht rückblickend Fülschers Grundkurs als Kochschule für die Upperclass. Die Küche war sehr extensiv und aufwendig, zudem bildeten sich hier auch wichtige überregionale Netzwerke zwischen Frauen aus gut situierten Familien, denen Lisbeth Fischer erst über ihre Heirat mit einem Fabrikantensohn zugehörte. Sie stammte selber aus einem Arbeiterhaushalt und war trotz ihrem jungen Alter vor der Heirat bereits Primarlehrerin gewesen. Ihr Ehemann arbeitete in einer Zürcher Bank und nahm sie für den Kurs, den die jungen Frauen seines Milieus üblicherweise vor der Ehe absolvierten, am Morgen im Auto mit in die Stadt.

Auch die Zürcherin Rosmarie Michel, die in den 1950er-Jahren einen mehrwöchigen Kochkurs bei Elisabeth Fülscher besuchte, fühlte sich als Single unter all den jungen Verlobten als Einzelgängerin. Sie hatte kurz zuvor als Tochter des Ehepaars Michel-Schurter im elterlichen Betrieb – Café und Confiserie Schurter beim Central – zu arbeiten begonnen. Doch mangelte es ihr an Kochkenntnissen, um in der Küche ihre Aufsichtsfunktion zu übernehmen. Unter allen ihren Mitschülerinnen in der Kochschule war sie die einzige, die mit dem Kursbesuch eine Berufs- und Erwerbstätigkeit verband und nicht Heiratsabsichten. So fühlte sie sich auch nicht angesprochen, wenn Elisabeth Fülscher ihre Schülerinnen instruierte, sie müssten sich mit dem Ausnehmen von Rehen und Hasen auseinandersetzen, die ihr zukünftiger Ehemann möglicherweise auf der Jagd – im Schweizer Mittelland Ausdruck der Zugehörigkeit zur Oberschicht – erlegen könnte. Sie erlebte ihren besonderen Status aber auch während der Stunden, die für das Herstellen von Confiserie vorgesehen waren, von denen sie ihrer Familie wegen dispensiert war. Denn Elisabeth Fülscher nahm sie während dieser Zeit persönlich in Beschlag, um von ihr Tipps für neue und verfeinerte Gebäckrezepte zu holen.

Ende der 1960er-Jahre besuchte auch Christine Siegfried als junge Frau und Tochter einer schweizweit bekannten Fabrikantenfamilie aus Zofingen den mehrwöchigen Morgenkurs, den schon ihre Mutter eine Generation zuvor im Vorfeld ihrer Heirat besucht hatte. Dieser Morgenkurs war der letzte dieser Art. Zwar war Elisabeth Fülscher zeitweise noch persönlich anwesend, doch die Leitung hatte sie bereits ihrer Nachfolgerin Agnes Amberg übergeben. Amberg beurteilte in einem späteren Interview Fülschers Programm als «von zwinglianischer Einfachheit», «kaum Fisch und Fleisch höchstens 50 Gramm pro Person». Doch auch sie bemerkte, dass Fülscher «Töchtern aus bestem Haus» neben Kochen und Tischkultur auch Benimmregeln vermittelte. Aufgetischt wurde, so Amberg, «wie in noblen Kreisen».

Verheiratete Frauen buchten vor allem die themenspezifischen Angebote – beispielsweise Fischküche, Backen, Kochen für Gäste –, die zunehmend ausgebaut wurden. In den 1960er-Jahren besuchte die 1933 geboren Ottilia Straub fünf solche Kurse. Sie erlebte Elisabeth Fülscher als Lehrerin, die es sehr genau nahm beim Kochen, aber sich gegenüber Frauen mit wenig Kocherfahrung freundlich und hilfsbereit zeigte. Trotz der Bewunderung, die ihr von den Besucherinnen der Basis- wie der Spezialkurse entgegengebracht wurde, wahrte Elisabeth Fülscher selber Distanz. Sie unterrichtete immer in weisser Schürze, probierte hier und dort, ass aber nicht mit. Die Kochschule war ihr Lebenswerk, ein professionelles Unternehmen, das sie erfüllte. Es war jedoch kein Ort persönlicher Beziehungspflege.

Offen, emanzipiert und kulturell interessiert
Elisabeth Fülscher war eine moderne Frau von bürgerlichem Lebensstil: modisch, aber nie auffällig gekleidet, von der Art her zwar etwas streng, aber zugleich offen und humorvoll. Literatur und Theater interessierten sie seit ihrer Jugend, und in späteren Jahren begann sie noch mit Porzellanmalen. Sie unterstützte Künstlerinnen und Künstler, schrieb ausnehmend schöne Briefe, in die zum Teil auch Gedichte einflossen. Fest verankert in ihrer Familie, schätzte sie Feste im kleinen Kreis und wirkte unter den heftig diskutierenden Brüdern und Schwestern oft ausgleichend. Ihre beruflichen Kompetenzen zeigte sie bei solchen Familienanlässen mit von ihr selbst gefertigtem kunstvollem Gebäck, immer ästhetisch verpackt.
Von ihrer Hamburger Herkunft her war Elisabeth Fülscher protestantisch geprägt, doch zur Kirche ging sie nur selten. Dagegen zeigte sie sich neuen Strömungen gegenüber offen, besuchte regelmässig den vorweihnachtlichen Bazar der Steinerschule an der Plattenstrasse und pflegte freundschaftliche Beziehungen zu Doktor Bircher-Benner, der nicht weit von ihrer Kochschule seine berühmte Kuranstalt betrieb. Ihrem Kochbuch sind diese Einflüsse nur am Rand anzumerken. Elisabeth Fülscher blieb der «Vielfältigkeit» verpflichtet, für sie das Qualitätszeichen auch der Schweizer Küche.
In ihrem von Arbeit bestimmten Alltag blieb Elisabeth Fülscher allerdings wenig Raum für Freundschaftspflege. Sie tauschte sich mit verschiedenen Männern aus, eine Paarbeziehung ging sie, soweit bekannt, nie ein. Obwohl sich ihr Unternehmen vor allem auf die Aufgaben der Hausfrau und Mutter, also auf die traditionelle Frauenrolle ausrichtete, lebte sie selber nicht nach diesem Muster. Dagegen war sie Mitglied des Clubs der Berufs- und Geschäftsfrauen Zürich (heute Business and Professional Women, BPW), der 1945 gegründet wurde und stark beeinflusst war von der Fabrikantin Elisabeth Feller, Leiterin einer bekannten Firma für Schalter und Stecker in Horgen. Auch Elisabeth Feller pflegte als Unternehmerin enge Beziehungen zur Kunstgewerbeschule Zürich und zu deren Leiter Hans Fischli, der als Architekt, Maler und Bildhauer die Firmenkultur mitgestalten sollte. Ob sich die beiden Unternehmerinnen im Bestreben um hohen qualitativen und ästhetischen Ansprüchen genügende Produkte gegenseitig beeinflussten, ist offen. Allerdings war Elisabeth Fülscher nach Aussagen von Rosemarie Michel, langjährige Präsidentin der BPW, nur selten bei Versammlungen des Clubs anwesend.
Dass sie trotz ihrer hohen Arbeitsbelastung die Vernetzung mit beruflich engagierten Frauen suchte, darauf verweist ihre Mitgliedschaft in einem weite-

ren internationalen Club: dem sozial und kulturell engagierten «Soroptimist». Der Zürcher Club wurde 1950 – Elisabeth Fülscher war damals 55 Jahre alt – auf Initiative von Frauen wie der Bauingenieurin und Architektin Hela von Tscharner, der Ethnologin Elsy Leuzinger, Direktorin des Museums Rietberg, und der Rechtsanwältin Annemarie Gilomen gegründet. Letztere war ebenfalls engagiertes Mitglied des Clubs der Berufs- und Geschäftsfrauen. So scheint es für Elisabeth Fülscher wichtig gewesen zu sein, sich als selbständige Frau und Unternehmerin in ein Netzwerk ebenso selbständiger und leistungsstarker wie auch beruflich ambitionierter Frauen einzubinden. Dass sie sich mit der Frage der gesellschaftlichen Stellung der Frauen auseinandersetzte, bezeugt auch ihre klare Stellungnahme für das Frauenstimmrecht. Dessen Einführung auf Bundesebene sollte sie jedoch nicht mehr erleben.

Eine nachhaltige Hinterlassenschaft
In den 1960er-Jahren zog sich Gertrud Ludwig aus dem Berufsleben zurück, und Elisabeth Fülscher führte die Kochschule im Alleingang weiter. Da begegnete sie bei einer Kochdemonstration der Firma Knorr Agnes Amberg. Wie sie und auch Gertrud Ludwig verfügte Amberg über eine Ausbildung als Hauswirtschaftslehrerin, hegte jedoch ebenso andere berufliche Ambitionen. Auf den 1. April 1968 hin verkaufte Elisabeth Fülscher ihr die Kochschule. In ihrer Nachlassregelung gedachte sie im Besonderen ihrer Schwester Johanna Fülscher und erwog noch eine Übersetzung des Kochbuchs ins Englische, eine Sprache, der sie sich seit ihrer Jugend über die Literatur verbunden fühlte. Die Verantwortung für das Buch sollte nach ihrem Tod an die Frauen ihrer Familie übergehen: «So ist es mir ein Anliegen, die ganze Kochbuchangelegenheit möglichst gut zu lösen – gut auch im Sinne des Kochbuches. Was einmal mit sehr grossem opferbereiten Einsatz an Leistung, Idealismus und Mitteln angefangen hat, möchte ich so gerne weitergeben dürfen. Deshalb lege ich, was möglich ist und zu tun übrig bleibt, in die Hände der weiblichen Nachkommenschaft unserer Familie.» Kurz darauf, im Jahre 1970, starb Elisabeth Fülscher. Die Rechte am Kochbuch wurden verkauft. Das Kochbuch sollte bis 2005 immer wieder aufgelegt werden. Und nun erscheint das «Fülscher» nochmals neu – eine nachhaltige Hinterlassenschaft dieser «Grande Dame» der privaten Kochkünste.

Rezepte, die im Text vorkommen:
433 Hollywood-Salat, 739 Riz Colonial, 851 Nasi Goreng

GOLDENE MEDAILLE
1930

GOLDENE MEDAILLE
1935

Vorwort zur achten Auflage

Wie bei jeder Neuauflage des Kochbuches, ergab sich auch dieses Mal die Gelegenheit, vereinzelte Rezepte zu revidieren und – ohne das bewährte Alte auszuschalten – da und dort Neues einzufügen. Unter großem Einsatz und mit viel Sorgfalt aller daran Beteiligten ist das Buch nun wieder neu erschienen.

Mein besonderer Dank gilt namentlich meiner Schwester, Frau *Johanna Fülscher*, trägt sie doch auch bei dieser Neuausgabe durch wertvolle Hinweise in künstlerischen Belangen und durch die den Text belebenden und ergänzenden Illustrationen wesentlich zu einer ansprechenden Gestaltung und zum besseren Verständnis der Rezepte bei. Herr PD. Dr. *J. C. Somogyi* war freundlicherweise bereit, im einleitenden Kapitel «Kleine Ernährungslehre» in sehr anschaulicher Weise den Weg zu einer gesunden und ausgeglichenen Ernährung zu weisen. Der umfassenden technischen Ausführung des Buches kam wieder die fachliche Tüchtigkeit und große Erfahrung von Herrn *A. Stäubli* zugut.

Seit seinem ersten Erscheinen 1923 hat sich das Buch in unseren Kursen sowie in einigen weiteren hauswirtschaftlichen Schulen bewährt. Es möchte vor allem auch wieder in der Hand sorgender und verantwortungsbewußter Hausfrauen und den vielen, die sich beruflich für die Kochkunst einsetzen, eine beratende und zuverlässige Hilfe sein. Daneben bringe es den nur sporadisch zur Kelle greifenden «Sonntagsköchen und -köchinnen», die ihre Tischgenossen mit etwas besonders Köstlichem überraschen wollen, viel Anregung und erfolgreiches Gelingen.

So darf das Kochbuch weiter seinen schönen und wichtigen Auftrag erfüllen, beizutragen zur Gestaltung einer gesunden und frohen Familie, aber auch zur Pflege einladender Gastlichkeit.

Das gute Echo, das die Neuauflagen jeweils auslösen, empfinde ich mit Dankbarkeit, zeigt es mir doch, daß das Buch einem Bedürfnis entspricht und wieder mit Freude erwartet wird.

Zürich, im Oktober 1966   *Elisabeth Fülscher*

Aus dem Vorwort zur siebenten Auflage

Der neugestalteten Auflage dieses Buches, das den gegenwärtigen Anforderungen entspricht, sei ein kurzer Rückblick vorangestellt.

Voller Initiative und mit großer beruflicher Erfahrung hat *Anna Widmer* im Jahre 1923 die Edition des Werkes unternommen. 1928 folgte eine zweite, erweiterte und nun auch illustrierte Ausgabe. Voller Dankbarkeit gedenke ich der Zusammenarbeit mit der Verfasserin. Nach ihrem Tode 1930 fiel mir die verpflichtende Aufgabe zu, das Buch weiter zu betreuen.

1934 folgte eine dritte Auflage. Die vierte fiel in das Kriegsjahr 1940 und erhielt wesentliche Ergänzungen, bedingt durch die Rationierung und die Notwendigkeit weitgehender Ausnützung der Nahrungsmittel. Hinzu kamen neue photographische Aufnahmen sowie erläuternde Illustrationen. 1947 erschien die fünfte und 1952 die sechste Auflage, diese wieder durch zeitgemäße Rezepte erweitert.

Nun ist nach acht Jahren eine neue, revidierte Auflage nötig geworden. In diesem Zeitabschnitt hat sich auf kulinarischem Gebiet mancherlei gewandelt. Was unserer Schweizerküche heute Anerkennung und Beliebtheit verschafft, ist ihre Vielseitigkeit. Diese Vorzüge haben wir zum Teil dem Austausch mit der Süd- und Westschweiz zu verdanken, aber auch dem regen Verkehr mit anderen Ländern. Kochrezepte wandern heute wirklich um die Welt. Längst schon sind Spezialitäten aus unserer Küche jenseits der Ozeane bekannt, und wir bereichern unsere Speisezettel mit den Geheimnissen aus fremdländischen Kochtöpfen. Dem oft geäußerten Wunsch nach solchen Rezepten, die sich leicht den bei uns erhältlichen Zutaten anpassen lassen, trägt die Neuauflage Rechnung. Ebenfalls wurden darin die neugewonnenen Erkenntnisse der Ernährungsforschung berücksichtigt.

Möge das Buch auch dieses Mal allen Frauen, die den häuslichen Herd betreuen, so wie denen, die es nur dann und wann zu Rate ziehen, von neuem Anregung und Freude bringen und sich als zuverlässige und praktische Hilfe bewähren. Wie jedes Kochbuch umschließt auch dieses nur einen Bruchteil der ungezählten Möglichkeiten in der Zubereitung von Gerichten, es möchte aber beitragen zu eigener schöpferischer Kochkunst.

Zürich, Sommer 1960 *Elisabeth Fülscher*

Übersicht des Inhaltes

	Seite
Übersicht	V
Verzeichnis der Bildtafeln	VI–VII
Kleine Ernährungslehre von PD. Dr. J. C. Somogyi	VIII–XII
Maß und Gewicht	XIII
Abkürzungen – Berechnung der Portionen	XIV
Fachausdrücke	XV–XVIII
Inhaltsverzeichnis nach einzelnen Kapiteln	XIX–XXXVIII

Rezepte 1–598

Die Gewürz- oder Küchenkräuter	599
Das Kochen im Dampfkochtopf	600
Garkochen durch Warmhalten (in Papier, Selbstkocher oder evtl. Kochkiste)	601
Elektrische Küchenmaschinen und ihre Anwendung	601
Praktische Geräte und Hinweise	602
Merkblatt und erprobte Küchentips	602–603
Vorratshaltung	603
Verwendung von Fleisch-, Geflügel- und Fischresten	604
Verwendung diverser Reste (ohne Fleisch)	605
Zusammenstellung von Speisezetteln (Menus)	606–607
Einfachere vegetarische Abendessen, evtl. Lunch, warme und kalte	608
Kleinere warme Abendessen mit Fleisch (z. T. auch geeignet für Lunch)	608a
Einfachere Mittagessen (speziell mit Kartoffel-, Brot- und Hirseverwendung)	610
Wochenspeisezettel (Mittag- und einfachere Abendessen)	611–613
Kleine Menus mit Fleisch, mit kurzer Zubereitungszeit, auch für Lunch	614–615
Kleine vegetarische Menus mit kurzer Zubereitungszeit, auch für Lunch	616–617
Vegetarische Menus mit Rohkost	618
Reichere vegetarische Menus	619–620
Menus für Feste und Gäste	621–622
Größere Dîners	623
Alphabetisches Inhaltsverzeichnis	625–655

Verzeichnis der Bildtafeln

Tafel Nr.   neben Seite

1 Ochsenschwanzsuppe, gebunden – Spargelcrèmesuppe – Consommé Royal – Kostsuppe von Hülsenfrüchten – Tomatensuppe mit Einlage – Frisch-Erbsensuppe   32

2 Früchteschale – Frühlings-, Crevettes- und Cassis-Cocktail – Grapefruit – Rote Grütze serviert mit Milch – Kirschensuppe mit Griess – Tomaten-Kaltschale   33

3 Feiner Selleriesalat und Tomaten mit Eiern – Rotkabis gefüllt mit Mayonnaise und besteckt mit Cocktail-Brötchen – Platte mit verschiedenen Brötchen   48

4 Feine Mayonnaise in Sulz, garniert mit Lyonerkörbchen mit Ital. Salat und kleinen Maiskolben – Schinkenrollen, gefüllt – Kleines Hors d'oeuvre mit Eiern auf Tomaten, pikanter Roulade und Gurkenschälchen   49

5 Grosse, gefüllte Krustade, gesulzt – Sulz mit Schinken oder Zunge, Platte garniert mit gefüllten Artischockenblättern   64

6 Sulzpasteten (Zubereitung nach a und b) mit Cumberlandsauce   65

7 Hors d'oeuvre riche   72

8 Hors d'oeuvre varié und Schälchen mit pikanten Käsekugeln   73

9 Gemüseragout im Reisring – Aubergine – Gefüllte Zucchetti   120

10 Die bekanntesten hiesigen Pilze   121

11 Saghettisalat, garniert mit Rohkostsalaten – Rohkost-Salatplatte – Feiner Blumenkohlsalat, garniert mit Tomaten und Peperoni, gefüllt mit rohem Spinat- und Rübensalat   144

12 Haupterntezeiten der Schweizer Gemüse   144/145

13 Haupterntezeiten der Schweizer Gemüse   144/145

14 Spinatpudding mit Fleurons – Lauchröllchen mit Speck   145

15 Französ. Omelette mit Schinken, garniert mit Spargeln u. gedämpftem Spinat – Ungarische Eier – Verlorene Eier auf Croûtons mit Eierschwämmen u. Erbsen   160

16 Maiskolben – Meerrettich – Weisse Rübe (Navet) – Aubergine – Wirsing (Wirz) – Spitz-Kabis – Zucchetti – Bleichsellerie – Knollensellerie   160/161

17 Gefüllter Kohlkopf, garniert mit Speckröllchen – Gefüllte Kohlköpfchen auf türkische Art mit Tomatensauce   161

18 Polenta mit Ratatouille Provençale – Türkisches Pilaw   176

19 Spargel – Artischocke (mit -böden) – Fenchel – Peperoni – Avocado   176/177

20 Gemüseplatte: Gedämpfte Aubergines – Gebackener Blumenkohl – Gefüllte Tomaten – Chinesischer Kohl mit gehacktem Ei – Panierte Zucchettiküchlein   177

21 Omelettes riches – Gefüllte Omeletten in der Form   177

22 Pizza Napoletana – Kartoffelbrioches nach span. Art – Tessiner Ofen-Kartoffeln – Schalenkartoffeln, gefüllt mit dicker Meerrettich- od. Quarksauce – Griessschnitten mit Käse – Tomaten-Zucchetti-Wähe   192

23 Gewürz- oder Küchenkräuter   192/193

24 Gewürz- oder Küchenkräuter   192/193

25 Die bekanntesten Süsswasser- und Meerfische   193

26 Grosser, gebratener Hecht, garniert mit kleinen Fischkartoffeln und Rübchen   208

27 Gefüllte Soles-Röllchen au gratin (mit Kartoffelbordure) – Lachstranchen, gesotten mit Kapernsauce und Fischkartoffeln – Gebackene Fischfilets, mit Oliven   209

Tafel Nr.		neben Seite
28	Roastbeef auf englische Art, mit Garnitur à la Jardinière	240
29	Entrecôtes, belegt mit Kräuterbutter-Scheibchen – Garnitur: Reisköpfchen à la Napolitaine	240
30	Fricandeau farci, garniert mit gedämpftem Lattich und Tomaten	241
31	Leberspiesschen nach Zürcher Art, kleine Bratwürstchen vom Grill auf gedämpftem Spinat, indischer Reis	241
32	Rehrücken mit Rahmsauce – Garnitur: Krustaden mit glasierten Äpfelchen, auf gedämpftem Rotkraut – Knöpfli	272
33	Hasen- oder Rehpfeffer, garniert mit Croûtons und Kartoffelstock – Apfelsauce	273
34	Canard à l'Orange, mit Kartoffelpastetchen – Kopfsalat	288
35	Gigot, gebraten, mit panierten Kartoffelcroquettes und Rosenkohl auf franz. Art	289
36	Riz Colonial mit Currysauce	289
37	Schüsselpastete – Fleisch-, Pilz- od. Gemüseroulade – Gemüse od. Pilztimbal	312
38	Fleisch- oder auch Wildpastete – Schweinsfilet im Teig	312
39	Hohlpastete: Teigboden, Schüsselchen mit Seidenpapier (od. Tüchlein) und Papierschnitzeln – Überspannen der Papierkugel mit dem Teig – Hohlpastete gebacken und gefüllt	313
40	Fruchtsalat, Platte garniert mit grünen Blättern u. Orangenschalen – Gefüllte Melone	368
41	Birnen mit Chaudeau, garniert mit Schokolade-Spritzglasur – Junket, garniert mit Schokolade-Schlagrahm – Rohe Fruchtspeise, gestürzt	369
42	Charlotte russe, garniert – Feines Blanc-mager – Nuss-Bavarois	416
43	Bombe panachée – Frucht-Rahmeis (in der Eisschublade gefroren), garniert	417
44	Eiscake, meringuiert, mit Himbeeren – Apfelcrème, garniert mit Meringuepilzchen – Gefüllte Orangen – Bananenschiffchen	448
45	Profiteroles à la crème – Schwarzwälder Torte – Vacherin mit Kastanien	449
46	Linzertorte – Nusstorte mit Rahmcrème – Lagentorte – Rübentorte, glasiert – Mokkatorte mit Buttercrème garniert	464
47	Plum-Cake – Kleine Mandeltorte mit Buttercrème – Papiertütchen mit Schokolade-Spritzglasur – Schwarzbrottorte mit Puderzucker-Garnitur	465
48	Zuger Kirschtorte – Mokka-Igel – Tannzapfen mit Buttercrème, besteckt mit Mandelschuppen – Baumstamm, garniert	480
49	Savarin als Körbchen – Fastnachtsküchlein (Eieröhrli) – Oster-Hefegebäck	481
50	Orangentorte, glasiert – Kleine Schokoladetorte und Schokolade-Cake – Haselnusstorte, reiche (Garnitur Schachbrett)	496
51	Feiner Apfelkuchen mit Rahm – Rosenkuchen – Frankfurterkranz	497
52	Mandelmakrönli – Nusskonfekt – Zimtsterne – Spitzbuben – Mandelringli – Vanille- und Schokoladebrezeli – Haselnussstängelchen	520
53	Vanillegipfeli – Rosinenplätzchen – Kokosbiscuits – Hirseflocken- und Pommeranzenbrötchen – Mürbes Schwarz-Weiss-Konfekt – Kleine Wienerwaffeln – Orangengebäck – Mandelhäufchen	521
54	Coupe Jacques (mit Himbeeren garniert) – Eisschokolade – Parfait au Maraschino en Coupes – Coupe panachée – Hobelspäne – Bricelets – Prussiens u. Haselnussziegel – Mandelgebäck u. Zimtringe – Madeleines	544
55	Schokolade-Trüffeln – Baslerbraun – Nusspralinées – Gefüllte Datteln – Marzipankugeln – Schokoladeschäumchen	545

Kleine Ernährungslehre

Die Ernährungslehre ist die Wissenschaft, die sich mit allen Fragen, die mit der Ernährung zusammenhängen, befasst. Der *Gegenstand der Ernährungslehre* hat sich im Laufe der Zeit erweitert. Sie beschäftigt sich nicht nur mit der Physiologie, Biochemie und Hygiene der Nährstoffe, mit dem Nahrungsbedarf, Nahrungsverbrauch, mit den Folgen einer unrichtigen Ernährung, d. h. mit Mangelzuständen und Ernährungskrankheiten, sondern auch mit der Erzeugung, Verarbeitung, Lagerung, sowie Gehalts- bzw. Wertbestimmung der Nahrungsmittel.
Jeder Organismus benötigt zum Leben Nahrung. Da Mensch und Tier im Gegensatz zu den Pflanzen die Bausteine ihres Körpers nicht unmittelbar aus den Elementen des Bodens und der Luft unter Ausnutzung der strahlenden Energie des Sonnenlichtes aufbauen können, sind sie zur Erhaltung ihres Daseins auf die *Aufnahme* und *Verarbeitung* einer *ausreichenden Nahrung* angewiesen.
Die in unserer Nahrung enthaltenen *Nährstoffe* lassen sich ihrer Funktion nach in zwei Gruppen teilen, nämlich in *Energieträger* und *Schutzstoffe*. Energieträger sind die Eiweisse, Kohlenhydrate und Fette. Zu den Schutzstoffen zählt man die Vitamine, Spurenelemente und Mineralstoffe; ausserdem benötigt jeder Organismus zum Leben Wasser.
Wie alle Klassifikationen ist auch diese unvollkommen. Die Eiweisse und Fette, exakter ihre Bausteine – die sog. *essentiellen Aminosäuren*- bzw. die *mehrfach ungesättigten oder unentbehrlichen Fettsäuren* üben eine doppelte Funktion aus. Sie sind nicht nur *Energieträger*, sondern auch *Schutzstoffe*. So spielen z. B. die essentiellen Fettsäuren im Cholesterinstoffwechsel und somit bei der Verhütung von Herz- und Gefässkrankheiten eine gewisse Rolle.
Von grosser Bedeutung sind in der Ernährung diejenigen Stoffe, die man als *unentbehrlich* oder *essentiell* bezeichnet. Es handelt sich um *Verbindungen*, die von einem Organismus *nicht synthetisiert*, d. h. nicht selbst aufgebaut werden können, welche aber für diesen lebenswichtig sind. Der Organismus ist demnach auf eine ständige Zufuhr dieser Wirkstoffe angewiesen. Solche essentiellen Wirkstoffe sind z. B. die Vitamine, bestimmte mehrfach ungesättigte Fettsäuren, gewisse Aminosäuren, einzelne Spurenelemente, um nur die wichtigsten zu nennen.
Ein anderer wichtiger Begriff, welcher das Verständnis der Gesamtwirkung der Nährstoffe erleichtert, ist das «*Gesetz des Minimums*». Justus Liebig, der bedeutende deutsche Wissenschaftler, erkannte vor rund 100 Jahren zuerst, dass das Wachstum und die Entwicklung der Pflanzen durch denjenigen Nährstoff bestimmt werden, der im Verhältnis zum bestehenden Bedarf in minimaler Menge im Boden vorhanden ist. Seine Aufnahme wird also nicht nur durch die Bedürfnisse der Pflanzen, sondern durch das Angebot bestimmt.
Viele Jahre später stellte man fest, dass ein solches «Gesetz des Minimums» auch für den Nährstoffbedarf von Mensch und Tier besteht. Gemäss diesem Gesetz *wird der Ablauf jedes biologischen Vorganges durch denjenigen Faktor bestimmt, der sich im Minimum befindet.*
Die ganze Frage lässt sich anhand eines Beispieles besser erläutern. Wird dem Organismus eine ausreichende Menge an Energieträgern und Schutzstoffen zugeführt, ist jedoch andererseits ein unentbehrlicher Schutzstoff, z.B. das Vitamin A, in ungenügender

Konzentration in der Nahrung vorhanden, so versagt früher oder später die Leistungsfähigkeit des Individuums.

Wichtig ist noch zu wissen, dass sowohl der *Nahrungsbedarf* als auch der *Nahrungsverbrauch* des Menschen von mehreren Faktoren abhängt; so 1) vom Alter (der Bedarf des jungen Menschen ist höher als der des älteren), 2) vom Geschlecht (der Mann benötigt mehr Nährstoffe als die Frau), 3) von der Umwelt (in der Kälte ist der Nährstoffbedarf gesteigert) und 4) vom Zustand des Organismus (ruhend, normale bzw. gesteigerte Tätigkeit).

Der *gesundheitliche Wert der Ernährung* wird verschiedenerweise bezeichnet. Eine Nahrung, die alles enthält, was der Mensch an Nähr- und Wirkstoffen benötigt, wird allgemein *vollwertig* oder *ausgeglichen* genannt. Man könnte aber eine Kost, die den wichtigsten Anforderungen der Ernährungswissenschaft entspricht, schlicht – wie das die Engländer tun – als eine *gute Ernährung* bezeichnen. *Gut* in der *Zusammensetzung*, gut in der *Zubereitung*, d.h. mit keinen oder mit möglichst wenig Verlusten an Nähr- und Wirkstoffen hergestellt, und gut im *Geschmack*. Auch das letztere ist wichtig. Die beste Nahrung nützt nämlich nichts, wenn sie geschmacklich dem Menschen nicht zusagt und nicht gegessen wird. Eine gute oder vollwertige Nahrung soll demnach *genügend Energieträger* und in *ausreichender* Menge *Schutzstoffe* enthalten. In vielen unserer Nahrungsmittel sind beide vorhanden.

Betrachten wir vorerst die Bedeutung der verschiedenen Nahrungsstoffe etwas näher, um ihre Rolle in den verschiedenen Lebensvorgängen besser zu verstehen.

Eiweisse

Die Eiweisse, auch Proteine genannt, nehmen eine Sonderstellung ein. Sie sind unentbehrliche Bestandteile der Körperzellen, Bausteine von wichtigen Wirkstoffen, Enzymen, Hormonen usw. Der Körper verbraucht zur Aufrechterhaltung der Lebensvorgänge von seinem eigenen Eiweiss ca. 30 g pro Tag. Dieses Eiweiss kann weder durch reichliche Zufuhr von Kohlenhydraten noch durch erhöhten Fettkonsum ersetzt werden. Darum muss täglich eine bestimmte Menge Eiweiss dem Organismus zugeführt werden. Welche Menge, hängt von der Zusammensetzung des Eiweisses ab. Je mehr ein Nahrungseiweiss die gleichen Bausteine: Aminosäuren enthält wie das körpereigene Eiweiss, mit desto weniger Protein kann der tägliche Bedarf gedeckt werden. Von diesen Aminosäuren sind insbesondere 9–10 wichtig, da der Körper sie nicht selber aufbauen kann. Diese sind die erwähnten *unentbehrlichen Aminosäuren*.

Um die Eignung der Eiweisse als Stickstofflieferanten und ihren «Nährwert» zahlenmässig zu erfassen, wurde der Begriff der *biologischen Wertigkeit* geprägt. Die biologische Wertigkeit gibt den Anteil des aufgenommenen Eiweisses in Prozent an, welches nach der Resorption vom Organismus zurückbehalten bzw. in denselben eingebaut wird. Die Ausnützbarkeit oder biologische Wertigkeit eines Eiweisses, welches sämtliche Aminosäuren des körpereigenen Eiweisses enthält, ist hoch und wird gleich 100 gesetzt. So ist z.B. die biologische Wertigkeit von Fleisch- und Milcheiweiss 100. Von den pflanzlichen Eiweissen, die allgemein einen niedrigeren Wert, ca. 40–50, aufweisen, ist der hohe biologische Wert der Kartoffeleiweisse, nämlich 79, bemerkenswert.

Nun isst der Mensch nicht Eiweisse, sondern Nahrungsmittel, welche Eiweisse mit verschiedener Aminosäurezusammensetzung enthalten. Fehlt in einem die eine oder andere lebenswichtige Aminosäure, so ist sie oft in einem andern Nahrungsmittel reichlich vorhanden.

Man weiss aus Erfahrung und durch Versuche, dass sich die Proteine bestimmter Nahrungsmittel sehr gut ergänzen, so z. B. die Eiweisse des Brotes mit denjenigen der Milch oder des Fleisches. Dieser sogenannte *Ergänzungswert der Eiweisse* ist vom Standpunkt der Praxis sehr wichtig.

Würden wir nur hochwertige Eiweisse (Fleisch, Fisch, Eier, Käse usw.) zu uns nehmen – was aus preislichen Gründen nicht möglich ist – so würden 30–35 g Eiweisse pro Tag zur Deckung des Bedarfes genügen. Da dies aber nicht der Fall ist, rechnet man mit einer Sicherheitsmarge und es wird die tägliche Zufuhr von 70 g Eiweiss (ca. 1 g/kg Körpergewicht) empfohlen. Bei schwerer körperlicher Arbeit kann dieser Bedarf bis auf 100–110 g steigen. Mehr Eiweiss benötigen nicht nur die im Wachstum befindlichen Kinder und Jugendlichen, die werdenden Mütter und stillenden Frauen, sondern auch ältere Personen (über 65 Jahre).

Fette

Lange Zeit meinte man, dass die verschiedenen Fette nur Energielieferanten sind. Die interessanten Versuche von zwei amerikanischen Forschern, Burr und Burr, haben uns aber eines bessern belehrt. Diese konnten nämlich im Jahre 1929 zeigen, dass Versuchstiere, die eine *fettfreie Nahrung* erhielten, von einer *Hauterkrankung* befallen wurden. Diese konnte rasch geheilt werden, wenn man den Tieren bestimmte Fette, z. B. Weizenkeimlingsöl, Sonnenblumenöl usw. verabreichte. Es wurde ferner abgeklärt, dass diese Hauterkrankung infolge eines Mangels an *unentbehrlichen Fettsäuren* entstanden war. Weizenkeimöl und gewisse andere pflanzliche Öle, wie z. B. Sonnenblumenöl, Maisöl, Sojabohnenöl usw. sind sehr reich (50–70%) an diesen lebenswichtigen Fettsäuren. Ihre Bedeutung wuchs, als vor einigen Jahren erkannt wurde, dass sie auch das *Wachstum* günstig beeinflussen und in der Vorbeugung von *Herz- und Gefässerkrankungen* eine bestimmte Rolle spielen. Der Bedarf an lebenswichtigen Fettsäuren ist gross. Er wird auf 4–7 g pro Tag geschätzt. Dieser kann z. B. durch 10 bis 15 g Sonnenblumenöl gedeckt werden.

Fette, die von Natur aus gesättigt, z. B. Kokosfett, oder industriell gehärtet sind, d. h. durch einen chemischen Vorgang durch die sogenannte Hydrierung vom flüssigen in einen festen Zustand überführt wurden, enthalten diese unentbehrlichen Fettsäuren nicht.

Im allgemeinen wird heute zu viel Fett konsumiert (in der Schweiz beispielsweise ca. 120 g pro Tag), was sich nicht nur auf die Linie, sondern auch auf unsere Gesundheit allgemein nachteilig auswirkt. Insbesondere bei über vierzigjährigen Menschen ist eine Einschränkung des Fettkonsums sehr wünschenswert. Er sollte nicht mehr als ca. 60–70 g pro Tag betragen, wobei darauf zu achten ist, dass ein Teil dieser Fettmenge dem Menschen in Form von pflanzlichem Öl zugeführt wird. Darum sollte man Öle, insbesondere diejenigen mit einem hohen Gehalt an unentbehrlichen Fettsäuren, nicht nur zur Zubereitung von Salaten, sondern auch zum Braten und Backen verwenden, wie dies in den südlichen Ländern Europas, in Italien, Spanien, Griechenland usw., mit gutem Erfolg für Gaumen und Gesundheit praktiziert wird.

In diesem Zusammenhang ist noch zu erwähnen, dass das wiederholte Erhitzen der Fette sich ungünstig auf ihre Qualität auswirkt. Besonders da nicht auszuschliessen ist, dass sich durch die mehrfache und langdauernde Erwärmung Stoffe bilden, die eine ungünstige Wirkung auf die Gesundheit ausüben. Darum soll man das gleiche Fett oder Öl im allgemeinen nicht öfters als etwa dreimal zum Backen verwenden.

Kohlenhydrate

Die Kohlenhydrate sind unsere *Hauptenergielieferanten*. Ungefähr zwei Drittel unseres täglichen Kalorienbedarfs wird durch sie gedeckt. Die wichtigsten Kohlenhydatträger sind: Brot, Mehl, Teigwaren, Zucker, Kartoffeln, Gemüse und Früchte.
Von einer reichlichen Zufuhr ist abzuraten, da die überschüssigen Kohlenhydrate im Körper in Fett umgewandelt werden. Dies führt leicht zu Übergewicht, einem der grossen Ernährungsschäden in den sogenannten hochentwickelten Ländern. Gewisse Kohlenhydrate, besonders die klebrigen Süssigkeiten, spielen im Entstehen von Zahnfäulnis (Zahnkaries) eine wichtige Rolle.
Wichtige Kohlenhydratlieferanten sind auch die Kartoffeln, bestimmte Gemüse und Früchte. Da sie gleichzeitig einen guten Gehalt an verschiedenen Vitaminen und einen niedrigen Kaloriengehalt aufweisen, ist darauf zu achten, dass sie in reichlicher Menge genossen werden.

Vitamine

Die Bedeutung der Vitamine für die Erhaltung der Gesundheit und zur Erhöhung der Widerstandskraft ist heute allgemein bekannt. Es handelt sich um lebenswichtige Wirkstoffe, die vom menschlichen Oragnismus nicht selber synthetisiert werden und welche darum mit der täglichen Nahrung zugeführt werden müssen, um einen ungestörten Ablauf verschiedener Funktionen im Körper sicherzustellen.
Die Vitamine werden ihrer Löslichkeit nach in zwei Gruppen eingeteilt, nämlich in *wasserlösliche* (Vitamin B_1, B_2, B_6, B_{12}, Niacin, Pantothensäure und Vitamin C) und *fettlösliche* Vitamine (A, D, K, E). Der Tagesbedarf kann der nachfolgenden Tabelle entnommen werden (Tabelle 1).
Wie erwähnt, sind die meisten Vitamine in Früchten und Gemüsen enthalten. Da viele von ihnen – insbesondere das wichtige Vitamin C – bei höheren Temperaturen teilweise zerstört werden, ist empfehlenswert, viel frische Früchte und Salat sowie genügend Gemüse zu sich zu nehmen.

Mineralstoffe

Von den Mineralstoffen kommt dem Kalzium und Phosphor eine besondere Bedeutung zu. Diese zwei Mineralstoffe sind die wichtigsten Bausteine der Knochen und Zähne. Von einer ausreichenden Kalzium- und Phosphorzufuhr hängt das richtige Wachstum von Mensch und Tier ab. Erwähnenswert ist, dass die Aufnahme und Ablagerung dieser zwei Elemente vom Vitamin D reguliert werden. Kalzium und Phosphor kommen in Milch und Milchprodukten reichlich vor. Ein Liter Milch deckt z. B. den Tagesbedarf eines Erwachsenen.

Spurenelemente

Unter Spurenelementen versteht man Wirkstoffe, die in kleinsten Mengen in der Nahrung von Pflanzen und Tieren vorhanden sein müssen, um ein ungestörtes Wachstum und einen normalen Lebensablauf sicherzustellen. In ihrer Wirkungsart haben sie viel Gemeinsames mit den Vitaminen.

Auf die Wichtigkeit der Spurenelemente für die tierische und menschliche Ernährung wurde man erst vor ca. 25–30 Jahren aufmerksam und die neuesten Forschungen auf ernährungsphysiologischem Gebiet haben ihre grosse Bedeutung bestätigt. Von der grossen Anzahl Spurenelemente ist die Unentbehrlichkeit der folgenden erwiesen: Eisen, Kobalt, Kupfer, Mangan, Molybdän, Zink, Jod und eventuell Fluor.

Auf die Bedeutung und Rolle der einzelnen Spurenelemente kann hier nicht eingegangen werden. Erwähnt werden soll, dass Eisen, Kupfer und Kobalt bei der Blutbildung eine bedeutende Rolle spielen und gleich wie Mangan wichtige Bestandteile von Fermenten sind. Zink wird als Wachstumsfaktor betrachtet, und von einer ausreichenden Zufuhr an Jod hängt das normale Funktionieren der Schilddrüse ab. Fluor ist von grosser Wichtigkeit für die Bildung eines gesunden, widerstandsfähigen Zahnschmelzes. Viele dieser Spurenelemente sind in Früchten und Gemüsen vorhanden. Spinat z. B. ist sehr reich an Eisen.

Die Zusammensetzung und Zubereitung einer ausgeglichenen und gesunden Nahrung ist demnach gar keine Geheimwissenschaft. Es sind auch dazu keine besonderen Produkte notwendig. Mit etwas gesundem Menschenverstand und hausfraulichem Geschick kann jeder eine gesunde und vollwertige Nahrung mit den üblichen Lebensmitteln zubereiten.

P. D. Dr. J. C. Somogyi

Vitamine	Tagesbedarf des Erwachsenen
a) wasserlösliche	
B_1	1,0–1,6 mg
B_2	1,5–2,0 mg
Niacin	15 – 20 mg
Pantothensäure	8 – 10 mg*
B_6	1 – 2 mg*
B_{12}	1 – 2 γ*
C	50 –100 mg
b) fettlösliche	
A	5000 i. E.
D	400 i. E.
E	10–15 mg*
K	2– 5 mg*

* geschätzt, genauer Bedarf noch nicht festgestellt

Mass und Gewicht

Nötige Geräte: ½-Ltr.-Mass, 1-dl-Mass (evtl. geeicht) — Küchenwaage. — **Praktisch** ist die am meisten benützten G e f ä s s e (Schöpfkelle, Tasse, 1–2 Töpfe, evtl. Pfanne) inhaltlich genau a b z u m e s s e n, um so bequemer und doch exakt arbeiten zu können. — Für einfache und sich oft wiederholende Gerichte kann auch nach den untenstehenden Massangaben gearbeitet werden, um sich das Abwägen zu ersparen.

Anfängerinnen auf dem Gebiete der Kochkunst tun jedoch gut, zuerst auch kleinere Quantitäten a b z u w ä g e n (od. zu messen), da sie einzig auf diese Weise in verhältnismässig kurzer Zeit einen zuverlässigen Begriff der Quantitäten bekommen. — Auch sollten die Zutaten für B a c k w e r k immer abgewogen werden, um gute Resultate zu erzielen.

½ Ltr.			ca. 500 g
1 dl			5–6 Essl.
1 grosse Tasse			2½ dl
1 kleinere Teetasse			1½ dl
1 Wasserglas			1½ dl
1 Flasche, gewöhnliche Grösse			7½ dl
1 Suppenteller			ca. 3 dl
1 Esslöffel Kochbutter oder Fett, glatt gestrichen, oder Öl			20 g
1 „ Mehl, glatt gestrichen		10 g	gehäuft ca. 25 g
1 „ Kakao, gehäuft			ca. 20 g
1 „ Kartoffelmehl, Maizena usw., gestrichen			ca. 10 g
1 „ Salz, gestrichen		gut 10 g	gehäuft ca. 30 g
1 „ Griesszucker, glatt gestrichen		gut 10 g	gehäuft ca. 20 g
1 „ Griess, glatt gestrichen		15 g	gehäuft ca. 20 g
1 „ Haferflocken, gestrichen		ca. 10 g	gehäuft 20 g
1 „ Paniermehl (feingeriebenes Brot) gestrichen		10 g	gehäuft 20 g
1 Teelöffel Kartoffelmehl, Maizena u. ä., gestrichen			5 g
1 Stück Würfelzucker			knapp 5 g

E i e r : 1 grosses = 70 g, mittelgross = 50 g, klein = 40 g

Mit der amerikanischen **Masstasse = cup** gemessen:

1 Masstasse (cup) Mehl, gut gefüllt			150 g
1 „ „ Zucker			200 g
1 „ „ Reis			200 g
1 „ „ Griess			170 g
1 „ „ Haferflocken			100 g
1 „ „ Haselnüsse oder Mandeln, ganze			150 g
1 „ „ Rosinen oder Sultaninen			150 g
1 „ „ Fett oder Butter			gut 200 g
1 „ „ Milch, Saft etc.			2–2½ dl

Koch- u. Backhitze n. amerikan. Einheit: Null Grad Celsius = 32 Grad Fahrenheit oder **100° Celsius = 212° Fahrenheit.** – Für Cakes, Torten, kl. Gebäck = **325–350° F** berechnen.

Abkürzungen

kg	= Kilogramm		kand.	= kandiert
g	= Gramm		bes.	= besonders
l	= Liter (od. Ltr.)		evtl.	= eventuell
dl	= Deziliter		spez.	= speziell(es)
Essl.	= Esslöffel		z. B.	= zum Beispiel
Teel.	= Teelöffel		NB.	= Notabene (sich merken)
Msp.	= Messerspitze		u. ä. m.	= und ähnliches mehr
Pr.	= Prise		verschied.	= verschiedenes
kl.	= kleine		s. S. od. s.	= siehe Seite od. siehe
Fl.	= Flasche		Abschn.	= Abschnitt
Backp.	= Backpulver		Ø	= Durchmesser
ca.	= zirka (ungefähr)		T od. Tfl.	= Tafel

Berechnung der Portionen

Die **Rezepte** in diesem Buch sind für **6 Personen** berechnet.
Für **3 Personen** verwende man die Hälfte, für **1–2** = ⅓ der Masse.

Pro Person berechnet man in der Regel:

- ⅓–½ Liter Suppe
- 7–10 g Teigwaren (Fideli, Sternli usw.) für klare Suppen.
- 15–20 g Hafer, Gerste, Griess, Reis usw. für gebundene Suppen.
- 200–250 g Fisch als Hauptgericht, 100–150 g als Vorspeise.
- 80–150 g Fleisch zum Braten.
- 100–200 g Fleisch (mit Knochen) zum Sieden.
- 150–200 g Fleisch zu Ragout, Rouladen u. ä. (evtl. mit Knochen).
- 80–150 g Fleisch bei einem Menu mit zwei oder mehreren Gängen.
- 50–80 g Reis, Mais, Griess oder Teigwaren, wenn diese Nahrungsmittel in einer Mahlzeit neben Suppe, Fleisch und Gemüse gereicht werden.
- 80–100 g Reis, Mais, Griess oder Teigwaren für eine Mahlzeit, bei der nur Salat oder Kompott dazu serviert wird.
- 250–300 g Kartoffeln (roh, mit der Schale gewogen).
- 80–100 g Mehl für Omeletten, wenn sie mit Kompott oder Salat eine selbständige Mahlzeit bilden.
- 20–30 g Mehl für Omeletten als Vorspeise, mindestens 50 g Mehl als Hauptgericht.
- 5 g Mehl für Saucen.
- 250–300 g Gemüse, als Gericht zu Fleisch und mit Kartoffeln oder Reis serviert, usw.
- 250–300 g Früchte für Kompott.

Es reichen: Ein Poulet von 1 kg = für 4–5 Pers. — eine grosse Gans für 8–10 Pers.
Eine Ente von 1½ kg = für 6 Pers. — ein Täubchen = für 1–2 Pers.
Eine Ochsenzunge von ca. 1½ kg = für 6–8 Pers.
Ein Rehrücken (ca. 3 kg) = für 10–15 Pers.
Ein Hasenrücken (ca. 1200 g) mit Schenkeln = für 5–6 Pers.
Ein mittelgrosser Blumenkohl = für 4 Pers.
1 kg Spinat = für 5–6 Pers. — ein fester Salatkopf = für 4–6 Pers.

Im allgemeinen ist zu sagen, dass, je kleiner die Personenzahl ist, für die gekocht wird, um so grösser die einzelnen Portionen berechnet werden müssen, dass jedoch bei einer grossen Personenzahl kleinere Portionen genügen. — Selbstverständlich sind bei einem Essen von mehreren Gängen die einzelnen Portionen kleiner zu berechnen als bei einer Mahlzeit mit nur einem Gang.

Fachausdrücke und Küchentechnisches

Abkochen: (Weichkochen, Abwellen, Blanchieren) = Gemüse in w e n i g Salzwasser d. h. knapp bedeckt) gar werden lassen, s. Nr. 443 (nachher fertig machen mit Sauce, Butter, au gratin usw.). — Das G e m ü s e w a s s e r möglichst v e r w e n d e n.

Ablagern: Fleisch im Kühlraum, kl. Stücke im Eisschrank od. in Öl lagern, bis die Faser zart und mürbe ist (s. Fleisch, Allg. S. 214).

Ablöschen: In Butter gedämpfte oder geröstete Nahrungsmittel mit kalter oder warmer Flüssigkeit übergiessen und wenn nötig unter R ü h r e n zum Kochen bringen. — Bei B r a t e n Flüssigkeit dazugiessen.

Abschmecken: Ein Gericht kosten, das Nötige an Gewürzen, Rahm usw. beigeben.

Abschrecken: z. B. v. Teigwaren s. Nr. 1016, beim Sterilisieren v. Gemüsen s. Nr. 1720.

Absieben: siehe P a s s i e r e n.

Alu-Folie: eignet sich zum Überdecken von Eigelb, Hefeteig u. ä. (damit sie nicht austrocknen). Auch lassen sich darin Fleischstücke, Geflügel usw. garbraten.

Anbraten: Fleisch (große oder kleine Stücke) in wenig, sehr heißem Fett krustig-braun werden lassen (unter Wenden u. Würzen).

Agar-Agar = eine Algenart mit großem Gallertstoffgehalt (erhältlich in Faser- und P u l v e r form), wird verwendet zum Sulzen von vegetarischer, d. h. Gemüse-Sulz, von gestürzten Crèmen, Fruchtspeisen usw. — B e r e c h n u n g: 5 Gramm Pulver auf 5 dl Flüssigkeit = in wenig kaltem Wasser, Fruchtsaft oder Milch gut auflösen, unter Rühren aufkochen, zur h e i s s e n Masse giessen. — (Ganzer Agar-Agar [in Fasern] muss einige Stunden eingeweicht werden.)

Aspic = Sulz: Nr. 164 und 165, hergestellt aus Kalbsknochen, -fuss oder -kopf. Sehr guter E r s a t z ist das fertige S u l z p u l v e r (Maggi, Knorr usw.).

Backen u. **Backhitze:** im O f e n s. Nr. 914 u. 1509 (f. Konfekt) — im F e t t schwimmend, s. Nr. 889.

Backfett resp. **-öl:** Die Höchsttemperatur jeder Fettart ist verschieden, deshalb eignen sich nicht alle Fette gleich gut zum Backen. Bes. günstig und praktisch ist: **Arachidöl** aus Erd- oder Arachidnüssen (Marke Ambrosia, Sais usw.). V o r t e i l: verbrennt auch bei stärkerem Erhitzen nicht, schäumt nicht, tropft gut ab, ist geschmack- u. geruchlos und leicht verdaulich. Jede Art von Backwerk kann in Arachidöl gebacken werden. Nach jedem Gebrauch f e i n absieben. — **Wichtig:** Das Öl nur 2-3mal verwenden. Zu oft erhitztes Öl ist der Gesundheit **nicht** mehr zuträglich. Siehe auch **Öl** S. XVII. u. Kl. Ernährungslehre S. XI. (Fette).

Backfett reinigen: Nur geeignet für **feste** Fettarten (ohne Ölzugabe). — Da das Backfett nach jedem Gebrauch rasch dunkler wird, läßt es sich nur weiter verwenden, wenn es auf folg. Art. gereinigt wird: Das **Fett** in einer grossen Pfanne mit der gleichen Menge Wasser aufsetzen. Es k o c h e n unter fortwährendem A u f z i e h e n mit einem Schaumlöffel (ca. 10 Min.) und k a l t stellen, bis das Fett auf der Oberfläche erstarrt ist. Diese Schicht dann am Rand lösen, herausheben und die, auf der untern Seite, angesetzte **dunkle Schicht** (v. Teig, Paniermehl usw.) mit einem Spachtel entfernen. Das Fett nur noch 2-3mal verwenden. Zu oft erhitztes Fett ist der Gesundheit **nicht** zuträglich!

Bähen = toasten: Trockenes Erhitzen von Brot, siehe Croûtons Nr. 876.

Bain-marie: siehe unter W a s s e r b a d.

Bardieren: Große, dünne Scheiben von ungeräuchertem Fettspeck über die Brustseite von Wildgeflügel binden, damit es beim Braten nicht austrocknet, s. z. B. Nr. 844.

Beizen (Marinieren): Fleisch, spez. Wild, evtl. auch Fisch, durch Einlegen in eine säuerliche Flüssigkeit, für kurze Zeit aufbewahren (s. Beize Nr. 886, mit Milch Nr. 887).

Besteckte Zwiebel: s. Bratengarnitur Nr. 879.

Bestreichen mit Ei: Gebäck (Pasteten, Konfekt usw.) mit verklopftem Ei od. Eigelb u. evtl. 1 Pr. Zucker (verdünnt mit ein paar Tropfen Wasser od. Milch), od. Eiweiss (mit etwas Zuckercouleur vermischt), bestreichen mit Kuchenpinsel, Blätterteig nur mit Eigelb u. etwas Wasser (1 Pr. Salz od. Zucker), so dass es n i c h t über den Rand fliesst.

Binden: Bei Bratensaucen usw. mit dickem Rahm od. Kartoffelmehl, kalt angerührt (— mit Ei s. Legieren).

Biologisch-dynamisch gezogenes **Gemüse:** Vor allem u. a., mit Komposterde u. Urgesteinsmehl gedüngt (o h ne jeglichen Kunstdünger).

Blanchieren: Nahrungsmittel mit Wasser aufsetzen, kurz aufkochen und es wieder abgiessen (z. B. Reis für Diät, für Kleinkinder usw.), Gemüse z. Tiefkühlen u. Sterilisieren (s. Nr. 1720 u. 1721) usw.

Blind-backen (v o r b a c k e n) von **Teigschäl**chen oder Kuchenböden: s. Nr. 1430.

Bouillonfarbe od. Zuckercouleur (Nr. 609) z. F ä r b e n v. zu heller Bouillon od. Saucen. — Eiweiss mit Zuckercoulleur vermischt, z. Bepinseln v. Gebäck (Eigelb-Ersatz).
Bouillongarnitur: siehe Nr. 878.
Braten: Fleisch, Fische, Kartoffeln usw. in w e n i g Fett, in der Pfanne auf dem Herd od. im Ofen, gar u. krustig werden lassen.
Bratengarnitur: siehe Nr. 879.
Brennen (karamelisieren) v. Apfelmus, Omelettes, Crèmen: sie mit reichlich Zucker überstreuen, diesen mit dem elektr. Spez.-Eisen (Salamander) od. einem alten Bratenschäufelchen (auf Gas erhitzt) od. unter dem Grill b r ä u n e n.
Brot einweichen: Je n. Verwendung (in der Regel o h n e Rinde) in kaltes, evtl. w a r m e s Wasser od. Milch einlegen, bis es w e i c h, aber n i c h t zerfallen ist. Von Hand, in einem Tüchlein od. mit der sog. «Babypress» a u s d r ü c k e n, bis alle Flüssigkeit ausgetreten ist.
Butter, braune (Nr. 585): z. Abschmelzen verschied. Gerichte (wirkt bes. fein im Geschmack). Jedoch n i c h t zu oft verwenden, da das starke Erhitzen die Bekömmlichkeit d. Butter stark beeinträchtigt.
Butter = Milchfett: im Handel a) als **Tafelbutter** f. den Tisch, f. Buttercrèmen usw. — b) **Frische** Kochbutter f. feine Saucen, Gebäck u. Teige. — c) **Eingesottene** Kochbutter s. Nr. 1756, sowie Kochfett-Mischung.
Butter schaumig rühren: Die Butter in einer tiefen Schüssel (mit abgerundetem Boden) mit einer glatten Teigkelle (Holzspachtel) an mässiger W ä r m e so lange rühren, bis sie glatt und crèmig dick ist.
Cenovis-Würze: auf pflanzlicher Basis, auch salzlos erhältlich.
Croûtons: Gebackene Brotscheiben od. -würfelchen, s. Nr. 876.
Dampfkochtopf = Schnellkocher; V e r w e n d u n g siehe Nr. 1758.
Dämpfen, dünsten od. **schwitzen:** a) Nahrungsmittel in der eigenen od. in wenig hinzugefügter Flüssigkeit gar werden lassen, z. B. Gemüse (s. Nr. 442 - *Grundregel*). b) M e h l, G r i e s s usw. in Butter kurz erhitzen unter R ü h r e n (o h n e gelb werden zu lassen).
Dämpfen auf dem Sieb: d. h. **im Dampf** garkochen, z. B. G e m ü s e (s. Nr. 444 - *Grundregel*), Kartoffeln Nr. 934 u. 935.
Dressieren: von Geflügel s. Nr. 824 - od. einem Gericht die gewünschte Form geben.
Dressier- od. **Spritzsack:** Drilch- od. Spezialsack «Thermo» mit großer Öffnung oben, kleiner unten, und Blecheinsatz (sog. Tülle), der je n. Garnitur grösser od. kleiner, gezackt od. glatt zu wählen ist. Im Notfall eine spitze Tüte aus festem weissem Papier formen, z. B. f. kleine Portionen u. Spritzglasuren (s. Nr. 1422 u. Tafel 47).
Durchstreichen od. **-drücken:** mit spez. Passiermaschine (z. B. Passetout) od. mit Holzstössel (evtl. mit einem Glas) durch ein feines od. grobes Sieb, je n. Art des Gerichtes. — (S. auch Passieren.)
Einmachen = Konservieren s. Nr. 1714-1756.
Eiweiss zu Schnee schlagen: in einer sauberen, tiefen, gut glasierten Schüssel (mit abgerundetem Boden) die sorgfältig vom Eigelb getrennten Eiweiss, mit einem neuzeitlichen E i e r r ä d l i (auch Schneebesen od. Spirale) rasch schlagen (evtl. unter Beifügen von 1 Pr. Salz). P r o b e: Man soll die Schüssel umdrehen können, ohne dass das Eiweiss herausrutscht. — Geschlagenes Eiweiss s o f o r t verwenden, da es durch Stehenlassen zusammenfällt und wässerig wird! — Für Meringues u. spez. Masen das Eiweiss halbsteifschlagen, dann unter löffelweiser Beigabe v. Zucker weiterschlagen bis es s e h r s t e i f ist. (Dadurch fällt es nachher weniger rasch zusammen.)
Eier aufschlagen: Hat man mehrere Eier nötig, dann vorsichtigerweise immer jedes Ei z u e r s t für sich in eine Tasse aufschlagen, bevor man es zu den übrigen gibt, um nicht durch ein evtl. schlechtes Ei die ganze Masse zu verderben.
Entre-mets: Zwischengericht, z. B. ein Gemüse zwischen zwei Fleischgängen oder auch eine Süssspeise, z. B. ein Pudding, Auflauf u. ä.
Filet: a) Bezeichnung für ein bestimmtes Fleischstück (Rinds-, Kalbsfilet usw.) b) F i s c h f i l e t = von den Gräten abgelöste Fische. — c) «Un filet de vinaigre ou d'huile» — wenig Essig od. Öl im F a d e n einlaufen lassen.
Flambieren: s. Geflügel Nr. 822 (3) = Absengen von Flaumfedern u. Härchen. — F l a m b i e r e n von Crêpes, Früchten, Glace, Kalbsnieren usw. s. Register.
Fleurons: Kleines Blätterteiggebäck für G a r n i t u r e n s. Nr. 875.
Fond: Nach dem Anbraten von Fleisch an der Pfanne haftender, angebratener Fleischsaft (s. auch Jus).
Friture: a) F e t t, in welchem schwimmend gebacken wird. — b) Schwimmend Gebackenes wie kl. Fleischstücke, Fische, Gemüse u. a. m., in Teig gewendet od. paniert (s. Nr. 889).
Gelatine: Aus leimhaltigen Knochen hergestellt, sorgfältig präpariert. I. Qual. (Gold-

schrift Super extra) als farblose durchsichtige Blätter im Handel. — V e r w e n d u n g zu raschem Steifmachen von Bouillon für Sulz od. für Crèmen (s. Nr. 1258). B e r e c h n u n g: 1 bis max. 1¼ Blatt bringen 1 dl Flüssigkeit zum Stehen (von II. Qual. = ¾–1 Blatt, da sie dicker ist). Gelatine immer **eingeweicht** verwenden: d. h. sie einlegen in k a l t e s Wasser während einiger Minuten, bis die Blätter weich (jedoch n i c h t klebrig) sind. Das Wasser von den Blättern abstreifen u. sie den h e i s s e n Massen beimischen od. in wenig h e i s s e r Milch, evtl. Wasser, auflösen (n i c h t kochen) und g e s i e b t beigeben z. B. bei Schlagrahm od. nachträglich in eine Crème).

Gewürze: Salz (zugl. Nahrungsmittel), Kräuterpulver (s. Nr. 1757), Muskat, Paprika, Pfeffer, Curry, Lorbeer, Nelken, Safran, Senf, Kümmel, Maggi- sowie Knorrprodukte, Liebig-Fleischextr. usw. — Zucker (zugl. Nahrungsmittel), Vanille, Zimt, Anis, Zitrone, Orange usw.

Glasieren: a) Überziehen von gebratenem Fleisch mit glänzender, eingedickter Sauce.
b) Überziehen von Torten od. kleinem Backwerk mit Zuckerglasur (s. betr. Rez.).

Glasig braten oder **kochen:** Zwiebelchen Nr. 853, Äpfelchen Nr. 872 — Glas. Nüsse u. Früchte f. Garnituren (s. Nr. 1424 u. 1425).

Gratinieren (au gratin): Überbacken gargekochter Speisen in guter O b e r h i t z e, in n i e d e r e r, feuerfester Platte (auch aus Kupfer, Email, Chromstahl usw.).

Gredfil: eine leicht bekömmliche, fettarme schwed. Milchspezialität.

Grillieren: auf dem Herd in spez. Grillpfanne, s. Nr. 656. (Im Ofen s. Rostbraten.)

Grundregeln: Vereinfachte genaue Angabe f. Rezepte, die sich in ihrer Zubereitungsart häufig wiederholen.

Grünes: Petersilie od. Schnittlauch, auch gemischt, f e i n gehackt (als Vorrat tiefgekühlt s. Nr. 1728a, in Öl Nr. 1728, evtl. gedörrt).

Hacken: Zerkleinern eines Nahrungsmittels mit Wiegemesser od. Hackmaschine, evtl. durch Reiben an der Raffel. Zwiebeln auch mit dem Z y l l y s-Gemüseschneider.

Hors d'oeuvre: Pikante, k a l t e, appetitanregende Gerichte, die in der Regel v o r od. anstelle der Suppe serviert werden.

Julienne: in sehr feine S t r e i f c h e n geschnittene Gemüse, Schinken, Orangenschale usw.

Jus: Aufgelöster Bratenfond, der n i c h t mit Mehl gebunden wird (z. B. bei Roastbeef, Filet, Kalbsbraten, Entrecôtes usw.).

Karamelisieren d. Form: s. Pudding Nr. 1184.

Klären von Sulz od. Bouillon: durch Kochen mit E i w e i s s (s. Nr. 5 u. 164-165).

Knorr-Prod.: In der heutigen Küche sind Knorr-Bouillon, -Saucen, -Aromat usw. fast unentbehrlich.

Kochen: Einzelne Nahrungsmittel u. Speisen in Flüssigkeit g a r werden lassen.

Kochbutter: Frische Molkerei- od. eingekochte Butter (s. S. XVI.). — V o r t e i l: Feiner Geschmack, deshalb bes. geeignet f. feine Gemüse, Schnitten, süsses Gebäck usw. — N a c h t e i l e: schäumt schon bei geringer Abkühlung u. verbrennt sehr leicht. Stark erhitzt, ist Butter der Gesundheit nicht zuträglich, ausserdem ist sie teuer.

Kochfett: Ein gutes Pflanzenfett od. eine M i s c h u n g von Pflanzenfett u. Öl (auch Sonnenblumen-, Maisöl usw.) je n. Angabe m. 10-25% Kochbutter, z. B. **Marken:** Sais, Kaspar-Gold, Nussella. — Zum Schwimmendbacken: s. unter Backfett.

Konservieren = Einmachen s. Nr. 1714-1756.

Legieren = Binden mit Eigelb: s. Legieren einer Suppe Nr. 34, einer Sauce Nr. 546. (Verfeinert und macht nahrhafter, spez. auch wichtig für die Krankenküche.)

Liebig-Fleischextrakt = purer eingedickter, salz- u. fettfreier Fleischsaft. Vorzügliches Mittel z. Kräftigmachen u. Verfeinern von Suppen, Saucen usw., evtl. auch f. Diät.

Maggi-Prod.: z. Zubereiten od. Verbessern v. Bouillon, Suppen, Saucen, S u l z e (f. Kalte Platten) sind eine grosse Hilfe in der Küche.

Marinieren: s. Einbeizen Nr. 886 u. 887.

Melieren: L e i c h t e s Mischen von Tortenmassen, zarten Teigen u. ä.

Mixen v. Früchten, Saft usw. in elektr. Mixer, kleine Portionen im Schüttelbecher.

Öl: Arachid- od. Erdnussöl, Sonnenblumen-, Maiskeim-, sowie Leinsamen- und Safloröl. Die letzteren sind bes. r e i c h an unentbehrlichen Fettsäuren. Sie deshalb möglichst für Salate u. kalte Saucen verwenden, od. nur **leicht** erhitzen (b. Gemüsen, gedünsteten Saucen usw.), damit ihr grosser Gesundheitswert (die cholesterinhemmende Wirkung) nicht verlorengeht. — Die Speisen evtl. b. Anrichten m. etwas f r i s c h e r Butter verfeinern. — S. auch Backfett S. XV.

Panade und **Panieren:** siehe Nr. 888.

Panieren einer Form: Sie mit weicher Butter (od. Fett) ca. 1 mm dick bepinseln, 2-4 Essl. f e i n e s Paniermehl hineinstreuen und die Form drehen, bis sie ganz davon bedeckt ist.

NB.: In s c h l e c h t panierten Formen hängt d. Gebäck fest u. sieht dann unschön aus. — Evtl. s y l i k o n i s. Formen verwenden.

Paniermehl: Im Ofen gedörrtes Brot, nach dem Erkalten reiben od. zerstossen, nachher f e i n absieben. — (Prakt. Verwertung v. Brotresten.).
Passieren: Flüssigkeiten durch ein Sieb (evtl. Passiertuch) ablaufen lassen, n i c h t durchstreichen od. ausdrücken (z. B. Bouillon, Schleimsuppen, Sulz, Fruchtgelée).
Perlzwiebeln: sehr klein u. weiss, auch in Essig erhältlich (f. Kalte Platten usw.).
Puddingform = aus verzinntem Blech, mit od. ohne Rohr, evtl. mit Deckel (od. statt dessen eine T i m b a l - od. C a k e f o r m).
Pürieren = m u s i g rühren: von Früchten, Gemüsen usw., mit Passetout oder (bes. leicht u. rasch) mit einem elektr. Mixer.
Rahm schlagen: In einer tiefen, sauberen Schüssel (evtl. in Eiswasser gestellt), mit E i e r r ä d l i od. S c h n e e b e s e n kurz vor Gebrauch gleichmässig schwingen, bis der Rahm dick und steif ist. Am besten eignet sich nicht zu frischer, d.h. 1-2 Tage k ü h l gestellter Rahm. Er erträgt keine zu großen Temperaturunterschiede! Ihn nicht zu lange schlagen, da er sonst zu Butter gerinnt.
Rostbraten: im Ofen gebraten m. Rostpfanne, s. Nr. 653 (auf dem Herd mit sog. G r i l l pfanne s. Nr. 656).
Rösten v. Mehl (mit od. ohne Fett): unter Rühren erhitzen, bis es gelbraun ist, s. Nr. 85 u. 574 (Zwiebeln, geröstet, s. Nr. 588).
Salzen: Auf 1 Liter ungesalzene Flüssigkeit = 10 g Salz (od. 1 Essl., glattgestrichen) als Kochwasser für Teigwaren, Kartoffeln, Suppen usw. - Evtl. Meersalz verwenden.
Schälen: a) **Haselnüsse** in heissem Ofen auf einem Blech so lange r ö s t e n, bis sich die braunen Häutchen lösen u. leicht abreiben lassen. — b) **Kastanien**, s. Nr. 380. — c) **Mandeln** in ein Pfännchen in k o c h e n d e s Wasser werfen, e i n m a l aufkochen, kurz stehen lassen u. s o f o r t (d. h. noch ganz heiss) von Hand die Häute abstreifen. Dann auf einem Blech in mässig warmem Ofen t r o c k n e n (bes. z. Reiben) — d) **Pistazien** = auf gleiche Weise wie Mandeln.
Schalotten (Echalottes): kleinere Zwiebelsorte v. angenehmem Geschmack (f. spez. Saucen).
Schwimmend backen: Nahrungsmittel (Gemüse, Fische, Teig u. a. m.) in so viel Fett backen, dass sie darin s c h w i m m e n, s. unter Backfett S. XV. u. Nr. 889.
Sieden od. k o c h e n = Hitze ca. 100 Grad.
Sirup: Zuckersaft, in welchem Früchte gekocht werden, od. sterilis. Obstsaft.
Spicken: Fleisch od. Fische durchziehen mit Speckfäden usw., s. Nr. 885.

Sud: Gewürzte Flüssigkeit, in welcher Fische, Fleisch, Spargel usw. weichgekocht werden.
Tiefkühlen od. gefrieren siehe Nr. 1721.
Timbalform: Glatte, zylindrische Form aus schwerem, verzinntem Eisenblech, ohne Rohr, evtl. mit Deckel.
Tranchieren: Aufschneiden von F l e i s c h, s. Nr. 654 - von G e f l ü g e l s. Nr. 825.
Vanille: Verwenden u. Aufbewahren s. Vorratshaltung Nr. 1762 (Vanillin = künstlich).
Verfeinern: Gerichten, ausser den üblichen Gewürzen, noch spez. Z u t a t e n beigeben (je n. Angabe im Rezept), um sie besonders fein und wohlschmeckend zu machen.
Vorbacken: Kuchenböden, Törtchen usw. o h n e die Füllung backen, s. Nr. 1430.
Wasserbad (Bain-marie): a) Zum W a r m h a l t e n von legierten **Saucen** = in einer weiten Pfanne mit heissem Wasser, das n i c h t kochen darf (da Saucen sonst gerinnen!) — bes. heikle Saucen (z. B. Béarnaise) evtl. in einer spez. Wasserbad-Pfanne (double cooker) od. in einem Schüsselchen, ins Wasserbad gestellt, zubereiten. — b) Zum K o c h e n von **Puddings**: Die Pfanne fürs Wasserbad soll dafür nicht zu weit, jedoch so hoch sein, daß man sie noch gut decken kann, wenn die Puddingform (mit od. ohne Deckel) darin steht. Wasser bis zu ½ Höhe der Form (jedoch max. so hoch, wie sie gefüllt ist), damit ein Hineinkochen in den Pudding unmöglich ist. Nur l e i s e kochen (d. h. ziehen lassen), da die Massen sonst zu stark aufgehen und nachher zusammenfallen! Puddings lassen sich auch im Wasserbad im Dampfkochtopf zubereiten, od. in o f f e n e r Timbal- od. Cakeform u. ä., auch im Wasserbad (in einer niedern Guss-Bratpfanne) im O f e n, wobei sie dann oben eine leichte Kruste erhalten. — c) **Zum Aufwärmen** von empfindlichen Speisen, auch Kaffee, Milch usw. (evtl. auf Siebunterlage). — d) Zum **Sterilisieren** von Früchten, Gemüsen, Fleisch.
Würzen: Einem Gericht zuerst das nötige Salz, dann evtl. noch Muskat, Kräuterpulver, Maggi-Fondor, Knorr-Aromat, Liebig Fleischextrakt, Wein, Zitronensaft usw. beigeben (je n. Angabe). — Gemüse immer nur l e i c h t würzen, damit ihr Eigengeschmack erhalten bleibt. — Bei Diätkost mögl. die aromat. Kräuter sowie Diät- od. evtl. Meersalz verwenden.
Ziehen lassen (l e i s e kochen, simmern): Ein Gericht auf ganz kl. Feuer kochen, jedoch so, dass die Flüssigkeit n i c h t aufwallt.
Zuckercouleur = B o u i l l o n f a r b e: Zum Nachfärben v. Bouillon-, Bratensaucen usw.

Inhaltsverzeichnis

Dieses Verzeichnis soll ausschliesslich Inhaltsangabe sein und vor allem auch der Zusammenstellung von Speisezetteln dienen. Wird ein bestimmtes Gericht gesucht, dessen Name man genau kennt, so wird das **alphabetische Register am Ende des Buches** benützt.

Alle Rezepte sind für **6 Personen** berechnet, für 2–3 Personen die Hälfte zubereiten.

Suppen

Nr.

Allgemeines siehe Seite 1

Klare Suppen (Bouillons)

	Nr.
Gemüsebouillon	1
Zwiebelbouillon (Schnellbouillon)	2
Bouillon (Knochenbrühe)	3
Fleischbrühe (siehe Siedefleisch Nr. 658)	4
Consommé (Kraftbrühe)	5
Hühnerbouillon	6
Beeftea	7

Verschiedene klare Suppen und Einlagen
Klare Suppe oder Bouillon mit Einlage

	Nr.
Grundregel	8
Einfache Suppeneinlagen	9
Juliennesuppe	10
Tapioka- und Sagosuppe, I. u. II. Art	11
Leberreissuppe	12
Luftsuppe	13
Bouillon mit Ei, I. u. II. Art	14
Zuppa pavese	15
Consommé Royal (siehe auf Tafel 1)	16
Bouillon mit Flädli	17
Bouillon mit Traufen	18
Bouillon mit Goldwürfelchen	19
Bouillon mit Markwürfelchen	20
Bouillon mit Brotkügelchen	21
Bouillon mit Brühteigkügelchen	22
Bouillon mit Käsekügelchen	23
Bouillon mit Schinkenkügelchen	24
Bouillon mit Biscuitwürfelchen	25
Suppenklösschen – *Grundregel*	26
Griessklösschen	27
Fleischklösschen	28
Butterklösschen	29
Markklösschen	30
Schinken- oder Geflügelklösschen	31
Hirn- oder Leberklösschen	32
Champignonsklösschen	33

Gebundene Suppen

Allgemeines siehe Seite 10

	Nr.
Das Legieren einer Suppe – *Grundregel*	34

Gebundene Suppen, trocken eingerührt

	Nr.
Grundregel	35
Legierte Griessuppe	36
Waadtländer Griessuppe	37
Flockensuppe mit Gemüse	38
Leichte Schleimsuppe	39
Feine Schleimsuppe	40
Gerstensuppe	41
Erbsen- oder Linsensuppe	42
Kostsuppe (v. Hülsenfrüchten), s. Tafel 1	43
Käsesuppe	44

Gebundene Suppen, nass eingerührt

	Nr.
Grundregel	45
Einlaufsuppe	46
Maissuppe	47
Broteiergerstensuppe	48
Linsen- od. Erbsmehlsuppe, I. u. II. Art	49
Gemüsecrèmesuppe, eingerührte	50
Frisch-Erbsensuppe	51
Potage Crécy (feine Rübensuppe)	52

Gebundene Suppen, gedünstet – *Grundregel* 53

	Nr.
Weisse Mehlsuppe – *Grundsuppe*	54
Weisse Mehlsuppe mit Gemüsen	55
Crèmesuppe	56
Reis- oder Gerstencrèmesuppe	57
Gebundene Reis-, Hirse- oder Griessuppe	58
Feine Hafercrèmesuppe	59
Prinzess-Suppe	60
Grünkernmehlsuppe	61
Blumenkohlsuppe, feine	62
Selleriesuppe, feine	63
Spargelcrèmesuppe (siehe Tafel 1)	64
Königinsuppe (Geflügelcrèmesuppe)	65
Kalbfleischsuppe	66
Fischsuppe, legierte	67
Falsche Krebssuppe	68
Tomatensuppe mit Brot	69
Feine Tomatensuppe	70
Tomatensuppe mit Einlagen (s. Tafel 1)	71
Spinatsuppe	72
Kräutersuppe	73
Kerbel oder Sauerampfersuppe	74
Pilzsuppe, I. u. II. Art	75
Zwiebelsuppe	76
Zucchettisuppe	77
Lauchsuppe	78
Grüne Sellerie- oder Wirsingsuppe	79
Grüne Kartoffelsuppe	80
Weisse Kartoffelsuppe	81
Gebundene Gemüsesuppe	82

	Nr.		Nr.
Minestrone (Ital. Gemüsesuppe)	83	Brötchen, belegt auf verschiedene Art	117
Restensuppe	84	Brötchen mit Aufstrich	118
		Gemüse- u. spez. Rohkostsalat-Brötchen	119

Gebundene Suppen, geröstet – *Grundregel* 85

Feine Salate und Mayonnaisen

	Nr.
Geröstete Mehlsuppe	86
Braune Käsesuppe	87
Braune Kartoffelsuppe	88
Geröstete Griessuppe	89
Geröstete Hafergrütz- und Haferflockensuppe	90
Brotsuppe	91

Italienischer Salat (siehe Tafel 8)	120
Russischer Salat	121
Feiner Kartoffelsalat	122
Feiner Selleriesalat	123
Feiner Blumenkohlsalat (siehe Tafel 11)	124
Spargelplatte mit Mayonnaise (s. Tafel 8)	125
Lauch mit Mayonnaise	126
Pilzmayonnaise	127
Salade Waldorf	128
Florida-Salat	129
Grapefruit-Salat	130
Reissalat mit Früchten	131
Salade au Riz à l'Indienne	132
Salade au Riz Créole	133
Schinken- od. Geflügelmayonnaise	134
Geflügelmayonnaise à l'Indienne	135
Fischmayonnaise I. Art od. à l'Indienne	136
Thon- od. Crevettesmayonnaise (s. Tafel 8)	137
Salm mit Mayonnaise	138
Filets de Soles à la Mayonnaise	139
Hummer-Mayonnaise	140
Kaviar mit Mayonnaise	141
Lyonerkörbchen m. Ital. Salat (s. Tafel 4)	142

Verschiedene pikante Suppen

Ochsenschwanzsuppe, gebunden (siehe Tafel 1)	92
Falsche Schildkrötensuppe	93
Wildsuppe	94
Krebssuppe	95
Hamburger Aalsuppe	96

Süsse Suppen und Kaltschalen

Allgemeines siehe Seite 29

Milchsuppe	97
Schneesuppe	98
Joghurt-Kaltschale, I. u. II. Art	99
Quark-Joghurt-Kaltschale	100
Junket mit Früchten als Kaltschale (siehe Rezept Nr. 1163)	101
Apfelsuppe	102
Fruchtsuppe	103
Fruchtsuppe m. Reis od. Griess (s. Tafel 2)	104
Rote Grütze (siehe Rezepte Nr. 1157–60)	105
Frucht-Kaltschalen	106
Hagebutten-Kaltschale	107
Grapefruits, I. u. II. Art (siehe Tafel 2)	108

Gemüse und Früchte auf pikante Art

Rohe Tomaten, gefüllt, 1–5 (Tafel 3 u. 7)	143
Tomaten mit Spargeln	144
Tomaten als Pilze	145
Mousse aux tomates	146
Pikante Gurkenschälchen (siehe Tafel 4)	147
Pikante Gurkenschiffchen	147a
Gefüllte Peperoni, ganze	148
Gefüllte Peperoni-Schnitze (Garnitur)	149
Aubergines mit Mayonnaisefüllung	150
Pikante Chicorée- oder Sellerieplatte	151
Bananen auf pikante Art	152
Pikante gefüllte Birnen, I. u. II. Art	153
Gefüllte Avocados (siehe Tafel 19)	154

Gemüse-Kaltschalen und Cocktails

Tomaten-Kaltschale (siehe Tafel 2)	109
Pikante Tomaten-Kaltschale	110
Spinat-Kaltschale	111
Bulgarischer Kräuterbecher	112
Cocktails (Appetizers), siehe Tafel 2	113
Pikante Cocktail-Sauce	113a

Kalte Eiergerichte

Halbe Eier auf Tomaten (siehe Tafel 4)	155
Oeufs Mimosa	156
Gefüllte Eier auf Mayonnaise (s. Tafel 8)	157
Gefüllte Eier nach Strassburger Art	158
Schwedische Eier (siehe Tafel 7)	159
Eier mit Italienischem Salat gefüllt	160
Eier mit Kaviar	161
Eier in Krustaden	162
Verlorene Eier auf Croûtons	162a
Hollywood-Eier	163

Hors d'œuvres

Allgemeines Seite 35–37

Belegte Brötchen (siehe Tafeln 3, 4 und 7)

Abendessen-, Tee- oder Lunchbrötchen	114
Hors d'œuvre- und feine Teebrötchen (Canapés), siehe Tafel 7	115
Cocktail- od. Appetitbrötchen u. andere Appetizers, *Allgemeines* (s. Tafel 3 u. 8)	116

	Nr.
Sulz und gesulzte Hors d'œuvres	
Fleisch-Sulz (Aspic)	164
Sulz (Schnellsulz) I. u. II. Art	165
Sulzplatte, einfache	166
Kleine Sülzchen mit Pain	167
Kleine Sülzchen mit Schinken	168
Kleine Sülzchen auf Galettes	169
Sulz mit Schinken oder Zunge (s. Tafel 5)	170
Feine Mayonnaisen und Salate in Sulz (siehe Tafel 4)	171
Gesulzte Osterplatte	172
Crevettes-Mousse en gelée	173
Schinkenrollen, gefüllt, I. u. II. Art (siehe Tafel 4)	174
Schinken oder Bündnerfleischcornets (siehe Tafel 7)	175
Lachsschinken- od. Wurströllchen in Sulz (siehe Tafel 8)	176
Gänseleberscheiben in Sulz	177
Sardinen in Sulz	178
Forellen oder Felchen, gesulzt	179
Gesulzte Krustaden und Pasteten	
Kleine gesulzte Krustaden (1–8)	180
Kleine Sulzpastetchen	181
Carolines (Pikante Eclairs)	182
Eclairs du Gibier (Wildfüllung)	183
Grosse Krustade, gesulzt (siehe Tafel 5)	184
Sandwichtorte oder -cake	185
Pikante Roulade (siehe Tafel 4)	186
Sulzpastete mit pikanter Leberfüllung (siehe Tafel 6)	187
Sulzpastete mit Fleischfüllung	188
Sulzpastete mit Geflügelfüllung	189
Galantinen, Hummer, Pains usw.	
Kalbfleischgalantine	190
Hühnergalantine	191
Gefüllter Hackbraten	192
Kalbfleischwurst	193
Falscher Salm (siehe Tafel 7)	194
Vitello Tonnato	194a
Hummer mit Mayonnaise	195
Languste, garniert	196
Gänseleberpain	197
Leberpain	198
Buttertraube	199
Kalte Platten und Hors d'œuvres, zusammengestellt (für 6–8 Personen)	
Käseplatte	200
Kalte Fleischplatte	201
Kalte Platte (mit Eiern garniert)	202
Kalte Hühnerplatte	203

	Nr.
Melone mit Schinken	204
Hors d'œuvre-Einzelteller	205
Vegetar. Hors d'œuvre, I. u. II. Art	206
Hors d'œuvre varié, I. u. II. Art (s. Tafel 8)	207
Hors d'œuvre riche (siehe Tafel 7)	208
Kaltes Buffet (schwed. Smörgasbröd)	209

Warme Vorspeisen od. Abendessen

Eierspeisen

Allgemeines siehe Seite 79–80

	Nr.
Eier, gekocht – *Grundrezept*	210
Gekochte Eier in Sauce	211
Gekochte Eier auf Reis	212
Ungarische Eier (siehe Tafel 15)	213
Eierkutteln mit Käse	214
Eier in Förmchen, I. u. II. Art	215
Oeufs aux Morilles (- m. Morchelnsauce)	216
Schaumeier in Förmchen	217
Verlorene Eier – *Grundrezept*	218
Verlorene Eier Nr. 218 auf Croûtons, 1–5 (siehe Tafel 15)	219
Verlorene Eier Nr. 218 mit Sauce	220
Verlorene Eier in Krustaden	221
Verlorene Eier auf italienische Art	222
Rührei – *Grundrezept*	223
Rührei Nr. 223 auf verschiedene Art	224
Piperade Provençale (Rührei m. Peperoni)	225
Französ. Omelette, nature – *Grundrezept* (siehe Tafel 15)	226
Französ. Omelette Nr. 226 auf versch. Art	227
Feine Eieromeletten	228
Omeletten mit Mehl siehe Nr. 1039	
Spiegeleier – *Grundrezept*	229
Spiegeleier Nr. 229 auf versch. Art (1–5)	230
Gebackene Eier auf Croûtons	231
Schottische Eier, I. u. II. Art	232
Schottische Schinkeneier (s. Abb. S. 70)	233

Käsespeisen

	Nr.
Käseschnitten im Ofen od. v. Grill (1–3)	234
Käseschnitten, gebacken	235
Croûte de Gruyère (Greyerzer-Schnitten)	236
Käse-Kartoffelschnitten	237
Welsh rarebits (Engl. Käsetoast)	238
Gebackene Käseweggli	239
Panierte Tilsiterschnittchen	240
Käseküchlein	241
Käsecroquettes	242
Käsespiesschen, I. u. II. Art	243
Käsekräpfchen, I. u. II. Art	244
Käsepastetchen	245
Ofenküchlein od. Eclairs mit Käsefüllung	246
Käse-Brot-Auflauf, I. u. II. Art	247
Käseauflauf	248

	Nr.
Käsepudding	249
Käseköpfchen	250
Käse-Quarkpudding	251
Käsegnocchi	252
Fondue	253

Kleine Fleischgerichte

	Nr.
Lyonerkörbchen, gefüllt	254
Plat de Jambon en surprise	255
Schinkenröllchen auf Spinat	256
Dschumbo-Steaks	257
Corned-beef au gratin	258
Cervelatküchlein	259
Corned-beef-Küchlein	260
Kleine, gebackene Kalbsplätzchen	261
Gebackene Froschschenkel	262
Brät-Croquettchen	263
Fritto misto alla Bolognese	264
Schinkenkugeln	265
Fleischcroquettes	266
Fleischkräpfchen, I. u. II. Art	267
Kurländer Speckkuchen	268
Calzone ticinese (Tessiner Käseweggen)	269
Wurstkrapfen mit Kartoffelteig	270
Schinken- und Bratwurstweggen	271
Schinkenrollen, gebacken	272
Schinken- oder Fleischgipfel	273
Fleischhaché auf Croûtons	274
Toast à la Strasbourg	275
Hirn auf Croûtons	276
Schinkenschnitten	277
Bratwursteig auf Croûtons	278
Brötchen mit Schinkenfüllung	279
Ofenküchlein mit Schinkenfüllung	280
Geflügel-Schüsselpastetchen	281
Geflügelpastetchen, I. u. II. Art	282
Blätterteigpastetchen mit Fleischfüllung	283
Römische Pastetchen mit Fleischfüllung	284
Schinken- oder Fleischgnocchi	285
Fleischklösse	286
Zigeuner-Auflauf	287
Restenfleisch-Auflauf	288
Hirnauflauf	289
Fleischpudding	290
Hirnpudding	291
Leberpudding	292
Chartreuse au volaille (Geflügelpudding)	293
Fondue Bourguignonne (Fleisch-Fondue oder -Friture)	294
Fondue Chinoise	294a
Fondue Orientale, siehe NB. v. Nr. 294a	

Gemüsegerichte (vorwiegend vegetarisch)

Gemüseküchlein und gefüllte Gemüse

	Nr.
Gemüseküchlein im Teig gebacken	295
Panierte Gemüseküchlein	296
Gefüllte Gemüseküchlein	296a
Geback. Aubergines od. Zucchetti au gratin	297
Gemüse-Frittura	298
Kräuter- oder Spinatschnitten	299
Gemüsepastetchen	300
Gemüsekräpfchen	301
Tomates en robe de chambre (- im Teig gebacken)	302
Gefüllte Tomaten	303
Füllungen zu Tomaten von Nr. 303 (1–7)	304
Gedämpfte Tomaten, gefüllt (1–11)	305
Tessiner Tomaten	306
Tomates à la Provençale	307
Gefüllte Peperoni (siehe Tafel 19, unten)	308
Gefüllte Peperoni auf ungar. Art	309
Gefüllte Zucchetti (siehe Tafel 9 u. 16)	310
Gefüllte Aubergines	311
Gefüllte Gurken	312
Ganze, gefüllte Gurken	313
Gefüllte Kohlrabi	314
Gefüllte Sellerie	315
Gefüllte Zwiebeln	316
Gefüllte Lauchröllchen m. Speck (Tafel 14)	317
Brochettes à la bonne femme (Spiesschen)	318
Spinatröllchen (Laubfrösche)	319
Gefüllter Lattich	320
Kleine Kabis- oder Wirsingrouladen	321
Grosse Kabis- oder Wirsingrouladen	322
Kohlköpfchen auf türk. Art (s. Tafel 17)	323
Gefüllter Kohlkopf (siehe Tafel 17)	324
Kohlkopf in der Form	325

Gemüse-Puddings, -Aufläufe, -Eintopfgerichte

	Nr.
Spinatpudding (siehe Tafel 14)	326
Wirsingpudding (od. v. Rosenkohl)	327
Zwiebelpudding, amerikanisch	328
Spinat-, Wirsing- oder Rosenkohlauflauf	329
Gemüseauflauf	330
Gemischter Gemüseauflauf	331
Gemüsemuscheln au gratin	332
Pikante Schwarzwurzeln	333
Feine Sellerieplatte au gratin und alla Florentina	334
Spinat- oder Kräutergnocchi	335
Tomatenspeise au gratin, I. u. II. Art	336
Tomaten-Reisspeise	337
Spinat-Reisspeise	338
Blumenkohl-Reisspeise	339
Gemüse-Hörnli oder -Gerste (Eintopf)	340
Gemüse-Reis oder -Hirse (Eintopf)	341
Gemüsekartoffeln (Eintopfgericht)	342
Gemüseragout (siehe Tafel 9)	343

Pilze

Allgemeines siehe Seite 121

Grundsätzliches über Pilze und ihre Verwendung (siehe auch Tafel 10)	344

	Nr.
Das Zurüsten der Pilze	345
Champignons, I. u. II. Art	346
Gedämpfte Pilze	347
Pilze au gratin	348
Pilzragout	349
Pilzgericht auf Schweizerart	350
Pilzgericht auf italienische Art	351
Omeletten mit Pilzen	352
Kleine Pilzköpfchen	353
Pilzpudding	354
Pilzauflauf	355
Gefüllte Pilze	356
Gebratene Pilze	357
Panierte Pilzküchlein	358
Pilzküchlein im Teig	359
Grüne Pilzküchlein	360
Pilzspiesschen	361
Pilzküchlein mit Brot	362
Pilzschnitten	363
Pilzbrötchen	364
Pilzkräpfchen	365
Pilzpastetchen, I. u. II. Art	366
Pilztimbal sowie -strudel, Hohl- oder Schüsselpastete mit Pilzen usw. s. Register	

Hülsenfrüchte

Allgemeines siehe Seite 127

Zubereitung d. Hülsenfrüchte – *Grundregel*	367
Sojabohnen oder weisse Böhnli in Sauce	368
Linsen in Senfsauce	369
Sojabohnen oder weisse Böhnli mit Tomatenpurée	370
Bohnengerichte (weisse od. Soyabohnen)	371
Linsen- und Erbsenpurée	372
Erbsmehl-Purée	373
Hülsenfrucht-Küchlein	374
Erbsmehl-Küchlein	375
Erbsengericht	376
Linsengericht	377
Hülsenfrucht-Eintopfgericht	378
Erbsenpudding oder -auflauf	379

Kastanien

Allgemeines siehe Seite 131

Schälen der Kastanien	380
Gebratene Kastanien	381
Gekochte Kastanien	382
Gedämpfte Kastanien, I. u. II. Art	383
Glasierte Kastanien für Garnituren	384
Kastanien mit Wirsing (Eintopf)	385
Kastanienpurée, gesalzen	386
Gedörrte Kastanien	387

Salate

Allgemeines siehe Seite 133

	Nr.
Zurüsten, Waschen, Vorbereiten der Salate	388
Kopfsalat	389
Kopfsalat, ganzer	390
Nüsslisalat	391
Spinatsalat, I. u. II. Art	392
Kressesalat	393
Löwenzahnsalat (sowie Catalogna u. ä.)	394
Endiviensalat	395
Endiviensalat mit Kastanien	396
Zuckerhut-Salat	396a
Lattichsalat	397
Fenchelsalat, I. u. II. Art	398
Chicoréesalat	399
Chicoréeplatte à l'Italienne	400
Roher Lauchsalat	401
Gekochter Lauchsalat	402
Tomatensalat	403
Gurkensalat	404
Zucchetti-Salat	405
Peperoni-Salat	406
Rettich- oder Räbensalat	407
Radieschen	408
Roher Selleriesalat	409
Gekochter Selleriesalat	410
Roher Bleichselleriesalat, I. u. II. Art	411
Schwarzwurzelsalat, roh oder gekocht	412
Topinambursalat	413
Roher Rübensalat	414
Gekochter Rübensalat	415
Macédoine-Salat	416
Roher Randensalat	417
Gekochter Randensalat	418
Roher Blumenkohlsalat	419
Gekochter Blumenkohlsalat	420
Broccoli-Salat	420a
Roher Kohlrabisalat	421
Roher Kohlsalat (u. v. Chinesen- u. Rosenkohl)	422
Roher und gedämpfter Kabissalat	423
Roher Sauerkrautsalat	424
Bohnensalat (auch von frischen Bohnenkernen)	425
Linsen- oder Böhnlisalat	426
Kartoffelsalat	427
Kartoffelsalat Nr. 427 a. versch. Art (1–5)	428
Spaghetti- oder Hörnlisalat, I. u. II. Art	429
Reissalat (siehe auch Nr. 131–133)	430
Reissalat mit Safran	431
Kalifornischer Fruchtsalat	432
Hollywood-Salat	433
Salade Mikado	433a
Salade Mexicaine	433b
Pilzsalat	434
Fleischsalate, verschiedene (1–3)	435

	Nr.
Käsesalat	436
Eiersalat, I. u. II. Art	437
Gemischte Salatplatten (siehe Tafel 11)	438
Rohkost-Salatplatten (siehe Tafel 11)	439

Gemüse

Allgemeines siehe Seite 147

	Nr.
Einkauf der Gemüse – *Grundregel* (sowie Tabelle auf Tafel 12 u. 13)	440
Zurüsten und Waschen der Gemüse *Grundregel*	441
Gedämpfte Gemüse – *Grundregel*	442
Gemüse in Salzwasser abgekocht – *Grundr.*	443
Gemüse im Dampf gekocht – *Grundregel*	444
Gemüse au gratin – *Grundregel*	445
Gehackte Gemüse – *Grundregel*	446
Gemüsekonserven (gekochte)	447
Tiefgekühlte Gemüse	448
Gedämpfter Spinat	449
Spinat-Gericht	450
Spinat auf italienische Art	451
Spinat auf Tessiner Art	452
Gedämpfter Spinat auf französische Art	453
Gehackter Spinat	454
Mangold (Kraut) und Gartenmelde	455
Sauerampfer	456
Lattich, abgekocht, I. u. II. Art	457
Gedämpfter Lattich mit Speck	458
Namenia und Catalogna	458a
Gedämpfter Zuckerhut, Endivien- und Kopfsalat	459
Lauch, gekocht	460
Lauch Nr. 460 auf verschied. Art (1–6)	461
Lauchröllchen mit Speck siehe Nr. 317	
Gedämpfter Lauch	462
Gedämpfte Zwiebeln	463
Zwiebeln au gratin	464
Krautstiele, gekocht	465
Krautstiele Nr. 465 auf versch. Art (1–5)	466
Kohlrabi, gekochte	467
Kohlrabi Nr. 467 auf versch. Art (1–3)	468
Gedämpfte Kohlrabi	469
Blumenkohl, gekocht	470
Blumenkohl Nr. 470 auf versch. Art (1–5)	471
Broccoli (grüner Spargelkohl)	472
Rosenkohl auf verschiedene Art (1–5)	473
Chinesischer oder Schnitt-Kohl	474
Wirsing, gekocht	475
Wirsing Nr. 475 auf verschied. Art (1–4)	476
Gehackter Wirsing	477
Gedämpfter Wirsing od. Kabis I. u. II. Art	478
Kabis	479
Federkohl (Winter- oder Grünkohl)	480
Gedämpftes Rotkraut (Rotkabis)	481
Gedämpftes Sauerkraut, I.–III. Art	482

	Nr.
Grüne Bohnen, abgekocht	483
Junge Bohnen auf franz. Art	484
Grosse, gedämpfte Bohnen	485
Junge, gedämpfte Bohnen	486
Wachs- od. Butterbohnen mit Béchamel	487
Wachs- oder Butterbohnen mit Tomaten	488
Frische Bohnenkerne und Puffbohnen	489
Gedörrte Bohnen	490
Gedämpfte Kefen	491
Erbsen in Butter	492
Erbsen auf französ. Art	493
Erbsen in Béchamel	494
Gedämpfte Erbsen	495
Erbsenpurée	496
Junge, gedämpfte Rübchen und Erbsen	497
Glasierte Rübchen	498
Rübchen à la Vichy	499
Rüben in Béchamel	500
Gedämpfte Rüben	501
Gedämpfte Rüben mit Büchsenerbsen	502
Kleines Gemüseragout (als Füllung)	503
Bodenkohlrabi (1–3)	504
Gedämpfte Bodenkohlrabi	505
Räben (weisse Rüben – navets blanc)	506
Randen in Béchamel	507
Schwarzwurzeln auf verschied. Art (1–3)	508
Stachis auf verschied. Art (1–3)	509
Topinambur auf verschied. Art (1–3)	510
Sellerie, gekocht (Knollensellerie, s. T. 16)	511
Sellerie Nr. 511 auf verschied. Art (1–4)	512
Gedämpfte Sellerie	513
Bleichsellerie, gekocht (siehe Tafel 16)	514
Bleichsellerie au gratin	515
Gedämpfte Bleichsellerie	516
Karde (siehe auch Tafel 12, unten)	517
Fenchel auf französ. Art (Tafel 12 u. 19)	518
Fenchel au gratin, I. u. II. Art	519
Chicorées mit Butter	520
Chicorées au gratin	521
Gedämpfte Chicorées	522
Pikante Chicorées, I.–III. Art	523
Spargel (Tafel 19)	524
Spargel au gratin	525
Artischocken (siehe Tafeln 13 u. 19)	526
Gefüllte Artischockenböden, I. u. II. Art	527
Grüne Maiskolben (siehe Tafel 16, links)	528
Gedämpfte Zucchetti (siehe Tafel 16)	529
Zucchetti mit Schinken au gratin	530
Zucchetti oder Gurken au gratin	531
Gurken in Sauce	532
Gurken-Gemüse auf verschied. Art	533
Zucchetti oder Aubergines frites	534
Aubergines in Sauce, au gratin usw.	535
Kürbisgemüse	536
Gefüllter Kürbis	537
Italienische Gemüseplatte	538
Ratatouille Provençale	539

	Nr.
Bulgarische Paprikaplatte	540
Kleine gedämpfte Tomaten, ganze	541
Gedämpfte Tomaten, halbe, I. u. II. Art .	542
Tomatenpurée (spez. für Garnituren) ...	543

Warme Saucen

Allgemeines siehe Seite 180

	Nr.
Zubereitung der hellen, gedünsteten Saucen	
Grundregel	544
Zubereitung der hellen, eingerührten	
Saucen – *Grundregel*	545
Das Legieren einer Sauce – *Grundregel*...	546
Weisse Mehlsauce, eingerührt *Grundsauce*	547
Sauce Nr. 547 auf verschied. Art (1–5) ...	548
Weisse Buttersauce – *Grundsauce*	549
Helle Sauerrahmsauce	550
Käsesauce	551
Petersilien- oder Kräutersauce	552
Béchamel-Sauce, I. u. II. Art	553
Bouillonsauce – *Grundsauce*	554
Weissweinsauce.....................	555
Helle Senfsauce	556
Champignons- oder Morchelnsauce	557
Legierte Fischsauce	558
Kapernsauce	559
Feine Holländische Sauce, I. u. II. Art ...	560
Feine pikante Rahmsaucen (Sauce Normande, Sauce Turque, Sauce verte chaude)	561
Sauce Béarnaise	562
Sauce Mousseline	563
Sauce Maltaise	564
Leichte Schaumsauce	565
Sauce aux crevettes, I. u. II. Art	566
Zwiebelsauce.......................	567
Currysauce, I. u. II. Art	568
Gekochte Meerrettichsauce	569
Paprikasauce	570
Tomatensauce	571
Italienische Tomatensauce	572
Ungarische Tomatensauce	573
Zubereitung der braunen Saucen	
Grundregel	574
Braune Senfsauce	575
Braune Sauerrahmsauce	576
Madeirasauce	577
Ochsenmarksauce (Sauce Bordelaise) ...	578
Braune Zwiebelsauce	579
Falsche Bratensauce	580
Pikante braune Sauce	581
Pikante Fischsauce mit Kapern	582
Pikante Rahmsauce	583
Zerlassene Butter	584
Braune Butter	585
Brotsauce, englische	586
Apfelsauce	587
Geröstete Zwiebeln	588

	Nr.
Kalte Saucen, Gewürzbutter usw.	
Salatsaucen – *Grundregel*	589
Salatsauce	590
Rahm- oder Joghurt-Salatssauce	591
Eiersauce für Salate	592
Vinaigrette	593
Mayonnaise	594
Mayonnaise Nr. 594 a. pikante Art (1–12)	595
Gesulzte Mayonnaise	596
Quarkmayonnaise (für Garnituren)	597
Mayonnaise-Ersatz (1–3)	598
Mayonnaise mit Mandelmilch (für Diät) ..	599
Chaud-froid (Weisse Decksauce)	600
Kalte Meerrettichsauce, I. u. II. Art	601
Quarksauce auf verschied. Art	602
Käsebutter-Sauce	603
Kalte Tomatensauce	604
Pfefferminzsauce (English mint sauce) ..	605
Cumberlandsauce	606
Kräuterbutter	607
Gewürzte Butter auf versch. Art (1–14)..	608
Bouillonfarbe (Zuckercouleur)	609
Mehlbutter (Beurre manié)	610

Fische und Schalentiere

Allgemeines siehe Seite 198 und Tafel 25

	Nr.
Vorbereiten ganzer Fische – *Grundregel*.	611
Häuten von Fischen und in Filets teilen.	612
Zubereiten u. Anrichten d. Fische – *Allg*.	613
Fischsud	614
Gesottene Fische (s. Salm auf Tafel 27) .	615
Blau gesottene Fische	616
Gekochter Hummer mit Sauce	617
Moules à la Marinière	617a
Aal, gesotten	618
Bouillabaisse	618a
Gedämpfte Fische nach Genfer Art	619
Gedämpfte Fische en papillotes	620
Fischfilets im Ofen gedämpft, I.–III. Art .	621
Fischplatte mit Spinat au gratin	622
Fischfilets au gratin	623
Gefüllte Fischröllchen au gratin (Tafel 27)	624
Fischröllchen à l'Indienne	625
Fischröllchen in Krustaden à l'Anglaise .	626
Plat de sole riche à la moderne	627
Grosser, gebratener Fisch (siehe Tafel 26)	628
Gespickter und gefüllter Fisch	628a
Gefüllter Tintenfisch	629
Gebratene Fische à la Meunière et variés .	630
Fischtranchen à la Lyonnaise..........	631
Fischfilets mit Paprikasauce	631a
Ungarisches Fischragout	632
Salmtranchen grilliert	633
Makrelen auf dem Grill	634

XXV

	Nr.
Gebackene Fischtranchen und -filets ...	635
Gebackene Fischröllchen, gefüllt	636
Gebackene Soles (Seezungen)	637
Kleine, gebackene Fische	638
Gebackene Sardinen oder Thon	639
Tempura (Japan. Fischgericht)	640
Schüsselpastete mit Fisch	641
Crevettes oder Thon au gratin	642
Schnecken (Escargots)	642a

Kleine Fischgerichte, auch von Fischresten

Fisch in Muscheln au gratin	643
Fischpudding oder -auflauf	644
Feine Fischklösschen	644a
Einfache Fischklösse od. -knödel.......	644b
Fischgnocchi	644c
Fischcroquettes	645
Fisch auf Croûtons	646
Kartoffelpastete mit Fisch	647
Weitere Fischrestengerichte (spez. kalte) Fischpastete, Froschschenkel usw. s. Register	

Das Fleisch

Allgemeines siehe Seite 214

Zubereitungsarten für Fleisch – *Grundregel*	648
Sieden der Fleischstücke – *Grundregel*...	649
Gedämpfte od. Schmor-Braten – *Grundregel*	650
Braten-Zubereitung a. d. Herd – *Grundregel*	651
Braten in der Pfanne im Ofen – *Grundregel*	652
Braten auf dem Rost im Ofen – *Grundregel*	653
Tranchieren und Anrichten der Braten *Grundregel*......................	654
Das Braten kleiner Fleischstücke in der Pfanne – *Grundregel*	655
Flambieren kleiner Fleischstücke am Tisch	655a
Das Braten kleiner Fleischstücke auf dem Grill – *Grundregel*	656
Das Braten kleiner, panierter Fleischstücke – *Grundregel*................	657

Rindfleisch

Allgemeines und Einteilung s. S. 220–221

Siedefleisch	658
Pot au feu	659
Petite Marmite	660
Gedämpfter Rindsbraten	661
Gedämpfter Rindsbraten mit Gemüsen .	662
Bœuf à la mode (Schmorbraten)	663
Sauerbraten	664
Stufato (Gedämpfter Braten auf ital. Art)	665
Ochsenrippe à la Liégeoise	666
Ochsenrippe auf französische Art	667
Hackbraten, I. u. II. Art	668
Hackbraten in der Form	669

	Nr.
Kleiner Hackbraten	670
Ungarischer oder Zigeuner-Braten	671
Rindfleischroulade	672
Gespickter Huftbraten	673
Roastbeef auf engl. Art (siehe Tafel 28) .	674
Rindsfilet auf engl. Art, gespickt	675
Châteaubriand garni	676
Entrecôtes (siehe Tafel 29)	677
Entrecôtes flambées	677a
Entrecôtes Café de Paris	678
Entrecôtes aux morilles	679
Beefsteaks (garniert auf verschied. Art) .	680
Tournedos (garniert auf verschied. Art) .	681
Beefsteak tatare	682
Mixed Grill sowie -Spiesschen	683
Bœuf Stroganoff	684
Geschnetzeltes Rindfleisch	684a
Panierte Huftplätzchen	685
Rindsplätzchen au gratin	686
Huftplätzchen in der Form	687
Rindfleisch im Saft	687a
Rindfleischvögel	688
Gulasch I.–IV. Art	689
Ungarisches Gulasch (Szegediner s. NB.)	690
Rindsragout mit Kräutersauce	691
Braunes Rindsragout	692
Saures Rindsragout	693
Hackbeefsteaks I.–III. Art	694
Netzwürstchen	695
Frikadellen nach sizilianischer Art	696
Fleischhaché	697
Restenfleisch au gratin	698
Zwiebelfleisch	699
Rindsleber mit Zwiebeln	700
Rindsleber-Klösse (Knödel)	701
Kutteln à la mode de Caën (Tripes)	702
Kutteln mit Currysauce oder Vinaigrette	703
Pikantes Ochsenschwanzragout	703a
Ochsenzunge	704
Ochsenzunge – Restengerichte	705

Kalbfleisch

Allgemeines und Einteilung siehe Seite 238

Kalbsbraten, einfacher	706
Kalbsnierenbraten	707
Kalbsbraten gefüllt mit Eiern	708
Kalbsfilet mit Rahmsauce	709
Gefülltes, pikantes Kalbsfilet I.–II. Art ...	710
Gespicktes Fricandeau	711
Fricandeau farci (siehe Tafel 30)	712
Gefüllte Kalbsbrust	713
Kalbfleischvögel	714
Vogelnester, I. u. II. Art	715
Weisses Kalbsragout (Voressen)........	716
Braunes Kalbsragout	717
Kalbsragout mit Rahmsauce	718

	Nr.
Kalbsragout à la Provençale	719
Kalbsragout auf Italienische Art	720
Frikassee nach Grossmutter-Art	721
Kalbscurry, I. u. II. Art	722
Ossi bucchi (Kalbshaxen)	723
Rahmschnitzel	724
Kalbsplätzchen mit Champignonsauce	725
Piccata alla Ticinese	726
Kalbsplätzchen au gratin	727
Kalbsplätzchen alla Toscana	728
Saltimbocca	729
Kleine Kalbsröllchen	730
Panierte Kalbsplätzchen u. Wienerschnitzel	731
Kalbscôtelettes, nature oder paniert	732
Kalbscôtelettes od.-plätzchen Milanaise	733
Côtelettes à la Zingara	734
Côtelettes auf pikante Art (gefüllt)	735
Schnitzel Cordon bleu	736
Feines Kalbsragout (für Pastetchen usw.)	737
Geschnetzeltes Kalbfleisch, I.–III. Art	738
Riz Colonial (siehe Tafel 36)	739
Risotto Casimir (oder mit Nudeln)	740
Bratwürste I. u. II. Art (kleine, s. Tafel 31)	741
Bratwurstkügelchen-Masse, I. u. II. Art	742
Bratwurstkügelchen in Sauce	743
Bratwurstkügelchen, gebraten	744
Fleischkäse u. Kalbfleisch-Terrine	744a
Milken, gekocht	745
Milken Nr. 745 auf verschied. Art (1–6)	746
Milkenfüllung für Pastetchen, I.–II. Art	747
Hirn, gekocht	748
Hirn Nr. 748 auf verschied. Art (1–5)	749
Nieren auf verschiedene Art (1–5)	750
Flambierte Nieren	751
Spiesschen nach Hausfrauenart	752
Leberspiesschen n. Zürcher Art (s. Tafel 31)	753
Leber à l'Anglaise	754
Geschnetzelte Kalbsleber	755
Zürcher Ratsherrentopf	755a
Leberklösse oder -knödel	756
Gefülltes Kalbsherz	757
Kalbsherz-Ragout	758
Lungen-Ragout	759
Kalbszunge	760
Kalbskopf oder -füsse, gesotten	761
Kalbskopf oder -füsse, gebacken	762
Kalbskopf à la tortue	763

Schweinefleisch

Allgemeines und Einteilung siehe Seite 259

Gedämpfter Schweinsbraten	764
Schweinsbraten nach Hamburger Art	765
Schweinsbraten-Eintopf (1–4)	766
Schweinsbraten auf dem Rost	767
Schweinsfilet mit Rahmsauce, I. u. II. Art	768
Schweinsfilet en papillote	769

	Nr.
Schweinsfilet im grünen Mantel	769a
Gefülltes Schweinsfilet	770
Spanferkel und Jungschwein a. d. Rost	771
Crown Roast of Porc (Krone von Schweinsrippchen)	771a
Panierte Schweinsplätzchen	772
Paprikaschnitzel, ungarische	773
Schweinscôtelettes nature oder paniert	774
Schweincôtelettes en papillote	775
Pikante Schweinscôtelettes, gefüllt	776
Filets mignons de porc	777
Schweinsspiesschen à la Menagère	778
Schweinsleber- u. Schweinshirngerichte	779
Schweinsnierchen auf dem Rost	780
Feines Paprikaragout	781
Schweinsragout mit Curry	782
Schweinsragout auf verschied. Art (a–c)	783
Schweinefleisch mit Kastanien	784
Schweinspfeffer	785
Türkisches Pilaw (Fleisch-Reisgericht)	786
Schweinscurry-Reisgericht	787
Geräuch. Schweinefleisch mit Sauerkraut	788
Bernerplatte	789
Gekochter, geräucherter Speck	790
Schlesisches Himmelreich	791
Gekochter, geräucherter Schinken sowie Schinken-Restenverwendung	792
Schinken à l'Américaine (auch v. Scheiben)	793
Schinken, gerollter, im Teig siehe Nr. 898	

Hammel- (Schaf-) und Lammfleisch

Gigot (Hammelschlegel, gebraten, s. T. 35)	794
Hammel- oder Schafbraten	795
Gefüllte Hammelschulter	796
Crown Roast of Mutton or Lamb	796a
Mutton chops (Hammelplätzchen, grilliert)	797
Hammel- u. Lammcôtelettes auf dem Grill	798
Hammelcôtelettes à la Nelson	799
Irish Stew (Irischer Fleischtopf)	800
Hammelpilaw und -curry	801
Hammelragout und -pfeffer	802
Lammbraten	803
Gefüllte Lammbrust	804

Zicklein (Gitzi) und Kaninchen

Gitzibraten (Rôti de cabri)	805
Weisses und braunes Gitziragout	806
Panierte Gitziplätzchen (auch gehackte)	807
Gitziküchlein	808
Kaninchenbraten oder -ragout	809

Wild

Allgemeines siehe Seite 275

Hase (Ausbalgen und Vorbereiten)	810
Hasenrücken mit Rahmsauce	811

	Nr.
Rehrücken mit Rahmsauce (s. Tafel 32) .	812
Rehschlegel-, Hirsch- u. Gemsbraten usw.	813
Rehfilet à la crème	814
Médaillons de chevreuil aux mûres	815
Rehcôtelettes od.-schnitzel en papillotes	816
Hasenpfeffer (siehe Tafel 33)	817
Reh- und Gemspfeffer	818
Reste v. Wildbraten (s. auch NB. v. Nr. 812)	819
Rehleber	820
Wildbret-Terrine	820a
Wild-Hackbraten	821
Wildschwein (Sanglier)	821a

Geflügel

Einkauf (*Allgemeines*) siehe Seite 280	
Vorbereiten und Ausnehmen des Geflügels *Grundregel*........................	822
Vorbereiten der Eingeweide – *Grundregel*.	823
Das Dressieren des Geflügels, I. u. II. Art *Grundregel*........................	824
Tranchieren und Anrichten des Geflügels *Grundregel*........................	825
Gesottenes Huhn	826
Huhn mit Currysauce	827
Brasilianischer Hühnerreis	828
Braunes Hühnerragout	829
Hühner-Curry, gebraten (Chicken-Curry)	830
Paprika-Huhn	831
Poulet sauté........................	832
Poulet chasseur	833
Poulet Marengo	834
Coq au vin bourguignon	834a
Gebratenes Geflügel (siehe Tafel 34)	835
Gefülltes, gebratenes Geflügel	836
Hähnchen auf dem Rost oder Grill	837
Wiener Backhähnchen	838
Canard à l'orange (siehe Tafel 34)	839
Gebratene Gans und grosse, fette Ente ..	840
Gefüllte, gebratene Gans und Ente	841
Gefüllter Truthahn, gebraten	842
Perlhuhn à la Bigarade	843
Gebratenes Wildgeflügel	844
Gefülltes, gebratenes Wildgeflügel	845
Rebhuhn	846
Rebhuhn nach Elsässer Art	847
Rebhuhn à la Polonaise	848
Kleines Geflügelragout (von Resten) ...	849
Weitere Geflügelrezepte (auch kalte) siehe unter Vorspeisen und im Register	
Paella Valenciana (Span. Huhn-Reisgericht)	850
Nasi Goreng (indonesisch)	851

Garnituren für vegetar. u. Fleischplatten

Allgemeines siehe Seite 295	
Beigaben zu Siedefleisch (mit Bild)	852

	Nr.
Glasierte Zwiebelchen	853
Gebackene Petersilie	854
Garnitur à la Jardinière (auf Tafel 28) ..	855
Gemüse-Macédoine	856
Kartoffelcroquettes und Gemüse	857
Gefüllte Gemüseschälchen (1–8).......	858
Garnitur alla Luganese	859
Garnitur St. Germain	860
Lauchröllchen, gefüllte	861
Garnitur mit Lattich und Schwarzwurzeln	861a
Garnitur à l'Italienne	862
Garnitur à la Milanaise...............	863
Reisköpfchen à la Napolitaine	864
Garnitur à la Florentine	865
Spaghetti-Garnitur à la Napolitaine	866
Kartoffelgarnituren (1–7)	867
Lyoner-Körbchen (s. auch Vorsp. Nr. 254)	868
Garnitur à la Bigarade	869
Gebratene Bananen oder Äpfel	870
Halbäpfel od.-birnen mit Preiselbeeren (- à la Mirza)	871
Glasierte Äpfelchen (siehe Tafel 32)	872
Gefüllte Krustaden (siehe Tafel 32)	873
Römische Pastetchen	874
Fleurons (auf Tafel 14)	875
Croûtons (geback. Brotscheiben und -würfelchen für Suppen)	876
Zitronengarnituren (s. auch S. 303 oben).	877

Bouillon- und Bratengarnitur Füllungen

Bouillongarnitur	878
Bratengarnitur («Besteckte Zwiebel») ...	879
Brotfüllung (für Kalbsbrust usw.)......	880
Brät- und Kräuterfüllung	881
Geflügelfüllung	882
Pilzfüllung	883
Reisfüllung	884

Spicken, Beizen, Panieren

Das Spicken von Fleisch, evtl. Fisch usw. .	885
Einbeizen oder Marinieren	886
Milchmarinade	887
Panade und Panieren	888
Schwimmend Backen (Seite 306–307) ...	889

Warme Pasteten und Rouladen, Wähen

Hohlpastete (Brätkügelipastete, Tafel 39)	890
Grosser Vol-au-vent, I. u. II. Art	891
Fleischpastete, reiche, I. u. II. Art (siehe Tafel 38)	892

	Nr.
Hasen- oder Wildpastete	893
Geflügelpastete	894
Festliche Fischpastete	894a
Pasteten nach Hausfrauen-Art, I. u. II. Art	895
Schweinsfilet im Teig, I. u. II. Art (siehe Tafel 38)	896
Neue Pastete nach Kochschulart	896a
Rindsfilet Wellington	897
Rollschinken im Teig	898
Einfache Fleischpastete	899
Torta verde (Ital. Spinatpastete)	899a
Gedeckte Fleischpastetchen	900
Blätterteigpastetchen, I. u. II. Art	901
Blätterteigrand	902
Grosse Krustade, I.–II. Art (s. Tafel 5)	903
Kleine Krustaden (siehe Tafel 32)	904
Gemüse- oder Pilzkrustade	905
Schüsselpastete (siehe Tafel 37, oben)	906
Gemüse- oder Pilztimbal (siehe Tafel 37)	907
Fleisch-, Pilz- od. Gemüseroulade (siehe Tafel 4 u. 37)	908
Schinkencake	908a
Gemüse-, Zwiebel-, Pilz- od. Fleischstrudel	909
Pizza Napoletana (siehe Tafel 22)	910
Pizza con prosciutto	910a
Quiche Lorraine (Lothringer Speckkuchen)	911
Käse- u. Gemüsewähen, 1.–6. Art (Tafel 22)	912

Teige

Allgemeines siehe Seite 319

	Nr.
Regeln für die Zubereitung von Teigen	913
Backen im Ofen	914
Zubereitung von gerieb. Teig – *Grundregel*	915
Zubereitung von eingerührtem Teig – *Grundregel*	916
Eingerührter Teig (5 Min.-Teig)	917
Einfacher Kuchenteig	918
Hefe-Wähenteig, I. u. II. Art	919
Kartoffelteig, I. u. II. Art	920
Quark-Blätterteig	921
Sauerrahmteig	922
Schnellblätterteig	923
Blätterteig	924
Timbalteig (spez. Mürbeteig)	925
Krustadenteig	926
Mürbeteig, gesalzen	926a
Mürbeteig, süsser	927
Teig für Früchtekuchen, I. u. II. Art	928
Nudel- oder Ravioliteig	929
Strudelteig	930
Ausbackteig (Eier- und Bierteig)	931
Brüh- oder Brandteig – *Grundregel*	932

Kartoffeln

Allgemeines siehe Seite 325

	Nr.
Schälen und Zubereiten der Kartoffeln	933
Schalenkartoffeln, gekocht	934
Salzkartoffeln, I. u. II. Art	935
Fischkartoffeln (als Garnitur)	936
Kartoffelschnee	937
Kartoffelstock, I. u. II. Art (vereinfachte)	938
Grüner oder roter Kartoffelstock	939
Kartoffelstock mit Eiern oder Tomaten	940
Schalenkartoffeln mit Sauce, I.–III. Art	941
Kartoffeln mit Béchamel au gratin	942
Gedämpfte Kartoffeln mit Gemüsen	943
Kartoffeln mit Pilzen	944
Gedämpfte Kartoffeln auf ital. Art	945
Schalenkartoffeln mit Speck	946
Gebackene Schalen- od. Ofenkartoffeln I. u. II. Art	947
Gefüllte Ofenkartoffeln, I. u. II. Art	947a
Kartoffelrösti	948
Kartoffeln auf Freiburger Art	949
Gebratene Kräuterkartoffeln	950
Spanische Kartoffelomelette (Tortilla)	951
Bratkartoffeln auf verschiedene Art	952
Pariser Kartoffeln	953
Pommes frites	954
Pommes paille	955
Pommes chips und -bricelets	956
Kartoffel-Croquettemasse – *Grundrezept*	957
Panierte Kartoffelcroquettes (s. Tafel 35)	958
Berny-Kartoffeln	958a
Gebackene Kartoffelkügelchen, unpaniert	959
Kartoffelcroquettes à la Dauphine	960
Kartoffelcroquettes au gratin	961
Kartoffelbrötchen im Ofen	962
Kartoffelwürstchen	963
Kartoffelküchlein auf verschied. Art	964
Kartoffelpuffer	965
Kartoffel-Omelettchen	965a
Kartoffelklösse	966
Kartoffelgnocchi	967
Kartoffelpfluten	968
Kartoffelravioli	969
Kartoffelpudding	970
Kartoffelauflauf	971
Kartoffelramquins	972
Kartoffelring, gebacken	973
Kartoffelkuchen mit Kräutern	974
Kartoffelpastete	975
Shepherd's Pie (Pastete nach Schäferart)	975a
Kartoffeln nach Savoyer Art	976
Kartoffel-Brioches n. span. Art (s. Tafel 22)	977
Tessiner Ofen-Kartoffeln (siehe Tafel 22)	978
Gefüllte Kartoffeln	979
Weitere Kartoffelgerichte siehe Register	

	Nr.
Getreide und Getreideprodukte	
Getreide, **Allgemeines** siehe Seite 340–341	
Reis-, Griess-, Hirse-, Maisgerichte u. ä.	
Reis u. Hirse, **Allgemeines** siehe Seite 341–342	
Indischer Reis oder Trockenreis	980
Riz Créole	981
Wasser oder Bouillonreis, I.–III. Art	982
Kubanischer Reis	983
Riz frou-frou	984
Sukiyaki (Japan. Gericht mit Reis)	985
Kleine Javanische Reistafel	986
Risotto, I. Art u. II. ital. Art	987
Risotto Nr. 987 a. verschied. Art (1–10)	988
Risotto aux Crevettes	989
Orientalischer Reis	990
Reisring oder -timbal, garniert	991
Reistimbal mit Schinken	992
Reis oder Hirse au gratin	993
Hirse- und Gerstengerichte	994
Reis- oder Hirseküchlein	995
Reisbrei (Milchreis)	996
Hirsebrei (Millet au lait)	997
Kochen eines Breies – *Grundregel*	998
Griessbrei	999
Griessauflauf mit Käse	1000
Griess oder Maispfluten au gratin	1001
Griess- oder Maisschnitten	1002
Griess- od. Maisschnitten a. verschied. Art	1003
Bouchées de semoule au fromage	1004
Griessgnocchi au gratin (à la Romaine)	1005
Maisgnocchi	1006
Goldene Taler, gefüllt	1007
Polenta e fontina	1008
Polenta	1009
Maisgericht (Polentina)	1010
Porridge und Buchweizenbrei	1011
Hafergrütz- oder Buchweizenküchlein	1012
Weizen- oder Grünkernküchlein	1013
Hafer- oder Hirseflockenküchlein	1014
Teigwaren, Omeletten usw.	
Nudel-Zubereitung (hausgemachte)	1015
Kochen von Teigwaren – *Grundregel*	1016
Teigwaren à la Milanaise	1017
Nudeln mit Butter	1018
Nudeln à la Polonaise	1019
Schlemmernudeln	1019a
Spaghetti à la Napolitaine	1020
Spaghetti al sugo	1021
Spaghetti alla Bolognese	1022
Nudeln mit Eiern	1023
Nudel-Omelette	1024

	Nr.
Makkaroniküchlein	1025
Nudelauflauf mit Käse	1026
Nudelauflauf mit Schinken	1027
Nudelauflauf mit Gemüsen	1028
Nudel- oder Makkaroniring od. -cake	1029
Nudel- oder Fidelipudding	1030
Spaghetti-Timbal od. -Cake	1031
Hörnli mit Wurst oder Pilzen	1032
Knöpfli und Spätzli	1033
Knöpfli od. Spätzli Nr. 1033 a. versch. Art	1034
Ravioli (mit Bild)	1035
Cannelloni (Ravioli-Ersatz)	1036
Cannelloni Milanese	1037
Lasagne verdi al forno	1038
Omeletten (Eier- oder Pfannkuchen)	1039
Omeletten Nr. 1039 auf verschied. Art	1040
Gefüllte Omeletten in der Form (Tafel 21)	1041
Omeletten mit Käsefüllung	1042
Omelettes riches (Tafel 21)	1043
Crêpes Veronese	1044
Kleine Schinkenomeletten	1045
Omeletten mit Brätfüllung, au gratin	1046
Schinkenomelette	1047
Omelette à la Paysanne	1048
Soja-Omeletten	1049
Hirse-Omeletten	1049a
Fastenkutteln mit Käsecrème	1050
»Chratzete«	1051
Yorkshire Pudding	1052
»Vogelheu« (Eierdünkli)	1053
Brotauflauf m. Speck u. Käse od. Kräutern	1054
Brotküchlein	1055
Gekochter Brotkloss	1056

Obst

Allgemeines u. Tabelle d. Apfelsorten s. S. 366 u. 367

Rohe Fruchtspeisen

Allgemeines siehe Seite 367 unten

Rohes Apfelmus	1057
Rohe Apfelspeise oder -schaum	1058
Rohe gemischte Fruchtspeise	1059
Birchermüsli (Rohe Fruchtspeise)	1060
Rohes Brombeer- oder Holunderkompott	1061
Rübenspeise, süsse	1062
»Heitisturm«	1063
Rohe Frucht-Quarkcrème	1064
Rohe Frucht-Joghurtcrème	1065
Gemischter Fruchtdessert	1066
Melonen- oder Papaya-Kaltschale	1067
Johannisbeerschaum	1068
Himbeer- oder Erdbeerschaum, I. u. II. Art	1069
Kaki-Coupe	1070
Früchte-Macédoine in Gläsern	1071

	Nr.
Fruchtsalat im Winter (Tafel 40)	1072
Fruchtsalat im Sommer	1073
Fruchtsalat im Herbst	1074
Gefüllte Melone (s. Tafel 40)	1075
Gefüllte Papayas (Melonenfrucht)	1075a
Gefüllte Ananas	1076
Fruchtgelée	1077
Früchte in Gelée	1078
Früchteköpfchen	1079
Rohe Fruchtspeise, gestürzt (s. Tafel 41)	1080
Zwetschgenring oder -köpfchen	1081
Feigenköpfchen	1082
Feigenspeise	1083
Dörrfruchttorte, roh	1084
Dörrfruchtschnitten	1085

Fruchtmus u. Kompotte mit Variationen

Zurüsten der verschiedenen Obstarten	1086
Kochregeln für Obst (Mus u. Kompott)	1087
Apfelmus, I. u. II. Art	1088
Rosa Apfelschaum	1089
Quittenschaum	1090
Westfälische Apfelspeise	1091
Apfelcrème (s. Tafel 44)	1092
Süsse Apfelstückli	1093
Apfelkompott in der Silbertüte	1093a
Apfelkompott od. Halbäpfel	1094
Äpfel als Igel	1095
Birnenkompott	1096
Braune Birnen od. Äpfel	1097
Schokoladebirnen, I. u. II. Art	1098
Birnen-Igelchen, helle und dunkle	1099
Birnen mit Chaudeau, I. u. II. Art (Tafel 41)	1100
Pfirsichkompott	1101
Pfirsichkompott auf versch. Art (1–4)	1102
Kompott von Aprikosen, Zwetschgen, Pflaumen und Mirabellen	1103
Gemischtes Kompott, I.–III. Art	1104
Kirschenkompott	1105
Kompott von roten Kirschen	1106
Zwetschgenbrei	1107
Rhabarbermus	1108
Rhabarberkompott	1109
Quittenkompott	1110
Johannis- und Brombeerkompott	1111
Brombeerkompott mit Äpfeln	1112
Heidelbeerkompott	1113
Kompott von gedörrtem Obst	1114
Gemischtes Kompott von Dörrobst	1115
Orangenkompott	1116
Bananenkompott	1117
Bananenschiffchen (Tafel 44)	1118
Bananes au chocolat	1119
Bananes cardinal	1119a
Glückskäfer (Porte-bonheur)	1120
Flambierte Früchte, verschiedene (1.–3.)	1121

Warme Fruchtspeisen verschiedener Art

	Nr.
Bananen, gratiniert	1122
Bananen, meringuiert	1123
Meringuierte Apfelspeise	1124
Äpfel mit Backcrème	1125
Äpfel au gratin	1126
Gebratene Äpfel, I. u. II. Art	1127
Gefüllte Äpfel	1128
»Silver Delicions« (Bratäpfel in Silberfolie)	1128a
Gefüllte Halb-Äpfel, meringuiert	1129
Einfacher Apfelauflauf, I.–III. Art	1130
Meringuierter Apfelauflauf	1131
Früchteauflauf, einfach od. meringuiert	1132
Früchteauflauf mit Weggli	1133
Früchte-Reis od. -Hirse, meringuiert	1134
Ravioli mit Früchten	1135
Zwetschgenknödel	1136
Apfelküchlein (*Korrektur*: Vignette gehört zu Nr. 1141)	1137
Kirschen- od. Zwetschgenküchlein	1138
Gebackene Bananen (fritters)	1139
Johannisbeerträubchen, gebacken	1140
Apfelscheiben im Krätzchen od. Käfig (siehe Vignette bei Nr. 1137)	1141
Gefüllte Äpfel im Käfig	1142
Apfelrösti	1143
Apfelmaisschnitten	1144
Fruchtschnitten m. Einback od. Zwieback	1145
Meringuierte Fruchtschnitten	1146
Apfelcharlotte, feine	1147
Englische Fruchtpastete, I.–II. Art	1148
Falsche Spiegeleier, I.–III. Art	1149

Süss-Speisen

Köpfchen Kalte »Puddings« od. Flammeri

Zubereitung eines Köpfchens *Grundregel*	1150
Griessköpfchen-*Grundregel Nr. 1150*	1151
Reis- od. Hirseköpfchen (n. Nr. 1150)	1152
Riz à la Trautmannsdorf	1153
Riz à l'Impératrice	1154
Maizena- od. Paidolköpfchen	1155
Schokoladeköpfchen	1156
Karamelköpfchen s. -pudding Nr. 1184	
Rote Grütze	1157
Apfelgrütze	1158
Trauben- od. Brombeergrütze	1159
Rhabarbergrütze	1160
Früchte im Geléering	1161
Joghurtköpfchen	1162
Junket mit Früchten	1163
Junket mit Schokolade od. Kaffee	1164
Junket mit Karamel	1165

Puddings (süsse, warme)

Zubereitung eines Puddings – *Grundregel*	1166

	Nr.
Griesspudding	1167
Reis- od. Hirsepudding	1168
Tapioka- od. Fidelipudding	1169
Schwammpudding	1170
Marmorpudding	1171
Pudding royal	1172
Zitronen- od. Orangenpudding	1173
Orangenpudding mit Mandeln	1174
Schokoladepudding	1175
Einfacher Brotpudding	1176
Zwiebackpudding	1177
Wegglipudding	1178
Kirschenpudding	1179
Früchtepudding	1180
Dörrobstpudding	1181
Englischer Brotpudding	1182
Kabinettspudding	1183
Karamelpudding od. -köpfchen	1184
Pouding à la Crème Brésilienne	1185
Canadien Rice Pudding	1185a
Kastanienpudding	1186
Quarkpudding	1187
Quarkzubereitung	1188

Aufläufe und süsse Omeletten

Zubereiten und Backen eines Auflaufs	
Grundregel	1189
Griessauflauf	1190
Maisauflauf	1191
Hafer-, Hirse- od. Buchweizenauflauf	1192
Butter-Reis in der Form	1193
Reisauflauf	1194
Vanilleauflauf	1195
Haselnussauflauf	1196
Zitronen- und Orangenauflauf	1197
Kartoffelauflauf	1198
Kastanienauflauf	1199
Zwieback- od. Einbackauflauf	1200
Schokoladeauflauf	1201
Kirschenauflauf	1202
Früchteauflauf	1203
Feiner Früchteauflauf	1204
Clafoutis (Kirschendessert au gratin)	1205
Plattenmüesli (Flan)	1206
Salzburger Nockerln	1206a
Omelette soufflée, *Grundrezept*, I. u. II. Art	1207
Omelette soufflée Nr. 1207 variée (1–4)	1208
Süsse französ. Omelette (1–4)	1209
Omeletten mit Früchten gefüllt	1210
Crêpes Suzette	1211
Apfelomeletten	1212
Wiener Omeletten	1213
Deutscher Omelettenkuchen (Pfannkuchen)	1214
Fastenkutteln, süsse	1215

	Nr.
Süsse Saucen	
Vanillemilch	1216
Vanillesauce	1217
Rahmsauce	1218
Karamelsauce	1219
Schokoladesauce	1220
Nuss-Sauce	1221
Kokosnuss-Sauce	1222
Zitronensauce	1223
Orangensauce	1224
Ananassauce	1225
Aprikosensauce, I. u. II. Art	1226
Hagebuttensauce	1227
Fruchtsaft-Sauce, I. u. II. Art	1228
Erdbeer- od. Himbeersauce	1228a
Rotweinsauce	1229
Bischofsauce	1230
Punsch- od. Rumsauce	1231
Chaudeau (Weinschaumsauce)	1232

Gekochte Crèmen

Allgemeines siehe Seite 417

Zubereitung einer gekochten Crème	
Grundregel	1233
Vanillecrème	1234
Vanillecrème mit Schneeballen	1235
Schokoladecrème	1236
Schokoladecrème mit Schneeballen	1237
Haselnusscrème	1238
Feine Mokkacrème	1239
Karamelcrème, I. u. II. Art	1240
Diplomatencrème	1241
Götterspeise	1242
Tutti-Frutti à la crème	1243
Zuppa Inglese (Früchte mit Crème)	1244
Fruchtpurée-Crème	1245
Zitronen- od. Orangencrème	1246
Orangen-Schaumcrème	1247
Zitronen-Schaumcrème	1248
Süssmost-Schaumcrème	1249
Zabaione (Crème Sabayon)	1250
Chaudeau od. Weinschaumsauce (s. süsse Saucen Nr. 1232)	

Rahmcrèmen (ungekocht zubereitet)

Allgemeines siehe Seite 423

Schokolade-Rahmcrème	1251
Kaffee-Rahmcrème	1251a
Haselnuss- od. Nuss-Rahmcrème	1252
Russische Crème	1253
Früchte-Macédoine mit Rahm	1254
Dänischer Früchtebecher	1255
Bananenmousse	1256
Feine Frucht-Rahmcrème	1257

	Nr.
Gestürzte Crèmen, Bavaroises, Charlotten, Vacherins	
Allgemeines siehe Seite 425	
Zubereitung einer gestürzten, gesulzten Crème – *Grundregel*	1258
Crème Nesselrode	1259
Crème Bavaroise rubanée	1260
Crème Royale	1261
Kalter Schokolade-Soufflé	1262
Bavarois au café	1263
Feines Blanc-manger (Tafel 42)	1264
Nuss-Blanc-manger	1265
Gestürzte Haselnusscrème	1266
Nuss-Bavaroise (Tafel 42)	1267
Gestürzte Nuss-Rahmcrème	1268
Gestürzte Frucht-Rahmcrème	1269
Dänische »Apfelsine- od. Citronfromage«	1270
Gestürzte Orangencrème	1271
Gefüllte Orangen (Tafel 44)	1272
Gefüllte Zitronen	1273
Zubereitung einer Charlotte – *Grundregel*	1274
Charlotte Russe (Tafel 42)	1275
Charlotte à la Parisienne	1276
Charlotte Royal	1276a
Erdbeer-Charlotte (Marquise Alice)	1277
Ananas-Charlotte	1278
Aprikosen-Charlotte	1279
Früchteköpfchen	1280
Vacherin à la Chantilly	1281
Erdbeer-Vacherin	1282
Schokolade-Vacherin	1283
Vacherin mit Kastanien (Tafel 45)	1284
Kastaniendesserts mit Äpfeln	1285
Kastaniendessert mit Rahmcrème	1286
Kastanienpurée, süss	1287

Gefrorenes (Glace oder Eis)
Allgemeines siehe Seite 436

Zubereitung von Crème- u. Fruchteis im Eisschrank – *Grundregel*	1288
Glace-Zubereitung in Eis-Salz-Mischung	1289
Eis-Salz-Mischung (f. Glace-Zubereitung u. z. Kühlen)	1290

Crème-Eis (Crèmes glacées)

Crème-Eis, verschied. Arten, Abschn. 1–7	1291

Frucht-Eis (Glaces aux fruits)

Frucht-Eis, verschied. Arten, Abschn. 1–6	1292

Rahm-Eis u. Bomben (Parfait od. Mousse)
Allgemeines siehe Seite 440

Rahmeis u. Bomben im Eisschrank gefror.	1293

	Nr.
Rahmeis-Bomben in Eis-Salz-Mischung gefroren	1294
Vanille-Rahmeis (Parfait)	1295
Schokolade-Rahmeis (Parfait)	1296
Schokolade-«Soufflé» glacé	1296a
Haselnuss-Rahmeis (Bombe pralinée)	1297
Nuss-Rahmeis (Mousse aux noix)	1298
Bombe-Pistaches (Pistazien-Eis)	1299
Parfait au Maraschino	1300
Parfait au Grand Marnier	1301
Sabayon glacé	1301a
Bananensplit	1302
Bananen-Rahmeis (od. v. Papaya s. NB.)	1303
Ananas-Rahmeis	1304
Orangen-Rahmeis	1305
Feines Früchte-Eis, versch. (Tafel 43 u. 44)	1306
Bombe Tutti-Frutti	1307
Bombe panachée (Tafel 43)	1308
Cassata (nach Hausfrauen-Art)	1309
Fürst-Pückler-Bombe	1310
Gefüllte Orangen-Bombe	1311
Eis-Melone (Bombe à la melon)	1312
Eiscake, meringuiert (Tafel 44)	1313
Himbeer-Eistorte	1313a
Baked Alaska	1314
Omelette surprise à la Norvégienne	1315
Soufflé glacé Hawaii	1316
Gefüllte Ananas od. Melone, gefroren	1317
Eis-Orangen od. -Mandarinen	1318
Meringues glacées	1319
Eis-Champignons	1319a

Coupes und Sorbets (Tafel 54)
Allgemeines siehe Seite 449

Coupe Pêches Melba	1320
Coupe Jacques (Tafel 54)	1321
Coupe Monsieur	1321a
Coupe Poires Belle Hélène	1322
Coupe Danemark	1323
Coupe Cassis	1323a
Coupe panachée (Tafel 54)	1324
Coupes Carnaval	1325
Coupes rêve d'enfants	1326
Coupes Noël (Weihnachts-Coupes)	1327
Joghurt-Eisbecher	1328
Eisschokolade (Tafel 54)	1329
Eiskaffee od. -tee	1329a
Café diable	1330
Ice-Cream-Soda	1331
Römischer Punsch	1332
Orangen- od. Mandarinen-Sorbet	1333

Backwerk

Torten, Kuchen und Cakes
Allgemeines sowie Geräte siehe Seite 453

Backen u. Lösen der Torten – *Grundregel*	1334

	Nr.
Druchschneiden u. Füllen einer Biscuittorte-*Grundregel*	1335
Garnieren der Torten (s. auf Tafeln 45, 46-47, 48 u. 50-51) Garnituren 1–4	1336
Gerührte Tortenmassen-*Grundregel*	1337
Biscuitmassen, geschlagen-*Grundregel*	1338
Leichtes Biscuit (ohne Butter)	1339
Feines Biscuit od. -Gênois (mit Butter)	1340
Biscuittorte mit Konfitürefüllung	1341
Biscuittorte mit Backcrème u. Schok.guss	1342
Punschtorte	1343
Viktoria-Torte	1344
Rahm-Fruchttorte Elisabeth	1345
Meringuierte Himbeertorte	1346
Himbeer- od. Brombeertorte mit Rahm	1347
Einfache Erdbeertorte	1348
Biscuittorte mit Frucht-Rahmcrème (1–3)	1349
Torte mit Kirsch- od. Maraschino-Rahmcrème	1350
Ananastorte mit Buttercrème	1351
Orangentorte, leichte (Tafel 50)	1352
Orangentorte mit Buttercrème	1353
Mandarinentorte	1354
Zitronentorte, gefüllt, mit Butter- od. Backcrème	1355
Festliche Früchtetorte	1356
Zuger Kirschtorte (Tafel 48)	1357
Frankfurterkranz (Tafel 51)	1358
Torte mit verschied. Crèmen	1359
Mokkatorte (Tafel 46)	1360
Mokka-Igel (Tafel 48)	1361
Mokkaköpfchen (Timbale au café)	1362
Tannzapfen mit Buttercrème (Tafel 48)	1363
Nuss-, Haselnuss- od. Mandelbiscuit	1364
Nuss- od. Haselnusstorte mit Backcrème	1365
Mandeltorte mit Backcrème	1366
Nuss- od. Haselnusstorte mit Buttercrème	1367
Mandeltorte mit Buttercrème (Tafel 47)	1368
Haselnusstorte, reiche (Tafel 50)	1369
Nuss- od. Haselnusstorte mit Rahmcrème (Tafel 46)	1370
Nussbavaroise-Torte	1371
Nussköpfchen, leichtes (Timbale aux noix)	1372
Mandeltorte, ungefüllt	1373
Mandelfisch od. -cake	1373a
Knacktorte	1374
Nusstorte	1375
Rübentorte (Tafel 46)	1376
Orangen-Mandeltorte	1377
Reiche Festtagstorte	1378
Dobostorte	1379
Baumstamm (Bûche-Tafel 48)	1380
Biscuitroulade (Swiss roll)	1381
Schokolade-Roulade, I. u. II. Art	1382
Rehrücken, süsser, I.–III. Art	1383
Schokoladebiscuit mit Backcrème	1384
Feines Schok.-Biscuit m. Buttercrème	1384a

	Nr.
Sachertorte	1385
Schokoladetorten, I.–III. Art	1386
Wachauer Torte	1387
Schokolade-Cake, I. u. II. Art (Tafel 50)	1388
Schokolade- od. Zebracake, ungebacken	1388a
Leichter Schokoladekuchen od. -cake	1389
Schwarzwälder Torte, I. u. II. Art (Tafel 45)	1390
Schwarzwälder Kirschtorte	1391
Japonais-Torte	1392
Silvana-Torte	1393
Lagentorte (Tafel 46)	1394
Baum- od. Schichtkuchen n. Hausfrauenart	1394a
Holländertorte	1395
Engadiner Nusstorte	1396
Linzertorte (Tafel 46)	1397
Österliche Linzertorte	1397a
Sudeltorte	1398
Schwarzbrottorte (Tafel 47)	1399
Einfacher Gewürzkuchen od. Fladen	1400
Kartoffeltorte, I. u. II. Art	1401
Kastanienkuchen	1402
Eiweisstorte (Gâteau Financier)	1403
Sandtorte	1404
Gesundheitskuchen, feiner	1405
Eineikuchen	1406
Marmorkuchen	1407
Schachbrett-Cake	1408
Leichter Cake	1409
Kirsch-, Zitronen-, Orangen-, Ananascake	1410
Plum-Cake, I. u. II. Art (Tafel 47)	1411
Sultaninencake	1411a
Hirse-Cake	1412
Nuss-Cake	1413

Butter- und Backcrèmen

Zubereitung einer Buttercrème-*Grundregel*	1414
Verschied. Buttercrèmen (Abschn. 1–7)	1415
Parisercrème als feine Schok.-Glasur usw.	1416
Backcrèmen, verschied. (Abschn. 1–6)	1417
Feine Zitronencrème z. Füllen	1418

Glasuren für Torten, Spritzglasur, glasierte Nüsse usw.

Glasieren einer Torte-*Grundregel*	1419
Glasuren, verschied. (Abschn. 1–6)	1420
Schokoladeglasur, I. u. III. Art	1421
Spritzglasuren	1422
Mandelspäne (f. Tortenränder usw.)	1422a
Geröstete Nussmasse (Nougat)	1423
Glasierte Mandeln, Baum- od. Haselnüsse (f. Garnituren)	1424
Glasierte Früchte (f. Garnituren)	1425
Meringuepilzchen (f. Garnitur, Tafel 44)	1426
Mokka (starker Kaffee f. Crèmen usw.)	1427

	Nr.
Süsse Wähen, Frucht-, Osterkuchen usw.	
Allgemeines siehe Seite 489	
Fruchtwähen (Füllung s. Abschn. 1–4) ..	1428
Zubereitung von Mandel-, Crème-, Oster-Kuchen u. ä. m.	1429
Vorbacken eines Kuchenbodens od. kleiner Teigschälchen	1430
Feiner Fruchtkuchen, Abschn. 1–7	1431
Feiner Apfelkuchen mit Rahm (Tafel 51)	1432
Meringuierter Früchtekuchen	1433
Apfelpastete, I. u. II. Art	1434
Apfelschnecken	1435
Mannheimer Apfelkuchen	1436
Früchtekuchen mit Weggli	1437
Frucht-Hefekuchen	1438
Früchte-Biscuitkuchen, I. u. II. Art	1439
Gestürzter Fruchtkuchen (upside-down)	1440
Orangenkuchen	1441
Aprikosenkuchen	1442
Erbeerkuchen	1443
Meringuierter Erdbeer-, Himbeer- od. Johannisbeerkuchen	1444
Mering. Weichsel- od. Rhabarberkuchen	1445
Stachelbeerkuchen, glasiert	1446
Ananas- und Bananenkuchen	1447
Bunter Früchtekuchen	1448
Norddeutscher Johannisbeerkuchen	1449
Meringuierter Zitronenkuchen	1450
Amerikanischer Zitronenkuchen	1451
Reiskuchen	1452
Osterkuchen	1453
Quarkkuchen (Gâteau au fromage blanc)	1454
Nidelwähe od. Rahmkuchen (Flan)	1455
Crèmekuchen	1456
Gâteau St. Honoré	1457
Mandelkuchen, einfacher	1458
Mandelkuchen (mit Konfitüre)	1459
Quark- od. Topfen- und Rahmstrudel	1460
Frucht-Strudel	1461
Zwetschgen- od. Birnenfladen	1462
Glarnerpastete	1463
Birnenweggen nach Zürcher Art	1464
Dörrfrucht-Brot, I. Art	1465
Dörrfrucht-Brot auf Glarner Art	1466
Törtchen, Biscuitschnitten usw.	
Erdbeer- u. Himbeertörtchen usw., glasiert	1467
Meringuierte Törtchen mit Beeren	1468
Ananastörtchen	1469
Weichseln-, Trauben- od. Bananentörtchen	1470
Aprikosen-, Pfirsich- od. Zwetschgentört.	1471
Kirschtörtchen	1472
Törtchen mit roten Kirschen	1473
Zitronentörtchen	1474
Crèmetörtchen	1475

	Nr.
Frangipane-Törtchen (Mandeltörtchen)	1476
Nidel- od. Rahmtörtchen	1477
Apfeltörtchen	1478
Apfelweggen od. -bollen	1479
Apfelkrapfen (Rissoles aux pommes)	1480
Bananenkrapfen	1481
Kastanientörtchen	1482
Kastanien-Meringues-Törtchen	1483
Biscuitschnitten mit Früchten u. Rahm	1484
Nuss- od. Haselnussschnitten mit Rahm	1485
Haselnussschnitten mit Backcrème	1486
Feine Aprikosen-Biscuittörtchen	1487
Mürbe Orangen- od. Ananastörtchen	1488
Orangenwürfel	1489
Kirsch- od. Mokkawürfel	1490
Petits Fours -feines Pariser-Dessertgebäck	1491
Süsse, gefüllte Pilze	1492
Linzerschnitten	1493
Ofenküchlein (Choux od. Windbeutel)	1494
Eclairs (– au café ou chocolat)	1495
Profiteroles à la crème (Tafel 45)	1496
Meringuemasse I. od. II. Art	1497
Meringues (Baisers sowie Schwänchen)	1498
Cornets (Rahmtüten)	1499
Schokoladerollen	1500
Baumkuchenspitzen	1501
Löffelbiscuits, I. u. II. Art (Pelerines)	1502
Gleichschwer und Madeleines	1503
Glacéstengel	1504
Prussiens (Tafel 54)	1505
Schuhsohlen	1506
Blätterteig-Hufeisen	1507
Crèmeschnitten	1508
Crèmeschnitten Tusnelda	1508a
Kleines Gebäck (Konfekt)	
Allgemeines siehe Seite 517	
Regeln b. Zubereiten u. Backen v. Konfekt	1509
Aufbewahren von Konfekt auf Vorrat	1510
Zubereitung v. Konfektteig (ohne Butter)	1511
Zubereitung v. Konfekt-Butterteig, gerührt	1512
Zubereitung v. Konfekt-Butterteig, gerieb.	1513
Badener Kräbeli	1514
Änisplätzchen	1515
Springerli	1516
Änisschnitten, I. u. II. Art	1517
Rosinenhöckchen	1518
Rosinenplätzchen	1519
Dörrzwetschgen- und Dattelkonfekt	1520
Pomeranzenbrötchen	1521
Orangengebäck (s. Tafel 53)	1522
Orangen- oder Ananasschnitten	1523
Dekorations- u. Weihnachtsgebäck (1–4)	1524
Butter-S	1525
Albertbiscuits	1526
Mürbes Teegebäck	1527

	Nr.
Friesenkuchen	1528
Sandplätzchen oder Sablés	1529
Mikados oder bunte Plätzchen	1530
Mürbe Schokoladeplätzchen	1530a
Spitzbuben	1531
Rumplätzchen	1532
Vanillegipfeli (s. Tafel 53)	1533
Vanillebrezeli (s. Tafel 52)	1534
Schokoladebrezeli (s. Tafel 52)	1535
Mürbes Schwarz-Weiss-Konfekt (Tafel 53)	1536
Bricelets (s. Tafel 54)	1537
Mailänderli	1538
Pfaffenkäppli	1539
Ochsenäuglein	1540
Quarkkräpfchen mit Konfitüre	1541
Haferbiscuits, I. Art	1542
Haferbiscuits, II. Art (ohne Eier)	1543
Vollweizenmehl-Konfekt	1544
Hirseflockenbrötchen (s. Tafel 53)	1545
Hirseplätzchen	1546
Spekulatius	1547
Ingwerbiscuits	1548
Zimtringe	1549
Mandelplätzchen	1550
Kastanienplätzchen	1551
Schwabenbrötchen	1552
Haselnussstängelchen (s. Tafel 52)	1553
Nussstängelchen	1554
Nusskonfekt (s. Tafel 52)	1555
Kokosbiscuits (s. Tafel 53)	1556
Totenbeinchen	1557
Belgraderbrot	1558
Butterfly (Mandelknusperli)	1559
Mandelhörnchen	1560
Mandelgebäck	1561
Mandelringli	1562
Gefüllte Mandelhalbmonde	1563
Kleine Wienerwaffeln (s. Tafel 53)	1564
Gewürzschnittchen	1565
Zimtsterne, I. u. II. Art (s. Tafel 52)	1566
Schokoladesterne und -herzchen	1567
Baslerbraun, I. u. II. Art (s. Tafel 55)	1568
Mandelhäufchen (s. Tafel 53)	1569
Linzerkonfekt	1569a
Mandelmakrönli (s. Tafel 52)	1570
Haselnuss-, Nuss- und Kokosmakrönli	1571
Schokolademakrönli, I. u. II. Art	1572
Hagebutten- und Dattelmakrönli	1573
Zürcher Marzipanleckerli	1574
Zürcher Nuss- oder Haselnussleckerli	1575
Zürcher Schokoladeleckerli	1576
Honigleckerli	1577
Basler Leckerli	1578
Hamburger Braunkuchen	1579
Lebkuchen-Herzen, -Kläuse, -Tännchen	1580
Schaffhauserzungen	1581
Zitronenplätzchen	1582

	Nr.
Haselnussziegel (s. Tafel 54)	1583
Katzenzüngli	1584
Plaisir des dames	1585
Hobelspäne (s. Tafel 54)	1586
Schokolade-Cornets	1587
Florentinerli	1588
Schokolade-Schäumchen (s. Tafel 55)	1589
Bunte Meringue-Schäumchen, -Buchstaben, -Herzen usw.	1590

Einfache Pralinés, Marzipan usw.

Schokolade-Trüffeln (Tafel 55) mit Nüssen od. Liqueur (s. NB.)	1591
Schokoladehäufchen mit Mandelsplittern	1592
Nusspralinés (s. Tafel 55)	1593
Nuss- oder Mandelpralinés	1594
Nougat	1595
Fondantpralinés	1596
Marzipanpralinés	1597
Marzipan	1598
Marzipankartoffeln	1599
Marzipanherzen, -sterne usw.	1600
Marzipankugeln	1601
Schokolade- und Zebraschnittchen	1602
Gebrannte Mandeln oder Haselnüsse	1603
Karamels (Caramels mous)	1604
Nidelzeltli	1605
Gefüllte Datteln (s. Tafel 55)	1606
Gefüllte Zwetschgen	1607
Quittenpasten	1608
Apfelpasten	1608a
Marrons glacés (Glasierte Kastanien)	1609

Gesalzenes Gebäck zu Tee, Brunch und Apéro

Allgemeines siehe Seite 545

Kleines Blätterteiggebäck, gesalzen (1–6)	1610
Gesalzene Prussiens und Kravättchen	1611
Pikante Blätterteig-Fischchen	1612
Kleines luftiges Käsegebäck	1613
Einfache Käsebrezel	1614
Gefüllte Käsegipfel	1614a
Käse-Hefestengel	1615
Feine Käsestengel	1616
Roquefort-Konfekt	1617
Kleine, gefüllte Chestercakes	1618
Mürbeteigplätzchen mit Käsefüllung	1619
Käse-Mandelcrackers	1620
Biscuits Gruyère (Pikante Käse-Craquers)	1620a
Galettes salées (gesalzene Plätzchen)	1621
Kümmel- oder Käsebricelets	1622
Gefüllte Salzbricelets	1623
Käserollen, I. u. II. Art	1624
Blätterteigcornets mit Käsefüllung	1624a
Käsemüffchen	1625
Kleine Schinkengipfel	1626

	Nr.
Kleine Sardellengipfel	1627
Laugengipfeli oder -brezel	1628
Schinkenküchlein	1629
Scones	1630
Gesalzene Haferbiscuits	1631
Salzmandeln, -haselnüsse usw.	1632
Pikante Käsemousse-Törtchen	1633
Kleine Apéro-Brötchen (s. Tafel 3)	1634
Heisse Toastbrötchen (1–3)	1635
Verschiedene süsse Teebrötchen (1–7)	1636
Pikanter Hefe-Gugelhopf oder -Cake	1636a
Sandwichring	1637
Sandwichtorte oder -cake siehe Nr. 185	
Heisser Käsering	1637a

Hefegebäck

Allgemeines siehe Seite 555

Zubereitung eines Hefeteiges-*Grundregel*	1638
Modelbrot (für Sandwiches, Toast usw.)	1639
Weggli- od. Frühstücksbrötchen	1639a
Graham-, Roggenbrot usw.	1640
Kümmel- oder Mohnbrot	1641
Kartoffelbrot	1642
Kümmel- und Mohnweggen oder -zopf	1643
Hefezopf («Ankewegge oder Züpfe»)	1644
Süsser Hefe- oder Eierzopf	1645
Englische Osterbrötchen	1646
Sonntagsbrot	1647
Gugelhopf	1648
Panettone alla padrona	1649
Hamburger Klöben	1650
Weihnachts-Stollen	1651
Streuselkuchen	1652
Gefüllter Bienenstich	1653
Hamburger Butterkuchen	1654
Frucht-Hefekuchen siehe Nr. 1438	
Gefüllter Hefekranz (Hefering)	1655
Rosenkuchen, gefüllter Hefezopf und Wickelkuchen	1656
Russenzopf	1657
Schwedischer Kaffeekranz	1658
Zuckerkreuzchen	1659
Hefeschnecken	1660
Nussgipfel	1661
Dänischer Plunder (Wienerbröd)	1662
Hefeblätterteig	1663
Kleine Mandelbrioches	1664
Oster-, Weihnachts- u. Klausgebäck (1–7)	1665
Savarin (Punschring – s. Tafel 49)	1666
Kleine Savarins	1667
Dampfnudeln	1668

Fettgebackenes

Allgemeines siehe Seite 568

Brotschnitten od. Arme Ritter	1669

	Nr.
Fotzelschnitten	1670
Mandelschnitten	1671
«Schiterbig» (gebackene Brotstengel)	1672
Kapuzinerklösse	1673
Karthäuserklösse	1674
Gefüllte Weggli	1675
Gebackene Griesskugeln	1676
Natronringli	1677
Märmel	1678
Salbei-Küchlein	1679
Berner Strübli	1680
Schneeballen	1681
Schlupfküchlein	1682
Schenkeli	1683
Fastnachtsküchlein oder Eieröhrli	1684
Verbrühte Kugeln	1685
Brühteigstengel und -kränzchen	1686
Tabakrollen	1687
Ziegerkrapfen, I. u. II. Art	1688
Waffeln	1689
Rosenküchlein	1690
Römische Pastetchen	1691
Hefeküchlein	1692
Berliner Pfannkuchen	1693
Hamburger Apfelpfannkuchen	1694
Enseimadas (Brioches de Majorque)	1694a

Milch-Shakes, Milch- und Säfte-Drinks sowie festliche Getränke

Milch-Cocktails	1695
Milch-Shakes (1–5)	1696
Joghurt-Shakes	1696a
Joghurt-Zubereitung	1696b
Milch-Frappés	1697
Milch-Egg-Nogs	1698
Milch-Siphon, gespritzt	1699
Joghurt-Eisbecher, Eisschokolade, Eiskaffee oder -tee, s. Nr. 1328–1330	
Ice-Cream-Soda und Sorbets s. Nr. 1331–33	
Fruchtsäfte (Limonaden)	1700
Orangeade	1701
Summer-Drink	1702
Teenager-Drink	1702a
Kaltes Teegetränk	1703
Irish Coffee (Heisser irischer Kaffeedrink)	1704
Milch-Punsch	1704a
Rum-Punsch	1705
Glühwein	1706
Seemannsgrog	1707
Silvesterpunsch	1708
Erdbeerbowle	1709
Himbeerbowle	1710
Pfirsichbowle	1711
Ananasbowle	1712
Maitrank oder Waldmeisterbowle	1713

Konservieren

Allgemeines siehe Seite 582

Roh-Konserven, Kochend-Einfüllen und Sterilisieren

	Nr.
Grundregeln beim Konservieren	1714
Roh-Konservieren in Flaschen	1715
Kochend-Einfüllen-*Grundregel*	1716
Sterilisieren im Wasserbad-*Grundregel*	1717
Sterilisieren im Bratofen-*Grundregel*	1718
Früchte sterilisieren-*Grundregel*	1719
Gemüse sterilisieren-*Grundregel*	1720
Tiefkühlen im Haushalt	1721
Dörren von Obst u. Gemüse im Haushalt	1721a

Essigkonserven

	Nr.
Essigzwiebelchen	1722
Gewürz- oder Salzgurken	1722a
Essigpilze	1723
Tomaten und Peperoni in Essigwasser	1724
Randensalat als Vorrat	1725
Estragon im Essig	1726
Tomaten-Ketchup	1727
Kräutermischung in Öl	1728
Küchenkräuter, Petersilie usw., tiefgekühlt	1728a

Sauersüsse Früchte

	Nr.
Preiselbeeren, sauersüss	1729
Johannisbeeren, Kornelkirschen und Berberitzen	1730
Johannisbeergelée, sauersüss	1731
Quittenschnitze, sauersüss	1732
Weichseln (Griottes), Zwetschgen und unreife Tomaten, sauersüss	1733
Zucchetti, sauersüss	1734
Gurken, Kürbis und Melone, sauersüss	1735
Senffrüchte	1736

Konfitüren, Gelées und Sirup

	Nr.
Konfitüre u. Gelée-*Grundregel f. Geräte*	1737
Zubereitung der Konfitüren-*Grundregel*	1738
Zwei- und Dreifrucht-Konfitüren	1739
Dörrfrucht-Konfitüre (Winterkonfitüre)	1740
Konfitüre-Zubereitung, spez. Art	1741
Schüttelfrüchte-Konfitüre (bes. fein)	1742
Quittenmarmelade	1743
Quittenkonfitüre mit Schnitzchen	1744
Hagebutten-Marmelade	1745
Kornelkirschen- (Tierli-) und Berberitzen-Marmelade	1746
Orangenkonfitüre, I. u. II. Art	1747
Früchte-Gelées	1748

	Nr.
Johannisbeergelée (spez. Zubereitung)	1749
Sirup (eingekochter Fruchtsaft)	1750
Himbeer- u. Johannisbeersirup, vergoren	1751
Orangensirup I. u. II. Art	1752
Süssmost konservieren, I. u. II. Art	1753
Früchte im Rumtopf	1754
Orangeat und Zitronat (Arancini s. NB.)	1755

	Nr.
Butter einkochen	1756
Die Gewürz- oder Küchenkräuter Abschnitt 1–14 (s. Tafeln 23 u. 24)	1757
Kochen im Dampfkochtopf m. Beispielen verschied. Gerichte	1758
Garkochen durch Warmhalten (in Papier, Selbstkocher od. Kochkiste)	1759
Elektrische Küchenmaschinen und ihre Anwendung	1760
Praktische Geräte und Hinweise	1760a
Merkblatt und erprobte Küchentips	1761
Vorrathaltung	1762
Verwendung von Fleisch-, Geflügel- und Fischresten (1–5)	1763
Verwendung diverser Reste ohne Fleisch (1–16)	1764

Speisezettel (Menus)

	Nr.
Zusammenstellung von Speisezetteln (Menues)-*Grundregeln*	1765

Einfachere vegetarische Abendessen, evtl. Lunch (warme u. kalte) S. 608

Kleinere warme Abendessen mit Fleisch (z. T. auch für Lunch) S. 608a

Einfache Mittagessen (spez. mit Kartoffel- Brot- u. Hirseverwendung) S. 610

Wochen-Speisezettel (Mittag- und einfachere Abendessen) S. 611–613

Kleine Menus mit Fleisch mit kurzer Zubereitungszeit, auch f. Lunch S. 614 u. 615

Kleine vegetarische Menus mit kurzer Zubereitungszeit, auch f. Lunch S. 616–617

Vegetarische Menus mit Rohkost S. 618

Reichere vegetarische Menus S. 619–620

Menus für Feste und Gäste S. 621–622

Grössere Diners S. 623

Suppen

Allgemeines. Neben der neuzeitlichen Einstellung zur Ernährung, die nahelegt, die Mahlzeiten möglichst oft mit einer Salatplatte oder mit rohem Gemüse- oder Fruchtsaft zu beginnen, gilt doch noch immer das Lob der Suppe, die in ihrer ursprünglichen Form als Brei, der Anfang aller gekochten Nahrung ist. Vielerorts ist sie ein Bedürfnis und bildet in ihren mannigfachen Varianten eine gesunde und ökonomische Grundlage der Mahlzeiten, wie das tägliche Brot. Sie kann aber auch, in leichterer Form, ein appetitanregender Auftakt zu einem festlichen Menü sein. — Suppen lassen sich in zwei Hauptgruppen teilen:
1. **Klare Suppen** (Bouillons od. Consommés) mit oder ohne Einlagen, s. Seite 1–9.
2. **Gebundene Suppen,** siehe Seite 10–28.

Klare Suppen   Bouillons oder Consommés

Gemüsebouillon   (Consommé aux légumes)   1

Gemüse: ca. 500 g
{ 2–4 Rüben, ¼ Wirsing
1 kleine Sellerie mit Blättern
1–2 Lauch, evtl. 1 Kohlrabi
evtl. etwas Knoblauch
1 Lorbeerblatt, 1 Nelke
3–5 Pfefferkörner }

z. Anbraten { 1–2 Zwiebeln, ungeschält
evtl. 10 g Fett oder Oel }

z. Ablöschen: ca. 3 l Wasser

z. Würzen { Salz, Muskat, evtl. Kräuter
evtl. 1–2 Gemüsebouillonwürfel, evtl. Soyawürze }

Vorbereiten: Die Gemüse zurüsten, waschen, in Stücke schneiden.
Anbraten der halbierten Zwiebel in wenig Fett in der Pfanne (oder direkt auf der elektrischen Kochplatte) zu stark **brauner** Farbe (s. NB.). Die vorbereiteten Gemüse, sowie Lorbeer usw. in die Pfanne geben.
Ablöschen mit dem **kalten** Wasser und zum Kochen bringen.
Kochzeit 1–2 Std. auf **kleinem** Feuer. — Vor dem Anrichten die Bouillon absieben und würzen, evtl. ein kleines Stück Tafelbutter beigeben.
Verwendung für klare Suppen und zur Zubereitung von gebundenen Suppen und Saucen auch in der Diät- und Krankenküche.
NB. Das Anbraten der Zwiebel sowie das Mitkochen der braunen Zwiebelhäute geben der Bouillon

einen kräftigen Geschmack und eine schöne Farbe. — Starkes Kochen macht die Bouillon trüb! — Frische, gute Gemüseabfälle (Strünke, äussere Kohlblätter, gedörrte Schalen von Erbsen od. Spargeln usw.) sowie k l a r e s Kochwasser von Gemüsen können der Bouillon ebenfalls beigegeben werden. — Im Winter lässt sich auch D ö r r g e m ü s e verwenden. — Die gekochten Gemüse evtl. noch einer Restensuppe beigeben.

2 Zwiebelbouillon (Schnellbouillon — Consommé aux oignons)

3–4 Zwiebeln mit den Häuten
10 g Fett oder Oel
2 l Wasser, ca. 15 g Salz, Muskat
evtl. Gemüsewürfel od. Maggi-Fondor

Die Zwiebeln zurüsten, in dicke Scheiben schneiden, diese in der Pfanne im Fett (od. auf der elektrischen Herdplatte, z. B. für Diät) gelb anbraten, mit dem Wasser ablöschen. **Kochzeit** 10–20 Min., absieben, würzen.

Vorteil: Einfache und rasche Zubereitung, angenehm im Geschmack, gesund.

3 Bouillon (Knochenbrühe)

½ kg R i n d s k n o c h e n, zerkleinert
z. Ablöschen: 3–4 l Wasser

Gemüse
- 2–3 Rüben, ¼ Wirsing
- 1 kleine Sellerie mit Blättern
- 1–2 Lauch
- evtl. wenig Knoblauch

z. Mitkochen
- 1 Nelke, 1 Lorbeerblatt,
- einige Pfefferkörner
- evtl. 50 g Rindsleber

z. Anbraten
- evtl. 10 g Fett oder Öl
- 1–2 Zwiebeln mit der braunen Haut (s. NB.)

z. Würzen
- Salz, Muskat, evtl.
- Maggi Bouillonwürfel
- evtl. Liebig-Fleischextrakt

Vorbereiten: Die Gemüse zurüsten, waschen, in grosse Stücke schneiden.
Anbraten der halbierten Zwiebel in der Pfanne im Fett (od. auf der elektr. Platte zu stark brauner Farbe). Die Knochen, das vorbereitete Gemüse, Nelke, Lorbeer usw. beigeben.
Ablöschen mit dem kalten Wasser und zum Sieden bringen.
Kochzeit 2–3 Std. auf k l e i n e m Feuer. — Vor dem Anrichten die Bouillon absieben und würzen.
Verwendung für klare Suppen und zur Zubereitung von gebundenen Suppen und Saucen.
NB. Die gebräunte Zwiebel mit der Haut gibt der Bouillon einen kräftigen Geschmack und eine goldbraune Farbe. — Starkes Kochen und Beigabe von K a l b s k n o c h e n machen die Bouillon t r ü b! Knochen und Gemüse werden in u n g e s a l z e n e m Wasser besser ausgelaugt, zudem kocht die Brühe etwas ein, deshalb erst kurz vor Verwendung salzen. — Die Knochen können an 2–3 darauffolgenden Tagen nochmals ausgekocht werden. — Knochen von Braten werden dem Bouillontopf ebenfalls beigegeben. — Siehe auch NB. von Nr. 1 und 5.

4 Fleischbrühe (siehe Brühe von Siedefleisch, Bœuf bouilli Nr. 658)

5 Consommé (Kraftbrühe)

½ kg Schenkelfleisch
   (mageres Rindfleisch)
Bouillongarnitur Nr. 878, s. auch NB.
ca. 3 l Wasser oder Bouillon

1 Ei oder 2 Eiweiss (z. Klären)

z. Würzen
- Salz, Muskat
- evtl. Liebig-Fleischextrakt
- evtl. 1–2 Essl. Sherry od. Cognac

Das Fleisch entfetten, in kleine Stücke schneiden, mit der Bouillongarnitur, dem gut

verklopften Ei oder Eiweiss und mit der kalten, ungesalzenen Flüssigkeit aufsetzen, langsam zum Kochen bringen. 
Kochzeit 2–3 Std. auf kleinem Feuer. — Die Consommé durch ein feines Tuch filtrieren, nochmals aufkochen, würzen.
Verwendung als feine klare Suppe mit einer Einlage (z. B. Eierstich, Schinken- oder Champignonsklösschen) oder mit Kümmel-, Käsestängelchen oder ähnlichem serviert.
NB. Nicht zu viel Suppengemüse mitkochen, da der Fleischgeschmack in der Consommé vorherrschen soll! Ist die Consommé zu hell, dann mit einigen Tropfen Bouillonfarbe oder durch Mitkochen von braunen Zwiebelhäuten dunkler färben. — Kalte Consommé: sie nach dem Filtrieren erkalten lassen und sorgfältig entfetten (evtl. mit einem weissen Löschpapier).

Hühnerbouillon (Consommé de volaille) 6

a) **Zubereitung** wie Knochenbouillon Nr. 3. Statt Rindsknochen: 500 g **Ragouthuhn** oder sog. **Hühnerklein** (abatis) = abgeschnittener Hals, geschälte Hühnerfüsse, den ausgenommenen Magen, evtl. Herz und Hühnerkämme. — Für diese Bouillon die Zwiebel nicht stark bräunen.
b) Brühe von Suppenhuhn Nr. 826 verwenden.

Beeftea (Spez. für Kranke, da sehr konzentriert und appetitanregend) 7

500 g Rindfleisch (Schenkelfleisch) — 5 Esslöffel Wasser

Das Fleisch wenn nötig entfetten, in kleine Stückchen schneiden. Diese mit dem Wasser in ein Sterilisierglas füllen, verschliessen.
Kochen im Wasserbad während 2–3 Std. — Bis zum Gebrauch kühl halten. Bei Verwendung den erhaltenen Fleischsaft nach Geschmack oder Vorschrift salzen, eventuell im Wasserbad wieder erwärmen.

Verschiedene klare Suppen und Einlagen

Klare Suppe oder Bouillon mit Einlage (Potage clair) — Grundregel 8

2 l fertige, gesiebte Bouillon Nr. 1–5 (siehe NB.)   evtl. 1 Esslöffel Grünes:
1 Portion Suppeneinlage (siehe Nr. 9–33)   Petersilie od. Schnittlauch, fein gehackt

I. Art: Gekochte Einlagen in die erwärmte Suppenschüssel oder in Bouillontassen geben, ebenso das Grüne. — Unmittelbar vor dem Servieren die kochende Bouillon sorgfältig darüber anrichten, möglichst rasch servieren.
Durch unsorgfältiges Aufgiessen der Bouillon können zarte Einlagen zerdrückt werden. 
II. Art: Gebackene, knusperige Einlagen am besten in einem Schälchen extra zur Bouillon servieren.
NB. Zu klaren Suppen in der Regel kräftige Gemüse- oder Knochenbouillon verwenden, Hühnerbrühe bei spezieller Angabe. Mit Fleischbrühe besser keine in Fett gebackenen Einlagen servieren. — Zum Servieren von kalter Bouillon eignet sich jede dieser Brühen, nachdem sie sorgfältig entfettet wurde (siehe NB. von Nr. 5). — Für kleinere Portionen entsprechende Bouillonwürfel verwenden (**Knorr, Maggi** usw.).

9 Einfache Suppeneinlagen   (schnell zubereitet)

Anrichten dieser Einlagen siehe Nr. 8 (spez. geeignet zu Brühe von Siedefleisch Nr. 658).

1. Dünkli (gebähte Brotscheibchen): 60–80 g Dünkli — 1–2 Essl. gehacktes Grünes

NB. Zum Verfeinern die Dünkli in 40 g Kochbutter leicht durchrösten (im Ofen oder in der Omelettenpfanne). — Evtl. statt Dünkli: geröstete Haferflocken, amerikanische Cornflakes oder Cheerioats.

2. Reis, gekochter: 50 g Reis (Carolina, Patna usw.) — ½ l Wasser, ½ Essl. Salz

Den Reis verlesen, ins s i e d e n d e Salzwasser geben, während ca. 16 Min. knapp weichkochen, auf einem Sieb abtropfen lassen.

3. Teigwaren (auch kleine Ravioli oder grüne Nudeln):

50 g Teigwaren (Sternli, Buchstaben, Fideli, Hörnli usw.) — ¼ Port. Ravioli (Nr. 1035), auch tiefgekühlte oder grüne Nudeln (Nr. 1015 in kleine Vierecke geschnitten) — ½ l Salzwasser

Die Teigwaren ins s i e d e n d e Salzwasser geben, ca. 10 Min. kochen, auf ein Sieb schütten, abschrecken. — Ravioli nach dem Kochen direkt in die Suppenschüssel geben.

10 Juliennesuppe   (Klare Gemüsesuppe)

2–3 Rübchen — 1 Lauch — 1 kleine Sellerieknolle oder 1 Kohlrabi, einige zarte Kohlblätter oder Blumenkohlröschen, ½ Tasse Erbsen — 2 l Bouillon

Vorbereiten: Das Gemüse zurüsten, in zündholzfeine, ca. 4 cm lange Streifen schneiden. Den Blumenkohl in ganz kleine Röschen teilen.

Kochen: Das geschnittene Gemüse auf ein S i e b geben, leicht salzen und über Wasser (im Dampf) weichkochen (ca. 15 Min.).

Anrichten mit Bouillon, siehe **Nr. 8.** — Evtl. geriebenen Käse dazu servieren.

11 Tapioka- und Sagosuppe   I. und II. Art

60 g Tapioka oder Sago — 2 l kräftige Knochen- oder Hühnerbouillon — Grünes

I. Art: Den Tapioka oder Sago in die gesiebte s i e d e n d e Bouillon einrühren und unter öfterem Aufrühren klarkochen (ca. 15 Min.), über gehacktes Grün anrichten. (Die Suppe soll nur leicht gebunden sein.)

II. Art: Die Bouillon nur mit 40 g Tapioka oder Sago binden. Beim Anrichten eine Tasse voll ½ cm gross geschnittene Geflügel- oder Zungenwürfelchen, in Scheiben geschnittene Champignons (aus Büchsen) oder 2 cm grosse Spargelspitzen beigeben. (Gute Verwendung kleiner Reste.)

12 Leberreissuppe   (Consommé au riz de foie)

150 g Rinds-, Kalbs- oder Schweinsleber — 40 g Fettspeck
30 g Weissbrot (ohne Rinde)
1 Ei, 1 Eigelb
Gewürz: Salz, Muskat
2½ l Bouillon

Vorbereiten: Die Leber enthäuten, klein schneiden oder durch die Hackmaschine geben, ebenso den Speck, dann beides durch ein Sieb streichen. Das Brot in warmem Wasser einweichen, **gut ausdrücken** und auch durch das Sieb streichen. Alles mit dem Ei, Eigelb und Gewürz vermischen. — **Kochen:** Die Masse durch einen groblöcherigen Schaumlöffel in die **gesiebte siedende** Bouillon eintropfen lassen, aufkochen, bis die Leberflöckchen fest sind. — **Anrichten** über gehacktem Grünem.

Luftsuppe   (Consommé coton) 13

Teiglein: 2 Eier, 2 Essl. Wasser, 1 Pr. Salz   2 l Bouillon — Grünes, auch Kerbel, gehackt

I. Art: Die Zutaten zum Teiglein glatt anrühren und im Faden, unter leichtem Schwingen, in die kräftige, gesiebte, **siedende** Bouillon laufen lassen. Gut aufkochen und über fein gehacktes Grün anrichten.

NB. Die Bouillon soll **klar** bleiben und die Eiermasse in ganz kleinen Fetzchen darin schwimmen. — Evtl. 1 Ei durch 1 Esslöffel Sojamehl ersetzen.

II. Art: Eier und Wasser direkt in der Suppenschüssel tüchtig verklopfen, die kochende, gesiebte Bouillon unter **Rühren** dazugiessen.

Bouillon mit Ei   I. und II. Art 14

I. Art: In jeden Suppenteller oder jede Tasse ein frisches Ei oder Eigelb geben. Die fertige, **kochende** Bouillon darüber anrichten, **sofort** servieren.

II. Art: Pro Person je ein verlorenes Ei (Nr. 218) mit der Bouillon anrichten.

Zuppa pavese   (Italienische Eiersuppe) 15

6 verlorene Eier Nr. 218 od. Spiegeleier Nr. 229   2 l Bouillon
6 Weissbrotscheiben — ca. 50 g Kochbutter   geriebenen Parmesan od. Sbrinz

Die Brotscheiben in der Kochbutter leicht gelb anrösten, auf die Suppenteller verteilen, mit je einem vorbereiteten Ei belegen, mit etwas Käse bestreuen. Die **kochende** Bouillon darüber anrichten. Geriebenen Käse dazu servieren.

NB. Die Spiegeleier dürfen nur leicht angebacken sein.

Consommé Royal   (Bouillon mit Eierstich)   Bild auf Tafel 1 16

Eierstich: 2 Eier — 1 dl Milch, 1 Pr. Salz   2 l Consommé — Grünes, gehackt

Eierstich: Die Zutaten zusammen verklopfen und in eine kleine bebutterte Timbalform oder hohe Tasse giessen. **Ziehen lassen** im Wasserbad zugedeckt auf kleinem Feuer (oder im Ofen) während ca. 40 Min. (siehe NB.). Das Förmchen dann in kaltes Wasser stellen, bis die Masse kalt ist. — Den Eierstich vom Rand lösen, stürzen, sorgfältig in 1 cm dicke Scheiben und diese in kleine verschobene Würfelchen schneiden. **Anrichten** mit kräftiger Bouillon oder Consommé, siehe **Nr. 8**, evtl. abschmecken mit 2–3 Essl. Sherry oder Cognac.

NB. Das Wasserbad darf **nicht** kochen, da die Eiermasse sonst löcherig und käsig wird! — **Gar-**

probe: Beim Einstechen mit Hölzchen oder Dressiernadel soll nichts mehr daran hängen bleiben!
Grüner oder **roter** Eierstich: durch Beimischen von 2 Esslöffel feingehacktem Grünem oder ca. ½ Esslöffel Tomatenpurée. — **Weisser** Eierstich: 3 Eiweiss, ¾ dl Milch, 1 Prise Salz zusammen verklopfen.

17 Bouillon mit Flädli   (Consommé Célestine)

Omelettenteig { 50 g Mehl, 1 Pr. Salz ca. 10 g Kochbutter z. Backen
{ 1 dl Milch, 1 Ei   2 l Bouillon — Grünes, gehackt
oder Resten-Omeletten

Die Zutaten zum Teiglein glatt anrühren und daraus 4–5 dünne Omeletten backen. Diese aufrollen und in ganz feine Streifen schneiden. — **Resten**-Omeletten besonders fein schneiden (da sie meistens dicker sind).
Anrichten mit Bouillon, siehe **Nr. 8**.
Grüne oder **Schinken**flädli: Teig mit 1–2 Esslöffel fein gehacktem Grün, evtl. Kräutern, oder Schinken (am besten den Teig mit den ungehackten Zutaten im Mixer rühren). **Käseflädli:** mit 2–3 Esslöffel geriebenem Sbrinz.

18 Bouillon mit Traufen   (Gebackene Teigtropfen — Pois frits)

Teiglein { 30 g Mehl, 1 Essl. Milch Öl z. Backen
{ 1 Ei, Salz   2 l Bouillon — Grünes, gehackt

Das Teiglein glatt anrühren und durch einen nicht zu feinlöcherigen Schaumlöffel in heisses Backfett tropfen lassen. Die entstehenden Kügelchen unter Wenden rasch hellbraun backen und zum Entfetten auf ein Lösch- oder Seidenpapier legen.
Anrichten mit Bouillon oder die Traufen dazu servieren, siehe **Nr. 8**, II. Art.
NB. Sollten die Kügelchen während des Backens nicht mehr rund werden, dann den Schaumlöffel dazwischen waschen und gut abtrocknen.

19 Bouillon mit Goldwürfelchen   (Brotwürfelchen — Pain doré)

80 g Weissbrot ohne Rinde Kochbutter od. Öl z. Backen
2 Eier, 1 Pr. Salz, ½ dl Milch 2 l Bouillon — Grünes, gehackt

Das Brot in gleichmässige, ca. 1 cm grosse Würfelchen schneiden.
Eier, Milch und Salz verklopfen, über die Brotwürfel giessen und während ca. ½ Std. einweichen, hie und da sorgfältig wenden. — **Backen** in der heissen Butter, bis die Würfelchen gleichmässig gelb sind. (Am besten nur wenige aufs Mal backen und unter Wenden, damit sie nicht zusammenkleben.)
Anrichten mit Bouillon, siehe **Nr. 8**.

20 Bouillon mit Markwürfelchen   (Consommé à la moëlle)

1–2 Scheiben Weissbrot ohne Rinde 2 l Bouillon
Ochsenmark (ca. 40 g), Gewürz Grünes, gehackt

Das rohe Mark schaumig rühren (wie Butter), mit Salz, Pfeffer und Muskat würzen. Die Brotscheiben mit der Markmasse bestreichen, in exakte, ca. 2 cm grosse Würfelchen schneiden, sorgfältig auf ein kleines Blech legen (zuerst bestrichene Seite nach oben). — **Backen** in heissem Ofen, bis die Würfelchen leicht gelb sind. — **Anrichten** mit Bouillon oder die Würfelchen extra dazu servieren, siehe **Nr. 8**, II. Art.

Bouillon mit Brotkügelchen (Boulettes de pain)   21

80 g Weissbrot ohne Rinde — ½–1 dl Milch
wenig Zwiebel u. Grünes — 10 g Kochfett
1–2 Eigelb, Gewürz
Paniermehl, fein gesiebt
Öl z. Backen
2 l Bouillon — Grünes, gehackt

Masse: Das Brot in der heissen Milch einweichen, evtl. ausdrücken. Zwiebel und Grünes fein hacken, im Fett dünsten, mit dem Eigelb und Brot vermischen, würzen.
Formen kleiner Klösschen, sie im Paniermehl wenden.
Schwimmend backen, bis die Kügelchen gelbbraun sind, gut abtropfen.
Anrichten mit Bouillon, siehe **Nr. 8**, oder als Einlage zu Prinzessuppe Nr. 60.

Bouillon mit Brühteigkügelchen (Petites profiteroles frites)   22

Brühteig nach Nr. 932:
1 dl Wasser, 10 g Butter
50 g Mehl
1 Ei, 1 Pr. Salz, Muskat
Öl z. Backen
2 l Bouillon
Grünes, gehackt

Den Brühteig in einen Dressiersack füllen (mit ca. 1 cm grosser glatter Tülle).
Schwimmend Backen: Das Fett in kleiner Pfanne mässig erhitzen und Kügelchen hineindressieren durch Abschneiden mit dem Messer. Diese langsam unter Wenden hellbraun backen, gut abtropfen lassen.
Anrichten mit Bouillon oder extra dazu servieren, siehe **Nr. 8**, II. Art.

Bouillon mit Käsekügelchen   (Boulettes au parmesan)   23

Zubereitung wie Brühteigkügelchen Nr. 22, dem Teig jedoch 20 g geriebenen Parmesan (Sbrinz) beimischen. — Käsekügelchen nur hellgelb backen, da sie sonst bitter werden.

Bouillon mit Schinkenkügelchen   (Boulettes au jambon)   24

Zubereitung wie Brühteigkügelchen Nr. 22, dem Teig jedoch 30 g fein gehackten **Schinken** beimischen.

Bouillon mit Biscuitwürfelchen   25

Biscuit:
40 g Butter, 2 Eigelb
1 Pr. Salz u. Pfeffer, Muskat
80 g Mehl — 1–2 Eiweiss (z. Schnee)
2 l Bouillon
Grünes, gehackt

Biscuit: Die Butter schaumig rühren, Eigelb und Gewürz beigeben. Abwechselnd das gesiebte Mehl und den Eierschnee unter die Masse ziehen. Sie auf gebuttertem Papier auf einem Blech 1 cm dick (möglichst im Viereck) ausstreichen.
Backen des Biscuits in Mittelhitze, bis es gelb ist. — Sofort vom Papier lösen, noch warm in fingerbreite Streifen, diese in verschobene Vierecke od. Würfelchen schneiden.
Anrichten mit Bouillon, siehe **Nr. 8**. — Nach II. Art das Biscuit in Stengelchen geschnitten, dazu servieren.
Grünes Biscuit: der Masse 1–2 Esslöffel fein gehacktes Grün beimischen oder als **Schinken-Biscuit:** 1–2 Esslöffel fein gehackten Schinken.

26 Suppenklösschen (Quenelles en bouillon) Grundregel

Allgemeines: Das Gelingen der Klösschen hängt weitgehend vom exakten Vorbereiten der Masse, sowie vom **sorgfältigen** Formen und Kochen ab.

Die **Klösschenmasse** zubereiten, siehe Rezepte Nr. 27–33. — Das **Kochwasser** bereitstellen: In einer weiten Pfanne ca. 1 Liter helle Bouillon oder Salzwasser zum Sieden bringen.

Formen der Klösschen:

Probekloss: Von der Masse 1–2 Klösschen formen, diese einige Minuten leise kochen. Hält die Masse nicht zusammen, dann noch etwas Mehl, 1 Eigelb oder Sojamehl beigeben.

a) Bei **weichen** Massen mit zwei in die Brühe getauchten **Teelöffeln** längliche Klösschen formen. Diese direkt ins Kochwasser fallen lassen.

b) Bei **festeren** Massen mit einem Löffelstiel etwas davon abstechen, in der nassen Handfläche zu kleinen **Kugeln** formen, bis zum Kochen auf ein leicht bemehltes Brett legen.

c) Für spezielle Klösschen (nach Angabe) die Masse in einen **Dressiersack** füllen (mit ca. 1 cm grosser, glatter Tülle) und in 1 cm langen Stückchen in die leicht siedende Brühe dressieren (abschneiden mit benetztem Messer oder Schere.) — Bei dieser Art entstehen kleine runde Plätzchen (**keine** Kügelchen).

Kochen während 5–8 Min.: Nur so viele Klösschen aufs Mal ins Kochwasser geben, dass sie eine Lage bilden, d. h. nicht aufeinander zu liegen kommen und noch Platz haben zum **Aufgehen**. Zugedeckt **leise** kochen lassen. — Siedet die Flüssigkeit zu stark, dann fallen die Klösschen auseinander. — Das Kochwasser, das meistens trüb wird, für eine gebundene Suppe verwenden.

Anrichten: Die gekochten Klösschen vorsichtig mit einem flachen Schaumlöffel in die Suppenschüssel geben (mit wenig Bouillon). Direkt vor dem **Servieren** sorgfältig siedende, gesiebte **Bouillon** dazu giessen (s. **Nr. 8**). Gehacktes Grün darauf streuen.

27 Griessklösschen (Quenelles de semoule)

1½ dl Milch, 10 g Butter   50 g Griess — 1 Ei, 1 Pr. Salz, Muskat

Masse: Milch und Butter aufkochen, den Griess im Faden einrühren. Die Masse unter Rühren kochen, bis sie dicklich ist, vom Feuer zurückziehen, das Ei verklopft beigeben, würzen.

Formen (nach **a** od. **b**), **Kochen** und **Anrichten** der Klösschen mit Bouillon, siehe **Nr. 26**.

28 Fleischklösschen (Quenelles de viande)

1 rohe Bratwurst oder 1 Tasse voll fein gehackte Fleischreste
1 Scheibe Weissbrot in Wasser eingeweicht
2 Essl. fein gehacktes Grün u. Zwiebel
10 g Kochfett
evtl. 1 Eigelb oder 5 g Sojamehl

Masse: Das Grüne im Kochfett dünsten, ebenso das ausgedrückte Brot. Mit Brät oder Fleischresten, wenn nötig Eigelb oder Sojamehl und Gewürz gut vermischen.

Formen (nach **b**), **Kochen** und **Anrichten** der Klösschen mit Bouillon, siehe **Nr. 26**.

II. Art (ohne Reste): 1 geschwellte Bratwurst häuten, in ½ cm dicke Scheibchen schneiden, in der Bouillon heiss werden lassen. — Evtl. mit 1 Tasse gekochter grüner Erbsen oder mit gekochten Rübenscheiben anrichten.

Butterklösschen   (Quenelles mousse)   29

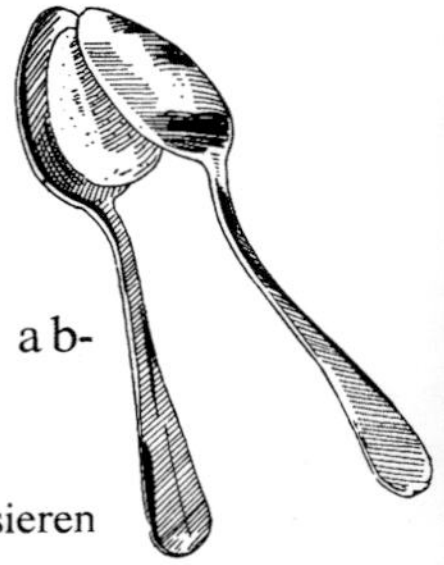

50 g Butter — 2 Eigelb, 1 Prise Salz, Muskat — 50 g Weissmehl — 1 Eiweiss (z. Schnee)

Masse: Die Butter schaumig rühren, Eigelb und Gewürz beigeben. Das Mehl abwechselnd mit dem Eierschnee darunter ziehen.

Formen, Kochen und **Anrichten** der Klösschen mit Bouillon, siehe **Nr. 26.**

NB. Diese Klösschen lassen sich am besten mit 2 Teelöffeln formen oder mit dem Spritzsack dressieren (n. Abschnitt c von Nr. 26).

Markklösschen   (Quenelles à la moëlle)   30

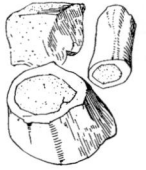

50 g Ochsenmark (v. 1–2 Knochen)
70–80 g Weissbrot (ohne Rinde)
2 Eigelb, Salz, Muskat
1 Eiweiss (z. Schnee)

Masse: Das Mark schaumig rühren (wie Butter). Das Brot sehr fein hacken oder an der Raffel reiben (nicht einweichen). Eigelb, Gewürz und nach und nach Brot sowie Eierschnee unter das Mark mischen.

Formen, Kochen und **Anrichten** der Klösschen mit Bouillon, siehe **Nr. 26.**

NB. Ist das Brot zu wenig fein gehackt, so fallen die Klösschen beim Kochen auseinander.

Schinken- oder Geflügelklösschen   (Quenelles de jambon ou de volaille)   31

Zubereitung wie Markklösschen **Nr. 30.** — Statt Mark 50 g Butter verwenden und der Masse 60 g sehr fein gehackten **Schinken** oder zartes **Hühnerfleisch** (evtl. von kleinen Resten) oder **Hühnerleber** beigeben.

NB. Geflügelklösschen mit Hühnerbouillon (evtl. von Würfeln) servieren.

Hirn- oder Leberklösschen   (Quenelles de cervelle ou de foie)   32

Zubereitung wie Markklösschen **Nr. 30.** — Statt Mark ½ Kalbs- oder 1 Schweins**hirn** oder 100 g **Leber** verwenden: Hirn oder Leber häuten und roh durch ein feines Sieb streichen. (Der Masse wenn nötig etwas mehr Brot beimischen.)

Champignonsklösschen   (Quenelles aux champignons)   33

Zubereitung wie Markklösschen **Nr. 30.** — Statt Mark 40 g Butter verwenden und 50–100 g **Champignons**, frische oder aus Büchsen. Diese sehr fein hacken und mit etwas fein gehacktem Grün, in wenig Butter gedämpft, beigeben.

Gebundene Suppen

Allgemeines: Die **4 Zubereitungsarten** für gebundene Suppen sind:

Grundregel Nr. **35** = **trocken eingerührt.**   Grundregel Nr. **53** = **gedünstet.**
Grundregel Nr. **45** = **nass eingerührt.**   Grundregel Nr. **85** = **geröstet.**

Gebundene Suppen haben einen höheren N ä h r w e r t als klare. — Bei zweckmässiger Zusammenstellung der einzelnen Zutaten können sie eine vollständige Mahlzeit bilden (z.B. Kostsuppe von Hülsenfrüchten, eine Minestra, Gersten- oder Kartoffelsuppe usw.).

Als Flüssigkeit werden verwendet: Wasser, Gemüsebrühe, jede Art von Bouillon.

Als Bindemittel: Getreideprodukte (alle Mehlarten sowie Griess, Grütze, Flocken oder Körner), Kartoffeln, Sojamehl oder Hülsenfrüchte.

Zur Ergänzung: alle Arten Gemüse, evtl. auch Fleisch (Wurst), Fisch oder Käse.

Das Würzen geschieht am besten erst am S c h l u s s der Kochzeit (ebenso das **Verfeinern**). — Gewürzte Suppen könnten durch das Einkochen zu scharf werden, zudem werden die Nahrungsmittel in ungesalzener Flüssigkeit besser aufgeschlossen.

34 Das Legieren einer Suppe   (Liaison) — Grundregel

Allgemeines: Es werden vor allem h e l l e Suppen legiert. Sie werden dadurch feiner im Geschmack und auch nahrhafter (wichtig für Krankensuppen!).

Zum **Legieren** von 1 Port. Suppe für 6 Personen:

        1–2 Eigelb (evtl. das ganze Ei, s. NB.)   3–5 Essl. Rahm oder Milch

Diese Zutaten in der Suppenschüssel gut verklopfen. Die fertige, kochende Suppe unter t ü c h t i g e m R ü h r e n u. evtl. Sieben über das Ei anrichten, sofort servieren.

NB. Legiert man mit g a n z e n Eiern, dann diese besonders gut verklopfen, da sie leichter gerinnen als Eigelb allein. — Für K r a n k e n s u p p e n pro Teller 1 Eigelb verwenden (wenn nötig im Wasserbad warm halten).

Gebundene Suppen, trocken eingerührt   Grundregel   35

Zubereitung für die Suppen Nr. 36–44. — Da bei diesen Suppen das **Bindemittel** aus körnigen oder flockigen Zutaten besteht, kann dasselbe **trocken** in die Flüssigkeit eingerührt werden, o h n e Knollen zu bilden. — Die **Zutaten** sind in den Rezepten nach Möglichkeit so angeführt, wie sie der Reihe nach zur Verwendung kommen.

1. **Aufsetzen** der Flüssigkeit, nach Angabe im Rezept.
2. **Einrühren** des Stärkeproduktes (Reis, Griess, Flocken) je nach Angabe.
   Reis und Hirse evtl. vorher verlesen. — **Hülsenfrüchte** mit dem Einweichwasser einrühren. Zum **Mitkochen**, je nach Suppe, Zutaten wie abgespülte Knochen, vorbereitete Gemüse usw. beifügen.
3. **Aufkochen** der Suppe unter stetem R ü h r e n.
4. **Kochzeit** (siehe betr. Rezept) auf k l e i n e m Feuer, hie und da umrühren.
   Für Suppen mit langer Kochzeit evtl. den Dampfkochtopf oder Selbstkocher (n. Vorschrift!) verwenden. — Nach dem Kochen die Suppe nach Angabe durchstreichen oder nur passieren (s. Fachausdrücke). Durchgestrichene Suppen wieder aufkochen, evtl. noch verdünnen.
5. **Würzen** mit Salz (8–10 g pro Liter u n g e s a l z e n e r Flüssigkeit).
   Weitere G e w ü r z e je nach Geschmack: Muskat, Pflanzen- oder Maggiwürfel für Suppen, Maggi-Würze und -Fondor oder Liebig-Fleischextrakt.
6. **Verfeinern** mit Milch, Rahm oder etwas Tafelbutter. Eine helle zarte Suppe evtl. l e g i e r e n mit Eigelb (siehe Nr. 34) je nach Rezept.

Legierte Griessuppe   (Potage de semoule lié)   36

z. Aufsetzen { 2¼ l Fleischbrühe oder Bouillon Nr. 1–3
z. Einrühren: 100 g Griess
z. Legieren { 1 Ei od. 1–2 Eigelb 3–5 Essl. Milch
Grünes, gehackt

Zubereitung nach **Nr. 35**, gebundene Suppen, **trocken eingerührt.**

Kochzeit 20–30 Min. — Die Suppe wenn nötig noch würzen, legieren (nach Nr. 34), fein gehacktes Grün beigeben. — Auch geeignet als K r a n k e n s u p p e.

Waadtländer Griessuppe   (Potage vaudois)   37

z. Aufsetzen { 1 Ltr Milch 1¼ l Wasser
z. Einrühren: 100 g Griess*
z. Mitkochen: 2–4 braune Brotkrusten
Salz, Muskat — 30 g Butter
3–6 Essl. Rahm — Grünes, gehackt

Zubereitung nach **Nr. 35**, gebundene Suppen, **trocken eingerührt.**

Kochzeit ca. 30 Min. Die Brotkrusten mitkochen. — Vor dem Anrichten das Brot sorgfältig herausnehmen. Die Suppe würzen, die Butter beigeben, über Rahm und gehacktes Grün anrichten.

NB. Die Brotrinden dürfen während des Kochens nicht zerfallen; sie nachher zu Restensuppe verwenden. —* Die Suppe schmeckt auch gut aus Hirsegriess zubereitet.

38 Flockensuppe mit Gemüse (Potage aux flocons et légumes)

z. Aufsetzen: 2¼ l Wasser
z. Einrühren { 120 g Hafer-, Hirse- oder Weizenflocken
z. Mitkochen { 1–2 Lauch, 1 kleine Sellerie / evtl. 1–2 Kalbsknochen
Gewürz: Salz, Muskat, Maggi-Fondor
z. Verfeinern: 2–4 Essl. Rahm od. Milch

Zubereitung nach **Nr. 35**, gebundene Suppen, **trocken eingerührt.** — Die Gemüse zurüsten und klein geschnitten beigeben.

Kochzeit ¾–1 Std. — Beim Anrichten die Knochen herausnehmen. Die Suppe würzen und verfeinern.

39 Leichte Schleimsuppe (Crème d'avoine ou de riz) für Diät — schnell zubereitet

z. Aufsetzen: 2¼ l Wasser
z. Einrühren: 120 g Reis oder Haferflocken
evtl. etwas Salz
evtl. 2–4 Essl. Rahm

Zubereitung nach **Nr. 35**, gebundene Suppen, **trocken eingerührt.**

Kochzeit ½–¾ Std. — Die Suppe passieren (n i c h t durchstreichen), evtl. wieder aufkochen. — Als Krankensuppe je nach Vorschrift, nicht oder nur leicht salzen, evtl. mit Rahm verfeinern, evtl. legieren (nach Nr. 34).

NB. Verwendet man Reis, dann diesen vor dem Einrühren mit kaltem Wasser abspülen. — Diese Schleimsuppe ist schneller zubereitet als Rezept Nr. 40 und leicht, jedoch weniger nahrhaft.

40 Feine Schleimsuppe (Crème de riz, d'avoine etc.)

z. Aufsetzen: 2¼ l Wasser
z. Einrühren { 120 g Reis, Gerste, Hafer- oder Grünkerne oder Haferflocken
z. Mitkochen { Kalbsfuss oder -knochen / 1–2 Rübchen, wenig Zwiebel / 1 kl. Stück Lauch u. Sellerie
evtl. Salz, Maggi-Fondor od. Liebig-Extrakt
z. Legieren: 1–2 Eigelb, 2–3 Essl. Rahm

Zubereitung nach **Nr. 35**, gebundene Suppen, **trocken eingerührt.**

Kochzeit 1½–2 Std. — Die Suppe passieren (n i c h t durchstreichen), wieder aufkochen, würzen, evtl. legieren (nach Nr. 34).

NB. Bei spezieller Diät evtl. k e i n e Gemüse mitkochen und je nach Vorschrift gar nicht salzen. — Schleimsuppe von Gerste am besten in Chromstahl- oder Glasgeschirr kochen. (In Aluminium bekommt sie oft eine unansehnliche Farbe.) — Hafer- oder Grünkerne und grosse Gerste zuerst 1–2 Std. in heissem Wasser einweichen. — Den R ü c k s t a n d vom Passieren für eine Restensuppe verwenden.

41 Gerstensuppe (Potage d'orge perlée)

z. Aufsetzen: 2¼ l Wasser
z. Einrühren: 120 g Gerste
z. Würzen: Salz, Muskat
z. Verfeinern: 2–4 Essl. Rahm
z. Mitkochen { 1–2 Rüben, 1 kleine Zwiebel / 1 Stück Lauch u. Sellerie / evtl. Kalbsknochen od. -fuss / evtl. 1 Stück Speckschwarte

Zubereitung nach **Nr. 35**, gebundene Suppen, **trocken eingerührt.** — Zum Mitkochen die Knochen kurz abspülen (Knochensplitter!) und die Gemüse zugerüstet beigeben (Lauch und Sellerieblätter zusammengebunden).

Kochzeit 1½–2 Std., je nach Grösse der Gerste. — Beim **Anrichten** Gemüse und

Knochen herausnehmen, die Rüben, in Würfelchen geschnitten, wieder beifügen. Die Suppe würzen, mit Rahm verfeinern.

NB. Besonders grosskörnige Gerste vorher ca. 1 Std. in heissem Wasser einweichen. Gerstensuppe am besten in Chromstahl- oder Glas-Geschirr kochen. (In Aluminium bekommt sie oft eine unansehnliche Farbe.) — **Gerstencrèmesuppe** (auch für Kranke) s. Nr. 40 und 57.

Erbsen- oder Linsensuppe (Potage Faubonne) 42

150–200 g Erbsen (grüne od. gelbe) oder Linsen
z. Aufsetzen: 2½–3 l Wasser
z. Mitkochen { 1 Zwiebel, etwas Sellerie
1 kleiner Lauch
evtl. etwas Speckschwarte

Gewürz: Salz, Muskat, evtl. Maggi-Fondor
z. Verfeinern: 2–3 Essl. Milch oder Rahm
gebackene Brotwürfelchen Nr. 876
od. 2–3 Essl. gebratene Speckwürfelchen

Vorbereiten: Erbsen oder Linsen verlesen, waschen und einweichen (siehe Nr. 367).— Das Gemüse zurüsten, Sellerieblätter und Lauch zusammenbinden.

Zubereitung nach **Nr. 35**, gebundene Suppen, **trocken eingerührt**.

Kochzeit 1–3 Std. — Die Suppe evtl. ganz oder zur Hälfte durchstreichen und nochmals aufkochen. Würzen, mit Milch oder Rahm verfeinern, über die Brot- oder Speckwürfelchen anrichten.

NB. Das Einweichwasser von Linsen nicht verwenden. — Sollte die Suppe zu wenig gebunden sein, dann noch 20–30 g Mehl, mit Wasser angerührt, beigeben. — Als **Kostsuppe** von Anfang an ein Stück geräucherten Speck oder Schweinefleisch mitkochen und evtl. einige halbierte Kartoffeln ca. 1 Std. vor dem Anrichten beigeben. — Ausgezeichnet und besonders nahrhaft wird Erbsensuppe mit Kartoffelklössen (Nr. 966) serviert.

Kostsuppe von Hülsenfrüchten (Potage Rumford) Bild auf Tafel 1 43

200 g Erbsen, Bohnenkerne oder Linsen
z. Aufsetzen: 3–4 l Wasser
Gewürz: Salz, Muskat, evtl. Maggi-Würze

z. Mitkochen { 1 Lauch, streifig geschnitten
2–3 Rüben, in Scheiben
50–100 g Magerspeckwürfelchen oder Speckschwarten
2–3 Kartoffeln

Vorbereiten: Die Hülsenfrüchte verlesen, waschen und einweichen (siehe Nr. 367).

Zubereitung nach **Nr. 35**, gebundene Suppen, **trocken eingerührt**.

Kochzeit ca. 3 Std. — Die Kartoffeln, geschält, in Würfel geschnitten, erst 1 Std. vor Essenszeit beigeben. Die Suppe würzen. — Evtl. Würste oder Wurstscheiben zuletzt in der Suppe mitkochen.

NB. Kostsuppen dürfen dick sein, werden nicht durchgestrichen und können gut als selbständige Mahlzeit serviert werden (siehe auch NB. von Nr. 42).

Käsesuppe (Potage au fromage) 44

z. Aufsetzen: 2½ l Bouillon oder Wasser
z. Einrühren: 120 g feingeschnittenes Brot

100 g Sbrinz, evtl. Magerkäse
einige Esslöffel Rahm oder Milch

Zubereitung nach **Nr. 35**, gebundene Suppen, **trocken eingerührt**.

Kochzeit 20–30 Min. — Die Suppe durch ein Sieb streichen, wieder aufkochen.

Anrichten: In der Suppenschüssel den geriebenen Käse mit Rahm oder Milch und wenig Wasser gut vermischen. Die kochende Suppe unter Rühren darüber anrichten, evtl. Muskat, 1 Prise Salz und gehacktes Grün beigeben.

45 Gebundene Suppen, nass eingerührt — Grundregel

Zubereitung für die Suppen Nr. 46–52. — Da bei diesen Suppen das **Bindemittel** aus Mehl besteht (Weizen-, Hafermehl usw.), muss dasselbe mit einer Flüssigkeit angerührt in die Suppen gegeben werden (damit sich keine Knollen bilden können!).

Vorteil: Leichte Zubereitung — evtl. zur Ersparnis von Butter oder Fett — evtl. für Diät. — Die **Zutaten** sind in den Rezepten nach Möglichkeit so angeführt, wie sie der Reihe nach zur Verwendung kommen.

1. **Vorbereiten:** Bouillon (auch von Würfeln), Gemüsebrühe oder Wasser aufsetzen, je nach Angabe.
2. **Anrühren** des Mehles mit der kalten Flüssigkeit zu einem glatten dünnflüssigen Teiglein (evtl. im Schüttelbecher), Quantum nach Rezept.
3. **Einrühren** des Mehlteigleins in die siedende Flüssigkeit und unter fortwährendem Schwingen bis zum Kochen bringen.
4. **Kochzeit** nach Angabe im Rezept (hie und da umrühren). — Für Suppen mit langer Kochzeit evtl. den Dampfkochtopf oder Selbstkocher (n. Vorschrift) verwenden. — Nach dem Kochen die Suppe je nach Angabe durchstreichen und wieder aufkochen.
5. **Würzen** mit Salz (10 g pro Liter ungesalzener Flüssigkeit). — Weitere Gewürze je nach Geschmack: Muskat, evtl. Maggi-Würze oder Fondor oder Liebig-Fleischextrakt.
6. **Verfeinern** mit Milch, Rahm oder einem kleinen Stück frischer Butter oder durch Legieren mit Eigelb (siehe Nr. 34) je nach Angabe. — Jede Crèmesuppe wird auch feiner, wenn sie beim Anrichten passiert wird.

NB. Nach dieser Grundregel können auch die kochfertigen Suppenmehle (**Maggi-, Knorrsuppen** usw.) zubereitet werden. Mengenverhältnis und Kochzeit nach Angabe (letztere evtl. etwas verlängern), verfeinern mit etwas Milch, Rahm oder Butter.

46 Einlaufsuppe (Crème velours)

2 l kräftige Bouillon Nr. 1–3 oder Fleisch-, evtl. Hühnerbrühe

z. Einrühren { 60 g Mehl, 2 dl Milch / 1–2 Eier

Vorbereiten: Die Bouillon gesiebt, aufkochen. — **Anrühren** des Mehlteigleins.

Zubereitung nach Nr. 45, gebundene Suppen, **nass eingerührt.**

Kochzeit ca. 5 Min. unter Schwingen. — Die Suppe soll glatt gebunden sein. Sie über fein gehacktes Grün anrichten.

47 Maissuppe (Potage lié au maïs)

1½ l Gemüse- oder Knochenbouillon
z. Einrühren { 80 g Mais, 20 g Mehl / 3–4 dl Milch

Gewürz: Salz, Muskat
z. Verfeinern: 5 Essl. Rahm od. 30 g Butter
Grünes, gehackt

Vorbereiten: Die Bouillon absieben, nicht salzen. — Mais und Mehl mit der Milch anrühren und ca. 30 Min. aufquellen lassen.

Zubereitung nach Nr. 45, gebundene Suppen, **nass eingerührt.**

Kochzeit ¾–1 Std. — Die Suppe sorgfältig würzen, verfeinern mit Rahm oder Butter, über gehacktes Grün anrichten.

NB. Zu dieser Suppe lassen sich auch gut Maisreste verwenden. Sie wenn nötig durchstreichen. — Hat man keine Bouillon, dann Wasser und Maggigoldbouillon (extrafeine Fleischsuppe) verwenden.

Broteiergerstensuppe (Potage panade aux œufs) 48

2 l Bouillon oder Fleischbrühe
80 g Weissbrot ohne Rinde (mind. 1 Tag alt)
2 Eier, 1½ dl Wasser (verklopft)
Grünes, gehackt

Vorbereiten: Die Bouillon oder Brühe aufkochen, nur leicht würzen. — Das Brot fein hacken oder reiben, mit der verklopften Eiermasse vermischen.
Zubereitung nach **Nr. 45**, gebundene Suppen, **nass eingerührt.**
Kochzeit 5 Min. — Anrichten über gehacktes Grün.

Linsen- oder Erbsmehlsuppe (Potage Esaü ou St.Germain) I. und II. Art 49

z. Dünsten { 20 g Kochfett / 1 kleine Zwiebel / 1 Speckschwarte
z. Ablöschen: 2 l Wasser
z. Einrühren { 100 g Linsen- od. Erbsmehl (gelb oder grün) s. auch NB. / 5 dl Wasser mit Milch
z. Würzen: Salz, Muskat, Knorr-Aromat
z. Verfeinern: einige Esslöffel Rahm
z. Anrichten: 20–40 g gebratene Speck- oder gebackene Brotwürfelchen (Nr. 876).

Vorbereiten: Die fein geschnittene Zwiebel im Fett durchdünsten, die Speckschwarte beifügen, mit Wasser ablöschen, aufkochen. — **Anrühren** des Mehles mit dem Milchwasser. — **Zubereitung** nach **Nr. 45**, gebundene Suppen, **nass eingerührt.**
Kochzeit ¾–1 Std. — Die Suppe würzen, mit Rahm verfeinern, die Speckschwarte entfernen, über die Speck- oder Brotwürfelchen anrichten.
II. Art: In der Suppe eine Tasse voll Linsen oder Erbsen (ca. 1 Std. in heissem Wasser eingeweicht, siehe Nr. 367) mitkochen, jedoch nur 50 g Mehl verwenden. Dieses nach dem Weichkochen der Linsen oder Erbsen beigeben.

Gemüsecrèmesuppe, eingerührte (Potage à la purée de légumes) 50

z. Dünsten { 250 g Gemüse s. NB. / 30 g Kochfett
z. Ablöschen: 2 l Wasser
z. Einrühren: 80 g Mehl, 2 dl Milch
Gewürz: Salz, Muskat, Aromat
z. Verfeinern: 2–5 Essl. Rahm

Vorbereiten der Gemüsebrühe: Das Gemüse zurüsten, waschen, klein schneiden, im Fett durchdünsten. Ablöschen mit dem Wasser, aufkochen. — **Anrühren** des Mehlteigleins.
Zubereitung nach **Nr. 45**, gebundene Suppen, **nass eingerührt.**
Kochzeit ½–1 Std. — Die Suppe **durchstreichen**, wieder aufkochen, würzen, mit Rahm verfeinern.
NB. Evtl. einen Teil des gekochten Gemüses in kleine Würfelchen schneiden und der angerichteten Suppe beigeben. — Als Gemüse eignen sich:
1. **Sellerie** mit oder ohne Blätter. Selleriesuppe schmeckt auch gut mit 1–3 Kartoffeln (Resten) vermischt.
2. **Kohlrabi,** auch weniger zarte, sowie die Herzblätter, können zu dieser Suppe verwendet werden.
3. **Schwarzwurzeln,** beim Zurüsten in Essigwasser legen, damit sie sich nicht verfärben.
4. **Petersilie,** 2 Büschelchen und evtl. -wurzeln verwenden. Die Hälfte der Petersilie fein gehackt unter die angerichtete Suppe mischen.

51 Frisch-Erbsensuppe   (Potage à la purée de pois verts)   Bild auf Tafel 1

Zubereitung wie Gemüsecrèmesuppe, eingerührte, **Nr. 50**, jedoch statt der dort angegebenen Gemüse ca. 300 g frische, ausgekernte Erbsen verwenden (die Hälfte davon nicht durchstreichen). Zum **Verfeinern** 1 dl Rahm geschlagen, beigeben.

Evtl. in der Suppe einige Pfefferminzblätter und schöne, grüne Erbsenschoten mitkochen. Zum Binden möglichst Grünerbsmehl verwenden. — Als feine **Beigabe**: der fertigen Suppe 50 g kleine Zungen- oder Schinkenwürfelchen, evtl. auch Spargelspitzen beigeben.

52 Potage Crécy   (Feine Rübensuppe)

Zubereitung wie Gemüsecrèmesuppe, eingerührte, **Nr. 50**. — Statt der dort angegebenen Gemüse 250 g **Rüben** und etwas Zwiebel verwenden. Die Suppe durch ein feines Sieb streichen oder im Mixer pürieren, wieder aufkochen, sorgfältig würzen und legieren (nach Nr. 34). — Beim Anrichten fein gehacktes Grün beigeben.

---

53 Gebundene Suppen, gedünstet   Grundregel

Zubereitung für die Suppen Nr. 54–84. — Die Zutaten sind in den Rezepten nach Möglichkeit so aufgeführt, wie sie der Reihe nach zur Verwendung kommen.

1. Evtl. **Vorbereiten der Zutaten:** je nach Angabe im Rezept.

2. **Dünsten** (schwitzen):

   a) Bei **Mehlsuppen**: Weiss-, Halbweiss- oder Hafermehl, Griess usw. in das leicht erwärmte Kochfett, evtl. -butter geben und durchdünsten unter fortwährendem Rühren (jedoch nicht gelb werden lassen). — Je nach Angabe Zwiebel kurz mitdünsten. — Das gedünstete Mehl vor dem Ablöschen etwas abkühlen lassen. (Dadurch entstehen weniger leicht Knollen!)

   b) Bei **Gemüsesuppen**: Zuerst das vorbereitete Gemüse im Fett durchdünsten, bis es etwas zusammengefallen ist. Dann das im Rezept angegebene Bindemittel (Mehl oder Reis usw.) beifügen. — Dieses Dünsten erhöht den feinen Geschmack und Geruch der Gemüse.

3. **Ablöschen** mit ca. ½ l kalter Flüssigkeit, indem man diese nach und nach unter stetem **Glattrühren** dazugibt. Dann **Verdünnen** mit dem Rest der Flüssigkeit (kalt oder heiss). Werden Knochen verwendet, diese kurz abspülen und jetzt beifügen.

4. **Kochzeit** je nach Angabe im Rezept. — Hie und da umrühren. — Für Suppen mit langer Kochzeit evtl. den Dampfkochtopf (n. Vorschrift) verwenden.

5. **Würzen** mit Salz (8–10 g pro Liter), wenn keine gewürzte Flüssigkeit verwendet wurde. Weitere Gewürze je nach Geschmack: Muskat, evtl. Gemüse- oder Maggi-Würfel, -Würze oder -Fondor sowie Knorr-Aromat oder Liebig-Fleischextrakt.

6. **Verfeinern** je nach Rezept: mit Milch, Rahm, Tafelbutter oder durch Legieren mit Eigelb (siehe Nr. 34). — Jede Crèmesuppe wird auch noch feiner durch Passieren beim Anrichten.

NB. Zum Ablöschen ist in den Rezepten in der Regel Bouillon angegeben (siehe Nr. 1–3), da zu ihrer Herstellung auch beim Kochen kleinerer Portionen Gemüsewasser, Bratenknochen usw. vorhanden sein dürften. Sehr gute Dienste leisten auch die fertigen Bouillonprodukte von **Maggi, Knorr** usw. — Kochbutter oder -fett siehe Fachausdrücke.

Weisse Mehlsuppe (Coulis blanc) Grundsuppe **54**

z. Dünsten { 50 g Kochbutter od. -fett / 80 g Mehl
z. Ablöschen: 2 l Wasser, 2 dl Milch
Gewürz: Salz, Muskat, Maggi-Würze
z. Verfeinern: 2–4 Essl. Rahm, evtl. 1 Eigelb
evtl. Grünes, gehackt

Zubereitung nach **Nr. 53**, gebundene Suppen, **gedünstet** (Abschnitt **2a**).
Kochzeit 30–50 Min. — Die Suppe würzen, mit Rahm verfeinern oder legieren nach Nr. 34. — Evtl. über gehacktes Grün anrichten. — Verwendung auch als leichte **Krankensuppe**.

Weisse Mehlsuppe mit Gemüsen (Coulis blanc aux légumes) **55**

Weisse Grundsuppe Nr. 54 zubereiten und nach dem Ablöschen eines der folgenden Gemüse (nach Belieben auch andere) beigeben und mitkochen bis sie weich sind: **Krautstiele** zugerüstet (siehe Nr. 465) und in kleine Würfelchen geschnitten — einen Teller voll kleiner **Blumenkohl**-Röschen — 3–4 Essl. **Tomatenpurée** — 1 Handvoll **Pilze** zugerüstet, feingehackt (evtl. gedörrte, eingeweichte) — 1–2 **Lauch** oder 1 Handvoll **Sellerieblätter** zugerüstet, in feine Streifen geschnitten oder fein gehackt.

Crèmesuppe (Potage velouté) **56**

z. Dünsten { 50 g Kochbutter od. -fett / 80 g Mehl
z. Ablöschen { ¾ l Milch / 1½ l Wasser
Gewürz { Salz, Muskat / 1–2 Maggi-Würfel f. Suppen / 1 Msp. Liebig-Fleischextrakt
z. Legieren: 1–2 Eigelb, 2–5 Essl. Rahm
Brotwürfelchen, gebackene, Nr. 876

Zubereitung nach **Nr. 53**, gebundene Suppen, **gedünstet** (Abschnitt **2a**).
Kochzeit ½ Std. — Die Suppe sorgfältig würzen, passieren und **legieren** (nach Nr. 34).
Servieren mit gebackenen Brotwürfelchen oder mit gehacktem Grün bestreut. — Verwendung auch als **Krankensuppe**.

Reis- oder Gerstencrèmesuppe (Crème de riz ou d'orge) **57**

z. Dünsten { 50 g Kochbutter od. -fett / 80 g Reis- od. Gerstenmehl
z. Ablöschen: 2½ l Wasser
z. Mitkochen: Kalbsknochen oder -fuss
Gewürz { Salz, Muskat, Maggi-Fondor od. / 1 Msp. Liebig-Fleischextrakt
z. Legieren: 1–2 Eigelb, 3 Essl. Rahm
Brotwürfelchen, gebackene, Nr. 876

Zubereitung nach **Nr. 53**, gebundene Suppen, **gedünstet** (Abschnitt **2a**).
Kochzeit 1–1½ Std. — Die Suppe würzen, passieren und **legieren** (nach Nr. 34).
Servieren mit gebackenen Brotwürfelchen.

Gebundene Reis-, Hirse- od. Griessuppe (Potage lié au riz, millet ou semoule) **58**

z. Dünsten { 30 g Kochbutter od. -fett / 70 g Reis, Hirse od. Griess / 20 g Mehl
z. Beigeben: 1 kl. Zwiebel, fein gehackt
z. Ablöschen: 2½ l Wasser od. Bouillon
z. Mitkochen: evtl. 2–3 Kalbsknochen*
Gewürz: Salz, Muskat
z. Verfeinern: 3–5 Essl. Rahm
Grünes, gehackt

Zubereitung nach **Nr. 53**, gebundene Suppen, **gedünstet** (Abschnitt **2a**).
Kochzeit ¾–1 Std. — Vor dem Anrichten die Knochen herausnehmen. Die Suppe

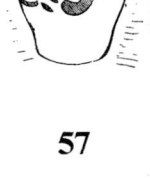

würzen, mit Rahm verfeinern (evtl. legieren nach Nr. 34), über gehacktes Grün anrichten.

* Statt Knochen 1–2 Gemüse- oder Maggiwürfel für Suppe oder Liebig-Fleischextrakt beigeben.

59 Feine Hafercrèmesuppe   (Crème d'avoine)

z. Dünsten { 30 g Kochbutter od. -fett / 80 g Haferflocken od. -mehl
z. Ablöschen: 2¼ l Wasser
z. Mitkochen: 1–2 Kalbsknochen*

Gewürz: Salz, Muskat
z. Verfeinern { 2–5 Essl. Rahm / evtl. 1 Eigelb z. Legieren
Brotwürfelchen, gebackene, Nr. 876

Zubereitung nach **Nr. 53**, gebundene Suppen, **gedünstet** (Abschnitt **2a**).
Kochzeit ¾–1 Std. — Die Suppe passieren, nochmals aufkochen, würzen. — Verfeinern mit Rahm, oder die Suppe legieren nach Nr. 34. — **Servieren** mit gebackenen Brotwürfelchen oder mit gehacktem Grün bestreuen.

* Statt Knochen mitzukochen, evtl. Maggi-Goldbouillon oder Liebig Fleischextrakt verwenden.
NB. Die Suppe soll seimig gebunden, jedoch nicht dick sein.

60 Prinzessuppe   (Potage Princesse)

Zubereitung wie Hafercrèmesuppe **Nr. 59.** — Der Suppe jedoch 1 Tasse voll Spargelspitzen beigeben. **Servieren** mit gebackenen Brotkügelchen **Nr. 21.**

61 Grünkernmehlsuppe   (Crème de blé vert)

Zubereitung wie Hafercrèmesuppe Nr. 59. — Statt Hafer-, **Grünkernmehl** verwenden (im Reformhaus erhältlich).

62 Blumenkohlsuppe, feine   (Crème Dubarry)

1 kleiner Blumenkohl (weichgekocht n. Nr. 470)
z. Dünsten { 40 g Kochfett / 80 g Mehl
z. Ablöschen: 2¼ l Blumenkohlwasser

Gewürz { Salz, Muskat, evtl. 1 Msp. Liebig-Fleischextrakt
z. Legieren { 1 Eigelb / 3–5 Essl. Rahm

Zubereitung nach **Nr. 53**, gebundene Suppen, **gedünstet** (Abschnitt **2a**). — Vom gekochten Blumenkohl sorgfältig kleine Röschen abschneiden und warmstellen. Die Strünke durch ein feines Sieb streichen oder im Mixer purieren. Das erhaltene Purée unter die Suppe mischen, tüchtig schwingen. — **Kochzeit** ½ Std. — Die Suppe würzen, **legieren** (nach Nr. 34), die Blumenkohlröschen beigeben.

63 Selleriesuppe, feine   (Crème de céleri)

Zubereitung wie Blumenkohlsuppe **Nr. 62.** — Statt Blumenkohl eine **Sellerieknolle** von ca. 250 g verwenden (Zurüsten und Weichkochen der Sellerie siehe Nr. 511). Die Hälfte der Sellerie in 1 cm grosse Würfelchen schneiden, den Rest durchstreichen oder im Mixer purieren und unter die Suppe mischen.

Spargelcrèmesuppe (Crème d'asperges)   Bild auf Tafel 1   **64**

Zubereitung wie Blumenkohlsuppe **Nr. 62**. — Statt Blumenkohl ca. ½ Bund **Spargeln** verwenden (Zurüsten und Weichkochen der Spargeln siehe Nr. 524). Die Spargelköpfchen abschneiden (evtl. mit der Schere), alles übrige durch ein Sieb streichen und unter die Suppe mischen. Der legierten Suppe die Spargelköpfchen beigeben.

NB. Diese Suppe kann auch sehr gut aus Spargelresten oder Büchsenspargeln (evtl. sog. Spargelabschnitt) zubereitet werden.

Königinsuppe   (Geflügelcrèmesuppe — Potage à la reine)   **65**

Geflügelreste von gekochtem Huhn
z. Dünsten { 50 g Koch- oder Hühnerfett
            { 80 g Weissmehl
z. Ablöschen: 2¼ l Hühnerbrühe (s. NB.)

Gewürz { Salz, Muskat, Zitronensaft
       { evtl. 1 Pr. Currypulver
       { 1 Msp. Liebig-Fleischextrakt
       { 2–3 Essl. Weisswein
z. Legieren: 1–2 Eigelb, 3–5 Essl. Rahm

Zubereitung nach **Nr. 53**, gebundene Suppen, **gedünstet** (Abschnitt 2a).

Kochzeit ½–¾ Std. — Das Geflügelfleisch von den Knochen lösen, in kleine Würfelchen schneiden. — Die Suppe sorgfältig würzen, ein paar Tropfen Zitronensaft beifügen, passiert **legieren** (nach Nr. 34), die Geflügelwürfelchen beigeben.

NB. Hat man keine Hühnerbouillon, dann die Geflügelknochen zuerst in Wasser auskochen. — Statt mit Geflügelresten und -brühe lässt sich die Suppe auch herstellen aus ca. ¼ kg Ragouthuhn (schon geschnitten erhältlich). In diesem Fall die Geflügelstücke zuerst weichkochen (ca. ¾ Std.).

Kalbfleischsuppe   (Velouté de veau)   **66**

Zubereitung wie Königinsuppe **Nr. 65**. — Statt Geflügelfleisch und -brühe verwendet man: 300–400 g **Kalbslaffe**. Diese in 2¼ l Salzwasser mit einer Bouillongarnitur (Nr. 878), ca. 1 Std. weichkochen. Einen Teil des gekochten Fleisches zuletzt, in kleine Würfelchen geschnitten, der fertigen Suppe beigeben, ebenso ein kleines Büchschen blättrig geschnittene **Champignons** und etwas gehacktes Grün.

Fischsuppe, legierte   (Velouté de poisson)   **67**

Reste von gekochtem Fisch
z. Dünsten { 50 g Kochbutter od. -fett
            { 80 g Weissmehl
z. Ablöschen { 2¼ l Fischsud
             { oder Wasser

Gewürz { Salz, 1 Msp. Currypulver
       { evtl. 2–4 Essl. Weisswein
       { einige Tropfen Zitronensaft
       { evtl. 1 Msp. Liebig-Fleischextrakt
z. Legieren: 1–2 Eigelb, 2–5 Essl. Rahm

Zubereitung nach **Nr. 53**, gebundene Suppen, **gedünstet** (Abschnitt 2a).

Kochzeit 30 Min. — Die Fischreste sorgfältig enthäuten und entgräten, in feine Streifchen schneiden. — Die Suppe würzen, passiert **legieren** (nach Nr. 34), die Fischstreifchen beigeben.

NB. Evtl. auf jeden angerichteten Suppenteller etwas gehacktes Grün oder eine Prise Paprika geben oder als **pikante** Zutat eine kleine Büchse **Crevettes** (aufgekocht) verwenden.

68 Falsche Krebssuppe

z. Dünsten: { 60 g Kochbutter oder -fett / 80 g Weissbrot (ohne Rinde) / 20 g Mehl }
z. Ablöschen: 2¼ l Bouillon
1–3 Essl. Tomatenpurée
Gewürz: { Salz, Muskat / evtl. Liebig-Fleischextrakt }
z. Legieren: 1 Eigelb, 1 dl Rahm

Vorbereiten: Das Brot fein hacken oder an der Raffel reiben.
Zubereitung nach **Nr. 53**, gebundene Suppen, **gedünstet** (Abschnitt **2a**).
(Brot und Mehl hellgelb dünsten.)
Kochzeit 20–30 Min. — Der Suppe nur soviel Tomatenpurée beigeben, dass sie gelbrot aussieht, sie würzen und **legieren** (nach Nr. 34).

69 Tomatensuppe mit Brot

Zubereitung wie falsche Krebssuppe Nr. 68, jedoch soviel **Tomatenpurée** beigeben bis die Suppe schön rot ist. — Die Suppe **nicht** legieren, nur mit etwas Rahm oder geschlagenem Joghurt verfeinern.

70 Feine Tomatensuppe   (Velouté aux tomates)

z. Dünsten: { 40 g Kochfett od. 2 Essl. Öl / 1 Zwiebel, wenig Knoblauch / etwas Majoran oder Basilikum / evtl. 50 g Schinkenreste oder Magerspeck / 80 g Weiss-, Hafer- od. Reismehl }
z. Ablöschen: 1½ l Bouillon oder Wasser
z. Mitkochen: ca. ¾ kg Tomaten, s. NB.
Gewürz: { Salz, Muskat, 1 Pr. Zucker / evtl. 1–3 Essl. Tomatenpurée (aus Büchsen) / evtl. 1 Msp. Liebig-Fleischextrakt }
z. Verfeinern: ½–1 dl Rahm, evtl. Joghurt

Vorbereiten: Schinken oder Speck, Zwiebel und Kräuter klein schneiden.
Zubereitung nach **Nr. 53**, gebundene Suppen, **gedünstet** (Abschnitt **2b**). — Die vorbereiteten Zutaten gut durchdünsten, dann das Mehl darüberstreuen und mitdämpfen. Die kleingeschnittenen Tomaten beifügen und mit der nötigen Flüssigkeit ablöschen.
Kochzeit 30–40 Min. — Die Suppe durch ein feines Sieb passieren, nochmals aufkochen. — Kurz vor dem Anrichten evtl. noch soviel Tomatenpurée beigeben, bis die Suppe schön rot ist. Würzen und verfeinern mit leicht geschlagenem Rahm oder Joghurt.
Servieren, eventuell mit einer Einlage nach Nr. 71 (in diesem Fall soll die Suppe etwas weniger gebunden sein).
NB. Statt frischer Tomaten evtl. sterilisierte, oder nur Purée aus Büchsen verwenden, und etwas mehr Flüssigkeit beigeben.

71 Tomatensuppe mit Einlagen   Bild auf Tafel 1

Zubereitung der Tomatensuppe nach **Nr. 70.** Sie beim Anrichten fein passiert, mit einer der nachstehenden **Einlagen** servieren.
1. **Brotwürfelchen,** gebackene, Nr. 876: Die Suppe darüber anrichten und **sofort** servieren oder die Würfelchen extra zur Suppe geben.
2. **Croûtons mit Schlagrahm:** Runde Crackers verwenden oder von Weissbrot ca. 4 cm

grosse, ovale oder runde Scheibchen ausstechen und in Butter backen (s. Nr. 876). Mit 2 Teelöffeln von geschlagenem Rahm «Klösschen» formen, die Croûtons damit belegen oder Rahm darauf spritzen. Auf jeden Teller Suppe unmittelbar vor dem Essen 1–2 dieser Croûtons setzen, evtl. mit gehacktem Grün bestreuen. (Diese Croûtons wirken als bes. hübsche Garnitur.) — **II. Art, einfacher:** Auf jeden Teller einen Löffel Schlagrahm geben oder geschlagenen Rahm in einem Schälchen zur Suppe servieren.

3. **Reis:** Gekochten Wasserreis (z. B. Reste von Nr. 980) in kleine Tassen oder Förmchen drücken und auf je einen Suppenteller stürzen, mit Schnittlauch bestreuen. Beim Anrichten die Suppe sorgfältig **ringsum** giessen.

4. **Eierstich** nach Nr. 16 zubereiten. Die exakt geschnittenen Würfelchen oder ein ausgestochenes Scheibchen (von ca. 3 cm ⌀) zuletzt auf jeden Teller Suppe verteilen.

5. **Grüne Erbsen:** Die Suppe über weichgekochte, heisse Erbsen (evtl. Reste) anrichten.

6. **Spargelspitzen:** 1 kleine Büchse Spargelköpfchen geöffnet im Wasserbad erwärmen. Die Spargeln sorgfältig herausnehmen; sie evtl. kleiner schneiden (am besten mit der Schere) und mit Spargelwasser unter die fertige Suppe mischen.

Spinatsuppe   (Potage aux épinards)   72

z. Dünsten { 20 g Kochfett / 100 g Hafer- od. Halbweissmehl / 1 kleine gehackte Zwiebel
z. Ablöschen: 2½ l Wasser od. Bouillon*
z. Beigeben: ca. 250 g Spinat*
Gewürz: Salz, Muskat, Fondor
z. Verfeinern: etwas Milch od. Rahm
evtl. Brotwürfelchen Nr. 876

Zubereitung nach **Nr. 53**, gebundene Suppen, **gedünstet** (Abschnitt 2a).

Kochzeit ¾–1 Std. — Den Spinat verlesen, gut waschen und nur in der letzten Viertelstunde mitkochen (abgedeckt, damit die Suppe schön grün bleibt). Die Suppe durch ein feines Sieb streichen, nochmals aufkochen. Würzen, verfeinern mit Milch oder Rahm. Evtl. über die gebackenen Brotwürfelchen anrichten, sofort servieren.

II. Art: Die Hälfte vom Spinat in ganz feine Streifen schneiden oder roh fein hacken und kurz in der passierten Suppe aufkochen. — *Es lassen sich auch sehr gut Spinat-Kochwasser (s. Nr. 451) und -reste verwenden. Letztere im Mixer purieren und direkt vor dem Servieren beifügen.

Kräutersuppe   (Potage aux fines herbes)   73

z. Dünsten { 1 Büschelchen Kräuter (s. NB.) / Petersilie, Sellerieblätter / Lauch, Zwiebel / 30 g Kochfett
z. Binden: 20 g Reis, 50 g Mehl
z. Ablöschen: 2¼ l Wasser
Gewürz: Salz, Muskat
z. Verfeinern: 3–5 Essl. Rahm

Vorbereiten: Die Kräuter (ohne die Stiele) mit den übrigen Zutaten fein hacken.
Zubereitung nach **Nr. 53**, gebundene Suppen, **gedünstet** (Abschnitt 2b). — (Kräuter und Grünes gut durchdünsten, bevor das Mehl beigegeben wird.)
Kochzeit ca. 30 Min. — Die Suppe würzen, über Rahm anrichten.

NB. II. Art: Kräuter und Grünes grob schneiden, die Suppe nur mit Mehl (80 g) zubereiten und durchstreichen. — **Kräuter:** Kerbel, Dill, Basilikum, Boretsch, Majoran, Schnittlauch, Brennessel, Sauerampfer, Löwenzahn, Petersilie usw. — S. auch Gewürzkräuter auf Tafel 23 und 24.

74 Kerbel- oder Sauerampfersuppe (Potage de cerfeuil ou à l'oseille)

Zubereitung wie Kräutersuppe **Nr. 73**. — Statt gemischte Kräuter: 300 g **Kerbel** oder **Sauerampfer** verwenden, statt Reis 2–3 Kartoffeln oder Reste von Kartoffelstock usw. — Die Suppe durchstreichen und zum Verfeinern über 1–2 dl geschlagenem Rahm (evtl. Joghurt) anrichten.

75 Pilzsuppe (Potage aux champignons) I. und II. Art

z. Dünsten:
- 150 g frische Pilze (s. NB.)
- 1 kleine Zwiebel
- evtl. Lauch und Petersilie
- 40 g Kochfett

z. Binden: 60 g Mehl
z. Ablöschen: 2¼ l Wasser
Gewürz: Salz, Muskat, Zitronensaft
z. Verfeinern: 3–5 Essl. Rahm

Vorbereiten der Pilze: Sie zurüsten und waschen (siehe Nr. 345), mit Zwiebel, evtl. Lauch und Petersilie fein hacken.
Zubereitung nach **Nr. 53**, gebundene Suppen, **gedünstet** (Abschnitt **2b**). — Pilze und Grünes einige Minuten durchdünsten, bevor man das Mehl beigibt.
Kochzeit ca. ¾ Std. — Die Suppe würzen, mit Rahm verfeinern.

NB. II. Art: Pilze und Grünes nur klein schneiden und die Suppe nach dem Kochen durchstreichen oder im Mixer purieren. — Zu dieser Suppe lassen sich auch sterilisierte oder gedörrte Pilze (ca. 50 g) verwenden. Letztere ca. 1 Std. in heissem Wasser einweichen.

76 Zwiebelsuppe (Potage aux oignons)

z. Dünsten:
- 30 g Kochfett
- 3–5 Zwiebeln

z. Binden: 80 g Mehl
z. Ablöschen: 2¼ l Bouillon od. Wasser

Gewürz: Salz, Muskat, 1 Msp. Liebig-Fleischextrakt
z. Legieren: 1–2 Eigelb, 3–5 Essl. Rahm

Vorbereiten: Die Zwiebeln schälen und in dünne Scheiben schneiden.
Zubereitung nach **Nr. 53**, gebundene Suppen, **gedünstet** (Abschnitt **2b**). — Die Zwiebeln gut durchdünsten, jedoch nicht gelb werden lassen!
Kochzeit ca. ¾ Std. — Sobald die Zwiebeln weich sind, die Suppe durch ein feines Sieb streichen oder im Mixer purieren. Sie nochmals aufkochen, würzen und **legieren** (nach Nr. 34).

77 Zucchettisuppe (Potage de Courgettes)

Zubereitung wie Zwiebelsuppe **Nr. 76**. — Statt Zwiebeln: 1–2 kleinere **Zucchetti** schälen, in dünne Scheiben schneiden und mit wenig Zwiebel im Fett dünsten. — Evtl. einen Teil der Zucchetti in Würfelchen geschnitten der fertigen Suppe beimischen.

78 Lauchsuppe (Potage Paysanne)

z. Dünsten:
- 30 g Kochfett
- 2–4 Lauch, ½ Zwiebel

z. Binden: 80 g Mehl
z. Ablöschen: 2¼ l Wasser

Gewürz: Salz, Muskat, evtl. Maggi Würze
z. Verfeinern: 3–5 Essl. Rahm oder Milch

Vorbereiten: Die Zwiebel fein hacken. Den Lauch zurüsten, gut waschen und querüber in feine Streifen schneiden.

Zubereitung nach **Nr. 53**, gebundene Suppen, **gedünstet** (Abschnitt **2b**).
Kochzeit ½–¾ Std. — Die Suppe würzen, mit Rahm oder Milch verfeinern.

II. Art: Zubereitung wie oben, jedoch nur 30 g Mehl und eine grosse Tasse voll durchgestrichene oder fein geschnittene Kartoffelreste verwenden oder 3–4 rohe Kartoffeln schälen und direkt in die Suppe reiben.

Grüne Sellerie- oder Wirsingsuppe (Potage à la Fermière) 79

Zubereitung wie Lauchsuppe **Nr. 78**, jedoch statt Lauch: 1 Büschel **Sellerieblätter** oder ca. ½ **Wirsing** verwenden und feingeschnitten, mit 50 g Speckwürfelchen dämpfen.

Grüne Kartoffelsuppe (Potage Ménagère) 80

Zubereitung wie Lauchsuppe **Nr. 78**, II. Art, mit **Kartoffeln**. Als **Grünes:** Lauch, Sellerieblätter, etwas Liebstöckel und Majoran verwenden.

Weisse Kartoffelsuppe (Potage Parmentier) 81

z. Dünsten { 6–8 Kartoffeln s. NB. / 30 g Kochfett / 1 kleine Zwiebel
z. Binden: 40 g Mehl

z. Ablöschen: 2¼ l Wasser
Gewürz { Salz, Muskat, Maggi Würze / wenig Majoran
etwas Milch oder Rahm

Vorbereiten: Die Kartoffeln waschen, schälen, klein schneiden, die Zwiebel hacken.
Zubereitung nach **Nr. 53**, gebundene Suppen, **gedünstet** (Abschnitt **2b**).
Kochzeit ½–¾ Std. — Die Suppe durchstreichen oder im Mixer purieren, wieder aufkochen, würzen. Verfeinern mit Rahm oder Milch.

NB. Für diese Suppe lassen sich sehr gut R e s t e von Salzkartoffeln, Kartoffelstock usw. verwenden.
II. Art: Die Zwiebel fein hacken, die Kartoffeln in kleine Würfelchen schneiden, die Suppe nicht durchstreichen. Evtl. über gehacktes Grün anrichten.

Gebundene Gemüsesuppe (Potage aux légumes) 82

Gemüse z. Dünsten { 3–4 Rüben, 1 Kohlrabi, / 2 Kartoffeln, 1 kleine Sellerie, / 1 Lauch, 1 Handvoll Bohnen / u. Erbsen, Blumenkohl usw. / evtl. etwas Knoblauch, / 1 kleine Zwiebel / 50 g Fett od. Magerspeck

z. Binden: 30 g Mehl
z. Ablöschen: 2¼ l Wasser
Gewürz: Salz, Muskat

z. Verfeinern verrührt { 3–5 Essl. Milch oder Rahm / 20 g Käse, gerieben

Vorbereiten: Die Gemüse zurüsten und klein schneiden (Rüben, Sellerie usw. in ca. 1 cm grosse Würfelchen, Lauch querüber in schmale Streifen, Blumenkohl in kleine Röschen teilen usw.). Die Zwiebel hacken, Knoblauch zerdrücken, evtl. Speck in kleine Würfelchen schneiden.
Zubereitung nach **Nr. 53**, gebundene Suppen, **gedünstet** (Abschnitt **2b**). — Fett oder

Speck und Zwiebel zuerst allein, dann die Gemüse einige Minuten mitdünsten, das Mehl beifügen, ablöschen.

Kochzeit ca. 1 Std. — Die Suppe würzen, über Rahm und Käse anrichten.

NB. Statt Speckwürfelchen: evtl. ein Stück Speckschwarte mitkochen. — Sollen die Kartoffeln nicht verkochen, dann gibt man sie erst ½ Std. vor dem Anrichten zur Suppe. — Evtl. Reste gekochter Gemüse oder, je nach Jahreszeit, auch D ö r r g e m ü s e (eingeweicht) verwenden.

83   Minestrone   (Italienische Gemüsesuppe)

Gemüse z. Dünsten	1 grosser Teller voll, z. B.: Rüben, Bohnen, Kohlrabi wenig Wirsing u. Blumenkohl Tomaten, Lauch, Sellerie usw. (siehe auch II. Art) 1 Zwiebel, 1 Knoblauchzehe 50 g Magerspeck oder Fett oder 3 Essl. Öl	z. Ablöschen: 2¼ l Wasser z. Mitkochen { 30 g Reis evtl. noch 50 g Hörnli siehe auch II. Art Gewürz { Salz, Muskat (evtl. Kräuter, siehe unten)

Vorbereiten: Die Gemüse zurüsten, je nach Art in Würfelchen, Scheiben oder Streifen schneiden. Zwiebel und Knoblauch hacken, den Speck in kleine Würfelchen schneiden.

Zubereitung nach **Nr. 53**, gebundene Suppen, **gedünstet** (Abschnitt **2b**). Die Zwiebel mit Speck oder Fett leicht anrösten, dann die Gemüse einige Minuten mitdünsten.

Kochzeit 1–1½ Std. — Reis und evtl. Hörnli ca. 20 Min. vor dem Anrichten beigeben. — Die Suppe würzen, mit geriebenem Parmesan (oder Sbrinz) servieren.

II. Art: Ausser den Gemüsen 60 g weisse, grüne oder farbige, eingeweichte **Bohnenkerne,** evtl. auch etwas Bohnenkraut, Majoran, Basilikum usw. in der Minestrone mitkochen. **Kochzeit** mit Bohnen ca. 2 Std.

NB. Eine Minestrone soll recht dick sein. Sie wird oft als selbständige Mahlzeit serviert.

84   Restensuppe   (Potage à la bonne femme)

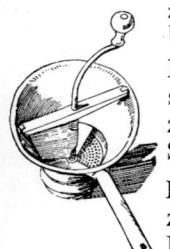

Reste verschiedenster Art (Gemüse-, Pasteten-, Reis-, Saucen,- Kartoffelreste usw.) lassen sich durch geschickte Zusammenstellung zu schmackhaften Suppen verwerten. Restensuppen sorgfältig würzen, da sie leicht zu scharf werden. — Je nach den Resten eine helle, grüne oder dunkle Suppe zubereiten, z.B.:

I. Art: Alle Reste zusammen mit kaltem Wasser aufsetzen, gut durchkochen. Durchstreichen oder im Mixer purieren. Die Suppe nochmals aufkochen, wenn nötig würzen, mit Milch oder Rahm verfeinern. Hat man Reisreste, diese zuletzt der fertigen Suppe beimischen, ebenso geschnittene Spaghetti usw.

II. Art: ½ Portion weisse Mehlsuppe Nr. 54 oder braune Mehlsuppe Nr. 86 zubereiten. Die Reste beigeben, mitkochen, durchstreichen oder im Mixer purieren Die Suppe aufkochen, evtl. verdünnen, würzen, mit Milch oder Rahm verfeinern.

III. Art: 1 Büschelchen Petersilie und 1–2 Zwiebeln, fein gehackt, in Butter dünsten, die passierten Reste beigeben, ablöschen, durchkochen. — Die Suppe würzen, und mit Milch oder Rahm verfeinern.

Gebundene Suppen, geröstet   Grundregel   **85**

Zubereitung für die Suppen Nr. 86–94. — **Pfanne** aus Eisen, rostfreiem Stahl, Aluminium (besser keine Emailpfanne).

1. Rösten des Mehles:

a) **ohne Fett:** Das Mehl in die Pfanne geben und sorgfältig **rösten** auf kleinerem Feuer, unter unausgesetztem R ü h r e n, zu gelbbrauner Farbe (15–20 Min.).

Vorteil: Kürzere Röstzeit — Fettersparnis — auch geeignet für leichtere Kost und Diät — zum Aufbewahren als **Vorrat**. — Bei dieser Zubereitung die Suppen zuletzt mit Tafelbutter oder Rahm verfeinern.

b) **mit Fett** (knapp soviel wie Mehl): Dasselbe erwärmen, das Mehl beigeben und sorgfältig **rösten** auf kleinerem Feuer, unter unausgesetztem R ü h r e n, zu kastanienbrauner Farbe (20–30 Min.). — Verwendet man nur wenig Fett, dann ballt sich das Mehl beim Rösten leicht zusammen. — **Griess** oder **Grütze** werden schmackhafter in Fett (nicht trocken) geröstet. Sie nur hellbraun werden lassen.

2. Ablöschen: Das geröstete Mehl zuerst unter R ü h r e n etwas abkühlen. Dann nach und nach soviel kaltes Wasser dazumischen und glattrühren, bis das Mehl breiartig dick ist. **Verdünnen** mit ca. $2/3$ der Flüssigkeit (kalt oder warm). — Um das Herauskochen zu verhüten, die Suppe etwas dicklich halten. Vor dem Würzen verdünnen.

3. Kochzeit je nach Angabe im betr. Rezept, auf kleinem Feuer.

4. Würzen mit Salz (10 g pro Liter ungesalzener Flüssigkeit).

Weitere Gewürze oder Zutaten je nach Rezept.

NB. Für die Schmackhaftigkeit der gerösteten Mehlsuppen ist sorgfältiges R ö s t e n und langes K o c h e n wichtig. Durch ungleichmässiges Rösten entstehen schwarze Tupfen, die der Suppe einen bitteren Geschmack und ein unschönes Aussehen geben. Durch zu kurzes Rösten wird die Suppe beim Ablöschen grau (evtl. z. Verbessern braune Zwiebelhäute mitkochen). — Für einen grösseren V o r r a t lässt sich das Mehl auch auf einem Blech im **Ofen** unter h ä u f i g e m Wenden hellbraun rösten.

Geröstete Mehlsuppe   (Potage à la farine grillée)   **86**

z. Rösten { 80–100 g Kochfett (oder ohne, s. NB.) 120 g Mehl

z. Ablöschen: 2¼ l Wasser od. Bouillon

Gewürz: Salz, Muskat, evtl. 1 Pr. Kümmel

z. Verfeinern { 3–5 Essl. Milch od. Rahm (siehe auch NB.)

evtl. 20 g Käse, gerieben

Zubereitung nach **Nr. 85**, gebundene Suppen, **geröstet** (mit oder ohne Fett).

Kochzeit 1–2 Std. — Die Suppe würzen, evtl. passieren, über Milch oder Rahm (evtl. mit Käse verrührt) anrichten.

Servieren mit gebackenen Brotwürfelchen Nr. 876, gerösteten Zwiebelstreifen, geriebenem Käse oder Quarkstengeln mit Kümmel, Käsebricelets oder ähnlichem.

NB. Wurde das Mehl ohne Fett geröstet, dann evtl. noch mit 20–40 g Butter verfeinern.

Braune Käsesuppe   (Potage brun au fromage)   **87**

Zubereitung wie geröstete Mehlsuppe **Nr. 86**. — Beim Anrichten, in der Suppenschüssel 40–60 g geriebenen Sbrinz oder Parmesan mit etwas Wasser oder Rahm vermischen, die Suppe dazu rühren. — Evtl. **servieren** mit Käsestengeln, Kümmel- oder Salzgebäck Nr. 1610, 1615 usw.).

88 Braune Kartoffelsuppe (Potage Parmentier brun)

Zubereitung wie geröstete Mehlsuppe **Nr. 86**, jedoch nur 80 g Mehl verwenden. — Der Suppe 3–4 mittlere **Kartoffeln,** geschält, in 1 cm grosse Würfelchen geschnitten, beifügen und ca. 40 Min. mitkochen, d. h. bis sie gar sind. — Die Suppe würzen, über Milch oder Rahm anrichten.

NB. Zu dieser Suppe lassen sich gut Kartoffelreste verwenden, sie evtl. durchstreichen. Nach Belieben etwas Majoran, Selleriewürfelchen, Zwiebeln oder Lauch mitkochen.

89 Geröstete Griessuppe (Potage semoule grillée)

Griess von Weizen, Hirse, Hafer, Buchweizen usw.

z. Rösten { 50 g Kochfett / 120 g Griess
z. Beigeben: ½ Zwiebel
z. Ablöschen: 2 l Bouillon
Gewürz: Salz, Muskat, evtl. Maggi Würze
2–3 Essl. Rahm — evtl. gehacktes Grün

Zubereitung nach **Nr. 85**, gebundene Suppen, **geröstet** (mit Fett). Griess jedoch nur hellbraun rösten. — Die Zwiebel sehr fein hacken und nach dem Rösten des Griesses beigeben, oder ganz mitkochen und beim Anrichten herausnehmen.

Kochzeit 30–50 Min., je nach Art des Griesses. — Die Suppe würzen, über den Rahm und evtl. das Grüne anrichten.

NB. Suppe aus Weizengriess nicht zu lange kochen, damit sie nicht zu seimig wird.

90 Geröstete Hafergrütz- und Haferflockensuppe

Zubereitung wie **Nr. 89**. Statt Griess: Hafergrütze oder -flocken verwenden.

NB. Evtl. etwas fein geschnittenen Lauch oder Sellerie mitkochen.

91 Brotsuppe (Potage au pain grillé)

z. Rösten { 40–60 g Kochbutter od. Fett / 120 g gedörrtes Brot, gerieben
z. Ablöschen: 2¼ l Bouillon
Gewürz: Muskat, evtl. Salz
20 g Käse gerieben
3–5 Essl. Rahm

Zubereitung nach **Nr. 85**, gebundene Suppen, **geröstet** (mit Fett).

Kochzeit 20–30 Min. — In der Suppenschüssel Rahm und Käse zusammen verrühren, die leicht gewürzte Suppe darüber anrichten.

NB. Verwendet man zum Ablöschen Wasser, dann 1–2 Maggi Würfel beigeben. — Die Suppe heiss ablöschen und nicht zu lange kochen, da sie sonst zu seimig wird.

Verschiedene pikante Suppen

92 Ochsenschwanzsuppe, gebunden (Bound oxtail soup) Bild auf Tafel 1

¼–½ kg Ochsenschwanz-Stücke
50 g Magerspeck, auch Speckschwarte
z. Ablöschen: 1 Ltr Wasser, 2 dl Weisswein
z. Beigeben { 1 bestreckte Zwiebel / 1–2 Rüben, etwas Knoblauch / 1 Stück Sellerie und Lauch
Mehlsuppe, { 60 g Fett (od. ohne) / 80 g Mehl — 1½ l Wasser
geröstet
Gewürz { 2–4 Essl. Madeira / 1–2 Essl. Essig od. Zitronensaft / Salz — 1 Msp. Liebig-Fleischextrakt

Vorbereiten: Den Speck in Würfelchen schneiden, rösten, bis etwas Fett ausgetreten ist, die Ochsenschwanzstücke und die Zwiebel darin überbraten. Mit dem **kalten Wasser** und **Wein** ablöschen, das klein geschnittene Gemüse beifügen. Die Brühe zum Sieden bringen.

Zubereitung der gerösteten Mehlsuppe nach **Nr. 86**. Sie nach dem Ablöschen zur Ochsenschwanzbrühe giessen. — **Kochzeit** 2–3 Std. auf kleinem Feuer.

Anrichten: Die Ochsenschwanzstücke herausheben, das Fleisch von den Knochen lösen, es in ca. ½ cm grosse Stückchen schneiden (nicht hacken!) und in die Suppenschüssel geben. — Die Suppe wenn nötig verdünnen, **pikant** würzen und durch ein **feines Sieb** über die Ochsenschwanzstückchen anrichten. — **NB.** Mit Vorteil lässt sich der Ochsenschwanz (d.h. **ohne** das Mehl) zuerst im Dampfkochtopf (n. Vorschrift) weichkochen. Dann die unterdessen gekochte braune Mehlsuppe beifügen.

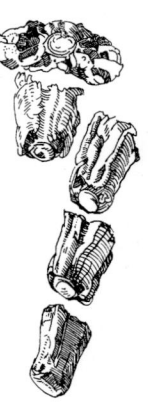

Falsche Schildkrötensuppe   (Mock turtle soup)   93

300 g Kalbskopf oder -fuss (s. NB.)
50–100 g Schinken, 50 g Magerspeck
250 g Schenkelfleisch — 1–2 Rüben
1 kleine Zwiebel, evtl. Knoblauch
20–40 g Kochfett
z. Ablöschen: 2 l Wasser

Mehlsuppe geröstet { 60 g Kochfett (od. ohne) / 80 g Mehl / 1 Ltr Wasser, 1 Glas Rotwein

Gewürz { Salz, evtl. Liebig-Fleischextrakt / etwas Zitronensaft / 2–4 Essl. Madeira od. Sherry

Vorbereiten: Den Kalbskopf in ca. 5 cm grosse Stücke schneiden, den Schinken in Streifen. — Speck, Schenkelfleisch, Rüben und Zwiebel in kleine Würfel schneiden und zusammen im Fett braun überbraten, mit dem **kalten Wasser** ablöschen. Kalbskopf und Schinken **sofort** beigeben, zum Sieden bringen.

Zubereitung der gerösteten Mehlsuppe nach **Nr. 85** (mit oder ohne Fett). Sie nach dem Ablöschen zur Kalbskopfbrühe giessen. — **Kochzeit** 1½–2 Std. — Einige Kalbskopfstücke in ganz kleine Würfelchen schneiden und in die Suppenschüssel geben. Die Suppe **pikant** würzen und durch ein **feines Sieb** über die Würfelchen anrichten.

NB. Kalbsfuss oder -kopf am besten vom Metzger in kleinere Stücke schneiden lassen. — Hat man Kalbskopfreste von Sulzbrühe (siehe Nr. 164), so lässt sich die Suppe auch daraus herstellen. — **Echte** = «**Real turtle soup**» ist in Büchsen erhältlich und wird in kleinen Tassen serviert. Evtl. noch etwas Sherry beifügen.

Wildsuppe   (Potage chasseur)   94

Reste von Wildbraten oder -pfeffer (s. NB.)

z. Anbraten { 40–80 g Speckwürfelchen / 1 besteckte Zwiebel / 1 Stück Lauch und Sellerie

z. Ablöschen { 2 l Wasser oder Bouillon / 1 Glas Rotwein

z. Rösten n. Nr. 85 { 40 g Kochfett / 80 g Mehl

z. Würzen { Salz, Muskat / 1 Msp. Liebig-Fleischextrakt

z. Verfeinern: ½–1 dl leicht saurer Rahm

Vorbereiten: Das Fleisch von den Knochen ablösen, die zarten Stücke in kleine Würfelchen schneiden, in die Suppenschüssel geben, das übrige fein hacken.

Anbraten der Speckwürfelchen mit Zwiebel, Lauch und Sellerie. **Ablöschen** mit Wasser oder Bouillon, die Knochen und das gehackte Fleisch beifügen, aufkochen.

Rösten des Mehles im Fett zu kastanienbrauner Farbe, mit wenig Wasser ablöschen, glattrühren und zur Wildsuppe mischen. — **Kochzeit** ca. 1 Std. — Die Suppe passieren, wieder aufkochen, pikant würzen. Verfeinern mit Rahm und über die Fleischwürfelchen anrichten. Evtl. Salzstengelchen oder Crackers dazu servieren.

NB. Reste von Wildpfeffer (mit **Blut**) zuerst etwas abspülen, und die Sauce nur im letzten Moment mit der Suppe erhitzen.

95 Krebssuppe (Velouté d'écrevisses)

8–12 mittlere Krebse, Salzwasser
80 g Butter
50 g Weissmehl

1¼ l Bouillon (Nr. 3 oder 4)
Gewürz: Salz, evtl. 1 Pr. Paprika
z. Legieren: 2–3 Eigelb, 1 dl Rahm

Vorbereiten und Kochen der Krebse: Diese lebend mit einer kleinen Bürste gründlich waschen. Das Salzwasser (ca. 1½ l) zum Kochen bringen. Die Krebse je zwei miteinander ins immer wieder **kochende** Wasser werfen (dazwischen die Pfanne zudecken), dann 15 Min. kochen, wobei sie nun **rot** werden. (Die Krebsschwänze sollen jetzt nach vorn gebogen sein, andere Krebse **nicht** verwenden.)

Zubereitung der Suppe: Von den gekochten Krebsen die Scheren und Schwänze ablösen, die Därme entfernen. Das Krebsfleisch in kleine Streifchen schneiden oder davon Klösschen zubereiten (siehe NB.). Alle zurückgebliebenen Schalenteile zwischen Pergamentpapier so fein als möglich zerstossen oder 1–2 mal durch die Hackmaschine treiben. Diese Krebsmasse in der Butter gut durchdämpfen, das Mehl beigeben, mit der Krebsbrühe sowie Bouillon ablöschen.

Kochzeit ca. 20 Min. — Die Suppe durch ein feines Sieb streichen, wieder aufkochen, wenn nötig noch würzen, **legieren** (nach Nr. 34). — Vor dem **Servieren** das Krebsfleisch oder die -klösschen sorgfältig in die Suppe geben.

NB. Krebssuppe soll nur leicht gebunden sein. — **Krebsklösschen** gleiche Zubereitung wie Klösschen Nr. 31, statt Schinken das Krebsfleisch sehr fein gehackt, verwenden.

96 Hamburger Aalsuppe

500 g gedörrte Birnen und Zwetschgen
Zitronenschale, 1–2 Essl. Zucker

Brühe {
1 Schinkenknochen
(od. 250 g Beinschinken)
2–3 l Bouillon oder Wasser
2–3 Rüben, etwas Sellerie
1 Petersilienwurzel
1 Tasse Erbsen, ausgekernt
}

z. Binden: 30 g Mehl u. 30 g Fett, zus. geröstet

1 Aal von ca. 500 g
Sud { ½ l Wasser, Salz
1 Glas Weisswein, Salbeiblätter
1 besteckte Zwiebel }

z. Beigeben { Verschiedene Kräuter
(Dill, Kerbel, Majoran,
Petersilie) }

z. Abschmecken { 1–2 Teel. Zitronensaft oder Essig
einige Prisen Zucker }

Vorbereiten: Birnen und Zwetschgen über Nacht einweichen, dann im Einweichwasser mit wenig Zucker und der dünn abgeschnittenen Zitronenschale weichkochen und (ohne den Saft) in der Suppenschüssel warmstellen.

Brühe: Den Schinkenknochen oder Schinken in Bouillon oder Wasser ca. 1 Std. kochen. Die Gemüse zurüsten, in Scheiben oder Würfel schneiden und mit den Erbsen zur Schinkenbrühe geben. Kochen, bis alles weich ist (ca. 30 Min.).

Kochen des Aales: Diesen häuten (siehe Nr. 618), mit Salz abreiben, etwas liegen lassen, dann abspülen. Ihn in ca. 4 cm grosse Stücke schneiden und im aufgekochten **Sud**

gar werden lassen (ca. 15 Min.). Den Aal mit dem gesiebten Sud zur Schinkenbrühe geben. Diese mit dem gerösteten Mehl leicht binden. Die fein gehackten Kräuter und den in kleine Würfelchen geschnittenen Schinken beifügen. — **Abschmecken** mit dem nötigen Gewürz, Essig oder Zitronensaft und etwas Zucker. — **Anrichten** über die Birnen und Zwetschgen.

NB. Beliebte **Beigaben** sind: Butter- oder Griessklösschen (Nr. 29 und 27), evtl. vermischt mit etwas feingehacktem Schinken (von der Brühe). — Statt Dörrobst können kleinere frische Birnen verwendet werden. Sie ungeschält in leicht gezuckertem Wasser mit Zitronenschale weichkochen.

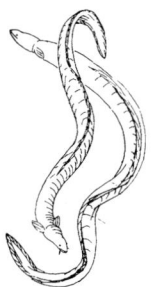

Süsse Suppen und Kaltschalen (Soupes aux fruits froides)

Allgemeines: Süsse, warme oder kalte Milch- oder Fruchtsuppen, rohe Frucht- und Gemüsesäfte (sog. «flüssige Salate») sowie Junket und Kaltschalen sind leicht, trotzdem nahrhaft und gute Vitaminspender. Kalt serviert sind sie vor allem auch erfrischend, deshalb sehr beliebt in der heissen Jahreszeit, besonders auch in der Diät- und Krankenküche, sowie bei Kindern.

Servieren: Anstatt einer Suppe oder als kleine, erfrischende Abendspeise (Kaltschalen auch als Dessert), allein oder mit Zwieback, Haferbiscuits, Scones oder ähnlichem. — Fruchtsuppen, Kaltschalen usw. werden in kleine Crèmeschalen, Glas- oder Suppentassen angerichtet.

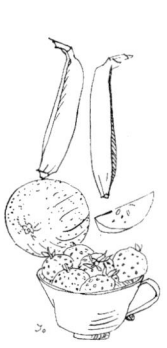

Milchsuppe (Soupe au lait) 97

1 Ltr Milch, 1 Ltr Wasser, wenig Salz
z. Beigeben: Zucker nach Geschmack

z. Einrühren { 80 g Griess, Reis, Sago oder Weissmehl

Milch und Wasser aufkochen, leicht salzen, den Griess, Reis oder Sago, oder das mit ⅓ der Milch glatt vermischte Mehl, einrühren, nach Geschmack versüssen.
Kochzeit 30–40 Min. — **Servieren,** warm oder kalt, eventuell mit Zwieback.

Schneesuppe (Soupe à la neige) Nahrhafte und beliebte Kinderspeise 98

2–3 Eigelb, 40–50 g Zucker
2 l Milch, 2 Pr. Salz, Vanille
Anrühren: 50–80 g Weissmehl, 2 dl Wasser

z. Schnee: 3 Eiweiss, 30–50 g Zucker
z. Bestäuben { 1 Msp. Zimt oder Schokoladepulver

Suppe: In der Suppenschüssel Eigelb und Zucker gut vermischen.
Milch und Vanille aufkochen, leicht salzen, mit dem angerührten Mehl binden.
Kochzeit 10–15 Min. — Die Suppe unter tüchtigem Schwingen evtl. gesiebt, über die Eigelb anrichten und zudecken.
Schnee: Das Eiweiss zu steifem Schnee schlagen, den Zucker leicht darunterziehen und als Berg oder, mit 2 Löffeln zu Klössen geformt, auf die heisse Suppe anrichten, mit Zimt oder Schokoladepulver bestäuben und zugedeckt etwas stehen lassen.
Servieren der Schneesuppe, warm oder kalt, evtl. mit Zwieback oder Brot.

99 Joghurt-Kaltschale   (Coupe froide au joghurt)   I. und II. Art

2 Gläser Joghurt
50–70 g Zucker, etwas Vanille
4 Blatt Gelatine
3–5 Essl. heisses Wasser oder Fruchtsaft

Joghurt, Zucker und Vanille möglichst schaumig schlagen. Die Gelatine in kaltem Wasser etwa 10 Min. einweichen, abtropfen, in heissem Wasser oder Fruchtsaft sorgfältig auflösen und gesiebt mit dem Joghurt vermischen. In kleine Schalen füllen und an der Kälte steif werden lassen.

Servieren mit gezuckerten Beeren, Bananenscheiben oder einem Kompott.

II. Art: Den Joghurt in Förmchen füllen, steif werden lassen, gestürzt anrichten, mit Früchten garnieren.

100 Quark-Joghurt-Kaltschale   (Coupe froide au fromage blanc et joghurt)

1 Glas Joghurt, 100 g Quark
1–2 Äpfel — Zitronensaft
20–40 g Zucker

z. Garnieren { Erdbeeren / Himbeeren oder / rote Kirschen

Joghurt und Quark zusammen sehr gut schaumig schlagen (evtl. mixen), den roh geriebenen Apfel, etwas Zitronensaft und Zucker nach Geschmack damit vermischen. — Anrichten in Gläser, garnieren mit den Früchten.

101 Junket mit Früchten   (als Kaltschale) siehe Nr. 1163

102 Apfelsuppe   (Soupe aux pommes)

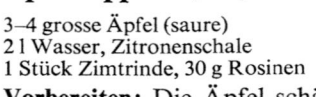

3–4 grosse Äpfel (saure)
2 l Wasser, Zitronenschale
1 Stück Zimtrinde, 30 g Rosinen
z. Binden: 80 g Sago oder Reis
150–200 g Zucker, Zitronensaft
evtl. 1–2 dl Weisswein (auch alkoholfreier)

Vorbereiten: Die Äpfel schälen, das Kerngehäuse entfernen und in kleine Scheiben schneiden.

Aufsetzen des Wassers mit Zimtrinde, dünn abgeschnittener Zitronenschale und den Rosinen. Sobald es kocht, die Äpfel beigeben, Sago oder Reis einrühren.

Kochzeit 20–30 Min., d.h. bis der Sago klar oder der Reis knapp weich ist. — Die Suppe nach Geschmack versüssen, etwas Zitronensaft und evtl. Weisswein beigeben.

Servieren, warm oder kalt, nach Belieben mit Zwieback oder Scones (Nr. 1630).

NB. Will man den Gehalt der Äpfel möglichst ausnützen, dann Schale und Kerngehäuse zuerst mit dem Wasser aufkochen und passiert verwenden.

103 Fruchtsuppe   (Soupe aux fruits)

Früchte: Kirschen, Zwetschgen, Pflaumen, Johannis- oder Heidelbeeren, Brombeeren, Holunder, blaue Trauben, Rhabarber usw.

¾ kg Früchte — 150–200 g Zucker*
1½–2 l Wasser oder Süssmost*
etwas Zimt od. Vanille

z. Einrühren { 60 g Kartoffelmehl / 2–3 dl Wasser

gebackene Brotwürfelchen Nr. 876 oder Zwieback

Vorbereiten: Die Früchte je nach ihrer Art waschen, entsteinen, klein schneiden, Beeren verlesen (Holunder entstielen), evtl. kurz abspülen.

Aufsetzen der Früchte mit dem Zucker, Wasser, Zimt od. Vanille, und weichkochen.

Binden mit dem kalt angerührten Kartoffelmehl, gut aufkochen und die Suppe durchstreichen, evtl. wieder erwärmen.
Servieren, warm oder kalt, mit Brotwürfelchen oder Zwieback.
II. Art: Bei Kirschen- und Beerensuppen evtl. nur einen Teil der Früchte durchstreichen, die übrigen in der Suppe servieren. — * Bei Verwendung von Süssmost weniger Zucker beigeben.

Fruchtsuppe mit Reis   (oder Griess)   Bild auf Tafel 2   104

Fruchtsuppe Nr. 103   1 Ltr Wasser, 5 g Salz — 150 g Reis (s. NB.)

Den Reis ins siedende Salzwasser geben und körnig weichkochen (ca. 18 Min.). Auf ein Sieb schütten, in kleine Tassen oder Förmchen drücken.
Anrichten: Je ein Reisköpfchen in einen Suppenteller stürzen. Die fertige Kirschensuppe, warm oder kalt, dazu giessen und sofort servieren.
NB. Statt Reis-, evtl. kleine Griessköpfchen (s. Nr. 1151) oder -klösschen Nr. 27 zubereiten.

Rote Grütze   (oder andere Fruchtgrützen)   105

Siehe **Grützen** Nr. 1157–1160. — **Servieren** mit kalter oder warmer Milch, ungeschlagenem Rahm, Vanillemilch oder Vanillesauce.

Frucht-Kaltschalen   (Coupe de fruits rafraîchis)   106

Früchte { 1–2 Grapefruits, 2–4 Orangen / 2–3 Pfirsiche, 2–3 Bananen / 1 Tasse voll Erdbeeren   Sirup { 2 dl Wasser, 100–150 g Zucker / ½ Teel. Zitronensaft
6–9 Zwieback oder Makrönli

Vorbereiten: Die Früchte schälen, in kleine Schnitzchen schneiden. Die Erdbeeren evtl. halbieren. — **Sirup:** Zucker und Wasser zusammen aufkochen, abkühlen, den Zitronensaft beigeben.
Anrichten: Zwieback oder Makrönli auf den Boden einer grossen oder einzelner kleiner Schalen legen, die Früchte darüber verteilen, mit dem Sirup übergiessen. Bis zum Servieren etwas stehen lassen. Evtl. mit Schlagrahm garnieren oder ungeschlagenen Rahm, evtl. Joghurt dazu servieren.
II. Art: Andere **Fruchtmischung,** z.B. Himbeeren und Bananen — Erdbeeren und Rhabarber (diesen kurz im Sirup gekocht) — Äpfel, Brombeeren und evtl. Bananen — Pfirsiche, Erdbeeren oder Melonen. — Die Kaltschale evtl. ohne Zwieback oder Makrönli anrichten, statt dessen mit Weizenkeimen überstreuen.

Hagebutten-Kaltschale   (Coupe froide aux églantines)   107

250 g Hagebuttenmark (evtl. Büchsen)   z. Binden { 60 g Maizena oder / Weissmehl, 2–3 dl Wasser
¾ l Wasser
100–150 g Zucker — etwas Zitronensaft   1 dl Rahm, Joghurt oder 50 g Quark

Hagebuttenmark und Wasser zusammen aufkochen, nach Geschmack Zucker und Zitrone beigeben. — **Binden** mit dem angerührten Mehl, gut aufkochen und erkalten lassen. — **Anrichten** in eine grosse oder einzelne kleine Schalen. Mit wenig geschlagenem Rahm, Joghurt oder Quark garnieren.

108 Grapefruits I. und II. Art   Bild auf Tafel 2

Pro Person: ½ Grapefruit — 1 Teel. Rohzucker od. Honig. **II. Art**: 20 g Butter, Weisswein od. Sherry.
I. Art, vorbereiten: Die Früchte waschen, querdurch halbieren, mit dem Grapefruitmesser sorgfältig vom Rand lösen, dann mit einem scharfen Messer in die einzelnen Schnitzchen teilen. Zucker oder Honig darüber verteilen, etwas durchziehen lassen. — Zum **Servieren** auf kleine Teller oder in weite Coupe-Gläser setzen, evtl. mit einer roten Kirsche belegen.

II. Art à l'Américaine, heiss serviert: Die Grapefruits auf gleiche Art vorbereiten wie oben. Sie mit Zucker bestreuen, mit einem Butterflöckchen belegen, mit etwas Weisswein (auch alkoholfreiem) oder Sherry beträufeln. Auf einem Blech im **Ofen** in guter Oberhitze rasch heiss werden lassen.

Gemüse-Kaltschalen und verschiedene Cocktails

109 Tomaten-Kaltschale   Bild auf Tafel 2

1 kg Tomaten, gut reife   Gewürz { Salz, 1 Msp. Kräuterpulver / etwas Zitronensaft

Die Tomaten mit einem Tuch abreiben, klein schneiden und durch ein Sieb streichen. Das Purée nach Geschmack würzen, gut verquirlen. — **Servieren** in Gläsern mit Salzbiscuits.

110 Pikante Tomaten-Kaltschale

1½–2 kg gut reife Tomaten*, 3–5 dl Wasser
1 kleine geriebene Zwiebel
1 Stück fein geschnittene Peperoni
Gewürz { 2–3 Pr. Salz und Zucker / Tomaten-Ketchup / 1 dl Rahm od. Joghurt, / evtl. Kräuter

Die Tomaten waschen, klein schneiden, mit den übrigen Zutaten gut aufkochen und passieren. Die Masse pikant würzen und erkalten lassen.
Anrichten in kleine Schalen, auf die Mitte kleine Häufchen von leicht geschlagenem Rahm oder Joghurt setzen. Diese mit etwas Tomaten-Ketchup bespritzen oder mit sehr fein gehackten Kräutern oder Peperoni bestreuen. — Evtl. **servieren** mit kleinen Salzbiscuits. — * Statt frischer Tomaten evtl. -purée od. -jus verwenden.

111 Spinat-Kaltschale

2 Handvoll Spinat verlesen, gut waschen und mit etwas Kerbel sehr fein hacken (oder den Spinat kurz abkochen und passieren oder mixen). Das Purée mit 1 Glas Joghurt, einigen Esslöffeln Rahm, 1–2 Teel. Zitronensaft und wenig Salz gut vermischen.
Anrichten in einzelne Schalen, mit dünnen Radieschenscheiben belegen.

112 Bulgarischer Kräuterbecher

1 Büschelchen verschiedener Kräuter verlesen, waschen und sehr fein hacken oder mit 2–3 Essl. Joghurt im Mixer purieren. 100 g Rahmquark mit 1 Glas Joghurt schaumig rühren, die Kräuter beigeben, mit 1–2 Teel. Zitronensaft und wenig Salz abschmecken.

Ochsenschwanzsuppe, gebunden Nr. 92 – Spargelcrèmesuppe Nr. 64
Kostsuppe von Hülsenfrüchten Nr. 43 – Consommé Royal Nr. 16 – Tomatensuppe mit
Einlage Nr. 71 (2) – Frisch-Erbsensuppe Nr. 51

Tafel 1

Tafel 2 Früchteschale (mit Trauben, frischen Feigen, auch Mango's usw.) – Frühlings-Cocktail Nr. 113 (8) – Crevettes- sowie Cassis-Cocktail Nr. 113 (12 und 5)

(Mitte) Rote Grütze serviert mit Milch Nr. 1157
Kirschensuppe mit Griess (od. Reis) Nr. 104 (kalt oder warm) – Tomaten-Kaltschale Nr. 110

Cocktails (Appetizers) siehe Tafel 2 **113**

Allgemeines: Cocktails sind kleine Appetitanreger, die in der modernen Küche, mit oder ohne alkoholhaltige Ingredienzen, aus pikanten Mischungen verschiedenster Art bestehen, deren Zusammenstellungen der Fantasie viel Spielraum lassen. **Serviert** werden sie möglichst gekühlt in kleinen **Gläsern** vor einem Diner oder bei einem Empfang. Bei letzterem in der Regel mit andern pikanten Kleinigkeiten wie Appetitbrötchen (Sticks), Salzgebäck, Pommes chips usw. Sie fehlen in der Regel auch nicht auf einem Kalten Buffet. — Das evtl. **Mischen** der Cocktailzutaten geschieht am besten im Schüttelbecher, durch sehr gutes Quirlen oder in einem Mixer.

1. Orangen-Cocktail: 6 Orangen waschen, einen kleinen Deckel abschneiden, sorgfältig aushöhlen. Das Fruchtfleisch durch ein grobes Sieb passieren, mit Würfelchen von 1–2 Grapefruits, 2 Bananen und einigen Maraschinokirschen vermischen. Abschmecken mit etwas Saft von Zitronen und evtl. von Maraschinokirschen sowie mit Rohzucker. **Anrichten** in die ausgehöhlten Orangenschalen, mit einer Kirsche belegen.

2. Grapefruit-Cocktail: 3 Grapefruits waschen, querdurch halbieren. Das Fruchtfleisch sorgfältig herausnehmen (am besten mit dem Grapefruit-Messer), in kleine Würfelchen schneiden oder durch ein grobes Sieb passieren. Mischen mit Ananaswürfelchen, 2–3 Essl. Mayonnaise, 2–3 Essl. geschlagenem Rahm, 1–2 Teel. Zitronensaft, wenig Zucker, evtl. 1 Prise Gingerpulver und 2–3 Essl. Sherry. **Anrichten** in die ausgehöhlten Grapefruits, **servieren** auf Glastellerchen, spez. Grapefruitgläsern oder hübschen Suppentassen. Belegen mit einer halben Maraschinokirsche.

3. Kaki-Cocktail: 3–6 Kaki abreiben, häuten, und passieren. Vermischen mit je 1 dl Joghurt und Rahm, geschlagen, etwas Zitronensaft und fein abgeriebener -schale sowie 1–2 Teel. Sherry oder Cognac. Nach dem **Anrichten** mit fein geschnittenen Pistaches bestreuen.
Als **Garnitur:** Die leeren Gläser am Rand in Zitronensaft tauchen, dann in Griesszucker.

4. Johannisbeer-Melonen-Cocktail: 2–3 Tassen frische Johannisbeeren (oder tiefgekühlte) mit etwas Zucker zerdrücken und passieren. Vermischen mit etwas Zitronensaft und 1–2 Essl. Sherry, kühlstellen. 2–4 Melonenschnitze in kleine Würfelchen schneiden und in Cocktailgläser verteilen. Mit dem Purée auffüllen, mit Johannisbeeren bestreuen.

5. Cassis-Cocktail: 2 Tassen schwarze Johannisbeeren zerdrücken, mit etwas Zitronensaft mischen und passieren. Das Purée mit 1 Glas Joghurt, 1 Teel. Zitronensaft und Zucker nach Geschmack, verquirlen. **Anrichten,** mit schwarzen Johannisbeeren bestreuen. (Statt Saft von frischen Beeren evtl. Cassissirup verwenden.)

6. Gemüse-Früchte-Cocktail: 100 g Spinat und 1 Rübe gut waschen, klein schneiden, mit etwas Zitronensaft beträufelt, kurz überbrühen und mixen). Je 1 kleinwürflig geschnittene Orange und Banane, 1 Glas Joghurt, evtl. etwas Rahm oder Mandelpurée und nach Geschmack Zitronensaft, 2–3 Teel. Honig oder Zucker gut damit vermischen. **Anrichten,** mit feingeschnittenen Datteln und Nüssen bestreuen.

7. Gemüse-Cocktail: 2–4 Tomaten waschen, klein schneiden, 1–2 Randen dünn schälen, reiben und beides zusammen auspressen. Diesen Saft mit einem geriebenen Apfel, 1 Glas Joghurt, 1–2 Teel. Zitronensaft, 1 Prise Salz und Zucker sehr gut vermischen. **Anrichten,** mit wenig fein abgeriebener Zitronenschale bestreuen.

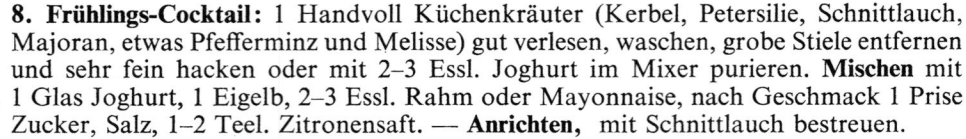

8. Frühlings-Cocktail: 1 Handvoll Küchenkräuter (Kerbel, Petersilie, Schnittlauch, Majoran, etwas Pfefferminz und Melisse) gut verlesen, waschen, grobe Stiele entfernen und sehr fein hacken oder mit 2–3 Essl. Joghurt im Mixer purieren. **Mischen** mit 1 Glas Joghurt, 1 Eigelb, 2–3 Essl. Rahm oder Mayonnaise, nach Geschmack 1 Prise Zucker, Salz, 1–2 Teel. Zitronensaft. — **Anrichten,** mit Schnittlauch bestreuen.

9. Randen-Cocktail (kalter Borschtsch): 2 Tassen Maggi Gril aufgelöst, Saft von 3–5 rohen Randen (gerieben und ausgepresst), 1–2 Teel. Zitronensaft, 1 Pr. Salz und wenig Zucker gut verrühren. **Anrichten** in hohe Gläser, mit grossen Tupfen von geschlagenem, leicht saurem Rahm garnieren, mit etwas geriebenen Randen bestreuen.

10. Avocado-Cocktail: 1–2 Avocados schälen, das Fruchtfleisch in kleine Würfelchen oder Scheibchen schneiden, in die Gläser verteilen. Auffüllen mit Cocktailsauce (Nr. 113 a), der man noch etwas Orangen- oder Grapefruitsaft, Worcestersauce und wenig Ingwer beigemischt hat. — Nach dem **Anrichten** mit dünnen Scheibchen von Avocado und evtl. mit einer Cocktailkirsche belegen. — Avocado ist eine ausländische, teure Frucht, birnenförmig, mit grossem Stein. Die Farbe ist grün, der Geschmack zart, jedoch wenig ausgesprochen (Bild siehe Tafel 20). Sollte die Avocado noch sehr hart (nicht reif) sein, dann geschält und halbiert im Dampf weichkochen (ca. 30 Min.).

11. Gril-Cocktail: 2 Tassen Maggi Gril aufgelöst, mit 2–3 Eigelb, 1–2 Teel. feingehackten Kräutern, 1–2 Teel. Zitronensaft, etwas Tomaten-Ketchup und Salz sehr gut verrühren. — **Anrichten** in Gläser, mit wenig gehacktem Grün bestreuen.

12. Crevettes-Cocktail: In kleine Gläser je 1 Essl. klein geschnittene Crevettes und 1 Teel. geriebene Sellerie geben, mit etwas Cognac, 2–3 Essl. Whisky und Zitronensaft marinieren. Pikante Cocktailsauce dazufüllen und belegen mit einigen Crevettes, kleinwürflig geschnittenen Peperoni und einem Tupfen Tomaten-Ketchup. An den Glasrand eine oder mehrere Crevettes hängen. Möglichst kalt servieren.

13. Hummer-Cocktail: Gleiche Zubereitung wie Crevettes-Cocktail (s. oben), jedoch Hummer aus Büchsen, klein geschnitten, verwenden. Der Cocktail-Sauce wenig sehr fein gehackten Kerbel beigeben. — Nach dem **Anrichten** bestreuen mit Hummerstückchen und ausgestochenen Trüffelsternchen.

113a Pikante Cocktail-Sauce

2 Teel. feingeriebene Schalotten sowie Meerrettich (evtl. 2 Msp. -pulver) oder 30 g Roquefort-Käse, 2–3 Teel. Tomaten-Ketchup, 2–4 Teel. Zitronen- und Grapefruitsaft, wenig Salz, je 1 Pr. Cayenne u. Zucker. Vermischen dieser Zutaten mit 1 dl geschlagenem Rahm und 1 Tasse voll Mayonnaise. — Dazu spezielle pikante Zutaten (Produits H. J. Heinz, Lacroix usw.) je nach Cocktail z. B.: 1 Pr. Tarragon, Tomato Chutney, Chili- od. Worcester-Sauce, evtl. Herbadox od. einige Tropfen Tabasco-Sauce (sehr scharf).

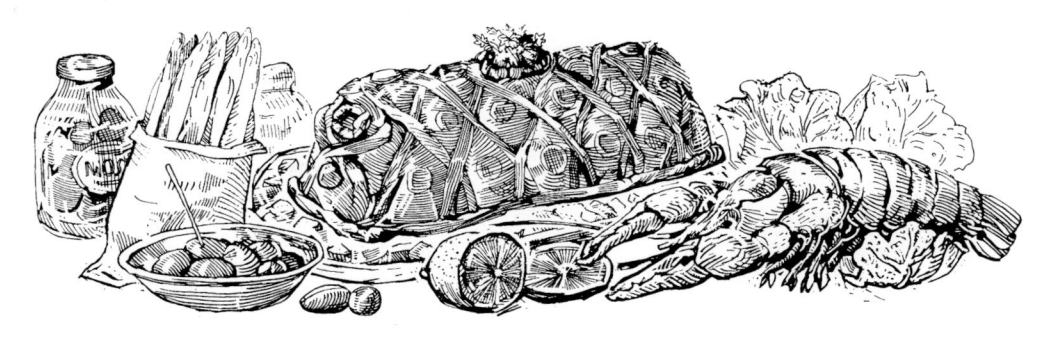

Hors d'œuvres (Kalte Vorspeisen)

Die einzelnen Hors d'œuvre-Rezepte sind **für 6 Personen** berechnet; werden sie aber als Teil einer aus verschiedenen Rezepten zusammengestellten Platte verwendet, dann entsprechend kleinere Portionen zubereiten.

Allgemeines: Hors d'œuvres sind beliebte, kalte, pikante und appetitanregende Speisen. Das Servieren eines Hors d'œuvres erlaubt der Hausfrau, alles in Ruhe vorzubereiten, um sich nachher den Gästen widmen zu können. Praktisch ist deshalb auch bei einer grösseren Einladung das «Kalte Buffet», besonders bekannt durch das verlockende schwedische «Smörgasbröd», wo sich jeder Gast nach Lust und Laune selbst bedient.

Die Möglichkeiten, kleine oder grössere Platten oder ein kaltes Buffet zusammenzustellen und zu garnieren, sind unbegrenzt. Je nach Material, persönlichem Geschmack und Fantasie können immer wieder neue Wirkungen hervorgebracht werden. Um jedoch Anhaltspunkte zu geben, folgen einige Beispiele von Zusammenstellungen (auch vegetarisch), siehe Nr. 201–209.

Serviert werden Hors d'œuvres vor der Suppe, oft aber auch anstatt derselben oder als Mahlzeit (bes. im Sommer), hie und da auch (als bes. Raffinement) begleitet von kleinen, heissen Käse- oder Fleischpastetchen, Schinkengipfelchen und ähnlichem. — Zu Hors d'œuvre-Platten (ohne belegte Brötchen) reicht man häufig auch Salzgebäck, Crackers, getoastetes Brot, kleine Semmelchen, nach nordischer Art auch dunkles oder süsses sowie Knäckebrot.

Kühlstellen der Hors d'œuvres bis zum Servieren ist wichtig, da sie sonst nicht mehr so erfrischend schmecken und auch unansehnlich werden, speziell Gerichte mit Mayonnaise, sowie belegte Brötchen. Letztere werden deshalb mit Vorteil mit Sulz überzogen, Mayonnaisen zum Überziehen mit Sulz gebunden.

Die **Zutaten zu Hors d'œuvres** sollen ganz frisch und von I. Qualität sein.

Konserven (verschiedenster Art) sind praktisch im Gebrauch und erleichtern die Arbeit, z.B.: Sardinen (bes. vorteilhaft sind die entgräteten Sorten) — Sardellen-Filet, in Salz oder Öl konserviert, auch offen erhältlich — Sardellenbutter (Beurre d'Enchois) in Tuben, für Brötchen usw. — Thon, in Öl konservierter Fisch, auch offen erhältlich — Lachs, geräucherter (offen od. Konserven), soll schön rot in der Farbe und nicht zu scharf sein. — Hummer und Langusten, die zu den feinsten und teuersten Delikatessen gehören. Beides sind Meerkrebse (Hummer 250–600 g, Languste, scherenlos, ½–1 kg). Sie sind lebend oder gekocht zu kaufen, Hummer auch in Büchsen verschiedener Grösse. — Krebse (kleine) sind lebend oder gekocht erhältlich. (Kochen der Krebse siehe Krebssuppe Nr. 95). — Crevettes (kleine Krebse ohne Scheren) in Büchsen, tiefgekühlt oder frisch gekocht

Zutaten und Hilfsmittel zum Garnieren von Hors d'œuvres

für Sulzen, Mayonnaise, Brötchen oder für Garnituren. — Kaviar (die Eier des Störs oder Haussen) gilt als grosse Delikatesse. Er wird mit Butter zu Toast serviert oder zum Füllen von Eiern und Garnieren von Hors d'œuvre verwendet. Kaviar soll ganz frisch und auf Eis gekühlt sein. Nicht mit Metall berühren (am besten mit Holz) u. nicht mit Zitrone beträufeln, da er sonst «blind», das heisst weisslich wird. Im Handel ist auch roter Kaviar, der etwas weniger fein, jedoch bedeutend billiger ist. — Gänseleber (beliebte Delikatesse, sehr teuer) ist frisch erhältlich oder in Büchsen (am besten in sog. Tunneldose). Als Ersatz: Gänseleberpain (in Büchsen) oder selbst hergestelltes (s. Nr. 197 und evtl. Nr. 198).

Sulz (Aspic, Gelée) wird aus Brühe von Kalbskopf oder -fuss zubereitet (Nr. 164). Im Haushalt werden heute in der Regel die fertigen Sulzpulver (Maggi, Knorr usw.) verwendet, vor allem für kleine Portionen und Garnituren (s. Nr. 165), evtl. gespritzt (mit Dressiersack und Zackentülle).

Zutaten speziell zum Garnieren:

Trüffel (aromatischer, jedoch teurer Speisepilz), in kleinsten Büchsen erhältlich, ist von Feinschmeckern ihres Aromas wegen ausserordentlich geschätzt. Evtl. Reste in Öl oder Essig in Glas kühl aufbewahren. Als Ersatz für Trüffeln lassen sich Totentrompeten (grauschwarze Speisepilze) verwenden. Sie getrocknet aufbewahren und vor Gebrauch in heissem Wasser etwas einweichen. — Paprikaschoten, (Peperoni) frische, tiefgekühlte oder eingemachte — Oliven: grüne oder schwarze, gefüllte oder ungefüllte — Sulz, siehe oben — Cornichons und Kapern — Harte Eier oder im Wasserbad hart gekochtes Eiweiss, sowie auch die kleinen japanischen Wachteleier (aus Delikatessgeschäften) — Maraschinokirschen (in Gläsern) — Mayonnaise (evtl. aus Tuben) usw.

Hilfsmittel (siehe Bild oben):

Der Eierschneider (für rund und oval) ermöglicht es, leicht und rasch hartgekochte Eier in dünne, glatte Scheiben zu teilen. — **Kleine Förmchen** (Herzen, Sterne usw.) zum Ausstechen von Trüffeln, Schinken, Cornichons, hartgekochtem Eiweiss, Käse, Zunge, Sulz. — **Garniermesser**, womit man Rübchen, Randen, Käse usw. in gerippte Scheibchen schneiden kann. — **Der Butterroller**, zum Formen der lockeren Butterröllchen, die oft einem Hors d'œuvre beigegeben werden.

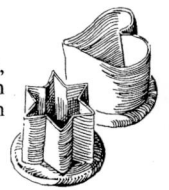

Belegte Brötchen (Sandwiches, Canapés)   siehe Tafel 3, 4 und 7

Abendessen-, Tee- oder Lunchbrötchen   (Sandwiches)   114

Allgemeines: Zu diesen Brötchen Weiss-, Toast-, Roggen-, Bircher- oder Schwarzbrot verwenden. Am besten eignet sich 1 Tag altes Brot (frisches lässt sich nicht gut schneiden und bestreichen).
Formen: Das Brot in gut ½ cm dicke Scheiben schneiden. Die Brötchen dürfen bis handtellergross sein. Sie werden rund, drei- oder viereckig geschnitten.
(Nur besonders harte Rinde entfernen).
Belegen oder **Bestreichen** siehe Nr. 117–119.
Garnieren dieser Brötchen nur ganz einfach mit Cornichons, Radieschen, Eierscheiben, evtl. Mayonnaise oder schaumig gerührtem, gewürztem Quark.
Lunchbrötchen mit einer zweiten Brotscheibe bedecken. Bei Wurst-, Käse- sowie Gemüsebelag schmeckt ein Salatblatt dazwischen gelegt, sehr erfrischend. Siehe auch **Teebrötchen** anderer Art Nr. 1636.

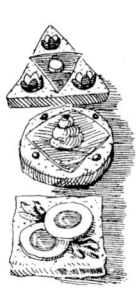

Hors d'œuvre- und feine Teebrötchen   (Canapés)   siehe Tafel 7   115

Allgemeines: Feines Weissbrot verwenden (Englisches, Model- oder Toastbrot) am besten 1 Tag alt oder Nelly Snackbrot, sowie Crackers (beides von ca. 3-4 cm Ø).
Formen: Das Brot in ½ cm dicke Scheiben und diese in kleine Vierecke, runde Scheibchen oder Dreiecke von ca. 5 cm Grösse schneiden oder mit Förmchen (Herzen, Sterne usw.) ausstechen (ohne harte Rinde).
Belegen oder **Bestreichen** (siehe Nr. 117 und 118) möglichst exakt.
Die Oberfläche evtl. mit einem in heisses Wasser getauchten Messer glattstreichen.
Garnituren für diese Brötchen sorgfältig auflegen, hübsch in den Farben.
Die Zutaten exakt ausstechen und am besten mit einer Dressiernadel auflegen in Form einer Rosette, eines Sterns oder als Blümchen (siehe garnierte Brötchen, Seite 38) oder mit Tupfen von Mayonnaise oder Quark bespritzen. — **Farben**-Zusammenstellungen z. B.: auf rote Brötchen schwarz-weiss (Trüffel und Eiweiss oder Schachtelkäse), auf gelbe Brötchen grüne Kleeblättchen (von Cornichons-, Olivenscheibchen) usw.
Sulzen der garnierten Brötchen: sie mit dickflüssiger Sulz leicht überziehen (d. h. beträufeln mit Löffel oder Pinsel) ca. 1 mm dick und steif werden lassen.
Durch die gesulzte Oberfläche sehen die Brötchen hübsch aus und werden auch bei längerem Stehen nicht unansehnlich. — Ist die Sulz jedoch zu dünn oder sogar warm, dann wird sie vom Brot aufgesogen, was den Geschmack beeinträchtigt. — Sulz zum Überziehen siehe Nr. 165.
Anrichten der Brötchen I. Art: Mit zwei oder mehreren der nachstehenden Brötchenarten eine grosse Platte reihen- oder kranzweise belegen und den Rand mit hartgekochten Eiern, klein geschnittener oder gespritzter Sulz, Cornichons und Petersilie oder Kresse garnieren.

Garnierte Hors d'œuvre-Brötchen Nr. 115, Kohlkopf mit «Sticks» Nr. 116 usw.

II. Art: Die Brötchen in hübscher Farbenabwechslung, z. B. um einen falschen Salm (siehe Bild auf Tafel 7), als Abschluss um Italienischen Salat oder gefüllter Sulz usw. geben.

116 Cocktail- oder Appetitbrötchen und andere «Appetizers»
Anrichten siehe Bild oben sowie auf Tafel 3 und 8

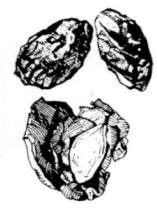

Allgemeines: Zum Cocktail oder Apéro werden gern kleine pikante «Häppchen» gereicht, die appetitanregend, aber nicht sättigend sein sollen, z. B. kleines Salzgebäck (siehe Nr. 1610–1634), Pommes chips, Salzmandeln, Sticks, Crackers (Marke Kambly, Ritz usw.). — Gedörrte Zwetschgen (I. Qual.) und Feigen, gefüllt mit gewürztem Rahmkäse. — An **Spiesschen** gesteckt (evtl. auf einem Kohlkopf, auf Grapefruits od. einer bes. grossen Tomate), z. B.: Oliven, Cocktailkirschen, Stücke von sauersüssen Früchten (Zucchetti, Melonen usw. s. Nr. 1732–1736 oder aus Büchsen), evtl. in Scheibchen von Rohschinken eingerollt. Wurströllchen (Nr. 176), Brät-Croquettchen (Nr. 263) und Crevettes, sowie kleine, rohe Blumenkohlröschen mit einer halben Nuss usw. — Alle Arten von **Cocktailbrötchen** (n. Nr. 117–118) mit Nelly Snackbrot od. viereckig, stern- oder herzförmig ausgestochen, jedoch nur etwa 4 cm gross, sie garnieren oder nur zudecken und an Spiesschen stecken.

Ananas-Cocktailcrackers: 3–4 **Ananasscheiben** mit folgender **Masse** bestreichen (ca. 1 cm dick): 2 Galakäse oder 100 g Quark mit 1–2 Essl. gehackten Nüssen, etwas Zitronensaft, nach Geschmack etwas Salz und Zucker, sowie 1–2 Blatt warm aufgelöster Gelatine vermischen. An der Kälte steif werden lassen. Die Ananasringe jetzt in 8–10 Stücke schneiden, je auf ein kleines Salzbiscuit (Cracker) setzen, mit halben Nusskernen oder Maraschinokirschen belegen und an Spiesschen stecken.

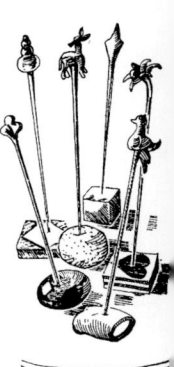

Käse- oder Schinkenröllchen: Ganz dünne Scheibchen von weissem oder dunklem Brot (ca. 5 cm gross) mit dünnen Käse- oder Schinkenscheibchen und ¼ Pfefferminzblatt belegen, aufrollen und an Spiesschen stecken. — Die Käsescheibchen lassen sich besser einrollen, wenn man sie kurz an die Wärme gibt (auf Alupapier).

Pikante Käsekugeln od. -trüffel: 100 g Quark oder Galakäse mit 100 g zerdrücktem Roquefort, Gorgonzola oder anderem Käse, gerieben und 1–2 Blatt warm aufgelöster Gelatine gut vermischen. Würzen mit wenig Zitronensaft, etwas Salz und Zucker, nach Geschmack 1–2 Essl. gehackte Kräuter oder Baumnüsse beigeben. Von der Masse nussgrosse Kugeln formen, diese in geriebener Kokosnuss oder Pumpernickel oder in gehackter Petersilie drehen, an der Kälte steif werden lassen und an Spiesschen stecken (s. Tafel 8).

Bananen-Sticks: Bananen in ca. 2 cm dicke Rädli schneiden, diese in gut gewürzter Mayonnaise wenden, in gehackten Baumnüssen drehen, an Spiesschen stecken.

Brötchen, belegt auf verschiedene Art   117

Allgemeines über Abendessen- und Hors-d'œuvre-Brötchen siehe Nr. 114 u. 115 sowie Bild links. 6–12 Brotscheiben — z. B e s t r e i c h e n : 30–60 g Tafelbutter, Nussa, evtl. Quark — z. B e l e g e n : eine der unten angegebenen Zutaten, Abschnitt 1–9. — z. G a r n i e r e n : Zutaten, die in Geschmack und Farbe zum Belag passen, siehe Angaben unten. — evtl. z. Ü b e r z i e h e n : ¼ Portion Sulz Nr. 165.

Vorbereiten: Alle Brötchen zuerst mit s c h a u m i g gerührter Butter, Nussa oder Quark bestreichen. — **Belegen** mit einer der nachstehenden Zutaten. — **Garnieren** und evtl. **Sulzen** der Brötchen spez. für Hors-d'œuvre (siehe Nr. 115).

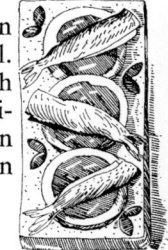

1. Eierbrötchen: 2-3 hartgekochte Eier (Nr. 210), in Scheiben geschnitten
a) Diese schuppenartig auf längliche oder im Kranz auf runde bebutterte Brötchen legen, garnieren mit Cornichons, Radieschen- oder Tomatenscheiben, Oliven, evtl. Mayonnaise. — **b)** Von den Eiern das Weisse und Gelbe für sich hacken oder durch ein Sieb streichen, die Brötchen je zur Hälfte damit belegen. In der Mitte mit Cornichonsstreifen oder Radieschenscheiben garnieren. — **c)** Die Eierbrötchen mit halben Sardinen oder kreuzweise mit Sardellenfilets belegen, in die Zwischenräume Kapern setzen.

Eierbrötchen werden mit Vorteil g e s u l z t, da sie rasch trocken anlaufen und unansehnlich werden.

2. Käse-Schichtbrötchen mit Pumpernickel (siehe Bild links)

3 dünne Scheiben Pumpernickel	50 g Butter — 50 g feinen Streichkäse
(evtl. Schwarzbrot)	50 g Tilsiter-, Edamer-, evtl.
2 dünne Scheiben Toastbrot	Emmentalerkäse in Scheibchen

Die beiden Weissbrotscheiben mit dem weichen Käse bestreichen. Zwei Pumpernickelscheiben bebuttern, mit Käsescheibchen bedecken. Abwechselnd hell und dunkel aufeinanderlegen, zuoberst die dritte Schwarzbrotscheibe. Das Ganze sorgfältig andrücken (evtl. an der Kälte etwas steif werden lassen) und in vier gleich grosse Stücke oder in gut fingerdicke Streifen schneiden (zu Cocktails in ca. 4 cm grosse Würfel).

3. Schinken-, Zungen-, Braten- oder Geflügelbrötchen

z. Belegen { 100–200 g dünne Scheiben von Schinken, Zunge, Braten, Geflügel usw.
evtl. Sulz zum Überziehen, Nr. 165

z. Garnieren { Cornichons, Käse- oder Eierscheiben, Radieschen, Sulz, Oliven, evtl. Quark oder Mayonnaise usw.

Die Brötchen mit der Butterseite auf die Schinken- oder Fleischscheiben usw. legen, mit einem Messer oder mit der Schere sorgfältig das Übrige wegschneiden. — R e s t e gehackt, evtl. mit Butter vermischt, verwenden. — G a r n i e r e n und evtl. S u l z e n der Brötchen (siehe Nr. 115).

4. Brötchen mit Wildbraten
(von Resten) — Die mit Butter bestrichenen Brötchen mit dünn geschnittenen Scheiben von zartem Hasen- oder Rehbraten belegen. G a r n i e r e n mit Orangenscheiben und etwas Preiselbeeren, Ananas od. halben Cocktailkirschen. Mit Sulz glasieren oder mit gesulzter Cumberlandsauce (Nr. 606) überziehen.

5. Brötchen mit Schinken- oder Salami-Cornets
Brötchen mit Kräuterbutter oder Mayonnaise bestreichen und mit 2–3 gefüllten Cornets (siehe Nr. 175) und etwas Petersilie belegen, evtl. mit Sulz überziehen.

6. Brötchen mit Lachsschinken- oder Wurströllchen
Auf bebutterte Brotscheiben 2–4 gefüllte Röllchen von Nr. 176 legen, evtl. mit Sulz überziehen.

7. Lachsbrötchen (au saumon fumé)   Bild auf Tafel 7
Geräucherte, dünn geschnittene Lachsscheiben, frisch oder aus Büchsen, verwenden. — G a r n i t u r e n mit Trüffel und hartem Eiweiss wirken besonders hübsch.

8. Crevettes-Brötchen:
Diese mit Butter oder Mayonnaise bestreichen oder mit etwas rohem Selleriesalat bedecken und mit einigen Crevettes belegen. G a r n i e r e n mit Kapern, Oliven, gespritzter Mayonnaise usw. Evtl. mit Sulz überziehen.

9. Feine Gänseleberbrötchen (Canapés au foie gras) zu Hors d'œuvre riche

50–100 g Gänseleber am Stück od. in Scheiben (aus Tunneldosen) oder 1 kleine Gänseleberterrine*

z. Garnieren: 1–2 Trüffeln
z. Überziehen: einige Essl. Sulz Nr. 165

Die Leberscheiben sorgfältig, evtl. schuppenartig, auf die Brötchen legen. G a r n i e r e n mit hübsch ausgestochener Trüffel, mit Sulz überziehen.

* Da echte Gänseleber sehr teuer ist, diese Brötchen evtl. als Einzel-Hors d'œuvre servieren. Bis zum Schneiden die Leber sehr k a l t stellen (mit heissem Messer schneiden). — Evtl. G ä n s e l e b e r p a i n Nr. 197 oder aus Büchsen, oder Leberpain Nr. 198 verwenden.

10. Kaviarbrötchen (zu Hors d'œuvre riche)

20–50 g Kaviar — 20–40 g Tafelbutter
Zitronenschnitze

z. Garnieren { Sardellenbutter oder Mayonnaise

Die Brotscheiben toasten, abkühlen, mit Butter bestreichen. Den Kaviar gleichmässig oder als Kränzchen darauf verteilen, mit Sardellenbutter oder Mayonnaise garnieren, Zitronenschnitze dazu legen.

Kaviar-Brötchen evtl. als Einzel-Hors d'œuvre servieren. — Den Kaviar evtl. mit dicklicher Mayon-

Seit 1959 widmet sich die Zeitschrift marmite unabhängig und leidenschaftlich der Ess- und Trinkkultur. Das Gewand hat sich im Laufe der Jahre verändert, aber nach wie vor garantieren wir Ihnen zeitgemässe kulinarische Inputs. Das wollen Sie sehen? Gerne senden wir Ihnen ein kostenloses Leseexemplar: marmite.ch, 044 450 29 49

Die Zeitschrift für Ess- und Trinkkultur
marmite

Freude, die lange währt.

Seit 1948

NOSER-INOX AG
Badenerstrasse 18
CH-5452 Oberrohrdorf
Fon +41 56 496 45 12
www.noser-inox.com

NOSER-INOX

Schweizer Produkt. Produit suisse. A Swiss product.

naise vermischt, auf die Brötchen legen. — Kaviar nie mit Metall berühren, sondern mit Plexiglas oder Holzstäbchen.

11. Tartare-Brötchen: Diese mit Butter bestreichen und mit Masse von Beefsteak tartare (Nr. 682) ca. 1 cm dick belegen. G a r n i e r e n mit Sardellenfilets und Kapern. — Bei grösseren Brötchen in der Mitte etwas eindrücken und je 1 rohes Eigelb hineinsetzen, würzen. Die Brötchen ganz f r i s c h servieren!

Brötchen mit Aufstrich (Pasten, Pains, Buttermischungen) 118

Allgemeines über Abendessen- und Hors d'œuvre-Brötchen siehe Nr. 114 und 115.
6–12 Brotscheiben — z. B e s t r e i c h e n : Buttermischungen siehe unten
z. G a r n i e r e n : Zutaten, die in Geschmack und Farbe zum Aufstrich passen
evtl. z. Ü b e r z i e h e n : ¼ Portion Sulz Nr. 165
Bestreichen der Brotscheiben mit einer der nachfolgenden Mischungen, ca. 2 mm dick, evtl. in der Mitte etwas erhöht. Die Oberfläche möglichst glattstreichen (wenn nötig mit h e i s s e m Messer).
NB. Die Brötchen evtl. mit 2 Arten Pasten bestreichen oder diese mit dem Dressiersack hübsch darauf spritzen, z. B. Tomaten- und Kräuterbutter usw. (siehe Tafel 3)
Garnieren und evtl. **Sulzen** der Brötchen je nach Angabe.

---

1. Brötchen mit Kräuterbutter Nr. 607, **Tomaten-** oder **Paprikabutter** Nr. 608. — G a r n i e r e n mit gehackter Petersilie, Cornichons-, Oliven- oder Eierscheibchen, sowie mit gespritzter Mayonnaise oder Quark, usw.

2. Brötchen mit Schinkenbutter oder **-pain** und ähnlichem.
a) 50–100 g Schinken hacken oder durch ein Sieb streichen und mit 30–50 g s c h a u m i g gerührter Butter oder Quark vermischen.
b) Den Schinken fein gehackt auf die bebutterten Brötchen verteilen, mit dickflüssiger Sulz überziehen, mit Eierscheibchen und Cornichons garnieren.
c) Schinkenpain aus Büchsen oder Streich-, Leber-, Mettwurst u.ä. verwenden. Die bebutterten Brötchen damit bestreichen. — G a r n i e r e n mit hartem Ei, Oliven, Cornichons, Radieschen. usw.

3. Brötchen mit Gänseleberpain oder feiner Leberwurst
Die mit Butter bestrichenen Brötchen mit Leberpain oder -wurst ca. 3 mm dick bestreichen. — G a r n i e r e n mit Trüffel und hartem, ausgestochenem Eiweiss od. Käse, evtl. leicht mit Sulz überziehen (siehe Bild S. 38).

4. Brötchen mit Sardellen- oder Anchovisbutter Nr. 608 (Abschn. 8) Bild auf Tafel 7.
a) Die Brötchen mit Sardellenbutter bestreichen. — G a r n i e r e n mit Mayonnaise und Kapern, evtl. mit feingeschnittenen oder aufgerollten Sardellenfilets.
b) Zum Bestreichen der Brötchen: 50 g Tafelbutter oder Quark schaumig rühren, mit 1–2 hartgekochten, durchgestrichenen Eigelb und Gewürz vermischen. — G a r n i e r e n mit Sardellenfilets oder Sardinen, evtl. mit kleinen dünnen Zwiebelringen.

5. Brötchen mit Käsebutter: 100–150 g geriebenen Emmentaler, Gruyère oder Roquefort mit 30–60 g schaumig gerührter Butter oder Quark vermischen. W ü r z e n mit 1 Messerspitze Paprika, Senf oder Tomatenpurée, und evtl. Salz.
G a r n i e r e n mit Mayonnaise und Cornichons, evtl. mit Petersilie.

6. Quarkaufstrich verschiedener Art (bes. gut mit dunklem Brot oder Pumpernickel):

a) 100 g Quark (evtl. Galakäse) mit 4–6 Essl. Rahm oder Milch und wenig Salz gut verrühren, mischen mit 2–3 Essl. fein gehackten K r ä u t e r n (Schnittlauch, Petersilie, Kerbel, Dill usw.) oder etwas K ü m m e l. — G a r n i e r e n mit Radieschen, Paprika, Cornichons, Eiern usw.

b) **Orangen-Quarkaufstrich:** 50–100 g Quark oder Galakäse mit wenig Orangensaft und fein abgeriebener Orangenschale vermischen. — G a r n i e r e n mit einer kleinen Orangenscheibe (evtl. ungeschält) und die Brötchen mit etwas Sulz überziehen.

c) **Ananas-Quarkaufstrich:** Zubereitung wie Orangenbrötchen, jedoch kleine Ananaswürfelchen und etwas -saft verwenden. G a r n i e r e n mit Ananasschnitzen und einer halben Cocktailkirsche.

7. Dattel-, Nuss- und andere **Spezial-Brötchen** (siehe Teebrötchen) Nr. 1636.

119   Gemüse- und spezielle Rohkostsalat-Brötchen

Allgemeines über belegte Brötchen siehe Nr. 114 u. 115. — Gemüse- und Rohkostbrötchen (aus weissem oder dunklem Brot) eignen sich speziell für Vorspeisen und Abendessen.

1. Champignonsbrötchen: 6–12 Brotscheiben mit schaumig gerührter Butter bestreichen, mit einer grossen, ½ cm dicken Tomatenscheibe belegen, leicht würzen. — 2 hartgekochte Eigelb fein zerdrücken, mit 1 Löffel Butter vermischen, gut würzen und auf die Mitte der Tomatenscheibe spritzen, mit Champignons (aus Büchsen) halbiert oder in Blättchen geschnitten, hübsch belegen, evtl. mit dickflüssiger Sulz überziehen.

2. Spargelbrötchen (auf Tafel 3): 8–12 Weissbrotscheiben mit schaumig gerührter Butter bestreichen, je einige Spargelspitzen (aus Büchsen) als Bündelchen daraufgeben. Diese mit zwei Peperoni- oder Schinkenstreifen überlegen. — Zu beiden Seiten vom Spargel mit Mayonnaise und evtl. Petersilie garnieren, evtl. mit dickflüssiger Sulz überziehen.

3. Brötchen mit Italienischem Salat: 6–12 Brotscheiben mit Italienischem Salat Nr. 120 belegen. — Garnieren mit Eierscheiben, Cornichons, Petersilie.

4. Gurken- und Tomatenbrötchen: 6–12 Weiss- oder Grahambrotscheiben mit schaumig gerührter Butter oder Quark oder mit Mayonnaise bestreichen, mit Gurken- oder Tomatenscheiben belegen, leicht salzen, mit Zitronensaft beträufeln. — G a r n i e r e n mit gehacktem Grün, Radieschen usw. oder Mayonnaise.

5. Meerrettichbrötchen: 6–12 kleine Brotscheiben kurz vor dem Servieren mit folgender Meerrettichmasse bestreichen, mit Petersilie garnieren. — 1–3 Essl. geriebenen Meerrettich (oder 1–2 Teel. Meerrettichpulver) mit 4–6 Essl. geschlagenem Rahm oder Quark, 1–2 Pr. Salz und Zucker vermischen.

6. Platte mit verschied. Rohkostsalat-Brötchen (siehe Tafel 3): 12–18 Brotscheiben (½ cm dick) von Graham-, Schrot- oder Bircherbrot usw.

Rohkostsalate zum Belegen siehe Nr. 439 (je nach Anzahl der Brötchen je ¼–½ Portion).

z. Garnieren { Petersilie, Kresse, Radieschen, Oliven, Tomaten — evtl. ½ Port. dicke Mayonnaise Nr. 594 od. Quarkmayonnaise Nr. 597 – evtl. Gemüsesulz Nr. 165.

Anrichten der Brötchen in hübscher Farbenabwechslung im Kranz oder in Reihen

auf eine flache Platte. — Garnieren der einzelnen Brötchen oder den Rand der Platte. — **Zusammenstellungen** von Gemüse- und Rohkostbrötchen, je nach Jahreszeit und Geschmack, z. B.:
a) Rüben-, Blumenkohl-, Kressebrötchen — **b)** Randen-, Sellerie-, Lauchbrötchen — **c)** Orangenbutter-, Rüben-, Radieschen- und Gurkenbrötchen — **d)** Verschiedene Rohkost-, Kräuterbutter- und evtl. Käse oder Quarkbrötchen (s. Nr. 118) — **e)** Rüben-, Kresse-, Bananen-, Nussbrötchen (s. Teebrötchen Nr. 1636) — **f)** Gurken-, Meerrettich-, Sellerie- und Tomatenbrötchen.

Feine Salate und Mayonnaisen

120 Italienischer Salat (Salade italienne) siehe Tafel 8

Gemüse { 6–8 Rübchen — 1 kleine Sellerieknolle oder 1–2 Kohlrabi
1 kleiner Blumenkohl — 1-2 Kartoffeln — ½ l Büchse Erbsen oder tiefgekühlte
Evtl. z. Beigeben: 50 g Schinken, Zunge oder Kalbsbratenreste
z. Mischen: Mayonaise Nr. 594, dick und gut abgeschmeckt
z. Garnitur : 1–2 hartgekochte Eier, Cornichons, evtl. Randen od. Tomaten, evtl. Kapern, Petersilie

Vorbereiten: Die Gemüse zurüsten, weichkochen, gut abtropfen und erkalten lassen, dann in ½ cm oder erbsengrosse Würfelchen schneiden (ebenso Schinken usw.).
Mischen dieser Zutaten mit der dicken Mayonnaise, evtl. noch würzen.
Anrichten I. Art: Den Salat pyramidenförmig (mit 4 Feldern) auf eine flache Platte geben. Die Oberfläche glatt streichen (mit Spachtel) und folgendermassen bestreuen: das erste Feld mit dem harten, durch ein Sieb gestrichenen Eiweiss, das zweite mit gehackten Cornichons, das dritte mit dem durchgestrichenen Eigelb, das vierte mit roh geriebenen Randen. Die einzelnen Felder mit Reihen von Kapern oder mit Petersilie abgrenzen, auf die Spitze Petersilie oder ein Blumenkohlröschen setzen.
II. Art: In Salat- oder Hors d'œuvre-Schale geben, flachstreichen. Garnieren mit Kapern, Cornichons, Eierschnitzen oder einer Rosette aus oval geschnittenen Blättern von hartem Eiweiss und durchgestrichenem Eigelb in der Mitte.
III. Art: Verwenden zum Füllen von Tomaten Nr. 143, Eiern Nr. 160, Lyonerkörbchen Nr. 254 oder einer gesulzten Form (siehe Nr. 171 u. Tafel 4) usw.
NB. Sehr gut schmeckt der Italienische Salat auch, wenn man ihm 1–2 saure Äpfel, in kleine Würfelchen geschnitten, beigibt oder statt Schinken usw., ca. 100 g Emmentalerkäse in Würfelchen. — Nur wenig Kartoffeln verwenden, damit der Salat nicht mehlig wird.

Russischer Salat (Salade russe) **121**

Zutaten und **Zubereitung** wie Italienischer Salat Nr. 120, jedoch mit 100 g Schinken-, Zungen- oder Roastbeefwürfelchen. — **Weitere Zutaten:** 100 g Sardellenfilets oder 1–2 marinierte Heringe (evtl. Rollmops), 1–2 gekochte Randen, 1–2 Essig-Gurken, 1–2 Äpfel, evtl. 1–2 Scheiben geräucherten Lachs, 1 dl sauren Rahm (leicht geschlagen).
Den Fisch abspülen, sorgfältig in feine Streifchen teilen. Die Randen, Gurken und

Äpfel in Würfelchen oder Scheibchen, evtl. Lachs in Streifchen schneiden. Alles kurz vor dem Anrichten unter den italienischen Salat mischen.
Garnitur: Sardellenfilets und zurückbehaltene Erbsen, Eier-, Gurken-, Rüben- und Randenscheiben. — Typisch russisch, direkt vor dem Servieren mit etwas **Kaviar** garnieren.

122 Feiner Kartoffelsalat (Salade de pommes de terre riche)

¾ kg Schalenkartoffeln Nr. 934
6–8 Rübchen, gekochte
½ l Büchse Spargelspitzen

1–2 Trüffeln — Petersilie
1 Portion Mayonnaise Nr. 594
1 dl Rahm

Vorbereiten: Die Kartoffeln schälen, in gut ½ cm grosse Würfelchen oder kleine Scheiben schneiden, ebenso die Rübchen. — Die Trüffeln in Würfelchen schneiden. — Die Spargeln gut abtropfen und querdurch halbieren (am besten mit der Schere).
Anrichten: Alle Zutaten sorgfältig mit der Mayonnaise und dem geschlagenen Rahm vermischen, in einer Schale hoch anrichten. **Garnitur:** Petersilie, zurückbehaltene Rübenscheibchen, Spargeln und Trüffelsternchen.
NB. Siehe auch «Feiner Kartoffelsalat in Sulz» Nr. 171.

123 Feiner Selleriesalat (Mayonnaise au céleri)

1–2 grosse Sellerieknollen — 2–4 Schalenkartoffeln (Nr. 934) — Mayonnaise Nr. 594 (mit Rahm) — Essig oder Zitronensaft — evtl. z. Würzen: Salz, 1 Pr. Zucker, Worcestersauce.
z. Garnieren: 1–2 Trüffeln, Cornichons, Randen, Nusskerne, 1–2 Äpfel in Scheiben

Vorbereiten: Die Sellerie zurüsten, in feine Streifchen schneiden, im Dampf (siehe Nr. 444) oder in Salzwasser mit ein paar Tropfen Essig knapp weichkochen. — Die Kartoffeln schälen, in kleine Würfelchen schneiden, mit wenig Essig oder Zitrone beträufeln. — **Mischen** von Sellerie und Kartoffeln mit der dicken Mayonnaise. Würzen nach Geschmack.
Anrichten des Salates in einer Glasschale (bergartig). Die Oberfläche mit Mayonnaise überziehen, reich mit ausgestochenen Trüffeln, Nüssen usw. garnieren.

124 Feiner Blumenkohlsalat (Mayonnaise au chou fleur) Bild auf Tafel 11

1 fester Blumenkohl — Salzwasser mit ½ Teel. Essig — Mayonnaise Nr. 594 (s. NB.)
z. Garnieren: Endivie oder Kresse usw. — 3–4 Randen oder Tomaten — 1–2 gekochte Eier, Cornichons, Oliven, evtl. etwas Paprika.

Vorbereiten: Den Blumenkohl in die einzelnen Rosen zerteilen, den Strunk in Würfelchen schneiden, in siedendem Salzwasser mit ein paar Tropfen Essig (oder Zitrone) aufsetzen und knapp weichkochen. — Gut abtropfen und erkalten lassen.
Formen: In eine kleinere tiefe Schüssel (in der Grösse des rohen Blumenkohls) eine Lage Blumenkohlröschen geben (die schönsten nach aussen richten), mit Mayonnaise bestreichen und so lagenweise fortfahren, bis das Schüsselchen gefüllt ist; leicht andrücken.
Anrichten: Den Blumenkohl auf eine flache Platte stürzen, mit der Mayonnaise (evtl.

gesulzt) überziehen, mit einem Kranz von Kresse, feingeschnittener Endivie oder Petersilie umgeben.

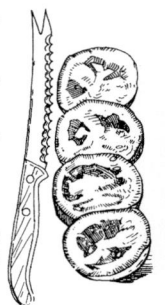

Garnitur I. Art: Ziegelartig Randen- oder Tomaten- und Eierscheiben auflegen, dazwischen mit Cornichons oder Oliven garnieren.

II. Art: als Kranz, abwechselnd kleine Brötchen mit Tomaten- und Kräuterbutter oder mit Eiern belegt.

III. Art: (auf Tafel 11): Kleine gefüllte Tomaten Nr. 143 und Peperoni Nr. 148.

NB. Die Mayonnaise soll dick und gut gewürzt sein; den Rest zum Überziehen evtl. sulzen, siehe Nr. 596. Evtl. falsche Mayonnaise Nr. 598 verwenden. — Blumenkohlsalat eignet sich auch gut als Mittelpunkt eines grösseren Hors d'œuvres, s. Nr. 206, II. Art.

Spargelplatte mit Mayonnaise (Plat d'asperges froid) Bild auf Tafel 8 125

1–2 Büchsen Spargelspitzen
Mayonnaise Nr. 594
evtl. ½ Port. Sulz Nr. 165

z. Garnieren { 150 g Rohschinken od. Bündnerfleisch / 1 Salatherz od. Petersilie

Vorbereiten: Die Spargeln sorgfältig aus der Büchse nehmen (nicht auf der Köpfchenseite öffnen, Aufschrift auf den Büchsen beachten!), auf einem Sieb gut abtropfen lassen.

Anrichten: Auf einer flachen, runden Platte eine dünne Lage Mayonnaise ausstreichen oder ½ cm hoch Sulz fest werden lassen. — Die Spargeln zu kleinen Bündeln rings auf die Platte legen, die Köpfchen nach aussen richten. Die hintere Hälfte der Bündel mit dicker Mayonnaise überziehen. Von einer Schinkenscheibe (evtl. von Rüben oder Peperoni) einige schmale Streifchen schneiden, die Spargelbündchen damit umlegen (ein- bis zweimal).

Garnitur: Den Schinken oder das Bündnerfleisch zu Röllchen formen, kranzartig innerhalb der Spargeln anrichten. In die Mitte das Salatherz oder Petersilie stecken.

NB. Vegetarisch: statt Schinken kleine Tomaten oder Sardinen auf die Platte geben. — Das Spargelwasser für eine Suppe oder Sauce verwenden.

Lauch mit Mayonnaise (Mayonnaise au porreau) 126

6–9 Gemüselauch — Salzwasser
Mayonnaise Nr. 594

z. Garnieren { 2–3 kleine Tomaten od. Peperoni / einige Cornichons

Vorbereiten: Den Lauch zurüsten, in fingerlange Stücke schneiden. Diese sorgfältig und gut waschen. In wenig Salzwasser (oder im Dampf, siehe Nr. 444) knapp weichkochen, abtropfen und erkalten lassen. — Die Stengel dürfen nicht auseinanderfallen!

Anrichten: Den Lauch als kleine Beigen auf die Platte geben. Diese ganz oder nur in der Mitte mit Mayonnaise überziehen, mit Tomaten oder Peperoni (evtl. Streifen) und Cornichons garnieren.

NB. Gemüselauch, so zubereitet, schmeckt sehr zart (ebenso auch Krautstiele).

Pilzmayonnaise (Mayonnaise aux champignons) 127

Pilze aus d. Essig, * – Mayonnaise Nr.594
Petersilie, Kresse oder Salatblätter
1 Msp. Paprika, Cornichons
II. Art: mit 200 g Reis, 1–2 Peperoni

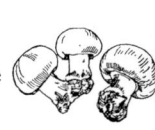

Vorbereiten: Die Pilze gut abtropfen, in Scheibchen schneiden. — Die Mayonnaise

mit möglichst wenig Säure zubereiten, mit den Pilzen vermischen, evtl. noch würzen.

Für II. Art: Den Reis in Salzwasser knapp weichkochen, abtropfen und unter die Pilzmayonnaise mischen, ebenso die fein geschnittenen Peperoni.

Anrichten und mit einem Kranz Petersilie, Kresse oder Salatblättern umgeben, mit etwas Paprika bestäuben, mit Fächerchen von Cornichons belegen.

NB. Pilzmayonnaise lässt sich auch gut als Teil einer Hors d'œuvre-Platte verwenden. — * Essigpilze einlegen (s. Nr. 1723) oder Steinpilze usw. in Gläsern einkaufen. — **Frische Pilze** zurüsten nach Nr. 345 und in Salzwasser mit etwas Essig weichkochen (10—15 Minuten).

128 Salade Waldorf   Amerikanischer Selleriesalat

1 Sellerieknolle (s. NB.) — 2—3 harte Äpfel   Mayonnaise Nr. 594, mit Rahm
30 g Nusskerne, evtl. einige Datteln   schöne Salatblätter

Vorbereiten: Die Sellerieknolle zurüsten, waschen, abtrocknen, mit Zitrone einreiben. Dann in feine Streifen schneiden (evtl. mit der Rohkostraffel). Die Äpfel in gut ½ cm grosse Würfelchen schneiden. Beides sofort mit der Mayonnaise vermischen. Nach Belieben 1 Tasse voll Ananasstreifchen beigeben. — **Anrichten** auf Salatblätter, mit grob gehackten Baumnüssen und evtl. Dattelscheibchen bestreuen.

NB. Nach amerikanischer Art: **Bleichsellerie**, in Würfelchen geschnitten, verwenden.

129 Florida-Salat

2—3 Äpfel, 2 Bananen, 1 Grapefruit, evtl. 1 Pfirsich — 1 kleine Gurke, 2—4 Stengel von Bleichsellerie
30 g Nusskerne, evtl. 50 g Käse (Würfelchen) — 1 kl. Büchse Maiskörner (Kernel Corn)
Mayonnaise mit Meerrettich Nr. 595 (6) — z. Garnieren: 1 Tasse Erdbeeren u. kl. Salatblätter

Vorbereiten: Früchte und Gurke schälen, die Selleriestengel zurüsten, alles in knapp 1 cm grosse Würfelchen schneiden, die Nüsse grob hacken. — Alle **Zutaten** mit der Mayonnaise vermischen. — **Anrichten: a)** auf eine Platte, garniert mit einem Kranz von Salatblättern und den Beeren. — **b)** Den Salat in ausgehöhlte Tomaten füllen.

130 Grapefruit-Salat

3—6 Grapefruits — Mayonnaise Nr. 594 — 1 kl. Büchse Ananas, 1 kl. Sellerie, evtl. rote Kirschen usw.

Vorbereiten: Die Grapefruits waschen, querdurch halbieren und aushöhlen (mit Grapefruitmesser), das Fruchtfleisch sowie die Ananas in kleine Würfelchen schneiden. Die Sellerie zurüsten und roh reiben. Sofort alles mit der Mayonnaise vermischen und in die Grapefruitschalen füllen. — **Anrichten** auf kleine Teller oder in Coupegläser. — **Garnieren** mit roten Kirschen oder Beeren, einigen Avocadoscheibchen oder gehackten Pistazien.

131 Reissalat mit Früchten   (Salade américaine au riz)

200 g Reis — Salzwasser   2—4 Geflügelstücke (Reste) od. Schinken
2—3 Butterbirnen, 3—4 Äpfel   Mayonnaise Nr. 594 (mit Rahm)
1—2 Bananen, 3 Ananasscheiben   z. Garnieren: blaue Trauben, Johannis- od.
evtl. ½ Tasse Sultaninen   Erdbeeren — evtl. 50 g Crevettes

Vorbereiten: Den Reis in reichlich Salzwasser knapp weichkochen (siehe Nr. 980), kalt abspülen und abtropfen lassen. — Die Früchte schälen, diese sowie die Ananas und Geflügelstücke oder Schinken in gut ½ cm grosse Würfelchen schneiden. Diese Zutaten und den Reis sorgfältig mit der Mayonnaise vermischen.

Anrichten in eine weite Schale, den Rand mit einem Kranz von Salatblättern, grossen halbierten Trauben-, Johannis- oder Erdbeeren, und evtl. mit Crevettes garnieren.

II. Art: Grosse, weiche Butterbirnen (pro Person ½ Birne) stark aushöhlen, mit Zitronensaft einreiben, mit dem Reissalat füllen und je auf ein schönes Salatblatt setzen (siehe auch «Gefüllte Birnen» Nr. 153). — Salatmischungen mit Obst schmecken besonders erfrischend.

Salade au Riz à l'Indienne 132

½ Port. gekochten Reis Nr. 980
Curry-Mayonnaise Nr. 595 (3)
4 Tomaten — 2 Peperoni
4 Bananen — 3–4 Stücke Huhn (Reste)

z. Garnitur { 1 Tasse geriebene Kokosnuss
etwas Ingwer (kandierte)
1 kleine Büchse Crevettes
Petersilie

Vorbereiten: Tomaten und Peperoni kurz in heisses Wasser tauchen und schälen. Diese sowie Bananen und Huhn in gut ½ cm grosse Würfelchen schneiden und mit dem Reis sorgfältig unter die gut gewürzte Mayonnaise mischen.

Anrichten, bergartig auf eine weite Platte, mit Kokosnuss und nach Belieben mit sehr klein geschnittenen kandierten Ingwerstückchen überstreuen. Den Rand mit einem Kränzchen von Petersilie und Crevettes belegen.

Salade au Riz Créole 133

Zubereitung wie Reissalat à l'Indienne **Nr. 132**, den Reis jedoch mit **Rahm**-Mayonnaise Nr. 594 und folgenden **Zutaten** mischen: kleine Würfelchen von roter, gelber und grüner Peperoni und rohgeriebener Sellerie. — Den angerichteten Salat bestreuen mit gerösteten Pinienkernen oder Mandelstreifchen und etwas Paprika.

Schinken- oder Geflügelmayonnaise   (Mayonnaise de jambon ou de volaille) 134

300 g Schinken od. Geflügelreste
Mayonnaise Nr. 594

z. Garnitur { 1 hartes Ei, Cornichons
2–3 Tomaten, Salatblätter

Vorbereiten: Schinken oder Geflügel in kleine Würfelchen oder Streifen schneiden, mit der Mayonnaise vermischen.

Anrichten a) in eine Schale und mit Salatblättern oder Kresse, Eier-, Tomatenscheiben und Cornichons garnieren oder **b)** in ausgehöhlte Tomaten füllen. — (Siehe auch Einfüllen feiner Salate in **Sulz** Nr. 171.)

Geflügelmayonnaise à l'Indienne   (Mayonnaise de volaille au curry) 135

Zubereitung wie Geflügelmayonnaise **Nr. 134**, jedoch Currymayonnaise **Nr. 595** (3) verwenden. Dem Salat eine Tasse voll Ananasstückchen beigeben und mit halben Orangenscheiben garnieren.

136 Fischmayonnaise I. Art oder à l'Indienne

Fischreste (siehe NB.) — Mayonnaise Nr. 594 — evtl. Curry, 1 dl Rahm
z. Garnieren { 1–2 harte Eier, Sardinen oder Sardellen, 1 Salatherzchen oder Kresse
Cornichons, Kapern, Tomaten — evtl. 1 Banane

Vorbereiten: Das Fischfleisch sorgfältig von Haut und Gräten lösen und in feine Streifen schneiden.

Anrichten I. Art: Auf eine flache Platte oder in Muscheln lagenweise Mayonnaise und Fischstückchen geben. Das Ganze mit Mayonnaise überziehen. — **Garnieren** mit den angegebenen Zutaten (Sardellenfilets schmal schneiden, aufrollen oder gitterartig auflegen, dazwischen Eierscheiben mit Kapern usw.).

A l'Indienne: Der Mayonnaise ca. 1 Teel. Currypulver und den Rahm, geschlagen, beigeben.— Beim **Garnieren** Bananenscheibchen kranzartig auflegen.

NB. Fehlen Fischreste, dann ca. ½ kg Collin, Cabliau usw. kochen (siehe Nr. 615).

137 Thon- oder Crevettesmayonnaise   Bild auf Tafel 8

Zubereitung wie Fischmayonnaise **Nr. 136**, I. Art. **Thon** oder **Crevettes** (Krabben, Shrimps) geschälte aus Büchsen od. tiefgekühlte, verwenden und mit rosa Mayonnaise Nr. 595 (9) zubereiten. — Evtl. in **Gurkenschälchen** anrichten, siehe Nr. 147.

II. Art – à la Hawaii: Der gemischten Mayonnaise noch je 1 Tasse Ananas- und Avocadowürfelchen beigeben. **Anrichten** auf schöne Salatblätter.

138 Salm mit Mayonnaise   (Saumon riche)

1 kg Salm (in 2–3 Tranchen)
Mayonnaise Nr. 594 — evtl. Reis Nr. 980   z. Garnieren { Trüffel, Cornichons
1–2 harte Eier, Petersilie
evtl. Crevettes

Vorbereiten: Den Salm im Fischsud während 20–30 Min. weichkochen (s. Nr. 615). Ihn sorgfältig herausheben und erkalten lassen.

Anrichten und Garnieren: Die Mitte einer Platte mit wenig Mayonnaise bestreichen (oder vom Reis einen Sockel formen), den Salm darauf legen. Rings um den Salm mit dem Spritzsack dicke, gut gewürzte Mayonnaise dressieren, dazwischen mit hübsch ausgestochenen Trüffeln (Sternchen, Tupfen usw.) sowie mit Cornichons, Petersilie und evtl. mit Crevettes garnieren.

139 Filets de Soles à la Mayonnaise

6 Solesfilets à ca. 150 g — Fischsud Nr. 614   Mayonnaise, gesulzte, Nr. 596
Zitronensaft   z. Garnieren { Kerbel od. Petersilie
½ Portion Sulz Nr. 165   Trüffel — evtl. Crevettes

Vorbereiten und Kochen: Die Solesfilets mit Salz und Zitrone einreiben, ½ Std. liegen lassen, dann im Sud 10–15 Min. leise kochen. Sorgfältig auf ein Gitter herausheben, gut abtropfen und erkalten lassen.

Anrichten und Garnieren: In eine Platte ca. 1 cm hoch Sulz giessen, steif werden lassen. — Die Filets mit der Mayonnaise überziehen. Sie sorgfältig im Kranz oder als Reihe

Oben: Feiner Selleriesalat Nr. 123 und Tomaten mit Eiern gefüllt Nr. 143 (1)
Mitte: Rotkabis gefüllt mit Mayonnaise und besteckt mit Cocktail-Brötchen Nr. 116
Unten: Platte mit verschiedenen Brötchen wie Nuss-Bananen- Nr. 1636 (1 u. 4) sowie Quark-Tomatenbutterbrötchen Nr. 118 (6 a u. 1), Spargel- u. Rohkostbrötchen Nr. 119 (2 u. 6)

Tafel 3

Tafel 4   **Oben:** Feine Mayonnaise in Sulz Nr. 171, garniert mit Lyonerkörbchen mit Ital. Salat Nr. 142 und kl. Maiskolben (Büchsen). – **Mitte:** Schinkenrollen, gefüllt Nr. 174. – **Unten:** Kleines Hors-d'œuvre mit Eiern auf Tomaten Nr. 115, Pikante Roulade sowie Gurkenschälchen Nr. 186 u 147.

auf die Sulz setzen, mit Kerbelblättchen, Trüffeltupfen und evtl. mit Crevettes hübsch garnieren. Den R a n d der Sulz mit einem Förmchen auszacken, mit Grünem und evtl. mit gespritzter Mayonnaise abschliessen.

Hummer-Mayonnaise (Mayonnaise de homard) 140

Hummer aus Büchsen
Mayonnaise, gesulzte, Nr. 596
1 Modelbrot — Öl zum Backen

z. Garnieren { 1–2 hartgekochte Eier, Trüffel, Cornichons Petersilie, evtl. Sulz

Vorbereiten: Vom **Brot** eine 2 cm dicke, handgrosse, ovale Scheibe schneiden, in Öl hellbraun backen, gut a b t r o p f e n und e r k a l t e n lassen.— In die Mitte einer ovalen Platte etwas Mayonnaise geben, den Brotsockel darauf setzen.
Anrichten und Garnieren: Den **Hummer** sorgfältig aus der Büchse nehmen, auf den Brotsockel dressieren, mit Mayonnaise überziehen. Die Oberfläche hübsch mit Eierscheiben, ausgestochenen Trüffeln, Cornichons usw. verzieren. Aus dem Rest des Brotes Dreiecke formen, diese bähen und rings um den Hummer legen. Evtl. noch mit klein geschnittener Sulz oder sorgfältig geschnittenen Sulzdreiecken garnieren.

Kaviar mit Mayonnaise 141

20–50 g Kaviar — 1–2 Zitronen   Mayonnaise Nr. 594 — Engl. Brot zu Toast

Eine gut gewürzte Mayonnaise zubereiten, Kaviar sorgfältig darunter mischen.
Anrichten, bergartig auf eine schöne Platte, mit Mayonnaise und Zitronenschnitzchen garnieren. — Kleine getoastete Brotscheiben dazu servieren.
NB. Kaviar nicht mit Metall berühren, Plexiglas (evtl. Holzstäbchen) benützen! — Möglichst kalt auftragen. — Evtl. den billigeren Caviar rouge (Salmrogen) verwenden.

Lyonerkörbchen mit Italienischem Salat usw. Bild auf Tafel 4 142

Lyonerkörbchen Nr. 254 herstellen, abkühlen, mit Italienischem Salat (Nr. 120) oder Sulz und einer Eierscheibe füllen, mit etwas Petersilie bestecken. — **Anrichten** z. B. als Kranz um Kartoffelsalat oder reihenweise auf einer Aufschnittplatte usw.
NB. Andere Füllung: Kräuter- oder Quarkmayonnaise Nr. 595 (1) oder 597, gespritzt.

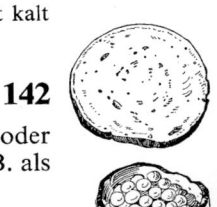

Gemüse und Früchte auf pikante Art

Rohe Tomaten, gefüllt Bild auf Tafel 3 und 7 143

Servieren als Einzelplatte, als Vorspeise oder Abendessen oder mit anderem Hors-d'œuvre (für letztere am besten k l e i n e Tomaten wählen).
6–12 schöne, reife, feste Tomaten — **Füllungen** siehe u n t e n.
Vorbereiten der Tomaten: Sie mit einem Tuch abreiben, einen kleinen Deckel abschneiden od. halbieren, sorgfältig aushöhlen, inwendig mit wenig Salz bestreuen.
Füllen und Garnieren der Tomaten, siehe Seite 50 (Abschnitt 1–6).

Anrichten I. Art: Eine flache Platte mit Mayonnaise bestreichen, die gefüllten Tomaten darauf setzen, mit zarten Salatblättern garnieren, evtl. mit Sardinen oder aufgerolltem Rohschinken bereichern. — **II. Art:** Die Tomaten um Kartoffelsalat anrichten oder als Reihe auf eine kalte Platte setzen oder einzeln auf je einem Salatblatt servieren.

1. Tomaten mit Eiern gefüllt (siehe Tafel 3)

6 grosse, glatte Tomaten — Mayonnaise Nr. 594   3 gekochte Eier Nr. 210
oder ½ Port. Italienischer Salat Nr. 120   1 zarter Kopfsalat, Kresse od. Petersilie

a) Die ausgehöhlten Tomaten mit wenig gut gewürzter Mayonnaise oder Italienischem Salat füllen. Die geschälten, halbierten Eier daraufsetzen, Spitze nach oben. Auf den Rand um das Ei ein Kränzchen von Petersilie geben.

b) Die Tomaten so in Schnitze teilen, dass sie unten noch gut zusammenhalten (nicht aushöhlen), leicht salzen. Wenig Italienischen Salat einfüllen, und die Eier daraufsetzen, mit etwas Paprika bestäuben.

Evtl. die ganzen Eier verwenden (unten etwas flach geschnitten) oder **Gefüllte Eier** nach Nr. 157.

2. Tomaten mit einem Salat gefüllt (siehe nachstehend) und garnieren mit Petersilie, evtl. Eierscheiben usw.: **Italienischer Salat** Nr. 120 — **Selleriesalat** Nr. 123 od. 409 — **Spinatsalat** Nr. 392 — **Salade Waldorf** Nr. 128 — **Reissalat** Nr. 431 — **Florida-Salat** Nr. 129 — **Gurkensalat** Nr. 404.

3. Tomaten mit Spargeln oder Erbsen: Je 1 kleine Büchse Spargelspitzen und feine Erbsen — Mayonnaise Nr. 594 — z. Garnieren der Platte: Trüffel, evtl. gekochte Eier

In die ausgehöhlten Tomaten wenig, gut gewürzte Mayonnaise geben und mit den abgetropften Erbsen oder Spargelköpfchen füllen (die Spargeln evtl. etwas kürzer schneiden). — Beim **Anrichten** abwechslend Tomaten mit Spargeln und Erbsen auf eine mit Mayonnaise bestrichene Platte setzen. Den Rand mit ausgestochenen Trüffeln Cornichons- und evtl. Eierscheiben garnieren.

4. Tomaten mit Thon- oder Crevettesmayonnaise

1 kleines Büchschen Thon oder Crevettes — ½ Port. dicke Mayonnaise — 2–3 Essl. Kapern

Den Thon (in kleine Stückchen geschnitten) oder die Crevettes mit ein paar Löffeln Mayonnaise vermischen und in die Tomaten füllen. Auf die Oberfläche Mayonnaise spritzen, mit Kapern bestecken.

5. Tomaten mit Kräutermayonnaise Nr. 595 (1) oder **Quarkmayonnaise** Nr. 597 füllen, die Oberfläche mit viel gehacktem Schnittlauch bestreuen oder das Tomatendeckelchen wieder darauf setzen.

6. Tomaten à l'indienne: Reissalat Nr. 430 (½ Port.) vermischt mit etwas Curry, Würfelchen von 2 Cornichons, 1–2 grünen Peperoni, sowie 50–100 g Schinken oder Huhnresten. Die Tomaten so in Schnitze teilen, dass sie unten noch gut zusammenhalten (nicht aushöhlen), leicht salzen. Gut zur Hälfte mit Füllung belegen, mit etwas Paprika bestäuben. Jede Tomate auf ein Salatblatt setzen.

144 Tomaten mit Spargeln

6 grosse, ovale Tomaten — 1 kl. Büchse Spargelspitzen — Mayonnaise Nr. 594, Petersilie

Die Tomaten querdurch halbieren, die schöneren Hälften leicht salzen, ganz wenig aushöhlen, etwas Mayonnaise darauf geben, mit einigen Spargeln belegen. Garnieren mit einem grossen Champignonkopf und Petersilie. — **Anrichten** auf eine Lage von Kresse oder mit reichlich Petersilie umgeben.

Tomaten als Pilze   (Champignons aux tomates)   145

6 mittlere, schöne Tomaten — 6 hartgekochte Eier Nr. 210 — 30 g Tafelbutter — 30 g Schinken
Gewürz: Salz, Pfeffer, Senf — Mayonnaise Nr. 594 (evtl. Quark) — ½ Endivie oder 50 g Kresse

Vorbereiten: Die **Tomaten** mit einem Tuch abreiben, die schöneren runden Hälften abschneiden für die Pilzhüte, sie in der Mitte etwas aushöhlen und salzen. Die **Eier** schälen, an der stumpfen Seite eine kleine Scheibe abschneiden und von dieser Stelle aus das Gelbe mit einem Teelöffelstiel sorgfältig heraushöhlen (ohne das Eiweiss zu zerreissen). Das Eigelb durch ein Sieb streichen oder mit einer Gabel fein zerdrücken, mit der schaumig gerührten Butter und dem feingehackten Schinken vermischen, gut würzen. Diese Masse wieder in die ausgehöhlten Eier füllen und glattstreichen.

Anrichten: Auf einer flachen Platte etwas Mayonnaise verteilen, die Eier daraufsetzen, mit der Schnittfläche nach unten. Auf jedes Ei als «Pilzhut» eine der vorbereiteten Tomatenhälften setzen, mit kleinen Tupfen Mayonnaise oder Quark bespritzen (evtl. mit Papiertüte). Die Zwischenräume auf der Platte mit fein geschnittener Endivie oder Kresse bedecken.

Einfacher: die Eier hartgekocht, jedoch ungefüllt, verwenden.

Mousse aux tomates   (à l'Américaine)   146

½ kg reife Tomaten — 3 dl Wasser   Gewürz: ca. 5 g Salz, 1 Pr. Zucker, Muskat
1 kleine Zwiebel, ganz wenig Knoblauch   5 Blatt Gelatine — 2 dl Rahm

Vorbereiten: Die Tomaten waschen, klein schneiden, mit der gehackten Zwiebel, Knoblauch und dem Gewürz 10 Min. kochen, durch ein feines Sieb streichen. Den erhaltenen Saft abmessen (es sollte 4 dl ergeben), wieder heiss werden lassen, die eingeweichte Gelatine beigeben. Unter häufigem Rühren erkalten lassen. Sobald die Masse anfängt dicklich zu werden, den geschlagenen Rahm darunterziehen, evtl. nochmals würzen, in eine Porzellan- oder gut verzinnte Ringform füllen. An der Kälte steif werden lassen. — Beim **Anrichten** stürzen, mit etwas zurückbehaltenem geschlagenem Rahm, Tomatenscheiben, Petersilie und Cornichons garnieren. Bei einem Ring, die Mitte evtl. mit Meerrettichschaum Nr. 601 füllen.

NB. Statt frische Tomaten, genügend Purée aus Büchsen mit dem Wasser vermischen oder Tomatensaft aus Büchsen verwenden. — **Ungekochte** Zubereitung: ca. 1 kg gut reife Tomaten mit der Zwiebel durchpressen, würzen, die Gelatine zuletzt mit wenig heissem Wasser auflösen und dazumischen.

Pikante Gurkenschälchen   (Petits concombres farcis)   Bild auf Tafel 4   147

1 lange, schmale Gurke
Füllung { Paprika- od. Schinkenbutter
          Nr. 608 (Abschn. 6 u. 10)
          Thon- od. Crevettesmayonnaise
          Nr. 137

z. Garnieren { Petersilie, Kapern
               evtl. kleinere Tomaten

Vorbereiten: Die Gurken dünn schälen, so, dass sie noch leicht grün sind (siehe auch

NB.), in ca. 4 cm dicke Stücke schneiden. Diese in Salzwasser mit etwas Zitronensaft knapp weichkochen, abtropfen und erkalten lassen. Mit einem Apfelausstecher sorgfältig aushöhlen und **füllen**. — Beim **Anrichten** die Schälchen evtl. auf eine etwas grössere Tomatenscheibe setzen, mit Petersilie oder Kapern garnieren.

NB. Zarte Gurken können auch roh und ungeschält verwendet werden.

147a Pikante Gurkenschiffchen (von Gewürzgurken)

3–6 dicke Gewürz- oder Salzgurken der Länge nach halbieren und sorgfältig gut aushöhlen. — **Füllen** mit Fleisch- oder Wurstsalat Nr. 435 (möglichst kleinwürflig geschnitten) oder mit Italienischem Salat Nr. 120. — **Servieren** als Teil einer kalten Platte (siehe Nr. 202), zu einem Kalten Buffet (Nr. 209) usw.

148 Gefüllte Peperoni, ganze

6 kleine, grüne Peperoni — Reissalat mit Safran Nr. 431 — z. Bestreuen: geröst. Mandelstreifen

Vorbereiten: Von den Peperoni ein kleines Deckelchen abschneiden, aushöhlen, heiss ausspülen und gut abtropfen lassen. — **Füllen** mit dem Reissalat, mit den gerösteten Mandeln (oder Pinienkernen) bestreuen.

149 Gefüllte Peperoni-Schnitze   Als Garnitur

6 kleine, grüne Peperoni
z. Garnieren: wenig rote Peperoni od. Paprika

z. Füllen { 1 Galakäsli, 1 dl Rahm
3 Blatt Gelatine, Gewürz

Vorbereiten: Die Peperoni der Länge nach halbieren, die Kerne entfernen, ausspülen und sehr gut abtropfen lassen.

Füllung: Den Galakäse gut verrühren, mit dem leicht geschlagenen Rahm und der gewaschenen, in 2 Essl. heissem Wasser aufgelösten Gelatine sorgfältig vermischen, würzen. Die Peperoni sofort damit füllen und kaltstellen, bis die Käsemasse steif ist. Mit heissem Messer in 3–4 Schnitze teilen, diese mit einem schmalen Streifen von roter Peperoni garnieren oder nur mit wenig Paprika bestäuben. **Servieren** als Teil eines Hors d'œuvres oder sie als Garnitur auf einer Kalten Platte verwenden.

NB. Lange, schmale Peperoni auf gleiche Art füllen, jedoch nur am breiteren Ende öffnen. — Zuletzt in 1 cm dicke **Scheibchen** schneiden.

150 Aubergines mit Mayonnaisefüllung

2–3 kleinere gleichmässige Aubergines
Mayonnaise Nr. 594

2 Tomaten, 1–2 Peperoni
1 Orange oder Grapefruit

Die Aubergines der Länge nach halbieren, in Salzwasser mit etwas Zitronensaft kurz abkochen und gut aushöhlen. — Zur **Füllung** die Mayonnaise mischen mit den geschälten, in kleine Würfelchen geschnittenen Tomaten und Peperoni, sowie Grapefruit- und Orangenwürfelchen. Mit gehacktem Grün bestreuen.

Pikante Chicorée- oder Sellerieplatte (auch zu Cocktails) 151

2–3 kleine Chicorées oder
½ Bleichsellerie
1 grosse Tomate, 50 g Oliven, gefüllte
evtl. ¼ Port. Sulz Nr. 165

Füllung
- 100 g Quark od. 2 Galakäse
- 100 g Gorgonzola od. Roquefort
- 2–3 Msp. Paprika u. Senf
- 1 Teel. Tomatenketchup
- 2–4 Essl. Rahm

Vorbereiten: Die Chicoréeblätter oder Selleriestengel waschen (letztere in 8–10 cm lange Stücke schneiden). Gut abtropfen lassen (evtl. auf einem Tuch) und sorgfältig die Füllung darauf dressieren. — Zur **Füllung** alle Zutaten gut vermischen und pikant abschmecken. — **Anrichten:** Auf eine flache Platte in die Mitte die Tomate setzen, mit den Oliven (an Hölzchen gesteckt) bespicken. Die vorbereiteten Chicorées oder Sellerie kranzförmig um die Tomate anordnen, evtl. noch mit Grünem und gehackter Sulz garnieren.

NB. Die gefüllten Chicorées oder Sellerie eignen sich auch sehr gut als Teil einer Horsd'œuvre-Platte oder als Garnitur von Sulz usw. — Auf gleiche Art können auch **Artischockenböden** und grössere **-blätter** gefüllt werden, siehe Garnitur bei Sulz auf Tafel 5. —**Andere Füllung:** Kalte Meerrettichsauce Nr. 601.

Bananen auf pikante Art (Für Hors d'œuvre) 152

1. Bananen in Nusspanade

3–6 Bananen — Mayonnaise Nr. 594 — 30 g Nüsse, grob gerieben — Salatblätter, evtl. Sulz

Die Bananen schälen, der Länge nach halbieren, sie in die Mayonnaise tauchen, in den Nüssen wenden. — **Anrichten** auf schönen Salatblättern, evtl. auf einer Unterlage von Sulz. (Siehe auch kleine Bananen-Sticks Nr. 116.)

2. Bananenschiffchen, pikante — **I. Art:** 3–6 Bananen ungeschält gut waschen, der Länge nach halbieren, die Bananen sorgfältig herausheben, mit Zitrone beträufeln. In die Schalen etwas Preiselbeeren oder säuerliches Gelée streichen, die Bananen wieder daraufsetzen, evtl. in Scheibchen schneiden. Die Oberfläche mit dicker, gut gewürzter Mayonnaise garnieren, mit einigen Preiselbeeren belegen und auf Kresse anrichten. — **II. Art:** Die Bananen sowie 2 mürbe Äpfel in ½ cm grosse Würfelchen schneiden. Beides mit etwas Mayonnaise vermischt, wieder in die Bananenschalen füllen. — G a r n i e r e n mit halbierten Cocktailkirschen und Nusskernen.

3. Bananen mit Kaviar: 3–6 Bananen schälen, der Länge nach halbieren, mit Zitrone einreiben. Auf der flachen Seite mit einem Apfelausstecher 3–4 exakte runde Vertiefungen machen, diese mit Kaviar füllen (ca. 30 g). — (Servieren mit anderem Hors d'œuvre.)

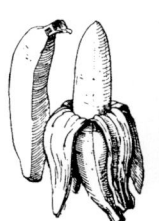

Pikante gefüllte Birnen (Poires à l'Américaine) I. und II. Art 153

3–6 grosse reife Butterbirnen* — Zitronensaft
1 Port. Mayonnaise Nr. 594 — Salatblätter

z. Füllen
- Reste von gebratenem Wild,
- Geflügel oder Roastbeef
- Johannisbeergelée

Vorbereiten: Die Birnen schälen, halbieren, stark aushöhlen, mit Zitronensaft einreiben. — **Füllung:** Die Fleischreste in ca. ½ cm grosse Würfelchen schneiden und mit einigen Esslöffeln Johannisbeergelée vermischen.

Anrichten I. Art: Auf eine grosse Platte einen Kranz von schönen Salatblättern geben, auf die Mitte derselben je einen Löffel Mayonnaise. Die Birnen füllen, auf die Blätter setzen, mit einem Tupfen Gelée oder mit Preiselbeeren garnieren. — **II. Art:** Die Birnen nach dem Füllen u m g e k e h r t auf die Blätter setzen. Die Oberfläche mit Tupfen von Mayonnaise und mit Preiselbeeren oder kleinen Erdbeeren garnieren.

*Birnen, die zu wenig reif sind, zuerst in Zitronenwasser mit etwas Zucker knapp weich kochen.

154 Gefüllte Avocados siehe Tafel 19

Gleiche **Zubereitung** wie Gefüllte Birnen **Nr. 153**. Die halbierten, vom Stein befreiten **Avocados** noch etwas aushöhlen und gut mit Zitrone einreiben, damit sie nicht anlaufen. **Füllung I. Art:** Kleine Würfelchen einer Grapefruit, 2–4 Essl. geriebene Sellerie, Käsewürfelchen oder Stückchen von einigen Crevettes und ½ Tasse Sultaninen mit einigen Löffeln Mayonnaise vermischen. — **II. Art:** 1–2 Galakäse schaumig gerührt, vermischt mit 1 dl geschlagenem Rahm, Ananas- und ganz kleinen roten Peperoniwürfelchen sowie mit etwas kleingeschnittenem Avocadofleisch.

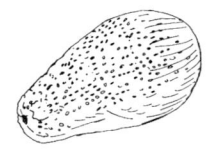

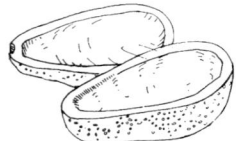

Kalte Eiergerichte   (Plats d'œufs froids)

155 Halbe Eier auf Tomaten Bild auf Tafel 4

6 hartgekochte Eier Nr. 210 (s.NB.)
30 g Tafelbutter oder Quark
Gewürz: Salz, Pfeffer, Senf
3–4 kleinere, feste Tomaten

wenig Tomatenpurée oder Paprika
Mayonnaise Nr. 594
Kapern oder Petersilie
einige Cornichons

Vorbereiten: Die E i e r schälen, der Länge nach halbieren. Das Gelbe herausnehmen, durch ein feines Sieb drücken, mit schaumiggerührter Butter oder Quark und Gewürz vermischen. Wieder in die Eierhälften streichen. — Die T o m a t e n mit einem Tuche abreiben und in ca. 1 cm dicke, eigrosse Scheiben schneiden, leicht salzen. 2–4 Esslöffel M a y o n n a i s e mit so viel Tomatenpurée oder Paprika vermischen, bis sie l e i c h t r o t ist. — **Garnieren:** Auf jede Tomatenscheibe ein gefülltes Ei legen, Wölbung nach oben. Dieses vorher je zur Hälfte mit roter und gelber Mayonnaise überziehen. Die Mitte, wo die beiden Farben zusammenkommen, mit einem schmalen Cornichonstreifchen belegen oder mit gehacktem Grün bestreuen.

Anrichten: Auf eine flache Platte etwas Mayonnaise streichen, die garnierten Eier im Kreis daraufsetzen. Evtl. um jedes Ei ein Kränzchen Kapern oder Petersilie geben. Die Mitte mit dem Rest der roten Mayonnaise garnieren.

NB. Einfacher lässt sich diese Platte mit verlorenen Eiern (Nr. 218) zubereiten oder nur mit hartgekochten halbierten Eiern. Die Tomaten dann evtl. zuerst mit einem Schinken- oder Wurstscheibchen belegen.

Oeufs Mimosa 156

3–6 hartgekochte Eier — Salz, Pfeffer, Senf
50 g Schinken — 30 g Butter od. Quark

Kräutermayonnaise Nr. 595 (1)
½ Portion Sulz Nr. 165 - Petersilie, Radieschen

Vorbereiten: Die Eier schälen, halbieren, das Eigelb herausnehmen. Die Hälfte davon zerdrücken, mit dem gehackten Schinken, Butter oder Quark vermischen, gut würzen. Die Masse in die Eihälften füllen und glattstreichen.

Anrichten: Die Mayonnaise auf eine Platte verteilen. Die gefüllten Eier, Wölbung nach oben, als Kranz darauf anordnen. Das restliche Eigelb durch ein Sieb (nicht zu fein) locker auf die Mitte zwischen die Eier passieren. — Den Rand der Platte mit gehackter Sulz, Petersilie und Radieschenscheibchen abschliessen.

Gefüllte Eier auf Mayonnaise   siehe Tafel 8   157

6 hartgekochte Eier Nr. 210
30 g Tafelbutter, Quark, evtl. Galakäse
z. Würzen { Salz, Senf, evtl. Anchovisbutter
           { 1 Msp. Paprika oder Curry

Mayonnaise Nr. 594
z. Garnitur { Cornichons und Petersilie
            { evtl. Sardinen oder
            { Schinkencornets Nr. 175

Vorbereiten: Die Eier schälen, der Länge nach halbieren oder querdurch zackig auseinanderschneiden (siehe NB.). Das Eigelb sorgfältig herausnehmen, durch ein feines Sieb streichen und mit der schaumig gerührten Butter oder Quark, evtl. noch mit 1–2 Esslöffel Mayonnaise vermischen, nach Geschmack würzen; durch den Dressiersack (mit grosser Zackentülle) in die Eierhälften dressieren (evtl. leicht sulzen).

Anrichten: Auf den Boden einer flachen Platte eine Lage Mayonnaise ausstreichen. Die gefüllten Eier daraufsetzen, dazwischen Schinkencornets (Nr. 175) oder Sardinen legen, am Rand mit Cornichons und Petersilie garnieren.

NB. Andere Füllung: Statt Anchovisbutter 1–2 Essl. ganz fein gehackte Kräuter, Thon oder Schinken verwenden. — **Zackig halbierte Eier** wirken besonders hübsch. Die Eier an ihren Spitzen etwas flach schneiden, zwischen Zeigefinger und Daumen halten und mit einem spitzen Messer das Eiweiss in der Mitte des Eies ringsum zackig bis zum Eigelb durchschneiden. Die beiden Hälften lassen sich nun gut auseinandernehmen. (Dafür ist auch ein Spezialschneider im Handel, s. Vignette)

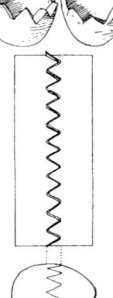

Gefüllte Eier nach Strassburger Art   (Oeufs à la Strasbourg)   158

Zubereitung wie Eier **Nr. 157**, jedoch statt Anchovis, der Butter **Gänseleber** (durchgestrichen) oder Leberpain beimischen. Nach dem Füllen die Eier mit Trüffeltupfen garnieren und mit etwas dicklicher Sulz überziehen. Sie auf ein kleines Brötchen (od. Cracker), mit wenig Eierfüllung bestrichen, setzen.

Schwedische Eier   (Oeufs suédois)   Bild auf Tafel 7   159

6 hartgekochte Eier Nr. 210
40 g Tafelbutter
Gewürz { Anchovisbutter, Salz, Senf
       { Worcestersauce
2–3 Scheiben Modelbrot

gesulzte Mayonnaise Nr. 596
z. Garnieren { 1 kleine Port. Sulz Nr.165
             { evtl. 10 g Kaviar
             { Trüffel, gef. Oliven, Petersilie
             { 100 g Lachsscheiben

Vorbereiten: Die Eier schälen, an der stumpfen Seite ganz wenig flach abschneiden und das Eigelb von dieser Seite aus sorgfältig mit einem Löffelstiel herausnehmen. (Das Eiweiss möglichst nicht zerreissen.) — Das Eigelb durch ein feines Sieb streichen, mit der schaumig gerührten Butter, etwas Anchovis und Gewürz vermischen, wieder in die ausgehöhlten Eier füllen (am besten mit einem Löffelstiel oder mit dem Spritzsack mit glatter Tülle). — **Überziehen** der **Eier:** Vom Modelbrot kleine Scheibchen ausschneiden (im Durchmesser eines Eies), mit Butter bestreichen, mit Lachs belegen und je ein gefülltes Ei daraufsetzen. Sorgfältig mit der Mayonnaise überziehen, evtl. 2–3mal.

Garnieren: Vom restlichen Lachs ganz schmale Streifchen schneiden, 4–5 der Länge nach auf jedes Ei legen. Auf die Spitze einen Trüffeltupfen oder ein Häufchen Kaviar geben oder die Eier (ohne Lachs) nur mit Trüffel garnieren.

Anrichten: Die Mitte einer ovalen Platte der Länge nach mit Mayonnaise bestreichen, die garnierten **Eier** sorgfältig als Reihe daraufsetzen. Zu beiden Seiten davon gehackte Salmreste und kleinwürfelig geschnittene Sulz häufchenweise verteilen, dazwischen evtl. wenig Kaviar, Trüffelscheibchen oder halbe Oliven und Petersilie legen.

NB. Bis zum Servieren die Platte möglichst kalt stellen. — Anstatt mit Mayonnaise die Eier evtl. mit Chaudfroid-Sauce Nr. 600 überziehen. Schwedische Eier wirken auch hübsch als Teil einer grossen Hors d'œuvre-Platte wie auf Tafel 7.

160   Eier mit Italienischem Salat gefüllt   (Oeufs à l'Italienne)

6 hartgekochte Eier Nr. 210
½ Port. Italienischer Salat Nr. 120

40 g Tafelbutter oder Quark — Salz, Senf
Mayonnaise Nr. 594 — Kapern, Petersilie

Vorbereiten: Die Eier schälen, der Länge nach halbieren. Das Eigelb und noch etwas vom Eiweiss herausnehmen (evtl. mit einem Apfelausstecher). Die Eierhälften mit dem **Salat** leicht erhöht auffüllen. — Das herausgenommene Eigelb (mit dem Eiweiss) durch ein feines Sieb streichen, mit der schaumig gerührten Butter oder Quark vermischen und würzen.

Anrichten: Die Mayonnaise auf dem Boden einer flachen Platte ausstreichen. Die gefüllten Eier im Kranz daraufsetzen. Von der Eigelbmasse auf die Mitte der Platte mit dem Spritzsack einen Stern oder Rosette dressieren, mit Kapern bestecken. Den Rand der Platte mit Petersilie garnieren.

161   Eier mit Kaviar

6 hartgekochte Eier Nr. 210
30 g Tafelbutter, Salz, Senf usw.
20 g Kaviar*

½ Port. Sulz Nr. 165
½ Port. dicke Mayonnaise Nr. 594
1 Zitrone oder Grapefruit, Petersilie

Vorbereiten: Die Eier schälen, querdurch halbieren, unten ein wenig flach schneiden. Das Eigelb herausnehmen, durch ein feines Sieb streichen, mit der schaumiggerührten Butter und Gewürz vermischen. Die Masse wieder in die Eierhälften füllen und glatt streichen. Den Kaviar als Häufchen auf die Oberfläche der Eier legen, mit einem Kränzchen Mayonnaisetupfen garnieren.

Anrichten: Auf eine grosse flache Platte etwa 1 cm hoch Sulz giessen, halbfest werden lassen. Die Eier daraufsetzen. Die Platte an die Kälte stellen, bis die Sulz steif geworden ist. — Den Rand der Sulz auszacken (mit heissem Messer oder Förmchen) oder mit dicker Mayonnaise garnieren, mit kleinen Zitronen- oder Grapefruitschnitzchen und Petersilie bestecken.* Kaviar nicht mit Metall berühren, am besten Holzstäbchen benützen.

Formen II. Art: Bei ganzen Eiern unten etwas flach schneiden, aus der spitzen Hälfte 4 Schnitzchen herausschneiden, so, dass zwei sich kreuzende Henkelchen entstehen. In diese Zwischenräume den Kaviar füllen. Die Eier auf je ein Brotscheibchen setzen.

Eier in Krustaden   (Oeufs en croustades)   162

Krustaden Nr. 904 (runde oder längliche)
1/3 Port. Ital. Salat Nr. 120 (ohne Kartoffeln)
3–6 hartgekochte Eier Nr. 210

1/3 Port. Mayonnaise Nr. 594
z. Garnieren { Trüffel, Cornichons
Petersilie

Die **Krustaden** zur Hälfte mit dem Salat füllen. — Die **Eier** längs oder querdurch halbieren (je nach Teigförmchen). Sie mit Mayonnaise überziehen, auf die Krustaden setzen und hübsch garnieren. Den Rand der Förmchen mit kleinen Petersilienblättchen abschliessen.

Verlorene Eier auf Croûtons   (Oeufs pochés à l'Aurore)   162a

Verlorene Eier Nr. 218 — 6 ovale Croûtons Nr. 876 (eigross) — Sulz Nr. 165 — 1/2 Port. Mayonnaise à l'aurore Nr. 595 (9) — z. Garnieren: Trüffel, Cornichons, Petersilie.

Vorbereiten: Die Eier mit der Mayonnaise überziehen, auf die gebähten Croûtons setzen, mit Trüffeln usw. hübsch garnieren.

Anrichten: Auf einer Platte eine 1/2 cm dicke Schicht Sulz fest werden lassen. Sie am Rand mit heissem Messer oder Förmchen zackig ausschneiden. Die Eier daraufsetzen und sie mit Petersilie oder gespritzter Mayonnaise abgrenzen.

Hollywood-Eier   163

5 Eier — Salz u. Pfeffer
2 dl Milch und 2 dl Wasser
100–150 g Schinken od. Zunge,
Geflügel- od. Bratenreste

3–4 feste Tomaten
Kräuter-Quarkmayonnaise Nr. 602
50–100 g Kresse — etwas Paprika

Vorbereiten: Eier, Gewürz und Flüssigkeit gut verquirlen, das Fleisch in kleine Würfelchen geschnitten, damit vermischen. **Einfüllen** in kleine bebutterte Förmchen. **Kochen** ca. 10 Min. im Wasserbad im Ofen oder zugedeckt auf dem Herd und erkalten lassen. — **Anrichten:** Die Förmchen sorgfältig lösen, stürzen und mit der pikanten Sauce überziehen. Mit etwas Paprika bestäuben und auf ca. 1 cm dicke Tomatenscheiben setzen. Auf der Platte mit einem Kranz Kresse umgeben.

Sulz und gesulzte Hors d'œuvres

164   **Fleisch-Sulz**   (Aspic, Gelée de viande)

Anmerkung: Diese Sulz ist für Kenner geschmacklich besonders fein, erfordert jedoch zu ihrer Zubereitung viel Zeit und Arbeit und lohnt sich deshalb hauptsächlich nur für grössere Sulzplatten oder für Kranke, da sie nahrhaft und leicht verdaulich ist. — Der Hausfrau stehen sehr gute Sulzpräparate von **Maggi, Knorr** usw. zur Verfügung (Zubereitung s. Nr. 165).

¾–1 kg Kalbskopf, geschnitten
oder 1–2 Kalbsfüsse
½ kg Rinds-Schenkelfleisch   z. Würzen
30 g Fett (kein Oel), 1 Bouillongarnitur Nr. 878
z. Ablöschen: 3–4 Ltr kaltes Wasser

2–5 Essl. Zitronensaft
1–2 Glas Weisswein
3–5 Essl. Madeira, Salz
Maggi Würze, evtl. 1 Essl. Cognac
1 Msp. Liebig-Fleischextrakt

z. Klären: 1–2 Eier oder 2–3 Eiweiss, mit der zerdrückten Eierschale.

Vorbereiten der Sulzbrühe: Das Schenkelfleisch in kleine Stückchen schneiden und mit der Bouillongarnitur im heissen Fett gut überbraten. Ablöschen mit dem kalten Wasser und sofort die Kalbskopfstücke oder den -fuss beigeben. Die Brühe zum Sieden bringen. — **Kochzeit** 3–4 Std. auf kleinem Feuer. — **Würzen** der Brühe, bis sie kräftig und pikant schmeckt. Passieren durch ein feines Sieb in ein weites Gefäss (Pfanne) und stehen lassen bis am folgenden Tag.

Entfetten und **Klären:** Von der steif gewordenen Sulz die ganze Fettschicht sorgfältig abheben. Die Sulz erwärmen, die klein zerdrückte Eierschale, das mit 2–4 Esslöffel Wasser verklopfte Ei oder Eiweiss unter tüchtigem Schwingen hineingiessen und unter fortwährendem Rühren aufkochen. Die Sulz vom Feuer zurückziehen. Während ca. 10 Min. zugedeckt an warmem Ort stehen lassen (nicht rühren und nicht bewegen!).

Passieren: Ein heiss überbrühtes Passiertuch (evtl. Serviette) auf einem Sieb ausbreiten (festklammern), auf ein passendes Gefäss setzen und die heisse Sulz langsam darauf giessen (mitsamt Ei und -schale). — Die **Sulz** sollte jetzt **klar** ablaufen, sonst noch einmal passieren, oder nochmals mit 1–2 Eiweiss klären. — An einem warmen Ort passieren, damit die Sulz nicht oben im Tuch erstarrt. Es darf weder gerührt noch gedrückt werden, da die Sulz sonst wieder trüb wird! — **Erkalten** und **steif** werden lassen der Sulzbrühe (siehe NB.). — **Verwendung** je nach Rezept.

NB. Sollte die Sulz nach dem Stehenlassen nicht genügend steif geworden sein (je nach Leimgehalt des Kalbskopfes oder der -füsse), dann bindet man sie vor dem Klären noch mit der nötigen **Gelatine:** bei ziemlich flüssiger Sulz pro dl ½–1 Blatt gewaschene Gelatine beigeben, bei halbsteifer Sulz entsprechend weniger. Zur Vorsicht jetzt eine kleine **Probe** an der Kälte steif werden lassen. — **Verwendung** des übrigbleibenden **Kalbskopfes** zu Gerichten wie Nr. 762 und 763, zu Mockturtlesuppe Nr. 93 oder in Sulz (Nr. 170).

165   **Sulz**   (Schnellsulz — Aspic, Gelée)   I. und II. Art

I. Art.:
50 g **Maggi-** oder **Knorr-**Sulze
1 Ltr Wasser   z. Verfeinern
(od. evtl. 8 dl Wasser, 2 dl Weisswein)

1–2 Essl. Zitronensaft
evtl. 1 Msp. Liebig-Extrakt
2–3 Essl. Madeira
evtl. 1 Teel. Cognac od. Sherry

Das **Sulzpulver** mit dem Wasser (kalt oder warm) unter Rühren erhitzen, bis alles aufgelöst und die Masse klar ist. Die übrigen Zutaten beigeben (Zitronensaft gesiebt) und erkalten lassen.

Verwendung zu allen Sulzgerichten, (Rezepte Nr.166–189) sowie zu Sulzgarnituren usw.

Vorteil: Rasche und einfache Zubereitung — schmackhaft — sofort gebrauchsfertig. Praktisch auch für kleine Portionen sowie für Garnituren. Hält sich als Vorrat einige Tage. — Rote Schnellsulz zu Garnituren durch Beigabe von ein paar Tropfen Speisefarbe, etwas Randensaft oder 1–2 Blatt rote Gelatine.

II. Art (wenn kein Sulzpulver vorhanden ist):

Zubereitung von 1 Ltr kräftiger **Knochen-** oder **Hühnerbouillon** (Nr. 3 und 6) gut entfettet, oder 1 Ltr Maggi- oder Knorrbouillon (nach Angabe) mit Liebig-Fleischextrakt, 2 Essl. Madeira und Zitronensaft verfeinert. — **Binden** der heissen Bouillon mit 14–16 Blatt (25–30 g) eingeweichter **Gelatine** (= pro dl 1¼–1½ Blatt). — Sollte die Sulz nicht ganz klar sein, dann klären mit 1–2 Eiweiss und passieren nach Angabe bei Nr. 164. — Für **Fische in Sulz** evtl. Fischsud verwenden. — **Vegetarisch:** Gemüsebouillon Nr. 1 oder Bouillon mit Gemüsewürfeln zubereiten und evtl. statt der Gelatine 15 g Agar-Agar-Pulver verwenden.

Sulzplatte, einfache (Plat d'aspic ménagère) 166

200 g Wurst, Fleischkäse, Bratenreste
evtl. auch Käse (für vegetarisch)
oder ½ kg gekochte Gemüse, gemischt:
Rüben, Sellerie, Erbsen od. Bohnen usw.

Sulz Nr. 165 (ca. ½ Port.)
z.Garnieren { 1–2 hartgekochte Eier od. Quarkmayonnaise — 1 Tomate, Rande od. Radieschen, Cornichons, Petersilie — evtl. 50 g Salami

Vorbereiten: Wurst usw., Käse oder das Gemüse (evtl. alles gemischt) in ½–1 cm grosse Würfelchen schneiden und auf einer weiten Platte oder in einzelne Schälchen verteilen. Mit der halbfesten Sulz übergiessen und steif werden lassen.

Garnieren des Plattenrandes mit Eierscheiben oder gespritzter Quarkmayonnaise (evtl. in Tüten von Salami), mit Käse (hübsch zugeschnitten), halbierten Oliven oder mit den andern Zutaten.

NB. Die Platte ist leicht und rasch herzustellen und sieht hübsch aus, eignet sich auch gut zur Verwertung von Restengemüse oder -fleisch.

Kleine Sülzchen mit Pain (Mousse de jambon etc. à la gelée) 167

Sulz Nr. 165 (½ Port.) — Füllung: Schinkenbutter Nr. 118 (2) oder Pain Nr. 197 oder 198 usw.

Einfüllen der flüssigen Sulz in kleine Förmchen und fest werden lassen. — Beim **Anrichten** die Förmchen kurz in heisses Wasser tauchen, stürzen und auf eine Platte setzen, evtl. je auf ein Salatblatt. In der Mitte von jedem Sülzchen eine Vertiefung machen (mit einem in heisses Wasser getauchten Apfelausstecher oder Teelöffel). In die Öffnung mit dem Spritzsack ein Häufchen **Füllung** dressieren, mit einem Trüffeltupfen, etwas Paprika oder Petersilie garnieren.

168 **Kleine Sülzchen mit Schinken** (Petits timbales au jambon en gelée)

Sulz Nr. 165 (½ Port.) — z. Garnieren: 1 hartgekochtes Ei, Cornichons, evtl. Trüffel
z. Füllen: 150 g Schinken oder Zunge, Braten usw.

Einfüllen: In kleine Förmchen ca. ½ cm hoch flüssige Sulz giessen und **halbfest** werden lassen. Eine Garnitur von Eierscheiben und Cornichons oder Trüffel hineinlegen. Mit wenig flüssiger Sulz bedecken, wieder **halbfest** werden lassen. Schinken und Fleisch in ½ cm grosse Würfelchen schneiden, mit der restlichen Sulz vermischen, die Förmchen damit auffüllen. **Steif** werden lassen an der Kälte. — Beim **Anrichten** die Förmchen rasch in heisses Wasser tauchen und auf die Platte stürzen. **Garnieren** mit Petersilie oder Kresse, Fächerchen von Cornichons, Radieschen oder Tomaten usw.

169 **Kleine Sülzchen auf Galettes** (Galettes à la gelée)

Sulz Nr. 165 (½ Port.)   12 ovale Galettes (Nr. 1621), evtl. Crackers
1–2 gekochte Eier, Cornichons   100 g Schinken, Zunge oder Wurst

Einfüllen: Wenig flüssige Sulz in Madeleineförmchen geben, **halbfest** werden lassen. 1–3 Eierscheiben darauf legen, links und rechts davon einen Cornichonstreifen. Mit Sulz auffüllen und fest werden lassen.

Anrichten: Die Galettes exakt mit einer Schinken-, Zungen- oder Wurstscheibe belegen, je ein Sulzförmchen darauf stürzen, garnieren mit Kresse oder Petersilie.

170 **Sulz mit Schinken od. Zunge** (Jambon ou langue de bœuf en gelée) — s. Tafel 5

Sulz Nr. 165 oder 164

z. Garnieren: 1–2 hartgekochte Eier oder fester Schachtelkäse, Trüffel, Cornichons od. Oliven od. Gewürzbutter Nr. 608 (8 od. 9)

z. Einlegen: 250 g Schinken, Zunge, feine Wurst od. Reste von Rindsfilet, Kalbsbraten, gekochtem Kalbskopf od. auch Geflügel

Anmerkung: Am raschesten lassen sich die Lagen einfüllen, wenn die Form unterdessen in Eiswasser gestellt wird.

Garnieren und **Einfüllen:** In eine Cake-, Rehrücken- oder Timbalform ca. ½ cm hoch flüssige Sulz geben, sie **halbfest** werden lassen. — Eine Garnitur von Eiern, ausgestochenem Käse, Trüffeln, Cornichons- oder Olivenscheibchen sorgfältig und exakt hineinlegen, oder mit dicker Mayonnaise oder Gewürzbutter (gespritzt) hübsch verzieren. Vorsichtig einige Esslöffel flüssige Sulz darauf giessen und **halbfest** werden lassen. Eine Lage in Streifen geschnittenen Schinken oder Zunge usw. darauflegen, so dass ringsum ein ca. 1 cm breiter Abstand bis zum Rand der Form freibleibt. Mit Sulz gut bedecken (2–3 mm), wieder **halbfest** werden lassen und so abwechselnd fortfahren, bis die Form gefüllt ist. — **Steif** werden lassen an der Kälte.

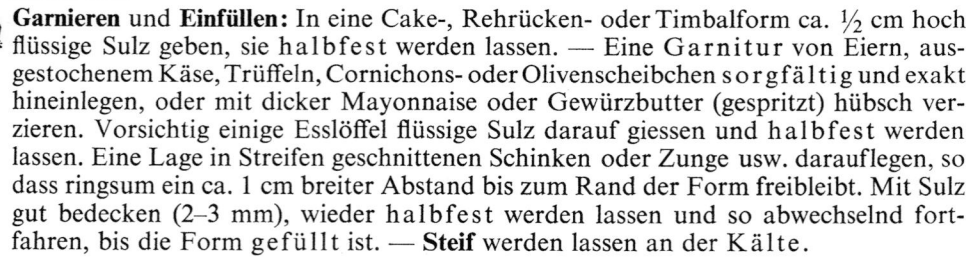

Anrichten: Die Form rasch in heisses Wasser tauchen, sorgfältig stürzen. — **Garnieren** der Platte, (d. h. rings um die Sulz) mit Petersilie, Fächerchen von Cornichons, Eierscheiben od. mit Blättern von Chicorée oder Artischocke, pikant gefüllt (s. Nr. 151).

NB. Sollte die eingefüllte Sulz jeweils doch ganz steif geworden sein, dann diese Lage mit etwas heisser Sulz beträufeln, damit die folgende darauf klebt; sonst fällt die Sulz beim Stürzen auseinander.

Feine Mayonnaisen und Salate in Sulz   (Salades riches en gelée)   s. Tafel 4   **171**

Sulz Nr. 165 – z. **Garnieren**: 1 hartgekochtes Ei, Trüffel, Oliven oder Cornichons, evtl. Peperoni usw.
Füllung: Schinken- od. Geflügelmayonnaise Nr. 134, Ital. Salat Nr. 120 od. feiner Kartoffelsalat Nr. 122. 
Auslegen der Form mit Sulz und **Garnitur**: Den Boden einer Timbal-, evtl. Cakeform ½ cm hoch mit Sulz füllen und halbfest werden lassen, mit Eierscheiben, ausgestochenen Trüffeln, Oliven usw. hübsch belegen. Mit flüssiger Sulz bedecken (ca. ½ cm hoch), fest werden lassen. Ein Förmchen hineinstellen, so gross, dass bis zum Rand ein 2–3 cm breiter Zwischenraum entsteht. Diesen mit flüssiger Sulz auffüllen und kalt stellen, bis sie steif geworden ist. Das Förmchen nun wieder entfernen (mit heissem Messer lösen oder etwas heisses Wasser hineingiessen).
Füllen des Hohlraumes mit dem Salat, evtl. noch etwas Sulz darauf giessen, nochmals an die Kälte stellen. — Beim **Anrichten** die Form kurz in heisses Wasser tauchen, stürzen, mit Kresse, Petersilie, evtl. Cornichons garnieren, oder die Form als Mittelpunkt einer grösseren Hors d'œuvre-Platte verwenden.
NB. Nach Belieben auch die Seitenwand der Form garnieren, indem man (nach dem Entfernen des Förmchens) Trüffel- und Cornichonsscheibchen usw. in flüssige Sulz taucht und dem Sulzrand nach auflegt.

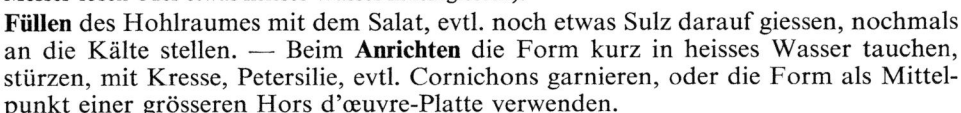

Gesulzte Osterplatte   (Oeufs en gelée pour Pâques)   **172**

Sulz Nr. 164 od. 165
3 gekochte Eier, 1 Trüffel, Radieschen
—
z. Garnitur: Kresse und Radieschen

Füllung
{ ½ kg Büchse feine Erbsen
300 g Rüben, gekocht, in Würfelchen
150 g Schinken in Würfelchen
1 Port. Mayonnaise Nr. 594
3–4 Blatt Gelatine (eingeweicht) }

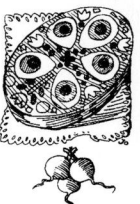

Vorbereiten: In eine weite Form* ½ cm hoch Sulz giessen, halbfest werden lassen. Die Eier schälen, längs halbieren (mit heissem Messer) und jedes Eigelb mit einem ausgestochenen Trüffeltupfen belegen. Die Eier sorgfältig umgekehrt im Kranz auf die Sulz legen. Den innern Zwischenraum mit Trüffeltupfen ausfüllen, am Rand zwischen die Eier ein Fächerchen von Radieschen setzen. Mit soviel halbflüssiger Sulz auffüllen, bis die Eier knapp bedeckt sind, fest werden lassen. Auf die Mitte der Sulz ein Förmchen stellen, so gross, dass bis zum Rand ein ca. 3 cm breiter Zwischenraum frei bleibt. Ihn mit flüssiger Sulz auffüllen und ganz steif werden lassen. Das Förmchen entfernen (mit heissem Messer lösen od. heisses Wasser hineingiessen). — Zur **Füllung** die abgetropften Erbsen, Rüben- und Schinkenwürfelchen mit der Mayonnaise vermischen, evtl. noch würzen und mit der in 1–2 Essl. heissem Wasser aufgelösten Gelatine binden. Sofort in die Sulzform geben und an die Kälte stellen, bis alles fest ist. — Beim **Anrichten** kurz in heisses Wasser tauchen, stürzen, mit Kresse und Radieschen garnieren. *Möglichst eine **Ei-Form** (evtl. aus fester Alufolie) od. eine Springform (v. 24 cm ⌀) verwenden.

Crevettes-Mousse en gelée   **173**

½ Port. Sulz Nr. 164 od. 165
zur Form { Crevettes, Trüffel
evtl. 1 gekochtes Ei, Oliven
z. Garnitur { 1 dl Rahm, geschlagen
Kapern, Crevettes, Petersilie

Füllung
{ 300 g Crevettes
½ Port. rosa Mayonnaise Nr. 595 (9)
1–2 Eiweiss (zu Schnee)
4 Blatt Gelatine — 1 dl Rahm
1 Msp. Meerrettichpulver
Zitronensaft, Worcester, Ketchup }

Vorbereiten der Form: In diese etwa ½ cm hoch Sulz giessen, halbfest werden lassen

und mit einer **Garnitur** belegen, z.B. eine Rosette von Crevettes, Sternchen oder Tupfen von Trüffel und hartem Eiweiss, Olivenscheibchen usw. Wieder mit Sulz bedecken, steif werden lassen. Ein Förmchen hineinstellen, so gross, dass ein 2–3 cm breiter Zwischenraum frei bleibt, diesen mit flüssiger Sulz auffüllen und steif werden lassen. Das Förmchen entfernen (mit heissem Messer lösen oder mit heissem Wasser füllen).
Einfüllen der zubereiteten Crevettes-Mousse und an der Kälte steif werden lassen. Beim **Anrichten** kurz in heisses Wasser tauchen, stürzen, mit dem geschlagenen Rahm, Crevettes und Grünem garnieren.

Mousse: ¾ der Crevettes durchpassieren, den Rest klein schneiden, mit der rosa Mayonnaise vermischen. Die Gelatine einweichen, gut abtropfen, mit 1–2 Essl. heissem Wasser auflösen und mit dem geschlagenen Rahm sowie Eiweiss unter die Crevettesmasse ziehen. Die Mousse gut abschmecken.

II. Art: Die Crevettes-Mousse ohne Sulzrand in einem Schüsselchen (nicht in Metallform) fest werden lassen, stürzen. Auf gleiche Art garnieren wie oben.

174 Schinkenrollen, gefüllt   (Roulades au jambon farcies)   I. und II. Art   s. Tafel 4

100–150 g gekochter oder roher Schinken (in Scheiben), feine Wurst (auch Salami) oder dünne Roastbeefscheiben

II. Art: Kräuterbutter Nr. 607
Toast- od. Grahambrot s. unten

Füllung: Italienischer Salat Nr. 120
oder schaumig gerührt: 60 g Butter, Zitronensaft Paprika — 100 g Streichkäse oder Emmentaler (gerieben)

Garnitur: Trüffel, Ei, Pistazien, Cornichon

Vorbereiten: Die Schinken- oder Wurstscheiben usw. wenn nötig noch gleichmässig zuschneiden, mit Ital. Salat belegen oder mit Käsefüllung ca. 2 mm dick bestreichen und aufrollen. **Garnieren** mit ausgestochener Trüffel oder Eierscheiben usw.

Anrichten I. Art: Die gefüllten Rollen auf eine längliche Platte legen, mit halbfester Sulz überziehen, den Rand mit kleinen Salatblättchen oder mit Kresse belegen.

II. Art: Toast-, Graham- oder selbstgebackenes Modelbrot (Nr. 1639) quer durch in knapp 2 cm dicke Scheiben schneiden. Diese mit Kräuterbutter bestreichen. Die Schinkenrollen darauf legen, mit Sulz sorgfältig dick überziehen.

Vor dem **Servieren** bei jeder Rolle mit heissem Messer durchschneiden.

175 Schinken- od. Bündnerfleischcornets   (Cornets au jambon)   s. auf Tafel 7

50–100 g roher Schinken od. Bündnerfleisch, evtl. Salami — Mayonnaise Nr. 594 od. Sulz Nr. 165

Formen: Den Schinken oder das Bündnerfleisch in gleichmässige, rechteckige Scheibchen schneiden, zu kleinen Cornets (Tüten) aufrollen, die Enden evtl. mit etwas angefeuchtetem Mehl festkleben. — **Füllen** der Cornets mit gehackter Sulz oder mit Mayonnaise, am besten mit dem Spritzsack.

Verwendung: Als Garnitur auf dem Rand einer Hors d'œuvre-Platte, zwischen gefüllte Eier, Spargeln usw., auch für belegte Brötchen Nr. 117 (c) oder für Sandwichtorte Nr. 185.

Lachsschinken- oder Wurströllchen in Sulz   siehe Tafel 8   **176**
(Petits cornets de saucisse farcis)

100 g dünne Scheiben von Lachs-, Rohschinken, kleiner Lyonerwurst usw. — Oliven, Cornichons
z. Füllen: Anchovisbutter Nr. 608 (8) od. Kräuterbutter Nr. 607 — ½ Port. Schnellsulz Nr. 165
Füllen: Die Schinken- oder Wurstscheibchen usw. mit der Füllung dünn bestreichen und aufrollen.
Anrichten: Eine niedere Platte oder Hors d'œuvre-Schale ca. ½ cm hoch mit flüssiger Sulz füllen, halbfest werden lassen. Die Röllchen kranzartig oder als Reihe darauf legen, mit dickflüssiger Sulz übergiessen, kaltstellen. — **Garnieren** der Oberfläche mit Oliven- oder Cornichonsscheibchen, evtl. mit übriger gespritzter Buttermasse (mit Papiertüte) und Petersilie.— **NB.** Lachsschinkenröllchen sehen auch hübsch aus auf Hors d'œuvre-Brötchen Nr. 117 (6).

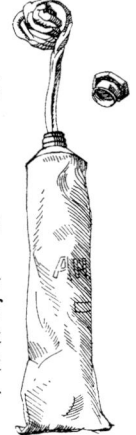

Gänseleberscheiben in Sulz   (Foie gras en gelée)   **177**

Gänseleber aus Terrine, Trapez- od. Tunneldose   z. Garnieren { Trüffel
½ Port. Sulz Nr. 164 oder 165   { Cornichons
Einfüllen: In kleine Förmchen ½ cm hoch Sulz giessen, halbfest werden lassen und sorgfältig mit einer Trüffelgarnitur belegen. Je eine ½–1 cm dicke Gänseleberscheibe darauf legen, mit dickflüssiger Sulz bedecken, kaltstellen.
Anrichten: Die Gänseleberscheiben sorgfältig auf eine Platte stürzen, mit Petersilie und evtl. mit Spargelspitzen garnieren oder als Teil einer grossen Hors d'œuvre-Platte verwenden. (Gänseleber z. Schneiden müglichst kalt stellen.)

Sardinen in Sulz   (Sardines à la gelée)   **178**

1–2 Büchsen Sardinen — Sulz Nr. 165 — kleine Zwiebeln, Petersilie, Cornichons, Zitrone
Vorbereiten: Die Sardinen sorgfältig (ganz) aus der Büchse nehmen und zum Entfetten auf ein Seidenpapier legen.
Anrichten: Auf eine passende Platte etwa 1 cm hoch dickflüssige Sulz geben, die Sardinen dicht nebeneinander in die Sulz setzen (alle in gleicher Richtung). — Von den Zwiebeln dünne Scheiben schneiden, die so erhaltenen Ringe vorsichtig an die Schwänzchen der Sardinen stecken oder hübsch darauf legen. — **Garnieren** der Platte mit gehackter Sulz, Petersilie, Cornichons und Zitronenschnitzen.

Forellen oder Felchen gesulzt   (Truites ou féra à la gelée)   **179**

1–2 Forellen oder Felchen (ca. 500 g)   ½ Port. Sulz Nr. 165 (evtl. n. II. Art. aus Fischsud)
z. Garnieren: Trüffel, 1 hartgekochtes Ei, Cornichons, rote Peperoni, Mayonnaise Nr. 594
           evtl. Capern sowie Crevettes.
Vorbereiten und Kochen des Fisches (s. Nr. 616). Ihn sorgfältig herausheben, gut abtropfen lassen und auf eine lange Platte anrichten.
Glasieren und **Garnieren** des Fisches: Sobald die Sulz anfängt dicklich zu werden, den Fisch damit überziehen (ohne die Haut zu verletzen). Sofort eine hübsche Garnitur

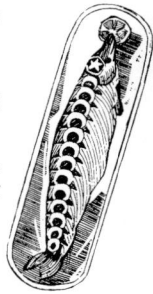

von ausgestochenen Trüffeln, Ei oder Eiweiss usw. auf den Fischrücken legen. Wieder sorgfältig mit Sulz überziehen, wieder **halbfest** werden lassen und nochmals sulzen, bis der Fisch schön bedeckt ist. — Rings um den Fisch garnieren mit **Trüffel**, Eierscheiben, gespritzter Mayonnaise, evtl. Crevettes und Petersilie. — Evtl. Mayonnaise zum Fisch servieren.

Gesulzte Krustaden und Pasteten

180 **Kleine gesulzte Krustaden**   (Petites croustades à la gelée)

Krustaden Nr. 904 — ½ Port. Sulz Nr. 165 — **Füllungen** siehe unten

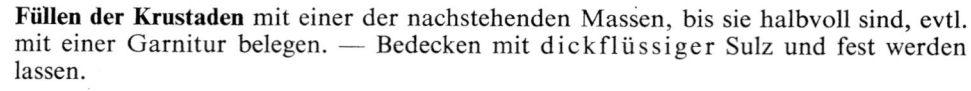

Füllen der Krustaden mit einer der nachstehenden Massen, bis sie halbvoll sind, evtl. mit einer Garnitur belegen. — Bedecken mit **dickflüssiger** Sulz und fest werden lassen.

1. **Schinken- oder Geflügelfüllung:** 150 g Schinken und Zunge oder Geflügelstücke (z. B. Reste) in kleine Würfelchen schneiden. Als Garnitur mit in Scheibchen geschnittenen Cornichons belegen.

2. **Miroirs** (in runden Krustaden): **Schinkenbutter** Nr. 118 (2) einfüllen, glattstreichen, mit einer schönen Eierscheibe und einem Trüffeltupfen belegen. Mit Sulz gut bedecken.

   Füllung II. Art: Je 2–4 Scheiben Kalbsbraten und Schinken sehr fein hacken oder mixen. Mit ½ Tasse Béchamel (Nr. 553) und etwas geschlagenem Rahm vermischen, gut würzen.

3. **A la Strasbourg:** Gänseleberpains Nr. 197 oder 198 oder Pains aus Büchsen einfüllen und glattstreichen. Vor dem Sulzen sorgfältig mit hübsch ausgestochenen Trüffeln garnieren.

4. **Tomatenbutter** Nr. 608 (5) oder **Quarkaufstrich** Nr. 118 (6) zubereiten. Die Masse evtl. mit dem Dressiersack einfüllen, mit Oliven oder wenig Petersilie garnieren.

5. **Pains von Leber, Schinken** usw. aus Büchsen einfüllen, garnieren mit Eierscheibchen, Cornichons oder Oliven.

6. **Sardellen- oder Anchovisbutter** Nr. 608 (8) so in Schiffchen-Krustaden füllen, dass der Länge nach ein Grat entsteht. Diesen mit Sardellenfilets und Kapern verzieren, mit Sulz überziehen.

7. **Lachs-Krustaden, schwedische:** 50–100 g geräucherten Lachs durchstreichen oder sehr fein zerdrücken, mit etwas gesulzter Mayonnaise (Nr. 596) vermischen. Nach dem Einfüllen glattstreichen, mit Lachsstreifen und Kapern oder nach Belieben mit etwas Kaviar garnieren, mit Sulz dünn überziehen.

8. **Gemüsefüllung:** 4–6 Rübchen, wenig Blumenkohl oder Sellerie, 1 Tasse voll Erbsen
   Die Gemüse weichkochen, **gut** abtropfen und in erbsengrosse Würfelchen schneiden. Vor dem Einfüllen mit **dickflüssiger** Sulz vermischen. — Garnieren mit Eierscheiben, Tupfen oder Streifen von Peperoni oder wenig Petersilie.

Oben: Grosse Krustade, gesulzt, Nr. 184 – **Unten:** Sulz mit Schinken oder Zunge Nr. 170, garniert mit gefüllten Artischockenblättern Nr. 151 (NB.)

Tafel 5

Tafel 6   Sulzpastete Nr. 187 – **Oben links:** hergestellt auf dem Blech nach a) – **Rechts:** in der Form nach b) – mit Cumberlandsauce Nr. 606

Kleine Sulzpastetchen 181

Zubereitung wie gedeckte Fleischpastetchen Nr. 900. — In die **erkalteten** Pastetchen durch die Öffnung flüssige, aber **nicht** warme Sulz einfüllen, an der **Kälte** fest werden lassen. — Mit Petersilie bestecken.

Carolines (Pikante Eclairs) — zu Hors d'œuvre, Kaltem Buffet usw. 182

Brühteig von Nr. 266

z. Bestreichen: 1 Ei

Füllung { Schinken- od. Käsebutter Nr. 118
(2 u. 5) — Anchovisbutter Nr. 608 (8)
od. Kräuterquark Nr. 118 (6)

Vorbereiten: Vom Teig mit dem Spritzsack (mit glatter Tülle) fingerlange, etwa 2 cm dicke Stengelchen auf ein Blech dressieren. Sie mit Ei bestreichen und nach Belieben mit geschälten, dünn geschnittenen Mandelblättchen bestreuen. — **Backen** in Mittelhitze zu schön brauner Farbe, erkalten lassen und aufschneiden. **Füllen** mit einer der angegebenen Massen (am besten mit dem Dressiersack).

Eclairs du Gibier (Wildfüllung) 183

Zubereitung wie Carolines Nr. 182, jedoch **Wild-Füllung** verwenden. Die fertigen Eclairs mit wenig dicklicher Sulz glasieren.

Füllung: Reste von Reh- oder Hasenbraten in ganz kleine Würfelchen schneiden oder fein hacken, mit etwas Mayonnaise vermischen, evtl. noch würzen. (Gute Verwendung kleiner Wildreste.) — **Servieren** mit Cumberlandsauce Nr. 606, sauersüssen Früchten oder als Teil einer Brötchen- oder kalten Fleischplatte usw.

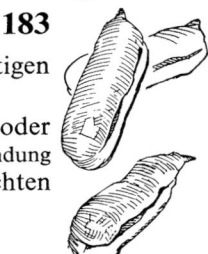

Grosse Krustade, gesulzt (Croustade riche à la gelée) I.–II. Art. s. Tafel 5 184

Krustade Nr. 903
½ Port. Lachsschinkenröllchen Nr. 176
od. Schinken-, evtl. Salamicornets Nr. 175
50–100 g Crevettes (auch tiefgekühlte)
oder Italienischer Salat Nr. 120

2 hartgekochte Eier — Sulz Nr. 164 od. 165
evtl. Kräuterbutter Nr. 607
z. Garnieren { Tomaten, Petersilie
Oliven, Cornichons
II. Art Füllung: siehe **unten**

I. Art: Füllen der Krustade: Dem Rand nach kranzartig Lachsschinkenröllchen oder die gefüllten Cornets anrichten, anschliessend schuppenartig die Eierscheiben und innerhalb derselben Crevettes, Italienischen Salat oder Kräuterbutter (gespritzt). — **Garnieren** mit Oliven, Tomaten, Cornichons usw. Die ganze Krustade mit dickflüssiger **Sulz** gut überziehen und steif werden lassen.

NB. Wird die Sulz zu flüssig verwendet, kann der Teig aufgeweicht werden, was den Geschmack beeinträchtigt. — Eine hübsch und exakt gefüllte Krustade wirkt sehr festlich.

Füllung II. Art, hübsch angeordnet wie oben: Kleine Bratwürste (gebraten), feste Tomatenschnitze oder- scheiben, ein Kranz gekochter Erbsen (mögl. grüne, auch tiefgekühlte), grosse gedünstete Champignons in Scheiben. Für die Mitte Avocadoschnitzchen, rosettenartig aufgelegt. — Zuletzt auch alles überziehen mit dickflüssiger Sulz.

(Nicht reife, harte Avocado ca. 30 Min. im Dampf weichkochen.)

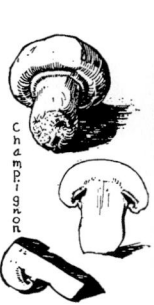

185 Sandwichtorte oder -cake

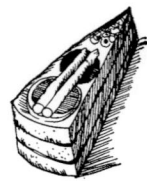

Teig von Modelbrot (Nr. 1639) od. Nr. 919
Kräuter- u. Paprikabutter Nr. 607 u. 608 (6)
Schinkencornets Nr. 175

1–2 harte Eier — ¼ Port. Sulz Nr. 165
z. Garnieren { evtl. ½ Port. dicke Mayonnaise
Petersilie, Cornichons

Vorbereiten: Den Teig in einer kleineren Spring- oder Cakeform backen, erkalten lassen, zweimal quer durchschneiden (wie eine Torte).

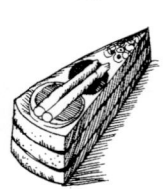

Füllen und Belegen: Die unterste Brotscheibe mit etwas Kräuterbutter bestreichen, die zweite mit der Paprikamasse, mit der dritten Scheibe bedecken, das Ganze mit dem Rest Kräuterbutter überziehen (evtl. mit heissem Messer). Die Oberfläche mit den Cornets von aussen nach innen kranzartig belegen, in der Mitte mit einer Rosette von Eierschnitzen oder -scheiben und Petersilie. Alles mit dickflüssiger Sulz überziehen. Evtl. den Rand mit Tupfen von Mayonnaise usw. garnieren. — Zum Servieren die runde Form wie eine Torte in Stücke schneiden, den Cake in Scheiben.

186 Pikante Roulade   Bild auf Tafel 4

Roulade Nr. 908
evtl. Sulz Nr. 165.

Füllung { Kräuter-, Anchovis-, Schinken-
butter usw. (s. Nr. 608 u. 118)

Zubereiten der Roulade und sie sofort nach dem Backen auf ein feuchtes Tüchlein stürzen, das Papier rasch abziehen, mit Hilfe des Tüchleins aufrollen (dieses wieder entfernen), erkalten lassen. — Zum **Füllen** die Roulade sorgfältig flach legen, mit einer der Buttermassen bestreichen, dann gut aufrollen. Evtl. die ganze Oberfläche mit dickflüssiger Sulz überziehen oder mit schaumig gerührter Butter oder Quark bestreichen, mit gehackter Petersilie oder Nüssen bestreuen und an die Kälte stellen. — Beim **Anrichten** in ca. 1 cm dicke Scheiben schneiden.

Servieren als Einzelplatte oder mit Brötchen, gefüllten Tomaten usw. oder als Teil eines grossen Hors d'œuvres.

NB. Die Füllung zum Aufstreichen evtl. mischen mit 2–3 Essl. Mayonnaise oder Béchamel.

187 Sulzpastete mit pikanter Leberfüllung   (Pâté à la gelée)   Bild links a. Tafel 6

(12–14 Tranchen)

Teig nach Nr. 915 od. 916 { 450 g Weissmehl
120 g Butter od. Fett
3 Essl. Öl, ½ Essl. Salz
1–2 Eigelb
1½ dl Wasser, 1 Essl. Essig

z. Einlegen { 1 Gazestreifen (Verbandrolle), ca. 5 cm breit, 6 m lang

z. Bestreichen: 1–2 Eigelb
1 Port. **Sulz** Nr. 164 od. 165

a) Leberfüllung { 250 g feine Leberwurst
200 g Bratwurstteig
1–3 Essl. Madeira,
einige Tropfen Zitronensaft
evtl. etwas Zwiebel u. Petersilie,
fein gehackt, gedämpft
evtl. 1 Essl. Trüffelwürfelchen

{ 150 g Schinken, am Stück
evtl. 50 g Zunge, am Stück
3–5 Cornichons
evtl. einige Pistazien

b) Fleisch- u. Geflügelfüllung s. Nr. 188 u. 189

Vorbereiten der Füllung: Leberwurst und Bratwurstteig mit den übrigen Zutaten gut vermischen, evtl. Trüffelwürfelchen beigeben. — Schinken und Zunge in ½ cm dicke Stängelchen schneiden, die Cornichons längs halbieren, die Pistazien schälen.

a) Herstellen der Pastete auf dem Blech

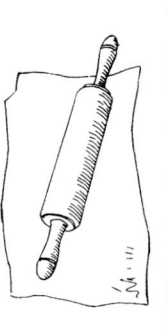

1. **Auswallen** von ⅓ des Teiges zu einem etwa handbreiten Rechteck, ½ cm dick, 30 cm lang. **Belegen** dieses Teigbodens **lagenweise** mit Leberfüllung (mit zwei Löffeln) und der Länge nach aufgelegten Schinken- oder Zungen-Stängelchen und Cornichons; evtl. Pistazien dazwischenstreuen. — Den ringsum ca. 2 cm breit vorstehenden **Teigrand** leicht benetzen.

2. Den **Gazestreifen** auflegen, indem man locker **über** dem Fleisch auf- und abfährt, bis die Oberfläche ca. 2 cm hoch davon bedeckt ist.

3. **Überdecken und Garnieren der Pastete:** Den übrigen Teig ½ cm dick auswallen, in der Mitte mit einem ca. 2 cm. grossen Loch versehen. Ihn über die Füllung spannen, durch die Öffnung das **Ende** des Gazestreifens herausziehen. Die Ränder von Boden und Deckel sehr gut aufeinanderdrücken, mit dem Teigrädchen bis zu einem ca. 2 cm breiten Rand abschneiden. Die Oberfläche (jedoch **nicht den Rand**) mit Eigelb bestreichen. Mit Teigstreifen, -tupfen od. -sternchen usw. belegen (möglichst exakt). Um die Öffnung oben eine Teigrosette legen. Den **Rand** jetzt gegen oben **einrollen**, ringsum andrücken und mit Teigklammer oder Gabel verzieren. — Wird der Rand nicht gut eingerollt, dann kann während des Backens Fleischsaft austreten! — Die ganze Oberfläche sorgfältig mit Eigelb bepinseln. —
Die Pastete vor dem Backen wenn möglich ca. 10 Min. an die Kälte stellen, da sie dadurch schöner in der Form bleibt. Evtl. nochmals mit Ei bestreichen.

NB. So geformt kann jede beliebige Pastetengrösse, d.h. mit kleineren oder grösseren Quantitäten hergestellt werden. — Die Pastete lässt sich bereichern durch eine Einlage von **gekochten Eiern** (ganze od. halbierte) die man an den Spitzen etwas flach schneidet.

Backen der Pastete in guter Hitze ca. ¾ Std. — Pasteten in der **Form** (siehe **b** unten) mit sehr guter Unterhitze ca. 1¼ Std. — (Wenn nötig mit nassem Papier bedecken.)
Entfernen des Gazestreifens: Ihn durch die Öffnung sorgfältig herausziehen, solange die Pastete noch **heiss** ist. — Nach dem Erkalten lässt sich der Gazestreifen nicht mehr so gut entfernen, da er dann leicht an der Füllung festklebt. (**Wichtig:** Ihn beim Formen nirgends einklemmen!)

Erkalten-lassen der Pastete. — **Einfüllen** der ganz **kalten**, jedoch noch flüssigen **Sulz** durch einen Trichter. An der **Kälte** fest werden lassen.

Servieren der Pastete, evtl. zur Hälfte tranchiert, mit einer Garnitur von Eiern, Tomaten oder kleinen gefüllten Peperoni Nr. 149. Als Beigabe Cumberlandsauce Nr. 606 oder eine Salatplatte. — **Tranchieren** lässt sich die Sulzpastete am besten mit einem ganz scharfen Messer oder der Brotsäge; evtl. die Kruste zuerst mit einer Schere durchschneiden.

b) Herstellen der Pastete in der Form   Bild rechts auf Tafel 6

Vorbereiten: Eine Cakeform von 28 cm Länge (evtl. einen sog. Pastetenring, oval oder länglich) bebuttern und mit einem festen Pergamentpapier auslegen (auf alle Fälle den Boden), nochmals bebuttern.

1. **Auslegen und Füllen** der Form: ⅔ des Teiges gut ½ cm dick auswallen. Die vorbereitete Form möglichst glatt und gleichmässig damit auslegen, so dass ein etwa 2 cm breiter Teigrand aus der Form herausteht. **Lagenweise** Lebermasse und der Länge nach Schinken- oder Zungen-Stängelchen und Cornichons einfüllen, evtl. Pistazien dazwischenstreuen.

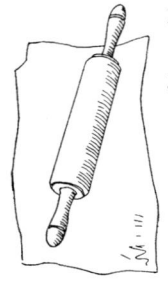

2. Den Gazestreifen auflegen, indem man locker über dem Fleisch auf- und abfährt, bis die Oberfläche ca. 2 cm hoch davon bedeckt ist.

3. Überdecken und Garnieren der Pastete: Den vorstehenden Teigrand leicht benetzen. — Den Rest des Teiges ½ cm dick auswallen, zu einem Rechteck schneiden, in der Grösse der Oberfläche. Diesen Teigdeckel in der Mitte mit einem 2 cm grossen Loch versehen, über die Gaze spannen und durch das Loch das Ende des Gazestreifens herausziehen. Die beiden Teigränder gut aufeinanderdrücken, gleichmässig abschneiden (mit der Schere), einrollen und mit der Teigklammer verzieren. — Die Oberfläche mit Eigelb bestreichen, garnieren mit Teigtupfen und -streifen usw., das Ganze nochmals exakt mit Eigelb bepinseln. — **Backen** usw. siehe oben.

188 Sulzpastete mit Fleischfüllung (Pâté de veau à la gelée)

Zubereitung wie Sulzpastete **Nr. 187 a** oder **b,** jedoch nachstehende **Fleischfüllung** verwenden. — **Backzeit** ca. 1¼ Std.

200 g zartes Kalbfleisch (evtl. Schweinsfilet)	2–5 Cornichons, 1–2 Trüffel in Würfelchen
Salz, Pfeffer, evtl. 1 Msp. Senf	evtl. einige Champignons, evtl. Pistazien
200 g Schinken od. Zunge (am Stück)	Zwiebel und Grünes, gehackt
200 g Bratwurstteig	2–4 Essl. Madeira, etwas Zitronensaft

Vorbereiten: Das Kalbfleisch in dünne, 2–3 cm breite Streifen schneiden, sorgfältig würzen. — Schinken oder Zunge in gut ½ cm dicke Stängelchen schneiden. — Cornichons der Länge nach halbieren oder vierteln. Die Champignons in Scheibchen schneiden, mit dem gehackten Grün in Butter dämpfen und mit Bratwurstteig, Zitronensaft, Madeira und Trüffelwürfelchen vermischen, wenn nötig noch würzen. — Evtl. einige Pistazien schälen (wie Mandeln).

Beim **Einfüllen**: Den Teigboden der Länge nach mit Fleischstreifen belegen, eine Lage Bratwurstfüllung locker darauf verteilen. Mit Schinken- oder Zungenstängelchen und Cornichons der Länge nach belegen, dazwischen evtl. Pistazien streuen und so lagenweise fortfahren, bis alle Zutaten aufgebraucht sind.

NB. Füllung, einfache Art: 4–6 geschwellte Bratwürste häuten, einzeln in dünne Schinkenscheiben einwickeln und mit Cornichonstengelchen der Länge nach auf den Teigboden geben.

189 Sulzpastete mit Geflügelfüllung (Pâté de volaille à la gelée)

Zubereitung wie Sulzpastete **Nr. 187 a** oder **b.** — **Backzeit** ca. 45 Min.

Füllung:

1 Güggeli, roh od. gebraten, od. Geflügelreste	2–3 Essl. Madeira
100 g Schinken, 150 g Bratwurstteig	evtl. einige Pistazien, geschält
1–2 Trüffel in Würfelchen, Zitronensaft	Gewürz: Salz, Muskat, Pfeffer

Das Geflügelfleisch von den Knochen lösen. Die schönen Stücke in gleichmässige Streifen schneiden, das Übrige in Würfelchen.
Den Schinken fein hacken, mit dem Bratwurstteig und den übrigen Zutaten vermischen, wenn nötig noch würzen.

NB. Evtl. die **Sulz** aus der Brühe von den Hühner-Knochen nach Nr. 165 II. Art, zubereiten.

Galantinen, Hummer, Pains usw.

Kalbfleischgalantine (Galantine de veau) 190

500–750 g dünne, grosse Kalbsschnitzel
150 g Zunge (in ½ cm dicken Stängelchen)
1 Schweinsnetz

Sud { Bouillon, Gewürz
      1–2 Glas Weisswein

Füllung { 1 kleine Zwiebel, Petersilie
         300 g Bratwurstteig
         250 g Schinken in Würfelchen
         1–2 Trüffel — Pistazien, geschält
         1 Büchschen Champignons
         1–2 Essl. Madeira, Gewürz

Füllung: Zwiebel und Grünes fein gehackt, dämpfen und mit dem Brät, Schinkenwürfelchen, halbierten Pistazien, Trüffelstückchen und den blättrig geschnittenen Champignons vermischen. Madeira sowie das nötige Gewürz beigeben.

Galantine: Das Netz in lauwarmes Wasser einlegen, ausdrücken und auf einem Brett ausbreiten. Mit den Kalbsplätzchen belegen, diese würzen, die Füllung darüberstreichen, die Zungenstängelchen der Länge nach darauf verteilen. Das Fleisch ohne Netz aufrollen, dann mit demselben umwickeln, zunähen oder binden.— Die Fleischrolle in den heissen, gut gewürzten Sud geben. Leise **kochen** während 30–40 Min.

Anrichten: Die Galantine aus dem Sud heben, in eine Platte legen, mit einem Brettchen leicht beschweren, mit Sud überdecken und erkalten lassen. — Die Fäden entfernen und die Galantine in ½ cm dicke Scheiben schneiden, auf eine längliche Platte geben. **Garnieren** mit Sulzwürfelchen, Cornichons, evtl. Mayonnaise.

Aus dem Sud evtl. die **Sulz** zubereiten, nach Nr. 165, II. Art.

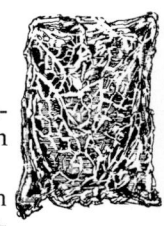

Hühnergalantine (Galantine de volaille) 191

1 Poulet od. Ragouthuhn (ca. 1 kg)

Sud { Bouillon oder Wasser
      1 besteckte Zwiebel
      1–3 dl Weisswein, Salz

z. Garnieren { Sulz Nr. 165 (evtl. n. II. Art
                von Hühnerbrühe)
                Mayonnaise Nr. 594

Füllung { 250 g Schweinefleisch, fein gehackt
         250 g Bratwurstteig
         1–2 Eigelb, Salz, Pfeffer
         150–200 g Geflügelleber*
         100 g Zunge, am Stück
         50 g Schinken, am Stück
         1–2 Trüffel, einige Pistazien
         30 g Butter, Zwiebel, Petersilie

Vorbereiten: Vom **Poulet** Kopf und Füsse abschneiden, jedoch nicht ausnehmen, flambieren. Auf die Brustseite legen und am Rücken mit einem scharfen Messer durchschneiden bis zum Rückgrat. Nach beiden Seiten das Fleisch vom Knochengerüst lösen (auch von den Schenkeln). Letzteres herausnehmen, auseinanderschneiden, ausnehmen und gut waschen. — **Sud:** Bouillon oder Wasser mit den Hühnerknochen, ausgenommenem Magen usw. aufsetzen. Salz, besteckte Zwiebel und Weisswein beigeben, mindestens ½ Std. auskochen.

Füllung: Schweinefleisch, Bratwurstteig, Eigelb und Gewürz gut vermischen. Die **Geflügelleber** klein schneiden (nicht hacken). — Zunge, Schinken und Trüffel in ½ cm grosse Würfelchen schneiden (siehe auch NB.). Die Pistazien schälen, halbieren. Etwas Zwiebel und Petersilie fein hacken, in Butter dämpfen. Alle Zutaten unter die Fleischmasse mischen, evtl. noch würzen.

Formen und **Kochen** der Galantine: Das Huhn sorgfältig ausspülen, mit einem Tuch

69

gut abtrocknen, auf einem Fleischbrett flach ausbreiten (Hautseite nach unten), mit etwas Salz einreiben. Auf die Mitte der Länge nach die Füllung verteilen. Fleisch und Haut darüber zusammenziehen, zunähen. Das Ganze in eine kleine Serviette einrollen, an beiden Enden zubinden und in den gut gewürzten, heissen Sud legen. —

Kochzeit ¾–1¼ Std. — Nach dem Kochen die Galantine auf eine Platte geben, ein Brettchen darauflegen, leicht beschweren. Vom Sud dazugiessen, bis das Fleisch davon bedeckt ist, **erkalten** lassen. — **Anrichten:** Von der Galantine Tüchlein und Fäden sorgfältig entfernen. Sie in gleichmässige Scheiben schneiden, auf eine flache Platte legen. **Garnieren** mit Mayonnaise und gehackter oder würflig geschnittener Sulz.

NB. II. Art: Die untranchierte Galantine mit dickflüssiger Sulz, mit gesulzter Mayonnaise Nr.596 oder Chaud-froid Nr. 600 überziehen und mit Trüffeln, Eierscheiben usw. garnieren.—*Hat man zu wenig Pouletleber, dann evtl. noch extra ein Stück Hühner- oder Kalbsleber dazu verwenden. — **Schinken** und **Zunge** können auch in Stängelchen geschnitten, auf die Füllung gelegt werden.

192 Gefüllter Hackbraten   (Rôti haché à la gelée)

Zubereitung d. gefüllten Hackbratens nach Nr. **668** od. **669** (in d. Form). — Beim **Anrichten,** erkaltet, in Scheiben schneiden und schuppenartig auf eine Platte legen, evtl. mit

Gefüllter Hackbraten Nr. 192, mit Quarkmayonnaise. — Schott. Schinkeneier Nr. 233.

dickflüssiger Sulz überziehen. — **Garnieren** mit Quarkmayonnaise Nr. 597, gehackter oder ausgestochener Sulz, Fächerchen von Cornichons und mit Petersilie.

NB. Der Braten eignet sich auch sehr gut für eine **kalte Platte** zusammen mit Aufschnitt (siehe Nr. 201 und 202) oder als Belag auf **Brötchen**.

Kalbfleischwurst   (Saucisse de veau à la gelée)   193

100–150 g Schinken (am Stück)	Sud { Bouillon, 1 bestecke Zwiebel
500 g Bratwurstteig	{ 1–2 dl Weisswein — Salz
60 g Weissbrot ohne Rinde	⎧ 1–2 hartgekochte Eier
einige Pistazien, geschält	z. Garnieren ⎨ Cornichons, Petersilie
1 Eigelb — Trüffelwürfelchen	⎩ Sulz Nr. 165

Vorbereiten: Den Schinken in ½ cm dicke, fingerlange Stängelchen schneiden. — Das Brot in warmem Wasser einweichen, gut ausdrücken, mit dem Bratwurstteig, Eigelb, Pistazien und Trüffeln vermischen.

Formen: Eine kleine Serviette auf einem Brett ausbreiten, die Bratwurstmasse zu einem Rechteck, etwa 2 cm dick, darauf ausstreichen, die Schinkenstängelchen der Länge nach darauf verteilen. Das Ganze mit Hilfe der Serviette zu einer Wurst aufrollen. Sie an den Enden sowie 3–4mal in der Mitte zubinden und in den gut gewürzten heissen Sud legen.

Kochzeit 30–40 Min. (nur ziehen lassen). —Die Wurst auf eine Platte herausheben, ein Brettchen darauflegen, leicht beschweren. Soviel Sud dazugiessen, dass das Fleisch davon bedeckt ist, **erkalten** lassen. Die Serviette entfernen.

Anrichten: Die Wurst in Scheiben schneiden und sie für sich oder mit kaltem Braten, evtl. auch mit Aufschnitt zusammen, auf eine Platte anrichten. — **Garnieren** mit gehackter Sulz, Cornichons und Eierscheiben, Petersilie usw.

II. Art: Die erkaltete Wurst untranchiert auf eine Platte geben, mit einer **Garnitur** aus Trüffeln, Eiern, evtl. Tomatenscheiben und Oliven belegen, mit dickflüssiger Sulz einigemal überziehen.

Falscher Salm   (Plat de faux saumon)   Bild auf Tafel 7   194

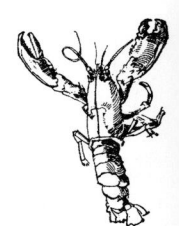

¾–1 kg Kalbsschlüsselriemen oder -filet	z. Überziehen: Mayonnaise Nr. 594
(als Teil eines Hors d'oeuvres 300–500 g)	⎧ 50 g Sardellenfilets
	z. Garnieren ⎨ oder Bündnerfleisch
Beize Nr. 886 — 10 g Salpeter	⎩ Kapern, Cornichons
	oder Oliven, Petersilie

Einbeizen: Das Fleisch evtl. häuten, mit Salpeter einreiben, in die kalte Beize (mit Weisswein zubereitet) legen, 4–5 Tage stehen lassen.

Kochen: Bei Verwendung, das Fleisch in der heissen, mit etwas Wasser verdünnten Beize aufsetzen und weichkochen (¾–1 Std.), im Sud erkalten lassen.

Formen und Garnieren: Auf die Mitte einer länglichen Platte etwas Mayonnaise geben. Das Fleisch in dünne Scheiben schneiden und mit wenig Mayonnaise bestrichen, wieder zu einem Stück auf die Platte legen. Das Ganze mit Mayonnaise überziehen, gitterartig mit schmal geschnittenen Sardellenfilets oder Streifen von Bündnerfleisch belegen, in jedes Feld eine Kaper, ein Cornichon- oder Olivenscheibchen setzen. Rings um den falschen Salm ein Kränzchen von Petersilie geben. — Den Rand der Platte evtl. garnieren mit Eiern, Cornichons, Tomaten usw. oder den Salm als **Mittelpunkt** eines grossen Hors d'œuvres verwenden.

NB. Bleibt der Salm bis zum Servieren längere Zeit stehen, dann die Mayonnaise zum Überziehen etwas sulzen, siehe Nr. 596. — Nach Belieben zum Bestreichen der Fleischscheiben die Mayonnaise mit fein gehackten Sardellen vermischen od. Sardinensauce Nr. 595 (7) dazu servieren.

194a Vitello Tonnato   (Pikantes Kalbfleisch auf Italienische Art)

500 g Kalbschlüsselriemen

Sud: ¾ l Salzwasser, 2 dl Weisswein, Zitronensaft, ½ besteckte Zwiebel

z. Sauce: 1 Büchse Thon (ca. 200 g), 3–6 Sardellenfilets, 1–2 dl Olivenöl, Zitronensaft, Salz, Senf

z. Garnieren: Zitronenscheiben, Oliven, Tomaten, Petersilie

Kochen: Die Zutaten zum Sud aufsetzen, würzen. Das Fleisch hineingeben und während ca. 1½ Std. leise kochen. Im Sud erkalten lassen. – **Sauce:** Thon und Sardellen sehr fein hacken oder durchstreichen. Vom Öl langsam unter stetem Rühren dazugeben, bis die Masse dicklich gebunden ist. Mit Zitronensaft, Salz usw. würzen.

Anrichten: Das Fleisch aus der Brühe nehmen, gut abtropfen und in Scheibchen schneiden. Diese wieder zu einem Stück zusammenschieben, auf eine Platte geben und mit der Sauce so oft überziehen, bis es ganz bedeckt ist. Das Fleisch umgeben mit Tomatenscheiben, Petersilie usw. Den Rest der Sauce dazu servieren. — Den Sud noch für Suppe oder Risotto verwenden.)

195 Hummer mit Mayonnaise   (Homard à la mayonnaise)

1 grosser Hummer
Kresse oder Petersilie

Tafelbutter od. pikante Sauce Nr. 565
oder Mayonnaise Nr. 594

Kochen des Hummers wie Krebse Nr. 95. — In genügend grosser Pfanne (wenn möglich, mit einem schweren Deckel) reichlich Wasser aufsetzen. Den Hummer so halten, dass der Kopf zuerst ins Wasser kommt, den Deckel einen Moment festhalten oder beschweren.

Kochzeit 20–40 Min., je nach Grösse. Den Sud etwas abkühlen lassen, den Hummer herausnehmen, abtupfen, dann mit wenig Öl bepinseln.
(Durch den Glanz wirkt der Hummer schöner rot.)

Zurichten: Den Hummer der Länge nach spalten mit Hilfe eines starken Messers und Hammers. Die Eingeweide entfernen, das Hummerfleisch evtl. in kleinere Stücke teilen. Die Schalen der Scheren auf der untern Seite entfernen, ohne sie zu zerdrücken, das Fleisch etwas lösen, damit man es beim Essen leichter herausnehmen kann.

Anrichten auf eine schöne, längliche Platte auf reichlich Petersilie oder frischer Kresse.

Servieren: warm mit Tafelbutter oder pikanter Schaumsauce (Nr. 565) oder kalt mit Mayonnaise. (Siehe auch Hummermayonnaise Nr. 140.)

Hors d'œuvre riche Nr. 208 – **Mitte:** Falscher Salm Nr. 194 – **Links u. rechts:** Lachs- und Kräuterbutterbrötchen Nr. 117 (7) u. 118 (1), dazwischen Cornets von Bündnerfleisch Nr. 175 – **Oben u. unten:** Schwedische Eier Nr. 159 u. kleine Tomaten Nr. 143, gefüllt mit Selleriesalat, daneben Sardellenbrötchen Nr. 118 (4) sowie einige Crevettes auf Sulz

Tafel 7

Tafel 8 Hors-d'œuvre varié Nr. 207 – **Oben:** Spargel mit Mayonnaise Nr. 125 – **Links:** Crevettesmayonnaise Nr. 137 – **Unten Mitte:** Lachsschinken- od. Wurströllchen in Sulz Nr. 176 – **Rechts:** Italienischer Salat Nr. 120 – Gefüllte Eier Nr. 157 – **Mitte:** Reissalat mit Früchten Nr. 131, Schälchen mit pikanten Käsekugeln oder -trüffeln Nr. 116 (Abschn. 3)

Languste, garniert (Langouste à la Parisienne) 196

1 mittlere Languste
½ Port. Ital. Salat Nr. 120
½ Port. Sulz Nr. 164 oder 165

2–3 gekochte Eier, 1–2 Trüffel, evtl. Oliven
Kopfsalat oder Kresse
6 kleine Tomaten

Kochen und **Zurichten** der Languste wie bei Hummer Nr. 195. — Vorbereiten der **Garnitur:** Nach dem Spalten das Fleisch sorgfältig herausheben und in 1 cm dicke Scheibchen schneiden. Diese mit je einer Eierscheibe und Trüffeltupfen oder mit halbierten Oliven belegen, mit dickflüssiger Sulz überziehen.

Anrichten: Die beiden Langustenschalen mit dem Italienischen Salat füllen, sie wieder zusammengefügt, mit schönen Salatblättern oder Kresse auf eine grosse, lange Platte legen, so, dass die Kopfseite etwas erhöht liegt. Über den Rückenspalt schuppenartig die garnierten Scheibchen legen und das Ganze mit dickflüssiger Sulz überziehen. — **Garnitur:** Dicht um die angerichtete Languste kleine gefüllte Tomaten setzen, dazwischen Oliven, Eierschnitze und Trüffelscheiben, evtl. Crevettes, Sulzwürfelchen usw. — Als **Tomatenfüllung:** Ital. Salat (wie zur Languste) oder Langustenfleisch-Abfälle, mit etwas Mayonnaise vermischt.

Gänseleberpain (Pain au foie gras à la gelée) 197

1 Gänseleber — 200 g Kalbsfilet
100 g Spickspeck
etwas Trüffel, wenig Zwiebel
2 Eigelb, Gewürz (Salz, 1 Essl. Madeira etc.)

z. Garnieren { 1 hartes Ei — Trüffel
Sulz Nr. 164 oder 165
(½ Portion) }

Vorbereiten: Die Leber klein schneiden, durch ein feines Sieb streichen. — Fleisch und Speck zweimal durch die Hackmaschine geben und nachher durchstreichen. — Die Trüffel in kleine Würfelchen schneiden. — Die Zwiebel fein hacken oder reiben und durchdünsten in etwas Butter.

Pain: Alle vorbereiteten Zutaten sowie das Eigelb gut vermischen, kräftig würzen. In eine bebutterte, am Boden mit Papier belegte Timbalform füllen. **Kochen** im Wasserbad ca. 50 Min. — Das Pain etwa 5 Min. stehen lassen, das ausgetretene Fett abgiessen, stürzen und **erkalten** lassen.

Anrichten I. Art: Das Pain 2–3 mal mit dickflüssiger Sulz überziehen. Die Oberfläche mit Ei und Trüffeln garnieren, nochmals mit Sulz überziehen, fest werden lassen. — Servieren mit Toast. — **II. Art:** Als Mittelpunkt einer Hors d'œuvre-Platte verwenden. — **III. Art,** als feinen Belag für Brötchen Nr. 115: das Pain in Scheiben geschnitten auflegen, evtl. mit dickflüssiger Sulz überziehen, mit hübsch ausgestochener Trüffel garnieren und nochmals sulzen.

NB. Gefüllter Gänsehals: Die Painmasse in den gründlich gewaschenen Gänsehals einfüllen, an den Enden zubinden und in leicht gesalzenem Wasser ca. 30 Min. leise kochen. Das Pain erkalten lassen (am besten aufgehängt, damit es rund bleibt), in Scheiben schneiden. — Den Sud für eine feine Sauce, evtl. Suppe, verwenden.

Leberpain (Pain au foie de volaille ou de veau) 198

150–200 g Hühner- oder Kalbsleber — 50 g Spickspeck — 1 Eigelb — Gewürz

Masse: Leber und Speck klein schneiden, durch ein feines Sieb streichen. Eigelb und Gewürz damit vermischen, in ein bebuttertes Förmchen füllen.

Kochen im Wasserbad ca. 30 Min. — Das Pain stürzen, erkalten lassen.
Verwendung zu Brötchen od., in ca. 4 cm grosse Würfel geschnitten, zu Hors d'œuvre.
NB. Das Pain eignet sich sehr gut zur Verwertung von übriger Geflügelleber.

199 Buttertraube (Raisin de beurre)

Formen: Aus frischer, fester Tafelbutter (200–300 g) mit einem Apfelausstecher (in heisses Wasser getaucht) möglichst exakte Kugeln ausstechen, diese sofort in kaltes Salzwasser mit Eis legen. — **Anrichten:** Die Butterkügelchen in Traubenform auf eine ovale Schale oder ein grosses grünes Rebenblatt legen. — **Servieren** zu Käseplatten, kaltem Aufschnitt, evtl. zu Toast.

Kalte Platten und Hors d'œuvres, zusammengestellt

Alle Platten sind für **6–8 Personen** berechnet.

200 Käseplatte

200 g Gruyère od. Emmentaler
100 g Tilsiter, Münster, evtl. Sbrinz
Gorgonzola, 1–2 Gervais, Camembert usw.
Käsebutter Nr. 118 (5)

200 g Tafelbutter-Röllchen
oder Buttertraube Nr. 199
z. Garnieren { 1 Büschel Radieschen
Petersilie, Tomaten
* **Beigaben** zu Käseplatten s. unten

Platte: Tortenplatte oder hübsches Servierbrett, mit einer gefalteten Serviette oder Tortenpapier belegt, oder ein spezielles, schönes Holzbrett.

Vorbereiten: Den Käse (ausser Gorgonzola, Camembert und Gervais) in gleichmässige, dicke Scheiben schneiden. — Die Käsebutter mit dem Dressiersack in eine kleine Glasschale spritzen. — Von der Tafelbutter evtl. kleine Röllchen formen (mit dem Butterroller). Bis zum Gebrauch in Eiswasser legen, zum Anrichten in ein Schälchen auf Eis.

Anrichten: Auf die Mitte das Schälchen mit der Käsebutter geben. Rings um dasselbe die verschiedenen Käsesorten (Camembert im geöffneten Papier) sowie die Butterröllchen oder -traube legen. Mit Petersilie, Radieschen und Tomaten garnieren.

Servieren mit Semmeln oder Weissbrot, Salzbiscuits, auch Crackers, Pumpernickel oder Toast und als Bereicherung Butterbirnen, schöne Äpfel, Trauben, Nüsse usw.

201 Kalte Fleischplatte (Viande froide assortie)

Roastbeef, gebraten und Kalbs- od. Schweinsbraten (evtl. Reste) in dünne Scheiben geschnitten
100 g Zunge — 100 g Lachsschinken — 100 g gekochter od. roher Schinken, alles aufgeschnitten
z. Garnieren: Sulz Nr. 165, Cornichons, Radieschen, Petersilie

Anrichten: Eine grosse Platte in schrägen Reihen abwechselnd mit dem Fleisch und Schinken usw. belegen. — Zwischen je zwei Reihen mit dem Spritzsack Sulz dressieren, auf dieselbe dünne Cornichonscheibchen legen. — **Garnieren** der Platte mit Radieschen- und Cornichonsfächerchen sowie Petersilie.

Servieren mit grünem oder Kartoffelsalat, evtl. mit sauersüssen Früchten oder Cumberlandsauce oder -schnitzen, gesulzt (Nr. 606).

NB. Es kann auch übriges kaltes Geflügel, in schöne Stücke geschnitten, aufgelegt werden, ebenso Hackbraten (gefüllter oder ungefüllter) siehe Nr. 192 und 669.

Kalte Platte   (mit Eiern garniert)   202

200 g Aufschnitt (Schinken, Salami, Kalbfleischwurst usw.)
3–6 feste, kleine Tomaten (s. NB.)
1 Zwiebel, Salatsauce Nr. 590

gefüllte Eier Nr. 157
½ Port. Kartoffelsalat Nr. 427 (s. NB.)
evtl. pikante Gurkenschiffchen Nr. 147a
Sulz Nr. 165, Cornichons, Petersilie,
evtl. Oliven, gefüllte

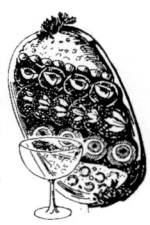

Anrichten: Den Aufschnitt in schrägen Reihen auf eine grosse Platte legen, abwechselnd mit 1–2 Reihen von gefüllten Eiern, schönen Tomatenscheiben, Kartoffelsalat und evtl. Gurkenschiffchen. (Die Tomaten mit Salatsauce beträufeln und mit gehackten Zwiebeln bestreuen.)
NB. Statt Kartoffelsalat evtl. Italienischen Salat Nr. 120 verwenden, statt Tomatensalat kleine gefüllte Tomaten Nr. 143–145.
Garnieren der Platte nach Belieben mit Oliven, gehackter Sulz, Cornichons und Petersilie.

Kalte Hühnerplatte   (Plat au poulet froid)   203

Brust- und Schenkelstücke von zartem, gesottenem Huhn (Nr. 826)
z. Überziehen { Chaud-froid Nr. 600 oder gesulzte Mayonnaise Nr. 596
z. Garnieren { Trüffel, Cornichons Petersilie evtl. 1 hartes Ei 2–3 kleine Tomaten
Sulz Nr. 165 (evtl. n. II. Art von Hühnerbrühe)

Vorbereiten: Die erkalteten Geflügelstücke mit der Chaud-froid oder Mayonnaise gut überziehen (evtl. 2–3mal). — **Garnieren** der einzelnen Stücke mit ausgestochenen Trüffeln und Cornichons.
Anrichten: Auf eine grosse flache Platte ca ½ cm hoch Sulz giessen und halbfest werden lassen. Die Geflügelstücke sorgfältig darauf anordnen. Die Zwischenräume und den Rand der Platte mit gehackter Sulz, Petersilie, Cornichons, Tomaten- und evtl. Eierscheiben garnieren.

Melone mit Schinken   (Melon au jambon)   204

1 gut reife Netzmelone (bis zum Gebrauch recht kühl halten) — etwas Zitronensaft — Zucker oder Salz u. Pfeffer — 300 g Schinken, roh od. gekocht, oder Bündnerfleisch 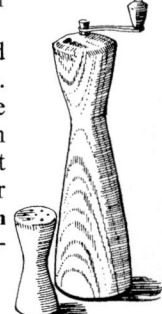
Vorbereiten: Die Melone waschen, abtrocknen, halbieren, die Kerne entfernen und in gleichmässige Schnitze schneiden (diese sorgfältig von der Schale ablösen). Sie mit Zitronensaft beträufeln und als Reihe auf die eine Seite der Platte setzen. Die andere Seite mit dem Schinken (evtl. aufgerollt) belegen. Evtl. in den Zwischenraum ein Schälchen mit Zucker stellen (weissem oder braunem), oder Salz und Pfeffer mit der Melone servieren. — Nach Belieben giesst sich jeder Gast etwas Sherry oder Porto über die Melone. — **Papaya** (von trop. Melonenbaum), mögl. r e i f u. g e k ü h l t **servieren** wie Melone (evtl. nur mit Zitrone), in Schnitze geschnitten uud entkernt (ein Schälchen davon dazugeben = S e n f geschmack).

205 Hors d'œuvre-Einzelteller

Anmerkung: Diese Art des Anrichtens ist praktisch und erleichtert den Service, wirkt jedoch weniger festlich als eine grosse Platte.

Zusammenstellungen pro Teller z. B.:

a) 2 Essl. Italienischen Salat Nr. 120 — 1–2 Sardinen — 1 gefülltes Ei Nr. 157 — 1 Sülzchen nach Nr. 167–169.
b) 1 Scheibe Sulzpastete mit 1 Schnitz gelierter Cumberlandsauce Nr. 606 oder ½ Apfel mit Preiselbeeren (Nr. 871) — 2 Essl. roher Selleriesalat Nr. 409.
c) 2–3 gefüllte Chicoréesblätter od. Selleriestengel Nr. 151, 1 Sulzpastetchen Nr. 181 — 1 Muschel mit Thonsalat Nr. 137.
d) 1 gefüllte Tomate Nr. 143 od. Tomatenpilz Nr. 145 — ½ Banane in Nusspanade auf einem Salatblatt Nr. 152 (1) — 2 kleine Schinkenbrötchen Nr. 117(3).
e) 1 Stück Sandwichtorte Nr. 185 oder Krustade 184, Kressesalat u. Senffrüchte.
f) Spargeln mit Mayonnaise Nr. 125 oder Lauch Nr. 126 — Reissalat mit Früchten Nr. 131 — 2 grosse Schinkencornets mit Sulz Nr. 175.

206 Vegetarisches Hors d'œuvre   I. und II. Art

I. Art: Italien. Salat Nr. 120 od. in Sulz Nr.171 od. feiner Kartoffelsalat Nr.122 od 171.
Gefüllte Eier Nr. 157
Tomaten mit Selleriesalat Nr. 143

Kräuterbutterbrötchen N r. 118 (1)

z. Garnieren { ¼ Port. Sulz Nr. 165
Petersilie, Oliven

Anrichten: Auf die Mitte einer grossen flachen Platte einen der Salate geben, im Kranz darum abwechselnd 1 Ei und 1 Tomate. Am Rand halbmondförmige Kräuterbutterbrötchen, dazwischen etwas gehackte Sulz und Petersilie oder Oliven legen.

II. Art: Feiner Blumenkohlsalat Nr. 124
Krustaden m. gesulzten Gemüsen Nr. 180 (8)

Käsebutter Nr. 118 (5)
Radieschen oder Cornichons

Den Blumenkohl auf die Mitte der Platte anrichten, anschliessend im Kranz die Krustaden. — **Garnitur** am Rand: Fächerchen von Radieschen oder Cornichons und gespritzte Kräuter- oder Käsebutter.

207 Hors d'œuvre varié   I. und II. Art   siehe Tafel 8

Anmerkung: Zu diesen Hors d'œuvres verwendet man in der Regel eine spezielle Platte mit einzelnen Schälchen oder einer Einteilung. Sie lässt sich aber auch ersetzen durch kleinere Glasschälchen, die man auf ein mit einer Serviette belegtes Tablett gibt. — Bei der **Zusammenstellung** achte man darauf, dass Verschiedenartiges serviert wird, z.B. Mischungen mit Mayonnaise u. solche mit Sulz, mildere sowie pikantere Zutaten usw.

I. Art:
Gefüllte Eier Nr. 157 (½ Port.) — Ital. Salat Nr. 120 (½ Port.) — Lachsschinkenröllchen Nr. 176 — Spargeln mit Mayonnaise Nr. 125 — Sardinen in Sulz Nr. 178 — Crevettes in Mayonnaise Nr. 137.

Eine **Hors d'œuvre-Platte** mit einer Mittel- und vier äussern Schalen wie folgt füllen: In die mittlere Schale die zackig halbierten, gefüllten Eier auf eine Lage Italienischen Salat setzen. — In die erste äussere Schale den gerollten Lachsschinken geben, mit dickflüssiger Sulz bedecken, steif werden lassen, garnieren. — In die 2. Schale eine dünne Lage Sulz giessen, fest werden lassen, einige Spargelbündelchen darauf geben, sie zur Hälfte mit dicklicher Mayonnaise überziehen und garnieren. — Die 3. Schale mit Sardinen in Sulz füllen. — In die letzte Schale die Crevettesmayonnaise einfüllen, mit zurückbehaltenen Crevettes und Kapern garnieren, mit etwas Paprika bestäuben.

II. Art: Statt Ital. Salat evtl. Reis- oder Pilzsalat Nr. 131 und 127, statt Crevettes-, Thonmayonnaise Nr. 137, statt Sardinen z.B. pikante Käsekugeln von Roquefort Nr. 116.

Hors d'œuvre riche   siehe Tafel 7   **208**

Falscher Salm Nr. 194 (½ Port.)
Schwedische Eier Nr. 159
od. gefüllte Eier Nr. 157
Lachs- u. Kräuterbutter-Brötchen
Nr. 117 u. 118

Kleine Tomaten mit Selleriesalat Nr. 143
Crevettes auf Mayonnaise Nr. 137
evtl. 1 Avocado
Brötchen mit Sardellenbutter Nr. 118 (4)
Bündnerfleischcornets Nr. 176

z. Garnieren: Oliven, Trüffel, Sulz, Mayonnaise, Cornichons, Petersilie usw.

Anrichten: Auf die Mitte einer grossen Fisch- oder langen Fleischplatte den falschen Salm anrichten und ringsum mit einem Kränzchen Petersilie oder Cornichonsscheibchen abgrenzen. — Seitlich vom Salm die belegten Brötchen geben (abwechselnd in den Farben). An beiden Enden der Platte die Eier und Tomaten setzen, dazwischen die Sardellenbrötchen und abschliessend die Crevettes mit Mayonnaise (evtl. in einem Schälchen mit Avocadoschnitzchen). Rings um den Plattenrand die Cornets von Bündnerfleisch stecken und eine schmale Bordure von Sulz spritzen (mit Zackentülle), mit Petersilie, Oliven- oder Cornichonsscheiben, evtl. Trüffeltupfen garnieren.

Andere Zusammenstellung: Als Mittelpunkt eine Sulz mit Schinken (Nr. 170) oder eine Forelle gesulzt (Nr. 179), anschliessend gefüllte gezackte Eier Nr. 157 oder kleine Tomatenpilze Nr. 145, seitlich Gänseleber- und Paprikabrötchen Nr. 117 (9) u. 118 (1). — Den Rand mit Sulz verzieren (mit Spritzsack) und bestecken mit Trüffelscheibchen und Oliven.

Kaltes Buffet   (Schwedisches Smörgasbröd)   **209**

Zur **Selbstbedienung** der Gäste: Bei grösseren Anlässen lässt sich so alles in Ruhe früh vorbereiten (möglichst in nicht zu warmem Raum). — Ein Buffet oder einen langen Tisch an der Wand oder auch freistehend, je nach Platz (evtl. auch mit einem erhöhten Teil in der Mitte für Süsses oder Blumen) mit einem frischen Tischtuch gut bedecken. Auf das eine Ende des Tisches genügend Teller, Besteck und Papierservietten richten sowie kleine Brötchen (Semmeln) oder aufgeschnittenes Brot (weisses, dunkles, evtl. auch süsses) bereit stellen. Ausserdem ein Körbchen voll Pommes chips, Crackers u. ä. — An das andere Tischende oder auf einen extra Tisch kommen die Gläser und die verschiedene Tranksame, evtl. auch eine heisse oder kalte Bouillon (z.B. von Maggi Gril) je nach Jahreszeit.

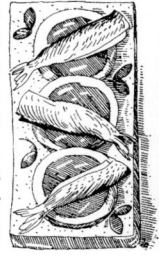

Zum **Aufstellen** eignen sich die meisten Hors d'œuvre-Gerichte. Besonders festlich sind Hummer oder Languste (Nr. 195 u. 196) in Scheiben geschnitten (auch präpariert erhältlich), sowie eine Sulzpastete in Tranchen, evtl. mit Schnitzen von gesulzter Cumberlandsauce (Nr. 606) belegt. — Schön wirken auch eine Sandwichtorte (Nr. 185) oder eine gesulzte Krustade (Nr. 184), ausserdem kleine Sulzpastetchen oder gesulzter Hackbraten mit Ei.

B e l i e b t sind immer: Kalte Platten mit Fleisch und Aufschnitt oder Huhn (Nr. 201–203), sowie Scheiben von gebratenem kaltem Reh mit Cumberlandsauce. — Salate mit Mayonnaise siehe Nr. 120–140, evtl. in kleine Schalen, Muscheln oder in Lyonerkörbchen (Nr. 254) gefüllt. — Ein Tablett reihenweise belegt mit Scheiben von pikanter Roulade Nr. 186, verschiedenen Brötchen, s. Nr. 117–119, gefüllten Tomaten Nr. 143–145, Eiern Nr. 155–163 — Schinkenrollen Nr. 272 usw. — Originell wirken immer ein **Kohlkopf** oder **Grapefruits** usw. besteckt mit verschiedenem Pikantem, siehe Nr. 116 und Bild auf Tafel 3 u. 8. — (Den Kohlkopf etwas aushöhlen und ein Schälchen mit Mayonnaise hineinsetzen.)

Zur B e r e i c h e r u n g noch kleine Schalen mit **pikanten Saucen** aufstellen, z. B. Sauce Tartare, Kräutermayonnaise, Kalte Tomatensauce (Nr. 604), evtl. Cumberland- sowie Meerrettichsauce (Nr. 606 und 601).

Geschätzt werden auch immer ein erfrischender Obstsalat oder eine gefüllte Melone usw. (s. Nr. 1071–1076) oder Melone mit Schinken und je nach Jahreszeit auch kleine h e i s s e Würstchen (in einer Terrine in heissem Wasser aufgestellt). — Nach einem Kalten Buffet serviert man später Kaffee, evtl. Tee, süssen Wein, Liqueur usw. Dazu halte man süsses Gebäck bereit, als Höhepunkt noch eine Glace.

Beispiele für die Zusammensetzung von einem **Kalten Buffet**

Crevettes-Cocktail
oder
heisse Grapefruits
Platte mit Schinken-, Lachs- und
 Kräuterbutterbrötchen
Italienischer Salat
oder
Feiner Selleriesalat
Eier in Krustaden, gesulzt
Carolines
Gefüllter Hackbraten

Fruchtsalat
Birnen-Igelchen
Schokolade- und Kirschtorte

Kohlkopf mit Mayonnaiseschälchen,
besteckt mit Cocktailkirschen,
Meerrettichkugeln und Käsesticks

Reissalat
Platte mit Aufschnitt oder kaltem Huhn
Tomaten als Pilze
Sulzpastete mit Cumberlandsauce

Gefüllte Melone oder Ananas
Bananenschiffchen
Orangencake
Parfait Grand Marnier

Warme Vorspeisen oder Abendessen

Allgemeines: Diese Speisen eignen sich alle mit passender Ergänzung auch als H a u p t
m a h l z e i t.

Eierspeisen

Alle Eierrezepte sind a l s V o r s p e i s e **für 6 Personen** berechnet. Als Abendessen evtl. 9–12 Eier verwenden. — Eierspeisen sind in der Regel leicht und rasch herzustellen.

Allgemeines: Das g a n z e Hühnerei (Gewicht 50–70 g) enthält 12,5 % Eiweiss, 12,0 % Fett, 1,2 % Säuren sowie Salze, 74,3 % Wasser, das E i g e l b allein ca. 15 % Eiweiss und etwa 30 % Fett.

Einkauf:
Der Gehalt der frischen Eier, spez. des Eigelbs, ist im F r ü h j a h r durch die Grünfütterung der Hühner besonders reich an Mineralstoffen. Werden Eier eingelegt, dann geschieht dies am besten während dieser Zeit (am häufigsten in Garantol, nach betr. Gebrauchsanweisung).

Trinkeier (f r i s c h e E i e r) sind 1–8 Tage alt, immer etwas teurer als die sogenannten Koch- oder Importeier, jedoch im Geschmack und Nährwert am besten.
Sie möglichst für Kinder- und Krankenspeisen und spezielle Eiergerichte (Spiegeleier, verlorene Eier, weiche Eier usw.) verwenden.

Probe: Ganz frische Eier bewegen sich nicht bei leichtem Schütteln, da vom Ei-Inhalt noch kein Wasser verdunstet ist. Wenn man sie gegen s t a r k e s L i c h t hält, ist ihre Farbe gleichmässig rosa hell, nicht fleckig oder dunkel, was besonders wichtig ist für Eier, die konserviert werden sollen. — **Eier zum Einlegen** wenn möglich mit starker elektr. Birne oder der sogenannten Eierlampe durchleuchten oder kontrollierte (durchleuchtete) einkaufen.

Verwendung der Eier in der Küche: **1.** Als B i n d e m i t t e l für Suppen, Saucen, Teige, Crèmen usw. — **2.** Als F l e i s c h e r s a t z (da sie ähnlichen Eiweissgehalt aufweisen wie Fleisch) für Aufläufe, Puddings und spezielle Eiergerichte. — **3.** Als T r e i b m i t t e l in Form von geschlagenem Eiweiss (Eierschnee). Dieses immer unmittelbar vor dem Backen unter die Masse ziehen, da es durch Stehen bald Wasser zieht, zusammenfällt und dann kein Aufgehen mehr bewirkt. — **4.** Zum K l ä r e n von Flüssigkeiten. (Trüb machende Bestandteile kleben beim Kochen am Eiweiss fest und werden so durchs Passieren ausgeschieden.)

Verdaulichkeit: Je weniger das Ei erhitzt wird, um so leichter verdaulich ist es.
L e i c h t verdaulich sind daher roh geschlagene, nur weichgekochte und verlorene Eier (wichtig für Kinder und für die **Krankenküche**).

Schwerer verdaulich sind Spiegeleier, Rühreier, französische Omeletten und vor allem hartgekochte Eier.

(Harte Eier werden besser verdaut durch säuerliche und pikante Zubereitung.)

210 Eier, gekocht   Grundrezept

Die Eier wenn nötig vorsichtig waschen, in lauwarmes, leicht gesalzenes Wasser legen, so, dass sie gut davon bedeckt sind. Sie unmittelbar nach der angegebenen Kochzeit sorgfältig herausnehmen, weiche Eier direkt anrichten.

Kochzeit vom Kochpunkt an gerechnet:

1. **Weiches Ei: 2–3 Min.**, das Eigelb ist noch flüssig; 5 Min., das Ei ist leicht geronnen. — Weiche Eier evtl., sorgfältig aufgeschlagen, im Glas-Eierkocher oder feuerfesten kleinem Glasförmchen (oder Tasse) im Wasserbad kochen und darin servieren (besonders praktisch für Kinder und Kranke).
2. **Ei für Salate** (auf Spinat usw.): **8 Min.**, das Eigelb soll zuinnerst noch weich sein.
3. **Hartgekochtes Ei** (œufs durs) für Hors-d'œuvres, Eier in Sauce usw.: **10 Min.**, dann mit kaltem Wasser übergiessen (abschrecken), damit sie sich besser schälen lassen. **II. Art:** die Eier nur 5–6 Min. kochen und weitere 5 Min. ohne Feuer stehen lassen.

NB. Für Hors-d'œuvre-Eier dem Kochwasser etwas Essig beifügen. Eventuell in jedes Ei oben und unten mit einer Dressiernadel ein ganz kleines Loch machen oder das Ei in Seidenpapier eingewickelt kochen, um das «Springen» der Eierschale möglichst zu verhüten.

211 Gekochte Eier in Sauce   (Oeufs en sauce)

6 hartgekochte Eier Nr. 210 — Sauce s. unten. — Grünes, Gewürz

Die **Eier** kalt abschrecken, schälen und bis zum Gebrauch in warmes Wasser legen. **Anrichten:** Die Sauce auf eine flache, heisse Platte giessen. Die Eier halbieren, mit der Schnittfläche nach oben darauf verteilen. Gehacktes Grün und etwas Salz über die Eidotter streuen. Die Platte möglichst sofort servieren.

Als Sauce eignen sich: Béchamel-, Tomaten-, Kräuter-, Curry- oder Senfsauce.

212 Gekochte Eier au   (Oeufs à l'Italienne)

Anrichten wie verlorene Eier **Nr. 222**, jedoch nur 3–6 hartgekochte, halbierte Eier und Risotto Milanaise 988 (1) mit Safran und etwas Paprika verwenden

213 Ungarische Eier   (Oeufs à l'Hongroise)   siehe Tafel 15

6 hartgekochte Eier Nr. 210   30 g Quark, evtl. Butter — Salz, Muskat
1 kleine Zwiebel   Ungar. Tomatensauce Nr. 573

Vorbereiten: Die **Eier** kalt abschrecken, schälen, der Länge nach halbieren. Das Eigelb herausnehmen, mit der geriebenen Zwiebel durch ein Sieb streichen, zum schaumig gerührten Quark (evtl. Butter) mischen, würzen.

Gratinieren: Die Gratinplatte bebuttern, eine Lage dicke Tomatensauce (ca. ½ cm hoch) hineingiessen. Die Eierhälften daraufsetzen, die Eigelbmasse mit dem Spritzsack (mit grosser Sterntülle) hineindressieren. Mit Butterstückchen belegen und im Ofen kurz überbacken.

NB. Die Eier sollen **heiss** werden und nur gelbe Spitzchen bekommen (bei längerem Überbacken trocknen sie aus). — Will man die Platte nicht gratinieren (besonders bei kleineren Portionen), dann die Eiweisshälften bis zum Einfüllen in heisses Wasser legen, die Eigelbmasse im Wasserbad heiss rühren und nach dem Anrichten mit wenig heisser Butter beträufeln. — Als **Hauptgericht** mit Nudeln, Reis und evtl. Salat servieren.

Eierkutteln mit Käse   (Oeufs en »tripes«)   214

6 hartgekochte Eier Nr. 210
3 dl Milch — 3–4 Eier (rohe)
50 g Emmentaler, 50 g Sbrinz
1 dl Rahm — Salz, Muskat — 30 g Butter

Die **gekochten Eier** kalt abschrecken, schälen, in dünne Scheiben schneiden und auf einer bebutterten Gratinplatte verteilen.
Käsecrème: Die Milch mit den **rohen** Eiern in einem Pfännchen gut verklopfen und auf kleinem Feuer tüchtig schwingen, bis die Masse dicklich wird. Den geriebenen Käse, Rahm und Gewürz beigeben. — Diese Crème über die Eierscheiben giessen, mit Butterstückchen belegen, **kurz** gratinieren. **Servieren** mit Salat.

Eier in Förmchen   (Oeufs en cocottes)   I. und II. Art   215

Förmchen für I. Art: kleine, aus feuerfester Keramik od. Glas. — **II. Art: Krustaden** Nr. 904
100 g Schinken, Zunge oder Geflügelreste — 6 frische Eier — Zwiebelsauce Nr. 567.

I. Art: Die Förmchen bebuttern, den Boden mit dem in kleine Würfelchen geschnittenen Fleisch und 1 Löffel Sauce bedecken, je ein Ei darüber aufschlagen, mit etwas Salz bestreuen. — **Kochen** ca. 8 Min. im Wasserbad im Ofen oder zugedeckt auf dem Herd. **Sofort** servieren.
II. Art: Die ungebackenen Krustaden füllen wie oben. **Backen** im Ofen ca. 15 Min.

NB. Andere Füllung: ¼ Port. gedämpfte Pilze Nr. 347 oder gekochtes Hirn in (Würfelchen) Nr. 748 mit dicker Béarnaise.

Oeufs aux Morilles   (Eier mit Morchelnsauce)   216

Zubereitung wie Eier in Förmchen **Nr. 215**. Sie beim **Anrichten** auf ein gebackenes Croûton stürzen und mit Morchelnsauce Nr. 557 überziehen, mit gehackter Petersilie bestreuen.

Schaumeier in Förmchen   (Oeufs soufflés en cocottes)   217

Förmchen: aus feuerfester Keramik od. Glas. — 6 frische Eier, Salz — evtl. 50 g Schinken

Vorbereiten: Das Eigelb vom Eiweiss trennen und jedes Eigelb (am besten in der Schale) vorsichtig auf einen Löffel setzen, damit es schön ganz bleibt. — Die Eiweiss zu Schnee schlagen, leicht salzen, evtl. **fein** gehackten Schinken darunter mischen. — **Füllen** der bebutterten Förmchen zu einem Drittel mit Eierschnee, dann das Eigelb sorgfältig darauf legen, den übrigen Eierschnee mit dem Spritzsack darauf dressieren — **Backen** ca. **8 Min.** in nicht zu heissem Ofen, bis die Masse hellgelb und leicht fest geworden ist. S o f o r t servieren, evtl. mit Salat oder Hollandaise.

NB. Da die Eier sehr stark aufgehen, dürfen die Förmchen nur bis zu $2/3$ gefüllt werden. Sie sollen auch nicht zu klein sein, da sonst zu wenig Masse Platz hat.

218 Verlorene Eier (Oeufs pochés) Grundrezept siehe Tafel 15

6 Trinkeier   Sud: 1 Ltr. Salzwasser, 2-4 Essl. Essig

Zubereitung: In einem kleineren Pfännchen den Sud zum Kochen bringen. — Je ein Ei vorsichtig in eine Tasse aufschlagen, dann in die siedende Flüssigkeit gleiten lassen und während **4–5 Min. schwach kochen.**

Die Eier immer zuerst sorgfältig in eine Tasse aufschlagen, um zu prüfen, ob das Eigelb nicht verletzt ist (solche Eier nicht verwenden, da sie beim Kochen auseinanderlaufen). Das Wasser soll die **Eier bedecken!** — Eier, die nicht sofort serviert werden können, evtl. bis zum Anrichten in warmes Wasser legen.

Anrichten: Die Eier aus dem Sud heben (evtl. anhaftende Eiweissfetzchen abschneiden) und direkt anrichten,

a) auf eine heisse Platte evtl. mit S a u c e überzogen, siehe Nr. 220,
b) auf C r o û t o n s siehe Nr. 219 oder in K r u s t a d e n siehe Nr. 221.

Servieren als E i n z e l p l a t t e (auch zum Frühstück) — als B e i g a b e zu Gemüseplatten (spez. zu Spinat und Erbsen), evtl. mit Reis, Kartoffelstock oder Teigwaren usw. — K a l t e verlorene Eier als H o r s d ' œ u v r e, siehe Nr. 162.

NB. Zum Zubereiten der verlorenen Eier gibt es praktische kleine Ständer oder spezielle Pfännchen (englische), in denen das aufgeschlagene Ei gekocht wird und so schöner in der Form bleibt (die Ständer jedesmal waschen und gut befetten). — Verlorene Eier eignen sich auch gut für Diät und als Krankenspeise. — **Eier,** Allgemeines siehe Seite 79.

219 Verlorene Eier Nr. 218 auf Croûtons (Oeufs pochés) siehe Tafel 15

Croûtons (gebackene Brotscheiben) nach Nr. 876. — Sie möglichst oval in der Grösse der verlorenen Eier schneiden. — **Belegen** der warmen Croûtons mit einer der nachstehenden Zutaten, bevor die **verlorenen Eier** darauf angerichtet werden.

1. **Croûtons mit Schinken:** 50–100 g Schinken, in Scheiben geschnitten. Die Croûtons exakt damit belegen. — Die Eier daraufsetzen, mit heisser Butter beträufeln oder mit einer hellen Sauce überziehen und mit einem grossen ausgestochenen Schinkentupfen garnieren.

2. **Croûtons mit Leber:** 100–150 g Kalbs- oder Geflügelleber in dünne Scheibchen schneiden, kurz in etwas Butter dämpfen, auf den Croûtons verteilen, leicht salzen. — Die Eier daraufsetzen, mit heisser Butter und wenig Zitronensaft beträufeln, mit gehacktem Grün bestreuen.

3. **Croûtons mit Käse:** 40 g geriebenen Käse (auch Schachtelkäse) mit ca. 1 dl Milch, 1 Msp. Senf, 1 Pr. Paprika und Salz auf kleinem Feuer schmelzen und glattrühren. Diese Käsecrème auf die Croûtons verteilen, mit den verlorenen Eiern belegen, oder die Eier mit der Käsecrème (evtl. etwas verdünnt) überziehen und mit 1 Pr. Paprika bestäuben.

4. **Croûtons mit Tomaten:** Vor dem Auflegen der Eier, die Croûtons mit einer rohen oder kurz gedämpften Tomatenscheibe belegen. Die Eier mit Tomaten- oder Petersiliensauce überziehen und mit einem Tomatenscheibchen oder Tupfen Tomatenpurée und Petersilie garnieren.

5. **Croûtons mit Champignons:** ½ Portion Champignons Nr. 346 (auch Nr. 347) auf die Croûtons verteilen. — Die Eier daraufsetzen, mit halben Champignons und Petersilie garnieren.

Verlorene Eier Nr. 218 mit Sauce (Oeufs pochés en sauce) 220

Anrichten: Die **Eier** sorgfältig auf die einzelnen (evtl. wie bei Nr. 219 belegten) Croûtons setzen und überziehen mit einer der angegebenen dicklichen **Saucen**, z.B. Hollandaise Nr. 560 — Senfsauce Nr. 556 — Tomatensauce Nr. 571 Rahmsauce Nr. 550 — Kräutersauce Nr. 552 — Béchamel Nr. 553.

Garnieren der Oberfläche mit Petersilie, ausgestochener Zunge, Schinken oder Trüffel oder bestäuben mit einer Prise Paprika.

NB. Besonders hübsch wirken diese Platten, wenn eine helle und eine dunkle Sauce verwendet wird und man je ein Ei hell und das andere dunkel oder jedes Ei zur Hälfte hell und dunkel überzieht, z.B. halb Tomaten-, halb Béchamelsauce oder halb Hollandaise-, halb Kräutersauce. In der Mitte mit kleinen Blättchen oder gehackter Petersilie abgrenzen. (Zum Vereinfachen nur eine helle Sauce zubereiten, diese zuerst verwenden und unter den Rest z.B. Tomatenpurée oder Kräuter mischen.)

Verlorene Eier in Krustaden (Oeufs pochés en croustades) 221

Krustaden Nr. 904 (länglich oder rund) — Verlorene Eier Nr. 218 — Hollandaise Nr. 560 — 100 g Schinken, Zunge, Braten- od. Geflügelreste od. ½ Port. Pilze Nr. 347 od. ¼ Port. Spinat Nr. 449.

Anrichten: Die gebackenen Krustaden bis zur halben Höhe mit dem in kleine Würfelchen geschnittenen Fleisch, mit Pilzen oder Spinat füllen. — Die Eier daraufsetzen, mit der Sauce überziehen. Die Oberfläche mit gehacktem Schinken, Trüffeln oder Grünem bestreuen. — **Servieren** mit dem Rest der Sauce und evtl. einem Salat.

NB. II.Art, einfacher: Die Eier (ohne Fleisch usw.) direkt in die Krustaden anrichten.

Verlorene Eier auf italienische Art (Oeufs pochés à l'Italienne) 222

Verlorene Eier Nr. 218 (s. auch NB.) Risotto Nr. 988 (1) — Tomatensauce Nr. 571 — Petersilie

Vorbereiten: Den Risotto in eine bebutterte Auflauf- oder kleinere Springform füllen. — Die verlorenen Eier mit der dicklichen Tomatensauce überziehen, mit gehackter Petersilie oder Schnittlauch bestreuen.

Anrichten: Den Risotto auf eine grosse, runde Platte stürzen, die Eier im Kranz auf die Oberfläche setzen. Den Rest der Tomatensauce rings um den Reissockel giessen, sofort servieren.

NB. Besonders reich wird die Platte, indem man unter den Risotto fein geschnittene, gedämpfte **Hühnerleber** oder **Champignons** mischt oder diese auf der Oberfläche (innerhalb der Eier) anrichtet. — Die Platte evtl. mit **gebackenen Eiern** Nr. 231 zubereiten.

223 **Rührei** (Oeufs brouillés) Grundrezept

Verklopft { 3–6 frische Eier — 30 g frische Butter
pro Ei: 1 Pr. Salz und
2–3 Essl. Milch od. Wasser — evtl. gehacktes Grün

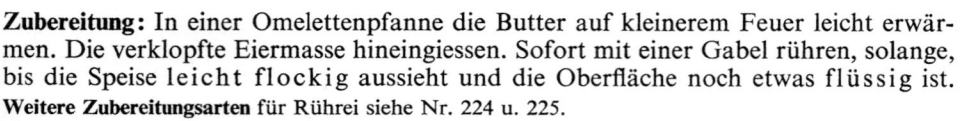

Zubereitung: In einer Omelettenpfanne die Butter auf kleinerem Feuer leicht erwärmen. Die verklopfte Eiermasse hineingiessen. Sofort mit einer Gabel rühren, solange, bis die Speise leicht flockig aussieht und die Oberfläche noch etwas flüssig ist.
Weitere Zubereitungsarten für Rührei siehe Nr. 224 u. 225.

Anrichten, sofort nach der Zubereitung: **a)** Auf eine heisse Platte mit gehacktem Grün bestreut. — **b)** Auf **Croûtons** (gebackene Brotscheiben) Nr. 876 oder in **Krustaden** Nr. 904 das Rührei mit einer Gabel verteilen, wenig braune Butter und Zitronensaft darüberträufeln, mit gehacktem Grün bestreuen. — **c)** Als **Füllung** in Lyonerkörbchen (Nr. 254), in Zwiebeln (Nr. 316) oder in Tomaten (Nr. 305).

Servieren als Einzelplatte (Vorspeise oder Abendessen), als Beigabe oder Garnitur von Gemüseplatten (speziell zu Spinat und Erbsen).

NB. Rührei soll in der Pfanne nicht anbacken; zu lange erhitzt, wird es fest und zieht Wasser (deshalb auch nach der Zubereitung möglichst rasch servieren). — Rührei eignet sich auch sehr gut als **Krankenspeise.** (Für Diät evtl. ohne Butter im Wasserbad in kleinem Pfännchen zubereiten). — **Allgemeines** über Eierspeisen siehe Seite 79–80.

224 **Rührei Nr. 223 auf verschiedene Art** (Oeufs brouillés variés)

1. **Rührei mit Kräutern:** 2–3 Esslöffel fein gehackten Schnittlauch oder Petersilie, evtl. wenig Salbei, Kerbel usw. unter die rohe Eiermasse mischen.
2. **Rührei mit Pilzen:** ½ Port. gedämpfte Pilze (Nr. 346 oder 347) unter das fertige Rührei mischen. Anrichten, mit gehacktem Grün überstreuen.
3. **Rührei mit Spargeln** 1 Büchse Spargelspitzen — 30 g Butter — Croûtons Nr. 876
Die Spargelspitzen in die warme Butter geben, sorgfältig schütteln, bis sie ganz heiss sind, leicht unter das fertige Rührei ziehen und anrichten. Direkt vor dem Servieren am Rand mit kleinen, halbrunden Croûtons belegen.
4. **Rührei mit Tomaten** 5–8 feste Tomaten — ½ Zwiebel, wenig Knoblauch — 10 g Butter
Die Tomaten kurz in kochendes Wasser tauchen, schälen, in Scheiben oder Schnitze schneiden (Kerne entfernen). Zwiebeln und Knoblauch fein hacken, in der Butter durchdämpfen, die Tomaten beigeben, ca. 5 Min. mitdämpfen, die rohe Rühreimasse dazugeben. — Beim Anrichten mit Grünem bestreuen, evtl. mit Tomatenscheiben garnieren.
5. **Rührei mit Zwiebeln** 3–5 Zwiebeln — 20 g Butter oder 2 Essl. Öl — 1 Pr. Kümmel
Die Zwiebeln in feine Streifen schneiden oder fein hacken. In Butter oder Öl gut durchdünsten, den Kümmel sowie die rohe Eiermasse beimischen.
6. **Rührei mit Schinken:** 100 g gehackten, würfelig oder in ganz feine Streifen geschnittenen Schinken unter die rohe Eiermasse mischen.
7. **Rührei mit Leber, Niere od. Geflügel** 250 g Kalbsleber, 1–2 -nieren od. Geflügelreste
Diese in feine Scheibchen oder Würfelchen schneiden, in etwas Butter kurz durchdämpfen, unmittelbar bevor man die Eiermasse beigibt.

8. Rührei mit Speck und Kartoffeln oder Brot

100–150 g Magerspeck — 2–4 gekochte Kartoffeln (siehe unten)

Den **Speck** in kleine Würfelchen schneiden, glasig braten. Die **Kartoffeln** in Scheibchen oder Würfelchen schneiden und mit der r o h e n Eiermasse zum Speck geben. — Das fertige Rührei mit gehacktem Schnittlauch bestreuen.

Mit **Brot** (statt mit Kartoffeln): 100–150 g Weiss- oder Vollkornbrot in 1 cm grosse Würfelchen schneiden, dieselben zuerst mit dem Speck etwas anrösten.

9. Rührei mit Käse: Zubereitung wie Rührei mit Speck, jedoch 40 g Käsewürfelchen (auch Schachtelkäse) unter die Rühreimasse mischen, beim Anrichten evtl. noch mit geriebenem Käse bestreuen.

Piperade Provençale   (Rührei mit Peperoni)   225

2–4 Peperoni, grüne, 1 Aubergine, 4 Tomaten — 5 Essl. Öl — 6–9 Eier, Salz, Majoran, 1 Tasse Oliven

Die Peperoni halbieren, waschen und in Streifen, die Aubergine in Würfel schneiden. Beides im Öl zugedeckt weichdünsten. Die Tomaten kurz in kochendes Wasser legen, schälen, in Scheiben schneiden und mitdämpfen. Die Eier mit dem Gewürz gut verklopfen, über das Gemüse giessen und noch solange unter leichtem Umrühren mit einer Gabel, erhitzen, bis sie flockig geronnen sind. Beim **Anrichten** mit den Oliven bestreuen.

Französ. Omelette, nature   (Omelette française)   Grundrezept — s. Tafel 15   226

Gut verklopfen { 6–9 frische Eier / pro Ei: 1 Pr. Salz und / 2 Essl. Wasser od. Milch   40 g frische Butter   z. Garnieren: Petersilie

Zubereitung: In einer Omelettenpfanne die Hälfte der Butter schmelzen. Die Eiermasse hineingiessen und etwas anbacken lassen, unter leichtem Bewegen der Pfanne und Hineinschieben des geronnenen Eies mit einem Schäufelchen. Sobald nur noch die Oberfläche feucht ist, die Omelette mit Hilfe des Schäufelchens zur Hälfte überschlagen oder aufrollen. — Wird die Omelette gefüllt, dann die Füllung vor dem Überschlagen darauf verteilen. — Den Rest der Butter beigeben, die Omelette auf der untern Seite noch leicht braun backen.

Anrichten: Die fertige Omelette sofort auf eine heisse Platte stürzen, mit etwas Petersilie garnieren und rasch auftragen.

NB. Die Omelette im Notfall über einem Wasserbad warm halten. — Französische Omelette eignet sich auch gut als **Krankenspeise.** — (Süsse französische Omelette siehe Nr. 1209.) — **Weitere Zubereitungsarten** für französische Omelette siehe Nr. 227.

Servieren der Omelette: Als Einzelplatte (Vorspeise oder Abendessen) oder als Beigabe zu Gemüseplatten (speziell zu Spinat, Erbsen, Rosenkohl) evtl. ergänzt mit Reis, Kartoffelstock usw. — **Allgemeines** über Eierspeisen siehe Seite 79–80.

227   **Franz. Omelette Nr. 226 auf verschied. Art**   (Omelette française variée)

1. **Omelette mit Kräutern** (aux fines herbes): Der Eiermasse unmittelbar vor dem Backen 2–3 Esslöffel feingehackte Petersilie und Schnittlauch beimischen.

   Mit dem Grünen evtl. etwas Kerbel oder Majoran oder 1 Tasse fein geschnittenen, gedämpften Spinat verwenden.

2. **Omelette mit Tomaten** — 2–4 Tomaten kurz in kochendes Wasser tauchen, schälen und halbieren, die Kerne entfernen. In schmale Streifen schneiden, sorgfältig in wenig Butter kurz durchdämpfen (evtl. mit gehackter Petersilie und Zwiebel), leicht salzen und direkt vor dem Backen der Eiermasse beigeben.

3. **Omelette mit Champignons**   1 kleines Büchslein Champignons — 30 g Butter

   Die Champignons in Scheibchen schneiden, in etwas heisser Butter durchdämpfen, salzen. Als Füllung auf die Omelette geben od. vor dem Backen unter die Eiermasse mischen.

   — Statt aus Büchsen, 200 g frische, gedämpfte Champignons oder andere Pilze verwenden.

4. **Omelette mit Spargelspitzen**   1 kleine Büchse Spargelspitzen — 30 g Butter

   Die Spargelspitzen evtl. kleiner schneiden und sorgfältig in etwas heisser Butter durchdämpfen. Auf die Omelette geben, bevor sie überschlagen wird.

   — Die Platte evtl. mit kleinen Spargelbündelchen und Grünem garnieren.

5. **Omelette mit Schinken oder Speck** — Der Eiermasse direkt vor dem Backen 100-150 g gehackten Schinken beigeben oder 50-100 g Speckwürfelchen zuerst in der Pfanne glasig braten. — Die Omelette evtl. garnieren mit ca. 4 cm grossen, rund ausgestochenen Schinkenscheibchen (siehe Bild auf Tafel 15).

6. **Omelette mit Nierchen, kleinem Ragout oder Leber**

   1 Kalbs- oder Schweinsniere — Gewürz — 30 g Butter

   Die Niere in feine Scheiben schneiden, in heisser Butter während 2–3 Min. durchdämpfen, leicht salzen. Auf die Omelette geben, bevor sie überschlagen wird.

   NB. Statt Nieren feines Kalbs- od. Geflügelragout Nr. 737 u. 849 od. geschn. Kalbsleber Nr. 755.

7. **Omelette mit Hirn** (au cervelle)   1 Kalbshirn — 40 g Butter

   Das Hirn kochen nach Nr. 748, in Würfelchen schneiden, sorgfältig in heisser Butter kurz überbraten. Als **Füllung** auf die Omelette geben od. vor dem Backen unter die Eiermasse mischen.

8. **Omelette à l'Italienne**

   1 Kalbshirn — 150 g Milken — 50–100 g Magerspeckscheiben — wenig Majoran

   Das Hirn kochen nach Nr. 748, Milken nach Nr. 745. Beides in ½ cm dicke Scheibchen schneiden, die Speckscheiben in Streifen (letztere glasig braten). Diese Zutaten mit dem fein gehackten Majoran direkt vor dem Backen unter die Eiermasse mischen.

228   **Feine Eieromeletten**   (Crêpes aux œufs)

Gut verklopfen { 3–6 frische Eier / pro Ei: 4–6 Essl. Milch / 1 Pr. Salz — evtl. 1 Pr. Mehl   z. Backen: 40–60 g frische Butter

Backen: In einer Omelettenpfanne wenig Butter heiss werden lassen. Von der Omelettenmasse nur so viel hineingiessen, dass sie knapp ½ cm hoch steht. Die Pfanne zudecken und die Omelette auf kleinem Feuer so lange durchbacken, bis sie unten gelbbraun geworden ist. — **Anrichten:** Die Omeletten ungefüllt oder mit Füllung belegt, aufrollen (evtl. wie Tüten) und auf eine heisse Platte geben.

NB. Zutaten zum **Mischen** sowie **Füllungen** siehe französische Omelette Nr. 227 (1-8).

Omeletten mit Mehl (Eier- oder Pfannkuchen, Crêpes) siehe Nr. 1039

Spiegeleier (Oeufs sur le plat) Grundrezept 229

6 frische Eier — pro Ei: 1 Pr. Salz, evtl. Pfeffer — 30 g frische Butter

Zubereitung: Die Butter in einer Omelettenpfanne schmelzen. Die Eier, eines neben das andere, in die Pfanne aufschlagen, leicht salzen und so lange auf kleinem Feuer braten, bis das Weisse geronnen, aber die Oberfläche des Gelben noch weich ist. — Beim **Anrichten** sorgfältig einzeln herausheben und auf eine heisse Platte oder Teller gleiten lassen.

NB. Praktisch und hübsch sind die modernen Eierplättchen, in denen die Spiegeleier direkt serviert werden od. z. **Braten** den Spiegeleiereinsatz verwenden. **Weitere Zubereitungsarten** siehe Nr. 230.

Servieren der Spiegeleier: Als Einzelplatte (auch als Frühstück) oder als Beigabe zu Gemüseplatten (spez. zu Spinat, gehacktem Wirsing) oder auf gebackenen Brotscheiben, Käseschnitten, Beefsteaks usw.

Spiegeleier Nr. 229 auf verschiedene Art (Oeufs sur le plat variés) 230

1. **Spiegeleier mit Schinken oder Speck usw.:** Den Pfannenboden mit Schinken-, dünnen Speck- oder Fleischkäsescheiben belegen. Diese mit wenig Butter kurz erhitzen, dann die Eier darüber aufschlagen und braten.
2. **Spiegeleier mit Champignons:** 150 g frische oder 1 kleines Büchschen Champignons blättrig schneiden, kurz in etwas Butter dämpfen, würzen. Die Eier darüber aufschlagen und braten.
3. **Spiegeleier mit Käse:** 50 g Gruyère-, Emmentaler- oder Schachtelkäse in dünne Scheibchen schneiden. Mit der Butter in die Pfanne geben und schmelzen. Die Eier darüber aufschlagen und braten.
   Nicht zu lange braten und rasch servieren, da der Käse sonst bitter und zäh wird!
4. **Spiegeleier mit Fleisch- oder Pflanzenextrakt:** Vor dem Aufschlagen der Eier, mit der Butter eine Messerspitze Extrakt verrühren und etwas zergehen lassen, evtl. gehacktes Grün dazu geben. (Schmeckt gut und kräftig!)
5. **Spiegeleier auf Croûtons:** 6 Scheiben von Model- oder gewöhnlichem Brot toasten oder backen (siehe Nr. 876), evtl. noch mit glasig gebratenen Speckscheiben belegen, je ein Spiegelei darauf anrichten (s. Käseschnitten Nr. 234 [2]).

Gebackene Eier auf Croûtons (Oeufs frits) 231

Croûtons Nr. 876 — 6 frische Eier — Backfett

Backen: Je ein Ei in eine Tasse aufschlagen, mit Hilfe eines Schaumlöffels ins heisse Backfett gleiten lassen und während **3 Min.** halbschwimmend gelb backen (am besten mit zwei Holzgabeln halten). Die Eier auf die Croûtons legen. — **Servieren** möglichst

sofort nach dem Backen, mit Tomaten-, Curry- oder Senfsauce oder reichlich Salat.
— Siehe auch Reis-Eierplatte, italienische Art, Nr. 222.

232 **Schottische Eier** (Scotch Eggs) I. und II. Art

6 frische Eier — z. Panieren: 2-4 Essl. Mehl, Backfett
1 Ei, feines Paniermehl Senfsauce Nr. 556 od. Kapernsauce Nr.559

Kochen der Eier in Wasser mit etwas Essig während ca. **7 Min.** (das Eigelb soll noch weich sein). Sie kalt abschrecken, sorgfältig schälen. Zuerst in Mehl, dann im verklopften Ei wenden, zuletzt im Paniermehl.

Schwimmend backen (siehe Nr. 889) und sorgfältig abtropfen lassen. Sofort mit einer der angegebenen Saucen servieren.

233 **Schottische Schinkeneier** (»Scotch Eggs« au jambon) s. Abb. S. 70

Zubereitung wie Schottische Eier **Nr. 232**, die Eier jedoch vor dem Panieren in folgender **Schinkenmasse** einhüllen (am besten mit nassen Händen): 150 g gehackten Schinken, 150 g Bratwurstteig oder Hackfleisch miteinander vermischen, gut würzen. — Zum **Servieren** die Eier ganz oder der Länge nach halbiert auf eine Spinatplatte setzen oder auch kalt, auf einen Kranz von frischer Kresse.

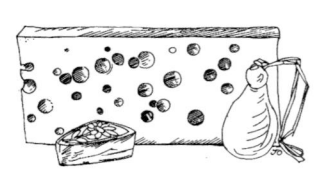

Käsespeisen

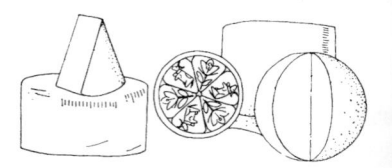

234 **Käseschnitten im Ofen** oder vom **Grill**   (Croûtes au fromage, variées)

1 Modelbrot (evtl. Butter z. Rösten) 150–200 g Emmentaler-, auch Tilsiter-,
z. Beträufeln { etwas Milch Walliser-, Gruyère- oder Schachtelkäse
{ oder Weisswein etwas Pfeffer

1. Einfache Art: Das Brot in 1 cm dicke Scheiben schneiden, evtl. leicht in Butter rösten, mit Milch oder Wein beträufeln. Vom Käse schwach ½ cm dicke Scheiben schneiden, das Brot dicht damit belegen und leicht pfeffern.

Backen, 10–15 Min. auf einem Blech oder in einer Gratinform im Ofen in guter Oberhitze oder zugedeckt in der Grillpfanne, bis der Käse weich geworden ist.

Servieren der Schnitten, möglichst sofort nach dem Backen, mit Salat oder einem Gemüse.

2. Emmentaler Art: Die Brotscheiben, vor dem Belegen mit Emmentaler-Käse, zuerst mit einer Scheibe leicht vorgebratenem Schinken, Fleischkäse oder Speck bedecken. Die gebackenen Schnitten vor dem Servieren mit je einem, unterdessen gebratenen Spiegelei belegen, mit etwas Paprika bestäuben. (Die Brotscheiben m. Wein benetzen.)

3. Tessiner Art: Vor dem Belegen mit Käse die Schnitten mit kurz gedämpften Tomatenscheiben, die man mit Salz und etwas Majoran gewürzt hat, bedecken. Auf den Käse eine Tomatenscheibe oder wenig -purée geben.

NB. Käseschnitten nicht zu lange backen und sie rasch servieren, da der Käse sonst zäh und bitter wird!

Käseschnitten, gebacken   (Croûtes au fromage, frites) ca.15 Stück   235

Käsemasse:
- 40 g Mehl — 1½ dl Milch
- 1–2 Eier, Salz, Muskat
- 100 g Emmentaler
- 50 g Sbrinz

1 Model- od. Sandwichbrot (rund)
z. Beträufeln: etwas Milch oder Weisswein
z. Backen: Oel od. Nussella

Käsemasse: Mehl und Milch in einem Pfännchen gut vermischen und unter ständigem Rühren zu einem dicken, glatten Brei kochen. Den geriebenen Käse mit den Eiern unter die gekochte Masse mischen, würzen.
Schnitten: Das Brot in etwa 1 cm dicke Scheiben schneiden. Diese auf einer Seite mit Milch oder Wein beträufeln und mit der Käsemasse gut ½ cm dick bestreichen. Die Oberfläche mit wenig zurückbehaltenem Eiweiss bepinseln.
Backen auf beiden Seiten, halbschwimmend, zu goldgelber Farbe.
Servieren der Schnitten mit Spinat, Wirsing usw. oder einem Salat.
NB. Die Schnitten können gut früh vorbereitet, sollen aber kurz vor dem Essen gebacken werden. — Käsemasse **ohne Eier:** 200 g Käse, 1 feingeriebene Zwiebel, evtl. 1 Essl. Sojamehl unter die gekochte Mehlmasse mischen.

Croûtes de Gruyère   (Greyerzer Schnitten)   236

Zubereitung wie Käseschnitten **Nr. 235**, jedoch zum Bestreichen folgende Masse verwenden: 200 g gerieb. Gruyère, 1 dl Weisswein, 1–2 Eigelb und 1 Eiweiss zu Schnee gut vermischen, mit Salz, Pfeffer und Muskat würzen.

Käse-Kartoffelschnitten   237

Zubereitung wie Käseschnitten **Nr. 234** (3) nach Tessiner Art oder n. **Nr. 235**. — Statt Brot: **Schalenkartoffeln** in gleichmässige, 1 cm dicke Scheiben geschnitten oder nur halbiert, verwenden (nicht beträufeln). — Die bestrichenen Kartoffelschnitten lassen sich auch sehr gut im Ofen überbacken (auf einem Blech od. Gratinform. mit Öl beträufelt).

Welsh rarebits   (Englischer Käsetoast)   238

6 Scheiben Toast, 50 g Butter
150 g Chesterkäse (evtl. Emmentaler oder Schachtelkäse)

ca. 1 dl Bier
1–2 Teel. Senf, englischen
z. Würzen: Salz, Pfeffer, Paprika

Den Käse in Würfelchen schneiden und mit dem Bier, Senf und Gewürz in einem Pfännchen im Wasserbad so lange erhitzen, bis er glatt-flüssig ist. Sofort auf die heissen, bebutterten Toastscheiben streichen, mit 1 Prise Paprika bestäuben, rasch servieren.

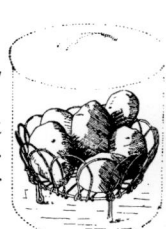

239 Gebackene Käseweggli (Petit pain au fromage)

6 längliche Weggli (wie zu Schinkenbrötchen)   100 g Emmentaler od. Schachtelkäse
1 Teel. Senf, wenig Weisswein   50 g Butter

In die Weggli querüber Einschnitte machen, im Abstand von ca. ½ cm. Diese mit dem Senf, mit wenig Wein angerührt, bepinseln, zwischen die Einschnitte kleine, ca. 2 mm dicke Käsescheibchen stecken. Die Weggli mit Butterflöckchen belegen. — **Backen** in guter Hitze im Ofen, bis die Weggli heiss und der Käse geschmolzen ist. Sofort **servieren** mit einer Gemüse- oder Salatplatte.

240 Panierte Tilsiterschnittchen (Tranches au fromage, frites)

200 g Tilsiterkäse — 2 Essl. Mehl   Panade Nr. 888 (m. Paprika) — Backfett

Den Käse in gut ½ cm dicke, ca. 6 cm lange Scheibchen schneiden. Diese in Mehl, dann in Panade, mit 1 Esslöffel Paprika vermischt, wenden. — **Backen,** halbschwimmend zu hellgelber Farbe. Möglichst sofort **servieren** mit einer Tomatensauce, Salat oder Gemüse.

241 Käseküchlein (Beignets au fromage)

100–150 g Emmentaler- oder Gruyèrekäse   Bierteig Nr. 931 (etwas dick) — Backfett

Vorbereiten des Teiges. Den Käse in 5 cm lange, 1 cm dicke Stängelchen schneiden. — **Backen:** Den Käse im Ausbackteig wenden und die Küchlein im Fett h e l l b r a u n werden lassen, abtropfen. — **Servieren** mit Salat, Tomatensauce (Nr. 572) oder einem Gemüse. — N i c h t dunkel backen, da Käsegebäck sonst bitter wird!

242 Käsecroquettes (Croquettes au fromage)

Brühteig mit Käse von Gnocchi Nr. 252   Backfett (Oel, Nussella usw.)

Schwimmend Backen (siehe Nr. 889): Vom Brühteig mit zwei ins m ä s s i g h e i s s e Fett getauchten Löffeln Klösse abstechen und sie l a n g s a m gelbbraun werden lassen, gut abtropfen. — **Servieren** mit Salat, Tomatensauce (Nr. 572) oder einem Gemüse.

243 Käsespiesschen (Brochettes au fromage)   I. und II. Art

I. Art: 100 g Gruyère- oder Emmentalerkäse — 50 g Magerspeck — ½ Modelbrot

Vorbereiten: Die drei Zutaten in ½ cm dicke, ca. 4 cm grosse Scheibchen schneiden, diese abwechselnd auf Spiesschen stecken.
Backen, halbschwimmend oder in der Grillpfanne zugedeckt, bis der Käse weich und der Speck glasig geworden ist. — Schmackhaft werden die Spiesschen auch zuerst in Mehl und dann in verklopftem Ei gewendet.
Servieren möglichst sofort nach dem Backen, als Einzelplatte mit Salat, als H a u p t g e r i c h t noch mit Reis oder Kartoffelstock.
II. Art vegetarisch mit S p i n a t (ca. 100 g): Ihn zurüsten, kurz abbrühen. EinigeBlätter

kochen, da die Masse sonst steigt, löchrig wird und wieder zusammenfällt. **Garprobe:** Einstechen mit Dressiernadel, es soll nichts mehr daran hängen bleiben.

Anrichten: Die Förmchen einige Minuten an der Wärme **stehen** lassen, dann sorgfältig lösen und stürzen (evtl. je auf ein Croûton), garnieren mit Tomatenscheiben und Petersilie. — **Servieren** mit gedämpftem Spinat, evtl. zu Salzkartoffeln oder Reis.

Käse-Quarkpudding   (Pouding au fromage blanc)   251

400 g Quark — 100 g Käse, gerieben, 100 g Schinken, gehackt — 2–3 Eier, 1 dl Rahm, Gewürz

Masse: Den Quark schaumig rühren, Käse und Schinken sowie die mit dem Rahm verklopften Eier damit vermischen, nach Geschmack würzen. — **Einfüllen** in eine gut bebutterte, bemehlte Timbalform. **Kochen** im Wasserbad ca. **50 Min.** — Beim **Anrichten** sorgfältig stürzen, eine Tomatensauce rund um den Pudding giessen. Evtl. servieren mit Teigwaren.

Käsegnocchi   (Kromeski à la Parisienne)   252

Brühteig n. Nr. 932:
- 3 dl Wasser — 40 g Butter
- 170 g Weissmehl
- 50 g Sbrinz, 50 g Emmentaler
- 3–4 Eier — Salz, Muskat

Sauce nach Nr. 544:
- 20 g Butter, 20 g Mehl
- 2 dl Milch, Salz, Muskat
- 1–2 dl Gnocchiwasser

z. Gratinieren: 30 g Butter, 30 g Käse

Den Brühteig zubereiten, sorgfältig würzen und in einen Dressiersack mit glatter Tülle (von ca. 1 cm ∅) geben.

Formen und Kochen: In einer weiten Pfanne Salzwasser zum Kochen bringen. — Vom Teig, je eine knappe Lage, in 3–4 cm langen Stückchen ins Kochwasser fallen lassen, indem man sie mit nassem Messer oder Schere abschneidet. Die Gnocchi während 5 Min. zugedeckt leise kochen. Sie mit einem Schaumlöffel sorgfältig herausheben und in eine bebutterte Gratinplatte legen. — **Gratinieren:** Die Sauce über die Gnocchi giessen, den geriebenen Käse darüberstreuen, die Butter in Flöckchen darauf verteilen. Die Platte in Oberhitze gelbbraun überbacken **(ca. 15 Min.)**.

Formen II. Art: Mit zwei Teelöffeln kleine, längliche Klösschen abstechen. — Statt die Platte zu gratinieren, die Gnocchi während der Zubereitung möglichst heiss stellen und vor dem Servieren mit Käse bestreuen, mit der gebräunten Butter abschmelzen. — **Andere Gnocchi** mit Schinken- oder Fleisch siehe Nr. 285, mit Spinat oder Kräutern Nr. 335.

Fondue   (Käsegericht nach Neuenburger Art — für 3–4 Personen)   253

Spezielles Gerät: Feuerfestes Tongeschirr, sog. Fonduetöpfchen oder Caquelon (evtl. aus Email,) Spirituskocher oder guter Plattenwärmer.

500 g Gruyère- und Emmentalerkäse
wenig Knoblauch
3½–4 dl leichter Weisswein

1 Teel. Kartoffelmehl
2–3 Gläschen Kirsch
400–500 g Brot

Vorbereiten: Das Brot in 3 cm grosse Würfel schneiden, den **Käse** reiben oder hobeln.

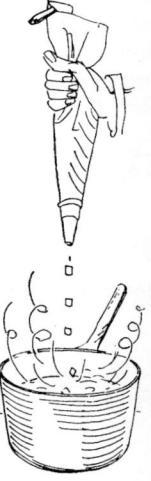

Fondue: Das Pfännchen mit dem Knoblauch ausreiben, den Wein darin erwärmen, den Käse beigeben und unter Rühren schmelzen und aufkochen (ca. 5 Min.). Das Kartoffelmehl mit dem Kirsch verrührt, daruntermischen. — Das Fondue soll jetzt crèmig dick sein. — **Servieren** des vorbereiteten Fondues auf dem Kocher (evtl. Plattenwärmer.) Es am Tisch noch würzen mit Pfeffer, Muskat, evtl. Aromat. — Die Brotwürfel in einem Körbchen dazu servieren. Sie werden beim Essen an die Gabel gesteckt und in das stetig leise kochende Fondue getaucht.

NB. Fondue wird gerne im Beisein der Gäste zubereitet. Nach Belieben dazwischen einen **Kirsch** servieren, auch einen leichten Weisswein. — Als Abschluss heissen Kaffee oder Schwarztee, evtl. dazu etwas Bündnerfleisch oder Rohschinken. — Fondue ist ursprünglich ein typisches Gericht der Westschweiz und wird als gemütliches Essen unter Freunden genossen.

Kleine Fleischgerichte

Die nachstehenden Speisen können als **Vorspeise** oder mit passender Ergänzung (z.B. Salat oder entsprechendem Gemüse) auch sehr gut als **Abendessen** oder als **Hauptgericht** serviert werden.

254 Lyonerkörbchen, gefüllt   (Paniers de saucisson)

200 g Lyoner-, Fleischwurst usw. (s. NB.)
2-3 Essl. Kochfett   z. Füllen { Erbsen Nr. 492 / od. Rührei Nr. 223 (½ Port.)

Schneiden der Wurst mit einem scharfen Messer in 2 mm dicke Scheiben so, dass jede derselben rings von Haut umgeben ist (siehe NB.).
Backen: Die Scheiben kurz ins heisse Fett geben. Die Haut zieht sich durch die Hitze zusammen, so dass kleine Schälchen (Körbchen) entstehen; diese füllen.
Servieren a) Mit Rührei gefüllt, als Beigabe und Garnitur zu Spinat, gehacktem Wirsing, Erbsen, evtl. Risotto und Salat. **b)** Mit Erbsen oder Spinat gefüllt zu Rührei, Kartoffelpudding und ähnlichem. — **NB.** Die Wurst am besten vom Metzger exakt schneiden lassen. Statt Lyoner- oder Fleischwurst evtl. eine andere ähnliche Wurst verwenden. — Mit Italienischem Salat gefüllt, siehe Hors d'œuvre Nr. 120.

255 Plat de jambon en surprise   (Platte mit Schinkenrollen)

300 g dünne Schinkenscheiben — 3–6 Bananen — 2–3 dl Rahm — 1 Port. Erbsen Nr. 492

Vorbereiten: Die Schinkenscheiben evtl. halbieren, je eine halbe oder Viertel-Banane darin einwickeln und sorgfältig in eine bebutterte Gratinplatte legen. Übergiessen mit dem Rahm, den man mit 1 Pr. Salz und Paprika gewürzt hat. In guter Hitze sorgfältig **überbacken.** — Zum **Servieren** in die Mitte der Platte bergartig die in Butter gedünsteten Erbsen anrichten. Dazu passt Riz Créole (Nr. 981).

256 Schinkenröllchen auf Spinat   (Paupiettes de jambon)

200 g dünne Schinkenscheiben   50 g Weissbrot
2 rohe Bratwürste   50 g Fett oder Öl
1 kleine Zwiebel   1 Port. Spinat Nr. 449 oder 451

Vorbereiten: Das Brät mit der geriebenen, kurz in Fett gedämpften Zwiebel und dem feingeriebenen Brot vermischen. Die Schinkenscheiben halbieren, mit der Brätmasse bestreichen, aufrollen und mit einem Hölzchen zustecken. — **Braten** in nicht zu heissem Fett während 2–3 Min., ablöschen mit wenig Bouillon, gut aufkochen, mit etwas Madeira verfeinern. — **Anrichten** auf dem Spinat (oder auf gedämpfte junge Bohnen oder Erbsen). — Evtl. Indischen Reis (Nr. 980) dazu servieren.

Dschumbo-Steaks 257

500 g feinen Fleischkäse, 200 g Emmentaler — 6 Spiegeleier Nr. 229, Paprika — 50 g Kresse
Vorbereiten: Den Fleischkäse in ½ cm dicke, ca. 10 cm grosse Scheiben schneiden, mit Käsescheibchen dicht belegen. — **Backen** in guter Oberhitze, bis die Schnitten heiss und der Käse fondue-artig geschmolzen ist. — Unterdessen die Spiegeleier zubereiten, je ein Steak damit belegen, mit etwas Paprika bestäuben und auf einer Unterlage von Kresse servieren. — **NB.** Den Fleischkäse am besten v. Metzger schneiden lassen.

Corned beef au gratin 258

1 Büchse Corned beef — 50–80 g Käsescheibchen — etwas Bouillon — 1 Port. Erbsen Nr. 492
Vorbereiten: Das Corned beef aus der Büchse direkt auf eine bebutterte Gratinplatte stürzen und in Stücke teilen, diese jedoch wieder ganz zusammenschieben. Mit dem Käse dicht belegen, etwas Bouillon dazu giessen.
Gratinieren in guter Oberhitze, bis das Fleisch heiss und der Käse geschmolzen ist. — **Servieren** mit einem Kranz in Butter gedünsteter Erbsen, evtl. zu Indischem Reis Nr. 980.

Cervelatküchlein   (Beignets de Cervelats) 259

3–4 Cervelats — 1 Port. Ausbackteig Nr. 931 — Backöl
Vorbereiten: Die Cervelats häuten und in ½ cm dicke Scheibchen schneiden.
Schwimmend Backen (siehe Nr. 889): Die Wurstscheibchen im Ausbackteig wenden, direkt ins heisse Öl geben und backen, bis sie gelbbraun sind, abtropfen lassen. — **Servieren** mit Spinat oder Wirsing, sauersüssen Früchten, grünem oder Kartoffelsalat.

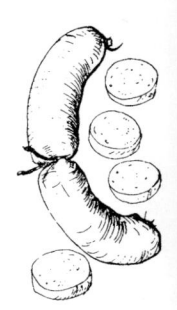

Corned-beef-Küchlein 260

Zubereitung wie Cervelatküchlein **Nr. 259.** Statt Wurst: 1 kleine Büchse Cornedbeef (auch Fleischkäse) in 1 cm dicke Scheiben oder Stängelchen schneiden.

Kleine, gebackene Kalbsplätzchen   (Beignets au steaks de veau) 261

200–400 g Kalbsfilet od. -schlüsselriemen*   Ausbackteig Nr. 931
Salz, Pfeffer, Zitronensaft   Fett oder Öl z. Backen
Vorbereiten: Das Fleisch häuten, in 1 cm dicke Plätzchen schneiden, würzen, mit wenig Zitronensaft beträufeln.
Schwimmend Backen (siehe Nr. 889): Die Plätzchen im Ausbackteig wenden, direkt ins heisse Öl geben und backen (4–6 Min.), bis sie gelbbraun sind, abtropfen lassen.

Servieren mit Gemüse oder Salat, als Hauptgericht zu Reis oder Kartoffelstock.
* Statt Kalbfleisch lässt sich auch gut Schweins- oder Hammelfilet verwenden.

262 Gebackene Froschschenkel (Grenouilles frites)

Froschschenkel, ca. 30 Paar — Bierteig Nr. 931 oder Panade Nr. 888 — Backfett od. -öl
Vorbereiten: Die Froschschenkel waschen, abtrocknen, leicht salzen.
Schwimmend Backen (siehe Nr. 889): Die Froschschenkel im Ausbackteig wenden oder sie panieren und in heissem Öl gelbbraun backen, abtropfen lassen.
NB. Froschschenkel gelten als Delikatesse und werden in der Regel als Vorspeise serviert (mit Salat, Tomatensauce oder Spinat).

263 Brät-Croquettchen

2–3 geschwellte Bratwürste, 2–3 dicke Schinkenscheiben — Panade Nr. 888 — Backfett od. -öl
Vorbereiten: Die Bratwürste häuten, in ½ cm dicke Rädchen schneiden, vom Schinken gleichgrosse Scheibchen ausstechen. Je eines zwischen 2 Wursträdchen stecken, in Mehl wenden und sorgfältig panieren. — **Schwimmend backen,** bis die Croquettes hellbraun sind. — **Servieren** mit einem Gemüse, Salat oder auch k a l t zum Apéro.

264 Fritto misto alla Bolognese

½ Port. Blumenkohl, gebacken, s. Nr. 295   20 g Mehl z. Wenden
Gebratenes Hirn Nr. 749 (3)   Kochbutter, ca. 100 g
200–400 g Kalbsleber   z. Garnieren: Petersilie, Zitronenschnitze

Den **Blumenkohl** zubereiten und warmstellen, ebenso die gebratenen **Hirnscheibchen.** — Die **Leber** häuten und in ½ cm dicke, etwa 5 cm grosse Scheibchen schneiden. Diese in Mehl wenden, in heisser Butter rasch beidseitig überbraten (ca. 3 Min.) und leicht salzen.
Anrichten: Alle 3 Gerichte abwechselnd auf eine h e i s s e Platte geben, mit Zitronenschnitzen und Petersilie (evtl. gebacken) garnieren. — Evtl. Preiselbeeren oder Ital. Tomatensauce Nr. 572 dazu servieren.

NB. Nach Belieben unter das Gericht gebackene Tomaten oder andere gebackene Gemüse mischen (s. Nr. 295 u. 296), statt Leber: **Niere** Nr. 750 (2), gebrat. **Speckscheiben** od. **Bratwürstchen** Nr. 741. Gebackene P e t e r s i l i e: sie waschen, mit einem Tuche abtrocknen, auf einem Schaumlöffel in sehr heissem Backfett rasch knusprig backen.

265 Schinkenkugeln (Profiteroles au jambon)

Brühteig von Nr. 266 — 150 g Schinken   Backöl
Vorbereiten: Den Schinken fein hacken, mit dem Brühteig vermischen, evtl. würzen.
Schwimmend Backen (siehe Nr. 889): Das Fett erwärmen, mit zwei, ins heisse Fett getauchten Löffeln von der Masse kleinere Klösse abstechen, diese ins Fett fallen lassen. Zuerst langsam, am Schluss etwas rascher fertig backen, gut abtropfen lassen.
— **Servieren** mit Gemüse, Salat oder Tomatensauce.
NB. Das Fett darf, besonders am Anfang, n i c h t zu heiss sein, da die Kugeln sonst nicht aufgehen und inwendig nicht luftig und durchgebacken sind.

Fleischcroquettes   (Croquettes de viande)   266

Brühteig (n. Nr. 932)
- 125 g Mehl, gesiebt
- 2 dl Wasser, 30 g Butter
- Salz, 1 Pr. Curry
- Muskat, Maggi-Würze
- 2–3 Eier

Zwiebel, Grünes — 20 g Fett
100–150 g Fleischreste
Panade Nr. 888

Backfett oder Öl

Vorbereiten: Den Brühteig herstellen. — Zwiebel und Grünes fein hacken, im Fett dämpfen, das Fleisch hacken und beides unter den Brühteig mischen, gut würzen. — **Formen** der Masse zu kleinen Croquettes; diese panieren.
Schwimmend Backen (siehe Nr. 889), l a n g s a m in mässig heissem Fett, bis die Croquettes gelbbraun sind. Ist das Fett zu heiss, werden die Croquettes innen nicht durchgebacken. — **Servieren** mit Salat, Tomatensauce oder einem Gemüse.

Fleischkräpfchen   (Beignets ou Rissoles de viande) I. und II. Art   267

Eingerührter Teig Nr. 917, Fleischhaché Nr. 697 — Backfett od. -öl od. Ei zum Bestreichen 
Formen: Den Teig dünn auswallen (ca. 2 mm), runde Plätzchen im Ø von 10 bis 12 cm ausstechen. Auf die Mitte jedes Plätzchens einen Teelöffel voll Fleischhaché legen, den Teigrand zur Hälfte leicht mit Wasser benetzen und überschlagen. Die Ränder g u t zusammendrücken, mit Teigklammer, Gabel oder Messer verzieren.
I. Art: Schwimmend Backen der Kräpfchen im heissen Fett, bis sie gelbbraun und durchgebacken sind, gut abtropfen lassen. — **II. Art im Ofen:** Die Kräpfchen auf ein Blech legen, mit Ei bestreichen und in guter Hitze ca. 30 Min. backen.
Servieren mit einem Gemüse, grünem Salat oder Tomatensauce.
NB. Statt eingerührten Teig evtl. Kartoffel- oder Wähenteig (Nr. 920 od. 919) oder, für besonders feine Kräpfchen, Sauerrahmteig Nr. 922 oder Blätterteig Nr. 924 verwenden.

Kurländer Speckkuchen   (Gâteau au lard)   268

Zubereitung wie Fleischkräpfchen Nr. 267, jedoch Hefeteig Nr. 919 verwenden, sowie folgende **Speckfüllung:** 200 g Magerspeck, fein geschnitten mit etwas gehackter gedämpfter Zwiebel mit Grünem und 2–3 Scheiben Schinken, gehackt, vermischen. —
Backen im Ofen ca. 25 Min.

Calzone ticinese   (Tessiner Käseweggen)   269

Hefeteig Nr. 919
evtl. z. Bestreichen: 1 Ei

Füllung
- 100 g Mozzarella, 100 g Schinken
- Origano (Majoran) — evtl. Oliven
- 2–3 Essl. Tomatenpurée

Formen: Den Teig knapp ½ cm dick auswallen, tellergrosse Plätze ausschneiden. Diese auf der einen Hälfte mit dem Käse, dem in feine Streifen geschnittenen Schinken, gehackten Kräutern, und evtl. Oliven bestreuen, wenig Tomatenpurée darauf geben. Den Rand mit Eiweiss oder Milch benetzen. Die Plätze zur Hälfte überschlagen, die Ränder gut aufeinander drücken, evtl. mit Ei bestreichen.  
Backen der Calzoni im Ofen in guter Hitze ca. 25 Min. — **Servieren** möglichst heiss, evtl. mit Tomatensauce oder grünem Salat.

270 Wurstkrapfen mit Kartoffelteig (Rissoles aux saucisses)

2–3 Cervelats, Schützenwürste oder Wienerli   Kartoffelteig Nr. 920 — z. Bestreichen: 1 Ei

Vorbereiten: Die Würste häuten und der Länge nach halbieren oder vierteilen. Den Teig sorgfältig ½ cm dick auswallen, davon Stücke, etwas länger als die Würste und ca. 10 cm breit, schneiden. — **Formen:** Auf jedes Viereck einen Wurststengel legen. Den Rand vom Teig mit Eiweiss benetzen, zur Hälfte überschlagen, die Enden ringsum aufeinanderdrücken. Die Krapfen auf ein Blech geben, die Oberfläche mit Ei bestreichen. — **Backen** in gut heissem Ofen ca. 30 Min. — **Servieren** mit Salat, Tomaten- oder Kräutersauce.

271 Schinken- und Bratwurstweggen (Rissoles au jambon etc.) 12–15 Stück

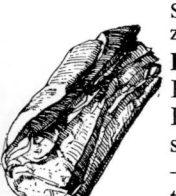

Sauerrahm- od. Blätterteig (Nr. 922 u. 924)
z. Bestreichen: 1 Ei

Füllung { 150 g Schinken, fein gehackt
100 g Bratwurstteig s. unten

Formen der Weggen: Den Teig ⅓ cm dick auswallen, in 12–15 cm lange, 10 cm breite Rechtecke schneiden. Die Hälfte derselben in der Mitte mit Füllung belegen. Den Rand mit Eiweiss bepinseln, der Länge nach zur Hälfte überschlagen, die Ränder sorgfältig aufeinander drücken. Die Oberfläche der Weggen mit Eigelb bestreichen. — **Backen** in gut heissem Ofen ca. 30 Min. — Zur **Füllung** Schinken und Bratwurstteig vermischen oder nur Bratwurstteig (200 g) verwenden.

NB. Statt kleiner Weggen auf gleiche Weise einen grossen formen.

272 Schinkenrollen, gebacken (Roulades au jambon)

Sauerrahm- oder Blätterteig (Nr. 922 u. 924)
z. Bestreichen: 1 Ei

150–200 g Schinken
1–2 Eier, Salz, 2 Essl. Milch

Formen der Rollen: Den Teig dünn auswallen, in ca. 15 cm lange, 8–10 cm breite Streifen schneiden. Mit der Füllung bestreichen, aufrollen, mit Ei bepinseln. —
Backen in gut heissem Ofen ca. 30 Min. — **Servieren,** heiss oder kalt, mit Salat.
Füllung: Den Schinken fein hacken, mit verklopftem Ei, Salz und wenig Milch vermischen.

273 Schinken- oder Fleischgipfel (Cornets au jambon) 25–30 Stück

Hefeteig Nr. 919

z. Bestreichen:
1 Ei oder Eiweiss

Füllung { 20 g Fett — Petersilie, gehackt
100 g Schinken od. Fleischreste, gehackt
2–3 Essl. Rahm od. Milch
evtl. 1 Ei — Salz, Muskat

Formen: Den **Teig** etwas aufgehen lassen, dann dünn auswallen, daraus Quadrate von gut 10 cm Grösse schneiden. Auf die Mitte je einen Esslöffel Füllung streichen. Den Teig an einem Zipfel fassen und aufrollen, zu Gipfeln formen. Auf einem Blech nochmals aufgehen lassen (ca. 20 Min.). — Mit verklopftem Ei od. Eiweiss bestreichen. — **Backen** in mittelheissem Ofen ca. 30 Min. — Die Gipfel, noch heiss, mit Milch bepinseln, damit sie glänzen.

Füllung: Die Petersilie im Fett leicht dünsten, mit den übrigen Zutaten vermischen. (Die Füllung soll feucht, aber nicht flüssig sein.)

Fleischhaché auf Croûtons — 274

1 Modelbrot — Kochfett — 1 Port. Fleischhaché Nr. 697 — evtl. 1–2 Zwiebeln od. Spiegeleier
Vorbereiten: Das Brot in ½ cm dicke Scheiben schneiden, auf e i n e r Seite leicht gelb backen. — Beim **Anrichten** die ungebackene Seite mit dem heissen, gut gewürzten Haché dick bestreichen, evtl. mit gerösteten Zwiebeln bestreuen od. noch ein **Spiegelei** darauf setzen. — **Servieren** mit einem Salat, Tomatensauce od. Béchamel.

Toast à la Strasbourg   (Leber auf Croûtons) — 275

Zubereitung wie Fleischhaché auf Croûtons **Nr.** 274, jedoch statt Haché geschnetzelte Leber **Nr.** 755 verwenden, zuletzt mit einer schönen, gebratenen Apfelscheibe belegen.

Hirn auf Croûtons   (Croûtes au cervelle) — 276

1 Hirn, gekocht n. Nr. 748 — 1 Toastbrot
z. Backen: Kochbutter, ca. 80 g
z. Beträufeln: Zitronensaft, Braune Butter Nr. 585 — z. Bestreuen: gehacktes Grün
Vorbereiten: Das Brot in knapp 1 cm dicke Scheiben schneiden, diese auf einer Seite gelbbraun backen. — Beim **Anrichten** das gekochte Hirn in dünne Scheiben schneiden und auf die ungebackene Seite der Brotschnitten verteilen. Mit Zitronensaft und brauner Butter beträufeln, mit Grünem bestreuen. — **Servieren** der Croûtons möglichst h e i s s, mit Salat oder einem Gemüse.

Schinkenschnitten   (Croûtes au jambon) — 277

Zubereitung wie Käseschnitten Nr. 235, jedoch statt Käse 100 g **Schinken,** fein gehackt, evtl. auch **Fleischreste,** verwenden.

Bratwurstteig auf Croûtons   (Croûtes au pâte de saucisse) — 278

1 Modelbrot — ½–1 dl Milch od. Weisswein
200–300 g Bratwurstteig*
evtl. 1 Eiweiss
Backfett — gehacktes Grün
Vorbereiten: Das Brot in ½ cm dicke Scheiben schneiden. Diese auf einer Seite mit Milch oder Wein anfeuchten und mit dem Brät schwach 1 cm dick bestreichen. Die Oberfläche evtl. mit Eiweiss bepinseln. — **Backen** der Schnitten beidseitig im Backfett o d e r auf einem Blech im O f e n, mit wenig Fett beträufelt. — Nicht zu lange backen, damit die Schnitten nicht austrocknen. —*Evtl. dem Brät etwas Milch oder Weisswein beimischen. — **Servieren** mit grünem Salat oder einem Gemüse.

Brötchen mit Schinkenfüllung   (Petits pains au jambon) — 279

12 Mürrli (runde od. ovale Milchweggli)* — 1–2 dl Milch, 1 dl Rahm
200 g Schinken, 3–4 Eier, Gewürz — z.Belegen: 30 g Butter
Vorbereiten: Die Mürrli quer durch halbieren, etwas aushöhlen.
Füllung: Das Ausgehöhlte fein hacken, mit dem gehackten Schinken, den Eiern,

Milch, Rahm und Gewürz vermischen. — Die Masse in die ausgehöhlten Weggli füllen, mit Butterstückchen belegen.
Backen in heissem Ofen ca. 10 Min. — **Servieren** mit gemischtem od. grünem Salat.
NB. Die rohe Füllung soll flüssig sein. — Statt Rahm evtl. nur Milch verwenden.
Vegetarische Füllung: Statt Schinken 3–4 Essl. fein gehackten Schnittlauch und Petersilie oder gedämpfte Pilze (Nr. 347) verwenden.
* Die Weggli können auch aus Modelbrotteig (Nr. 1639) selbst gebacken werden.

280 Ofenküchlein mit Schinkenfüllung   (Choux au jambon)

Zubereitung wie Ofenküchlein mit Käsefüllung **Nr. 246**. Statt Käse, der Füllung 100 g feingehackten **Schinken** (evtl. auch Fleischreste) beigeben.
NB. Zur Abwechslung 2–3 grosse längliche Weggen oder einen Ring formen.

281 Geflügel-Schüsselpastetchen   (Chicken pies)

Geflügelragout Nr. 849 — 1–2 harte Eier — ½ Port. Blätterteig Nr. 924 — z.Bestreichen: 1 Ei 
Förmchen (feuerfeste) ausbuttern, das Geflügelragout bis zu ¾ Höhe einfüllen, je eine Eierscheibe darauf legen. — **Teigdeckelchen:** Den Teig 2 mm dick auswallen, davon Plätze ausstechen, die ca. 5 cm grösser sind als der Ø der Förmchen. Sie über die gefüllten Förmchen spannen, am Rand mit etwas Eiweiss festkleben, gut andrücken. Kleine Teigrosetten auf die Mitte setzen, die ganze Oberfläche mit Ei bestreichen. — **Backen** in gut heissem Ofen, bis der Teig gelbbraun ist (ca. 20 Min.).
NB. Gute Verwendung von wenig Geflügel- sowie Teigresten. Statt Blätter- evtl. Sauerrahmteig Nr. 922 oder Quarkteig Nr. 921 verwenden.

282 Geflügelpastetchen   (Tartelettes au volaille)   I. und II. Art

Füllung: Geflügelragout Nr. 849 — Blätter- od. Quarkteig Nr. 924 u. 921 — z. Bestreichen :1 Ei
Formen: Den Teig ca. 2 mm dick auswallen, kleine Pastetenförmchen damit auslegen. — **Vorbacken** der Förmchen (siehe Nr. 1430). — Vom Rest des ausgewallten Teiges Deckelchen, im Ø etwas grösser als die Pasteten, ausstechen. Sie mit einem Teigröschen versehen, mit Eigelb bepinseln und hellbraun backen. — Beim **Anrichten** das Geflügelragout in die Pastetchen füllen, die Deckelchen daraufsetzen.
Für II. Art Blätterteigpastetchen (Bouchées) **Nr. 901** zubereiten und füllen.

283 Blätterteigpastetchen mit Fleischfüllung   (Bouchées)

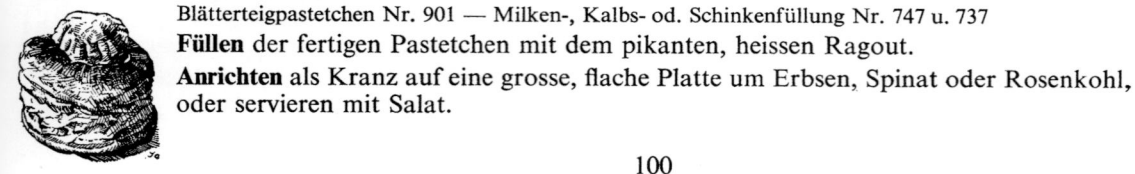

Blätterteigpastetchen Nr. 901 — Milken-, Kalbs- od. Schinkenfüllung Nr. 747 u. 737
Füllen der fertigen Pastetchen mit dem pikanten, heissen Ragout.
Anrichten als Kranz auf eine grosse, flache Platte um Erbsen, Spinat oder Rosenkohl, oder servieren mit Salat.

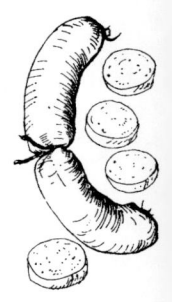

Römische Pastetchen mit Fleischfüllung   (Petites pâtés à la romaine)   284
Römische Pastetchen Nr. 1691 — **Füllungen:** siehe bei Pastetchen Nr. 283 od. Fleischhaché Nr. 697 **Anrichten** wie bei Nr. 283 angegeben.
(Die Pastetchen nicht zu früh füllen, da sie sonst weich werden.)

Schinken- oder Fleischgnocchi   285
Zubereitung wie Käsegnocchi **Nr. 252.** Zur Teigmasse statt Käse: 60–100 g **fein gehackten Schinken** oder **Fleischreste** verwenden.

Fleischklösse   (Quenelles au viande)   286

250 g Fleischreste — 60–80 g altes Brot
1 kleine Zwiebel, Grünes, Majoran
evtl. etwas Sellerie, gerieben

10 g Kochfett — 1 Ei od. 1 Essl. Sojamehl
Gewürz: Salz, Pfeffer, Muskat
Salzwasser

Masse: Das Fleisch hacken. Das Brot einweichen und gut **ausdrücken.** Zwiebel und Grünes fein hacken, evtl. mit Sellerie im Fett dünsten, mit Brot, Fleisch, Ei oder Sojamehl und Gewürz tüchtig vermischen. — **Formen** der Masse zu nussgrossen Kugeln. **Kochen** der Klösse in Salzwasser, lagenweise während 8–10 Min. (nur leise ziehen lassen). **Anrichten,** bergartig und mit gerösteten Zwiebelstreifen abschmelzen. — **Servieren** mit Salat oder Tomaten-, Petersilien- oder Käsesauce.
NB. Das Kochwasser nachher zu Suppe verwenden. — Das Brot wenn nötig mit dem Fleisch hacken.

Zigeuner-Auflauf   (Soufflé au bohémien)   287
Zubereitung wie Käse-Brot-Auflauf Nr. 247, statt Käse, Scheibchen von **Cervelats,** sowie Speck oder Fleischreste verwenden.

Restenfleisch-Auflauf   (Soufflé bonne ménagère)   288

ca. 250 g Fleischreste
1 kleine Zwiebel, 10 g Kochfett

30 g Mehl — 4 dl Milch
2–3 Eigelb, 2–3 Eiweiss (z. Schnee)

Vorbereiten: Das Fleisch fein hacken, ebenso die Zwiebel, diese im Fett durchdünsten. Mehl und Milch unter Rühren aufkochen, mit dem Fleisch, Zwiebel und Eigelb gut vermischen, wenn nötig noch würzen. — Die **Eiweiss** zu steifem Schnee schlagen, unter die Masse ziehen. **Einfüllen** in die bebutterte Auflaufform. **Backen** in Mittelhitze 40–50 Min. — **Servieren** mit Salat.
Sparrezept: 1 Ei durch 1 Essl. Sojamehl ersetzen, evtl. 2–4 gekochte, geriebene Kartoffeln beimischen.

Hirnauflauf   (Soufflé de cervelle)   289
Zubereitung wie Hirnpuddingmasse von Nr. 291, jedoch 4 Eier verwenden. Die Masse in die **Auflaufform** füllen. **Backen** in Mittelhitze ca. 45 Min. (in kleinen Förmchen 20 Min.). — **Aufläufe,** Grundregel siehe Nr. 1189.

290 Fleischpudding (Pouding de viande)

200 g Fleischreste, s. NB. — 80 g Brot
70 g Magerspeck
Zwiebel, Grünes — 10 g Kochfett

Gewürz { Salz, Pfeffer, Muskat / evtl. etwas Majoran
3 Eigelb — 3 Eiweiss (z. Schnee)

Puddingmasse: Das Fleisch fein hacken. Das Brot in warmem Wasser einweichen, gut ausdrücken. Den Speck in kleine Würfelchen schneiden, Zwiebel sowie Grünes hacken und zusammen im Fett dünsten. Alle diese Zutaten mit dem Eigelb vermischen, kräftig würzen. — Das **Eiweiss** zu Schnee schlagen, unter die Masse ziehen. **Einfüllen** in eine gut bebutterte, panierte Form. **Kochen** im Wasserbad ca. 1 Std. — Beim **Anrichten** den Pudding sorgfältig lösen und stürzen. — **Servieren** mit Tomaten,- Petersilien- oder Weissweinsauce.

NB. Hat man nicht genügend Fleischreste, dann ergänzt man mit frischem gehacktem Fleisch oder Bratwurstteig. — Sparrezept: 1–2 Eier ersetzen durch Sojamehl; evtl. etwas mehr Brot oder statt dessen 2–4 gekochte, geriebene Kartoffeln unter die Masse mischen. — **Puddings,** Grundregel siehe Nr. 1166.

291 Hirnpudding (Pouding de cervelle)

1 Kalbs- oder ½ Rindshirn
100 g Weissbrot ohne Rinde (1 Tag alt)
Zwiebel und Petersilie, 10 g Kochfett

50 g Butter — 3 Eigelb
Salz, Muskat, 1 Pr. Curry
3 Eiweiss (z. Schnee)

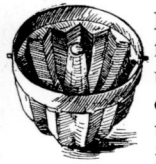

Puddingmasse: Das Hirn häuten (siehe Nr. 748) und roh fein hacken. — Das Brot fein reiben (mit Bircherraffel oder Mandelmaschine). Zwiebel und Petersilie hacken und in wenig Fett dünsten. — Die Butter schaumig rühren, Hirn, Brot, das gedämpfte Grün sowie die Eigelb beigeben, würzen. — Die **Eiweiss** zu Schnee schlagen und unter die Masse ziehen. — **Einfüllen** in eine bebutterte, panierte Form. **Kochen** im Wasserbad ca. 1 Std. (evtl. im Ofen). — Beim **Anrichten** den Pudding sorgfältig lösen und stürzen. **Servieren** mit Hollandaise Nr. 560 oder Mousselinesauce Nr. 563.

NB. Hirnpudding eignet sich ausgezeichnet als **Krankenspeise,** ebenso Hirnauflauf, siehe Nr. 289. **Puddings,** Grundregel siehe Nr. 1166.

292 Leberpudding (Pouding de foie)

Zubereitung wie Hirnpudding **Nr. 291.** Statt Hirn: 250 g Kalbs-, evtl. Schweins-Leber häuten, ganz fein schneiden und zweimal durch die Hackmaschine geben oder durch ein Sieb streichen.

NB. Einfacher: Statt frischer Leber gekochte Leberwurst verwenden.

293 Chartreuse au volaille (Feiner Geflügelpudding)

Füllung {
Geflügelreste (von ca. ½ Huhn)
1 Büchschen Champignons
50 g Magerspeck — Zwiebel, Grünes
20 g Butter — Gewürz
3 Weggli — 1–1½ dl Milch
3 Eigelb — 3 Eiweiss (z. Schnee)

Gemüse zur Garnitur:
250 g fester Rosenkohl
1 Tasse voll Erbsen
200 g kleine Rüben
1 kleiner Blumenkohl
1–2 Kohlrabi oder Sellerie

Puddingmasse: Das Geflügelfleisch von den Knochen lösen und hacken (jedoch nicht zu fein). Die Champignons in Scheibchen schneiden. — Den Speck sowie Zwiebel und Petersilie fein hacken und zusammen in der Butter durchdünsten.

Die Weggli in ganz kleine Würfelchen schneiden, mit der heissen Milch anfeuchten, die vorbereiteten Zutaten, sowie die Eigelb damit vermischen, gut würzen. — Die **Eiweiss** zu Schnee schlagen und unter die Geflügelmasse ziehen.

Vorbereiten der Gemüse: Sie zurüsten und waschen. Den Blumenkohl in kleine, möglichst gleichmässige Röschen teilen, von einigen Rüben gleichmässig grosse Scheiben schneiden. Aus dem Rest der Rüben und von Kohlrabi oder Sellerie ca. 3 cm lange, gut ½ cm dicke Stengelchen schneiden. — Sämtliche Gemüse in leichtem Salzwasser oder im Dampf gut halbweich kochen und abtropfen lassen.

Formen der Chartreuse: Eine grosse Timbalform (von ca. 15 cm ⌀) bebuttern. Den Boden mit einem rund ausgeschnittenen Pergamentpapier belegen, dem Rand nach, so hoch wie die Form, einen Pergamentpapierstreifen aufstellen und gut andrücken, beide Papiere sehr gut bebuttern.

Einfüllen: Den Boden der vorbereiteten Form kranzartig mit Rosenkohl, Rübenscheibchen, Blumenkohlröschen und Erbsen belegen. Rings am Rand eine Reihe Rübenstengel schräg aufstellen. Bis zu dieser Höhe sorgfältig Geflügelmasse hineingeben. — Diese so gut wie möglich andrücken damit die Garnitur festhält. Von den Kohlrabi- oder Selleriestengelchen in entgegengesetzter, schräger Richtung eine Reihe aufstellen. Wieder bis zu gleicher Höhe Geflügelmasse hineingeben und wieder gut andrücken. Nochmals eine Reihe Rübenstengelchen dem Rand nach aufstellen, den Zwischenraum mit dem Rest der Masse auffüllen und andrücken. — Die Form muss vollständig ausgefüllt sein, damit sich die Chartreuse später gut stürzen lässt.

Kochen der Form im Wasserbad (evtl. im Ofen) während 50–60 Min.

Anrichten: Die Chartreuse auf eine runde, flache Platte stürzen (nicht lösen). Die Form 2–3 Min. darauf lassen, bis sie sich von selbst gelöst hat, dann sorgfältig abheben. — **Servieren** mit Hollandaise Nr. 560 oder Sauce Mousseline Nr. 563.

Fondue Bourguignonne   (Fleisch-Fondue oder -Friture)   294

Benötigtes Gerät: Rechaud mit Metallteller und speziellem Chromstahl- oder Kupfer-Pfännchen, Fonduegabeln oder Friture-Spiesschen, kleine Schalen oder abgeteilte Teller. — Pfeffermühle und evtl. Salzstreuer.

Fleisch: Pro Person 150–200 g Rindsfilet, gut gelagerte Huft od. Roastbeef (evtl. Kalbsleber sowie Kalbs- oder Schweinsfilet), 2–4 dl Öl oder Kokosfett (keine Butter!).

Beigaben z. B.: Schälchen mit gehackten Zwiebeln, Petersilie oder Kräutern — Kapern, Oliven und Perlzwiebelchen — Spanische Nüssli oder Mandeln, blättrig geschnitten, geröstet — 1 grosse Platte mit verschiedenen Salaten.

Passende **Saucen:** Vinaigrette Nr. 593, Béarnaise Nr. 562, Senfsauce Nr. 556, Sauce tartare oder Sardellensauce Nr. 595 (7), Paprikasauce Nr. 570, Meerrettichsauce Nr. 601, Sauce verte Nr. 595 (2). Fertige Saucen wie Ketchups, Soyasauce, auch Sauersüsse- oder Senffrüchte (Nr. 1729–1736) usw.

Vorbereiten und Anrichten aller Zutaten, wie der verschiedenen Saucen und **Beigaben.** Das **Fleisch** in ca. 2 cm grosse Würfelchen schneiden und auf eine Platte geben, mit einem Kranz von schöner Petersilie. Diese zuletzt auch im Fett kurz mitbacken.

Die **Zubereitung** geschieht am Tisch, indem jeder Gast mit der Fonduegabel oder dem Friture-Spiesschen ein Fleischwürfelchen ins heisse Öl hält und dieses nach seinem Geschmack brät, am besten à point, d. h. so, dass es innen noch rosa ist (Schweinsfilet jedoch durchbraten). — Beim Essen (jetzt mit der Tischgabel) wendet man das Fleischstückchen in einer der pikanten Saucen. Dazu bedient man sich mit den Beigaben. — (Da die Gabel im Fett sehr heiss wird, ist es nötig, eine zweite zum Essen zu benützen.)

Serviert werden dazu: kleine Semmeln, Cornetti, Pariserbrot, Pommes chips und ein leichter, temperierter Rot- evtl. Weisswein.

294a Fondue Chinoise

Gerät und **Zutaten** wie zu Fondue Bourguignonne **Nr. 294**. Statt Fett benötigt man eine gute **Bouillon** (evtl. von gekochtem Huhn Nr. 825, von Maggi- oder Knorrwürfeln). — Das Fleisch in dünne, ca. 5 cm grosse Scheibchen schneiden (nicht in Würfel). — Evtl. noch etwas zarten Speck oder Schinken dazulegen.

Sollte die Bouillon während des Essens stark eingekocht sein, dann etwas frische nachgiessen. Zuletzt die Brühe, die durch das Fleisch sehr schmackhaft geworden ist, in kleinen Tassen (evtl. in Hong-Kong-Schälchen) servieren, evtl. mit je einem Eigelb und etwas Sherry (ein Schlemmersüppchen!).

Vorteil des Fondue Chinoise: Da es ohne Fett zubereitet wird, ist es leicht verdaulich und durch die verschiedenen Beigaben doch ein pikantes und verlockendes Essen auch für Gäste.

NB. Zu **Fondue Orientale** gehören ausserdem noch folg. **Zutaten:** Plätzchen von Kalbsniere und Milken, sowie kleine Stückchen von zartem Huhn (evtl. vorgekocht) — Mango Chutney und Currysauce Nr. 568 od. -Mayonnaise Nr. 595 (3). — Dazu serviert man **Indischen Reis** Nr. 980 oder **Glasnudeln** (aus Reismehl = Soeoen).

Gemüsegerichte (vorwiegend vegetarisch)

Verwendung als Vorspeise. — Als Abendessen oder Hauptmahlzeit werden zur Ergänzung und Vervollständigung passende Gerichte dazu serviert.

Gemüseküchlein und gefüllte Gemüse

295 Gemüseküchlein im Teig gebacken (Beignets aux légumes)

Gemüse je nach Jahreszeit (od. sterilisierte, sowie Reste) — Ausbackteig Nr. 931 (I. Art) — Backöl

a) **Rohe Gemüse:** 1–3 Zucchetti, Aubergines oder Gurken — Sellerie — Kürbis — evtl. Zwiebelscheiben — (Pilze Nr. 360).

Vorbereiten: Die Gemüse schälen, Aubergines nur mit einem Tuch abreiben, in ½– 1 cm dicke Scheiben oder Stengelchen schneiden. Leicht salzen und etwa 10 Min. liegen lassen. — Kleine Zucchetti und Aubergines (beides ungeschält) der Länge nach in Scheiben schneiden, sehr kleine ganz lassen.

b) **Gekochte Gemüse** (auch sterilisierte sowie Reste): Sellerie, Kohlrabi, Räben, Blumenkohl sowie Broccoli, Rüben, Schwarzwurzeln, Topinambur, Stachis — Gemüselauch, Spinat.

Vorbereiten: Die Gemüse je nach ihrer Art zurüsten, in gleichmässige, 1 cm dicke Scheiben schneiden, kleine Gemüse ganz lassen, Blumenkohl in Röschen teilen usw. In Salzwasser knapp weichkochen (s. Nr. 443) oder im Dampf (Nr. 444). Gut abtropfen lassen (evtl. auf einem Tuch). — Spinatblätter (200–300 g) verlesen, Lauch in Stücke schneiden, waschen, nur kurz in kochendes Salzwasser tauchen und gut abtropfen.

Schwimmend Backen: Das vorbereitete Gemüse sorgfältig mit zwei Gabeln im Teig wenden (bei Spinat immer einige Blätter aufeinanderlegen) und in gut heissem Öl hellbraun backen, gut abtropfen lassen.

NB. Reste von gehacktem Spinat unter etwas dicken Ausbackteig mischen, löffelweise davon ins Fett geben und backen. — Statt nur eine Gemüseart, 3–4 verschiedene verwenden. — Für Tomaten soll der Teig etwas **dicker** sein als für andere Küchlein. — Dem Teig nach Belieben etwas geriebenen Käse (Sbrinz) beimischen. — Gebackenen Blumenkohl evtl. beim Anrichten in eine kleinere Schüssel geben (die schönsten Röschen nach aussen), leicht andrücken. Auf eine flache heisse Platte stürzen und mit einem Kranz von Kresse oder Salatblättern garnieren.

Servieren der Gemüseküchlein möglichst heiss, mit Salat, sauersüssen Früchten, Tomaten- oder Petersiliensauce. — Als Hauptgericht ergänzen mit Reis (Nr. 980), Polenta oder Kartoffelstock.

Panierte Gemüseküchlein   (Légumes frits)   296

Gemüse s. Angaben bei Nr. 295 — z. Wenden: 40–80 g Mehl — Panade Nr. 888 — Backöl
Vorbereiten der Gemüse, roh oder gekocht, siehe **Nr. 295,** Abschn. **a** und **b.**
(Spinat und Tomaten eignen sich nicht für die panierte Zubereitung.)
Panieren (s. Nr. 888): Das vorbereitete Gemüse (roh od. gekocht) zuerst im Mehl, dann sorgfältig in verklopftem Ei wenden und panieren. (Nicht mehr aufeinanderlegen!)
Backen der Küchlein, halbschwimmend, in gut heissem Öl (immer nur wenige auf einmal), gut abtropfen lassen. — **Servieren** möglichst heiss, mit Salat, Tomaten- oder Petersiliensauce, evtl. mit sauersüssen Früchten. — Als Hauptgericht ergänzen mit Reis (Nr. 980), Polenta oder Kartoffelstock.

NB. Evtl. auch passend als **Garnitur** von Fleischplatten. — Statt nur eine Gemüseart, 3–4 verschiedene verwenden. — **Gefüllte** Gemüseküchlein siehe Nr. 296a.

Gefüllte Gemüseküchlein   296a

Gemüse: 1–2 Zucchetti od. 1 Sellerie, roh oder gekocht
z. Füllen: 100 g Brät, 1–2 dicke Schinkentranchen od. Emmentalerscheiben (ca. 3 mm)
Zubereitung wie Gemüseküchlein Nr. 296. Das Gemüse in knapp 1 cm dicke Scheiben schneiden, von Sellerie runde Plätzchen ausstechen. Zwischen je 2 Scheiben eine der Füllungen geben, gut aufeinander drücken, in Mehl wenden, dann panieren.

Gebackene Aubergines oder Zucchetti au gratin   297

Panierte Aubergines- oder   Tomatensauce Nr. 571 od. 572
Zucchettiküchlein Nr. 296   z. Gratinieren: 30 g Käse, gerieben, 30 g Butter

Anrichten: Die gebackenen Gemüsescheiben schuppenartig in eine bebutterte Gratinplatte legen, mit wenig Tomatensauce übergiessen. Geriebenen Käse und kleine Butterstückchen auf der Oberfläche verteilen. — **Gratinieren** in guter Oberhitze, ca. 15 Min.

298 Gemüse-Frittura

½ Port. gebackener Blumenkohl Nr. 295
3–4 Tomaten, gebacken, Nr. 295, NB.
½ Port. Sellerieküchlein, paniert Nr. 296
z. Garnieren: Salatblätter

Anrichten: Auf eine grosse flache Platte einen Kranz Salatblätter legen, die gebackenen Gemüse gemischt, bergartig darauf geben.

Servieren möglichst heiss, mit Tomaten-, Zwiebel- oder Petersiliensauce.

NB. Andere Zusammenstellung: Broccoli- oder Schwarzwurzel- u. Zwiebelküchlein nach Nr. 295, Pilzküchlein Nr. 358 usw. (je nach Jahreszeit), evtl. noch ½ Port. Käseküchlein Nr. 241.

299 Kräuter- oder Spinatschnitten   (Croûtes aux fines herbes etc.)

Zubereitung wie Käseschnitten Nr. 235, statt Käse 1–2 Essl. sauren Rahm und 2–3 Essl. fein gehackte **Kräuter** (Petersilie, Schnittlauch, Kerbel, etwas Dill, Boretsch usw.) oder **Spinat** (evtl. Reste) beigeben. — **Servieren** mit Salat, Tomaten- oder Béchamelsauce.

300 Gemüsepastetchen   (Tartelettes aux légumes)

Zubereitung wie Pilzpastetchen Nr. 366 (I. od. II. Art), jedoch Gemüseragout Nr. 503 einfüllen.

301 Gemüsekräpfchen   (Beignets aux légumes)

Eingerührter Teig Nr. 917
oder
Sauerrahmteig Nr. 922

Füllung:
1 kleine Zwiebel, Grünes
1 kleiner Sellerie, 150 g Spinat
20 g Butter, Gewürz
2–3 Essl. Reisreste s. NB.
2–4 Essl. Rahm od. Milch

Zubereitung wie Fleischkräpfchen Nr. 267. — **Füllung:** Zwiebel, Grünes und den heiss überbrühten Spinat fein hacken, Sellerie zurüsten und reiben, alles zusammen in der Butter dämpfen. Evtl. Reisreste beigeben, sowie Rahm oder Milch, gut würzen. — Die Füllung soll feucht, aber nicht flüssig sein. — **Servieren** der Kräpfchen mit Tomatensauce.

NB. Statt der Reisreste kann auch etwas eingeweichtes oder geriebenes Brot verwendet werden.

302 Tomates en robe de chambre   (Tomaten im Teig gebacken)

6 schöne, feste Tomaten, roh gefüllt, s. Nr. 303
Blätter- od. Sauerrahmteig Nr. 924 u. 922   z. Bestreichen: 1 Ei

Formen: Den Teig 3 mm dick auswallen, in ca. 25 cm grosse Quadrate schneiden und je eine gefüllte Tomate darauf setzen. Den Teig an den 4 Seiten zusammennehmen, d. h. sie leicht benetzt aufeinanderdrücken. Oben mit einem ausgestochenen Teigplätzchen abschliessen. Bestreichen mit verklopftem Ei. — **Backen** in gut heissem Ofen **ca. 30 Min.** — **Servieren** möglichst rasch (da die Tomaten leicht zusammenfallen), evtl. mit grünem Salat.

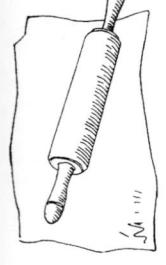

Gefüllte Tomaten (Tomates farcies) 303

Anmerkung: Bei dieser Zubereitungsart die Füllung in die **rohen** Tomaten geben (evtl. auch in sterilisierte) und mitdämpfen.

6–12 schöne, feste Tomaten — Salz
Füllungen s. Nr. 304, Abschn. 1–7
evtl. 3–5 Essl. Rahm
20–30 g Butter

Vorbereiten: Die Tomaten waschen oder mit einem Tuch abreiben, oben einen horizontalen Schnitt machen, so dass sich ein Deckel bildet, der noch an der Tomate hält. Mit einem Löffelchen ein wenig aushöhlen und leicht salzen.

Füllen: Die zubereitete Füllung in die Tomaten geben, auf eine bebutterte Gratinplatte setzen, mit einem Butterstückchen belegen. Wenig Tomatensaft (passiert vom Ausgehöhlten) und evtl. noch einige Esslöffel Rahm dazu giessen.

Dämpfen im Ofen (evtl. zugedeckt auf dem Herd) während **ca. 20 Min.**

Servieren als Einzelplatte, evtl. mit Salat. — Als Hauptgericht zu Reis, Hirse, Teigwaren, Kartoffeln, Polenta.

NB. Die Tomaten nicht zu stark aushöhlen, damit sie noch saftig und schmackhaft sind! — Evtl. die Tomaten halbiert aushöhlen und füllen. — Sterilisierte Tomaten besonders sorgfältig öffnen (am besten mit der Schere) die Kerne und ein wenig vom Innern entfernen, füllen und die Tomatenhälften wieder vorsichtig aufeinanderlegen. — (Tomaten sterilisieren siehe Nr. 1720.)

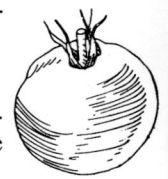

Füllungen zu Tomaten Nr. 303 304

1. **Wegglifüllung:** 3 frische Weggli*, 1 dl Milch — 20 g Butter, ½ Zwiebel, Grünes (s. NB.), 1–2 Eier — evtl. 50 g Schinken, gehackt — 3–5 Essl. Rahm od. Joghurt — Salz, Muskat, Maggi
Die Weggli in 1 cm grosse Würfelchen schneiden, mit der heissen Milch übergiessen und zudecken. — Zwiebel und Grünes fein hacken, in der Butter dämpfen, mit den Weggli und den übrigen Zutaten sorgfältig vermischen so, dass die Masse nicht breiig wird.

    NB. Zu dieser Füllung evtl. auch etwas Lauch, Sellerie, Liebstöckel oder Majoran verwenden (gut mitdämpfen). — *Alte Weggli mit etwas mehr Milch einweichen.

2. **Fleischfüllung a)** Wegglifüllung wie oben zubereiten, derselben 100–150 g Schinken, Brät, Speckwürfelchen (glasig gebraten) oder Fleischreste beimischen.

    b) Fleischhaché Nr. 697. — Bei zu wenig Fleischresten eine Tasse gekochten Reis, Hörnli oder Kartoffelwürfelchen beigeben.

3. **Reis mit Schinken oder Pilzen:** ½ Port. Reis (Nr. 980) oder Reisreste mit 1–2 Eiern und 50–100 g gehacktem Schinken oder einer Tasse voll gedämpften Pilzen (Nr. 347) vermischen.

4. **Eier, ganze:** Zu diesem Gericht grosse Tomaten verwenden. — Je ein Ei in eine vorbereitete Tomate aufschlagen, mit Butterstückchen belegen. — Evtl. zuerst etwas gehackten Schinken oder Grünes, gedämpft, in die Tomaten geben.

5. **Eier mit Schnittlauch** und etwas Salz, gut verklopft, in die Tomaten füllen.

6. **Haferfüllung:** 50 g Haferflocken, 1 dl Milch — 3–4 Essl. Grünes, 1 kleine Zwiebel — 20 g Butter — Gewürz: Salz, Muskat, Curry, Maggi — 1–2 Eier, einige Essl. Rahm
Den Hafer mit der warmen Milch übergiessen, zudecken, etwas aufquellen lassen.

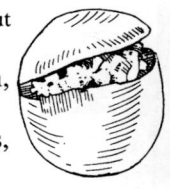

Grünes und Zwiebel fein hacken, in der Butter durchdämpfen, mit dem Hafer und den übrigen Zutaten vermischen, würzen.

7. **Käsefüllung:** ½ Port. Füllung von Pastetchen Nr. 245 oder ½ Port. Käseauflaufmasse Nr. 248 (das Eiweiss ungeschlagen verwenden). Die Tomaten nur ¾ hoch füllen. — Vor dem Anrichten mit Schnittlauch bestreuen.

Evtl. 1 Tasse Reis-, Kartoffel- oder Teigwarenreste unter die Käsemasse mischen.

305 Gedämpfte Tomaten, gefüllt (Tomates etuvées, farcies)

Anmerkung: Die ausgehöhlten Tomaten zuerst **vordämpfen** und beim **Anrichten füllen**. 6–12 schöne, feste Tomaten, Salz — 30 g Butter — Füllung je nach Verwendung, s. unten

Vorbereiten: Die Tomaten waschen oder mit einem Tuch abreiben, ein Deckelchen abschneiden oder die Tomaten halbieren. Mit einem kleinen Löffel aushöhlen, innen leicht salzen, mit je einem Butterstückchen belegen, auf eine Gratinplatte setzen. —
Dämpfen der Tomaten, bis sie knapp weich sind (10–15 Min.), im Ofen oder zugedeckt auf dem Herd. Möglichst rasch füllen und anrichten.
Servieren als Einzelplatte oder als Garnitur von Fleisch-, Reis- oder Gemüseplatten.

Füllungen je nach Verwendung:

1. **Erbsen** in Butter Nr. 492 oder auf franz. Art Nr. 493 oder **Erbsenpurée** Nr. 496 mit Dressiersack eingefüllt (als Garnitur speziell zu Braten, z. B. von Nr. 712 u. ä.).
2. **Spargelspitzen:** Die geöffnete Büchse im Wasserbad erhitzen, die Flüssigkeit abgiessen. Die Spargeln dicht in die Tomaten stellen (Köpfchen nach oben) mit heisser Butter abschmelzen. — Die Spargelspitzen evtl. kürzer schneiden (am besten mit einer Schere).
3. **Blumenkohl (à la Dubarry):** nach Nr. 470 weichkochen (in kleine Röschen geteilt) und zu kleinen Köpfchen formen. Diese in die Tomaten setzen, mit Butter abschmelzen.
4. **Spinat** (½ Port.) nach Nr. 449, evtl. mit Käse bestreut noch kurz überbacken.
5. **Lauch** gedämpfter, Nr. 462 oder Lauch mit Sauce Nr. 461 (3), ½ Port.
6. **Eierschwämmchen** (oder andere Pilze): nach Nr. 347 zubereiten, einfüllen, mit Schnittlauch bestreuen, mit Zitronensaft und brauner Butter beträufeln.
7. **Rührei** (½ Port.) nach Nr. 223 oder Nr. 224 zubereiten, einfüllen, mit Schnittlauch bestreuen, sofort servieren.
8. **Béchamel** Nr. 553, dicke (d. h. nur mit 3–4 dl Milch abgelöscht) legieren, einfüllen und mit Schnittlauch bestreuen, oder mit Butterstückchen belegen und gelb überbacken.
9. **Kartoffelstock** (½ Port.) **legiert:** 1 Eigelb mit ½ dl Rahm verrühren, unter den dicken Kartoffelstock mischen. Mit dem Dressiersack in die Tomaten füllen, evtl. in Oberhitze kurz überbacken. (Zu Fleischplatten oder um Erbsen.)
10. **Leber,** gedämpfte, ½ Port. von Nr. 755. — Servieren zu Reis oder Kartoffelstock.
11. **Fleischhaché** nach Nr. 697, evtl. mit **Reis** gemischt, heiss einfüllen.

Ganze, gefüllte Gurken   (Concombres entiers, farcis)   **313**

3 kleinere, dicke Gurken
Wegglifüllung von Nr. 304 (Abschn. 1)
oder Fleischhaché Nr. 697

Bouillon (ca. ½ l) evtl. mit Maggi Würfeln
40–60 g Butter

Vorbereiten: Die Gurken schälen (von der Spitze gegen den Stiel, s. Angabe von Nr. 312), der Länge nach halbieren, die Kerne mit einem Löffelchen entfernen, leicht salzen.

Füllen der Gurkenhälften, glattstreichen, wieder aufeinanderlegen und zusammenbinden oder von oben mit 2–3 Hölzchen durchstechen. Die Gurken in die bebutterte Gratinplatte geben (unten etwas flachschneiden), etwas Bouillon dazugiessen (ca. ½ cm hoch), mit Butterstückchen reichlich belegen. — **Weichdämpfen** im Ofen während 50–60 Min. — Hölzchen oder Schnur entfernen. — **Servieren:** siehe Nr. 310.

NB. Gurken mit viel Kernen lassen sich auch gut aushöhlen, indem man diese (bei der ganzen Gurke) von einem Ende her mit einem Kochlöffelstiel am andern Ende hinausstösst, leicht salzen und füllen.

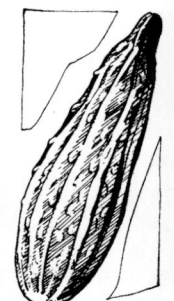

Gefüllte Kohlrabi   (Choux raves, farcis)   **314**

2 Büschel zarte Kohlrabi — Salzwasser

z. Dämpfen: ca 2 dl Bouillon
(evtl. 3–5 Essl. Rahm)
z. Belegen { 20 g Butter
              20 g geriebenen Käse

Füllung
½ Zwiebel, Grünes 10 g Butter,
Fleischreste od. 50 g Schinken
50 g Weissbrot ohne Rinde
ca. 1 dl Milch z. Einweichen
1–2 Eigelb — etwas Rahm
Salz, Muskat, Maggi Würze

Vorbereiten: Die Kohlrabi zurüsten, halbieren, knapp weichkochen, s. Nr. 467.

Füllung: Zwiebel und Grünes fein hacken, in Butter dünsten. Fleisch oder Schinken in ganz kleine Würfelchen schneiden. Das Brot in der heissen Milch einweichen, alle übrigen Zutaten damit vermischen, gut würzen.

Aushöhlen der Kohlrabi mit einem Apfelausstecher, unten etwas flach abschneiden.

Füllen und auf eine bebutterte Gratinplatte setzen. Von der Bouillon ca. 1 cm hoch dazugiessen, evtl. etwas Rahm beifügen. Käse und Butterstückchen auf der Oberfläche verteilen. — **Weichdämpfen** im Ofen während 20–30 Min.

Vegetarisch: Statt Fleisch 40 g geriebenen Käse und gehackte Kräuter (Majoran, Boretsch usw.) verwenden.

Gefüllte Sellerie   (Céleris farcis)   **315**

Zubereitung wie gefüllte Kohlrabi Nr. 314, jedoch 6 apfelgrosse Sellerieknollen vorbereiten. — Als **Füllung** evtl. 100 g Schinken mit ½ Port. Béchamel vermischt verwenden, oder gedämpfte Champignons Nr. 346.

Gefüllte Zwiebeln   (Oignons farcies)   **316**

6–9 Zwiebeln — Salzwasser
Füllung: Rührei Nr. 223, Fleischhaché Nr. 697, Gemüse Nr. 503 oder Spinat Nr. 454

Vorbereiten: Die Zwiebeln in Salzwasser knapp weich kochen, so dass sie die Form

behalten. Sie aushöhlen, in eine Gratinplatte setzen, mit Butterstückchen belegen. — **Dämpfen** während einiger Minuten im heissen Ofen, dann füllen.
Servieren I. Art: Mit Rührei oder Haché gefüllt, zu einer Gemüseplatte (Spinat, Wirsing, Rosenkohl) sowie zu Reis, Kartoffelstock oder Teigwaren. — **II. Art:** mit Gemüse gefüllt als Garnitur von Rinds-, Schweins- oder Hammelbraten.

317 Gefüllte Lauchröllchen mit Speck (Poireau au lard, farci) Bild s. Tafel 14

6–9 Lauchstengel — 200 g Delikatessspeck, dünn geschnitten — 2–3 dl Bouillon — Salz, Muskat
z. Füllen: 100–200 g Bratwurstteig oder Käsestengelchen.

Zurüsten: Den Lauch in 6–8 cm lange Stücke teilen, diese bis zur Mitte einschneiden und möglichst sorgfältig waschen, damit die Röllchen nicht auseinanderfallen. Sie eventuell in Salzwasser kurz vorkochen, so, dass sie noch steif sind.
Vorbereiten: Jedes Lauchstück **füllen** mit etwas Bratwurstteig oder einem Käsestengelchen. Dann mit einer dünnen Speckscheibe umwickeln und dicht nebeneinander in die Gratinform legen. Wenig Bouillon dazugiessen. — **Weichdämpfen** im Ofen od. zugedeckt auf dem Herd während 30–50 Min. — **Servieren** als Vorspeise oder als Hauptgericht mit Buttersauce (Nr. 549) zu Kartoffeln, Reis oder Teigwaren.

318 Brochettes à la bonne femme (Spinatspiesschen)

500 g grosse Spinatblätter   100 g dünne Speckscheiben
300 g Bratwurstteig   30–50 g Kochfett oder Öl

Vorbereiten: Den Spinat verlesen, gut waschen, in Salzwasser kurz abbrühen (d. h. so, dass die Blätter nicht zerfallen), abschrecken.
Spiesschen: Je 2–3 Spinatblätter aufeinanderlegen, mit etwas Bratwurstteig bestreichen, aufrollen, mit einer halben Speckscheibe umwickeln und an die Spiesschennadel stecken. — **Braten** in wenig heissem Fett, **servieren** mit Tomatensauce oder Béchamel oder grünem Salat.

319 Spinatröllchen (Laubfrösche — Epinards farcis, roulés)

½ kg Spinat (möglichst grossblättrigen)   Wegglifüllung v. Nr. 304 (1)
½ l Salzwasser — Béchamel Nr. 553   50 g Magerspeck od. 30 g Käse, gerieben
                                           z. Gratinieren: 20 g Käse, ger., 30 g Butter

Die **Füllung** zubereiten, den Speck in kleine Würfelchen schneiden, glasig braten und damit vermischen (oder statt dessen den Käse beigeben).
Vorbereiten: Den Spinat verlesen, waschen und handvollweise kurz ins siedende Salzwasser tauchen, d. h. nur solange, bis die Blätter lahm, aber noch schön ganz sind. Herausheben, abtropfen, auf kalt abgespültem Brett oder Teller ausbreiten.
Füllen: Je 2–3 Spinatblätter aufeinanderlegen, mit etwas Füllung bestreichen und aufrollen. — Auf eine bebutterte Gratinplatte eine dünne Lage Béchamel giessen, die Röllchen dicht nebeneinander darauf legen, mit Käse bestreuen, Butterflöckchen auf der Oberfläche verteilen. — **Gratinieren** des Gerichtes im Ofen während ca. 20 Min. —
Servieren mit dem Rest der Sauce (diesen evtl. noch verdünnen und legieren). — Als Hauptgericht: mit Kartoffelstock, Polenta oder Reis usw.

Gefüllter Lattich   (Laitue farcie) — 320

3–6 Lattichköpfe, Salzwasser
Fleischhaché Nr. 697 od. 300 g Bratwurstteig
30 g Butter, 30 g Käse, gerieben
evtl. 1–2 dl Bouillon

Vorbereiten: Den Lattich zurüsten, gründlich waschen. In siedendes Salzwasser geben, halbweich kochen, herausnehmen, gut abtropfen (s. Nr. 457).
Füllen: Den Lattich zwischen den Blättern mit Haché oder Bratwurstteig belegen und nebeneinander in eine Gratinplatte geben. Mit Käse bestreuen, mit Butterstückchen belegen, wenig Lattichwasser (oder Bouillon) dazugiessen. — **Dämpfen** etwa 20 Min. im Ofen oder zugedeckt auf dem Herd.
II. Art: Den rohen Lattich füllen und zugedeckt gut weichdämpfen (ca. 40 Min.).

Kleine Kabis- oder Wirsingrouladen   (Choux farcis, roulés) — 321

1 Kabis oder Wirsing, Salzwasser
Fleischhaché Nr. 697 — 60 g Butter od. Fett

Vorbereiten: Den Kohl entblättern, die dicksten Stellen der Blattrippen ganz flach wegschneiden. Die Blätter in Salzwasser knapp weichkochen.
Füllen: Die Blätter auf einem Brett ausbreiten (bei kleineren immer zwei aufeinanderlegen), je ein Häufchen dickes Fleischhaché darauf verteilen und aufrollen. — **Braten:** In einer Omelettenpfanne das Fett erwärmen. Die Rouladen nebeneinander hineinlegen, zudecken und auf der unteren Seite braun braten. Sie sorgfältig wenden und auf der andern Seite ebenfalls braten, anrichten. — **Servieren** der Rouladen mit Tomatensauce oder Béchamel. Als Hauptgericht: mit Wasserreis oder Salzkartoffeln, evtl. mit gekochten Kastanien.
NB. Statt Kohl-, evtl. Lattich- oder grosse Mangoldblätter verwenden. — Die Rouladen lassen sich auch gut in einer Gratinform braten (im Ofen oder auf dem Herd), unter einmaligem Wenden. —
Andere Füllung: gedämpfte Kastanien Nr. 383.

Grosse Kabis- oder Wirsingroulade — 322

Zubereitung wie kleine Kohlrouladen **Nr. 321**. Das Ganze jedoch mit möglichst grossen Blättern zu einer grossen Roulade formen. — **Braten** unter einmaligem Wenden in länglicher Bratpfanne.
II. Art: Damit die Roulade leichter zusammenhält, sie in ein Stück Schweinsnetz einwickeln und zubinden.

Kohlköpfchen auf türkische Art   (Petits choux farcis)   Bild auf Tafel 17 — 323

1 Wirsing (Kohl), evtl. Mangold od. Lattich
Salzwasser
Tomatensauce Nr. 571 od. 572
z. Gratinieren: 20 g Käse, 30 g Butter
Vegetarische Füllung s. unten

Fleischfüllung:
300 g Schweinefleisch, gehackt s. NB.
30 g Kochfett — ½ Zwiebel
200 g Reis (s. NB.)
¾ l Bouillon, Salz, Muskat
evtl. 40 g Käse, gerieben

Fleischfüllung: Das gehackte Fleisch im heissen Fett rasch überbraten, die fein gehackte Zwiebel kurz mitdünsten. Den Reis unter das Fleisch mischen und mit **kochender** Bouillon (evtl. Kohlwasser) ablöschen, kräftig würzen. — **Garkochen** ca. 20 Min., evtl. Käse darunterziehen.

Vorbereiten des Wirsings: Ihn entblättern, die dicken Blattrippen ganz **flach** abschneiden. Die Blätter waschen und in siedendem Salzwasser weichkochen (jedoch so, dass sie nicht zerfallen), sorgfältig auf ein Sieb geben zum Abtropfen.

Formen der **Köpfchen:** Eine kleine Schüssel oder Tasse mit einem Tüchlein auslegen, 1–2 schöne Kohlblätter hineinordnen. Füllung und ein kleines Kohlblatt darauf geben, das Tuch an den Zipfeln fassen, zusammendrehen, so dass das Köpfchen gut zusammenhält. — Diese Kohlköpfchen auf eine bebutterte Gratinplatte stürzen, geriebenen Käse und Butterstückchen darüber verteilen, etwas Tomatensauce dazugiessen. **Gratinieren** während ca. 20 Min. — **Servieren** als Einzelplatte mit dem Rest der Tomatensauce. — Als **Hauptgericht:** Wasserreis, Salzkartoffeln oder Knöpfli dazu servieren.

NB. Zur Füllung lassen sich auch Rinds-Hackfleisch oder **Reste** von Braten (gehackt) sowie von Reis verwerten (Kochzeit entsprechend berechnen). — Zubereitung mit **Goldhirse** (15 Min.) oder **Gerste** (ca. 1 Std. Kochzeit). — Statt kleine Köpfchen einen **grossen Kohlkopf** formen, dabei **lagenweise** Blätter und Füllung hineingeben.

Vegetarische Füllung: Statt Fleisch zu verwenden, 60–80 g **Käse** darunterziehen oder 100–200 g kleingeschnittene (od. 50 g gedörrte, kurz eingeweichte) Pilze zuerst durchdämpfen.

324 Gefüllter Kohlkopf (Chou farci)   Bild auf Tafel 17

1 grosser Wirsing oder Kabis   Füllung: 500 g Bratwurstteig od. Haché
Salzwasser oder Bouillon   vegetarische Füllung siehe unten

Vorbereiten: Den Kohl entblättern, die dicken Blattrippen **flach** abschneiden oder entfernen, waschen. Die Blätter in Salzwasser **kurz** abkochen. — **Formen:** Eine Schüssel (in der Grösse des rohen Kohlkopfes) mit einem Tüchlein auslegen, 3–4 der grössten Kohlblätter hineingeben (Spitzen nach unten) mit Füllung bestreichen (mit nassem Löffel), wieder mit Blättern und Füllung belegen, und so lagenweise fortfahren, bis Füllung und Kohlblätter aufgebraucht sind. Das Ganze mit der Serviette **fest** zusammendrücken und oben zubinden. — **Kochen:** In einer hohen Pfanne Salzwasser oder Bouillon zum Sieden bringen, einen Siebeinsatz hineingeben, den eingebundenen Kohlkopf daraufsetzen. — (Die Brühe sollte den Kohlkopf bedecken.)

Kochzeit ca. 1½ Std. oder im Dampfkochtopf nach Vorschrift.

Garprobe: Einstechen mit einer Dressiernadel.

Anrichten: Den Kohl auf ein Sieb herausheben, abtropfen, die Serviette öffnen, sorgfältig auf eine Platte stürzen, evtl. garnieren (siehe NB.). — **Servieren** mit Petersilie- oder Tomatensauce zu Wasserreis, Salzkartoffeln, Teigwaren oder Knöpfli.

NB. Als **Eintopfgericht:** Kartoffeln, Hörnli oder evtl. Reis **mitkochen.** — Hübsche **Garnitur:** Den angerichteten Kohlkopf mit gebratenen **Speckröllchen** bestecken (kleine dünne Magerspeckscheibchen aufgerollt auf halbierte Küchenhölzchen geben und kurz **glasig** braten).—**Vegetarische Füllung:** Brotkloss Nr. 1056 zubereiten, demselben viel Grünes beimischen, oder statt dessen 100–200 g klein geschnittene Pilze (evtl. gedörrte, kurz eingeweicht) mitdämpfen.

Kohlkopf in der Form   325

1 mittlerer Wirsing — Salzwasser
100–200 g Magerspeckscheiben
300 g Bratwurstteig — evtl. etwas Bouillon
40 g Käse, gerieben — 30 g Kochfett

Vorbereiten: Den Wirsing entblättern, die dicken Blattrippen f l a c h abschneiden oder entfernen. Die Blätter in Salzwasser kurz abkochen.
Einfüllen: Den Boden einer Auflaufform mit den Speckscheiben hübsch belegen. Kohlblätter, Bratwurstteig und den übrigen Speck abwechselnd l a g e n w e i s e in die Form geben. Die Oberfläche mit Käse bestreuen, mit Kohlwasser oder Bouillon knapp übergiessen, mit Fettflöckchen belegen.
Dämpfen im Ofen ca. 50 Min. — **Servieren** in der Form oder auf eine heisse Platte gestürzt, mit Reis oder Salzkartoffeln, evtl. mit Tomatensauce.

Gemüse-Puddings, -Aufläufe, -Eintopfgerichte

Spinatpudding   (Pouding aux épinards)   Bild auf Tafel 14   326

½ kg Spinat, ca. ½ l Salzwasser
50 g Magerspeck (veget. s. NB.)
Zwiebel, Grünes, 30 g Kochfett
50 g Mehl — 3 dl Milch
Salz, Muskat, Maggi Fondor
20 g Käse, gerieben, evtl. Majoran
3–4 Eigelb, 3–4 Essl. Rahm od. Joghurt
2–3 Eiweiss (z. Schnee)

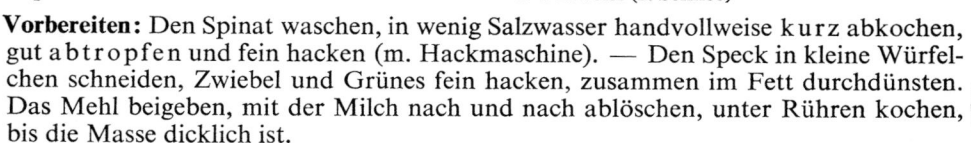

Vorbereiten: Den Spinat waschen, in wenig Salzwasser handvollweise k u r z abkochen, gut a b t r o p f e n und fein hacken (m. Hackmaschine). — Den Speck in kleine Würfelchen schneiden, Zwiebel und Grünes fein hacken, zusammen im Fett durchdünsten. Das Mehl beigeben, mit der Milch nach und nach ablöschen, unter Rühren kochen, bis die Masse dicklich ist.
Pudding: Den vorbereiteten Spinat, mit der Mehlmasse, Käse, Eigelb und Rahm gut vermischen, kräftig würzen. Die E i w e i s s zu steifem Schnee schlagen, unter die Spinatmasse ziehen. **Einfüllen** in die gut panierte Form. **Kochen** im Wasserbad (evtl. im Ofen) ca. 50 Min.
Anrichten: Den Pudding sorgfältig lösen und stürzen. **Servieren,** z.B. mit Béchamel- oder Mousselinsauce, evtl. zu Bratkartoffeln, Reis oder Teigwaren.

Den Pudding evtl. **garnieren** mit einem Kranz von kleinen gedämpften Eierschwämmen, hartgekochten Eierscheiben, Fleurons, kleinen Croûtons mit Rührei (Nr. 223), gefüllten Zwiebeln (Nr. 316) oder Lyonerkörbchen (Nr. 254) mit Rührei gefüllt.

NB. Vegetarisch: statt Speck 50–80 g Käse verwenden. — Den Pudding evtl. mit Mangold od. Kopfsalat (z.B. aufgeschossenem) zubereiten. — **Puddings,** Grundregel, s. Nr. 1166.

Wirsingpudding   (Pouding au chou)   327

Zubereitung wie Spinatpudding **Nr. 326,** jedoch W i r s i n g (ca. 1 kg) zurüsten (alle dicken Rippen entfernen) und in Salzwasser knapp weichkochen (s. Nr. 475). Den Kohl gut a b t r o p f e n lassen und f e i n hacken.

NB. Rosenkohl-Pudding: statt Wirsing ½ kg Rosenkohl verwenden.

328 Zwiebelpudding, amerikanisch (Pouding aux oignons)

300 g Zwiebeln
15 g Weissmehl, 2 dl Milch
Salz, Pfeffer, Muskat
3–4 Eier — Schnittlauch u. Petersilie

Puddingmasse: Die Zwiebeln schälen, in dünne Scheiben schneiden, mit Wasser bedeckt, weichkochen (ca. 30 Min.) und durch ein Sieb streichen (oder im Mixer pürieren). Man sollte 2 dl Purée erhalten, wenn nötig mit Milch oder Bouillon ergänzen. Mehl und Milch unter Rühren aufkochen. — Die Eier mit dem fein gehackten Grün verklopfen, die Milchmasse und das Zwiebelpurée damit vermischen, würzen. — **Einfüllen** in eine bebutterte Form (bis zu ¾ Höhe). — **Kochen** im Wasserbad während ca. 40 Min. — Nur leise kochen, da die Masse sonst zu stark aufgeht und wieder zusammenfällt.

Anrichten: Den Pudding sorgfältig lösen und stürzen. Die Oberfläche evtl. mit Trüffelscheibchen und Petersilie garnieren. — **Servieren** als Vorspeise mit einer Tomatensauce oder Hollandaise. Als Hauptgericht ergänzen mit grünem Salat, Spinat oder Erbsen und Bratkartoffeln oder Pommes frites.

NB. Als **Garnitur** von vegetar. und Fleischplatten in kleinen Förmchen kochen. — **Puddings**, Grundregel siehe Nr. 1166. — Als **Auflauf** die Masse in einer Auflaufform im Ofen backen.

329 Spinat-, Wirsing- oder Rosenkohlauflauf (Soufflé aux épinards ou choux)

Zubereitung wie Spinat- oder Wirsingpuddingmasse von Nr. 326 und 327.
Einfüllen in eine gut bebutterte Auflaufform. — **Backen** in gut heissem Ofen ca. 50 Min. — **Servieren** möglichst sofort, mit Béchamel- oder Tomatensauce.

NB. Zum Auflauf evtl. nur 2–3 Eier verwenden oder 1 Ei ersetzen durch 1 Essl. Sojamehl. — **Aufläufe**, Grundregel s. Nr. 1189.

330 Gemüseauflauf (Soufflé aux légumes)

Gemüse (ca. ½ kg) z. B.: Blumenkohl oder Spargel, Sellerie, Kohlrabi, Schwarzwurzeln, Topinambur oder Erbsen usw. — evtl. auch Zucchetti oder Kürbis.

Sauce n. Nr. 544
30 g Butter — 70 g Mehl
2½ dl Milch
2½ dl Gemüsewasser
Salz, Muskat — ½–1 dl dicken Rahm
30 g Käse, gerieben
4–5 Eigelb — 4–5 Eiweiss (z. Schnee)

Vorbereiten: Das Gemüse je nach Art zurüsten und weichkochen, siehe betr. Gemüserezepte und NB. — Die Sauce zubereiten.

Auflaufmasse: Die Hälfte vom gekochten Gemüse in Würfelchen schneiden (Blumenkohl in Röschen teilen, von Spargeln die Köpfchen abschneiden usw.). Alles übrige durch ein Sieb streichen. Dieses Purée mit der dicken Sauce, Eigelb, Käse und Rahm vermischen, kräftig würzen. — Die **Eiweiss** zu steifem Schnee schlagen und mit dem kleingeschnittenen Gemüse unter die Masse ziehen. **Einfüllen** in die bebutterte Auflaufform. — **Backen** in gut heissem Ofen ca. 45 Min. (in kleinen Förmchen 20–25 Min.) — **Servieren**, möglichst sofort nach dem Backen.

NB. Für dieses Rezept nur eine Art Gemüse und immer vom betreffenden Kochwasser verwenden. — Zu Sellerieauflauf die Blätter evtl. mitkochen und durchstreichen oder roh, fein gehackt, unter die Masse mischen. — Bei Erbsenauflauf nach Belieben statt Käse, 30 g kleine, glasig gebratene Speckwürfelchen beigeben. — **Aufläufe**, Grundregel siehe Nr. 1189.

Gemischter Gemüseauflauf   (Soufflé aux légumes variés)   331

Gemüse je nach Jahreszeit, ca. 1 kg: Sellerie, Rüben, Blumenkohl — Rosenkohl, Schwarzwurzeln, Erbsen usw. — Salzwasser

Béchamel Nr. 553
(nur mit 3 dl Milch abgelöscht)
40 g braune Butter Nr. 585

z. Legieren { 1–2 dl dicken Rahm
3 Eigelb
3 Eiweiss (z. Schnee)

Vorbereiten: Die Gemüse je nach ihrer Art zurüsten, in Würfelchen schneiden (Blumenkohl in kleine Röschen teilen), in möglichst wenig Salzwasser oder im Dampf weichkochen, gut abtropfen lassen.

Auflaufmasse: Die Béchamel zubereiten, mit Rahm und Eigelb legieren und mit der braunen Butter unter das Gemüse mischen, würzen. — Die **Eiweiss** zu steifem Schnee schlagen, unter die Masse ziehen. **Einfüllen** in die bebutterte Auflaufform. **Backen** in gut heissem Ofen während 40–50 Min. — **Servieren** möglichst sofort nach dem Backen.

Andere Art: Unter die legierte Béchamel den Eierschnee ziehen. Diese Masse lagenweise mit dem Gemüse in die Form füllen, als letzte Lage Eiermasse. — **Aufläufe,** Grundregel siehe Nr. 1189.

Gemüsemuscheln au gratin   (Légumes en coquilles)   332

Gemüse je nach Jahreszeit oder Gemüsereste, ca. ¾ kg: Sellerie, Blumenkohl, Rüben, Schwarzwurzeln, Topinambur, Erbsen usw. — Salzwasser

Béchamel Nr. 553 oder Käsesauce Nr. 551
evtl. 50 g Schinkenwürfelchen

evtl. ½ Port. Kartoffelstock (evtl. v. «Stocki»)
z. Gratinieren: 30 g Käse, gerieben, 40 g Butter

Vorbereiten der **Gemüse:** Sie je nach ihrer Art zurüsten, in kleine Würfelchen schneiden (Blumenkohl in kleine Röschen teilen), in möglichst wenig Salzwasser weichkochen, gut abtropfen lassen, mit der Sauce und evtl. dem Schinken vermischen. —

Einfüllen in die gut bebutterten Muscheln, evtl. am Rand mit Kartoffelstock garnieren. Geriebenen Käse und Butterflöckchen auf der Oberfläche verteilen. — **Gratinieren** in guter Oberhitze (ca. 15 Min.).

Pikante Schwarzwurzeln   (Salsifis au gourmet)   333

1 Büchse Schwarzwurzeln — 6–12 Schinkenscheiben — Paprikasauce Nr. 570, ca. 20 g Butter

Vorbereiten: Die Schwarzwurzeln gut abtropfen, einzeln in etwas Schinken einwickeln und dicht nebeneinander in eine bebutterte Gratinplatte geben. Die **Sauce** darüber verteilen, mit Butterflöckchen belegen. — **Gratinieren** in guter Oberhitze (ca. 15 Min.). **Servieren** mit Indischem Reis Nr. 980.

Feine Sellerieplatte au gratin und alla Florentina   334

1–2 grosse Sellerieknollen, Salzwasser
Weisse Buttersauce Nr. 549
50 g Käse, gerieben, 50 g Butter

Füllung { 150 g Schinken od. Fleischreste
20 g Mehl, 1 dl Milch
1 Ei — Gewürz

Vorbereiten: Den Sellerie zurüsten, in 1 cm dicke Scheiben schneiden, diese knapp weichkochen, dann mit einem Ring (v. ca. 5 cm ⌀) ausstechen. — **Füllen:** Zwischen je zwei Selleriescheiben Schinkenmasse streichen und in eine gut bebutterte Gratinplatte legen. Überziehen mit dünner-Buttersauce. Mit reichlich Käse und Butterflöckchen bestreuen. **Gratinieren** in guter Oberhitze (ca. 15 Min.).

Zur **Füllung** Schinken (oder Fleisch) fein hacken. Mehl und Milch unter Rühren aufkochen, Ei und Schinken damit vermischen, nach Geschmack würzen.

II. Art, alla Florentina: Gleiche Zubereitung wie oben, jedoch den Boden der Gratinform zuerst mit einer Lage von kurz abgekochten **Spinatblättern** (ca. 300 g) bedecken. Diese mit 2 dl Rahm übergiessen, mit etwas Käse bestreuen.

335 Spinat- oder Kräutergnocchi (Kromeski aux fines herbes)

Zubereitung wie Käsegnocchi **Nr. 252.** Statt Käse: 3–4 Essl. **fein gehackten,** kurz abgekochten **Spinat** verwenden oder **Kräuter** (z. B. Schnittlauch, Petersilie, evtl. Dill, wenig Majoran, Basilikum, Kerbel).

336 Tomatenspeise au gratin I. und II. Art

6 schöne, feste Tomaten
1–2 Zucchetti (s. II. Art)
3 Essl. Grünes, gehackt, 20 g Butter

30 g Käse, gerieben — 40 g Butter
z. Gratinieren { 1–2 dl Bouillon od. Rahm
evtl. 1 Ei, Gewürz

Vorbereiten: Die Zucchetti schälen, in 1 cm dicke Scheiben schneiden, leicht salzen, auf den Boden der Gratinplatte geben. Auf jede Zucchettischeibe eine halbierte Tomate setzen, Schnittfläche nach oben. Das in der Butter gedämpfte Grün mit dem Käse und wenig Salz vermischen, auf die Tomaten verteilen, mit Butterflöckchen belegen. — Bouillon oder Rahm, evtl. mit dem Ei und Gewürz verklopft, dazugiessen.

Gratinieren in guter Hitze, bis Tomaten und Zucchetti weich sind (ca. 20 Min.).

NB. II. Art: Statt Zucchetti-, **Aubergine**-Scheiben oder solche von **Schalenkartoffeln** verwenden oder ca. 6 cm grosse runde **Maisplätzchen** (Nr. 1002). (Die Scheiben oder Plätzchen evtl. mit einem Löffelchen etwas aushöhlen, damit die Tomaten besser stehen.) — Mit dem Grünen nach Belieben einige feingehackte Pilze durchdämpfen.

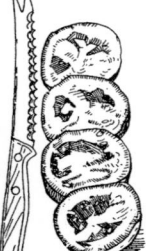

337 Tomaten-Reisspeise (Plat de riz aux tomates)

6 Tomaten — Reis Nr. 980 od. 987
60 g Käse, gerieben

Eierguss: 1–2 Eier, 1dl Milch od. Rahm
z. Belegen: 20 g Butter

Einfüllen: Die Tomaten in Scheiben schneiden und lagenweise mit Reis und Käse in eine bebutterte Gratinplatte füllen. — Eier und Milch oder Rahm zusammen verklopfen, über das Gericht giessen, mit Butterstückchen belegen.

Backen im Ofen oder zugedeckt auf dem Herd 30–40 Min. — **Servieren** mit Salat.

338 Spinat-Reisspeise (Plat de riz aux épinards)

Zubereitung wie Nr. 337. — Statt Tomaten ½ kg **Spinat** einfüllen: ihn zurüsten und kurz in wenig Salzwasser abkochen, gut abtropfen lassen.

Blumenkohl-Reisspeise (Plat de riz au chou-fleur) 339

1 Blumenkohl, Salzwasser	1–2 Maggi-Bouillonwürfel
150 g Reis — 60 g Butter	evtl. 100 g Schinken in Würfelchen
1 Zwiebel, gehackt	Eierguss ⎰ 60 g Käse, gerieben, 1 dl Milch
5 dl Blumenkohlwasser	verklopft ⎱ 2 Eier, 1 Pr. Salz — 30 g Butter

Vorbereiten: Den Blumenkohl zurüsten und weichkochen (nach **Nr. 470**). — In einer Auflaufform die Hälfte der Butter zergehen lassen, die Zwiebel und den Reis darin dünsten, mit dem heissen Blumenkohlwasser vorsichtig ablöschen. Die aufgelösten Maggiwürfel beigeben, wenn nötig noch würzen, evtl. den Schinken daruntermischen. Den Blumenkohl (mit Hilfe eines Schüsselchens geformt) in die Mitte setzen. — **Dämpfen** im Ofen oder zugedeckt auf dem Herd **ca. 18 Min.** (d. h. bis der Reis körnig weich ist). Den **Eierguss** über den Reis verteilen. Mit Butterflöckchen belegen. — **Gratinieren** im Ofen während ca. 15 Min. oder auf kleiner Flamme leise kochen, bis die Eiermasse dicklich geworden ist.

Gemüse-Hörnli oder -Gerste (Potée aux légumes) Eintopfgericht I. Art 340

Gemüse, verschiedene (ca. 1 kg) je nach Jahreszeit zum Beispiel:

250 g Rüben		300 g Rüben		2–3 Zucchetti
2 Lauchstengel		1 Sellerieknolle		4–6 Tomaten
1 kl. Blumenkohl	oder	oder 2 Kohlrabi	oder	½ Bd. Krautstiele
1 Tasse Erbsen		300 g Rosenkohl		evtl. 1 Peperone

z. Dünsten ⎰ 40 g Kochfett od.-butter   z. Beigeben ⎰ 250 g Hörnli
           ⎱ 1 Zwiebel, Grünes   ⎱ od. Gerste s. NB.

z. Ablöschen: ca. 1¼ l Wasser oder Gemüsebrühe — Braune Butter Nr. 585

Vorbereiten: Die Gemüse zurüsten. Wurzelgemüse in 2 cm grosse Würfel schneiden, Lauch in 1 cm dicke Stückchen, Blumenkohl in kleine Röschen teilen, Rosenkohl evtl. halbieren. Zwiebel und Grünes fein hacken. 
Dünsten: In der erwärmten Butter zuerst Zwiebel und Grünes, dann die Gemüse durchdünsten. — **Ablöschen** mit der heissen Flüssigkeit, gut würzen. Hörnli oder Gerste beigeben. **Kochzeit 35–45 Min.** — Die Flüssigkeit soll zuletzt fast eingekocht sein. — **Anrichten,** mit der braunen Butter abschmelzen, evtl. vorher noch mit Käse (ca. 40 g) bestreuen. — **NB.** Besonders grosskörnige Gerste zuerst 1 Std. in heissem Wasser einweichen. — (Zubereitung im Dampfkochtopf nach Vorschrift.)

Gemüse-Reis oder -Hirse (Potée aux légumes) Eintopfgericht II. Art 341

Zubereitung wie **Nr. 340**, statt Hörnli: 250 g **Reis** oder **Hirse** beigeben, jedoch erst 18 Min. vor dem Anrichten.

Gemüse-Kartoffeln (Potée aux légumes) Eintopfgericht III. Art 342

Zubereitung wie **Nr. 340**, jedoch statt Hörnli: 1 kg **Kartoffeln,** geschält, in 2–3 cm grosse Würfel geschnitten, beigeben.

343 Gemüseragout (Ragout aux légumes)   Bild auf Tafel 9

Gemüse, verschiedene (ca. 1 kg) je nach Jahreszeit, z. Beispiel:

1 Sellerieknolle — 6–10 Rübchen
evtl. ½ Bd. Krautstiele   oder   2–3 Kohlrabi — 6–10 Rübchen
1 Blumenkohl — ½ kg Erbsen   ½ kg Rosenkohl od. zarte grüne Bohnen
                                evtl. ½ kg Schwarzwurzeln od. Stachis

z. Dünsten { 1 Zwiebel, Petersilie
            { 80 g Kochfett od. -butter

Gewürz { Salz, Muskat, Maggi Würze
       { einige Tropfen Zitronensaft

z. Ablöschen: Gemüsebouillon

z. Verfeinern: 3–6 Essl. Rahm
Braune Butter Nr. 585

Vorbereiten: Die Gemüse je nach ihrer Art zurüsten und waschen (siehe betr. Rezepte). — Kohlrabi, Sellerie und Schwarzwurzeln in ca. 3 cm grosse Würfel schneiden, kleine Rübchen ganz lassen, Blumenkohl in einzelne, nicht zu kleine Röschen teilen (den Strunk in Scheiben), usw. — Zwiebel und Grünes fein hacken.

Weichdämpfen: Jedes Gemüse (mit Ausnahme von Blumenkohl und Erbsen) für sich, mit wenig Zwiebel und Grünem, in Kochbutter durchdünsten. Ablöschen mit so viel Flüssigkeit, bis es knapp bedeckt ist, sorgfältig würzen und weichdämpfen. — Den Blumenkohl in Salzwasser mit etwas Milch weichkochen (siehe Nr. 470), abtropfen und warmstellen. Die Erbsen in Salzwasser (knapp bedeckt) in offenem Pfännchen gar werden lassen.

Anrichten: Alle Gemüse (jedoch ohne die Erbsen) abwechselnd, bergartig auf eine heisse Platte geben. Mit den Erbsen überstreuen. — Sauce: Den Rest der zurückbehaltenen Gemüsesaucen (ohne Blumenkohlwasser) zusammen aufkochen, wenn nötig würzen, einige Tropfen Zitronensaft und den Rahm beigeben, über das Gemüseragout giessen. Mit der braunen Butter abschmelzen.

Servieren als Vorspeise, evtl. im Blätterteig-Rand (Nr. 902) oder garniert mit Fleurons (Nr. 875). — Als Hauptgericht im Reis-, Hirse-, Nudel- oder Kartoffelring, evtl. mit grünem Salat.

Einfachere Zubereitung: Die Gemüse zusammen dämpfen (nur Blumenkohl und evtl. auch Sellerie, des ausgesprochenen Geschmackes wegen extra kochen). — Statt frischer, Büchsen- od. tiefgekühlte Erbsen od. evtl. Rosenkohl (z.B. Frisco) verwenden.

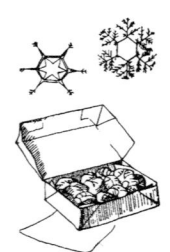

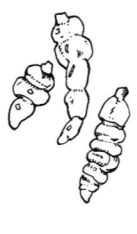

Oben rechts: Gemüseragout Nr. 343 im Reisring Nr. 991
Oben links: Aubergine
Unten: Gefüllte Zucchetti Nr. 310

Tafel 9

Tafel 10

1. Eierschwamm
2. Brätling
3. Bovist
4. Cantharelle-trompette
5. Steinpilz
6. Semmelpilz
7. Falscher Reizker (giftig!)
8. Echter Reizker (Milch = orangerot)
9. Ziegenbart
10. Totentrompete
11. Rehpilz (Habichts- schwamm)
12. Spitz- u. Speisemorchel
13. Knollenblätterpilz (sehr giftig!!)
14. Wiesen-Champignons

Johanna K. Fülscher

Pilze

Allgemeines: Die Pilze sind uns ihres feinen fleischähnlichen Aromas wegen, besonders auch in der vegetarischen Küche wertvoll und bieten auch eine willkommene Abwechslung. — **Nährwert** der Pilze: 2–6% Eiweiss (z. T. schwer verdauliches), 0,1–0,5% Fett, 3–6 % Kohlehydrate, 87–93 % Wasser. Gewisse Pilzarten, bes. frische Champignons, enthalten auch Vitamine.

Grundsätzliches über Pilze und ihre Verwendung 344

Einkauf: Wer nicht selbst ein guter Pilzkenner ist, kaufe nur **kontrollierte** Pilze (städt. Marktkontrolle!). **Wichtig:** Pilze sollen **ganz frisch, prall** und **trocken** sein. Man koche sie immer innert möglichst kurzer Zeit nach dem Einkauf. —
Pilze können auch als Büchsenkonserven oder getrocknet gekauft werden.

Pilzarten (siehe auch auf Tafel 10):

a) Die feinsten und teuersten sind: Champignons (Feld-, Wald- od. Kulturchampignons = Champignons de couche), Morcheln (Morilles), Steinpilze (Cèpes), Eierschwämme (Pfifferling), Riesenbovist, Mönchskopf, Butterröhrling u. a. — Trüffeln, weisse u. schwarze, letztere in der Regel als **Konserve** (speziell für Hors-d'œuvre und Garnituren).
b) Andere Arten: Semmel- od. Stoppelpilz, Hallimasch, Cantharelle-trompette, Täublinge, Reizker (etwas scharf), junger Bovist, Totentrompeten, Ziegenbart oder Korallenpilz (diese sind eher schwer verdaulich und nicht jedermann zuträglich) — Reh- und Keulenpilz (spez. als Gewürzpilze, da bes. scharf im Geschmack) — Schweinsöhrchen und Gallertpilze (als Salat und in Essig eingemacht) u. a. m. — Die verschiedenen Pilzarten werden mit Vorteil auch **gemischt** zubereitet.

NB. Selbstgesuchte Pilze zur Sicherheit kontrollieren lassen (befugte Kontrollstellen gibt es an jedem grösseren Ort, in Zürich im Botanischen Garten oder städt. Marktkontrolle).

Giftig wirken unter den essbaren Pilzen auch: **a)** nicht frische, nasse oder schmierige Pilze, sowie für ihre Sorte zu gross gewachsene, **b)** evtl. gekochte Pilzreste:
Da das Eiweiss der Pilze sich sehr rasch zersetzt, können auch essbare Sorten dieselbe gefährliche, evtl. tödliche Wirkung haben wie giftige. Pilzreste deshalb höchstens einen Tag an der Kälte aufbewahren! Andere Reste **nicht** mehr verwenden!!

Ungeniessbar sind auch von Maden durchfressene Pilze. (Grössere Pilze deshalb zur Kontrolle immer halbieren.)

Das Zurüsten der Pilze 345

Kleine Pilze: Vom Stielende ganz wenig abschneiden, fleckige Stellen entfernen. Champignons sofort nach dem Rüsten in Wasser mit Zitronensaft legen.

Grosse Pilze: Das Stielende, sowie fleckige Stellen wegschneiden. Den Hut wenn nötig schälen oder schaben, schlechte Stellen entfernen. Die Unterseite des Hutes (Stoppeln, Röhrchen oder Lamellen) nur entfernen, wenn sie wurmstichig oder sonst beschädigt ist. —
Die Pilze der Länge nach halbieren oder, je nach Gericht, noch kleiner schneiden.
— Von Maden durchfressene Pilze **wegwerfen** oder diese Stellen gründlich herausschneiden. —
Waschen der gerüsteten Pilze in laufendem Wasser, gut abtropfen lassen und **sofort zubereiten.**

NB. Pilze (besonders selbstgesuchte), die evtl. sandig sind, vor dem Zurüsten zuerst in viel Wasser durchwaschen. Auch getrocknete Pilze (speziell Morcheln) nochmals gut waschen. — **Grundsätzliches** über Pilze siehe Nr. 344.

346 Champignons (Feld- od. Wald- sowie Kulturchampignons) I. u. II. Art

250 g frische Champignons (s. auch Nr. 344 u. NB. — 1 dl Wasser, 50 g Butter — Salz, Zitronensaft

Zurüsten: Von den Champignons am Strunk unten alles Sandige wegschneiden, gut abspülen (evtl. kurz in Wasser mit Zitronensaft legen.) — Kleine Pilze ganz lassen, grössere halbieren oder in Scheiben schneiden. — Champignons rasch zubereiten, damit sie hell bleiben.

Zubereitung I. Art, au beurre (für Garnituren): Wasser, Butter, wenig Salz und Zitronensaft aufsetzen, die Pilze während ca. 10 Min. zugedeckt darin weichdämpfen, unter häufigem Schütteln der Pfanne. Sofort anrichten.

II. Art, à la crème: Die gerüsteten, blättrig geschnittenen Champignons weichdämpfen wie bei I. Art, jedoch ohne Butter beizufügen. Sie dann mit Rahmsauce Nr. 550 vermischen. — (Gut geeignet zum Belegen von Croûtons Nr. 363, als Füllung von Brötchen Nr. 364 usw.)

NB. Büchsen-Champignons («Champignons de Paris») gleiche Zubereitung, oder sie nur in Butter kurz durchdünsten (je nach Verwendung ganz oder in Scheibchen geschnitten).

347 Gedämpfte Pilze (Champignons étuvés)

¾–1 kg Pilze (1 Sorte od. gemischt, sowie Kulturchampignons)
50 g Butter
1 kleine Zwiebel, evtl. Grünes

10–20 g Mehl
z. Würzen { Salz, Muskat / etwas Zitronensaft
z. Verfeinern: einige Essl. Rahm

Vorbereiten: Die Pilze zurüsten nach **Nr. 345**. — Zwiebel und evtl. Grünes (Petersilie, Schnittlauch, evtl. wenig Kräuter) fein hacken.

Dünsten der gehackten Zwiebel mit dem Grünen in der Butter. Die Pilze beigeben und 5–10 Min. unter häufigem Aufschütteln mitdünsten. Sobald sie zusammengefallen sind, das Mehl darüberstäuben, wenn nötig etwas Wasser beifügen. — **Kochzeit** 5–25 Min. (je nach Grösse und Sorte). — Sorgfältig würzen und mit Rahm verfeinern.

Servieren, a) als Hauptgericht mit Risotto, Mais, Kartoffeln oder Teigwaren,

b) zum Füllen von Pasteten, Omeletten, z. Belegen von Croûtons usw.

NB. Pilze nicht länger als nötig kochen, sonst werden sie hart und sind dann schwer verdaulich! — **Sterilisierte** Pilze in gleicher Weise zubereiten, jedoch nur noch kurz durchdämpfen. — **Gedörrte** Pilze vor dem **Dünsten** noch gut waschen (da oft noch sandig!) und ca. ½ Std. in warmem Wasser einweichen. — **Pilze,** Allgemeines siehe Nr. 344.

348 Pilze au gratin

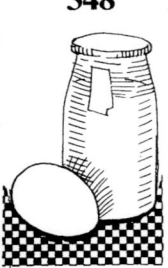

¾ kg Pilze (1 Sorte od. gemischt)
50 g Butter, 10–20 g Mehl
1 dl Wasser, 2 dl Milch
Gewürz: Salz, Muskat, Zitronensaft

z. Legieren { 1–2 Eigelb, 1–2 dl Rahm / (zus. verrührt)
z. Gratinieren { 30 g Butter / evtl. gehacktes Grün

Zurüsten der Pilze nach **Nr. 345**. — **Dünsten** in der heissen Butter. Sobald die Pilze zusammengefallen sind, mit dem Mehl bestäuben, mit Wasser und Milch ablöschen, sorgfältig würzen. — **Legieren:** Die Flüssigkeit von den Pilzen abgiessen, mit Eigelb und Rahm binden, wieder unter das Gericht mischen. Die Pilze in die bebutterte

Gratinplatte füllen, mit Butterstückchen belegen, evtl. mit Grünem bestreuen. — **Gratinieren** in guter Oberhitze ca. 20 Min. — **Servieren** als Einzelgericht (Vorspeise), oder zu Reis, Kartoffeln, Teigwaren usw.

Einfacher: Die Pilzsauce nicht legieren, nur etwas Rahm beigeben.

Pilzragout (Goulash aux champignons) 349

Gedämpfte Pilze Nr. 347 (s. auch NB.)   100 g Magerspeck in Würfelchen
½ kg Bratkartoffeln Nr. 952 (I. Art)   Braune Butter Nr. 585

Zubereiten der Pilze, dann der Bratkartoffeln. — Zuletzt die Speckwürfelchen glasig braten. — Beim **Anrichten** Kartoffeln und Speck unter die Pilze mischen, in eine heisse Platte geben, mit brauner Butter abschmelzen. — **Servieren** als Einzelplatte, evtl. mit grünem Salat.

NB. Zum Ragout eignen sich Eierschwämme und Steinpilze, sowie verschiedene Sorten gemischt, auch gedörrte Pilze (ca. 100 g, ½ Std. heiss eingeweicht). **Vegetarisch** das Gericht ohne Speck zubereiten.

Pilzgericht auf Schweizerart (Champignons à la Suisse) 350

Gedämpfte Pilze Nr. 347   Rührei ⎰ 2–3 Eier, 2 Essl. Milch
½ Modelbrot — 80–100 g Butter   n. Nr. 223 ⎱ 10 g Butter

Die gedämpften Pilze zubereiten. — Das Modelbrot in feine Scheibchen oder in gut 1 cm grosse Würfelchen schneiden, in der Butter unter Wenden gelbbraun backen. — Kurz vor dem **Anrichten** das Rührei zubereiten, Pilze und Brot leicht daruntermischen. — **Servieren**, möglichst sofort, evtl. mit grünem Salat.

Pilzgericht auf italienische Art (Champignons à l'Italienne) 351

½ kg Pilze (1 Sorte od. gemischt)   ½–¾ l Bouillon
60 g Butter od. Öl   Salz, Muskat, Zitronensaft
250 g Reis — ½ Zwiebel — 3 Tomaten   30 g Parmesan oder Sbrinz

Vorbereiten: Die Pilze zurüsten nach **Nr. 345**. Die Zwiebel fein hacken. Die Tomaten waschen und in Stücke schneiden. Den Reis verlesen.

Zubereitung: Den Reis in der Butter leicht rösten, Zwiebel und Pilze beigeben, gut durchdämpfen. Mit heisser Bouillon ablöschen, die Tomaten hinzufügen, sorgfältig würzen. — **Kochzeit** knapp 20 Min. — Vor dem **Anrichten** den geriebenen Käse unter das Gericht ziehen. — **Servieren** mit grünem Salat.

Omeletten mit Pilzen (Crêpes aux champignons) 352

Eieromeletten Nr. 228 od. Omeletten Nr. 1039   Braune Butter Nr. 585
Gedämpfte Pilze Nr. 347   Petersilie, evtl. Zitronensaft

Backen zarter Omeletten. — **Füllen** mit den Pilzen und aufrollen. **Anrichten** auf eine heisse Platte. Mit brauner Butter abschmelzen und mit gehackter Petersilie überstreuen, evtl. mit etwas Zitronensaft beträufeln.

NB. Evtl. statt Brauner Butter als Sauce etwas Bouillon mit Rahm aufkochen, würzen und zu den Omeletten giessen.

353 Kleine Pilzköpfchen (Als Garnitur)

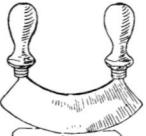

300 g Pilze — ½ Zwiebel, Petersilie, 30 g Butter — 3 Eier, 2–4 Essl. Rahm — Salz, Muskat

Vorbereiten: Die Pilze zurüsten nach Nr. 345 und fein hacken, ebenso Zwiebel und Petersilie. Letztere in der Butter dämpfen, die Pilze beifügen und 10 Min. durchdünsten.
Puddingmasse: Eier und Rahm verklopfen, mit den Pilzen vermischen, gut würzen.
Einfüllen in kleine bebutterte Förmchen. — **Kochen** im Wasserbad ca. 45 Min. Beim **Anrichten** sorgfältig lösen und stürzen (evtl. auf gebackene Croûtons). Mit etwas Petersilie bestecken. — a) Als **Garnitur** von Spinat oder Lattich, evtl. Reis. — b) Als **Vorspeise** servieren mit Buttersauce Nr. 549 oder Hollandaise Nr. 560.

354 Pilzpudding (Pouding aux champignons)

400 g Pilze (1 Sorte od. gemischt)*
½ Zwiebel, Petersilie, Schnittlauch
20 g Butter — 60 g Mehl — 1–2 dl Milch
1 dl dicker Rahm
4 Eigelb — 4 Eiweiss (z. Schnee)
Gewürz: Salz, Muskat, Zitronensaft

Vorbereiten: Die Pilze zurüsten nach **Nr. 345**, in feine Scheibchen schneiden oder hacken. — Zwiebel und Grünes fein hacken, in der Butter dünsten, ebenso die Pilze. Mit dem Mehl bestäuben, die Milch beigeben, einige Minuten kochen. — **Mischen** der Pilze mit Rahm, Eigelb und Gewürz. — Die **Eiweiss** zu steifem Schnee schlagen und unter die Masse ziehen. **Einfüllen** in die panierte Form. **Kochen** im Wasserbad 50–60 Min. — Beim **Anrichten** den Pudding sorgfältig lösen und stürzen. **Servieren** mit Hollandaise Nr. 560 od. legierter Buttersauce Nr. 549.

Pilze, Allgemeines siehe Nr. 344. — * Statt frische, evtl. gedörrte Pilze (50–70 g) verwenden. Sie ca. ¼ Std. in warmem Wasser einweichen. — **Puddings,** Grundregel s. Nr. 1166.

355 Pilzauflauf (Soufflé aux champignons)

Zubereitung der Masse wie zu Pilzpudding Nr. 354. — **Einfüllen** in die bebutterte Auflaufform. — **Backzeit** ca. 40 Min. — (**Aufläufe,** Grundregel siehe Nr. 1189.)

356 Gefüllte Pilze (Champignons farcis)

12 Champignons oder Reizker,
nur schöne, mittelgrosse, feste
Salzwasser
einige Essl. Öl — ca. 2 dl Bouillon

Füllung
1 kleine Zwiebel, Grünes
20 g Butter, 40 g Mehl, 2 dl Milch
Gewürz, Zitronensaft
1–2 Eigelb, 2–4 Essl. Rahm

Vorbereiten: Vom Stiel der Pilze nur ganz wenig wegschneiden, gut waschen, im Salzwasser kurz abbrühen und abtropfen lassen (evtl. auf einem Tuch). **Füllung:** Zwiebel und Grünes fein hacken, in der Butter dünsten. Das Mehl beigeben, mit der Milch nach und nach ablöschen, glattrühren und aufkochen. Eigelb und Rahm beigeben, pikant würzen. (Die Masse soll breiartig dick sein.) 
Füllen der Pilze: Sie mit den Stielen nach oben in eine gut bebutterte Gratinplatte setzen. Mit dem Dressiersack (mit glatter Tülle) die Hüte rings um den Stiel füllen. In die Höhlung der Stiele das Öl träufeln, einige Esslöffel Bouillon in die Platte giessen. — **Gratinieren** in heissem Ofen während 15–20 Min. — **Servieren** als Einzelplatte oder als Garnitur von Risotto, Polenta, Gemüse- od. feinen Fleischplatten, evtl. auf je ein rundes Croûtons (Nr. 876) gesetzt.

Gebratene Pilze   (Champignons grillés)   357

Pilzsorten z.B.: Reizker, Milchling, Brätling, Steinpilze, Champignons (evtl. nur die Hüte) — Salz, Zitronensaft — 2–4 Essl. Mehl — Kochfett oder Öl.

Vorbereiten: Die Pilze sorgfältig zurüsten nach **Nr. 345** (möglichst nicht waschen oder auf einem Tuch gut abtropfen lassen). Sie mit Salz und Zitronensaft würzen, einzeln in Mehl wenden.
Braten in heissem Fett oder auf dem Grill mit etwas Öl beträufelt. Beim **Anrichten** mit viel gehackter Petersilie bestreuen. — **Servieren** möglichst heiss, mit Tomatensauce oder einem Salat (zu Reis, Hirse, Polenta usw.).

Panierte Pilzküchlein   (Champignons frits)   358

200 g grössere Pilze s. NB. — Salz, Zitronensaft — z. Wenden: 30 g Mehl, Panade Nr. 888 — Backöl

Vorbereiten: Die Pilze zurüsten nach **Nr. 345** (dickere der Länge nach halbieren) sorgfältig salzen, mit Zitronensaft beträufeln.
Schwimmend Backen (s. Nr. 889): Die Pilze einzeln zuerst im Mehl wenden, dann sorgfältig panieren und im heissen Fett hellbraun backen. — **Servieren** mit grünem Salat, Tomaten- oder Petersiliensauce.
NB. Pilzsorten z.B.: Reizker, Brätling, Bovist, Mönchskopf, in Scheiben geschnittener Riesenbovist (eine Delikatesse), Täublinge, Steinpilze, sowie Champignons (auch aus Büchsen).

Pilzküchlein im Teig   (Beignets aux champignons)   359

150–200 g grössere Pilze — Salz, Zitronensaft — Ausbackteig Nr. 931 (I. Art) — Backöl

Pilzsorten und **Vorbereiten** derselben, siehe **Nr. 358**.
Schwimmend Backen (s. Nr. 889): Die Pilze einzeln zuerst im Mehl, dann im Teig wenden und im heissen Fett hellbraun backen. — **Servieren** mit grünem Salat, Tomaten- oder Petersiliensauce.

Grüne Pilzküchlein   (Beignets aux champignons hachés)   360

250 g Pilze — 1 kl. Zwiebel, 1 Büschel Petersilie — 10 g Butter — Ausbackteig Nr. 931 (I.) — Backöl

Vorbereiten: Die Pilze zurüsten nach Nr. 345. Sie blättrig schneiden oder hacken, ebenso Zwiebel und Grünes. Alles in der Butter durchdünsten, etwas abkühlen lassen und mit dem Ausbackteig vermischen.
Backen in einer Omelettenpfanne, halbschwimmend, indem man den Teig löffelweise ins heisse Fett gibt. — **Servieren** mit Salat oder Tomatensauce.

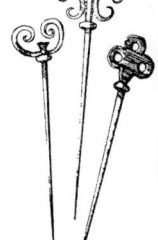

Pilzspiesschen   (Brochettes aux champignons)   361

Zubereitung wie Käsespiesschen **Nr. 243**. — Statt Käse kleine, halbierte oder grosse, in Stücke geschnittene Pilze verwenden.

362 Pilzküchlein mit Brot (Beignets aux champignons avec pain)

200–300 g Pilze — 20 g Butter
Brotkloss von Nr. 1056 mit viel Grünem
Salz, Muskat, Maggi Fondor
Kochfett oder Öl

Vorbereiten: Die Pilze zurüsten nach Nr. 345. — Sie hacken und mit der Butter kurz durchdünsten. — **Küchlein:** Die Pilze mit dem Brotkloss vermischen, gut würzen. Von der Masse eigrosse Kugeln formen, diese flach drücken. — **Braten** in gut heissem Fett unter Wenden. — **Servieren** mit Salat oder Tomatensauce.

363 Pilzschnitten (Croûtes aux champignons)

1 Model- oder Toastbrot (rund)
ca. 100 g Butter — Ged. Pilze Nr. 346 od. 347
Grünes, gehackt, etwas Zitronensaft
Braune Butter Nr. 585

Vorbereiten: Das Brot in ½ cm dicke Scheiben schneiden. Diese auf einer Seite in Butter backen, auf eine heisse Platte legen. — Beim **Anrichten** die gedämpften Pilze auf die Brotschnitten verteilen. Gehacktes Grün daraufstreuen, mit Zitronensaft beträufeln, mit brauner Butter abschmelzen. **Servieren,** möglichst heiss, evtl. mit Salat.

NB. Zu diesem Gericht die Pilze blättrig schneiden, damit man sie besser auf die Croûtons legen kann. Diese evtl. nur mit Butter bepinselt im Ofen leicht gelb backen.

364 Pilzbrötchen (Petits pains aux champignons)

9–12 runde oder ovale Milchweggli
Gedämpfte Pilze Nr. 346 od. 347
Grünes, Zitronensaft
Braune Butter Nr. 585

Vorbereiten: Die Weggli querdurch halbieren, etwas aushöhlen, auf ein Blech setzen, mit je einem Stücklein Butter belegen und im Ofen heiss werden lassen. — **Einfüllen** der gedämpften Pilze. Mit gehacktem Grün bestreuen, mit Zitronensaft und brauner Butter beträufeln. — **Servieren** mit Salat.

NB. Die ausgehöhlte Brotkrume zu Puddings usw. oder getrocknet, als helles Paniermehl verwenden.

365 Pilzkräpfchen (Rissoles aux champignons)

Zubereitung wie Fleischkräpfchen **Nr. 267.** — Statt Fleischhaché, gedämpfte **Pilze** Nr. 347 (½ Port., gehackt, dicklich eingekocht) zur Füllung verwenden.

366 Pilzpastetchen (Croustades aux champignons) I. und II. Art

Eingerührter Teig Nr. 917 oder
Sauerrahm- od. Krustadenteig Nr. 922 u. 926
Gedämpfte Pilze Nr. 347 — Grünes, gehackt
Zitronensaft — Braune Butter Nr. 585

I. Art. Formen und Vorbacken: Den Teig ca. 2 mm dick auswallen, glatte bebutterte Förmchen damit auslegen. Vorbacken der Pastetchen siehe Nr. 1430. — **Füllen** kurz vor dem Servieren mit den gedämpften Pilzen, mit Grünem bestreuen. Wenig Zitronensaft und braune Butter darüber träufeln.

II. Art: Blätterteigpastetchen Nr. 901 (sog. Bouchées) mit den Pilzen füllen.

Pilztimbal sowie -strudel, Hohl- oder Schüsselpastete mit Pilzen usw.

siehe Pasteten Nr. 903-909 sowie im Register

Hülsenfrüchte

Allgemeines: Hülsenfrüchte sind die ausgereiften und getrockneten Samen von Bohnen, Erbsen, Linsen. — **Erbsen:** grüne oder gelbe, ganze und halbe, ungeschälte oder geschälte. **Linsen:** grosse Riesen-Linsen und kleinere sowie rote Linsen usw. — **Bohnen:** kleine weisse oder farbige Böhnli (Wachtelbohnen); weisse grössere sog. Soissons, grüne Flageolets und **Sojabohnen** (gelblich).

Nährwert: 45–50 % Kohlehydrate, ca. 1 % Fett, 20–25 % Eiweiss. Hülsenfrüchte sind nahrhaft, jedoch schwer verdaulich (bes. ganze mit den Häuten), das Eiweiss ist harnsäurebildend. Eine Ausnahme macht die Sojabohne, die basenüberschüssiges, sog. vollwertiges pfianzliches Eiweiss enthält. — Sojamehl dient in der Küche auch als Bindemittel für Saucen, Suppen und Teige (z. B. für Omelettenteig), als billiger und gesunder, ganzer oder teilweiser Ersatz von Eiern in Puddingmassen usw. — auch für Zuckerkranke zulässig, da praktisch ohne Stärke.

Serviert werden Hülsenfrüchte am besten mit ergänzenden Nahrungsmitteln: Fett (in Form von Speck, Schweinefleisch, Schinken), Mineralstoffe und Vitamine (in frischen Salaten, Tomatenpurée, Zwiebeln, Küchenkräutern, Kümmel, etwas Zitronensaft usw.).

Zubereitung der Hülsenfrüchte   Grundregel   367

1. **Verlesen** und **Waschen** der Hülsenfrüchte
2. **Einweichen, a)** mit heissem Wasser übergiessen, **1–2 Std.** zugedeckt stehen lassen, **b)** mit schwach lauwarmem Wasser übergiessen (1 Teil Hülsenfrüchte, 2 Teile Wasser), **ca. 12 Std.** zugedeckt stehen lassen (über Nacht).

   Nie frisches, kaltes Wasser zum Einweichen verwenden, da es bei uns durch seinen Kalkgehalt das Weichwerden beim Kochen verhindert.— Hülsenfrüchte, die mehr als 1 Jahr alt sind, über Nacht einweichen und evtl. längere Kochzeit berechnen. Sollten sie trotzdem lange nicht weich werden, dann 1 Msp. Natron beifügen.

3. **Aufsetzen** der Hülsenfrüchte mit dem Einweichwasser (ausser bei Linsen, da dieses nicht gut schmeckt). Die Flüssigkeit soll die Erbsen usw. gut bedecken, sonst warmes Wasser nachgiessen. Erst nach ca. 1 Std. Kochzeit salzen. (Salz verzögert das Weichwerden.) Evtl. spez. Zutaten mitkochen, je nach Rezept.
4. **Kochzeit** 1–3 Std. auf kleinem Feuer oder im **Selbstkocher** oder **Dampfkochtopf** (nach Vorschrift). — **Weitere Zubereitung** und spez. Zusammenstellungen je nach Rezept (siehe Nr. 368–379).

NB. Mitgekochten Speck oder Schinken, evtl. auch Gemüse (Rüben, Sellerie) in Scheiben geschnitten, auf die Erbsen usw. anrichten. — **Hülsenfrüchte,** Allgemeines s. oben.

Sojabohnen oder weisse Böhnli in Sauce   (Haricots blancs secs)   368

400 g Bohnen — Sauerrahm - od. Kräutersauce Nr. 550 u. 552 (mit etwas Bohnenwasser zubereiten)

Einweichen und **Kochen** der Böhnli nach **Nr. 367.** — Sie gut abtropfen lassen und sorgfältig mit der Sauce vermischen. — **Servieren** zu Siedefleisch oder Schweinsbraten, mit Salzkartoffeln und grünem Salat.

369 Linsen in Senfsauce   (Lentilles en Sauce Espagnole à la Moutarde)

300 g Linsen   Braune Senfsauce Nr. 575

Einweichen und **Kochen** der Linsen nach **Nr. 367**. — Auf einem Sieb abtropfen lassen, sorgfältig mit der pikant gewürzten Senfsauce vermischen. **Servieren** mit kleinen, heissen Würstchen, evtl. mit Salzkartoffeln.

NB. Die Würstchen (vor dem Absieben) in den Linsen erhitzen. — Übrige Linsenbrühe mit Mehl binden und als Suppe mit gerösteten Zwiebeln servieren.

370 Sojabohnen oder weisse Böhnli mit Tomatenpurée

400 g Bohnen — 1 Zwiebel, Petersilie, wenig Basilikum, 40 g Kochfett — 10 g Mehl
Gewürz: Salz, Muskat, evtl. Maggi Würze — einige Essl. Rahm, 2–3 Essl. Tomatenpurée*

Einweichen und **Kochen** der Bohnen nach **Nr. 367**, auf ein Sieb schütten und warmstellen.

Sauce: Zwiebel, Petersilie und Basilikum fein hacken, im Fett durchdünsten. Das Mehl beigeben, unter Rühren mit 2–4 dl Bohnenwasser ablöschen. Gewürz, Tomatenpurée und Rahm darunter mischen. — Die Bohnen sorgfältig in der Sauce durchkochen, bis sie wieder ganz heiss sind. — **Servieren** zu Schweins- oder Hammelbraten oder gekochtem Schweinefleisch; vegetarisch mit grünem Salat und evtl. Salzkartoffeln.

* Evtl. ½ kg frische Tomaten durchstreichen und weniger Bohnenwasser verwenden.

371 Bohnengerichte   (Weisse Flageolets- oder Sojabohnen)

Zubereitung wie Erbsen **Nr. 372** oder **376**. — Unter das fertige Gericht etwas Zitronensaft oder Essig mischen.

372 Linsen- und Erbsenpurée   (Purée aux lentilles ou aux pois secs)

300 g Linsen oder Erbsen   z. Binden: 2 dl Milch, 20 g Mehl
z. Mit- ⎰ 1 Zwiebel, evtl. Speckschwarte   evtl. Kräuter (Majoran, Dill)
kochen ⎱ od. Schinkenfett, Salz, Muskat   z. Verfeinern: 20 g Butter od. 1 dl Rahm

Einweichen und **Kochen** der Linsen oder Erbsen nach **Nr. 367** mit den angegebenen Zutaten. — Sie auf ein Sieb schütten.

Die Flüssigkeit zum Verdünnen des Gerichtes (oder zu einer Suppe) verwenden.

Durchstreichen der Linsen oder Erbsen; das Purée wieder in die Pfanne geben. Milch und Mehl, gut verrührt, unter den Brei mischen, ca. 10 Min. kochen. Würzen, wenn nötig verdünnen. Evtl. etwas fein gehackte Kräuter beigeben, mit Butter oder Rahm verfeinern. — **Servieren** mit Sauerkraut, Wirsing, gekochtem Schweinefleisch (frischem, aus dem Salz oder geräuchertem), mit Schinken, heissen Würstchen oder Wurstscheiben. — Evtl. als Beigabe noch Salzkartoffeln.

373 Erbsmehl-Purée   (Purée à la farine de pois)

200 g Erbsmehl (grünes, evtl. gelbes)   Gewürz ⎰ Salz, Muskat, Maggi Würze
3 dl Milch, 5 dl Wasser od. Bouillon   ⎱ 1 Msp. Curry od. Majoran

Purée: In einer Pfanne das Erbsmehl mit der Flüssigkeit glatt vermischen und unter

Rühren zu einem dicklichen Brei aufkochen. **Kochzeit** ca. 20 Min. — Würzen und mit Rahm oder Butter verfeinern. — **Servieren** siehe bei Nr. 372, oder verwenden als Garnitur von Hammelfleisch, auf halben, gedämpften Tomaten (mit Dressiersack gespritzt) usw.

Hülsenfrucht-Küchlein   (Beignets aux légumes secs) 374

300 g gedörrte Erbsen, Bohnen od. Linsen
½ Zwiebel, Petersilie, etwas Basilikum
20 g Butter od. Kochfett

2 Eigelb od. 20 g Sojamehl
Gewürz: Salz, Muskat, Maggi Würze
z. Braten: Kochfett od. Öl

Einweichen und **Kochen** der Hülsenfrüchte nach **Nr. 367**. — Sie auf einem Sieb abtropfen lassen. Die Flüssigkeit (ausser von Linsen) zu Suppe verwenden.
Küchlein: Die Hülsenfrüchte durch das Sieb streichen. — Zwiebel und Grünes fein hacken, in der Butter durchdünsten, mit dem Purée, Eigelb oder Sojamehl vermischen, gut würzen. — Von der Masse Küchlein formen, sie beidseitig gelb braten. — **Servieren** mit Salat, Tomaten- oder Buttersauce, Rot- oder Sauerkraut.

NB. Nach Belieben unter die Erbsenmasse 30 g k l e i n e glasig gebratene Speckwürfelchen mischen. Die Küchlein evtl. panieren (siehe Nr. 888).

Erbsmehl-Küchlein   (Beignets à la farine de pois) 375

Zubereitung wie Küchlein **Nr. 374**, jedoch das Purée aus **Erbsmehl** herstellen: 300 g Erbsmehl (grün oder gelb) mit 1 Ltr. k a l t e m Wasser oder Bouillon (evtl. halb Milch) in der Pfanne gut vermischen und unter R ü h r e n zu einem sehr d i c k e n Brei kochen. Dann die übrigen Zutaten beigeben.

Erbsengericht   (Pois secs en sauce) 376

200–300 g Erbsen, grüne oder gelbe
z. Mitkochen { Salz, 1 Msp. Majoran
evtl. 2 Rüben u. 1 Sellerie
evtl. 40 g Magerspeck

z. Sauce { 1 Zwiebel, gehackt
30 g Kochfett, 20 g Mehl
Salz, Muskat, etwas Bouillon
evtl. 1 dl Rahm

Einweichen und **Kochen** der Erbsen nach **Nr. 367** (mit den Zutaten), dann alle Flüssigkeit abgiessen (für die Sauce).
Sauce: Zwiebel und evtl. den mitgekochten Speck (in Würfelchen geschnitten) in der Butter dünsten. Das Mehl darüberstäuben, mit Erbsen-Brühe (ca. 3 dl) ablöschen, unter Rühren aufkochen, würzen. Die Sauce sorgfältig mit den Erbsen vermischen. — **Servieren** mit Salzkartoffeln oder Kartoffelklössen (Nr. 966) zu Sauerkraut, mit gekochten Rippli, Speck, Schinken usw.

Linsengericht   (Lentilles aux oignons) 377

Zubereitung wie Erbsen **Nr. 376**. — Unter das fertige **Linsen**-Gericht ½–1 Essl. Essig oder Zitronensaft und nach Belieben 1 grosse Msp. verdünnten Senf mischen.
Anrichten und mit viel gerösteten Zwiebelstreifen (Nr. 588) bestreuen.

378   **Hülsenfrucht-Eintopfgericht**   (Potée aux légumes secs)

300 g Hülsenfrüchte (evtl. gemischte)
3–5 Rüben, ½ Wirsing, 1–2 Lauch
1 Sellerieknolle — ½ kg Kartoffeln

1 Zwiebel, etwas Bohnenkraut
30–50 g Kochfett od. Öl
geröstete Zwiebeln oder Petersilie

Einweichen und **Kochen** der Hülsenfrüchte nach **Nr. 367**, sie jedoch nur halbweich werden lassen. — Auf einem Sieb abtropfen. — **Zurüsten** der Gemüse und Kartoffeln und in 2 cm dicke Scheiben oder Würfel schneiden. Zwiebel und Bohnenkraut fein hacken.

Einfüllen der Gemüse lagenweise mit den vorgekochten Hülsenfrüchten in eine grosse, feuerfeste Form. Soviel vom Kochwasser dazugiessen, dass das Gericht knapp davon bedeckt ist. **Dämpfen** während ca. **1 Std.** gut zugedeckt im Ofen oder auf dem Herd. — **Servieren** in der Form, mit gerösteten Zwiebelstreifen oder mit hackter, in Butter gedämpfter Petersilie überstreut.

NB. Evtl. Speckscheiben mit dem Gemüse einfüllen.

379   **Erbsenpudding oder -auflauf**   (Pouding ou soufflé aux pois secs)

200 g Erbsen* — Zwiebel, Petersilie
30 g Kochfett od. 100 g Speckwürfelchen
Gewürz: Salz, Muskat

1 dl Rahm oder Quark
3 Eigelb (s. NB.)
3 Eiweiss (z. Schnee)

Einweichen und **Kochen** der Erbsen nach **Nr. 367**. — Sie auf einem Sieb abtropfen lassen und durchstreichen. (Die Erbsenbrühe zu einer Suppe verwenden.)

Puddingmasse: Zwiebel und Petersilie hacken, im Fett od. Speck dünsten, mit dem Erbsenpurée, Gewürz, Rahm und Eigelb vermischen. — Den Eierschnee darunterziehen.

Einfüllen in die panierte Form. **Kochen** im Wasserbad ca. **1 Std.** Beim **Anrichten** den Pudding sorgfältig lösen und stürzen. **Servieren** mit grünem Salat, mit Tomaten-, Béchamel- oder Zwiebelsauce. — Evtl. **garnieren** mit heisser Wurst (in Scheiben geschnitten), glasig gebratenen Speckscheiben, mit Lyonerkörbchen (Nr. 254), gefüllt mit gerösteten Zwiebeln oder Rührei, mit Fleurons Nr. 875 oder Croûtons Nr. 876.

II. Art. Vegetarisch: Unter die Puddingmasse 40 g geriebenen Käse, kleine, gebackene Brotwürfelchen oder gehackte, in Butter gedünstete Pilze mischen.

Als **Auflauf:** Die fertige Erbsenmasse in eine bebutterte Auflaufform füllen. **Backen** im Ofen ca. **50 Min.** — Zum **Servieren** die Oberfläche evtl. belegen mit heissen Wurst- oder Speckscheiben.

* Evtl. das Purée aus Erbsenmehl (150 g, grünes oder gelbes) zubereiten: mit ¼ l Milch und ¼ l Wasser gut vermischen und unter Rühren zu einem dicken Brei kochen. — Die Eigelb evtl. teilweise durch Sojamehl ersetzen (1 Essl. pro Eigelb).

Kastanien

Allgemeines: Kastanien sind ein nahrhaftes, stärkehaltiges und gesundes Nahrungsmittel. — **Einkauf:** Oktober–Februar. Von den frischen Kastanien kommen zwei Sorten in den Handel: K a s t a n i e n, kleine, billigere Sorte und M a r r o n i, etwas grösser und teurer.

Gedörrte K a s t a n i e n, ganze sowie -mehl und -flocken sind auch in der übrigen Jahreszeit erhältlich; sie sind jedoch weniger fein im Geschmack als die frischen. — Im Handel ist ausserdem Kastanienpurée **tiefgekühlt,** gesüsst sowie solches in **Büchsen.**
Serviert werden Kastanien gebraten oder gekocht, allein oder mit Gemüsen (bes. mit Kohlarten), mit Fleisch, Salat, auch mit Apfelkompott oder zubereitet als Dessert.

Schälen der Kastanien 380

I. Art: Die Kastanien waschen, auf der gewölbten Seite kreuzweise oder der Kante nach **einschneiden** (mit kleinem scharfem Messer). — **Vorkochen,** mit Wasser bedeckt, während ca. 5 Min. **Schälen** der Kastanien, möglichst rasch.
Immer nur wenige aus dem Wasser ziehen, da sie sich heiss am besten schälen lassen.
II. Art: Die Kastanien waschen, die äussere, **harte Schale** einschneiden und **abziehen.** — **Vorkochen** der Kastanien mit Wasser bedeckt (ca. 5 Min.). In kleinen Portionen herausnehmen und **sofort** die b r a u n e n Häutchen entfernen.
III. Art: Die Kastanien dem Rand nach **einschneiden** und auf einem Schaumlöffel während 5–10 Min. in **heisses Öl** tauchen, dann sofort **schälen.** — (Diese Art eignet sich besonders für glasierte Kastanien als Garnitur zu Fleischplatten, Kohl usw.).

Gebratene Kastanien 381

Einschneiden der Kastanien auf der gewölbten Seite, kreuzweise.
Braten, I. Art: Sie in eine Brat- oder Grillpfanne geben, evtl. mit etwas Wasser anfeuchten und auf mittlerem Feuer unter häufigem Aufschütteln zugedeckt braten, bis die Schalen geplatzt und die Kastanien mehlig weich sind (ca. **40 Min.**).
II. Art (für **grosse** Portionen): Die eingeschnittenen, angefeuchteten Kastanien auf einem Blech, in guter Ofenhitze **40–50 Min.** braten (hie und da schütteln).
Evtl. mit einem zweiten Blech oder feuchtem Tuch bedecken, bis sie aufgesprungen sind.

Gekochte Kastanien   (Marrons bouillis) 382

Einschneiden der Kastanien wie bei **Nr. 380.** I. Art und **u n g e s c h ä l t** in leichtem Salzwasser weichkochen (**30–60 Min.**). — **Servieren,** evtl. in einer Holzschüssel, ungeschält oder geschält, mit Butter, Quarksauce Nr. 602 (**o h n e** Kräuter) mit Rahm oder Apfelmus, zu Tee oder Milchkaffee.

Gedämpfte Kastanien   (Marrons étuvés) I. und II. Art 383

1 kg Kastanien	1 Pr. Zucker, etwas Zitronensaft
80 g Kochfett od. -butter — 1–2 l Bouillon	evtl. 20–40 g frische Butter

Schälen der Kastanien nach Nr. 380, I. od. II. Art
I. Art, Dämpfen in der **Pfanne:** Die Kastanien in der heissen Butter sorgfältig wenden,

soviel Bouillon dazugiessen, bis sie knapp davon bedeckt sind. **Kochzeit 40–60 Min.** — Zuletzt die Prise Zucker, wenig Zitronensaft und evtl. noch Butter darunter mischen. — **II. Art, dämpfen** auf einem **Sieb** über leicht gesalzenem Wasser. Beim Anrichten die Kastanien mit heisser Butter beträufeln. — **Servieren** zu Kohlgerichten (Rotkraut, Rosenkohl, gefülltem Wirsing u. ä.), zu Wild-, Schweins- oder Hammelbraten, zu Apfelmus oder -kompott.

384 Glasierte Kastanien für Garnituren (Marrons glacés, salés)

½–¾ kg grosse Kastanien (Marroni) — 1–2 dl Bouillon oder Salzwasser
etwas Zitronensaft — 50 g Zucker — 40 g frische Butter

Schälen der Kastanien nach Nr. 380, II. oder III. Art (möglichst sorgfältig, damit sie ganz bleiben).

Glasieren und **Dämpfen:** Die Kastanien in eine Guss-Gratinform geben, so dass sie nur eine Lage bilden. Mit Zitronensaft und gebräuntem, aufgelöstem Zucker beträufeln, wenig Bouillon dazu giessen, zugedeckt auf dem Herd oder im Ofen weichdämpfen. — Wenn nötig hie und da etwas Bouillon beifügen; zuletzt soll sie eingekocht sein. Die flüssige Butter über die Kastanien träufeln, sorgfältig anrichten.

Als **Garnitur** von Wild-, Schweins- oder Hammelbraten, zu gebratener Gans oder Ente, zu Wirsing, Rosen- oder Rotkohl, gefülltem Kohlkopf usw.

385 Kastanien mit Wirsing (Potée aux marrons) Eintopfgericht

¾ kg Kastanien — 1 fester Wirsing (siehe NB.) — Salzwasser — 40–60 g Butter od. Nussella od. Speckwürfelchen (ca. 150 g), Salz, Muskat, 1 Pr. Pfeffer — 2–3 dl Bouillon

Schälen der Kastanien nach Nr. 380, I. od. II. Art. — **Zurüsten** des Wirsings nach Nr. 475. Feste Köpfe in Achtel schneiden, andere entblättern. **Vorkochen** in Salzwasser, ca. 10 Min.

Einfüllen der Kastanien, lagenweise mit Wirsing, Butter- oder Nussellaflöckchen oder Speck und etwas Gewürz in eine grosse feuerfeste Form. Bis zu ¾ Höhe Bouillon dazugiessen, gut zudecken. — **Dämpfen** ca. **1 Std.** im Ofen oder auf dem Herd.

NB. Schmackhaft und billig. — Statt Wirsing evtl. **Rosenkohl** oder **Kabis** verwenden (letzteren 20–30 Min. vorkochen). — Kabisrouladen mit Kastanien gefüllt (siehe Nr. 321, NB.).

386 Kastanienpurée, gesalzen (Purée de marrons)

1 kg Kastanien, Salzwasser — z. Purée: 3–4 dl Milch, evtl. 1 dl Rahm, 50 g Butter, 1 Pr. Zucker

Schälen der Kastanien nach **Nr. 380**, I. od. II. Art. Sie mit Wasser bedeckt wieder aufs Feuer setzen, leicht salzen. **Kochzeit 40–60 Min.** — (Frische Herbstkastanien benötigen nur 20–30 Min. Kochzeit und nur wenig Wasser.)

Purée: Die Kastanien durchstreichen (das Wasser soll möglichst eingekocht sein, sonst abgiessen). Milch und Butter (evtl. Rahm) mit der Prise Zucker aufkochen, zum Purée geben und tüchtig verrühren, bis die Masse glatt und ganz heiss ist.

Verwendung als **Garnitur** von Gans-, Schaf-, Wild- oder Schweinsbraten usw. (Evtl. gespritzt wie Kartoffelstock oder feiner, als Vermicelles mit Konfektspritze od. Passetout.)

Gedörrte Kastanien (Châtaignes sèches) **387**

Verlesen der Kastanien (200 g) und sie **einweichen** (ca. 24 Std.) — Das Wasser soll 2–3mal so hoch stehen wie die Kastanien. Nach dem Einweichen die Kastanien gut nachsehen, schlechte Stellen herausschneiden, alle braunen Häutchen entfernen. — **Weichkochen** der Kastanien mit leicht gesalzenem Wasser aufgesetzt, während ca. **2 Std.** (im **Dampfkochtopf** nach Vorschrift). — **Weitere Zubereitung:** Die Flüssigkeit abgiessen und fertig machen wie gedämpfte Kastanien **Nr. 383** oder als Purée **Nr. 386**.

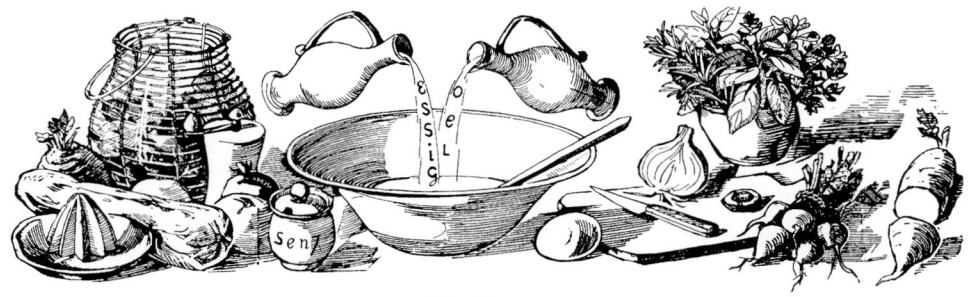

Salate

Rohe und gekochte (siehe Tafel 11)

Allgemeines: Salate haben sich in der modernen Küche einen ersten Platz erobert. Sie werden ausser von den bekannten Salatpflanzen aus fast allen Gemüsearten, sowie von Früchten, roh oder gekocht, zubereitet. Zur spez. **Rohkost** gehören aber vor allem auch Kohl- und Wurzelsalate, die ihres grossen Basenüberschusses, Mineral- und Vitamingehaltes wegen bes. wertvoll sind. Bei r o h e r Zubereitung ist vor allem das Vitamin C am besten geschont, auch sind die Gemüse roh a u s g i e b i g e r als die gekochten und brauchen ihres starken Eigengeschmackes wegen sehr wenig oder gar k e i n Kochsalz (wichtig für Diät).
(G e m ü s e, Allgemeines siehe Seite 147 — ausgepresste Gemüsesäfte, sog. flüssige Salate oder Gemüse-Cocktails Nr. 109–112 sowie Nr. 113, Abschn. 6–9.)
Verwendung: a) Als appetitanregende, erfrischende und gesunde V o r s p e i s e (vor oder statt Suppe), auch als Abendessen, bes. im Sommer. — **b)** Alle sog. grünen Salate auch als B e i g a b e zu Fleisch-, Reis-, Teigwaren-, Kartoffel- und Käsegerichten, Flockenküchlein usw. — **c)** Als B e l a g von Rohkostbrötchen (s. Nr. 119, Abschn. 4 u. 6). — **d)** Für G a r n i t u r e n von kalten Fleischplatten usw.

Zurüsten, Waschen und Vorbereiten der Salate **388**

Einkauf und **Zurüsten** der Salate (Grundregel), siehe auch Gemüse Nr. 440 und 441.
Regel: Gemüse für **rohe Salate** ganz besonders **gut reinigen**! Schlecht gewaschen, ist es unappetitlich, ausserdem können durch anhaftende Erde und Düngmittel Krankheitskeime (Typhuserreger, Wurmeier usw.) übertragen werden. Zur Sicherheit evtl. die gewaschenen Gemüse in S a l z w a s s e r 10–20 Min. liegen lassen. Vor Verwendung mit frischem Wasser nachspülen.

1. **Blattsalate:** Zurüsten je nach Angabe im Rezept. — Waschen: Bei Kopfsalat und Endivie am besten Blatt für Blatt unter laufendem Wasser. — Spinat-, Nüssli- und Kressesalat in reichlich Wasser durchspülen und so oft wechseln, bis es klar ist und am Boden des Gefässes kein Sand mehr liegen bleibt.
Abtropfen, **a)** auf einem Sieb, **b)** in einem Salatkorb ausschwingen, **c)** auf einem Tuch ausbreiten und evtl. darin leicht schütteln.
NB. Blätter von Kopfsalat nicht zusammendrücken!

2. **Wurzelsalate** (Rüben, Sellerie, Randen usw.) zurüsten, d. h. wenn nötig zuerst abspülen, dann schaben oder dünn schälen, gut waschen. — Für Rohkost das gerüstete Gemüse gut abtropfen oder abtrocknen (mit Küchenpapier od. Tuch) und bis zum Gebrauch mit feuchtem Tuch (od. Plastik) zudecken, Sellerie mit Zitrone beträufeln.
Kurz vor dem Servieren reiben (mit Rohkostraffel oder -maschine) und möglichst **sofort mischen** mit der Salatsauce oder direkt hineinreiben. — Roh geriebene Salate nicht an der Luft liegen lassen (Verlust von Vitamin C! siehe Kap. über die Vitamine am Anfang des Buches). Rohkostraffel oder -maschine sollen rostfrei oder gut verzinnt sein, um ein Anlaufen (Oxydieren) der Gemüse zu verhüten. — Salate von **gekochtem** Gemüse dürfen vor dem Servieren etwas stehen bleiben, damit sie gut durchziehen.

3. **Kohlsalate:** Die äussern groben Blätter entfernen, den Kopf vierteilen, waschen, fein hobeln oder reiben (mit Rohkostraffel oder -maschine), den Strunk zurücklassen. Ist der Kohl nicht fest, dann die einzelnen Blätter abnehmen, waschen, aufeinanderlegen und mit einem Messer feinstreifig schneiden.

389 Kopfsalat (Salade pommée, Salade verte)

1–2 Salatköpfe, möglichst feste Salatsauce Nr. 590–591 (od. 592 m. Eiern)

Zurüsten: Vom Salatkopf den Strunk abschneiden, die einzelnen Blätter ablösen, schlechte und zu wenig zarte Teile entfernen. — **Waschen** siehe Nr. 388 (1). Grössere Blätter so auseinander schneiden, dass die Blattrippen halbiert sind, kleine Blätter ganz lassen. — Kopfsalat erst unmittelbar vor dem Servieren mit der Salatsauce mischen.

NB. Kopfsalat angemacht, fällt rasch zusammen und wird unansehnlich. (Deshalb wird er gerne erst bei Tisch mit der Sauce vermischt.) — Zum **Garnieren** und **Bereichern:** Radieschen-, Tomaten- oder Gurkenscheiben, hartgekochte, geschnittene Eier, Kresse oder zum Überstreuen grob geraffelte rohe Rüben. — **Schnittsalat** gleiche Zubereitung wie Kopfsalat.

390 Kopfsalat, ganzer (Cœurs de laitues)

1–2 schöne feste Salatköpfe — Salatsauce Nr. 590 — 1 grosse Tomate oder ½ Grapefruit

Zurüsten: Vom Kopfsalat die äussern Blätter und etwas vom Strunk entfernen. Die Köpfe in 4–6 Teile schneiden, diese sorgfältig waschen, so dass sie nicht auseinander fallen, auf ein Tüchlein legen zum Abtropfen. — Beim **Anrichten** auf die Mitte einer Schale die zackig ausgeschnittene Tomate oder die Grapefruit setzen, die Salatstücke, Schnittfläche nach oben, darum ordnen. Alles mit der Salatsauce gut beträufeln. Evtl. noch mit 1–2 hartgekochten Eiern garnieren.

Nüsslisalat   (Feldsalat, Rapunzel — Salade doucette)   391

ca. 200 g Nüsslisalat   Salatsauce Nr. 590 oder 591

Zurüsten: Die Würzelchen und die schlechten Blättchen abschneiden. Sorgfältig und **gut waschen** nach Nr. 388 (1.), jedoch so, dass die Büschelchen ganz bleiben. **Mischen** mit der Salatsauce, 5–10 Min. vor dem Servieren.

Einkauf: Oktober–März; der Salat soll schön grün und nicht zu gross sein.

Spinatsalat   (Salade aux épinards) I. und II. Art   392

200 g Spinat — Rahmsalatsauce Nr. 591 oder Mayonnaise Nr. 594 od. 598 (m. Joghurt)

Zurüsten: Den Spinat verlesen, grobe Stiele abbrechen, gründlich **waschen** nach Nr. 388 (1.). Die Blätter büschelweise zusammennehmen, in ca. 1 cm breite Streifen schneiden (kleinblättrigen Spinat ganz lassen). — **Mischen** mit der Salatsauce kurz vor dem Servieren. Evtl. **garnieren** mit Radieschen, Schnitzen von Tomaten oder harten Eiern.
II. Art, à l'Italienne: Möglichst kleinere Blätter verwenden, sie ganz lassen und ganz kurz in kochendes Salzwasser halten (bis sie lahm sind). Beim **Anrichten** lagenweise mit der Salatsauce beträufeln.

NB. Spinat lässt sich auch gut unter andere Salate mischen, evtl. fein geschnitten. Spinatsalat sollte seines grossen Vitamin- und Mineralgehaltes wegen, recht oft genossen werden.

Kressesalat   (Cresson)   393

150–200 g Brunnen- oder Gartenkresse   Salatsauce Nr. 590

Zurüsten: Brunnenkresse verlesen, die Würzelchen abschneiden. Bei Gartenkresse alle gelben Blättchen sowie zu lange Stiele entfernen. — **Waschen** nach Nr. 388 (1.), auf einem Tüchlein abtropfen lassen. — Beim **Anrichten,** mit der Salatsauce nur beträufeln (vor allem bei Gartenkresse), nicht mischen, da sie rasch zusammenfällt und unansehnlich wird.

Einkauf: April–Herbst (Januar–März Treibhauskresse). Gartenkresse eignet sich auch sehr gut zum Mischen mit Kopf- oder Kartoffelsalat sowie als Garnitur von kalten Platten (unangemacht).

Löwenzahnsalat   (Dent de lion — Frühlingssalat)   394

100–200 g junger Löwenzahn (s. NB.)   Salatsauce Nr. 590 od. 591

Zurüsten und **Waschen** nach Nr. 388 (1.), evtl. kleiner schneiden und auch das dicke Wurzelstück verwenden. — **Mischen** mit der Salatsauce, direkt vor dem Servieren.

NB. Einkauf: April. Junger Löwenzahn ist als Salat bes. gesund; er wird ausgestochen, bevor er Blüten bildet. Am besten schmeckt er mit andern Salaten serviert oder damit gemischt (z. B. mit Kartoffelsalat). Im **Sommer** sind bei uns **Catalogna, Lattoghino** und andere ital. Löwenzahnarten auf dem Markt.

Endiviensalat   (Salade d'endive, eine Chicorée-Art)   395

1 grosse Endivie, innen gelbblättrig (s. NB.) — Salatsauce Nr. 590 od. 591

Zurüsten: Die äussern harten, meist dunkelgrünen Blätter der Endivie wegschneiden, sie auseinandernehmen. — **Waschen** der einzelnen Blätter n. **Nr. 388** (1.). Sie querüber in feine oder breitere Streifen schneiden, in **schwach** lauwarmes Wasser einlegen (ca. 10 Min.), dann gut **abtropfen**. — **Mischen** mit der Salatsauce, in die man evtl. etwas Zwiebel gerieben hat.

NB. Einkauf: September-Februar; glatte oder krause Endivie (auch Sonnenwirbel genannt). — Die dunkelgrünen Blätter schmecken oft bitter (bes. im Herbst). Durch das Einlegen in Wasser wird der bittere Stoff etwas ausgezogen.

396 Endiviensalat mit Kastanien   (Endive aux marrons)

Endiviensalat Nr. 395   ¼–½ kg Kastanien Nr. 382 oder 383

Die gekochten Kastanien mit dem Salat vermischen (sie können warm oder kalt sein). — **Servieren** zu einem Braten, zu Kartoffel- oder Flockenküchlein oder als Teil eines gemischten Salates (siehe Nr. 438). — Schmeckt sehr gut und ist nahrhaft.

396a Zuckerhut-Salat   (Fleischkraut = eine Zichorienart)

Zubereitung wie Endiviensalat **Nr. 395** und **396**. — **Einkauf** im Spätherbst-Winter.

397 Lattichsalat   (Laitue — salade romaine)

Zubereitung wie Endiviensalat **Nr. 395**. Jungen, **zarten** Lattich verwenden oder nur die innern Blätter eines grossen Kopfes. — (Das Übrige als Gemüse kochen.)

398 Fenchelsalat   (Finocchi — fenouils)   I. und II. Art

Zubereitung I. Art, wie Chicorée **Nr. 399,** in Streifen geschnitten. — **II. Art:** Bei zartem Fenchel die einzelnen Blätter auseinandernehmen, gut waschen und abtropfen lassen. — **Servieren,** in einer Schale angeordnet, mit Vinaigrette Nr. 593 oder mit frischer Butter (à l'Italienne).

399 Chicoréesalat   (Zichorie, Endives de Bruxelles)

4–6 Chicorées, gelbliche   Salatsauce Nr. 590
od. ital. rote Chicorées, sog. Cicorino   od. Mayonnaise Nr. 594 od. 598

Zurüsten: Gelben Chicorée halbieren, schlechte Stellen abschneiden. — Roten Chicorée entblättern, die Würzelchen schaben und klein schneiden (sie schmecken kräftig, aber etwas bitter). — **Waschen** der Blätter nach Nr. 388 (1.), gut abtropfen und querüber in ca. 1 cm breite Streifen schneiden, roten kleinblättrigen ganz lassen. — **Mischen** mit der Salatsauce. — **Servieren,** allein oder als Teil eines gemischten Salates. **Einkauf:** November–März. — Für **Garnituren** die Chicoréeblätter nicht schneiden, sie evtl. rosettenförmig anrichten (s. Nr. 400). — **Grüner Blatt**-Chicorée, italienischer (bes. bitter), kann gleich zubereitet werden. — **Pikante** Chicoréeplatte s. Nr. 151.

400 Chicoréeplatte à l'Italienne

Je 2–3 kleine gelbe und rote Chicorées, 1 grosse Tomate — Rahmsalatsauce Nr. 591, Oliven

Zurüsten: Den Chicorée entblättern. Die Würzelchen vom roten Chicorée schaben, alles gut waschen und abtropfen. — Die Tomate abreiben, ein Deckelchen abschneiden und aushöhlen. — **Anrichten:** Die Tomate mit den in Scheibchen geschnittenen, mit Salatsauce vermischten Wurzeln füllen. Sie auf die Mitte einer flachen Platte setzen, mit einem Kränzchen Petersilie umgeben. Anschliessend eine Rosette von gleichmässig grossen hellen Chicoréeblättern, zwischen diese, gegen aussen, rote Blätter stecken. Alles mit Salatsauce beträufeln. Mit Oliven garnieren.

Roher Lauchsalat   (Salade de poireau cru)   401

2–4 dicke Lauchstengel (s. NB.) — Mayonnaise Nr. 594 oder Rahmsalatsauce Nr. 591

Zurüsten: Vom Lauch die Würzelchen und die schlechten Blätter entfernen. Ihn der Länge nach aufschlitzen oder halbieren. — **Waschen** nach **Nr. 388** (1.) unter laufendem Wasser, dann gut abtropfen lassen. Den Lauch querüber in dünne Streifen schneiden. — **Mischen** mit der Mayonnaise oder Salatsauce. — Den Salat bis zum Servieren etwas stehen lassen. Als Garnitur mit Tomatenwürfelchen bestreuen.
NB. Roher Lauchsalat schmeckt milder von Gemüse- als von grünem Suppenlauch. Ihn als Teil einer Salatplatte oder gemischt mit Kartoffel-, Spaghetti- oder Kopfsalat servieren.

Gekochter Lauchsalat   (Salade de poireau cuit)   402

4–6 Gemüselauch   Vinaigrette Nr. 593 oder Mayonnaise Nr. 594

Zurüsten und **Kochen** des Lauches nach **Nr. 460,** in fingerlange Stücke geschnitten. Beim Anrichten lagenweise (evtl. zu kleinen Bündelchen geformt) mit der Sauce beträufeln. — **Servieren** als Einzelsalat oder als Teil einer gemischten Salatplatte (siehe Nr. 439).

Tomatensalat   (Salade aux tomates)   403

¾–1 kg feste Tomaten (auch ovale) — Salatsauce Nr. 590 od. einige Essl. Öl, Salz, evtl. Zitronensaft, evtl. gehackte Zwiebel od. Schnittlauch

Vorbereiten: Die Tomaten waschen oder abreiben, in Scheiben schneiden. Diese beim **Anrichten** lagenweise mit Salatsauce oder mit Öl und evtl. Zitronensaft beträufelt und mit wenig Salz bestreut, in eine Salatschüssel schichten. — Nach Belieben die Oberfläche mit gehackten Zwiebeln oder Schnittlauch überstreuen, bald servieren.
NB. Tomatensalat, der länger stehen bleibt, zieht zu viel Flüssigkeit. — Will man die Tomaten geschält, so taucht man sie rasch in kochendes Wasser, worauf sich die Haut leicht abziehen lässt. — Zum Schneiden ein scharfes oder spez. Tomatenmesser benützen.

Gurkensalat   (Salade de concombres)   404

1–2 Gurken — Salatsauce Nr. 590 od. 591 — Schnittlauch, Borretsch od. Dill, evtl. 1 Pr. Kümmel

Zurüsten: Die Gurke waschen, dann ungeschält od. geschält (s. NB.) am Hobel fein schneiden. — **Mischen** mit der Salatsauce; nach Belieben mit gehacktem Schnittlauch oder Dill usw. bestreuen, möglichst bald servieren (da er bei längerem Stehen Wasser zieht).
NB. Grosse Gurken **schälen** von der Spitze weg gegen den Stielansatz. Von den Enden kosten und falls es bitter schmeckt, soviel als nötig wegschneiden. — Stark ausgewachsene, sog. Freilandgurken, der Länge nach halbieren, die Kerne mit einem Teelöffel entfernen. — Der Salat wird leichter verdaulich durch Beigabe von etwas Kümmel. — Gurken schmecken auch gut unter Kartoffelsalat gemischt und machen diesen saftig (siehe Nr. 428, Abschn. 5).

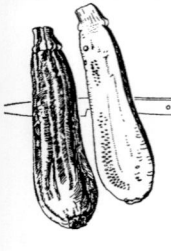

405 Zucchetti-Salat   (Salade au courgette)

Zubereitung wie Gurkensalat **Nr. 404**, oder auf **II. Art:** Zucchettisalat lagenweise mit Tomatenscheiben anrichten. — Kleine, junge Zucchetti **nicht** schälen.

406 Peperoni-Salat   (Salade de poivrons)

3–6 Peperoni (grüne, gelbe od. rote) s. NB.   Salatsauce Nr. 590 oder Nr. 591

Zurüsten: Die Peperoni halbieren oder vierteilen und sorgfältig alle Samen herauskratzen. Sie gut **waschen**, in kleine Streifen oder Würfelchen schneiden.
Mischen mit der Salatsauce und bis zum Servieren etwas stehen lassen.

NB. Peperonisalat schmeckt sehr gut mit Spaghetti-, Tomaten- oder einem grünen Salat (Kopf-, Lattich-, Spinatsalat) serviert, evtl. damit vermischt. — Rote Peperoni sind am schärfsten, ebenso die schmalen spanischen. Sie evtl. schälen (nach kurzem Eintauchen in kochendes Wasser).

407 Rettich- oder Räbensalat   (Salade de radies ou navets)

1–3 weisse oder schwarze Rettiche sowie Räben (navets) — Salatsauce Nr. 590

Zurüsten: Rettiche oder Räben waschen, schälen, am Hobel fein schneiden (s. NB.).
Mischen mit der Salatsauce. Bis zum Servieren etwa $\frac{1}{2}$ Std. stehen lassen.

NB. Rettichsalat schmeckt sehr gut zusammen mit Tomaten-, Gurken-, grünem oder Kartoffelsalat. Rettiche evtl. statt zu hobeln, **reiben**.

408 Radieschen   (Petits radies rouges)

Zurüsten: Die Radieschen waschen, das Kraut bis auf ein kleines Stück abschneiden. Sie mit einem scharfen Messerchen fächerartig in dünne Scheibchen schneiden so, dass sie noch zusammenhalten; leicht salzen. — Speziell z. Garnieren von Salaten und kalten Platten.
II. Art: Die Radieschen in Scheibchen schneiden, mit Salatsauce Nr. 590 vermischen. (Wird meistens unter grünen oder Kartoffelsalat gemischt oder darübergestreut.)

409 Roher Selleriesalat   (Salade au céleri cru)

1–2 Sellerieknollen (je n. Grösse)   evtl. 2–3 saure Äpfel
Mayonnaise Nr. 594 od. Rahmsauce Nr. 591   evtl. 1 Handvoll Baumnüsse

Zurüsten und **Reiben** der Sellerie nach **Nr. 388 (2.)**. — **Mischen** mit der Mayonnaise **sofort** nach dem Reiben (um ein Anlaufen zu verhüten). Nach Belieben dem Salat geschälte Äpfel oder Ananas (in kleine Würfelchen geschnitten), auch grob gehackte Nüsse beigeben. — Beim **Anrichten** evtl. mit grünem Salat und Nusskernen garnieren.

NB. Statt gerieben, können die Sellerie auch in zündholzfeine Streifchen geschnitten werden (mit grober Rohkostraffel oder von Hand), mit viel Zitronensaft beträufelt ca. $\frac{1}{2}$ Std. stehen lassen. — **Sommersellerie** (noch **ohne** Knollen): Die **Blätter** waschen, abtropfen lassen, fein schneiden, mit der Sauce vermischen, evtl. gehackte Nüsse beigeben. — Selleriesalat eignet sich gut als **Belag** für Rohkostbrötchen — Selleriesalat als **Garnitur** s. NB. v. Nr. 410.

Gekochter Selleriesalat (Salade au céleri cuit) 410

2–4 Sellerieknollen (je n. Grösse) — Salatsauce Nr. 590 od. 591 (mit Rahm) od. Mayonnaise Nr. 594

Zurüsten und **Kochen** der Sellerieknollen nach **Nr. 511** und in Würfelchen schneiden. — **Mischen** mit Salatsauce oder Mayonnaise. — Beim **Anrichten** garnieren mit einem Rand oder mit Häufchen von Rotkabis-, Rüben-, Kresse- oder Nüsslisalat.

NB. Die zugerüstete, rohe Sellerie evtl. in zündholzfeine **Streifen** schneiden, sie mit Wasser bedeckt oder im Dampfsieb knapp weichkochen. Warm oder kalt mischen mit der Sauce. (So zubereitet bes. geeignet als **Garnitur** von kalten Platten. — **Feiner Selleriesalat** s. Horsd'oeuvre Nr. 123.

Roher Bleichselleriesalat (Céleri en branches) I. und II. Art 411

1 kleine Bleichsellerie   Salatsauce Nr. 590 od. Mayonnaise Nr. 594

Zurüsten: Von den Stengeln alle Blätter entfernen, leicht schälen, waschen und in gut ca. 10 cm lange Stücke schneiden.
Servieren I. Art, englisch: Die Stengel in ein Glas stellen, die Sauce dazu servieren.
II. Art: Die Stengel in Würfelchen schneiden, mit der Sauce vermischen.

NB. Nach Belieben, den Salat **gekocht** zubereiten. — Die Sellerieblätter zu Suppe verwenden. — Siehe auch pikante Sellerieplatte Nr. 151.

Schwarzwurzelsalat (Salade de salsifis) 412

Zubereitung, a) roh wie Selleriesalat **Nr. 409**, die Wurzeln in Stückchen schneiden oder reiben. Evtl. bestreuen mit Orangenwürfelchen. — **b) Gekocht** (nach **Nr. 508**), in gleichmässige, fingerlange Stücke geschnitten, sie mit Vinaigrette servieren, oder beim **Anrichten** zu Bündeln rings auf die Platte geben. Diese mit Mayonnaise überziehen, mit gehacktem Grün, Schinken und Ei bestreuen. Die Mitte mit Tomatensalat ausfüllen. — NB. Zurüsten der Schwarzwurzeln s. **Nr. 508**.

Topinambursalat 413

¾ kg Topinambur   Salatsauce Nr. 590

Zurüsten und **Kochen** der Topinambur nach **Nr. 510**; noch heiss schälen. Nach dem Abkühlen in Scheiben oder Würfelchen schneiden. **Mischen** mit der Salatsauce.

Roher Rübensalat (Salade de carottes crues) 414

½–¾ kg Rüben — Rahmsalatsauce Nr. 591   gehacktes Grün, evtl. gehackte Baumnüsse

Zurüsten und **Reiben** der Rüben nach **Nr. 388** (2.). — **Mischen** mit der Salatsauce. — Beim Anrichten mit Grünem und evtl. mit Nüssen bestreuen.

NB. Nach Belieben der Salatsauce etwas Orangensaft und 1 Teel. Zucker oder 1–2 Essl. geriebenen Meerrettich beimischen. — Rübensalat eignet sich gut als **Belag** für Rohkostbrötchen (s. Tafel 3).

415 Gekochter Rübensalat (Salade de carottes cuites)

1 kg Rüben, Salzwasser — Salatsauce (Nr. 590) mit Zwiebeln — Grünes, gehackt

Zurüsten und **Kochen** der Rüben nach **Nr. 443** oder **444**. Sie in Scheiben, Würfelchen oder Stengelchen schneiden. — **Mischen** mit der Salatsauce, mit dem Grünen bestreuen. Vor dem Servieren, evtl. mit einem Kranz von Kresse oder grünem Salat garnieren.

NB. Sehr gut schmeckt Rübensalat auch mit **grünen Erbsen** oder mit **Rosinen** vermischt.

416 Macédoine-Salat (Gemischter Salat)

1 kg verschiedene gekochte Gemüse (Rüben, Erbsen, Sellerie usw.)
Salatsauce Nr. 590 oder 591 — Grünes, gehackt

Vorbereiten: Die gekochten Gemüse in erbsengrosse Würfelchen schneiden. — **Mischen** mit der Salatsauce. — Beim **Anrichten** mit dem Grünen bestreuen, evtl. in einen Kranz von Salatblättern oder Kresse geben.

417 Roher Randensalat (Rote Rüben — betteraves rouges crues)

½ kg rohe Randen, 2 Äpfel oder Birnen — Salatsauce Nr. 590 oder Mayonnaise Nr. 594

Zurüsten (schälen) und **Reiben** der Randen nach **Nr. 388** (2.), für Garnituren evtl. in feine Streifchen schneiden. — **Mischen** mit der Sauce oder Mayonnaise. Die geschälten Äpfel oder Birnen in ½ cm grosse Würfelchen geschnitten, unter den Salat geben. — Beim **Anrichten** nach Belieben garnieren mit halben Baumnüssen, Eierscheiben oder Nüsslisalat. — (Eignet sich gut als **Belag** für Rohkostbrötchen.)

418 Gekochter Randensalat (Salade de betteraves rouges cuites)

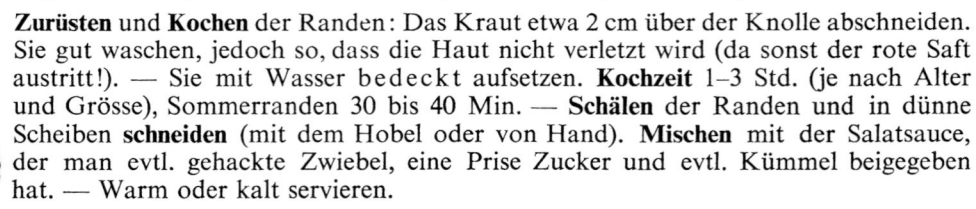

1 kg Randen — Salatsauce Nr. 590 — evtl. gehackte Zwiebel, 1 Pr. Zucker, evtl. Kümmel

Zurüsten und **Kochen** der Randen: Das Kraut etwa 2 cm über der Knolle abschneiden. Sie gut waschen, jedoch so, dass die Haut nicht verletzt wird (da sonst der rote Saft austritt!). — Sie mit Wasser bedeckt aufsetzen. **Kochzeit** 1–3 Std. (je nach Alter und Grösse), Sommerranden 30 bis 40 Min. — **Schälen** der Randen und in dünne Scheiben **schneiden** (mit dem Hobel oder von Hand). **Mischen** mit der Salatsauce, der man evtl. gehackte Zwiebel, eine Prise Zucker und evtl. Kümmel beigegeben hat. — Warm oder kalt servieren.

NB. Randen sind schon gekocht erhältlich, was bei Bedarf kleiner Portionen, der langen Kochzeit wegen, praktisch ist. — Reste vom Salat mit Öl oder Essig bedeckt aufbewahren (in Steinguttopf oder Glas eingefüllt), siehe auch **Randensalat** auf **Vorrat** eingemacht unter Konservieren Nr. 1725.

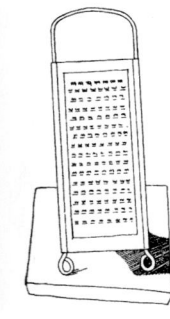

419 Roher Blumenkohlsalat (Salade de choux-fleurs crus)

1 kleiner Blumenkohl — Mayonnaise Nr. 594 oder Rahmsalatsauce Nr. 591.

Zurüsten des Blumenkohls n. **Nr. 470**, dann reiben mit der Rohkostraffel od. -maschine. — **Mischen** mit Mayonnaise oder Salatsauce. — **Servieren** als Teil einer Rohkost-Salatplatte oder für sich, garniert mit Kresse-, Nüssli- oder Tomatensalat und Nusskernen. — Er eignet sich auch gut als **Belag** von Rohkostbrötchen.

Gekochter Blumenkohlsalat   (Salade de choux-fleurs cuits) I.-III.Art   **420**

1 Blumenkohl, Salzwasser — Salatsauce Nr. 590, Vinaigrette Nr. 593 od. Mayonnaise Nr. 594

Zurüsten und **Kochen** des Blumenkohls in Salzwasser, in einzelne grosse oder kleinere Röschen geteilt, den Strunk in Würfelchen geschnitten. (s. **Nr.** 470) — Einige Tropfen **Essig** oder **Zitrone** beigeben, damit der Blumenkohl weniger leicht zerfällt, oder ihn im Dampf weichkochen (siehe Nr. 444).
I. Art: Die Röschen sorgfältig mit der Salatsauce oder Mayonnaise mischen.
II. Art: Den Blumenkohl in einem Schüsselchen mit Sauce beträufelt, wieder zusammensetzen und stürzen (siehe auch Nr. 124). Mit dem Rest der Sauce übergiessen und kranzartig mit Kresse-, Randen- oder Tomatensalat garnieren.
III. Art: als **Chou-fleur Mimosa** mit hartgekochtem grob durchpassiertem Eigelb bestreuen. — **Feiner Blumenkohlsalat** (siehe Hors-d'œuvre Nr. 124).

Broccoli-Salat   **420a**

3–4 Broccoli, je n. Grösse, Salzwasser — Vinaigrette Nr. 593 (evtl. Mayonnaise Nr. 594)

Zurüsten und **Kochen** des Broccoli in Salzwasser nach **Nr. 472**. — Beim **Anrichten** die Köpfchen mit Vinaigrette beträufelt, bergartig auf die Mitte der Platte geben, mit Kresse abgrenzen. Die Stengel im Kranz ringsum legen, mit Sauce überziehen.
NB. Mit **Mayonnaise** serviert, einen Teil derselben zuerst auf die Platte geben, den Rest in einer Sauciere dazu servieren. Den Broccoli mit gehacktem Ei bestreuen.

Roher Kohlrabisalat   (Salade au choux-raves crus)   **421**

Zubereitung wie roher Blumenkohlsalat **Nr. 419**. — **Zurüsten** der Kohlrabi nach **Nr. 467** (alles Holzige entfernen!).

Roher Kohlsalat   (Salade au chou cru)   **422**

1 kleiner Wirsing, Weiss- oder Rotkabis   Salatsauce Nr. 590 od. Mayonnaise Nr. 594

Zurüsten und **Hobeln** oder **Reiben** des Kohlkopfes nach **Nr. 388** (3.).
Mischen mit der Salatsauce. Bis zum Servieren etwas stehen lassen (besonders bei gehobeltem Kohl). Evtl. mit geröstetem Kümmel bestreuen (macht leichter verdaulich). — **Chinesenkohl** sowie **Rosenkohl**-Salat: gleiche Zubereitung.

Roher und gedämpfter Kabissalat   (weisser und roter) I. und II. Art   **423**

1 kleiner Weiss- oder Rotkabis — Salatsauce Nr. 590 — 1 Zwiebel, evtl. 40 g Speck, evtl. Kümmel 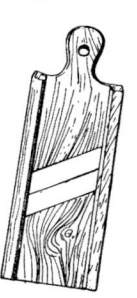
Zurüsten und **Hobeln** des Kabis (auch sog. Spitzkabis) nach **Nr. 388** (3.).
a) Roh: Den gehobelten Kabis in einer tiefen Schüssel mit kochendem Salzwasser übergiessen und ca. 10 Min. zugedeckt stehen lassen. Ihn dann auf ein Sieb schütten und etwas ausdrücken. — **Mischen** mit der Salatsauce, der man fein gehackte Zwiebel und evtl. glasig gebratene Speckwürfelchen beigegeben hat.
b) Gedämpft: Den gehobelten Kabis in 4–6 Essl. heissem Öl oder Buttermilch mit der gehackten Zwiebel und evtl. den Speckwürfelchen und Kümmel unter häufigem Aufschütteln ca. 20 Min. dämpfen. Essig und Gewürz beigeben. — Warm servieren.

424 Roher Sauerkrautsalat   (Salade de choucroute crue)

250 g frisches Sauerkraut (s. NB.) — Salatsauce mit Zwiebeln Nr. 590
2–3 Äpfel — evtl. ½ Essl. Kümmel — oder Mayonnaise Nr. 594

Vorbereiten: Das Sauerkraut mit zwei Gabeln locker auseinanderzupfen. Die Äpfel roh reiben oder in ½ cm grosse Würfelchen schneiden. Beides **mischen** mit der Salatsauce. Evtl. etwas Kümmel, geröstet, darüberstreuen. — **Garnieren** mit einem Kranz Nüsslisalat.

NB. Junges, frisches Sauerkraut wirkt durch seine natürlichen Säure-Bakterien sehr gesund. (Bes. scharfes Sauerkraut evtl. abspülen od. kurz dämpfen.) — Besonders mild und bekömmlich ist «biologisches» Sauerkraut (s. Fachausdrücke). — Auch **Reste** von **gekochtem** Sauerkraut lassen sich als Salat zubereiten.

425 Bohnensalat   (Salade aux haricots verts)

1 kg Bohnen — Salatsauce Nr. 590 (mit Zwiebeln, Petersilie, Kräutern, evtl. Knoblauch)

Zurüsten und **Kochen** der Bohnen nach **Nr. 483**. — Abtropfen lassen. — **Mischen** mit der kräftigen Salatsauce und etwa ½ Std. ziehen lassen. — Den Salat warm oder kalt servieren. Beim **Anrichten** evtl. mit roten Peperonistreifen, Gurken- oder Tomatenscheiben belegen. — Salat aus frischen **Bohnenkernen** (weiss oder farbig) gleiche Zubereitung.

426 Linsen- oder Böhnlisalat   (Salade aux lentilles ou haricots blancs secs)

200 g Linsen od. weisse Böhnli — Salatsauce Nr. 590 — evtl. 1 Essl. geriebenen Meerrettich

Kochen der Linsen od. Böhnli nach **Nr. 367**, gut abtropfen, noch warm **mischen** mit der Salatsauce, nach Belieben etwas Meerrettich beigeben. — **Garnitur:** Kresse sowie Eier- oder Tomatenscheiben. — Den Salat warm oder kalt servieren.

NB. Statt Meerrettich evtl. fein geschnittenen rohen Lauch beigeben, zu Linsen 1–2 Äpfel, in kleine Würfelchen geschnitten.

427 Kartoffelsalat   (Salade de pommes de terre)

1 kg Schalenkartoffeln (Nr. 934) — Salatsauce Nr. 590 mit Zwiebeln, 1 dl heisse Bouillon
3–5 Essl. sauren Rahm, Joghurt oder Buttermilch — evtl. Schnittlauch, gehackt

Die **Kartoffeln** noch heiss schälen, in nicht zu dünne Scheiben oder Würfelchen schneiden, zudecken. — Der **Salatsauce** Bouillon und die übrigen Zutaten beigeben, kräftig würzen. — Beim **Anrichten** die Kartoffeln unter sorgfältigem Aufschütteln oder Wenden mit der Salatsauce mischen, oder ihn lagenweise mit der Salatsauce beträufeln. — **Servieren:** warm oder kalt, evtl. garniert mit grünem Salat, Tomaten, Peperonistreifen, Oliven sowie Gewürzgurken- oder Cornichonsscheibchen.

NB. Besonders **fein** wird Kartoffelsalat mit Mayonnaise Nr. 594, evtl. auch mit falscher Nr. 598 zubereitet. — Kartoffelsalat benötigt reichlich Salatsauce, da er sonst mehlig und trocken schmeckt. — Siehe auch **Nr. 428**, Varianten von Kartoffelsalat.

428 Kartoffelsalat Nr. 427 auf verschied. Art (Salades de pommes de terre, variés)

1. Kartoffelsalat mit Cervelat: Die kalten oder heissen Würste häuten, in Scheiben oder Würfelchen schneiden und unter den Salat mischen.

2. **Kartoffelsalat mit Thon:** Den Thon (evtl. im Wasserbad erwärmt) in Streifchen geschnitten, beigeben.
3. **Kartoffelsalat mit Rettich:** Diesen schälen und gehobelt od. gerieben beigeben.
4. **Kartoffelsalat mit Lauch oder Peperoni:** Das Gemüse gründlich waschen (bei Peperoni alle Kerne entfernen) und in Streifen geschnitten (Peperoni evtl. in Würfelchen), über den Salat streuen oder damit vermischen.
5. **Kartoffelsalat mit Gurken:** Eine mittlere Gurke evtl. schälen, hobeln und unter den Salat mischen. — Gurke macht den Salat schmackhaft und saftig, deshalb evtl. etwas weniger Bouillon verwenden. Statt Gurken, evtl. **Tomatenscheiben** beigeben.

Spaghetti- oder Hörnlisalat (Salade Napolitaine) I. u. II. Art — s. Tafel 11   429

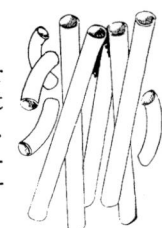

250 g Spaghetti (od. Hörnli usw.), Salzwasser   50 g Kresse — evtl. Tomatensalat Nr. 403
Mayonnaise Nr. 594 oder 598   je ½ grüne, gelbe und rote Peperoni

Weichkochen und Abschrecken der Teigwaren nach **Nr. 1016**. — **Mischen** mit der Mayonnaise, evtl. noch würzen. — Beim **Anrichten** mit Kresse und evtl. Tomatensalat garnieren, mit den farbigen Peperoni, in kleine Würfelchen geschnitten, bestreuen.

II. Art. Der Salat schmeckt auch sehr gut mit **andern Zutaten** gemischt, z.B. mit Bananenscheibchen und gehackten Nüssen, mit Käsewürfelchen, oder gleiche Zusammenstellungen wie bei Kartoffelsalat **Nr. 428**.

Reissalat   (Salade de riz) — s. auch Hors d'oeuvre Nr. 131–133   430

200 g Reis, Salzwasser — Mayonnaise Nr. 594 od. 598 oder Rahmsalatsauce Nr. 591
z. Beigeben n. Belieben: 2 Äpfel od. Bananen, Orangenschnitzchen (evtl. aus Büchsen), Ananas, evtl. 30 g Baumnüsse, 1 kl. Sellerie, geschält od. 3–5 Artischockenböden, gekocht — evtl. 50 g Crevettes.

Kochen des Reises in Salzwasser während 16–18 Min. (nach **Nr. 980**) so, dass er noch körnig ist, abtropfen lassen. — **Mischen** mit der Mayonnaise oder Rahmsauce und den in kleine Würfelchen geschnittenen Früchten, evtl. gehackten Nüssen und dem roh geriebenen Sellerie od. Artischockenscheibchen. — Beim **Anrichten** in einen Kranz von Kresse oder Salatblättern geben, nach Belieben mit gehackter Zitronenschale bestreuen, mit Crevettes garnieren oder Senffrüchte, evtl. Mango-Chutney, dazu servieren.

Reissalat mit Safran   (Salade au riz doré)   431

Zubereitung wie Reissalat **Nr. 430**, ihn jedoch mit einer goldgelben **Safran**-Mayonnaise Nr. 595 (5) vermischen, evtl. weniger oder keine Früchte beigeben.

Dieser Salat wirkt besonders hübsch zum Füllen von grünen Peperoni (Nr. 148) oder für Garnituren. — Den Reis evtl. in Salzwasser mit Safran kochen (s. NB. v. Nr. 980).

Kalifornischer Fruchtsalat   (Salade à la Californie)   432

Früchte, z. B.: Äpfel, Butterbirnen, Pfirsiche, Trauben, Bananen, Ananas, Melonen, evtl. Orangen und Grapefruits. Eine Sorte od. beliebig gemischt verwenden.
Salatsauce: Mayonnaise Nr. 594 oder Salatsauce Nr. 591 — 1 dl Rahm.
Vorbereiten: a) Die Früchte schälen, in Scheibchen, Würfelchen od. Schnitze schneiden und mit etwas Zucker bestreuen, mit Orangen- und reichlich Zitronensaft beträufeln. — **Mischen** mit der Sauce und den geschlagenen Rahm darunterziehen.
b) Salat von Orangen: Diese heiss waschen und mit der Schale in dünne Scheiben schneiden, lagenweise mit Grapefruit- oder Ananassaft beträufeln, mit einer

Prise Salz und schwarzem Pfeffer bestäuben. Anrichten auf eine Lage Mayonnaise.
Servieren:
a) Als Einzelplättchen evtl. in halbe, ausgehöhlte Zitronen-, Orangen- oder Grapefruitschalen gefüllt oder auf einem Salatblatt, auf Teller oder Muschel gelegt. Evtl. mit geriebener Kokosnuss bestreuen.
b) Als Teil einer gemischten Salatplatte (spez. von Rohkost).

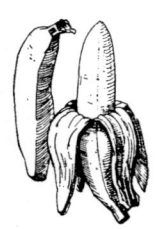

433 Hollywood-Salat

1 kleine Büchse Ananas — 3 Bananen   Rahmsauce Nr. 591 (mit 1 Essl. Honig)
3–5 Äpfel — 1 Avocado — ½ Tasse Nüsse   50 g Kresse, 1 Zitrone od. 2 Orangen

Vorbereiten: Ananas, Bananen und Äpfel in 1 cm grosse Würfelchen, Avocado (geschält) in Scheibchen schneiden, Nüsse hacken. — **Mischen** dieser Zutaten sorgfältig mit der Rahmsauce. Auf eine Lage schöner Kresse anrichten, mit dünnen Scheibchen von ungeschälter Zitrone oder Orange garnieren.

433a Salade Mikado

Zubereitung wie Hollywood-Salat **Nr. 433,** jedoch statt Bananen und Äpfel, je 1 Chicorée und 1 gekochte Rande, klein geschnitten, verwenden. — Beim **Anrichten** mit Schnitzchen von Avocado und Orangen sowie halben Nusskernen garnieren.

433b Salade Mexicaine

1 kleine Büchse Maiskörner (Corn) — 2 Avocados, 2 rote Peperoni — evtl. Geflügelreste (in Würfelchen) — Mayonnaise Nr. 594 (mit 1 dl Rahm)

Vorbereiten: Die Maiskörner gut abtropfen, die Avocados schälen und in kleine Würfelchen schneiden, ebenso die Peperoni. — Alles mit der Mayonnaise vermischen. Beim **Anrichten** den Salat mit einer Rosette von etwas zurückbehaltener Avocado und Peperone garnieren.

434 Pilzsalat   (Salade aux champignons)

Pilze aus dem Essig (s. NB.)   Salatsauce Nr. 590 od. Vinaigrette Nr. 593
(1 grosse Tasse voll)   Grünes, gehackt — Paprika

Vorbereiten: Die Pilze gut abtropfen (evtl. vorher kurz abspülen). Sie wenn nötig noch in Blättchen oder Streifen schneiden. — **Mischen** mit der Salatsauce. Nach dem **Anrichten** mit gehacktem Grünem und einer Prise Paprika bestreuen.

NB. Servieren: wie bei Fleischsalat Nr. 435 angegeben. — Essigpilze (spez. Steinpilze) sind als Konserven erhältlich. Einlegen von Pilzen in Essig siehe Nr. 1723. — **Frische Pilze** zurüsten nach Nr. 345 und in Salzwasser mit etwas Essig weichkochen (10–15 Min.). **Kultur-Champignons** roh oder nur kurz abgekocht verwenden. — Pilzmayonnaise siehe Hors d'œuvre Nr. 127.

435 Fleischsalate, verschiedene   (Salade de viande)

Fleisch, siehe unten — 1–2 Zwiebeln, Grünes — Salatsauce Nr. 590 od. Vinaigrette Nr. 593

Vorbereiten: Das Fleisch in kleine Scheibchen oder Streifen schneiden; die Zwiebel hacken (oder in feine Streifen schneiden). — **Mischen** der Zutaten mit der Salatsauce, mit gehacktem Grün bestreuen. — **Servieren** zu Wasserreis, Teigwaren, Schalen- oder Salzkartoffeln. — **NB.** Den Salat kalt oder warm servieren (evtl. im Wasserbad erhitzen).

Oben: Spaghettisalat Nr. 429, garniert mit Rohkostsalaten Nr. 439 (v. Spinat, Randen, Sellerie, Rüben)
Rechts: Rohkost-Salatplatte Nr. 439, mit Rüben-, Sellerie-, Lauch- u. Randen- od. Rotkabissalat
Unten: Feiner Blumenkohlsalat Nr. 124, garniert mit rohen Tomaten u. Peperoni Nr. 143 u. 148, gefüllt mit rohem Spinat- und Rübensalat

Tafel 11

Tafel 12 — Haupterntezeiten der Schweizer Gemüse

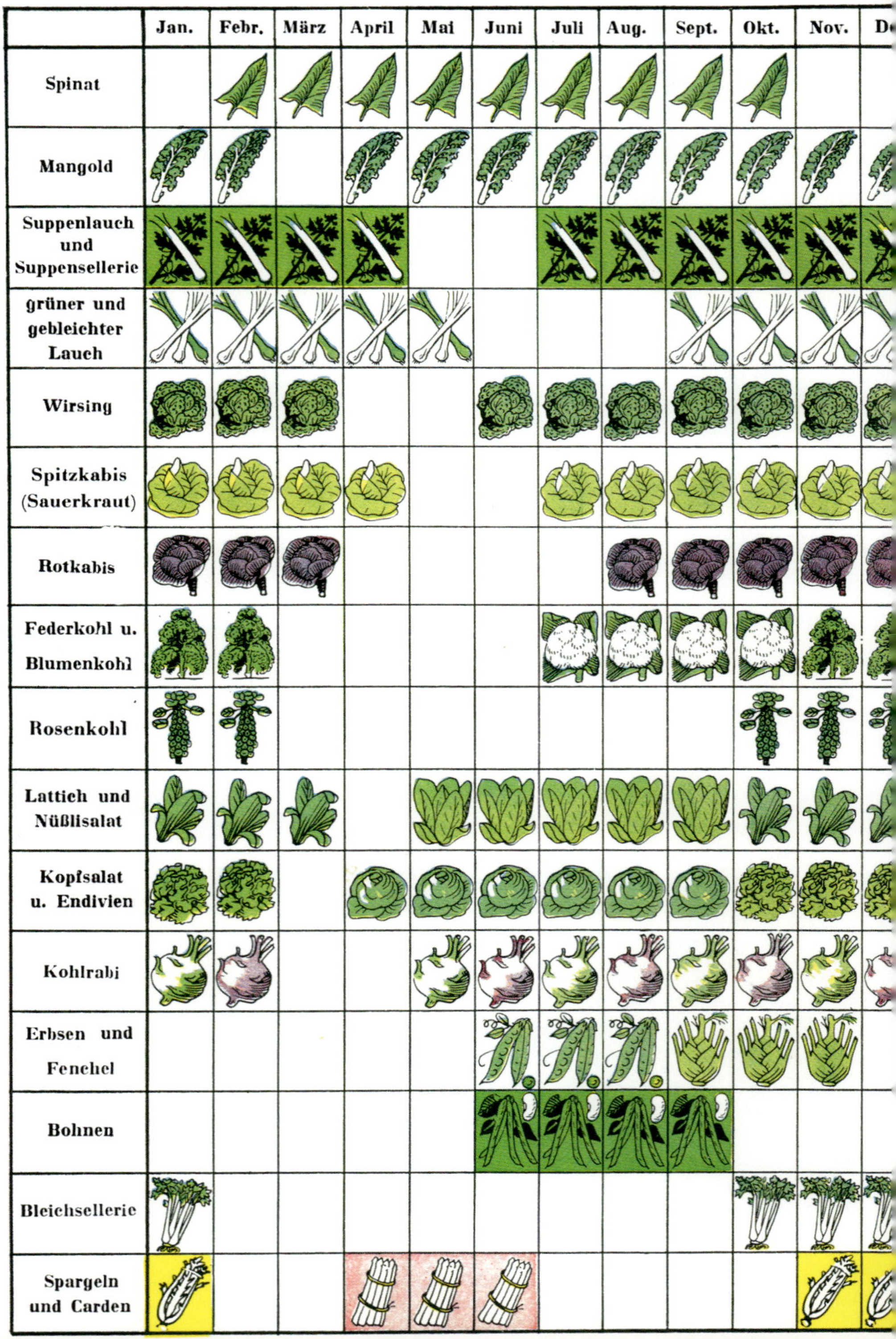

	Jan.	Febr.	März	April	Mai	Juni	Juli	Aug.	Sept.	Okt.	Nov.	Dez.
Spinat		✓	✓	✓	✓	✓	✓	✓	✓	✓	✓	
Mangold	✓	✓		✓	✓	✓	✓	✓	✓	✓	✓	✓
Suppenlauch und Suppensellerie	✓	✓	✓	✓				✓	✓	✓	✓	✓
grüner und gebleichter Lauch	✓	✓	✓	✓	✓					✓	✓	✓
Wirsing	✓	✓	✓			✓	✓	✓	✓	✓	✓	✓
Spitzkabis (Sauerkraut)	✓	✓	✓	✓				✓	✓	✓	✓	✓
Rotkabis	✓	✓	✓						✓	✓	✓	✓
Federkohl u. Blumenkohl	✓	✓					✓	✓	✓	✓	✓	✓
Rosenkohl	✓	✓									✓	✓
Lattich und Nüßlisalat	✓	✓	✓			✓	✓	✓	✓	✓	✓	✓
Kopfsalat u. Endivien	✓	✓		✓	✓	✓	✓	✓	✓	✓	✓	✓
Kohlrabi	✓	✓			✓	✓	✓	✓	✓	✓	✓	✓
Erbsen und Fenchel						✓	✓	✓	✓	✓	✓	✓
Bohnen						✓	✓	✓	✓			
Bleichsellerie	✓									✓	✓	✓
Spargeln und Carden	✓			✓	✓	✓					✓	✓

Haupterntezeiten der Schweizer Gemüse — Tafel 13

Jan.	Febr.	März	April	Mai	Juni	Juli	Aug.	Sept.	Okt.	Nov.	Dez.	
●	●	●	●				●	●	●	●	●	Knollen-Sellerie
●	●	●			●	●	●	●	●	●	●	Carotten und Rüben
●	●	●	●	●	●	●	●	●	●	●	●	Winter- und Sommerrettig
●	●	●						●	●	●	●	Weiße Rüben Schwarzwurzeln
●	●	●	●					●	●	●	●	Randen
●	●	●							●	●	●	Bodenkohlrabi
●	●	●								●	●	Topinambur
●	●	●								●	●	Stachis
●	●	●	●	●			●	●	●	●	●	Kartoffeln
		●	●	●	●	●	●					Gurken und Radieschen
							●	●	●			Zucchetti u. Aubergine
●	●	●					●	●	●	●	●	Tomaten und Brüsseler-Endivie
							●	●	●			Mais
●	●	●	●	●	●	●	●	●	●	●	●	Rhabarber u. Krautstiele
●	●				●	●	●	●	●	●	●	Zwiebeln
					●	●	●	●	●	●	●	Artischocken und Peperoni

Tafel 14 Oben: Spinatpudding Nr. 326, garniert mit Fleurons Nr. 875
Unten: Gefüllte Lauchröllchen mit Speck Nr. 317 (bereit zum Dämpfen)

1. **Fleisch- oder Wurstsalat** aus Resten von Siedefleisch, Braten, gekochter Wurst.
2. **Kutteln- oder Ochsenmaulsalat**
   250 g weichgekochte Kutteln (evtl. nach Nr. 702) oder 250 g Ochsenmaul
   Beides ist beim Metzger gekocht erhältlich (evtl. nochmals überbrühen od. kurz kochen).
3. **Kalbskopfsalat** aus 300–500 g Kalbskopf, gesotten nach Nr. 761
   Sehr gut lassen sich auch Kalbskopfreste von Fleisch-Sulz (Nr. 164) verwenden.

Käsesalat (Salade de fromage) 436

150–200 g Emmentaler, Tilsiter oder festeren Schachtelkäse — Salatsauce Nr. 590
Vorbereiten: Den Käse in Scheibchen oder Würfelchen schneiden. — **Mischen** mit der Salatsauce. Beim **Anrichten** mit grünem Salat garnieren und evtl. mit 1–2 Teel. geröstetem Kümmel bestreuen. — **Servieren** zu Indischem Reis, Teigwaren, Schalen- oder Salzkartoffeln.

Eiersalat I. und II. Art 437

6–9 hartgekochte Eier (n. Nr. 210) evtl. 50–100 g Emmentaler, in Scheibchen
Salatsauce Nr. 590 — evtl. Tomaten evtl. 1 Zwiebel gehackt, evtl. Paprika, Pfeffer

Vorbereiten: Die Eier abschrecken, schälen und in dünne Scheiben schneiden.
(Am besten mit dem sog. Eierschneider oder mit einem scharfen, in heisses Wasser getauchten Messer.)
Anrichten, I. Art: Eier und evtl. Käsescheibchen lagenweise mit Salatsauce beträufelt, auf eine Platte geben. — Nach Belieben mit gehackter Zwiebel, Paprika oder dunklem Pfeffer bestreuen. — **Servieren** zu Indischem Reis, Teigwaren, Schalen- oder Salzkartoffeln.

II. Art: Das Eigelb, sowie 2–4 geschälte Tomaten in Würfelchen schneiden und mit fein gehackter Zwiebel sorgfältig unter die Hälfte der Salatsauce mischen.
Beim **Anrichten** mit dem kleinwürflig geschnittenen Eiweiss und einem Kränzchen frischer Kresse garnieren. Mit der restlichen Salatsauce beträufeln. — (Dieser Salat wird gerne zu Fondue Bourguignonne serviert.)

Gemischte Salatplatten siehe Tafel 11 438

Verschiedene Salate (roh oder gekocht) in Farbe und Geschmack gut zusammengestellt, bereichern den Speisezettel. Sie können als **Vorspeise** vor einem grösseren Menü, aber auch vor Eintopfgerichten sowie Kostsuppen oder als **Abendessen** serviert werden.
Anrichten der Salate auf einer Platte, in Reihen od. Häufchen, od. in einer spez. eingeteilten Platte sowie in Glasschälchen. **Zusammenstellungen** je nach Jahreszeit z. B.:
Frühling: Löwenzahn-, roher Rüben-, Spinat-, Hörnlisalat. — Rüben- (roh oder gekocht), Kresse-, Käsesalat, Radieschen. — In einer Schale kranzartig, zu äusserst Kresse-, dann Rettich-, in der Mitte Fleisch- oder Rübensalat (mit Rosinen). 
Sommer: Reis-, Gurken-, Tomaten-, Lattichsalat. — Rüben-, Kohlrabi-, Eier-, Kopfsalat. — Tomaten-, Spinat-, Spaghettisalat, häufchenweise um Blumenkohlsalat (Nr. 124 od. 420) gruppiert.
Herbst: Chicoréesalat in ausgehöhlten Tomaten auf Kresse. — Tomaten-, Bohnen-, Blumenkohl-, Gurken- oder Zucchettisalat. — Bohnenkerne-, Gurken-, Selleriesalat mit Peperoni. — Randen-, Endivien-, Kartoffel-, evtl. Pilzsalat.

Winter: Endivien- oder Zuckerhutsalat mit Kastanien-, Randen- und Eiersalat. — Selleriesalat (mit Äpfeln und Nüssen), Rüben-, Lauch-, Reissalat. — Linsen-, Sauerkraut- und Nüsslisalat. — Roher od. gekochter Rotkabis-, Apfel- und Birnensalat (v. Nr. 432), Selleriesalat mit Nüssen.

439   Rohkost-Salatplatten   Bild auf Tafel 11

Anrichten der rohen Salate in einzelne Schälchen, evtl. mit einem schönen Salatblatt belegt, oder in eine eingeteilte Rohkostplatte. Durch den Wechsel der Jahreszeiten ergeben sich die mannigfaltigsten **Zusammenstellungen,** z. B.:

Frühling: Spinat- und Rübensalat, Gartenkresse mit Radieschen gemischt
Chicorée- oder Schwarzwurzel-, Löwenzahn-, Spinat- und Rübensalat
Brunnenkresse-, Randensalat mit Äpfeln, Selleriesalat mit Nüssen
Bananen- und Äpfel-, Sellerie-, Rüben-, Nüsslisalat

Sommer: Tomaten-, Kohlrabi-, Hollywood- und Kresse- od. Kopfsalat
Rüben-, Tomaten-, Gurken-, u. Salat von Sellerieblättern (Nr. 409, NB.)
Rüben-, Spinat-, Kohlrabi- und Grapefruitsalat (Nr. 130)
Blumenkohl-, Tomaten-, Zucchetti-, Spinatsalat
Birnen-, Sellerie-, Kopfsalat mit roten Peperoniwürfelchen

Herbst: Fenchel-, Tomaten-, Sellerie-, Lattichsalat
Blumenkohl-, Rüben-, Spinat-, Randensalat
Pfirsich-, Tessiner Trauben-, Birnen- od. frische Feigen-, Endivien-Salat
Äpfel-, Melonen- oder Avocado-, Bleichselleriesalat
Grüne Peperoni-, Tomaten-, Kohlrabisalat mit Oliven

Winter: Fenchel-, Rüben-, Nüsslisalat — Wirsing-, Randen-, Sellerie-, evtl. Äpfelsalat — Sellerie-, Rotkabis-, Lauchsalat — Orangen-, Äpfel-, Endivien-, Selleriesalat — Spinat-, Bananen-, Rüben-, Nüsslisalat Sauerkraut- od. Broccoli-, Nüssli-, Randensalat — Kalifornischer Fruchtsalat garniert mit Chicoréeblättern — Chicoréeplatte à l'Italienne mit einem Rand von Grapefruitsalat (nach Nr. 432)

Gemüse

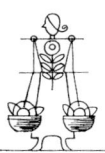

Allgemeines und Nährwert: Die frischen Gemüse enthalten 1–3 % Eiweiss, 2–10 % Kohlehydrate, 0–1 % Fett, 83–96 % Wasser, 0,5–2 % **Mineralstoffe** (mit B a s e n ü b e r s c h u s s) und reichlich **Vitamine.** Besonders durch die letzteren uns lebensnotwendigen Stoffe sind die **Gemüse** für unsere Ernährung **unentbehrlich.** (Siehe auch Kapitel über die E r n ä h r u n g in der Einleitung des Buches, sowie S a l a t e, Allgemeines, Seite 133.)

a) Der grosse Mineralstoff- und Vitamingehalt ist für die Knochen, Nervensubstanz und zur Blutbildung von grösster Wichtigkeit. — **b)** Die organischen Säuren, die natürlichen Geschmacks- und Gewürzstoffe sowie ein Teil der Zellulose wirken äusserst günstig auf Stoffwechsel und Verdauung. — **c)** Die Gemüse bringen auch durch die mannigfaltige Möglichkeit der Zubereitung und durch ihre Farben die erwünschte Abwechslung und Bereicherung in unseren Speisezettel. Täglich bietet sich auch Gelegenheit, die Platten farbenfroh für das Auge und damit auch appetitanregend auf den Tisch zu bringen.

Eine wichtige **Aufgabe** ist es nun, die Gemüse in der Küche so zu behandeln, dass ihnen diese hochwertigen Stoffe sowie die frischen, schönen Farben und der spezifische Geschmack möglichst erhalten bleiben. — **Zubereitungsarten** sind:

1. **Gedämpfte** Gemüse, Grundregel siehe **Nr. 442.**
2. **Abgekochte** Gemüse (in Salzwasser weichgekocht), Grundregel Nr. 443.
3. **Im Dampf** weichgekochte Gemüse (auf Sieb über Wasser,) Grundregel **Nr. 444.**

Einkauf der Gemüse Grundregel siehe Tafel 12 u. 13 440

Gemüsearten: Knollen (Sellerie, Stachis, Topinambur, Pastinaken) — **Wurzeln** (Schwarzwurzeln, alle Rüben- und Retticharten, sowie Räben oder Navets) — **Zwiebeln** (einschliesslich Schalotten, Perl- und Silberzwiebeln, Knoblauch) — **Stengel** und Blattrippen (Krautstiele, Kohlrabi, Bleichsellerie, Cardons usw.) — **Kohlarten** (Weiss- u. Rotkohl = Kabis, krauser Kohl = Wirsing, Rosenkohl = Choux de Bruxelle, Feder-, Grün- oder Winterkohl, Chinesischer Kohl, Blumenkohl, Broccoli = Ital. Spargelkohl) — **Blattgemüse** (Spinat, Schnitt-Mangold, Gartenmelde, Lauch, Chicorée, Lattich, Zuckerhut od. Zichorie, Sauerampfer, Brennessel, Namenia, Catalogna, Fenchel) — **Hülsen-** oder **Samengemüse** (frische Erbsen, Bohnen, auch Linsen) — **Fruchtgemüse** (Tomaten, Gurken, Zucchetti, Aubergines od. Eierfrüchte, Peperoni = Paprika od. Pfefferschote, Kürbis, sowie ausländ. Squash u. Okra od. Gumbo) — **Sprossengemüse** (Spargeln) — **Blütenköpfe** (Artischocke).

Durch Treibhauspflanzung, und durch die raschen Transportmittel, ist der grösste Teil der Gemüse das ganze Jahr frisch erhältlich, doch ist der Einkauf von **Saisongemüse** — Früh-, Sommer-, Herbst- und Wintergemüse (s. Tafel 12 u. 13 sowie Angabe in den Rezepten) — am vorteilhaftesten, sowohl hinsichtlich Gehalt wie im Preis. — Das Gemüse soll vor allem **frisch** und nicht zu stark ausgewachsen sein. (N i c h t frisches Gemüse ist unansehnlich, lahm und welk, bei Wurzeln biegsam und für die Ernährung nicht mehr wertvoll.) — B i o l o g i s c h-d y n a m i s c h gezogenes Gemüse (siehe Fachausdrücke) ist besonders zuträglich (vor allem auch für Kranke und Kinder.) — Als vollwertiger Ersatz für die frischen Gemüse gelten die **tiefgekühlten,** z. B. «F r i s c o»-**Gemüse.** Sie sind jederzeit in grosser Auswahl und gartenfrisch sowie pfannenfertig erhältlich.

441 **Zurüsten und Waschen der Gemüse**   Grundregel

1. **Zurüsten** (vorbereiten): Alle welken und ungeniessbaren Teile entfernen. — Knollen- und Wurzelgemüse schaben, evtl. dünn schälen (je nach Angabe beim betr. Gemüse). — Frische, gute Gemüseabfälle noch für Bouillon, Suppen oder Bratensaucen verwenden (s. auch NB. v. Gemüsebouillon Nr. 1).
2. Das **Waschen** der Gemüse geschieht am besten in viel oder laufendem Wasser oder durch Einlegen in kaltes, gesalzenes Wasser.

   Gründlich reinigen von Sand, Erde, Ungeziefer und Wurmeiern! Das Wasser soll zuletzt klar bleiben. — Die Gemüse nicht unnötig lange im Wasser liegen lassen! — Gemüse, das klein geschnitten ist, nicht mehr in Wasser legen! Es möglichst bald zubereiten oder, wenn nötig, bis zum Verwenden mit feuchtem Tuch zudecken (evtl. in einen Plastikbeutel geben).

442 **Gedämpfte Gemüse**   (Légumes étuvées)   Grundregel

Anwendung des Dämpfens: möglichst oft und vor allem bei zartem Gemüse, da so am wenigsten Nährwerte verloren gehen.

1. **Zurüsten** der Gemüse je nach ihrer Art (siehe Grundregel Nr. 441 und betr. Rezepte).
2. **Dämpfen** oder **Dünsten** (Schwitzen): Butter, Kochfett oder Öl erwärmen, evtl. zuerst gehackte Zwiebel und Grünes darin dünsten. Das vorbereitete Gemüse beigeben und unter häufigem Aufschütteln oder sorgfältigem Wenden durchdämpfen, wodurch es besonders schmackhaft wird. (Nicht braun werden lassen!) Leicht würzen und wenn nötig mit wenig Mehl bestäuben zum Binden (siehe auch NB.)
3. **Ablöschen** mit möglichst **wenig Flüssigkeit,** bei hartem Gemüse soviel, dass es knapp davon bedeckt ist. Sorgfältig abschmecken, die Pfanne zudecken. — **Grünes** Gemüse der Farbe wegen evtl. nur halb zudecken.
4. **Dämpfzeit** je nach Angabe im Rezept. Sorgfältig kochen, da es leicht anbrennt!

NB. Evtl. erst nach dem Weichkochen z. Binden etwas kalt angerührtes Mehl beigeben (je nach Angabe im Rezept). — Gedämpftes Gemüse lässt sich auch sehr gut in **feuer**festem Geschirr zubereiten und direkt darin servieren. — In einer ganz gut schliessenden Pfanne, sowie im Dampfkochtopf kann man auch härteres Gemüse (z. B. Rüben u. ä.) fast ohne Flüssigkeit zubereiten, wodurch es besonders kräftig wird (vorsichtig würzen!). — **Gemüse,** Allgemeines s. Seite 147.

443 **Gemüse in Salzwasser abgekocht**   (Légumes bouillies)   Grundregel

Anwendung des Abkochens: für Gemüse, die in Sauce serviert werden, sowie für weniger zarte oder bes. scharfschmeckende Gemüse oder für spez. Rezepte, siehe unten.

1. **Zurüsten** der Gemüse je nach ihrer Art (s. Grundregel Nr. 441 und betr. Rezepte).
2. **Weichkochen** (abkochen od. abwellen): Die Gemüse in soviel kochendes Salzwasser geben, dass sie nur knapp davon bedeckt sind! — Blattgemüse, speziell Spinat, handvollweise weichkochen (bis die Blätter lahm sind). Es ist **wichtig,** dass das Wasser beim Hineinlegen der Gemüse kochend und gesalzen ist, da dadurch ihr Gehalt am besten erhalten bleibt. — Für **helles Gemüse** (Blumenkohl usw.) dem Kochwasser etwas Milch beifügen. — Bes. **scharf** schmeckende Gemüse (z. B. Kohlarten und Räben) evtl. in reichlicher Wasser

aufsetzen.— **Grünes** Gemüse der Farbe wegen nur **halb zudecken**. — **Kochzeit** je nach Angabe im Rezept. (Zur **Garprobe** prüfen mit einem Messerchen oder etwas kosten.)

3. **Abtropfen** lassen auf Schaumlöffel oder Sieb, oder das Wasser (mit Hilfe des Deckels) vom Gemüse abgiessen.

   Gemüsewasser, das nicht scharf ist, zu Saucen oder Suppen verwenden!

4. **Anrichten** oder **weitere Zubereitung** der gekochten Gemüse je nach Angabe im Rezept, z. B.:

   Auf französ. Art: Das Gemüse mit heisser Butter abschmelzen od. sorgfältig damit aufschütteln.
   Mit Sauce: Diese mit dem Gemüse vermischen od. sie darübergiessen, evtl. nur dazu servieren.
   Au gratin: Mit Sauce überziehen und im Ofen überbacken (siehe Nr. 445).
   A la Polonaise: Mit geriebenem Käse und gehacktem Ei bestreuen, mit brauner Butter abschmelzen.
   Gemüse, gehackt: Für spez. Rezepte, für Diät und Kinderkost (s. Grundregel Nr. 446).
   Gebacken (vorher in Teig gewendet oder paniert), s. Nr. 295 und 296.
   Als Salat oder mit Mayonnaise zu Hors-d'œuvre.

Gemüse, Allgemeines siehe Seite 147.

Gemüse im Dampf gekocht   (Légumes cuits au vapeur)   Grundregel   **444**

Anwendung: Für Gemüse, das nicht zu weich werden und schön in der Form bleiben soll (spez. für Salate, Hors d'œuvre, Garnituren und Küchlein). — Praktisch ist der Mewa Sieb-Kocher.

1. **Zurüsten** der Gemüse je nach ihrer Art (Angabe im betr. Rezept).
2. **Weichkochen im Dampf:** Das Gemüse (ganz oder geschnitten) in einem **Sieb** über heissem Salzwasser aufsetzen, sorgfältig mit Salz bestreuen. Die Pfanne gut **zudecken**. — Grundsätzlich können alle Gemüse so gekocht werden, benötigen jedoch in der Regel etwas längere **Kochzeit** und werden etwas stärker im Geschmack als die im Wasser gekochten. Verkürzen lässt sich die Kochzeit durch Benützen des Dampfkochtopfes mit Sieb-Einsatz. — **Gemüse,** Allgemeines siehe Seite 147.
3. **Anrichten** oder **weitere Zubereitung** siehe Nr. 443 (Abschn. 4) oder nach Rezept.

Gemüse au gratin   Grundregel   **445**

1. **Zurüsten** und **Weichkochen** der Gemüse nach Angabe (in Salzwasser oder im Dampf) und gut abtropfen lassen.
2. **Einfüllen** in die bebutterte **Gratinplatte**. Die Gemüse evtl. mit Sauce überziehen oder Flüssigkeit beigeben (je nach Angabe).
3. Die **Oberfläche** evtl. mit geriebenem Käse od. mit feinem Paniermehl bestreuen und immer mit Butterstückchen reichlich belegen (s. auch NB.).
4. **Gratinieren** (überbacken) in guter **Oberhitze** zu goldbrauner Farbe während **10–20 Min.**

NB. Zum Gratinieren können sehr gut eingerührte Saucen und für die Oberfläche evtl. auch Fett, Rahm oder Öl verwendet werden. — Jedes gratinierte Gemüse kann man früh vorbereiten. Es soll aber erst kurz vor dem Servieren überbacken werden, da es sonst unansehnlich wird.

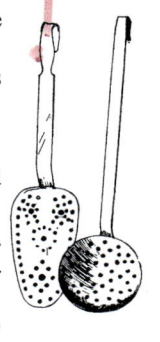

446 Gehackte Gemüse (Légumes hachées) Grundregel

1. **Zurüsten** und **Weichkochen** der Gemüse (nach Angabe im Rezept), gut abtropfen.
2. **Hacken** der Gemüse mit Hackmaschine oder Wiegemesser, ebenso je nach Rezept noch Zwiebel und Grünes.
3. **Durchdünsten:** Butter oder Fett erwärmen, zuerst die feingehackte Zwiebel, Grünes oder Kräuter, dann das gehackte Gemüse beigeben.

   Evtl. zum **Binden** mit Mehl bestäuben oder statt dessen eine **rohe** geriebene Kartoffel beigeben, je nach Angabe.
4. **Ablöschen** mit der Flüssigkeit (Milch, Gemüsewasser oder Bouillon, je nach Gemüseart), würzen, verfeinern mit Rahm usw. — **Kochzeit** nach Angabe.

447 Gemüsekonserven (Büchsen od. Sterilisiergläser)

Vorteil der Gemüsekonserven: praktisch als Vorrat und raschere Zubereitung (Zeitersparnis) sowie als Ersatz bei Mangel an frischem Gemüse.

Erwärmen der Gemüse:

a) **geöffnete** Büchse oder Sterilisierglas **mit** der Flüssigkeit im Wasserbad (letzteres auf Sieb oder gefaltetem Tuch, wegen Springen!) auf kleinem Feuer 15–20 Min. ziehen lassen. Die Flüssigkeit abgiessen (zu weiterer **Verwendung**).

b) Vom Gemüse das Wasser abgiessen, oder es auf einem Sieb abtropfen lassen. **Erhitzen** der Gemüse in erwärmter Butter unter leichtem und sorgfältigem **Aufschütteln**. Evtl. etwas Gemüsewasser beifügen, evtl. würzen.

Weitere Zubereitungsarten: siehe betr. Gemüse und Nr. 443 (Abschn. 4), au gratin, in Sauce, gebacken usw.

448 Tiefgekühlte Gemüse

Allgemeines: Die tiefgekühlten z. B. «Frisco»-Gemüse sind von **bester Qualität** und in grosser Auswahl gartenfrisch erhältlich. Sie enthalten noch den vollen **Frischwert** sowie **Nährstoff-** und **Vitamingehalt** der Gemüse. Sie eignen sich auch besonders gut für die **Diät-** und **Krankenküche**.

Vorteil: Die tiefgekühlten Gemüse sind schon zugerüstet, ergeben also keinen Abfall und stehen der Hausfrau kochfertig zur Verfügung.

Zubereitung: Die Gemüse direkt aus der Verpackung in die Pfanne geben und fertigmachen wie frisches Gemüse, siehe Nr. 442–444 (Grundregeln). Die **Kochzeit** ist etwas kürzer zu bemessen als die in den Rezepten angegebene.

---

449 Gedämpfter Spinat (Epinards braisés)

1 kg Spinat, mögl. zarter, s. NB.
z. Dünsten { 30 g Butter oder Öl
½ Zwiebel, evtl. Grünes

Gewürz: Salz, Muskat
einige Essl. Rahm oder
30 g frische Butter

Zurüsten und **Vorbereiten:** Den Spinat verlesen, grobe Stiele abbrechen, gründlich waschen! Grossblättrigen Spinat büschelweise zusammennehmen und in **Streifen** schneiden. — Zwiebel und evtl. Grünes **fein** hacken.

Dämpfen nach **Nr. 442** (Grundregel). Den Spinat nach und nach zur gedünsteten Zwiebel in die Pfanne geben und nur so lange dämpfen, bis er zusammengefallen und weich ist (**5–15 Min.**). Leicht würzen, Rahm oder Butter dazugeben.
(Keine Flüssigkeit beifügen, da Spinat genügend Wasser zieht.)
Nach dem **Anrichten** möglichst bald servieren, als Beigabe von Fleischplatten, Käse- oder Reisgerichten usw. (siehe auch Angaben bei Nr. 454).

NB. Diese Zubereitungsart eignet sich am besten für jungen, zarten, nicht gedüngten Spinat, da er sonst leicht bitter und scharf schmeckt, ebenso für ganz jungen **Mangold** oder **Lattich**. — Einkauf siehe NB. von Nr. 451.

Spinat-Gericht   (Epinards en casserole)   450

¾ kg Spinat, mögl. zarter
50–80 g Butter, 1 Teel. Salz
rohe Kartoffelscheiben (ca. 500 g)
40–80 g Käse, grob gerieben (s. NB.)

Zurüsten des Spinates wie bei Rezept **Nr. 449**. — **Einfüllen,** roh in eine Auflaufform lagenweise mit allen übrigen Zutaten (sorgfältig salzen!), zuoberst reichlich Butterflöckchen. Ein stark bebuttertes Papier (oder Alu-Folie) über die Form spannen.
Dämpfen in mittelheissem Ofen (evtl. zugedeckt auf dem Herd) während **30–45 Min.**

NB. Schmackhaft wird das Spinatgericht auch durch Mitdämpfen von **Schinken-** oder **Speck**scheiben (statt Käse). — Statt Butter evtl. **Öl** verwenden.

Spinat auf italienische Art   (Epinards à l'Italienne)   451

1 kg Spinat, ¾ l Salzwasser — 40 g Sbrinz, 40 g Gruyère — Braune Butter Nr. 585*

Zurüsten: Den Spinat verlesen (grobe Stiele abbrechen), gründlich waschen.
Abkochen des Spinates in wenig Salzwasser nach **Nr. 443** (Grundregel). — Die Blätter handvollweise abkochen, bis sie weich sind (während **2–4 Min.**). Mit Gemüseklammer oder Schaumlöffel herausziehen, gut abtropfen lassen. — **Anrichten,** direkt auf eine heisse Platte und lagenweise mit dem geriebenen Käse bestreuen. Zuletzt mit der braunen Butter übergiessen. — * Statt Butter 40–80 g gebratene Speckwürfelchen oder 2–3 in Streifen geschnittene, geröstete Zwiebeln über den Spinat geben.

Servieren: siehe Angaben bei Nr. 454 (als Einzelplatte oder Hauptgericht).

NB. Einkauf: März–Juni, August–Oktober; je nach Witterung auch zeitweise im Winter oder ausländischen. — Die Spinatblätter sollen frisch (nicht lahm) und schön grün sein. — So zubereitet ist der Spinat sehr schmackhaft und ausgiebig. Gleiche Zubereitung gilt auch für ganz jungen, zarten **Mangold,** ebenso für tiefgekühlten «**Frisco**» **Spinat** in Blättern. — Das **Spinatwasser** für Suppe verwenden.

Spinat auf Tessiner Art   (Epinards tessinois)   452

1 kg Spinat, ¾ l Salzwasser — 50–80 g Käse, Majoran — 3 Essl. Öl od. 40 g Butter

Zurüsten und **Abkochen** des Spinates wie bei **Nr. 451**. Ihn abgetropft, in eine gut bebutterte Gratinplatte geben. Mit dem grob geriebenen oder gehobelten Käse reichlich überstreuen, ebenso mit etwas Majoran. Die Oberfläche mit Öl beträufeln oder mit Butterflöckchen belegen. — **Gratinieren** in guter Oberhitze, bis der Käse flüssig und leicht krustig geworden ist. — **Servieren** mit Polenta oder Reis.

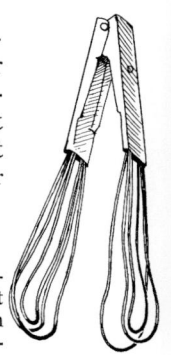

453 Gedämpfter Spinat auf französische Art (Epinards sautés)

1 kg Spinat, ¾ l Salzwasser — 60–100 g frische Butter, evtl. einige Essl. Rahm

Zurüsten und **Abkochen** des Spinates wie bei **Nr. 451**, jedoch so, dass er nicht ganz weich wird. Ihn dann lagenweise mit Butterflöckchen in eine weite Pfanne geben und unter sorgfältigem Wenden oder Aufschütteln **dämpfen** während **3–5 Min.**, evtl. etwas Rahm und Salz beifügen. — **Servieren** siehe Angaben bei Nr. 454.

454 Gehackter Spinat (Epinards hachés)

1–1½ kg Spinat (s. NB) — ¾ l Salzwasser

z. Dünsten { 30–50 g Butter od. Kochfett / ½ Zwiebel, evtl. Petersilie

z. Binden: 20–30 g Mehl

z. Ablöschen: 2 dl Milch, ca. 2 dl Spinatwasser

Gewürz { Salz, Muskat, evtl. Maggi Würze / od. 1 Msp. Liebig-Fleischextrakt

z. Verfeinern { einige Essl. Rahm / oder 30 g frische Butter

Zurüsten: Den Spinat verlesen (nur ganz grobe Stiele entfernen); gründlich waschen! **Abkochen** nach **Nr. 344** (Grundregel). — Die Blätter immer nur handvollweise kurz ins kochende Salzwasser geben, d. h. bis sie lahm, jedoch noch nicht gar sind und gut abtropfen lassen. — **Hacken** des Spinates, sowie der Zwiebel und evtl. Petersilie. (Mit Wiegemesser fein hacken oder durch die Hackmaschine treiben.) — Als **Kranken-** oder Kinderspeise evtl. durch ein Sieb streichen oder im Mixer pürieren.

Dünsten: Butter oder Fett erwärmen, Zwiebel und Grünes darin dünsten. Den gehackten Spinat beigeben, das Mehl darüberstreuen. **Ablöschen** mit der Flüssigkeit. **Kochzeit** ca. 10 Min. (Den Spinat der Farbe wegen nicht oder nur halb zudecken.)
Würzen und **verfeinern** mit Rahm oder Butter. — **Anrichten** möglichst direkt vor dem Auftragen. — **Servieren, a)** als Einzelplatte, garniert, z. B. mit Eiern, Lyonerkörbchen mit Rührei, Croûtons oder Fleurons. — **b)** als Beigabe zu Fleischplatten, zu Käse-, Eier-, Kartoffel-, Maisgerichten oder Teigwaren usw.

NB. Für diese Zubereitungsart eignet sich auch grossblättriger, weniger zarter Spinat, sowie Mangold (siehe Rezept Nr. 455).

455 Mangold (Kraut — Bette à tondre) und Gartenmelde

Zubereitung wie Spinat **Nr. 454**, jedoch beim **Mangold** die dicken Blattrippen entfernen. — Evtl. 30 g kleine Speckwürfelchen mitdämpfen oder den angerichteten Mangold mit gerösteten Zwiebelstreifen überstreuen. — (Besonders zarten Mangold nach Nr. 449 oder 451 zubereiten.)

456 Sauerampfer (Oseille)

Zubereitung wie Spinat **Nr. 449** oder **451**. — Auch eine Mischung aus halb Sauerampfer, halb Spinat ergibt ein schmackhaftes Gericht, ebenso **Sauerampfer** und **junge Brennessel**. (Alles gesunde, bes. vitaminreiche Frühlingsgemüse!)

457 Lattich, abgekocht (Laitue au beurre) I. und II. Art s. Tafel 30

3–6 Lattichköpfe, Salzwasser – 50 g Käse, gerieben, Braune Butter Nr. 585 – evtl. einige Speckscheiben

Zurüsten: Vom Lattich die äussersten groben Blätter entfernen, vom Strunk etwas abschneiden. Besonders grosse Köpfe der Länge nach (vom Strunk her) halbieren.

Den Lattich gründlich in laufendem Wasser waschen, ohne ihn zu entblättern, evtl. in Salzwasser etwas liegen lassen.
Weichkochen des Lattichs nach **Nr. 443** (Grundregel) während 20–40 Min.
Das Salzwasser am besten in einer länglichen Pfanne (je nach Grösse der Lattichköpfe) zum Sieden bringen. Der Lattich soll davon bedeckt sein, sonst die Köpfe einmal wenden. — (Zur **Garprobe** beim Strunk prüfen!)
Anrichten, I. Art: Den Lattich mit Gemüseklammer oder Schaumlöffel herausheben, gut abtropfen lassen. Auf eine erwärmte Platte legen, querüber in ca. 4 cm breite Streifen schneiden. Mit dem Käse bestreuen, mit der braunen Butter und evtl. glasig gebratenen Speckstreifen oder -würfelchen abschmelzen.
II. Art, spez. als **Garnitur** von Fleischplatten (s. Tafel 30): Den abgetropften Lattich auf dem Brett mit Hilfe von zwei Gabeln drei–vierfach zusammenlegen (die Rippen dabei möglichst flachdrücken). Evtl. mit einem Messer etwas zurechtschneiden, anrichten, mit Butter beträufeln.
NB. Einkauf: Mai–November. — Die Lattichköpfe sollen schön fest, die Blattrippen brüchig sein.

Gedämpfter Lattich mit Speck   (Laitue au lard)   **458**

3–6 Lattichköpfe
125 g Magerspeckscheiben
1–2 dl Bouillon — 30 g Butter
Salz, Muskat — Braune Butter Nr. 585

Zurüsten und **Weichkochen** des Lattichs nach Angabe in **Nr. 457,** ihn jedoch nur halbweich werden lassen.
Weitere Zubereitung: Die Speckscheiben auf den Boden einer Gratinform verteilen. Den Lattich darauflegen, wenig Bouillon dazugiessen, mit Butterflöckchen belegen, zudecken. Im Ofen oder auf dem Herd noch völlig weichdämpfen. Von Zeit zu Zeit mit der Brühe übergiessen. — Beim **Anrichten** evtl. noch etwas Salz und Muskat über den Lattich geben und mit der braunen Butter abschmelzen. — Evtl. als **Garnitur:** Dünne **Speck**scheiben aufgerollt an Küchenhölzchen stecken, in der Omelettenpfanne glasig braten, auf den fertigen Lattich stecken (s. gefüllter Kohl auf Tafel 17). — **Gefüllter** Lattich siehe Nr. 320.

Namenia und Catalogna   (Ital. Blattstielgemüse)   **458a**

Namenia und **Catalogna** (italienisches Gemüse) im Aussehen ähnlich wie Löwenzahn, leicht bitter, jedoch sehr schmackhaft.
Zubereitung und **Anrichten** wie Lattich, abgekocht nach **Nr. 457,** I. Art.

Gedämpfter Zuckerhut sowie Endivien- und Kopfsalat   **459**

Zubereitung wie Lattich **Nr. 457** oder **458.**

Lauch, gekocht   (Poireaux cuits)   **460**

6–9 schöne Lauchstengel — Salzwasser — evtl. Braune Butter Nr. 585

Zurüsten: Vom Lauch die Würzelchen (mit dem Boden) und die groben äussern Blätter entfernen, in fingerlange Stücke schneiden. Diese bis zur Hälfte einschneiden und sorgfältig gut waschen, jedoch so, dass der Lauch nicht auseinanderfällt.
Weichkochen des Lauchs lagenweise in leicht gesalzenem Wasser nach **Nr. 443** (Grund-

regel) während **10–25 Min.** Ihn sorgfältig herausnehmen und gut a b t r o p f e n. — **Anrichten** und mit Butter abschmelzen, oder **weitere Zubereitung** siehe unter **Nr. 461**, oder den Lauch verwenden als **Garnitur** von Fleischplatten, für Salat usw., je nach Angabe.

Einkauf: September–März. — G e m ü s e l a u c h ist gebleicht und deshalb etwas milder im Geschmack als der grüne sog. S u p p e n l a u c h. Dieser kann jedoch auch gut als Gemüse zubereitet werden.

461 Lauch Nr. 460 auf verschiedene Art (Poireaux variés)

1. **Lauch mit Butter** (eine schmackhafte Beigabe zu Fleisch): Den gekochten Lauch sorgfältig auf die Platte anrichten und mit heisser Butter abschmelzen.

2. **Lauch mit Mayonnaise:** Den heissen Lauch mit Mayonnaise (Nr. 594) oder Vinaigrette (Nr. 593) servieren, evtl. zusammen mit kleinen neuen Kartoffeln, Polenta oder Risotto.

3. **Lauch in Sauce** — Weisse Sauce Nr. 547, Buttersauce Nr. 549 oder Käsesauce Nr. 551. Den angerichteten Lauch mit der Sauce überziehen, evtl. mit Grünem bestreuen.

4. **Lauch mit Käse oder Speck**
   30 g Käse, gerieben — Braune Butter Nr. 585 oder 50–100 g Magerspeckwürfelchen
   Den Lauch beim Anrichten, gut abtropfen und l a g e n w e i s e mit dem geriebenen Käse auf eine Platte legen. Mit der Butter abschmelzen oder mit den glasig gebratenen Speckwürfelchen überstreuen. — (Zu Kartoffeln oder als G a r n i t u r zu Fleischplatten.)

5. **Lauch mit Sauce au gratin** Béchamel Nr. 553 — 30 g Käse, gerieben — 30 g Butter
   Den gut abgetropften Lauch als Reihe oder im Kranz in eine bebutterte Gratinplatte geben. Die Sauce darüber verteilen. Bestreuen mit Käse und Butterflöckchen. — **Gratinieren** nach **Nr. 445**, bis die Oberfläche schön braun ist (15–20 Min.)

6. **Lauch mit Schinken au gratin** Käsesauce Nr. 551 — 100–150 g Schinken — 30 g Butter
   I. Art: Die Sauce auf den Boden der bebutterten Gratinplatte giessen. Den Lauch darauf verteilen, mit dem gehackten Schinken und Butterstückchen bestreuen. — **Gratinieren** nach **Nr. 445.** — **II. Art:** Die Lauchstücke zuerst mit einer Schinken- oder dünnen Magerspeckscheibe umwickeln.

Gefüllte Lauchröllchen mit Speck siehe Vorspeisen Nr. 317

462 Gedämpfter Lauch (Poireaux étuvés)

6–9 schöne Lauchstengel — 60 g Kochfett od. Öl, Salz, Muskat — wenig Bouillon od. Wasser

Zurüsten und **Waschen** des Lauchs nach Angabe in **Nr. 460** und ihn in ca. 8 cm grosse Stücke schneiden. — **Dämpfen** im Fett nach **Nr. 442** (Grundregel) unter s o r g f ä l t i g e m Wenden, leicht würzen. Etwas Bouillon dazu giessen, zudecken und w e i c h d ä m p f e n während **20–40 Min.** — Passend als G a r n i t u r einer Fleischplatte.

NB. Der Lauch schmeckt besonders kräftig, wenn er etwas gelb angebraten wird.

Gedämpfte Zwiebeln (Oignons étuvés) 463

300–500 g Zwiebeln (evtl. Schalotten)
z. Dünsten: 50 g Kochfett od. Öl
z. Ablöschen { ca. 2 dl Wasser
                oder Bouillon
Gewürz { Salz, Muskat, 1 Pr. Zucker
          etwas Knorr Aromat
          wenig Zitronensaft
einige Essl. Rahm, evtl. 1 Eigelb

Zurüsten: Die Zwiebeln schälen, halbieren oder in Scheiben schneiden.
Dämpfen nach **Nr. 442** (Grundregel). — Sorgfältig würzen, mit dem Rahm verfeinern.
Servieren auf Toast, mit Schalenkartoffeln oder Reis sowie als Beigabe zu Hammel- oder Schweinsbraten.

NB. Nach Belieben unter das Zwiebelgericht etwas Kümmel mischen oder die entstandene Zwiebelsauce mit dem Rahm und 1–2 Eigelb legieren (nach Nr. 546).

Zwiebeln au gratin (Oignons au gratin) 464

300–500 g Zwiebeln — Salzwasser
Béchamel Nr. 553 (s. NB.)
evtl. 100 g Schinken in Würfelchen
z. Gratinieren: 30 g Käse, 40 g Butter

Zurüsten: Die Zwiebeln schälen, in Scheiben schneiden. — **Weichkochen** nach **Nr. 443** (Grundregel) während **30–40 Min.** Gut abtropfen lassen und auf eine gebutterte Gratinplatte geben, evtl. mit dem Schinken. Die Sauce darüber verteilen. Bestreuen mit geriebenem Käse und Butterflöckchen. — **Gratinieren** nach **Nr. 445**, bis die Oberfläche schön gelb ist. — **Servieren** mit Kartoffeln, Reis oder Polenta.

NB. Die Béchamel evtl. mit 1–2 Eigelb und 1 dl dickem Rahm legieren. Auf diese Weise zubereitet, schmecken die Zwiebeln milder.

Krautstiele, gekocht (Côtes de blette cuites — Rippenmangold) 465

2–3 Bund Krautstiele — ¾ –1 Ltr. Salzwasser — einige Essl. Milch

Zurüsten: Von den Krautstielen alle grünen Blattreste entfernen, unten etwas abschneiden, leicht schälen, gut waschen. In ca. 5 cm lange Stücke schneiden.
Weichkochen der Krautstiele nach **Nr. 443** (Grundregel) während **10–20 Min.**
Anrichten und **weitere Zubereitung** siehe unter **Nr. 466** und im Register.

Einkauf: Mai–Januar. Die Krautstiele (Blattrippen von spez. Mangold) sollen recht dick und straff sein (nicht weich oder biegsam). — Erhält man die Stiele mit den **Blättern,** dann diese noch verwenden (wie Spinat), z. B. zu Wähe, Pudding usw. (Nr. 912, Abschn. 3 und Nr. 326).

Krautstiele Nr. 465 auf verschiedene Art (Côtes de blette variées) 466

1. **Krautstiele auf französische Art:** Die gekochten Krautstiele gut abtropfen. Anrichten (evtl. zu Bündelchen) und mit heisser Butter abschmelzen (ca. 50 g).

2. **Krautstiele à la Polonaise**
   30 g Sbrinz, gerieben und 2 Essl. Paniermehl, gemischt — 1 hartes Ei — Braune Butter Nr. 585
   Die gekochten Krautstiele gut abtropfen, anrichten (evtl. zu Bündelchen), mit dem Käse und dem gehackten Ei bestreuen. Mit leicht gebräunter Butter beträufeln. — Diese Zubereitung eignet sich auch gut als **Garnitur** von Fleischplatten.

3. **Krautstiele in Sauce** — Béchamel Nr. 553 oder Käsesauce Nr. 551 — 1 dl Rahm
   Die gekochten Krautstiele sorgfältig unter die Sauce mischen, den Rahm beifügen.

Nochmals ganz heiss werden lassen, wenn nötig noch würzen, evtl. etwas Zitronensaft beigeben (nicht mehr kochen).

4. Krautstiele mit Tomatenpurée — 1–2 Essl. Tomatenpurée — 1 dl Milch — 2 dl Rahm
Tomatenpurée und Milch zusammen unter Rühren aufkochen, den Rahm beigeben, wenn nötig noch würzen. — Die gut abgetropften Krautstiele sorgfältig unter die Sauce mischen, nochmals ganz heiss werden lassen.
II. Art: Tomatensauce Nr. 571 od. 572 mit den Krautstielen vermischen.

5. Krautstiele au gratin
Béchamel Nr. 553 oder Käsesauce Nr. 551 — z. Gratinieren: 20 g Käse, gerieben, 30 g Butter
Gratinieren der gekochten Krautstiele nach **Nr. 445**, in guter Oberhitze.

NB. **Krautstiele, kalte** mit Mayonnaise serviert, siehe Lauch Nr. 126.

467 Kohlrabi, gekochte   (Choux-raves cuits)

2 Bund Kohlrabi (ca. 1½ kg) — Salzwasser

Zurüsten: Von den Kohlrabi die Wurzeln und Blätter wegschneiden, die zarten (sog. Herzblätter) behalten, siehe NB. Schälen der Kohlrabi, indem man von der unteren Seite her, gegen oben die Schale in Streifen abzieht, ebenso alle holzigen Fasern. Waschen und in Schnitze oder Scheiben schneiden.

Weichkochen der Kohlrabi nach **Nr. 443** (Grundregel) während **15–30 Min.**

Anrichten und **weitere Zubereitung** siehe **Nr. 468**. — Gebackene und gefüllte Kohlrabi usw. siehe unter Gemüse-Vorspeisen und im Register.

Einkauf: Juni–November, evtl. auch später. Kleinere Kohlrabi wählen, zu grosse sind oft holzig. — Die zarten Blätter gehackt zum Gericht oder zu Suppen verwenden.

468 Kohlrabi Nr. 467 auf verschiedene Art   (Choux-raves variés)

1. Kohlrabi in Sauce — Béchamel Nr. 553 oder weisse Buttersauce Nr. 549
Die gekochten, gut abgetropften Kohlrabi mit der Sauce vermischen, nochmals sorgfältig heiss werden lassen.

2. Kohlrabi in Béchamel mit Schinken. Die Kohlrabi mit der Sauce vermischen wie oben, jedoch 100 g kleine Schinkenwürfelchen unter die Sauce mischen. — **Servieren** mit Bratkartoffeln oder Kartoffelküchlein, Polenta usw.

3. Kohlrabi au gratin — Weisse Buttersauce Nr. 547 od. Béchamel Nr. 553
z. Gratinieren: 20 g Käse, gerieben, 30 g Butter
Gratinieren der gekochten Kohlrabi nach **Nr. 445**. Sie evtl. lagenweise mit dem Käse und der Sauce einfüllen. Die fein gehackten Herzblättchen darüberstreuen.

469 Gedämpfte Kohlrabi   (Choux-raves étuvés)

2 Bund Kohlrabi	z. Binden: 10–20 g Mehl
z. Dünsten { Zwiebel und Petersilie	z. Ablöschen: ca. ¾ l Wasser
40 g Butter od. Kochfett	Salz, Muskat — 3–5 Essl. Rahm

Zurüsten der Kohlrabi nach Angabe in **Nr. 467**. Sie in Scheiben oder Schnitze schneiden. Die Herzblättchen, Zwiebel und Petersilie fein hacken.

Dämpfen der Kohlrabi nach **Nr. 442** (Grundregel) während **20–40 Min.** — Zuletzt

verfeinern mit etwas Rahm und nach dem Anrichten mit gehacktem Grün bestreuen.
NB. Ausser Petersilie evtl. etwas Boretsch oder Dill (Küchenkräuter s. Tafel 23 u. 24) mitdämpfen. — Junge, zarte Kohlrabi evtl. **nicht** mit Mehl bestäuben.

Blumenkohl, gekocht (Chou-fleur cuit) 470

1–2 Blumenkohl (siehe NB.) — Salzwasser — 2–3 Essl. Milch

Zurüsten: Vom Blumenkohl alle grünen Blätter entfernen. Den Strunk abschneiden, schälen, in Scheiben schneiden.
Zur Vorsicht empfiehlt es sich bei weniger schönem Blumenkohl, und um sicher zu sein, dass keine Raupen usw. dazwischen sind, ihn **vor** dem Kochen in die **einzelnen** Rosen zu teilen und nur kurz abzuspülen! — Ganzen Blumenkohl ca. 20 Min. in kaltes Salzwasser legen (Blume nach unten!).
Weichkochen des Blumenkohls nach **Nr. 443** (Grundregel) während **20–30 Min.**, je nach Grösse (bei ganzem Kohl, Blume nach **oben**). — Dem Salzwasser etwas Milch beigeben. — Brotrinde oder 1 Lorbeerblatt mitgekocht, mildert den starken und unangenehmen Kohlgeruch! Vermeiden lässt er sich auch weitgehend durch Einpacken in Alufolie. — Den Blumenkohl beim Strunk prüfen, ob er genügend weich ist.
Herausheben des Blumenkohls und gut **abtropfen** lassen. — Zerteilten Blumenkohl evtl. wieder zusammensetzen, indem man ihn in eine kleinere Schüssel füllt (Rosen nach aussen) leicht andrückt und dann auf die Platte stürzt. — Wenn nötig im Wasserbad **heiss** halten!
Anrichten und **weitere Zubereitung** siehe unter **Nr. 471** und im Register.
NB. Einkauf: Juli–November (in der übrigen Zeit ausländischen). — Blumenkohl soll schön fest und weiss sein; wenn ohne Sauce zubereitet, dann 2 Stücke berechnen. — Den Blumenkohl evtl. im Dampf kochen nach Nr. 444 oder im Dampfkochtopf nach Vorschrift (jedoch **ohne** Milchzugabe).

Blumenkohl Nr. 470 auf verschiedene Art (Chou-fleur varié) 471

1. Blumenkohl auf französische Art
Anrichten des **sorgfältig** weichgekochten, ganzen (d.h. wieder zusammengesetzten) heissen Blumenkohls auf eine Platte. — Übergiessen mit der heissen, aber noch hellen Butter (40–80 g).

2. Blumenkohl à la Polonaise
30 g Sbrinz — 2 Essl. feines Paniermehl — 1 hartgekochtes Ei — 60–80 g Butter
Anrichten des Blumenkohls wie französische Art, oben. — Bestreuen mit dem geriebenen Käse, Paniermehl und dem grobgehackten Ei. Die heisse, leicht gebräunte Butter darübergiessen.

3. Blumenkohl mit Mayonnaise — Mayonnaise Nr. 594 oder 598 (falsche)
Anrichten des Blumenkohls wie französische Art (1. Abschnitt oben). Möglichst heiss **servieren** mit der Mayonnaise.

4. Blumenkohl mit Sauce
Buttersauce Nr. 549, Béchamel Nr. 553, Käsesauce Nr. 551 od. Hollandaise Nr. 560 II. Art
Anrichten des Blumenkohls wie auf französische Art, oben. — Überziehen mit der **heissen** Sauce, evtl. etwas Muskat darüber reiben.
Als Füllung (für veget. Pastetchen) den Blumenkohl in kleine Röschen teilen.

5. Blumenkohl au gratin I. u. II. Art
Buttersauce Nr. 549 oder Béchamel Nr. 553 — z. Gratinieren: 30 g geriebener Käse, 30 g Butter
I. Art: Den abgetropften Blumenkohl, ganz oder verteilt, in die Gratinplatte geben,

mit der Sauce überziehen. — **Gratinieren** nach **Nr. 445** in guter Oberhitze, bis der Blumenkohl goldgelb überkrustet ist. — **II. Art:** Die Gratinplatte zuerst mit ca. 100 g **Schinken-** oder **Zungen**-Scheiben oder -Würfelchen belegen. —
Für diese Zubereitung lässt sich auch weniger schöner Blumenkohl verwenden. — Nach Belieben zum Gratinieren den Käse mit 1–2 Essl. feinem Paniermehl vermischen.

Weitere Blumenkohlgerichte siehe unter Vorspeisen und im Register.

472 Broccoli (Grüner Spargelkohl, italienischer)

1 kg Broccoli (2–4 Stück, je n. Grösse)
Salzwasser — 50 g frische Butter

für II. Art { 2 dl Bouillon
Zwiebel — 20 g Mehl

Zurüsten: Vom Broccoli die Köpfchen abschneiden. Von den Stengeln die schlechten Blätter entfernen und in fingerlange Stücke schneiden, die dickeren Teile schälen. Alles gut waschen. — Praktisch ist auch der tiefgekühlte **Frisco**-Broccoli.

Weichkochen des Broccoli nach **Nr. 443** (Grundregel) in siedendem Salzwasser, ca. **45 Min.** Die K ö p f c h e n gut kontrollieren, da sie in der Regel schneller weich sind. Sie sorgfältig herausheben und a b t r o p f e n lassen.

Anrichten, I. Art: Den Broccoli auf die Platte geben (Köpfchen in der Mitte, Stengel im Kranz ringsum), mit heisser Butter abschmelzen.

II. Art (o h n e Köpfchen): Die B l ä t t e r vom Broccoli klein schneiden, in Butter mit fein gehackter Zwiebel durchdämpfen und ablöschen. 30 g Butter mit 20 g Mehl verkneten, unter die Sauce mischen, würzen. Beim Anrichten über die S t e n g e l verteilen.

NB. Als **Garnitur** von Fleischplatten evtl. nur die Köpfchen verwenden. Broccoli als **Salat**, s. Nr. 420a.

473 Rosenkohl auf verschiedene Art (Choux de Bruxelles variés)

¾–1 kg Rosenkohl — Salzwasser — **Einkauf:** Oktober–Februar, sonst tiefgekühlter

Zurüsten: Von den Röschen die welken Blättchen entfernen, beim Strunk etwas einstechen, waschen.

Kochen des Rosenkohls in Salzwasser n. **Nr. 443** (Grundregel) **10–20 Min.**, d. h. bis er knapp w e i c h ist. Ihn in r e i c h l i c h Salzwasser kochen, damit er nicht scharf wird. Die Pfanne nicht ganz decken (grüne Farbe!). Darauf achten, dass er nicht zerfällt. — Zuletzt das Kochwasser sorgfältig abgiessen. — **Weitere Zubereitung** des Rosenkohls:

1. **auf französische Art** (au beurre): 60–100 g Butter zum sorgfältig gekochten Rosenkohl geben, wenn nötig noch salzen und unter leichtem Aufschütteln h e i s s werden lassen (n i c h t r ü h r e n). — Rosenkohl benötigt r e i c h l i c h Butter, damit er schmackhaft wird.

2. **mit Sauce**, I. und II. Art

   I. Art { 40 g Butter — 20 g Mehl
   5 dl Bouillon, Salz

   II. Art { Béchamel Nr. 553 oder
   Weisse Sauce Nr. 549

   I. Art: Die Butter zum gekochten Rosenkohl geben, kurz durchdämpfen unter leichtem Aufschütteln (n i c h t r ü h r e n). Das Mehl darüber stäuben, mit Bouillon ablöschen, einige Minuten auf kleinem Feuer kochen, wenn nötig noch würzen.
   II. Art: Kurz vor dem Servieren den Rosenkohl sorgfältig mit der Sauce vermischen, nochmals ganz h e i s s werden lassen, etwas Muskat darüberreiben.

3. **au gratin** — Béchamel Nr. 553 oder weisse Sauce Nr. 549 — 40 g Butter
   Den gekochten Rosenkohl gut a b g e t r o p f t, auf die Gratinplatte geben. Die Sauce

darübergiessen, die Butter in Flöckchen darauf verteilen. **Gratinieren** nach Nr. **445** (Grundregel). — Evtl. zur Bereicherung den Boden der Gratinplatte zuerst mit Schinkenstreifen (100–150 g) belegen.

4. **mit Kastanien** — ¾ kg Kastanien, gekocht nach Nr. 383 (II. Art)
   Den Rosenkohl auf französische Art fertigmachen (siehe 1. Abschn. oben). Die weichgekochten Kastanien sorgfältig daruntermischen. — Evtl. mit schönen, glasierten Kastanien (Nr. 384) garnieren.

5. **gehackt:** wie Wirsing **Nr. 477.** Ihn sorgfältig würzen und beim Anrichten verfeinern mit etwas Rahm oder frischer Butter. — (Günstige Zubereitung für Rosenkohl, der keine festen Röschen hat.)

Chinesischer oder Schnitt-Kohl (Chou chinois)   s. Vignette   **474**

Zubereitung wie **Wirsing** Nr. 475 u. 476 (Abschn. 1–3) oder wie **Lattich** Nr. 457 u. 458.

Wirsing, gekocht   (Kohl, Wirz — Chou frisé)   **475**

1 Wirsing (¾–1 kg) s. NB. — Salzwasser

Zurüsten: Vom Wirsing die äussersten groben und beschädigten Blätter sowie das unterste Stück des Strunkes abschneiden. Den Wirsing halbieren oder vierteilen, gut waschen. — Sehr lockere Köpfe besser ganz entblättern zum Kochen (wegen Unreinigkeiten!).

Weichkochen des Wirsings in Salzwasser nach **Nr. 443** (Grundregel) während **20 bis 40 Min.,** gut abtropfen lassen. — **Anrichten** oder **weitere Zubereitung** siehe unter Nr. 476–478.

Einkauf: Juni–März. **Wirsing** = hell- bis dunkelgrüne, krausblättrige Köpfe, im Winter fester und heller in der Farbe. — **Kabis** = glatte, feste Köpfe, hellgrün oder weisslich; kann auf gleiche Art zubereitet werden, braucht jedoch etwas längere Kochzeit.

Wirsing Nr. 475 auf verschiedene Art   (Chou frisé varié)   **476**

1. **Wirsing, abgeschmelzt** (à l'Anglaise). Den gekochten Wirsing zu Kugeln formen (von Hand oder in einer Tasse). **Anrichten** auf eine erwärmte Platte (evtl. als Garnitur neben das Fleisch). Bestreuen mit Salz, Muskat oder 1 Pr. Pfeffer, mit Butterstückchen belegen, evtl. noch kurz in den Ofen stellen. — **Servieren** als Gemüse zu Siedefleisch, zu einem einfachen Rinds- oder Hammelbraten, zu gekochtem Speck oder Schweinefleisch.

2. **Wirsing mit Sauce.** Den gekochten Wirsing auf die warme Platte geben, mit weisser Sauce Nr. 547 oder 549 übergiessen, etwas Muskat darüber reiben. — **Servieren,** siehe Angaben oben.

3. **Wirsing au gratin**
   Buttersauce Nr. 549 oder Béchamel Nr. 553 — z. Gratinieren: 20 g Butter
   Den gekochten Wirsing klein geschnitten od. zu Kugeln geformt (s. unter Abschn. 1) auf der gut bebutterten Gratinplatte verteilen. Mit der Sauce überziehen. —

Gratinieren des Wirsings nach **Nr. 445**. — Evtl. den Boden der Form zuerst mit 50–100 g glasig gebratenen **Speck**würfelchen bestreuen.

4. Wirsing, gebraten — 50–80 g Kochfett — Geröstete Zwiebeln Nr. 588
Den gekochten Wirsing (evtl. zu Kugeln geformt, s. unter Abschn. 1) in heissem Fett braten unter Wenden. — **Anrichten** und mit den gerösteten Zwiebeln bestreuen.

(Servieren zu Siedefleisch, Schweinsbraten, Würsten usw.)

477 Gehackter Wirsing (Chou frisé haché)

1–2 Wirsing — Salzwasser
z. Dünsten { 40 g Kochfett / evtl. 40 g Magerspeck / Zwiebel, evtl. Petersilie
z. Binden { 20–30 g Mehl oder / 1 roh gerieb. Kartoffel
z. Ablöschen { 2 dl Milch / 2–3 dl Bouillon
Gewürz { Salz, Muskat, 1 Pr. Pfeffer / Maggi Würze
evtl. geröstete Zwiebeln Nr. 588

Zurüsten und **Kochen** des Wirsings nach **Nr. 475**, gut abtropfen lassen.

Hacken der Zwiebel und Petersilie, ebenso des Wirsings (diesen am besten mit Wiegemesser oder Hackmaschine). Verwendet man Speck, diesen in kleine Würfelchen schneiden. — Siehe auch gehacktes Gemüse (Grundregel) **Nr. 445**.

Dämpfen: Im Fett zuerst Zwiebel und evtl. Grünes und Speck glasig werden lassen, den Kohl kurz mitdünsten. Zum Binden das Mehl darüberstreuen oder die geriebene Kartoffel beigeben. **Ablöschen** mit Milch und Bouillon, aufkochen, kräftig würzen. **Kochzeit** ca. 40 Min. — Beim **Anrichten** evtl. mit gerösteten Zwiebelstreifen bestreuen.

478 Gedämpfter Wirsing oder Kabis (Chou braisé) I. und II. Art

1 fester Wirsing od. Kabis (auch Spitzkabis)
z. Dünsten { Zwiebel und Grünes / 40 g Kochfett
evtl. 20 g Magerspeck in Würfelchen
z. Ablöschen: Bouillon oder Wasser
Gewürz: Salz, Muskat, Pfeffer

Zurüsten des Kohles nach Angabe in **Nr. 475**. Ihn in kleine Stücke schneiden.

Dämpfen, I. Art: Das Fett erhitzen, gehackte Zwiebel und Grünes und evtl. den Speck darin dünsten. Den Kohl beigeben, **überbraten** (ca. 10 Min.), so dass er bräunlich wird. Ablöschen mit Bouillon oder Wasser (**knapp bedeckt**), würzen.

Kochzeit: Wirsing 30–50 Min., Kabis ca. 1½ Std.

II. Art: Die Kohlstücke nach dem Waschen **fein** schneiden (mit Messer oder Hobel). Im Fett zuerst Zwiebel und evtl. den Speck schwitzen, dann den Kohl nach und nach dazugeben. **Dämpfen** unter häufigem Aufschütteln, bis der Kohl etwas zusammengefallen, aber **nicht** gelb geworden ist. **Ablöschen** mit der Flüssigkeit, würzen, zudecken. — **Kochzeit** wie bei I. Art.

NB. Zubereitung (I. und II. Art) im Dampfkochtopf n. Vorschrift. — Als einfaches **Eintopfgericht:** 200 g rohes Hackfleisch würzen, mit dem Kohl (II. Art) vermischt dämpfen. Während der letzten ½ Std. Kartoffelwürfel mitkochen. — Siehe auch Schweinefleisch mit Kabis Nr. 766 (1.). Evtl. mit gekochten Kastanien (Nr. 383) anrichten.

Oben: Französische Omelette mit Schinken Nr. 227 (5), garniert mit Spargeln und gedämpftem Spinat Nr. 449
Links: Ungarische Eier Nr. 213
Rechts: Verlorene Eier auf Croûtons mit Schinken Nr. 219 (1), garniert mit Eierschwämmen und Erbsen

Tafel 15

Tafel 16

Mais

Meerrettich

Weiße Rübe (Navet)

Aubergine

Tafel 16

Spitz-Kabis

Wirsing (Wirz)

Bleichsellerie

Zucchetti

Johanna K. Fülscher

Knollensellerie

Tafel 17 Oben: Gefüllter Kohlkopf Nr. 324, garniert mit Speckröllchen
Unten: Gefüllte Kohlköpfchen auf türkische Art Nr. 323 mit Tomatensauce

Kabis   (Chou blanc)   479

Zubereitung auf gleiche Art wie Wirsing: siehe **Nr. 475–478**.

Einkauf: Juli–März. Die Köpfe sollen fest und für ihre Grösse schwer sein. — Kabis ist weniger zart, jedoch billiger als Wirsing und braucht **längere Kochzeit.**

Weitere Kohlgerichte siehe unter Vorspeisen oder im Register.

Federkohl   (Winter- oder Grünkohl, Chou vert)   480

Zubereitung wie Wirsing **Nr. 475–478**. — 1–1½ kg Federkohl verwenden. Dieser wird beim Zurüsten von den Rippen abgestreift.

Einkauf: November–Februar. — Federkohl hat einen sehr ausgesprochenen und kräftigen Geschmack und wird erst gut, wenn er ein- bis zweimal im Frost gestanden hat.

Gedämpftes Rotkraut   (Rotkabis oder Blaukraut — Chou rouge)   481

1 fester Rotkabis (ca. 1 kg)
z. Dünsten { 80–100 g Fett oder Öl / evtl. 50 g Speck / ½–1 Zwiebel
z. Ablöschen: Bouillon od. Wasser

z. Beigeben { 1–2 saure Äpfel / 1 kl. rohe Kartoffel, gerieben / 1–2 dl Rotwein (s. NB.)
Gewürz { Salz, 1 Pr. Zucker, evtl. Kümmel / 2–4 Essl. Essig od. Zitronensaft

Zurüsten (Grundregel siehe **Nr. 441**) und **Vorbereiten:** Vom Rotkabis die 2–3 äussersten zähen Blätter entfernen, ihn halbieren oder vierteln. Den Kabis fein schneiden (mit Messer, Hobel oder Maschine) so, dass der Strunk zuletzt zurückbleibt. — Die Zwiebel fein hacken, evtl. Speck kleinwürflig schneiden.

Dünsten: Das Fett (evtl. noch Speck) erwärmen, die Zwiebel darin gut durchschwitzen (nicht gelb werden lassen). Das Kraut nach und nach beigeben und unter häufigem Aufschütteln und Wenden **ca. 20 Min. dünsten,** bis es zusammengefallen ist (s. NB.).

Ablöschen mit soviel Bouillon oder Wasser, bis das Kraut knapp davon bedeckt ist. Den fein geschnitzelten oder geriebenen Apfel und die Kartoffel beigeben. Nach Belieben Rotwein und etwas Essig hinzufügen, sorgfältig würzen.

Weichdämpfen während **1½–2 Std.** — Unmittelbar vor dem Anrichten nochmals etwas Essig beimischen, wodurch das Kraut wieder rötlich wird. — Die Flüssigkeit sollte jetzt möglichst eingekocht sein. Sonst nochmals mit ½ geriebenen Kartoffel oder etwas kalt angerührtem Kartoffelmehl binden.

Servieren zu Schweinefleisch, Gans, Ente, Wild (siehe Tafel 32) mit sorgfältig gekochten Apfelschnitzen oder Halbäpfeln mit Preiselbeeren, Krustaden mit Äpfelchen oder mit glasierten Kastanien. — Vegetarisch: zu Kartoffelpudding, -auflauf, zu Käsespeisen, Polenta, Reis usw.

NB. Einkauf: August–März. — Die Kohlköpfe sollen für ihre Grösse schwer und fest sein. — Rotkraut wird sehr gut mit Schweine- oder Gänsefett oder ausgelassenem Speck zubereitet, vegetarisch mit Nussella. — Das lange Dämpfen vor dem Ablöschen macht Rotkraut besonders schmackhaft. Statt Rotwein etwas mehr Äpfel oder Zitronensaft verwenden — Rotkraut eignet sich sehr gut zur Zubereitung im Dampfkochtopf, (nach Vorschrift) jedoch mit weniger Flüssigkeit abgelöscht.

482 Gedämpftes Sauerkraut (Choucroute) I.–III. Art

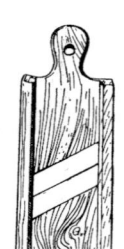

1 kg Sauerkraut, mögl. mildes, s. NB.
z. Dünsten { 60 g Fett oder Öl / ½–1 Zwiebel }
z. Ablöschen: Bouillon oder Wasser
2–4 dl Most oder Weisswein
evtl. 1 Teel. Kümmel od. Wacholderbeeren
evtl. 1 Apfel, roh gerieben
1 rohe Kartoffel

Dünsten: Das Fett erwärmen, die gehackte Zwiebel durchschwitzen. Das Sauerkraut mit 2 Gabeln auseinanderzupfen, locker beigeben und gut durchdünsten.

Ablöschen mit wenig Flüssigkeit, etwas Weisswein oder Most dazu giessen, evtl. Kümmel, Wacholderbeeren oder den Apfel beigeben.

Weichdämpfen während ¾–1½ Std. (s. NB.). — Zum Binden die roh geriebene Kartoffel unter das Sauerkraut mischen, noch mind. 5 Min. weiterkochen.

Servieren mit Kartoffeln oder Erbsenpurée (Nr. 372). Evtl. mitgekochten Speck oder Rippli (siehe Nr. 788 u. 789), aufgeschnitten, oder heisse Würstchen auf das Kraut legen. Vegetarisch zu Kartoffelauflauf, -küchlein od. -klössen, zu Erbsenpudding sowie -purée usw.

II. Art, als **Eintopfgericht:** Dem Sauerkraut ca. 40 Min. vor Essenszeit ½–1 kg geschälte, halbierte **Kartoffeln** beigeben.
Das angerichtete Kraut evtl. mit gerösteten Zwiebeln überstreuen.

III. Art, mit Speckscheiben gedämpft: Das Sauerkraut lagenweise mit dem Speck und den Apfelschnitzen in eine Auflaufform füllen, etwas Bouillon dazu giessen, zudecken. (Auf 1 kg Sauerkraut: ca. 200 g Magerspeckscheiben, 3–5 Äpfel.)

Dämpfzeit im Ofen ca. **1½ Std.** — **Servieren** mit Salzkartoffeln.

NB. **Einkauf:** November–März. — Frisches, sowie biolog. Sauerkraut (s. Fachausdrücke) ist besonders bekömmlich und gesund. Es nicht zulange kochen. — (Sehr scharfes altes Sauerkraut evtl. kurz überspülen.) — Statt Sauerkraut, auf gleiche Weise Räbenkraut zubereiten. — (Siehe auch rohes Sauerkraut als Salat Nr. 424.)

483 Grüne Bohnen, abgekocht (Haricots verts cuits)

Grüne Bohnen (Quantum n. Rezept) — Salzwasser — evtl. etwas Bohnenkraut od. Estragon

Zurüsten: Die Bohnen entfädeln, evtl. schrägüber halbieren, waschen.
Dicke, fädige Bohnen evtl. mit einem Kartoffelschäler entfädeln oder am sog. Bohnenhobel. (Sie fallen dann jedoch beim Kochen leicht auseinander.)

Kochen der Bohnen nach Nr. **443** (Grundregel) in soviel Salzwasser, dass sie davon knapp bedeckt sind, während ½–1¼ **Std.**, je nach Sorte. — Etwas Bohnenkraut oder Estragon mitgekocht, gibt einen kräftigen, guten Geschmack. — Junge Bohnen siehe **Nr. 484.** — Bei grossen Bohnen mit langer Kochzeit lassen sich gut Speck, Rippli, Schinken, Schaffleisch oder Würste mitkochen, als Eintopfgericht auch Kartoffeln.

Weitere Zubereitung der gekochten Bohnen s. **Nr. 484–489** od. als Salat **Nr. 425.**

Einkauf: Ende Juni–Oktober. Frische Bohnen sollen prall, d.h. leicht zu brechen sein (nicht biegsam oder zäh).

484 Junge Bohnen auf französische Art (Haricots au beurre)

1 kg junge, zarte Bohnen (od. tiefgekühlte) — Salzwasser — 40–60 g frische Butter

Zurüsten und **Weichkochen** der Bohnen nach **Nr. 483.** — Damit die Bohnen möglichst **grün**

bleiben (spez. für Garnituren), die Pfanne während des Kochens nicht ganz schliessen oder (ausnahmsweise) 1 Msp. Natron beigeben. — Die abgetropften Bohnen in der Butter unter leichtem Aufschütteln heiss werden lassen (nie rühren).

NB. Büchsenbohnen für Garnituren gleich zubereiten, d.h. sie nur noch mit der Butter erhitzen.

Grosse, gedämpfte Bohnen (Haricots braisés) 485

1 kg Bohnen — Salzwasser
z. Dünsten { 30 g Kochfett oder Öl / evtl. 30 g Magerspeck / Zwiebel, Petersilie / evtl. etwas Knoblauch
z. Mitkochen: Bohnenkraut siehe NB.
evtl. z. Binden: 15 g Mehl
z. Ablöschen { 4–6 dl Wasser oder Bouillon
z. Würzen: Salz, Muskat

Zurüsten und **Kochen** der Bohnen nach Angabe in **Nr. 483**, sie jedoch nur knapp weichkochen und gut abtropfen lassen.

Dünsten der gehackten Zwiebel und Petersilie im Kochfett, evtl. mit Knoblauch, Bohnenkraut und dem kleinwürflig geschnittenen Speck. Die Bohnen beigeben, unter leichtem Aufschütteln kurz mitdünsten, evtl. mit Mehl bestäuben (zum Binden). — **Ablöschen** mit wenig Flüssigkeit, wenn nötig noch würzen. **Gardämpfen** während 15–30 Min. Von Zeit zu Zeit etwas aufschütteln (nie rühren).

NB. Statt Bohnenkraut evtl. Dill, Basilikum oder Salbei verwenden. — **Sterilisierte** Bohnen gleiche Zubereitung, ebenso **gedörrte**, vorgekochte Bohnen (siehe Nr. 490).

Junge, gedämpfte Bohnen (Haricots verts fins, braisés) 486

1 kg zarte Bohnen
evtl. z. Binden: 10 g Mehl
z. Ablöschen: 2–5 dl Wasser od. Bouillon
Gewürz: Salz, Muskat
z. Dünsten { 30–50 g Kochfett od. Butter / Zwiebel, Petersilie, Bohnenkraut od. Basilikum / evtl. wenig Knoblauch

Zurüsten: Die Bohnen entfädeln und waschen.

Dämpfen nach Nr. 442 (Grundregel): Zuerst die fein gehackte Zwiebel, Grünes, Kräuter (evtl. Knoblauch) in Kochbutter dünsten. Die Bohnen beigeben und nur kurz mitdünsten unter leichtem Aufschütteln. — **Ablöschen** mit soviel Flüssigkeit, dass die Bohnen knapp davon bedeckt sind. Sorgfältig würzen und **gardämpfen** während 20 bis 40 Min. (je nach Bohnensorte).

NB. Zur Abwechslung einige **Tomaten** (kleine od. halbierte) mitdämpfen, ca. 10 Min.

Wachs- oder Butterbohnen mit Béchamel (Haricots jaunes) 487

1 kg Wachsbohnen — Salzwasser — Béchamel Nr. 553.

Zurüsten und **Kochen** der Bohnen nach Angabe in **Nr. 483**. — Kurz vor dem **Anrichten** die abgetropften Bohnen sorgfältig mit der Béchamel vermischen. In eine erwärmte Schüssel geben, evtl. mit gehackter Petersilie und etwas Bohnenkraut bestreuen.

Wachs- oder Butterbohnen mit Tomaten (— à l'Espagnole) 488

Zubereitung wie junge, gedämpfte Bohnen **Nr. 486**, jedoch nach dem **Ablöschen** das Purée von 4–6 durchgestrichenen **Tomaten** beigeben und gut einkochen.

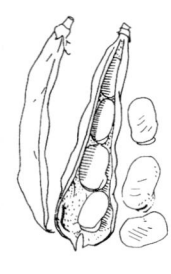

489 Frische Bohnenkerne und Puffbohnen (Fèves)

¾ kg Bohnenkerne (von ausgereiften Bohnen) sowie dicke sog. Puff-, Pferde- od. Saubohnen.*

Zubereitung wie junge, gedämpfte Bohnen **Nr. 486** oder wie Wachsbohnen mit Béchamel **Nr. 487**. — Puffbohnen mit viel gehacktem Grün, auch Kräutern zubereiten, oder mit 50–100 g Speckwürfelchen. — * **Puffbohnen** sind auch in Büchsen erhältlich.

490 Gedörrte Bohnen (Haricots verts, secs)

250–300 g gedörrte Bohnen (ganz od. geschnitten) — Weitere Zutaten wie bei Bohnen Nr. 485

Einweichen der Bohnen in lauwarmem Wasser (gut davon bedeckt), während einiger Stunden, am besten über Nacht.

Kochen: Die Bohnen mit dem Einweichwasser und etwas Bohnenkraut aufsetzen, leicht salzen. Weichkochen während **ca. 2 Std.** — Auf einem Sieb abtropfen lassen.

Weitere Zubereitung, a) wie grosse gedämpfte Bohnen **Nr. 485**, mit Speckwürfelchen oder reichlich Zwiebeln und Grünem.

b) Die abgetropften Bohnen mit Béchamelsauce (Nr. 553) vermischen, evtl. mit gehacktem Grün bestreuen.

NB. Dörrbohnen lassen sich gut im Dampfkochtopf (ca. ¾ Std.) oder im Selbstkocher (s. Nr. 1759) weichkochen. — Das Kochwasser von gedörrten Bohnen nicht verwenden.

491 Gedämpfte Kefen (Süss- oder Kiefelerbsen — Pois mange-tout)

1 kg Kefen (siehe NB.)
z. Dünsten { Zwiebel und Grünes
{ 50 g Butter od. Kochfett
z. Ablöschen: 1–3 dl Bouillon od. Wasser

Gewürz { Salz, Muskat, 1 Pr. Zucker
{ etwas Bohnenkraut
evtl. Braune Butter Nr. 585
od. Croûtons Nr. 876

Zurüsten: Die Kefen entfädeln, waschen. — Zwiebel und Grünes hacken.

Dämpfen nach **Nr. 442** (Grundregel) während **20–50 Min.** — Der Farbe wegen nur halb zudecken. Häufig aufschütteln und sorgfältig kochen, da sie leicht anbrennen!

Beim **Anrichten** evtl. noch mit brauner Butter übergiessen oder auf eine Lage **Croûtons** verteilen und die Platte mit dreieckigen oder runden Croûtons garnieren.

NB. Einkauf: Ende Mai–Juli oder ausländische. — Zarte, frische Kefen sind bis fingerlang und gleichmässig grün (nicht fleckig) und lassen sich leicht brechen (alte sind biegsam, lahm oder zäh). — Grosse Kefen zur Vorsicht zuerst in Salzwasser abkochen (nach Nr. 443), dann entfädeln.

492 Erbsen in Butter (Pois verts au beurre)

1½–2 kg Erbsen, mit den Schoten
(ergibt 500–600 g ausgekernte Erbsen)

Salzwasser — 1 Pr. Zucker
100 g frische Butter

Zurüsten: Die Erbsen enthülsen und kurz überspülen. — **Kochen** nach **Nr. 443** während **20–40 Min.** Das Kochwasser darf die Erbsen nur knapp bedecken, eine Prise Zucker und 20 g Butter beigeben. — Die Erbsen nur leise kochen, damit sie nicht verfallen. — Der Farbe wegen nicht oder nur halb zudecken! — Von den Erbsen das übrige Wasser abgiessen. Kurz vor dem Anrichten den Rest der Butter beigeben und sorgfältig durchschütteln, bis die Erbsen **heiss** sind, evtl. noch salzen.

NB. Einkauf: Juni–August. — Die Schoten sollen fest, prall gefüllt und grün sein. — Wenn nötig die fertigen Erbsen im Wasserbad heiss halten, ohne sie zu decken. — Gleiche Zubereitung für **tiefgekühlte** Erbsen; siehe auch Nr. 448. — Sehr gut schmecken auch gekochte grüne Erbsen mit **Maiskörnern** (aus Büchsen) vermischt. — Schöne Erbsenschoten waschen und dörren (für Bouillon).

Erbsen auf französische Art   (Pois verts à la Française)   493

1½ kg frische Erbsen
1–2 zarte Lattich
einige Perl- oder Silberzwiebelchen

Salzwasser, 1 Pr. Zucker, 20 g Butter
1 kleiner Büschel Kerbel
50–80 g frische Butter

Zubereitung wie Erbsen in Butter (**Nr. 492**), jedoch den in schmale Streifen geschnittenen Lattich, die geschälten Zwiebelchen, sowie das Kerbelbüschelchen mitkochen. Sobald das Gemüse weich geworden ist, den Kerbel herausnehmen. Die **Butter** beifügen und das Gericht unter sorgfältigem leichtem Aufschütteln noch so lange kochen, bis die Flüssigkeit nur noch eine kleine Sauce bildet.

Erbsen in Béchamel   (Pois verts à la crème)   494

¾–1 kg Erbsen, frische — Béchamel Nr. 553 — ½–1 dl Rahm

Zurüsten und **Kochen** der Erbsen nach **Nr. 492**. Sie sorgfältig unter die Béchamel mischen. Den Rahm beifügen, kurz mitkochen und anrichten.

Tiefgekühlte sowie **Büchsenerbsen** können auf gleiche Weise fertig zubereitet werden.

Gedämpfte Erbsen   (Pois verts braisés)   495

1½–2 kg Erbsen, frische
z. Dünsten { 50 g Kochbutter
2 Essl. fein gehacktes Grün

z. Ablöschen: 2–4 dl Wasser
evtl. z. Binden: 5–10 g Mehl
Gewürz: Salz, 1 Pr. Zucker

Zurüsten: Die Erbsen enthülsen, auf einem Sieb abspülen. — **Dämpfen** nach **Nr. 442**, jedoch zuerst das Grüne **gut** in der Butter dünsten. Die Erbsen beigeben und nur mit soviel **heissem** Wasser ablöschen, dass sie **knapp** davon bedeckt sind. **Kochzeit** 20 bis 45 Min. — Während des Dämpfens die Pfanne nicht oder nur **halb** zudecken, **nicht** rühren, nur leicht aufschütteln. — Gleiche Zubereitung für **tiefgekühlte** Erbsen: sie gefroren direkt zum gedämpften Grün geben, sofort ablöschen und würzen. **Kochzeit** ca. 10 Min.

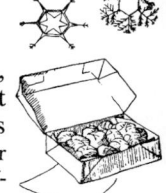

Erbsenpurée   (Purée de pois verts)   496

½ kg Büchsenerbsen
20 g Mehl — 20 g Butter

ca. 1 dl Erbsenwasser — Salz, Muskat
z. Verfeinern: 3–6 Essl. Rahm, Liebig-Extr.

Vorbereiten: Die Erbsen durch ein Sieb streichen (**ohne** das Erbsenwasser). —
Purée: Das Mehl in der Butter dünsten. Das Erbsenpurée beigeben, mit wenig Erbsenwasser verdünnen, würzen, unter **Rühren** ca. 10 Min. kochen. Verfeinern mit etwas Rahm und evtl. Liebig-Fleischextrakt.

NB. Verwendung als **Garnitur** zu Fleischplatten (z. B. à l'Italienne Nr. 862), zum **Füllen** von Tomaten usw. — Frische, grüne Erbsen zuerst weichkochen (s. Nr. 492), ebenso tiefgekühlte.

497 Junge, gedämpfte Rübchen und Erbsen (Carottes et pois verts braisés)

2 Büschel Rübchen — ¾ kg Erbsen, frische
z. Dünsten { 40 g Kochbutter
Petersilie, gehackt
z. Ablöschen: 2–3 dl Wasser
Gewürz: Salz, 1 Pr. Zucker

Zurüsten: Die Rübchen schaben, waschen, in Scheibchen schneiden, bes. kleine ganz lassen oder evtl. halbieren. Die Erbsen zurüsten (enthülsen), siehe Nr. 492.

Dämpfen nach **Nr. 442** (Grundregel). Hie und da vorsichtig durchschütteln, da das Gericht leicht anbrennt. — Soll das Gemüse etwas mehr gebunden sein, dann vor dem Ablöschen mit 1 Essl. Mehl bestäuben.

NB. Verwendet man zu diesem Gericht grosse, stark ausgewachsene Erbsen, dann diese zuerst allein 20–30 Min. dämpfen, bevor man die Rübchen beigibt.

498 Glasierte Rübchen (Carottes glacées) für Garnituren

2–4 Büschel Rübchen — Salzwasser — z. Glasieren: ca. 50 g Butter, 5–10 g Zucker

Zurüsten: Die Rübchen schaben, waschen, in Scheibchen schneiden. — Für **Garnituren**, z. B. à la Jardinière usw., die Rübchen ganz lassen und nur waschen (nicht schaben) oder aus grösseren Rüben Kügelchen ausstechen.

Weichkochen der Rübchen im Dampf (nach **Nr. 444**) während **10–20 Min.** — Bei ganzen Rübchen, nach dem Kochen, die dunklen Häutchen mit einem kleinen Messer abziehen, in Wasser abspülen.

Glasieren: Die abgetropften Rübchen mit Butter und Zucker in eine weite Pfanne geben und sorgfältig durchschütteln, bis sie ganz heiss sind und schön glänzen.

499 Rübchen à la Vichy (Carottes à la Vichy)

1½ kg Rüben, Salzwasser — ca. 100 g Butter, 1–1½ Essl. Zucker — 1 Essl. gehackte Petersilie

Zurüsten: Die Rüben schaben, waschen, in ca. 2 mm dicke Scheibchen schneiden (sehr kleine Rübchen ganz lassen).

Kochen der Rüben in einer weiten Pfanne mit leichtem Salzwasser knapp bedeckt, bis sie halbweich sind. — Ist das Wasser nicht genügend eingedämpft, dann abgiessen. — Beifügen von Butter und Zucker und die Rübchen glasig weich werden lassen. (Hie und da sorgfältig wenden.) Beim **Anrichten** mit gehacktem Grün überstreuen.

Servieren zu Wiener- und Rehschnitzel, Kalbsbraten usw.

NB. Sorgfältig zubereiten (brennt leicht an!). — Zu diesem Rezept sind mehr Rüben nötig, als zu andern Rübengerichten, da sie sehr zusammenfallen.

500 Rüben in Béchamel (Carottes en sauce)

1 kg Rüben
Salzwasser mit 1 Pr. Zucker
Béchamel Nr. 553 (od. Buttersauce Nr. 449)
evtl. gehackte Petersilie

Zurüsten: Die Rüben schaben, waschen, in Stengelchen oder Scheibchen schneiden, nicht mehr in Wasser legen (s. Grundregel Nr. 441).

Weichkochen in Salzwasser, knapp davon bedeckt (n. **Nr. 443**, Grundregel) während

20–45 Min. Das Kochwasser von den Rüben abgiessen oder sie auf einem Sieb abtropfen lassen. — **Mischen** der Rüben mit der Sauce, sorgfältig noch einige Minuten durchkochen. Beim **Anrichten** evtl. mit Grünem bestreuen.

Rüben mit Erbsen in Béchamel: Mit den Rüben die Büchsenerbsen (ohne die Flüssigkeit) unter die Sauce mischen und sorgfältig erhitzen.

NB. Grosse Winterrüben evtl. nicht schaben, sondern dünn schälen.

Gedämpfte Rüben   (Carottes braisées)   501

1–1½ kg Rüben
z. Dünsten { 30 g Kochbutter od. -fett / Zwiebel u. Grünes, gehackt
z. Ablöschen: Wasser oder Bouillon

Gewürz: Salz, 1 Pr. Zucker
angerührt { 10–15 g Mehl / ca. 1 dl Wasser
evtl. Grünes z. Bestreuen

Zurüsten: Die Rüben schaben (nur grosse schälen), waschen, in Scheiben oder Stengelchen schneiden.

Dämpfen der Rüben nach **Nr. 442** (Grundregel): Zwiebel und Grünes durchdünsten, die Rüben beigeben und unter Aufschütteln kurz mitdämpfen. — Beim **Ablöschen** mit Flüssigkeit knapp bedecken, leicht salzen und 1 Pr. Zucker beifügen. **Kochzeit 30–45 Min.** — Zum Binden das angerührte Mehl unter die weichgekochten Rüben mischen und noch 5–10 Min. kochen. — Beim **Anrichten** evtl. mit fein gehacktem Grün überstreuen.

NB. Gedämpfte Rüben mit frischen Erbsen siehe **Nr. 497**, mit Büchsenerbsen s. **Nr. 502**.

Gedämpfte Rüben mit Büchsenerbsen   502

Gedämpfte Rüben Nr. 501
½ l Büchse Erbsen
evtl. 20 g frische Butter
evtl. etwas Petersilie u. Dill, gehackt

Vor dem **Anrichten** die Erbsen ohne die Flüssigkeit (s. NB.) unter die Rüben mischen, nochmals aufkochen. Evtl. mit Butter verfeinern, mit Grünem bestreuen.
Das Erbsenwasser zum Ablöschen der Rüben verwenden.

Kleines Gemüseragout   (als Füllung von verschied. Pastetchen, Omeletten usw.)   503

250 g Rüben (evtl. aus Büchsen)
1 kleine Sellerieknolle
1 Tasse Erbsen (s. NB)
z. Dünsten { 30 g Kochbutter / wenig Zwiebel, Grünes

z. Bestreuen: 10 g Mehl
z. Ablöschen: 2–4 dl Bouillon
Gewürz { wenig Zitronensaft / Salz, Muskat, Fondor
z. Verfeinern: einige Essl. Rahm

Vorbereiten: Rüben und Sellerie schaben, waschen und in erbsengrosse Würfelchen schneiden. Zwiebel und Grünes fein hacken.

Dämpfen der Gemüse nach **Nr. 442** (Grundregel), d.h. zuerst Zwiebel und Grünes gut dünsten, dann die Gemüse beigeben, mit dem Mehl bestäuben. Beim **Ablöschen** mit

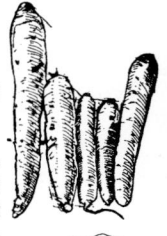

Flüssigkeit knapp bedecken. Sorgfältig würzen, **weichdämpfen** während 20–30 Min., mit Rahm verfeinern.

NB. Frische Erbsen mitdämpfen; Büchsenerbsen oder -rüben nur kurz mitkochen. — Andere Zusammenstellung: Kleine Blumenkohlröschen oder Schwarzwurzeln, Rosenkohl (halbiert) und Rüben, oder tiefgekühlte «**Frisco**»-Gemüse.

504 **Bodenkohlrabi** (Kohl- oder Steckrüben, Choux-navets)

¾–1 kg Bodenkohlrabi, Salzwasser — Béchamel Nr. 553 oder Weisse Sauce Nr. 549 usw.

Zurüsten: Die Bodenkohlrabi schälen, waschen, in Stengelchen oder ca. 2 cm grosse Würfel schneiden. Sie **weichkochen** nach **Nr. 443** (Grundregel) während **30–45 Min.** in reichlich Salzwasser mit etwas Milch, dann gut abtropfen.

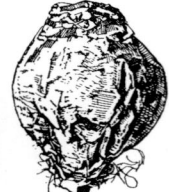

Weitere Zubereitung der Boderkohlrabi:

1. **mit Sauce** vermischt, anrichten. Evtl. etwas Zitronensaft beigeben oder mit glasig gebratenen **Speck**-Würfelchen (ca. 50 g) abschmelzen.

2. **au gratin:** In einer Gratinplatte mit Sauce überziehen, mit geriebenem Käse und Butterflöckchen bestreuen, in Oberhitze goldbraun überbacken.
   Der Sauce evtl. etwas Kümmel oder Tomatenpurée beigeben oder den Boden der Gratinplatte zuerst mit glasig gebratenen Speckwürfelchen (50–100 g) belegen.

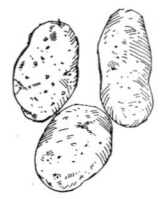

3. **mit Kartoffeln:** ¾ kg Kartoffeln — 100 g Speck oder geröstete Zwiebeln Nr. 588
   Die Kartoffeln schälen, in 2 cm grosse Würfel schneiden und zusammen mit den Kohlrabi weichkochen. — Beim **Anrichten** wenn nötig etwas Brühe abgiessen, und das Gericht mit den glasig gebratenen Speckwürfelchen oder gerösteten Zwiebeln abschmelzen.

Servieren zu Siedefleisch, Würsten, Hammel- oder Schweinsbraten.

Einkauf: September–März. — Bodenkohlrabi sollen nicht zu gross und nicht schwammig sein. Sie ergeben so zubereitet, kräftige, gute und billige Gemüsegerichte.

505 **Gedämpfte Bodenkohlrabi** (Choux-navets braisés)

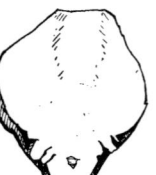

1 kg Bodenkohlrabi
z. Dünsten { 1 Zwiebel — 40 g Fett od. / 50–100 g Magerspeck
z. Ablöschen: Wasser oder Bouillon
z. Würzen { Salz, Muskat, Maggi Würze / 1 Pr. Pfeffer oder Paprika

Zurüsten und Schneiden der Bodenkohlrabi nach Angabe in **Nr. 504**. — **Dämpfen** nach **Nr. 442** (Grundregel) mit Fett oder Speckwürfelchen.

Schmackhaft wird das Gericht auch durch Mitdämpfen von 3–4 Essl. gehackter Petersilie und Küchenkräutern (z. B. Dill oder Liebstöckl).

506 **Räben** (weisse Rüben — Navets blancs)   Bild auf Tafel 16, links

Für Räben (Navets) eignen sich die gleichen Zubereitungsarten wie für Bodenkohlrabi **Nr. 504–505**. — **Servieren** zu Siedefleisch, Hammelbraten usw.

Einkauf: September–Januar. — Räben sollen aussen weiss bis leicht rosa und prall, nicht schwammig und nicht gross sein. Sie sind beliebt in der französischen Küche.

Randen in Béchamel (Betteraves rouges) 507

¾–1 kg Randen * — Béchamel Nr. 553 od. Buttersauce Nr. 549 — Zitronensaft (evtl. Kümmel)

Zurüsten und **Kochen** der Randen nach Angabe von **Nr. 418**.
Die Randen (die gut weich sein sollen) schälen, in kleine Scheiben oder Würfelchen schneiden. Die Béchamel mit Zitronensaft leicht säuern, die warmen Randen sorgfältig darunter mischen. — **Servieren** mit Salzkartoffeln oder Wasserreis, z.B. zu Siedefleisch, Bratwürsten, Hammel- oder Schweinsbraten.

Einkauf: August–April. — * Randen sind im Winter schon gekocht erhältlich. Sie vor dem Schälen nochmals in Salzwasser erhitzen (mit 1 Pr. Zucker und evtl. mit etwas Kümmel).

Schwarzwurzeln auf verschiedene Art (Salsifis variés) 508

1 Bund Schwarzwurzeln, einige Essl. Essig   z. Kochen: Salzwasser mit 2–3 Essl. Milch

Einkauf: Oktober–März. — Die Wurzeln sollen prall sein (nicht weich und biegsam). — **Praktisch** und vorteilhaft ist auch die Verwendung von Schwarzwurzeln aus Büchsen.

Zurüsten: Die Schwarzwurzeln waschen, schaben (mit Messerchen oder Kupferlappen) in 4–8 cm lange Stücke schneiden (je nach Verwendung) und sofort in kaltes Essigwasser legen (damit sie nicht braun werden). Zuletzt nochmals gut nachsehen und abspülen. — **Weichkochen** der Schwarzwurzeln nach **Nr. 443** (Grundregel) in Salzwasser und etwas Milch, während ¾–1¼ Std.

Weitere Zubereitung der Schwarzwurzeln:

1. **à la Polonaise:**
   30 g Käse, gerieben, mit 2 Essl. Paniermehl vermischt — 1 hartes Ei — Braune Butter Nr. 585
   Anrichten der weichgekochten Schwarzwurzeln, evtl. zu kleinen Beigen, dann mit dem Käse und dem gehackten Ei bestreuen. Mit der braunen Butter abschmelzen.
   Für **Garnituren** von Fleischplatten die Schwarzwurzeln in 8–10 cm lange Stücke schneiden, evtl. nur mit heisser Butter abschmelzen.

2. **in Sauce** — Béchamel Nr. 553 oder Käsesauce Nr. 551
   Die abgetropften Schwarzwurzeln unter die Sauce mischen, noch kurz mitkochen.

3. **au gratin** — Béchamel Nr. 553 oder Buttersauce Nr. 449
   z. Bestreuen: 20 g Käse, gerieben — 30 g Butter — evtl. 1–2 Essl. feines Paniermehl
   Gratinieren der Schwarzwurzeln nach **Nr. 445** (Grundregel). — Evtl. den Boden der Form zuerst mit gehacktem **Schinken** (ca. 100 g) belegen.

NB. Siehe auch «Pikante Schwarzwurzeln» Nr. 333 sowie gebackene Nr. 295.

Stachis auf verschiedene Art (Crosnes du Japon) 509

Einkauf: November–März. — Stachis (eine japanische Wurzelknolle) sind kleine, ringförmig eingekerbte Würzelchen. Sie sollen möglichst weiss, sauber und fest sein.

¾–1 kg Stachis   ¾–1 Ltr. Salzwasser (mit 2–3 Essl. Milch)

Zurüsten: Die Stachis mit einem kleinen Bürstchen reinigen, schlechte Stellen wegschneiden, nochmals abspülen. (Andere Art Stachis zu reinigen: sie mit grobem Salz in einem Tüchlein reiben, dann gut abspülen.)

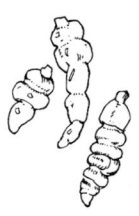

Kochen der Stachis nach **Nr. 443** (Grundregel) während **10–20 Min.** in Salzwasser mit etwas Milch. — Das Wasser mit Hilfe des Deckels abschütten (evtl. die jetzt noch anhaftenden dunklen Häutchen abziehen).

Weitere Zubereitung der Stachis:

1. mit Butter und Käse — 60–80 g Butter — 40–60 g Käse, gerieben
Die Hälfte der Butter erhitzen, die Stachis dazugeben, sorgfältig durchschütteln, bis sie wieder ganz heiss sind. Auf eine erwärmte Platte anrichten, mit dem Käse bestreuen. Den Rest der Butter heiss über die Stachis träufeln.

2. in Sauce — Weisse Sauce Nr. 549 oder Béchamel Nr. 553 — evtl. Grünes, gehackt
Die Stachis sorgfältig unter die Sauce mischen und ganz heiss werden lassen. Evtl. mit gehacktem Grün bestreuen.

3. au gratin
Buttersauce Nr. 549 oder Béchamel Nr. 553 — z. Bestreuen: 20 g Käse, gerieben, 30 g Butter
Gratinieren der Stachis nach **Nr. 445** (Grundregel), bis sie schön goldbraun sind.

510 **Topinambur** (Erdbirne oder Erdartischocke auf verschiedene Art)

Einkauf: September–März. — Es sind unregelmässige, leicht süssliche Wurzelknollen einer Sonnenblumenart. — Sie evtl. zuerst weichkochen, dann schälen.

1 kg Topinambur — Salzwasser (mit einigen Tropfen Zitronensaft)

Zurüsten: Die Topinambur bürsten, die dunkle Haut mit einem Messerchen etwas abkratzen. Gründlich waschen, halbieren.

Weichkochen der Topinambur nach **Nr. 443** (Grundregel) oder im Dampf nach **Nr. 444** während **10–20 Min.** Gut abtropfen, in Scheiben oder Würfelchen schneiden.

Weitere Zubereitung:

1. in Sauce — Buttersauce Nr. 549 oder Käsesauce Nr. 551
Die gekochten, kleingeschnittenen Topinambur sorgfältig unter die Sauce mischen, nochmals ganz heiss werden lassen.

2. au gratin
Weisse Sauce Nr. 549 oder Käsesauce Nr. 551 — z. Überstreuen: 20 g Käse, gerieben, 30 g Butter
Gratinieren der Topinambur nach **Nr. 445** (Grundregel), bis sie goldbraun sind.
Statt mit einer Sauce, die Topinambur lagenweise mit geriebenem Käse und **Rahm** oder **Joghurt** einfüllen und gratinieren.

3. gebacken in Teig, siehe Nr. 295, Abschnitt b.

511 **Sellerie, gekocht** (Knollensellerie — Céleri-rave) s. Tafel 16 rechts

1–3 Sellerieknollen (je nach Grösse)   Salzwasser

Zurüsten: Die Sellerieknollen gründlich waschen (bürsten), schaben oder ganz dünn schälen und nochmals abspülen. Sie in Scheiben, Stengel oder Würfelchen schneiden, je nach Verwendung.

Kochen der Sellerie in Salzwasser nach **Nr. 443** (Grundregel) während **15–40 Min.**
Weitere Zubereitung siehe Nr. 512 oder als Salat (Nr. 123 sowie 410) usw.

NB. Einkauf: Herbst–April (im Sommer nur kleine Suppensellerie). Die Knollen sollen fest sein (nicht schwammig). — Alle guten Sellerieabfälle sowie -blätter gründlich waschen und zu Suppe oder Bouillon verwenden, evtl. dörren auf Vorrat für Bouillon.

Sellerie Nr. 511 auf verschiedene Art (Céleri varié) 512

1. **Sellerie mit Käse** — 50 g Sbrinz, gerieben — Braune Butter Nr. 585
   Die gekochten Selleriestengelchen oder -scheiben gut abtropfen und lagenweise mit Käse auf eine Platte geben. Mit der braunen Butter übergiessen.
2. **Sellerie mit Sauce** — Weisse Buttersauce Nr. 549 oder Béchamel Nr. 553
   Die Selleriestengelchen oder -scheiben gut abtropfen, sorgfältig mit der Sauce vermischen und wieder ganz heiss werden lassen. — Evtl. fein gehackte Sellerieblätter beigeben oder nach dem Anrichten darüberstreuen. 
3. **Sellerie au gratin**
   Weisse Sauce Nr. 547 oder Béchamel Nr. 553 — z. Bestreuen: 20 g Käse, gerieben — 30 g Butter
   Gratinieren der Sellerie nach **Nr. 445** (Grundregel). Ihn lagenweise mit der Sauce einfüllen oder diese nur darüber giessen.
   Diese Zubereitungsart ist auch günstig für sterilisierte oder Büchsen-Sellerie.
4. **Sellerie mit Schinken:** wie au gratin (Abschn. 3), jedoch die Gratinplatte zuerst mit 100–150 g Schinkenscheiben oder -würfelchen belegen.

Gedämpfte Sellerie (Céleri braisé) 513

1–3 Sellerieknollen (je nach Grösse) z. Ablöschen: 2–5 dl Bouillon od. Wasser
z. Dünsten { 50 g Kochfett z. Würzen: Salz, Muskat
½ Zwiebel, evtl. Sellerieblätter evtl. z. Binden: 10–20 g Mehl, 1 dl Milch

Zurüsten und **Schneiden** der Sellerie nach Angabe von **Nr. 511.** — Zwiebel und evtl. Sellerieblätter fein hacken.

Dämpfen der Sellerie nach **Nr. 442** (Grundregel) während **20–40 Min.** Zuerst gehackte Zwiebel und evtl. Sellerieblätter gut durchdünsten, jedoch nicht gelb werden lassen. Beim Ablöschen nur knapp mit Flüssigkeit bedecken. — Evtl. zum Binden das Mehl mit wenig kalter Milch angerührt, unter das fertige Gericht mischen und noch ca. 5 Min. kochen.

Weitere Selleriegerichte siehe unter Vorspeisen und im Register.

Bleichsellerie gekocht (Englischer Sellerie — Céleri en branche) s. Tafel 16 514

1–2 Bleich- oder Stangensellerie (s. NB.) — Salzwasser — ca. 50 g frische Butter

Zurüsten: Von den Stengeln alle Blätter abschneiden und die Fasern abziehen, gut waschen, in beliebige Stücke schneiden (je nach Verwendung). 
Kochen der Sellerie in Salzwasser nach **Nr. 443** (Grundregel) während ca. ¾ Std.
Anrichten, mit heisser Butter abgeschmelzt od. **andere Zubereitung** s. Nr. 515 u. 516.
NB. Einkauf: August–November (zu andern Zeiten auch ausländische, sowie in Büchsen). — Bleichsellerie soll straffe, gelbweisse Stengel haben. — Die Sellerie-Blätter verwenden für Suppen, fein geschnitten unter Kartoffelsalat usw. oder sie evtl. dörren.

Bleichsellerie au gratin (Céleri en branche au gratin) 515

Gekochte Bleichsellerie nach Nr. 514 sowie sterilisierte od. aus Büchsen — 30–50 g Sbrinz, gerieben 1–2 dl kräftige Bouillon, 1 dl Rahm — Zitronensaft — 30 g Butter

Gratinieren nach **Nr. 445** (Grundregel): Die Sellerie lagenweise mit dem Käse in die bebutterte Gratinplatte füllen, Bouillon und Rahm darübergiessen, mit Zitronensaft beträufeln. Butterflöckchen darauf verteilen und goldgelb überbacken.

516 Gedämpfte Bleichsellerie (Céleri en branche braisé)

1–2 Bleichsellerie — 50 g Butter, 2–4 dl Wasser, Salz, Muskat — 3–5 Essl. Rahm, Zitronensaft

Zurüsten der Selleriestengel nach Angabe von **Nr. 514**. — **Dämpfen** nach **Nr. 442** (Grundregel) während **20–40 Min**. — Kurz vor dem Anrichten etwas Rahm und Zitronensaft beigeben. — Evtl. Sellerieblätter, feingeschnitten, mitdämpfen.

517 Karde (Cardons) s. auch Tafel 12

Einkauf: November bis Januar oder in **Büchsen**. — Cardons ist eine Distelart, wie die Artischocke. Verwendet werden die gebleichten Stengel des Cardon-Strauches.

1 Karde-Stengel (ca. 1½ kg) z. Kochen: Salzwasser, Zitronensaft

Zurüsten: Vom Stengel vorsichtig alle Blattüberreste sowie die stachligen Stellen entfernen, schälen. Ihn in 5–10 cm lange Stücke schneiden, diese der Länge nach einigemal teilen, waschen. (Evtl. in Essigwasser kurz aufkochen und nochmals nachschälen.)

Kochzeit 2½–3½ Std. in Salzwasser mit etwas Zitronensaft und 1 Essl. Mehl.

Weitere Zubereitung wie Bleichsellerie **Nr. 514–516** oder servieren mit gebratenen Markscheibchen belegt und Madeirasauce oder Hollandaise.

518 Fenchel auf französische Art (Finocchi — Fenouils au beurre) s. Tafel 12 u. 19

3–5 Fenchel — Salzwasser — wenig Zitronensaft — 50 g frische Butter

Zurüsten: Vom Fenchel Kraut und Stengel abschneiden, schlechte Stellen und grobfaserige Blatteile entfernen, waschen. Die Knollen halbieren oder vierteilen. — **Weichkochen** der Fenchel nach **Nr. 443** (Grundregel) während **20–30 Min**. Dem Kochwasser etwas Zitronensaft beigeben. — Beim **Anrichten** mit Zitronensaft beträufeln, mit heisser Butter übergiessen. Evtl. mit dem gehackten Fenchelkraut bestreuen.

Einkauf: Herbst bis Frühjahr. — Fenchel hat einen stark ausgesprochenen (dem Anis ähnlichen) Geschmack. Wünscht man diesen weniger stark, dann in reichlich Salzwasser kochen.

519 Fenchel au gratin I. und II. Art

3–5 Fenchel — 40 g Käse, gerieben — 1–2 dl Rahm — 50 g Butter — evtl. Béchamel Nr. 553

Zurüsten und **Kochen** der Fenchel nach Angabe von **Nr. 518**.

Gratinieren nach **Nr. 445** (Grundregel) — **I. Art:** Den Fenchel lagenweise mit dem Käse und Rahm in die Form füllen. Die Butter in Flöckchen darauf verteilen. — Evtl. etwas Fenchelkraut, fein gehackt, darüberstreuen.

II. Art: Den Fenchel lagenweise mit einer Béchamel und dem Rahm einfüllen. Mit den Butterstückchen belegen. (Auf diese Weise schmeckt der Fenchel weniger stark.)

Chicorées mit Butter (Zichorie oder Brüsseler Endives) 520

6–9 gelbe, feste Chicorées — Zitronensaft — Braune Butter Nr. 585

Zurüsten: Vom Chicorée die schlechten Blätter entfernen, waschen, evtl. der Länge nach halbieren.

Weichkochen in soviel Salzwasser (mit wenig Zitronensaft), dass die Chicorées **knapp** davon bedeckt sind, während **10–20 Min.** — Beim **Anrichten** mit Zitronensaft beträufeln und mit brauner Butter übergiessen. — **Einkauf:** November–März od. ausländischer.

Chicorées au gratin 521

Chicorées, gekocht nach Nr. 520 — 1 Tasse Bratensauce, evtl. 1 dl saurer Rahm — 50 g Butter

Gratinieren der Chicorées nach **Nr. 445** (Grundregel): Sie **gut** abgetropft in die bebutterte Gratinplatte geben, Bratensauce dazu giessen, evtl. mit Petersilie bestreuen. Die Butter in Flöckchen darauf verteilen. — Während des Gratinierens (ca. **20 Min.**) 1–2mal mit der Bratensauce und evtl. Rahm übergiessen.

Gedämpfte Chicorées (Chicorées braisées) 522

6 gelbe Chicorées — z. Ablöschen: 1–3 dl Wasser od. Bouillon, Salz, Zitronensaft — evtl. 1 dl Rahm

Zurüsten der Chicorées nach Angabe von **Nr. 520.** — **Dämpfen** in der Butter nach **Nr. 442** (Grundregel) während **20–30 Min.**, leicht salzen, hie und da wenden. Mit etwas Zitronensaft und evtl. mit wenig Rahm beträufeln.

Pikante Chicorées (Chicorées riches) I.–III. Art 523

6 gelbe Chicorées — evtl. 1 dl saurer Rahm oder Käse-, evtl. Paprikasauce Nr. 551 od. 570   100 g dünne Schinkenscheiben od. 100–200 g Bratwursteig — ca. 40 g Butter

I. Art, Zubereitung wie Chicorée **Nr. 522**, sie jedoch roh **füllen:** je ½ Schinkenscheibe aufgerollt oder etwas Bratwursteig in die aufgeschlitzten Chicorées drücken, die Blätter wieder gut aufeinander legen. — Während des **Dämpfens** nach Belieben den Rahm nach und nach dazugiessen.

II. Art: Den Chicorée in Salzwasser knapp weichkochen (nach **Nr. 520**), dann **füllen** wie bei I. Art und in eine Gratinplatte legen. Mit **Käsesauce** übergiessen, reichlich Butterflöckchen (ca. 40 g) darauf verteilen und in guter Oberhitze gelb **überbacken.**

III. Art: Den knapp weichgekochten Chicorée einzeln in eine Schinkenscheibe wie in ein Cornet einwickeln und in eine Gratinplatte ordnen (Spitzen nach innen). Leicht überziehen mit Rahm oder mit Paprikasauce. Bestreuen mit Butterflöckchen und kurz im Ofen **gratinieren.**

Spargel (Asperges) auf Tafel 19 524

1–2 Bund Spargeln (siehe NB.) — Salzwasser — 1–2 Pr. Zucker

Zurüsten: Die Spargeln sorgfältig schälen, indem man vom Köpfchen (das man in der Hand hält), gegen das Stengelende alles Holzige abzieht. Sie gut abspülen, evtl. je 8–10 Spargeln zusammenbinden (alle Spitzen nach einer Seite), unten gleichmässig abschneiden. — **Kochen** der Spargeln in siedendem Salzwasser (mit etwas Zucker)

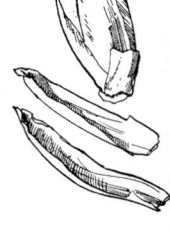

während **1–1½ Std.** (evtl. im Spezialkocher Mewa). Sie sollen beim Einstechen weich sein.
— Beim **Anrichten** die Spargeln herausheben (evtl. mit Gemüseklammer), abtropfen, direkt auf eine heisse Platte (evtl. mit einer Serviette belegt) oder auf eine spezielle Spargelplatte geben. (Eventuelle Schnüre entfernen.)

Servieren der Spargeln möglichst heiss:

1. mit Sauce, z. B.:

Legierte Buttersauce Nr. 549	Hollandaise Nr. 560	Vinaigrette Nr. 593
Tomatensauce mit Rahm Nr. 571	Pikante Sauce Nr. 565	Mayonnaise Nr. 594
Sauce Normande Nr. 561 (1)	Klare Butter Nr. 584.	Yoghurt-Mayonnaise Nr. 598

2. à la Milanaise — 30 g Parmesan od. Sprinz, gerieben — Braune Butter Nr. 585 —
Die gekochten Spargeln mit Käse bestreuen, mit der Butter abschmelzen.

3. mit Schinken und Spiegelei

200 g Schinken, roh oder gekocht — Braune Butter Nr. 585 — Spiegeleier Nr. 229

Beim **Anrichten** den Schinken (in Scheiben oder Streifen) auf die Platte geben, die **heissen** Spargeln daneben legen, mit der Butter abschmelzen und direkt aus der Pfanne sorgfältig die benötigte Anzahl **Spiegeleier** darauf geben.

NB. Einkauf: April–Juni. — Zarter Spargel ist prall, von mittlerer Dicke, beim Einritzen saftig, die Spitzen schön fest, leicht rosa oder lila. — Italienischer sowie Tessinerspargel ist in der Farbe grünlich. — Bruchspargel (beim Sortieren, Waschen und Verpacken entstanden) ist billiger und kann sehr gut als Saucengericht, für Pasteten usw. verwendet werden. — Die **Spargelschalen** trocknen und verwenden zum Auskochen in Bouillon. — **Büchsenspargel** im Wasserbad erhitzen (siehe Gemüsekonserven Nr. 447), verwenden wie frische.

525   Spargel au gratin

¾ kg Spargelspitzen, frische   Legierte Béchamel Nr. 553
oder aus Büchsen   od. Hollandaise Nr. 560 — 40 g Butter

Zurüsten und **Kochen** frischer Spargeln nach **Nr. 524** und, soweit sie zart sind, in 5 cm lange Stücke schneiden. (Die Abfälle zu Suppe, für Aufläufe usw. verwenden.)

Gratinieren nach **Nr. 445** (Grundregel) mit der **Sauce** überzogen, mit reichlich Butterflöckchen belegt. — Nach Belieben mit den Spargeln lagenweise 100 g rohen oder gekochten **Schinken**, in Streifen geschnitten, oder gedämpfte **Champignons** einfüllen oder je 3 Spargeln mit einer Schinkenscheibe umwickeln und im Kranz sorgfältig in die Platte legen. — **Servieren** als Einzelplatte od. als Mahlzeit mit Bratkartoffeln od. Reis.

Weitere Spargelrezepte siehe Vorspeisen und im Register.

526   Artischocken   (Artichauts)   Bild auf Tafel 13 und 19

6–12 Artischocken (je nach Grösse)   Zitronensaft — Salzwasser, 10 g Butter

Zurüsten: Von den Artischocken die untersten harten Blätter entfernen; den Strunk und die Blattspitzen etwas abschneiden (am besten mit der Schere), besonders grosse evtl. halbieren. Die Artischocken in Zitronenwasser abspülen.

Weichkochen der Artischocken in reichlich Salzwasser, dem man etwas Zitronensaft und Butter beigegeben hat, während **30–40 Min.** (evtl. im Dampfkochtopf ca. 15 Min.), d. h. bis sich die Blätter leicht auszupfen lassen. Sie so auf ein Sieb geben, dass sie gut abtropfen können. — (Evtl. mit einem Löffel die Staubfäden, das sogenannte Heu, herausnehmen.)

Anrichten auf eine heisse Platte, mit erwärmter Serviette belegt. **Servieren** mit zerlassener Butter (Nr. 584), Hollandaise riche (Nr. 560) oder mit einer pikanten Sauce (siehe Nr. 561 u. 565), sowie (warm oder kalt) mit Vinaigrette oder Mayonnaise.

Einkauf: Inländische, Ende Mai–Juli, ausländische auch in den übrigen Monaten. — Artischocken sind die Blütenköpfe einer Distelart und gelten bei uns als besonders delikates Gemüse.

Gefüllte Artischockenböden   (Fonds d'artichauts)   siehe Tafel 19   **527**

12 grosse Artischocken (s. auch NB.)
Zitronensaft, Salzwasser, 5 g Kartoffelmehl

Füllung I. Art
- 50 g Weissbrot (ohne Rinde)
- ¾ dl Milch
- 20 g Butter — Zwiebel, Grünes
- 1 dl dicken Rahm — 2–3 Eigelb
- Gewürz — evtl. Trüffel

Füllung II. Art
- 20 g Butter — 20 g Mehl
- 1½ dl Milch od. Bouillon
- Salz, Muskat, Fleischextrakt
- 1 rohes Eigelb
- 2 hartgekochte Eigelb

z. Gratinieren
- 50 g frische Butter
- 1 dl kräftige Bouillon

Zurüsten: Von den Artischocken alle Blätter sorgfältig mit der Schere abschneiden, so, dass nur noch die Blütenböden übrigbleiben. Diese schälen und zuschneiden, bis sie gleichmässig in der Form und schön glatt sind. **Sofort** mit Zitronensaft gut einreiben.

Weichkochen während **ca. 40 Min.** in leicht gesalzenem Wasser, dem man Zitronensaft und etwas kalt angerührtes Kartoffelmehl beigegeben hat. — Abtropfen, dann das Innere der Böden etwas aushöhlen.

Füllung I. Art: Das Brot in Würfelchen schneiden, mit der heissen Milch übergiessen. Sobald es weich ist, gut zerdrücken. **Fein** gehacktes Grün und Zwiebel in der Butter dünsten, das Brot beigeben, kurz mitdämpfen, mit Rahm, Eigelb und Gewürz vermischen. (Evtl. noch mit 1 Essl. gehackter **Trüffel** verfeinern.)
Die B ö d e n füllen, die Oberfläche glattstreichen, in die bebutterte Gratinplatte setzen. Mit Butterflöckchen belegen, etwas kräftige Bouillon dazugiessen und leicht gelb **gratinieren**.

Füllung II. Art: Mehl und Butter dünsten, mit der Milch oder Bouillon ablöschen, glattrühren, aufkochen; ins W a s s e r b a d stellen. Das rohe, sowie das hartgekochte, fein passierte Eigelb unter die Sauce mischen. Sie **pikant** würzen und durch einen Dressiersack (mit grosser Zackentülle) in die Artischockenböden füllen.

Servieren als Einzelgericht auf Croûtons oder auf Risotto angerichtet, oder als **Garnitur** von Gemüse- oder Fleischplatten, französischer Omelette usw.

NB. Andere Füllung: Gedämpfte Champignons oder Zwiebelmasse von Hammelcôtelettes Nr. 799. — Statt frischer Artischocken können solche aus B ü c h s e n verwendet werden. Diese im Wasserbad oder direkt in Bouillon heiss werden lassen. — Die **Blätter** der Artischocken auch weichkochen und, warm oder kalt, mit Vinaigrette servieren od. als G a r n i t u r einer kalten Platte verwenden, s. NB. v. Nr. 151.

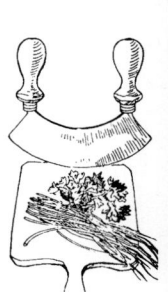

528   Grüne Maiskolben   (Junger Mais — Maïs nature)   Tafel 16, links

6–9 Maiskolben (s. NB.) — Salzwasser — 100 g frische Butter

Zurüsten und **Weichkochen:** Von den Maiskolben die grünen Blätter und alle «Fäden» entfernen. Sie mit etwas Butter bestreichen und ins kochende Salzwasser geben während **15–30 Min.** — **Anrichten** der Maiskolben, gut abgetropft, auf eine flache Platte mit einer gefalteten Serviette belegt oder auf eine Spezialplatte. Frische Butter (evtl. in Röllchen) dazu servieren.

NB. Einkauf: August–September. — Die Körner der Maiskolben sollen noch weisslich und weich sein. — Im Handel erhältlich ist auch frischer Mais in Büchsen, als Körner. Sie erhitzt mit Butter (und evtl. mit grünen Erbsen Nr. 492 vermischt), servieren.

529   Gedämpfte Zucchetti   (Courgettes braisées)   siehe Tafel 16, rechts

2-4 Zucchetti, je nach Grösse ca. 1 dl Gemüsebouillon
z. Dünsten { ½ Zwiebel, Schnittlauch Petersilie und Dill 40 g Butter od. 3 Essl. Öl }
Gewürz: Salz, Muskat, Zitronensaft
1 dl Rahm, evtl. saurer

Vorbereiten: Die Zucchetti schälen (zartere ungeschält verwenden), in Würfel oder Scheiben schneiden, kleinere nur halbieren. Zwiebel und Grünes fein hacken.

Dämpfen nach **Nr. 442** (Grundregel): Zuerst das Grüne gut durchdünsten, bevor man die Zucchetti beigibt. Mit möglichst wenig Flüssigkeit ablöschen, sorgfältig würzen, **weichkochen** während **15–30 Min.** Direkt vor dem **Anrichten** mit dem Rahm verfeinern.

NB. Einkauf: Juli–November. — Evtl. kleine, halbierte Tomaten mitdämpfen; siehe auch Verwendung für Italienische Gemüseplatte Nr. 538 usw.

530   Zucchetti mit Schinken au gratin   (Courgettes au jambon)

3–6 kleinere Zucchetti   200 g Schinken in Würfelchen
Salz, Zitronensaft   20–40 g Käse — 2–3 dl Rahm

Vorbereiten: Die Zucchetti schälen (zartere ungeschält verwenden), der Länge nach halbieren, mit wenig Salz und Zitronensaft einreiben.

Einfüllen: Auf dem Boden der Gratinplatte den Schinken verteilen, die Zucchetti darauflegen (Schnittfläche nach unten), mit dem geriebenen Käse bestreuen, den Rahm darüber verteilen. — **Gratinieren** nach **Nr. 445** (Grundregel) während **20–30 Min.,** bis das Gemüse weich und die Oberfläche goldgelb überbacken ist.

NB. Auf gleiche Art können **Gurken** zubereitet werden. (Schälen derselben siehe NB. von Nr. 532.)

531   Zucchetti oder Gurken au gratin   (Courgettes et concombres au gratin)

2–3 Zucchetti oder Gurken — Salzwasser — Béchamel Nr. 553 — 30 g Käse, 30 g Butter

Zurüsten und **kochen** wie Gurken **Nr. 532** (junge Zucchetti nicht schälen). — Das Gemüse nach dem Abtropfen lagenweise mit der Sauce in die bebutterte Gratinform füllen, mit dem geriebenen Käse bestreuen, mit Butterflöckchen belegen. — **Gratinieren** nach **Nr. 445** (Grundregel), bis die Oberfläche schön gelb überbacken ist (ca. **15 Min.**).

Oben: Polenta Nr. 1009 mit Ratatouille Provençale Nr. 539
Unten: Türkisches Pilaw Nr. 786, daneben Maiskolben u. Peperoni

Tafel 18

Tafel 19

Spargel

Artischocke

Peperone

Tafel 19

Fenchel

Avocados

Johanna K. Fülscher

Tafel 20   Gemüseplatte: Gedämpfte Auberginces Nr. 535 – Gebackener Blumenkohl Nr. 295 (b) – Gefüllte Tomaten Nr. 303 (mit Wegglifüllung Nr. 304, Abschn. 1) – Chinesischer Kohl Nr. 474 (mit gehacktem Ei bestreut) – Panierte Zucchettiküchlein Nr. 296

Tafel 21   Links: Omelettes riches Nr. 1043
                    Rechts: Gefüllte Omeletten in der Form Nr. 1041 (II. Art)

Gurken in Sauce   (Concombres en sauce)   532

1–2 Gurken (s. NB.) Béchamel Nr. 553 od. Hollandaise Nr. 560
Salzwasser, evtl. etwas Dill wenig Zitronensaft

Zurüsten: Die Gurken schälen (von der Spitze gegen den Stiel, siehe NB.). Sie halbieren (Kerne herausnehmen), in ca. 5 cm lange, 1–2 cm dicke Stengelchen schneiden. — **Kochen** der Gurken in Salzwasser (evtl. mit etwas Dill) nach **Nr. 443** (Grundregel), während **ca. 10 Min.** — Beim **Anrichten** die Gurkenstengelchen gut abtropfen, sorgfältig unter die Sauce mischen, mit einigen Tropfen Zitronensaft leicht säuern. — **Servieren** mit Reis oder Polenta.

NB. Einkauf: Juli–Oktober (April–Juli Treibhausgurken). — Gurken sollen **fest** (nicht weich oder schwammig) sein. Nach dem Schälen von beiden Enden der Gurke etwas kosten und wegschneiden, falls es **bitter** ist. — **Weitere Zubereitungsarten:** siehe Angaben unter Nr. 533–538, sowie unter Vorspeisen und im Register).

Gurken-Gemüse auf verschiedene Art   (Concombres variées)   533

Gleiche **Zubereitungsart** wie für Zucchetti siehe **Nr. 529–531**; je nach Grösse 1–3 Gurken verwenden. **Kochzeit** in der Regel etwas kürzer berechnen, als bei Zucchetti. — **Einkauf** sowie **Schälen** der Gurken, siehe NB. von Nr. 532.

Zucchetti oder Aubergines frites   534

2–4 Zucchetti (auch grosse) od. Aubergines — Backöl — Salz — Gebackene Petersilie Nr. 854.

Vorbereiten: Das Gemüse abreiben (grössere Zucchetti schälen), querüber in 1 cm dicke Scheiben, dann in Stengelchen schneiden. — Diese **schwimmend backen** in Öl (nach Nr. 889), bis sie weich und etwas knusperig sind, abtropfen lassen. Beim **Anrichten** mit Salz und gebackener Petersilie bestreuen.

Servieren, z. B. als Beigabe zu Kalbsbraten, vegetarisch zu Risotto, mit Tomatensauce usw.

Aubergines in Sauce, au gratin usw.   (Eierfrucht)   s. Tafel 16, links   535

Zubereitungsarten wie für Gurken und Zucchetti, s. **Nr. 529–534.** — Je nach Grösse 2–6 Aubergines verwenden, sie in der Regel **nicht** schälen.

Weitere Zucchetti- und Aubergines-Rezepte siehe unter Vorspeisen und im Register.

Kürbisgemüse   (Courge — englische Art = squash)   536

Zubereitungsarten wie für Zucchetti und Gurken, siehe **Nr. 529–534** sowie **Nr. 539**. ½–2 Kürbisse (je nach Grösse) schälen und in ca. 2 cm dicke Stengel schneiden. — **Gefüllter** Kürbis s. Nr. 537. — **Weitere Kürbisgerichte** siehe im Register.

Gefüllter Kürbis   (Courge farcie)   537

Zubereitung und **Füllen** wie bei Zucchetti **Nr. 310** und **313**.
Vorbereiten: 1 kleinen Kürbis schälen, halbieren, die Kerne entfernen. In Salzwasser

halbweich kochen (ca. 10 Min.), dann füllen und im Ofen gut weichdämpfen (ca. **20 Min.**). — **Servieren** mit Tomatensauce, italienische (Nr. 572).

Andere Füllungen: Fleischhaché oder gedämpfte Pilze (Nr. 347) mit Reis vermischt.

538 Italienische Gemüseplatte

1–2 Zucchetti, 1 kleine Gurke
2 Aubergines — 6 Tomaten
2–4 Peperoni, gelb od. grün
½ Zwiebel, Grünes, Kräuter

4–6 Essl. Öl (oder Butter)
2–3 dl Wasser oder Bouillon
Salz, Zitronensaft, evtl. 1 dl Wein
1 dl dicken Rahm, evtl. einige Oliven

Vorbereiten: Zucchetti und Gurke evtl. schälen, die Aubergines waschen, sie der Länge nach halbieren. Alles in ½ cm dicke Scheibchen schneiden oder in etwas grössere Würfel. Peperoni halbieren, gut entkernen und in Streifen schneiden. — Die Tomaten kurz in kochendes Wasser tauchen, die Haut abziehen, halbieren oder vierteilen. — Zwiebel, Grünes und Kräuter fein hacken. **Dämpfen** nach **Nr. 442** (Grundregel): zuerst Zwiebel und Grünes möglichst lange dünsten, dann das Gemüse beigeben und mitdünsten, bis es etwas zusammengefallen ist. Wenig Flüssigkeit beigeben und sorgfältig würzen. — **Weichdämpfen** auf kleinem Feuer zugedeckt, während **20–30 Min.** Hie und da leicht umwenden oder schütteln. — Den Rahm kurz vor dem Anrichten unter das Gericht mischen. Evtl. mit den in etwas Öl durchgedünsteten Oliven bestreuen. — **Servieren** mit Teigwaren, Risotto oder Polenta.

NB. Schälen der Gurken s. NB. von Nr. 532. — Das Gericht kann auch mit ca. 300 g **Okras** (od. Gumbo, eine südländische Pflanze) und evtl. ohne oder mit ganz wenig Peperoni zubereitet werden.

539 Ratatouille Provençale

2–3 Aubergines
2–4 grüne Peperoni (evtl. milde spanische)
4–8 Tomaten (evtl. geschält)
¼ Kürbis od. 1 Zucchetti

2–3 Zwiebeln, 1 Knoblauchzehe
Gewürz { Salz, Pfeffer, 1 Lorbeerblatt
{ Majoran od. Origano u. Thymian
4–8 Essl. Olivenöl (od. Kochfett)

Vorbereiten: Die Gemüse waschen, Peperoni halbieren, gut entkernen, den Kürbis schälen und ebenfalls entkernen. Alles in ½ cm dicke Scheiben oder gut 1 cm dicke Würfel schneiden, Peperoni in Streifen. Die Zwiebeln hacken oder in dünne Streifen schneiden, Knoblauch fein zerdrücken.

Dämpfen: In einer weiten Pfanne (evtl. feuerfesten Form) das Öl erwärmen, Zwiebeln und Knoblauch gut darin dünsten, ohne gelb werden zu lassen. Dann das vorbereitete Gemüse und die gehackten Kräuter beigeben, leicht salzen und pfeffern. Zudecken und dünsten unter häufigem Aufschütteln oder Wenden, bis alles etwas zusammengefallen ist. Mit ½ Tasse Wasser übergiessen und **gardämpfen** während **1–1½ Std.** (evtl. im Ofen). — **Servieren** mit Polenta oder Brot, oder anrichten auf gebackene Brotscheiben.

Ratatouille ist sehr schmackhaft und kann warm oder kalt gegessen werden.

540 Bulgarische Paprikaplatte

6–12 kleine, grüne Peperoni, möglichst gleichmässige

Tomatensauce Nr. 572
Safranreis Nr. 988 (1) — 50–100 g Schinken

Vorbereiten: Die Peperoni auf einer Seite der **Länge** nach aufschneiden, sorgfältig entkernen, waschen. Sie in Salzwasser mit ½ Teel. Zucker knapp weichkochen, gut abtropfen lassen. — Den Risotto zubereiten und soviel Safran beigeben, dass er goldgelb wird, den Schinken in kleine Würfelchen geschnitten, darunterziehen.

Anrichten: Die Tomatensauce etwa ½ cm hoch auf eine weite Platte verteilen. Die Peperoni so mit Risotto füllen, dass ein etwa fingerbreiter Spalt offen bleibt. Sie im Kranz auf die stark rote Sauce setzen. — **Servieren** als Einzelplatte oder als pikante Garnitur zu Bratwürsten, Fleischplätzchen, Entrecôtes usw.

NB. Statt Risotto, schöne gelbe Eierschwämmchen in Butter gedünstet z. Füllen verwenden.

Kleine gedämpfte Tomaten, ganze (für Garnituren) 541

6–12 kleinere, feste Tomaten (runde od. ovale) — Salz — 30 g Butter

Vorbereiten: Die Tomaten waschen, auf der Oberfläche die Haut kreuzweise leicht einschneiden, mit wenig Salz bestreuen, auf eine bebutterte Gratinplatte (oder Blech) setzen. Sie mit Butterflöckchen belegen oder mit Oel beträufeln.

Dämpfen im Ofen (evtl. zugedeckt auf dem Herd) während **ca. 10 Min.**, so, dass sie **knapp** weich sind. In die eingeschnittene Stelle oben etwas Petersilie oder Kerbel stecken. Möglichst bald servieren als **Garnitur** eines Bratens, um einen Kartoffelpudding, Risotto usw. — Die fertig gedämpften Tomaten fallen rasch zusammen und sehen dann unansehnlich aus. — Auch **Büchsen**-Tomaten oder kleine sterilisierte (nach Nr. 1720) eignen sich gut für diese Zubereitung.

Gedämpfte Tomaten, halbe I. und II. Art 542

1 kg Tomaten, runde glatte od. ovale, Salz
ca. 50 g Butter od. 2 Essl. Öl

evtl. z. Bestreuen { 1–2 Essl. Grünes, gehackt oder 2 Essl. Paniermehl 20 g Käse, gerieben

Vorbereiten: Die Tomaten waschen und querüber in Hälften schneiden. Evtl. die Kerne entfernen, ohne die Tomaten zu zerdrücken.

Dämpfen: Eine Omelettenpfanne oder Gratinform bebuttern, die Tomaten mit der Schnittfläche nach **oben** heineingeben, leicht salzen. Nach Belieben mit Grünem oder mit Paniermehl und Käse bestreuen, Butterflöckchen oder Öl darauf verteilen. Die Tomaten im Ofen oder zugedeckt auf dem Herd weichdämpfen während ca. **15 Min.**
Servieren, I. Art: Die Tomaten sorgfältig anrichten als Garnitur von Kartoffelpudding, Gemüse- oder Fleischplatten. — **II. Art:** Die Tomaten in der Gratinform **dämpfen** mit folgendem **Eierguss:** 1–2 Eier, 1–2 dl Milch, 1 Pr. Salz, zusammen gut verklopft. — **Servieren** als Einzelplatte oder zu Reis, Polenta oder Teigwaren.

Einkauf: August–November (Mai–Juni evtl. hiesige Treibhaustomaten, die übrigen Monate ausländische). — **Sterilisierte** Tomaten (n. Nr. 1720) lassen sich auch gut zu diesem Gericht verwenden. — **Weitere** warme **Tomatengerichte** siehe Vorspeisen Nr. 303 u. 305, sowie im Register.

Tomatenpurée (spez. für Garnituren von Fleischplatten, s. Nr. 862) 543

30 g Butter — 20–40 g Mehl — 1–3 Essl. Tomatenpurée — 1½–3 dl Bouillon, Gewürz

Das Mehl in der Butter dünsten, Tomatenpurée beigeben, mit wenig Bouillon ablöschen, 10 Min. kochen, würzen, evtl. mit Rahm verfeinern. — Die Masse soll breiartig dick sein. — **II. Art:** Eine **dicke** Béchamel zubereiten (nur das **halbe** Quantum der angegebenen Milch verwenden), soviel Tomatenpurée daruntermischen, bis die Masse schön rot ist. Würzen mit Salz, 1 Msp. Paprika, 1 Pr. Zucker, etwas Ketchup usw.

Warme Saucen

Allgemeines: Die Zubereitung einer guten Sauce liegt weitgehend in der Kunst des sorgfältigen Abschmeckens. Denn oft ist es die Sauce, die ein Gericht so bereichert und vervollständigt, dass sie ihm jene spezielle Finesse im Geschmack verleiht. — Trotz der Vielfalt der warmen Saucen lassen sie sich in zwei Hauptgruppen teilen:

1. **Helle Saucen,** Grundregel **Nr. 544,** gedünstet und **Nr. 545,** eingerührt.
2. **Dunkle Saucen,** Grundregel **Nr. 574,** geröstet.

Diesen G r u n d s a u c e n werden (je nach Rezept) die verschiedenen Ingredienzen beigegeben wie spezielle Gewürze sowie Tomatenpurée, Kräuter, Wein, Rahm usw., wonach sie ihren spezifischen Geschmack und Namen erhalten.

Anmerkung: Da sich die Zubereitung einer Sauce in der Küche fast täglich wiederholt, erleichtert das Beherrschen der **Grundsaucen** und ihrer Varianten das Arbeiten wesentlich.

544 Zubereitung der hellen, gedünsteten Saucen — Grundregel

Gerät: kleinere Chromstahl- oder Emailpfanne*, k l e i n e r Schneebesen (siehe NB.). — Die **Zutaten zur Sauce bereitstellen** (für feinere Saucen mit Vorteil gleichviel Butter oder -fett wie Mehl verwenden, was auch das Entstehen von Knöllchen stark verhindert).

1. **Dünsten:** Kochbutter oder -fett s c h m e l z e n. (Nicht heiss werden lassen!) Das Mehl dazu geben und leicht d ü n s t e n unter R ü h r e n. (Das Mehl darf nicht gelb oder bräunlich werden! — Vor dem Ablöschen etwas a b k ü h l e n lassen.)
2. **Ablöschen:** Die Flüssigkeit (kalt oder warm) n a c h u n d n a c h (an den Rand der Pfanne) und unter stetem Rühren zum Mehl giessen, bis die Sauce glatt und gebunden ist. (Giesst man, bes. anfangs, zuviel Flüssigkeit auf einmal dazu, entstehen Knöllchen!)
3. **Kochzeit** 10–15 Min., halb zugedeckt. (Die Sauce evtl. mit etwas Wasser beträufeln, damit sich keine Haut bildet.)
4. **Abschmecken** und das nötige **Gewürz** beigeben. Je nach Rezept noch spezielle Zutaten beifügen; wenn nötig p a s s i e r e n.
5. Die Sauce (bes. eine helle) evtl. **legieren** mit Eigelb, n. Nr. 546 (je n. Angabe).

NB. Durch das Rühren mit dem **Schneebesen** werden die Saucen am schnellsten glatt. Würde jedoch eine A l u m i n i u m p f a n n e verwendet, dann mit einer Holzkelle rühren, da helle Saucen sonst ein g r a u e s u n s c h ö n e s Aussehen bekommen. — * In feuerfestem Porzellan (Thomas Flammenfest-Geschirr) zubereitet, direkt darin servieren.

Zutaten: Für feine helle Saucen Weissmehl und Butter verwenden — für kräftigere sowie einfache Saucen Halbweissmehl und Kochfett oder Öl — benötigte Bouillon auch mit Würfeln zubereiten.

545 Zubereitung der hellen, eingerührten Saucen — Grundregel

Gerät: kleinere Chromstahl- oder Emailpfanne, k l e i n e r Schneebesen (s. NB. von Nr. 544).

1. **Anrühren des Mehles:** Dieses in einem Schüsselchen mit soviel **kalter** Flüssigkeit (Milch, evtl. Wasser) übergiessen, dass es gut davon b e d e c k t ist und s o f o r t mit Schneebesen **glatt** rühren oder den **Schüttelbecher** benützen.

2. **Aufkochen der Flüssigkeit** (Quantum nach Angabe) und **Einrühren** des Mehlteigleins unter fortwährendem Schwingen bis zum Kochpunkt.
3. **Kochzeit** 10–15 Min. (halb zugedeckt).
4. **Abschmecken** mit dem nötigen Gewürz. — Je nach Rezept evtl. noch spez. Zutaten beifügen, wenn nötig passieren.
5. Eine helle Sauce evtl. **legieren** mit Eigelb, nach Nr. 546, je nach Angabe.

Vorteil: Leichte und rasche Zubereitung und **Ersparnis** von Butter oder Fett. — Geeignet spez. für Saucen, die zum Gratinieren oder zum Servieren mit Fleisch oder gebackenen Gerichten bestimmt sind, sowie für **fettarme Diät**.

Das Legieren einer Sauce Grundregel 546

Zweck des Legierens: Die Saucen werden dadurch feiner, gebundener und nahrhafter (spez. auch wichtig für die **Krankenküche**).

für 1 Port. Sauce { 1–2 Eigelb
                   2–4 Essl. kalte Flüssigkeit (Rahm, Milch od. Wein) je nach Angabe im Rezept

1. Eigelb und Flüssigkeit in einem kleineren Schüsselchen gut vermischen.
2. Von der fertigen, kochenden Sauce ca. $1/3$ an die Eigelbmasse rühren und wieder zurückgiessen unter ständigem Schwingen. — Pfännchen unterdessen neben dem Feuer!
3. Die Sauce nochmals auf kleinem Feuer rühren, bis sie wieder ganz heiss ist (**nicht kochen!**) und sofort servieren oder im Wasserbad zugedeckt warmhalten.

NB. Legierte Saucen dürfen **nicht** kochen, da sie sonst gerinnen. (Durch sofortiges Beimischen von etwas kaltem Wasser können sie evtl. wieder glatt werden.)

Weisse Mehlsauce, eingerührt (Sauce blanche simple) Grundsauce 547

z. Anrühren { 30 g Weiss- od. Halbweissmehl
              3 dl kalte Milch

z. Aufkochen { 2 dl Bouillon od.
               Gemüsewasser

Gewürz: Salz, Muskat, Maggi Würze

evtl. z. Verfeinern { 2–4 Essl. Rahm oder
                      20 g frische Butter
                      oder legieren n. Nr. 546

Zubereitung nach Nr. 545, **eingerührte** Sauce (Grundregel).

NB. Serviert man die Sauce mit einem Gemüse, dann vom betr. **Gemüsewasser** verwenden. — **Varianten** dieser Grundsauce siehe **Nr. 548**. — Zur **Zeitersparnis** evtl. Maggi Weisse Crème-Sauce od. Sauce Hollandaise od. **Knorr** Sauce Ideal verwenden.

Sauce Nr. 547 auf verschiedene Art 548

1. **Sauce mit Petersilie** oder **Kräutern:** Diese feingehackt zuletzt unter die Sauce mischen, mit etwas Rahm verfeinern. — **Kräuter** siehe Angabe bei Sauce Nr. 552 (NB.).
2. **- mit Tomaten:** Der Sauce 1–3 Essl. Tomatenpurée beimischen, evtl. noch würzen. 1 Pr. Zucker und etwas Rahm (Buttermilch oder Joghurt) beigeben.
3. **- mit Senf:** 1–2 Teel. Senf unter die Sauce mischen, ebenso etwas Rahm und ein paar Tropfen Zitronensaft.
4. **- mit Käse:** ca. 30 g geriebenen Sbrinz (oder Parmesan) beimischen.
5. **- mit Pilzen:** 100–200 g, evtl. gemischte, zurüsten (n. Nr. 345), in feine Blättchen schneiden oder hacken. In 20 g Butter weichdämpfen und unter die Sauce mischen, etwas Zitronensaft beigeben.

549 Weisse Buttersauce   (Sauce blanche) Grundsauce

z. Dünsten { 30 g Kochbutter od. -fett / 30 g Weiss- od. Halbweissmehl   z. Ablöschen { 2½ dl Milch / 2½ dl Gemüsewasser oder Bouillon
Gewürz: Salz, Muskat, evtl. Maggi Würze

Zubereitung nach **Nr. 544, gedünstete** Saucen (Grundregel). — Evtl. l e g i e r e n nach **Nr. 546** mit 1 Eigelb und 2 Essl. Rahm.

NB. Mit einem Gemüse serviert, vom betreffenden G e m ü s e w a s s e r verwenden. — **Varianten** dieser Grundsauce siehe **Nr. 550–552**.

550 Helle Sauerrahmsauce   (Sauce Suprême)

Weisse Buttersauce Nr. 549   1–2 dl saurer Rahm (s. NB.)

Der **Sauce** kurz vor dem Anrichten den Rahm beigeben. — Nach Belieben noch v e r f e i n e r n durch Legieren mit 1 Eigelb (siehe **Nr. 546**).

Servieren z. B.: zu weissem Kalbs- oder Hühnerragout, zu gekochtem Fisch, Kartoffelpudding oder -auflauf usw.

NB. Ist der Rahm nicht genügend s a u e r, dann etwas Zitronensaft beigeben oder Joghurt (statt Rahm) verwenden. — Als einfache **Morchelnsauce:** 1 kl. Büchse Morcheln od. gedörrte (nochmals gut gewaschen und eingeweicht), k l e i n geschnitten beigeben, noch ca. 10 Min. kochen.

551 Käsesauce   (Sauce Morney)

Weisse Buttersauce Nr. 549
od. Béchamel Nr. 553   evtl. etwas Zitronensaft, evtl. 1 Msp. Senf
30 g Parmesan od. Sbrinz, gerieben   z. Legieren: 1 Eigelb, 2–4 Essl. Rahm

Der **Sauce** kurz vor dem Anrichten den Käse, evtl. ein paar Tropfen Zitronensaft und Senf beigeben (n i c h t mehr kochen). — Evtl. l e g i e r e n nach **Nr. 546**.

Servieren zu Blumenkohl, Lauch, Eiern sowie zu gekochtem oder gedämpftem Fisch (zu letzterem mit Fischsud verdünnt).

552 Petersilien- oder Kräutersauce   (Sauce aux fines herbes)

Weisse Buttersauce Nr. 549*   2–3 Essl. Petersilie, Schnittlauch
2–4 Essl. Rahm — Zitronensaft   sowie Küchenkräuter (s. unten)

Der **Sauce** vor dem Anrichten f e i n gehackte Petersilie oder Kräuter beimischen. Verfeinern mit etwas Rahm und ein paar Tropfen Zitronensaft.

Kräuter (auf Tafel 23 u. 24): Kerbel, Schnittlauch, Boretsch, Majoran, Dill usw. Nach Belieben mehr von dem einen oder andern verwenden. — * Einfachere Zubereitung: **Kräutersauce, eingerührte**, s. Nr. 548 (1).

553 Béchamel-Sauce   (Milchsauce) I. und II. Art

30 g Kochbutter oder frische Butter — 30 g Weissmehl — 5 dl Milch — Salz, Muskat

Zubereitung I. Art nach **Nr. 544, gedünstete** Saucen (Grundregel). — Evtl. l e g i e r e n mit 1 Eigelb und 2 Essl. Rahm (nach **Nr. 546**).

II. Art: Einige Zwiebelscheiben und 50 g kleingeschnittenen Schinken (ohne Fett) in der Sauce mitkochen; beim Anrichten passieren.

Bouillonsauce (Sauce veloutée) Grundsauce   554

30 g Kochbutter, evtl. -fett
30 g Weiss- od. Halbweissmehl
5 dl Bouillon (od. Sud v. Fleisch, Zunge usw.)
Gewürz: Salz, Muskat, evtl. Maggi Fondor

Zubereitung nach **Nr. 544**, gedünstete Saucen (Grundregel). — Evtl. legieren mit 1 Eigelb, 2 Essl. Rahm oder Weisswein (nach **Nr. 546**).

NB. Hat man besonders kräftige oder fettige Bouillon, dann die Sauce evtl. ohne Butter nach **Nr. 545** (eingerührt) zubereiten.

Weissweinsauce (Sauce au vin blanc)   555

Bouillonsauce Nr. 554
1 Msp. Liebig-Fleischextrakt
z. Legieren { 1–2 Eigelb / ½–1 dl Weisswein

Die **Sauce** pikant abschmecken. — Sie **legieren** nach **Nr. 546**.

Helle Senfsauce (Sauce moutarde)   556

Bouillonsauce Nr. 554
½ Teel. Senf, 20 g frische Butter
z. Legieren { 1–2 Eigelb / 2–3 Essl. Rahm

Der **Sauce** Senf und Butter beigeben, tüchtig schwingen. — **Legieren** nach Nr. 546.

Champignons- oder Morchelnsauce (Sauce aux champignons ou morilles)   557

Bouillonsauce Nr. 554 (s. NB.)
etwas Zitronensaft
1–2 Msp. Liebig-Fleischextrakt
z. Legieren { 1–2 Eigelb, 2–4 Essl. Rahm / evtl. 2–3 Essl. Weisswein
1 kl. Büchse Champignons od. Morcheln

Die **Sauce** gut abschmecken; **legieren** nach **Nr. 546**. — Die **Champignons** in Blättchen, Morcheln klein schneiden, der fertigen Sauce beimischen, nochmals erhitzen (am besten im Wasserbad).

NB. Evtl. frische Champignons oder **andere Pilze** verwenden. Sie zuerst zurüsten (nach Nr. 345) und weichdämpfen. Bei **gedörrten Morcheln:** diese nochmals gut waschen (oft noch sandig!), einweichen, dann klein geschnitten, in Butter dämpfen. — Wird die Sauce zu Milken, Hirn, Zunge, Suppenhuhn usw. serviert, dann zum Ablöschen vom betreffenden **Sud** verwenden.

Legierte Fischsauce (Velouté de poisson)   558

30 g Butter — 30 g Weissmehl
5 dl Fischsud
Gewürz: Salz, Zitronensaft, Muskat
z. Legieren: 1–2 Eigelb, 2 Essl. Rahm

Zubereitung nach **Nr. 544**, gedünstete Saucen (Grundregel). Sorgfältig abschmecken, bis die Sauce fein, aber pikant ist. — **Legieren** nach **Nr. 546**.

Kapernsauce (Sauce aux câpres)   559

Bouillonsauce Nr. 554 od. Fischsauce Nr. 558
z. Legieren: 1 Eigelb — 1 Essl. Madeira
1–2 Essl. Kapern
wenig Zitronensaft

Die zubereitete **Sauce** legieren nach **Nr. 546**. — Vor dem Anrichten die Kapern (evtl. heiss abgespült) und einige Tropfen Zitronensaft beigeben.

NB. Feine Kapersnsauce: Hollandaise Nr. 560 (II. Art) zubereiten u. kurz vor dem Anrichten Kapern beimischen. — **Servieren** zu Fischen, zu gekochter Zunge usw.

560 Feine Holländische Sauce (Sauce Hollandaise riche) I. und II. Art

Verwendung der **feinen** Hollandaise (I. Art), als besonders **reiche** Sauce zu Artischocken sowie zu Spargeln, Forellen, Salm und anderen speziellen Gerichten. — Die **II. Art, gebunden,** eignet sich sehr gut als **feine** Sauce zu gekochten Fischen, zu Gemüsepuddings usw.

z. Ein-dämpfen
- 4 Essl. Essig, 2 Essl. Wasser
- 4 Pfefferkörner
- ¼ Zwiebel od. Schalotte
- wenig Petersilie

z. Ein-rühren
- 2–3 Essl. Wasser
- 2–3 Eigelb — evtl. 5 g Kartoffelmehl
- 60–100 g frische Butter

Salz, evtl. Zitr.saft — 1-2 dl Sud od. Bouillon
f. II. Art: ½–1 Port. **Sauce** Nr. 549 od. 554

Das **Wasserbad** bereitstellen. Es darf nur heiss, nicht kochend sein.

Eindämpfen (sauce réduite): Zwiebel und Petersilie klein schneiden (nicht hacken), mit dem Essig, Wasser und Pfefferkörnern in einem Pfännchen kochen, bis der Essig fast eingedämpft ist, etwas abkühlen lassen. — Das Pfännchen jetzt ins Wasserbad aufs Feuer stellen.

Einrühren: Zum eingedämpften Essig zuerst das kalte Wasser, dann die Eigelb geben, gut verrühren. Die Butter, in kleine Stücke zerteilt, nach und nach unter ständigem Schwingen hinzufügen, bis die Sauce dicklich gebunden und schaumig ist. Würzen, evtl. das Kartoffelmehl (mit etwas Wasser vermischt) einrühren, mit Zitronensaft leicht säuern (spez. als Sauce zu Fisch). Sie etwas verdünnen mit dem betr. Sud oder mit Bouillon und passieren. — **Servieren** möglichst bald, oder im Wasserbad (nicht kochend) bereithalten (s. auch NB.).

II. Art, mit Sauce gebunden

Zur Zubereitung der Hollandaise nur 1–2 Eigelb und ca. 40 g Butter verwenden, sie jedoch **binden,** indem man eine der **Saucen** unter stetem Schwingen dazumischt.

Für die Sauce wenn möglich vom Sud des Gerichtes verwenden, zu dem die Hollandaise serviert wird (z.B. Hühner-, Milken-, Fisch- oder Spargelsud). — So zubereitet wird die Sauce leichter und ausgiebiger, jedoch etwas weniger reich.

NB. Sollte die Hollandaise **gerinnen,** dann sofort ¼ Glas kaltes Wasser hineinschütten und tüchtig schwingen, bis sie wieder glatt ist.

561 Feine pikante Rahmsaucen (Sauces riches à la crème)

1. Sauce Normande
1½–2 dl Rahm — 100 g frische Butter — 2–3 Eigelb, 2 Teel. Cognac — Gewürz (Salz, 1 Pr. Pfeffer usw.)
Alle Zutaten in einem Pfännchen im Wasserbad unter tüchtigem Schwingen erhitzen, bis die Sauce dicklich gebunden ist. Nach Geschmack würzen, evtl. als bes. Bereicherung 1–2 Trüffel in ganz kleine Würfelchen geschnitten, beigeben. — **Servieren** zu Beefsteaks, Fischen, usw. oder zu Spargeln sowie Artischocken (ohne Trüffel).

2. Sauce Turque
Der Sauce Normande mit dem Gewürz noch ½–1 Essl. Tomatenpurée, 1 Msp. Paprika und soviel Tomaten-Ketchup beigeben, bis sie pikant schmeckt und hellrot ist.

3. Sauce verte chaude
Der Sauce Normande (statt Trüffel) 2–4 Essl. **fein** gehackte Kräuter (Dill, Estragon, Basilikum, Thymian usw.), einige Sardellenfilets (puriert od. durchgestrichen), etwas ausgepressten Knoblauch und einige Tropfen Zitronensaft beimischen. — Speziell zum **Servieren** mit Fischen, Fondue Bourguignonne, Beefsteaks sowie zu Entrecôtes «Café de Paris». — Auch **kalt** eine raffinierte Sauce.

Sauce Béarnaise 562

Feine Hollandaise Nr. 560 (I. Art)   wenig Estragon od. Kerbelblätter
kräftige Bratenjus od. Liebig-Fleischextrakt   1 kl. Pr. Paprika — evtl. 1 Teel. Kartoffelmehl

Der fertigen **Hollandaise** etwas Bratenjus oder Fleischextrakt und die s e h r f e i n gehackten Kräuter beigeben.

NB. Die Béarnaise soll dicklich sein und eine gelb-braune Farbe haben. — Sie wird **serviert** zu Rindsfilet, Entrecôtes, Beefsteaks, evtl. Hammelfleisch sowie zu feinem, gebackenem Fisch.

Sauce Mousseline   (Sauce Chantilly) 563

Der fertigen **Hollandaise** Nr. 560 (I. od. II. Art) direkt vor dem Anrichten 1 dl **Rahm, g e s c h l a g e n e n**, beigeben. — **Servieren** zu feinem Fisch, Hirnpudding, Spargeln usw. — Evtl. als Ersatz für Rahm 1 geschlagenes Eiweiss oder geschlagene Kondensmilch (ungezuckerte) beigeben, wodurch die Sauce auch luftig, jedoch weniger reich wird.

Sauce Maltaise 564

Der fertigen **Hollandaise** Nr. 560 (I. Art) f e i n streifig geschnittene **Orangenschale** (kurz gekocht) und den passierten **Saft** einer Blutorange beigeben.

Leichte Schaumsauce   (Sauce mousseuse) 565

2 Eier (od. 3 Eigelb, 1 Eiweiss)   1-3 dl Fisch-, Gemüsesud od. Bouillon
1 Essl. Zitronensaft — Salz, Muskat   5 Essl. Öl oder Rahm

Alle Zutaten in einem Pfännchen oder Schüsselchen tüchtig verrühren. Die Sauce im W a s s e r b a d schwingen, bis sie dicklich und schaumig geworden ist.

Servieren zu Spargeln, Artischocken, Bleichsellerie sowie zu gekochtem Fisch usw. (oder k a l t als Salatsauce, zu Fondue Bourguignonne u. a.).

NB. Diese Sauce schmeckt ähnlich wie eine Hollandaise, ist jedoch schneller zubereitet. — Kalt serviert ist sie leichter verdaulich als eine Mayonnaise, deshalb auch geeignet für die K r a n k e n k ü c h e.

Sauce aux crevettes (Krabbensauce) I. und II. Art 566

Béchamel Nr. 553 (s. NB.) — 1 Msp. Paprika — 1 kl. Büchse Crevettes — 20 g frische Butter oder ½ dl Rahm

I. Art: Der Béchamel, den Paprika und die querüber in Stückchen geschnittenen, in Butter oder Rahm heiss gedämpften Crevettes beigeben. — Nach dem Anrichten mit Paprika bestäuben.

II. Art: Die Crevettes nach dem Dämpfen d u r c h s t r e i c h e n oder mit etwas Rahm in den Mixer geben. Das P u r é e mit der Sauce vermischen. — **Einfacher:** nur **Krebsbutter** (v. Traiteur ca. 50 g od. aus Tuben) verwenden. Die Sauce soll leicht rosé sein (sie evtl. färben).

Servieren z. B. als Beigabe mit Riz Créole zu Hühner- oder feinem Kalbsragout, zu Fischen usw. —
NB. Bes. delikat wird die Sauce, wenn man eine Hollandaise (Nr. 560 II. Art) verwendet.

567 Zwiebelsauce (Sauce Soubise)

4 mittelgrosse Zwiebeln (evtl. Schalotten)
20 g Kochfett — 5 dl Bouillon
Sauce n. Nr. 544 { 30 g Butter, 30 g Weissmehl
2–3 dl Milch

Gewürz { Salz, Muskat
Maggi, 1 Msp. Curry

evtl. z. Legieren: 1 Eigelb, 2–4 Essl. Rahm

Die **Zwiebeln** schälen, in dünne Scheiben schneiden, in der Butter gut durchdünsten, ohne gelb werden zu lassen. Ablöschen mit der Bouillon und zugedeckt weichdämpfen (ca. 30 Min.). Durch ein feines Sieb streichen oder im Mixer purieren. — Die **Sauce** zubereiten, mit dem Zwiebelpurée verdünnen, würzen, evtl. legieren (n. Nr. 546). Servieren z. B. zu Hammelfleisch oder Zunge.

Einfachere Zubereitung: Die Zwiebeln reiben (nicht dünsten) und direkt in die Sauce mischen; diese mit der nötigen Bouillon verdünnen.

568 Currysauce (Sauce Curry à l'Indienne) I. und II. Art

I. Art:
Bouillonsauce Nr. 554 od. Buttersauce Nr. 549
1–3 Essl. Currypulver, etwas Zitronensaft

evtl. z. Verfeinern { ½–1 dl Rahm
30 g frische Butter

Der **Sauce** kurz vor dem Anrichten soviel Currypulver und Zitronensaft beimischen, bis sie pikant schmeckt. Evtl. noch verfeinern mit Rahm und Butter.

II. Art:
1 Zwiebel, etwas Knoblauch
20 g Butter oder Öl
2–3 Essl. Currypulver
10 g Weissmehl

3 dl Bouillon (evtl. v. Huhn)
1–2 dl Milch
1 Apfel — 50 g geriebene Kokosnuss
Salz, Senf, Zitronensaft — 3–5 Essl. Rahm

Zubereitung: Zwiebel und Knoblauch fein hacken, in Butter oder Öl mit etwas Currypulver bestreut, gut durchdünsten (nicht bräunen). Das Mehl darüberstäuben, kurz mitdämpfen. Ablöschen mit Bouillon und Milch, glattrühren und leise **kochen** (ca. 40 Min.). Den geriebenen Apfel und Kokosnuss sowie das nötige Salz, 1 Msp. Senf und wenig Zitronensaft beigeben. Evtl. nochmals etwas Curry beifügen, bis die Sauce recht pikant schmeckt, mit Rahm verfeinern und passieren.

NB. Durch das lange Kochen wird die Sauce bes. schmackhaft. Wird sie nicht gesiebt, dann die Kokosnuss mit wenig warmer Milch oder Wasser übergiessen, etwas stehen lassen und als sog. «Kokosmilch» passiert, beigeben. — Die Sauce darf recht pikant sein und ausgesprochen nach Curry schmecken (englisch «hot»). **Servieren,** z. B. zu Fisch, Huhn oder auch Kalbfleisch, zusammen mit indischem Reis. Dazu evtl. spezielle Zutaten wie geröstete Pinienkerne, Kokosnuss, Mango- oder andere Chutney's, gebratene Bananen usw. geben.

569 Gekochte Meerrettichsauce (Sauce au raifort chaude)

Weisse Buttersauce Nr. 549 oder Béchamel Nr. 553 — 1 Stück Meerrettich — ½–1 dl Rahm

Vorbereiten: Den Meerrettich schälen, an der Raffel fein reiben, zudecken. Der **Sauce** kurz vor dem Anrichten 2–3 Essl. Meerrettich und den Rahm beimischen.

570 Paprikasauce

1–2 dl Milch — 5 g Kartoffelmehl — 3 dl Rahm, evtl. leicht sauer — 1–2 Teel. Paprika, Salz

Milch und Kartoffelmehl unter Rühren aufkochen, den Rahm beifügen, im Wasserbad sorgfältig erwärmen. Die Sauce mit Paprika und dem nötigen Salz abschmecken. **Servieren** mit Gemüseplatten, zu Indischem Reis, Teigwaren usw.

Tomatensauce   (Sauce à l'aurore) 571

Weisse Mehlsauce Nr. 547 oder Buttersauce Nr. 549 — 1–3 Essl. Tomatenpurée, 1 Pr. Zucker
Der **Sauce** die Prise Zucker und soviel Tomatenpurée beigeben, bis sie angenehm schmeckt und schön rot aussieht.
Evtl. verfeinern durch Beigabe von 1 dl geschlagenem **Rahm** (evtl. Joghurt).

Italienische Tomatensauce 572

2–3 Essl. Öl (oder Butter)
1 Zwiebel, wenig Knoblauch
1 Rübe, etwas Sellerie
1 Zweiglein Thymian
od. Basilikum, 1 Lorbeerblatt

15 g Mehl (od. 1 kl. rohe Kartoffel s. NB.)
½ kg Tomaten od. -purée (s. NB.)
2–4 dl Bouillon od. Wasser
Gewürz { Salz, 1 Pr. Pfeffer, Maggi Würze
1 Pr. Zucker, 1 Pr. Curry

Dünsten der fein geschnittenen oder geriebenen Gemüse im Öl. Das Mehl darüber stäuben. Die gewaschenen Tomaten kleinschneiden und beigeben. **Verdünnen** mit der nötigen Bouillon. Die Sauce ca. ½ Std. **kochen**. — **Passieren** und würzen.
Servieren zu Fleischkräpfchen, Reistimbal, Spaghetti, Ravioli, Kartoffelgerichten usw.
NB. Bei Verwendung von Tomatenpurée etwas mehr Bouillon beigeben. Evtl. 100 g gehacktes Rindfleisch mitkochen. — Zum **Binden** der Sauce evtl. statt Mehl die **roh** geriebene Kartoffel beigeben.

Ungarische Tomatensauce   (Sauce Hongroise) 573

Zubereitung der Tomatensauce nach **Nr. 572**. Derselben **nach** dem Passieren 50–100 g mageren **Schinken,** 1–2 kleine grüne **Peperoni** (oder 1–2 Msp. Paprika), evtl. 1–2 **Trüffel,** alles in ganz **kleine** Würfelchen geschnitten, beigeben und noch 10 Min. kochen.

Zubereitung der braunen Saucen   Grundregel 574

Gerät: kleinere Chromstahl- oder Aluminiumpfanne, kleine Holzkelle.   Die **Zutaten** zur Sauce bereitstellen.

1. **Rösten:** Kochfett oder Öl erwärmen. Das Mehl (siehe NB.) dazugeben und unter Rühren kastanienbraun rösten. — Evtl. spezielle Zutaten kurz mitdämpfen (je nach Rezept).
2. **Ablöschen:** Nach und nach Flüssigkeit (heiss oder kalt) unter Rühren dazugeben, bis die Sauce dicklich und glatt ist. Verdünnen mit dem Rest der Flüssigkeit (Bouillon, Sud usw.), bis die Sauce die richtige Dicke hat.
3. **Kochzeit** 20–30 Min. halb-zugedeckt, auf kleinem Feuer.
4. **Abschmecken** und das nötige Gewürz beigeben sowie, je nach Rezept, noch spezielle Zutaten. — Die Sauce wenn nötig passieren.

NB. Zum Rösten kann sehr gut Halbweiss- statt Weissmehl verwendet werden. — Hat man zum Ablöschen eine besonders fetthaltige Brühe, dann das Mehl evtl. **ohne** Fett, jedoch nur hellbraun rösten.

575 Braune Senfsauce (Sauce Espagnole à la moutarde)

30 g Kochfett od. Öl — 30 g Mehl
50 g Schinken od. Magerspeck
5 dl Bouillon, evtl. 2 Essl. Wein

2–4 Essl. saurer Rahm od. Joghurt
ca. ½ Essl. Senf, Zitronensaft
evtl. 1 Pr. Kräuterpulver

Zubereitung der Sauce nach **Nr. 574**. Nach dem Rösten des Mehles den kleingeschnittenen Schinken oder Speck kurz mitdämpfen. Ablöschen mit der Bouillon, evtl. etwas Wein beifügen. — Vor dem Anrichten den Rahm beigeben und abschmecken mit Senf sowie mit den übrigen Zutaten.
Servieren zu gesottenen Fischen Nr. 615 od. zu Wild Nr. 819, zu Siedefleisch, Schalenkartoffeln usw.

576 Braune Sauerrahmsauce (Sauce brune à la crème aigre)

Zubereitung wie Sauce **Nr. 575**, jedoch statt Senf, ca. 1 dl **sauren Rahm** beigeben.
Diese Sauce ist sehr schmackhaft und vor allem auch geeignet zum **Servieren** mit Resten von Wildbraten oder -geflügel (evtl. als feines Ragout gemischt) siehe Nr. 819 (b).

577 Madeirasauce (Sauce Madère)

Braune Sauce { 40 g Kochfett — 30 g Mehl
1 dl Rotwein — 4 dl Bouillon

Gemüsesauce { 20 g Magerspeckwürfelchen
1 Rübchen, etwas Sellerie
Zwiebel, Petersilie, Lauch
2–3 dl Bouillon

z. Beigeben: 2–3 Essl. Madeira
{ etwas Bratensauce
Liebig-Fleischextrakt

Gewürz { Salz, Muskat
1 Msp. Curry
oder Paprika

Die **braune Sauce** nach **Nr. 574** (Grundregel) zubereiten und **ca. 30 Min.** kochen.
Gemüsesauce: Die Speckwürfelchen glasig braten. Zwiebel und Gemüse rüsten, fein schneiden und mit dem Speck durchdünsten. Ablöschen mit Bouillon und **dämpfen** während ca. **20 Min.**
Mischen der Gemüse- mit der braunen Mehlsauce, gut durchkochen (ca. 10 Min.) und passieren. Den Madeira beigeben, **pikant** würzen. (Die Sauce soll seimig, aber nicht dick sein.)
II. einfachere Art: Nur die braune Mehlsauce zubereiten, Zwiebel und etwas Gemüse, gerieben mitkochen oder zum Ablöschen eine bes. kräftige Bouillon verwenden.

578 Ochsenmarksauce (Sauce Bordelaise)

Madeirasauce Nr. 577 (evtl. ohne Fett)   1 grosser Markknochen

Das **Mark** aus dem Knochen lösen, so dass es schön ganz bleibt. In Salzwasser ca. 5 Min. kochen, in ½ cm dicke Scheibchen schneiden. Diese unmittelbar vor dem Anrichten der **Madeirasauce** beigeben.

579 Braune Zwiebelsauce (Sauce Robert)

Braune Sauce { 30 g Kochfett od. Öl
30 g Mehl
4 dl Bouillon, evtl. Fischsud
ca. 1 dl Rotwein
z. Mitkochen: 50 g Schinken

z. Dünsten { 3–4 Zwiebeln
20 g Kochfett od. Öl

Gewürz { ½–1 Essl. Zitronensaft
1 Msp. Senf, 1 Pr. Zucker
Liebig-Fleischextrakt

Zubereitung der braunen Sauce nach **Nr. 574**. Nach dem Ablöschen den fein geschnittenen Schinken beigeben. — Die Zwiebeln in dünne Streifen schneiden, im

Fett gelblich dünsten. Sie unter die braune Sauce mischen und noch **kochen** während **20–30 Min.** — Passieren und **pikant** würzen.
Servieren zu Ochsenzunge, Bratwürsten, Schalenkartoffeln, Fischen usw.

Falsche Bratensauce   (Sauce Espagnole)   580

250 g Knochen, evtl. Fleischabfälle (Häute, Knorpel, usw.)	z. Mitkochen { 2–3 Pfefferkörner / 1 Lorbeerblatt
1 kleine Zwiebel, 1 Rübe	
20 g Kochfett od. Öl	Liebig-Fleischextrakt
10–20 g Mehl	wenig Zitronensaft
—	Gewürz { evtl. 2–3 Essl. Rahm
z. Ablöschen: 4–6 dl Wasser oder Bouillon	evtl. Weisswein
	Salz, Muskat, Maggi Würze

Anbraten der Knochen, Häute, Zwiebel- und Rübenscheiben im Fett. Das Mehl darüber streuen, gut braun werden lassen, wenn nötig etwas Fett abgiessen. — **Ablöschen** mit wenig Flüssigkeit, Pfefferkörner und Lorbeer beigeben. Die Sauce dicklich einkochen, wieder verdünnen, wieder einkochen und so fortfahren, bis man genügend leicht gebundene Sauce hat. **Kochzeit** mind. 45 Min. — Vor Verwendung gut würzen.

Pikante braune Sauce   (Sauce piquante)   581

1 Tasse Bratensauce (s. NB.)	Salz, Muskat, 1 Pr. Cayenne
1–2 Eigelb	Gewürz { Zitronensaft
ca. 50 g frische Butter	evtl. 1–2 Essl. Madeira

Die **kalte Bratensauce** mit dem Eigelb gut verrühren, in einem Pfännchen im **Wasserbad** unter ständigem Schwingen erhitzen. Die Butter beigeben. — Die Sauce mit den Gewürzen **pikant** abschmecken, nach Belieben Madeira beifügen.

NB. Statt Bratensauce: 1 Teel. Liebig-Fleischextrakt und 1 Maggi Saucenwürfel, aufgelöst, verwenden, wenn nötig mit 1 Msp. Kartoffelmehl binden.

Pikante Fischsauce mit Kapern   (Sauce piquante aux câpres)   582

z. Dünsten { 1 Zwiebel — 20 g Butter / 10 g Mehl	z. Beigeben { 40 g frische Butter / 1 Essl. Kapern, Petersilie, gehackt / 1 hartes Ei, fein gehackt
z. Ablöschen: 4 dl Fischsud od. Bouillon	
z. Legieren: 1 Eigelb, 3 Essl. Rahm	z. Würzen: Zitronensaft, Salz, Muskat

Dünsten der feingehackten Zwiebel in der Butter, das Mehl beigeben. **Ablöschen** mit Fischsud (od. Bouillon), **kochen** während ca. 15 Min. — Die Sauce **legieren** (nach Nr. 546), ins Wasserbad stellen. Die frische Butter nach und nach unter Rühren damit vermischen. Zuletzt die übrigen Zutaten beigeben, nach Geschmack würzen. — **Servieren** zu gebratenen oder gesottenen Fischen.

Pikante Rahmsauce   (zu Gemüse, Fischen usw.)   583

80 g frische Butter	Salz, Zitronensaft
1–2 dl dicken Rahm, ca. 1 dl Bouillon s. NB.	evtl. 1 Msp. Liebig-Fleischextrakt

Die Butter in einem Pfännchen **braun** werden lassen, leicht abkühlen. Rahm und Bouillon hinzufügen. Mit Salz, evtl. etwas aufgelöstem Fleischextrakt und Zitronensaft abschmecken. — Die Sauce heiss schwingen, **nicht kochen**.

NB. Wird die Sauce zu gesottenem Fisch serviert, dann mit Fischsud verdünnen.

584   Zerlassene Butter   (Beurre fondu)

100 g **frische Butter** in einem Pfännchen auf k l e i n e m Feuer erhitzen, bis sie flüssig und klar geworden ist. Sofort vom Feuer nehmen, b e v o r sie anfängt braun zu werden.
Servieren als Fischsauce oder zu Spargeln, evtl. im Spezialpfännchen auf einem Rechaud.

585   Braune Butter   (Beurre noisette)

50 g **frische Butter** in einem k l e i n e n Pfännchen auf nicht zu starkem Feuer unter R ü h r e n erhitzen, bis sie gleichmässig bräunlich ist. — Evtl. etwas gehacktes Grün beigeben und s o f o r t über das Gericht giessen.

Dieses Quantum reicht zum Abschmelzen von einer Portion Gemüse, Reis, Teigwaren usw. — Als S a u c e zu Fisch 100 g Butter berechnen. — Braune Butter s. auch unter **Fachausdrücke** am Anfang des Buches.

586   Brotsauce, englische   (Bread sauce)

60 g trockenes Weissbrot o h n e Rinde	Milch, ca. 2 dl
1 kleine Zwiebel, fein gehackt	Salz, 1 Pr. Cayenne, Muskat
30 g frische Butter	Liebig-Fleischextrakt

Das Brot fein reiben (an der Raffel). — Die Zwiebel in der Butter dämpfen, das geriebene Brot beigeben, mit Milch ablöschen. Die Sauce **kochen** während ca. 15 Min., würzen und etwas Fleischextrakt beimischen.

Die Sauce soll wie ein dicklicher Brei sein. — **Servieren** als Sauce zu Wildgeflügel.

587   Apfelsauce   (Sauce aux pommes)

6–8 saure Äpfel, ca. 2 dl Weisswein od. Wasser, 3–5 Pfefferminzblätter, ca. 100 g Zucker, 20 g Butter, Zitrone

Die Äpfel waschen, ungeschält in feine Schnitze schneiden. Sie mit dem Weisswein oder Wasser und Pfefferminz z u g e d e c k t weichdämpfen. Die Sauce durch ein feines Sieb passieren, wenn nötig nochmals aufkochen. Die Butter beigeben sowie nach Geschmack Zucker, Zitronensaft und -schale.

NB. Warm **servieren** zu Schweinsbraten, Ente oder Gans sowie zu Wildpfeffer.

588   Geröstete Zwiebeln   (Oignons frits)

Zwiebeln (2–4, je nach Grösse) schälen, halbieren und in d ü n n e Scheiben (Streifen) schneiden. Sie **rösten** in h e i s s e m Öl, halb-schwimmend (w e n i g aufs Mal), unter fortwährendem Wenden mit einer grossen Gabel, bis sie gelbbraun sind. — Zum **Überstreuen** von Bratwürsten, Kartoffeln, Fischen usw. — Bis zum Gebrauch n i c h t zudecken, damit sie knusprig bleiben.

Kalte Saucen, Gewürzbutter usw.

Salatsaucen   Grundregeln   589

Gerät: Schüssel aus Steingut, Porzellan, Glas oder solche aus spez. Holz — zum **Rühren** einen rostfreien oder gut verzinnten Schneebesen oder Salatbesteck aus Holz, Horn, Plexiglas. — Als **Säure** zu Salatsaucen einen guten, milden **Essig** (z. B. Kräuteressig Finerba), **Citrovin** oder frischen Aeschbach od. **Zitronensaft** verwenden. (Letzterer hat bedeutenden Gehalt an Vitaminen, bes. wichtig für **Kranken-, Roh-** od. **vegetarische** Kost sowie für spez. Diät.) — Das **Öl** soll von bester Qualität sein, d. h. reich an unentbehrlichen Fettsäuren. In der Regel wird Arachid- = Erdnussöl verwendet, aber bes. wertvoll sind **Sonnenblumen-** und **Maiskeimöl** sowie Haselnuss-, Rapsöl usw. Sehr fein ist auch kalt ausgepresstes Olivenöl (spez. für Liebhaber der ital. Küche, da ausgesprochen fruchtig im Geschmack). **Ersatz** für **Öl:** rohe oder saure Milch, Buttermilch, Joghurt oder Nuxo-Mandelpurée (letzteres ist bes. leicht verdaulich und wird deshalb gerne in der **Kranken-** und **Diätküche** verwendet). — Zum **Würzen** eignet sich am besten feines Salz, ausserdem auch Sellerie-, Diät- oder Meersalz. — Als spez. **Beigaben** Maggi Fondor und Knorr Aromat, für bes. pikante Saucen eines der ausländischen, fertig gewürzten Ketchups, Meerrettich (pulverisiert), Soya- und Tobascosauce (letztere sehr scharf), Senf (evtl. spez. f. Diät) usw.

Salatsauce   (Sauce pour salades)   590

1–3 Pr. feines Salz, 1 Msp. Senf
evtl. 1 Pr. Pfeffer, 1 Pr. Zucker
2–3 Essl. Essig, Citrovin
oder Zitronensaft

4–6 Essl. Öl*, Rahm, Joghurt od. Milch
evtl. { ¼ – ½ Zwiebel, gehackt od. gerieben
1–2 Essl. Schnittlauch
oder Kräuter, gehackt

Gewürze und Essig oder Zitronensaft gut vermischen, bis sich alles gelöst hat. Öl, Rahm oder Joghurt usw. beifügen. Die Sauce tüchtig verrühren (evtl. im Schüttelbecher), bis sie dicklich (emulgiert) ist.

NB. Zu Rohkostsalaten in der Regel Zitronensaft verwenden, evtl. auch Kräuter (Kerbel, Estragon, Dill usw. (siehe Tafel 23 u. 24). — Salatsaucen direkt vor dem Anrichten nochmals schwingen, da sie durch Stehen wieder dünn werden. — **Praktisch** ist es, Salatsauce **auf Vorrat** zu haben. Sie lässt sich mit Öl zubereitet (jedoch ohne Rahm usw. u. ohne Kräuter) gut in einer Flasche aufbewahren. Vor Gebrauch schütteln! — ***Öl** für Salate sowie **Salatsaucen** Allgemeines, siehe oben.

Rahm- oder Joghurt-Salatsauce   (Sauce crème pour salades) für Rohkost   591

1–3 Pr. Salz, 1 Pr. Zucker — 1–3 Essl. Zitronensaft — 4–6 Essl. Rahm, Joghurt od. Quark
Alle **Zutaten** zusammen gut verrühren. — Evtl. 1 Essl. gehackte Kräuter beigeben.

Eiersauce für Salate   (spez. für Kopfsalat)   592

1–2 hartgekochte Eier   Salatsauce Nr. 590
Die **Eigelb** fein zerdrückt mit den Gewürzen in der Salatsauce vermischen. Das **Eiweiss** in kleine Würfelchen geschnitten, beigeben.

Vinaigrette   (zu Siedefleisch, Kalbskopf, Fischen oder Gemüsen)   593

1½ Port. Salatsauce Nr. 590 (s. NB.)
1–2 hartgekochte Eier

1 kleine Zwiebel, etwas Petersilie
2–3 Cornichons od. 1 kl. Gewürzgurke

Die **Salatsauce** zubereiten. Alle übrigen **Zutaten** hacken (nicht zu fein), mit der Sauce

vermischen, evtl. 1 Essl. Kapern, gehackten Dill od. Estragon beigeben (spez. zu Fisch).
NB. Zur Sauce evtl. statt nur Öl, etwas Bouillon verwenden. — Vinaigrette schmeckt auch gut warm serviert, z. B. zu Siedefleisch oder Fisch (sie im Wasserbad erwärmen unter Rühren).

594 Mayonnaise

Gerät: kleine, tiefe Schüssel — kleiner Schneebesen — evtl. Ölflasche mit doppelt eingekerbtem oder Spezial-Korken (evtl. ein Mayonnaisetrichter).

1–2 frische Eigelb
Öl (ca. 4 dl) — Essig od. Zitronensaft

Gewürz { feines Salz, Muskat
evtl. 1 Msp. Senf, 1 Pr. Pfeffer

1. Das **Eigelb** in die Schüssel geben. (Sorgfältig vom Eiweiss getrennt!)
2. **Öl tropfenweise** und unter ständigem Rühren beimischen, soviel, bis eine dickliche Masse entsteht.   (Wie schaumig gerührte Butter.)
3. **Verdünnen** mit einigen Tropfen Essig oder Zitronensaft.
4. Wieder **Öl dazurühren,** bis die Masse dicklich wird, wieder verdünnen mit ein wenig Essig oder Zitronensaft und so weiterfahren, bis man das nötige Quantum Mayonnaise hat. — Das Beigeben des Öles geschieht nur anfangs tropfenweise (direkt aus der Flasche oder mit Hilfe einer Holzgabel aus einer Tasse usw.). Sobald man einmal verdünnt hat, giesst man es mindestens in den Faden, dazu aber unter tüchtigem Schwingen dazu. (Im **Mixer** nach Vorschrift zubereiten; in der Regel anfangs auch langsam einrühren.) — Um das **Gerinnen** zu verhüten, mischt man unter die fertige Mayonnaise 1–2 Essl. **heisses** Wasser oder 2 Essl. **heisse Sauce** (von ½ Teel. Kartoffelmehl mit 1 dl Milch aufgekocht). Die Mayonnaise wird dadurch zudem weniger ölig und auch etwas leichter verdaulich.
5. **Würzen** der Mayonnaise nach Geschmack. — Nach Belieben auch etwas Joghurt, Aromat oder Fondor, evtl. 1 Pr. Curry- oder Kräuterpulver beigeben. — Je nach Verwendung 1 **Eiweiss** oder ½ dl **Rahm,** geschlagen, darunterziehen, wodurch die Mayonnaise bes. leicht und luftig wird (z. B. für Rohkost, Salate mit Reis, Früchten usw.). — Mayonnaise auf **pikante Art** s. Nr. 595 (1-11), sowie **gesulzte:** Nr. 596.

NB. Das Öl soll in der Temperatur so sein, dass es ganz klar, nicht flockig oder milchig ist. (Durch Kälte dick gewordenes Öl in warmes Wasser stellen, bis es wieder klar ist. Nachher abkühlen!) — **Gerinnt eine Mayonnaise,** diese tropfenweise an ein frisches Eigelb rühren. Grund des Gerinnens: z. B. unsorgfältiges Zubereiten, kein gut getrenntes Eigelb, zu warme Temperatur oder zu plötzlicher Temperaturwechsel. — Zum **Aufbewahren** das Schüsselchen mit Alu-Folie überdecken, was das Anlaufen der Mayonnaise verhindert.

595 Mayonnaise Nr. 594 auf pikante Art   (Mayonnaise variée)

1. **Kräuter-Mayonnaise** (aux fines herbes): Beimischen von 2–3 Essl. fein gehackten Kräutern (Kerbel, Dill, Schnittlauch, Petersilie oder Kresse) und evtl. ½ dl Rahm geschlagen. — Zu gebackenem Fisch, kaltem Siedefleisch, zu kalten sowie vegetar. Platten, zu Hollywood-Eiern Nr. 163 usw.
2. **Sauce verte:** 2–3 Handvoll Grünes (Kerbel, Petersilie, Schnittlauch, etwas Estragon, wenig Spinat und Majoran), 2 kleine Zwiebelchen in kochendem Wasser ganz kurz abbrühen. Alles sehr fein hacken (oder mit etwas Öl oder Joghurt im Mixer purieren). Der fertigen Mayonnaise soviel vom Kräuter-Purée beimischen, bis sie schmackhaft und schön grün ist. — Zu Fischen, Kalten Platten, Fondue Bourguignonne usw.
NB. Auf **italienische Art** noch 1–2 Sardellenfilet mithacken.
3. **Curry-Mayonnaise** (à l'Indienne): Soviel Currypulver (1–3 Teel.) beigeben, bis die Sauce pikant schmeckt, evtl. verfeinern mit 2–3 Essl. geschlagenem Rahm. — Zu Fischen, Indischem Reis, Fondue Bourguignonne und Salaten.

Oben: Pizza Napoletana Nr. 910
Mitte: (links) Kartoffelbrioches nach spanischer Art Nr. 977 – Tessiner Ofen-Kartoffeln Nr. 978 – Schalenkartoffeln, gefüllt mit dicker Meerrettich- oder Quarksauce, Nr. 601 oder 602 – Griesschnitten mit Käse Nr. 1003 (b)
Unten: Tomaten-Zucchetti-Wähe Nr. 912 (4 und 5)

Tafel 22

Tafel 23

Gewürz- oder Küchenkräuter

1. Bohnenkraut – 2. Basilikum – 3. Thymian – 4. Liebstöckel (Maggikraut)
5. Borretsch – 6. Estragon

Verwendung der Kräuter siehe Nr. 1757

Tafel 24

Gewürz- oder Küchenkräuter

1. Majoran – 2. Rosmarin – 3. Kerbel – 4. Dill – 5. Salbei
Verwendung der Kräuter siehe Nr. 1757

Tafel 25

Die bekanntesten Süsswasser- und Meerfische

1. Hecht – 2. Blaufelchen – 3. Egli – 4. Schellfisch – 5. Bachforelle
6. Sole – 7. Karpfen – 8. Barbe
9. Lachs in Tranchen geschnitten

4. **Paprika-Mayonnaise** (Piment sauce): Der Mayonnaise 1 kleine rote Peperone, sehr fein gehackt (oder im Mixer mit wenig Rahm puriert) und evtl. Paprikapulver beimischen, bis sie pikant schmeckt. Nach Belieben beim **Anrichten** mit ganz kleinen Würfelchen von grüner Peperoni bestreuen.
5. **Safran-Mayonnaise:** 1 kleines Büchschen Safran mit wenig heissem Wasser auflösen und soviel zur Mayonnaise mischen, bis sie goldgelb ist, evtl. abschmecken mit etwas Orangensaft. — Zu Reissalat Nr. 431 und für kalte Peperoni Nr. 148.
6. **Meerrettich-Mayonnaise** (au raifort): 3–4 Essl. geriebenen Meerrettich zur Mayonnaise geben oder 1–3 Msp. Meerrettichpulver (in kleinen Büchsen erhältlich). Verfeinern mit ½–1 dl Rahm, geschlagen. — Zu gedämpftem oder gebackenem Fisch, zu Schalenkartoffeln, als Cocktailsauce (s. auch Nr. 113a) usw. 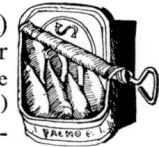
7. **Sardinensauce** (Sauce Remoulade): Einige Sardinen ohne Gräte (oder **Sardellen**) fein hacken, mit etwas Zwiebel und evtl. Grünem durch ein Sieb streichen oder mit etwas Rahm zu Purée mixen und zur Mayonnaise mischen. — (Für kleinere Portionen Sardellenbutter aus Tuben mit ganz wenig heissem Wasser verrührt, verwenden.)
8. **Sauce Tartare:** 2 Cornichons oder 1 Gewürzgurke, 2–3 Perlzwiebeln oder 1 Schalotte, wenig Petersilie, nicht zu fein hacken und mit 1 Essl. Kapern unter die Mayonnaise mischen. — Der Sauce evtl. noch 1–2 hartgekochte, fein gehackte Eigelb beigeben.
9. **Mayonnaise à l'aurore:** leicht rosa färben durch Beimischen von wenig Karmin oder Randensaft, evtl. Tomatenpurée oder 1 Blatt roter Gelatine (heiss aufgelöst). (Zum Überziehen und Garnieren verwenden, spez. zu Fischen, Thon, Eiern usw.) 
10. **Crevettes-Mayonnaise:** Unter ½ Port. Mayonnaise folgende **Zutaten** mischen: 100 g Crevettes, klein geschnitten, etwas feingehackten Dill und 1 dl Rahm, geschlagen. Die fertige Mischung wenn nötig würzen, evtl. etwas Worcestersauce beigeben. — Gleiche Zubereitung mit kleinen Resten von **Hummer**.
11. **Apfel-Mayonnaise:** Unter ½ Port. Mayonnaise 1 dl Rahm, geschlagen und 1–2 fein geriebene Äpfel mischen, nach Geschmack würzen. — Zu Reissalaten, Fondue Bourguignonne usw.
12. **Avocado-Mayonnaise:** ½ Port. Mayonnaise **vermischen** mit 1 gut reifen **Avocado** (geschält), mit 1 dl Rahm püriert (od. ganz fein geschnitten), etwas Tomaten-Ketchup, Salz, Pfeffer, Zitronensaft, einigen Tropfen Tobascosauce. — Sehr gut zu Fondue Bourguignonne, Fondue Chinoise usw.

Gesulzte Mayonnaise   (zum Überziehen)   596

Mayonnaise Nr. 594 — 2–5 Essl. flüssige Sulz oder 1–2 Blatt Gelatine 
Zubereitung: Der fertigen Mayonnaise die flüssige Sulz oder die kalt abgespülte mit 2 Essl. heissem Wasser gut aufgelöste Gelatine (evtl. gesiebt) beimischen. Sofort verwenden zum **Überziehen:** von Eiern, Fischen, falschem Salm usw.
Durch das **Sulzen** wird Mayonnaise etwas fester und glänzender und läuft auch bei längerem Stehen nicht an. — (Evtl. statt Gelatine ½ Teel. Agar-Agar, mit etwas Wasser aufgekocht, verwenden.)

Quarkmayonnaise   (für Garnituren)   597

50–100 g Quark, 1–3 Essl. Milch, Rahm od. Joghurt — evtl. 1 Eigelb, Salz, Muskat, Zitrone, Senf usw.
Zubereitung: Den Quark mit wenig Milch oder Rahm usw. und evtl. dem Eigelb schaumig rühren, pikant abschmecken. — Zum **Garnieren** (bespritzen) von belegten Brötchen, Tomaten, Sulzplatten, Wurstcornets usw. Evtl. mit Paprika bestäuben.
Vorteil: Rasch und leicht herzustellen, deshalb spez. auch geeignet für kleine Garnituren.

598   Mayonnaise-Ersatz   (Fausse Mayonnaise variée)

Vorteil: Rasche Zubereitung — fettarm — leichter verdaulich als Mayonnaise Nr. 594 (deshalb auch geeignet für **Diät**). — **Verwenden** wie gewöhnliche Mayonnaise.

1. Falsche Mayonnaise (einfache Art):

20 g Kartoffel- od. Weissmehl   1 Eigelb — 2–4 Essl. Öl, Rahm od. Joghurt
3–4 dl Milch   1–2 Essl. Zitronensaft (od. Essig) — Senf
Salz, Muskat, Knorr Aromat   evtl. 1 Eiweiss (z. Schnee)

Sauce: Mehl und Milch unter R ü h r e n aufkochen, gut würzen, etwas abkühlen. Die übrigen Z u t a t e n beimischen, pikant und säuerlich abschmecken. Evtl. das zu S c h n e e geschlagene Eiweiss darunterziehen.

Nach Belieben gehacktes Grün, Kräuter oder Tomatenpurée usw. beigeben, s. auch Nr. 595.

2. Joghurt-Mayonnaise:

1 Glas Johurt — 1 Eigelb — 2–3 Teel. Zitronensaft, Salz, Muskat, Reformsenf

Alle Zutaten sehr gut miteinander verquirlen . — Je nach Verwendung fein gehacktes Grün oder andere Z u t a t e n beimischen (siehe auch Nr. 595).

3. Leichte Mayonnaise (Sauce mousseuse froide):

Zubereitung der Leichten Schaumsauce **Nr. 565** und e r k a l t e t verwenden wie Mayonnaise Nr. 594 oder evtl. wie Nr. 595 mit einer der angegebenen Z u t a t e n vermischt.

599   Mayonnaise mit Mandelmilch   (auch für Diät)

Zubereitung wie Mayonnaise **Nr. 594**, jedoch statt Eigelb: ½–1 Essl. **Nuxo-Mandelmilch** mit wenig Wasser crèmig g l a t t anrühren, Öl langsam hinzufügen (anfangs tropfenweise), bis man eine Portion dickliche Sauce hat. Diese gut abschmecken mit Salz, Zitronensaft, evtl. Diätsenf.

Für **Diät** Sonnenblumen- od. Maisöl od. evtl. ein spez. Öl (Weizenkeim-, Safflor- od. Leinöl u. a. erhältlich im Reformhaus) oder nur Joghurt verwenden, zum Würzen Sellerie-, Meer- oder ein anderes Diätsalz.

600   Chaud-froid   (Weisse Decksauce für kaltes Huhn usw.)

½ Port. Béchamel Nr. 553 — ⅓ Port. Sulz Nr. 165 oder Kalbfleischbrühe, s. NB.

Zubereitung: Der leicht abgekühlten Béchamel die noch flüssige Sulz beimischen und jetzt ständig rühren (evtl. in Eiswasser gestellt) bis die Sauce anfängt g a l l e r t i g zu werden. Sie in d i e s e m Moment **zum Überziehen** verwenden, z. B. von gekochtem Huhn (ganz oder in Stücken), von Eiern, kaltem Fisch usw.

NB. Steif gewordene Chaud-froid an der Wärme schwingen, bis sie wieder g a l l e r t i g weich ist. — Kalbfleischbrühe erhält man von Kalbsragout (Nr. 716), von Kalbskopf (Nr. 761) od. durch Auskochen von Kalbsfuss. — **Einfacher:** Unter die pikant gewürzte, noch h e i s s e Béchamel (1 Port.) od. **Knorr** Sauce Ideal 2–3 Blatt gewaschene **Gelatine** und 2–3 Essl. geschlagenen **Rahm** mischen.

601   Kalte Meerrettichsauce oder -schaum   (Raifort mousse) I. und II. Art

40 g Weissbrot (o h n e Rinde) od. Quark   1–2 dl Rahm — 2–3 Pr. Salz
1 Stück Meerrettich — evtl. 1 Apfel   1 Pr. Zucker, 1–3 Teel. Essig

Zubereitung, I. Art: Das B r o t an der Raffel reiben oder sehr f e i n hacken. Den M e e r rettich waschen, schälen, ebenfalls f e i n reiben (bis zum Gebrauch z u d e c k e n). —

Kurz vor dem Servieren den Rahm steif schlagen, so viel Brot und Meerrettich sorgfältig daruntermischen, bis die Masse dicklich gebunden, aber noch **schaumig** ist. pikant würzen. — Die Sauce sehr sorgfältig mischen, sonst fällt sie zusammen.
II. Art: Statt Brot 50–100 g **Quark** verwenden. Ihn mit 3–5 Essl. Milch schaumig rühren, dann den geschlagenen Rahm, Meerrettich und Gewürz beigeben, evtl. auch einen geschälten, roh geriebenen Apfel.
NB. Durch längeres Stehen (nach 1–2 Std.) wird die Sauce wässerig und verliert die weisse Farbe! (Evtl. decken mit Alufolie.) — **Servieren** zu Siedefleisch, heissen Würsten, gesottenem Fisch, Schalenkartoffeln, kaltem Braten, Fondue Bourguignonne u. -Chinoise, für Pikante Chicorées (Nr. 151) usw.

Quarksauce auf verschiedene Art (Sauce au fromage blanc variée) 602

100–150 g Rahmquark (evtl. Petit Suisse od. Galakäse)
f. Diät evtl. Speisequark (weniger fetthaltig)
1–2 dl Milch od. ½ Port. Weisse Sauce Nr. 547
evtl. 1–2 dl Rahm od. Joghurt
Salz, etwas Zitronensaft

z. Beigeben:
2–4 Essl. Grünes, fein gehackt* (Petersilie, Schnittlauch, Kerbel, Majoran usw.) oder 1 Teel. Kümmel,
1 Essl. gerieb. Meerrettich od. ca. 1 Essl. Tomatenpurée (evtl. Paprika)

Zubereitung: Den Quark (od. Petit Suisse usw.) mit der Milch oder Sauce verrühren, evtl. geschlagenen Rahm oder Joghurt damit vermischen, würzen. Je nach Verwendung eine der **Zutaten** beigeben. — (*Kräuter am besten mit etwas Joghurt mixen.)
NB. Servieren zu gesottenen Fischen, Schalenkartoffeln, vegetarischem Hors d'œuvre. — Als Brotaufstrich nur mit 1–3 Essl. Milch verdünnen, s. auch Quarkaufstrich Nr. 118 (Abschn. 6).

Käsebutter-Sauce 603

30 g Parmesan od. Sbrinz
50 g frische Butter od. Nussa

1–2 dl Rahm (auch Quark od. Joghurt)
evtl. Salz, 1 Msp. Senf, Muskat, 1 Pr. Paprika

Zubereitung: Den Käse fein reiben, zur schaumig gerührten Butter (oder Nussa) mischen. Den Rahm (Quark oder Joghurt) leicht geschlagen darunterziehen, wenn nötig noch würzen. — **Servieren** zu Schalenkartoffeln oder kalten Platten. — Käsebutter zum Aufstreichen (für Brötchen usw.) siehe Nr. 118 (5).

Kalte Tomatensauce (Sauce aux tomates froide) 604

Zubereitung einer Italienischen Tomatensauce **Nr. 572**. Sie passiert erkalten lassen und 1 dl geschlagenen **Rahm** oder **Joghurt** damit vermischen.
Servieren z.B. zu Bleichsellerie, hartgekochten Eiern, Reissalat od. -köpfchen usw.

Pfefferminzsauce (English mint sauce) 605

1 Handvoll Pfefferminzblätter — ca. 3 Essl. milden Essig — 1 Essl. Zucker — 1–1½ dl Wasser
Zubereitung: Die Blätter waschen, klein schneiden, mit dem Essig und Zucker einige Minuten dämpfen, das Wasser beifügen, gut aufkochen. Durchstreichen, evtl. mit Wasser verdünnen, erkalten lassen. — **Servieren** zu heissem oder kaltem Hammelfleisch.

606 Cumberlandsauce (zu Sulzpastete, kaltem Roastbeef, Wild usw.)

1–2 Orangen, ¼ Zitrone
1 Msp. Senf, 1 Pr. Pfeffer, evtl. Ingwer
4–6 Essl. Madeira od. Sherry, evtl. Rotwein
1 Tasse Johannisbeergelée (s. NB.)

Zubereitung: Die **Schale** der Orangen und etwas Zitrone sorgfältig **dünn** abschneiden (ohne das Weisse), in ganz feine Streifchen schneiden, mit Wasser bedeckt weichkochen. — Gewürze, Wein und den **Saft** von 1–2 Orangen vermischen, die vorbereiteten Orangenschalen sowie das fein zerteilte (leicht gehackte) Gelée beigeben (s. NB.). **Anrichten** in eine Saucière oder in gekochte Halbäpfel (s. Nr. 871). — Als hübsche **Garnitur:** der Cumberlandsauce 2–3 Blatt gewaschene, mit 1 Essl. Wasser **heiss** aufgelöste **Gelatine** beigeben, in halbe Orangenschalen füllen und **steif** werden lassen. Mit heissem Messer in **Schnitze** teilen.

NB. Die Sauce sorgfältig mischen, damit sie klar bleibt. Johannisbeergelée lässt sich ersetzen durch eingemachte **Preiselbeeren**, die man durchstreicht.

607 Kräuterbutter (Beurre maître d'hôtel)

Verwendung: Zum **Belegen** von Beefsteaks, Entrecôtes, Hammelcôtelettes od. als Brotaufstrich.

30–60 g frische Butter od. Nussa
Schnittlauch und Petersilie (s. NB.)
Salz, Pfeffer, Muskat
wenig Zitronensaft

Vorbereiten: Schnittlauch und Petersilie sehr **fein** hacken. Butter (evtl. Nussa), Gewürz und Zitronensaft damit vermischen (am besten auf dem Brett mit einem stumpfen Messer). Ein 2–3 cm dickes Röllchen davon formen und fest werden lassen (in **kaltes** Wasser gelegt, evtl. mit Eisstückchen).

Schneiden der Kräuterbutter in ca. ½ cm dicke Scheibchen, mit einem in **heisses** Wasser getauchten Messer. (Bis zum Gebrauch wieder ins Eiswasser geben.)

NB. Kresse- und **Kerbelbutter:** mit 1 Handvoll **fein** gehackter Kresse oder Kerbel (statt Petersilie usw.) vermischen. — Als **Brotaufstrich,** bes. für grössere Portionen, die Butter zuerst **schaumig** rühren (evtl. halb Quark oder Nussa verwenden).

608 Gewürzte Butter auf verschiedene Art (für Brötchen, Hors-d'œuvre usw.)

50–100 g **frische Butter** (schaumig gerührt) — spez. **Zutaten** und Gewürze s. unten
Statt Butter: evtl. **Quark** oder **Nussa** verwenden (spez. für Brötchenaufstrich).

1. **Kräuter-, Kresse-** oder **Kerbelbutter:** siehe **Nr. 607.**

2. **Pfefferminz-** oder **Estragonbutter:** frische Pfefferminzblätter oder Estragon (evtl. in Essig eingelegten) kurz überbrühen und sehr fein gehackt, mit 1 Pr. Salz und Zucker sowie etwas Zitronensaft zur Butter mischen.

3. **Beurre d'escargots:** 2–3 Schalotten, etwas Knoblauch und Petersilie, evtl. ein wenig Estragon sehr fein hacken (grössere Portionen mit etwas Rahm im Mixer purieren) und mit 1 Teel. Zitronensaft sowie dem nötigen Salz zur Butter (100 g) mischen. (Evtl. etwas weniger Butter verwenden, jedoch mit 1–2 Essl. Béchamel binden.) **Verwendung** als Füllung von Schnecken (s. Nr. 642a), zu Rindsfiletbraten, zu Beefsteaks oder Tournedos sowie zu Entrecôtes «Café de Paris».

4. **Meerrettich-Butter:** 2–4 Msp. Meerrettichpulver (in kleinen Büchsen) und wenig Rahm oder Quark zur Butter mischen. — Spez. für Brötchen sowie als Beigabe zu gesottenem Fisch.

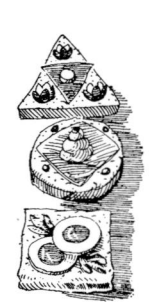

5. **Tomatenbutter:** soviel Tomatenpurée zur Butter mischen, bis die Masse schön rot ist. Nach Geschmack würzen, evtl. 1 Pr. Zucker und etwas Rahm beigeben.
6. **Senf- oder Paprikabutter:** 2–3 Msp. Senf oder Paprika und je 1 Pr. Salz und Zucker zur Butter mischen.
7. **Krebs- oder Crevettesbutter:** etwas Krebsextrakt oder ca. 50 g durchgestrichene Crevettes, 1 Pr. Zucker, wenig Salz und Zitronensaft zur Butter mischen.
8. **Sardellen oder Enchovisbutter:** 3–5 Sardellen waschen, entgräten, durch ein feines Sieb streichen (grössere Portionen im Mixer mit etwas Rahm purieren), zur Butter mischen. Mit Salz und Zitronensaft abschmecken.
   Einfacher, spez. für kleine Portionen: Sardellen- oder Enchovispaste aus Tuben verwenden.
9. **Käsebutter:** siehe Brötchen mit Aufstrich Nr. 118 (Abschn. 5)
10. **Schinkenbutter:** siehe Brötchen mit Aufstrich Nr. 118 (Abschn. 2a)
11. **Zitronenbutter auf amerikanische Art** (für Brötchen oder Crackers): Der schaumig gerührten Butter soviel Zitronensaft (gesiebt) beimischen, wie sie aufnimmt. Mit etwas fein abgeriebener Zitronenschale, je 1 Pr. Salz und Zucker oder 1 Teel. Honig abschmecken.
12. **Orangen- und Ananasbutter:** Zubereitung wie Zitronenbutter (Abschnitt 11), Orangensaft, gesiebt und evtl. etwas Curaçao beigeben, bei Ananasbutter ausser Saft noch kleine Ananasstückchen.
13. **Champignonsbutter:** 50–100 g Champignons (frische oder kurz abgekochte od. aus Büchsen) **fein** hacken und mit etwas Zitronensaft, Salz usw. zur Butter (Nussa od. Quark) mischen. — **Verwendung** für Brötchen, gefüllte Eier, vegetar. Hors d'œuvre usw.
14. **Nussbutter:** 30–50 g Nusskerne, Spanisch- od. Arachidnüssli, Haselnüsse, Pinienkerne usw. (letztere hellgelb rösten) gehackt, mit je 1 Pr. Salz und Zucker zur Butter (od. Nussa) mischen. — **Verwendung** für vegetar. Brötchen usw.

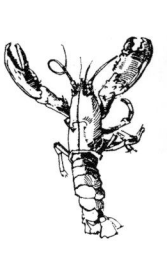

Bouillonfarbe (Zuckercouleur) 609

Zucker (ca. 50 g) in einem Pfännchen (ohne Wasser) braun werden lassen, dann weiter rösten, bis ein weisslicher Rauch aufsteigt. 1 dl Wasser langsam beifügen, einige Minuten einkochen und erkalten lassen. — Aufbewahren in einem Fläschchen.

Verwendung: zum **Färben** einer zu hellen Bouillon oder Sauce (einige Tropfen genügen). Zum **Bestreichen** von einfachem Gebäck: Eiweiss mit einigen Tropfen Bouillonfarbe vermischen. (Ergibt eine schön braune Farbe und erspart Eigelb.)

Mehlbutter (Beurre manié) 610

30 g frische Butter weichrühren (evtl. mit einem Spachtel) und 15 g Weissmehl damit vermischen.

Verwendung zum nachträglichen **Binden** oder Verdicken einer fertigen Sauce. Die Butter in Flöckchen zum Gericht geben, gut rühren und bis zum Kochen bringen.

Fische und Schalentiere

Allgemeines: Das Fischfleisch enthält 15–20 % Eiweiss (mit den meisten lebenswichtigen Aminosäuren), 0,1–7 % Fett, Mineralstoffe (Jod, Phosphor), verschied. Vitamine (vor allem A und D), 73–88 % Wasser. — Das Eiweiss des Fischfleisches ist leicht verdaulich. Deshalb eignen sich auch die meisten (nicht fetten) Fische, vor allem gekocht zubereitet, als Krankenspeise. **Fischgerichte** können auf mannigfache Art zubereitet werden und bringen eine gesunde, im allgemeinen auch preisgünstige Abwechslung in unseren Speisezettel.

Merkmale beim Einkauf:
Süsswasserfische, ganze, frisch getötet, haben klare Augen, rote Kiemen, festes Fleisch und frischen Geruch. — **Meerfische:** Bei grossen Fischen fehlen die Köpfe und Eingeweide; deshalb ist nur noch der Geruch kontrollierbar. Er soll frisch, nicht aufdringlich oder unangenehm sein. Dasselbe gilt für alle Fischfilets und -tranchen.
Ungeniessbar sind Fische, bei denen die oben erwähnten Merkmale fehlen. Da das Fischfleisch sich sehr rasch zersetzt, können **lebensgefährliche Vergiftungen** entstehen. **Fischreste** spätestens am folgenden Tag verwenden oder sie marinieren (siehe Seite 212). **Aufbewahren** roher Fische im **Eisschrank** für einige Stunden (am besten auf Eis gelegt) u. immer im geöffneten Papier! Sollte man rohe Fische ohne Eisschrank (z. B. über Nacht) aufbewahren müssen, dann locker in ein mit Essig getränktes Tuch einschlagen oder in Milch einlegen.

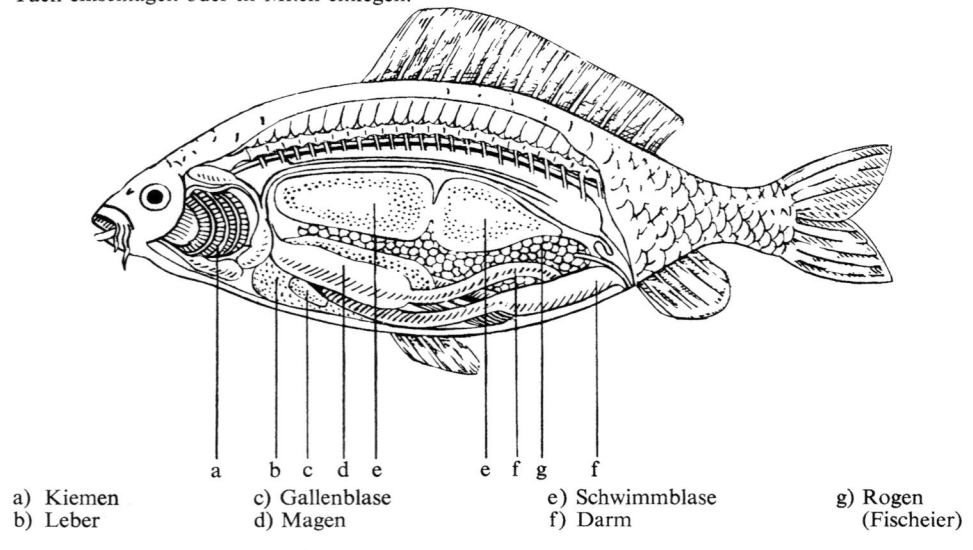

a) Kiemen c) Gallenblase e) Schwimmblase g) Rogen
b) Leber   d) Magen   f) Darm   (Fischeier)

611 Vorbereiten ganzer Fische (sowie Marinieren v. Fischfilets usw.) Grundregel

Ganze Fische zum Schuppen und Ausnehmen am besten auf dem Einkaufspapier liegen lassen, die Abfälle nachher darin einwickeln. (Fische besser nicht auf ein Holzbrett legen, da es den Geruch annimmt.)

1. Abschneiden der Rücken- und Bauchflossen mit der Schere. Die Schwanzflosse der Form nach ein wenig stutzen.
2. Schuppen: Den Fisch am Schwanz halten (evtl. mit Küchenpapier od. Tuch) und

mit einem kleinen, flach gehaltenen Messer vom Schwanz her gegen die Schuppen stossen, bis zum Kopf. — Fische, die schwer zu schuppen sind, zuerst in kaltem Wasser etwas liegen lassen (ca. 15 Min.). — Meerfische sind in der Regel schon geschuppt, oft auch die hiesigen Fische (sie jedoch noch kontrollieren, evtl. nachschuppen). — Bei Plattfischen (Soles, Heilbutt usw.) evtl. die helle Seite schuppen, die dunkle Haut jedoch abziehen (siehe Nr. 612).

3. **Ausnehmen:** Mit Messer oder Schere von der Darmöffnung aus die Bauchseite der Länge nach aufschneiden, bis zwischen die Brustflossen. Mit den Fingern die Eingeweide, sowie die am Rücken liegende Schwimmblase und Blutader sorgfältig lösen und herausnehmen (evtl. auch die Kiemen).

NB. Die Augen evtl. mit Hilfe des Messerchens entfernen (bei kleineren Fischen, die gesotten werden, darin lassen). — **Fische** die schon ausgenommen sind, noch gut nachsehen. Bei einem Bauchstück die dunkle Haut, die sich auf der Innenseite befindet, ablösen.

4. **Waschen** der ganzen Fische, evtl. auch der Fischfilets od. -tranchen unter laufendem Wasser u. sie einreiben = **marinieren** mit etwas Salz u. Essig od. Zitronensaft (ganze Fische auch auf der Innenseite). Nachher liegenlassen während mind. 15 Min. Vor dem Zubereiten evtl. wieder abspülen (spez. **Meerfische** mit besonders ausgeprägtem Geruch und Geschmack). Diese werden auch feiner durch Einlegen in **Milchwasser** (oder Buttermilch), während ca. 30 Min., dann gut abspülen.

Tiefgekühlte Fische oder -filets (Frionor, Findus u. a. m.) zuerst langsam im Eisschrank, evtl. in Küchentemperatur auftauen (2–3 Stunden od. nach Vorschrift), dann **marinieren**. Weitere Zubereitung n. Rezept.

Fische, Allgemeines, siehe Seite 198.

Häuten von Fischen und in Filets teilen (Couper en filets) 612

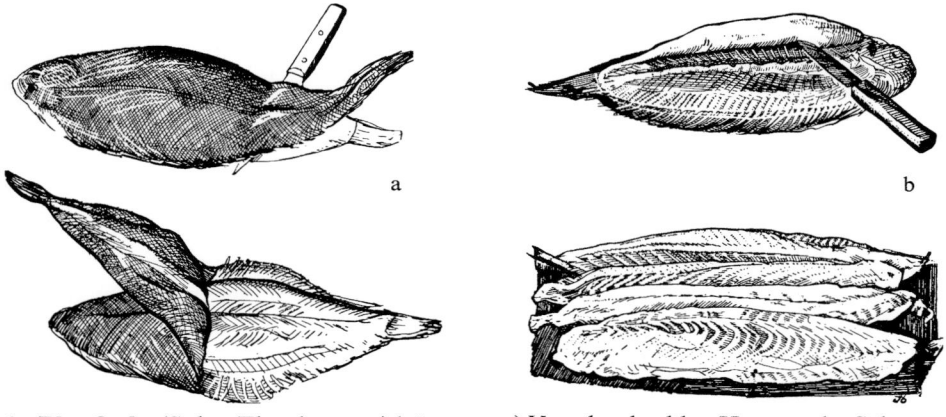

1. **Plattfische** (Soles, Flunder usw.) häuten: **a)** Von der dunklen Haut an der Schwanzflosse ein kleines Stück lösen, dieses fassen und die ganze Haut in einem Ruck, gegen den Kopf zu, wegziehen. Mit der hellen Haut genau in derselben Weise verfahren. Den Kopf evtl. abschneiden. — Zum **Ausnehmen,** von den Kiemen her, beidseitig gegen unten öffnen.
b) In Filets teilen: Auf jeder Seite des Fisches, vom Kopf gegen den Schwanz zu, dem Mittelgrat entlang einschneiden. Mit dem flach gehaltenen Messer das Fischfleisch von den Gräten lösen, so dass 4 längliche Stücke (Filets) entstehen.

2. **Andere Fische** (Colin, Cabliau, Hecht, Brachsmen usw.): Ausnehmen der Fische

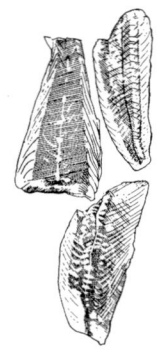

nach **Nr. 611,** dann s c h u p p e n. — F i l e t i e r e n : Auf der Rücken- und Bauchseite mit scharfem Messer oder Schere die H a u t einschneiden. (Sie evtl. vom Schwanz her mit Hilfe des Messers abziehen.) Die F i l e t s sorgfältig von den Gräten lösen, indem man den Fisch hinter den Kiemen bis auf den Grat durchschneidet, dann vom Kopf her das flachgehaltene Messer dem Grat entlang gegen den Schwanz führt. — Die Fischabfälle für Fischsud od. -suppe verwenden.

II. Art: Die Fische nicht ausnehmen, sondern direkt in Filet teilen und evtl. dann von diesen noch die Haut ablösen.

613   Zubereiten und Anrichten der Fische   Allgemeines

Vorbereiten der Fische: siehe **Nr. 611** oder **612** sowie nach Angabe im Rezept.

Zubereitungsarten: Fische werden gesotten, gedämpft, gratiniert, gebraten und gebacken usw. Je nach Fischart sind so viele Varianten möglich, wie bei der Zubereitung von Fleisch.

Garprobe: An der dicksten Stelle des Fisches mit der Messerspitze prüfen; das Fleisch soll sich leicht vom Grat lösen und f e s t und milchig w e i s s, nicht mehr glasig sein.

Anrichten der Fische auf eine h e i s s e Platte. — **Garnieren** mit Petersilie und Zitrone (siehe Nr. 877), evtl. mit kleinen Salzkartoffeln. Diese nach Belieben als Kugeln ausgestochen oder hübsch zugeschnitten (s. Fischkartoffeln Nr. 936). — Statt Zitronengarnitur zur Abwechslung Grapefruitschnitze oder weisse Traubenbeeren (in Wein gekocht) dazulegen.

Servieren mit Salz- oder Fischkartoffeln (spez. geformt), evtl. Kartoffelstock, Indischem oder Wasserreis, evtl. auch mit einem Gemüse. — Die Wahl der **Sauce,** die man zum Fisch serviert, ist wichtig, da sie ihn ergänzen oder seinen Geschmack erhöhen soll, nach einem französischen Sprichwort «C'est la sauce qui fait le poisson».

Fischreste lassen sich auf verschiedene Arten verwerten, siehe **Nr. 643–647.**

614   **Fischsud**   (Court-bouillon)

2–4 l Wasser, 2–5 Essl. Salz – 1 Essl. Zitronensaft, 2 Essl. Essig, evtl. 1 dl Weisswein ½ besteckte Zwiebel (Nr. 879), 1–2 Rüben, 1 Stück Lauch u. Sellerie (evtl. etwas Thymian od. Dill)

Geeignete Pfanne: Fischkocher (auch ovale Auflaufform) oder längliche Bratpfanne (emailliert) mit E i n s a t z. Dieser ist praktisch und e r l e i c h t e r t das Anrichten bes. grösserer Fische.

Fischsud: Sämtliche Zutaten zusammen aufsetzen und **kochen** während **10–30 Min.** Den Sud evtl. noch würzen und vor dem Einlegen der Fische mit etwas kaltem Wasser abkühlen.

615   **Gesottene Fische**   (Poissons au court-bouillon)   s. Salm auf Tafel 27

Süsswasserfische, auch grössere sowie Filets: Forellen (truites), Felchen (féra), Salm od. Lachs (saumon), Trüsche, Schleie, Äsche, Barbe, Hecht (brochet), Karpfen, Röteli (rouget), Zander. — **Meerfische,** ganze sowie Tranchen od. Filets: f e i n e r e Sorten wie Soles (Seezungen), Turbot (Steinbutt), Colin (Seehecht), Salm (saumon), Heilbutt (flétan), Dorsch, La Rai (Rochen), Flunder (flet) — billiger: Rotbarsch, Rotzungen, Cabliau, Schellfisch (aigre fin), Merlans, Lyr, Scholle usw.

Fische, ganze od. -stücke: 1–1½ kg – Fischsud Nr. 614 – Petersilie, Zitrone – Kartoffeln, evtl. Reis

Vorbereiten der Fische je nach ihrer Art, siehe **Nr. 611.**

Kochen: Die Fische in den heissen, aber n i c h t kochenden Sud legen, wieder vorsichtig vors Sieden bringen und **ziehen lassen,** bis sie **gar** sind. — **Kochzeit:** für k l e i n e Fische

von 150–200 g = ca. 10 Min. — grosse Fische und dicke Fischstücke von ca. ¾–1 kg = 20–30 Min., 1–1½ kg = 45 Min.

Garprobe: Mit einem Messerchen an der dicksten Stelle prüfen. Das Fleisch soll fest und milchigweiss, nicht mehr glasig sein und sich gut vom Grat lösen.

Anrichten: Die Fische sorgfältig aus dem Sud heben. Auf eine warme Platte geben, evtl. mit etwas heisser Butter beträufeln. — **Garnieren** mit Zitrone und Petersilie (s. Nr. 877), evtl. mit kleinen Kartoffeln und Scheibchen von der mitgekochten Rübe. **Servieren** mit Salzkartoffeln oder Indischem Reis und einer Sauce.

Passende Saucen: Legierte Fischsauce (Nr. 558), — mit Kapern (Nr. 559), Hollandaise (Nr. 560), klare oder braune Butter, pikante Kapern-, Meerrettich- oder Kräutersauce usw. Je feiner und teurer der Fisch, um so feiner soll die Sauce sein. — Verwendung des **Fischsuds** zur Fischsauce, evtl. auch für eine Fischsuppe. — Evtl. Garnitur für Meerfische: direkt vor dem Servieren mit dicker Meerrettichsauce (Nr. 569) der Länge nach bespritzen.

Blau gesottene Fische   (Truites, Féras au bleu etc.)   616

Kleinere Fische, feinschuppige: Forellen (truites), Felchen (féras), Äschen (ombres), Schleien (tanches), Hecht (brochet), Karpfen (carpe — nur ganz junge).
6–12 kleine Fische (à ca. 150 g) — Fischsud Nr. 614 — ½ dl Essig — z. Garnieren: Zitrone, Petersilie
Blau zu kochende Fische direkt oder kurz vor dem Kochen töten!

Vorbereiten: Die Fische nicht schuppen! Sie vorsichtig ausnehmen, damit der Schleim, der das Blauwerden bewirkt, an den Fischen haften bleibt. (Diese dazu am besten in einer Schüssel mit Wasser halten.) — Hübsch wirkt die Platte, wenn man kleineren Fischen Kopf und Schwanz zusammenbindet. (Die Fäden beim Anrichten sorgfältig entfernen.)
Die Fische auf eine Platte legen und mit gut warmem (nicht kochendem) Essig übergiessen (was das Blauwerden bewirkt), ca. 10 Min. stehen lassen.

Kochen: Die Fische in den gut warmen Sud legen (vorher Zwiebel usw. herausnehmen). Vorsichtig bis vors Kochen bringen und während **5–10 Min.** (je n. Grösse) ziehen und gar werden lassen. — Der Sud darf nie kochen, da die Fische sonst sofort aufspringen (bes. die ganz frischen!). Sie sind **gar,** wenn die Augen heraustreten und sich die Flossen leicht herauszupfen lassen.

Anrichten und **Garnieren, I. Art** (nach **Nr. 613**): auf eine spezielle Fischplatte geben, diese evtl. zuerst mit einer erwärmten, gefalteten Serviette belegen od. direkt auf die heissen Teller.

II. Art: Die Fische **im Sud** servieren, z. B. in einem Kupfer-Fischkocher oder in einer Glas-Auflaufform (evtl. auch in einer festlichen Suppenterrine). — Vorteil dieses Anrichtens: Die Fische kommen so ganz heiss auf den Tisch (besonders auch wichtig für die **Krankenküche**).
Servieren der Fische mit kleinen Fischkartoffeln (s. Nr. 936) und klarer Butter, Hollandaise (Nr. 560) oder Pikanter Rahm- oder Leichter Schaumsauce (Nr. 561 und 565).

Gekochter Hummer mit Sauce   (Homard à la crème)   617

Servieren dieser teuren, aber delikaten Platte als feine Vorspeise.
Zubereitung des Hummers siehe **Nr. 195.** Ihn **heiss servieren** mit frischer Butter (evtl. Butterkügelchen Nr. 199) oder mit Leichter Schaumsauce Nr. 565; als Beigabe Toast oder Indischer Reis.

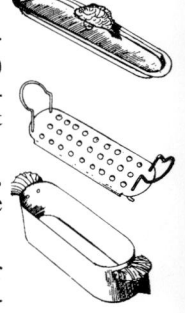

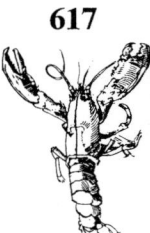

617a Moules à la Marinière (Kleine Muscheln, Mollusques)

ca. 6 Dtzd. Moules

Sud { ¾ l Wasser, 1 Glas Weisswein
1 Schalotte od. Zwiebel (kein Salz)
Lorbeer, Pfefferkörner
Petersilie u. Thymian

z. Sauce { Mehlbutter Nr. 610
80 g frische Butter
je 1 Pr. Pfeffer u. Salz, Zitronensaft

z. Bestreuen: Petersilie und etwas Dill, gehackt
NB. Moules sind auch in **Büchsen** erhältlich.

Vorbereiten: Die Muscheln unter laufendem Wasser mit einer Bürste gründlich waschen.

Kochen: Den Sud aufsetzen und die Muscheln solange darin sieden, bis sie aufgesprungen sind. (**Nicht** offene Muscheln sind ungeniessbar!) Die Muscheln herausnehmen und je eine Schalenhälfte abheben. Die gefüllten Muscheln auf eine heisse Platte geben. — Zur **Sauce** das Kochwasser stark einkochen, mit der Mehlbutter binden, die frische Butter sowie das Gewürz beigeben und beim **Anrichten** über die Moules giessen, mit den gehackten Kräutern bestreuen. Beim Essen die Sauce mit einer Muschelschale auslöffeln. Evtl. als Beigabe Indischer Reis. — **Andere Art:** Die Moules in **Bierteig** (Nr. 931 II. Art) wenden und **backen**, servieren mit Vinaigrette od. Mayonnaise.

618 Aal, gesotten (Anguille au court-bouillon)

1 Aal — Fischsud Nr. 614, einige Salbeiblätter   z. Garnieren: Petersilie, Zitrone

Häuten: Beim Aal die Haut unter dem Kopf rund herum bis auf das Fleisch einschneiden und etwas lösen. Ihn an einer Schnur am Kopf aufhängen und die Haut über den Aal herunterziehen. Die Eingeweide entfernen, den Aal in Stücke schneiden. Kleine Aale werden nur mit Salz abgerieben, nicht gehäutet.

Kochen: Im Fischsud Salbeiblätter mitkochen, den Aal hineinlegen, **15–20 Min.** ziehen lassen. Beim **Anrichten** die Aalstücke herausheben, auf eine heisse Platte legen, garnieren. — **Servieren** mit kleinen Salzkartoffeln, zerlassener oder Kräuterbutter (Nr. 607), Kapernsauce (Nr. 559) oder Sauce Normande (Nr. 561, Abschn. 1).

618a Bouillabaisse (Französisches Fischgericht)

Fische: Heilbutt, Colin, Cabliau, Merlan, Sole, Aal — für typisch französische Art (wenn erhältlich): Rascasse, Rougets, Baudroie, Trillie, St. Pierre, Dorade u. a. m.

Beim **Einkauf** der Fische lässt man sich für die Zusammenstellung mit Vorteil beraten.

1–1½ kg Fische
3 Scampi od. 100 g Crevettes (beides gekocht u. geschält erhältlich)
ca. 300 g Moules (vorbereitet n. Nr. 617a) (evtl. Konserven)
2–3 Zwiebeln, 2 Knoblauchzehen
1 kl. Fenchel, 1 Lauch, 2–4 Tomaten
1–3 dl Olivenöl

z. Ablöschen { 1–2 Glas Weisswein
ca. 3 l Wasser

z. Würzen { 1 Lorbeerblatt, 1 Nelke
1 Msp. Safran, etw. Orangenschale
1 Msp. Cajenne (od. schwarzer Pfeffer), Thymian, Majoran, Petersilie, Salz, Zitrone

Als Beigabe: Weissbrot od. Pariserbrot

Vorbereiten: Die Fische je nach ihrer Art schuppen oder enthäuten, entgräten und in Stücke schneiden (siehe Nr. 611, für Aal Nr. 618). — Alles Gemüse zurüsten und in dünne Scheiben schneiden. Den Knoblauch zerdrücken.

Zubereitung I. Art: In Öl Zwiebeln und Gemüse gut durchdämpfen. Alle Gewürze und evtl. Fischköpfe und Gräte beigeben. Ablöschen mit Wein und Wasser. Die **Brühe** lebhaft **kochen** während ca. **1 Std.** — Unterdessen in einer grossen weiten Pfanne die

Fischstücke in heissem Öl lagenweise etwas andämpfen, diejenigen mit festem Fleisch etwas länger. **Ablöschen** mit der heissen gesiebten Brühe und **kochen,** bis die Fische gar sind (30–40 Min.). — Die Moules mit Wasser bedeckt sieden, bis sie aufspringen (ca. 15 Min.). Sie aus den Schalen lösen und mit den Scampi oder Crevettes in die Fischpfanne geben. Die Bouillabaisse noch ca. 10 Min. leise weiterkochen.
Beim **Anrichten** das ganze Gericht in eine Terrine füllen, oder die Fischstücke extra auf eine Platte geben, mit gehackter Petersilie bestreuen. **Servieren** mit frischen oder gerösteten Brotscheiben (diese evtl. mit Knoblauch eingerieben, in die Teller legen).
II. Art: Die Fischstücke (ohne zu dämpfen) direkt in die kochende **Brühe** geben (zuerst nur die festeren). Die Moules usw. auch zuletzt ca. 10 Min. mitkochen. — Beim **Anrichten** die Brühe absieben.

Gedämpfte Fische nach Genfer Art (Poissons pochés à la mode Genevoise) 619

Süsswasserfische: Hecht, Felchen, Alet, Äsche, Schleie usw.
Meerfische: Turbot, Soles, Colin, Cabliau, Lyr usw.

¾–1 kg Fische, ganze, od. Filets
z. Einreiben: Salz und Zitrone
ca. 3 dl Wasser, evtl. 1–2 dl Weisswein
1 Zwiebel, 1 Rübe, evtl. 2 Tomaten
Kräuter, Pfeffer, 1 Lorbeerblatt
20–30 g Butter

z. Binden: 30 g Mehlbutter Nr. 610
z. Beigeben { 1 Essl. Kapern od. etwas Senf oder geriebener Meerrettich
z. Legieren: 1 Eigelb, 2–3 Essl. Rahm

1–2 Essl. gehackte Petersilie

Vorbereiten der Fische nach **Nr. 611.** — Eine Gratinplatte bebuttern, den gewürzten Fisch hineinlegen. Die Flüssigkeit dazugiessen, Zwiebel-, Rüben- und evtl. Tomatenscheiben, Kräuter und Gewürze dazugeben, mit Butterstückchen belegen.
Dämpfen während **15–20 Min.** zugedeckt (evtl. mit Alu-Folie) im Ofen oder auf dem Herd. — **Sauce:** Die Brühe vom Fisch abgiessen, evtl. passieren, aufkochen und mit der Mehlbutter binden. Nach Belieben eine der Zutaten beigeben. Die Sauce legieren (nach Nr. 546), wieder zum Fisch giessen, wenn nötig, nochmals erhitzen, mit Petersilie bestreuen. — **Servieren** mit Salzkartoffeln und evtl. Salat.

Gedämpfte Fische en papillotes (Fische in Pergamentpapier oder Alu-Folie) 620

¾–1 kg kleinere Fische, Filets oder Tranchen (**Sorten** s. Nr. 619) — Gewürz: Salz, Zitrone, Dill

Vorbereiten der Fische nach **Nr. 611.** — Den Fisch oder die einzelnen Tranchen würzen, mit etwas Dill (oder Estragon) in gut befettetes Pergamentpapier oder Alu-Folie einschlagen und auf den Rost legen. Etwas Wasser dazugiessen.
Dämpfen der Fische während **20–30 Min.** in mittelheissem Ofen, kleine Portionen auf dem Herd **zugedeckt,** in Grill- oder Omelettenpfanne.
Anrichten I. Art: Die Fische in den Papillotes auf eine Platte geben, mit viel Petersilie und kleinen gedämpften Tomaten garnieren. — **II. Art:** Die Fische sorgfältig aus dem Papier nehmen, auf eine heisse Platte legen, evtl. mit Sauce überziehen. Als **Garnitur,** blättrig geschnittene, gebräunte Mandeln über den Fisch streuen oder ihn mit Fleurons (Nr. 875) und kleinen gedämpften Tomaten umlegen. — **Servieren** der Fische mit Salzkartoffeln od. Indischem Reis u. Kapern-, Tomaten- od. Currysauce.
NB. Diese Zubereitung ist einfach und praktisch (auch in Ermangelung einer passenden Pfanne) sowie geeignet für fettarme Diät. — Auf gleiche Weise können Fische im Freien auf einem Rost gebraten werden (amerikanisch «barbecue»).

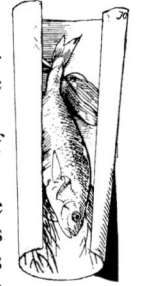

621 Fischfilets im Ofen gedämpft (Filets de poissons à l'étuvée) I.–III. Art

Anmerkung: Die nachstehenden Platten sind sehr schmackhaft und rasch zubereitet, deshalb auch günstig für kleine Portionen.

¾ kg Fischfilets (Sole, Egli, usw.) — Salz, Zitronensaft — weitere Zutaten s. I.–III. Art

Vorbereiten: Die Filets mit Salz und Zitronensaft einreiben, in gut bebutterter Gratinplatte hübsch anordnen und wie folgt **zubereiten:**

I. Art — à la crème: Die Filets in der Form mit ca. 2 dl Rahm übergiessen, mit wenig Paprika und etwas Aromat bestäuben, mit Butterflöckchen belegen.

II. Art — au fromage ou aux champignons: Die Filets so in die Platte geben, dass noch ein Rand frei bleibt. Sie überstreuen mit geriebenem Käse (ca. 100 g) oder mit Champignons (½ Port. n. Nr. 346) und mit 1 dl Rahm beträufeln. An den Rand möglichst kleine Tomaten setzen, mit Butterflöckchen belegen.

III. Art — manière moderne: Die Filets mit etwas Tomatenpurée bestreichen, dann abwechselnd mit dünnen Speckscheiben (ca. 100 g) und gehobeltem Käse (ca. 80 g) in die Gratinplatte geben. 1 dl Weisswein oder Bouillon und einige Butterflöckchen darüber verteilen.

Dämpfen der Filets I.–III. Art **im Ofen** in guter Mittelhitze, bis sie gar sind **10–15 Min.** und die Oberfläche schön überbacken ist. — **Servieren** mit Indischem Reis, Nudeln oder Salzkartoffeln, Kartoffelstock (evtl. Stocki) und grünem Salat.

622 Fischplatte mit Spinat au gratin (Filets de poissons à la Florentine)

¾–1 kg Fischfilets oder -tranchen (siehe Angaben bei Nr. 623)

Béchamel Nr. 553 oder Tomatensauce Nr. 571

½ kg Spinat * — Salzwasser
30 g Sbrinz, gerieben

z. Gratinieren { 20 g Sbrinz, gerieben / 20 g Butter

Vorbereiten: Die Fische abspülen, mit Salz einreiben, in einer flachen Pfanne (oder Form) mit wenig Wasser 10 Min. dämpfen. — Den Spinat rüsten und waschen, in Salzwasser kurz abkochen. — **Einfüllen:** Fisch, Spinat und Käse lagenweise in die bebutterte Gratinform geben. Mit der Sauce überziehen, Käse und Butterstückchen darüber verteilen.

Gratinieren während ca. **20 Min.** — **Servieren** mit Salzkartoffeln oder Nudeln.

* Statt Spinat evtl. 100 g in Streifen geschnittenen **Schinken** mit einfüllen und grüne **Erbsen** lagenweise dazwischen streuen.

623 Fischfilets au gratin (Filets de poissons au vin blanc)

Meerfisch-Filets von: Soles, Colin, Dorsch, Rotbarsch, Flunder, Cabliau, Merlan usw.
Süsswasserfisch-Filets: Hecht, Brachsmen, Karpfen, Felchen, Egli usw.

¾–1 kg Fischfilets, Salz, Zitronensaft
2–3 dl Wasser, 1–2 dl Weisswein
Fischsauce Nr. 558 od. Kapernsauce Nr. 559

z. Gratinieren: 20 g Käse, 20 g Butter
evtl. 1 kl. Büchschen Champignons
oder Crevettes — 20 g Butter, Petersilie

Vorbereiten: Die Fischfilets mit wenig Salz und Zitronensaft einreiben (zu grosse und breite Stücke der Länge nach halbieren). Sie nebeneinander oder schneckenförmig aufgerollt (evtl. mit Hölzchen arretiert) in eine bebutterte Gratinplatte oder niedere Pfanne geben, Weisswein und Wasser dazugiessen (ca. 1 cm hoch).

Dämpfen ca. 10 Min. auf kleinem Feuer zugedeckt oder im Ofen. — **Sauce:** Die Flüssigkeit von den Fischen abgiessen, evtl. passieren; sie zum Ablöschen der Sauce verwenden. Die Fische damit überziehen, den geriebenen Käse und Butterstückchen darauf verteilen. **Gratinieren** während ca. **20 Min.** — Evtl. **garnieren** mit den in Butter gedämpften Champignons oder Crevettes sowie gehackter Petersilie. — **Servieren** mit Salzkartoffeln, Kartoffelstock oder Indischem Reis, evtl. mit grünem Salat.

NB. Hat man die Fische selbst in Filets geteilt (s. Nr. 612), dann die Gräte mit etwas Wasser kochen, absieben und die B r ü h e zum Dämpfen der Fische verwenden.

Gefüllte Fischröllchen au gratin (Paupiettes de poissons au gratin) s. Tafel 27 **624**

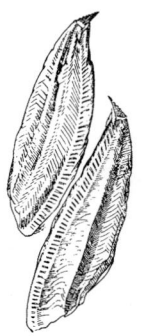

Zubereitung wie Rezept **Nr. 623**, am besten von Soles, Flunder oder Felchen. — Die Filets jedoch v o r dem Aufrollen mit gedämpftem Spinat (Nr. 449, ¹/₃ Port.), gedämpften Champignons (Nr. 346) oder mit dickem Tomatenpurée (Nr. 543) belegen, dann dämpfen.

II. Art. — en bordure: Eine ovale Gratinplatte gut bebuttern. An den Rand oder auf die Mitte der Länge nach eine hübsche Bordure von dickem **Kartoffelstock** (Nr. 938 o h n e Butter) spritzen (in der H ö h e der Fischröllchen). Diese in die Platte setzen, mit wenig Sauce überziehen. Fisch und Bordure mit reichlich Butterflöckchen belegen.

Gratinieren in guter Oberhitze (**ca. 15 Min.**), bis die Oberfläche schön gelbbraun ist. Möglichst rasch **servieren** mit dem Rest der Sauce und evtl. Salat.

Fischröllchen à l'Indienne (Paupiettes de poissons à l'Indienne) **625**

Fischröllchen, gedämpft n. Nr. 623 — Curry- od. Crevettessauce Nr. 568 u. 566 — Ind. Reis Nr. 980 z. Garnieren: 2–3 Bananen, Ananas — Pinienkerne, geröstet — Petersilie

Anrichten: Den Reis bergartig auf eine Platte geben, etwas flachdrücken. Jedes Fischröllchen mit der Sauce überziehen und als Reihe oder im Kranz auf den Reis setzen, abwechselnd mit einer Viertels-Banane (in Butter gebraten). In den Zwischenraum Ananaswürfelchen und geröstete Pinienkerne streuen. Den Reis am Plattenrand mit Petersilie abgrenzen.

Servieren mit dem Rest der Sauce, evtl. mit grünem Salat.

Fischröllchen in Krustaden à l'Anglaise (Paupiettes de soles) **626**

6–12 kleine Solefilets, Salz, Zitrone, engl. Senf
1 dl Weisswein, 1–2 dl Wasser
1 Ei — Paniermehl v. weissem Brot
z. Backen: Kochbutter od. Öl
Hollandaise Nr. 560, II. Art
6–12 Krustaden n. Nr. 904 – Petersilie, 1 Banane

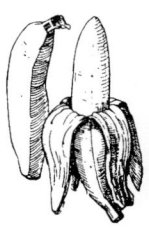

Vorbereiten: Die Filets mit wenig Salz, Zitronensaft und Senf einreiben. Sie schneckenförmig aufrollen, in einer niederen Pfanne oder Gratinform mit dem Weisswein und Wasser kurz dämpfen (bis sie steif sind). Auf einem Sieb abtropfen, sorgfältig panieren. **Backen** der Röllchen halbschwimmend in heisser Kochbutter oder in Öl bis sie hellgelb sind. **Anrichten** in die heissen Krustaden, mit etwas Sauce überziehen, mit Petersilie und einem gebratenen Bananenscheibchen garnieren.

627 Plat de sole riche à la moderne (Gedämpfte Seezunge, garniert)

1–2 Soles (ca. 1 kg) — Salz, Zitrone — z. Dämpfen: 2 dl Weisswein, 2–3 dl Wasser

für
I. Art: { kleine Fischkartoffeln Nr. 936
50 g Butter, Petersilie, Zitrone
Hollandaise Nr. 560, II. Art }

für
II. Art: { ½ Port. Indischer Reis Nr. 980
2–3 Bananen, evtl. Crevettes
Petersilie — Currysauce Nr. 568 }

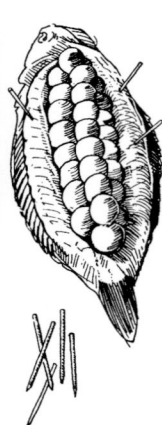

Vorbereiten: Den Sole auf der hellen Seite schuppen, die dunkle Haut abziehen (siehe **Nr. 612**). Auf der gehäuteten Seite dem Rückgrat entlang einschneiden und die Filets beidseitig ablösen, jedoch so, dass sie am äussern Rand noch festhalten. Den Sole von der Seite her noch ausnehmen, dann waschen und mit Salz und Zitronensaft einreiben.

Dämpfen: Den Sole in eine lange Gratin- oder Chromstahlplatte legen, die abgelösten Filets nun nach aussen **aufrollen** und mit 2–3 Küchenhölzchen feststecken (zum Arretieren der Rolle). Weisswein und Wasser dazugiessen, mit einem bebutterten Papier bedecken und im Ofen während **ca. 15 Min.** gar werden lassen. (Die Brühe abgiessen und zum Verdünnen der **Sauce** verwenden.)

Anrichten 1. Art: Auf die Mitte des Soles (zwischen die beiden Rollen) etwas erhöht die kleinen Kartöffelchen geben, mit der heissen Butter übergiessen, mit fein gehackter Petersilie bestreuen. Am Rand garnieren mit Zitronenschnitzen und Petersilie. — **Servieren** mit Hollandaise oder Crevettessauce (Nr. 566).

II. Art: Statt Kartoffeln den Reis auf die Mitte des Soles geben und belegen mit in Butter gebratenen Bananen- und evtl. Ananasscheibchen. **Garnieren** mit Petersilie, evtl. mit in Butter erwärmten Crevettes. — **Servieren** mit Currysauce.

628 Grosser gebratener Fisch (Poisson braisé au four) Bild s. Tafel 26

Grosse Fische: Hecht, Zander, Barben, Felchen, Brachsmen, Karpfen, Schleie usw.

Passende Pfanne: Rost- od. rechteckige Bratpfanne, Chromstahlplatte, lange Gratinform oder Alu-Folie auf ein Blech gelegt. (Die Folie am Rande verdoppeln und 2–3 cm hoch aufstellen.)

1–2 Fische von ½–1 kg
50–100 g Kochbutter
½ Zwiebel, etwas Estragon od. Salbei

Salz, Zitronensaft — Knorr Aromat
1 dl saurer Rahm, 20 g Sbrinz
ca. 3 dl Bouillon oder Wasser

Vorbereiten des Fisches nach **Nr. 611**, ihn in die Pfanne oder Form setzen, Bauchseite nach unten. (Damit der Fisch in der richtigen Lage bleibt, ihn mit 2–3 halbierten Kartoffeln unterlegen.)

Übergiessen des Fisches mit der heissen Butter, Zwiebel und Kräuter dazulegen.

Braten in mässig heissem Ofen während **30–40 Min.** (je nach Grösse), häufig begiessen.

Anrichten: Den Fisch aus der Rost- oder Bratpfanne (od. Folie) sorgfältig auf eine heisse Platte heben (s. NB.). — **Garnieren** mit Petersilie, Zitrone u. Fischkartoffeln, evtl. mit kleinen oder ausgestochenen Rüben (nach Nr. 498), evtl. mit Erbsen (s. Nr. 492). — **Sauce:** In einem Pfännchen 30 g Butter bräunen, den Fisch-Fond mit Bouillon oder Wasser aufgelöst, dazugiessen. Rahm, Käse und Zitronensaft beigeben, würzen, evtl. mit 1 Msp. Kartoffelmehl binden, passieren. — **Praktisch** ist das Braten in der Chromstahl- od. Gratinplatte, da der Fisch (mit der Garnitur) darin serviert werden kann. — **Anrichten II. Art:** Den Fisch in fingerdicke Tranchen schneiden, sie einzeln mit Sauce überziehen und zwischen Kopf und Schwanzstück hübsch anordnen. **Garnieren** wie oben.

Gespickter und gefüllter Fisch (Poisson au lard et farci)

Spicken: Am rohen Fisch auf beiden Seiten des Rückgrates ein ca. 10 cm langes, 4 cm breites Stück Haut ablösen. Je eine Reihe dünner Speckfäden durchziehen, siehe Nr. 885. — Der Speck macht den Fisch besonders kräftig.

628a

Füllen mit Brotmasse **Nr. 880** und den Fisch zunähen. **Weitere Zubereitung** des Fisches nach **Nr. 628** im Ofen. — (Beim Anrichten den Faden sorgfältig entfernen.)

Gefüllter Tintenfisch (Calamar Mallorquina)

1–2 Tintenfische (ca. 1 kg)	z. Ablöschen {	1 Glas Weisswein
Salz, Zitronensaft — 2–4 Essl. Olivenöl		Bouillon od. Wasser
Brotfüllung Nr. 880 (mit vielen Kräutern)	z. Binden der Sauce: ca. 5 g Kartoffelmehl	
evtl. 1 rote Peperone	Gewürz: Salz, Zitronensaft, 30 g frische Butter	

629

Vorbereiten: Vom Fisch mit kräftigem Griff Kopf und Fangarme (Tentakels) herausziehen, ebenso den Tintenbeutel mit der Feder. Gut ausspülen und mit Salz und Zitrone einreiben (marinieren). Die Fangarme reinigen und in kleine Stückchen schneiden. Diese der fertigen **Füllung** beimischen, evtl. ebenso die kleinwürflig geschnittene, in Öl gedämpfte Peperoni. Wenn nötig noch würzen, den Tintenfisch damit füllen und zunähen. Ihn im Mehl wenden. — **Anbraten** des Fisches in heissem Öl (im Ofen oder auf dem Herd) unter häufigem Wenden. Sobald er überall schön gelb ist, mit dem Wein ablöschen, diesen etwas einkochen lassen. Nach und nach Bouillon beifügen. **Bratzeit 40–60 Min.** — Die Sauce mit wenig Kartoffelmehl binden, evtl. noch würzen, die Butter dazugeben. — **Servieren** in Scheiben aufgeschnitten, mit Indischem Reis, Fischkartoffeln oder mit frischem Weissbrot.

NB. Tintenfisch lässt sich (ungefüllt) auch **gedämpft** zubereiten (n. Nr. 619) od. auf ungarische Art (n. Nr. 632) sowie gebacken (n. Nr. 635).

Gebratene Fische à la Meunière et variées (— aux amandes et aux bananes)

630

Kleinere Fische: Felchen, Trüschen, Zander, Hechte, Äschen, Albeli, Forellen, Röteli, Egli, Barben, Weissfische, Brachsmen, Soles, Schellfisch.
Fischtranchen oder -filets von: Flunder, Soles, Dorsch sowie von weiteren Sorten siehe Nr. 635.

1 kg **Fische** — Salz, Zitrone	50 g frische Butter — Petersilie, Zitrone
½–1 dl Milch — 3–5 Essl. Mehl	n. **II. Art:** 40 g Mandeln, geschält
z. Braten: Kochbutter od. -fett, ca. 100 g	n. **III. Art:** 3–4 Bananen, 40 g Butter

Vorbereiten der Fische nach **Nr. 611**. — Wenden in Milch und Mehl, dieses wieder leicht abschütteln. — **Braten 8–15 Min.** (je nach Grösse) unter einmaligem Wenden, bis die Fische gar und goldbraun sind. — **Anrichten I. Art:** Die Fische auf eine heisse Platte geben, mit gehackter Petersilie überstreuen, mit Zitronensaft beträufeln. Im

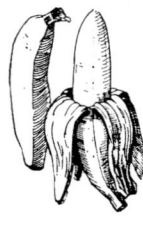

Rest des Kochfettes die frische Butter erhitzen und über die Fische giessen, sie mit Zitronenscheiben belegen.

II. Art, aux amandes: Die angerichteten Fische mit geschälten, blättrig geschnittenen, leicht gebräunten Mandeln (im Ofen oder in Öl) überstreuen.

III. Art, aux bananes: Statt mit Mandeln, die Fische mit in Butter gebratenen Bananenhälften oder -scheibchen belegen.

Servieren mit Salzkartoffeln (oder Fischkartoffeln Nr. 936), evtl. mit einer Kapern-, Petersilien- oder Senfsauce.

631 Fischtranchen à la Lyonnaise (mit Zwiebeln)

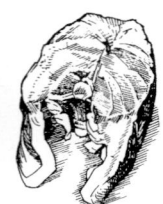

Meerfische: Tranchen von Colin, Cabliau, Schellfisch, Rotbarsch, Lyr usw.

Süsswasserfische: Tranchen von Hecht, Zander, Brachsmen, Karpfen usw.

Zubereitung wie Fische à la Meunière **Nr. 630**. — 3–4 Zwiebeln, in feine Streifen geschnitten, im Rest des Fisch-Bratfettes gelb braten, über die angerichteten Fische verteilen, mit Zitronenscheiben belegen.

(Eine besonders schmackhafte Zubereitung auch für weniger feine Fische.)

631a Fischfilets mit Paprikasauce

Fischfilets à la Meunière Nr. 630

Indischer Reis Nr. 980
z. Garnieren: Petersilie

z. Sauce
Petersilie, Dill, Thymian usw.
1–2 grüne Peperoni — 2 Essl. Öl
2–4 Teel. Paprika, Salz, Pfeffer
1–2 dl Rahm, Zitronensaft

Zubereitung der Sauce: Kräuter und Peperoni (ohne Kerne) sehr fein hacken, im Öl gut durchdünsten. Paprika und Rahm beigeben, sorgfältig dämpfen und abschmecken.
— Beim **Anrichten** den Reis bergartig locker auf die Mitte einer Platte geben. Die Fische als Bordure ringsum legen und mit der Sauce gleichmässig überziehen.

632 Ungarisches Fischragout (Ragout de Poissons, hongrois)

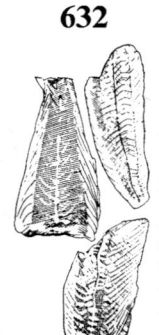

¾ kg Fischfilets (z. B. Dorsch od. Rotbarsch)
Salz, 1 Tasse Mehl, 1 Teel. Paprika u. Aromat
50–80 g Kochfett — 100 g Magerspeck

je 2–4 Zwiebeln und Peperoni
3–5 dl Bouillon, 1–2 dl Wein
Tomatenpurée, 1 Tasse sauren Rahm

Vorbereiten: Die Filets in Würfel schneiden, leicht salzen, in Mehl, mit Paprika und Aromat vermischt, wenden. — Den Speck in kleine Würfelchen schneiden, Zwiebeln und Peperoni in dünne Streifen.

Braten der Fischwürfel im heissen Fett, bis sie braun und gar sind, in eine Platte geben, warmstellen. Im Rest des Fettes die Speckwürfelchen glasig werden lassen. Zwiebel und Peperoni beifügen, gut durchdämpfen (nicht bräunen), mit wenig Mehl bestäuben. **Ablöschen** mit Bouillon und Wein, 1–2 Essl. Tomatenpurée beigeben, sorgfältig würzen. Verfeinern mit dem Rahm. — Beim **Anrichten** diese pikante Sauce über den Fisch verteilen. — **Servieren** mit Reis, Teigwaren oder Salzkartoffeln.

Grosser, gebratener Hecht Nr. 628, garniert mit kleinen Fischkartoffeln Nr. 936 (c) und glasierten Rübchen Nr. 498

Tafel 26

Tafel 27

Oben: Gefüllte Solefilets-Röllchen au gratin (mit Kartoffelbordüre) Nr. 624
Mitte: Lachstranchen, gesotten nach Nr. 615, mit Kapernsauce Nr. 559
Unten: Gebackene Fischfilets Nr. 635, mit Oliven und Fischkartoffeln Nr. 936 (b)

Salmtranchen grilliert (Saumon grillé) 633

Anmerkung: Diese Fischplatte eignet sich besonders als feine Vorspeise oder kleines Essen und ist schnell zubereitet.

3–6 Salmtranchen (je nach Grösse) — Salz, Zitrone — 20–40 g Butter oder Öl — Petersilie

Vorbereiten: Den Salm mit Salz und Zitronensaft einreiben, ca. 15 Min. liegen lassen (marinieren). — Mit Seidenpapier etwas abtrocknen.

Grillieren: Den Grill erwärmen, mit Öl bepinseln, die Fischtranchen darauflegen und sie unter öfterem Bepinseln mit Butter od. Öl während **10–20 Min.** beidseitig braten. Beim Wenden so auf den Rost legen, dass die gebräunten Stellen eine gitterartige Zeichnung ergeben. — **Garprobe:** Das Fischfleisch soll fest und nicht mehr glasig sein.

Anrichten der Tranchen auf eine heisse Platte. Mit gehacktem Grün bestreuen, mit Zitronenscheiben garnieren. — **Servieren** mit kleinen Fischkartoffeln (Nr. 936), Toast oder Weissbrot und Leichter Schaumsauce (Nr. 565) oder Béarnaise (Nr. 562).

Makrelen auf dem Grill (Maquereaux grillés) 634

3–6 Makrelen, Salz — 30–60 g Butter — etwas Bouillon — Zitrone, Petersilie, Estragon und Dill

Vorbereiten der Makrelen nach **Nr. 611** und sie beidseitig 2–3mal schräg einkerben.

Braten: Die Fische auf den Grill legen (evtl. auf Alu-Folie), mit der flüssigen Butter bepinseln. Sie unter einmaligem Wenden schön gelb werden lassen, während **6–10 Min.**

Anrichten auf eine heisse Platte und reichlich fein gehackte Petersilie, Estragon und Dill, in etwas Butter gedämpft, darüber verteilen. **Garnieren** mit Zitronenschnitzen und Petersilie. **Servieren** mit Salzkartoffeln.

NB. Da Makrelen viel Fett enthalten, werden sie ohne spez. Sauce serviert. — Andere kleine Fische können auf gleiche Art zubereitet werden, zu diesen evtl. eine Kapernsauce oder Hollandaise reichen.

Gebackene Fischtranchen und -filets (Filets de poissons frits) 635

Süsswasserfisch-Tranchen oder -Filets von: Hecht, Zander, Karpfen, Barben, Felchen, Brachsmen, Egli oder von **Meerfischen** wie: Soles, Colin, Flunder, Tintenfisch, Polpi und Seppie (in Ringen), Rotbarsch, Dorsch, Cabliau, Schellfisch, Schollen usw. — Fische in Filets teilen s. Nr. 612.

¾–1 kg Fischtranchen od. -filets Panade Nr. 888 od. Bierteig Nr. 930, II. Art
ca. 10 g Salz, Zitronensaft Backöl — Petersilie, Zitrone

Vorbereiten: Die Fischstücke evtl. der Länge nach kleiner schneiden. Sie mit Salz und Zitrone einreiben, ca. 15 Min. liegen lassen. — **Panieren** nach Nr. 888 (zuerst in Mehl gewendet!) oder **in den Teig** tauchen und sofort **schwimmend backen** in heissem Öl (s. Nr. 889), pro Tranche **4–10 Min.** (je nach Dicke). Abtropfen lassen und wenn nötig warmstellen (nicht zudecken!). — **Anrichten**, evtl. auf Papierserviette, und garnieren mit Zitrone, Petersilie, evtl. mit kleinen Salzkartoffeln. — **Servieren** mit Mayonnaise, pikanter Fischsauce (Nr. 582), Sauce tartare oder Vinaigrette.

Gebackene Fischröllchen, gefüllt (Paupiettes de soles frites farcies) 636

Zubereitung wie gebackene Fischfilets **Nr. 635**, jedoch nur kleine, schmale **Filets** (von Felchen, Soles oder Flunder) verwenden. Sie vor dem **Panieren** zu Ringen formen (mit Küchenhölzchen arretiert) oder um Tabakrollen-Formen wickeln. Diese nach dem **Backen** sofort sorgfältig ablösen. — Beim **Anrichten** die Ringe auf eine Lage Indischen Reis setzen, mit gedämpften Champignons füllen oder kleine heisse Spargelspitzen hineinstecken. Den Reis mit einem Kranz Erbsen abschliessen. **Servieren** mit Leichter Schaumsauce Nr. 565 oder Hollandaise Nr. 560 (II. Art).

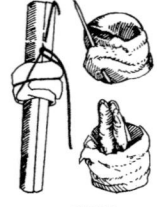

637 Gebackene Soles (Seezungen — soles frites)

2–4 Soles (ca. 1 kg) — Salz, Zitronensaft — Panade Nr. 888 — Backöl

Häuten der Soles und Ausnehmen nach **Nr. 612**. Sie waschen, mit Salz und Zitrone einreiben, ca. 15 Min. liegen lassen. — **Panieren** nach Nr. 888, möglichst sorgfältig.
Schwimmend Backen (siehe Nr. 889) während **8–10 Min.** — Jeden Fisch für sich ins gut heisse Fett geben! Zum Abtropfen auf Seiden- oder Resalt-Küchenpapier legen.
Anrichten und **Garnieren** siehe Nr. 613. **Servieren** mit Sauce tartare oder einer andern pikanten Mayonnaise (n. Nr. 595) oder Vinaigrette sowie kleinen Fischkartoffeln.

NB. Der Sole gehört seines feinen Geschmackes wegen zu den besten und teuersten Meerfischen. — Gebackene **Soles-Filets** s. Nr. 635 und 636. — Rotzungen (Soles-Limandes) können auf gleiche Art zubereitet werden, sie sind billiger, jedoch weniger fein.

638 Kleine, gebackene Fische (Petits poissons frits)

¾–1 kg kleine Fische (Egli, Alet, Weissfische) — Salz, Zitronensaft — Backöl
z. Panieren: 1 Ei, 2–4 Essl. Mehl
oder Bierteig Nr. 930, II. Art
z. Garnieren { Petersilie / Zitrone

Vorbereiten der Fische nach **Nr. 611**. — Sie mit Salz und Zitronensaft einreiben, ca. 15 Min. liegen lassen. — **Panieren** mit Ei und Mehl (n. Nr. 888) oder in den **Ausbackteig** tauchen und **schwimmend backen** (siehe Nr. 889) während 4–8 Min. in gut heissem Fett. — **Anrichten,** garnieren mit Petersilie und Zitrone. — **Servieren** mit Salzkartoffeln und Vinaigrette oder Kräutermayonnaise Nr. 595 (1), evtl. mit Tomatensauce.

NB. Diese Zubereitung eignet sich besonders für kleine Fische mit vielen Gräten. — Zu **italienischer Frittura** gehören noch: Friglie, evtl. kleine Makrelen vom Grill (Nr. 634), Scampi, Tintenfisch usw.

639 Gebackene Sardinen oder Thon (Sardines ou thon frit)

1 Büchse Sardinen (ohne Gräte) oder Thon — Bierteig Nr. 930 (s. NB.) — Backöl — Zitrone

Sardinen oder Thon (in Stückchen) abtropfen (evtl. auf Papier). In den Teig tauchen und **schwimmend backen** (siehe Nr. 889), bis sie gelbbraun sind. — **Servieren** mit Zitronenschnitzen und Salat, evtl. mit Salzkartoffeln.

NB. Schmackhaft und schnell zubereitet. — Evtl. nur in verklopftem Ei und Mehl wenden.

640 Tempura (Japanisches Fisch-Gemüsegericht)

300 g **Fische**: Sole-, Flunder- od. Merlansfilets, Stücke von Aal oder Tintenfisch usw. — 200 g Scampi oder Crevettes (gekocht und geschält erhältlich)
500 g **Gemüse**: Zucchetti, Aubergine, wenig Peperoni, junge Bohnen, Sellerie, Pilze, Blumenkohlröschen, Rübchen, Zwiebeln (evtl. frischen Ingwer) — 1 Rettich
Ausbackteig Nr. 930, I. Art (mit Wasser zubereitet) oder II. Art = Bierteig.
Sauce: 3 dl Wasser, 1 dl Mirin oder Sherry, 1 dl Shoyu (Soja), 1 Teel. Essig, evtl. 1 Essl. Sake, etwas Salz und Ajinomoto od. Aromat, 1 Teel. Zucker — **Indischer Reis** Nr. 980.

Vorbereiten: Die Fische in kleinere Streifen schneiden, Scampi in Stückchen. — Die

Gemüse zurüsten, in kleine Scheiben oder Stengelchen schneiden, Rüben in zündholzfeine Streifen. — Den Rettich möglichst fein reiben und für sich in eine Schale anrichten. — **Tempura-Sauce:** Alle Zutaten in einem Pfännchen zusammen aufkochen, dann jedem davon in sein Schälchen giessen. **Schwimmend Backen** (siehe Nr. 889): Die vorbereiteten Fische sowie Gemüse im Teig wenden und rasch knusprig und gar backen, abtropfen lassen und möglichst **heiss** servieren. Beim Essen (mit Stäbchen oder Gabel) wendet man jedes Stück in seinem Schälchen in der Sauce, unter die man noch etwas vom geriebenen Rettich gemischt hat. Aus einem zweiten Schälchen isst man den Reis.

Schüsselpastete mit Fisch   (English fish-pie)   641

Zubereitung wie Schüsselpastete **Nr. 906.** Zum **Einfüllen** statt Fleisch usw. ¾–1 kg **Fischfilet** (siehe Nr. 623, auch tiefgekühlte) verwenden. Sie etwas kleiner schneiden, mit Salz und Zitronensaft einreiben, ca. 10 Min. liegen lassen (marinieren). Die Fischstücke evtl. abspülen, dann lagenweise mit Sauce in die Form geben. — **Servieren** der gebackenen Pastete mit Salat und Salzkartoffeln.

Als **Sauce** eignen sich Weisswein- oder Kapernsauce (Nr. 555 und 559). Bes. kräftig wird die Fischpastete mit Tomaten- oder Paprikasauce (Nr. 571 und 570) mit **Knorr** Bouillon zubereitet.

Crevettes oder Thon au gratin   642

½ l Büchse Crevettes oder Thon   20 g Sbrinz, gerieben
1 kl. Büchschen Champignons   20 g frische Butter
Legierte Weissweinsauce Nr. 555 (s. NB.) Petersilie, gehackt

Einfüllen der Crevettes oder Thonstückchen mit den halbierten Champignons in eine bebutterte Gratinform oder kleine Ramequinförmchen; mit der Sauce überziehen. Käse, Butterflöckchen und etwas Petersilie darauf verteilen. — **Gratinieren** während ca. 15 Min. **Servieren** mit Salat, evtl. mit kleinen Salzkartoffeln.

NB. Rasch zubereitete kleine Fischplatte, speziell als Vorspeise. — Statt mit Weissweinsauce, evtl. mit Rahm- oder Käsesauce (Nr. 550 und 551) überziehen.

Schnecken   (Escargots à la Bourguignonne)   642a

50–80 Schnecken, gedeckelte — Salzwasser   ⎧ ca. ¾ l Salzwasser, 1 Glas Weisswein
Gewürzte Butter Nr. 608 (3), 1½–2 Port.   **Sud** ⎨ 1 besteckte Zwiebel, Knoblauch
(evtl. mit 2 Essl. grieb. Weissbrot od. Quark)   ⎩ Petersilie, Estragon

Vorbereiten: Die Schnecken gut waschen, nach und nach ins **kochende** Wasser geben (für ca. 10 Min.), dann abgiessen. Die Schnecken erkalten lassen. Das Fleischige mit einer etwas gebogenen Dressiernadel aus dem Häuschen ziehen, mit Salz überstreuen, das dunkle Darmstückchen sowie alle schleimigen Häute entfernen, gut abspülen.

Kochen der Schnecken im Sud während 3½–4 Std. — Unterdessen die Häuschen in Sodawasser gründlich waschen und auf einem Tuch abtropfen lassen.

Füllen der Häuschen: Zuerst etwas Gewürzbutter, dann die Schnecken hineingeben, mit Butter auffüllen und glattstreichen. (Oder die Schnecken gehackt unter die Buttermasse mischen.) — Sie auf ein Schneckenpfännchen (mit Vertiefungen) oder Gratinplatte mit Salz, setzen. Direkt vor dem Servieren **im Ofen heiss** werden lassen (ca. **10 Min.**). Beim Essen die Schneckenbutter auf dem Löffel mit **Cognac** beträufeln; dazu Toast oder kleine frische Brötchen reichen.

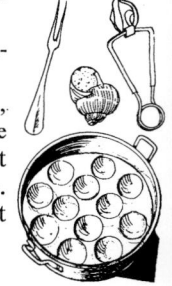

Kleine Fischgerichte, auch von Fischresten

Regel: Fischreste nur **1 Tag und kühl** aufbewahren, da sie sich rasch zersetzen und dann gesundheitsschädigend, evtl. lebensgefährlich sein können. — Sind die Fischreste für Salate, Mayonnaisen usw. bestimmt, dann zum Aufbewahren mit etwas warmem, verdünntem Essig und Weisswein übergiessen.

(**Kalte** Fischresten-Gerichte siehe unter Hors-d'œuvres.)

643 Fisch in Muscheln au gratin (Poisson en coquilles)

Reste von gesott. od. gebrat. Fischen (s. NB.)
Béchamel Nr. 553 od. Fischsauce Nr. 558

evtl. z. Garnieren: ½ Port. Kartoffelstock
z. Bestreuen: 20 g gerieb. Käse, 30 g Butter

Entgräten der Fische, möglichst s o r g f ä l t i g, in kleine Stücke teilen und **einfüllen** in die bebutterten M u s c h e l n. Mit der d i c k e n Sauce überziehen, den Rand mit Kartoffelstock garnieren. Die Mitte mit Käse bestreuen, Butterstückchen darauf verteilen. Die Muscheln auf ein Blech setzen (evtl. jede auf ein Häufchen Salz, damit sie nicht umkippt). — **Gratinieren** in guter Oberhitze ca. **15 Min.**

NB. Statt Muscheln, Ramequinförmchen oder, bei grösseren Portionen, eine Gratinplatte füllen. — Statt Fischreste T h o n aus Büchsen verwenden, evtl. garnieren mit Kapern usw.

644 Fischpudding oder -auflauf (Pouding ou soufflé de poisson)

½ kg gesottene Fische od. Fischreste
150 g Weissbrot ohne Rinde, 4 dl Milch
60 g Butter, 3–6 Essl. Rahm

Gewürz, evtl. 1 Msp. Paprika, Zitrone, Aromat
Zwiebel und Grünes, fein gehackt
3 Eigelb — 4 Eiweiss (z. Schnee)

Entgräten der Fische und zerteilen in ganz kleine Stücke oder hacken. — **Puddingmasse:** Das Brot mit der h e i s s e n Milch übergiessen, zu einem Brei zerdrücken. Die Butter schaumig rühren, Brot, Fisch, Eigelb, Rahm sowie die gedämpfte Zwiebel und Petersilie damit vermischen, würzen. — Das **Eiweiss** steif geschlagen unter die Masse ziehen. **Einfüllen** in die gut bebutterte Form. — **Kochzeit:** Pudding ca. **1 Std.** im Wasserbad (evtl. im Ofen), Auflauf: ca. **40 Min.** im Ofen. Beim **Anrichten** den Pudding sorgfältig lösen und stürzen. Evtl. **Garnitur:** Fleurons od. Croutons (Nr. 875 u. 876). — **Servieren** z. B. mit Hollandaise oder Mousseline-Sauce (Nr. 560 II. Art u. 563).

Puddings sowie **Aufläufe** siehe Grundregel Nr. 1166 und 1189.

644a Feine Fischklösschen (Quenelles de brochet ou d'autre poissons)

Anmerkung: Diese Klösschen gelten als besonders delikates Fischgericht.

500 g Fischfilets (Hecht, Sole od. Flunder)
5 dl Rahm — Salz, Pfeffer, Muskat
50 g weisses Brot, gerieben
3 Eiweiss (zu Schnee)

Sud: ¾ l Salzwasser, 1 dl Weisswein
Sauce aux Crevettes Nr. 566
evtl. z. Garnieren: 50 g Crevettes
z. Gratinieren: 50 g frische Butter

Vorbereiten: Die rohen Fischstücke klein schneiden und mit dem Rahm im **Mixer** pürieren (oder fein hacken und durch ein Sieb streichen, dann den Rahm dazumischen). Unter den Fischbrei das zu Schnee geschlagene Eiweiss und das f e i n g eriebene Brot mischen, gut würzen. Die Masse jetzt recht kaltstellen, am besten in Eiswasser, bis sie fest ist (ca. 15 Min.).

Klösschen: Von der Masse mit zwei Esslöffeln etwas abstechen und formen. Die Klösschen direkt in den **Sud** geben und zugedeckt leise **ziehen** lassen während ca. **10 Min.** Sie herausheben und in eine bebutterte Gratinplatte legen. Zuletzt überziehen mit der Sauce, evtl. garnieren mit Crevettes. Butterflöckchen auf der Oberfläche verteilen. **Gratinieren** in guter Oberhitze ca. **20 Min.** und sofort servieren.

NB. Diese Klösschenmasse lässt sich auch als **Pudding** (im Wasserbad gekocht) zubereiten.

Einfache Fischklösse oder -knödel   (Quenelles de poissons)   **644b**

300–400 g Fisch (roh od. gekocht)
300 g Schalenkartoffeln, geschält
1–2 Eigelb, 2 Eiweiss (z. Schnee)

evtl. z. Binden: 2–3 Essl. weisses Paniermehl
3 Zwiebeln, gerieben, evtl. Knoblauch
Gewürz: Salz, Pfeffer, Aromat

Vorbereiten: Den Fisch sorgfältig entgräten, fein hacken (mit Hackmaschine), mit allen übrigen **Zutaten** gut vermischen. — **Formen** zu Kugeln (evtl. mit nassen Händen) und lagenweise leise **kochen** in Salzwasser mit etwas Zitronensaft oder Weisswein, während **8–10 Min.** — **Anrichten** auf heisse Platte, **servieren** mit Kräuter-, Kapern-, Senf- oder legierter Fischsauce.

Fischgnocchi   (Gnocchi de poissons)   **644c**

Zubereitung wie Käsegnocchi **Nr. 252**, jedoch statt Käse 200–300 g Fisch (roh oder gekocht sowie Reste), fein gehackt, unter den Teig mischen.

Fischcroquettes   (Croquettes de poisson)   **645**

Zubereitung wie Fleischcroquettes (m. Brühteig) **Nr. 266** oder Schinkenkugeln **Nr. 265**. Statt Fleisch oder Schinken ca. 150 g **Fischreste** verwenden; sie sorgfältig entgräten!

Fisch auf Croûtons   (Croûtes au poisson)   **646**

Zubereitung wie Croûtons **Nr. 274**. Statt Fleischhaché sorgfältig entgrätete **Fischreste,** mit einigen Esslöffeln Fischsauce (evtl. einem Rest) vermischt, verwenden. — Beim **Anrichten** mit gehackter Petersilie bestreuen, mit wenig brauner Butter (Nr. 585) und Zitronensaft beträufeln.

Kartoffelpastete mit Fisch   (Poisson en pâté de pommes de terre)   **647**

Kartoffelmasse von Nr. 975 — Käsesauce Nr. 551 — Füllung: Fischreste oder Thon

Zubereitung wie Kartoffelpastete **Nr. 975.** Zur **Füllung** die Fischreste sorgfältig entgräten und lagenweise mit etwas Sauce einfüllen.

Servieren der Pastete mit dem Rest der Sauce und grünem Salat.

Weitere Fischresten-Gerichte (spez. kalte) siehe Register.

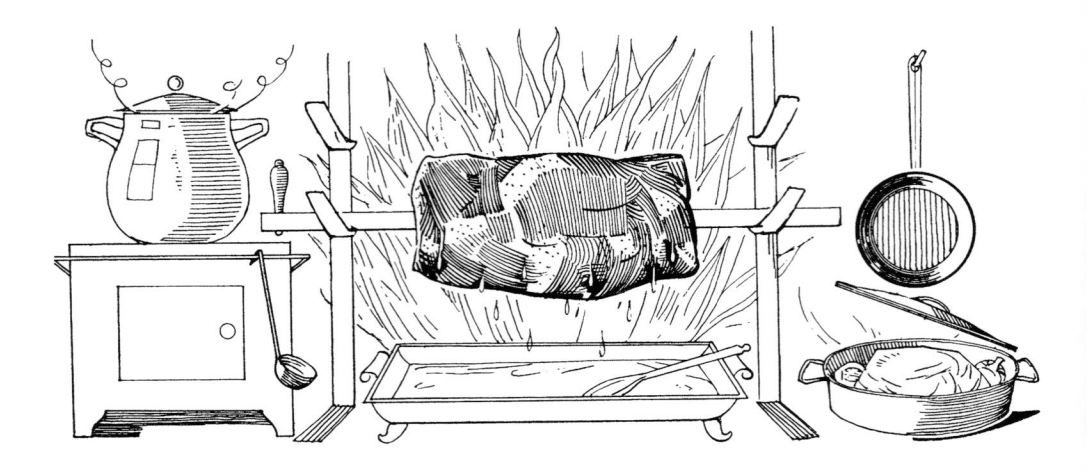

Das Fleisch

Allgemeines. Unter Fleisch versteht man das Muskelgewebe (mit Häuten, Sehnen und Knochen) der Nutz- oder Haustiere, des Wildes und des Geflügels. — Der **Nährwert** des Fleisches besteht vor allem im Gehalt an **Eiweiss** (15–21 %, je nach Fleischart), das jedoch säureüberschüssig ist und deshalb bei einseitigem Genuss Störungen im Organismus hervorrufen kann. — Es soll durch vorwiegend basenhaltige Nahrungsmittel ergänzt werden (**s. Kapitel Ernährung**). — Je nach Art des Fleisches ist mehr oder weniger Fett vorhanden, sowie gewisse Vitamine, Mineralsalze und Extraktivstoffe.

Die **Ablagerung:** Unmittelbar nach dem Schlachten ist das Fleisch zäh und ungeniessbar, weil die sog. Muskelstarre eintritt. Das Fleisch wird jedoch **mürbe** durch Lagern während mehrerer Tage in hiezu bestimmten Kühlräumen, deren Temperatur ca. 4^0 über 0^0 sein muss. — Während des Lagerns entsteht eine **Gärung**, die die Lockerung der Fleischfaser bewirkt. Besonders gut gelagert werden zum Braten bestimmte Fleischstücke wie Roastbeef, Filet, Huft usw., die verhältnismässig kurze Zeit gebraten werden. Sie sind auch im Preis am teuersten.

Einkauf: Bei richtig gelagertem Fleisch hinterlässt ein Fingereindruck eine Vertiefung, oder die Fleischfaser lässt sich zwischen zwei Fingerspitzen zerreiben.

Ist das Fleisch zu wenig gelagert, dann vor dem Zubereiten die Fleischfaser lockern durch leichtes Klopfen mit einem Holzstössel. — Zu lang gelagertes Fleisch hat einen aufdringlichen, unangenehmen Geruch (sog. hautgoût), sieht verfallen und unfrisch aus und wirkt **gesundheitsschädlich**, evtl. **tödlich!**

Aufbewahrung von rohem Fleisch im **Haushalt:** nur kurze Zeit, d.h. für 1–2 Tage im **Kühlschrank** oder Keller in einem Gefäss aus Steingut, Glas oder Porzellan, überdeckt. Damit bis zum Zubereiten kein Fleischsaft austreten kann, die Schnittflächen oder das ganze Fleischstück beölen oder rasch anbraten. — Für längere Zeit lässt sich das Fleisch aufbewahren durch Tiefkühlung (spez. für Selbstversorger sowie für Grossbetriebe). — Fleisch kann auch kurze Zeit konserviert werden durch Einlegen in Beize (Marinade) oder Milch (s. Nr. 886 und 887). — Andere Möglichkeiten des Aufbewahrens: Einlegen in Salzlake und Räuchern (z.B. für den ländlichen Haushalt), Dörren an der trocknen Luft (Bündnerfleisch).

Zubereitungsarten für Fleisch Grundregel 648

1. **Sieden:** Dazu sind auch weniger zarte Stücke geeignet, zugleich erhält man eine kräftige Brühe. — Als **Eintopfgerichte** mit Kartoffeln oder Reis, Gemüse usw. kochen.
2. **Dämpfen** (Schmoren), auch für weniger zarte Stücke. Das Fleisch nach dem **Anbraten** mit Flüssigkeit **bedeckt** weichkochen (dämpfen). Ergibt schmackhafte Saucen und ermöglicht auch das Mitkochen von Gemüsen (**Eintopfgerichte**).
3. **Braten** gut gelagerter Fleischstücke in der Pfanne oder auf dem Rost (auch im Infrarot-Grill), grosse im Ofen. Ergibt **keine** oder wenig Sauce.

NB. Knochen von Braten lassen sich noch **ausnützen** zu **Bouillon**. Sie in eine Pfanne mit kaltem Wasser geben, an 1–3 aufeinanderfolgenden Tagen auskochen und zum Ablöschen von Suppen und Saucen verwenden (s. auch Bouillon Nr. 3). — **Fettschichten** vom Fleisch entfernt, in Würfelchen schneiden u. so lange erhitzen, bis alles Fett ausgetreten ist. Dieses wieder z. **Anbraten** von Fleisch verwenden.

Sieden der Fleischstücke Grundregel 649

Geeignete **Fleischstücke** siehe betr. Rezepte und Einteilung der Schlachttiere.
1. **Den Sud** aufsetzen, evtl. mit Knochen, Gemüsegarnitur usw. je nach Rezept. Zuletzt **salzen**, d.h. direkt **vor** dem Beigeben des Fleisches.
2. **Das Fleisch** in den **kochenden gewürzten Sud** geben und **ziehen** (nicht wallen lassen). — **Kochzeit** nach Angabe; mit Vorteil auch im Dampfkochtopf.

Durch das Einlegen des Fleisches in die **kochende Flüssigkeit** gerinnt das Eiweiss der äussersten Fleischschicht, wodurch das Austreten der Nährstoffe (mit dem Fleischsaft) weitgehend verhindert wird. **Gesalzene** Brühe entzieht dem Fleisch ebenfalls weniger Nährstoffe als ungesalzene. — **Als Ausnahme** werden nur solche Fleischstücke **kalt** aufgesetzt die zum Auskochen für eine kräftige Brühe bestimmt sind, sowie Kalbskopf und geräucherte Fleischwaren. — **Fleisch**, Allgemeines, s. Seite 214.

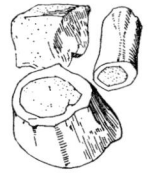

Gedämpfte oder Schmor-Braten (Rôtis braisés) Grundregel 650

Anwendung für spezielle Rindfleischstücke, sowie bei Schweine- und Schafffleisch. Die Zubereitung ist auch geeignet für kleinere Braten (jedoch mind. 500 g). — **Bratpfanne:** am besten aus emailliertem Guss mit **gut schliessendem** Deckel. — Da man diese Braten mit reichlich Sauce dämpft, können sie gut **auf dem Herd** oder auch im **Dampfkochtopf** (s. Nr. 1758) nach Vorschrift zubereitet werden. — Das **Holzbrett**, auf dem das Fleisch vorbereitet wird, leicht benetzen oder ölen.

1. **Vorbereiten:** Die Haut des Fleischstückes einigemal einschneiden. (Nicht eingeschnittene Haut zieht sich stark zusammen.) Das Fleisch evtl. spicken, je nach Rezept.
2. **Anbraten und Würzen:** Wenig **Fett** oder **Öl rauchheiss** werden lassen. Zuerst die **Schnittflächen** des Fleisches anbraten, dann die übrigen Seiten, unter Wenden und Würzen (mit Salz und 1 Pr. Pfeffer, vermischt). — Je heisser das Fett, umso rascher entsteht die braune Kruste, die das Austreten des Saftes verhindert und das Fleisch kräftig und aromatisch macht.

Beigeben der Knochen und Bratengarnitur (oder spez. Zutaten, je n. Rezept) und

auch etwas anbraten. Dann evtl. **Mehl** darüber streuen und unter Wenden mit dem Schäufelchen gleichmässig b r a u n r ö s t e n (in der Farbe der Bratenkruste). —
Um alles besser wenden zu können, den Braten evtl. unterdessen herausnehmen und warmstellen. Wenn nötig, jetzt etwas **Fett abgiessen** (oder abschöpfen).

3. **Ablöschen,** nach und nach, mit so viel Flüssigkeit, bis das Fleisch zur Hälfte darin liegt oder evtl. k n a p p davon **bedeckt** ist, wenn nötig noch etwas würzen.
Ist der Braten während des A b l ö s c h e n s in der Pfanne, dann besser h e i s s ablöschen, da er sonst abgekühlt und dadurch hart werden kann. Beim Ablöschen die Flüssigkeit besser n i c h t direkt über das Fleisch giessen, sondern nur daneben.

4. **Dämpfzeit** des Bratens nach Angabe im Rezept, ihn hie und da w e n d e n , evtl. Flüssigkeit nachgiessen. — **Garprobe:** Beim Einstechen mit einer Fleischgabel soll der Braten **weich** sein. Ihn herausheben und w a r m s t e l l e n auf einer Platte (evtl. mit umgekehrtem Teller auf einem Wasserbad).

5. Die **Bratensauce** in ein P f ä n n c h e n absieben (nicht direkt in die Saucière geben).
Sie evtl. noch verdünnen oder, wenn nötig, binden mit etwas Kartoffelmehl (mit kaltem Wasser angerührt) und bis zum Servieren auf kleinem Feuer h e i s s halten. Die Bratenknochen (kurz abgespült) noch für B o u i l l o n verwenden.

6. **Tranchieren und Anrichten** (siehe auch **Nr. 654**): Den Braten quer zur Faser in gleichmässige ca. 3 mm dicke Scheiben schneiden. Diese schuppenartig auf die e r w ä r m t e Platte legen. Mit etwas Sauce überziehen, den Rest in die Saucière füllen.

Fleisch, Allgemeines, siehe Seite 214.

651   **Braten-Zubereitung auf dem Herd**   Grundregel

Anwendung für **kleinere Braten** (Rindshuft, Kalbs- und ungarischer Braten, mit oder ohne Knochen, evtl. kleines Geflügel). — **Bratpfanne** am besten aus emailliertem Guss mit Deckel.

1. **Vorbereiten** des Fleisches nach Angabe im Rezept.

2. **Anbraten:** W e n i g Fett oder Öl r a u c h h e i s s werden lassen. Zuerst die S c h n i t t f l ä c h e n des Fleisches anbraten, dann die übrigen Seiten unter Wenden. Wenn nötig noch w ü r z e n (mit Salz und 1 Pr. Pfeffer). — Je heisser das Fett, umso rascher entsteht die braune Kruste, die das Austreten des Saftes verhindert und das Fleisch kräftig und aromatisch macht.
Beigeben der **Bratengarnitur** und **Knochen** sowie weiterer Zutaten (je nach Rezept) und alles schön b r a u n werden lassen unter öfterem Wenden.

3. **Ablöschen** mit **wenig** Flüssigkeit (Bouillon oder Wasser, k n a p p 1 cm hoch) und diese von Zeit zu Zeit ergänzen.

4. **Bratzeit** je nach Fleischart und Angabe im betr. Rezept.
Garprobe: Beim Einstechen mit der Fleischgabel soll der Braten w e i c h sein. Ihn herausheben und w a r m s t e l l e n auf einer Platte mit umgekehrtem Teller (evtl. auf einem Wasserbad).

5. Die **Bratensauce** wenn nötig verdünnen oder binden mit etwas Kartoffelmehl (mit kaltem Wasser angerührt) und in ein P f ä n n c h e n absieben. — Bis zum Servieren auf kleinem Feuer h e i s s halten. (Evtl. beigegebene Bratenknochen noch für Bouillon verwenden.)

6. **Tranchieren** und **Anrichten** siehe **Nr. 654**.

Braten in der Pfanne im Ofen Grundregel 652

Anwendung für grössere Fleischstücke v. mind. ¾–1 kg sowie bei gefüllten oder englischen und gespickten Braten, grösseren Hackbraten, Wild und Geflügel.
Niedere Bratpfanne (sog. Bräter), am besten aus emailliertem Guss. — Das **Holzbrett**, auf welchem das Fleisch vorbereitet wird, leicht benetzen oder ölen. — Evtl. z. Be gie s s en einen sog. «**Baster**».

1. **Vorbereiten** des Bratens nach Angabe im Rezept (spicken, würzen, füllen usw.) und in die **Pfanne** legen, samt Knochen und Bratengarnitur.
2. **Übergiessen mit heissem Fett** (auch Öl). Fettes Fleisch und Geflügel mit einer Tasse heissem Wasser übergiessen. — Die Pfanne sofort in den **heissen** Ofen schieben.
3. **Braten** unter häufigem **Begiessen** mit dem Fett (od. dem Jus), ca. alle **10 Min.** Gefüllte, gespickte und Hackbraten sowie Geflügel **nicht wenden** während des Bratens. Evtl. die Oberfläche mit benetztem Papier bedecken. — Sobald der Braten und alle Zutaten gut **braun** geworden sind, wenn nötig etwas Fett abschöpfen, dann **ablöschen**, d. h. wenig heisses Wasser oder Bouillon neben das Fleisch giessen (nicht darüber wegen Kruste!). Von Zeit zu Zeit die Sauce wieder verdünnen. — **Regel**: Nicht ablöschen bei englisch (rosa) gebratenem Fleisch (Roastbeef, Filet), bei Hackbraten und Geflügel.
4. **Bratzeit** je nach Angabe im Rezept. — **Garprobe**: Beim Einstechen mit einer Fleischgabel od. Dressiernadel muss der Braten **weich** sein. Bei englisch (saignant) gebratenem Fleisch soll bei leichtem Einstechen roter Fleischsaft herauskommen. — Den **Braten** aus der Pfanne heben, bis zum Tranchieren **warmstellen**, am besten auf Schüssel mit umgekehrtem Teller [Saft!], evtl. auf einem Wasserbad). — Die Bratpfanne auf den Herd stellen. 
5. Die **Bratensauce** wenn nötig verdünnen (bei **englischem** Braten, Geflügel usw. den Fond zuerst auflösen), in ein Pfännchen absieben. Evtl. Gewürz und 1 Msp. Liebig-Fleischextrakt beigeben, nach Belieben mit ½ Teel. Kartoffelmehl (kalt angerührt) binden.
6. **Tranchieren** und **Anrichten** siehe **Nr. 654**. — Evtl. **garnieren**, je nach Angabe.

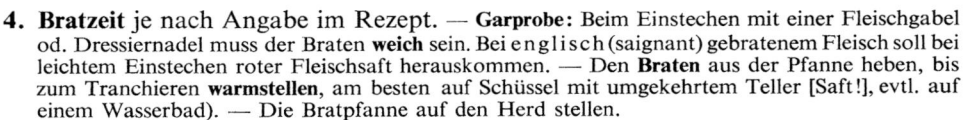

NB. Wünscht man zu Filet, Roastbeef, Huft, das man nur ohne Knochen erhält, reichlicher **Sauce**, dann extra ca. 500 g **Bratenknochen** bestellen. — Für **kleinere Bratenstücke**: Zubereitung **Nr. 651** auf dem Herd (evtl. auf dem Grill). — **Fleisch**, Allgemeines, Seite 214.

Braten auf dem Rost im Ofen Grundregel 653

Anwendung für grosse oder mehrere kleine Fleischstücke, Geflügel, evtl. Fische. — **Rostpfanne**: Ein Gitter (Rost), das auf einem Blech mit Vertiefung (Bratenschüssel) aufliegt oder spezieller Grill. — Evtl. zum Begiessen des Bratens einen sog. «**Baster**».

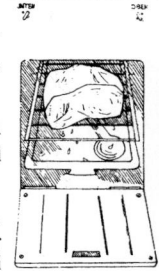

1. **Vorbereiten** des Fleisches je nach Rezept: mit Öl bestreichen, spicken, füllen usw. — **Würzen** (d. h. mit Salz und 1 Pr. Pfeffer einreiben) und **sofort** auf den Rost legen, evtl. mit Knochen und Bratengarnitur.
2. **Übergiessen** mit dem heissen Fett oder mit Öl bepinseln und in den heissen Ofen unter die **Oberhitze** schieben. — Für Diät, d.h. fettarme Küche, das Fleisch oder Geflügel in Pergamentpapier oder Alu-Folie eingewickelt, auf den Rost legen und darin braten.
3. **Bratzeit** je nach Angabe im Rezept. — Häufig **begiessen** (d. h. alle 8–10 Min.). Bei grossen Stücken anfangs in guter Hitze und sobald sich eine Kruste gebildet hat, etwas weniger heiss fertig braten. — Das Fleisch während des Bratens evtl. einmal wenden. — **Garprobe**: Bei leichtem Einstechen mit der Fleischgabel oder Dressiernadel soll der Braten **weich** und bei englisch (saignant) gebratenem Fleisch der austretende Fleischsaft noch **rot** sein.

4. **Tranchieren** und **Anrichten** siehe Nr. 654. — Evtl. **garnieren,** je nach Angabe.

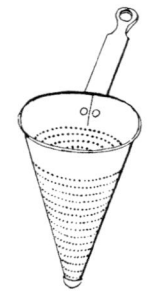

5. **Bratensauce:** Hat man Knochen mitgebraten, diese, sobald sie braun sind, in ein Pfännchen mit etwas Bouillon geben, oder Knochen und Zwiebel für sich in einer Pfanne stark **anbraten** und abgelöscht, möglichst lange **kochen** lassen. — Beim Anrichten von der Rostpfanne einen Teil des Fettes abgiessen, den Fond mit Wasser oder Bouillon gut auflösen, zu den Knochen giessen und noch ca. **10 Min.** kochen. Die **Sauce** absieben, nach Belieben mit ¹/₃ Teel. Kartoffelmehl (mit kaltem Wasser angerührt) binden, evtl. mit Liebig-Fleischextrakt verfeinern.

NB. **Rostbraten** werden besonders kräftig. Da das Fleisch auf dem Rost liegt, kann der sich bildende Dampf entweichen. Durch diese **trockene Brathitze** behält das Fleisch in erhöhtem Mass Saft und Geschmack. — Die ursprüngliche Rost- oder Spiesszubereitung geschieht in speziellen Herden oder im Freien (vor allem üblich in den Staaten = sog. barbecue) mit direkter, d. h. offener Flamme. In Gas- und elektrischen Herden das Fleisch möglichst mit **Oberhitze** oder Grillflamme braten oder einen Spezial-**Grillapparat** benützen. — **Fleisch,** Allgemeines, siehe Seite 214.

654 Tranchieren und Anrichten der Braten Grundregel

Das gebratene Fleisch warmstellen bis zum Tranchieren (evtl. auf einem Wasserbad). Möglichst unmittelbar vor dem Servieren aufschneiden, damit das Fleisch nicht austrocknet und den Saft nicht verliert (bes. wichtig bei englischem Braten!).

Tranchieren: Das Fleisch mit **scharfem** Messer **quer zur Faser** in Scheiben schneiden (englisch gebratenes Fleisch dünn schneiden, gefüllte Braten etwas dicker). — Bei besonders stark gebratenem Fleisch die Kruste zuerst mit der Schere durchschneiden, damit man den Braten nicht zerdrückt. — Das Fleisch während des Schneidens mit der Fleischgabel halten, evtl. nur mit dem Gabelrücken od. mit einem Pergamentpapier. (Letzteres vor allem bei englisch gebratenem Fleisch [Fleischsaft!] sowie bei gefüllten oder Hackbraten, damit sie nicht auseinanderfallen.)

Anrichten: Das geschnittene Fleisch schuppenartig auf eine heisse Platte legen (am besten mit langer Schaufel), etwas Sauce dazugiessen (nicht darüber). Die Platte evtl. **garnieren,** je n. Angabe im Rezept. Siehe auch Abbildungen auf den Tafeln 28–35 und Garnituren Nr. 852 bis 875. — Den Rest der **Sauce** möglichst **heiss** in der Sauciere dazu servieren (bei kleinen Portionen evtl. in einem Butterkocher).

655 Das Braten kleiner Fleischstücke in der Pfanne Grundregel

Anwendung für Beefsteaks, Entrecôtes, Côtelettes nature usw. — **Bedingung:** gut gelagertes Fleisch, zum Würzen feines Salz mit 1 Pr. Pfeffer vermischt. — Möglichst kurz vor Essenszeit braten!

1. **Vorbereiten:** Die Fleischstücke an den Schnittflächen mit Öl bestreichen (Kalb- und Schweinefleisch evtl. mit Zitrone), enthäuten oder entfetten, je nach Angabe.

2. **Anbraten** in einer Omelettenpfanne: **Rindfleisch** in wenig und sehr **heissem** Fett (Öl, Kochfett oder Butter), **Kalbfleisch** usw. nicht zu heiss, unter Würzen und häufigem Wenden zu brauner Farbe. — Beim Wenden nur am Rand mit der Gabel einstechen!

3. **Bratzeit** und **Anrichten** je nach Angabe im Rezept. — **Garprobe** für **englisch** (saignant) gebratene Fleischstücke: Sie sollen beim Aufdrücken mit dem Schäufelchen noch elastisch und der dann austretende Saft noch rötlich sein.

4. **Sauce:** Den Bratenfond (nach dem Herausnehmen des Fleisches) mit ein wenig

Wasser oder Bouillon auflösen, würzen, etwas Liebig-Fleischextrakt und evtl. ein Stücklein frische Butter beigeben. Die Sauce zum angerichteten Fleisch giessen.

NB. Während des Bratens nicht ablöschen und die Pfanne nicht zudecken, da das Fleisch sonst gedämpft wird und seine rosa Farbe rascher verliert. — Da bei dieser Zubereitung nur wenig Sauce entsteht, wird oft Kräuterbutter (Nr. 607) auf das angerichtete Fleisch gelegt oder Béarnàise (Nr. 562) dazu serviert. — **Fleisch,** Allgemeines, siehe Seite 214.

Flambieren kleiner Fleischstücke am Tisch 655a

Anwendung für Steaks, kleine Côtelettes, Plätzchen, Geschnetzeltes (kleine Scheibchen von Fleisch) usw.
Gerät für den Privat-Haushalt: Flambier-Rechaud mit Spiritusbrenner und passender Pfanne. Zum Begiessen einen möglichst langstieligen Löffel.
Als **Alkohol** eignen sich Cognac, Whisky, Armagnac, evtl. Kirsch u. a. m.

Vorbereiten in der Küche: **vorbraten** nach **Nr. 655** sollte man alle grösseren und dickeren Fleischstücke (Entrecôtes von über 500 g, Châteaubriand, Côtelettes, Pouletstücke usw.) solange, bis sie fast à point sind. — Direkt auf dem **Rechaud am Tisch** am besten nur kleine und dünnere Fleischstücke braten in wenig heisser Butter oder Öl unter fortwährendem Begiessen und Wenden, z. B. Tournedos, kleine Steaks, Geschnetzeltes u. ä. Die **Sauce** vom Bratenfond (auch von Knochen oder Fleischextrakt zubereitet) gut abgeschmeckt in einem Töpfchen warm bereithalten.

Flambieren: In dem Moment da das Fleisch den richtigen Garpunkt erreicht hat (rot bis seignant oder durchgebraten, je nach Geschmack oder Fleischart), den Alkohol in die Pfanne zum Fleisch giessen (in einem Gläschen abgemessen) und sofort anzünden durch Schräghalten der Pfanne gegen das Feuer, bis der Alkohol brennt. Während des Flambierens mit dem brennenden Jus das Fleisch fortwährend begiessen. Rasch flambieren, damit das Fleisch nicht hart wird (bes. wenn rosa gebraten sowie Nieren usw.!). Es sofort auf die einzelnen, gewärmten Teller anrichten. Die Sauce in die Pfanne giessen, aufkochen, evtl. noch Gewürz beigeben, dann auf die Teller verteilen.

NB. Flambieren auf einfache Art (d. h. ohne Rechaud): Das fertig gebratene Fleisch (Entrecôtes, Beefsteaks usw.) anrichten wie üblich. Am Tisch mit erwärmtem Cognac übergiessen, anzünden und so flambieren. (Den Alkohol am besten vorher in einem Glas im Wasserbad erwärmen! Kalter Alkohol brennt weniger gut.)

Das Braten kleiner Fleischstücke auf dem Grill   Grundregel   656

Anwendung für Beefsteaks, Entrecôtes, Bratwürste usw. — **Bedingung:** gut gelagertes Fleisch. — Unmittelbar vor Essenszeit braten!
Gerät: Grill- oder Rostpfanne auf dem Herd oder den Spezial-Grillapparat. — (Der Bratofen-Rost eignet sich nur für grössere oder viele kleine Fleischstücke.)

1. Vorbereiten: Die Fleischstücke ölen, evtl. enthäuten und entfetten, je n. Angabe.

2. Braten: Das Fleisch auf den erwärmten, beölten Grill legen, mit heissem Fett bepinseln, würzen, nach ca. **2–3 Min.** wenden. — Die Fleischstücke evtl. nochmals wenden, jedoch so, dass sie durch das Aufliegen auf dem Rost eine gitterartige Zeichnung bekommen. — Für Diät, d. h. fettarme Kost, die Fleischstücke, in Pergamentpapier oder Alu-Folie eingewickelt, braten.

3. Bratzeit und **Anrichten** je nach Angabe im Rezept. — **Garprobe** s. Nr. 655.

NB. Da beim Braten auf dem Grill keine Sauce entsteht, wird oft extra eine pikante Sauce (z. B. Béarnaise) dazu serviert, oder Kräuterbutter (Nr. 607) oder eine andere gewürzte Butter (s. Nr. 608) in Scheibchen auf das angerichtete Fleisch verteilt, s. **Tafel 29.** — **Fleisch,** Allgemeines Seite 214.

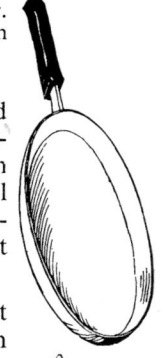

657   **Das Braten kleiner, panierter Fleischstücke**   Grundregel

1. **Vorbereiten:** Das Fleisch (Schnitzel, Côtelettes usw.) evtl. noch leicht klopfen, die Haut am Rand einigemal einschneiden (damit sie sich beim Braten nicht zusammenzieht). — Das Fleisch **würzen** (mit Salz und 1 Pr. Pfeffer vermischt), nach Belieben mit Zitronensaft beträufeln oder mit wenig Senf bestreichen.
2. **Panieren,** sorgfältig nach Nr. 888 (nicht aufeinanderlegen).
3. **Braten** in der Omelettenpfanne halbschwimmend (siehe Nr. 889).
4. **Anrichten** auf eine heisse Platte und möglichst bald servieren. — Wenn nötig warmstellen: halb zugedeckt auf heisser Pfanne oder im offenen Bratofen (die Panade darf nicht weich werden).

Nach Belieben vom Fond eine **Sauce** zubereiten: **a)** Im Rest des Bratfettes ein Stück Butter zergehen lassen und über das Fleisch giessen. — **b)** Das Fett abgiessen, wenig Bouillon, etwas Liebig-Fleischextrakt und Zitronensaft oder einen Saucenwürfel beigeben, neben das Fleisch giessen (nicht darüber).

Rindfleisch

Allgemeines. Die Farbe von **Rindfleisch** I. Qual. soll frisch ziegelrot sein, das **Fett** gelblich-weiss und fest. — Das Fleisch älterer Tiere ist dunkelrot, das Fett gelblich und hart. Von zu jungen Tieren ist das Fleisch hell in der Farbe und nicht kräftig im Geschmack.

Die **Kenntnis** der einzelnen Fleischstücke und deren besondere Eignung für die verschiedenen Arten der Zubereitung ist für das gute Gelingen wichtig.

Nachstehende Angaben sind (mit kleinen Abweichungen) in der ganzen Schweiz gültig.

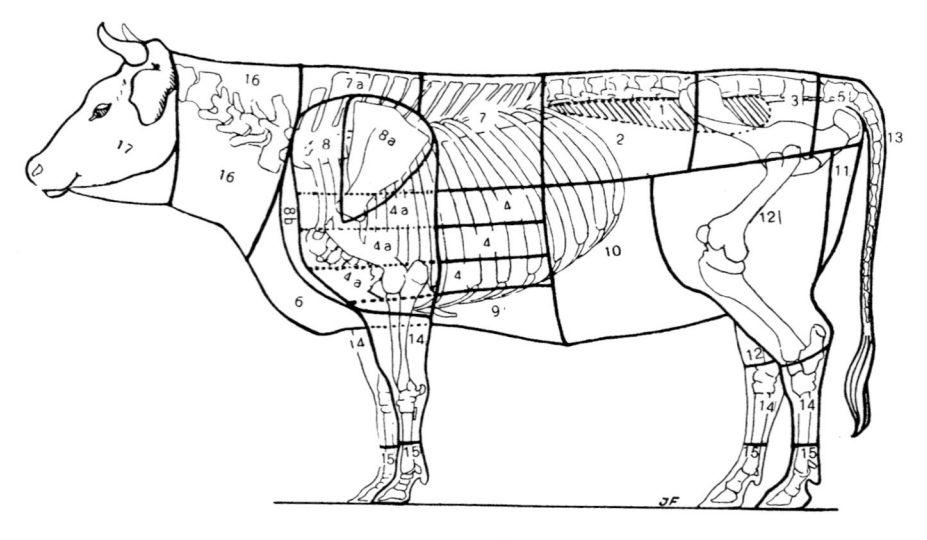

Die Einteilung des Rindes in die Fleischstücke

I. **Zum Braten** (spez. auch für englische Art):
 1 = Filet
 2 = Roastbeef (oder Nierstück)
 3 = Huft für Plätzchen, Rouladen usw.

II. **Zum Sieden und für gedämpfte Braten:**
 4 = Federstück, eher fett
 4a = abgedecktes Federstück, weniger fett
 5 = Schwanzstück, mager
 6 = Brustkern u. Brustspitz, fett
 7 = Hohrücken, fett
 7a = abgedeckter Hohrücken
 8 = Laffe oder Schulter, mager
 8a = Schulter- oder Laffenspitz
 8b = Schulterfilet

III. **Nur zum Sieden (auch für Bouillon):**
 9 = Nachbrust
 10 = Lempen (oben dicker, unten dünner Lempen)

IV. **Zum Einbeizen und Dämpfen:**
 11 = Eckstück (Zipfel)
 12 = Stotzen = Unt. Spälte, Vorschlag od. Nuss (Schlüsselriemen)

V. **Für spezielle Suppen und Brühen**
 13 = Schwanz
 14 = Schenkel (Bein, Mus)
 15 = Fuss, 16 = Hals, 17 = Kopf

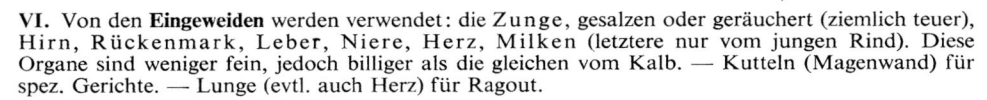

VI. Von den **Eingeweiden** werden verwendet: die Zunge, gesalzen oder geräuchert (ziemlich teuer), Hirn, Rückenmark, Leber, Niere, Herz, Milken (letztere nur vom jungen Rind). Diese Organe sind weniger fein, jedoch billiger als die gleichen vom Kalb. — Kutteln (Magenwand) für spez. Gerichte. — Lunge (evtl. auch Herz) für Ragout.

Siedefleisch (Gekochtes Rindfleisch — bœuf bouilli) 658

1–1½ kg Rindfleisch z. B.: abgedecktes Federstück, Laffenspitz od. Laffe (mager), Hohrücken od. Eckstück (etwas fetter)
Sud: 2½–4 l Wasser — Salz — Bouillongarnitur Nr. 878 mit reichlich Gemüse

Sud: Das Wasser leicht erwärmen, die abgespülten Knochen und Bouillongarnitur (besteckte Zwiebel, Lauchstücke und Sellerieblätter, letztere zusammengebunden) hineinlegen, zum Sieden bringen, salzen. — Rüben, Sellerieknolle und Kohl erst etwa 1 Std. vor dem Anrichten beifügen! — **Das Fleisch** in den kochenden, gesalzenen Sud geben. **Kochzeit 2½–3 Std.** auf kleinem Feuer (nur leise kochen!). — Grössere Fleischstücke: jedes weitere kg = 10 Min. mehr Kochzeit. — Siedefleisch lässt sich sehr gut im **Dampfkochtopf** nach Vorschrift zubereiten (siehe Nr. 1758), die Gemüse mit dem Fleisch beigeben. —

Tranchieren und **Anrichten:** Das Fleisch aus dem Sud nehmen, quer zur Faser in ca. ½ cm dicke Scheiben schneiden, auf eine heisse Platte geben. Die mitgekochten Gemüse neben das Fleisch legen. Alles mit feinem Salz bestreuen und mit wenig Fleischbrühe übergiessen. — **Servieren** möglichst heiss, mit Salz-, Saucen- oder Gemüsekartoffeln oder zur Abwechslung, mit Wasserreis, breiten Nudeln, Linsen usw.

Evtl. kein Gemüse auf die Platte geben, statt dessen eines dazu servieren, z.B.: Rüben, Räben, Bodenkohlrabi, Randen oder Spinat (in Sauce oder gedämpft). — Als spezielle **Beigaben** passen: saursüsse Früchte, eine pikante Sauce oder Salate, siehe **Nr. 852** mit Abbildung.

NB. Siedefleisch wird gern mit Magerspeck (nach **Nr. 790**) oder mit heisser Wurst serviert. Beides extra kochen, da die Fleischbrühe sonst den Geschmack vom Geräucherten zu stark annimmt. — Die zurückbleibende **Brühe** als Bouillon zu klaren Suppen, zu Risotto oder Saucen verwenden. Sie gesiebt und kühl aufbewahren (wird schnell sauer!). — Als **Eintopf** evtl. Reis (in einer sog. Bouillonkapsel) oder Kartoffeln in der Brühe mitkochen (ca. 30 Min.). Sie wird davon jedoch etwas trüb. — Siedefleisch für **kleine Portionen** von Beinfleisch (Mus) zubereiten; jedoch mindestens 300 g verwenden (siehe auch Pot au feu Nr. 659). — **Reste** von Siedefleisch evtl. mit Brühe bedecken (bleiben so saftiger). Sie eignen sich sehr gut für verschiedene Gerichte, siehe Nr. 697–699 sowie 1763 (Abschn. 1) oder Fleischsalat Nr. 435 (1).

659 Pot au feu (Siedefleisch-Eintopf)

Anmerkung: Diese Zubereitung ist praktisch und besonders auch geeignet für kleinere Portionen. Das Gericht wird am besten in einer **speziellen Pfanne** (der sog. Marmite) gekocht und auch **darin serviert.**

Zubereitung wie Siedefleisch **Nr. 658**, jedoch nur mit soviel Wasser aufsetzen, dass das Fleisch nachher davon bedeckt ist. Dieses in ca. 4 cm grosse Stücke geschnitten, mit 3–4 Markknochen beigeben. — **Kochzeit** im ganzen **2–2½ Std.** Die Gemüse zugerüstet nach ca. 1 Std. in die Brühe geben (kleine Rübchen ganz, Sellerie in Würfel geschnitten, 1 kleiner Wirsing halbiert, von Lauch ca. 5 cm lange, feste Stücke verwenden, sonst binden). — Zuletzt einige geschälte, halbierte **Kartoffeln** mitkochen (ca. ½ Std.) oder evtl. 1 Tasse **Reis** oder **Nudeln.** — **Servieren,** kochend heiss, mit Gewürzgurken, sauersüssen Früchten, evtl. geriebenem Käse.

NB. Oft wird die Brühe zuerst für sich mit Dünkli serviert (siehe Nr. 9).

660 Petite Marmite (Kleiner franzöz. Sonntags-Suppentopf)

Anmerkung: Ein delikates Eintopfgericht, günstig für grosse oder kleine Portionen.

Zubereitung wie Pot au feu **Nr. 659**, jedoch nur die Hälfte des Fleisches verwenden und statt dessen noch sog. **Ragouthuhn**, geschnitten (2 Stücke pro Person), mitkochen.

661 Gedämpfter Rindsbraten (Bœuf braisé)

1 kg Rindfleisch (Laffenspitz oder -filet, Laffe, Schwanz- oder Eckstück)

z. Anbraten: 40 g Fett od. Öl
Gewürz: 1 Essl. Salz, 1 Pr. Pfeffer
Bratengarnitur Nr. 878

z. Sauce: 20 g Mehl
z. Ablöschen: Bouillon od. Wasser, ca. 6 dl
einige dunkle Brotkrusten

Zubereitung des Bratens nach **Nr. 650**, **gedämpft**. — Nach dem Ablöschen evtl. noch würzen und die Brotkrusten beigeben. **Dämpfzeit** zugedeckt **2–2½ Std.**, auf kleinem Feuer, hie und da wenden. — Beim **Tranchieren** quer zur Faser in dünne Scheiben schneiden. — **Anrichten,** schuppenartig auf eine heisse Platte (s. auch Nr. 654), etwas Sauce dazugiessen, mit Petersilie und evtl. mit Gemüse garnieren. — **Servieren** mit Salzkartoffeln, Polenta, Teigwaren, Reis und grünem Salat oder einem Gemüse.

NB. Durch Beigabe von Pilzen oder Tomatenpurée kann der Geschmack der Sauce verändert werden, pikant wird sie durch etwas Weisswein oder 1 Teel. Cognac. — **Reste** lassen sich gut verwerten für kleine Gerichte (z. B. Nr. 287 u. 698), auch ergeben sie ein kräftiges Haché.

662 Gedämpfter Rindsbraten mit Gemüsen (Bœuf braisé aux légumes)

Zutaten und **Zubereitung** wie gedämpfter Rindsbraten **Nr. 661**, jedoch ohne Brotkrusten. Nach dem Ablöschen dem Braten folgende **Gemüse** beigeben:

½ kg Rübchen, 1 kleine Sellerie (in Würfelchen), 2–3 Lauch (in 2 cm langen Stücken).

Als **Eintopfgericht:** ½ Std. vor dem Anrichten ¾–1 kg **Kartoffeln** (geschält und halbiert) auf das Gericht legen und gardämpfen.

Bœuf à la mode   (Schmorbraten) 663

1 kg Rindfleisch (Hohrücken, Schlüsselriemen oder Laffenspitz) — ¼ Kalbsfuss
evtl. 50 g Spickspeck, s. NB.
z. Anbraten: 30 g Fett od. 2 Essl. Öl
Gewürz: 1 Essl. Salz, 1 Pr. Pfeffer
2–5 Rüben, etwas Sellerie
6–8 Zwiebelchen, evtl. Lauch
z. Sauce: 10 g Mehl
z. Ablöschen { Bouillon, ca. 5 dl / 2 dl Weisswein
1 Lorbeerblatt, 1 Nelke, Pfefferkörner
2–4 Tomaten (oder 1–2 Essl. -purée)

Vorbereiten: Das Fleisch evtl. mit Spicknägeln spicken (nach **Nr. 885**). — Das Gemüse zurüsten und in Scheiben oder feine Streifen schneiden.
Zubereitung des Bratens nach **Nr. 650, gedämpft.** Das Gemüse, die ganzen Zwiebelchen und den Kalbsfuss nach dem Anbraten des Fleisches beigeben, ebenso das Mehl, alles kurz mitdünsten. Nach dem Ablöschen die kleingeschnittenen Tomaten, Lorbeer usw. beifügen. **Dämpfzeit** zugedeckt 2½–3 Std. auf dem Herd oder im Ofen. — **Tranchieren** des Fleisches quer zur Faser, **anrichten** auf eine heisse Platte, mit der nicht passierten **Sauce** überziehen. — **Servieren** mit Teigwaren, Salzkartoffeln oder Reis und grünem Salat.
NB. Als **Eintopfgericht** Kartoffeln oder Hörnli mitkochen. — **Gespickt** werden nur Schlüsselriemen und Laffenspitz (Hohrücken ist saftig genug).

Sauerbraten   (Rôti de bœuf mariné) 664

1 kg Rindsschlüsselriemen, evtl. Schulterfilet
Beize siehe Nr. 886
z. Anbraten: 30–50 g Fett od. 2–3 Essl. Öl
z. Sauce: 50 g Mehl
z. Ablöschen: ca. 4 dl Beize u. 4 dl Wasser
Gewürz: Salz, evtl. Maggi, 1 Pr. Zucker
z. Verfeinern { einige Essl. Rahm, / Joghurt od. Buttermilch

Vorbereiten: Das Fleisch evtl. entfetten und während 5–6 **Tagen** in die **Beize** legen s. **Nr. 886.** — Beim Verwenden das Fleisch aus der Beize nehmen und gut abtropfen.
Zubereitung des Bratens nach **Nr. 650, gedämpft.** — Zur **Sauce** das Mehl **kastanienbraun** rösten, ablöschen mit **halb Beize, halb Wasser** und **kräftig würzen.** Sie darf im Geschmack gut säuerlich sein. — Statt in der Fleischpfanne (nach dem Anbraten des Fleisches) lässt sich das Mehl besser in einer andern Pfanne (ohne Fett) hellbraun rösten, da es durch den Bratenfond leicht anbrennt. Sie nach dem Ablöschen **zum Braten geben.** — **Dämpfzeit:** 1½–2 Std. Die **Sauce** mit Rahm oder Joghurt usw. verfeinern, wenn nötig passieren. — **Tranchieren** des Fleisches, quer zur Faser. **Anrichten** auf eine heisse Platte, mit Sauce überziehen. **Servieren** mit Kartoffelstock, Polenta, Teigwaren, Knöpfli oder Märmel (s. Nr. 1678).
NB. Evtl. in der Sauce ein kleines Tannenzweiglein mitkochen, sie erhält davon einen würzigen, wildähnlichen Geschmack, oder etwas Thymian sowie einige Wacholderbeeren beigeben.

Stufato   (Gedämpfter Braten auf italienische Art) 665

¾–1 kg Rindshuft oder Laffe
evtl. 30 g Spickspeck
z. Sauce { 1–2 Zwiebeln, 1 Lauch / evtl. Knoblauch / 2–3 Rüben, 1 kl. Sellerie / 1 kleine, rohe Kartoffel
z. Anbraten: 40 g Fett oder 2 Essl. Öl
Gewürz { Salz, 1 Pr. Pfeffer, 1 Lorbeerblatt / 2–3 Msp. Paprika
z. Ablöschen { 4–6 dl Bouillon od. Wasser / 1–3 dl Rotwein
2–4 Essl. Tomatenpurée
evtl. etwas Thymian oder Majoran

Vorbereiten: Das Fleisch evtl. mit Spicknägeln spicken (n. **Nr. 885**). Zur Sauce alle

Gemüse rüsten und fein hacken oder reiben. Den Lauch halbieren, fein schneiden.
Zubereitung des Bratens nach **Nr. 650, gedämpft.** Das Gemüse nach dem Anbraten des Fleisches beigeben und kurz mitdünsten. Mit so viel heisser Flüssigkeit ablöschen, dass das Fleisch knapp davon bedeckt ist. Tomatenpurée hinzufügen, bis die Sauce schön rot ist; pikant würzen. — **Dämpfzeit** ca. **2 Std.** zugedeckt auf dem Herd (oder im Ofen). — Beim **Anrichten** den tranchierten Braten wieder ganz zusammenschieben, mit einigen Löffeln der dicklich eingekochten **Sauce** überziehen, den Rest etwas verdünnt dazu geben. — **Servieren** mit Teigwaren, Polenta, Salzkartoffeln oder Kartoffelstock und grünem Salat.

666 Ochsenrippe à la Liégeoise (Côte de bœuf braisée)

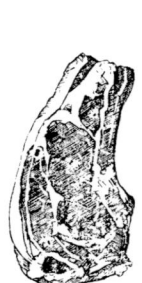

1–1½ kg Hohrücken
z. Anbraten: 40 g Fett od. 2 Essl. Öl
Gewürz: 1 Essl. Salz, 1 Pr. Pfeffer
2–4 Zwiebeln, 1 Lauch
2–4 Rüben, 1 kleine Sellerie

z. Ablöschen: Bouillon od. Wasser
z. Beigeben:
 1 Glas Weisswein
 je 2 Essl. Madeira u. Cognac
 2–4 Essl. Tomatenpurée
 Pfefferkörner, Lorbeer

Vorbereiten der Gemüse: sie rüsten und in feine Streifen schneiden.
Zubereitung des Bratens nach **Nr. 650, gedämpft.** — Das Gemüse nach dem Anbraten des Fleisches beigeben und gut durchdünsten. Mit so viel Flüssigkeit ablöschen, dass der Braten knapp davon bedeckt ist. Wein, Madeira usw. beigeben, gut würzen.
Dämpfzeit ca. **2 Std.** zugedeckt auf dem Herd (evtl. im Ofen). — **Tranchieren** des Fleisches, so dass es noch am Knochen hält. Die **Sauce** soll dicklich eingekocht sein, sie mit dem Gemüse über das Fleisch geben. — **Servieren** mit Teigwaren, Risotto oder Salzkartoffeln und grünem Salat.

667 Ochsenrippe auf französische Art (Côte de bœuf à la Tarascon)

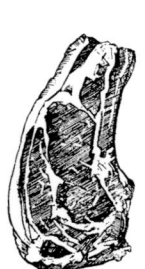

1–1½ kg Hohrücken
z. Anbraten: 30 g Fett od. 2 Essl. Öl
Gewürz: 1 Essl. Salz, 1 Pr. Pfeffer
50 g Magerspeck
3–5 Rüben, 1 kleine Sellerie
2 Zwiebeln, 1 Lauch, evtl. Knoblauch

z. Beigeben: Pfefferkörner, 1 Nelke, Lorbeer
z. Ablöschen:
 Bouillon oder Wasser
 Weisswein, ca. 1 dl
 evtl. 1 Teel. Cognac
z. Legieren n. Nr. 546
 1 Eigelb
 2–3 Essl. Madeira

Vorbereiten: Den Speck in Scheibchen schneiden (evtl. Speckabfälle verwenden). Das Gemüse zurüsten und klein schneiden.
Zubereitung des Bratens nach **Nr. 650, gedämpft.** Speck und Gemüse nach dem Anbraten des Fleisches beigeben und noch gut durchdünsten. Zuerst nur mit 1–2 dl Flüssigkeit und dem Wein ablöschen, dies einkochen lassen. Dann so viel heisse Bouillon nachgiessen, bis das Fleisch knapp davon bedeckt ist, würzen.
Dämpfzeit ca. **2 Std.**, zugedeckt auf dem Herd (evtl. im Ofen). — Die **Sauce** soll zuletzt dicklich eingekocht sein, sonst mit ½ Essl. Kartoffelmehl (mit Wasser angerührt) binden. Sie absieben, legieren und im Wasserbad heiss schwingen. — **Tranchieren** des Fleisches, so dass es noch am Knochen hält. **Anrichten** auf eine heisse Platte, mit etwas Sauce überziehen, mit gehacktem Grün bestreuen. — Evtl. als **Garnitur:** Römische Pastetchen Nr. 874 oder Kartoffelkörbchen Nr. 867 (5) mit Gemüsen. —
Servieren mit Kartoffelstock oder Teigwaren und evtl. grünem Salat.

NB. Durch das starke Eindämpfen nach dem ersten Ablöschen werden Fleisch und Sauce besonders schmackhaft.

Hackbraten (Rôti haché ménagère) — I.-II. Art   668

500 g Rindfleisch, fein gehackt
200 g Schweinefleisch, fein gehackt
300 g Bratwurstteig (Brät)
500 g Bratenknochen, zerkleinerte

Brotkloss { 80 g Brot (ohne Rinde) s. NB.
½ Zwiebel, Petersilie
20 g Fett

z. Binden { 20 g Mehl
1 Ei (od. 1 Essl. Sojamehl)

Gewürz { ½ Essl. Salz, 1 Pr. Curry
1 Pr. Pfeffer, Muskat

z. Formen für I. Art { 1 Tasse Paniermehl
2–3 Speckscheiben
oder -schwarte

z. Formen für II. Art { 1 Schweins- oder
dünnes Kalbsnetz

Bratengarnitur Nr. 879
z. Übergiessen: 50 g Kochfett od. Öl

z. Sauce { 20 g Mehl
Bouillon, ca. 5 dl — Salz
evtl. Fleischextrakt, etwas Zitr.-Saft
evtl. 2–3 Essl. Weisswein
2–3 Essl. Rahm od. Joghurt

Brotkloss: Das Brot in warmem Wasser zugedeckt einweichen, dann gut ausdrücken (siehe NB.). Zwiebel und Petersilie fein hacken und in der Omelettenpfanne in etwas Fett dünsten. Das vorbereitete Brot beigeben und mitdämpfen unter fortwährendem Wenden, bis die Masse wie ein Kloss zusammenhängt, ohne krustig geworden zu sein.
Bratenmasse: Die 3 Fleischsorten, Brotkloss, Mehl, Ei (oder Sojamehl) und Gewürz in einer Schüssel gut vermischen, d.h. von Hand ca. 10 Min. kneten.
(Die Masse soll zuletzt zusammenhängend und kräftig gewürzt sein.)
I. Art, panierter Hackbraten: Die Masse auf einem mit Paniermehl bestreuten Brett zu einem länglichen Braten rollen. Ihn in die Bratpfanne auf 2–3 Speckscheiben legen, Knochen und Bratengarnitur daneben. Übergiessen des Bratens mit heissem Fett; in den Ofen schieben. — **Bratzeit** ca. 45 Min., unter häufigem Begiessen mit dem Fett. Während des Bratens besser **nicht** ablöschen, da das Fleisch sonst die Kruste verliert und leichter auseinanderfällt. Den Braten herausheben und warmstellen. Zur **Sauce** vom Fond etwas Fett abgiessen. Das **Mehl** in die Pfanne geben und braun rösten. Nach und nach ablöschen, immer wieder einkochen (ca. 10 Min.), zuletzt kräftig würzen und passieren.
Tranchieren und **Anrichten** des Bratens siehe **Nr. 654**. — Ist der Braten etwas krustig geworden, dann am besten mit der Schere durchschneiden. — **Servieren** mit Gemüse- od. Rahmkartoffeln oder Teigwaren und grünem Salat.
II. Art, Netzbraten: Das Netz in schwach lauwarmes Wasser legen, ausdrücken, auf dem Fleischbrett ausbreiten. **a)** Die Bratenmasse auf das Netz geben und mit nassen Händen länglich formen. — **b) Gefüllt:** Die Masse zuerst fingerdick auf dem Netz ausstreichen, auf die Mitte der Länge nach 3–5 gekochte, geschälte **Eier** geben (an den Spitzen etwas abgeschnitten). Dann von beiden Seiten her die Fleischmasse darüberlegen. — Den **Braten** (gefüllt oder ungefüllt) im Netz einwickeln, zunähen oder binden. — Sehr dünnes, spez. Schweinsnetz 2–3mal locker (nicht straff) um das Fleisch geben, da es sonst leicht platzt. — Netzbraten mit wenig Fett übergiessen oder ihn auf dem Herd unter sorgfältigem Wenden (mit zwei Schäufelchen) anbraten. — Weitere **Zubereitung** wie bei I. Art, oben.
Kalter Hackbraten (I. und II. Art) sowie Hackbraten **in der Form** (s. Nr. **669**) passen auch ausgezeichnet für belegte Brote und kalte Platten, siehe Nr. 192 (mit Bild) sowie NB. von Nr. 201.
NB. Das Fleisch frisch, und fein gehackt, einkaufen. Evtl. auch Fleischreste dazu verwenden. — **Brotkloss:** Ausdrücken des eingeweichten Brotes am besten mit der Babypresse oder mit einem Tüchlein (evtl. von Hand). Will man das Brot mit der Rinde verwenden, dann besonders gut einweichen, gut ausdrücken und noch durch die Hackmaschine geben, da der Braten sonst nicht gut zusammenhält. — Anstatt des Brotklosses evtl. 400–600 g gekochte kalte, geriebene **Kartoffeln** beimischen.

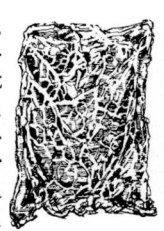

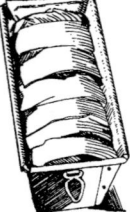

669 Hackbraten in der Form   (Rôti haché simple)

Anmerkung: Besonders geeignet für kalte Platten, belegte Brote oder Picknick, da man in der Form zubereitet k e i n e Sauce erhält.
Zubereitung der Hackbratenmasse nach **Nr. 668**; sie auf Speckscheiben oder in ein Stück Netz eingewickelt (gefüllt oder ungefüllt) in eine Cake- oder Rehrückenform geben. B e d e c k e n mit Speckscheiben oder nassem Papier. **Bratzeit** ca. **40 Min.**

670 Kleiner Hackbraten   (Zubereitung auf dem Herd)

¼–½ Port. **Hackbratenmasse Nr. 668** zu einer K u g e l formen. Diese etwas flachdrücken und panieren oder in ein Stück Netz einwickeln. — In der Omelettenpfanne etwas Fett erhitzen, den Braten hineinlegen.
Bratzeit ca. **20 Min.** unter einmaligem Wenden (evtl. halb zugedeckt). Zuletzt den Bratenfond mit wenig Bouillon auflösen, gut würzen.

671 Ungarischer oder Zigeuner-Braten   (Rôti «à la czigane»)

¾–1 kg Roastbeef (evtl. Schlüsselriemen*)   Bratengarnitur Nr. 879
einige Knochen z. Sauce
evtl. z. Bestreichen: Senf usw. s. NB.   z. Sauce: ½–1 Essl. Kartoffelmehl
ca. 150 g dünne Magerspeckscheiben   z. Ablöschen: Bouillon od. Wasser
6–8 dünne Weissbrotscheiben   ⎧ ca. 1 dl sauren Rahm
Gewürz: 1 Essl. Salz, 1 Pr. Pfeffer   z. Verfeinern ⎨ 1 Essl. grieb. Käse
                                         der Sauce   ⎪ evtl. Zitronensaft
z. A n b r a t e n : 40 g Fett   ⎩ od. 3–5 Essl. Weisswein

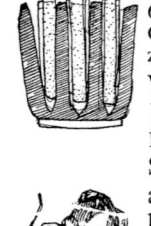

Vorbereiten und **Füllen:** Das Fleisch (Hautseite nach u n t e n) der Länge nach in ca. ½ cm dicke S c h e i b e n schneiden, so dass sie noch an der Haut festhalten (evtl. vom Metzger vorbereiten lassen). Die Fleischtranchen würzen und zwischen dieselben je eine Speck- und Brotscheibe legen. Die beiden ä u s s e r s t e n Fleischscheiben so über die andern ziehen, dass diese davon bedeckt sind, oder nochmals mit einer Speckscheibe belegen. Mit einer Schnur binden, damit das Ganze gut zusammenhält.
Zubereitung des Bratens nach **Nr. 651** auf dem **Herd** oder im **Ofen** nach **Nr. 652**. Ihn sorgfältig braten unter öfterem Wenden. Ablöschen, wenn alles schön b r a u n ist. **Bratzeit** ca. **1¼ Std.** (Schlüsselriemen etwas länger). — Der **Sauce** zuletzt Rahm, Käse und das nötige Gewürz beigeben. Evtl. mit ½ Teel. Kartoffelmehl (kalt angerührt) binden und passieren. — **Tranchieren** (evtl. mit der Schere) und **Anrichten** siehe **Nr. 654**. — **Servieren** mit Wasserreis, Kartoffeln, Teigwaren oder Knöpfli, grünem Salat oder einem Gemüse.

NB. Nach Belieben die Fleischscheiben zuerst mit **Senf** oder **Knoblauch** einreiben oder mit feingehackten Zwiebeln bestreuen. — * Schlüsselriemen ist weniger zart, jedoch günstiger im Preis.

672 Rindfleischroulade   (Bœuf roulé)

1–1½ kg Rindfleisch (Huft) mit Knochen   ⎧ Bouillon oder Wasser
50–100 g Magerspeck   z. Ablöschen   ⎨ 1 Glas Weisswein oder
Bratwurstfüllung Nr. 881 (s. auch NB.)   ⎩ wenig Zitronensaft
Gewürz: 1 Essl. Salz, 1 Pr. Pfeffer   z. Sauce: 10 g Kartoffelmehl
z. A n b r a t e n : 50 g Fett od. 2 Essl. Öl   ⎧ etwas sauren Rahm
Bratengarnitur Nr. 879   z. Verfeinern   ⎩ oder Joghurt

Vorbereiten und **Füllen:** Das Fleisch zu einem fingerdicken flachen Stück zurecht-

schneiden (oder vom Metzger richten lassen), es evtl. noch leicht klopfen und würzen. Den Speck in 1 cm dicke Stängelchen schneiden. — Die **Füllung** auf das Fleisch streichen, die Speckstängelchen der Länge nach darauf verteilen, das Ganze aufrollen, gut binden oder zunähen.
Zubereitung des Bratens nach **Nr. 651** auf dem **Herd** (evtl. im Ofen, nach **Nr. 652**).
Bratzeit ca. 1¼ Std. — Die **Sauce** zuletzt mit dem Kartoffelmehl (kalt angerührt) binden, Rahm oder Joghurt beifügen, passieren. — **Tranchieren** und **Anrichten** siehe **Nr. 654**. — **Servieren**: siehe Angaben bei Ungarischem Braten **Nr. 671**.

NB. Andere **Füllung**: a) 4–5 gekochte **Eier** schälen, an den Spitzen etwas abschneiden, im Fleisch einrollen. — b) Das Fleisch mit je einer Lage dünner Brot- und Speck-**Scheiben** belegen oder nur mit **Brät** (200–300 g mit ca. 1 dl. Milch vermischt) bestreichen und aufrollen.

Gespickter Huftbraten (Bœuf piqué au lard) 673

1–1½ kg Rindshuft mit Knochen
40–60 g Spickspeck
z. Anbraten: 40 g Fett
Gewürz { 1 Essl. Salz, 1 Pr. Pfeffer
        { 1 Pr. Curry od. Kräuterpulver
Bratengarnitur Nr. 879

z. Sauce: 1 Essl. Mehl — evtl. Perlzwiebeln
z. Ablöschen: Bouillon od. Wasser, ca. 4 dl
z. Verfeinern { 1 dl Rahm oder Joghurt
              { evtl. etwas Weisswein
              { oder Zitronensaft

Vorbereiten und **Spicken**: Das Fleisch, wenn nötig häuten, mit Specknägeln spicken nach **Nr. 885**.

Zubereitung des Bratens nach **Nr. 652, im Ofen**. Evtl. 1 Handvoll kleine geschälte Zwiebelchen mitbraten. — **Bratzeit** ca. 1½ Std. Der **Sauce** zuletzt Rahm, Wein usw. beigeben, evtl. noch würzen und passieren. — **Tranchieren** und **Anrichten** siehe **Nr. 654**, evtl. **garniert** mit den gebratenen Zwiebelchen oder mit gefüllten Zwiebeln Nr. 316. — **Servieren** mit Teigwaren oder Kartoffeln und einem Gemüse.

Roastbeef auf englische Art   Bild auf Tafel 28   674

1–1½ kg gut gelagertes Roastbeef
evtl. Bratenknochen z. Sauce
1 Essl. Öl (z. Bestreichen)
Gewürz: 1 Essl. Salz, 1 Pr. Pfeffer

z. Anbraten: 40 g Fett
Bratengarnitur Nr. 879
z. Ablöschen: Bouillon od. Wasser, ca. 3 dl

Vorbereiten: Das Fleisch mit Öl bestreichen. — Unmittelbar vor dem Braten würzen, evtl. rollen und binden. — Die Haut **nicht** ablösen, da sie das Fleisch vor dem Austrocknen schützt.

a) Zubereitung des Bratens nach **Nr. 652** in niederer **Pfanne im Ofen**, evtl. auf die Knochen gelegt. — **b) Zubereitung** auf dem **Rost** nach **Nr. 653**.
Bratzeit ca. **45 Min.** Während dieser Zeit **nicht** ablöschen! Den Fond erst auflösen **nach** dem Herausnehmen des Bratens. — Bei kürzerer Bratzeit ist das Fleisch noch sehr rot, bei längerer ist es durchgebraten.

Tranchieren und **Anrichten** siehe **Nr. 654**. — **Servieren** mit **Garnitur** à la Jardinière (Nr. 855), einem einzelnen Gemüse oder gefüllten Gemüseschälchen (Nr. 858) und Pommes frites oder Chips, Risotto oder (n. engl. Art) Yorkshire Pudding (Nr. 1052).

NB. Übriges Roastbeef eignet sich sehr gut, dünn aufgeschnitten, für kalte Fleischplatten (z.B. Nr. 201) oder für kleines Ragout (Nr. 737).

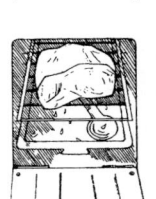

675 Rindsfilet auf englische Art, gespickt (Filet de bœuf à l'anglaise)

1–1¼ kg Rindsfilet (Mittelstück)
evtl. Bratenknochen z. Sauce
1 Essl. Öl (zum Bestreichen)
50–100 g Spickspeck

Gewürz: 1 Essl. Salz, 1 Pr. Pfeffer
z. Begiessen: 50 g Fett
z. Ablöschen: Bouillon od. Wasser, ca. 3 dl

Vorbereiten: Das Fleisch mit Öl bestreichen. — Die glatte Oberhaut sorgfältig abziehen, die Oberfläche mit Speckfäden **spicken** nach **Nr. 885**. — Ist der sogenannte Filetstrang am Fleischstück, dann beim Häuten darauf achten, dass er noch daran hält. — Das Filet evtl. gespickt einkaufen oder es **ungespickt** braten.

a) Zubereitung des Bratens nach **Nr. 652** in niederer **Bratpfanne im Ofen,** evtl. auf die Knochen gelegt. — **b) Zubereitung** auf dem **Rost im Ofen** nach **Nr. 653** (evtl. mit Knochen). — **Bratzeit 16–20 Min.** (je nach Dicke) unter öfterem Begiessen. — Während dieser Zeit **nicht** ablöschen! Den Fond erst **nach** dem Herausnehmen des Bratens auflösen. — **Garprobe** für saignant (rot) gebraten s. Nr. 655.

Tranchieren und **Anrichten** siehe **Nr. 654**. — Filet möglichst knapp vor Essenszeit braten und kurz vor dem Auftragen schneiden, damit es schön rot und saftig bleibt.

Servieren wie Roastbeef **Nr. 674**, mit einer schönen Gemüsegarnitur, Pommes frites usw., evtl. mit einer Sauce Béarnaise (Nr. 562). Verwendung von übrigem Filet siehe NB. von Nr. 674.

676 Châteaubriand garni (Beefsteak double)

700 g Rindsfilet (v. dicken Teil)
1 Essl. Öl (z. Bestreichen)
z. Anbraten: 40 g Kochbutter od. Öl

Gewürz: Salz, 1 Pr. Pfeffer
z. Ablöschen: 1–2 dl Bouillon
evtl. 20 g frische Butter

Vorbereiten: Das Filet querdurch halbieren, beölen und etwas flachklopfen.
Braten in der **Pfanne** nach **Nr. 655** oder auf dem **Grill** nach **Nr. 656**.
Bratzeit 15–20 Min. — Das Fleisch soll innen noch stark **rosa** sein. **Garprobe** siehe Nr. 655.
Anrichten und **Garnieren:** Das Châteaubriand auf eine heisse Platte geben, mit der Bratensauce oder Béarnaise (Nr. 562) überziehen und mit rund ausgestochenen Trüffelscheiben garnieren. Rings um das Fleisch abwechselnd Häufchen von Pommes frites, kleine gedämpfte Tomaten und Bündelchen von Spargelköpfchen geben. — **Servieren** mit dem Rest der Sauce.

NB. Châteaubriand eignet sich gut als **feine Fleischplatte** auch für wenig Personen (rasche Herstellung). — Evtl. direkt vor dem Servieren schrägüber in Scheiben schneiden, evtl. **flambieren** (s. Nr. 677a).

677 Entrecôtes   Bild auf Tafel 29

800 g gut gelagertes Roastbeef
oder 2–3 Entrecôte-Scheiben
1 Essl. Öl (z. Bestreichen)
z. Anbraten: 30 g Kochbutter od. Öl

Gewürz { ½ Essl. Salz, 1 Pr. Pfeffer
        { evtl. etwas Senf (s. NB.)
evtl. z. Sauce { wenig Bouillon
               { Liebig Fleischextrakt

Vorbereiten: Das Roastbeef in 2–3 cm dicke Scheiben schneiden. Die Haut am Rand einigemal einkerben (evtl. das Fett entfernen). Das Fleisch mit Öl bestreichen.
Braten der Entrecôtes a) in der **Pfanne** nach **Nr. 655** od. b) auf dem **Grill** nach **Nr. 656**.
Bratzeit auf starkem Feuer **6–10 Min.**, je nach Dicke. — **Garprobe** siehe Nr. 655. Das Fleisch soll innen noch stark **rosa** (saignant) sein.
Anrichten: Die Entrecôtes schrägüber in schmale Streifen schneiden. Diese wieder zu einem Stück zusammenschieben, evtl. mit Kräuterbutterscheiben (Nr. 607) belegen

oder Béarnaise Nr. 562 (evtl. leichte Schaumsauce Nr. 565) dazu servieren.

Garnitur: Gemüse auf französische Art oder à la Jardinière (Nr. 855) und Pommes frites, oder Reisköpfchen à la Napolitaine (Nr. 864), à la Milanaise (Nr. 863) usw.

NB. Besonders p i k a n t schmecken Entrecôtes, wenn man sie vor dem Braten dünn mit Senf bestreicht. Entrecôtes eignen sich gut als **feine Fleischplatte** für w e n i g Personen (rasche Herstellung). — Hat man mehrere Entrecôtes zu braten, lassen sie sich auf dem Rost im O f e n zubereiten, n. Nr. 653.

Entrecôtes flambées 677a

Zutaten und **Vorbereiten** wie zu Entrecôtes **Nr. 667**. — **Braten** und **Flambieren** direkt in der Pfanne auf dem Rechaud am Tisch, nach **Nr. 655a**. Zum A b l ö s c h e n eine gute Bratensauce bereit halten (evtl. von Bouillon mit Liebig-Fleischextrakt), evtl. ausserdem Kräuterbutter-Scheibchen in einem Schälchen auf Eis. — **Servieren** mit Pommes Chips und einem zarten Gemüse oder Salat.

Entrecôtes Café de Paris 678

Zum **Vorbereiten** das Fleisch mit Öl, etwas Zitronensaft und evtl. mit Senf einreiben.
Zubereitung der Entrecôtes nach **Nr. 677** auf dem **Grill** oder in der **Pfanne**. — Beim **Anrichten** die Entrecôtes mit **Sauce verte chaude** Nr. 561 (3) servieren oder mit (evtl. erwärmter) **Beurre d'éscargot** Nr. 608 (3) überziehen. — Die Platte **garnieren** mit Artischockenböden, gefüllt mit feinen Erbschen oder gedämpften Champignons, daneben Häufchen von Pariser Kartoffeln und frischer Kresse.

Entrecôtes aux morilles 679

Zubereitung der Entrecôtes nach **Nr. 677** in der **Pfanne**. — Zum **Vorbereiten** die Fleischscheiben mit reichlich Senf und etwas Zitronensaft einreiben. — Beim **Anrichten** den aufgelösten Bratenfond zu den Entrecôtes giessen, diese auf der Oberfläche mit **Morcheln** (Morilles), zubereitet nach **Nr. 557** (Champignons à la crème), bestreuen. **Servieren** mit kleinen Bratkartoffeln und frischen Salaten.

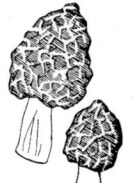

Beefsteaks (garniert auf verschiedene Art) 680

6 Beefsteaks à ca. 150 g (v. Rindsfilet-Mitte) z. Anbraten: 30 g Koch- od. frische Butter
1–2 Essl. Öl (zum Bestreichen)   Salz, Pfeffer — 1–2 dl Bouillon, Liebig-Extrakt

Vorbereiten: Die Beefsteaks evtl. häuten oder die Haut einigemale einschneiden, mit Öl bestreichen. — Wünscht man besonders schön geformte Beefsteaks, dann das Filetstück in Abständen von ca. 3 cm abbinden und zwischen je 2 Schnüren mit scharfem Messer durchschneiden (diese n a c h dem Braten wieder entfernen).
Braten der Beefsteaks in der **Pfanne** nach **Nr. 655** oder auf dem **Grill** nach **Nr. 656**.
Bratzeit 5–7 Min. auf lebhaftem Feuer unter Wenden und Würzen.
Garprobe siehe Nr. 655. Das Fleisch soll innen noch **rosa** (saignant) sein.
Anrichten I. Art: Die Beefsteaks auf eine h e i s s e Platte geben, den aufgelösten Fond würzen und darüber giessen. — **Servieren** mit Pommes frites, Kartoffelstock oder Risotto und Gemüse auf französische Art oder Salat.
II. Art: Die Beefsteaks mit wenig Béarnaise überziehen, jedes mit etwas feingehackter Petersilie bestreuen. Auf die Mitte der Platte in Butter gedämpfte Erbsen anrichten.

III. Art, à la Florentine: Spinat Nr. 449 oder 454 auf eine heisse Platte anrichten. Die Beefsteaks abwechselnd mit Fleurons (Nr. 875) im Kranz darumlegen und auf jedes ein gleich grosses, rund ausgestochenes **Spiegelei** setzen.

IV. Art: Die Beefsteaks im Kranz auf eine heisse Platte anrichten und jedes mit einem Häufchen blättrig geschnittener, gedämpfter **Chamqignons de Paris** (s. NB. v. Nr. 346) belegen. In die Mitte einen **Risotto** anrichten. — Champignons- oder Mousselinesauce dazu servieren.

V. Art. Flambierte Beefsteaks: Vorbereiten nach Angabe S. 229. — Am Tisch direkt auf dem Rechaud braten und dann flambieren nach **Nr. 655a.**

681 Tournedos (Kleine Beefsteaks — garniert auf verschiedene Art)

750 g Rindsfilet (vom dünneren Ende)
1–2 Essl. Öl (z. Bestreichen)
40 g frische Butter, Salz — Croûtons Nr. 876
Weitere **Zutaten** z. Garnitur s. I. u. II. Art

Vorbereiten: Vom Filet gut fingerdicke Scheiben schneiden, sie etwas flachklopfen, mit Öl bestreichen. — **Braten** der Tournedos während **2–4 Min.** in der **Pfanne** nach **Nr. 655** oder auf dem **Grill** nach **Nr. 656.**

Anrichten I. Art, aux fines herbes: Die Tournedos auf die möglichst gleich grossen Croûtons setzen. Sofort mit Kräuterbutter (Nr. 607) bestreichen und mit einem rund ausgestochenen Schinkenscheibchen belegen. Sie im Kranz auf eine heisse Platte geben, in die Mitte einen Berg Pommes pailles oder Ind. Reis anrichten. — **Servieren** mit Salat oder Erbsen oder kleinen gedämpften Tomaten usw.

II. Art, aux Champignons: Die Tournedos auf kleine gebratene Sockel (Plätzchen) von Griess (Nr. 1002) oder Makkaroni (Nr. 1025) setzen und überziehen mit dem aufgelösten Bratenfond. **Garnieren** mit einem schönen Champignonköpfchen. In die Mitte der Platte Champignons à la crème (Nr. 346) anrichten, mit reichlich fein gehackter Petersilie überstreuen.

III. Art. Tournedos riches: Diese sofort nach dem Braten auf grosse, heissgemachte Artischockenböden (aus Büchsen) setzen, mit pikanter Sauce überziehen, mit einem Trüffelscheibchen belegen. — **Sauce:** z. B. leichte Schaumsauce Nr. 565, Sauce aux Crevettes Nr. 566 oder Béarnaise Nr. 562.

IV. Art. Flambierte Tournedos: Vorbereiten nach Angabe oben. — Am Tisch direkt auf dem Rechaud braten und flambieren nach **Nr. 655a.**

Servieren mit Pommes paille Nr. 955 oder Pariser Kartoffeln Nr. 953 sowie mit dem Rest der Sauce und Kopfsalat.

682 Beefsteak tatare

Pro Person: 80–120 g gut gelagertes Rindfleisch ohne Fett; weitere **Zutaten** siehe unten.

Vorbereiten: Das Fleisch fein hacken (evtl. schaben) und mit beölter Hand zu Kugeln formen (je 1 pro Portion), sie etwas flachdrücken. **Anrichten** auf je ein Plättchen. In der Mitte eine kleine Vertiefung machen, mit einem Eidotter belegen und 1 Prise Paprika darauf stäuben. Rings um das Beefsteak ein Kränzchen von feingehackter Zwiebel geben sowie 2-4 Sardellenfilets, ½ Teel. Kapern und nach Belieben einige Oliven. **Servieren** mit Olivenöl, Worcestersauce, Tomaten-Ketchup, Salz und Pfeffer, dazu frischen Toast oder Semmeln.

Mixed Grill sowie -Spiesschen 683

3–6 kleine, dicke Beefsteaks
3–6 Kalbsteaks od. -leberscheibchen
3–6 zarte Hammelcôtelettes
6–12 kleine Bratwürstchen (Cipolata)
1 Kalbs- oder Schweinsniere

100 g dünne Magerspeckscheiben
50 g Kochbutter oder 2 Essl. Öl
4–6 schöne, kleine Tomaten
20 g frische Butter
Salz — evtl. Knoblauch od. Senf

Vorbereiten: Die **Beef-** und **Kalbsteaks** evtl. noch leicht klopfen, mit Öl bestreichen. Die **Côtelettes** zurichten, d.h. die Haut einschneiden, das Fleisch evtl. etwas vom Knochen ablösen, oder sie schon dressiert (evtl. ohne Knochen) einkaufen. Sie mit Knoblauch oder wenig Senf einreiben. — Die **Nieren** in ½ cm dicke Scheiben schneiden.
Dämpfen der **Tomaten:** Sie waschen oder abreiben, halbieren, in eine Gratinplatte legen, Butterstückchen darauf verteilen und im Ofen weichdämpfen (ca. **10 Min.**).
Braten: Die Steaks, Côtelettes, Würstchen, Nierenscheiben usw. auf den heissen Grill legen, alles mit Butter oder Öl bepinseln und unter Wenden und Bepinseln sorgfältig braten, leicht salzen. — **Bratzeit:** Steaks, Côtelettes und Bratwürstchen je **5–7 Min.**, Nierenscheiben **3–5 Min.** (Hat man grössere Portionen zu braten, lassen sie sich auch gut auf dem Rost **im Ofen** zubereiten. — Die **Speckscheiben** zuletzt auflegen und leicht glasig braten. — **Anrichten** der verschiedenen Zutaten auf eine mit Papierserviette belegte h e i s s e Platte, **garnieren** mit den Tomaten und Petersilie (evtl. gebackene, s. Nr. 854). — **Servieren** mit Erbsen, jungen Bohnen oder grünem Salat und Risotto. — **NB.** Für **Spiesschen:** Von den Steaks, Würstchen usw. je eines an lange Wursthölzchen (od. Nadel) stecken, oder vom Metzger richten lassen.

Bœuf Stroganoff (Geschnetzeltes Rindsfilet nach Stroganoff) 684

Anmerkung: Aus dem **dünnsten** Filetteil (evtl. Huft) zubereitet, ist dies ein pikantes, feines Fleischgericht, schnell gemacht und durch die Pilze doch ausgiebig.

400–600 g Rindsfilet -Spitz (od.-Strang)
1–2 Zwiebeln od. Schalotten
200 g Champignons od. Steinpilze
evtl. 2–3 kleine Tomaten
20–40 g Kochbutter

z. Bestreuen: 1 Essl. Mehl
z. Ablöschen { 1 dl Bouillon, 2 Essl. Weisswein
              { 1–1½ dl sauren Rahm
z. Würzen   { Salz, 1 Pr. Cayenne u. Paprika
              { Zitronensaft, 1–2 Teel. Cognac

Vorbereiten: Das Filet wenn nötig häuten und in schmale Streifen oder Scheibchen schneiden. Die Zwiebel fein hacken, die Pilze zurüsten (nach Nr. 345) und blättrig schneiden. Die Tomaten kurz in kochendes Wasser tauchen, schälen und in Würfelchen teilen (Kerne entfernen). — **Dämpfen** der Zwiebeln und Pilze zusammen in etwas Butter, evtl. die Tomaten beigeben, mit wenig Bouillon ablöschen, leicht salzen. **Kochen** während **5–10 Min.** — **Anbraten** der Filetstückchen in wenig, jedoch sehr heisser Kochbutter unter häufigem Wenden und Bestäuben mit dem Mehl. Den Rahm beifügen, kurz aufkochen. **Vermischen** mit den Pilzen, pikant abschmecken. — **Servieren** in einem Reisring, mit kleinen, neuen Kartoffeln oder evtl. nur mit Weissbrot und grünem Salat.

Geschnetzeltes Rindfleisch (Emincée de boeuf) 684a

Zubereitung wie Geschnetzeltes Kalbfleisch **Nr. 738**, jedoch mit **Rindshuft od. -filetspitz**. Evtl. verfeinern mit 1–2 Teel. **Cognac.** — Bei **Verwendung** von weniger zartem Rindfleisch etwas mehr Flüssigkeit dazugiessen und noch **10–15 Min.** l e i s e kochen lassen. — **Servieren** im Polenta- oder Reisring.

685 Panierte Huftplätzchen (Rindsplätzchen — Escalopes de bœuf)

½–¾ kg Huftplätzchen (gut gelagert)
Gewürz: Salz, 1 Pr. Pfeffer, evtl. Senf
Panade Nr. 888
80–100 g Fett oder Öl

evtl.
z. Sauce { 1–2 dl Bouillon od. Wasser
Liebig-Fleischextrakt
evtl. etwas Rahm

z. Garnieren: Zitrone, Petersilie

Zubereitung der Plätzchen nach **Nr. 657**. **Braten** während **4–6 Min.** unter einmaligem Wenden. — Beim **Anrichten** mit Zitronenschnitzen und Petersilie garnieren. **Servieren** mit Saucenkartoffeln od. Kartoffelrösti und Salat, od. Reis und gedämpftem Gemüse.

686 Rindsplätzchen au gratin (Escalopes de bœuf au gratin)

Anmerkung: Eine rasch zubereitete, schmackhafte Platte.

½–¾ kg Rindshuft
z. Anbraten: 50 g Fett
Gewürz { Salz, 1 Pr. Pfeffer
1 Msp. Kräuterpulver

100–150 g Gruyère od. Emmentaler
1 dl Wasser
1 dl Milch oder Rahm
20 g Butter

Vorbereiten: Das **Fleisch** in dünne Plätzchen schneiden, in wenig heissem Fett kurz **anbraten**, leicht würzen. — Den **Käse** in Scheibchen schneiden oder hobeln. **Einfüllen** der beiden Zutaten in die bebutterte Gratinplatte. Wasser und Milch oder Rahm darübergiessen, mit Butterflöckchen belegen. **Gratinieren** ca. **15 Min.** in gut heissem Ofen. — **Servieren** möglichst sofort mit Schalen-, Salzkartoffeln oder Wasserreis und Salat.

687 Huftplätzchen in der Form (Escalopes de bœuf braisées) Eintopf

Anmerkung: Praktisch und schnell in der Zubereitung; sehr schmackhaft, siehe auch II. und III. Art.

400–600 g Rindshuft
100–300 g Magerspeck od. Käse (s. II. Art)
ca. 10 dünne Brotscheiben

z. Anbraten: 30 g Fett
Gewürz: ½ Essl. Salz, 1 Pr. Pfeffer
1–3 dl Bouillon — 1 dl Rahm

Vorbereiten: Das Fleisch in ½ cm dicke, den Speck in dünne Scheiben schneiden. Die Plätzchen in heissem Fett rasch beidseitig **anbraten**, würzen.

Einfüllen der Fleisch-, Brot- und Speckscheiben lagenweise in eine feuerfeste Form (als letztes Speckscheiben). Die Schichten sollen dicht aufeinander liegen. Wenig Bouillon dazu giessen. — **Dämpfen** während **50–60 Min.**, zugedeckt im Ofen oder auf dem Herd. — Etwa 15 Min. vor dem Anrichten den Rahm darüber verteilen. — **Servieren** als **Eintopfgericht** mit grünen oder mit Rohkostsalaten.

II. Art: Statt Speck-, Käse-, evtl. Tomatenscheiben einfüllen. — III. Art: Einfacher: Die Fleischscheiben nicht anbraten, statt Brot-, Kartoffelscheiben, roh oder gekocht, einfüllen.

687a Rindfleisch im Saft (Escalopes de boeuf braisées á l'ancienne)

½–¾ kg Rindsplätzchen (Huft od. Laffe), Salz, 1 Pr. Pfeffer — 2–3 Zwiebeln, gehackt — 50 g Fett

Vorbereiten: Auf den Boden einer Servierkasserolle od. Auflaufform etwas Fett geben, mit einer Lage leicht gewürzter Plätzchen bedecken, mit Zwiebeln bestreuen, wieder mit Plätzchen belegen, und so lagenweise fortfahren, bis alles aufgebraucht ist. Auf die letzte Schicht Fettflöckchen verteilen. Die Form sehr gut **zudecken** (damit kein Dampf entweichen kann!). **Dämpfen** in Mittelhitze **ca. 1 Std.** im Ofen (od. auf dem Herd) — **Servieren** mit Kartoffelstock oder Teigwaren.

Rindfleischvögel (Kleine Rouladen — Paupiettes de bœuf) 688

¾–1 kg Rindshuft*
Gewürz: ¾ Essl. Salz, 1 Pr. Pfeffer
½ Port. Brotfüllung Nr. 880
z. Anbraten: 50 g Fett

Bratengarnitur Nr. 879
z. Sauce: 20 g Mehl
z. Ablöschen: Bouillon od. Wasser, ca. ¾ l
einige Brotkrusten

Vorbereiten und **Füllen:** Das Fleisch quer zur Faser in dünne Scheiben schneiden. Diese klopfen, würzen, mit etwas Füllung bestreichen, aufrollen und binden oder mit Hölzchen zustecken.
Anbraten der Fleischvögel im heissen Fett, bis sie braun sind; sie herausheben.
Sauce: Das Mehl im zurückgebliebenen Fett braun rösten, ablöschen, würzen. Das Fleisch wieder in die Pfanne geben (es soll von der Sauce knapp bedeckt sein). Brotkrusten und Bratengarnitur beifügen. **Dämpfzeit** ca. **45 Min.**, hie und da wenden. Beim **Anrichten** die Fäden (nicht die Hölzchen) entfernen. Die Sauce evtl. passieren. **Servieren** mit Kartoffelstock oder Teigwaren und Salat.
Einfachere Füllung: Je 1 dünne Brotscheibe (ohne Rinde), 1 dünne Speckscheibe und etwas gehackte, gedämpfte Zwiebel auf die Plätzchen geben und aufrollen. — * Huftplätzchen, schon geschnitten, sind im Preis teurer (für kleine Portionen jedoch praktischer).

Gulasch I.-IV. Art 689

¾–1 kg Rinds- od. Hammelshuft
z. Anbraten: 60 g Fett
2–3 Zwiebeln, gehackt
z. Ablöschen: Bouillon od. Wasser, ca. ¾ l

Gewürz { Salz, 1 Lorbeerblatt, 2 Msp. Paprika
         { 2–4 Essl. Tomatenpurée
1 kg Bratkartoffeln nach Nr. 952 (I. Art)
100 g Magerspeckwürfelchen (1 cm gross)

I. Art: Das Fleisch in 2 cm grosse Würfel schneiden, lagenweise in sehr heissem Fett rasch überbraten, die Zwiebel gut mitdünsten, heiss ablöschen, pikant würzen. Tomatenpurée beigeben, bis das Gulasch stark rot ist. **Weichdämpfen** während ca. **45 Min.** — Die **Bratkartoffeln** zubereiten (in 2 cm grosse Würfel geschnitten). — Die **Speckwürfelchen** glasig braten. — Beim **Anrichten** Kartoffeln und Speck sorgfältig unter das Fleisch mischen. — **Servieren** mit grünem Salat.
II. Art als **Eintopfgericht:** Den Speck mit dem Fleisch anbraten. Die **rohen Kartoffelwürfel** ca. 25 Min. vor dem Servieren beigeben und mitdämpfen.
III. Art. Gulasch mit Gemüsen: Statt Tomatenpurée ¾ kg in Scheiben oder Würfel geschnittene Rüben und Sellerie beigeben.
IV. Art. Gulasch mit Brot: Das Fleisch nach I. Art mit reichlich Brühe zubereiten. Keine Kartoffeln beigeben, statt dessen mit dem Speck 250 g Brot, in 2 cm grosse Würfel geschnitten (in etwas Öl überbacken), im letzten Moment unter das Fleisch mischen.

Ungarisches Gulasch (Gulash à l'hongroise et Scegedine) 690

¾ kg Rindfleisch (nicht zu mager)
500–750 g Zwiebeln — 50 g Fett od. Öl
evtl. Peperoni und Tomatenpurée

Gewürz { Salz, 2–4 Teel. Rosenpaprika
         { 1 Pr. Kümmel u. Mayoran
z. Ablöschen: ca. ¾ l heisses Wasser

Vorbereiten: Das Fleisch in etwa 2 cm grosse Würfel, die Zwiebel in dünne Streifen schneiden. — **Dämpfen** der Zwiebel im heissen Fett so lange, bis sie leicht gelb geworden ist. Das Fleisch beigeben und ebenfalls durchdämpfen, mit dem Paprika, Salz und den übrigen Gewürzen bestreuen. — **Ablöschen** mit dem heissen Wasser, abschmecken, nach Belieben etwas Tomatenpurée und gewaschene, entkernte, in feine Streifen geschnittene Peperoni beifügen. — **Garkochen** des Gulasch's auf kleinem Feuer während ca. **2½ Std.** Von Zeit zu Zeit umrühren und wieder etwas Wasser beifügen. Die Flüssigkeit soll zuletzt zu einer seimigen schmackhaften Sauce eingekocht sein. — **Servieren** mit Salzkartoffeln, Hörnli oder Makkaroni.

NB. Für **Szegediner Gulasch** statt Peperoni weichgekochtes **Sauerkraut** und 1 dl. sauren **Rahm** zuletzt unter das Fleisch mischen. Noch ca. 20 Min. mitdämpfen.

691 Rindsragout mit Kräutersauce (Ragoût de bœuf aux fines herbes)

Zubereitung wie weisses Kalbsragout **Nr. 716**, jedoch **Rindshuft** oder **-laffe** verwenden. **Kochzeit 1¼–2 Std.** — Mit dem Fleischsud eine **Kräutersauce** nach Nr. 552 zubereiten. — **Andere** passende **Saucen:** Zwiebel-, Kapern- oder Senfsauce.

692 Braunes Rindsragout (Ragoût brun)

Zubereitung wie braunes Kalbsragout **Nr. 717**, jedoch **Rindshuft** oder **-laffe** verwenden. **Kochzeit 1¾–2 Std.** — Als **Eintopfgericht** 1 kg geschälte **Kartoffeln** mitkochen.

693 Saures Rindsragout (Ragoût mariné)

Zubereitung wie Schweinspfeffer **Nr. 785**, jedoch 1 kg Rindslaffenspitz oder Beinfleisch (Mus) verwenden; kein Blut beigeben. — Das Fleisch ist auch gebeizt erhältlich.

694 Hackbeefsteaks (Frikadellen und sog. Hamburger) I.–III. Art

I. Art: ½–¾ kg Rindfleisch, gehackt
Zwiebel und Petersilie
1–2 Eier od. 1–2 Essl. Sojamehl
50–80 g Brot, 10 g Mehl
Gewürz { ½ Essl. Salz, 1 Pr. Pfeffer
evtl. 1 Msp. Curry
II. Art: je 300 g Rind- u. Schweinefleisch, geh.
die weiteren Zutaten wie zu I. Art

III. Art: ¾ kg Restenfleisch, gehackt
evtl. 1 rohe Bratwurst
die weiteren Zutaten wie zu I. Art
z. Braten: 50–80 g Fett od. Öl
z. Sauce { 1 Essl. Mehl
3–4 dl Bouillon
od. Wasser
Salz, Maggi Würze

Vorbereiten: Das Brot in warmem Wasser einweichen, gut ausdrücken und mit der gehackten Zwiebel und Petersilie in wenig Fett durchdämpfen.
Mischen von Fleisch, Brotmasse, Mehl, Ei oder Sojamehl und Gewürz. — **Formen** der Masse zu Kugeln, diese flachdrücken. Für sog. Hamburger die Masse (ohne Ei zubereitet) dünn und handtellergross formen. — **Braten** der Hackbeefsteaks beidseitig, bis sie schön braun sind **(ca. 10 Min.)**.
Anrichten auf heisser Platte. Zur **Sauce** im Bratfett das Mehl rösten, ablöschen, würzen. — Als **Garnitur** evtl. auf die Hacksteaks geröstete Zwiebelstreifen, Tomaten- oder Eierscheiben, gebratene Apfelringe oder gehacktes Grün geben.

NB. Benötigt man mehr Bratensauce, sie nach Nr. 580 od. mit Saucenwürfeln zubereiten. — Bei **III. Art** evtl. zwischen je 2 dünnere Plätzchen als **Füllung** Käsescheibchen geben. — Die dünnen **Hamburger** schmecken auch gut kalt, mit einem Salatblatt zwischen 2 Toastscheiben gelegt.

Netzwürstchen (Hachis en crépinettes) **695**

Hackfleischmasse von Nr. 668 od. 694 (I. - III. Art) — 1 Stück Schweins-, evtl. Kalbsnetz

Formen der Fleischmasse zu kleinen Würstchen (evtl. mit nassen Händen). Jedes in ein Stück Netz einwickeln. — **Braten** (ca. **10 Min.**) unter sorgfältigem Wenden. **Anrichten** auf einem gedämpften Gemüse oder Reis.

Frikadellen nach sizilianischer Art **696**

500 g gehacktes Fleisch (²/₃ Rind-, ¹/₃ Schweinefleisch od. Geflügel)
100–150 g gekochter Reis (Reste)

1 Zwiebel, etwas Mayoran od. Origano
Gewürz: Salz, Pfeffer, Muskat
Öl z. Braten — 2–3 Orangen, einige Oliven

Vorbereiten: Das gehackte Fleisch mit dem Reis, der abgeriebenen Schale von 1 Orange, der fein gehackten, in wenig Öl gedünsteten Zwiebel und Kräuter, vermischen. Das nötige Gewürz und evtl. 1 Ei beigeben. Aus der Masse handtellergrosse Plätzchen formen. — **Braten** derselben in Öl während **8–10 Min.** Beim **Anrichten** mit je einer nicht zu dünn geschnittenen Orangenscheibe (mit der Schale), in wenig Öl gebraten, belegen, ebenso mit einer halbierten Olive. **Servieren** mit einer Platte verschiedener Salate.

Fleischhaché (Hachis de viande) **697**

Fleischreste od. frisches Hackfleisch od. gemischt (250–500 g)
Zwiebel, Petersilie, evtl. Liebstöckel usw.
30 g Kochfett od. 1–2 Essl. Öl
10–20 g Mehl od. Paniermehl (s. NB.)

z. Ablöschen { Bouillon oder Wasser
evtl. 2–3 Essl. Weisswein
oder etwas Zitronensaft
Gewürz: Salz, Muskat, evtl. Maggi Würze
evtl. z. Beigeben: 1 Tasse voll Sultaninen

Vorbereiten: Das Fleisch evtl. noch hacken, ebenso Zwiebel, Petersilie usw.
Zubereitung: Zuerst Zwiebel und Grünes, dann das Fleisch im Fett dämpfen, mit Mehl oder Paniermehl bestreuen. Ablöschen mit soviel Flüssigkeit, bis das Haché noch dicklich ist. — Kräftig würzen, evtl. die Sultaninen beigeben, ca. **10 Min.** kochen.

NB. Sind die Fleischreste etwas knapp, dann eine Handvoll eingeweichtes Brot oder 1–2 Essl. Haferflocken beigeben, evtl. noch etwas Speck, in Würfelchen geschnitten u. zuerst im Fett glasig gebraten.
Verwendung als Füllung von Omeletten, Kohl usw. oder als Beigabe zu Kartoffeln, Reis oder Teigwaren. — (Siehe auch Verwendungsarten von Fleischresten **Nr. 1763**.)

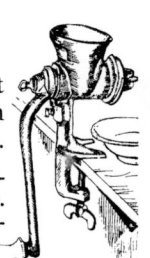

Restenfleisch au gratin (Restes de viande au gratin) **698**

Reste { von Siedefleisch, Zunge, gedämpftem Rindsbraten usw.
100 g Magerspeck — 50–100 g Käse

Béchamelsauce Nr. 553
z. Gratinieren { 20 g Paniermehl
20–30 g Butter

Vorbereiten: Fleisch und Speck in ½ cm dicke, den Käse in dünne Scheibchen schneiden. **Einfüllen** dieser Zutaten schuppenartig in eine gut bebutterte Gratinform. Mit der Sauce überziehen, mit dem Paniermehl und den Butterflöckchen bestreuen. — **Gratinieren** in guter Hitze, bis die Oberfläche goldbraun überbacken ist. — **Servieren** mit Kartoffelstock oder -rösti oder Teigwaren und einem Salat.

(Eine schmackhafte, schnell zubereitete Platte.)

699 Zwiebelfleisch (Restes de bœuf aux oignons)

Reste { von Siedefleisch oder / gedämpftem Rindsbraten usw.
3–4 Zwiebeln
30–50 g Fett od. 2 Essl. Öl
z. Ablöschen: 1–2 dl Wasser od. Bouillon

Gewürz { Salz, Muskat, 1 Pr. Pfeffer / Maggi Würze
Weisse Sauce Nr. 547 oder 549
2–3 Essl. gehackte Petersilie
n. II. Art, au gratin: 20 g Käse, 20 g Butter

Vorbereiten: Fleisch und Zwiebel in dünne Scheiben schneiden. Beides im heissen Fett gut durchdämpfen, ablöschen, würzen, ca. **10 Min.** kochen. Beim **Anrichten,** mit der Sauce übergiessen, mit Petersilie bestreuen. — **Servieren** mit Salz-, Brat- oder Schalenkartoffeln oder Wasserreis und einem Salat.

II. Art: Das Fleisch in einer Gratinform mit der Sauce übergiessen, mit reichlich Petersilie, geriebenem Käse und Butterflöckchen überstreuen, **ca. 15 Min.** gratinieren.

700 Rindsleber mit Zwiebeln (Foie de bœuf aux oignons)

500–800 g Rindsleber – 1 Tasse Milch
2–4 grosse Zwiebeln
z. Anbraten: 30 g Kochfett od. Öl
z. Bestreuen: 20 g Mehl

z. Ablöschen { wenig Bouillon / ½ Glas Rotwein
Gewürz { Salz, Muskat, 1 Pr. Pfeffer / etwas Zitronensaft

Vorbereiten: Die Leber in halb Milch, halb Wasser einlegen (10–20 Min.). Sie häuten, in 2 cm grosse Würfel schneiden, die Zwiebeln in Streifen.

Braten der Leber im heissen Fett auf lebhaftem Feuer, so dass sie rasch braun wird. Die Zwiebeln nach und nach beigeben, gut gelb werden lassen, das Mehl darüber streuen, etwas rösten. Das Gericht ablöschen, aufkochen, kräftig würzen, sofort anrichten. — **Servieren** mit Kartoffelstock und Salat.

701 Rindsleber-Klösse (Knödel — Quenelles de foie)

Zubereitung wie Kalbsleberklösse **Nr. 756,** jedoch 300–400 g **Rindsleber** verwenden; sie sehr gut häuten, auch alle Adern entfernen (resp. die Leber davon abschaben).

702 Kutteln (Tripes) à la mode de Caën

750 g Kutteln
100 g Magerspeck
2 Zwiebeln, 1–2 Lauchstengel
wenig Knoblauch
30 g Kochfett od. Öl

z. Ablöschen { Bouillon, ca. 4 dl / Weisswein, 1–2 dl
Gewürz { 2–3 Essl. Tomatenpurée (s. NB.) / Salz, 1 Pr. Paprika, 1 Lorbeerblatt / Thymian, evtl. 1 Essl. Cognac

Vorbereiten: Die Kutteln waschen (siehe NB.), in ½ cm dicke Streifen, den Speck in Würfelchen schneiden. Zwiebeln und Lauch fein schneiden, den Knoblauch zerdrücken. — **Dämpfen** der vorbereiteten Zutaten im Fett. **Ablöschen** und kräftig würzen. **Kochzeit 2½–3 Std.** (oder im Dampfkochtopf nach Vorschrift). — **Servieren** mit Salzkartoffeln, evtl. Kartoffelrösti oder Wasserreis.

NB. Kutteln (die Magenwände von Rinds- und Kälbermagen) sind gewaschen und gebrüht, auch schon geschnitten vom Metzger erhältlich. Kutteln schmecken auch aufgewärmt sehr gut. — Statt Tomatenpurée evtl. 1–2 Essl. Kümmel beigeben.

Kutteln (Tripes) mit Currysauce oder mit Vinaigrette   703

750 g Kutteln, Salzwasser   Currysauce Nr. 568 od. Vinaigrette Nr. 593

Vorbereiten: Die Kutteln (siehe NB. bei **Nr.** 702) in k o c h e n d e s Salzwasser geben. — **Kochzeit** ca. 3 Std. (oder im Dampfkochtopf nach Vorschrift). — Die Kutteln a b t r o p f e n lassen. — **a)** Sie mit der Currysauce noch einige Minuten durchkochen, wenn nötig noch etwas würzen oder Rahm beigeben. — **b)** Die Kutteln noch **heiss** mit der Vinaigrette vermischen, oder diese dazu geben. **Garnieren** der Platte mit hartgekochten Eiern und Tomatenscheiben. — **Servieren** mit Salzkartoffeln oder Wasserreis.

Pikantes Ochsenschwanzragout   (Braised Oxtail)   703a

Zubereitung wie Ossi bucchi **Nr. 723,** jedoch mit 1–1½ kg **Ochsenschwanz,** in Stücke geschnitten. In der Pfanne zuerst 100–150 g **Magerspeck**-Würfelchen glasig werden lassen, herausnehmen und im ausgetretenen Fett den Ochsenschwanz anbraten. Mit den Kräutern 1–2 Petersilienwurzeln beigeben. — **Dämpfzeit** in gut verschlossener Pfanne (evtl. im Ofen) **ca.** 3 Std. — Damit möglichst wenig Dampf entweichen kann, den Deckelrand mit einem Teigstreifen (od. Mehl mit Wasser dick angerührt) verkleben. — Vor dem **Anrichten** das Ragout kräftig abschmecken mit 2–3 Essl. Madeira, etwas Zitronensaft oder Essig. Die Sauce evtl. durchstreichen (sie soll seimig gebunden sein). — **Servieren** mit Polenta, Knöfli oder Wasserreis.

Ochsenzunge   (Langue de bœuf)   704

1 Ochsenzunge von ca. 1½ kg (aus dem Salz oder geräuchert)

Waschen der Zunge und evtl. w ä s s e r n während 6–12 Std. (je n. Angabe v. Metzger). — **Aufsetzen** mit kaltem, ungesalzenem Wasser und zum Kochen bringen. — **Kochzeit** je nach Grösse, **3–4 Std.** auf kleinerem Feuer (oder im Dampfkochtopf nach Vorschrift). — **Häuten** der Zunge: d. h. die äussere, r a u h e Haut abziehen. Die Zunge zum E r h i t z e n nochmals in den Sud geben. — **Tranchieren,** indem man beim Schlund anfängt. **Anrichten** und mit wenig Zungensud übergiessen. **Servieren** mit sorgfältig gekochten Salzkartoffeln, jungen Bohnen oder Erbsen (diese evtl. als Häufchen um die Zunge gelegt). Als B e i g a b e: Zwiebel-, Kapern- oder Madeirasauce.

NB. Die **Sauce** mit dem **Zungensud** zubereiten. **Reste** von gekochter Zunge eignen sich ausgezeichnet für k a l t e Platten. **Weitere Verwendung** siehe Nr. 705.

Ochsenzunge als Restengerichte   705

Anmerkung: Da Zunge ihres feinen Geschmackes wegen sehr geschätzt wird, ergeben auch **Reste** davon, sorgfältig zubereitet, ausgezeichnete Gerichte.

a) Küchlein: Die Zunge in Scheiben geschnitten, panieren (nach Nr. 888) oder im Ausbackteig Nr. 931 wenden und **schwimmend backen** (s. Nr. 889). — **Servieren** mit Vinaigrette oder einer Tomatensauce.

b) Als Füllung von Pastetchen, Omeletten etc.: Die Zungenreste in Würfelchen schneiden, mit gehackter Zwiebel durchdämpfen, mit wenig Mehl bestäuben. Ablöschen mit dem nötigen Zungensud und verfeinern mit etwas Rahm oder durch **Legieren** mit Eigelb (s. Nr. 546). Mit wenig Zitronensaft und wenn nötig mit Liebig Fleischextrakt abschmecken.

Kalbfleisch

Allgemeines: Kalbfleisch erster Qualität ist blassrot und zartfaserig, fühlt sich fest und kernig (nicht schwammig) an. Es ist nur mit wenig Fett durchwachsen. — Das beste Kalbfleisch liefern 6 Wochen alte, ausschliesslich mit Milch gefütterte Tiere. Gute Qualität: ganz in weisses Fett eingebettete Nieren. — Zu junges Kalbfleisch hat wässeriges, zu leimstoffhaltiges, wenig nahrhaftes Gewebe und fällt beim Braten bes. stark zusammen.

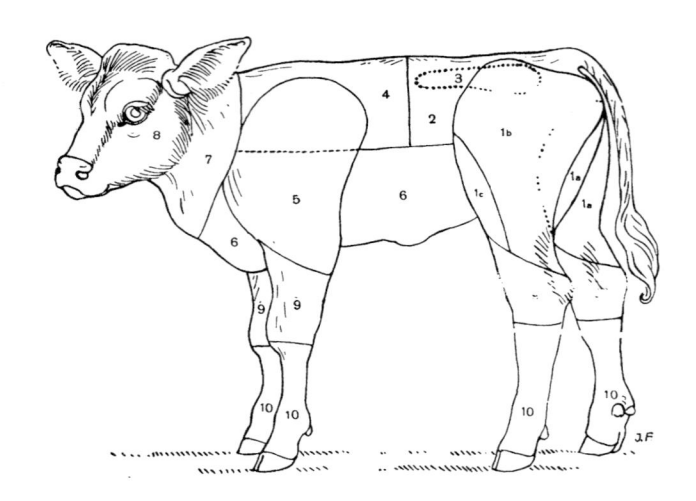

Die Einteilung des Kalbes in die Fleischstücke

I. Zum Braten:

- 1a = Eckstück (Unterspälte, Fricandeau)
- 1b = Stotzen (mit Schlüsselriemen)
- 1c = Nuss (Vorschlag)
- 2 = Nierstück (auch für kleine Côtelettes)
- 3 = Filet (ganz oder zu Steaks)
- 4 = Côtelettesstück (mit Rippen)

II. Zu Braten oder Ragout:

- 5 = Laffe (Schulter)
- 6 = Brust (auch z. Füllen)
- 7 = Hals

III. Zum Kochen:

- 8 = Kopf (zu verschiedenen Gerichten, sowie Presskopf und Sulz)
- 9 = Kalbshaxen (ossi bucchi)
- 10 = Kalbsfüsse (auch zu Sulz und zu Schleimsuppen)

IV. Die Eingeweide (für spezielle Gerichte):

Milken (s. NB.), Hirn, Leber u. Niere — Zunge (z. Sieden) — Kutteln (Magenwand und Gekröse v. d. Därmen) — Lunge und Herz für Ragout (letzteres auch gefüllt und gebraten).

NB. Eine besondere Eigentümlichkeit des Kalbes und jungen Rindes sind die Milken (die sog. Thymus- oder Wachstumsdrüse). Beim ältern Tier (Kuh oder Rind) verschwinden sie nach und nach.

Das Kalbfleisch ist arm an Extraktivstoffen, daher ist sein Aroma, verglichen mit dem des Rindfleisches, bedeutend weniger kräftig, jedoch seiner zarten Faser und seines geringen Fettgehaltes wegen leicht verdaulich und daher auch bevorzugt in der **Krankenküche.**

Kalbsbraten, einfacher (Rôti de veau ménagère) 706

1–1½ kg Kalbsnierstück, -laffe od. -nuss
einige Bratenknochen
Gewürz: 1 Essl. Salz, 1 Pr. Pfeffer
z. Anbraten: 40 g Kochbutter od. -fett

Bratengarnitur Nr. 879
1 Stück Speckschwarte
z. Ablöschen: 2–4 dl Wasser od. Bouillon
evtl. 5 g Kartoffelmehl (z. Sauce)

Vorbereiten: Das Fleisch würzen, evtl. rollen und binden. — **Zubereitung** des Bratens nach **Nr. 651, auf dem Herd** (oder nach **Nr. 652 im Ofen**). **Bratzeit 1–1¼ Std.** (bes. zarte oder kleinere Stücke ca. ¾ Std.). — Das Fleisch hie und da wenden und, sobald alles schön b r a u n ist, von Zeit zu Zeit wenig Flüssigkeit dazu giessen. Die **Sauce** evtl. mit dem Kartoffelmehl (kalt angerührt) binden.

Tranchieren und **Anrichten** siehe **Nr. 654**. — **Servieren** mit Gemüse (evtl. in Sauce) oder Salat und Bratkartoffeln, Kartoffelstock oder Spaghetti.

Kalbsnierenbraten (Longe de veau rôtie) 707

Anmerkung: Dieser Braten gehört zu den etwas teuren, aber beliebten festlichen Platten.

1½ kg Kalbsnierstück m i t der Niere
einige Bratenknochen
Bratengarnitur Nr. 879
Gewürz: 1 Essl. Salz, 1 Pr. Pfeffer

z. Anbraten: 40–70 g Kochbutter od. -fett
z. Ablöschen: 2–4 dl Wasser od. Bouillon
evtl. einige Essl. Rahm
evtl. 5 g Kartoffelmehl (z. Sauce)

Vorbereiten des Fleisches vom Metzger oder das entbeinte Fleisch noch etwas auseinanderschneiden, damit es flacher wird. Würzen, um die Niere rollen und gut zusammenbinden.

Zubereitung des Bratens nach **Nr. 652, im Ofen**. — **Bratzeit** ca. **1¼ Std.** unter öfterem Wenden. Sobald alles schön braun ist (d. h. nach ca. 40 Min.), ablöschen mit w e n i g Flüssigkeit und sorgfältig garbraten. Nach Belieben etwas Rahm beigeben.

Tranchieren und **Anrichten** siehe **Nr. 654**. — Den Braten sehr sorgfältig aufschneiden, damit die Niere nicht herausfällt. N i c h t mit der Gabel einstechen! — Als **Garnitur** passen: Purées à l'Italienne (Nr. 862), Gemüse à la Jardinière (Nr. 855), Gemüsemacédoine (Nr. 856) oder gefüllte Tomaten (Nr. 305). — Die Platte **servieren** mit Bratkartoffeln, Kartoffelstock oder Reis und evtl. noch mit grünem Salat.

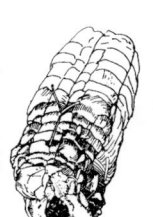

Kalbsbraten gefüllt mit Eiern (Rôti de veau printanier) 708

Zubereitung wie Kalbsnierenbraten **Nr. 707**. Statt mit der Niere, ihn auf folgende Art **füllen:** Das Fleisch möglichst dünn klopfen und würzen. Auf der Innenseite mit **Brät** (200 g, mit ca. 1 dl Bouillon vermischt) bestreichen, mit fein gehackten Kräutern (Kerbel, Petersilie usw.) bestreuen, mit einigen dünnen **Schinkenscheiben** belegen. Der Länge nach 4–6 gekochte, geschälte **Eier** geben (diese an den Spitzen etwas flach abschneiden).

Den Braten sorgfältig aufrollen, so dass der Schinken um die Eier zu liegen kommt, und mit einer dünnen Schnur zunähen. — Beim **Tranchieren** in etwa 1 cm dicke Scheiben schneiden (nicht mit einer Gabel einstechen!) — **Servieren** z. B. mit neuen Kartoffeln und einer Platte frischer Salate oder jungem Gemüse.

709 Kalbsfilet mit Rahmsauce (Filet de veau à la crème)

¾–1 kg Kalbsfilet
evtl. 50 g Spickspeck
Gewürz { ½ Essl. Salz, 1 Pr. Pfeffer
{ evtl. 1 Teel. Senf

z. Anbraten: 40 g Kochbutter
z. Sauce: 1 Essl. Mehl
z. Ablöschen { ca. 3 dl Bouillon
{ 1–2 dl dicken Rahm

Vorbereiten: Vom Filet evtl. die dünne Oberhaut abziehen und mit Speckfäden spicken (nach **Nr. 885**), würzen, evtl. mit Senf bestreichen.

Zubereitung des Bratens nach **Nr. 652, im Ofen.** — **Bratzeit 20–30 Min.**; das Filet herausheben und warmstellen. — **Rahmsauce:** Das Mehl im Bratenfond gelb werden lassen (wenn nötig etwas Fett abgiessen), abwechselnd mit Bouillon und Rahm ablöschen, immer wieder einkochen, bis die Sauce dicklich und hellbraun ist, evtl. noch würzen. — **Tranchieren** (siehe Nr. 654) möglichst kurz vor dem Servieren. (Beim Schneiden am dicken Teil des Filets beginnen. Es darf innen noch leicht **rosa** sein.) —
Servieren z. B. mit Rüben à la Vichy (Nr. 499), Rosen- oder Blumenkohl auf franz. Art und Pariser Kartoffeln oder Kartoffelstock.

NB. Beim Häuten des Filets k e i n Fett entfernen, da es saftig macht.

710 Gefülltes, pikantes Kalbsfilet (Filet de veau farci) I. u. II. Art

Zubereitung wie Kalbsfilet **Nr. 709**, es jedoch zuerst wie folgt vorbereiten.

I. Art: Das Filet der Länge nach auseinander schneiden, würzen und füllen. Das Fleisch darüberdecken und zunähen. — Verwendet wird ½ Port. **Brotfüllung Nr. 880**, vermischt mit 50 g Zunge in Würfelchen geschnitten und 1–2 Cornichons oder Trüffel, gehackt.

II. Art: Das Filet der Länge nach 3–4mal einschneiden, so tief, dass es unten noch gut zusammenhält. Das Fleisch würzen und zwischen die Einschnitte dünne aufgerollte **Schinkentranchen** geben. Diese vorher mit etwas **Brät** (100g) bestreichen und mit Scheibchen von Gewürzgurke belegen. Das Ganze zunähen oder evtl. nur binden. — Zur **Sauce** weniger Rahm, jedoch etwas Weisswein und 2–3 Essl. M a d e i r a geben.

711 Gespicktes Fricandeau (Kalbfleisch als Ofen- oder Rostbraten)

1 kg Fricandeau (Eckstück, untere Spälte)
evtl. einige Kalbsknochen
40–60 g Spickspeck
Bratengarnitur Nr. 879

Gewürz: 1 Essl. Salz, 1 Pr. Pfeffer
z. Übergiessen: 50 g Kochbutter od. -fett
z. Ablöschen { 2–4 dl Bouillon od. Wasser
{ evtl. 1 dl Rahm

Vorbereiten: Vom Fleisch die dünne Oberhaut abziehen, mit Speckfäden spicken (nach Nr. 885), würzen.

Zubereitung des Bratens **a)** in der Pfanne **im Ofen** nach **Nr. 652**, evtl. auf die Knochen gelegt oder **b) auf dem Rost** im Ofen nach **Nr. 653**. — Das Fleisch häufig begiessen, möglichst lange braten, o h n e abzulöschen. Dann der **Sauce** von Zeit zu Zeit wenig Bouillon und evtl. Rahm beigeben. **Bratzeit im Ganzen 1–1¼ Std.**

Tranchieren und **Anrichten** siehe **Nr. 654**. — **Garnitur** z. B.: Gefüllte Tomaten Nr. 305, gedämpfte Pilze Nr. 346 und Kartoffelcroquettes oder Griessgnocchi (Nr. 1005) — Garnitur à l'Italienne Nr. 862 oder à la Jardinière Nr. 855 und evtl. Pommes frites.

Roastbeef auf englische Art Nr. 674, mit Garnitur à la Jardinière Nr. 855 **Tafel 28**

Entrecôtes Nr. 677, belegt mit Kräuterbutter-Scheibchen Nr. 607 – Garnitur: Reisköpfchen à la Napolitaine Nr. 864 **Tafel 29**

Tafel 30   Fricandeau farci Nr. 712, garniert mit gedämpftem Lattich Nr. 457 (II. Art) und Tomaten Nr. 305 (9)

Tafel 31   Leberspiesschen nach Zürcher Art Nr. 753, kleine Bratwürstchen vom Grill Nr. 741 auf gedämpftem Spinat Nr. 449

Fricandeau farci (Gefüllter Kalbsbraten) Bild s. Tafel 30 **712**

1–1½ kg Fricandeau (Eckstück oder
unt. Spälte, der Länge nach geschnitten)
100 g Zungen- oder Schinkenscheiben
100–200 g Bratwurstteig (Brät)
500 g Kalbs-Bratenknochen

Gewürz: 1 Essl. Salz, 1 Pr. Pfeffer
Bratengarnitur Nr. 879, 1 Stück Speckschwarte
z. Übergiessen: 60 g Kochbutter od. -fett
z. Ablöschen: 2–4 dl Bouillon
z. Sauce: evtl. 5 g Kartoffelmehl

Vorbereiten (evtl. vom Metzger richten lassen): Das Fleisch der Faser entlang in ca. ½ cm dicke Scheiben schneiden, jedoch so, dass dieselben unten (durch die Hautschicht) und an beiden Enden noch zusammenhalten.
Füllen: Die einzelnen Scheiben würzen, mit Bratwurstteig bestreichen, mit fingerbreiten Zungen- oder Schinkenstreifen belegen und einrollen. Die Rollen von einer Seite her mit der Dressiernadel auf eine Schnur fassen, in gleicher Weise zurückstechen und die Schnurenden zusammenbinden (dieses Binden 1–2mal wiederholen, je nach Länge des Bratens). — **Zubereitung** des Bratens nach **Nr. 652, im Ofen** (mit Bratengarnitur und Speckschwarte) in einer möglichst weiten Pfanne, evtl. auf die Bratenknochen gelegt. — **Bratzeit** ca. 1¼ Std. in nicht zu heissem Ofen. Nie wenden, häufig begiessen! Möglichst lange braten ohne abzulöschen (ca. ¾ Std.). Wenn nötig mit nassem Papier decken. — Die Sauce evtl. zuletzt mit etwas Kartoffelmehl (kalt angerührt) binden. — **Tranchieren** (quer zu den Rollen) und **Anrichten** siehe **Nr. 654**. Als **Garnitur** passen Lattich od. Broccoli mit Butter und gedämpfte Tomaten oder Gemüse à la Jardinière usw. (siehe auch Angaben bei Nr. 711). — Das Fricandeau direkt vor dem Servieren aufschneiden, damit es saftig bleibt. So zubereitet schmeckt es bes. kräftig und sieht hübsch aus.

Gefüllte Kalbsbrust (Poitrine de veau, farcie) **713**

1–1½ kg Kalbsbrust, ausgebeint
500 g Kalbs-Bratenknochen
Gewürz: ½ Essl. Salz, 1 Pr. Pfeffer
Brotfüllung Nr. 880 od. mit Brät Nr. 881

Bratengarnitur Nr. 879, 1 Stück Speckschwarte
z. Übergiessen: 60 g Kochbutter od. -fett
z. Ablöschen: 2–5 dl Bouillon od. Wasser
z. Sauce: evtl. etwas Rahm, 5 g Kartoffelmehl

Vorbereiten: In die Kalbsbrust, zwischen eine der Haut- und Fleischschichten, bis ca. 1 cm zum Rand eine taschenartige Öffnung einschneiden (od. vom Metzger richten lassen), in- und auswendig würzen. **Füllen,** jedoch so, dass es noch etwas Platz hat zum Aufgehen. Sorgfältig zunähen, indem man die Fleischränder zu äusserst ansticht. **Zubereitung** des Bratens nach **Nr. 652 im Ofen** in einer möglichst weiten Pfanne, evtl. auf die Knochen gelegt. — **Bratzeit** ca. 1¼ Std. — Die Kalbsbrust beim Braten nicht wenden und möglichst lange braten, ohne abzulöschen, d.h. bis sie goldbraun ist (ca. ¾ Std.). Wenn nötig mit Papier decken. Der **Sauce** zuletzt evtl. etwas Rahm beigeben, wenn nötig mit dem kalt angerührte, Kartoffelmehl binden. — **Tranchieren** und **Anrichten** siehe **Nr. 654**. — Die Bratenkruste am besten mit der Schere durchschneiden. **Garnitur** z.B.: Gemüse auf französische Art und Kartoffelbrötchen Nr. 962 oder Kartoffelpastetchen mit Gemüsen Nr. 867 (3) usw.

Kalbfleischvögel (Paupiettes de veau) **714**

Zubereitung wie Rindfleischvögel **Nr. 688**, jedoch mit 6 grossen oder 12 kleinen Kalbsplätzchen (vom Eckstück). — Als Beigabe für die **Sauce** (statt Brotrinden) etwas Zitronensaft oder Weisswein verwenden. — **Servieren** mit Kartoffelstock od. Wasserreis und grünem Salat.

715 Vogelnester (Nids d'oiseau) I. und II. Art

6 grosse Kalbsplätzchen	Bratengarnitur Nr. 879
6 dünne Schinkenscheiben	z. Sauce: 20 g Mehl
6 gekochte Eier	z. Ablöschen: Bouillon oder Wasser
Gewürz: Salz, 1 Pr. Pfeffer, Aromat	z. Beigeben { etwas Zitronensaft
z. Anbraten: 30 g Kochbutter od. -fett	oder 1 dl Weisswein

Vorbereiten, I. Art: Die Plätzchen klopfen, leicht würzen, mit Schinken belegen, je ein geschältes Ei (nur 8 Min. gekocht) darin einwickeln und sorgfältig zunähen.

Überbraten der Rouladen möglichst **heiss**, bis sie goldbraun sind. Bratengarnitur und Mehl beigeben, braun werden lassen. — **Ablöschen** mit **heisser Flüssigkeit**. Zitronensaft oder Weisswein beifügen, würzen. **Weichdämpfen** während **ca. 40 Min.** — Die **Fäden** sorgfältig entfernen. **Anrichten** der Vogelnester, quer oder längs **halbiert**, im Kranz, mit der Schnittfläche nach **oben**, um Spinat (Nr. 449 oder 454) oder um Risotto. (Sollten die runden Vogelnester nicht gut stehen, dann unten etwas flach schneiden.) — Die passierte Sauce und Salat dazu servieren.

II. Art: Statt Kalbsplätzchen, 500 g **Bratwurstteig** verwenden. Die Eier mit Brät umhüllen (evtl. mit nassen Händen) und sorgfältig anbraten. Weitere **Zubereitung** wie oben, **Dämpfzeit** ca. **20 Min.**

716 Weisses Kalbsragout (Voressen — Blanquettes de veau)

1½ kg Kalbsbrust oder -laffe (mit Knochen)	Gewürz: ca. 15 g Salz, evtl. etwas Kerbel
Sud { 1½ l Wasser	Sauce { Bouillon- od. Weissweinsauce
Bouillongarnitur Nr. 878	Nr. 554 und 555 — m. Curry Nr. 568
1 dl Weisswein od. etwas Zitronensaft	Champignonsauce Nr. 557

Sud: Die Zutaten zusammen mit den Knochen aufsetzen, zum Sieden bringen und würzen. — **Das Fleisch** in ca. 4 cm grosse Stücke schneiden und in den **kochenden**, gut gewürzten Sud geben. **Kochzeit** ca. **1 Std.** auf **kleinem Feuer**. — Zur **Saucen**-Zubereitung den **Fleischsud** verwenden.

Anrichten I. Art: Das Fleisch mit der Sauce vermischen, in eine Ragoutschüssel geben, mit gehacktem Grün bestreuen. — **Servieren** mit Salzkartoffeln oder Reis (Nr. 980 oder 982), evtl. Hirse (Nr. 994) und Salat. — **II. Art:** Das Fleisch in einen **Reisring** (nach Nr. 991) geben, mit etwas Sauce überziehen, evtl. gehacktes Grün daraufstreuen und mit den im Sud mitgekochten, in Scheibchen geschnittenen Rüben garnieren. **Servieren** mit dem **Rest** der Sauce und grünem Salat.

717 Braunes Kalbsragout (Fricassée de veau)

1½ kg Kalbsbrust oder -laffe	z. Ablöschen: ca. ¾ l Wasser od. Bouillon
z. Anbraten: 50 g Kochfett	
Bratengarnitur Nr. 879	z. Beigeben { 1 Glas Weisswein
Gewürz: 1 Essl. Salz, 1 Pr. Pfeffer	od. etwas Zitronensaft
z. Binden: 20 g Mehl	etwas Majoran od. Thymian

Vorbereiten: Das Fleisch in ca. 4 cm grosse Stücke schneiden (oder so einkaufen). **Anbraten** derselben in **heissem Fett** auf starkem Feuer (immer nur **eine Lage**) unter sorgfältigem Wenden, bis sie **goldbraun** sind. Die Bratengarnitur kurz mitbraten.

Würzen, mit dem Mehl bestäuben und unter Wenden braun werden lassen. **Ablöschen** mit soviel **heisser** Flüssigkeit, dass das Fleisch **knapp** davon bedeckt ist. Weisswein oder wenig Zitronensaft sowie ein Kräuterzweiglein beigeben. — **Kochzeit** ca. **1 Std.** auf kleinem Feuer. — **Servieren** mit Kartoffeln, Reis oder Teigwaren und grünem Salat.

NB. Das Anbraten des Fleisches soll lagenweise geschehen, damit rasch eine Kruste entsteht, die das Austreten des Saftes verhindert (was das Fleisch hart macht!). Das Mehl so braun rösten wie die Farbe der Fleischkruste. (Nicht schön geröstet, wird die Sauce grau und unansehnlich! Evtl. etwas Zuckercouleur od. gebräunte Zwiebel beigeben.)

Kalbsragout mit Rahmsauce (Fricassée à la crème) 718

Zubereitung wie braunes Ragout **Nr. 717**. — Der **Sauce** jedoch von Zeit zu Zeit etwas Rahm (ca. 2 dl) beigeben (keinen Weisswein verwenden).

Kalbsragout à la Provençale (Fricassée provençale) 719

Braunes Kalbsragout nach Nr. 717
1 kleine Sellerieknolle, 3–6 Rüben
4–6 kleine, feste Tomaten
z. Bestreuen: 1 Tasse Erbsen (evtl. Frisco)

Dem **Ragout** vor dem Ablöschen die zugerüsteten, in 2 cm grosse Würfel geschnittenen Sellerie und Rüben beigeben. Die Tomaten kurz in kochendes Wasser tauchen, schälen, in Schnitze schneiden und zuletzt im Ragout mitkochen. — Beim **Anrichten** mit den möglichst frisch gekochten grünen Erbsen überstreuen. — **Servieren** mit kleinen gekochten Kartoffeln oder Polenta.

Kalbsragout auf Italienische Art (Fricassée à l'Italienne) 720

Braunes Kalbsragout nach Nr. 717
100 g Magerspeck-Würfelchen
2–3 Essl. Tomatenpurée
ca. 20 kleine Zwiebelchen
4–6 Essl. Öl
z. Garnieren: Croûtons Nr. 876

Zubereitung wie Ragout **Nr. 717** (evtl. ohne Mehl). — Zum Anbraten des Fleisches Öl verwenden. Vor dem Ablöschen den Speck kurz mitbraten. Das Tomatenpurée mit dem Gewürz beigeben. Die Zwiebelchen schälen, in Öl braten, bis sie bräunlich und glänzend aussehen. Sie unmittelbar vor dem **Anrichten** mit dem Ragout vermischen. Dasselbe mit den Croûtons garnieren. — **Servieren** mit Risotto, Teigwaren oder Griessgnocchi und grünem Salat.

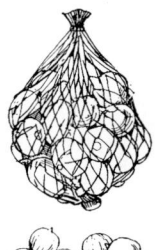

Frikassee nach Grossmutter-Art (Sauté de veau à la grand-mère) 721

1½ kg Kalbsbrust od. -laffe
z. Anbraten: 50 g Kochbutter od. -fett
20 g Mehl — 1 Essl. Salz, 1 Pr. Pfeffer
1 Zwiebel — 200 g Champignons
1 Sträusschen Kräuter — 1 Lorbeerblatt
z. Legieren: 1 Eigelb, 3–5 Essl. Rahm
z. Ablöschen { 1–2 dl Weisswein
ca. ¾ l Wasser od. Bouillon

Vorbereiten: Das Fleisch in 3–4 cm grosse Würfel schneiden, die Zwiebel in feine Streifen, die zugerüsteten Pilze in Scheibchen.

Anbraten: Die Fleischstücke in Mehl drehen und in gut erhitzter Kochbutter (oder Fett) unter raschem Wenden und Würzen leicht bräunen. Zwiebel und Pilze beigeben und mitdünsten, bis sie etwas zusammengefallen sind. — **Ablöschen** mit dem Weisswein und diesen vollständig eindämpfen lassen. Dann soviel Flüssigkeit beigeben, bis das Fleisch knapp davon bedeckt ist. Das Kräuterbündelchen, Lorbeer und wenn nötig noch Gewürz beigeben. — **Kochzeit** ca. **1 Std.** auf kleinem Feuer. Kurz vor dem **Anrichten** die Kräuter herausnehmen, Rahm und Eigelb zusammen verrühren und sorgfältig unter das Ragout mischen. — **Servieren** in einem gebackenen Nudel- oder Kartoffelring (Nr. 1029 und 973) mit Salat.

722 Kalbscurry (Curry de veau) I. und II. Art

I. Art: Weisses Kalbsragout **Nr. 716** zubereiten, mit **Curry**-Sauce (**Nr. 568,** 1. Art) vermischen und noch 5–10 Min. kochen. — Evtl. halb Kalb-, halb Schweinefleisch verwenden (1¼ Std. Kochzeit).

II. Art: Braunes Kalbsragout **Nr. 717** zubereiten, mit 2–3 Essl. Currypulver würzen, evtl. 1 Apfel oder Banane, in Würfelchen geschnitten, mitkochen. — Beim **Anrichten** garnieren mit Apfelringen oder halbierten Bananen (beides in Butter gebraten) und evtl. bestreuen mit gehackter Petersilie. — **Servieren** mit Wasserreis (Nr. 982) oder Indischem Reis (Nr. 980) und grünem Salat.

723 Ossi bucchi (Kalbshaxen, gebraten)

6 Kalbshaxen-Stücke, 4–5 cm dick	Kräuter ⎰ Rosmarin, Basilikum, Majoran
Gewürz: Salz, 1 Pr. Pfeffer, evtl. Paprika	s. NB. ⎱ Thymian, 1 Nelke, 1 Lorbeerblatt
z. Wenden: 20 g Mehl	
z. Anbraten: 50 g Kochbutter od. Öl	z. Ablöschen ⎰ 1 dl Weisswein
1 Zwiebel, wenig Knoblauch	⎱ 3–5 dl Bouillon (evtl. Knorr)
2 Rüben, 1 kleine Sellerie, 1 kl. Lauch	z. Verfeinern: etwas sauren Rahm
2–3 Tomaten od. -purée	z. Bestreuen: Zitronenschale, Petersilie

Vorbereiten: Die Zwiebel sowie die Gemüse in feine Streifen oder Scheibchen schneiden. — Die Fleischstücke mit Salz, Pfeffer und evtl. einer Prise Paprika einreiben, in Mehl wenden.
Anbraten des Fleisches möglichst heiss, bis es schön goldbraun ist, herausheben und warmstellen. Im übrigen Fett alle Gemüse und die Kräuter gut durchdämpfen. Die Ossi bucchi wieder dazu legen, Wein beigeben und auf lebhaftem Feuer eindämpfen lassen. **Ablöschen** mit der Bouillon, wenn nötig noch würzen, die Pfanne gut zudecken. **Kochzeit** ca. 1½ **Std.** — Die Sauce mit dem Rahm verfeinern, evtl. durchsieben und mit den Ossi bucchi anrichten. Bestreuen mit 1 Essl. sehr fein geschnittener Zitronenschale und gehackter Petersilie. **Servieren** mit Risotto oder Teigwaren und grünem Salat.
NB. Ossi bucchi haben ziemlich viel Knochen, deshalb etwas reichlich Fleisch berechnen. Sie werden besonders schmackhaft mit vielerlei Kräutern zubereitet, jedoch nur wenig vom einzelnen verwenden.

724 Rahmschnitzel (Escalopes de veau à la crème)

12 Kalbsplätzchen (v. Schlüsselriemen od. Filet)	z. Braten: 30 g Kochbutter
z. Beträufeln: Zitronensaft oder Cognac	1–2 dl Bouillon (evtl. v. Knorr), 1–2 dl Rahm
z. Wenden: evtl. 1 Ei, gut verklopft (s. NB.)	z. Binden: 1 Msp. Kartoffelmehl
ca. 3 Essl. Mehl mit etwas Salz	z. Würzen: Salz, 1 Pr. Pfeffer u. Paprika

Vorbereiten: Die Plätzchen leicht klopfen, evtl. die Haut am Rand einschneiden. Sie mit Zitronensaft oder Cognac beträufeln und zugedeckt ca. 15 Min. stehen lassen.
Braten der im Mehl gewendeten Plätzchen in der heissen Butter während ca. **5 Min.**,

beidseitig, bis sie gelb sind, herausheben und warmstellen. — **Sauce:** Den Fond mit der Bouillon auflösen, etwas einkochen, mit dem Kartoffelmehl (kalt angerührt) binden. Den Rahm beifügen, wieder einkochen, bis die Sauce dicklich und glänzend ist, würzen. Die Plätzchen nochmals in die Sauce legen und sorgfältig erhitzen bis vors Kochen (ca. 2 Min.). **Anrichten,** mit der Sauce überziehen, mit einer Prise Paprika bestäuben. — **Servieren** z. B. mit gedämpften Erbsen und Kartoffelcroquettes Nr. 958, Trockenreis oder Risotto, evtl. mit grünem Salat.

NB. Bes. fein werden die Rahmschnitzel, wenn man sie zuerst in **Ei** und dann in Mehl wendet.

Kalbsplätzchen mit Champignonsauce (Mignons de veau parisiens) 725

½–¾ kg Kalbsfilet
50 g Spickspeck
Gewürz: Salz, 1 Pr. Pfeffer

40 g Kochbutter
2–3 dl Bouillon (od. Wasser), 2 dl Rahm
2 Essl. Madeira, 1 kl. Büchse Champignons

Vorbereiten: Vom Filet gut 2 cm dicke Plätzchen schneiden. Diese etwas flach klopfen und mit 2–3 Speckfäden spicken (n. Nr. 885). — **Braten:** Die Plätzchen würzen, in heisser Kochbutter beidseitig gelbbraun überbraten und auf kleinerem Feuer weich werden lassen (ca. **5 Min.**). — **Anrichten** auf eine heisse Platte.

Sauce: Den Fond mit wenig Bouillon auflösen, etwas Rahm beigeben, einkochen lassen. Wieder mit Bouillon und Rahm verdünnen, einkochen lassen und so weiterfahren, bis die Sauce dicklich und glänzend ist. Madeira und Gewürz beigeben. Die Champignons in feine Scheibchen schneiden und zur Sauce mischen, die Plätzchen damit überziehen. — **Servieren** wie Kalbsplätzchen Nr. 724, oder jedes Plätzchen auf ein **Makkaroni-** oder **Reisküchlein** (Nr. 1025 und 995) oder auf halbe gedämpfte **Tomaten** setzen und kranzartig um Erbsen oder Spinat anrichten.

Piccata alla Ticinese (Kalbsplätzchen nach Tessiner Art) 726

6–12 kleine Kalbsplätzchen
Gewürz { Salz, 1 Pr. Pfeffer
{ Zitronensaft — etwas Rahm
z. Wenden: 2–3 Essl. Mehl, 1 Ei

z. Braten: Kochbutter
250 g Steinpilze (evtl Champignons)
50 g Schinkenwürfelchen — Kräuter, gehackt
Maisplätzchen s. Nr. 1002

Vorbereiten: Die Fleischplätzchen evtl. noch leicht klopfen, mit Zitronensaft einreiben und etwas liegen lassen. — Den **Mais** in der Grösse und Anzahl der Kalbsplätzchen ausstechen, beidseitig braten und warmstellen. — Die **Pilze** zurüsten (n. Nr. 345), in Scheibchen schneiden, in wenig Butter dünsten, leicht salzen, ca. 10 Min. dämpfen. Die Schinkenwürfelchen und die Kräuter daruntermischen, kurz mitkochen.

Zubereiten der Piccata: Die Fleischplätzchen würzen, in Mehl, dann im verklopften Ei wenden und in Kochbutter beidseitig während **4–6 Min. braten.** Sie auf je ein Maisküchlein setzen, mit der Pilzmischung dick belegen. **Anrichten** um junge grüne **Bohnen** (n. Nr. 484). Den **Fond** der Fleischplätzchen mit etwas Bouillon auflösen, mit Rahm und Gewürz vermischen, darüber verteilen.

727 Kalbsplätzchen au gratin (Mignons de veau à la Florentine)

½–¾ kg Kalbsschlüsselriemen
Gewürz: Salz, 1 Pr. Pfeffer
z. Braten: 60 g Kochbutter

Käsemasse { 20 g Mehl, ½ dl Milch
1–2 Eigelb, 30 g Sbrinz
z. Bepinseln: 1 Eiweiss

Käsemasse: Mehl und Milch unter Rühren aufkochen, mit dem Eigelb, geriebenem Käse und evtl. Salz vermischen. Auf kleinem Feuer rühren, bis die Masse **dick** ist.

Das Fleisch evtl. häuten, in 1 cm dicke Plätzchen schneiden, leicht klopfen, würzen und in heisser Kochbutter beidseitig braten (ca. **4 Min.**). — Die Plätzchen auf einer Seite mit der Käsemasse ca. 1 cm dick bestreichen, die Oberfläche mit Eiweiss bepinseln. In eine Gratinplatte legen, mit heisser Butter übergiessen und in guter Oberhitze im Ofen rasch goldgelb gratinieren. — **Anrichten** der Plätzchen im Kranz auf gedämpftem Spinat. **Servieren** mit Risotto oder kleinen Salzkartoffeln.

NB. Statt die Plätzchen zu gratinieren, sie, mit der bestrichenen Seite nach unten, in der Pfanne in heisser Butter sorgfältig gelb überbraten.

728 Kalbsplätzchen alla Toscana (Steaks de veau Toscana)

6–12 kleine Kalbsplätzchen
z. Braten: 50–80 g Kochbutter
3–4 Schinkenscheiben, ½ cm dick
ca. 150 g Gruyèrekäse in Scheiben

Gewürz: Salz, Majoranpulver
1 Port. gedämpften Spinat Nr. 449
z. Übergiessen: 1–2 dl Rahm
2–4 Msp. Paprika

Vorbereiten: Die Fleischplätzchen leicht klopfen, würzen, kurz überbraten. Den Schinken in der Grösse der Plätzchen ausstechen, ebenso den Käse.

Zum **Gratinieren** den Spinat in eine Chromstahl- oder Gratinplatte geben. Je 1 Fleisch-, Schinken- und Käsescheibchen aufeinandersetzen und auf dem Spinat verteilen. Den Rahm darüber giessen. Auf jedes Plätzchen etwas Paprika streuen. In guter Oberhitze **überbacken**, bis der Käse leicht geschmolzen ist. — **Servieren** mit Nudeln in Butter oder Risotto.

729 Saltimbocca (Kalbsschnitzel Italienische Art)

6–12 dünne Kalbsplätzchen (s. NB.)
6–9 Speckscheibchen
einige Salbeiblätter

z. Einreiben: Majoranpulver, Zitronensaft
z. Wenden: 3 Essl. Mehl, etwas Salz
z. Braten: Kochbutter od. Öl

Vorbereiten: Die Haut der Plätzchen am Rand einschneiden, sie wenn nötig noch etwas klopfen. Einreiben mit Majoran und Zitronensaft und einige Minuten liegen lassen. Dann mit einem kleinen Salbeiblatt und einem Speckscheibchen, in der Grösse der Plätzchen, bestecken (mit Küchenhölzchen). Wenden in Mehl, mit etwas Salz vermischt.

Braten der Saltimbocca in Kochbutter, beidseitig während **3–5 Min.** unter Wenden. Sofort **anrichten** auf Risotto oder um ein Gemüse und servieren mit grünem Salat.

NB. II. Art: Die Plätzchen möglichst dünn klopfen, nach dem Würzen die eine Hälfte belegen, dann überschlagen und zustecken. — **Alla Romana:** je ein kleines dünnes Kalbs- und Schweinsplätzchen (mit Speckscheibchen und Salbei dazwischen) aufeinanderstecken.

Kleine Kalbsröllchen (Paupiettes de veau valaisannes) 730

6 dünne Kalbsplätzchen
6 Rohschinkenscheiben
1–2 rohe Bratwürste
1 kleine Büchse Spargeln

Gewürz: Salz, 1 Pr. Pfeffer
z. Braten: Kochbutter
10 g Mehl
Bouillon, ca. 3 dl — 1 dl Rahm

Vorbereiten: Die Plätzchen wenn nötig noch klopfen (sie sollten sehr dünn sein), mit Gewürz einreiben, mit Schinken bedecken. Wenig Brät daraufstreichen und mit 1–3 Spargeln (je nach Dicke) belegen, aufrollen und mit einem Hölzchen zustecken. **Anbraten** der Röllchen in Kochbutter, das Mehl darüberstäuben, ebenfalls bräunen. **Ablöschen** mit Bouillon, evtl. noch würzen, mit Rahm verfeinern. **Dämpfen** während ca. **15 Min.** — **Anrichten** auf grünen Nudeln und **servieren** mit Tomatensalat.

Panierte Kalbsplätzchen und Wienerschnitzel (Escalopes de veau) 731

6–9 dünne Kalbsplätzchen
Gewürz { Salz, 1 Pr. Pfeffer / Zitronensaft
Panade Nr. 888

z. Braten: 80–100 g Kochbutter od. Öl

für **Wienerschnitzel**: (v. Fricandeau)
Panade { 20–30 g Mehl / 1 Ei verklopft mit je 1 Essl. Öl und Wasser / 50–80 g feines Paniermehl
z. Garnieren: Zitrone, Petersilie

Zubereitung der Plätzchen nach **Nr. 657** (Braten kleiner **panierter** Fleischstücke). — **Wienerschnitzel** (n. d. Vorbereiten) zuerst in Mehl, dann im verklopften Ei und im Paniermehl wenden. Dieses zuletzt mit der flachen Hand leicht andrücken. — **Bratzeit** ca. **4 Min.**, halbschwimmend unter einmaligem Wenden. **Anrichten** auf eine heisse Platte, **garnieren** mit Petersilie, Zitronenschnitzen oder -scheibchen (evtl. mit Kapern u. etwas Sardelle belegt) oder «à l'Italienne» mit Oliven und Tomatenscheiben. — **Servieren** mit neuen gekochten Kartoffeln, Teigwaren oder Reis und Salat oder Gemüse (gedämpft oder mit Sauce).

Kalbscôtelettes, nature oder paniert 732

6 Kalbscôtelettes
Gewürz: Salz, 1 Pr. Pfeffer
für I. Art: Kochbutter z. Braten

f. II. Art { Panade Nr. 888 / z. Braten: Öl od. Fett
z. Garnieren: Zitrone, Petersilie

Zubereitung der Côtelettes **I. Art, nature** nach **Nr. 655** (Braten kleiner Fleischstücke in der Pfanne). Beim Anrichten die restliche Butter darübergiessen.
II. Art, nach **Nr. 657** (Braten kleiner, **panierter** Fleischstücke). — **Bratzeit 8–10 Min.** halbschwimmend unter Wenden, bis die Côtelettes weich, goldbraun und leicht krustig geworden sind. — (Nicht zu heiss braten, da sie sonst austrocknen und hart werden!) Beim **Anrichten** (von I. und II. Art) mit Zitronenschnitzen oder -scheibchen und Petersilie garnieren; evtl. kleine Papiermanchetten an die Knochen stecken. — **Servieren** wie Kalbsplätzchen Nr. 731 oder Côtelettes Nr. 733.

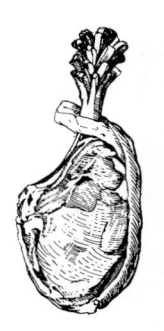

Kalbscôtelettes oder -plätzchen à la Milanaise 733

6 kleine Kalbscôtelettes od. -plätzchen — Gewürz — Öl zum Braten — evtl. **Garnitur:** siehe unten
Panade: 20 g Mehl — 1 Ei, 1–2 Essl. Milch — 30 g helles Paniermehl mit 30 g Parmesan od. Sbrinz.
Zubereitung nach **Nr. 657** (Braten kleiner, **panierter** Fleischstücke). — Diese vor dem

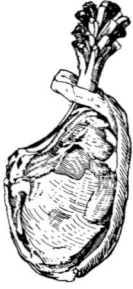

Panieren zuerst bemehlen, jedoch wieder gut abschütteln. — **Käsepanade** soll hell u. fein sein. **Bratzeit**: Plätzchen ca. **6 Min.** Côtelettes **10–12 Min.**, unter 1maligem Wenden. — Beim **Anrichten** garnieren mit Zitronenscheibchen und viel Petersilie od. Kresse. — Als bes. festliche Platte: in die Mitte Blumenkohl à la Polonaise Nr. 471 (2.) geben, darum einen Kranz von Erbsen oder Kresse, darauf die gebackenen Plätzchen oder Côtelettes legen. — **Servieren** mit Hollandaise Nr. 560 oder Schaumsauce Nr. 565, dazu kleine gekochte Kartoffeln, Nudeln oder Indischen Reis.

NB. Bei Côtelettes zum Servieren evtl. kleine **Papiermanchetten** an die Knochen stecken.

734 Côtelettes à la Zingara

6 Kalbs- od. Schweinscôtelettes
Gewürz: Salz, 2–3 Pr. Paprika
z. Wenden: 20–30 g Mehl
z. Braten: Kochbutter od. Öl

z. Garnitur
100 g Champignons u. Morcheln
1–2 Trüffeln — evtl. 1 Peperone
100 g Schinken u. Zunge
1 Gewürzgurke, 30 g Butter

Vorbereiten: Die Haut der Côtelettes am Rand etwas einkerben, sie leicht flach klopfen, würzen und in Mehl wenden. **Braten** der Côtelettes in der Kochbutter beidseitig während ca. **18 Min.** (Schweinscôtelettes etwas länger). — Zur **Garnitur** die Zutaten in ca. 2 mm dicke Streifchen (Julienne) schneiden. In der Butter unter Wenden rasch durchdünsten, mit 1 Pr. Salz und etwas Paprika bestreuen.

Beim **Anrichten** die Côtelettes auf eine heisse Platte geben, den Bratenfond mit wenig Bouillon auflösen und dazugiessen. Die Julienne «à la Zingara» auf dem Fleisch verteilen. — **Servieren** mit Bratkartoffeln oder Pommes frites und grünem Salat.

735 Côtelettes auf pikante Art (Côtelettes riches farcies)

6 Kalbs- od. Schweinscôtelettes
Gewürz: Salz, Zitronensaft
z. Wenden: 2–3 Essl. Mehl, 1 Teel. Paprika
z. Braten: Kochbutter od. Öl

z. Füllen
100 g Steinpilze
100 g Beinschinken
50 g Gruyèrekäse

z. Garnieren: Petersilie, Zitrone

Vorbereiten: Die Haut der Côtelettes am Rand etwas einkerben und mit einem scharfen kleinen Messer seitlich so einschneiden, dass eine taschenartige Öffnung entsteht. Mit Salz und Zitronensaft einreiben. — Zur **Füllung** die Pilze zurüsten (n. Nr. 345), in ½ cm grosse Würfelchen schneiden, ebenso den Schinken und Käse. Alles vermischen und in die Côtelettes geben, am Rand mit einem Hölzchen zustecken. Wenden in dem mit Paprika gut vermischten Mehl. **Braten** während **15–20 Min.**, nicht zu heiss (siehe **Nr. 655**) auf beiden Seiten unter sorgfältigem Wenden.

Servieren mit Teigwaren oder Kartoffelstock und grünem Salat.

736 Schnitzel Cordon bleu (Escalopes et côtelettes de veau farcies)

Anmerkung: Schnitzel Cordon bleu gelten als besonders reiche Fleischplatte.

6 schöne Kalbsplätzchen, ca. 1 cm dick
(evtl. Kalbs- oder Schweinscôtelettes)
Gewürz { Salz, 1 Pr. Pfeffer
{ Zitronensaft

z. Füllen { 150 g Gruyère od. Emmentaler
{ 3–6 Schinkenscheiben (s. NB.)
Panade Nr. 888 (s. NB.) — 2–3 Essl. Mehl
z. Braten: Kochbutter od. Öl

Vorbereiten (am besten vom Metzger richten lassen): Die Plätzchen mit scharfem Messer sorgfältig bis zur Hautseite einschneiden (Côtelettes bis zum Knochen) und mit dem Gewürz einreiben. **Füllen,** indem man die untere Fleischschicht mit einer Lage dünner

Käse- und einer Schinkenscheibe belegt, jedoch so, dass ein ca. 1 cm breiter Rand frei bleibt (ihn evtl. mit Eiweiss bepinseln). Die obere Fleischscheibe darüberlegen und am Rand gut andrücken. Die Schnitzel zuerst sorgfältig in Mehl wenden, dann panieren (n. Nr. 888). — **Braten,** halbschwimmend (Plätzchen **8–10 Min.** — Côtelettes ca. **18 Min.**) sorgfältig, unter einmaligem Wenden. — **Anrichten** wie Kalbscôtelettes à la Milanaise **Nr. 733** oder **servieren** mit Rübchen à la Vichy, jungen Bohnen und Teigwaren, Reis oder kleinen Salzkartoffeln oder mit einer gemischten Salatplatte.

NB. Statt in Panade, das Fleisch direkt vor dem Braten in folgendem **Teiglein** wenden: 10 g Mehl, 1 dl Milch, 1 Ei, 1 Pr. Salz (zusammen gut ver klopft). — **Andere Art:** als dritte Lage dünn geschnittene **Ananas**-Scheibchen miteinfüllen.

Feines Kalbsragout als Füllung (Ragoût fin) für Pastetchen, Omelettes usw. 737

250 g zartes Kalbfleisch (Filet oder Spälte)
wenig Zwiebel u. Petersilie, fein gehackt
30 g Kochbutter
10–20 g Mehl

z. Ablöschen: ca. 3 dl Knorr Hühnerbouillon
Gewürz { Zitrone, Salz, Muskat, Aromat
{ Liebig-Fleischextrakt
evtl. z. Legieren: 1 Eigelb, 2–4 Essl. Rahm

Zubereitung: Das Fleisch in 1 cm grosse Würfelchen schneiden und in der heissen Butter leicht gelb überbraten. Zwiebel und Petersilie kurz mitdämpfen, das Mehl darüberstreuen, nach und nach ablöschen, würzen. — **Kochzeit** ca. **20 Min.** auf kleinem Feuer. Das Ragout evtl. legieren, indem man Eigelb und Rahm (gut verklopft) sorgfältig einrührt. (Im Wasserbad warm halten.)

NB. 1 Tasse voll Champignons verfeinert den Geschmack des Ragouts. — Sehr gut lassen sich auch **Braten-** oder **Geflügelreste** sowie gekochter **Schinken** und **Zunge** verwenden. Als Füllung für kleine gedeckte **Fleischpastetchen** (Nr. 900) die Masse, nur kurz aufgekocht, verwenden.

Geschnetzeltes Kalbfleisch (Emincé de veau) I.—III. Art 738

500–750 g Kalbsfilet od. Fricandeau
wenig Zwiebel, fein gehackt
ca. 40 g Kochfett

5–10 g Mehl
je 1 dl Weisswein u. Bouillon
Salz, evtl. Pfeffer, 2–4 Essl. Rahm

Vorbereiten: Das Fleisch häuten und mit einem scharfen Messer der Länge nach in 2 cm breite Streifen, diese quer zur Faser in dünne Scheibchen schneiden (oder das Fleisch geschnetzelt einkaufen). — **Zubereitung:** Das Fett gut erhitzen, Fleisch und Zwiebel hineingeben, dann auf starkem Feuer rasch wenden und braten, bis das Fleisch weisslich bis leicht gelb aussieht. Das Mehl darüberstäuben, mit der Flüssigkeit ablöschen, noch **2–3 Min. dämpfen.** Das Gericht würzen, mit Rahm verfeinern, sofort anrichten.

Servieren im Reisring (Nr. 991), mit Kartoffelstock oder Rösti und Salat, nach **Zürcher Art** mit Hörnli und Apfelmus.

II. Art: Dem Kalbfleisch direkt vor dem Servieren 1 kleines Büchschen **Champignons** (evtl. auch **Crevettes**) beides klein geschnitten, beimischen.

III. Art, flambiert: Das Geschnetzelte sofort nach dem Überbraten mit 1 Gläschen **Cognac** übergiessen und flambieren. Nachher fertig machen wie oben. — Gleiche Zubereitung auch mit halb Kalbfleisch, halb **Kalbsniere** (s. auch **Nr. 751**).

NB. Geschnetzeltes in der **Omelettenpfanne** und möglichst rasch zubereiten und servieren, da es sonst hart wird.

739 Riz Colonial (Indischer Reis mit Fleisch und Früchten) Siehe Tafel 36

250–300 g Kalbs- od. Schweinsfilet	2–4 Orangen, 2–4 Bananen, 50 g Sultaninen
250–300 g Rindsfilet od. -huft	je 1 kl. Büchse Ananas u. Herzkirschen
300 g Solefilets od. 200 g Crevettes	1–2 dl Rahm
1 Zwiebel, etwas Knoblauch	30 g Pinienkerne od. Mandeln
je 1 grüne und rote Peperoni	
2–3 Essl. Öl, 50–80 g Kochbutter	Indischer Reis Nr. 980
z. A b l ö s c h e n : 3–4 dl Knorr Bouillon	Currysauce Nr. 568 (im Wasserbad warmhalten)
Gewürz: Salz, 1 Pr. Pfeffer	Mango-Chutney (od. Senffrüchte Nr. 1736)

Vorbereiten: Das Fleisch in 3–4 cm breite Streifen und diese in kleine Plätzchen schneiden (wie zu Geschnetzeltem), den Sole in schmale Streifen. — Die Zwiebel fein hacken, den Knoblauch gut zerdrücken. Die Peperoni entkernen, gut waschen (evtl. schälen), in feine Streifen schneiden. — Orangen und Bananen schälen, beides in Scheiben schneiden (Bananen 1 cm dick) und in Butter leicht überbraten, warmhalten. Die Sultaninen, in warmem Wasser eingeweicht, gut abtropfen. Die Ananas in Schnitzchen teilen und mit den Sultaninen in etwas Butter durchschütteln. Grosse Kirschen halbieren. — Die Pinienkerne oder die geschälten, in Streifen geschnittenen Mandeln gelblich rösten (in Öl oder im Ofen).

Zubereitung: Im heissen Öl Zwiebel, Peperoni und Knoblauch durchdünsten (ohne gelb werden zu lassen). — In einer weiten Pfanne das geschnittene Fleisch in Butter unter Wenden rasch überbraten. **Ablöschen** mit so viel heisser Bouillon, dass es knapp davon bedeckt ist, die Fischstückchen oder Crevettes dazugeben. Sorgfältig würzen und **ca. 5 Min.** leise **kochen.** Den Rahm jetzt unter das Fleischgericht mischen, abschmecken und nochmals ganz heiss werden lassen.

Anrichten: Den unterdessen heiss gehaltenen Reis (auf Sieb oder auf einem Blech im Ofen) bergartig auf eine weite Platte geben. Fleisch, gedämpfte Zwiebel und Peperoni sowie die vorbereiteten Früchte darüber verteilen, mit den gerösteten Kernen und evtl. mit gehackter Petersilie überstreuen. — **Garnitur:** Den Reis am Rand mit schönen Orangen-, evtl. auch Bananenscheiben und roten Kirschen, sowie mit Petersilie belegen. — **Servieren** mit Currysauce und Mango-Chutney (oder Senffrüchten) und evtl. mit grünem Salat.

740 Risotto Casimir (Reisgericht mit Geschnetzeltem)

Geschnetzeltes Kalbfleisch Nr. 738		2–3 Bananen, 20 g Butter
Currypulver, 2–4 Teel.	z. Beigeben	1 kleine Büchse Ananas
Risotto Nr. 987 (hell u. ohne Zwiebeln)		1 Glas Pimentos, rote, süsse
		30 g Mandeln

Vorbereiten der Früchte: Die Bananen in 1 cm dicke Scheibchen schneiden und in Butter kurz glasig überbraten. Die Ananas in Schnitzchen teilen, die Pimentos in Würfelchen. Die Mandeln schälen, blättrig schneiden, leicht rösten. — **Anrichten:** Den Risotto im Kranz auf eine weite Platte geben. Im letzten Moment das Geschnetzelte zubereiten, mit Curry abschmecken. Die vorbereiteten Früchte, Pimentos sowie Mandeln, damit vermischen und innerhalb des Reises auffüllen. — **Servieren** mit Mango-Chutney.

NB. Als «**Nouilles Casimir**» mit breiten weichgekochten Nudeln gleiche Zubereitung.

Bratwürste (Saucisses rôties ou grillées) Bild auf Tafel 31 **741**

6 Bratwürste (v. Kalbfleisch)*
30 g Kochbutter (od. Öl)
1–3 Zwiebeln (s. NB.)

evtl. z. Sauce { ca. 5 g Mehl
Bouillon od. Wasser (1–2 dl)
Salz, Maggi Würze

Evtl. **Vorbereiten**: Die Bratwürste schwellen (d. h. ca. 10 Min. in heisses Wasser von ca. 70° legen), herausnehmen und **abtrocknen**. Die Würste sind auch schon **geschwellt** erhältlich.

I. Art. Braten in der Pfanne: Die Kochbutter **mässig** erhitzen, die Bratwürste hineinlegen (roh oder geschwellt, nach Belieben in Mehl gewendet) und **langsam** beidseitig **braun** braten während **ca. 10 Min.** Auf eine vorgewärmte Platte **anrichten**. — Die Zwiebeln, in feine Streifen geschnitten, im übrig gebliebenen Fett gelbbraun rösten und über die Bratwürste verteilen. — Nach Belieben folgende **Sauce** zubereiten: Wenn nötig etwas Fett abgiessen, das Mehl im Fond **braun** rösten, ablöschen, kräftig würzen, neben die Würste giessen.

II. Art. Braten auf dem Grill: Die geschwellten oder rohen Bratwürste auf den warmen Grill legen, mit flüssiger Kochbutter bepinseln. **12–15 Min.** braten unter 1–2maligem Wenden und Bepinseln mit Butter.

Kleine Bratwürstchen (sog. Cipolata, Luganerli od. Gemüsewürstchen) bes. sorgfältig braten, **ca. 5 Min.** (in der Pfanne oder auf dem Grill), da die Häute oft sehr dünn sind.

Servieren der Bratwürste z. B. mit Rotkraut, Wirsing, Spinat oder Bohnen und Kartoffelrösti oder -stock, nach Zürcher Art mit Apfelmus.

NB. Bratwürste **langsam** und sorgfältig braten, da sie sonst leicht platzen. *Schweinsbratwürste etwas länger braten (ca. 20 Min.) — Für die **Krankenküche** die geschwellten Bratwürste zuerst **häuten**, dann braten (vielerorts schon gehäutet erhältlich). — Wünscht man besonders viel Zwiebeln, dann diese am besten **extra** rösten in reichlich Öl (siehe Nr. 588).

Bratwurstkügelchen-Masse (Farce de veau) I. und II. Art **742**

400–600 g Bratwurstteig (Brät)
50–80 g Weissbrot (ohne Rinde) s. NB.
½ Zwiebel, evtl. Petersilie

10 g Kochbutter (z. Dämpfen)
1 Eigelb od. 1 Ei (evtl. 1 Essl. Sojamehl)
evtl. Salz, Muskat

I. Art: Das Brot in warmem Wasser einweichen, **gut ausdrücken**. Die Zwiebel an der Raffel fein reiben, evtl. Petersilie **fein** hacken und mit dem Brot in Butter dämpfen. Brotkloss, Ei od. Sojamehl und Bratwurstteig gut vermischen, wenn nötig noch würzen.

NB. Das **Brot** evtl. nicht als Kloss, sondern nur **fein** gerieben (mit der Raffel) beigeben, evtl. noch 3–5 Essl. Rahm beimischen. — **Formen** und **Kochen** der Kügelchen siehe **Nr. 743**.

II. Art, mit **Restenfleisch**-Verwendung, spez. zum **Braten**: Zutaten wie bei I. Art, jedoch nur 200 g Bratwurstteig und vorhandene Fleischreste, **gehackt**, damit vermischen. Evtl. statt Brot der Masse 200–400 g gekochte erkaltete, fein geriebene **Kartoffeln** beigeben.

Bratwurstkügelchen in Sauce (Boulettes de veau en sauce) **743**

Bratwurstkügelchenmasse Nr. 742 (s. NB.)
Sud { 1 Ltr. Bouillon (z. B. Knorr Hühnerbouillon)
1 dl Weisswein od. etwas Zitronensaft

Sauce { Bouillonsauce Nr. 554
od. Weissweinsauce Nr. 555
od. Kräutersauce Nr. 552

Formen: Von der Masse mit einem **Löffelstiel** etwas abstechen und von Hand drehen oder in einem bemehlten **Glas** schütteln, bis die Kügelchen rund sind; auf ein bemehltes Brett geben (**nicht** aufeinander legen).

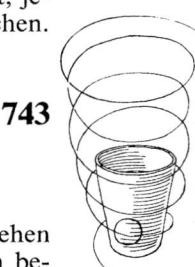

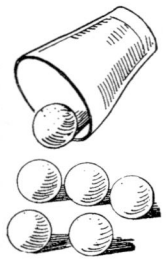

Den Sud aufkochen, die Kügelchen lagenweise ca. 8 Min. darin leise ziehen lassen, warmstellen. — Mit dem Sud zuletzt eine der **Saucen** zubereiten.
Anrichten der Kügelchen mit der Sauce, evtl. in einem Reis- oder Nudelring (Nr. 991 und 1029) oder sie verwenden als **Füllung** von Pasteten.
NB. Für **kleine Portionen:** Das Brät direkt aus der Wurst herausdrücken und kochen, oder 1–2 geschwellte Bratwürste häuten, in dicke Rädchen schneiden und in der Sauce erhitzen.

744 Bratwurstkügelchen, gebraten (Boulettes de veau rôties)

Bratwurstkügelchenmasse Nr. 742, I. od. II. Art
60 g Kochfett od. 2–3 Essl. Öl

z. Sauce { 10 g Mehl, Gewürz
Knorr-Bouillon, ca. 2 dl

Formen der Masse zu grösseren Kugeln, diese flach drücken. — **Braten** während **5–8 Min.** — **Sauce:** Vom Fett wenn nötig etwas abgiessen, im Rest das Mehl braun rösten, mit Bouillon ablöschen, würzen, über die Küchlein anrichten. — **Servieren** mit Risotto, Kartoffelstock oder Rösti und Salat.

744a Fleischkäse und Kalbfleisch-Terrine

Mischung von : 500 g Kalbsbrät, 100-150 g Schinken od. Kalbsleber (im Mixer mit etwas Weisswein püriert), Brotfüllung Nr. 880 (evtl. passiert u. ohne Speck), etwas Majoran, 1 Teel. Cognac.
I. Art: Formen und Braten der Masse wie Hackbraten **in der Form** Nr. 669 (ca. **30 Min.**).
Servieren: heiss od. kalt (auch auf Sandwiches). — **II. Art:** Eine **Terrine** (spez. Steingutform) am Boden mit dünnen Speck- und Kalbsplätzchen (ca. 150 g) belegen, würzen. Die Hackmasse einfüllen, mit Speckscheiben bedecken. — **Kochen** und **Anrichten:** siehe Wild-Terrine **Nr. 820a.**

745 Milken, gekocht (Ris de veau)

300–600 g Milken (je nach Verwendung) — Sud: 1 Ltr. Salzwasser, ½ Teel. Zitronensaft
Vorbereiten: Den Milken wenn nötig noch etwas wässern, dunkle und grobe Häute entfernen und nochmals gut abspülen. — **Kochen** im Sud, während **ca. 20 Min.** (Milken ist gar, wenn er sich leicht durchstechen lässt.) — Ihn herausnehmen, etwas abkühlen und häuten. Evtl. wieder im Sud erhitzen. — Wird der Milken ganz gelassen als Braten (s. Nr. 746, Abschn. 1), dann nur die äussersten Häute entfernen, damit er nicht auseinanderfällt.
Weitere **Zubereitung** und **Verwendung:** siehe **Nr. 746.**
NB. Den zurückbleibenden Sud für die **Sauce** verwenden. — Milkengerichte sind zart und leicht verdaulich, deshalb auch geschätzt als **Krankenspeise.**

746 Milken Nr. 745 auf verschiedene Art (Ris de veau varié)

Anmerkung: Milken gehört zu den teuersten Fleischspeisen, ergibt aber besonders geschätzte und delikate Gerichte.

1. Gebratener Milken: Ihn nur 10 Min. kochen, dann so häuten, dass er schön in der Form bleibt, d. h. nicht auseinanderfällt. — Nach Belieben auf der gewölbten Seite mit dünnen Speckfäden spicken. — Den Milken in Kochbutter während ca. 10 Min. gelb braten unter sorgfältigem Wenden oder Begiessen mit der Butter. — **Anrichten** auf eine heisse Platte (evtl. auf einen Reissockel). Den Fond mit etwas Bouillon auflösen, pikant würzen, mit 2 Msp. Kartoffelmehl (kalt angerührt) binden. Den Milken damit überziehen (glasieren). — **Garnitur** z. B.: Spargeln und feine Erbsen, Gemüse à la Jardinière Nr. 855 oder Gemüse-Macédoine Nr. 856. — **Servieren** mit Kartoffelcroquettes oder Risotto und Sauce Béarnaise.

2. Panierte Plätzchen: Den gekochten Milken in 1 cm dicke Scheiben schneiden.

Diese sorgfältig panieren (siehe Nr. 888) mit möglichst feinem, hellem Paniermehl. Die Plätzchen in Kochbutter rasch gelb braten. — **Servieren** mit Kartoffelstock und Salat oder Champignons-, evtl. Tomatensauce usw.

3. **Milken au gratin:** a) Den Milken sorgfältig häuten, in 1 cm dicke Scheiben schneiden und in die Mitte einer bebutterten Gratinplatte legen. Im Kranz darum in kleine Würfelchen geschnittenen **Schinken** (100 bis 200 g) und halbierte **Champignons** (1 kleines Büchschen) geben. Alles mit legierter Weissweinsauce leicht überziehen, mit geriebenem Käse und Butterflöckchen bestreuen. **Gratinieren** in guter Oberhitze zu goldgelber Farbe (**ca. 10 Min.**). — **Servieren** mit Kartoffelcroquettes oder kleinen Salzkartoffeln, grünem Salat oder Erbsen und dem Rest der Sauce.

4. **Milken in Schinken au gratin:** Den Milken in Würfelchen schneiden, mit Champignons (1 kleine Büchse), blättrig geschnitten und etwas Hollandaise (Nr. 560) vermischen. In d ü n n e **Schinkenscheiben** einrollen, in eine Gratinplatte geben und mit dem Rest der Sauce überziehen. Butterflöckchen darauf verteilen. **Gratinieren** in guter Oberhitze (ca. **10 Min.**).

5. **Milken auf Croûtons:** Den heissen Milken in ½ cm dicke Scheibchen schneiden, auf h e i s s e Croûtons (Nr. 876) anrichten, mit Hollandaise überziehen, mit gehackter Trüffel, geschälten Tomatenwürfelchen und gehackter Petersilie bestreuen oder mit einer Tomaten- und Trüffelscheibe belegen. — **Anrichten** auf Spinat, servieren als feine Vorspeise.

6. **Milkenragout:** Milken in kleine Stücke teilen, in die Sauce geben, evtl. im Wasserbad heiss halten. — **Anrichten** in einem Reisring, oder verwenden zum **Füllen** einer Pastete (siehe Nr. 890). — **Sauce** s. Angaben bei Nr. 747.

Milkenfüllung für Pastetchen (Ragoût fin au ris de veau) I. und II. Art 747

200–400 g Milken, gekocht nach Nr. 745
1 kleines Hirn, gekocht nach Nr. 748
200 g mageren Schinken od. Zunge

Bouillonsauce, legierte, Nr. 554 (½–1 Port.)
od. Hollandaise Nr. 560, gebunden
für II. Art { 250 g Kalbsfilet
                    { od. 2 Bratwürste

I. Art: Milken, Hirn und Schinken in ca. 1 cm grosse Würfelchen schneiden, mit der Sauce (die eher dick sein darf) vermischen. Die Füllung evtl. noch bereichern mit kleinen Champignons (aus Büchsen). — Wenn nötig, im Wasserbad warmhalten.

II. Art: Das Hirn ersetzen durch **Kalbfleisch**. Dieses in ca. 1½ cm grosse Würfelchen schneiden, in wenig Salzwasser mit etwas Zitronensaft während **5–10 Min.** weichkochen, oder die geschwellten **Bratwürste** häuten und würflig geschnitten, verwenden.

Hirn, gekocht (Cervelle de veau) 748

1–2 K a l b s h i r n e (evtl. 1 Rindshirn,
3 Schweinshirne oder Rückenmark)

Sud { ca. ½ l Salzwasser
        { ½ Essl. Zitronensaft

Häuten: Das Hirn (evtl. Rückenmark) in lauwarmes Wasser legen und h ä u t e n indem man mit den Fingern sorgfältig zwischen den Furchen durchgeht und so die Haut abzieht. Nachher gut abspülen (evtl. auf einem Sieb). — **Kochen** im Sud während ca. **10 Min.** Herausheben, evtl. warmstellen. (Hirn ist gar, wenn es fest und weiss geworden ist.) Weitere **Zubereitung** und **Verwendung** siehe **Nr. 749**.

NB. Den zurückbleibenden S u d für die **Sauce** verwenden. — Hirn eignet sich gut als **Krankenspeise**, besonders auch in Form von Hirn-**Auflauf** od. -**Pudding**, siehe Nr. 289 u. 291.

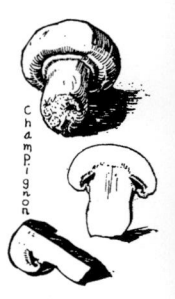

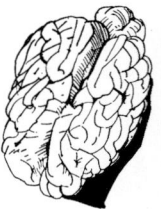

749 **Hirn Nr. 748 auf verschiedene Art** (Cervelle variée)

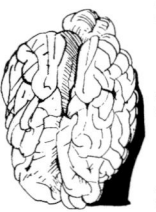

1. **Hirn mit brauner Butter:** Das gekochte Hirn auf die erwärmte Platte geben, mit der braunen Butter (Nr. 585) übergiessen und mit Zitronensaft beträufeln. **Servieren** mit Kartoffelstock und Erbsen.

2. **Hirn mit Mousseline-Sauce** (Nr. 563): Auf die erwärmte Platte etwas Sauce giessen, das gekochte Hirn darauf geben, mit wenig heisser Butter und Zitronensaft beträufeln. **Garnieren** mit Erbsen und Croûtons (Nr. 876).

3. **Hirnscheiben, gebraten:** Das Hirn (gekocht oder roh) in 1 cm dicke Scheiben schneiden, mit zwei Gabeln in Mehl und evtl. in Ei wenden. In Butter sorgfältig goldgelb braten. **Servieren** wie gebackenes Hirn (Abschnitt 4).

4. **Gebackenes Hirn:** Das Hirn (gekocht oder roh) in 1 cm dicke Scheiben schneiden, diese sorgfältig in A u s b a c k t e i g (Nr. 931) wenden, od. p a n i e r e n (n. Nr. 888) mit möglichst feinem hellem Paniermehl. **Backen,** halb-schwimmend (nach Nr. 889), gelbbraun und knusprig. Die Platte mit Zitronenschnitzen und Petersilie garnieren. **Servieren** mit Tomatensauce oder -salat, mit gebratenen Apfelscheiben sowie sauersüssen Früchten oder als B e i g a b e zu Gemüse (Erbsen oder Spinat). Siehe auch Fritto misto Nr. 264.

5. **Hirnragout in Muscheln** (als Vorspeise): Das Hirn in Würfelchen schneiden, mit Champignonssauce (Nr. 557) in die Muscheln füllen, mit Butterflöckchen belegen. **Gratinieren** ca. **10 Min.** — Hirnragout eignet sich auch als **Füllung** von Pastetchen.

Weitere Hirngerichte siehe unter warmen V o r s p e i s e n und im Register.

750 **Nieren auf verschiedene Art** (Rognons variés)

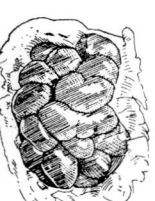

1-3 Kalbsnieren, je nach Grösse und Verwendung (evtl. Nieren von Rind, Schwein oder Hammel)

Vorbereiten: Von den Nieren evtl. noch das Fett ablösen, nach Belieben noch eine ganz dünne Schicht daran lassen.

1. **Geschnetzelte Nieren:** Zubereiten wie K a l b s l e b e r **Nr. 755.**

2. **Gebratene Nieren-Plätzchen:** Die Nieren, mit wenig Fett ringsum, in $\frac{1}{2}$ cm dicke Scheiben schneiden, **3–5 Min. braten** unter Wenden (in der Pfanne oder auf dem Grill), würzen, s o f o r t anrichten, evtl. garniert mit gebratenen Ananas- oder Bananenscheiben. — **Servieren** mit Nudeln oder Reis, evtl. zu Spinat oder einer Tomatensauce. — Gebratene Nieren passen auch sehr gut zu einer Fritto misto (siehe Nr. 264).

3. **Gebackene Nieren-Plätzchen:** In $\frac{1}{2}$ cm dicke Scheiben geschnittene Nieren panieren (siehe Nr. 888) und halbschwimmend backen. (Siehe auch Nr. 264.)

4. **Nierenspiesschen:** Zubereitung wie **einfache** Leberspiesschen **Nr. 753** (NB.).

5. **Ganze Nieren, gebraten:** Die Nieren mit etwas Zitronensaft und Salz einreiben und einige Minuten liegen lassen. **Braten** in wenig sehr heisser Kochbutter unter Wenden, bis sie hellbraun sind. **Ablöschen** mit 1 Glas Weisswein und **4–5 Min. kochen.**

Die Nieren herausheben und warmstellen. — Die Sauce abschmecken mit 1 Teel. Cognac oder 2–3 Essl. Madeira, etwas saurem Rahm und evtl. Fleischextrakt. Vor dem **Anrichten** die Nieren in ½ cm dicke Scheiben schneiden, auf der Platte mit der Sauce überziehen, mit gehackter Petersilie bestreuen. Evtl. garnieren mit gebratenen Bananenvierteln oder Apfelscheiben. — **Servieren** mit Kartoffelstock, Indischem Reis, Teigwaren oder Knöpfli.

Flambierte Nieren (Rognons flambés) 751

Benötigtes Gerät: Flambierpfanne mit entsprechendem Réchaud.

2–3 Kalbsnieren mit wenig Fett		30–50 g frische Butter
30–50 g Kochbutter		1–2 dl Rahm, 1 Teel. Zitronensaft
2–3 Gläschen Cognac	z. Sauce	etwas milden Senf
Salz, 1 Pr. Pfeffer		je 1–3 Msp. Paprika, Pfeffer, Salz
evtl. 1 kleines Büchschen Pilze, s. NB.		Indischen Reis Nr. 980 od. Nudeln Nr. 1018

Sauce: Die Butter schmelzen, den Rahm leicht geschlagen, beigeben sowie alle übrigen Zutaten. Auf kleinem Feuer schwingen, bis die Sauce gut gebunden und heiss ist. Pikant abschmecken, evtl. im Wasserbad bereit halten bis zum Verwenden.

Braten und Flambieren der Nieren: Diese in gut ½ cm dicke Scheiben schneiden. In der Flambierpfanne die Butter stark erhitzen, die Nieren rasch darin gelb überbraten. **Ablöschen** mit dem Cognac und **sofort anzünden!** Die Nieren wenden oder mit einem Löffel mit dem Cognac begiessen. Nach 2–3 Min. (d.h. bevor aller Cognac verbrannt ist) evtl. Pilze beigeben, die Nieren würzen und sofort **anrichten** in die einzelnen erwärmten Teller. In die Pfanne die vorbereitete Sauce giessen, kurz aufkochen und rasch über die Nieren verteilen. **Servieren** mit Indischem Reis oder breiten, evtl. grünen Nudeln in Butter.

NB. Sehr gut schmecken die Nieren mit einer Beigabe von **Pilzen** (Steinpilze, Champignons oder Morcheln aus Büchsen), es macht das Gericht im Notfall auch ausgiebiger. Sie in Blättchen schneiden und evtl. kurz mit den Nieren flambieren oder nur in der Sauce erhitzen. — Auf gleiche Art können **Kalbs-** oder **Schweinsplätzchen** (v. Filetstück) **flambiert** zubereitet werden, ebenso **Kalbsleber, Geschnetzeltes Kalbsfleisch** (Nr. 738) usw.

Spiesschen nach Hausfrauenart (Brochettes à la bonne femme) 752

250 g Bratwurstteig	Kräuter (Kerbel, Majoran, Petersilie)
250 g grosse Spinatblätter	oder Kräuterpulver
12 dünne Speckscheiben oder	50 g Kochbutter od. -fett
kleine, sehr dünne Kalbsplätzchen	2 dl Bouillon (v. Knorr- od. Maggiwürfeln)

Vorbereiten: Den Spinat rüsten, waschen, die Blätter kurz in kochendes Wasser tauchen, abtropfen lassen und auf einem Brett ausbreiten, immer 2 aufeinander.

Formen: Die Spinatblätter mit Brät bestreichen, mit gehackten Kräutern oder -pulver bestreuen, aufrollen und in dünne Speckscheiben oder in die sehr dünn geklopften Fleischplätzchen einwickeln. Immer 2–3 Röllchen zusammen an ein Küchenhölzchen od. an Spiesschen stecken. — **Braten** im heissen Fett (od. auf dem Grill) während **5–8 Min.** unter Wenden. Sie anrichten, den Fond entfetten, mit wenig Bouillon auflösen und über die Spiesschen giessen. — **Servieren** mit Polenta oder Teigwaren und Salat.

753 Leberspiesschen nach Zürcher Art (Brochettes au foie) Bild auf Tafel 31

Benötigtes Gerät: Spiesschen aus Holz oder Metall oder spezielle, kunsthandwerklich geformte.

300–400 g Kalbs-, evtl. Rindsleber (s. NB.) einige Salbeiblätter
1 Schweins- od. dünnes Kalbsnetz Gewürz: Salz, 1 Pr. Pfeffer
50 g dünne Magerspeckscheiben ca. 50 g Kochfett — Bouillon, ca. 2 dl

Vorbereiten: Die **Leber** häuten und in dünne, etwa 5 cm grosse Scheibchen schneiden. Das **Netz** in schwach lauwarmes Wasser legen, gut ausdrücken, auf einem Fleischbrett ausbreiten und in etwa 6 cm grosse Vierecke schneiden, den **Speck** in ca. 3 cm grosse Scheibchen. — **Formen** der Spiesschen: Je 1 Leberscheibe auf ein Stücklein Netz legen, ganz leicht würzen, 1 Speckscheibchen und ¼ Salbeiblatt darauf geben und mit dem Netz aufrollen. Die Röllchen, eines nach dem andern, an Spiesschen stecken.

Braten der Spiesschen im heissen Fett, unter einmaligem Wenden während **5–8 Min.** — **Anrichten:** Die ganzen Spiesschen, oder von der Nadel abgestreift, direkt auf gedämpfte Bohnen, Spinat oder Wirsing legen. Den **Fond** entfetten, mit Bouillon auflösen, über die Spiesschen giessen. **Servieren** mit Salzkartoffeln, Wasserreis, Teigwaren od. Knöpfli.

NB. Einfache Leberspiesschen (ohne Netz): Die Leber in ½ cm dicke, daumengrosse Plätzchen schneiden, leicht würzen und abwechselnd mit einem Speckscheibchen und Salbeiblatt an Nadel oder Hölzchen spiessen. — Spiesschen von **Rindsleber** schmecken weniger fein, aber kräftiger. (Rindsleber, vor dem Häuten, in Wasser mit mindestens ⅓ Milch einlegen.) — In Ermanglung von Leber evtl. kleine dünne **Rindshuftplätzchen** verwenden.

754 Leber à l'Anglaise (Foie de veau à l'anglaise)

6–12 Magerspeckscheiben 30 g Kochbutter
6–12 Kalbsleberplätzchen Salz, 1 Pr. Pfeffer — 2 dl Knorr-Bouillon
3–5 grosse Äpfel 1 Port. Rührei Nr. 223

Vorbereiten und **Braten:** Die **Speck**-Scheiben (in der Grösse der Leberschnitten) in der Bratpfanne (möglichst ohne Fett) glasig werden lassen, auf die Platte legen und warmstellen. — Die **Leber**-Plätzchen in Mehl wenden und im Speckfett beidseitig rasch braun braten, leicht würzen. Unterdessen die geschälten **Äpfel** in ½ cm dicke Scheiben schneiden in Butter braten, bis sie weich sind.— Das **Rührei** zubereiten. **Anrichten:** Abwechselnd die Leber-, Speck- und Apfelscheiben auf die eine Längsseite der Platte legen, die Rühreier auf die andere Hälfte. Den mit Bouillon aufgelösten Bratenfond dazugiessen. **Servieren** mit kleinen Salzkartoffeln und Erbsen oder Salat.

755 Geschnetzelte Kalbsleber (Emincé de foie de veau)

300–500 g Kalbsleber z. Ablöschen: je ½ dl Bouillon u. Weisswein
20 g Kochbutter z. Würzen { einige Tropfen Essig
1 Zwiebel — 10 g Mehl { Salz, evtl. Pfeffer

Vorbereiten: Die Leber häuten und klein schnetzeln; die Zwiebel hacken. — **Erhitzen** der Kochbutter in der Omelettenpfanne, Zwiebel und Leber beigeben. Auf starkem Feuer ständig wenden, bis die Leber die rote Farbe verloren hat. Das Mehl darüber stäuben, ablöschen. Bis zum Siedepunkt erhitzen, jedoch nicht kochen lassen, würzen.

Sofort anrichten, z. B. in einen Reis- oder Kartoffelring, auf Toast (Nr. 876) oder in eine Französische Omelette (siehe Nr. 226) usw.

NB. Leber kurz kochen und im letzten Moment salzen, da sie sonst hart und zäh wird! — Die Leber evtl. vom Metzger klein schneiden lassen.

Zürcher Ratsherrentopf 755a

Gemüse: Gedämpfte Kartoffelwürfelchen mit Erbsen Nr. 943 — Champignons Nr. 346 I. Art — Kleine Tomaten Nr. 541 (evtl. v. Grill) — **Fleisch:** Mixed Grill Nr. 683 — Petersilie, evtl. 20 g Butter
Beim **Anrichten** Gemüse und Champignons auf eine weite Platte oder hübsche Servierkasserolle geben, die Tomaten und das grillierte F l e i s c h darüber verteilen. Mit viel gehackter Petersilie (evtl. kurz in Butter gedämpft) überstreuen.

Leberklösse oder -knödel   (Quenelles de foie de veau) 756

250 g Kalbsleber (evtl. Rindsleber)
30 g Fettspeck, ungeräucherter
100–150 g Weissbrot
Milch z. Einweichen, ca. 2 dl
1 Zwiebel, Petersilie

30 g Kochbutter od. -fett
30 g Mehl und 2–3 Essl. Paniermehl
2 Eier, evtl. 1 Essl. Sojamehl
Gewürz { Salz, Muskat, 1 Pr. Pfeffer,
{ 2-4 Msp. Mayoranpulver

Vorbereiten: Die Leber häuten und mit dem Speck fein hacken, d.h. 1–2mal durch die Hackmaschine geben. Das Brot in der heissen Milch einweichen, sehr g u t ausdrücken und auch durch die Hackmaschine treiben. Zwiebel und Grünes f e i n hacken und in der Butter durchdämpfen.
Mischen: Die gehackten Zutaten, das Grüne, Mehl, Paniermehl und Eier gut miteinander verrühren, kräftig würzen. — **Kochen:** Von der Masse mit nassen Handen pflaumengrosse Klösse formen. Sie l a g e n w e i s e in kochende Bouillon geben, ca. **8 Min.** z i e h e n lassen. **Anrichten** auf eine erwärmte Platte (mit umgekehrtem Tellerchen am Boden) und mit gerösteten Zwiebelstreifen überstreuen. — **Servieren** mit Salz- oder Bratkartoffeln zu Sauerkraut oder mit Zwiebel- oder Kapernsauce.
NB. Von der Masse zuerst einen **Probekloss** kochen. Sollte er nicht zusammenhalten, dann noch etwas Mehl, Soja- oder Paniermehl, evtl. 1 Eigelb beigeben.

Weitere Lebergerichte siehe warme Vorspeisen oder Register.

Gefülltes Kalbsherz   (Cœur de veau farci) 757

1 Kalbsherz — Beize Nr. 886
Brotfüllung Nr. 880 od. Nr. 881 (m. Brät)
z. Anbraten: 40 g Kochfett
Bratengarnitur Nr. 879

z. Sauce: 10 g Mehl
z. Ablöschen { 1–2 dl sauren Rahm
{ 2–4 dl Bouillon
Gewürz: Salz, 1 Pr. Pfeffer

Vorbereiten: Das Herz gut ausspülen; 2–4 Tage in die Beize legen. — **Füllen:** Das Herz aus der Beize nehmen, abtropfen lassen, leicht würzen, füllen und zunähen, evtl. noch mit Specknägeln s p i c k e n (s. Nr. 885). — **Braten** nach **Nr. 650 (gedämpfte** Braten) während **ca. 1¼ Std.** — **Servieren,** in ca. ½ cm dicke Scheiben **tranchiert,** mit Teigwaren oder Knöpfli und Salat oder Gemüse.
NB. Das Kalbsherz kann (gut gewürzt) auch ungebeizt zubereitet werden, dann 2–2½ Std. Bratzeit berechnen. — Als **Eintopfgericht** Kartoffeln und frische Bohnenkerne od. Rüben mitdämpfen.

Kalbsherz-Ragout   (Cœur de veau) 758

Zubereitung wie b r a u n e s Kalbsragout **Nr. 717.** — Das Herz waschen und in Würfel schneiden. **Dämpfzeit** ca. **1½ Std.** — Ergibt ein billiges und schmackhaftes Gericht.

Lungen-Ragout   (Mou de veau ou de boeuf etc.) 759

¾–1 kg Lunge (v. Kalb, Rind od. Schwein)
Braune Senf- od. Madeirasauce Nr. 575 od. 577

evtl. z. Beigeben { Majoran
{ oder Kümmel

Vorbereiten: Die Lunge sehr gut waschen, alle dicken Röhren und Häute entfernen.

In ca. 4 cm grosse Würfel schneiden und in die etwas verdünnte Sauce geben, evtl. noch mit Majoran oder Kümmel würzen. — **Kochzeit 1¼ Std.** — **Servieren** mit Salz-, Schalenkartoffeln oder Teigwaren. — Ergibt ein billiges, kräftiges Gericht.

760 Kalbszunge (Langue de veau)

1–2 Kalbszungen aus dem Salz — 2–3 l Wasser — Bouillongarnitur Nr. 878, evtl. Salz

Kochen: Die Zungen waschen, mit ungesalzenem Wasser und der Bouillongarnitur zum Sieden bringen, wenn nötig salzen. — **Kochzeit 1¼–2 Std.**

Schälen der Zungen und sie wieder im Sud erwärmen. — **Tranchieren** in schräge Scheiben, indem man beim Schlund beginnt. — **Servieren** mit Salzkartoffeln, gedämpften Bohnen (auch gedörrten), Erbsen usw. und Zwiebel- oder Kapernsauce (Nr. 567 und 559).

761 Kalbskopf oder -füsse, gesotten (Tête ou pieds de veau)

1 kg Kalbskopf (ausgebeint) od. -füsse — 2 l Wasser, 1–3 dl Weisswein, Bouillongarnitur Nr. 878, Salz

Vorbereiten: Den Kalbskopf (wenn nicht vom Metzger so vorbereitet) kurz flambieren, mit heissem Wasser 2–3mal überbrühen. — Kalbsfüsse vorbereiten siehe NB.

Schneiden des Fleisches in Ragoutstücke (ca. 5 cm gross) und **aufsetzen** mit soviel kaltem Wasser, dass sie bedeckt sind (ca. 2 l). Weisswein, Bouillongarnitur und das nötige Salz beifügen. — **Kochzeit** ca. **2 Std.** auf kleinem Feuer.

Anrichten: Das Fleisch aus dem Sud heben und heiss **servieren** mit Vinaigrette (Nr. 593), Tomatensauce (Nr. 571) oder Madeirasauce (Nr. 577) und Schalen- oder Salzkartoffeln, evtl. Wasserreis.

NB. Kalbsfüsse auf gleiche Art zubereiten (sie vom Metzger halbieren lassen). Nach dem Kochen evtl. die Knochen herauslösen, bes. für gebackene Kalbsfüsse. — Übrig gebliebene Kalbskopfbrühe (auch v. Füssen) lässt sich sehr gut zu **Sulz**-Zubereitung verwenden (siehe **Nr. 164**) oder zu **Mockturtlesuppe** (falsche Schildkrötensuppe) **Nr. 93** sowie zu Gerstensuppe usw.

762 Kalbskopf oder -füsse, gebacken (Tête ou pieds de veau frits)

Gesottener Kalbskopf und -fuss nach Nr. 761 — Ausbackteig Nr. 931 (mit Bier) — Backöl

Die Fleischstücke im Teig wenden und schwimmend braun **backen** (s. Nr. 889). **Servieren** mit Salat, Tomatensauce oder Vinaigrette, evtl. mit sauersüssen Früchten.

763 Kalbskopf à la tortue (Tête de veau)

Gesottener Kalbskopf nach Nr. 761	2–3 hartgekochte Eier, einige Oliven
Madeirasauce Nr. 577	Croûtons Nr. 876 oder Fleurons Nr. 875
1 Büchschen Champignons	Petersilie

Die **Madeirasauce** mit Kalbskopfbrühe zubereiten. — Die Kalbskopfstücke mit den halbierten Champignons noch ca. **10 Min.** in der Sauce **kochen** lassen.

Anrichten auf eine heisse Platte, den Rand mit Croûtons oder Fleurons, Eierschnitzen, Oliven und Petersilie garnieren. — **Servieren** mit Salzkartoffeln.

NB. Als Vorspeise das Gericht in Ramquinförmchen anrichten (in kleine Würfelchen geschnitten), mit einer Eierscheibe und Olive belegen. Dazu evtl. Kümmelstängeli servieren.

Schweinefleisch

Allgemeines: Schweinefleisch I. Qualität (von ca. 9 Monate alten Tieren) hat eine dunkelrosa Farbe und weisses, weiches (nicht körniges) Fett. — Dunkelrotes, grobfaseriges Fleisch stammt von älteren Tieren. — Besonders zart ist das Fleisch des Milchschweines (Spanferkel), jedoch ziemlich teuer.

Schweinefleisch ist seines Fettgehaltes wegen (20–35 %) eher schwer verdaulich. Das Fleisch ist stark davon durchwachsen und von dickeren Fettschichten bedeckt. Diese werden als **Speck** (Mager- oder durchzogener Speck und Fett- oder Spickspeck) gesalzen oder geräuchert. — Geräucherter **Schinken** (Stotzen) ist von allen Stücken am wenigsten mit Fett durchwachsen, deshalb am leichtesten verdaulich und sehr eiweisshaltig (ca. 21 %). — Früher verlangte das Schweinefleisch, als häufiger Träger von Finnen und Trichinen, bes. Sorgfalt bei der Zubereitung. Bei der bei uns durchgeführten Schlachtkontrolle besteht diese Gefahr kaum mehr. Jedoch ist es ratsam, Schweinefleisch immer möglichst gut durchzubraten oder lange genug zu kochen.

Die **Zubereitung** von Schweinefleisch verlangt etwas pikantere Zutaten als z. B. die von Kalbfleisch. Säuerliche Beigaben machen es auch leichter verdaulich.

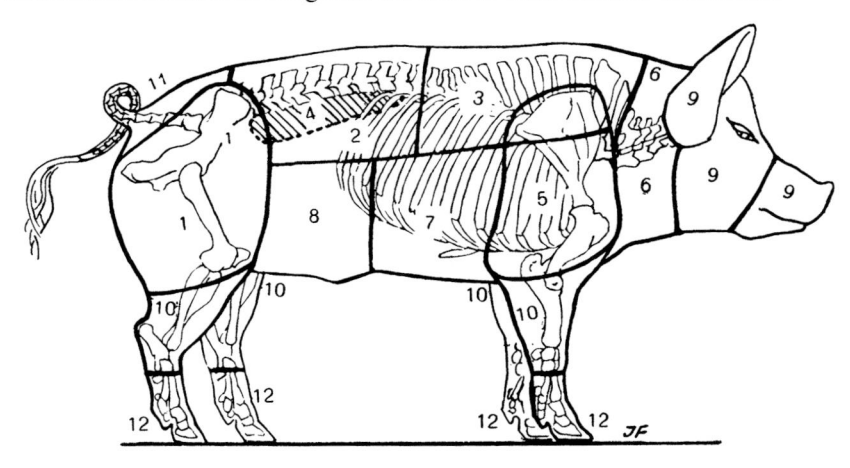

Die Einteilung des Schweines in die Fleischstücke

I. Zum Braten:
- 1 = Stotzen (geräuchert = Schinken)
- 2 = Nierstück
- 3 = Côtelettesstück (Carré) (geräuchert = Rippli)
- 4 = Filet, ganz od. für Steaks

II. Zu Braten oder Ragout:
- 5 = Laffe (Schulter), 6 = Hals

III. Als «grüner» oder geräucherter Speck:
- 7 = Brust, 8 = Bauch

IV. Zum Sieden:
- 9 = Schnörrli, Öhrli
- 10 u. 11 = Wädli u. Schwänzli, 12 = Füsse

V. Von den **Eingeweiden** werden verwendet: Hirn (sehr klein und nicht ausgiebig), Leber und Nieren (bedeutend weniger fein als vom Kalb), Zunge (zum Sieden).

764 Gedämpfter Schweinsbraten (Rôti de porc braisé)   sog. Wasserbraten

1–1½ kg Schweinefleisch, ausgebeint
(Nieren-, Côtelettstück oder Hals)
Knochen z. Sauce
Gewürz: 1 Essl. Salz, 1 Pr. Pfeffer
Bratengarnitur Nr. 879

z. Dämpfen { 2–3 dl Wasser / 1 dl Weisswein od. / etwas Zitronensaft
evtl. 20 g Fett od. Öl — 20 g Mehl
z. Ablöschen: Bouillon od. Wasser

Vorbereiten und **Vordämpfen:** Das Fleisch würzen, evtl. rollen und binden. In der Bratpfanne Wasser und Weisswein oder Zitronensaft aufkochen. Das Fleisch mit Knochen und Bratengarnitur hineinlegen und sieden, bis die Flüssigkeit eingedämpft ist. — **Anbraten** des Fleisches in dem unterdessen ausgetretenen Fett (wenn nötig etwas Fett beifügen). — Weitere **Zubereitung** wie gedämpfter Braten **Nr. 650**. Das **Mehl** zur Sauce evtl. extra rösten (da es im Fond leicht anbrennt) od. Kartoffelmehl kalt angerührt, beigeben. — Nach Belieben einige Apfelschnitze mitschmoren, jedoch so, dass sie nicht zerfallen. — **Bratzeit** 1½ Std. Den Braten von Zeit zu Zeit wenden, die **Sauce** wenn nötig verdünnen. — **Tranchieren** und **Anrichten** nach Nr. 654. — **Servieren** mit Salzkartoffeln, Kartoffelstock, Wasserreis oder Teigwaren und einer Kohlart oder Bohnen (frische, wie auch gedörrte).

765 Schweinsbraten nach Hamburger Art (Rôti de porc hambourgeois)

Schweinsbraten n. Nr. 764
30–50 g Speckwürfelchen
1 Zwiebel, gehackt
¾ kg Rotkabis — ½ kg Kastanien

z. Ablöschen { 1–2 dl Rotwein / 3–5 dl Wasser
Gewürz: Salz, evtl. 2–3 Pr. Kümmel
z. Beigeben: 1–2 Äpfel

Zubereitung des Bratens nach **Nr. 764**. Nach dem Anbraten das Fleisch aus der Pfanne nehmen, warmstellen. Im übrigen Fett Speck und Zwiebel dünsten. Das **Rotkraut** zurüsten, fein hobeln und im Speck 5–10 Min. dämpfen. Den Braten wieder dazulegen. **Ablöschen** mit dem Wein und so viel Wasser, dass alles etwa zur Hälfte in der Flüssigkeit liegt. Nach Geschmack würzen, den geschälten, fein geschnittenen Apfel beigeben. **Dämpfzeit** 1½–2 Std. Den Braten hie und da wenden, wenn nötig wieder Flüssigkeit dazugiessen. Während der letzten ¾ Std. die geschälten **Kastanien** (oder evtl. kleine geschälte Kartoffeln) auf das Kraut gelegt, mitdämpfen oder das Gericht mit Salzkartoffeln servieren.

766 Schweinsbraten-Eintopf (Potée au porc)

Diese **Zubereitung** eignet sich gut für den **Dampfkochtopf** (evtl. Selbstkocher), siehe Nr. 1758 u. 1759.
Schweinsbraten nach Nr. 764   **Gemüse**, siehe unten, ca. ¾ kg

Das Fleisch nach dem Anbraten aus der Pfanne nehmen. ½–1 gehackte Zwiebel, evtl. Knoblauch und eines der **Gemüse** (s. Abschnitt 1–4) im Bratenfond durchdämpfen. **Ablöschen** mit soviel Flüssigkeit, bis das Ganze knapp bedeckt ist. Sorgfältig würzen, den Braten wieder in die Pfanne geben. — **Bratzeit** ca. 2 Std. gut zugedeckt. — Die Flüssigkeit soll zuletzt ziemlich eingedämpft sein.

Gemüse, z. B.: **1.** Kabis, in Stücke geschnitten (evtl. kurz abgebrüht) und 500 g Kartoffeln (diese erst ¾ Std. vor dem Anrichten beifügen).

2. Sojabohnen oder weisse Böhnli (eingeweicht, siehe **Nr. 367**) zum Braten geben und mit dem Einweichwasser ablöschen.

3. Schmalzbohnen, kurz vorgekocht und halbiert, od. Rüben- und Kartoffelscheiben.

4. Sauerkraut mit 2–3 Pr. Kümmel od. einigen Wacholderbeeren und 1 Apfel in Schnitzen. Die letzten ¾ Std. 4–6 geschälte, halbierte Kartoffeln mitdämpfen.

Schweinsbraten auf dem Rost (Rôti de porc grillé) 767

1–1½ kg Schweinsnier- od. Côtelettstück od. vom Hals — Bratenknochen, ca. 500 g
Bratengarnitur Nr. 879, etwas Majoran
Gewürz: 1 Teel. Senf, 1 Essl. Salz, 1 Pr. Pfeffer

z. Ablöschen: 2–3 dl Bouillon od. Wasser
z. Sauce { 1 dl Weisswein oder etwas Zitronensaft
evtl. 5 g Kartoffelmehl (z. Binden)

Vorbereiten: Das Fleisch würzen, mit Senf bestreichen, evtl. rollen und binden.

Zubereitung des Bratens **auf dem Rost im Ofen** nach **Nr. 653**. Das Fleisch mit den Knochen, Bratengarnitur und Kräutern auf die Rostpfanne legen. Mit heisser Flüssigkeit (nicht mit Fett) übergiessen. **Bratzeit 1¼–1½ Std.** unter häufigem Begiessen, bis das Fleisch goldbraun und die Oberfläche knusprig geworden ist. Wenn die Flüssigkeit etwas eingedämpft ist, evtl. noch 1–2 Essl. Fett über den Braten geben. — Der **Sauce** zuletzt den Wein oder Zitronensaft beimischen, evtl. mit dem Kartoffelmehl (kalt angerührt) binden und absieben.

Tranchieren und **Anrichten** siehe **Nr. 654**. Die Platte **garnieren: a)** mit einem oder mehreren Gemüsen auf französische Art — **b)** mit Rosenkohl und Kastanien sowie Halbäpfeln (gefüllt mit Preiselbeeren), gebratenen Bananenhälften oder Apfelscheiben — **c)** mit Zwiebeln, gefüllt mit Erbsen Nr. 316 — **d) Garnitur** à la Bigarade Nr. 869. **Servieren** mit Kartoffelstock, Indischem Reis oder Nudeln.

Schweinsfilet mit Rahmsauce (Filet de porc à la crème) I. und II. Art 768

Zubereitung, I. Art: wie Kalbsfilet **Nr. 709**, jedoch 1–2 **Schweinsfilets** verwenden. Diese evtl. spicken oder mit Kräuterpulver oder etwas Curry einreiben.

II. Art (besonders schmackhaft): Das Filet mit **Kräuterpulver** oder mit 2–3 Teel. **Senf** dünn einreiben, in eine Schüssel legen und mit Milch-Rahmmarinade (s. **Nr. 887**) bedecken. Während **3–4 Tagen** stehen lassen. — Beim Verwenden zuerst den Rahm abschöpfen (zum Verwenden für die **Sauce**.) (Die Milch kann nicht gebraucht werden). Das Filet vor dem Braten kurz abspülen und abtrocknen.

Schweinsfilet en papillote (Filet de porc) 769

1 Schweinsfilet — ½ Essl. Zitronensaft od. Senf   Salz, 1 Pr. Pfeffer, 1 Zweiglein Rosmarin, 1 Essl. Öl

Vorbereiten: Das Filet mit den Gewürzen einreiben. Mit dem Rosmarin in einem grossen beölten Bogen Pergamentpapier oder Alu-Folie einwickeln (oben gut eingefaltet). — Es auf den Rost legen, 1 Tasse Wasser dazugiessen. **Braten** in mittelheissem Ofen während ca. ½ **Std.** Nach dieser Zeit mit der Schere das Papier in der Mitte aufschlitzen, so dass die Oberfläche etwas freiliegt. In guter Oberhitze noch gar und krustig werden lassen. — **Anrichten,** in ½ cm dicke Scheiben geschnitten, **garniert** mit Gemüsen auf französische Art oder Rosenkohl mit Kastanien. — **Servieren** mit Griessgnocchi od. Bratkartoffeln und einer Hollandaise od. Kastanien und Rosenkohl, mit Apfelsauce (Nr. 587).

769a Schweinsfilet im grünen Mantel (Filet de porc printanier)

1 Schweinsfilet (ca. 500 g) — 1 Schweinsnetz
4–6 Scheiben Schinken
500 g Bratwurstteig (Brät)
2–4 Büschelchen verschied. Kräuter, sowie Petersilie u. Schnittlauch
je 1–1 ½ dl Rahm und Milch

50–80 g Weissbrot, fein gerieben
z. Würzen: Salz, Pfeffer, 1 Msp. Senf
z. Braten: 20–40 g Kochbutter
z. Sauce { 2–4 dl Bouillon, Weisswein
{ 5 g Kartoffelmehl (z. Binden)

Vorbereiten: Das Filet mit den Gewürzen einreiben und in wenig Kochbutter kurz ringsum anbraten. Das Netz in lauwarmes Wasser legen, gut ausdrücken. — Von den Kräutern die groben Stiele entfernen, waschen und gut abtropfen. Sie mit Rahm und Milch im Mixer purieren, mit dem Bratwurstteig und dem Weissbrot gut vermischen, wenn nötig noch würzen. (Die Masse soll schön grün sein.)

Zubereitung: Das Netz auf dem Fleischbrett ausbreiten. Die Kräutermasse darauf ausstreichen (in der Länge des Filets und 3mal so breit). Den Schinken darauf legen, ebenso das Filet und mit Hilfe des Netzes gleichmässig in die Wurstmasse einhüllen. Zuletzt das Netz locker darumwickeln, die Enden abbinden und an den Längsseiten mit 2–3 Hölzchen arretieren. — **Braten** im Ofen **ca. 45 Min.** unter häufigem Wenden. Sobald die Rolle goldbraun geworden ist, von Zeit zu Zeit wenig Weisswein und Bouillon dazugiessen. Die Sauce mit etwas Kartoffelmehl (kalt angerührt) binden, wenn nötig würzen. — Beim **Anrichten** das Filet in gut ½ cm dicke Scheiben schneiden. Diese schuppenartig auf eine Platte legen, evtl. mit Rübchen à la Vichy garnieren. **Servieren** mit Indischem Reis oder feinen Nudeln.

NB. Verwendet man keinen Mixer, dann die Kräuter sehr fein hacken (da sie sonst nicht so grün wirken), dann Rahm und Milch direkt zur Mischung geben. — Das Ganze lässt sich auch gut in einer Rehrückenform braten (ergibt jedoch keine Sauce). — Der Braten wirkt auch besonders hübsch auf **kalten Platten.** — Als **Pastete** gebacken s. **Nr. 896a.**

770 Gefülltes Schweinsfilet (Filet de porc, farci)

1 grosses Schweinsfilet
Gewürz: Salz, 1 Pr. Pfeffer, Zitronensaft
z. Füllen { 50–100 g Schinken od. Zunge
{ 2 rohe Bratwürste (f. Brät)
{ 2–3 Cornichons — 2 Essl. Madeira

z. Anbraten: 40 g Kochbutter
z. Mitbraten: 100–200 g Perlzwiebelchen
z. Ablöschen: Bouillon od. Wasser
z. Sauce { 2–3 Essl. Madeira
{ 10 g Kartoffelmehl (z. Binden)

Vorbereiten: Zur **Füllung** das Brät, den in kleine Würfelchen geschnittenen Schinken oder Zunge und Cornichons (oder Gewürzgurke) mit dem Madeira vermischen. — Das **Filet** von der Mitte aus der Länge nach so auseinanderschneiden, dass das Stück möglichst breit wird. Es mit Salz und Zitronensaft einreiben, füllen und zunähen.

Zubereitung des Bratens in der Pfanne **auf dem Herd** s. **Nr. 651,** ca. **40 Min.** Die geschälten Zwiebelchen mitbraten, bis sie gelb und weich sind, dann herausnehmen und warmstellen. Den Fond **ablöschen,** den Madeira beigeben, mit etwas Kartoffelmehl (kalt angerührt) binden, wenn nötig noch würzen.

Tranchieren in schöne Scheiben und **anrichten** im Kranz um die gebratenen Zwiebelchen. — **Servieren** mit neuen oder kleinen gekochten Kartoffeln mit viel Petersilie bestreut oder mit Knöpfli und einer Platte gemischter Salate.

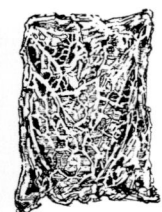

Spanferkel und Jungschwein auf dem Rost (Porc au lait grillé) 771

Anmerkung: Junges Schwein ist für Kenner eine Delikatesse, jedoch nur zeitweise erhältlich (spez. anfangs Winter) und eher teuer, da es stark zusammenfällt.

½ Spanferkel oder ¼ Jungschwein
Gewürz: Salz, 1 Pr. Pfeffer, 1 Teel. Senf
ca. 80 g Kochbutter — 2 dl Weisswein

1–2 Essl. Tomatenpurée, ½ Teel. Paprika
1 Msp. Liebig-Fleischextrakt
1 dl Rahm — evtl. 5 g Kartoffelmehl

Vorbereiten: Das Spanferkel evtl. noch flambieren, waschen und mit einem Tuch abtrocknen. Es mit dem Gewürz einreiben, die äusserste Hautschicht einigemal kreuzweise einritzen. — **Braten:** Das Fleisch auf den Rost legen, Hautseite nach oben. Diese mit Butter bestreichen. Die Pfanne bis fast zum Rost mit **heissem Wasser** füllen, leicht würzen, Weisswein dazugiessen, in den heissen **Ofen** schieben. Das Fleisch von Zeit zu Zeit mit etwas Butter bepinseln (nicht begiessen), evtl. mit Butterpapier bedecken. — Darauf achten, dass immer genügend Flüssigkeit in der Pfanne ist. — Blasen, die etwa auf der Oberfläche entstehen, mit einer Dressiernadel aufstechen. — **Bratzeit 1–1¼ Std.** Das Fleisch herausheben und warmstellen. — **Sauce:** Die in der Rostpfanne zurückbleibende Flüssigkeit entfetten, in ein Pfännchen abgiessen, Tomatenpurée, Paprika, Fleischextrakt und Rahm beigeben. Wenn nötig mit etwas Kartoffelmehl (kalt angerührt) binden, würzen, aufkochen und passieren.

Anrichten: Das Spanferkel querüber in ca. 3 cm breite Streifen schneiden, auf eine grosse Platte geben. — Als **Garnitur** z.B.: Kartoffelstock, Häufchen von Pommes frites oder Strohkartoffeln. Dazu Halbäpfel mit Preiselbeeren oder mit Cumberlandsauce gefüllt (s. Nr. 606). Beliebt sind auch Sauerkraut und Apfelsauce (Nr. 587), sowie kleine gekochte Birnen (Nr. 1096) oder sorgfältig gekochte Dörr-Zwetschgen (Nr. 1114).

Crown Roast of Porc (Krone von Schweinsrippchen, gebraten) 771a

Anmerkung: Diese Art Braten eignet sich nur für die Zubereitung von jungem zartem Schweinscarré (sowie von Lamm od. Hammel). Er ist etwas teuer, wirkt aber interessant und festlich.

10–16 kleine Schweinsrippchen am Stück
Gewürz: Salz, Pfeffer, Senf
evtl. Kräuterfüllung Nr. 881 (s. NB.)

Bratengarnitur Nr. 879
z. Braten: 50 g Kochbutter — Bouillon
z. Sauce: 2–4 Essl. Weisswein, 5 g Kartoffelmehl

Vorbereiten: Beim Rippenstück vom Metzger die Wirbelknochen herauslösen lassen und das Fleisch am Ende der Rippchen 4–5 cm zurückstossen. Die beiden äussersten Rippen (Fleischseite nach innen) miteinander durch 1–2 Stiche (mit Dressiernadel und Schnur) aneinanderheften und unten evtl. ringsum eine Schnur geben so, dass das Ganze kranzförmig wird, d.h. eine «Krone» bildet.

Zubereitung: Das Fleisch mit den Gewürzen überall einreiben, auf ein Blech oder eine weite Pfanne setzen, evtl. die Füllung innerhalb der Krone ausstreichen, alles mit etwas heissem Wasser übergiessen. Jedes der vorstehenden Rippchen mit **Alu-Folie** gut überdecken (damit sie nicht verbrennen!), die Bratengarnitur beifügen und die Pfanne in den mittelheissen Ofen schieben.

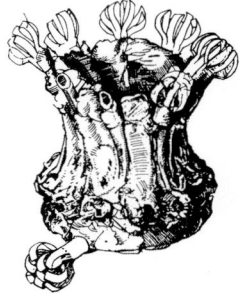

Bratzeit 1½–2 Std. unter häufigem Begiessen. Bevor das Wasser ganz eingedämpft ist, etwas Kochbutter beigeben. — Zur **Sauce** den Bratenfond auflösen, mit Kartoffelmehl (kalt angerührt) binden, wenn nötig noch würzen und passieren. — Beim **Anrichten** die «Krone» auf eine heisse Platte setzen, in die Mitte über die Füllung Petersilie geben oder mit einem Gemüse auffüllen (Rosen-, Blumenkohl, Broccoli od. Erbsen mit Butter). Als **hübsche Garnitur:** auf jedes Rippchen eine kleine Papiermanschette stecken. — **Servieren** mit Kartoffelstock, neuen gekochten Kartoffeln od. feinen Nudeln. Dazu Halbäpfel mit Preiselbeeren od. Apfelsauce Nr. 587.

NB. Verwendet man (bes. bei einer grossen Krone) k e i n e Füllung, dann in den Zwischenraum ein geeignetes Förmchen oder eine feste Kugel von Alu-Folie hineindrücken, damit die Krone schön rund bleibt. — **Crown Roast of mutton** s. Nr. 796a.

772 Panierte Schweinsplätzchen (Escalopes de porc, panées)

Zubereitung wie Kalbsplätzchen und Wienerschnitzel **Nr. 731**. — Am zartesten werden Schweinsplätzchen von jungem **Nierstück**. Sie zum **Vorbereiten** mit je 1 Msp. Senf bestreichen, etwas liegen lassen. — **Bratzeit** ca. **5 Min.** — **Servieren**, z. B. mit Kartoffelstock oder Schalenkartoffeln mit Kräutersauce, dazu Bohnen, Bodenkohlrabi, Räben, ein Kohlgericht oder Salat. — **Gebackene** Schweinsplätzchen, kleine (im Teig), s. **Nr. 261** (NB.).

773 Paprikaschnitzel, ungarische (Escalopes de porc hongroises)

6–9 Schweinsplätzchen (v. Nierstück)
Gewürz: ½ Teel. Salz, etwas Senf
z. Wenden: 3 Essl. Mehl, 1 Teel. Paprika
z. Braten: Kochfett, ca. 50 g (od. Öl)

z. Sauce:
2 Zwiebeln, 2 Tomaten
2–3 kleine grüne Peperoni
1–2 dl sauren Rahm
2 dl Bouillon (von Knorrwürfeln)

Vorbereiten: Die Plätzchen wenn nötig noch klopfen, evtl. die Haut am Rand etwas einkerben, würzen, in Mehl mit Paprika vermischt, wenden. — **Braten** der Schnitzel im heissen Fett **4–7 Min.**, herausheben und warmstellen. Zur **Sauce** die Zwiebeln fein hacken und im Bratenfond weichdämpfen. Beigeben der Tomaten in Würfelchen und Peperoni in Streifen, geschnitten. Rahm und Bouillon dazugiessen, gut abschmekken. Die Schnitzel direkt vor dem **Anrichten** in die Sauce geben und einmal aufkochen lassen. — **Servieren** mit Teigwaren oder Polenta, oder in einer Krustade (s. Nr. 903) hübsch angerichtet, mit grünem Salat.

774 Schweinscôtelettes, nature oder paniert

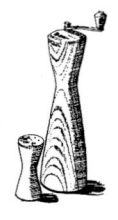

Vorbereiten: Die Côtelettes evtl. noch klopfen, die Haut am Rand etwas einschneiden. Würzen mit Salz und Pfeffer, evtl. mit etwas Senf einreiben. Weitere **Zutaten** und **Zubereitung** wie Kalbscôtelettes, nature oder paniert (s. **Nr. 732**). Schweinscôtelettes langsam garbraten (**15–25 Min.**), evtl. während der letzten 5 Min. zudecken. — Beim **Anrichten** mit Zitronenscheiben belegen oder mit gebratenen Apfelringen, in deren Mitte man ein Häufchen Preiselbeeren gibt.

Schweinscôtelettes «en papillote»   (in Papier)   775

6 Schweinscôtelettes
je 1 Teel. Salz u. Senf, Zitronensaft
z. Braten: Kochbutter oder -fett, ca. 40 g
Rosmarin, evtl. 2 Äpfel

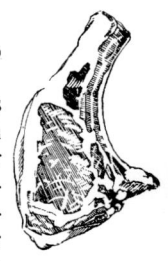

Papillotes: Pro Côtelette 1 Bogen Pergamentpapier oder Alu-Folie doppelt legen und in der Form eines Côtelettes, jedoch ca. 5 cm grösser als dieses, zurechtschneiden.
Vorbereiten der Côtelettes: Sie evtl. noch leicht klopfen, die Haut am Rand etwas einkerben, mit dem Gewürz einreiben. In sehr heissem Fett kurz gelb anbraten. Je ein Côtelette mit einem Zweiglein Rosmarin und evtl. einer Apfelscheibe auf ein Papier oder Folie legen (Knochen nach innen) die offene Seite gut einrollen. Auf den Bratenrost (oder Grill) legen, etwas heisses Wasser dazu giessen. — **Braten** im Ofen (od. zugedeckt auf dem Grill) während ca. **20 Min.** — **Servieren** en papillote (d. h. mit Papier oder Folie). — Sehr gut schmecken dazu eine kalte Meerrettichsauce (Nr. 601) oder Preiselbeeren.
NB. Diese Zubereitung eignet sich auch für das Braten im Freien (amerikanisch barbecue).

Pikante Schweinscôtelettes, gefüllt   (Côtelettes de porc farcies)   776

Zubereitung wie Kalbscôtelettes «Cordon bleu» **Nr. 736** oder «à la Zingara» **Nr. 734**, (ungefüllt) sowie Kalbscôtelettes riches **Nr. 735**. Evtl. folgende **Füllung** verwenden: 2–3 Äpfel in kleine Würfelchen geschnitten, mit wenig Weisswein und 2–3 Essl. Zukker kurz dünsten und mit 30 g gebratenen Speckwürfelchen vermischen.

Filets mignons de porc   (Kleine Schweinsplätzchen, garniert)   777

12 kleine Schweinsfilet-Plätzchen
Gewürz: Salz und Senf
z. Braten: Kochbutter (ca. 80 g)
3–4 Äpfel, Zitronensaft, 2 Essl. Zucker
Herz- od. Maraschinokirschen od. Preiselbeeren
z. Sauce: Bouillon, 2–3 Essl. Marsala, span.

Vorbereiten: Die Filetplätzchen mit wenig Salz und Senf würzen. — Die Äpfel schälen und in 1 cm dicke gleichmässige Scheiben schneiden, das Kernhaus ausstechen. Mit Zitronensaft und Zucker einreiben und etwas liegen lassen.
Braten der Fleischplätzchen in der heissen Butter während **3–4 Min.** — **Anrichten** auf einen **Risotto** Milanaise (Nr. 988). Im Rest der Butter die Apfelscheiben sorgfältig weichbraten, auf die Steaks legen und auf die Mitte je eine Kirsche od. Preiselbeeren. Den Risotto umgeben mit heissen **Erbsen**, die man mit etwas frischem Rahm vermischt hat. — Den Bratenfond mit wenig Bouillon und Marsala auflösen, würzen.

Schweinsspiesschen à la Menagère   (Brochettes simples)   778

12 kleine Schweinsplätzchen v. Filetspitz
Gewürz: Senf, wenig Salz, Aromat
z. Braten: ca. 50 g Kochbutter
250 g Spinat
100 g Käse
50–100 g Magerspeck

Vorbereiten: Die Plätzchen mit Senf, Salz od. Aromat würzen, evtl. leicht anbraten. Den Spinat rüsten, waschen, in Salzwasser kurz abbrühen, gut abtropfen und je 2–3 Blätter, aufeinandergelegt, zu Röllchen formen. — Speck und Käse in kleine Scheibchen schneiden. — Diese 4 Zutaten abwechselnd an kleinere **Spiesschen** stecken (2–3 pro Person) und in Kochbutter **ca. 5 Min. braten.** — Sofort **servieren,** auf Risotto oder Polenta angerichtet, mit Tomaten- und grünem Salat.

779 Schweinsleber- und Schweinshirngerichte (Foie et cervelle de porc)

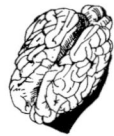

Leber: Zubereitung wie Kalbsleber á l'anglaise **Nr. 754** — Spiesschen **Nr. 753** und wie Leberklösse **Nr. 756**.
Schweinsleber soll ganz frisch und von hellroter Farbe sein. Mehr als 1 Tag alt schmeckt sie bitter.
Hirn: Zubereitung wie Kalbshirn, siehe Register. — Schweinshirn ist sehr klein und lässt sich deshalb auch nicht gut häuten (evtl. durch ein Sieb streichen, je nach Verwendung.)

780 Schweinsnierchen auf dem Rost (Rognons de porc grillés)

5–9 Schweinsnierchen — 30 g Kochbutter — Salz — Kräuterbutter Nr. 607

Braten: Die Nierchen flach auseinanderschneiden, auf den Rost legen, mit Butter bestreichen und beidseitig ca. **5 Min.** braten. Auf eine heisse Platte anrichten, salzen, mit Kräuterbutter belegen. Sofort **servieren** mit Toast oder Weissbrot.

781 Feines Paprikaragout

1 kleines Schweinsfilet, ½ Teel. Salz, Paprika, Lorbeer — ca. ½ l Milch — Paprikasauce Nr. 570

Zubereitung: Das Filet in 2–3 cm grosse Würfel schneiden, würzen und in die heisse Milch geben. **Kochen,** bis das Fleisch weich und die Milch eingedämpft ist (ca. **20 Min.**). Die **Paprikasauce** damit vermischen. — **Anrichten** in einen Reisring (v. Nr. 980).

782 Schweinsragout mit Curry (Ragoût de porc à l'Indienne)

½–¾ kg Schweinsfilet od. -stotzen
z. Anbraten: 40 g Kochfett
9–12 kleine Zwiebeln, etwas Knoblauch
evtl. 1 Apfel od. ½ Rhabarberstengel
z. Binden der Sauce 20 g Mehl

z. Ablöschen { ca. ¾ l Bouillon / 1 Glas Weisswein

Gewürz { 2–3 Essl. Currypulver / Salz, Muskat, etwas Zitronensaft / Liebig-Fleischextrakt

Vorbereiten: Das Fleisch in 3–4 cm grosse Würfel schneiden. — Die Zwiebeln schälen, den Knoblauch fein zerdrücken. — **Zubereitung** wie braunes Kalbsragout **Nr. 717**. — Zwiebeln und Knoblauch nach dem Anbraten kurz mit dem Fleisch durchdünsten. Das Currypulver mit dem Gewürz beigeben. Das Gericht pikant abschmecken und nach Belieben einen rohen fein geschnittenen Apfel oder etwas Rhabarber beifügen. — **Gardämpfen** während ca. **35 Min.** (mit Stotzen zubereitet = **1–1¼ Std.**). — **Servieren** in einem Reisring (siehe Nr. 991) und mit grünem Salat.

783 Schweinsragout auf verschiedene Art

¾–1 kg Schweinslaffe oder -brust (evtl. aus dem Salz) — etwas Majoran, Estragon usw.

Zubereitung, a) wie **weisses** Kalbsragout **Nr. 716;** dem Sud etwas Küchenkräuter beigeben. — **Servieren** mit Salzkartoffeln oder Reis und gedämpftem Wirsing, Bohnen sowie Räben. — **b)** Als **Eintopfgericht:** einige geschälte Kartoffeln, 2–3 Lauch (in Stücken), 1 Sellerie (in Scheiben) und 6–8 Rübchen mitkochen. Die Brühe zuletzt mit etwas Mehl (kalt angerührt) binden. — **c)** Wie **braunes** Kalbsragout **Nr. 717**. **Servieren** mit Salzkartoffeln und evtl. Meerrettichsauce (Nr. 569 od. 601).

Schweinefleisch mit Kastanien   (Potée de porc aux marrons)   784

¾–1 kg Schweinefleisch (evtl. aus dem Salz) — 1 kg Kastanien — Bouillongarnitur Nr. 878

Vorbereiten: Die Kastanien schälen (n. **Nr. 380.**) — Das Fleisch in 3 cm grosse Würfel schneiden. — **Zubereitung:** Die Kastanien mit warmem Wasser gut bedeckt, samt Bouillongarnitur zum Sieden bringen. Das Fleisch beigeben, nach Geschmack würzen. **Kochzeit** ca. **1 Std.** — Nach Belieben noch etwas geschnittenen Kabis, Wirsing oder Lauch mitkochen. — Evtl. statt Fleisch geräucherten oder gesalzenen **Speck** verwenden.

Schweinspfeffer   (Civet de porc)   785

1½ kg Schweinefleisch (Hals od. Laffe)	Gewürz: Salz, Muskat
Beize Nr. 886	Bratengarnitur Nr. 879
z. Anbraten: 50 g Fett	Bouillon (oder Wasser) — evtl. etwas Rotwein
z. Sauce: 20 g Mehl	evtl. 1 kl. Tasse Schweinsblut (s. NB.)

Einbeizen: Das Fleisch in gleichmässige, ca. 5 cm grosse Würfel schneiden und während 5–6 Tagen in eine Beize legen (s. Nr. 886).

Anbraten: Das Fleisch gut abtropfen lassen. Es lagenweise im heissen Fett mit der Bratengarnitur braun überbraten. Das Mehl darüber streuen, schön braun werden lassen. **Ablöschen** mit halb Beize, halb Bouillon und evtl. etwas Rotwein, würzen. **Weichdämpfen** während ca. **50 Min.** Evtl. unmittelbar vor dem Servieren das Blut unter den Pfeffer mischen. — **Servieren** mit Kartoffelstock, Spätzli oder Teigwaren.

NB. Schweinspfeffer wird meistens **ohne Blut** zubereitet, er bekommt davon jedoch Aussehen und Geschmack von Wildragout. — **Schafspfeffer** (s. Nr. 802): gleiche Zubereitung.

Türkisches Pilaw   (Fleisch-Reisgericht)   Bild auf Tafel 18   786

½–¾ kg zartes Schweine- od. Hammelfleisch (oder auch gemischt)	z. Ablöschen	1¼–1½ l Bouillon / 1 dl Rotwein
evtl. 100 g Magerspeck-Würfelchen		
250 g Reis, glasierter od. Vollreis	Gewürz	Salz, Muskat, 1 Lorbeerblatt / 1–3 Msp. Paprika, etwas Majoran / 2–4 Essl. Tomatenpurée
40–60 g Fett od. 2–3 Essl. Öl		
2–3 Zwiebeln, etwas Knoblauch		

Vorbereiten: Das Fleisch in ca. 1 cm grosse Würfelchen schneiden. Den Reis verlesen, Zwiebeln und Knoblauch fein hacken. Die Bouillon aufkochen.

Dünsten im Fett, zuerst den Reis und evtl. Speck, bis er glasig wird, dann Zwiebeln und Fleisch kurz mitdünsten, bis dieses nicht mehr rot ist. — **Ablöschen** mit der kochenden Flüssigkeit (Vollreis mit dem grösseren Quantum). Den Wein beigeben und soviel Tomatenpurée, bis der Pilaw eine stark rote Farbe hat, pikant würzen. **Kochzeit** ca. **30 Min.** (Vollreis ca. **50 Min.**), möglichst sofort anrichten. — **Garnieren** mit Tomatenschnitzen, Peperonistreifen, sowie Petersilie. — **Servieren** mit grünem Salat.

NB. Pilaw soll beim Anrichten noch saftig sein. (Wird er nach dem Garsein nicht rasch serviert, saugt er die Flüssigkeit auf und wird trocken.) — Mit Vollreis schmeckt Pilaw besonders kräftig. Statt mit Reis: mit **Gerste** zubereiten (¾–1 Std. Kochzeit). Nach Belieben 1–3 feingeschnittene Peperoni (ohne Kerne) mitkochen. — **Pilaw** ist ein schmackhaftes, schnell zubereitetes Gericht und eignet sich sehr gut zur Zubereitung in einem modernen **Serviergeschirr** sowie in der **Tavola-Duro-Pfanne**.

787 Schweinscurry-Reisgericht (Potée de porc à l'Indienne)

Zubereitung wie Pilaw **Nr. 786**, jedoch statt Tomatenpurée und Rotwein, folgende Z u t a t e n beigeben: 1–3 Essl. Currypulver, etwas Zitronensaft — evtl. 1 dl Weisswein — 3–6 Essl. Rahm. Nach Belieben: 1 Apfel oder 1 Banane, würflig geschnitten. — **Garnieren** des angerichteten Schweinscurry mit in Butter gebratenen **Bananen-** oder **Apfelscheiben,** evtl. Preiselbeeren. — **NB.** Das Gericht soll kräftig und p i k a n t schmecken. — Statt Reis: **Gerste** verwenden (3/4–1 Std. Kochzeit) oder 3/4–1 kg **Kartoffelwürfelchen** (ca. 30 Min. Kochzeit).

788 Geräuchertes Schweinefleisch mit Sauerkraut (Viande de porc fumée)

1½ kg geräuchertes Schweinefleisch
(Rippli od. Laffe), evtl. Magerspeck

Sauerkraut nach Nr. 482
evtl. Kartoffeln, 3/4–1 kg

Zubereitung des Sauerkrautes. Das geräucherte Fleisch waschen, ins Kraut legen, so, dass es davon b e d e c k t ist. — **Kochzeit 1½–2 Std.** auf kleinem Feuer.
Tranchieren in die einzelnen Côtelettes, Laffe in Scheiben. **Anrichten:** Auf die Mitte einer flachen Platte das Sauerkraut und ringsum das Fleisch geben (Rippli mit den Knochen nach oben). — **Servieren** mit Salzkartoffeln oder Erbsenpurée (Nr. 372).
NB. Als **Eintopfgericht** noch **Kartoffeln** mitkochen. — Siehe auch **Bernerplatte** Nr. 789.

789 Bernerplatte (Plat Bernois)

Anmerkung: Ein typisches Schweizer Regional-Gericht, reichhaltig und währschaft.
Zubereitung von folgenden **Gerichten:** Geräuchertes Schweinefleisch (Rippli und Speck) mit Sauerkraut gekocht, nach **Nr. 788**, zuletzt eine Berner Zungenwurst darin erhitzen **(30–40 Min.)** — ½ Port. Siedefleisch nach **Nr. 658** — 1 Port. Salzkartoffeln. — Beim **Anrichten** zuerst das Sauerkraut als Berg auf eine genügend grosse Platte geben und ringsum das tranchierte Geräucherte und die Wurst sowie das Siedefleisch schön verteilen, so dass das Kraut nur noch in der Mitte zu sehen ist. — **Servieren** mit Salzkartoffeln, je nach Gegend noch mit grünen Bohnen (Nr. 483), auch statt Sauerkraut (z. B. im Sommer). Dazu evtl. Preiselbeeren oder saure Zwetschgen (Nr. 1733).

790 Gekochter, geräucherter Speck (Lard fumé et cuit)

½–1½ kg geräucherter Speck (Mager- od. Kochspeck)
Zubereitung: Den Speck waschen, mit ungesalzenem Wasser bedeckt aufsetzen, zum Kochen bringen. Das Wasser evtl. noch würzen oder wenn stark gesalzen, wechseln. **Kochzeit** 3/4–1 Std. — **Servieren** in Scheiben geschnitten, zu Siedefleisch, gedörrten Erbsen oder Bohnen, Sauerkraut, mit Dörrobst usw.
Als **Eintopf,** den Speck im betr. Gericht mitkochen s. Nr. 788, 791 und 372 (mit Linsen) usw.

791 Schlesisches Himmelreich

Anmerkung: Ein beliebtes Bauerngericht aus Mittel- und Norddeutschland, das in ähnlicher Zusammenstellung auch anderswo bekannt ist.
Gedörrte Birnen, ca. 3/4 kg (s. NB.) — 80 g Zucker, Zimtrinde, 1 Nelke, dünne Zitronenschale
Magerspeck, 3/4–1 kg — z. B i n d e n der Brühe: 20 g Mehl, 20 g Butter oder 10 g Kartoffelmehl
Vorbereiten: Die Birnen waschen und einige Stunden (am besten über Nacht), in lau-

warmem Wasser einweichen. — **Aufsetzen** der Birnen mit dem Einweichwasser, Zucker und den Gewürzen. Zum Kochen bringen, den Speck warm abspülen, ebenfalls in die Pfanne geben (er soll von der Flüssigkeit bedeckt sein). **Kochzeit** ca. **1¼ Std.** — Zum **Binden** der Brühe: Mehl und Butter braun geröstet und abgekühlt, beigeben oder das Kartoffelmehl (kalt angerührt). — **Anrichten** der Birnen und umlegen mit den 1 cm dick geschnittenen Speckscheiben. Dazu schmecken Salzkartoffeln, Kartoffelklösse oder -gnocchi (Nr. 966 und 967) sowie Knöpfli oder Hörnli.

NB. Ausser Birnen evtl. auch einen Teil gedörrte **Zwetschgen** verwenden, oder das Gericht mit etwas festeren frischen Birnen (halbiert und geschält oder ungeschält) zubereiten.

Gekochter, geräucherter Schinken (Jambon fumé et cuit) 792

Anmerkung: Geräucherte Schinken sind heute auch in kleinerem Gewicht und ohne Knochen erhältlich (sog. Michschinken). Sie werden in der Regel so sorgfältig gewürzt, dass sich ein längeres Wässern erübrigt. (Am besten lässt man sich darüber vom Metzger beraten!) — 1 Schinken, ausgebeint und geräuchert, von 2–3 kg oder mehr (als Ersatz 1 Rollschinken od. evtl. 1 Schüfeli).

Vorbereiten: Den Schinken mit lauwarmem Wasser abspülen. **Aufsetzen** mit kaltem Wasser bedeckt, und langsam zum **Kochen** bringen. Den Sud kosten und evtl. noch nachsalzen. (Sollte der Sud jedoch zu scharf sein, dann das Wasser wechseln.)

Kochzeit je nach Grösse: **2½–5 Std.** (d. h. pro kg 40–50 Min.). — **Garprobe** durch Einstechen mit Dressiernadel. — Kleinere Schinken im Dampfkochtopf (n. Vorschrift s. Nr. 1758) zubereiten. Als **Eintopfgericht:** Bohnen oder Sauerkraut mitkochen (während ca. 1½ Std.).

Anrichten: Vom Schinken die Schwarte bis zur Hälfte abziehen, d. h. vorher zackig einschneiden, wenn mit Knochen, ihn evtl. mit einer Papiermanchette versehen. **Servieren** möglichst heiss, mit Bohnen oder Sauerkraut und Salzkartoffeln.

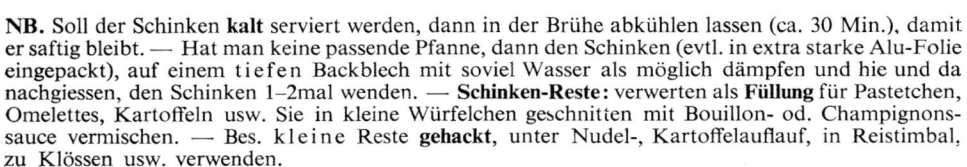

NB. Soll der Schinken **kalt** serviert werden, dann in der Brühe abkühlen lassen (ca. 30 Min.), damit er saftig bleibt. — Hat man keine passende Pfanne, dann den Schinken (evtl. in extra starke Alu-Folie eingepackt), auf einem tiefen Backblech mit soviel Wasser als möglich dämpfen und hie und da nachgiessen, den Schinken 1–2mal wenden. — **Schinken-Reste:** verwerten als **Füllung** für Pastetchen, Omelettes, Kartoffeln usw. Sie in kleine Würfelchen geschnitten mit Bouillon- od. Champignonssauce vermischen. — Bes. kleine Reste **gehackt**, unter Nudel-, Kartoffelauflauf, in Reistimbal, zu Klössen usw. verwenden.

Gekochter Schinken à l'Américaine 793

a) **Zubereitung** eines gekochten **Schinkens** nach **Nr. 792** od. vom Metzger kochen lassen. Davon, solange er noch heiss ist, die äussere Hautschicht (Schwarte) abziehen. Mit einem scharfen Messer die Fettschicht in 2–3 cm grosse Quadrate einschneiden (ca. ½ cm tief) und mit folgender **Masse bepinseln:** 30–60 g Rohzucker braun rösten, mit wenig Wein oder Zitronensaft ablöschen und mit 2–3 Teel. Senf vermischen. — Den Schinken mit einigen Nelken bestecken. — **Braten** in gut heissem Ofen, bis die Oberfläche goldbraun und krustig geworden ist (**ca. ½ Std.**) unter nochmaligem Bestreimit der Senfmasse. — **Garnieren** des gebackenen Schinkens, indem man ihn bespickt mit Oliven, gebratenen Bananen- und Ananasscheibchen sowie Maraschinokirschen oder kleinen Orangenschnitzen (Konserven), alles an Hölzchen gespiesst. — **Servieren**, möglichst **heiss** mit Meerrettichsauce (Nr. 601), Cumberland- oder Apfelsauce (Nr. 606 u. 587) oder mit Preiselbeeren.

b) Schinkenscheiben à l'Americaine (spez. für kleine Portionen): 6–9 **Scheiben** von saftigem Schinken, 1/2 cm dick, auf den **Grill** legen mit etwas Wasser befeuchten und zugedeckt erwärmen. Dann mit Butter bepinseln und grillieren bis sie eine gitterartige Zeichnung haben. Mit der oben erwähnten Zuckermasse (1/2 Port.) bestreichen und nochmals ganz heiss werden lassen. Beim **Anrichten** auch bestecken mit Ananas, Bananen usw.

Schinken im Teig (Milchschinken sowie Rollschinken, ausgebeint) siehe **Nr. 898**.

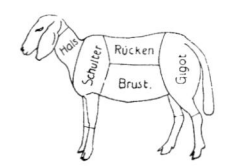

Hammel- (Schaf-) und Lammfleisch

794   **Gigot de mouton**   (Hammelschlegel, gebraten)   Bild auf Tafel 35

1 1/4–2 kg Gigot (Hammelschlegel), gut gelagert und dressiert
Bratengarnitur Nr. 879 — evtl. Knoblauch*
Gewürz: Salz, 1 Pr. Pfeffer, evtl. Senf

z. Übergiessen: 40 g Kochbutter od. -fett
z. Ablöschen: Bouillon od. Wasser
z. Sauce { 3–6 Salbeiblätter (od. Minze)
1 dl sauren Rahm s. NB.
1/2 Teel. Kartoffelmehl (z. Binden)

Vorbereiten des Gigots: Dressieren lassen vom Metzger (d.h. vom Knochen etwas abhacken, das Fleisch ca. 5 cm weit zurückschieben). — Häuten, indem man die pergamentartige Oberhaut (ohne das Fett) dünn abzieht. (Dadurch verliert das Fleisch den etwas ausgesprochenen Geschmack.) — Einreiben mit Salz, Pfeffer und wenig Senf, evtl. mit Knoblauch.

Zubereitung des Gigots **a)** in der **Pfanne im Ofen** nach **Nr. 652**, oder **b) auf dem Rost im Ofen** nach **Nr. 653**, mit heissem Fett übergossen.
Nicht zu heiss braten und häufig begiessen. (Evtl. mit nassem Papier oder mit Alu-Folie bedecken.)

Sobald das Fleisch schön braun ist, wenn nötig etwas Fett abgiessen, ablöschen mit wenig Flüssigkeit, die Salbeiblätter beigeben. **Bratzeit** ca. **1 1/2 Std.** — Den Gigot herausnehmen und warmstellen. — Der **Sauce** nach und nach den Rahm und wenn nötig noch Bouillon beimischen. Sie gut einkochen und binden mit etwas Kartoffelmehl (kalt angerührt), zuletzt passieren.

Tranchieren des Gigots quer zur Faser in dünne Scheiben, so dass diese noch am Knochen halten (siehe auch Nr. 654). — Das Fleisch darf zuinnerst noch hellrot sein. — An den Knochen evtl. eine Papiermanchette stecken (s. Bild). Passende **Garnitur:** z. B. Kartoffelcroquettes und Bohnen, Schwarzwurzeln, Broccoli oder Rosenkohl oder gefüllte Zwiebeln (Nr. 316) od. Navets (Nr. 858, Abschn. 3). — Nach englischer Art noch Preiselbeeren oder eine Pfefferminzsauce (Nr. 605) dazu servieren.

NB. Der Sauce statt Rahm **Joghurt** oder **Buttermilch** beigeben. — * Nach Belieben den Gigot mit Knoblauch **spicken**: ca. 3 cm lange Einschnitte machen und kleine Knoblauchstreifchen hineinstecken. Gigot auf «**Wildbret-Art**» wird **eingebeizt** zubereitet nach Nr. 886, mit einem Tannenzweiglein in der Beize (was einen wildähnlichen Geschmack gibt). — Gigot kann auch in **Milch eingelegt** werden, wodurch der spez. Schafgeschmack auch erheblich gemildert und das Fleisch sehr zart wird (s. Nr. 887).

Hammel- oder Schafbraten (Rôti de mouton) 795

¾–1 kg Hammel- od. Schafsnierstück, Hals oder Laffe

Zubereitung und **Zutaten** wie bei Schweinsbraten **Nr. 764**, als spez. Gewürz einige Salbeiblätter beigeben. — Als Eintopfgericht (mit Gemüsen) wie **Nr. 766**.

Gefüllte Hammelschulter (Epaule de mouton farcie) 796

1–1½ kg Hammelschulter (Laffe, ausgebeint)
Gewürz: Salz, 1 Pr. Pfeffer
Brotfüllung Nr. 880 (evtl. mit 100 g gehacktem Schinken)
Bratengarnitur Nr. 879

z. Anbraten: 40 g Kochfett
z. Sauce: 20 g Mehl — Salbei
z. Ablöschen { 2–3 dl Bouillon od. Wasser
ca. 1 dl sauren Rahm
od. Joghurt

Vorbereiten: Das Fleisch zu einem flachen Stück zurechtschneiden, klopfen und würzen. Mit der Füllung bestreichen, aufrollen und binden oder zunähen.
Zubereitung des Bratens nach **Nr. 652** in der **Pfanne im Ofen**. — **Bratzeit** 1½–2 Std.
Garnitur: Tomaten Nr. 541, evtl. Pilze Nr. 347 oder Rosenkohl und Kartoffelstock.

Crown Roast of Mutton or Lamb (Kronenbraten von Hammel od. Lamm) 796a

Zubereitung wie Crown Roast of Porc **Nr. 771a**, jedoch ca. 10–14 kleine **Hammel-** oder **Lammcôtelettes** an einem Stück verwenden (s. NB.) Von Anfang an mit Fett braten (ohne Wasser beizugeben), **Bratzeit** ca. **30 Min.** — Zur Sauce einige Salbeiblätter geben. — Evtl. **Servieren** mit Pfefferminzsauce (English mint sauce) **Nr. 605**.

NB. Benötigt man eine grössere Krone, sie mit einem entsprechenden Stück ergänzen (durch Befestigen mit der Schnur).

Mutton chops (Hammelplätzchen, grilliert) 797

12 zarte Hammelplätzchen vom Nierstück, aufgerollt und mit Hölzchen fixiert (möglichst vom Metzger dressieren lassen).
Zubereitung wie Hammelcôtelettes vom Grill **Nr. 798**. — Evtl. **flambieren** n. **Nr. 655a**.

Hammel- und Lammcôtelettes auf dem Grill (Côtelettes de mouton, grillées) 798

12 Côtelettes — Gewürz: Salz, Pfeffer
30 g Kochfett od. Öl

Kräuterbutter Nr. 607
Zitronenschnitze

Vorbereiten: Das Fleisch evtl. dressieren, d.h. vom Knochen 2 cm weit zurückstossen, einschneiden und über den Knochen ziehen, s. Abbildung bei Nr. 733 (oder dressiert einkaufen). Die Côtelettes leicht klopfen, mit Öl bestreichen und ca. 1 Std. liegen lassen. — **Braten** auf dem **Grill** nach **Nr. 656** unter Wenden (ca. **8 Min.**) **Anrichten** und mit Kräuterbutter- oder Zitronenscheiben belegen. — **Servieren** mit Zwiebelsauce (Nr. 567), Spinat oder Bohnen und kleinen Salzkartoffeln.

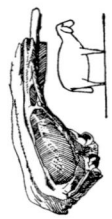

799 Hammelcôtelettes à la Nelson (Côtelettes de mouton)

12 kleine, zarte Hammelcôtelettes
50–80 g Kochbutter
Gewürz: Salz, 1 Pr. Pfeffer, Senf
1 Eiweiss (z. Bepinseln)

Zwiebelmasse:
- 3 grosse Zwiebeln
- 20 g Mehl
- 1–2 Eigelb
- 2–4 Essl. sauren Rahm

Evtl. **Dressieren** der Côtelettes wie bei **Nr. 798**. — **Zwiebelmasse:** Die Zwiebeln in dünne Scheiben schneiden, mit Wasser (ca. 2 dl) bedecken, weichsieden (ca. 30 Min.) und durchstreichen (oder im **Mixer** pürieren). Die Zwiebelmasse mit dem Mehl in einem Pfännchen unter Rühren zu einem ganz d i c k e n Brei kochen. Eigelb und Rahm damit vermischen, würzen. — Die **Côtelettes** mit dem Gewürz einreiben und in wenig h e i s s e m Fett rasch braun **braten** (ca. **5 Min.**). Sie auf einer Seite mit der Zwiebelmasse gut ½ cm dick bestreichen, die Oberfläche mit etwas Eiweiss bepinseln. Die Côtelettes nebeneinander auf ein Blech legen, mit wenig Butter oder dem Bratfett beträufeln. — **Gratinieren** in guter O b e r h i t z e, bis die Côtelettes hellbraun sind. — **Servieren** im Kranz um Rosen- od. Blumenkohl, auch Broccoli oder Spinat, gelegt. Dazu Knöpfli, kleine gekochte Kartoffeln oder -stock.

800 Irish Stew (Irischer Fleischtopf)

Anmerkung: Irish Stew ist schmackhaft, schnell zubereitet und auch günstig zum Herstellen im Dampfkochtopf oder direkt in einem feuerfesten Geschirr (auch im Ofen).

1½ kg Hammelschulter od. -brust
4 grosse Rüben, 1 kleiner Kohl
1–2 Zwiebeln, 1 Lauch, 1 Sellerieknolle

Gewürz: Salz, 1 Pr. Pfeffer u. Curry, Muskat
Wasser, ca. 1 Ltr.
1 kg Kartoffeln — Petersilie

Vorbereiten: Das Fleisch häuten, in Ragoutstücke schneiden. Die verschiedenen Gemüse rüsten, in Scheiben oder Würfel schneiden, die Zwiebeln in Streifen.

Einfüllen: Fleisch und Gemüse lagenweise, sorgfältig mit dem Gewürz bestreut, in eine gut verschliessbare Pfanne oder Auflaufform legen, zuletzt Gemüse. Heisses Wasser, bis zu ¾ Höhe des Inhalts, dazu giessen, aufkochen und zudecken. **Kochzeit ca. 2 Std.** auf kleinem Feuer. — 40 Min. vor dem Anrichten die geschälten, in grosse Würfel geschnittenen Kartoffeln sorgfältig unter das Irish Stew mischen und mitdämpfen. — Vor dem **Servieren** mit gehackter Petersilie bestreuen.

NB. Der typische Schafgeschmack kann durch Überbraten der Fleischstücke etwas gemildert werden.

801 Hammelpilaw und -curry

Zubereitung wie Pilaw **Nr. 786** und Schweinscurry **Nr. 787**. — ¾–1 kg Hammelschlegel, oder -nierstück verwenden. — (Das Pilawgericht abschmecken mit etwas Tomaten-Ketchup.)

Rehrücken mit Rahmsauce Nr. 812 – Garnitur: Krustaden mit glasierten Äpfelchen Nr. 873, gedämpftes Rotkraut Nr. 481 und Knöpfli Nr. 1033

Tafel 32

Tafel 33   Hasen- oder Rehpfeffer Nr. 817, garniert mit Croûtons Nr. 876 und Kartoffelstock Nr. 938, dazu Apfelsauce Nr. 587

Hammelragout und -pfeffer   (Ragoût et civet de mouton)   802

Zubereitung wie **weisses Kalbsragout Nr. 716** oder **braunes Nr. 717**.
Hammelpfeffer: gleiche Zubereitung wie Schweinspfeffer **Nr. 785**.

Lammbraten   (Rôti d'agneau)   803

Zubereitung wie Gitzi **Nr. 805**. — 2 kg Lammschulter mit Brust verwenden.

Gefüllte Lammbrust   (Poitrine d'agneau farcie)   804

2 kg Lammbrust, ausgebeint	80 g dünne Magerspeckscheiben
Bratwurstfüllung Nr. 881	z. Ablöschen: 3–5 dl Bouillon
Gewürz: Salz, 1 Pr. Pfeffer, 1 Teel. Senf	1–2 Essl. feingehackte Petersilie
z. Übergiessen: 60 g Kochbutter	2 Essl. Madeira — evtl. 5 g Kartoffelmehl

Füllen, I. Art: Das Fleisch sorgfältig so aufschneiden, dass eine taschenartige Öffnung entsteht. Mit dem Gewürz einreiben, **füllen** und zunähen. — **II. Art:** Das Fleisch würzen, mit der Füllung **bestreichen**, aufrollen und binden.
Zubereitung des Bratens nach **Nr. 652, in der Pfanne im Ofen** oder nach **Nr. 653 auf dem Rost**. — Das Fleisch vor dem Übergiessen mit Fett, mit den Speckscheiben belegen. — Sobald das Fleisch goldbraun geworden ist, von Zeit zu Zeit mit wenig Bouillon ablöschen. **Bratzeit** ca. **50 Min.** — **Anrichten:** Das Fleisch in 2 cm breite Streifen schneiden, auf eine erwärmte Platte legen, mit einer der folgenden **Garnituren:** Gemüse à la Jardinière (Nr. 855), gefüllte Artischockenböden (Nr. 527), Spinat- oder Zwiebelköpfchen (Nr. 326 und 328) usw.
Servieren mit Pommes frites oder Kartoffelstock. — Die **Bratensauce** passieren, dann Petersilie und Madeira beigeben, wenn nötig mit dem Kartoffelmehl binden.

Zicklein (Gitzi) und Kaninchen

Gitzibraten   (Rôti de cabri)   805

ca. 2 kg oder 1 halbes Gitzi (s. NB.)	z. Übergiessen: 50 g Kochbutter
Gewürz { Salz, 1 Pr. Pfeffer, etwas Majoran, 1 Teel. Senf od. Zitronensaft	z. Ablöschen { 2–4 dl Bouillon, ca. 1 dl saurer Rahm od. Joghurt
Bratengarnitur Nr. 879	1 kleines Büchschen Champignons *
50 g Magerspeckstückchen u. -schwarte	evtl. 1 Teel. Kartoffelmehl

Vorbereiten: Das Fleisch evtl. flambieren (Härchen absengen), dann waschen, abtrocknen, mit den Gewürzen einreiben. Mit Bratengarnitur und Speckwürfelchen in eine weite Pfanne oder auf den Rost legen.
Zubereitung nach **Nr. 652** od. **653 im Ofen,** unter **häufigem** Begiessen. Sobald alles

braun geworden ist, von Zeit zu Zeit mit wenig Bouillon ablöschen. — **Bratzeit** ca. **50 Min.** — **Anrichten:** Das Fleisch querüber in 2 cm breite Streifen schneiden, auf der Platte wieder zusammenschieben, mit etwas Sauce überziehen. — Als **Garnitur:** Kartoffelstock, Erbsen in Butter, kleine Spinatpuddings (Nr. 326) oder Zwiebelköpfchen (Nr. 328), siehe auch NB.

Die **Sauce** wenn nötig mit Kartoffelmehl (kalt angerührt) binden. Sie absieben, die blättrig geschnittenen Champignons und etwas Zitronensaft beigeben.

NB. Gitzifleisch ist sehr wasserhaltig und fällt deshalb beim Braten stark zusammen. Hat man mit dem Fleisch auch die Eingeweide erhalten (Hirn, Herz, Leber usw.), dann können diese extra gebraten und beim Anrichten dazugelegt werden, die Leber evtl. als **Garnitur** auf Croûtons **Nr. 876.** Oder aus diesen Organen kleine **Puddings** zubereiten (nach **Nr. 291**) und extra servieren oder noch auf die Fleischplatte setzen. — * Die **Sauce** evtl. (statt mit Champignons) mit in feine Julienne geschnittenen Morcheln oder Trüffeln und mit etwas Sherry verfeinern.

806   Weisses und braunes Gitziragout   (Blanquette et fricassée de cabri)

Zubereitung wie **weisses Kalbsragout Nr. 716** oder **braunes Nr. 717.** — **Bratzeit:** für Gitzi oder Kaninchen ¾–1½ **Std.**

NB. Herz, Leber oder Niere vom Gitzi können im Ragout zuletzt mitgebraten werden.

807   Panierte Gitziplätzchen   (Cabri frit)

Rücken und Schlegel vom Gitzi — Panade Nr. 888 — Backöl — Zitrone, Petersilie

Vorbereiten: Vom Fleisch die Knochen herauslösen und so gut als möglich gleichmässige Plätzchen oder Stücke schneiden. Sie mit Salz und etwas Senf einreiben. Vor dem **Panieren** zuerst in Mehl wenden. Weitere **Zubereitung** siehe **Nr. 657,** kleine panierte Fleischstücke, gebraten. — **Anrichten,** mit Zitrone und Petersilie garniert; **servieren** mit einer Salatplatte oder Tomatensauce.

808   Gitziküchlein   (Beignets de cabri)

1 kg Gitzi (evtl. Reste) — Ausbackteig Nr. 931 (I. oder II. Art) — Backöl

Kochen des Gitzi wie Kalbsragout **Nr. 716.** — Die Stücke gut abtropfen lassen, im **Teig** wenden und schwimmend hellbraun **backen** (siehe Nr. 889). — **Servieren** mit Tomatensauce, Vinaigrette oder Salat.

Andere Art: Zubereitung als Hackbeefsteaks, siehe **Nr. 694** (III. Art).

809   Kaninchenbraten oder -ragout   (Rôti et ragoût de lapin)

Anmerkung: Kaninchenfleisch ist heller als das des Wildhasen und zart wie das von Kalb oder Gitzi, oft wie von Hühnern. Es ergibt ausgezeichnete Gerichte, die jedoch eher etwas pikant zubereitet werden dürfen. — Ist ein Kaninchen noch nicht ausgebalgt, dann gleich vorgehen wie bei einem Hasen, siehe **Nr. 810.**

Zubereitungsarten: wie für Gitzi (resp. Kalbfleisch), siehe **Nr. 805–808.**

Als **spez. Gewürze** schmecken Senf, Petersilie, Dill od. eine kleine Beigabe von Thymian sehr gut, ebenso als Zutat Pilze, etwas Speck usw. — **Kaninchenpfeffer:** Zubereitung wie Schweinspfeffer **Nr. 785.**

Wild

Allgemeines: Alles Wild, auch Wildgeflügel, muss einige Tage ausgeweidet (d.h. ohne die Därme) an kühlem Ort abgehängt (gelagert) werden, damit es zart und mürbe wird. Dadurch bekommt es auch den spezifischen Wildgeschmack. — Zu langes Lagern gibt jedoch den sogenannten «hautgoût», der unangenehm und gesundheitsschädlich sein kann! — Wild ist fettarm und wird deshalb mit Speck, die Sauce meistens mit Rahm zubereitet. Um das Fleisch (vor allem auch Stücke von älteren Tieren) zarter und mürber zu machen, wird es gerne in Milch eingelegt (siehe Nr. 887) oder in Rotwein, gewisse Teile in Beize für sog. Pfeffer (s. Nr. 817).

Hase   (Lièvre) Ausbalgen und Vorbereiten   810

Anmerkung: Obwohl in der Regel Hasen fast überall ausgebalgt und ausgenommen erhältlich sind, ist das Vorgehen, auch der Vollständigkeit halber, hier beschrieben und, falls doch einmal ein Hase od. ein Kaninchen im Pelz in der Küche landet.

Ausbalgen: Das **Fell** des Hasen oberhalb der vier Pfoten ringsum einschneiden. Den Hasen an den Hinterläufen an zwei starken Nägeln oder am Fensterknauf aufhängen. Das Fell an der inneren Seite der Hinterläufe aufschlitzen.

Dasselbe zuerst sorgfältig von den Hinterläufen und dem Schwanz lösen und dann über den ganzen Hasen herunterziehen, bis zum Kopf. Das Fell zuletzt mit dem Messer rings um die Ohren und Augen losschneiden, die Vorderläufe herausziehen.

Ausnehmen: Den ausgebalgten Hasen auf ein grosses Brett legen, ihn bis zum Brustkorb mit einem Tranchiermesser (evtl. Schere) sorgfältig aufschlitzen, ohne die Eingeweide zu verletzen. Diese vorsichtig herausnehmen. — Das Blut, das sich in der Brusthöhle angesammelt hat, sofort in eine Tasse auffangen, mit etwas feinem Salz und 1–2 Essl. Öl verrühren. An einen kühlen Ort stellen, bis es zum Hasenpfeffer verwendet wird. — Den Hasen gründlich waschen. — Von den **Eingeweiden** Herz, Lunge sowie die Leber vom Magen und den Därmen trennen, von der Leber sorgfältig die **Gallenblase** ablösen und alles gut waschen.

Zum Einbeizen (Marinieren): Kopf, Hals, Brustkorb, die Vorderläufe und den Bauch abschneiden. — Diese Stücke sowie Leber, Herz und Lunge abspülen und in **Beize Nr. 886** legen. Sie nachher als **Pfeffer** zubereiten, siehe **Nr. 817**.

Zum Braten: Den Rücken (evtl. mit den Hinterläufen an einem Stück) frisch zubereiten oder ihn (bis z. Gebrauch) 2–5 Tage in Milch einlegen (z. marinieren) siehe **Nr. 811** (NB.) u. 887.

Hasenrücken mit Rahmsauce   (Râble de lièvre rôti à la crème)   811

Anmerkung: Hasenrücken ist vor allem auch günstig für ein Essen für wenige Personen (im Gegensatz zu Reh, das selten in kleineren Stücken erhältlich ist).

1 Hasenrücken (evtl. mit den Schenkeln)	n.Belieben 1 Handvoll Sultaninen
evtl. ca. 1 dl Rotwein od. 2 Teel. Cognac	alle weiteren Zutaten wie bei Nr. 812

Zubereitung wie Rehrücken mit Rahmsauce **Nr. 812**, jedoch bes. reichlich **spicken**. **Bratzeit 30–40 Min.**, unter öfterem Begiessen. Evtl. mit einem Butterpapier (oder Alu-Folie) bedecken, damit er nicht austrocknet. — Vor dem **Ablöschen** mit Bouillon und

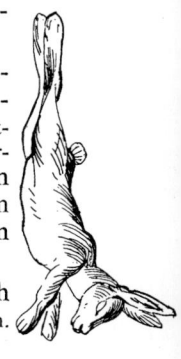

Rahm, evtl. den Wein oder Cognac beigeben und etwas einkochen lassen. — In der Sauce nach Belieben Sultaninen mitkochen (sie nach dem Passieren wieder beigeben). **Anrichten** und **Garnieren** des Hasen siehe Rehrücken **Nr. 812.**

NB. Hase (Rücken oder Schenkel) wird zart und auch geschmacklich sehr gut durch Einlegen **in Milch** (siehe Nr. 887).

812 Rehrücken mit Rahmsauce   (Selle de chevreuil)   Siehe Tafel 32

Anmerkung: Reh gehört zu den meistgeschätzten Wildfleisch-Arten. Als besonders festlich gilt der Braten von Rehrücken, der aber selten unter 2 kg Gewicht erhältlich ist und sich deshalb vor allem für grössere Essen eignet. Er wird gerne reich garniert zu Tisch gebracht. Beliebt und im Geschmack passend sind Beigaben von Früchten oder Gelées.

1 Rehrücken von ca. 2 kg	z. Übergiessen: 50 g Kochbutter
50–100 g Spickspeck	z. Ablöschen: 3–4 dl Bouillon
Gewürz: Salz, 1 Pr. Pfeffer	z. Sauce { 1–2 dl sauren Rahm,
Bratengarnitur Nr. 879	evtl. Joghurt od. Buttermilch

Vorbereiten: Häuten des Fleisches, indem man die weisslichen Oberhäute sorgfältig abzieht. Dann spicken (nach Nr. 885) zu beiden Seiten der Wirbelsäule mit einer Reihe feiner Speckfäden. Den Rehrücken mit dem Gewürz einreiben und in eine weite Brat-, evtl. Rostpfanne legen, mitsamt den abgezogenen Häuten (sog. Parure) und der Bratengarnitur.

Zubereitung des Bratens **im Ofen** nach **Nr. 652,** mit heissem Fett übergossen.
Sorgfältig und nicht zu heiss braten, damit der Braten zart bleibt und nicht austrocknet!

Bratzeit ¾–1 Std. unter häufigem Begiessen. — Sobald das Fleisch schön braun ist, vom Fond wenn nötig Fett abgiessen, mit wenig Bouillon und Rahm ablöschen. — Ist der Rehrücken weich, dann herausnehmen und warmstellen. — Der **Sauce** immer wieder etwas Bouillon und Rahm beigeben und einkochen (auf dem Herd), bis sie bräunlich und seimig ist, mit 1 Msp. Kartoffelmehl (angerührt) binden, passieren. — **Tranchieren** und **Anrichten:** Den Braten zu beiden Seiten des Rückgrates einschneiden und etwas ablösen. Dann schräg in Scheiben schneiden, so, dass diese noch leicht am Knochen halten. Auf eine grosse warme Platte geben, mit wenig Sauce überziehen.

Garnituren: a) auf den Rückgrat abwechselnd grosse Herz- oder Maraschinokirschen und Ananasspalten oder Bananenscheibchen (in Butter gebraten) legen; — **b)** «à la Mirza», rings um den Rehrücken Halbäpfel oder -birnen (s. Nr. 871) mit Preiselbeeren, Sultaninen oder roten Kirschen gefüllt, setzen; — **c)** Krustaden (Nr. 873) belegt mit glasierten Äpfelchen Nr. 872; — **d)** leicht gebratene Scheibchen von Ananas, Äpfeln und Bananen, mit Häufchen von Johannis- oder Brombeergelée.

Servieren des Rehrückens mit Knöpfli (Spätzli), Kartoffelstock oder -croquettes und einem passenden Gemüse wie Rotkraut, Blumen- oder Rosenkohl, auch Röschen von Broccoli sowie Kastanien (diese evtl. als Vermicelles gespritzt).

NB. Reste von Rehbraten wieder aufwärmen im Wasserbad oder in Rahmsauce (diese evtl. extra zubereitet n. Nr. 576). — Kalt schmeckt Reh ausgezeichnet mit Meerrettich- oder Cumberlandsauce (Nr. 601 und 606) od. mit Salade Waldorf serviert. Weitere Restenverwendung siehe **Nr. 1763.** — Rehrücken, den man nicht sofort zubereiten will, 2–3 Tage in **Milch** einlegen (s. Nr. 887) oder in **Rotwein**-Marinade (ohne Essig) s. Nr. 886. Er soll nicht sauer schmecken.

Rehschlegel- und -laffe, Hirsch- und Gemsbraten 813
(Cuissot et épaule de chevreuil, cerf et chamois)

Zubereitung wie Rehrücken mit Rahmsauce Nr. 812. Die folg. Stücke sind weniger zart und benötigen längere **Bratzeit: Reh-**Schlegel = 1–1½ Std. — **Reh-**Laffe = 50–60 Min. **Hirsch- und Gems-**Rücken = 1–1½ Std. — **Hirsch- und Gems-**Schlegel = ca. 1½ Std. Gleiche Zubereitung und Bratzeit für **Rentier** (hie und da im Comestiblegeschäft erhältlich). — Beim **Anrichten** evtl. an den Knochen von einem Schlegel eine Papiermanchette stecken (siehe Gigot Nr. 794 und Tafel 35).

NB. Um diese Wildbraten-Stücke mürber zu machen oder um sie einige Tage aufbewahren zu können, werden sie mit Vorteil in **Milch** eingelegt (s. Nr. 887) oder in **Rotwein** (jedoch o h n e Essig) mit einer besteckten Zwiebel und Wacholderbeeren. — Das Fleisch evtl. mit **Specknägeln** spicken.

Rehfilet à la crème (Filet de chevreuil délice) 814

Anmerkung: Rehfilet ist nicht leicht erhältlich und gilt als besondere Delikatesse.

2–4 Rehfilets — 30–50 g Spickspeck — Gewürz: Salz, Pfeffer, 1 Msp. Senf, Zitronensaft 30 g Kochbutter — 100 g kleine Zwiebelchen — 1–2 dl Rahm

Vorbereiten: Die Filets evtl. auf der Oberfläche sorgfältig etwas häuten, mit f e i n e n Speckfäden spicken und mit den Gewürzen einreiben.

Anbraten der Filets in der heissen Butter, bis sie ringsum schön braun sind. Die geschälten Zwiebelchen beigeben. **Bratzeit** ca. **20 Min.** — Sobald die Zwiebelchen gelb sind, sie herausnehmen. Nach und nach den R a h m zum Fleisch geben, und mit etwas Bouillon verdünnen. Beim **Anrichten** das Filet schrägüber in ca. 1 cm dicke Scheibchen schneiden, auf die Platte ordnen, die Zwiebelchen dazulegen.

Garnieren mit gebratenen Bananenscheibchen oder halben Ananasringen und roten Kirschen oder «à la Mirza» wie bei Rehrücken **Nr. 812.** — **Servieren** mit Knöpfli oder kleinen Kartoffelcroquettes.

NB. Rehfilets schmeckt auch sehr gut k a l t, mit Cumberlandsauce (auch als Teil einer Kalten Platte). — Das Filet wird besonders delikat durch Einlegen in Milch mit R a h m (siehe Nr. 887).

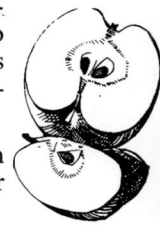

Médaillons de chevreuil aux mûres (Rehschnitzel mit Brombeeren) 815

12–18 Rehschnitzel (je n. Grösse)	20 g Mehl
Gewürz { Salz, 1 Pr. Pfeffer	1 dl saurer Rahm
{ 1 Msp. Senf, Zitronensaft	1–2 dl Bouillon
30–50 g Magerspeckwürfelchen	schöne Brombeeren od. -gelée

Vorbereiten: Die Schnitzel evtl. noch leicht klopfen, mit den Gewürzen einreiben, etwas liegen lassen.

Braten: Die Speckwürfelchen glasig werden lassen und aus der Pfanne nehmen. Im Speckfett die in Mehl gewendeten Plätzchen rasch gar braten, während **5–7 Min.** — **Anrichten** als Kranz um Eiernudeln, diese bestreuen mit den Speckwürfelchen. Jedes Rehschnitzel belegen mit einem Häufchen in w e n i g Rotwein und Zucker gedünsteter Brombeeren oder einem Scheibchen Brombeergelée. Zur **Sauce** den Fond mit dem Rahm und etwas Bouillon auflösen und würzen. — **Servieren** mit Rosenkohl oder Broccoli auf französische Art und Kastanien (Nr. 389) oder -purée (Nr. 386).

816 Rehcôtelettes oder -schnitzel en papillotes (Chevreuil)

6–12 Rehcôtelettes od. -schnitzel, je n. Grösse
Salz, 1 Pr. Pfeffer — Spickspeck — evtl. Äpfel
ca. 50 g Kochbutter
Kräuterbutter Nr. 607

Vorbereiten: Côtelettes od. Schnitzel leicht klopfen, würzen und kurz überbraten (ca. 2 Min.). Mit 2–3 Speckfäden spicken (n. Nr. 885), mit der Kräuterbutter bestreichen. — Jedes Côtelette oder Plätzchen für sich in eine dreieckig zugeschnittene, beölte Alu-Folie (oder Pergamentpapier) sorgfältig einwickeln, so, dass der Knochen etwas heraussteht, auf den Rost legen. — **Braten** ca. **10 Min.** mit nicht zu grosser Oberhitze. — **Servieren** der Côtelettes in der Folie, mit Morneysauce (Käsesauce) Nr. 551 oder brauner Rahmsauce (Nr. 576) zu Rotkraut oder Rosenkohl und Kartoffelstock oder Kastanien.

II. Art: Die Fleischstücke vor dem Einwickeln zuerst auf eine Apfelscheibe setzen, was sie saftig und schmackhaft macht. — Das gebratene Fleisch evtl. am Tisch **flambieren** n. **Nr. 655a.**

817 Hasenpfeffer (Civet de lièvre) siehe Bild auf Tafel 33

1½ kg Hasen-Ragout (s. NB.)
Beize Nr. 886
z. Anbraten: 40–60 g Fett
50 g Magerspeckwürfelchen (1 cm gross)
3–6 dl Bouillon (od. Wasser)
1 dl Rotwein, Salz, 1 Pr. Pfeffer
z. Rösten: 30 g Fett, 30 g Mehl, 1 Pr. Zucker
½–1 Tasse Hasen- od. Schweinsblut (s. NB.)

Einbeizen (Marinieren) des Fleisches, in Ragoutstücke geschnitten, während ca. 5 Tagen (siehe **Nr. 886**).

Anbraten des Fleisches: Es aus der Beize nehmen, gut abtropfen lassen, im heissen Fett lagenweise überbraten; zuletzt den Speck beigeben und glasig werden lassen. — **Ablöschen** mit halb Bouillon, halb Beize, soviel, dass das Ragout etwa zur Hälfte darin liegt. — Zur **Sauce** das Mehl in einem Pfännchen im Fett (evtl. ohne) **braun** rösten, die Prise Zucker beigeben, mit etwas Bouillon und Beize (ca. 4 dl) ablöschen, aufkochen. Die Sauce zum Fleisch giessen, den Rotwein, evtl. noch einige Wacholderbeeren und das nötige Gewürz hinzufügen. **Kochzeit** ca. ¾ Std. — Kurz vor dem **Anrichten** das Blut unter den Pfeffer mischen. Nur noch solange erhitzen, bis es die rote Farbe verloren hat und die Sauce dicklich und dunkel geworden ist. **Nicht mehr kochen,** da sie sonst gerinnt!

Beim **Anrichten** den Pfeffer auf eine weite erwärmte Platte geben, in der Mitte etwas erhöht. Am Rand (am besten schon vorher) **garnieren** mit einer Bordüre von Kartoffelstock und Fleurons (Nr. 875) od. Croûtons (Nr. 876), diese auf etwas Kartoffelstock gesteckt. Evtl. über das Ganze glasierte Zwiebelchen (Nr. 853) streuen. — **Servieren** mit Kartoffelstock oder -klössen, evtl. Kastanienpurée, Teigwaren oder Knöpfli und Apfelsauce (Nr. 587) oder Preiselbeeren.

NB. Vorbereiten eines Hasen n. Nr. 810 oder **Einkauf** von Hasenbrust, -laffe oder -bauch oder von schon gebeiztem Hasen (ca. 2 kg mit Beize). — Durch das Vermischen mit dem **Blut** wird der Pfeffer etwas mehr gebunden und schwarzbraun in der Farbe (typisch für Wildpfeffer), er kann jedoch auch ohne Blut zubereitet werden (oder mit wenig ganz dunkler Schokolade, n. Luxemburger Art). **Resten-Verwertung** von Hasen- oder Rehpfeffer evtl. für Wildsuppe **Nr. 94.**

818 Reh- und Gemspfeffer (Civet de chevreuil ou de chamois)

Zubereitung und **Anrichten** wie Hasenpfeffer **Nr. 817.** — **Reh-** und spez. **Gems**fleisch werden meistens eingebeizt gekauft (1½ kg), sonst marinieren n. Nr. 886. Beides benötigt etwas längere **Kochzeit** (ca. 1 Std.).

Reste von Wildbraten 819

a) Schöne Stücke in dünnere Scheiben schneiden und für eine **kalte Platte** verwenden. **Servieren** mit Preiselbeeren, Meerrettich- oder Cumberlandsauce oder einem Mayonnaise-Salat (s. S. 46). — **b)** Als **kleines Ragout:** Die Fleischresten in Würfelchen schneiden, mit brauner Rahmsauce (Nr. 576) vermischt, aufkochen. Geeignet als **Füllung** von römischen Pastetchen (Nr. 1691), Blätterteig- od. Kartoffelpastetchen (Nr. 867) und von Omeletten, sowie angerichtet in kleinen Töpfchen od. in einem Kartoffel-, Reis- od. Maisring usw. — **c)** Reste von **Wildsauce,** verdünnt als Suppe, verwenden (siehe Nr. 94). — **Kalte** Füllung zu Eclairs s. **Nr. 183.**

Rehleber (Foie de chevreuil) 820

Zubereitung wie Kalbsleber **Nr. 754** (mit Äpfeln) oder **Nr. 755** (geschnetzelte).

Wildbret-Terrine 820a

Masse von Wild-Hackbraten Nr. 821 (sehr fein gehackt) — 2–4 rohe Stücke v. Hase od. Reh, in dünne Scheiben geschnitten — 200 g dünne Magerspeckscheiben — Salz, Pfeffer, 2–4 Essl. Cognac
Form spez. für Terrinen: feuerfestes Steingut mit Deckel (evtl. Auflaufform mit Alufolie z. Decken) 
Vorbereiten: Die Fleischscheibchen würzen, mit Cognac beträufeln und etwas ziehen lassen. — **Einfüllen der Terrine:** Auf den Boden zuerst eine Lage Speck-, dann die Fleischscheibchen geben. Die Hackmasse darüberfüllen, glattstreichen und mit Speckscheiben dicht belegen. Die Form gut **zudecken** und evtl. noch mit einem Teigstreifen abdichten. — **Kochen** der Terrine **im Ofen** im Wasserbad (auf einem tiefen Blech od. in weiter Pfanne, während **ca. ¾ Std.** — **Garprobe:** Das ausgetretene **Fett** soll **klar** obenauf schwimmen. — **Servieren** der Terrine, **a) heiss** (nachdem man das Fett abgegossen hat) mit Riz Créole und Preiselbeeren — **b) kalt** (evtl. zuerst leicht gepresst) entfettet, als Hors d'œuvre mit Cumberlandsauce. (Siehe auch Kalbfleisch-Terrine **Nr. 744a.**)

Wild-Hackbraten 821

Reste von Wildbraten — 50–100 g Magerspeck — Brotkloss-Masse von Nr. 1056 — 1–2 Eier 
Vorbereiten: Die Fleischreste mit dem Speck fein hacken (mit der Maschine) und mit dem Brotkloss und den Eiern sowie dem nötigen Gewürz, etwas Weisswein oder 2 Teel. Cognac gut verkneten.
Braten: Eine Cakeform mit dünnen Speckscheiben auslegen. Die Hackmasse hineingeben, glatt streichen und nochmals mit Speck bedecken. **Bratzeit** in nicht zu heissem Ofen ca. **30 Min.,** wenn nötig mit Alu-Folie bedeckt (evtl. im Wasserbad, damit der Braten nicht austrocknet). — **Servieren:** warm, in Scheiben geschnitten, mit Kartoffelstock oder -salat, kalt mit Preiselbeeren, Apfelsauce (Nr. 587) oder einer Salatplatte.

Wildschwein (Sanglier) 821a

Anmerkung: Nur junges Wildschwein ist schmackhaft (sog. Frischling). Es wird mit Vorteil kurz eingebeizt (auch z. Braten). 
Zubereitung: a) Wie Schweinsbraten **Nr. 764** (im Ofen). Die Wildschweinkeule gut **häuten** und spicken, mit wenig Senf einreiben. Mit Bouillon und etwas Rotwein sorgfältig schmoren (**1½–2 Std.**), zuletzt abgedeckt **braun** werden lassen. Die Sauce leicht binden mit Beurre manier (Nr. 610) und Rahm. — **Servieren** mit Sauerkraut, Rosenkohl oder Broccoli und Knöpfli, Kartoffelklösse od. -gnocchi. — **b)** Wie **Hasenpfeffer Nr. 817** (ca. 5 Tage **eingebeizt**). **Kochzeit: 1½–2 Std.** Der Sauce etwas Rahm beigeben.

Geflügel

Einkauf: In den Monaten September bis Dezember ist das hiesige Geflügel am billigsten (Gänse Oktober bis Januar). — **Erkennungszeichen** für junges, zartes Geflügel zum Braten: Das Ende des Brustbeines ist noch knorplig und biegsam, bei Enten und Gänsen ist die Haut zart und hell, ebenso die Haut der Füsse. —(**Ältere Hühner** gekocht oder gedämpft zubereiten.)— Französisches (Bresse-)Geflügel gilt als das feinste und ist auch am teuersten.

Das **Rupfen** geschieht am körperwarmen Tier, da es sich dann am besten rupfen lässt. Tiere mit den Federn, sowie die oft noch ungerupften **Flügel** von Enten, Perlhühnern oder Wildgeflügel kurz in sehr heisses Wasser tauchen, damit man sie besser rupfen kann. In der Regel wird das Geflügel sauber gerupft und pfannenfertig geliefert, was zur Zeit- und Arbeitsersparnis praktisch und angenehm ist. Wo aber Geflügel nicht küchenfertig erhältlich ist, gilt das **Vorbereiten** und **Ausnehmen** von Nr. 822 unten.

822 Vorbereiten und Ausnehmen des Geflügels   Grundregel

1. Vorbereiten: Abschneiden des Kopfes (evtl. des Kammes, wenn er gross ist) und der Füsse (diese etwas unterhalb des Fussgelenkes), bei Gänsen und evtl. bei Enten auch die Flügel (diese Stellen dann zunähen).

2. Ausnehmen: a) Die Halshaut auf dem Rücken des Tieres bis zum Rumpf aufschlitzen. Die Wirbelsäule lösen und zwischen den Schultern abschneiden. Luft- und Speiseröhre mit dem Kropf von der Halshaut, dann von oben mit zwei Fingern vom Brustkorb lösen, ebenso Lunge und Herz, jedoch ohne etwas herauszuziehen.

b) Von der Darmöffnung einen kurzen Schnitt gegen das Brustbein machen (bei grösserem Geflügel kreuzweise einschneiden). Mit den Fingern evtl. Fett und die Eingeweide sorgfältig von der Bauchwand und vom Rücken lösen, wobei man sich vor dem Zerdrücken der **Gallenblase** hüten muss. Den Magen so fassen, dass sich die Speiseröhre zwischen Mittel- und Zeigefinger befindet, und ihn in einem Zug mit sämtlichen Eingeweiden herausziehen. (Siehe Nr. 823 mit Abbildung: Eingeweide des Huhnes.) Oft muss die Lunge, die am Rücken zwischen den Rippen liegt, noch extra herausgeholt werden, ebenso die Blase.

3. Flambieren (Absengen): Dem Geflügel über einer Gasflamme oder Kerze die kleinen Flaumfedern und Härchen absengen, dann mit Seidenpapier abreiben.
 Bei Gänsen, Enten usw. wenn nötig die Federkiele noch extra herauszupfen (evtl. mit einer Pinzette).
4. Waschen: in- und auswendig, evtl. nachher abtrocknen mit einem Tuch oder Resart-Küchenpapier. — Wird das Geflügel für den folgenden Tag vorbereitet, dann ungewaschen an einen kühlen Ort geben.
Dressieren des Geflügels s. Nr. 824. — Die **Eingeweide** und ihre Verwendung s. Nr. 823.

Vorbereiten der Eingeweide   Grundregel   823

Verwendet werden: Herz, Leber, sowie Magen und Fett (evtl. Eidotter bei einem Suppenhuhn).

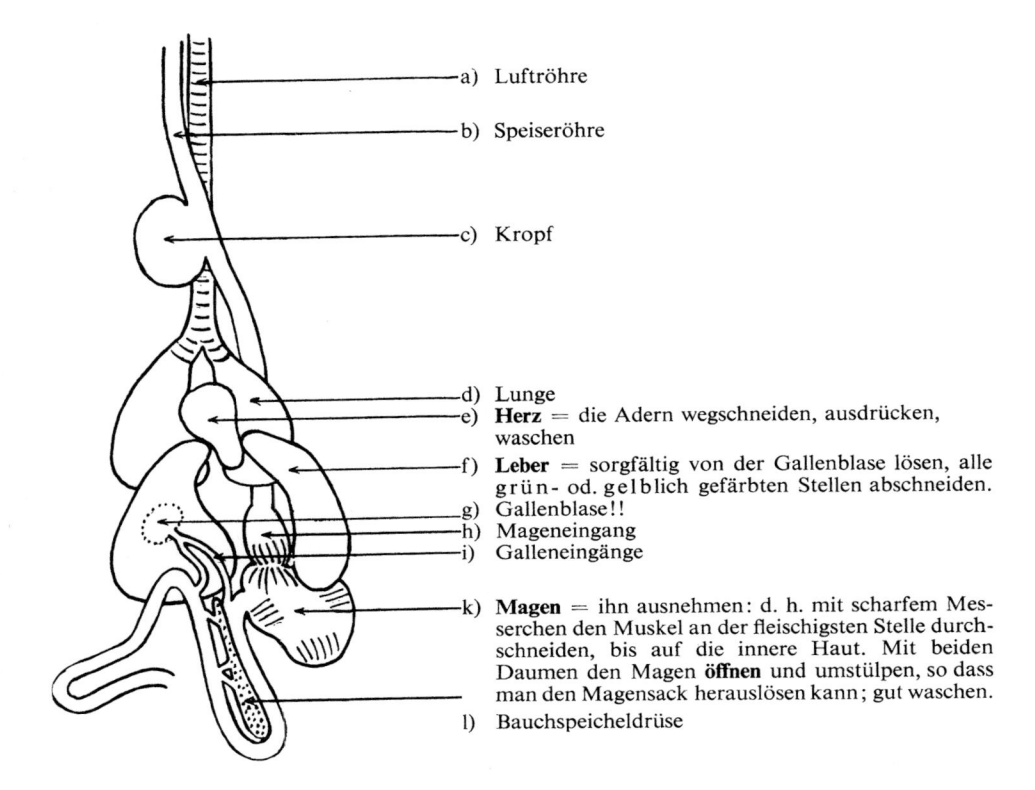

a) Luftröhre
b) Speiseröhre
c) Kropf
d) Lunge
e) **Herz** = die Adern wegschneiden, ausdrücken, waschen
f) **Leber** = sorgfältig von der Gallenblase lösen, alle grün- od. gelblich gefärbten Stellen abschneiden.
g) Gallenblase!!
h) Mageneingang
i) Galleneingänge
k) **Magen** = ihn ausnehmen: d. h. mit scharfem Messerchen den Muskel an der fleischigsten Stelle durchschneiden, bis auf die innere Haut. Mit beiden Daumen den Magen **öffnen** und umstülpen, so dass man den Magensack herauslösen kann; gut waschen.
l) Bauchspeicheldrüse

NB. Herz und Leber werden oft extra gebraten, als **Garnitur** auf Croûtons gelegt oder unter Rührei oder in Omelettes verwendet, oder zur Füllung des betr. Geflügels (evtl. mit dem zarten Fleisch des Magens). — Ausser den vorbereiteten **Eingeweiden** werden noch der abgeschnittene **Hals** und **die Füsse** verwendet (z. Sauce od. Brühe). Die Füsse abspülen und ca. 5 Min. in Wasser kochen, dann schälen.

824 Dressieren des Geflügels I. und II. Art — Grundregel

Zweck des Dressierens: das Geflügel bleibt gut in der Form, hat besser Platz in der Pfanne und kann weniger leicht austrocknen während des Bratens. — **Nach** dem Dressieren würzen, evtl. füllen usw.

I. Art. Bei **grösserem** Geflügel

1. Stich: Befestigen der Flügel

Das Tier **auf die Brust legen,** die Halshaut soweit als möglich über den Rücken herunterziehen, die Flügel so umbiegen, dass sie auf den Rücken zu liegen kommen. Mit der Dressiernadel und **Schnur** zuerst den Flügel durchstechen, dann die Halshaut fassen, durch den Brustkorb fahren, wieder zuerst die Halshaut fassen und durch den zweiten Flügel stechen. Die Schnur nachziehen.

2. Stich: Befestigen der Schenkel

Das Tier **auf den Rücken legen,** die Schenkel nach oben und gegen den Rumpf drücken, so dass die ganze Brustseite krustig braten kann. Mit der Dressiernadel durch die Mitte des Schenkels stechen, durch die Bauchhöhle fahren und beim andern Schenkel herausstechen.

Die Schnur straff anziehen, die Enden miteinander verknüpfen und sie ca. 5 cm lang stehen lassen, damit man sie beim Tranchieren leicht findet. **Wichtig:** Beim richtigen Dressieren kommt die Schnur nicht über die Brustseite zu liegen, damit sie nicht in der Kruste festbrät.

NB. Bei **grossem Geflügel** die Schenkel zu unterst evtl. noch mit einer Schnur hinunterbinden. Fettarmes Geflügel wird oft **bardiert,** d. h. die Brustseite mit handgrossen, dünnen Scheiben von **Fettspeck** belegen. Diese mit der Schnur von der Seite her befestigen, s. **Nr. 843.**

II. Art: Bei **kleinerem** Geflügel:

Das Tier auf die Brustseite legen, die Halshaut über den Rücken herunterziehen. Mit einer **Schnur** hinter den Flügeln durchfahren, diese dann über dem **Rücken** kreuzen. Das Tier umdrehen und mit den Schnurenden die Schenkel nach unten binden.

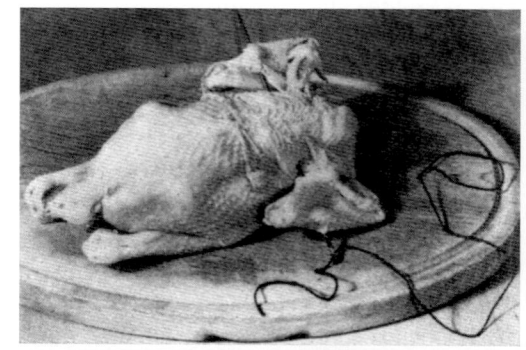

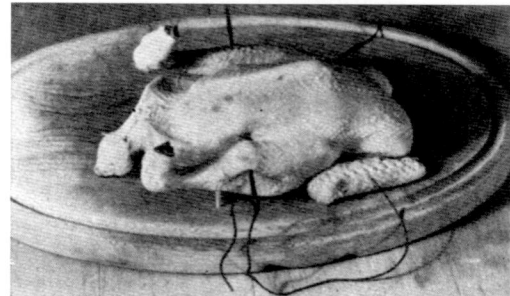

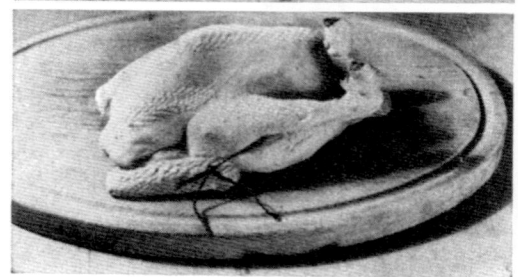

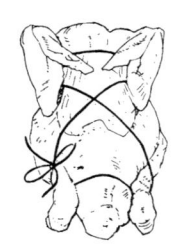

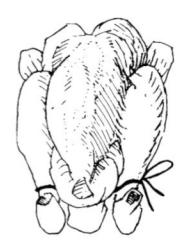

Inhaltsübersicht

Fleisch im Fülscher
Andreas Heller [18]

Die Veränderung des Weinangebots
Philipp Schwander [21]

Die Küche und ihre Werkzeuge
Max Rigendinger [26]

**Was Rezepte und Kochbücher als Lehrmittel erzählen ...
und wie sie sich verändern**
Ute Bender, Ruth Städeli [32]

Ein Kochbuch als Klassiker, Kult und Kulturerbe
Walter Leimgruber [39]

Die Lust des Auges
Max Küng [47]

**Ikonen der Küche:
Elisabeth Fülscher, Betty Bossi, Marianne Kaltenbach, Jamie Oliver**
Christian Seiler [52]

Wir haben die Unschuld verloren
Ruth v. Blarer [60]

Zimt und Zauber: panaromatische Erinnerungen
Stefan Zweifel [65]

Autorinnen und Autoren [73]

Andreas Heller

Fleisch im Fülscher

Es waren andere Zeiten. Ein Kühlschrank zum Beispiel war auch in den 1960er-Jahren noch nicht in jedem Haushalt selbstverständlich vorhanden, wie der Hinweis der Autorin zeigt, dass man Fleisch auch im kühlen Keller in einem Gefäss aus Steingut, Glas oder Porzellan lagern könne. Elisabeth Fülscher weist auch auf die Möglichkeit des Beizens und Salzens hin, alte Techniken der Konservierung, die heute kaum noch einer kennt.

1966, als das «Fülscher» für die 8. Auflage zum letzten Mal überarbeitet wurde, vertilgten die Schweizerinnen und Schweizer im Durchschnitt 31 Kilogramm Fleisch im Jahr. Heute sind wir bei über 50 Kilogramm pro Kopf angelangt. Gleichwohl stand Fleisch schon damals weit oben auf dem Speisezettel. Vielleicht gab es unter der Woche bloss einen gebratenen Cervelat, gekochten Speck oder ein paniertes Schnitzel. Aber am Sonntag schmurgelte in fast jedem bürgerlichen Haushalt ein Braten im Ofen und verströmte seinen behaglichen Duft – für viele bis heute der Inbegriff der «guten alten Zeit». Und an hohen Festtagen wurden vor dem Braten kalte Platten serviert, schwer beladen mit Fleischpasteten und Fleischrouladen, Schinkenrollen und Bündnerfleischcornets, Hühnergalantine oder Eclairs du Gibier.
Im «Fülscher»-Kochbuch sind über 200 Rezepte versammelt, die irgendwie mit Fleisch zu tun haben. Der Reigen beginnt mit der Zubereitung einer kräftigen Bouillon, sei es aus Knochen, Schenkelfleisch oder Suppenhuhn, setzt sich fort mit Hors d'œuvres und Pasteten bis zu den kapitalen Fleischstücken, den Braten, Plätzchen, Ragouts, Spiesschen, Rouladen und Klassikern wie Canard à l'Orange.
Zum Auftakt des zentralen Kapitels werden die jeweils wichtigsten Grundregeln der Zubereitung von Rind, Kalb, Schwein, Wild oder Geflügel vermittelt: wie man das jeweilige Fleischstück vorbereitet, wie man es siedet, wie man es dämpft und schmort, wie man es in der Pfanne, im Ofen auf dem Rost richtig zubereitet. Das meiste sind bis heute gültige Regeln, die man bei der Zubereitung eines Bratens oder eines Siedfleisches beachten sollte. Was allerdings auffällt: Im Unterschied zu heutigen Rezeptbüchern fehlen genaue

Temperaturangaben für das Schmoren und Braten, der Ofen soll einfach «sehr heiss» oder «mässig heiss» sein. Noch kein Thema ist das Niedergaren. Fleisch wird fast immer bei relativ hoher Temperatur gebraten, und es soll auch meist ziemlich gut durchgebraten serviert werden, ausser man möchte es ausdrücklich «englisch». Ganz allgemein scheint man es mit den Garstufen noch nicht so genau zu nehmen. Statt auf Timer und Thermometer vertraut man auf das eigene Auge, den Tastsinn (man muss das Fleisch drücken, um den optimalen Garpunkt zu erkennen!) und das Bauchgefühl.

Neben den Grundrezepten, zum Beispiel für einen währschaften Schweinsbraten oder ein edles Roastbeef, enthält das «Fülscher» eine ganze Reihe von Rezepten für bodenständige und auch relativ aufwendige Fleischgerichte. Wenn es ein gutes Stück Fleisch gab, so war dies wie bereits erwähnt meist an einem Festtag. Da leistete man sich beim Metzger oder bei der Marktfrau nicht nur gerne ein edles und entsprechend teures Stück, die Köchin oder der Koch scheute auch keine Mühe, das Fleisch möglichst raffiniert zuzubereiten und auf einer reich dekorierten Platte zu servieren. So spickte man den Braten mit Speck, man füllte das Filet mit Brot, Schinken und Kräutern, vielleicht sogar mit Zunge, Cornichons oder Trüffeln. Einer dieser Klassiker ist das Rindsfilet Wellington: Ein stattliches Rindsfilet vom Mittelstück wird dabei mit einer Masse aus blättrig geschnittenen Champignons, fein gehacktem Schinken, Leberpain und Bratwurstmasse bestrichen, in einen Sauerrahmteig eingewickelt und im Ofen gebacken. Wer das einmal versucht hat, der weiss, dass man einiges an Fingerfertigkeit benötigt, damit das Filet im Teig eine gute Figur macht – und die Köchin, der Koch mit ihm.

Geschick und eine gewisse Erfahrung verlangen nicht nur Edelgerichte wie das Filet Wellington. Auch Alltagsgerichte wie etwa die nur noch der älteren Generation bekannten «Vogelnester» sind nicht ohne Tücken. Schinken und hart gekochte Eier werden da in Kalbsplätzchen eingewickelt und sorgfältig zu kleinen Kissen zugenäht. Für die tüchtige Hausfrau von einst war derlei Kunsthandwerk vielleicht ein Kinderspiel. Für einen Hobbykoch mit zwei linken Händen sind sie eine echte Herausforderung. Erst recht gilt dies für Techniken wie das «Ausbalgen» eines Hasen, das im «Fülscher» ebenfalls ausführlich beschrieben wird: «Das Fell des Hasen oberhalb der vier Pfoten ringsum einschneiden. Den Hasen an den Hinterläufen an zwei starken Nägeln oder am Fensterknauf aufhängen. Das Fell an der inneren Seite der Hinterläufe aufschlitzen. Dasselbe zuerst sorgfältig von den Hinterläufen und dem Schwanz lösen und dann über den ganzen Hasen herunterziehen, bis zum Kopf. Das Fell zuletzt mit dem Messer rings um die Ohren und Augen losschneiden, die Vorderläufe herausziehen.»

Im «Fülscher» werden Kochtechniken vermittelt, die heute nur noch wenige beherrschen dürften – die in einer gepflegten Küche aber trotzdem unerlässlich sind. Dazu zählen allem voran das fachgerechte Tranchieren, das effektvolle Flambieren oder das Dressieren von Geflügel, das natürlich ebenfalls ausführlich beschrieben wird. Kleines Detail: Das Poulet wurde damals noch meist mit den Eingeweiden, mit Herz, Lunge, Leber und dem ganzen Magen verkauft, die wie Kämme und Füsse als besonders schmackhaft galten. Im «Fülscher» heisst es dazu: «Herz und Leber werden oft extra gebraten, als Garnitur auf Croûtons gelegt oder unter Rührei oder in Omelettes verwendet, oder zur Füllung des betr. Geflügels (evtl. mit dem zarten Fleisch des Magens).»

Heute landen die Innereien in der Regel im Abfall oder im Tierfutter. Heutzutage wird nicht nur mehr Fleisch gegessen, es wird auch immer mehr weggeworfen, weil den meisten Konsumentinnen und Konsumenten nur noch die sogenannten Edelstücke, Filet, Steak und Plätzli, gut genug sind. Das «Fülscher» stammt aus einer Zeit, da man noch eher zu haushalten wusste. Von einem geschlachteten Tier verzehrte man möglichst alles – also auch die heute weitgehend verschmähten Innereien wie Nieren, Lunge, Herz und Leber. Für Elisabeth Fülscher gehörten die Innereien ohnehin zu den besonderen Delikatessen, und entsprechend viel Platz räumt sie ihrer Zubereitung ein. Da gibt es ein Rezept für gefülltes Kalbsherz oder für Lungen-Ragout. Es wird geradezu liebevoll erläutert, wie man ein Hirn fachgerecht häutet (indem man mit den Fingern sorgfältig zwischen den Furchen durchgeht und so die Haut abzieht), wie man es in Scheiben schneidet, paniert, brät, mit brauner Butter beträufelt. Ein echter Klassiker unter den Innereien sind schliesslich die Rognons flambés, mit Cognac flambierte Kalbsnierchen.

Manche Fleischgerichte im «Fülscher» wirken aus heutiger Sicht ziemlich exotisch. Jedenfalls exotischer als das ebenfalls unter den Fleischrezepten aufgeführte Nasi Goreng, mit dem man in den 1960er-Jahren seine Gäste noch überraschen konnte.

Rezepte, die im Text vorkommen:
175 Bündnerfleischcornets, 191 Hühnergalantine, 183 Eclairs du Gibier, 839 Canard à l'orange, 897 Rindsfilet Wellington, 715 Vogelnester, 810 Hase, Ausbalgen und Vorbereiten, 757 Gefülltes Kalbsherz, 759 Lungen-Ragout, 748 Hirn, gekocht, 751 Flambierte Nieren, 851 Nasi Goreng

Philipp Schwander
Die Veränderung des Weinangebots

Wirft man einen Blick auf das heutige Weinangebot und vergleicht es mit jenem, das zu Zeiten der 8. Fülscher-Auflage die Auslagen der Weinhändler prägte, stellt man einen geradezu überwältigenden Wandel hin zu einer Vielzahl an Weinen aus neuen Anbauregionen fest. Die Gründe liegen insbesondere in technischen Innovationen und der erhöhten Mobilität.

Vor 50 Jahren war die Weinwelt noch einfach und klar strukturiert. Beim Betrachten der Abbildung 34 des Fülscher-Kochbuchs erkennen wir zwei Weine, wie sie wohl oft in den 1960er-Jahren an der Sonntagstafel eines soliden Schweizer Haushalts ausgeschenkt wurden: Beaujolais und weisser Bordeaux. Überhaupt war in dieser Zeit unsere Weinwelt noch weitgehend französisch geprägt. Zu besonderen Anlässen trank der Schweizer meistens einen roten Burgunder. Wenn es ein günstigerer Wein sein sollte, servierte man Châteauneuf-du-Pape, der damals noch sehr preiswert war. Und bei den Weissweinen vertraute man fast immer auf die Westschweiz – insbesondere das Waadtland kam zum Zug. Italienische und spanische Weine wurden zwar allmählich entdeckt, jedoch bei weitem nicht so häufig getrunken wie französische. Dass es bald einmal Weine aus Regionen und Ländern wie Kalifornien, Südamerika, Australien und Südafrika geben sollte, wäre wohl selbst dem kühnsten Träumer nicht in den Sinn gekommen.

Weit über 90 Prozent des weltweit produzierten Weins stammte aus Europa und wurde mehrheitlich auch dort konsumiert. Die klassischen Weinbauländer Frankreich, Italien und Spanien erzeugten den Löwenanteil, da sie klimatisch vorteilhafte Bedingungen für den Anbau der Rebe bieten. In diesen Ländern wurde auch am meisten Wein getrunken. Noch in den 1960er-Jahren waren das teilweise über 150 Liter pro Kopf und Jahr – Säuglinge und Greise mitgerechnet! Bis heute hat sich dieser Konsum auf rund 40 Liter pro Kopf und Jahr reduziert. Damals aber galt Wein in diesen Ländern als Nahrungsmittel und begleitete die Mahlzeiten mit einer ähnlichen Selbstverständlichkeit wie Wasser. Der Wandel hin zum Genussmittel, das nur sporadisch serviert wird, setzte erst sehr viel später ein.

In den 1970er-Jahren begann sich die Weinwelt stark zu verändern. Einer der Gründe dafür waren technische Innovationen, welche die Erzeugung eleganter Tafelweine auch in Gebieten ermöglichten, die zuvor dafür ungeeignet waren. Die Einführung der Kühltechnik darf dabei guten Gewissens als kleine Revolution bezeichnet werden, die unser europazentrisches Weinbild gründlich durcheinanderbringen sollte. Gerade das Aufkommen der Weinbauländer aus Übersee ist eng mit dieser technischen Entwicklung verknüpft. Noch Anfang des 20. Jahrhunderts hatten beispielsweise die heute besonders in England so beliebten australischen Weine einen denkbar schlechten Ruf. Verantwortlich dafür war vor allem das heisse Klima, das in der Regel Trauben mit zu niedrigen Säurewerten hervorbrachte, die entsprechend anfällig auf bakteriologische Fehlentwicklungen waren. Da es während der Ernte meist heiss war und dadurch die Gärtemperatur auf über 35 °C stieg, resultierten oft flache, süssliche und essigstichige Weine. Deshalb stellten Länder wie Australien und Südafrika noch vor 50 Jahren überwiegend Portweinimitationen her, die durch den Branntweinzusatz stabiler wurden. Die seit den 1970er-Jahren immer häufiger installierten Stahltanks erlaubten es dann aber, den Most bei den gewünschten Temperaturen zu vergären und hygienischer zu arbeiten. Die Kühlung erfolgte dabei auf verschiedene Arten, sei es mit einem den Tank umlaufenden Kühlmantel, inwendig installierten Kühlschlangen oder schlicht indem man kaltes Wasser aussen am Tank herunterrieseln liess.

Ein weiterer wichtiger Grund für das Erstarken dieser Weingebiete liegt in der Verbesserung der Bewässerungstechnik. Die klassischen Weinbaugebiete in Europa sind oft sogenannte Sommerregenregionen, in denen von Mai bis September die meisten Niederschläge fallen. Da früher keine effiziente künstliche Bewässerung möglich war, etablierte sich der Weinbau vor allem in diesen Gegenden. Dagegen liegen die meisten neuen Übersee-Weinbaugebiete in sommertrockenen Gegenden, die während der Wachstumsperiode entsprechend bewässert werden müssen. Das hat den Vorteil, dass in diesen Regionen während der Lese selten Probleme mit Regenfällen auftreten, die in Europa häufig die Qualität einer Ernte beeinträchtigen, weil die Trauben durch das Wasser aufgebläht werden, die Schalen platzen und sich Fäulnis bildet. Der Nachteil besteht darin, dass die sehr intensive Sonneneinstrahlung Weine mit hohem Alkoholgehalt und plumpem, rosinenartigem Geschmack ergibt. Auch die Säure liegt vielfach zu tief. Gerade sie ist aber sehr wichtig, da sie stark antibakteriell wirkt und den pH-Wert des Weines senkt. Der Mangel an Säure wird heute meist durch die Zugabe von natürlicher Weinsäure ausgeglichen;

die kontrollierte Bewässerung verhindert Reifeblockaden und verhilft insgesamt zu Trauben mit ausgewogeneren Anteilen an Inhaltsstoffen.
Das Resultat dieser Innovationen sind Weine, die vergleichsweise frisch und elegant sind und keine Zugabe von Alkohol benötigen, um haltbar zu bleiben. In den neuen Anbauregionen konnten somit Weine erzeugt werden, die früher im Regelfall nur in den klassischen, kühleren Gebieten hätten hergestellt werden können. Von diesen technischen Errungenschaften profitierten übrigens auch Mittelmeerländer wie Italien und Spanien, die dadurch die Qualität ihrer Weine der südlichen Gebiete verbessern konnten. Ein typisches Beispiel dafür ist Apulien, das mittlerweile erstaunlich gelungene Rotweine hervorbringt, die dem preisbewussten Weinfreund eine attraktive Alternative zu den klassischen Weinen der Toskana und des Piemonts bieten.
Ausserdem reduzierten in diesen Jahren die verbesserten Transportmittel und die Internationalisierung des weltweiten Handels die Frachtkosten drastisch. Schlug im Mittelalter der Transport häufig dreimal höher zu Buche als der Wein selbst, spielt es mittlerweile kaum eine Rolle, aus welchem Land er importiert wird. So kostet es im Jahr 2013 rund 20 Rappen, eine 75-cl-Flasche Wein von Genf nach Zürich zu transportieren; lediglich 15 Rappen mehr bezahlt, wer sie im Container mit dem Schiff aus Australien importiert! Dies bedeutet, dass die oft kostengünstiger produzierenden Länder der Neuen Welt eine gute Chance haben, sich weiter auf dem europäischen Markt zu etablieren. Und es heisst auch, dass gewisse klassische Weinregionen Europas zunehmend unter Druck geraten, sollte es ihnen nicht gelingen, sich durch besondere Produkte zu profilieren.
Eine geradezu revolutionäre Wirkung hatte die im Jahr 1976 vom Weinhändler Steven Spurrier organisierte Blindverkostung einiger französischer und kalifornischer Weine in Paris. Die Palette umfasste einige der berühmtesten französischen Rotweine, darunter Premiers Crus aus dem Bordelais. Zum Entsetzen des französischen Establishments (das auch in der Jury vertreten war) gewannen die Kalifornier haushoch, und zwar sowohl bei den Weissweinen als auch bei den Rotweinen. Die 2006 mit den genau gleichen Weinen durchgeführte Verkostung brachte abermals einen triumphalen Sieg der kalifornischen Erzeugnisse. Die 1976er-Degustation hatte weitreichende Folgen und legte den Grundstein für ein neues Weinverständnis: In den folgenden Jahren wurde den Konsumenten bewusst, dass grosse Weine nicht zwangsläufig aus Frankreich stammen müssen. Auch andere Gebiete, so die Einsicht, sind in der Lage, ausgezeichnete Weine hervorzubringen. So etablierten sich nach

Kalifornien bald einmal Australien, Südafrika und Chile als zuverlässige Weinlieferanten. Gerade in den 1990er-Jahren war in Europa die Begeisterung für Überseeweine gross, besassen sie doch eine zuvor nicht gekannte Fülle und Reichhaltigkeit. Die stetig attraktiver werdenden Tarife für Langstreckenflüge unterstützten diesen Trend, und viele Schweizer begannen die neuen Destinationen in Übersee zu entdecken. Mit dem Kauf eines Weines dieser Regionen erwarb der Konsument zudem ein Stück Ferienerinnerung.

Zur Zeit der 8. Fülscher-Auflage lebte der Tante-Emma-Laden noch, und die Discountkultur steckte in ihren Anfängen. Wie wir alle wissen, hat sich der Vertrieb von Lebensmitteln und Getränken seither grundlegend gewandelt. Wer heute den Einzelhandel beliefern möchte, muss eine standardisierte Qualität gewährleisten und riesige Mengen bereitstellen können. Der Aufbau einer Marke ist dabei besonders wichtig. Denn je weniger Beratung möglich ist, desto mehr zählt die Bekanntheit eines Namens und desto eher ist der Absatz im Supermarkt gesichert. Auch hier besitzen die neuen Weingebiete aus Übersee einen nicht zu unterschätzenden Vorteil, da sie im Gegensatz zu den europäischen Anbauregionen – mit Ausnahme der Champagne – über zahlreiche riesige Weinbetriebe verfügen, die weltweit ihre Marke anpreisen können. Lebt Europa von abertausenden kleinen Weingütern, herrscht in Übersee meist eine oligopolistische Struktur mit einigen wenigen Grossproduzenten, die den Markt dominieren und für einen beträchtlichen Teil der Gesamtproduktion eines Landes aufkommen. So beträgt allein die Lagerkapazität des Branchenriesen Gallo in den USA rund das Zehnfache der gesamten schweizerischen Jahresproduktion.

Anfang 2000 flachte die Euphorie der Schweizer für Überseeweine merklich ab. Vielen Konsumenten waren die üppigen, süsslichen Gewächse auf die Dauer zu schwer. Man begann, Eleganz und Finesse zu vermissen. Dafür besann man sich wieder mehr der eigenen Werte und entdeckte von neuem den unglaublichen Reichtum Europas. Nicht zuletzt dank den Errungenschaften der neuen Bereitungstechniken gelang es auch Italien und Spanien, die Qualität ihrer Weine ausserordentlich zu steigern. Und manch eingefleischter Cabernet- und Chardonnay-Trinker erfreute sich dadurch an der neugewonnenen Geschmacksvielfalt und legte sein Augenmerk auf autochthone Sorten. So schafften es Italien und Spanien, den Vorsprung Frankreichs deutlich zu reduzieren. Dabei halfen ihnen auch die immer exorbitanteren Preise der klassischen Weine Frankreichs, die dem Land – zu Unrecht – ein Hochpreisimage verliehen.

Die geradezu irrwitzig hohen Preise für die berühmten, klassischen Weine sind nämlich ein weiteres Phänomen. Im Gegensatz zu Industriegütern wie Uhren oder Autos ist ihre Menge nicht beliebig erweiterbar. Steigt die Nachfrage, steigen unweigerlich auch die Preise. Spätestens seit dem Jahr 2005 schossen die Notierungen für die renommierten Bordelaiser Crus in astronomische Höhen. Grund dafür war in erster Linie die geballte Nachfrage des wirtschaftlich immer mächtigeren China. Eine neue Schicht erfolgreicher Unternehmer kaufte diese Weine in grösserem Ausmass. Sie wurden als Investition erworben, aber auch zur Bestechung und Repräsentation. Doch diese Nachfrage ist fragil: In jüngster Zeit sind die Käufe der Chinesen stark zurückgegangen. Einerseits versucht die chinesische Regierung, strikter gegen Bestechung und protzige Veranstaltungen vorzugehen, andererseits erkannten zahlreiche Investoren, dass die Preise ihrer Weine rückläufig sind, und reduzierten ihre Käufe.

Zu guter Letzt bleibt festzuhalten, dass in neuester Zeit die Qualität der Schweizer Weine stark verbessert wurde. Zwei wichtige Ereignisse beschleunigten diesen Fortschritt: Einerseits auferlegte der Rebbaubeschluss von 1993 den Winzern klare Mengenbeschränkungen. Wurde früher hemmungslos produziert – 1982 mussten gar Schwimmbäder mit Wein gefüllt werden –, sorgten die neuen Vorschriften für vernünftige Erträge, die sich positiv auf die Qualität auswirkten. Ein weiterer Meilenstein war im Jahr 2001 die zuvor von den Bauern heftig bekämpfte Liberalisierung der Weinimporte (Globalisierung der Kontingente). Bis dahin unterlag die Einfuhr ausländischer Weine – insbesondere von Weisswein – massiven Beschränkungen, um die heimische Produktion zu schützen. So mancher Winzer ruhte sich deshalb auf seinen unverdienten Lorbeeren aus. Das neue Importregime zwang die Produzenten, bessere Weine anzubieten und schneller auf die Marktbedürfnisse zu reagieren. So brachte der Strukturwandel der letzten Jahre eine Generation innovativer Winzer hervor, die Aussergewöhnliches leistet. Der Weinfreund findet nun zahlreiche sehr gelungene Schweizer Weine, die auch ausländische Konkurrenz nicht zu scheuen brauchen.

Max Rigendinger
Die Küche und ihre Werkzeuge

Maschinen ersetzen die fünf Sinne nicht
In unserer Kochschule wird immer wieder gefragt: «Wie lange dauert es?» Wenn ich dann antworte: «Das kann ich nur ungefähr sagen», ernte ich enttäuschte Blicke.

Der Ofen nimmt uns den Entscheid nicht ab. Wir kommen nicht darum herum, ab und zu einen Blick in den Backofen zu werfen, etwa bei einem Blech voll Grissini. Denn kein Rezept kann alle Faktoren berücksichtigen: Umluft oder Unter- und Oberhitze, ein oder zwei Bleche im Ofen, dünnere oder dickere Teiglinge. Hellbraun sollen die Grissini sein. Das können wir beeinflussen. Vielleicht ist eine Drehung des Blechs zur Halbzeit angesagt. Zudem müssen wir schon beim Rollen der Teiglinge daran denken, dass ganz dünne Spitzen an den Enden unweigerlich verbrennen. Da gibt es keine Korrekturmöglichkeiten, mit den verkohlten Enden müssen wir leben.

Gefragt ist Handwerk, und das wird heute nicht mehr selbstverständlich von der Mutter auf die Tochter beziehungsweise die Kinder übertragen wie zu Elisabeth Fülschers Zeiten. Fürs Backen einer Tiefkühlpizza sind nur rudimentäre Kenntnisse nötig. Wer dagegen Gerichte von Grund auf selber zubereiten will, muss sich Fertigkeiten wie Gemüsedämpfen, Fleischbraten oder Brotbacken aneignen. Dabei sind nicht nur unsere Hände und Augen, die Nase und der Gaumen gefragt, sondern auch unsere Ohren: Wenn der Teig in der Küchenmaschine kompakter wird, ist das zu hören. Und wenn das Dünsten langsam ins Anbraten und schliesslich ins Anbrennen übergeht genauso. Wer seine Sinne fürs Kochen trainiert hat, kann daher auch gleichzeitig verschiedene Aufgaben erledigen, weil alle Sensoren für die Überwachung eingeschaltet sind. Stundenlanges Zubereiten von Essen ist im heutigen Berufsalltag undenkbar geworden, nicht nur für berufstätige Eltern. Hier sind klug gewählte Maschinen und Geräte ein Segen – praktisches Wissen und Erfahrung vorausgesetzt.

Vergessen oder verpönt
Manche Geräte, die früher durchaus in Mode waren, werden heute kaum noch verwendet, etwa Puddingformen. Die grossen, kunstvoll geformten Behälter, die zum Beispiel mit Griesspudding gefüllt und im Wasserbad pochiert werden,

kommen heute bei der Zubereitung von Desserts kaum mehr zum Einsatz. Die Vorstellung eines abgestürzten Puddings ist beängstigend und die Nähe zum Kinderznacht abstossend.

Auch die spezielle Friture-Pfanne mit dem Pommes-Frites-Sieb hat ausgedient. Frittieren ist heute verpönt, ausser es handle sich um Tempura, eine japanische Zubereitungsart, bei der Gemüse oder Fisch in einem hauchdünnen Ausbackteig frittiert wird. Das ist schade, da frittiertes Gebäck, zum Beispiel Schenkeli, eine Delikatesse ist, die nicht nur Kinder begeistert. Frische Zutaten und frisches Öl sind jedoch zwingend. Nicht unverzichtbar, aber eine grosse Freude sind Fischpfannen, zu Elisabeth Fülschers Zeiten gang und gäbe, wie die Vignetten im Buch zeigen. Die Forelle blau taucht in dieser Pfanne dank Siebeinsatz erschütterungsfrei aus dem Sud. Nochmals zulegen könnten wir mit einer Turbotière, der Fischpfanne für Steinbutt, meinem absoluten Lieblingsgerät. Aus Platzgründen fehlt sie heute in den meisten Küchen.

Von der Vielfalt der Werkzeuge

Puristen meinen, mit Schneidbrett, Messer, Kelle und einer Pfanne komme man in einer Küche bestens aus. Wir öffnen unsere Schubladen und Schränke und staunen, was da alles zusammenkommt. Schneidbretter, Messer, Holzkellen, Sparschäler, Schaumkelle, Schwingbesen und Zitruspresse gehören zum Grundrepertoire einer Küche. Fleischgabel, Wallholz, Backpinsel, Springform und Wähenblech ebenso. Regelmässig zum Auftritt kommen auch Ausstechformen, Glacézange, Topflappen, Metallspachtel, Küchenschnur, Tortenschaufel, Backpapier und Teighorn. Nicht zu vergessen sind Schöpfkelle, verschiedene Spiesse aus Holz, Pfeffermühle, Kartoffelstampfer, Passe-Vite, Knoblauchpresse und Fleischwolf. Vertraute Helfer wie Mörser, Passiersieb, Waage, Nussknacker, Dosenöffner, Küchenschere und Zapfenzieher möchten wir ebenfalls nicht vermissen. Und ohne Anspruch auf Vollständigkeit gesellen sich Madeleine-, Cake- und Savarinformen dazu sowie Zestenmesser, Teigrädli, Gemüsehobel, Grätenpinzette und Kugelausstecher.

Messer und Wetzstahl

Messer sind heutzutage ein unerschöpfliches Thema. Bei Elisabeth Fülscher scheinen sie eher Nebensache zu sein. Besonders Messer aus Japan verursachen glänzende Augen: Sie sind aus mehreren Schichten Damaststahl gefertigt und unglaublich scharf. Für gewisse Schnitte müssen japanische Köche ganz bestimmte Fuss-Stellungen lernen. Damit sie nicht rosten, müssen solche Messer gut gepflegt werden. Es gibt sie zwar auch, die pflegeleichten, rostfreien, mit unserem Stahl schleifbaren Messer aus Japan. Echte Exemplare hingegen sind nicht auf beiden Seiten gleich angeschliffen. Sie müssen auf zwei verschieden harten Schleifsteinen mit Wasser geschärft werden. Ein dritter Schleifstein dient dazu, den ersten zwei wieder die richtige Oberfläche zu verpassen. Das ist dermassen aufwändig, dass ich mittlerweile reumütig zu den bewährten, europäischen Klingen aus Solingen zurückgekehrt bin. Diese mit einem Wetzstahl perfekt zu schleifen, ist in vernünftiger Zeit lernbar. «Unsere» Messer schneiden ebenso gut, und sie wären heute gewiss auch die Wahl von Elisabeth Fülscher. Beim Kauf von Küchenmessern ist die Wahl von rostfreien Klingen also sehr zu empfehlen. Das Angebot an Klingen, Formen und Grössen ist breit – je nachdem, ob mit dem Messer Gemüse, Brot, Käse oder Lachs geschnitten, Fleisch tranchiert oder ausgebeint oder Austern geöffnet werden sollen.

Ein Plädoyer für den Wolf
Anders als bei Elisabeth Fülscher kommt heute für die Herstellung von Farcen der Cutter zum Einsatz. Auch hausgemachtes Paniermehl aus trockenem Brot entsteht im Cutter innert Sekunden, allerdings nicht zur Freude der Klingen. Mixer eignen sich dafür nicht; sie haben keine schnell drehenden, messerscharfen Klingen. Was die Farcen betrifft, so ist ein fehlender Cutter kein Mangel, da ein Fleischwolf perfektes Hackfleisch liefert. Zudem bleiben die störenden Sehnen hinter der Lochscheibe hängen, und das Zerkleinern bei niedrigen Drehzahlen begrenzt die Erwärmung der Fleischmasse. So ein Wolf ist etwas Gemütliches, Unaufgeregtes, und dennoch sehr leistungsfähig: Mit ihm lassen sich ein oder zwei Kilo Wildsauhaxen in kurzer Zeit zu schönstem Hackfleisch verarbeiten.

Röstaromen machen glücklich
Die zweithäufigste Frage in unseren Kursen betrifft das Anbraten: «Wie lange pro Seite anbraten?» Die Antwort gibt Elisabeth Fülscher: «Fleisch in wenig, sehr heissem Fett krustig-braun werden lassen». Da wächst der Appetit schon beim Lesen des Rezepts. Elisabeth Fülscher beschreibt, wie das Fleisch aussehen soll, nämlich braun und krustig. Sie sagt weder «zwei Minuten pro Seite» noch dass das Fett rauchheiss sein soll. Denn wo Rauch ist, verbrennt etwas, und das wollen wir vermeiden. Idealerweise ist das (grosse) Fleischstück auch schon vor einigen Stunden aus dem Kühlschrank geholt worden. Elisabeth Fülschers Anleitung liesse sich dann noch ergänzen: Das Fleisch soll erst mal

in der heissen Pfanne liegen und nicht bewegt werden. Nur so kann sich eine Kruste bilden, und das Kleben wird nicht zum Problem. Die Pfanne kann aus Gusseisen oder Chromstahl sein. All dies führt zu einem perfekten Bratsatz, sprich den gewünschten Röstaromen und der schönen Farbe der Sauce nach dem Ablöschen. In beschichteten Pfannen kann sich der gewünschte Bratsatz und damit auch das typische Braun der Sauce viel weniger bilden, weil hier nichts klebt.

Edle Fleischstücke garen – Garprobe mit Bratschaufel oder Smartphone
Teure Fleischstücke, die wegen Überforderung und fehlender Überwachung mit der Garstufe «durchgebraten» serviert werden müssen, sind heute eine Ausnahme. Nicht zuletzt, weil sich die technischen Möglichkeiten fürs präzise Messen von Temperaturen verbessert haben. Moderne Geräte, etwa Smartphones mit einer App, die den gesamten Temperaturverlauf aufzeichnet, garantieren ein gutes Resultat. Der Temperaturfühler wird ins Fleisch gesteckt, das dazugehörige Kabel in der Backofentüre eingeklemmt und das Smartphone ausserhalb platziert. Das ist die High-End-Lösung. Ein simples Bimetall-Thermometer erfüllt die Aufgabe auch. Es wird ebenfalls ins Fleisch gesteckt und durchs Ofenfenster beobachtet.
Bei der Herstellung einer Sauce Béarnaise genügen unsere Finger als «Messinstrument». Bei der Garstufe unseres Roastbeefs – vom irischen Angusrind und fünf Wochen gelagert – wollen wir es genauer wissen. Sind wir bei 37 Grad oder schon bei 55 Grad? Beim Servieren soll das edle Stück 59 Grad Kerntemperatur haben. Elisabeth Fülscher hatte weder Fleischthermometer noch Smartphone zur Verfügung. Sie musste sich auf ihre Erfahrung verlassen. Für die Garprobe empfiehlt sie den Druck mit dem Schäufelchen. Bei der Garstufe englisch (saignant) für ein Entrecôte soll das Fleischstück noch elastisch und der austretende Saft rötlich sein. Für ein englisch gebratenes Roastbeef von ein bis anderthalb Kilogramm empfiehlt Elisabeth Fülscher 45 Minuten. Sie sagt, bei kürzerer Bratzeit sei das Fleisch noch sehr roh, bei längerer durchgebraten. Dies trifft mit etwas Glück zu.

Wie viel ist ein Teelöffel Salz?
In der Küche wird oft gewogen. Die heute erhältlichen digitalen Waagen sind sehr genau. Es lohnt sich, eine anzuschaffen. Ob das Pfund Mehl für das hausgemachte Brot in Wirklichkeit 490 Gramm wiegt, spielt keine Rolle. Hingegen ist es für Gebäck durchaus von Bedeutung, ob ein Teelöffel 5 oder 8 Gramm

Salz fasst. Denn bei Kleinstmengen lässt uns das Gefühl im Stich. Und hier hat auch manche neue Waage ihren Mangel. Gegen Aufpreis sind Geräte erhältlich, die auf den Hundertstel genau messen. Der «Eichung» unserer Teelöffel steht dann nichts mehr im Weg. Ob bei der Suppe das Salz stimmt, kann einfach festgestellt und allenfalls korrigiert werden. Beim Brotteig ist es schwieriger und bei der Terrine fast unmöglich. Für ein Kilogramm Fleisch sind 20 Gramm Salz richtig. Das sieht nach (zu) viel aus, ist aber ein bewährter Wert, der den Stress beim Abschmecken sehr reduziert. Elisabeth Fülscher kannte diese Faustregel wohl nicht, hatte aber vielleicht auch keine Hemmungen, eine Farce aus rohem Fleisch zu degustieren.

Elektrogeräte – Helfer für mühsame Handarbeit
Küchenmaschinen schätzte Elisabeth Fülscher sehr. Eine solche könne der Hausfrau das kräfteraubende Kneten, Rühren, Reiben und Durchpressen abnehmen und helfe Zeit sparen. Weiter empfiehlt sie Saftpresse und Mixer. Heute sind in vielen Küchen unzählige weitere Elektro-Geräte zu finden: angefangen von Mixstab, Milchaufschäumer und Wasserkocher über Espressomaschine und Toaster bis zu Steamer und Mikrowelle. Elektrogeräte können eine grosse Hilfe sein, falls sie regelmässig zum Einsatz kommen. Ob sich zum Beispiel die Anschaffung einer Eismaschine oder einer Sorbetière lohnt, hängt vom Kochstil und von den persönlichen Vorlieben ab. Dies gilt auch für Reiskocher, Entsafter oder Aufschnittmaschine. Wer ein bestimmtes Gerät nur einmal im Jahr mit der Leiter vom obersten Regal holt, kann vermutlich auch darauf verzichten.

Für Kochfreaks
Zwei Geräte aus der Profiküche halten derzeit Einzug in den Privathaushalt: Vakuumierer und Thermalisierer. Der Vakuumierer ist Voraussetzung fürs sogenannte Sous-vide-Garen – eine Methode, die in Frankreich seit den 1970er-Jahren bekannt ist. Lebensmittel werden mit verschiedensten Aromen gewürzt, luftdicht verschweisst und dann entweder im Dampf oder im Wasserbad gegart. Im Privathaushalt findet das Sous-vide-Garen im Steamer statt, der sich recht genau steuern lässt. Beispielsweise wird Fleisch mit Ölen und Kräutern mariniert, vakuumiert, gegart, ausgepackt und dann noch angebraten. Gute Vakuumierer eignen sich auch für Flüssigkeiten, etwa fürs Abfüllen von Suppen für den eigenen Tiefkühlvorrat. Da ergeben sich für das Bewirten von Gästen ganz neue Möglichkeiten.

Die in der Gastronomie verwendeten Thermalisierer sind präzise gesteuerte Wasserbäder, weit entfernt vom traditionellen Bain-Marie. Die Temperatur des Wassers wird dank einer Umwälzung genau eingehalten. Da Wasser Wärme wesentlich besser leitet als Dampf, sind diese Geräte sehr effizient. Für den Privathaushalt sind sie in der Regel zu teuer und zu sperrig. Bliebe noch der Thermomix zu erwähnen, ein Gerät, das zwölf Funktionen in sich vereint. Es kann unter anderem kochen und rühren, etwa einen Risotto. Wer weiss, vielleicht ist mit der laut Werbung «kleinsten Küche der Welt» die eierlegende Wollmilchsau gefunden?

Wird heute also besser gekocht als zu Fülschers Zeiten? Mit den unzähligen Geräten und Maschinen, die Hausfrauen und Hobbyköchen heute zur Verfügung stehen, müssten wir das Kochen doch viel besser als früher im Griff haben? Dies ist durchaus der Fall, vorausgesetzt, wir beherrschen das Handwerk und setzen die Geräte sinnvoll ein. Denn: Nur wer selber Teige geknetet hat, weiss, wann die Maschine zu stoppen ist.

Rezepte, die im Text vorkommen:
1167 Griesspudding, 1683 Schenkeli, 889 Schwimmend Backen, 655/674 Garprobe beim Braten von Fleisch, 616 Vignetten, 1760 Küchenmaschinen

Ute Bender, Ruth Städeli

Was Rezepte und Kochbücher als Lehrmittel erzählen ... und wie sie sich verändern

«Anlässlich dieser zweiten Auflage möchten wir unseren Leserinnen ganz besonders ans Herz legen, unsere Einleitungen zu den verschiedenen Kapiteln gründlich zu lesen. [...] Gleichzeitig möchten wir darauf aufmerksam machen, wie wichtig es ist, zuerst das ganze Rezept durchzulesen, bevor mit der Zubereitung begonnen wird.»

So schreibt Anna Widmer im Vorwort zur 2. Auflage ihres Kochbuchs, und sie richtet sich mit diesen (und noch anderen) eindringlichen Ermahnungen an die Schülerinnen ihrer Kochschule, für die sie und Elisabeth Fülscher das Kochbuch verfasst haben. Unschwer lässt sich der typische Duktus einer Lehrerin erkennen, und noch heute sehen Hauswirtschaftslehrpersonen die Notwendigkeit, ihre Schülerinnen und Schüler immer wieder aufs Neue darauf hinzuweisen, doch das Rezept vor dem Beginn der Arbeit wirklich sorgfältig durchzulesen.

Kochbücher als Lehrmittel für Mädchen und junge Frauen
Mit ihrem Kochbuch als Lehrmittel stellen sich Anna Widmer und Elisabeth Fülscher in eine pädagogische Tradition des Kochbuchs, die vor allem seit Ende des 16. Jahrhunderts im Rahmen der sogenannten Hausväterliteratur feststellbar ist – wobei sich diese Literatur in erster Linie an den männlichen Haushaltsvorstand richtete und meist nur ein Kochbuch mit einfachen Rezepten für die Hausmutter enthielt (Dose, 1990; Ehlert, 1993; Wiswe, 1970). Mit der Einrichtung von privaten Koch- und Haushaltungsschulen sowie mit der Einführung des hauswirtschaftlichen Unterrichts an öffentlichen Schulen für Mädchen und junge Frauen breiteten sich Kochbücher als Lehrmittel im deutschsprachigen Raum vor allem im 19. Jahrhundert aus (Bender, 2000; Thoms, 1993; Tornieporth, 1979). Eine haushaltsbezogene «weibliche» Bildung wurde in dieser Zeit auch von politischer Seite für zunehmend wichtig

erachtet und unterstützt, weil sich im Zuge der Industrialisierung vielfältige Änderungen in Gesellschaft, Technik und Wissenschaft ergeben hatten. Aus diesem Grund spiegeln die Lehrbücher der Koch- und Hauswirtschaftsschulen jeweils exemplarisch wider, welche Anforderungen an weibliche Bildung vor dem jeweiligen zeitgenössischen Hintergrund gestellt wurden.

Das «Fülscher» als Lehrmittel
Mit ihrem Kochbuch wollten Anna Widmer und Elisabeth Fülscher zunächst ihre «persönlichen Erfahrungen» an ihre Schülerinnen weitergeben und ihnen auch für die Zukunft einen «zuverlässiger Helfer und Berater» an die Seite stellen (Anna Widmer im Vorwort zur ersten Auflage 1923). Zunehmend jedoch zeigt sich, vor allem in den jeweiligen Vorworten von Elisabeth Fülscher ablesbar, dass die anvisierte Leserinnenschaft erweitert wurde: Nicht nur in die Hände der eigenen Schülerinnen sollte das Buch gelangen, sondern in die Hände sämtlicher «sorgender und verantwortungsbewusster Hausfrauen» und noch weiterer Personen (Elisabeth Fülscher im Vorwort zur 8. Auflage 1966).
Wie wichtig es Elisabeth Fülscher war, ein wirklich aktuelles Lehrmittel für ihre Leserinnen zu verfassen, zeigt sich allein schon daran, dass jede der acht Auflagen bis 1966 erweitert, revidiert oder überarbeitet wurde. Dabei ging es jedoch nicht nur darum, die Auswahl der Rezepte zu bereichern und ihre Gestaltung zu verändern (siehe unten). Ziel war auch, den Frauen reale Unterstützung im Alltag zu geben: Am deutlichsten zeigt sich dies in der vierten Ausgabe während des Zweiten Weltkriegs 1940.
Darüber hinaus sollte das Lehrmittel wissenschaftlichen Standards genügen und wissenschaftliche Hintergründe bieten. Wie in unseren Lehrmitteln der Gegenwart finden sich schon in den frühen Auflagen des Fülscher-Kochbuchs entsprechende Kapitel, etwa die «Nährwerttabelle nach Prof. Dr. König». Vor allem seit den 1960er-Jahren wurden sie in jeder Auflage erheblich erweitert und auf den neuesten Stand gebracht.
Eine ähnliche Überarbeitungsgeschichte zeigt sich auch bei der Liste der «Fachausdrücke» beziehungsweise «Fachausdrücke und Küchentechnisches». Nicht nur quantitativ ist eine Steigerung erkennbar, sondern auch in qualitativer Hinsicht: Die zahlreichen Begriffsklärungen werden aus heutiger Sicht zunehmend präziser und systematischer dargestellt. Überhaupt zeigt das Fülscher-Kochbuch eine durchdachte Systematik, welche den Aufbau von basalen Kenntnissen und Fertigkeiten unterstützen soll: So finden sich am

Anfang der Abschnitte zu den diversen Speisen jeweils Kapitel mit «allgemeinen» oder «grundsätzlichen» Aussagen oder auch «Grundregeln», welche bestimmte Küchentechniken beschreiben. Zusätzlich sind die Rezepte im Fülscher-Kochbuch durchnummeriert, sodass viele Querverweise vorgenommen werden können. Hier kommt das Fülscher-Kochbuch aktuellen Lehrmitteln und Kochbüchern nahe, welche solche systematischen Herangehensweisen ebenfalls realisieren.

Von Auflage zu Auflage aktualisiert und erweitert hat Elisabeth Fülscher ausserdem die Informationen zur Zusammenstellung von Speisezetteln, Resteverwertung, Vorratshaltung und vieles mehr. Nicht zuletzt kamen in der Auflage von 1960 zu den bereits vorhandenen schwarzweissen und farbigen Bildtafeln noch die Zeichnungen und Illustrationen von Johanna Fülscher hinzu. Mehrere didaktische Absichten scheinen damit verbunden: Zunächst unterstützen solche bildhaften Darstellungen natürlich die Lernprozesse der Lesenden, indem sie Arbeiten veranschaulichen; dann geben sie, etwa die gemalten Übersichten zu Pilzen, Gemüsen, Kräutern, zusätzliche Informationen; und nicht zuletzt fördern sie ganz allgemein die Motivation von jungen Menschen, mit dem Kochbuch zu arbeiten.

Gerade jedoch die didaktischen Kapitel werden in den Auflagen des Buchs nach Elisabeth Fülschers Tod nicht mehr aktualisiert und nach und nach eliminiert: Bereits in der 9. Auflage von 1972 fehlen die Ernährungslehre, die Liste der Fachbegriffe oder auch die ausführlichen Hinweise zur Speiseplangestaltung. Das «Fülscher» erhält jetzt eine neue Funktion: Es richtet sich als Kochbuch ausschliesslich an die Öffentlichkeit. Inwieweit aber kann es auch heute noch als Lehrmittel gelten? Der Vergleich mit einem aktuellen Lehrmittel, dem Tiptopf, soll dieser Frage nachgehen.

Fülscher-Kochbuch und Tiptopf im Vergleich
Heute ist der Tiptopf das wichtigste Lehrmittel für den Hauswirtschaftsunterricht in den Schulen der Schweiz und auch ein Grundlagenwerk rund ums Kochen (Affolter et al. 2012). Verfasst wurde das Buch von mehreren Autorinnen, auch sie sind, wie die Verfasserinnen des Fülscher-Kochbuchs, Hauswirtschaftslehrpersonen. Seit der ersten Auflage 1986 sind mehr als zwei Millionen Exemplare verkauft worden. Damit ist der Tiptopf den meisten Schülerinnen und Schülern – aktuellen und ehemaligen der letzten 25 Jahre – bestens bekannt. Für einen grossen Teil von ihnen wurde er zum «wichtigsten Schulbuch», er begleitet sie auch nach Abschluss der Schulzeit weiter im Alltag.

Längst sind die Kochbücher von Anna Widmer und später Elisabeth Fülscher sowie der Tiptopf also mehr als «nur» Lehrmittel für den Hauswirtschaftsunterricht geworden. Denn beide Bücher sind auch im ausserschulischen Alltag sehr geschätzt und oft benutzt. Manche Familien besitzen sogar mehrere Exemplare und verschiedene Ausgaben. So unterstützen die Bücher junge Menschen nicht nur bei der Nahrungszubereitung im Unterricht und den ersten Kochversuchen daheim, sondern begleiten sie später auch beim Umzug in die erste eigene Wohnung oder in die Wohngemeinschaft, bei manchen reisen sie sogar mit ins Ausland und werden dort zu wertvollen Helfern gegen Heimweh.

Als Lehrmittel sind das «Fülscher» und der Tiptopf auf ihre jeweilige Zielgruppe ausgerichtet, und entsprechend unterschiedlich gehen sie vor: Die grosse Anzahl der Rezepte und die sehr breite Palette von einfach bis schwierig zuzubereitenden Gerichten sind Merkmale des «Fülscher»; so konnte das Lehrmittel vermutlich den Ansprüchen seiner bürgerlichen Zielgruppe gerecht werden und auch die Attraktivität der Kochkurse für die zahlende Kundschaft erhöhen. Ganz andere Adressaten hat der Tiptopf im Auge: Er richtet sich nicht an junge weibliche Erwachsene aus dem Bürgertum, welche die entsprechenden Kochkurse vermutlich mehr oder weniger freiwillig belegten, sondern an höchst unterschiedliche Jugendliche – Mädchen und Knaben – der Volksschule. Diese nehmen am meist obligatorischen Hauswirtschaftsunterricht teil. So finden sich im Tiptopf zwar auch unterschiedlich anspruchsvolle und aufwändige Rezepte, aber in der Regel sind sie eher unkompliziert und mit einem nicht übermässig grossen Zeitaufwand zuzubereiten. Diese Entwicklung kommt einerseits den Ansprüchen der schnelllebiger gewordenen Zeit entgegen, der Veränderung der Essgewohnheiten und dem Angebot an Convenience-Produkten – anderseits ist der Hauswirtschaftsunterricht insgesamt vielfältiger aufgebaut als früher, und aktuelle Lehrpläne sehen für die Schülerinnen und Schüler noch den Erwerb zahlreicher weiterer Kompetenzen neben dem Kochen vor: Die Nahrungszubereitung kann im heutigen Unterricht nicht mehr so viel Raum einnehmen wie in den Kochkursen von Elisabeth Fülscher.

Die andere Zielgruppe zeigt sich auch darin, dass im Fülscher-Kochbuch die Rezepte für 6 Personen berechnet sind und empfohlen wird, bei 2–3 Personen einfach die Hälfte zuzubereiten. Im Tiptopf sind die Rezepte für 4 Personen angegeben, teilweise sind hier in den Rezepten die Mengen auch für 1 Person genannt. Hier kommt zum Ausdruck, dass heute meist für eine geringere Anzahl von Personen gekocht wird als früher: Aus grossen sind tendenziell eher kleine Haushalte geworden.

Selbstverständlich enthalten der Tiptopf und die Kochbücher von Fülscher teilweise die gleichen Rezepte. Wie bereits erwähnt, sind Anzahl und Vielfalt der Rezepte im «Fülscher» jedoch sehr viel grösser. Im «Fülscher» finden sich zum Beispiel 25 verschiedene Pilzrezepte, im Tiptopf sind es nur acht. Im Tiptopf sucht man vergebens nach einer Wildsuppe, einer Krebssuppe oder der Hamburger Aalsuppe, alle genannten Rezepte stehen aber im Fülscher-Kochbuch. Für Hirn auf Croûtons oder Leberpudding liessen sich heutige Schülerinnen und Schüler nicht mehr begeistern, aber vermutlich dürften diese Rezepte des Fülscher-Kochbuchs in der Zwischenzeit wohl allgemein eher selten zubereitet werden. Und selbst die meisten Hauswirtschaftslehrpersonen müssten wohl nachlesen, was genau ein Hollywood-Salat ist und welche Zutaten dafür verwendet werden.

Die Fülscher-Kochbücher enthalten folglich Rezepte, die heute nicht mehr so einfach zu finden sind. Andere sind mit der Zeit «aus der Mode gekommen» und vergessen worden. Das «Fülscher» ist deshalb ein wertvolles Nachschlagewerk und kann aktuelle Lehrmittel ergänzen. Ausserdem ist es sinnvoll, ab und zu auch auf ältere Ausgaben zurückzugreifen und «vergessene» Rezepte wieder zu entdecken.

Wo im «Fülscher» auf einer Seite drei und mehr Rezepte untergebracht sind, finden im Tiptopf meist nur noch ein oder höchstens zwei Rezepte Platz. Die damit erreichte grössere Übersichtlichkeit erleichtert heutigen Schülerinnen und Schülern die Orientierung: Mit einem Blick lässt sich erfassen, welche Zutaten benötigt werden, mit welchem Arbeitsschritt man gerade beschäftigt ist oder welcher als nächster zu erledigen sein wird. Das macht ungeübteren Köchinnen und Köchen das Arbeiten einfacher.

Unterschiede zwischen den beiden Lehrmitteln lassen sich auch feststellen bei der Rezeptdarstellung selbst: Im Fülscher-Kochbuch sind die Rezepte im Ganzen kompakter wiedergegeben. Nach einer Liste der Zutaten folgt im Fliesstext die ausführliche Beschreibung dessen, was jeweils zu tun ist. Zusätzlich hebt der Fettdruck jeweils wichtige Aspekte hervor. Im Tiptopf hingegen werden die Rezepte tabellenartig nach Mengenangaben, Zutaten und Zubereitung unterteilt. Auch die Rezeptsprache ist hier knapper gehalten. Während die Zubereitung im «Fülscher» in ganzen Sätzen beschrieben wird, finden sich im Tiptopf meist nur Stichworte. Diese ergeben erst dann einen Sinn, wenn sie im Zusammenhang mit den Zutaten gelesen werden. Ergänzt sind die Rezepte in beiden Büchern mit Tipps, Vorschlägen, Varianten und Alternativen. So hat das «Fülscher» mit dem Kürzel «NB» = «Notabene» zahlreiche Tipps zu bieten.

Gerade die unterschiedliche Rezeptdarstellung macht deutlich, dass dem «Fülscher» implizit ein anderes didaktisches Konzept zugrunde liegt als dem Tiptopf: Die detaillierte Beschreibung im «Fülscher» möchte «auf Nummer sicher gehen» und gewährleisten, dass die Schülerinnen auch wirklich alles richtig machen, sofern sie nur das Rezept genau lesen (siehe oben). Der Tiptopf hingegen lässt gewisse Freiräume zum Experimentieren und mutet den Lernenden auch nicht mehr so viel Lesestoff zu. Er folgt dem Motto «Weniger ist mehr». Aber gerade *weil* die Fülscher-Rezepte so ausführlich und präzise sind, kann man heute damit bestimmte Speisen, Techniken und Handgriffe lernen, die schon fast «ausgestorben» scheinen.

Fazit

Aktualität, Systematik, eine solide wissenschaftliche Basis, Vielfalt und eine sehr detaillierte Darstellung der Rezepte waren zentrale Grundsätze des Fülscher-Kochbuchs als Lehrmittel bis in die 1960er-Jahre hinein. Weil typische Lehrbuch-Kapitel seither weggelassen wurden, hat das «Fülscher» diesen Charakter teilweise verloren: Immer mehr richtet es sich als Kochbuch an die breite Öffentlichkeit. Weil es aber ursprünglich als Lehrmittel konzipiert war und vor allem die Rezepte mit dieser Absicht formuliert wurden, wirkt es für viele Interessierte der Gegenwart weiterhin unterstützend. Es fungiert als reichhaltiges Nachschlagewerk und als «Führer zur Kochkunst», welche kompetente Nahrungszubereitung und genussvolle Esskultur in umfassender Weise ermöglichen und auch ungewöhnliche Techniken präzise beschreiben. Auf diese Weise kann das «Fülscher» auch heute noch vielen Publikationen auf dem Kochbuchmarkt selbstbewusst trotzen.

Rezepte, die im Text vorkommen:
94 Wildsuppe, 95 Krebssuppe, 96 Hamburger Aalsuppe, 276 Hirn auf Croûtons, 292 Leberpudding, 433 Hollywood-Salat

Literatur

Affolter, Ursula; Jaun Urech, Monika; Keller, Marianne; Schmid, Ursula;
Emmenegger Mayr von Baldegg, Gabriele: Tiptopf. Interkantonales Lehrmittel für den Hauswirtschaftsunterricht. 23. Auflage Bern 2012.

Barlösius, Eva: Soziologie des Essens. Eine sozial- und kulturwissenschaftliche Einführung in die Ernährungsforschung. Weinheim u. a. 1999.

Bender, Ute: Haushaltslehre und Allgemeinbildung. Legitimationen und Perspektiven praktischen Lernens im Haushaltslehre-Unterricht. Frankfurt am Main u. a. 2000.

Dose, Hanna: Die Geschichte des Kochbuchs. Das Kochbuch als geschichtliche Quelle.
In: Museum für Kunst und Kulturgeschichte der Stadt Dortmund (Hg.): Beruf der Jungfrau. Henriette Davidis und bürgerliches Frauenverständnis im 19. Jahrhundert. 2. Auflage Oberhausen 1990, S. 51–70.

Ehlert, Trude: Zum Funktionswandel der Gattung Kochbuch in Deutschland. In: Wierlacher, Alois; Barlösius, Eva (Hg.): Kulturthema Essen. Ansichten und Problemfelder. Berlin 1993, S. 319–341.

Fülscher, Elisabeth: Kochbuch. 8., neu bearbeitete und erweiterte Auflage Zürich: Selbstverlag der Verfasserin 1966.

Teuteberg, Hans Jürgen; Wiegelmann, Günter: Unsere tägliche Kost. Geschichte und regionale Prägung. Münster 1986.

Thoms, Ulrike: Kochbücher und Haushaltslehren als ernährungshistorische Quellen. Möglichkeiten und Grenzen eines methodischen Zugriffs. In: Reinhardt, Dirk; Spiekermann, Uwe; Thoms, Ulrike (Hg.): Neue Wege zur Ernährungsgeschichte. Frankfurt am Main u. a. 1993, S. 9–50.

Tornieporth, Gerda: Studien zur Frauenbildung. Neuausgabe Weinheim u. a. 1979.

Wiswe, Hans: Kulturgeschichte der Kochkunst. Kochbücher und Rezepte aus zwei Jahrtausenden. Mit einem lexikalischen Anhang zur Fachsprache von Eva Hepp. München 1970.

Walter Leimgruber

Ein Kochbuch als Klassiker, Kult und Kulturerbe

«McDonaldisierung ist hier nicht gefragt. Wir betreiben seriöse Kocharbeit.» So hätte Elisabeth Fülscher vielleicht auf das Ansinnen einer Kundin ihres Kochstudios reagiert, auch einmal schnelle Mahlzeiten mit vorfabrizierten Produkten zuzubereiten. Hätte, wenn der Ausdruck «McDonaldisierung» schon bekannt gewesen wäre.

Damals war die Kochwelt noch in Ordnung. Mädchen und junge Frauen erhielten eine solide Ausbildung in allen Bereichen des Haushaltes und natürlich primär in Küchenarbeit, als Grundlage für ihre Rolle als Hausfrau und Mutter. Denn in den bürgerlichen Kreisen, für die Elisabeth Fülscher ihre Kochschule betrieb, war die Berufsfrau kein verbreitetes Rollenmodell. Das Fülscher-Kochbuch, entstanden aus der langjährigen Erfahrung der Zürcher Kochexpertin und ihrer Vorgängerin, zeugt von einer Welt mit festen Werten und hohen Standards, von einer Epoche, die vielleicht als letzte klassische Phase der bürgerlichen Gesellschaft und Kultur bezeichnet werden kann, bevor diese durch vielfältige Entwicklungen grundlegend verändert wurde: durch die Pop- und Massenkultur, welche den Lebensstil des Bürgertums grundlegend in Frage stellte, durch die Emanzipierungsbewegungen und sich wandelnde Geschlechterverhältnisse, durch die Nahrungsmittelindustrie, die immer mehr Produkte für eilige Kundinnen und Kunden produzierte, und durch die Globalisierung mit ihren weltumspannenden Moden und Produkten.
Wer vor den Gefahren dieser Globalisierung, der Gleichmacherei und Uniformität einer sich ausbreitenden globalen Kultur warnt, verwendet häufig dieses Schlagwort: McDonaldisierung. Es ist kein Zufall, dass gerade dieser Begriff aus dem Bereich der Ernährungskultur den fundamentalen Wandel beschreiben soll. Denn diese ist für den Menschen nicht nur physiologisch zentral, sondern stellt auch ein wesentliches Element seines psychischen Wohlbefindens und seines Gefühls von Zugehörigkeit dar. Der Begriff der McDonaldisierung meint eine Entwicklung, in der eine bestimmte Esskultur (manche würden allerdings eher von «Unkultur» sprechen) nach und nach den Globus

überspannt, lokale Kulturen verdrängt und damit wesentlicher Teil eines Prozesses ist, der zu einem monotonen, standardisierten Kulturangebot führt, bei dem alle die gleichen Nahrungsmittel essen und trinken, die gleiche Musik hören, die gleichen Filme sehen, die gleichen Bücher lesen und die gleichen Kleider tragen. Dieses Schreckgespenst sieht meist in der amerikanischen Kultur, die auf industriell produzierten, seriell gefertigten Elementen basiert, deren Stichworte Einfachheit, Effizienz und Kostengünstigkeit heissen, den Ausgangspunkt dieses Prozesses, auch wenn heute andere Hersteller die Produktionsabläufe noch effizienter beherrschen.

Für Liebhaber guten Essens, aber auch für alle, welche die Welt als Ort unendlicher Vielfalt sehen, ist die McDonaldisierung ein Horror, der sich nicht auf den eigentlichen Moment des Verzehrs beschränkt, sondern weit darüber hinausgeht und vielfältigste Folgen hat: Die seriell produzierte Nahrung in Form von Fleisch und Getreide zerstört die biologische Vielfalt, bedroht mit ihren Monokulturen das ökologische Gleichgewicht und ruiniert mit ihrem Kostendruck und ihrer Massenproduktion die Existenz von Bauern, das Franchisesystem gefährdet die unabhängige Gastronomie, beutet die Arbeitskräfte aus und fördert wirtschaftlich ruinöse Preiskämpfe, die billigen Nahrungsmittel führen zu Übergewicht und zahlreichen gesundheitlichen Schäden, und schliesslich vernichtet der auf reine Sättigung ausgerichtete standardisierte Burger-Coke-Ketchup-Konsum kulturelle Kompetenzen, angefangen beim Geschmackssinn der Konsumierenden bis hin zu den unzähligen kulturellen Elementen, welche uns alle mit der Nahrungsmittelproduktion, dem Kochen und dem Essen verbinden.

Beim Schimpfen auf die globalisierte Unkultur vergisst man allerdings gerne, dass das Phänomen der weltweit verbreiteten Ernährungstrends keineswegs neu ist. Gewürze werden seit dem Altertum in den jeweils bekannten Regionen der Erde gehandelt. Im Zeitalter der Entdeckungen kommen Tomaten, Kartoffeln, Bohnen, Kürbisse, Mais, Reis, Kakao, Tee und Tabak nach Europa. Manche lösten enorme Umwälzungen bei den Speisegewohnheiten aus. Man denke an die Kartoffelgerichte in deutschen Landen, die Rolle der Tomate in Italien und des Tees in England. All das wird heute als Teil einer traditionell und regional verankerten Kultur verstanden. Und wir vergessen, dass die Globalisierung auch dazu führt, dass bei uns heute eine Vielfalt an Esskulturen und Ernährungsformen zur Auswahl steht, wie es sie bisher nie gab, von der mediterranen Küche über Hummus und Curry, Sushi und Wok bis zu allen Formen der Durchmischung und Kreolisierung.

Kochen ist Kultur

Kochen und Essen gehören zu den Tätigkeiten, die den Alltag und die Lebensweise von Menschen entscheidend mitprägen. Das Sprichwort «der Mensch ist, was er isst» fasst diese Bedeutung kurz und treffend zusammen. Produktion, Zubereitung und Konsum von Nahrung nehmen in allen Gesellschaften einen zentralen Platz ein. Feste sind ohne Essen nicht denkbar, wesentliche Einschnitte im Leben werden davon begleitet und häufig sogar bestimmt. Die entsprechenden Rituale werden als Traditionen gepflegt und an die nächste Generation weitergegeben. In vielen Familien spielt das Essen eine bedeutende Rolle auch als Erinnerungsvehikel, als Verbindung zur Herkunft und als kulturelles und religiöses Erbe, das man gerne an die nächste Generation weitergeben möchte.

Das Fasten wie auch das üppige Festmahl gehören zu den Rites de Passage, jenen Übergangsriten, die den Ablauf des menschlichen Lebens rhythmisieren, den wichtigen Einschnitten im Jahres- und im Lebenslauf – bis zum letzten grossen Einschnitt, der bei einigen vom Henkersmahl, praktisch immer aber vom «Leichenschmaus» begleitet wird. Fasten und Festmahl ergänzen sich, stehen auch im Widerstreit. Tugend und Laster, Sünde und Busse, Diesseits und Jenseits prallen auch beim Essen aufeinander.

Die zentrale Bedeutung der Nahrungsaufnahme zeigen die vielen Ausdrücke wie Tischsitten, Tischordnung, Tischgemeinschaft, Tafelrunde. Copain, Kumpan bezeichnet denjenigen, mit dem man das Brot teilt, denn im Essen und Trinken erkennen sich die Menschen als einander zugehörig, als Gruppe. «Geschmack» fängt im Gaumen an und weitet sich aus auf Tisch-, Wohn- und Alltagskultur, auf Normen und Identität generell. Es ist deshalb kein Zufall, dass der Soziologe Norbert Elias in seiner berühmten Studie «Der Prozess der Zivilisation» gerade am Beispiel der Tischsitten zu zeigen versucht hat, wie in der westlichen Gesellschaft äusserliche Normen wie das Essen mit Messer und Gabel einhergingen mit einem allgemeinen Zivilisationsprozess, der ebenso innere Verhaltensweisen, emotionale Selbstkontrolle und Disziplinierung der Affekte beinhaltete. Kinder durchlaufen diesen Lernprozess vom Essen mit den Fingern und dem Löffel, vom Kleckern und Schmieren zum Gebrauch des Bestecks und zu den Tischmanieren ebenso, wie die Gesellschaft ihn kollektiv durchlaufen hat.

In vormodernen Gesellschaften, in denen fast alles Wissen mündlich weitergegeben wurde, erfolgte diese Vermittlung von den Eltern an die Kinder, von den Meistern an die Lehrlinge. Daraus hat sich die Sicht entwickelt, was weitergegeben werde, sei stabil, verändere sich praktisch nicht, deute auf eine jahrhundertealte unveränderte Überlieferung hin. Doch Traditionen werden verändert, jede Generation passt sie an neue Bedürfnisse an, jede neue Umgebung führt zu Adaptionen. Auch wenn diese innerhalb eines Lebens manchmal kaum sichtbar sind, lassen sich diese Anpassungsprozesse über längere Zeiträume doch gut verfolgen. Und wenn wir uns an gewisse Essrituale, Menüs oder Kreationen unserer Kindheit zurückerinnern, so stellen wir fest, dass selbst dort, wo wir uns bemühen, die Tradition weiterzutragen, Veränderungen zu erkennen sind, etwa was die Bewertung gewisser Fleischstücke, die Art der Gemüsezubereitung, der Siegeszug der Teigwaren oder die für das Dessert verwendeten Früchte betrifft. Grosser Fleischkonsum, einst ein Distinktionsmerkmal derjenigen, die es sich leisten konnten, wird zum Signum ungesunder Ernährung von Unterschichten. Gerichte mit viel Fett und Rahm weichen im Zeitalter des Gesundheitsbewusstseins einer leichteren Küche, Arme-Leute-Essen wie etwa Innereien, Linsen oder Eintopfgerichte tauchen, nachdem sie lange Zeit verschmäht gewesen waren, auf der Speisekarte exklusiver und edler Restaurants auf.

In modernen Gesellschaften sind die Tradierungs- und Überlieferungsprozesse wesentlich komplexer als in Kulturen, in denen es keine vielfältigen Medien der Übertragung gibt. Denn wir stützen uns heute nicht nur auf das unmittelbar von der letzten Generation Gelernte, sondern nutzen andere Quellen, zum Beispiel die Schule, in der wir eine Haushalts- und Kochausbildung, aber auch Ernährungsberatung erhalten, die Medien, die uns mit Berichten und Rezepten geradezu überfluten, das vielfältige Angebot an Kursen und Ausbildungen, wo wir von Könnerinnen und Könnern Tricks und Raffinessen vermittelt bekommen, aber auch Reiseerfahrungen, welche uns einen Blick in die Töpfe anderer Weltgegenden werfen lassen.

Die eingangs erwähnte Globalisierung mit den Befürchtungen vor Standardisierung und monotonem Einheitsbrei beziehungsweise Einheitsburger hat dazu geführt, dass sich vielerlei Gegenbewegungen gebildet haben. So ist etwa vom Prozess der «Glokalisierung» die Rede: Der globale Druck führt zu lokalen Gegenkräften oder aber dazu, dass globale Elemente durchaus kreativ an lokale Gegebenheiten angepasst werden. Und man wird sich bewusst, welche lokalen Eigenheiten man besitzt, fängt an, diese wieder zu pflegen, manchmal auch erst zu erfinden. Tourismusfachleute und Gastrokritiker beschwören die Originalität der Ernährung in dieser oder jener Region. Der heutigen Eintönigkeit wird die frühere Vielfalt entgegengesetzt. Dabei vergisst man, dass die Hauptmahlzeiten der nicht besonders wohlhabenden Bevölkerung bis ins 20. Jahrhundert hinein in der Regel aus sehr einfachen und oft sehr monotonen Speisen, häufig Brei- oder Eintopfgerichten, bestanden. Und die als «regional typisch» verkauften Produkte werden mehr und mehr, den Gesetzen einer globalisierten Wirtschaft gehorchend, als Markenartikel und Labels geschützt und vermarktet.

Vielleicht zeigt uns das Ernährungsverhalten, wie der Umgang mit Globalisierung aussehen kann: Es gilt, Neues kennenzulernen und aufzunehmen, zugleich aber auch die eigenen Stärken zu betonen, sodass ein vielfältiges Angebot entsteht, das den Horizont erweitert, ohne dass wir auf das, was wir schon immer geliebt haben, verzichten müssten. Tradition und Innovation liegen oft nahe beieinander, und wie uns die Kulinarik zeigt, lassen sie sich sogar miteinander fusionieren.

Kreative Bewahrung

Eine Folge dieser Entwicklungen ist das grosse Interesse am kulturellen Erbe. Darunter versteht man genau all diese Dinge, welche eine lokale oder regionale Kultur auszeichnen, ihre Eigenheiten und Merkmale. Auf internationaler Ebene versucht insbesondere die UNESCO, dieses Erbe zu erhalten. Sie unterstützt seit dem Ende des Zweiten Weltkriegs Bestrebungen, kulturelle wie auch natürliche «Schätze» zu bewahren und zu schützen. Anfänglich war sie dabei auf das feste, materielle Erbe fixiert, auf Bauten wie die Altstadt von Bern oder auch auf Naturräume, die es zu erhalten gilt. Immer lauter wurde aber auch die Forderung nach der Bewahrung dessen, was in der UNESCO-Terminologie «immaterielles kulturelles Erbe» heisst und alles umfasst, was zwar nicht gebaut, fest und unveränderlich ist, aber einen ebenso hohen Stellenwert für unsere kulturelle Identität zu haben scheint: die mündliche Überlieferung – angefangen bei der Sprache und den Dialekten hin zu all den Erzählungen und Geschichten –, Lieder, Musik, Tanz und performative Künste, Feste, Feiern, Rituale und soziale Praxen aller Art, aber auch das manuelle und handwerkliche Können, wie es sich auch in der Küche oder im Beruf ausdrückt, schliesslich auch unser Wissen über die Natur und das Universum. 2008 ratifizierte die Schweiz die beiden UNESCO-Konventionen zu Schutz und Förderung der Vielfalt kultureller Ausdrucksformen und zur Bewahrung des immateriellen Kulturerbes. In ihnen spiegelt sich die Befürchtung, dass es durch die Prozesse der Globalisierung zu einer Reduktion kultureller Vielfalt kommt.

Die UNESCO erstellt zum materiellen wie zum immateriellen Kulturgut Listen, die das Bewahrungswürdige aufführen. Diese Trennung ist eigentlich wenig sinnvoll. Gerade die Küche zeigt, wie sehr materielles und immaterielles Erbe miteinander verbunden sind. Das Knowhow, das Wissen, die Nahrungsmittel und das handwerkliche Können verschmelzen zu einer Einheit. Nicht nur die Begrifflichkeit der «immateriellen Kultur» ist deshalb umstritten, sondern auch die Frage, wie kulturelle Techniken wie Erzählungen und Musik, Tanz und handwerkliche Kunstfertigkeit oder eben Küchentraditionen bewahrt werden können; bisweilen entsteht der Eindruck, hier gehe es darum, Dinge zu fixieren, die sich gar nicht fixieren lassen. Man kann Esskultur nicht einfrieren, musealisieren, für alle Zeiten festlegen. Ein Kochbuch aufbewahren heisst noch lange nicht, dass man kochen kann oder kulinarische Traditionen pflegt. Sinnvoll ist das Aufbewahren und Weitergeben nur dann, wenn damit ein Bewusstseins- und Sensibilisierungsprozess für kulturelle Eigenheiten verbunden ist und einer kreativen Nutzung und Weiterentwicklung nichts im Wege steht.

Denn Kultur, auch traditionelle Kultur, ist ein Prozess, in dem sich die Formen verändern, neuen gesellschaftlichen Gegebenheiten anpassen, vermischen. Diese Prozesse sind nicht wirklich steuerbar; man kann sie jedoch behindern, etwa durch enge Reglementierungen, die sich an einem angeblich unveränderlichen, «authentischen» Originalzustand orientieren, oder sie fördern, indem man Traditionelles aufgreift, damit experimentiert und es neu interpretiert. In diesem Sinn gilt es auch das kulinarische Erbe von Elisabeth Fülscher zu bewahren. Nicht indem man ihr Buch in eine Museumsvitrine steckt und auch nicht indem man ihre Rezepte sklavisch so kopiert, wie sie damals gekocht wurden, sondern indem man sie als Quelle der Inspiration nutzt, um daraus eine Küche zu entwickeln, die unserer heutigen Lebensweise und unseren heutigen Bedürfnissen entspricht. Dafür bedarf es der Einbettung, der Erklärung, aber auch der Modernisierung. Denn viele Dinge sind heute nicht mehr selbstverständlich, erschliessen sich heutigen Nutzerinnen und Nutzern nicht automatisch, viele Begriffe, Zutaten und Techniken haben sich seit Frau Fülschers Zeiten verändert. Eine Kontextualisierung bietet Hilfe und Unterstützung, trägt dazu bei, das enorme Wissen des «Fülscher» auch in Zukunft zu nutzen.

In der UNESCO-Konvention taucht das altvertraute Bild einer Kultur auf, die sozusagen automatisch vorhanden ist und die von relativ stabilen und geschlossenen Gemeinschaften geformt wird. Den komplexen Prozessen, Differenzierungen und Auseinandersetzungen sowohl innerhalb solcher Gemeinschaften wie auch in der Verbindung und im Austausch mit anderen Gruppen wird praktisch kein Platz eingeräumt. Man muss sich aber Rechenschaft darüber geben, dass das kulturelle Erbe nicht etwas ist, das schon immer da war, sondern dass die Entstehung wie Bewahrung bestimmter kultureller Traditionen Folge einer stetigen Auseinandersetzung um die Deutungshoheit sind.

In bestimmten Zeiten allerdings wird die Beschäftigung mit Überliefertem intensiver. Denn der durch eine rasante wirtschaftliche und gesellschaftliche Entwicklung hervorgerufene rasche Wandel ruft bei vielen Menschen eine Art Vertrautheitsschwund hervor, ein Gefühl der Entfremdung und damit auch eine Sehnsucht nach Überschaubarkeit, Einfachheit und Stabilität. In solchen Situationen werden Werte geschaffen, die schon bald als traditionell gelten. Und dieser Prozess lässt sich heute gerade beim Essen sehr schön beobachten. Begriffe wie «echt», «alt», «original» oder «authentisch» nobilitieren zunehmend unsere Nahrungsmittel. Der Kulturwissenschaftler Konrad Köstlin spricht in diesem Zusammenhang von der Küche als einer «Authentizitätstankstelle».

Von der Selbstverständlichkeit zur Selbstverwirklichung
Heute füllen Kochbücher in Buchhandlungen wie auch in Wohnungen ganze Regale und zeigen, welche Bedeutung Essen und Trinken für das Selbstverständnis der Menschen einnehmen. Viele dieser Publikationen orientieren sich an den Kreationen irgendwelcher Starköche, andere wirken als lieblose Kompilationen marktgängiger oder trendiger Rezepte. Einzelne aber prägen ganze Generationen, weil sie das Wissen einer Epoche zusammentragen, bündeln, aber auch auf eigene Art und Weise formen. Sie sind typische Beispiele für den komplexen Prozess der Traditionsbildung, indem sie einerseits mit feinem Gespür aufnehmen, was «üblich» und was «typisch» ist, diesem andererseits aber auch ihren Stempel aufdrücken. Gute Kochbücher sind daher Vermittlungsagenturen.

Das Fülscher-Kochbuch ist eine solche Vermittlungsagentur mit ebenso weitreichender wie langfristiger Wirkung. Es steht exemplarisch für Prozesse der Überlieferung in modernen Gesellschaften. Im Zentrum steht eine Person, Elisabeth Fülscher; doch das Buch ist weit mehr als ein Ausdruck dieser eindrücklichen Dame. Es stützt sich zugleich auf das Wissen der Zeit und greift zurück auf die Kochkunst der vorhergehenden Generationen. Tradierungsprozesse sind häufig durch diese komplexe Mischung aus individuell und kollektiv, aus althergebracht und innovativ, aus bewährt und experimentierfreudig gekennzeichnet. Denn der nutzende Mensch ist kein Roboter, der alles in der immer gleichen Weise ausführt, sondern jemand, der eigene Vorlieben hat, der ausprobiert, einen eigenen Standpunkt einnimmt.

Frau Fülscher hatte klare Vorstellungen, wie die Küche eines gutbürgerlichen Haushaltes ihrer Zeit zu sein hatte. Sie war geprägt von ihrer sozialen Stellung wie auch von der ihrer Schülerinnen und Schüler, ihrer Leserinnen und Leser. Sie vermittelte kein Wissen für alle, sondern konzentrierte sich auf eine bestimmte Gruppe. Traditionen sind selten für alle Menschen in gleicher Weise wichtig, und kulturelles Erbe muss nicht unbedingt mit einer bestimmten regional oder ethnisch definierten Einheit verbunden sein. Häufig betreffen sie eine bestimmte Berufsgattung, Angehörige einer bestimmten Konfession, ein bestimmtes Alterssegment oder wie in unserem Fall eine soziale Schicht, das Bürgertum. Diese Traditionen können aber von anderen Gruppen aufgenommen und weitergetragen werden: Zunftfeste werden zu Stadtfesten, religiöse Feierlichkeiten bestimmen auch den Jahreslauf der Nichtgläubigen, ältere Semester wagen sich an Jugendfeste oder auf den Rummelplatz, und Kochbegeisterte halten sich nicht an Standesgrenzen.

Heute sind die Klagen über die Krise des Kochens zahlreich, werden alarmierende Zahlen herumgeboten: In immer weniger Familien wird regelmässig gekocht, in manchen überhaupt nicht mehr, viele Menschen können überhaupt nicht mehr kochen. Dafür boomen Restaurants, Fast Food, Pizzakurier und Home Delivery. Kochstudios werden zum gemeinsamen Freizeitvergnügen. Promis und Landfrauen bekriegen sich am Herd. Und jedes Medium, das etwas auf sich hält, berichtet ausführlich über kulinarische Trends. Gastrokritiker sind Stars, und der Stellenwechsel von Spitzenköchen erregt mehr Aufsehen als der von Spitzenmanagern. Viele Menschen beschäftigen sich mit dem Kochen, ohne zu kochen, im Gespräch, vor dem Fernseher oder im Internet. Noch nie wurde so viel über Essen und Trinken geredet, wurden Essen und Trinken so ausgiebig zelebriert. Kochen ist von einer alltäglichen Notwendigkeit und Selbstverständlichkeit zu einem bewussten Akt, zu einem Element des Lifestyles, der Kreativität und der Selbstverwirklichung geworden. Elisabeth Fülscher hätte sich wohl verwundert die Augen gerieben, hätte dies ebenso als Zumutung zurückgewiesen wie die McDonaldisierung. Und doch sind es diese beiden Entwicklungen, die das Bewusstsein für Traditionen schärfen und dazu beitragen, dass das «Fülscher» fortlebt, als kulturelles Erbe.

Max Küng

Die Lust des Auges

Jede und jeder weiss: Es gibt Kochbücher, und es gibt Kochbücher. Sie unterscheiden sich dadurch, dass man die einen wirklich zum Kochen benutzt – und die anderen nicht, sondern bloss durchblättert und anschaut.

Die meisten Kochbücher, die in den Buchhandlungen verkauft werden, sind eigentlich gar keine Kochbücher, sondern Gegenstände, Accessoires, Geschenkartikel, Mitbringsel. Und so kommen sie auch daher, oft sind sie zu gross und zu edel und die Gerichte wecken zwar Sehnsüchte und Fantasien, werden aber kaum je wirklich gekocht. Diese Bücher sind nicht dafür gedacht, im tagtäglichen Einsatz in der Küche Verwendung zu finden, so wie es sich für ein richtiges Kochbuch gehört, das ein Werkzeug ist, ein Instrument, das Flecken hat innen drin, Eselsohren, Spuren des Gebrauchs, vom Nachschlagen, auf das man zurückgreifen kann, wenn eine Unsicherheit aufkommt. Ein wahres Kochbuch kann nicht nur eine Inspirationsquelle, sondern muss auch eine verlässliche Instanz sein. Viele Kochbücher sind eigentliche Coffee Table Books oder ähnlich erotischen Fotobüchern – schön anzusehen, aber das, was das Auge darin erblickt, das wird ausserhalb der Fantasie nie etwas mit dem eigenen Leben zu tun haben.
Ausserdem: Schnell hat man viele, bald zu viele Kochbücher. Selbst machte ich diese Erfahrung vor einer Weile: Das Bücherregal in der Küche wurde übervoll. Und so beschloss ich, das Programm «1 Meter ist genug» einzuführen. Denn auch auf einem Laufmeter Regal haben zig Kochbücher Platz mit so vielen Rezepten, dass man für Jahre jeden Tag ein anderes Gericht kochen könnte, bis man durch ist. All jene Bücher, aus denen ich im Lauf der letzten zwölf Monate nichts gekocht hatte, die kamen in eine Kiste, und die Kiste kam in den Keller. Darunter war auch ein Buch von Jamie Oliver, das ich zwar gerne anschaute, als ich es geschenkt bekam (ich glaube es war ein Geburtstagsgeschenk), verwendet aber habe ich es nie.
Jamie Olivers extremer Erfolg ist auch der Triumph der Food-Fotografie und des Food-Stylings, denn der Ruhm Olivers geht zu einem grossen Teil auf das Konto seines langjährigen Fotografen David Loftus, der es wie kein anderer zuvor verstand, das zu vermitteln, was dem Gefühl der Zeit entsprach und es

noch immer tut: Authentizität. Loftus wurde von der britischen Zeitschrift Professional Photographer unter die 100 wichtigsten Fotografen aller Zeiten gewählt, er rangiert dort auf Platz 65. Er habe eine Revolution der Food-Fotografie ausgelöst, wird ihm attestiert, indem er stark auf Ehrlichkeit und Zutaten fokussierte, nicht auf Perfektion und unwirkliche Inszenierung. Man könnte sagen: Loftus ist der Begründer der «Neuen Natürlichkeit».

Jamie Oliver ist nicht nur Koch, sondern auch Werbefigur, etwa für die Kameraherstellerin Nikon, denn das Kochen ist Teil eines Lifestyles geworden, den man gerne via Social Media teilt, beispielsweise via Facebook oder Instagram. Es ist recht schwierig, über Nahrungsmittel zu schreiben. Man kann sich noch so Mühe geben und zu beschreiben versuchen, wie es sich anfühlt, wenn man in die knusprige Panade des Wiener Schnitzels beisst, wie es klingt, wie das Schnitzel schmeckt, wie die Säure der Zitrone ins Spiel kommt: Jede Beschreibung wird weit hinter der wahren Sensation des Erlebten bleiben. Deshalb klingt auch Gastrokritik in den Zeitungen so furchterregend («... obwohl im Hintergrund, ist intensiv die Brühe zu spüren, die nur von wenig Sahne abgefedert wird. Mit dem ohne Alkohol auskommenden, herben Parfait und der Mousse-Praline aus Entenleber mit Mandelmilch-Suppe und Kirscheis malt die Küche ein geschlossenes aromatisches Fresko. Lediglich starke Temperaturunterschiede sorgen für Lockerung ...»). Ein Bild erzählt dies alles tausendmal besser innert dem Bruchteil einer Sekunde. Ein Bild ist wie ein Hieb: direkt. Und dem Blick folgt die Lust.

So ist es nur logisch, dass etwa Nikon seine Kameras mit einem «Food»-Modus ausstattet, mit dem sich Nahrungsmittel automatisch am vorteilhaftesten ablichten lassen. Und Nikon geht noch weiter: Auf Youtube gibt Jamie Oliver zusammen mit David Loftus kurze Kurse, nicht unbescheiden «Food Photography Master Class» genannt, in denen es nicht um das Kochen geht, sondern um das Fotografieren des Kochens und des Essens. Wenn wir dabei Jamie Oliver zusehen, wie er vor Loftus' Linse agiert, wenn er einfache Spaghetti alle vongole zubereitet, dann kommen wir nicht umhin, gewisse Parallelen zu pornografischer Fotografie zu sehen: Oliver weiss, wie man kocht, aber er weiss auch, wie was am besten fotografiert aussieht. Die Food-Fotografie von Loftus geht weit über das Stillleben hinaus, sie beinhaltet auch Elemente wie Reportage und Porträt. Man will einerseits das Essen so simpel und natürlich wie möglich fotografieren, aber auch Narration ins Spiel bringen, eine Geschichte erzählen, ganz so wie in Olivers TV-Serie «The Naked Chef», die 1999 startete – und diese Geschichte ist recht einfach: Kochen macht Spass.

Hans Finsler wäre wohl erschaudert, sähe er die Bilder von David Loftus, etwa wie Jamie Oliver genüsslich mit den Fingern Butter in rohe Zwiebeln drückt, um diese dann im Ofen zu backen. Oder wie Olivers Hand mit einem Stück Brot durch die letzten Resten der sämigen Sauce des «Glasierten Rebhuhns mit Fleischbällchen und Linsen» im Bräter fährt, um zu verdeutlichen, wie sensationell gut sie schmeckt.
Für Finsler, den Urvater der Schweizer Fotografie, hatte diese zweckdienlich zu sein, funktional: klare Kontraste, strenge Perspektiven, Perfektion. Unnötiges, Ornamentales oder Narration waren ihm ein Graus. Finsler war ein Verfechter der «Neuen Sachlichkeit». Man wollte die Dinge so zeigen, wie sie sind. Anbiedernde Schmeicheleien durch Effekte oder Nachbearbeitungen, das überliess man gerne der Malerei.
Von Finsler findet man im «Fülscher» sechs Bilder, sie sind schwarzweiss und zeigen Kuchen und Gebäck – und sie zeigen die Dinge so, wie man sie sieht: aus der Distanz und von oben herab. Auch der Umschlag der 7. Auflage unterliegt den strengen Gesetzen der «Neuen Sachlichkeit»: ein Tisch, ebenfalls von oben aufgenommen, und zwar exakt von oben, winkelgenau, auf dem Tisch ein weisses Tuch, vier leere Teller, akkurat und korrekt ausgerichtetes Besteck, das Ganze unschwer auch zu lesen als Schweizerkreuz.
So streng Finslers Bilder in sich sein mögen, das «Fülscher» ist es nicht, denn es bietet nicht nur eine üppige Anzahl von Rezepten, sondern auch eine Fülle von Bildern unterschiedlicher Natur, die sich im Lauf der Jahre und Auflagen addierten. Die Schwarzweissbilder von Finsler kamen in den 1940er-Jahren in das Buch, zu den bereits frühere Ausgaben zierenden Tuschzeichnungen von Johanna Fülscher. Diese prägen schon das Vorsatz, also jene Doppelseite, die den Buchblock mit dem kartonierten Umschlag verbindet, und sie ziehen sich durch das Buch hindurch, schön passend zu den jeweiligen Gerichten drängen sie sich an den Seitenrand. Es sind feine Zeichnungen, fingernagelgrosse Miniaturen zwischen nüchterner Sachlichkeit (etwa die Darstellung eines Passetout mit grossgelochtem Einsatz, Rezept Nr. 1033: Knöpfli und Spätzli) und einer Verspieltheit, die in Details an Wilhelm Busch erinnern (etwa die Darstellung der dampfenden Hitze bei einem Topf zur Einleitung des Themas «Das Fleisch» (Seite 214) oder des gackernden Huhnes, das eben ein Ei gelegt hat (Rezept Nr. 437: Eiersalat).
Als weiteres Element kam schliesslich die Farbfotografie von Bernhard Moosbrugger hinzu. Moosbrugger hatte von 1941 bis 1945 bei Hans Finsler an der Kunstgewerbeschule Zürich studiert und später als sein Assistent gearbeitet.

Die Fotografien Moosbruggers zeigen nicht simple Abbildungen von einzelnen Gerichten, sondern sind regelrechte Bildtafeln, wie man sie in Enzyklopädien findet. Es versammeln sich die Gerichte darauf, ein Get-together von Suppen, von kalten Vorspeisen, von Fischgerichten. Das hatte einen praktischen Grund: die Sparsamkeit. Bilder waren damals keine Selbstverständlichkeit, schon gar nicht Farbbilder, die in der Produktion aufwendiger waren. Also gruppierte man die Gerichte zu Arrangements von Elementen, die sich unterschieden in Farbe und Form. Das hat natürlich seinen ästhetischen Reiz. Und man servierte die Gerichte auf Platten, einen Tellerservice gab es damals nicht (siehe Text von Ruth v. Blarer, Seite [60]–[64]). Im ganzen Buch kommt kaum ein Teller vor (ausser auf dem Cover – und die Teller dort sind leer).

Es sind also Platten auf den Bildern, und die Platten sind voll. Richtig voll. Das Roastbeef auf englische Art (Nr. 674) mit seiner Garnitur à la Jardinière (Nr. 855) auf Tafel 28 könnte man durchaus auch als total überladen bezeichnen, aus heutiger Sicht betrachtet, aber ich mag mich an meine eigenen Kindheit erinnern (ich wurde drei Jahre nach dem Erscheinen der 8. Auflage geboren): Es wurde nach den Jahren der Entbehrung die Grosszügigkeit zelebriert, die Vielseitigkeit, es wurde gehäuft und es wurde geschichtet und es wurde natürlich vor allem eines: Es wurde gegessen. Zudem kamen neue Dinge hinzu, neue Zutaten, die Welt fing damals an, kleiner zu werden. Gewürze etwa tauchten auf, die den Zauber der Exotik verströmten und an ferne Länder denken liessen, die man vielleicht einmal bereisen würde. Gemahlener Paprika aus dem Streuer verwandelte eine Scheibe Toastbrot mit einer flachen Pyramide aus Thunfischmousse in einen ausbrechenden Vulkan.

Am prägendsten aber waren die Sonntage, wenn nach dem immer üppigen Essen der Kuchen aufgetragen wurde. Zu meinen ersten Erinnerungen überhaupt gehört das Verzieren einer mit Buttercreme gefüllten Torte: Wie meine Mutter mit dem Spritzsack die feinen schokoladendunklen Linien in die weisse Zuckerglasur drückt mit geometrischer Strenge – und die Linien dann mit einer Stricknadel gegenläufig zu Wellen zieht, sodass ein Muster entsteht wie bei einem Herzfrequenzmessgerät (siehe Bildtafel 46). Verzieren und Verzehren: «Iss! Iss!» sagte meine Mutter immer und hob noch eine Portion auf den Kuchenteller, schöpfte nochmals Riz Casimir, reichte nochmals ein Stück knusprig gebratenes Poulet, einen Schlag Kartoffelstock, eine Scheibe Rindsbraten, eine unbekannte Anzahl knackiger Erbsen mit Rüebli. Sie meinte es gut, so gut es eine Mutter nur meinen konnte, denn wer satt war, der war zufrieden. Und gesund. Und glücklich.

Moosbrugger hat das in seiner Farbfotografie auf geniale Art umgesetzt. Prächtig etwa ist das extravagante Arrangement von Gericht Nr. 208 auf Bildtafel 7: Hors d'œuvre riche, das sich wiederum aus diversen Einzelgerichten zusammensetzt, nämlich: Falscher Salm (Nr. 194), Schwedische Eier (Nr. 159), gefüllte Eier (Nr. 157 oder 158), Lachs- und Kräuterbutter-Brötchen (Nr. 117 und 118), Kleine Tomate mit Selleriesalat (Nr. 143), Crevettes auf Mayonnaise (Nr. 137), Brötchen mit Sardellenbutter (Nr. 118), Schinken- und Bündnerfleischcornets (Nr. 176): ein wahres Vorspeisenschlachtschiff von einer Platte von grösster (man könnte sagen royaler) Pracht, ein veritabler Rausch von Farben und Formen. Und durchaus kann man den Einfluss der Bildenden Kunst erkennen: Die geometrischen Arrangements – etwa die Dekoration der Sulz mit Schinken oder Zunge (Nr. 170) – erinnern an die Op-Art eines Victor Vasarely. Man braucht nicht viel Fantasie, um in den Quark-Tomaten-Brötchen auf Bildtafel 3 (Gericht Nr. 118) Miniaturen im Stile eines Mark Rothko zu erkennen.
Die Köchin und der Koch: Nicht nur Künstler waren sie, wie etwa auf Tafel 48 zu sehen, bei einem der absoluten Höhepunkte: wo neben der elegant bescheidenen Zuger Kirschtorte (Nr. 1357) sich der Mokka-Igel (Nr. 1361) tummelt, zusammen mit dem elaborierten Tannzapfen mit Buttercreme, besteckt mit Mandelschuppen (Nr. 1363) und dem meisterhaften, an ein Kunstwerk aus Meissner Porzellan erinnernden Baumstamm (Nr. 1380), sondern auch Handwerker. Und ein Handwerker muss die Technik beherrschen. So finden wir etwa bei Rezept Nr. 823 eine ganz und gar unromantische grafische Umsetzung der Eingeweide von Geflügel, nicht unähnlich einem medizinischen Lehrbuch, mit Bezeichnungen und Anleitungen zum Umgang mit den einzelnen Teilen («Magen = ihn ausnehmen: d. h. mit scharfem Messerchen den Muskel an der fleischigsten Stelle durchschneiden, bis auf die innere Haut. Mit beiden Daumen den Magen öffnen und umstülpen, so dass man den Magensack herauslösen kann; gut waschen.»).
«Iss! Iss!», sagte meine Mutter. Und so nahm ich noch ein Stück Torte mit Butterfüllung, weil es so schön anzusehen war. Nun ja, nicht nur deshalb, sondern vor allem auch, weil es einfach gut war. Verdammt gut. Und das ist es noch immer, in der Erinnerung, die kein Foto ist, sondern einfach nur Erinnerung.

Christian Seiler

Ikonen der Küche: Elisabeth Fülscher, Betty Bossi, Marianne Kaltenbach, Jamie Oliver

Kochen ist ein Spass und eine Last, es kommt bloss darauf an, was der Kalender sagt. Wenn wir unter der Woche auf die Uhr schauen und sehen, halb eins, verdammt, in einer halben Stunde kommen die Kinder aus der Schule, neigen wir zur Panik. Denn die Küche ist kalt, und die Kinder sind hungrig.

Manchmal verzichten wir auf jeden Rest von Kreativität und setzen einfach den grossen Topf mit Wasser auf, um die Spaghetti hineinwerfen zu können, sobald wir im Stiegenhaus Geräusche hören, dazu gibt es Marcella Hazans Tomatensauce. Sie erinnern sich: eine Dose Pelati, eine Zwiebel, einen schönen Brocken Butter, Salz, Pfeffer, ein bisschen rühren, Küchenglück, und billig noch dazu.
Wenn es allerdings schon gestern Spaghetti mit Tomatensauce gegeben hat, stehen wir unter Zugzwang. Wir können den Kindern nicht schon wieder das gleiche Essen zumuten, auch wenn wir selbst vielleicht gar nicht abgeneigt wären. Das ist der Moment, in dem wir in unser Küchenregal greifen und die «15 Minute Meals» von Jamie Oliver herausfischen und in Windeseile zum Supermarkt gegenüber laufen, um alles Nötige für eine «Schnelle und leckere Erbsensuppe» einzukaufen oder einen «Risotto mit Zucchini, Mozzarella und Minze».
Jamie, man muss es zugeben, ist ziemlich vertraut mit unseren Sorgen. Er hat die Zeit als Masseinheit des wochentäglichen Essens als erster erkannt und dekliniert dieses Thema crossmedial durch. Sein Ansatz ist immer gleich: Er reicht allen Eltern, Tanten und Freiberuflern, die während der Woche zu Mittag etwas auf den Tisch stellen müssen und die Finger vom Convenience-Food lassen wollen, die Hand und bietet ihnen Informationen, mit denen sie die komplexen Anforderungen an ihre Fantasie, Organisationsgabe und kulinarische Expertise auch tatsächlich bewältigen können. Dass er dabei den rich-

tigen Ton findet – sitzen wir nicht alle im selben Boot? – und nicht zufällig herausstreicht, dass er selbst Vater einer ganzen Schar von Kindern ist, deren Appetit dem des Vaters in keiner Weise nachsteht, ist eine seiner brillanten Fähigkeiten. Wenn der Druck in der Küche zu steigen beginnt, ist Jamie ein Freund, den man jederzeit um Rat fragen kann.
Am Wochenende freilich wendet sich das Blatt. In Kreisen, in denen auf gutes Essen Wert gelegt wird, gehört es zum guten Ton, freitags oder samstags mittlere bis grössere Einladungen zu veranstalten, bei denen gekocht wird, was das Zeug hält, als müssten die teuren Kücheneinrichtungen mit Dampfbackofen und Vakuumgarer an einem einzigen Tag amortisiert werden. Die Gastgeber bieten sehr spezielle Lebensmittel an, deren Beschaffung gar nicht einfach ist und weit über den blossen Gang zum Markt hinausgeht. Oft hat man Verbindungen zu kleinen Produzenten von Biogemüse oder zu Züchtern von alten Tierrassen aufgenommen, um mit ganz seltenen, kostbaren Produkten aufwarten zu können und diese auf avancierte Weise zu verarbeiten und zu präsentieren. Der Kulturwissenschafter Gunther Hirschfelder von der Universität Regensburg betrachtet diese neue Hinwendung zum gehobenen häuslichen Essen als prototypisch für unsere Zeit: «Food Skills sind möglicherweise das entscheidende neue Statussymbol. Bei der Expertise für Essen kann man nicht mogeln, deshalb fokussiert sich das Statusdenken vor allem beim Trinken, speziell beim Wein. Essen und Trinken ist zum Distinktionsmerkmal geworden.»

Mann am Herd, Frau am Herd
Die Bibliotheken in den Küchen wachsen. Alle paar Monate kommen Bücher heraus, die für sich in Anspruch nehmen, Standardwerke zu sein, und manche von ihnen sind es tatsächlich. Yotam Ottolenghis «Genussvoll vegetarisch» machte in ganz Europa eine steile Karriere als Lieblingskochbuch der bourgoisen Bohemians, Nigel Slaters «Tender. Gemüse» ist auf dem besten Weg dazu. Auch die zahlreichen Veröffentlichungen überregionaler Spitzenköche machen ihren Weg, sie repräsentieren schliesslich das Vermögen, das Gunther Hirschfelder «Food Skills» nannte, und es macht sich gut, bei der Dinner-Party am Freitagabend nicht nur über die zarteste Rote Bete sprechen zu können, die man bei der Urban-Gardening-Initiative aufgetrieben hat, sondern auch über das Rezept von Andreas Caminada, dem Dreisternekoch von Schloss Schauenstein, der zum Rote-Bete-Carpaccio mit Vinaigrette perfekt ausgelöste Jakobsmuscheln serviert. Das, so die Botschaft, können wir auch

(obwohl es uns zuweilen ziemliche Verrenkungen abfordert oder grosszügige Auslegungen der anspruchsvollen Rezepte).

Der Unterschied zwischen der kulinarischen Pflicht während der Woche und der Kür am Wochenende könnte grösser nicht sein, und es ist keine Überraschung, dass es sich dabei auch heute noch um eine Dialektik des Weiblichen und des Männlichen handelt. Während sich die Versorgung der Familien noch immer weitgehend in weiblicher Hand befindet, ist das grosse Wochenendmenü eine Domäne der Männer – so wie auch in der europäischen Spitzengastronomie, abgesehen von einzelnen positiven Ausnahmeerscheinungen wie Tanja Grandits in Basel, fast nur Männer ihre Küchenbrigaden befehlen.

Das ist kein neues Phänomen. Männer als Master-Minds der Küche haben Tradition. Eva Barlösius schreibt in ihrer aufschlussreichen «Soziologie des Essens», dass es von jeher das Privileg der Jäger gewesen sei, die Beute zu Hause über der Glut zuzubereiten. Als das Kochen Ende des 16. Jahrhunderts zum ersten Mal als Kunstform erkannt und als solche in den Zunftordnungen verankert wurde, waren es ausschliesslich Männer, die in den Genuss der Ausbildung für «la satisfaction des Goûts les plus délicats» kamen. Sie durften ihr Handwerk in den Salons der Aristokratie ausüben, bevor nach der Französischen Revolution das Restaurant als Ort gehobener Kochkunst entstand, während in den bürgerlichen Haushalten, wie es Barlösius nennt, «die Feminisierung des Kochens» begann. Die neuen Köchinnen erhielten weniger Lohn und kochten anders, «weil sie nicht nach Kochkunst streben durften, sondern den täglichen Hunger befriedigen sollten».

Bis ins 19. Jahrhundert schrieben ausschliesslich Männer Rezepte in Kochbüchern auf. Erst mit der industriellen Revolution übernahmen Frauen die Aufgabe, so etwas wie eine bürgerliche Küche zu etablieren. Die deutsche Hauswirtschaftsministerin Henriette Davidis legte 1845 eine Rezeptsammlung auf, die in kaum einem Haushalt fehlte. Wenige Jahre später erschien in den USA das klassische «Boston Cooking School Book». Was nun zu Hause gekocht wurde, musste gut, praktisch und billig zugleich sein.

Rezepte für den zufriedenen Ehemann
Als Elisabeth Fülscher, Jahrgang 1895, ihre 1700 Rezepte «von internationalem Niveau» zu einem fundamentalen Werk zusammenstellte, war die Welt eine andere als heute, nicht nur was die Art und Weise zu kochen betraf und jene, das Ergebnis möglichst ansprechend zu präsentieren (siehe dazu Max Küngs Beitrag über die Formensprache des «Fülscher», Seite [47]–[51]).

Als die erste Ausgabe des Fülscher-Kochbuchs, damals noch herausgegeben von Anna Widmer, 1923 erschien, diente das Buch keineswegs dem Pater familias als Unterfutter für seine wochenendlichen Auftritte als Chef de Cuisine, sondern war, wie Harry Schraemli in seinem «Geleit» zur Originalausgabe trefflich beschrieb, beste Voraussetzung für junge Frauen, ihren zukünftigen Mann auf anspruchsvolle und diverse Weise zu verköstigen. Ihre dem Buch entliehenen Fähigkeiten könnten den Gatten günstig stimmen und ihn bei Gesellschaften, zu denen er vielleicht zu laden beabsichtigte, in das beste Licht setzen. Die «Food Skills» des Mannes von Stand bestanden damals nämlich vor allem darin, eine Frau zu haben, die gut kochen konnte.

Elisabeth Fülscher wollte der Frau von damals auf dem Weg zur ansehnlichen Mahlzeit auf die Sprünge helfen. Sie behalf sich bei dieser noblen und anspruchsvollen Aufgabe – die Schweiz war zu dieser Zeit alles andere als eine Gourmetnation, man konzentrierte sich auf die Hervorbringungen der eigenen Scholle und eine idealerweise möglichst fleischlastige Kost, die den Herren der Schöpfung die Falten der Erschöpfung aus dem Gesicht bügeln sollte – mit allen Tricks, die ihre Zeit zu bieten hatte, und empfahl, absolutes No-Go in der Welt moderner Feinschmecker, unverhohlen und breitflächig den Gebrauch von Abschmeckhilfen wie Aromat oder Maggi-Würze.

Die Botschaft: Jeder, oder besser gesagt: jede von euch kann gut kochen, ohne dass die Speisekammer wie die des Auguste Escoffier aussehen muss, dessen Küche zu dieser Zeit als das Nonplusultra der internationalen Hochgastronomie galt. Oder, wie es Leonardo La Rosa im «NZZ Folio» auslegte: [Der Erfolg des «Fülscher» mit seiner Praxistauglichkeit bewies,] «dass es genug Leute gibt, die Gescheiteres zu tun haben, als die Tage ihres Lebens mit der Zubereitung eines raffinierten Sudes zu verschwenden».

Genauso wichtig wie die kulinarischen Abkürzungen, die im Fülscher-Kochbuch so selbstbewusst ausgeschildert werden, ist die Didaktik, mit der das Kochen in eine Numerologie der Lebensmittel umgemünzt wurde. Die braune Sauce, für die man auf herkömmliche Weise stundenlang Knochen, Wurzelgemüse, Kräuter, exotische Gewürze und Noilly Prat verkochen muss, kann bei Fülscher unter Nummer 574 aufgespürt werden und dient als Grundmotiv, über das nach Belieben improvisiert werden darf.

So ergibt sich ein kunstvolles Kompendium der Referenzen. Jedes Rezept hat seine Nummer, und jedes etwas kompliziertere Rezept, das sich aus mehreren Grundrezepten zusammensetzt, tritt als Wunderwerk der Zahlen, als durchaus modernes Modulsystem auf. Fülschers gefüllte Kalbsbrust zum Beispiel

(Nr. 713) bedarf der Brätfüllung (Nr. 881) und einer Bratgarnitur (Nr. 879), die gemäss Nr. 652 in den Ofen geschoben und gemäss Nr. 654 angerichtet wird. Dazu gibt es Gemüse nach Nr. 962 oder Nr. 867. Die kulinarische Ausrichtung mag etwas rustikal sein, die Systematik ist hohe Technokratie. Die moderne Hausfrau der 1920er- und 1930er-Jahre musste bloss weiter als bis drei zählen können.

Der Erfolg gab Fülscher recht. Das Buch erreichte 14 Auflagen und diente mehreren Generationen von Hausfrauen als Verbündete gegen die hohen Ansprüche des eigenen Mannes.

Margarine für die Schweizer Hausfrau

Jede Generation hat ihre Küchenhelfer. Nachdem Elisabeth Fülscher mit ihrem Buch auf mehrere Jahrzehnte hinaus die Küchengewohnheiten der Schweiz geprägt hatte, tauchte Mitte der 1950er-Jahre, Fülscher war bereits eine sechzigjährige Dame, ein neuer Name auf, dem eine grosse Karriere bevorstand: Betty Bossi.

Betty Bossi und Elisabeth Fülscher begegneten einander nie. Das lag nicht daran, dass die beiden Frauen, deren Ambition es war, den Hausfrauen der Schweiz bei der Ausübung der täglichen Pflichten unter die Arme zu greifen, sich nicht leiden konnten, was leicht möglich gewesen wäre, sondern daran, dass es Betty Bossi gar nicht gab. Sie war eine Kunstfigur, der zeitgemässe Prototyp einer modernen Hausfrau, ausgedacht von der Werbetexterin Emmi Creola-Maag im Auftrag des Speisefettherstellers «Astra».

Betty Bossi hatte einen klaren Auftrag. Sie sollte in möglichst einfachen Kochrezepten für die vermehrte Verwendung von Margarine in den schweizerischen Haushalten werben. Das war gar nicht einfach. Wenn die Schweiz mit einem Grundprodukt gesegnet war, dann mit Butter, sodass es einiges an Spin brauchte, um Margarine als Segnung des zeitgemässen Haushalts zu positionieren.

Aber Betty Bossi war schlau, und sie verstand ihr Handwerk. Sie emanzipierte sich von den teils altmodischen Rezepten der Fülscher-Ära, weil ihre Rezepte so ausgeklügelt simpel waren, dass die Ansage, wer mit Betty Bossi koche, dem misslinge kein einziges Gericht, tatsächlich eingelöst werden konnte. Wichtiger noch: Jede Speise, die so entstand, verströmte den Geruch der Modernität. Dass es sich bei der ominösen Betty um ein Artefakt handelte, tat der Liebe der Schweizerinnen keinen Abbruch, genausowenig wie die Tatsache, dass Betty Bossi ihnen Dinge verkaufte, die sie nicht brauchten.

Die «Betty Bossi Post» erschien ab 1956. Ab 1968 konnte das Blatt abonniert werden. 1973 kam das erste Kochbuch auf den Markt. 1977 wurde die Betty Bossi AG gegründet, zuerst als Tochter der Unilever-Gruppe. Später wurde sie Teil des Ringier-Verlags, inzwischen ist sie Bestandteil des Retailers Coop, der Betty Bossi gleichermassen als Koch- und Convenience-Marke etabliert hat. Das Phänomen ist längst grösser geworden als der Grundgedanke, auf dem es beruhte, und Betty Bossi war jedem ihrer Besitzer eine dankbare Verbündete. Obwohl sie stets im Dienst der Industrie stand, schaffte sie es durch exzellente Bewirtschaftung des Brands, zu einem Stück schweizerischer Kulinarik-, also Kulturgeschichte zu werden.

Fragen Sie Frau Marianne
In Luzern machte derweil eine junge Frau namens Marianne Kaltenbach eine Karriere, wie sie Elisabeth Fülscher logisch vorgekommen wäre. Kaltenbach, in der Romandie aufgewachsen und von den Segnungen der französischen Küche verwöhnt, hatte den Luzerner Grafiker und Werbefachmann Fritz Kaltenbach geheiratet. Sie verschaffte sich bei dessen Freunden aus der Fach- und Medienwelt vor allem dadurch Beachtung, indem sie diese mit aussergewöhnlicher Finesse bewirtete. Als direkte Reaktion verpflichtete sie der Verleger des «Nelly Kalenders» darauf, zwei Büchlein für ihn zu schreiben. Das erste hiess «Pikantes Gebäck» und verkaufte sich gut. Das zweite hiess «Gastfreundschaft unkompliziert» und war ein Bestseller.
Was Kaltenbach daraufhin unternahm, war wegweisend und modern. Sie verbündete sich mit den Frauenzeitschriften ihrer Zeit. Für den «Illustrierten Familienfreund», einen Vorläufer der heutigen «Schweizer Familie», füllte sie zwei Jahre lang vier Seiten pro Woche, dann wurde sie von der «Annabelle» abgeworben. Die «Annabelle» hatte, wie das deutsche Schwesterblatt «Brigitte», aus dem Heft trennbare Rezeptkarten eingeführt, eine neue und rasch beliebte Serviceleistung für Frauen, denen ihre gewohnten Menüs für die tägliche Küche zu langweilig wurden. Kaltenbach übernahm deren Redaktion und «machte zwölf Jahre lang die Karten». Sie setzte Themen und sammelte entsprechende Rezepte. Pariser Bistroküche. Küche der Provence. Italienische Küche. Und natürlich die Schweiz, das grosse kulinarische Assimilationsgebiet.
«Aus Schweizer Küchen», die Sammlung traditioneller Schweizer Rezepte aus historischen Quellen, erschien 1977 (damals als «Ächti Schwizer Chuchi»), sieben Jahre nach dem Tod Elisabeth Fülschers, und wurde Kaltenbachs Meis-

terstück. Wenn sie als «Annabelle»-Autorin bekannt gewesen war, machte sie «Aus Schweizer Küchen» berühmt – nicht zuletzt dank einem kaum sichtbaren Zusatz am Anfang des Buchs. «Die Gerichte dieses Buches wurden von mir durchgekocht», schrieb Kaltenbach, und: «Sollten aber trotz allem Unklarheiten auftauchen, stehe ich gern für Auskünfte zur Verfügung.»
Die Kaltenbach trat also als erste schweizerische Küchenfreundin aus Fleisch und Blut auf, und dieses Angebot nahmen ihre Leserinnen gern in Anspruch. Schriftlich, telefonisch, persönlich. Frau Kaltenbach wurde zur Freundin der Familie, nämlich jeder schweizerischen Familie, und das erhob sie im Ansehen ihrer Kundschaft über elegantere Schreiberinnen (Alice Vollenweider) oder verspieltere Köchinnen (Elfie Casty).
Freilich war auch Marianne Kaltenbach, wie Betty Bossi, nie ganz frei von fremden Interessen. Sie gründete eine PR-Agentur mit Sitz in St. Niklausen am Vierwaldstättersee. Im Erdgeschoss richtete sie eine Versuchsküche ein, um die einfachsten Handgriffe zum besten Ergebnis trainieren zu können, sozusagen von Hausfrau zu Hausfrau. Das war ihr Zielpublikum. Selbst in der 2004 erschienen Neuausgabe von «Aus Schweizer Küchen» wendete sich Kaltenbach explizit an die «durchschnittliche geübte Hausfrau».
Kaltenbach blieb bis zu ihrem Tod 2005 aktiv. Ihre Bücher standen in ständig erneuerten Ausgaben in all den Küchen, in denen zusehends auch die Neuerscheinungen von Jamie Oliver eintrudelten. Über den mochte sie sich nie öffentlich äussern, er kam ihr zu clownesk und entertainerhaft vor. Dabei übersah sie, wie viel sie mit ihm gemeinsam hatte: die direkte Ansprache des Zielpublikums; die Zeitbezogenheit der Rezepte; die Fähigkeit, jeden Vorgang bis ins Detail nachvollziehbar zu machen. Der einzige Unterschied: Sie war alt, er war jung, und die Zeiten hatten sich geändert.

Die Küche als Partyzone
Der Schriftsteller Julian Barnes, selbst ein herausragender Koch, beschrieb noch die Küche der 1960er-Jahre als jenen Ort, wo seine «Mutter hineinging und das Essen herauskam». Für Elisabeth Fülscher war es absolut selbstverständlich, dass die Mahlzeiten in der Küche hinter geschlossenen Türen zubereitet wurden, anschliessend kunstvoll auf Platten drapiert und dann, Metapher für den vollendeten Dienst der Frau an der Gesellschaft, den versammelten Gästen im Esszimmer aufgetragen.
Wie hätte Elisabeth Fülscher eine Gruppe von Menschen gesehen, die mit aufgekrempelten Ärmeln und lässig applizierten Schürzen um einen Küchenblock

stehen, das Weissweinglas in der linken Hand und einen Kochlöffel in der rechten, um eine Biogans mit der klassischen Füllung aus Semmeln, Leber und Kräutern für das gemeinsame Wochenendessen zu präparieren?
Vermutlich wäre sie entsetzt gewesen und hätte als Antwort auf den Auflauf in der Küche auf ihr Rezept Nr. 253 verwiesen, das als einziges so eine Rudelbildung rechtfertigt: ein gutes, klassisches Fondue.

Rezepte, die im Text vorkommen:
574 Zubereitung der braunen Saucen, 713 Gefüllte Kalbsbrust, 881 Brät- u. Kräuterfüllung, 879 Bratengarnitur, 652 Braten in der Pfanne im Ofen, 654 Tranchieren und Anrichten der Braten, 962 Kartoffelbrötchen im Ofen, 867 Kartoffelgarnituren, 253 Fondue

Ruth v. Blarer

Wir haben die Unschuld verloren

Meine ersten Erinnerungen an bewusstes Essen, Tischsitten und Gastfreundschaft reichen in die Austerity-Jahre des Zweiten Weltkriegs zurück. Alles war rationiert oder nur in beschränkten Mengen erhältlich. So gehörten Butter, Rahm, Eier, Käse, Weissmehl, frisches Brot, Kaffee, Tee, Südfrüchte, Fleisch und sogar Poulet zu den Raritäten. Als eigentlichen Mangel empfand ich das nicht; ich kannte die meisten Probleme nur aus den Gesprächen der Erwachsenen.

> Ich lernte zum Beispiel, wie man aus einem halben Ei auf der Lebensmittelkarte ein ganzes machen konnte: In den ersten Tagen des Monats galten noch die Coupons des Vormonats. Und so wurde eben aus zwei halben Eiern ein ganzes Ei. Etwas aber hasste ich von Anfang an: Anstelle des Sonntags-Poulets gabs Chüngelbraten mit Gerstotto statt mit Risotto oder gar Pommes frites und Crème brûlée zum Dessert.
> Noch heute besitze ich ein ärmliches Broschürchen, auf lausigem «Kriegspapier» gedruckt, «Schachtelkäse zum Kochen», herausgegeben vom «Verband schweiz. Emmentaler Schachtelkäsefabrikanten». Schachtelkäse sind jene in Silberpapier verpackten Schmelzkäse-Dreiecke in den runden Kartonschachteln, die leer in jedem Kindergarten noch als Bastelmaterial zu Ehren kamen. Diese kulinarische Missgeburt hatte einen nicht zu vernachlässigenden Vorteil: Für 200 Gramm Käse-Lebensmittelmarken erhielt man 225 Gramm Schachtelkäse. Dieser liess sich, so die Anpreisung, ohne jeden Gewichtsverlust durch Rinde oder harte Krusten restlos verwerten. Ich glaube, Schachtelkäse gibt es heute noch zu kaufen.
> In den späten 1940er- und frühen 1950er-Jahren erlebten wir dann einen regelrechten Aufholrausch. Meine Eltern hatten vor dem Weltkrieg in Paris gelebt. Meine Mutter hatte Artischocken und die fruits de mer kennen und lieben gelernt, und ganz allgemein hatte es ihr die französische Butterküche angetan. Auf all diese Genüsse hatte sie verzichten müssen. Kein Wunder, dass wieder jeder Suppenteller und jedes Gericht vor dem Auftragen seine Butterflöckchen zur Verfeinerung erhielt.

Ueli Prager – ein Erneuerer

In Zürich wurde das erste Mövenpick eröffnet. Ueli Prager führte ausländische und unbekannte Gerichte wie das Beefsteak Tatar mit dem Eigelb in der halben Eischale ein und demokratisierte das Seafood, das sich damals nur Reiche leisten konnten. Zu einem sicher nicht zu knappen Fixpreis gab es sogar Hummer à discrétion. Meine Mutter jubelte. Es war die Zeit, als man mit der grössten Selbstverständlichkeit vor dem Mittagessen nicht selten einen Dry Martini mit einer Olive drin und einem Schälchen Oliven daneben genoss. Und: Bestandene Männer, die als Singles lebten, begannen gut und aufwendig zu kochen.

Radikal geändert haben sich für mich auch die Sitten der Gastfreundschaft und der Tischkultur. Nie hätte ein Gast die Küche während des Kochens oder unmittelbar nach dem Essen betreten, wo logischerweise noch schmutziges Geschirr herumstand. Die Küchentür blieb stets geschlossen. Von einem fröhlichen Laisser-faire und einer lockeren Spontaneität war nichts zu spüren. Ich finde es aber auch nicht sehr passend, wenn heute zwischen zwei Gängen die Geschirrspülmaschine aufgefüllt, die Kochtöpfe gereinigt werden und die Gäste unterdessen sich selber überlassen bleiben. Dafür sieht dann am Schluss die Küche so aufgeräumt aus, als wäre nichts gewesen. Ich lasse mir manchmal auch ganz gerne helfen beim Abtragen. Aber nur bis zum Punkt, da jede freie Fläche in der Küche belegt ist. Die Frage «Wo soll ich das jetzt hinstellen?» macht mich nervös.

Meine Patentante, eine Schwester meines Vaters, bekam einmal von ihrer Schwägerin bei der nächsten Einladung als Mitbringsel sechs Silberlöffel geschenkt: «Ich habe letztes Mal gesehen, dass du dazwischen Löffel spülen musstest.» Wissen konnte sie das nur, weil sie heimlich in der Küche spioniert hatte. Ich habe keine Ahnung, ob die Geschichte meiner Patin peinlich war oder ob sie die Sache mit Humor genommen hat.

In der Küche dieser Patentante habe ich vor 70 Jahren auch zum ersten Mal etwas exakt nach einem Rezept zubereitet. Es war ein Fülscher'scher Orangensirup. Wir schälten die Schale von Orangen so dünn wie möglich ab und legten sie mit Zucker und Zitronensäure in Wasser ein. Gedanken darüber, ob die Früchte mit irgendeinem Gift gespritzt worden waren, musste man sich nicht machen. Eher darüber, woher man während der Rationierungszeit die nötigen Orangen und den Zucker hernehmen sollte. Man legte zusammen. Ich mache diesen Sirup noch heute gelegentlich mit Bio-Orangen und finde ihn immer noch besser als jeden gekauften.

Das «Fülscher» liegt bei mir seit eh und je griffbereit auf dem Regal. Gerade für Dinge, die ich nicht so oft zubereite, muss ich jeweils schnell einen Blick hineintun. Vergesse ich doch zum Beispiel immer wieder das richtige Verhältnis Mehl/Flüssigkeit beim Brühteig, mit welchem ich neulich bei meinem 13-jährigen Enkel gepunktet habe. Ich zeigte ihm, wie es dabei zwei Phasen gibt, da denkt man, das Ganze komme nie gut. Nämlich dann, wenn man das Mehl im Sturz beigibt, und nachher, wenn die verklopften Eier stückweise hineingearbeitet werden müssen. Das Resultat ist für mich jedesmal wieder ein kleines Wunder.

Ein schön gebügeltes Tischtuch galt als Ausdruck des Respekts den Gästen gegenüber. Wahrscheinlich hat es aber zusammen mit einem wasserdichten Molton auch zur Schonung der Tischplatte gedient. Denn Wasser- und Weinflecken bedeuteten hinterher eine mühsame Reinigungs- und Polierprozedur. Geschah ein grösseres Malheur, wurde es mit einer Serviette abgedeckt. Dank modernen Oberflächenbehandlungen der Holztische ist das heute kein Thema mehr. Dafür werden heute die Teller oft auf den nackten Tisch oder auf wagenradgrosse Platzteller gesetzt.

«Die Mützen» als Künstler
Nie wäre in meiner Jugend etwas direkt vom Herd im Kochtopf auf den Tisch gekommen, heisse, duftende Gratins ausgenommen und vielleicht eine Pfanne mit Spiegeleiern im Familienkreis. Alles wurde sorgfältig auf vorgewärmten Platten und in Schüsseln angerichtet. Ohne dass Elisabeth Fülscher es in ihrem Buch speziell betont hat, sieht man den Illustrationen mit den reich geschmückten Platten an, dass ihr die Präsentation des Essens ein Anliegen war. Den heute üblichen Tellerservice aus der Küche hätte man damals wohl als unhöflich empfunden. Und ich kann mich auch bis heute noch nicht richtig damit anfreunden. Doch die höchstdekorierten Mützen-Chefs präsentieren ihre Teller-Kreationen bekanntlich direkt aus der Küche als veritable Kunstwerke. Dass man dabei oft nicht mehr erkennt, was man zwischen die Zähne bekommt, gibt der Sache erst den erwünschten, zusätzlichen Thrill. «Die unbekannte Sensation im Gaumen ist wie eine Explosion und hinterlässt ein Gefühl, wie wenn man neu auf die Welt käme», schwärmte kürzlich eine Bekannte.

Essen ist bei uns Teil des Lifestyles geworden. Dazu gehört natürlich auch die süsse Qual der Wahl, in die uns die heutige Rezeptschwemme täglich stürzt. Diese hat uns viel Abwechslung und Interationalität ins Tagesmenü gebracht.

Eine Vorreiterrolle spielte dabei die Journalistin und Übersetzerin Alice Vollenweider mit ihrem Kochbuch «Ein Stück Heimat im Kochtopf», worin sie beschreibt, wie sie in der Schweiz wohnenden Ausländern beim Kochen über die Schulter schauen durfte.
Wir sind es heute gewohnt, bereits bei kleinen, informellen Einladungen oder sogar am Familientisch mit einer kleinen Vorspeise zu beginnen. Da sind Ideen aus anderen Küchen sehr willkommen. Es braucht aber nicht immer eine veritable Vorspeise zu sein; ein schöner Salat ist immer passend. Ganz besonders freue ich mich aber über das Comeback, das in den vergangenen Jahren die gute alte Suppe erlebt hat. Von Nasenrümpfen keine Spur mehr. Mit einer sorgfältig gewürzten, hausgemachten Suppe ist dem Koch oder der Köchin der Beifall der Tischrunde gewiss.
Ein Blick ins «Fülscher» beim Stichwort «Suppen» ist höchst amüsant und anregend. Dort gibt es die Luftsuppe oder die Königinsuppe mit Geflügelfleischstückchen, Weisswein, Rahm und Eigelb. Weiter eine Aufzählung verschiedener Bouillon-Beilagen wie die im schwimmenden Fett oder Öl ausgebackenen Traufen (Teigtropfen) oder Gold- und Markwürfelchen.

Totenkopf auf dem Buttermödeli?
Eines scheint mir sicher: Wir haben längst unsere Unschuld verloren. Nie mehr können wir uns unvoreingenommen zu Tisch setzen. Wir sollen uns zum Beispiel zwischen zwei Religionen entscheiden: Low Carb oder Low Fat, oder für beide zugleich oder für keine von beiden? Heute scheint der Trend ein wenig in Richtung mehr Fett und Eiweiss und weniger Kohlehydrate zu gehen. In der berühmten amtlichen Ernährungspyramide – beim Wort allein sträuben sich mir schon die Haare – wurden die beiden obersten Etagen ausgewechselt. Unter Ernährungspäpsten wird aber auch erörtert, ob unsere Nahrungsmittel auf dem Etikett stufenweise als gesund oder ungesund gekennzeichnet werden sollen. Das Buttermödeli würde dann wohl einen Totenkopf tragen, weil es – wer hätte das gedacht – zu viel tierisches Fett enthält.
Gerichte werden jetzt nicht mehr nur nach Ernährungskriterien beurteilt, sondern wir müssen auch noch den ökologischen Fussabdruck in Rechnung stellen. Das Rindfleisch und der Zuchtfisch stehen hoch oben auf der schwarzen Liste der Klimakiller. Um Futtermittel für die Fleischproduktion anzupflanzen, werden Regenwälder abgeholzt. Aber auch die Milchkühe, auch die guten alten Schweizer Kühe, scheiden mit ihren Kuhfladen und was sonst noch an Winden da hinten herauskommt beträchtliche Mengen an Treibhausgasen aus.

Müssen wir also unseren Milch-, Käse-, Quark-, Joghurtkonsum einschränken? Als Eiweisslieferanten reden die Ökologen den Hülsenfrüchten wie Linsen, Trockenerbsen, Kidneybohnen oder Kichererbsen das Wort. Diese vermehrt anzupflanzen, könnte sogar mithelfen, das Klima zu verbessern.

Wirkung bis ins Erbgut

Innerhalb der Ernährungswissenschaft gibt es eine neue Disziplin: die Epigenetik. Die Forscher entdecken immer mehr Hinweise, dass Moleküle, die wir durch unsere Ernährung aufnehmen, die Aktivität bestimmter Gene beeinflussen. So wirkt Folat (Vitamin B9) krebsvorbeugend. Es kommt vor allem in Blatt- und Kohlgemüsen, Tomaten, Orangen, Getreide sowie in Innereien vor. «Mit dem, was wir essen, können wir Gene an- und ausknipsen. Und wir beeinflussen damit sogar das Erbgut unserer Nachkommen», war am 10. April 2013 auf der Seite «Wissen» im Tages-Anzeiger zu lesen gewesen.

Epigenetik, Brainfood, Low Carb, Low Fat, Bio, Fairtrade hin oder her, es wird zu jeder Tageszeit und überall gegessen und getrunken. Zum Beispiel in den Zürcher Trams. Und zwar ohne Rücksicht darauf, ob sich andere Fahrgäste dadurch belästigt fühlen. Trinken geht ja noch, das wirkt eventuell einfach lächerlich, wenn sich Erwachsene dauernd eine Schoppenflasche mit Nuggi an den Mund führen, als müssten sie sich für eine Saharaquerung wappnen. Anders ist es, wenn ganze Menüs vertilgt werden. Da riecht es oft recht streng (seit wann sagt man eigentlich nicht mehr einfach «es stinkt»?). Eine Zürcher Tramführerin weigerte sich kürzlich wegen der Geruchsbelästigung durch ein Kebabgericht, weiterzufahren. Ein Bravo für die VBZ: Der Vorfall hatte für die Frau keine disziplinarischen Folgen; es blieb bei einer klärenden Aussprache mit dem Vorgesetzten. Hatte die Tramführerin doch von vielen Fahrgästen und sogar einem Knigge-Experten viel Lob erhalten. Es gibt Schweizer Städte, da ist Essen und Trinken im Tram und Bus verboten. Ich bin sicher, Elisabeth Fülscher wäre über das allgegenwärtige, flächendeckende Futtern auch nicht amused gewesen.

Rezepte, die im Text vorkommen:
1752 Orangensirup, 932 Brühteig, Grundregel, 1494 Ofenküchlein, 13 Luftsuppe, 65 Königinsuppe, 18 Bouillon mit Traufen, 19 Bouillon mit Goldwürfelchen, 20 Bouillon mit Markwürfelchen

Stefan Zweifel

Zimt und Zauber: panaromatische Erinnerungen

In dem und dem, in jenem und jenem ist unsere Vergangenheit gefangen mit all den vergessenen Gefühlen, in Sachen und Sächelchen lächelt uns eine verlorene Zeit an, meinte Marcel Proust.

Als Proust auf seiner romanhaften «Suche nach der verlorenen Zeit» in geröstetes Brot biss, stieg vor seinen Augen ein Panorama kindlicher Erinnerungsbilder auf, etwa wie sein Grossvater einst Zwieback in Tee tunkte und aufweichte. So wie sich japanische Papierblumen im Wasser Falte um Falte zu wunderlichen Gebilden entfalten, so fächeln uns Gerüche von Gerichten und Getränken die Gestalten aus einer untergegangenen Welt zu. Im Aroma ist die Erinnerung eingeschlossen. Und wenn wir einem Aroma begegnen, das uns an früher erinnert, weitet sich der Blick zu einem Panorama.

Buch backen
So sitze ich seit Wochen vor einem Objekt, in dem vielleicht meine eigenen Erinnerungen gefangen sind wie in Prousts Tee. Vielleicht werden all die Szenen der Kindheit, die in Geschmack und Geruch gespeichert sind, auch vor mir auferstehen, und zwar wenn ich nicht ein altes Aroma wie den Tee schmecke, sondern über die Kombination von Aromen lese: im Kochbuch.
Ja, da liegt es, ziegelsteinschwer, das Fülscher-Kochbuch, das Exemplar meiner Kindheit, blassblau liegt es da, die Auflage von 1966, gekauft also, als ich selbst gerade im Bauch meiner Mutter gebacken wurde, die 8. Auflage, der Einband gesprenkelt mit Flecken, an der Seite verklebt von süssen Sachen. Das Buch dampft, als käme es aus dem Ofen wie jene Kuchen, die ich einst als Kind dem Bauch des Buches entlockte, Ei und Gelb schlagend, mit Kochschokolade mischend, die in einem metallen-lilafarbenen Umschlag steckte, und zwar nicht in flache Tafeln aus pflastersteinartigen Täfelchen gereiht, sondern in gewölbte halbrunde Stangen gefächert. Kochschokolade, fast keine Süsse in sich bergend, bevor sie schmolz, im Wasserbad auf dem Herd. Ein Buch, das ich mir jetzt dann gleich, wenn ich es aufschlage, wieder zum Erinnerungsgeschenk machen kann wie einen Geburtstagskuchen. Ein Buchkuchen.

Fülschers Fülle des Wohlklangs
Schon wenn ich es in die Hand nehme, macht sich ein Kribbeln breit – die Erinnerung, wie ich es als Kind in der Hand hatte, schwer war es, bis ich es auf dem Küchentisch abgelegt und aufgeschlagen hatte, und zwar bei Nummer ... Es muss eine Nummer, so versuche ich mich zu erinnern, in den 1600ern gewesen sein, die mich immer wieder in Versuchung führte.
Die Zahl «1648» tanzt vor meinem inneren Auge, wenn ich mich auf damals konzentriere, aber auch ein buntes Fotobild: ein puderzuckerbestäubter Tannzapfen, den ich zwar nie buk oder ass, der aber als Nachbild in meinem Innern nachzittert wie die Erwartung, als ich – zum ersten und einzigen Mal – eine Schoggimousse machte und jenen Jubel, jenes Lecken, das Eintauchen im Weichen allen anderen Kindern schenken wollte, zu meinem Geburtstag – statt des üblichen Kuchens, den man in die Schule bringt.
Noch schlage ich das Buch nicht auf, aber es schauen Zettelchen raus, da und dort, und ich erinnere mich, wie ich immer hin- und herblätterte, um eine Grundtechnik aufzuschlagen: Mailänderli formend und Mürbeteig suchend, den fettig verschmierten Finger zwischen die Seiten gelegt, da man ja immer wieder auf die Grundformen verwiesen wird und dann die Nummer vergisst, die man gerade vor sich hatte. Verwiesen auf die Mutter aller Teige, sozusagen, auf die Mutter aller Saucen, auf die Mustermutter aller Rezepte.
Ja, japanische Gebilde entfalten sich schon aus dem Falz der Seiten, wenn die Fülle von Fülscher ins Wasserbad der Imagination geworfen wird. Die Seiten fächeln süssen Kitsch der Erinnerung und kitschigen Klang der Wortspiele in die Luft, durch die warme Strömungen aus dem Ofen ziehen, in dem nicht Fülschers Kuchen aufgeht, sondern das eigene Ich, der Teig der eigenen Kindheit.

«Schocki raffeln (mit Raffel)»
Nun ist es also soweit. Ich schlage das Buch auf und suche: Nummer 1648. «Gugelhopf», steht da, und schon hüpft das Herz: «abgerieb. Zitronenschale», steht da. Das Kürzel längt sich zur silbrigen Reiberaffel, an der die Schale hängenblieb, mal auch ein Finger, Autsch, und wenn dann die Zitrone in die Wunde drang, Doppelautsch. Rasch vorgeblättert zu Nr. 1638 «Hefeteig» mit einem Verweis auf 918 und 919, «Einfacher Kuchenteig» und «Hefe-Wähenteig», die wiederum beide auf 916 verweisen. Dort entdecke ich winzige Korrekturen, von Hand eingetragen: bei «I. Art» 330 g Halbweissmehl statt 250 g; bei «II. Art» dann statt 250 g genau 335 g. Weshalb einmal die Korrektur um 5 g mehr? Rätsel über Rätsel.

Ich finde alte Knoblauchschalen im Buch, Flecken bei «Zimtringe» Nr. 1549 und auch sehr viele bei «Zimtsterne», wo die Nummer fehlt, da die Seite abgerissen ist, so heftig muss damals der Kampf beim Blättern gewesen sein. Zimt, ein Gewürz, das ich auch später so liebte, dass ich mit 30 Jahren in Griechenland, wo man ja nichts essen kann, weil alles so schauderhaft verknoblaucht ist, Kaffee zu trinken begann, einzig und allein weil die Milch mit Zimt bestäubt war. Und im Büchergestell, aus dem ich das alte Fülscher-Exemplar hervorholte, liegen gerade Zimtstangen aus Marokko, von den letzten Ferien in Essauira. So trage ich die zerrissene Seite gleichsam durchs Leben, querweltein. Fülschers Finger wirkt mit Zimt und Zauber.
Und da ist auch sie: die gewölbte Schokolade, immer wieder am Rand der Seite als kleines Bildzeichen eingezeichnet. Natürlich bei dem Schokokuchen «I. Art» bis «IV. Art». Römische Zahlen, als sei Apicius schleckmäulig durchs Kochbuch geschlichen, mit Flamingozungen, wie sie Petronius ass. Wie jene Vögel, mit denen in Federico Fellinis Film-Fressorgie «Satyricon» der Bauch eines Schweins gefüllt ist, wobei sie aber nicht gebraten im Bauch liegen, sondern lebendig herausflattern, worauf der Koch von Sklaven gepeitscht wird – so flattern Erinnerungen auf.
Und da endlich die bunte «Tafel 48» mit dem Tannzapfen, der offenbar aus «Mokka-Buttercrème» besteht und den ich nie gegessen habe, daneben ein listiger Mokka-Igel, der sich aber jetzt, wenn ich ihn auf der Seite berühre, einigelt, keine Erinnerung herauslässt. Nicht jeder Tee spricht zu unserer Erinnerung, nicht jedes alte Rezept zu unserem jetzigen Ich.
Doch dann endlich: Nr. 1251, «Schokolade-Rahmcrème» – daneben klein gedruckt, aber mit Bleistift umkringelt «(Mousse au chocolat – Feine Schokoladencrème)». Ich erschrecke über «Wasser m. Nescafé» (ass ich als Kind Nescafé?), freue mich über «dunkle Lindt». Und dahinter lugt ein blauer Zettel hervor, mit blauer Tinte beschrieben und folgendem Rezept, dem ersten, das ich je aufschrieb, mit Fehlern und wunderlichen Wiederholungen – ein kleines Nonsens-Gedicht:
«400 g Cailer Milch (Hellblau)
400 g Cailer Crémant (dunkel bitter)
8 Eigelb 8 Eiweiss (8 Eier)
6 dl Rahm (Migros Crème Gruyère)
Zuerst: Schocki raffeln (mit Raffel).
Dann: Sch. mit 2 dl Milch smelzen (grosse Pfanne,
kleine kleinste Flamme rühren (mit Teig).»

Urbrei und Muttermund
Das Buch wird zur Höhle der Erinnerung. Zum Muttermund. Doch so wohlig bergend die Mundhöhle ist, es brachen einst die Zähne durchs Zahnfleisch. Die Aggression des Beissens in den Busen.
Später die Kraft der Konsonanten, die den weichen Brei der Vokale zerteilen, der als ewiger Strom A E I O U – «aeiou», wie die Griechen dem Ewigen sagten – aus allen Mündern strömt: vokalisch weich, im schönsten Sinn ganz sinnlos und nur Sinnlichkeit als Strom in die Welt tragend, ehe die Konsonanten als Träger des Sinns auftreten, sich zwischen A und U drängen, die Vokale zerstückeln wie die Zähne das Essen. So zerstückelt das Kochbuch die Sehnsucht nach dem Urozean, dem Urbrei.
Mit Fülschers Logik der Numerologie von 1 bis 1765 fällt die Analytik ins Reich des Kochtopfs ein. Plötzlich wird die bergende Mutter zur zerstückelnden Mänade, die den Leib von Dionysos zerfetzt. So nah liegen Liebe und Aggression zusammen. Wie Zunge und Zähne. Das Zarte des Bekochens und das Brutale der Abhängigkeit. Iss nur meine Suppe! Schwimm lebenslang in meiner Minestrone! Mein kleines Böcklein, das wir Dionysos opfern, brodle in der Muttermilch!
Ja, mein Vater konnte nur Pilze kochen, das heisst schwarz anbraten, oder Fotzelschnitten. Und doch, für mich ist die Erinnerung an die Fotzelschnitte, an den fremden Fötzel sozusagen, der sich zwischen Mutters Herd und Fülschers Kochbuch drängte, und zwar mit Zimt gewürzt, ein kleiner Gegenmythos zu Fülscher.
Dann: Abgelöst und wie an einer väterlichen Nabelschnur aufgereiht, sehe ich all die Männer aus unserem Bekanntenkreis, die je und je in die Fülscher- und dann in die Amberg-Kochschule gingen, um sich von den Frauen zu emanzipieren. Umrauscht von Blumensträussen, die ein Blumenhändler im Quartier band, in dessen Keller meine Mutter mithalf und wo die Männer wie Proust statt Albertine lieber Albert liebten. Mannmännliche Dunstwolken voll Hasch verdichteten sich und umwölkten ragende Lilien, die ich dann hinuntertragen musste zum Lokal von Agnes Amberg, einem Lokal, wo ich dann, natürlich, einmal Geburtstag feiern wollte.
Mein Vater bestellte, einzig weil Rosenkohl sein Lieblingsgemüse ist, ein bestimmtes Menü. Als dann, nach vielen Gängen, endlich der Hauptgang mit Rosenkohl kam und neben dem niedergegarten Fleisch drei kleine blanchierte Köhlchen lagen, da brach der Tisch entzwei – und eine Welt.

Ausflug zur Anti-Mutter

Man kennt die Szene: Frisch verliebt setzt man sich an den Tisch einer Frau mit sternförmigen Augen, schaut verzückt in ihre Seele, stochert mit der Gabel in den Spaghetti, die sie gekocht hat, und nimmt verträumt einen Bissen zu sich. Und schon ist sie da: die Katastrophe. Denn natürlich, niemand hat je bessere Spaghetti gemacht als die eigene Mama, angeleitet von Übermama Fülscher. Und schon zwängt sich der Mutterkuchen wieder einmal zwischen Sie und Er.

Nun hat, wie ich einmal bei einer Reise in das zum weltbesten Restaurant gewählte Lokal «Fat Duck» in London erlebte, einer aus der Küche eine Art künstliche Mutter gemacht: Heston Blumenthal befreit uns von allen Zwängen und Vorurteilen, die uns mit der Suppe eingelöffelt wurden. Bei ihm fallen alle Tabus: Er manipuliert das Essen auf molekularer Ebene. Er erschüttert mit seiner kubistischen Küche all meine Sinneswahrnehmungen: Eis, das nach geräuchertem Schinken schmeckt, Lachs in Lakritze, Kaviar auf weisser Schokolade.

Eine Vaterwelt und ein Gegenentwurf zu Mutters Küche. Eine Küche der Anti-Mutter-Materie. Seine Molekularküche wirkt als kulinarisches Trauma, das vom Körper und der Psyche erst einmal verarbeitet werden muss. In absolut perfider Weise ruft Heston Blumenthal in vielen Gerichten Kindheitserinnerungen wach. Etwa mit dem Porridge. Den aber kombiniert er mit Schnecken zum Kinderschreck.

Dann kriegt man kleine Packungen mit Brausepulver, wie sie Blumenthal (Jahrgang 1966, wie mein Fülscher-Exemplar!) oder ich selbst in der Kindheit am Kiosk kauften, nur wird bei ihm das Pulver nicht mit einem billigen Zuckerstängel, sondern einem echten Vanillestängel aufgetupft. Kaum hat er mich also in eine Art bessere Kindheit zurückgezaubert, wo man wohlig von Zuckerwattewolken umschwebt wird, kommt der Kellner mit einem Täfelchen weisser Schokolade und Kaviar. Und in feldherrischem Ton befiehlt er, das Ganze sofort zu schlucken, sonst vergehe die Schokolade auf den Fingern.

Diese Gewalt richtet sich auf die eingefleischten Zwänge und den reaktionären Küchen-Konservatismus unserer Kultur. Essen ist eines der schlimmsten Disziplinierungssysteme, muss doch der animalische Trieb des Kannibalismus und die Freude am Rohen durch Kulturleistung und Gekochtes sublimiert werden.

Die Aufreihung der Zähne, ihr Aufmarschieren im eigenen Mund in Reih und Glied hat Elias Canetti, sich nach der geretteten Zunge sehnend, in «Masse und Macht» beschrieben als Urbild aller Machtmärsche der Massen, die sich einem Befehl unterwerfen und den Gegner zerdrücken und zermahlen.

Nicht nur Familien, sondern ganze Völker verbinden sich in ihren Esssitten, zwängen den eroberten Völkern ihre Nahrung auf, da sie genau wissen: Man herrscht erst, wenn man die Besiegten entweder gleich auffrisst oder dazu bringt, die eigenen Gerichte zu verdauen. Messer und Gabel sind Waffen, mit ihnen schneidet man ins Fleisch der Besiegten oder stopft ihnen die eigene Tradition in den Magen.

Molekularküche zeugt von der Sehnsucht nach einer anderen Küche und einer anderen Welt, wo uns die Laborküche als künstliche Mutter von den eingefleischten Vorurteilen erlöst und als frei schwebende Elementarteilchen der Moleklargastronomie für Erfahrungen empfänglich macht, bei denen uns Schmecken und Riechen vergehen.

Krebssuppe Aalsuppe Heusuppe Schneesuppe
Ach, die Tabus. Vom Rohen und Gekochten, vom Lämmlein, das man nicht in der Milch der Mutter kocht. Die Gebote und Verbote, welche Gewürze man mit welchen mischt. All die Grenzlinien, die im Geheimen die Ordnung unserer Rezepte regeln. Es ist eine Grammatik wie hinter unseren Sätzen. Stolz ragt das Subjekt heraus und ordnet alle Beilagen um sich: Dieses Adjektiv passt gut als Diener, es folgt brav dem Subjekt, bis sie gegen ein Objekt prallen, wobei ein Verb alles bindet wie Maizena die Sauce.

Das Kalb etwa. Es schreitet nicht mehr durch die Weiden, sondern weidet die Seiten des Buches ab. Es frisst, frisch braisiert oder lang geschmort, die Rübchen ab, dann ganze Stauden von Stangensellerie, und hinterlässt, als wäre es eine Geiss, kleine Kartoffeln oder eben doch einen Fladen aus Kartoffelbrei, in den man einen Teich gräbt, um das Brot darin zu tunken wie in Prousts Tee.

Das Kalb als Subjekt ordnet sich viele grammatikalische Formen unter: Den «Kalbsbraten» 706 und den «Kalbsnierenbraten» 707, eventuell mit Eiern gefüllt 708, das pikante Filet 710 und die Kalbsbrust 713, die sich gleich in «Kalbfleischvögel» verwandelt 714, um sich flatternd in «Vogelnestern» 715 niederzulassen, bis es sich in Ragout, Kügelchen und gekochtem Hirn 748 aufweicht. Dann verwandelt sich die Suppe in einem surrealen Reigen: Krebssuppe, Aalsuppe, Heusuppe, Schneesuppe.

Das erinnert an ein Kochbuch von Georges Perec, dem Papst der «OuLiPo», einer literarischen Bewegung, die als «Werkstätte der Potenziellen Literatur» ihre Werke nach hirnbrünstigen Regelwerken entwarf, etwa einen Kriminalroman, in dem keine Leiche zu suchen ist, sondern ein ermordeter Buchstaben (der Krimi ohne ein einziges «e»: «Anton Voyls Fortgang»), oder eben Rezepte abwandelte: Sole meunière, Sole Marengo, Sole Tango oder Sole solitaire. In den langen Listen der Sole-Rezepte ändert sich jeweils nur ein Element: mal wird er im Ofen gegart, mal in Dampf gedünstet, mal mit Noilly Prat abgeschmeckt, mal mit Kapern geziert, und schon wandelt sich der Sinn, wie wenn man in einem Satz ein einzelnes Wort wechselt. Damit wird die väterliche Logik ebenso ridikülisiert wie die mütterliche Küche. Und der Krebs verwandelt sich wie bei Fülschers Abfolge von Suppen – in Schnee.

Konsonanten kauen: Sade oder Rousseau?
Zentral blieb für mich die Lust am Kauen von Konsonanten und Worten. Die surreale Suche und Sucht nach Wortspielen. Das Übersetzen der Mutterrezepte in die Vatersprache.
Zunächst also übersetzte ich jahrelang Marquis de Sade, «Justine & Juliette», wo Jungfrauenblutwürste und geschmortes Knabenhirn gegessen werden – Übersetzen als aggressives Beissen in die Ideale meiner Eltern –, dann erst fand ich zu den «Träumereien eines einsam Schweifenden» von Jean-Jacques Rousseau zurück, der sich nach dem Strom weisser Milch aus den Brüsten von Schweizer Schäferinnen sehnte, vor Fleisch schauderte, ganz Milchzahn bleiben wollte. So bestimmt die Kauerfahrung unser ganzes Leben. Von Sade zu Rousseau etwa.
Roland Barthes zeigte, dass schon Brillat-Savarin voll Wollust die Namen von Gerichten genoss, den Klang der Worte, das Prickeln der Zischlaute, sobald eine Flasche Champagner geköpft wird. Noch vor Brillat-Savarin aber erfand ein anderer die Gastrokritik – also das Eindringen der Analytik in den Urbrei: Grimod de la Reynière, bei dessen Diners auch de Sade anwesend gewesen sein soll. Keine Fülscher-Kochschule, um das Handwerk zu lernen, sondern eine Schule, um Kritik zu lernen. Sein Esstisch war durch Röhren mit der Küche verbunden, durch die er seine Befehle bellen konnte, damit seine Hände, verkrüppelt und in künstliche metallene Essapparaturen auslaufend, die Bissen probieren konnten.
Grimod war der Gründer der Gourmetzeitschrift «Almanach des Gourmands» (1804–1812), in dessen Ess-Club man nur aufgenommen wurde, wenn man nacheinander 17 Tassen Kaffee trinken konnte. Grimod de la Reynière hatte wie Sade eine Vorliebe für schwarze Speisen und liess aus Lust an der Nekro-

philie in einem schwarzen Raum ein Totenmahl aus lauter schwarzen Gerichten auftischen, ehe er quicklebendig unter den Trauergästen auftauchte – die Szene könnte gut und gerne aus den Romanen Sades stammen, dessen Erotik mit seiner Vorliebe für schwarze Trüffel, Kaffee und Schokolade einhergeht, welchletztere «so schwarz sein muss wie der Hintern des Teufels».
Zuerst also übersetzte ich Sade – dann Rousseau. Das Abgrundschwarze des Sadismus und die lichte Seite der milchweissen Liebe zum Menschen verbindend wie Mama–Papa vor dem harten Eingriff der Konsonanten: a a–a a.

Erstausgabe unserer Gefühle

Proust wurde von seiner Kindheit überflutet, als ihn der Biss in Zwieback an den Grossvater erinnerte. So schreibt er im frühesten Entwurf seiner «Recherche». In der Endfassung aber erinnert er sich beim Geschmack der berühmten Madeleine, einem weichen Gebäck mit muschelförmigen – vulvaförmigen – Rändern. Er schreibt dort über die Mutter und ihren Gutnachtkuss und über seine Grossmutter. Der harte Zwieback hat sich in mütterliche Weiche verwandelt.
So finde ich beim Blättern in Fülscher mein Ich zwischen Mutter und Vater, den Teig meiner Kindheit, den die Küche und das Kauen bis heute formen. Und so wird jeder dank der Neuausgabe in Jahren und Jahrzehnten vielleicht die verlorenen Erinnerungen wiederfinden, die im Kochbuch gefangen waren.
Nicht die bibliophil erworbene teure Originalausgabe ist nämlich, wie Proust in der «Recherche» schreibt, die wahre Erstausgabe, sondern jenes Exemplar, in dem er eine Geschichte das erste Mal las – wertvoll für ihn ist also auch eine billige Ausgabe, wie man sie an den Quais in Paris zwischen zwei Brücken bei den Bouquinisten kaufen kann. Und so wird auch diese Ausgabe von Fülschers Kochbuch für viele, sobald ihr Exemplar voll von Schlieren, Flecken und Tropfspuren, von Puderzucker und Schokoflecken ist, im eigentlichsten Sinn zur Erstausgabe ihrer Gefühle.

Rezepte, die im Text vorkommen:
1648 Gugelhopf, 918 Einfacher Kuchenteig, 919 Hefe-Wähenteig, 916 Zubereitung von eingerührtem Teig, 1549 Zimtringe, 1386 Schokoladetorten, 1251 Schokolade-Rahmcrème, 1670 Fotzelschnitten, 706 Kalbsbraten, einfacher, 707 Kalbsnierenbraten, 708 Kalbsbraten gefüllt mit Eiern, 713 Gefüllte Kalbsbrust, 714 Kalbfleischvögel, 748 Hirn, gekocht, 95 Krebssuppe, 96 Hamburger Aalsuppe, 98 Schneesuppe

Autorinnen und Autoren

Ute Bender
Ute Bender ist Leiterin der Professur Gesundheit und Hauswirtschaft an der Pädagogischen Hochschule Basel und Brugg, Fachhochschule Nordwestschweiz. Dort ist sie in der fachdidaktischen Forschung tätig und in der Lehre vor allem für die Aus- und Weiterbildung von Lehrpersonen der Sekundarstufe I verantwortlich.

Ruth v. Blarer
Ruth v. Blarer ist 1931 in Zürich geboren. Die Einschränkungen der Austerity-Jahre der Kriegs- und Nachkriegszeit sind ihr noch lebhaft in Erinnerung. Sie wurde Journalistin mit Spezialgebiet Medizin. Am Fernsehen DRS leitete sie als Redaktorin eine monatliche Livesendung zum Thema Medizin und Gesundheit. Dazu gehörte jeweils ein Beitrag «Besser essen».

Andreas Heller
Andreas Heller ist 1957 in Thal SG geboren. Er lebt in Teufen AR und ist seit 1991 Redaktor beim NZZ Folio. Heller schreibt schwergewichtig über Themen aus Politik und Wirtschaft sowie aus der Welt der Genüsse (vor allem Wein und Wurst). Er ist Autor des Buches «Um die Wurst, Meistermetzger der Schweiz».

Elisabeth Joris
Elisabeth Joris lebt als freischaffende Historikerin in Zürich. Sie veröffentlichte eine Vielzahl von Beiträgen sowie einige Standardwerke zur Frauen- und Geschlechtergeschichte in der Schweiz. Zu ihren Kernthemen gehören die entlöhnte wie auch die gratis geleistete Arbeit von Frauen, die Migration, die Entwicklung sozialer Bewegungen und die Fotoreportage der 1950er-Jahre.

Max Küng
Geboren 1969, lebt Max Küng mit seiner Frau und zwei Söhnen in Zürich. Er schreibt seit Jahren regelmässig Kolumnen und Reportagen für Das Magazin, oft auch über kulinarische Themen.

Walter Leimgruber
Walter Leimgruber ist Professor und Leiter des Seminars für Kulturwissenschaft und Europäische Ethnologie an der Universität Basel. Als Ausstellungsmacher realisierte er verschiedene Ausstellungen. Er arbeitete als freier Journalist und als Redaktor beim Schweizer Fernsehen, als Kurator für das 20. Jahrhundert am Schweizerischen Landesmuseum und als Projektleiter beim Bau des Forums Schweizer Geschichte in Schwyz.

Max Rigendinger
Max Rigendinger, Autor und Koch, betreibt zusammen mit Susanne Vögeli seit 2006 die Kochschule Cookuk in Aarau. Er war Mitarbeiter des Food-Magazins Marmite und verfügt über breite Erfahrung mit kulinarischen Publikationen. Die Privatkochschule Agnes Amberg (ehemals Fülscher) war eine weitere wichtige Station. Er unterrichtete an der Berufsschule Zürich angehende Köche.

Philipp Schwander
Geboren 1965 in St. Gallen, erarbeitete sich Philipp Schwander 1996 als erster und bisher einziger Schweizer den Titel «Master of Wine». Er unterrichtete an der Weinakademie Österreich und war Berater verschiedener Weinhandlungen. Mit seinem Weinhandel Selection Schwander zählt er mittlerweile zu den grössten Händlern des Landes. Nebenbei schreibt er für diverse Medien, unter anderem für die Neue Zürcher Zeitung.

Christian Seiler
1961 in Wien geboren, war Christian Seiler Kulturjournalist bei der Weltwoche, leitete das österreichische Nachrichtenmagazin Profil und die Schweizer Kulturzeitschrift Du. Er schreibt regelmässig für Das Magazin über Essen, Trinken und Reisen und ist Autor zahlreicher Publikationen.

Ruth Städeli
Ruth Städeli ist Dozentin und Lehrerin. An der Pädagogischen Hochschule der Fachhochschule Nordwestschweiz ist sie im Team der Professur Gesundheit und Hauswirtschaft tätig. Ihre Schwerpunkte sind Ernährung, Gesundheit und Nahrungszubereitung. Ausserdem unterrichtet sie Hauswirtschaft und andere Fächer an der Sekundarstufe I.

Susanne Vögeli
Susanne Vögeli führt seit 18 Jahren die eigene Kochschule Cookuk in Aarau. Sie verfügt über reiche Erfahrung im Vermitteln von Kochtechniken, Koch- und Esskultur, Ernährungsbewusstsein und Gastfreundschaft.

Stefan Zweifel
Stefan Zweifel ist Publizist in Zürich und Gesprächsleiter des Literaturclubs des Schweizer Fernsehens. Bekannt wurde er als De-Sade-Übersetzer (mit Michael Pfister). Jüngste Übersetzung: «Träumereien eines einsam Schweifenden» von Jean-Jacques Rousseau.

Tranchieren und Anrichten des Geflügels — Grundregel 825

Garprobe bei Geflügel: Es soll sich mit Dressiernadel oder Fleischgabel an der dicksten Stelle (zwischen Schenkel und Huftgelenk, d. h. bei **Nr. 1**) gut durchstechen lassen.

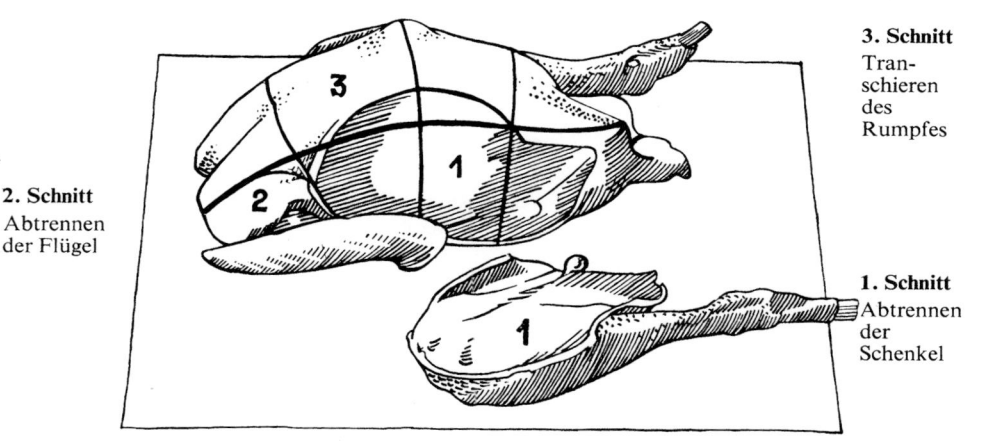

3. Schnitt Transchieren des Rumpfes

2. Schnitt Abtrennen der Flügel

1. Schnitt Abtrennen der Schenkel

Tranchieren mit Fleischmesser und -gabel, Geflügel- oder evtl. starker Küchenschere.
Vorbereiten: Das Geflügel auf ein grosses Tranchierbrett legen. Die Enden der Schnur, mit welcher dressiert worden ist, fassen, neben dem Knoten durchschneiden und herausziehen, indem man das Tier mit der Gabel festhält.

1. **Abtrennen der Schenkel:**

   Das Tier auf den Rücken legen (Schenkel gegen sich). — Den Schenkel fassen, ihn seitwärts drücken, indem man gleichzeitig mit dem Tranchiermesser Haut und Fleisch bis auf den Huftknochen durchschneidet. Diese Stelle ist erkennbar an einem kleinen runden Knöchelchen (Gelenkkopf). Je nach Grösse, das Schenkelstück ganz lassen oder beim Gelenk durchtrennen, den Oberschenkel evtl. der Länge nach auseinanderschneiden (s. Abbildung auf nächster Seite).
   NB. Die Schenkelknochen von Geflügel möglichst n i c h t querdurch tranchieren (Knochensplitter!).

2. **Abtrennen der Flügel:**

   Das Tier auf dem Rücken liegen lassen, jedoch mit den Flügeln gegen sich drehen. — Mit dem Messer zuerst sorgfältig Haut und Fleisch bis zum Knochen, dann diesen mit der Geflügelschere durchschneiden. (Es soll etwas Fleisch von der Brust am Flügelstück sein.)

3. **Tranchieren des Rumpfes** (d. h. von Brust und Rücken):

   a) bei Hühnern, Poulets usw.

   Mit der Geflügelschere der Länge nach durchschneiden, so dass Rücken und Brust getrennt sind. Letztere kreuzweise oder querüber in 4–8 gleichmässig grosse, den Rücken querdurch in 3–6 Stücke schneiden.

   b) bei Enten und Gänsen:

   Mit scharfem Schnitt dem Brustbein nach das Fleisch ablösen, diese Stücke dann in schräge Streifen schneiden. Sie beim **Anrichten** wieder auf den Knochen legen, bei gefülltem Geflügel direkt auf die angerichtete Füllung. Den Rücken (der sehr hart ist) n i c h t tranchieren. Ihn evtl. so auf die Platte legen, dass man die Füllung (wie in einer Schale) darin anrichten kann.

   c) bei kleinem Geflügel (Tauben, Hähnchen usw.):

   Der Länge nach halbieren, d. h. jedes Stück mit Flügel und Schenkel, oder in 4 Stücke schneiden: zwei Flügel mit den Bruststücken und zwei Schenkel mit den unteren Teilen der Vorderseite.

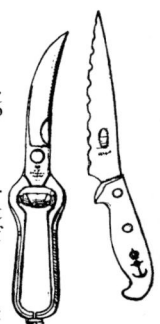

Anrichten: a) Auf der Platte die Geflügelstücke wieder zu ihrer ursprünglichen Form zusammensetzen und mit passender Garnitur umgeben. — **b)** Die Geflügelstücke auf die eine Seite der Platte hübsch anordnen, auf die andere die Garnitur. —
Bei grösserem Geflügel evtl. Papiermanchetten an die Schenkel stecken.

826 Gesottenes Huhn   (Suppen- oder Reishuhn — Poulet bouilli)

1 Ragout- oder Suppenhuhn (s. NB.) — Sud: 3–4 l Wasser, Salz, Bouillongarnitur Nr. 878

Vorbereiten des Huhnes nach **Nr. 822**, sowie der Eingeweide (siehe **Nr. 823**).

Sud: Wasser, Bouillongarnitur, Magen, Hals und evtl. die Füsse des Huhnes in gut verschliessbarem Topf aufkochen, salzen. Das **Huhn** in den Sud geben und leise kochen lassen. **Kochzeit 1–3 Std.** bis zur Garprobe. — **Tranchieren** siehe **Nr. 825**.

Anrichten in einen Reis- oder Blätterteigring oder um einen Reistimbal (Nr. 991). Die Geflügelstücke mit etwas Sauce überziehen. — **Servieren** mit der übrigen Sauce und grünem Salat.

Als Sauce eignen sich: Bouillon- oder Weissweinsauce (Nr. 554 und 555), Champignonsauce (Nr. 557), Hollandaise (Nr. 560, II. Art) oder Currysauce (Nr. 568).

NB. Zubereitung im **Dampfkochtopf** nach Vorschrift (siehe **Nr. 1758**). — Die **Hühnerbrühe** zur Sauce und evtl. zu Reis oder zu Hühnersuppe verwenden. — Statt Reis breite gekochte Nudeln zum Huhn servieren oder die Platte garnieren mit Fleurons.

Als Eintopfgericht: Die letzten 30 Min. einige Kartoffeln (geschält) oder 250 g Reis (evtl. in der Bouillonkapsel) mitkochen.

Einkauf: sog. Ragout- oder Reishuhn ist im Fleisch besonders zart (Kochzeit 1–1¼ Std.). Es ist auch geschnitten, d. h. stückweise erhältlich (bes. günstig für kleine Portionen). — Spezielles Suppenhuhn ist älter und nicht so zart, ergibt jedoch bes. kräftige Brühe (das gesottene Huhn evtl. vor dem Anrichten kurz überbraten). — **Verwendung** von kaltem Suppenhuhn, auch von kleineren Resten siehe Nr. 134, 135, 189, 203 und 827. — Siehe auch Restengerichte v. Geflügel Nr. 1763 (3).

Huhn mit Currysauce   (Poulet à l'Indienne)   827

Zubereitung und **Anrichten** wie Gesottenes Huhn **Nr. 826** (möglichst zartes Ragouthuhn verwenden). Es nach dem Tranchieren, in **Currysauce** (Nr. 568) noch 5–10 Min. sorgfältig kochen oder angerichtet, mit der Sauce überziehen.
NB. Auf diese Art lassen sich auch **Reste** von gekochtem (oder gebratenem) Geflügel verwenden. Es evtl. von den Knochen lösen und in Würfel schneiden.

Brasilianischer Hühnerreis   (Poulet brasilien)   828

1 Ragouthuhn (von ca. 1 kg) s. NB.
3–5 Essl. Öl — 1 Zwiebel, evtl. Knoblauch
250 g Reis — 1 Ltr. Hühnerbrühe

Paprikasauce Nr. 570 — 50 g Speckwürfelchen
z. Garnitur { 2–3 Peperoni, Oliven oder
glasierte Zwiebelchen Nr. 853

Vorbereiten: Das Huhn nach **Nr. 826** zubereiten, jedoch mit Flüssigkeit nur knapp bedecken, damit es recht kräftig wird. — **Kochzeit: ¾–1 Std.**
Zubereitung des Reises: Ihn erlesen, im Öl mit der feingehackten Zwiebel (und evtl. Knoblauch) durchdämpfen, ohne gelb werden zu lassen. **Ablöschen** mit der heissen Hühnerbrühe und sorgfältig weichkochen, so, dass er noch körnig ist (ca. 18 Min.). Das **Huhn** von den Knochen lösen, in 1–2 cm grosse Würfelchen schneiden, sorgfältig unter den Reis mischen und in eine Ringform füllen. — Beim **Anrichten** auf eine weite Platte stürzen. Den Rand oder die Oberfläche vom Reis **garnieren** mit glasierten Zwiebelchen, Peperonistreifen oder Oliven, die man in etwas Öl gedünstet hat. In die Mitte des Ringes die pikante Sauce, mit den gebratenen Speckwürfelchen vermischt, geben.
NB. II. Art: Ein besonders zartes Huhn (Poulet) **roh** von den Knochen lösen, in Würfel schneiden und zuerst im Öl leicht **überbraten**, dann Reis und Zwiebel beigeben. Ablöschen mit Hühnerbrühe (ausgekocht von den abgelösten Knochen). Im übrigen fertig machen wie oben.

Braunes Hühnerragout   (Fricassée de poulet)   829

Zubereitung wie braunes Kalbsragout **Nr. 717**. — 1 kg **Ragouthuhn,** roh tranchiert (d. h. geschnitten eingekauft), verwenden. — Dem Ragout 1 Msp. Paprika, etwas Majoran und einige Essl. Rahm beigeben.
Anrichten in einem Reis- oder Nudelring (Nr. 991 oder 1029). Evtl. den Rand **garnieren** mit Fleurons Nr. 875.

Hühner-Curry, gebraten   (Chicken-Curry)   830

1–1½ kg Poulet od. Ragouthuhn, geschnitten
50–100 g Magerspeck — 40–60 g Kochbutter
Gewürz { ½ Essl. Salz, 1 Pr. Pfeffer
2–4 Essl. Currypulver
z. Wenden: 20–30 g Mehl
1–2 Zwiebeln, etwas Knoblauch

z. Ablöschen: 2 dl Weisswein – ca. ½ l Bouillon
z. Beigeben: 1 Apfel in Würfelchen
z. Verfeinern { ca. 1 dl Rahm, Zitronensaft
evtl. 1 Tasse Kokosmilch
z. Garnieren { 3–6 Bananen oder Äpfel
Petersilie

Vorbereiten: Die Hühnerstücke (4–5 cm gross) mit dem Gewürz einreiben und in Mehl wenden. Den Speck in 1 cm grosse Würfelchen schneiden, die Zwiebel fein hacken, den Knoblauch zerdrücken. — Evtl. Kokosmilch vorbereiten: 2–3 Essl. geriebene Kokosnuss mit heissem Wasser bedecken, ca. ½ Std. ziehen lassen.
Anbraten der Speckwürfelchen, bis sie glasig sind, dann herausnehmen. Im ausgetre-

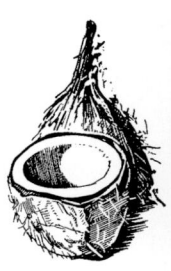

tenen Fett und etwas Kochbutter die Hühnerstücke lagenweise sorgfältig goldgelb überbraten. Zwiebel und Knoblauch mitdämpfen (nicht bräunen).

Ablöschen mit dem Wein und etwas **einkochen** lassen. Soviel Bouillon dazugiessen, bis das Ragout knapp zur Hälfte darin liegt. Den Apfel und die Sultaninen beifügen, wenn nötig noch würzen. **Dämpfen** während **40–50 Min.** (hie und da wenden). Die Sauce verfeinern mit Rahm, etwas Zitronensaft und evtl. mit der Kokosmilch (gesiebt), wenn nötig nochmals etwas Curry beifügen. — **Anrichten** des Ragouts in einen Blätterteigrand (Nr. 902), in einen Ring von Riz Créole (Nr. 981) oder Indischem Reis, **garniert** mit in Butter gebratenen Bananenhälften oder schönen Apfelringen und Petersilie. Als **Beigaben** in kleinen Schälchen: Ananaswürfelchen, Mango Chutney oder sauersüsse Zucchetti (Nr. 1734), evtl. geröstete Pinienkerne oder Mandeln.

831 Paprika-Huhn (Poulet au paprika)

1 kg Poulet od. Ragouthuhn, geschnitten
Gewürz { ½ Essl. Salz, 1 Pr. Pfeffer
Zitronensaft, 1–2 Teel. Paprika
50–100 g dünne Speckscheiben
2 Zwiebeln — 1–2 Peperoni
3–5 Essl. Öl
3–4 dl Bouillon
2 dl Rahm — 20 g Mehl

Vorbereiten: Die Pouletstücke mit den Gewürzen einreiben. Die Zwiebeln in feine Streifen schneiden, ebenso die entkernten, gewaschenen Peperoni. — Das Mehl mit dem Rahm glatt anrühren.

Anbraten der Speckscheiben, bis sie glasig sind, den Boden einer Gratinplatte damit belegen. Im Speckfett und etwas Öl das gewürzte Geflügel goldbraun überbraten und auf die Speckscheiben geben. Zwiebel und Peperoni im restlichen Fett leicht gelb werden lassen, über das Huhn streuen. — **Sauce:** den Fond mit Bouillon auflösen, mit Mehl und Rahm binden. Nach Geschmack mit Paprika, Salz usw. würzen, in der Gratinplatte verteilen. **Dämpfen** im Ofen unter zeitweiligem Begiessen mit der Sauce, bis das Poulet gar ist (**30–40 Min.**, ältere Hühner etwas länger). — **Servieren** mit Nudeln, Reis oder Kartoffelstock und grünem Salat.

832 Poulet sauté (Gedämpftes Huhn)

1 Poulet od. Ragouthuhn (ca. 1½ kg)
Gewürz: ½ Essl. Salz, 1 Pr. Pfeffer
40–60 g Kochbutter (od. Öl)
2–4 Rüben, 1 kleine Zwiebel
50–100 g Schinken — 20 g Mehl
z. Ablöschen { 1–2 dl Weisswein
3–4 dl Bouillon
1 Büchschen Champignons

Vorbereiten des Poulets nach **Nr. 822**, sowie der Eingeweide (siehe **Nr. 823**). Es in- und auswendig würzen, mit Hals, Füssen und Magen in die Bratpfanne legen, mit heisser Kochbutter übergiessen. **Braten** nach **Nr. 652 im Ofen**, hie und da begiessen. Sobald es etwas krustig geworden ist (nach ca. 15 Min.), Rüben, Zwiebeln und Schinken, in Streifen oder Würfelchen geschnitten, mit dem Mehl zum Poulet geben, hellbraun werden lassen. **Ablöschen** mit Weisswein und Bouillon, evtl. noch würzen. **Dämpfzeit** im Ganzen: **40–50 Min.** — **Tranchieren** und **Anrichten** nach **Nr. 825**. — Die **Sauce** passieren, die blättrig geschnittenen Champignons beigeben. **Servieren** mit Risotto oder kleinen Kartoffeln und grünem Salat.

II. Art: Das Poulet **roh** tranchieren und die **Stücke** goldbraun überbraten.

Poulet chasseur   (Huhn nach Jägerart)   833

Zubereitung wie Poulet sauté **Nr. 832**. — Der passierten **Sauce** jedoch 1–2 in Würfelchen geschnittene Trüffeln und soviel Tomatenpurée beigeben, bis sie gelbrot aussieht. — **Servieren** im Reis- oder Nudelring (Nr. 991 oder 1029), **garniert** mit Fleurons (Nr. 875) und Trüffelscheibchen.

Poulet Marengo   834

1–1½ kg Ragouthuhn, geschnitten
Gewürz: 1 Essl. Salz, 1 Pr. Pfeffer
20–40 g Mehl zum Wenden
1 Tasse Perlzwiebelchen, geschält
200 g kleine Champignons, gewaschen

50 g Kochbutter od. 2–3 Essl. Öl
½ kg Tomaten — Knoblauch, Kräuter
z. Ablöschen { 2–3 dl Weisswein, 2 Essl. Sherry / ca. ½ l Bouillon
n. Belieben: pro Pers. 1 Gebackenes Ei Nr. 231

Vorbereiten: Die Pouletstücke mit dem Gewürz einreiben, dann leicht in Mehl wenden. — Die Tomaten in Schnitze schneiden (evtl. geschält).
Anbraten der Zwiebelchen in heisser Butter oder Öl, bis sie glasig sind, die Champignons mitdämpfen. Sobald sie weich sind, mit den Zwiebeln herausnehmen und warmstellen. Im zurückgebliebenen Fett die bemehlten Pouletstücke lagenweise hellbraun überbraten, die Tomaten sowie die Kräuter beigeben und durchdämpfen.
Ablöschen mit dem Weisswein und Sherry, stark einkochen lassen, dann mit soviel Bouillon auffüllen, dass das Huhn gut zur **Hälfte** darin liegt. Die Sauce gut abschmecken und das Gericht zugedeckt **dämpfen** während ca. ¾ **Std.** (hie und da wenden). — Beim **Anrichten** die Pouletstücke in eine Ragoutschüssel geben, die **Sauce** darüber passieren und mit den Zwiebelchen und Champignons bestreuen. Nach Belieben an den Rand die gebackenen **Eier** legen. — **Servieren** mit Butternudeln und frischem Salat.

Coq au vin bourguignon   (Hähnchen im Wein)   834a

Zubereitung wie Poulet Marengo **Nr. 834**, jedoch mit den Perlzwiebeln noch 100 g Speck- oder Schinkenwürfelchen kurz mitbraten. — **Ablöschen** mit 1 Gläschen **Cognac** oder Armagnac (statt Sherry), ihn flambieren, dann 3–5 dl **guten Rotwein** (Burgunder) dazugiessen wenn nötig auch etwas Bouillon, sorgfältig würzen. **Dämpfzeit ca. ¾ Std.** — **Servieren** mit Rosenkohl, Broccoli oder Spinat und Salzkartoffeln.

Gebratenes Geflügel   (Volaille rôtie)   Bild auf Tafel 34   835

Geflügel { 1 **Poulet** (ca. 1½ kg), **Poularde** oder **Kapaun** (spez. fleischig) oder
1 junge **Ente** oder junge **Gans** (oison), **Truthahn** (dindon), oder
1 **Perlhuhn** (pintade), 2–3 **Hähnchen** (Güggeli) oder 3–6 **Tauben** (pigeons)

z. Einreiben: ½–1 Essl. Salz
z. Übergiessen: 40–80 g Kochbutter od. -fett
1 besteckte Zwiebel, evtl. Rosmarin od. Thymian
z. Ablöschen: 2–4 dl Bouillon oder Wasser

Niedere Bratpfanne (Bräter ohne Deckel) am besten aus emailliertem Guss od. Alu-Folie s. NB.
Vorbereiten des Geflügels sowie der Eingeweide (nach **Nr. 822** und **823**).
Dressieren des Geflügels nach **Nr. 824**. Es in- und auswendig mit Salz einreiben. — Bei Poulets nach Belieben 1–2 Zweiglein Rosmarin zwischen die Flügel oder in die Bauchhöhle stecken (nach italienischer Art), bei Tauben etwas Thymian. — **Braten** des Geflügels in der **Pfanne im Ofen** nach **Nr. 652**, evtl. auf dem **Rost** nach **Nr. 653** (siehe auch NB.):

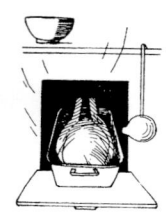

Das Geflügel mit dem **Rücken nach unten** in die Bratpfanne legen. Magen, Füsse, Hals, Kamm und 1 besteckte Zwiebel dazugeben. — **Übergiessen** mit der warmen Kochbutter und in den heissen Ofen schieben. Während des Bratens **häufig begiessen**, evtl. mit nassem Pergamentpapier bedecken. — Nicht ablöschen solange das Geflügel in der Pfanne ist (nur ausnahmsweise bei einer jungen Gans oder Ente wenig Wasser zum Fond giessen, damit sie nicht austrocknen).

Bratzeit: Poulets, Poularden usw., je nach Grösse = **40–60 Min.**
Junge **Ente** und **Gans** = 1¼–1½ Std. — **Hähnchen** und **Tauben** = **20–30 Min.**

Garprobe: Es soll sich zwischen Schenkel und Huftgelenk leicht durchstechen lassen. Sobald das Geflügel gar ist, es herausheben und warmstellen.

Sauce: Vom Fond etwas Fett abgiessen, nach und nach mit wenig Bouillon ablöschen, gut aufkochen, passieren. — Wünscht man reichlicher Geflügelsauce, dann Füsse, Magen und Hals, sobald sie braun geworden sind, herausnehmen und mit Wasser oder Bouillon in einem Pfännchen gut auskochen. Den Bratenfond nachher damit auflösen, evtl. binden mit 1 Msp. Kartoffelmehl (kalt angerührt).

Tranchieren des Geflügels nach **Nr. 825**. — **Anrichten** auf eine erwärmte Platte, so, dass es wieder die ursprüngliche Form erhält oder die Stücke auf die eine Seite der Platte anordnen, auf die andere das passende Gemüse geben, in die Mitte reichlich Petersilie. — (Güggeli und Tauben halbiert oder in Viertel geschnitten, auflegen.)

Garnituren z. B.: Kartoffel-Pastetchen oder -Nestchen (Nr. 367, 3–6) mit feinem Gemüse oder Pilzen gefüllt, kleine gedämpfte oder gefüllte Tomaten (Nr. 305 und 541) oder Croûtons (Nr. 876), belegt mit der fein geschnittenen Geflügelleber und -herz, in etwas Butter gedünstet und gewürzt. — **Servieren** mit Pommes frites, Chips, Bratkartoffeln oder Kartoffelstock, evtl. mit feinen Teigwaren und zarten Gemüsen (auf franz. Art od. gedämpft) sowie grünem Salat. — Evtl. **Flambieren** von kleinem Geflügel am Tisch siehe **Nr. 655a**.

NB. Junge **Gänse** und **Enten** schmecken auch gut mit Rotkraut oder Rosenkohl, glasierten Kastanien, Kartoffelstock und Apfelsauce (siehe auch **Nr. 839 und 840**). — **Tauben** evtl. um einen Berg von Strohkartoffeln anrichten, am Rand belegen mit Häufchen von feinen Erbsen und Spargelspitzen sowie Kresse. — Fehlt **zum Braten** eine passende Pfanne, dann das Geflügel in starke **Alu-Folie einpacken** (eingeschlagene Seite nach oben) und auf einem Blech in den Ofen geben. Gegen das Ende der Bratzeit die Folie oben etwas öffnen. — **Auf dem Herd** zubereitet (nur für kleines Geflügel): sorgfältig anbraten, evtl. halb zudecken; häufig begiessen. (Wird jedoch weniger fein und knusperig als im Ofen.)

836 Gefülltes, gebratenes Geflügel (Volaille farcie et rôtie). I–III. Art

Geflügel-Arten: siehe Angabe bei Nr. 835   **Geflügelfüllung Nr. 882**

Zubereitung des Geflügels nach **Nr. 835**. — **I. Art:** Nach dem Dressieren **würzen, füllen** und zunähen. — **II. Art:** Bei kleinem Geflügel evtl. ein geschältes **Ei** (nur ca. 8 Min. gekocht) möglichst in die Mitte der Füllung legen. — **III. Art,** spez. **Poulet:** Das Poulet zuerst **ausbeinen** nach Angabe in **Nr. 191** (Vorbereiten der Hühnergalantine). Dieser Füllung etwas mehr Geflügelleber oder 100 g Bratwurstteig beimischen.

NB. **Täubchen doppelt gefüllt** (bes. ausgiebig): Zwischen Haut und Brustfleisch von der Füllung gleichmässig verteilen (ca. ½ cm dick), den Rest zum Füllen verwenden.

837 Hähnchen auf dem Rost oder Grill (Poussins grillés)

2–3 Hähnchen (Güggeli) sowie junge Tauben, Rebhühner usw. — Salz — Kochbutter, ca. 60 g

Vorbereiten der Hähnchen nach **Nr. 822**. — **Dressieren** nach **Nr. 824** oder sie auf dem Rücken der Länge nach aufschneiden und etwas flacher klopfen (spez. für den Grill),

Canard à l'orange Nr. 839, mit Kartoffelpastetchen mit Erbsen Nr. 867 (3) und Kopfsalat **Tafel 34**

Tafel 35   Gigot de mouton, gebraten, Nr. 794, mit panierten Kartoffelcroquettes Nr. 958 und Rosenkohl auf französische Art Nr. 473 (1)

Tafel 36   Riz Colonial Nr. 739 mit Currysauce Nr. 568 (II. Art)

mit Salz einreiben. — **Braten** des Geflügels auf dem **Rost im Ofen** nach **Nr. 853** oder in der **Grillpfanne auf dem Herd** nach **Nr. 656** während **25–35 Min.** unter häufigem Bepinseln mit der Butter. — Auf dem Herd die letzten 10 Min. zugedeckt w e i c h werden lassen. 
Servieren mit Pommes frites oder -chips oder Pariser Kartoffeln und grünem Salat oder jungem Gemüse. — R e b h ü h n e r : mit mildem Sauerkraut und glasierten Apfel- oder Ananasscheiben, Kastanien oder Kartoffelstock (siehe auch **Nr. 846–848**).

Wiener Backhähnchen   (Poussins rôtis viennois) 838

2–3 Hähnchen (mögl. junge Güggeli) — Salz, 2–3 Essl. Mehl — Panade Nr. 888 — Backöl

Vorbereiten der Hähnchen nach **Nr. 822**. Sie halbieren oder in Viertel schneiden, leicht mit Salz einreiben. In Mehl wenden, dann sorgfältig **panieren** (siehe Nr. 888).
Schwimmend backen, bis sie gar und knusprig sind, pro Stück während **5–7 Min.**
Servieren mit Paprikasauce (Nr. 570) oder Vinaigrette (Nr. 593) und grünem Salat oder mit jungem, gedämpftem Gemüse.

Canard à l'orange   (Ente mit Orangen)   Bild auf Tafel 34   839

1 junge Ente — ½ Essl. Salz, 1 Pr. Cajenne
3–6 Orangen — etwas Thymian
z. Garnitur { Preiselbeeren od. Herzkirschen, 2–3 Orangen

evtl. Kochbutter
z. Sauce { 5 g Kartoffelmehl 2–4 Essl. Cognac od. Sherry evtl. Orangenconfiture

Vorbereiten und **Dressieren** der Ente nach **Nr. 822** und **824**. Sie mit Salz und etwas Orangensaft einreiben, **füllen** mit 2–3 in kleine Würfelchen geschnittenen Orangen und etwas Thymian, zunähen. Die Ente in eine Bratpfanne oder auf den Rost legen, mit 1 Tasse heissem W a s s e r übergiessen. **Braten im Ofen** während **ca. 1 Std.** Die Ente häufig begiessen, nicht zu heiss braten. Sobald das Wasser eingedämpft ist, mit Orangensaft beträufeln und wenn nötig, etwas Kochbutter darübergeben. — Die Sauce mit dem Kartoffelmehl (kalt angerührt) binden, evtl. noch würzen, absieben und den Cognac oder Sherry und nach Geschmack 1–2 Essl. Orangenkonfitüre oder passierte Preiselbeeren damit vermischen. (Siehe auch NB. von Nr. 843, à la Bigarade.)
Tranchieren und **Anrichten** der Ente nach **Nr. 825**. Sie in ihrer ursprünglichen Form auf die Platte geben und ringsum eine **Garnitur** von in Entenfett mit wenig Zucker gedünsteten Orangenscheiben (evtl. mit der Schale geschnitten). Sie mit einem Häufchen Preiselbeeren oder einer Herzkirsche belegen. — **Servieren** mit neuen Kartoffeln und jungen Gemüsen oder Kartoffelpastetchen mit Erbsen und viel grünem Salat.

Gebratene Gans und grosse, fette Ente   (Oie ou canard rôti)   840

1 kleine Bratgans (2½–3 kg) od. fette Ente
1–2 Essl. Salz
z. Übergiessen: 3–5 dl Wasser
Zitronen- od. Orangensaft od. 1 Apfel

Bratpfanne mit **Deckel:** gross und tief, am besten aus emailliertem Guss oder Rostpfanne und Alu-Folie zum Überdecken.

Vorbereiten des Geflügels nach **Nr. 822**. Bei Gänsen die Flügel abschneiden und diese Stellen zunähen. — Grosse Gänse bes. gut flambieren und die Federkiele herauszupfen (evtl. mit Pinzette), evtl. tags zuvor richten, da ziemlich zeitraubend. — Das Geflügel dann gründlich waschen, in- und auswendig salzen. — Gänse und Enten werden gerne **gefüllt** zubereitet, siehe **Nr. 841**.

Dressieren von Enten siehe **Nr. 824.** — Bei **Gänsen** die Halshaut evtl. nur mit einem Stich am Rücken befestigen, die Schenkel hinunterbinden.

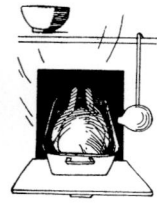

Zubereitung: Das Geflügel in die Pfanne legen (Rücken nach unten) und mit heissem Wasser übergiessen. Im **Ofen** ca. 1½ Std. zugedeckt dämpfen. Dann abdecken und im eigenen Fett (das unterdessen ausgetreten ist) **braten**, bis das Geflügel gar und knusprig-braun ist. Häufig begiessen! Von Zeit zu Zeit wieder etwas Fett abschöpfen und mit wenig Wasser oder Bouillon ablöschen, etwas Zitronen- oder 2–3 Essl. Orangensaft oder den Apfel, in Schnitze geteilt, beigeben.

Die Brusthaut wird besonders knusprig, wenn man sie einigemal mit kaltem Wasser bespritzt.

Bratzeit im ganzen: Gänse 2½–3½ Std. (je nach Grösse), Enten ca. **2 Std.**

Tranchieren und **Anrichten** nach **Nr. 825** (Abschn. 3b) — Den Rücken (der sehr hart ist) evtl. als «Schale» für die **Füllung** auf die Platte geben, die Bruststücke daraufiegen. Die **Sauce** etwas stehen lassen und wenn nötig, nochmals **entfetten**. Sie aufkochen, mit ½ Teel. Kartoffelmehl (kalt angerührt) binden (wodurch sie auch weniger fettig wirkt), evtl. noch würzen und passieren.

Garnitur: Krustaden mit glas. Äpfelchen (Nr. 873) oder Halbäpfel mit Preiselbeeren (Nr. 871) und glas. Kastanien (Nr. 384). — An die Schenkel evtl. Papiermanchetten stecken.

Servieren mit Rot- oder Sauerkraut, auch Rosenkohl mit Kastanien oder Broccoli, und Salzkartoffeln, Kartoffelklössen oder Kartoffelstock, dazu Apfelsauce Nr. 587.

NB. Das erhaltene **Fett** (von Gans oder Ente) eignet sich sehr gut zum Dämpfen von Rot- oder Sauerkraut sowie für Bratkartoffeln usw. Vielerorts ist es auch beliebt als Brotaufstrich mit etwas Salz oder geriebenen, evtl. gedämpften Äpfeln vermischt.

841 Gefüllte, gebratene Gans und Ente (Oie ou canard farci)

Zubereitung der Gans oder Ente nach **Nr. 840.** — Nach dem Dressieren füllen und zunähen.

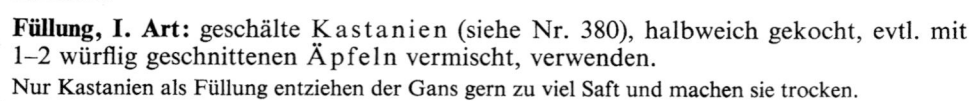

Füllung, I. Art: geschälte Kastanien (siehe Nr. 380), halbweich gekocht, evtl. mit 1–2 würflig geschnittenen Äpfeln vermischt, verwenden.

Nur Kastanien als Füllung entziehen der Gans gern zu viel Saft und machen sie trocken.

II. Art: 2–3 Weggli und 3 saure, geschälte Äpfel (ohne Kerngehäuse) in kleine Würfelchen geschnitten, mit 1 Handvoll Sultaninen vermischt, einfüllen.

842 Gefüllter Truthahn, gebraten (Dindon farci et rôti)

1 Truthahn (2–3 kg) — 1–2 Essl. Salz
Geflügelfüllung Nr. 882, mit 1–2 Trüffeln
50–100 g Magerspeckscheiben
z. Übergiessen: 60 g Kochfett od. 3 Essl. Öl
Bratengarnitur Nr. 879, Pfefferminzblätter
2–4 dl Bouillon, Zitronensaft

Vorbereiten des Truthahns nach **Nr. 822.** — Nach dem **Dressieren** füllen und zunähen. Der Füllung die in Würfelchen geschnittenen Trüffeln beigeben.

Den Boden der Pfanne mit Speckscheiben bedecken. Den Truthahn darauflegen (Rücken nach unten), mit heissem Kochfett übergiessen, Bratengarnitur und Pfefferminz dazulegen. — **Braten** nach **Nr. 652**, in mässig heissem **Ofen** unter häufigem Begiessen. Evtl. über die Brustseite Speckscheiben legen oder mit einem Butterpapier (oder Alu-Folie) bedecken, da das Fleisch vom Truthahn leicht trocken wird.

Sobald der Truthahn schön braun ist, das Fett abschöpfen und **wenig** Bouillon dazugiessen. — **Bratzeit 1¾–3 Std.** Zur Garprobe einstechen beim Schenkel. — Den Truthahn herausheben und warmstellen. — Die **Sauce** wenn nötig einkochen, evtl. mit ½ Teel. Kartoffelmehl (kalt angerührt) binden, etwas Zitronensaft beigeben, passieren.
Tranchieren und **Anrichten** nach **Nr. 825** (Abschnitt 3b), d.h. die Bruststücke vom Brustbein ablösen, nachher auf die Füllung legen. Alle Stücke so auf die Platte geben, dass der Truthahn wieder seine ursprüngliche Form hat. — **Garnitur:** Krustaden mit Preiselbeeren (Nr. 873) und Pommes chips, Pariser Kartoffeln (Nr. 953) oder Kartoffelstock, nach Belieben glasierte Kastanien (Nr. 384).
Als **Beigabe:** Rotkraut, Rosen- oder Blumenkohl, Schwarzwurzeln in Sauce oder zur Abwechslung Grapefruit-, feinen Sellerie- oder Kartoffelsalat.

Perlhuhn (Pintade) à la Bigarade 843

Zubereitung des Perlhuhnes wie Wildgeflügel **Nr. 844**, mit Speckscheiben **bardiert**.

Sauce bigarade: Die Schalen von 2 Orangen und nach Geschmack von ½ Zitrone mit dem Kartoffelschäler ganz **dünn** abziehen und in feine Streifchen (Julienne) schneiden. Sie mit Wasser bedeckt einige Minuten kochen, abtropfen. — 15 g Mehl in Butter mit 5 g Zucker hellbraun rösten, den aufgelösten **Bratenfond** damit binden und noch 10 Min. kochen lassen. Etwas abgeriebene Orangenschale sowie so viel Orangensaft und Sherry oder Portwein (2–3 Essl.) damit vermischen, bis die Sauce angenehm pikant schmeckt. Sie passieren, die Orangen-Julienne beigeben. Das angerichtete Perlhuhn mit einigen Löffeln Sauce überziehen, den Rest dazu servieren. — **Servieren** siehe Angaben bei Wildgeflügel **Nr. 844**.

NB. Auch Ente (Nr. 839) schmeckt mit Sauce bigarade zubereitet, sehr gut.

Gebratenes Wildgeflügel (Volaille sauvage rôtie) 844

1 Wildente (canard sauvage)
1–2 Fasane (faisans) od. Schnepfen (bécasses)
1 Perlhuhn (pintade)
Dünne handgrosse Fettspeckscheiben — Salz

z. Übergiessen: ca. 40 g Kochfett od. 2 Essl. Öl
z. Ablöschen { 2–3 dl Bouillon
{ 2–3 Essl. Cognac od. Sherry
z. Sauce: 2–3 dl sauren Rahm

Vorbereiten des Geflügels nach **Nr. 822**. — **Dressieren** nach **Nr. 824**. Evtl. **füllen** wie grosse Ente **Nr. 841** oder mit Geflügelfüllung nach **Nr. 882**. — Über die Brustteile des Geflügels die **Speckscheiben** binden (bardieren) od. dünne Magerspeckscheiben zwischen Haut und Brustfleisch schieben.
Braten nach **Nr. 652**, im **Ofen**. — **Bratzeit 40–60 Min.** (Schnepfen 20–30 Min.).
Häufig begiessen, da Wildgeflügel leicht trocken wird.
Tranchieren und **Anrichten** nach **Nr. 825**. — **Garnitur:** Leber und Herz fein schneiden, kurz braten, salzen und auf herzförmige Croûtons (Nr. 876) legen. — Der **Sauce,** nach dem Ablöschen mit Bouillon und Cognac, den Rahm beigeben, einkochen, bis sie seimig ist, passieren. — **Servieren** mit feinem Sellerie- oder Kartoffelsalat, Kartoffelstock und Rosenkohl, evtl. Krustaden mit Äpfelchen (Nr. 873). Auch ein Linsengericht (z. B. Nr. 377), sowie Rot- oder Sauerkraut oder ein Purée von weichgekochten Randen (mit etwas saurem Rahm, Salz, Pfeffer und Zucker vermischt) schmecken gut dazu.

845   Gefülltes, gebratenes Wildgeflügel   (Volaille sauvage rôtie et farcie)

Zubereitung des Geflügels nach **Nr. 844**. — Nach dem Dressieren würzen, **füllen** und zunähen. — Zu Perlhuhn Geflügelfüllung Nr. 882, zu Wildente usw. Füllung wie zu Gans Nr. 841 oder evtl. wie zu Ente Nr. 839 (mit Orangen) verwenden.

846   Rebhuhn   (Perdreau rôti — Wildgeflügel)

3–4 junge Rebhühner — ½–1 Essl. Salz   50 g Kochbutter
2–3 handgrosse, dünne Fettspeckscheiben   Bouillon od. Wasser – ½ dl Rahm, leicht sauer

Vorbereiten der Rebhühner nach **Nr. 822**. Sie jedoch nicht waschen, nur mit einem Tuch in- und auswendig abreiben, leicht salzen. Nach dem **Dressieren** über die Brustseite des Rebhuhns die Speckscheiben binden (bardieren). — **Braten** nach **Nr. 652** in nicht zu heissem **Ofen** während **20–25 Min.** — **Tranchieren** und **Anrichten** nach **Nr. 825**. — Der **Sauce** den Rahm beifügen, sie gut einkochen und passieren. — **Servieren** mit Risotto oder Pommes frites, auch mit Kastanien-Vermicelles (gespritzt von Purée nach Nr. 386, s. NB.) und Apfelkompott oder evtl. Erbsen, Rosenkohl oder Salat.

NB. Rebhühner gelten als besondere Delikatesse und sind teuer. — Sie schmecken auch sehr gut in Rebblätter und Speck eingebunden, gebraten. Als **Garnitur**: kurz in Sirup gekochte, grosse Traubenbeeren, blaue oder weisse. — Übrig gebliebene Rebhuhnstücke evtl. als **Hors d'œuvre** mit Chaux-froid (Nr. 600) überziehen und mit Trüffeln garnieren, od. die Resten kleinwürflig geschnitten, mit etwas geschlagenem Rahm und Ananaswürfelchen vermischen.

847   Rebhuhn nach Elsässer Art   (Perdreau alsacienne)

Zubereitung der Rebhühner nach **Nr. 846**. Sie halbiert auf die eine Seite einer grossen Platte geben, auf die andere schöne Tranchen von **Schinken** (oder Magerspeck) den man im **Sauerkraut** mitgekocht hat. Dieses im letzten Moment mit 1 Glas **Champagner** fertig kochen und in der Mitte der Fleischplatte bergartig anrichten. — **Servieren** mit kleinen Salzkartoffeln oder Kartoffelstock.

NB. Ältere Rebhühner zuerst ca. 20 Min. braten, dann im Sauerkraut zugedeckt, weichdämpfen.

848   Rebhuhn à la Polonaise   (Perdreau)

3–4 junge Rebhühner — 1 Essl. Salz   1–2 Gläschen Cognac
Geflügelfüllung Nr. 882   1 Teel. Mehl u. 20 g frische Butter
2–3 grosse, dünne Fettspeckscheiben   z. Ablöschen: 2–3 dl Bouillon
z. Übergiessen: 70 g Kochbutter   Saft von 1–2 Orangen u. etwas -schale

Vorbereiten der Rebhühner siehe **Nr. 822** und **846**. — Sie nach dem **Füllen**, zunähen, dann bardieren (mit Speckscheiben überbinden).

Braten nach **Nr. 652 im Ofen,** während ca. 15 Min. Nach dieser Zeit den Cognac dazugiessen, ihn auf lebhaftem Feuer etwas einkochen lassen oder anzünden und die Rebhühner kurz darin **flambieren,** dann noch 10–15 Min. weiterbraten (unter Begiessen). — **Tranchieren** und **Anrichten** nach **Nr. 825**. — **Sauce:** Den Fond entfetten, Mehl und Butter zusammen verkneten, dazugeben, mit wenig, kräftiger Bouillon ablöschen, gut durchkochen. Orangensaft und dünn abgeschnittene -schale dazurühren, kurz aufkochen, passieren. — **Servieren** mit Sauerkraut und kleinen, rund ausgestochenen Kartoffeln, gekocht oder leicht in Butter gebraten.

Kleines Geflügelragout von Resten (als Füllung von Pastetchen usw.) **849**

Geflügelreste — 4 dl Hühnerbrühe Gewürz: Salz, Muskat, Zitronensaft
40 g Butter — 40 g Mehl z. Legieren: ½ dl Rahm, 1 Eigelb (s. Nr. 546)

Vorbereiten: Das Fleisch von den Geflügelknochen lösen. Diese mit Wasser bedeckt ca. ¾ Std. auskochen. — **Ragout:** Das Mehl in der Butter dünsten, mit der Brühe (von den Geflügelknochen) ablöschen, ca. **10 Min. kochen,** pikant würzen, legieren. Das **Geflügel** in kleine Würfelchen schneiden, unter die Sauce mischen, im Wasserbad heiss werden lassen.

NB. Siehe auch **Resten**-Verwertung für kleines Geflügelragout mit **Currysauce** Nr. 827.

Weitere Geflügelrezepte siehe im Register und unter Vorspeisen (z. B. kalte Hühnerplatte, od. Chartreuse = feiner Geflügelpudding, Pastetchen, Omeletten usw.)

Paella Valenciana (Spanisches Hühner-Reisgericht) **850**

Anmerkung: Dieses typisch spanische Gericht hat seinen Namen von der Pfanne, in welcher die «paella» zubereitet und serviert wird (sie ist ähnlich unserer Omelettenpfanne, jedoch mit 2 Griffen, in Spanien in allen Grössen erhältlich). In Ermangelung verwendet man eine möglichst weite Bratpfanne oder gibt alles nach dem Anbraten und Ablöschen in eine niedere Kupfer- oder Gratinplatte und kocht die «**Paella**» darin fertig. — Die **Zutaten** variieren je nach Landesgegend und vorhandenen Zutaten, auch lassen sich immer wieder neue Zusammenstellungen erfinden.

ca. ¾ kg Pouletstücke
250 g Schweins- od. halb Kalbsfilet
4–8 Essl. Öl — 1–2 Knoblauchzehen
2–3 Zwiebeln — 2–3 Peperoni (grüne u. rote)
300 g Sole- od. Colinfilets od. Aalstücke
6–9 kleine feste Tomaten
4–6 Artischockenböden od. 2 zarte Zucchetti
1 Tasse frische ausgekernte Erbsen
100 g Champignons, halbiert

400 g Reis — 1¼ l Bouillon (v. Knorr od. Maggi)
Gewürz { Salz, 1 Pr. Pfeffer, 1 Lorbeerblatt
{ 1 Pr. Paprika, 1 Msp. Safran
6 Cipolata (Bratwürstchen, statt span. chorizos)
n. Belieben { 3 Scampi (Shrimps) oder
{ 1 Tasse Crevettes (gekochte)
6–12 frische Moules (od. aus Büchsen) s. NB.
evtl. { 6 kleine Beefsteaks oder
{ 1 Hühnerleber — 100 g Zunge

Vorbereiten: Die Pouletstücke evtl. noch kleiner schneiden, das Filet in ca. 3 cm grosse Würfel. — Den Knoblauch schälen, der Länge nach teilen. Die Zwiebel fein hacken, die Peperoni halbieren, gut entkernen, waschen, in schmale Streifen schneiden. — Die Tomaten kurz in kochendes Wasser tauchen, schälen, ganz lassen oder in Würfelchen schneiden.

Zubereitung: Das Öl erhitzen, den Knoblauch darin etwas rösten und wieder herausnehmen. Geflügelstücke und Fleisch im Öl überbraten unter Wenden. Zwiebeln und Peperoni beifügen und mitdünsten, jedoch nicht gelb werden lassen, zugedeckt ca. 10 Min. dämpfen. Den Reis dazu geben und auf starkem Feuer durchrühren, bis er glasig wird. **Ablöschen** mit der kochenden Bouillon. Die übrigen Zutaten, d.h. den Fisch in Stückchen, die ganzen Tomaten oder -würfelchen, die in Viertel geschnittenen Artischockenböden oder 1 cm dicke Zucchettischeibchen, die Erbsen sowie die Champignons, sorgfältig unter das Gericht mischen. Pikant würzen und soviel Safran beigeben, bis der Reis schön gelb ist. Nach **10 Min. Kochzeit** die Würstchen und evtl. Scampi oder Crevettes dazugeben und **weitere 10 Min.** kochen lassen (evtl. noch kurz im heissen **Ofen,** ohne zu decken). — Das Gericht möglichst wenig rühren — nur von Zeit zu Zeit leicht aufschütteln! — Nach Belieben direkt vor dem **Servieren** die frisch abgekochten Moules (s. NB.) auf dem Reis verteilen oder statt dessen zur Bereicherung eine der folgenden **Zutaten:** die Beefsteaks 3–4 Min. sehr heiss gebraten (seignant) oder die Hühnerleber (in Würfelchen) kurz in Butter gedünstet, mit der in Julienne geschnittenen Zunge vermischt.— Die «**Paella**» im Kochgeschirr auf ein Tablett oder passenden Untersatz (Korbgeflecht) stellen und rasch auftragen.

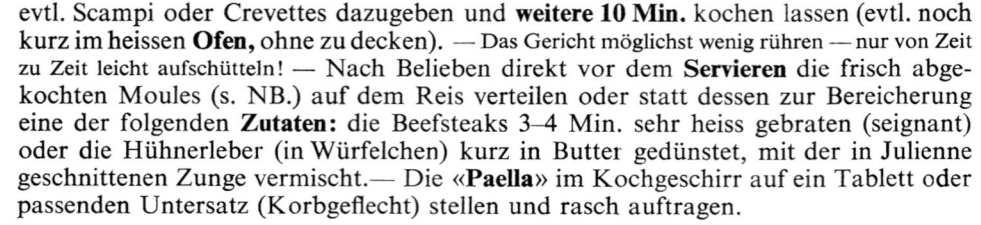

NB. Der **Reis** soll zuletzt weich, aber noch k ö r n i g und das ganze Gericht s a f t i g sein. Die **Moules** zuerst gut bürsten und waschen, in etwas Wasser kurz kochen, d. h. bis sie **aufspringen** (sonst ungeniessbar!). Sie mit ihren b l a u e n Schalen anrichten. Anstelle von frischen Moules evtl. kleine «Mollusques» aus Büchsen, mit der Brühe verwenden.

851   Nasi Goreng   (indonesisch)

1 Poulet, in Stücke geschnitten (s. NB.)
2–3 Zwiebeln, 1 Knoblauchzehe, 2–3 Peperoni
4–6 Essl. Öl od. Nussella (Kokosfett)
2 Essl. Soja- od. Weissmehl

Gewürz
{
2–4 Teel. «Boemboe Nasi Goreng»
Salz, 1 Teel. Sambal oelek,
2–3 Teel. Curry
1 Msp. Ingwerpulver, Zitrone
}

z. Ablöschen { Bouillon vom Huhn (evtl. von Knorr-Würfeln)
100–200 g Crevettes, gekochte
oder 150 g Schinken in Würfelchen
Indischer Reis Nr. 980 (1½ Port.) s. NB.
Flädli (n. Nr. 17) od. pro Person 1 Spiegelei

Beigaben: verschiedene, siehe u n t e n

Vorbereiten: Von den Pouletstücken alle Knochen herauslösen und das Fleisch in feine Streifen schneiden. (Die Hühnerknochen wenn möglich sofort auskochen z. Ablöschen.) Zwiebeln fein hacken, den Knoblauch zerdrücken. Peperoni entkernen und in Würfelchen schneiden. Das «Boemboe Nasi Goreng» in wenig Wasser einweichen. — Den Reis knapp weichkochen (evtl. im Sieb über Wasser od. auf einem Blech im Ofen warm halten).

Anbraten der Geflügelstückchen im heissen Öl oder Fett, bis sie schön gelb sind, herausnehmen. Im übrigen Fett die Zwiebeln, Knoblauch und Peperoni gut durchdünsten (o h n e gelb werden zu lassen), das Mehl darüber stäuben. Das Poulet wieder dazu geben, mit etwas Hühnerbouillon ablöschen und mit den verschiedenen Gewürzen pikant abschmecken. **Kochen,** bis das Pouletfleisch gar ist (ca. **15 Min.**), dann die Crevettes oder den Schinken und ein paar Tropfen Zitronensaft beigeben.

Den **Reis** jetzt sorgfältig (löffelweise) unter das Gericht ziehen und nochmals sehr h e i s s werden lassen. — **Anrichten** auf eine erwärmte Platte, bestreuen mit den Flädli oder die Spiegeleier darauf setzen. — **Servieren** mit folgenden **Beigaben:** Geröstete Kokos- oder Haselnüsse, Mandeln oder Pinienkerne usw. — Kroepoeks (in Öl knusprig gebackene Küchlein von Krabbenteig), als Ersatz Pommes chips — Bananenviertel in Mehl gewendet und in Butter gebacken (sog.Pisang Goreng) — Ananasschnitzchen, Mango Chutney od. Senf- sowie sauersüsse Früchte (n. Nr. 1734) — rohe Gurkenscheiben — Tomaten-Ketchup und Chilisauce (sehr scharf) — Zwiebelstreifen (sehr dünne), rohe sowie gelb geröstete usw.

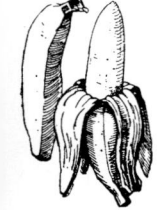

NB. Nasi Goreng kann vielfältig variiert zubereitet werden, z.B.: mit zartem Kalb-, Schaf- oder Schweinefleisch (in feine Scheibchen geschnitten). — Evtl. den Reis in etwas Öl leicht geröstet direkt zum Huhn geben und k ö r n i g weichkochen und eine Currysauce (Nr. 568) extra dazu servieren.

Garnituren für vegetarische und Fleischplatten

Allgemeines: Das Anrichten der **Beigaben** (Gemüse usw.) auf die Hauptplatte lässt diese nicht nur reicher und festlicher erscheinen, sondern oft vereinfacht sich dadurch auch der Service. **Wichtig** ist dass diese Beigaben als **Garnitur** wirken und immer die passende **Ergänzung** zum Hauptgericht (Fleisch usw.) bilden.

Meerrettichsauce (links)   Preiselbeeren (Mitte oben)

Perlzwiebelchen

Mitte:

Blumenkohl- u. Rübensalat

Gewürz-Gürkchen

Gurkensalat (links)   Zucchetti, sauersüss (Mitte unten)

Beigaben zu Siedefleisch   (in Muscheln — siehe Bild oben)   **852**

Anmerkung: So bereichert wird das Siedefleisch schmackhafter, interessanter und auch leichter verdaulich. Beispiel einer Zusammenstellung:
Verschiedene Salate (s. Nr. 403–420) — Kalte Meerrettichsauce Nr. 601 od. Quarksauce Nr. 602
Gewürzgurken — Essigzwiebelchen — Kräutermayonnaise Nr. 595 (1)
Sauersüsse Früchte wie Preiselbeeren, Zucchetti usw. (s. Nr. 1729–1736)

Anrichten von drei oder mehreren der Zutaten in einer Spezialplatte oder in kleine Glasschälchen oder Muscheln. Diese in hübscher Farbenabwechslung auf eine mit gefalteter Serviette belegte Platte geben, dazwischen Petersilie oder Kresse stecken.

Glasierte Zwiebelchen   (Perl- sowie Silberzwiebelchen — Petits oignons)   **853**

Als **Garnitur** von Hasenpfeffer und Hammelbraten, evtl. zu Siedefleisch u. ä. m.
ca. 100 g kleine Zwiebelchen, Salzwasser — 50 g Butter — 1 Essl. Zucker
Die Zwiebelchen sorgfältig schälen, in leicht gesalzenem Wasser ca. 10 Min. kochen.

Das Wasser abgiessen, die Butter beifügen, die Zwiebeln darin gelblich überbraten, mit dem Zucker überstreuen und leicht durchschütteln, bis sie glänzen.

854 Gebackene Petersilie (Persil frit)

Als **Garnitur** (zum Bestreuen) von einer Gemüse- oder Fleischfrittura sowie zu gebackenen Fischen usw. Frische, schöne **Petersilie** waschen und in einem Tuche gut abtropfen lassen. Mit einem Schaumlöffel in sehr h e i s s e s **Backfett** halten und rasch knusprig backen. Abtropfen lassen, mit etwas Salz bestreuen.

855 Garnitur à la Jardinière   (nach Gärtnerinnenart)   Bild auf Tafel 28

Als **Garnitur** von Roastbeef-, Filet-, Lammbraten, Entrecôtes usw.
Verschiedene **Gemüse** je nach Jahreszeit: frische, tiefgekühlte oder aus Büchsen.
Zubereitung der Gemüse auf französische Art oder auch sorgfältig gedämpft, z. B.:

1. Art { (Tomaten nach Nr. 541 – Rübchen nach Nr. 498 und 499 – Blumenkohl nach Nr. 471 (1–2) Büchsengemüse nach Nr. 447 – Tiefgekühlte, z. B. «Frisco»-Gemüse nach Nr. 448.

Anrichten kleiner Häufchen oder Beigen in hübscher Farbenabwechslung auf den Rand von Fleischplatten. — Ausser den Gemüsen evtl. gebratene Kartoffelschnitze (Nr. 952) oder Kartoffelbrötchen (Nr. 962) usw. auf die Platte legen.

Zusammenstellungen, andere

2. Art { Broccoli / 9–12 Rübchen / 6–9 Bleichlauch / Maiskörner (Büchse)

3. Art { 1 kleine Büchse Spargelspitzen / ¼ kg feine Erbsen, ausgekernte / 9–12 Rübchen, ganze / 250 g Eierschwämme oder Champignons

4. Art { ¼ kg Bleichsellerie oder Schwarzwurzeln (auch sehr gut aus Büchsen) / ¼ kg zarte Bohnen od. Lattich (Nr. 457), evtl. tiefgekühlt – 6–9 k l e i n e Tomaten

856 Gemüse-Macédoine   (Gemüsewürfelchen, gemischt)

½ kg Rübchen — ½ kg Schwarzwurzeln
1 Sellerie od. Kohlrabi, ½ kg Erbsen (s. NB.)
Salzwasser
80–100 g Butter

Zurüsten der Gemüse und in erbsengrosse Würfelchen schneiden. — Knapp **weichkochen** in möglichst wenig Salzwasser (nach Nr. 443) oder im **Dampf** (n. Nr. 444), abtropfen lassen. Die Gemüse sorgfältig in der heissen Butter durchschütteln. — **Anrichten** in Häufchen auf den Rand einer Fleischplatte, abwechselnd mit Pommes frites, gebratenen Kartoffelschnitzen oder Kartoffelstock (gespritzt) oder evtl. in Krustaden eingefüllt (siehe Nr. 904).
II. Art: Die Gemüse z u e r s t weichkochen und nachher in Würfelchen schneiden. Evtl. Büchsengemüse (Roco u. a.) oder tiefgekühlte Gemüse verwenden, z. B. «Frisco».

857 Kartoffelcroquettes und Gemüse

½ Port. Kartoffelcroquettes Nr. 958 (s. NB.)
20 g frische Butter z. Dämpfen
1 kleine Büchse Spargelspitzen
½ kg Erbsen in Butter Nr. 492

Von den Croquettes kleine «Scheiterbeigen» auf die Platte setzen, dazwischen Spargelbündelchen (erwärmt nach Nr. 447) und Erbsenhäufchen.
NB. Die Croquettes in der Grösse der Spargeln formen.

Gefüllte Gemüseschälchen   (Légumes farcis)   858

Als **Garnitur** von Fleischplatten, von Risotto, Teigwaren, Kartoffelpudding usw.

1. **Rübenschälchen:** 2–4 grosse, **dicke** Rüben zurüsten, in Stücke schneiden (v. ca. 3 cm) und weichkochen (s. Nr. 443). **Aushöhlen** mit dem Apfelausstecher, so dass kleine **Schälchen** entstehen. Sie in Butter erwärmen, **füllen** mit Erbsen oder mit 2–3 Essl. feingehackten, in Butter gedämpften Küchenkräutern oder gehacktem Spinat.
2. **Sellerieschälchen:** 3–6 kleine Sellerie zurüsten, halbieren und weichkochen (siehe Nr. 443 oder 444). Aushöhlen, erwärmen und **füllen** wie Rübenschälchen. — Als Garnitur um **Risotto** usw.: **füllen** mit Fleischhaché, bestreuen mit Paniermehl und Butterflöckchen, im Ofen kurz überbacken.
3. **Navets** (kleine weisse Räben) **gefüllt:** gleiche Zubereitung wie Sellerieschälchen. — Spez. als Garnitur zu Hammelfleisch, evtl. zu Schweinsbraten.
4. **Gurkenschälchen:** Mittelgrosse Gurken waschen und so schälen, dass noch grüne Streifen stehen bleiben. (Vorher von den Enden etwas kosten und evtl. abschneiden, falls sie bitter sind.) In ca. 4 cm dicke Stücke schneiden, diese in Salzwasser mit etwas Zitronensaft knapp weichkochen, abtropfen, dann so aushöhlen, dass kleine Schälchen entstehen. **Füllen** mit gedämpftem Spinat, Erbsen oder kleinen Tomatenwürfelchen in Butter gedünstet.
5. **Aubergines,** kleinere: Sie waschen (**nicht** schälen), der Länge nach halbieren und aushöhlen. Die Schälchen leicht würzen, mit Butterflöckchen belegen und im Ofen sorgfältig weichdämpfen. **Füllen** mit Erbsen oder mit verschiedenen Gemüsen, gemischt oder häufchenweise, abwechselnd in den Farben.
Diese Garnitur wirkt besonders hübsch um Risotto oder Polenta oder zu einem Kalbsbraten.
6. **Tomaten, gefüllte:** siehe **Nr. 305.** — 7. **Artischockenböden, gefüllte,** siehe **Nr. 527.**
8. **Peperoni, gefüllte:** siehe **Nr. 308.** — **II. Art:** Von den Peperoni ein Deckelchen abschneiden, die Kerne entfernen, waschen und in Salzwasser knapp weichkochen. **Füllen** mit Schwarzwurzeln (mit heisser Butter) oder mit Gemüse-Macédoine Nr. 856. — **Grosse** Peperoni auf die Platte legen (**nicht** stellen) und die Füllung so hineingeben, dass sie wie aus einer Tüte etwas herauskommt, oder die Peperoni der Länge nach halbieren und füllen wie Schiffchen.

Garnitur alla Luganese   859

Als **Garnitur** von Schweinefleisch, Hammel usw.

Gefüllte Zwiebeln Nr. 316, abwechselnd mit gedämpften Pilzen oder Erbsen gefüllt.

Garnitur St. Germain   860

Gedämpfte Tomaten mit Erbsenpurée Nr. 305 (1) — Glasierte Rübchen, kleine ganze, Nr. 498 — Kleine gefüllte Kartoffeln Nr. 979, Petersilie

Beim **Anrichten** je 1 Tomate abwechselnd mit den Kartoffeln, Rübchen und Büschelchen von Petersilie auf den Rand einer Fleischplatte geben.

(Wirkt besonders hübsch als **Garnitur** von **hellem** Fleisch.)

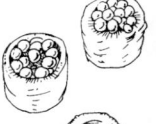

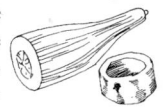

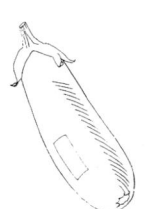

861 Lauchröllchen, gefüllte   (Paupiettes de poireaux)

Als **Garnitur** um Risotto, Kartoffelpudding usw.

2–3 **dicke** Lauchstengel zurüsten, der **Länge** nach bis zur Mitte einschneiden, gut waschen. **Füllen,** indem man zwischen die Blätter Bratwurstteig (ca. 200 g) streicht. Den Lauch wieder gut einrollen und in leicht gesalzenem Wasser (knapp bedeckt) **20–30 Min. weichdämpfen.** Die Stengel sorgfältig querüber in gleichmässige, 3–4 cm lange Stücke schneiden so, dass man die erhaltenen Röllchen aufstellen kann.

NB. Damit der Lauch beim Kochen gut zusammenhält, ihn einigemale abbinden.

861a Garnitur mit Lattich und Schwarzwurzeln

Als **Garnitur** von Fleischplatten, Kartoffelpudding u. ä. m.

Von beiden **Gemüsen** gleichgrosse Bündelchen auf den Plattenrand setzen: Lattich nach **Nr.** 457 (II. Art), — Schwarzwurzeln **Nr.** 508 mit heisser Butter, oder stattdessen Bleichsellerie **Nr.** 515.

862 Garnitur à l'Italienne

Als **Garnitur** von verschiedenen Braten (Kalbs-Nierbraten oder -Fricandeau, Gitzi usw.)
Erbsenpurée Nr. 496 oder 373 — Kartoffelstock Nr. 938 — Tomatenpurée Nr. 543

Die **Purées,** abwechselnd in der Farbe, auf den Rand der Platte dressieren (mit Spritzsack und gezackter Tülle). — Bei Zeitmangel die Erbsen evtl. ganz (nicht als Purée) anrichten.

863 Garnitur à la Milanaise

Als **Garnitur** von Roastbeef, Filet, Entrecôtes oder vegetar., zu gedämpften Gemüsen.
200 g Champignons oder andere Pilze — Risotto mit Safran Nr. 988 (1. Abschn.) — Petersilie

Die Pilze dämpfen nach **Nr. 347** und unter den Reis ziehen. — Den Boden kleiner bebutterter Förmchen mit Pilzscheibchen und Petersilie garnieren, mit Reis füllen und auf den Plattenrand stürzen.

864 Reisköpfchen à la Napolitaine   Bild auf Tafel 29

Als **Garnitur** von gedämpfter Ochsenrippe, Entrecôtes, franz. Omelette usw.

Je ½ Port. Risotto à la Milanaise   3–6 schöne, rote Tomaten
und à la Napolitaine Nr. 988 (1 u. 2)   junge Bohnen auf französische Art Nr. 484

6–9 kleine bebutterte Förmchen am Boden mit einem Tomatendeckelchen belegen, bis zur Hälfte gelben, nachher roten Reis einfüllen, auf den Rand der Platte stürzen. Zwischen die Köpfchen möglichst exakt Häufchen von kleinen, gedämpften Bohnen setzen. (Nach Belieben nur eine Art Risotto zubereiten.)

865 Garnitur à la Florentine   (Reis- und Spinatköpfchen)

Als **Garnitur** von Fleisch-, Pilz- oder Eierplatten. — Risotto Nr. 987 — Spinat auf ital. Art Nr. 451

6 kleine bebutterte Förmchen mit Risotto, 6 mit Spinat füllen. Sie, abwechselnd in der Farbe, auf den Plattenrand stürzen. Die Spinatköpfchen mit heisser Butter abschmelzen, evtl. mit einer Eierscheibe belegen.

Spaghetti-Garnitur à la Napolitaine 866

Als **Garnitur** von Rindsbraten, Stufato usw.
Spaghetti à la Milanaise Nr. 1017, ½ Port. — Spaghetti à la Napolitaine Nr. 1020, ½ Port.

Die Fleischplatte abwechselnd mit Häufchen von roten und weissen Spaghetti garnieren, dazwischen Petersilie geben. — Die Spaghetti zusammen weichkochen; dann die eine Hälfte mit Käse, die andere mit Tomaten fertig machen.

Kartoffelgarnituren (für Gemüse- oder Fleischplatten) 867

1. Kartoffelbrötchen: siehe Rezept **Nr. 962.**

2. Kartoffelhöckchen (Pommes Duchesse):

500 g Salzkartoffeln Nr. 935	1 Ei, 1 Eigelb — Salz, Muskat, Aromat
30 g Butter oder Fett	z. Bestreichen: 1 Ei, gut verklopft

Masse: Die Kartoffeln heiss durchdrücken, sofort mit Butter, Ei und Gewürz vermischen, noch w a r m in einen Dressiersack füllen (mit grosser gezackter Tülle). — **Formen:** Auf ein Blech spiralförmige Höckchen dressieren, die mit einem Spitzchen aufhören. 1–2mal mit Ei bepinseln und in h e i s s e m Ofen gelb überbacken.
(Den Ofen n i c h t ganz schliessen, damit die Kartoffeln schön in der Form bleiben.)

3. Kartoffelpastetchen: Masse wie zu Kartoffelhöckchen oben (2. Abschn.).

Die **Masse** noch w a r m in einen Dressiersack füllen (mit 1 cm grosser g l a t t e r Tülle).

Formen: Auf ein bebuttertes Backblech Böden von ca. 6 cm Durchmesser und auf dieselben 3–4 aufeinanderliegende Ringe dressieren, so dass inwendig ein Hohlraum entsteht. Die Pastetchen mit Ei bestreichen (2- bis 3mal) und in h e i s s e m Ofen gelbbraun backen.
(Den Ofen n i c h t ganz schliessen, damit die Pastetchen schön in der Form bleiben.)
Füllung siehe unter Abschnitt 6.

4. Kartoffelschälchen: 6–12 kleinere Kartoffeln — Salz — Backöl oder 30 g Butter

Die rohen Kartoffeln (geschält oder ungeschält) gut aushöhlen, so dass Schälchen entstehen. Sie **a)** in Öl schwimmend oder **b)** im Ofen mit Butter beträufelt, gar und gelb backen, leicht salzen. — **Füllung** siehe unter Abschnitt 6.

5. Kartoffelkörbchen (s. Abbildung S. 300): 3–4 Kartoffeln, mittlere — Salz — Backöl
Gerät: spezielles Drahtförmchen für Kartoffelkörbchen.

Vorbereiten: Die Kartoffeln schälen, abtrocknen, in gleichmässige, d ü n n e Scheiben schneiden (mit Messer oder Hobel).

Backen: Das Förmchen mit 5–6 Scheiben auslegen, so dass immer eine die andere halb bedeckt. Das Eisen schliessen und die Körbchen im heissen Öl hellbraun **backen**. Öffnen, sorgfältig vom Eisen ablösen, leicht salzen. — **Füllung** siehe unter Abschnitt 6.

6. Kartoffelnestchen: Zutaten und Gerät wie zu Kartoffelkörbchen.

Vorbereiten: Die Kartoffeln schälen, abtrocknen, in dünne Scheiben schneiden (mit Messer oder Hobel), aus diesen zündholzfeine Streifen. — Das Förmchen an den Wandungen so mit Kartoffelstreifen auslegen, dass diese unregelmässig aufeinander liegen. Das Eisen schliessen, die Kartoffeln in heissem Fett hellbraun **backen**. Öffnen, die entstandenen Nestchen sorgfältig vom Eisen ablösen, leicht salzen.

Füllungen für Kartoffelpastetchen, -körbchen usw.
Zu **Gemüseplatten:** Pilze, Fleischhaché, kleines Ragout (Nr. 737, 792 NB. od. 849) oder Rührei
Zu **Fleischplatten** { Erbsen, evtl. mit Rüben gemischt, gedämpfter oder gehackter Spinat
{ Blumenkohl mit Butter, gedämpfte Pilze, dicke Tomatensauce usw.

7. Kartoffelcroquant (hübsch auf Gemüseplatten).

200 g Kartoffeln (gekochte)   100 g Mehl, 2 Essl. Sojamehl
100 g Kochbutter oder Öl   Salz, Muskat, etwas Maggi Würze od. Fondor

Masse: Die Kartoffeln passieren, mit dem Mehl und Öl oder schaumig gerührter Kochbutter mischen, würzen. — **Formen:** Den Teig auswallen (ca. ½ cm dick), in 3 cm breite, handlange Streifen schneiden. Diese über eine stark bebutterte Rehrückenform legen. In guter Ofenhitze backen, bis sie gelb und knusprig sind.

868   **Lyoner-Körbchen**   (Paniers de saucisson) siehe Vorspeisen **Nr. 254**

Als **Garnitur** von Eier-, Gemüse- oder Reisplatten usw. — Zu Hammelbraten, Linsen usw. die Körbchen evtl. mit gerösteten Zwiebeln Nr. 588 füllen.

869   **Garnitur à la Bigarade**   (mit Orangen)

Spez. als **Garnitur** von Wildbraten, Schweinscarré sowie verschiedenem Geflügel.

2–3 Orangen waschen, in Scheiben schneiden (mit der Schale), sie in leichtem Zuckersirup oder in etwas Fett (von Ente, Gans usw.) kurz durchdünsten. Sie um das angerichtete Fleisch geben, mit Herz- oder grossen halben Maraschinokirschen belegen. Die Schale von 1–2 Orangen und ½ Zitrone dünn abziehen, in feine Julienne (Streifchen) schneiden. Während einiger Minuten in Wasser kochen und der Bratensauce vom betreffenden Fleisch beimischen.

Gebratene Bananen oder Äpfel 870

Als **Garnitur** von Currygerichten, gebratener Leber usw.
3–4 Bananen oder Äpfel — Kochbutter z. Braten (ca. 50 g)

Vorbereiten: Die Früchte schälen, Bananen der Länge nach halbieren oder in Rädchen schneiden, die Äpfel in $\frac{1}{2}$ cm dicke Scheiben (das Kernhaus herausstechen). **Braten** in wenig Butter: Bananen, bis sie glasig und etwas gelblich aussehen, Äpfel, bis sie weich sind.

Halbäpfel oder -birnen mit Preiselbeeren   (Garnitur à la Mirza) 871

Als **Garnitur** von Wild- und Schweinsbraten, gebratener Gans, Ente oder Wildgeflügel.

Weichkochen der halben, gut ausgehöhlten Äpfel oder Birnen nach **Nr. 1094** und **1096**. Noch warm, **füllen** mit Preiselbeeren oder Cumberlandsauce **Nr. 606** (oder mit Brombeergelée). — Evtl. zusammen mit glasierten Kastanien (Nr. 384) auf die Fleischplatte setzen.

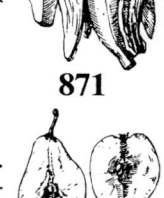

Glasierte Äpfelchen   (Petites pommes glacées)   Bild auf Tafel 32   872

Als **Garnitur** von Wild- und Schweinsbraten, gebratener Gans, Ente oder Wildgeflügel.

Sirup { 80 g Zucker, 2 dl Wasser
1 dl Weisswein oder   6–8 grosse Äpfel (die nicht verkochen)
1 Teel. Zitronensaft   2–4 Spaghetti (f. Stielchen)

Sirup: die Zutaten aufkochen. — Die **Äpfel** schälen, mit dem Apfelaushöhler Kügelchen ausstechen. Sie lagenweise im Sirup glasig weichkochen. Evtl. in **Krustaden** anrichten, mit etwas rotem Gelée bepinseln und mit wenig Sirup beträufeln. Als **Stielchen:** Spaghetti-Stückchen braun backen (in wenig Fett oder im Ofen).
(Zu Äpfeln, die leicht verkochen, etwas mehr Zucker verwenden.)

Gefüllte Krustaden   (Petites croustades)   Bild auf Tafel 32   873

Als **Garnitur** für Schweinsbraten, gebratene Gans, Ente oder Wild.
Krustaden Nr. 904 — **Füllung:** Preiselbeeren, Brombeergelée oder glasierte Äpfelchen Nr. 872.

Römische Pastetchen   (Petits pâtés à la Romaine) 874

Als **Garnitur** von Gemüse- oder Fleischplatten.
Pastetchen Nr. 1691 — **Füllung:** wie zu Kartoffelpastetchen, siehe Seite 300.
NB. Beim Anrichten evtl. unter jedes Pastetchen wenig Kartoffelstock geben, damit sie besser stehen. Direkt vor dem Servieren füllen, da sie sonst weich werden.

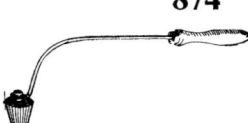

Fleurons   (Blätterteig-Garnitur)   siehe auf Tafel 14   875

Als **Garnitur** von Geflügel, Kalbskopf à la tortue, Zunge, Wild-Pfeffer, Spinatplatte od. -pudding usw.
Blätterteig Nr. 924, Sauerrahm- oder Quarkteig Nr. 922 und 921 — z. Bestreichen: 1 Eigelb

Den **Teig** 3 mm dick auswallen, kleine Halbmonde, verschobene Vierecke, Herzen oder gezackte Ringe ausstechen, sorgfältig mit Eigelb bestreichen. — **Backen** in guter Hitze zu hellgelber Farbe. — Gross genug ausstechen, da Blätterteig beim **Backen** stark zusammengeht.

876 **Croûtons**   (Gebackene Brotscheiben und -würfelchen)

1 Model- oder englisches Brot (1 Tag alt) oder Weissbrot ohne Rinde.

Formen: Vom Brot gut ½ cm dicke Scheiben schneiden, davon Dreiecke, Vierecke oder Halbmonde, evtl. Herzen ausstechen. — (Grösse je nach Verwendung.)

Backen, halbschwimmend in Butter oder Öl, bis die Croûtons gelbbraun sind. Abtropfen lassen auf den ungebackenen Scheiben.

Ohne Fett (z. B. für Diät): Die Croûtons toasten (bähen) mit elektrischem oder Gastoaster oder auf elektrischer Kochplatte, bei grösseren Portionen auf einem Blech im Ofen (in diesem Fall evtl. vorher mit etwas Butter bestreichen).

Verwendung: a) als **Garnitur** von Spinat, Kalbskopf, Hasenpfeffer, Geflügel. — b) Zum **Belegen** mit verlorenen Eiern, Rührei, gedämpften Pilzen, Geflügelleber usw.

Croûtons für Suppe (Brotwürfelchen):

a) ½–1 cm gross geschnittene Würfelchen in reichlich Butter backen wie Croûtons.
b) Die ganze Brotscheibe mit Butter bestreichen, dann in Würfelchen schneiden. Auf einem kleinen Blech **im Ofen** gelb backen.

877 **Zitronengarnituren**   (für Fisch- und kalte Fleischplatten)

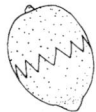

Zitronenschnitze, -kreuzchen und -scheiben: Diese am Rand mit einem spitzen Messer auszacken oder in die ganze Zitrone Rillen einkerben, dann schneiden.

Zitronenkörbchen, I. Art: Die Zitrone mit spitzem Messer in der Mitte ringsum zackig einschneiden, dann auseinandernehmen, indem man die beiden Hälften etwas abdreht.
— Die Hälften mit Petersilie bestecken od. ausgehöhlt, mit kleinen Oliven od. ä. füllen, unten etwas flach abschneiden zum Stehen.

II. Art: Von der ganzen Zitrone unten ein kleines Stück wegschneiden, damit sie gut steht. Oben zwei Schnitze herausschneiden, so dass man einen ca. 1 cm breiten Henkel erhält, diesen aushöhlen. — Das Körbchen mit Petersilie bestecken oder das Ganze aushöhlen und mit Mayonnaise oder Sauce Tartare füllen.

Zitronengarnituren für Fisch- und kalte Fleischplatten

Zitronenrand spez. für **kalte Platten:** Die Zitrone der Länge nach halbieren, in dünne Scheibchen schneiden, sie dicht aneinander auf den Rand der Platte legen, in den Zwischenraum Kapern oder Petersilienblättchen stecken. Die Mitte der Scheibchen mit Randensaft (evtl. mit Karmin) betupfen, oder mit einem ausgestochenen Peperonistückchen oder Oliven garnieren. — **Zitronen-Schweinchen:** (spez. für kalte Platten) mit Zündholzbeinchen, einem Schwänzchen aus dünn abgeschnittener Zitrone und Augen von Gewürznelken.

Bouillon- und Bratengarnitur, Füllungen

Bouillongarnitur (Bouquet de légume pour un bouillon) **878**

½ Zwiebel, mit der braunen Haut*
z. Bestecken { 1 Lorbeerblatt, 1 Nelke
              4–6 Pfefferkörner
2–5 Rüben — 1 Lauch
½–1 kleine Sellerie
evtl. ¼–½ Wirsing od. Kabis

* Die braunen Zwiebelhäute geben einen kräftigen Geschmack und gelbbraune Farbe.

NB. Zu **Siedefleisch** gibt man wenn möglich Wirsing sowie genug Sellerie und evtl. 2 Lauch. Für **Hühnerbrühe, zarte Suppen** usw., wenig Sellerie und keinen Kohl verwenden.

Bratengarnitur («Besteckte Zwiebel» — Garniture pour rôtis) **879**

½ Zwiebel, mit der braunen Haut
z. Bestecken { 1 Lorbeerblatt, 1 Nelke
              3–5 Pfefferkörner
1–2 kleinere Rüben
evtl. **weitere Zutaten** je nach Art des Bratens und nach Rezept z. B.:

zu **Rindsbraten** = 1–2 dunkle Brotrinden, evtl. etwas Sellerie oder Lauch
zu **Kalbsbraten** = 1 Stück Speckschwarte
zu **Schweinsbraten** = evtl. Knoblauch, Rosmarin, Basilikum oder ganz wenig Salbei, Zitronensaft oder Weisswein, evtl. 1 Apfel
zu **Hammelfleisch** = Knoblauch, Salbei- oder Pfefferminzblätter
zu **Poulet** = evtl. Rosmarin (nach italienischer Art)
zu **fettem Geflügel** = 1–2 Äpfel, Zitronen- od. Orangensaft sowie etwas Basilikum

Zum **Braten-Begiessen** gibt es praktische Pümpchen, sog. **Baster,** s. rechts:

Brotfüllung (Farce au pain) — für Kalbsbrust, Rouladen usw. **880**

100 g weisses Brot ohne Rinde (s. NB.)
4 dl Milch od. halb Wasser (z. Einweichen)
ca. 30 g Magerspeck — ½ Zwiebel, Petersilie
20 g Kochbutter (z. Dämpfen)
z. Beimischen { 1 Ei od. 1–2 Eigelb
               1 Pr. Salz, Pfeffer, Muskat

Vorbereiten: Das **Brotstück** halbiert in einem Schüsselchen mit der heissen Milch übergiessen, zudecken, evtl. einmal wenden. Sobald es weich ist, gut ausdrücken (mit Kartoffelpresse oder Tüchlein). — Den **Speck** in ganz kleine Würfelchen schneiden. **Zwiebel** und **Petersilie** fein hacken.

Dämpfen: Speck, Zwiebel und Grünes in der Butter dünsten, das vorbereitete Brot beigeben und solange mitdämpfen, bis sich die Masse gut zusammenballt (Brotkloss). — Beimischen von Ei und Gewürz (nicht auf dem Feuer).

NB. Das Brot zum Einweichen nicht klein schneiden, da die Füllung sonst zu weich und pappig wird. Die Füllung soll beim Dämpfen nicht gelb anbacken und zuletzt nicht mehr feucht sein; evtl. zum Binden noch 1–2 Essl. Sojamehl beigeben.

881 Brät- u. Kräuterfüllung   (Farce de saucisse de veau ou aux fines herbes)

Verwenden für Kalbsbrust, Tomaten, Zucchetti usw.

½ Port. Brotfüllung Nr. 880 (s. NB.)
oder
evtl. 200–300 g Schalenkartoffeln

z. Beimischen: a) 100 g Bratwursteig (Brät)
50 g Schinken, Muskat
b) Petersilie u. versch. Kräuter
c) je ½ rote u. grüne Peperoni

a) Mit Brät: Die Brotfüllung (od. evtl. die kalten geriebenen Kartoffeln) mit dem Bratwursteig und gehacktem Schinken vermischen, evtl. noch würzen.

b) Mit Kräutern: Der Brotfüllung (statt Speck) 2–3 Essl. fein gehackte Kräuter (Petersilie, Schnittlauch, evtl. wenig Knoblauch, Kerbel, Majoran usw.), in wenig Butter gedämpft, beigeben.

c) Pikant wird die Brotfüllung durch Beigabe von kleinen Peperoniwürfelchen, in Öl gut gedämpft.

882 Geflügelfüllung   (Farce pour volailles)

2 Weggli oder 100 g Weissbrot
ca. 1 dl Milch (z. Einweichen)
wenig Zwiebel und Petersilie

50 g Schinken od. Speck — 20 g Butter
Geflügelleber und -herz, evtl. -magen
1 Ei — Salz, 1 Pr. Pfeffer

Vorbereiten: Weggli oder Brot in kleine Würfelchen schneiden, mit der heissen Milch übergiessen, zugedeckt einweichen. — Zwiebel und Petersilie fein hacken, Schinken od. Speck in ½ cm grosse Würfelchen schneiden und zusammen in der Butter durchdämpfen. Leber, Herz und evtl. die fleischigen Teile vom Magen fein schnetzeln und kurz mitdünsten. **Mischen** mit den Weggli, Ei und dem nötigen Gewürz.

883 Pilzfüllung   (Farce aux champignons)   für Tomaten, Peperoni, Tauben usw.

Zubereitung wie Geflügelfüllung **Nr. 882**. — Statt Schinken und Geflügelleber usw., 1 kleines Büchschen **Champignons** oder Eierschwämme, in Scheibchen geschnitten, in etwas Butter gedämpft, beimischen. — Die Füllung wird auch schmackhaft mit **gedörrten**, eingeweichten Pilzen, z. B. mit **Morcheln** (diese vorher sehr gut waschen, da evtl. noch sandig).

884 Reisfüllung   (Farce au riz)   für Tomaten, Peperoni, Zucchetti, Gurken usw.

100 g Champignons (s. auch NB.)
Zwiebel u. Grünes — 50 g Butter

100 g Reis — 4 dl kräftige Bouillon
1–2 Eigelb, Gewürz

Pilze, Zwiebel und Grünes fein hacken, in der Butter dämpfen. Den Reis beigeben, kurz mitdämpfen, mit der heissen Bouillon ablöschen, knapp 18 Min. kochen. — Eigelb und wenn nötig Gewürz beigeben.

NB. Evtl. andere Pilzsorten oder gedörrte, eingeweichte Pilze verwenden (30–50 g).

Spicken, Beizen, Panieren

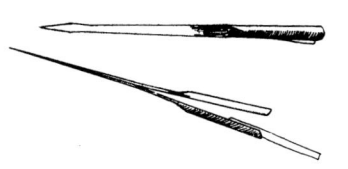

Das Spicken von Fleisch, evtl. Fisch usw. (Piquer au lard) 885

In der Regel wird fettarmes Fleisch gespickt (spez. Rindfleisch und Wild). — Dazu sog. **Fett-** oder **Spickspeck** verwenden und je nach Rezept auf eine der nachstehenden Arten spicken (oder vom Metzger spicken lassen, bes. n. II. Art).

Mit Specknägeln (spez. für gedämpfte Braten): Von einem $\frac{1}{2}$ cm dicken, 3 cm breiten Speckstück zugespitzte Speckstreifchen (sog. Specknägel) schneiden. **Spicken**, indem man mit einem kleinen spitzen Messer in die Oberfläche des Fleisches stösst, ca. 3 cm tief. Bevor man das Messer herauszieht, einen Specknagel in die Öffnung stecken, so dass er **nicht** über dem Fleisch heraussteht.

Mit Speckfäden, I. Art: Von $\frac{1}{2}$ cm dicken Speckscheiben ca. 5 cm lange Streifchen schneiden (Speckfäden). Diese mit Hilfe der **Spicknadel** in die Oberfläche des Fleisches ziehen, gleichlaufend oder quer zur Fleischfaser. — Braten, die auf diese Art gespickt sind, dürfen in der Pfanne nur mit heissem Fett **übergossen** und in den Ofen gestossen, **nicht** unter Wenden angebraten werden, da die Speckfäden sonst ankleben und wieder herausfallen könnten.

II. Art: Einige **lange**, ca. $\frac{1}{2}$ cm dicke Speckstreifen gleichlaufend mit der Faser durch das Fleisch ziehen, so dass beim Tranchieren die Scheiben mit Speckwürfelchen durchsetzt sind. — Für diese Art des Spickens benötigt man ein grosses Speckstück und eine spez. **lange** Spicknadel.

NB. Ist der Speck weich geworden, dann mit etwas Salz bestreuen, wodurch er wieder steifer wird.

Einbeizen oder Marinieren von Fleisch, Fisch usw. 886

Zweck des Marinierens: Das Fleisch lässt sich auf diese Art für kurze Zeit **konservieren**, da die Säure der Beize die Entwicklung von Fäulnis- und Zersetzungskeimen verhindert. Ausserdem wird das Fleisch durch das Marinieren nicht nur pikant, sondern auch **mürber**, deshalb werden in der Regel weniger zarte Stücke von Rindfleisch, Hammel oder Wild eingelegt.

Beize: 3–5 dl Rotwein (evtl. Weisswein) — 2–3 dl Essig — 2–3 dl Wasser — $\frac{1}{2}$ Essl. Salz — 1 besteckte Zwiebel Nr. 879, 1 Rübe — 4–6 Wacholderbeeren, evtl. Estragon, Rosmarin oder 1 Tannenzweiglein. **Wichtig:** Für Fisch und **helles** Fleisch (z. B. für falschen Salm) **Weisswein** zur Beize verwenden. — Evtl. Rehrücken und -schlegel, die zum Braten bestimmt sind, in **Rotwein** (ohne Essig) marinieren. Das **Gefäss zum Einbeizen:** Steinguttopf, Glas (evtl. gut glasiertes **unbeschädigtes** Email (mit Deckel), jedoch **nie** andere Metallgefässe verwenden!

Einlegen des Fleisches in das Gefäss, die Beize mit allen Zutaten dazu geben.

Das Fleisch soll von der **Beize ganz bedeckt** sein, sonst täglich einmal wenden. — Sollte bei einem Schlegel der Knochen nicht im Wein liegen, ihn mit einem Tüchlein umwickeln, das man in Essig getaucht hat und das von der Beize her **nass** bleiben muss (sonst Gefahr von Madenbildung!).

1. **Ungekochte Beize:** Alle Zutaten zur Beize ungekocht über das Fleisch giessen. Im Sommer **3–4**, im Winter **5–6 Tage** darin liegen lassen.
2. **Gekochte Beize:** Alle Zutaten zur Beize zusammen **aufkochen** und **heiss** über das Fleisch giessen. — Heisse Beize wirkt rascher als kalte, bereits in 1–2 Tagen, jedoch wird das Fleisch auf diese Weise nur an der äussern Schicht gebeizt.

NB. Fleisch, das länger als die angegebene Zeit in der Beize liegt, wird zu mürbe, so dass es beim Braten oder Tranchieren auseinanderfällt.

887 **Milchmarinade** (für Wildbraten, Gigot, Kalbs- sowie Schweinsfilet usw.)

2–4 l Milch (auch Joghurt mit Milch verdünnt, Butter- oder Magermilch, evtl. etwas Rahm). — Man benötigt soviel, bis das **Fleisch** davon **bedeckt** ist — **Gefäss** siehe Nr. 886

Einlegen des Fleisches in die Milch während **2–5 Tagen** zugedeckt (evtl. mit einem Tüchlein).

NB. Die Milch, die nach kurzer Zeit sauer wird, konserviert das Fleisch und macht es mürbe, jedoch ohne im Geschmack sauer zu wirken. (Geeignet für Fleisch, das man nicht sofort zubereiten will, jedoch n i c h t sauer wünscht.) — Besonders zartes Fleisch (z. B. Filet) **evtl.** in ½ Milch, ½ Rahm einlegen, nachdem man es nach Belieben noch mit etwas Senf bestrichen hat. (Den Rahm später abschöpfen und beim Zubereiten **zur Sauce** verwenden!)

888 **Panade und Panieren** (von Fleischstücken, Fischen, Croquettes usw.)

Panade { 1 Ei od. 1–2 Eiweiss mit 1–2 Essl. Milch, verklopft (evtl. Wasser n. spez. Angabe im Rez.)
6–8 Essl. f e i n e s Paniermehl, evtl. mit 1–2 Essl. Mehl vermischt (s. NB.)

Panieren: Die vorbereiteten, gewürzten Fleischstücke, Fische, Gemüse oder Croquettes usw. z u e r s t im Ei, dann im Paniermehl wenden. — Die panierten Stücke **nicht** aufeinander legen, da die Panade sonst feucht wird und beim Backen leicht wieder abfällt. — **Wichtig:** Besonders feuchte Nahrungsmittel, z.B. Gemüse und Fische, v o r dem Panieren zuerst in M e h l wenden!

NB. Paniermehl siehe Fachausdrücke: es soll f e i n und trocken sein. (Grobe Panade sieht unsorgfältig aus und brennt auch schnell an.) — Für Panade «**à la Milanaise**»: ½ weisses Paniermehl und ½ harten, geriebenen Käse verwenden. — Für Gemüseküchlein **Nr. 296** (Blumenkohl, Zucchetti, etc.): **Nuss-Panade** von je $^1/_3$ Haselnüssen, Pinienkernen und Haferflocken (zusammen gerieben).

---

889 **Schwimmend Backen**

Geräte: am besten eine sog. **Friturepfanne** (aus Eisen), ohne Stiel und mit breitem Boden, der s i c h e r steht. — Einen flachen **Schaumlöffel** und für Pommes frites einen **Backkorb** (s. Bild). — Ein **Sieb** zum Abtropfen des Gebackenen (am besten über dem Gefäss, in welchem das Backfett aufbewahrt wird) od. ein **Blech**, mit Seidenpapier belegt. — **Backöl** od. -**fett** siehe Fachausdrücke am Anfang des Buches.

NB. Zur **Vorsicht** (für Ungeübte) evtl. einen passenden t r o c k e n e n Deckel bereitlegen. Bei eventuellem Brennen des Fettes die Pfanne s o f o r t damit z u d e c k e n. — Praktisch sind auch die elektrischen **Friteuses**, vor allem wenn oft schwimmend gebacken wird.

1. Einfüllen und Erhitzen des Backfettes:

Frisches Backöl od. -**fett** (d.h. ungebrauchtes): für h e l l e s Gebäck, vor allem für Pommes frites usw. — **Gebrauchtes Backfett,** das etwas dunkler geworden ist, noch 1–2 mal verwenden für Gebäck mit Panade u. dunkler Kruste (zu oft erhitztes Fett ist der Gesundheit n i c h t zuträglich!). Die Pfanne bis zu $^1/_3$ oder knapp zur Hälfte mit Fett füllen und dieses erhitzen. Der **Hitzegrad** des Fettes richtet sich nach dem Backgut.

a) Mässig heisses Fett: für Brühteig- und Hefegebäck.
Es soll sich um das Gebäck eine leichte Kruste bilden, die das Eindringen des Fettes verunmöglicht, jedoch nur so, dass der Teig noch stark genug aufgehen kann. Zuletzt etwas h e i s s e r fertig backen.

b) Gut heisses Fett: für Ausbackteig, eingerührten sowie geriebenen u. Blätterteig.
Das Fett so lange erhitzen, bis ein kaum bemerkbares, bläuliches Räuchlein aufsteigt. — **Probe** für Ungeübte: ein Brotwürfelchen hineinwerfen, wenn es sofort steigt und schön braun wird, hat das Fett die richtige Hitze (ca. 220°).

c) Sehr heisses Fett: für Kartoffeln und Fische, da sie viel Wasser enthalten (ca. 260°).

Pommes-frites-Sieb

und

Friture-Pfanne

2. **Schwimmend Backen:** Nur wenige Stücke (d.h. 1–2 je nach Pfannengrösse) auf einmal ins heisse Fett geben. — Während des Backens das Backgut häufig wenden oder mit einem kleinen Schöpflöffel fortwährend begiessen, damit es gleichmässig durchbäckt und schön braun wird. — Zu grosse Portionen, sowie besonders feuchte Stücke (z.B. Fische und Kartoffeln) kühlen das Fett stark ab. Es beginnt dann zu schäumen und zu steigen (Feuergefahr!). — Für grosse Fische evtl. eine längliche Bratpfanne verwenden. — Nach längerem Backen von Zeit zu Zeit etwas frisches Backfett hinzufügen!

Halb-schwimmend Backen: Nur so viel Fett erhitzen (am besten in einer Omelettenpfanne), dass das Backgut (Schnitten, Plätzchen usw.) zur Hälfte im Fett liegt. Unter einmaligem Wenden backen.

3. **Abtropfen** des Gebackenen auf einem Sieb (od. auf Resart Küchenpapier), nachdem man es mit dem Schaumlöffel herausgezogen hat. — Pommes frites im **Backkorb** backen und darin abtropfen lassen. — **Süsses** Gebäck, evtl. noch warm, in Zucker und Zimt wenden oder mit Puderzucker besieben.

4. **Servieren** des Fettgebackenen in der Regel möglichst rasch nach dem Backen, sonst verliert es an Wohlgeschmack und ist nicht mehr knusprig (z.B. Kartoffeln, Fische usw.). Wenn nötig warmstellen im offenen Bratofen (nicht zu lang). — Lauwarm serviert werden Karthäuserklösse, Äpfel im Krätzchen und ähnliches (s. Angaben).

Spezielles Gebäck wie Fastnachtsküchlein (Eieröhrli), Schenkeli und Tabakrollen lassen sich einige Zeit aufbewahren; die beiden letzteren in einer gut verschliessbaren Blechschachtel.

5. **Absieben** des gebrauchten Fettes durch ein feines Sieb oder Nylongaze (nachdem es etwas abgekühlt ist). — Ungesiebtes Fett macht das Gebackene unansehnlich und verbrennt rasch. **Verwendung** des 1–2mal gebrauchten Fettes: für paniertes Fleisch, Fische usw. **Reinigen** von Backfett ohne Öl (z.B. Nussella usw.) s. Fachausdrücke. **Öle** lassen sich nur reinigen durch Absieben. — Im **Fett vom Fischbacken** zuletzt 2–3 fein geschnittene **Zwiebeln** so lange erhitzen, bis sie gelbbraun sind, wodurch dem Fett der Fischgeschmack entzogen wird. (Die Zwiebeln lassen sich gut als Beigabe zum Fisch verwenden.)

Warme Pasteten und Rouladen, Wähen

890 Hohlpastete (Pâté — «Brätkügelipastete»)   Bild siehe Tafel 39

Eingerührter Teig Nr. 917
oder Sauerrahmteig Nr. 922
z. Bestreichen: 1 Ei

z. Formen { 1 Bogen Seidenpapier, weisses
(evtl. ein dünnes Tüchlein)
weisse Papierschnitzel

Füllungen: siehe unten

Vorbereiten einer **Papierkugel** als Form: Eine kleinere Schüssel von 16–18 cm ⌀ mit dem Seidenpapier (oder Tüchlein) auslegen, mit Papierschnitzeln gut füllen, die Enden übereinanderlegen und einstecken.

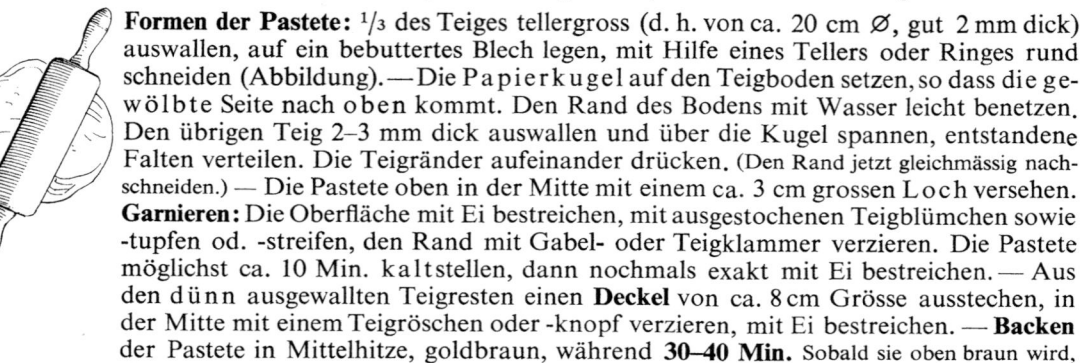

Formen der Pastete: ⅓ des Teiges tellergross (d. h. von ca. 20 cm ⌀, gut 2 mm dick) auswallen, auf ein bebuttertes Blech legen, mit Hilfe eines Tellers oder Ringes rund schneiden (Abbildung). — Die Papierkugel auf den Teigboden setzen, so dass die gewölbte Seite nach oben kommt. Den Rand des Bodens mit Wasser leicht benetzen. Den übrigen Teig 2–3 mm dick auswallen und über die Kugel spannen, entstandene Falten verteilen. Die Teigränder aufeinander drücken. (Den Rand jetzt gleichmässig nachschneiden.) — Die Pastete oben in der Mitte mit einem ca. 3 cm grossen Loch versehen.
Garnieren: Die Oberfläche mit Ei bestreichen, mit ausgestochenen Teigblümchen sowie -tupfen od. -streifen, den Rand mit Gabel- oder Teigklammer verzieren. Die Pastete möglichst ca. 10 Min. kaltstellen, dann nochmals exakt mit Ei bestreichen. — Aus den dünn ausgewallten Teigresten einen **Deckel** von ca. 8 cm Grösse ausstechen, in der Mitte mit einem Teigröschen oder -knopf verzieren, mit Ei bestreichen. — **Backen** der Pastete in Mittelhitze, goldbraun, während **30–40 Min.** Sobald sie oben braun wird, diese Stelle mit nassem Papier bedecken. — **Herausziehen** der Papierschnitzel: (Am besten kurz nach dem Backen): Beim Loch das Papier (oder Tuch) mit einer Schere aufschneiden. Durch diese Öffnung sorgfältig zuerst die Schnitzel und zuletzt das ganze Papier (oder Tuch) herausnehmen.

Füllen der Pastete und das mitgebackene Deckelchen darauf setzen. — **Servieren** mit dem Rest der Sauce und (je nach Art der Füllung) mit grünem Salat.

NB. Da die Pastete beim Ausnehmen aufreissen könnte, ist das extra gebackene Deckelchen sehr praktisch. (Sonst in die Öffnung ein Büschelchen Petersilie geben.) — Diese Pastete lässt sich sehr gut gebacken (evtl. auch ungebacken) auf den andern Tag vorbereiten. (Wenn gebacken, dann nochmals mit Ei bestreichen und im Ofen heiss machen, ca. 10 Min.)

Füllungen mit ca. ⅓ der passenden **Sauce**: Bratwurstkügelchen (Nr. 743), Hirn Nr. 748, Milken Nr. 746 (6), Huhn Nr. 826 — vegetarisch: Gemüseragout Nr. 343 oder gedämpfte Pilze Nr. 347 usw.

891 Grosser Vol-au-vent (Blätterteigpastete)   I. und II. Art

Blätterteig Nr. 924 (evtl. gekauften) oder Quarkteig Nr. 921 — z. Bestreichen: 1 Eigelb
Füllungen siehe unter Nr. 890, NB.

Formen I. Art: Die Hälfte vom Teig ½ cm dick auswallen, auf ein Blech legen. Mit Hilfe einer Platte von ca. 26 cm ⌀ den Boden rund ausschneiden. Den Rand 5 cm breit mit Eiweiss bestreichen, einen Teigring von gut 1 cm Dicke und 5 cm Breite darauf setzen, die Oberfläche sorgfältig mit Eigelb bestreichen. — Aus dem Teigrest einen Deckel ausstechen, der etwas grösser ist als die innere Öffnung des Vol-au-vent, ihn mit der Teigklammer verzieren, mit Ei bestreichen. Die Pastete ca. 10 Min. an die Kälte stellen. — **Backen** in gut heissem Ofen während **35–45 Min.** (anfangs nicht öffnen). —

Anrichten: Die Mitte des Pastetenbodens leicht eindrücken. **Füllen** und den extra gebackenen Deckel darauf setzen.

Formen II. Art: Den Blätterteig gut 1 cm dick auswallen, mit Hilfe eines Ringes oder einer Platte von 26 cm ⌀ zwei Teigböden scharf ausschneiden. Einen davon umgewendet auf ein Backblech legen. Den Rand etwa 5 cm breit sorgfältig mit Eiweiss bestreichen, den zweiten Teigboden ebenfalls umgewendet darauf legen, leicht andrücken. Auf der Oberfläche mit einer scharfkantigen Ringform einen Deckel markieren (d. h. den Teig etwa ½ cm tief einschneiden). Die Oberfläche mit Eigelb bestreichen, mit einer Gabel Linien einziehen (als Garnitur). — Den Schnitt für den Deckel nicht mit Ei überpinseln, da er sonst zusammenklebt! **Backen** siehe oben. — Beim **Anrichten** den Einschnitt des Deckels ganz durchschneiden, abheben, mit einer Gabel den Teig (der in der Mitte nicht durchgebacken ist) herausholen. — **Füllen,** den Deckel darauf setzen. **Servieren** mit dem Rest der Sauce und grünem Salat oder Erbsen auf französische Art.

Fleischpastete, reiche (Pâté de viande) I. und II. Art Bild auf Tafel 38   **892**

Sauerrahmteig Nr. 922 oder
Teig von Sulzpastete Nr. 187

z. Bestreichen: 1 Ei

Pikante braune Sauce Nr. 581

Füllung:
400 g zartes Kalbfleisch — 300 g Brät
300 g Schinken am Stück
70 g Speck — ½ Zwiebel, Petersilie
3–5 Cornichons — 1 Essl. Kapern
1 kleines Büchschen Champignons
2 Essl. Madeira, 1 Teel. Zitronensaft
Knorr Aromat, 1 Pr. Pfeffer

Füllung: Das Fleisch häuten, in kleine Scheibchen schneiden, den Schinken in gut ½ cm grosse Würfelchen. — Speck, Zwiebeln und Petersilie fein hacken, kurz zusammen dämpfen. Vermischen mit den klein geschnittenen Cornichons, dem Bratwurstteig und den halbierten Champignons sowie Zitronensaft und Madeira, gut würzen.

Formen, I. Art:
Die Hälfte des Teiges 3–4 mm dick und tellergross oder rechteckig (ca. handbreit) auswallen, auf ein Blech legen. Lagenweise, bis 2 cm zum Rand, Fleischscheibchen (leicht gewürzt), Schinken und Bratwurstmischung daraufgeben (zuletzt Brätmasse). Zwischenhinein einige Kapern streuen. — Den Rest des Teiges ca. 5 cm grösser als den Boden auswallen, über die Füllung spannen, den Rand des Bodens leicht benetzen. Die Teigränder gut aufeinanderdrücken, exakt nachschneiden und nach oben einrollen. In die Mitte ein kleines Loch machen (für den Dampf), es mit einer Teigrosette umgeben und evtl. ein Papierröllchen hineinstecken. **Garnieren** der Oberfläche mit Teigstreifen oder -blümchen, mit Ei bestreichen. — (**Backen** siehe unten.)

Formen, II. Art: — Mit sog. Pastetenring (auch oval od. eckig oder kleinem Springform-Rand). Die Ringform buttern und auf ein befettetes Blech setzen. ⅔ des Teiges schwach ½ cm dick auswallen, zur Hälfte überschlagen und an der Bruchseite leicht auszuziehen. Den Teig nun in die Form hängen und gut am Boden und Rand andrücken. Der Teig soll ringsum ca. 2 cm über der Form stehen; das übrige abschneiden.

Füllen: lagenweise wie bei I. Art (mit Brätmasse abschliessen). Den Rest des Teiges auswallen und über die Form spannen. Die Ränder gut aufeinander drücken und einrollen, mit der Teigklammer verzieren. In die Mitte des Deckels ein kleines Loch machen (für den Dampf). **Garnieren** der Oberfläche wie bei I. Art.

Backen in guter Mittelhitze **1–1¼ Std.** — Sollte die Teigoberfläche zu rasch braun werden, mit nassem Papier überdecken. — Bei II. Art: nach dem Backen den Pastetenring sorgfältig öffnen und entfernen. — **Servieren** der Pastete mit der Sauce und grünem Salat.

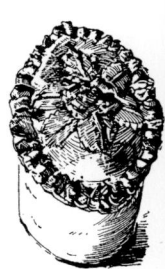

893   Hasen- oder Wildpastete   (Pâté Chasseur)

Zubereitung wie Fleischpastete **Nr. 892**, I. oder II. Art. — Zur **Füllung**: statt Kalbfleisch 1 Hasenrücken oder 2 -schlegel oder Rehragout, und 150 g fetten Schinken oder Fettspeck verwenden, sowie 50 g dünne Magerspeckscheiben.

Das Fleisch von den Knochen lösen, in Plätzchen schneiden und kurz überbraten. Die Abfälle mit dem Schinken oder Speck 2mal durch die Hackmaschine treiben und mit dem Bratwursteig vermischen. Zum Würzen noch etwas Thymian beigeben, sowie 1–2 Trüffeln, in Würfelchen geschnitten. Den Boden der Pastete zuerst mit den Magerspeckscheiben belegen, dann lagenweise die übrigen Zutaten. — In die **gebackene Pastete** 2–3 Essl. Sherry und etwas Wildbrühe giessen (ausgekocht von den Knochen, gesiebt und gewürzt). — **Servieren** mit Preiselbeeren, Cumberlandsauce (Nr. 606) oder mit rohem Selleriesalat mit Nüssen garniert (Nr. 409).

Wildpastete schmeckt auch **kalt**, mit **Sulz** (statt mit Brühe) aufgefüllt, sehr gut.

894   Geflügelpastete   (Pâté de volailles)

Sauerrahm- oder Blätterteig Nr. 922 u. 924
1 Hähnchen, nur kurz gebraten nach Nr. 835
1 kleine Büchse Champignons
½ Zwiebel, Petersilie — 10 g Butter
z. Bestreichen: 1 Ei
Leichte Schaumsauce Nr. 565 (s. NB.)

Füllung: Das Geflügelfleisch von den Knochen lösen, in kleine Würfel schneiden, die Champignons in Blättchen. — Zwiebel und Grünes fein hacken, in der Butter dämpfen.

Formen der Pastete: Den Teig knapp 1/3 cm dick auswallen, einen tellergrossen Boden ausschneiden, auf ein Blech legen. Die Geflügelwürfelchen und Champignons gleichmässig darauf verteilen, bis noch ein ca. 3 cm breiter Rand freibleibt. Zwiebeln und Grünes darüberstreuen. Den Rand der Pastete leicht benetzen. Das Ganze mit dem Rest des ausgewallten Teiges überspannen, so dass eine gleichmässige, flache Form entsteht. Die Ränder gut aufeinanderdrücken. — **Garnieren** der Oberfläche mit Teigblümchen usw., mit der Schere in der Mitte einige Einschnitte machen (für den Dampf), mit Ei bestreichen. — **Backen** in guter Hitze **35–40 Min.** — **Servieren** mit grünem Salat und der Sauce. — Bes. **hübsch** wird die Pastete geformt n. **Nr. 892, II. Art** (s. Vignette).

NB. Die **Sauce** mit 2 dl Geflügelbrühe (von den Knochen ausgekocht) herstellen. Zuletzt mit 1 Msp. Kartoffelmehl (kalt angerührt) binden und noch ca. 1 dl R a h m, evtl. leicht geschlagen, beifügen.

894a   Festliche Fischpastete   (Poisson en pâte)

6 Felchen (Egli, kl. Soles usw.) à ca. 150 g od. 1-2 grosse (vorbereitet n. Nr. 611) od. Fischfilets, **gewürzt** mit Salz, Zitrone, evtl. gehackten Kräutern — Blätter- od. Sauerrahmteig Nr. 924 u. 922, z. Bestreichen: 1 Eigelb

Formen: Den Teig gut 3 mm dick auswallen, je 2 Rechtecke pro Fisch ausschneiden, jedoch ca. 8 cm **grösser** als dieser. Den ganzen Fisch (od. Filet) auf ein Teigstück legen, den ca. 4 cm vorstehenden Rand benetzen, mit dem zweiten Teigstück bedecken und andrücken. Mit Messer oder Teigrädchen dem Rand nach exakt zu einer schönen Fischform (evtl. mit Flossen) ausschneiden. Am Kopf ein Löchlein ausstechen (als Auge und für den Dampf). Die Oberfläche mit Teigtupfen belegen oder mit der Schere leicht einzwicken (als Schuppen). Den Schwanz und evtl. Flossen mit Teigklammer od. Gabel markieren und alles 1–2mal exakt mit Eigelb bestreichen. — **Backen** in guter Mittelhitze **30–45 Min.** bis die Fischpastete goldbraun ist. — **Servieren** mit Kapern- od. Kräutersauce oder einer Salatplatte. — Siehe auch pikante **Blätterteig-Fischchen** Nr. 1612.

Pasteten nach Hausfrauen-Art   (Pâtés ménagère)   **895**

Eingerührter Teig Nr. 917 od. Hefeteig Nr. 919
I. Art { ca. 500 g Spinat, 1 Zwiebel, 20 g Butter
150–200 g dünne Schinkenscheiben
3 geschwellte Bratwürste, gehäutet

II. Art { Hackbratenmasse mit
gekochten Eiern (n. Nr. 668)

z. Bestreichen: 1 Ei

Für I. Art: Den Spinat verlesen, waschen, in Salzwasser kurz abkochen, gut abtropfen lassen. — Die Zwiebel fein hacken, in Butter dämpfen.
Formen der Pastete: Den Teig ca. 3 mm dick zu einem Rechteck auswallen. Die Mitte handbreit (in der Länge der Würste) mit 1–2 Schinkenscheiben und der Hälfte vom Spinat belegen, mit den Zwiebeln bestreuen. Darauf nebeneinander die Bratwürste geben, jede in Schinken eingewickelt. Mit dem Spinat und den letzten Schinkenscheiben bedecken. Den Teig von allen Seiten gut über die Füllung schlagen. Die Pastete umkehren, auf ein Blech legen, mit Ei bestreichen, mit einer Gabel als Garnitur kreuzweise Linien markieren od. mit Teigstreifen belegen, oben leicht bestechen (für den Dampf). **Backen** in guter Hitze ca. **30 Min.** — **Servieren** mit einer Tomatensauce, evtl. kalte Nr. 604. — **Für II. Art:** Die Pastete **formen** und **backen** wie oben, jedoch zum Füllen zuerst die Hälfte der Hackbratenmasse handbreit aufstreichen, mit den geschälten Eiern belegen u. das restliche Fleisch darüber verteilen. — (Auch kalt sehr gut.)

Schweinsfilet im Teig   (Filet de porc en pâte)   I. u. II. Art   Bild auf Tafel 38   **896**

1 kleines Schweinsfilet (ca. 600 g) s. auch NB.
Gewürz { 1 Teel. Salz, 1 Pr. Pfeffer
1 Msp. Kräuterpulver und Senf

Sauerrahm- oder Quarkteig Nr. 922 od. 921
evtl. Eingerührter Teig Nr. 917
z. Bestreichen: 1 Ei

Das Filet in ½ cm dicke **Plätzchen** schneiden, mit dem Gewürz leicht einreiben.
Formen: Den Teig zu einem Rechteck auswallen (etwas länger als das Filet u. 2–3 mm dick), aufs Blech legen. Die Filetscheiben dicht aneinander darauf setzen. Den Teig von beiden Längsseiten darüberschlagen (ca. 3 cm übereinander), den untern Rand vorher leicht benetzen. An beiden Enden den Teig nach oben einrollen, mit Gabel oder Teigklammer verzieren. Die Oberfläche der Länge nach mit einigen kleinen Löchern versehen (für den Dampf), mit Teigblümchen oder -streifen verzieren, mit Ei bestreichen.
Backen in guter Hitze **ca. 35 Min.** — **Servieren** mit Kräuter-, Zwiebel- oder Madeirasauce oder mit Kartoffel- oder gemischtem Salat. 
II. Art: Den Teigboden (vor dem Auflegen des Filets) bestreichen mit einem Streifen von rohem **Bratwurstteig** (100–200 g) vermischt mit gehackten, gedämpften Zwiebeln, evtl. 50 g Schinkenwürfelchen und 2 Essl. Madeira. — (Schmeckt auch kalt sehr gut.)

Neue Pastete nach Kochschulart   (Pâté école de cuisine)   **896a**

Schweinsfilet im grünen Mantel Nr. 569a **(ohne Netz)** — Sauerrahmteig Nr. 922 — z. Bestreichen: 1 Ei
Vorbereiten des Filets nach **Nr. 569a**. Es zum Formen (statt auf das Netz) auf den ausgewallten Teig legen und darin gut einschlagen. Die Teigenden sollen überall mindestens 5 cm übereinander liegen. Das Ganze mit den eingeschlagenen Seiten nach unten auf das Blech geben. Die **Pastete** mit Ei bestreichen, mit Teigstreifen, -rosetten oder -punkten **garnieren**, mit einer Gabel oben bestechen (für den Dampf). Nochmals exakt mit Ei bestreichen. — **Backen** im Ofen in guter Hitze **ca. 40 Min.** — **Servieren** mit einem gedämpften Gemüse oder einer schönen gemischten Salatplatte.

897 Rindsfilet Wellington

¾–1 kg Rindsfilet (Mittelstück) s. NB.
Gewürz: Salz, Pfeffer, 1 Msp. Senf
50–80 g Kochbutter oder Öl
½ Zwiebel, Petersilie u. Kerbel, gehackt

Sauerrahm- od. Blätterteig Nr. 922 od. 924
z. Bestreichen: 1 Ei

150 g Champignons, blättrig geschnitten
100 g Schinken, fein gehackt
100 g Kalbsleber, gehackt oder
1 kleine Büchse Leberpain
1 rohe Bratwurst
z. Binden: 10 g Mehl u. 1 dl Milch, aufgekocht
1–2 Essl. Madeira od. Sherry — evtl. 1 Trüffel

Vorbereiten: Das **Filet** mit den Gewürzen einreiben, in Kochbutter rasch sehr **heiss** überbraten und erkalten lassen. — Zwiebel und Kräuter zusammen in etwas Butter dämpfen, mit den Champignons und den übrigen **Zutaten** vermischen. Die Masse würzen, verfeinern mit Madeira (oder Sherry) und evtl. mit gehackter Trüffel.
Formen der Pastete: ⅓ des Teiges zu einem Rechteck auswallen (ca. 3 mm dick und 8 cm grösser als das Filet auf ein Blech legen. Von der Schinkenmasse gut ⅓ auf die Mitte streichen, das Filet daraufsetzen und mit der restlichen Schinkenmasse ringsum bedecken. Den übrigen Teig auswallen und über die Fleischfüllung legen. Den Rand überall exakt nachschneiden, so dass er ca. 5 cm breit ist. Ihn mit Teigklammer oder Gabel garnieren. Die ganze Oberfläche der Pastete mit Ei bestreichen, mit Teigstreifen od. -rosetten usw. hübsch belegen, oben in der Mitte ein kleines Loch machen für den Dampf. Etwa 10 Min. kalt stellen, dann nochmals mit Ei bestreichen. — **Backen** in guter Hitze **ca. 35 Min.** — **Servieren** mit grünem Salat und evtl. mit Sauce Bordelaise (Nr. 578).
NB. Das Filet soll beim Tranchieren noch rosa sein. — Die Pastete schmeckt auch kalt sehr gut (evtl. mit gehackter Sulz serviert). — Statt Filet evtl. **Roastbeef** od. **Huft** I. Qual. verwenden.

898 Schinken im Teig (Jambon roulé en croûte)

1 kleiner Rollschinken od. evtl. 1 Milchschinken (s. auch NB.) — Hefe-Wähenteig Nr. 919
Vorbereiten und Kochen nach **Nr. 792:** Den Schinken evtl. einige Stunden (oder über Nacht) in lauwarmes Wasser legen, wodurch er milder und auch saftiger wird.
Formen: Den Teig gut ½ cm dick zu einem Rechteck auswallen. Den Schinken leicht abtrocknen, nach Belieben mit etwas Senf bestreichen und im Teig so einwickeln, dass er überall gut eingeschlossen ist. — Darauf achten, dass der Teig nicht straff anliegt, da er sonst beim Backen platzt und der Saft verlorengeht. Die Teigenden zum Abschliessen etwas benetzen.
Backen in Mittelhitze 1–1½ **Std.**, später etwas weniger heiss. (**Garprobe** durch Einstechen mit einer Nadel!) — Zum **Servieren** ⅓ der Teigkruste oben durchschneiden. Den **Schinken** herausnehmen, tranchieren und wieder in die Pastete geben, den Teigdeckel (mit etwas Petersilie dazwischen) daraufsetzen.
NB. Grössere Schinken (mit Knochen) vom Bäcker oder Traiteur in Brotteig backen lassen.

899 Einfache Fleischpastete (Pâté au viande hachée)

Eingerührter Teig Nr. 917 — **Füllung:** Fleischhaché Nr. 697 (s. auch NB.) — z. Bestreichen: 1 Ei
Formen der Pastete: ⅔ des Teiges 3 mm dick auswallen, Boden und Rand einer Springform damit auslegen. — Einfüllen des Hachés. — Den Rest des Teiges auswallen, ihn über das Haché legen und mit Teigtupfen usw. hübsch belegen, oder das Fleisch nur gitterartig mit Teigstreifen bedecken. Den vorstehenden Rand hinunterrollen evtl. mit Teigklammer oder Gabel verzieren, mit Ei bestreichen. — **Backen** in guter Hitze ca. **30 Min.** — **Servieren** mit Kräuter- oder Tomatensauce, evtl. Salat.
NB. Nach Belieben unter das Fleischhaché 1 Tasse gekochten Reis mischen oder lagenweise mit Spinat (Nr. 449) einfüllen. — **Süss-sauer zubereitet:** dem Haché eine Handvoll Rosinen sowie 1–2 Essl. Essig oder Zitronensaft und 2 Pr. Zucker beigeben.

Torta verde   (Italienische Spinatpastete)   899a
Zubereitung wie einfache Fleischpastete Nr. 899, statt Fleisch-, **Spinatfüllung** von Wähe Nr. 912 (Abschn. 3) mit 2 Tassen **Reisresten** vermischt, verwenden.

Gedeckte Fleischpastetchen   (Petits pâtés de viande)   900
Eingerührter Teig Nr. 917 oder   Fleischfüllung Nr. 737 od. m. Zunge Nr. 705(b)
Blätter- od. Sauerrahmteig Nr. 924 u. 922   z. Bestreichen: 1 Ei
Formen: Den Teig ca. 2 mm dick auswallen, 12–15 kleine Förmchen damit auslegen, den Teigrand etwa 1½ cm vorstehen lassen.
Füllen bis zu ¾ Höhe. — Vom Rest des Teiges Plätzchen (etwas grösser als der ⌀ der Pastetchen) ausstechen, sie in der Mitte mit einem kleinen, ausgezackten Teigplätzchen belegen, ein kleines L o c h ausstechen (für den Dampf). Diese Deckelchen auf die Füllung legen, den vorstehenden Teigrand daraufdrücken, mit der Teigklammer oder Gabel verzieren, mit Ei bestreichen. — **Backen** in Mittelhitze ca. **30 Min.**
NB. Die Pastetchen lassen sich auch gut mit **Fleischresten-Füllung** zubereiten. — **Sulzpastetchen:** gleiche Zubereitung, jedoch nach dem Erkalten flüssige (nicht warme) Sulz einfüllen, an der Kälte fest werden lassen.

Blätterteigpastetchen   (Bouchées)   I. und II. Art   901
Blätterteig Nr. 924, evtl. Quarkteig Nr. 921 — z. Bestreichen: 1 Eigelb
Formen I. Art: Den Teig sorgfältig auswallen (knapp 1 cm dick), ca. 24 Plätzchen von 6–7 cm ⌀ ausstechen. — Die Hälfte davon umgewendet auf ein Blech legen, die Oberfläche leicht mit Eiweiss bepinseln. Auf den übrigen Plätzchen mit einem 3–4 cm grossen runden Ausstecher Deckel markieren, sie auf die ersten Plätzchen legen, sorgfältig mit Eigelb bestreichen. — **Backen** in guter Hitze ca. **25 Min.** — Nach dem Backen die eingeritzten Deckelchen herausheben, den Teig in der Mitte etwas eindrücken. — **Füllen** der Pastetchen direkt vor dem Servieren, die Deckel darauf setzen.
Formen II. Art: Aus den 2. Plätzchen (vor dem Backen) die Deckelchen herausstechen, die erhaltenen Ringe auf die Teigböden setzen, die Deckel daneben legen, mit Eigelb bestreichen wie oben.
Füllungen z. B.: Milken- oder Hirnragout Nr. 747 und 749 (5) oder feines Kalbsragout Nr. 737, Geflügelragout (aus Resten) Nr. 849, kleines Gemüseragout Nr. 503 oder Pilze Nr. 346 oder 347.

Blätterteig-Rand   (Bordure à la pâte feuilletée)   902
Zum **Anrichten** mit verschiedenen Ragouts, Pilzen, Gemüsen usw.
Blätterteig Nr. 924, Quark- oder Sauerrahmteig Nr. 921 oder 922 — z. Bestreichen: 1 Eigelb
Formen: Den Teig zu einem ca. ½ cm dicken Viereck auswallen, auf ein grosses Backblech legen. Möglichst noch ¼ Std. an die **Kälte** stellen (damit sich der Teig beim Backen weniger verzieht). Ihn mit Hilfe eines Wähenbleches im ⌀ von ca. 30 cm, rund ausschneiden. Mit einer kleineren Form (oder Ring) ein Mittelstück ausstechen, so dass ein 5–7 cm breiter **Rand** entsteht. Ihn mit Eigelb sorgfältig bestreichen. Zum **Garnieren** ein Stück des übrigen Teiges etwas dünner auswallen, davon Rosetten, Herzen oder ähnliches ausstechen, die Oberfläche des Ringes damit belegen und nochmals mit Eigelb bestreichen.

Backen in guter Mittelhitze, bis der Ring gleichmässig gelbbraun ist (**ca. 25 Min.**). Während des Backens die Form in der M i t t e stehen lassen, damit der Ring r u n d bleibt.
Beim **Anrichten** das Gericht etwas erhöht in den **Ring** geben.

903   **Grosse Krustade**   (Croûstade) Teigboden I. und II. Art   Bild s. Tafel 5

Verwendung: heiss zum Füllen mit Pilzen, Gemüsen usw. — **kalt** für Hors d'œuvre.

Sauerrahmteig Nr. 922 oder Krustadenteig Nr. 926 — evtl. Ei z. Bestreichen

Formen I. Art: Den Teig ca. 3 mm dick auswallen. Ein Wähenblech (keine Springform) auf der umgekehrten Seite bebuttern. Den Teig darüber legen, ringsum gut andrücken und den Rand mit dem Teigrädchen unten exakt abschneiden. Die Oberfläche sorgfältig bestechen oder mit einem flachen Blechboden beschweren. — **Backen** in guter Mittelhitze (auf einem grossen Blech oder direkt auf dem Gitter), bis die Krustade gelbbraun ist. Mit Hilfe eines Kuchengitters stürzen.

Formen II. Art: Den Teig ca. 3 mm dick auswallen, eine bebutterte Springform damit auslegen. Den Rand gut andrücken, ca. 3 cm hoch gleichmässig abschneiden, ihn evtl. etwas einrollen, mit der Teigklammer verzieren und mit Ei bestreichen. **Vorbacken** in Mittelhitze (mit Fruchtsteinen beschwert) nach **Nr. 1430**.

904   **Kleine Krustaden**   (Petites croustades)   Teigschälchen   Bild auf Tafel 32

Verwendung, heiss: gefüllt mit Gemüsen, Pilzen, Ragout, Fisch (s. Nr. 626) oder mit glasierten Äpfelchen (Nr. 872), Preiselbeeren, auch Brombeergelée (spez. für Wildplatten) — **kalt:** mit Fleisch und Sulz (s. betr. Rezepte).

Krustadenteig Nr. 926 oder eingerührter Teig Nr. 917 — evtl. z. Bestreichen: 1 Eigelb

Formen: Den Teig dünn auswallen, kleine bebutterte Förmchen (runde oder Schiffchen) damit auslegen, den Rand evtl. etwas einrollen und mit Eigelb bestreichen.

Vorbacken der Krustaden in guter Hitze nach **Nr. 1430** (mit Fruchtsteinen beschwert).

Krustaden sind auch praktisch als Vorrat.

905   **Gemüse- oder Pilzkrustade**   (Croustade aux légumes ou champignons)

Krustade Nr. 903 (s. auch NB.) — **Füllungen:** siehe unten — evtl. Petersilie

Füllen der heissen Krustade mit verschiedenen gekochten **Gemüsen** (kranzartig oder in Häufchen) oder mit gedämpften **Pilzen**. Die Oberfläche evtl. mit feingehacktem Grün bestreuen, mit brauner Butter (Nr. 585) und etwas Zitronensaft beträufeln.

Servieren mit Hollandaise (Nr. 560 II. Art) und grünem Salat.

NB. Als Füllung: (hübsch in den Farben zusammengestellt) z. B. in der Mitte Blumenkohl à la Polonaise Nr. 471, ringsum junge Bohnen Nr. 484, Rübchen, glasierte Nr. 498 und Stachis Nr. 509 oder Spargelspitzen mit Butter Nr. 447 oder nur gedämpfte Pilze Nr. 346 oder 347. — **Pilze**, gedämpft evtl. in die rohe Krustade einfüllen, mit Teigstreifen gitterartig belegen, diese mit Ei bestreichen und **backen** während **ca. 30 Min.**

Schüsselpastete (English meat pie) — Bild auf Tafel 37, oben — **906**

Eingerührter Teig Nr. 917 (evtl. grüner)
evtl. Sauerrahmteig Nr. 922
Füllungen: siehe unten
z. Bestreichen: 1 Ei

Eine **Auflaufform** von ca. 20 cm Ø bebuttern und **füllen** bis zu ¾ Höhe.
(Bei Formen von dieser Grösse in die Mitte einen umgestülpten Eierbecher oder ein kleines Förmchen stellen, damit der Teig beim Backen n i c h t einsinken kann.)

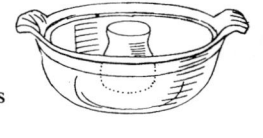

Deckel: Den Teig ca. 4 mm dick auswallen, über die gefüllte Form spannen, so dass der Teig gut 3 cm über den Rand reicht. Diesen benetzen und zuerst mit einem schmalen Teigstreifen belegen, bevor man den Teigdeckel andrückt. Den Rand gleichmässig nachschneiden. In der Mitte (über dem Förmchen) ein kleines L o c h ausstechen (f. den Dampf). Die ganze Oberfläche mit Ei bestreichen, mit Teigstreifen od. -tupfen usw. garnieren, nochmals bestreichen. — **Backen** in guter Unterhitze ca. **45 Min.**
Servieren mit Salat und evtl. Kartoffelstock, Reis oder Nudeln. Sollte die Pastete zu früh braun werden, sie mit einem nassen Papier bedecken.

1. Fleischfüllung:

½ kg Rindshuft — 30 g Fett — Gewürz
200 g Magerspeck — ½ Tasse Bouillon
4–6 Tomaten (evtl. sterilis.)
1–3 Zucchetti — 1 kleine Zwiebel

Das F l e i s c h in kleine, dünne Plätzchen schneiden, sie rasch überbraten, leicht würzen. Die Z w i e b e l hacken, im Rest vom Bratfett dämpfen, mit wenig Bouillon ablöschen. Den S p e c k in dünne, T o m a t e n und Z u c c h e t t i in ½ cm dicke Scheiben schneiden. Alles l a g e n w e i s e, mit wenig Aromat bestäubt, in die Form füllen, zuoberst Speckscheiben. — Auch **Reste** von B r a t e n oder G e f l ü g e l sowie W u r s t scheiben, gekochte Leberwurst und C o r n e d b e e f lassen sich sehr gut für diese Pastete verwenden.

2. Gemüsefüllung:

a) Gemüseragout Nr. 343 oder Lauch in Sauce Nr. 461, Abschn. 3 (evtl. mit Speckscheibchen)
b) Tomaten-, Zucchetti- und dünne Selleriescheiben (ca. 1 kg)
  oder ½ kg Krautstiele mit Sauce Nr. 466(3) und Tomatenscheiben
c) Sauerkraut Nr. 482 (mit oder ohne Speck), auch als Restenverwertung
d) Spinat Nr. 449 mit Béchamel, evtl. mit Speckwürfelchen

3. Pilzfüllung: Gedämpfte Pilze Nr. 347. — **4. Fischfüllung** siehe Nr. 641 (auch Resten)

NB. Gleiche Zubereitung für **Portionen-Pastetchen** (o h n e Mittelförmchen), als kleine Vorspeise.

Gemüse- oder Pilztimbal (Timbale aux légumes) — Bild auf Tafel 37 — **907**

Timbalteig Nr. 925
Füllungen: siehe unten

Vorbereiten der Timbal-Form (ca. 12 cm Ø): sie bebuttern, den Boden mit Pergamentpapier belegen (rund ausgeschnitten), ebenfalls bebuttern.
Formen des **Timbals:** Vom Teig kleine Stücke abschneiden, diese auf dem Tisch mit flach gehaltenen Händen zu bleistiftdicken Röllchen formen. — Den Boden von der Mitte aus, schneckenförmig beginnend, mit Röllchen belegen. Dann dem Rand nach Röllchen auflegen, so dicht, dass k e i n e Zwischenräume entstehen. — **Füllen** des Timbals, bis er e b e n voll ist. Abschliessen mit einem Teigdeckel (von den Resten ausge-

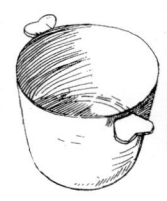

wallt), ihn leicht bestechen (für den Dampf). — **Backen** mit guter Unterhitze ca. **40 Min.** — Beim **Anrichten** sorgfältig lösen und stürzen, evtl. mit etwas verdünnter Sauce umgiessen; mit Petersilie bestecken. — **Servieren** mit dem Rest der Sauce, evtl. mit Salat.
Füllungen: Gemüse mit ein wenig dicklicher Sauce (Spargel, Blumenkohl usw.), gemischtes Gemüse (Nr. 503) oder gedämpfte Pilze (Nr. 347).

Einfachere Zubereitung: Die Form mit dem ca. 4 mm dick ausgewallten Teig auslegen, indem man ihn zur Hälfte zusammenlegt und unten wie einen Beutel etwas auszieht. (So lässt sich der Teig gut in die Form hängen und an Boden und Wand andrücken.) — Ausrollen oder Auswallen des Teiges mit möglichst wenig Mehl!

908 Fleisch-, Pilz- oder Gemüseroulade (Roulade au pâte salé) s. Tafel 4 u. 37

Biscuit { 3 Eigelb, 2 Essl. Öl 50 g Weissmehl
Gewürz: Salz, Muskat, 1 Pr. Pfeffer 3 Eiweiss (z. Schnee)

Vorbereiten: Ein viereckiges Blech bebuttern, mit Pergamentpapier belegen (28/28 cm), dieses sehr gut bebuttern und bemehlen.

Die **Füllung** (siehe unten) zubereiten und warmstellen.
Biscuit: Eigelb, Öl und Gewürz zusammen verrühren, abwechselnd löffelweise das gesiebte Mehl und den Eierschnee leicht dazumischen. **Ausstreichen** der Masse auf dem Papier (ca. ¾ cm dick). **Backen** in guter Hitze ca. **10 Min.**, zu leicht gelber Farbe.
Füllen: Das Biscuit auf eine feuchte Serviette stürzen (das Papier rasch abziehen), sofort mit der heissen Füllung bestreichen und aufrollen. — **Anrichten** auf eine heisse Platte, evtl. mit Sauce überziehen oder mit gerösteten Zwiebeln bestreuen. Den Rest der Sauce dazu servieren.

Füllungen: Haché Nr. 697 oder kleines Ragout Nr. 737. — Gedämpfte Zwiebeln Nr. 463 (mit 1–2 Eiern und etwas Rahm vermischt). — Spinat Nr. 449 und 454. — Gedämpfte Pilze Nr. 347. —
Sauce: Tomaten-, Petersilien- oder Bouillonsauce oder Hollandaise (II. Art).

NB. Sollte die Füllung noch nicht bereit sein, wenn das Biscuit gebacken ist, dann dasselbe nach dem Stürzen mit dem warmen Blech zudecken oder mit der Serviette aufrollen, damit es weich bleibt! — **Grüne Roulade:** Mit dem Eigelb 2–3 Essl. fein gehackten Spinat, Petersilie oder etwas Küchenkräuter verrühren. — **Kalte** pikante Roulade s. Hors d'oeuvre Nr. 186.

908a Schinkencake (Cake au jambon)

100 g Butter od. Margarine, 1–2 Essl. Öl 150 g Schinken, gehackt – evtl. Pistaches, s. NB.
3 Eigelb, 1–2 Pr. Salz, Pfeffer, Muskat 80 g Emmentaler u. Sbrinz, gerieben
3 Essl. sauren Rahm 125 g Weissmehl, 1 Teel. Backpulver
2 Essl. gehackte Kräuter (od. im Mixer 3–4 Eiweiss (z. Schnee)
mit etwas Rahm puriert) z. Form: 30 g Mandeln, geschält

Vorbereiten der Cake- oder Rehrückenform: Sie sehr gut bebuttern und mit den geschälten, in Blättchen geschnittenen Mandeln bestreuen.

Cakemasse: Die Butter oder Margarine schaumig rühren, Öl, Eigelb, Rahm, Gewürz, Kräuter und Pistaches damit vermischen. Schinken und Käse beigeben. Mehl und Backpulver sieben u. abwechselnd mit dem Eierschnee sorgfältig unter die Masse ziehen.
Einfüllen in die vorbereitete Form. **Backen** mit guter Unterhitze **ca. 30 Min.** Sorgfältig lösen und stürzen. — **Servieren** mit Tomatensauce (Nr. 572) oder grünem Salat.

NB. Der Cake schmeckt auch kalt sehr gut. — Evtl. Scheibchen v. geschälten **Pistaches** beigeben (sieht hübsch aus).

Gemüse-, Zwiebel-, Pilz- oder Fleischstrudel   (Stroudel salé)   909

Strudelteig Nr. 930
30–50 g flüssige Butter
—
z. Bestreichen: 1 Ei

als Füllung

½ Port. Spinat Nr. 449
Pilze Nr. 347
Zwiebelfüllung Nr. 463
oder Fleischhaché Nr. 697

Auswallen des Strudelteiges auf grosser bemehlter Serviette, so dünn wie möglich. Dann von Hand auszieheh, bis er seidenpapierdünn ist, mit der Butter beträufeln. Die **Füllung** auf die Hälfte des Teiges verteilen, seitlich etwas einschlagen, mit Hilfe des Tuches aufrollen, auf ein bebuttertes Blech oder in eine Gratinform legen, mit Butter oder Ei bestreichen. **Backen** in Mittelhitze ca. **35 Min.** — **Servieren** möglichst heiss mit Tomaten- oder weisser Buttersauce, evtl. Salat.

NB. Evtl. 2–4 kleinere Strudel formen. — (Siehe auch Bild von Fruchtstrudel Nr. 1461).

Pizza Napoletana   Bild auf Tafel 22 oben   910

Teig: Hefe-Wähenteig Nr. 919 oder Zopfteig Nr. 1644 (evtl. eingerührter oder Blätterteig)

z. Belegen: 150–200 g Mozzarella, evtl. auch Quark, Gruyère oder Chester-Käse, gehobelt
500 g Tomaten (evtl. -purée) — einige Sardellenfilets — 5–8 Essl. Olivenöl

Gewürz: Salz, 1 Pr. Pfeffer, evtl. Paprika, etwas Origano (oder Majoran)

Vorbereiten: Den Teig ½ cm dick auswallen, Scheiben von 10–20 cm ∅ ausschneiden. Sie von Hand leicht ausdrücken, so dass der Rand etwas dicker wird, auf ein Blech geben, mit einer Gabel bestechen. — **Belegen** mit dem Käse, den in Scheiben geschnittenen Tomaten und kleinen Sardellenstückchen. Das Gewürz darüberstreuen und alles mit Öl beträufeln. — **Backen** in guter Mittelhitze ca. **20 Min.** — Heiss **servieren.**

Pizza con prosciutto   (Schinkenpizza)   910a

Zubereitung wie Pizza **Nr. 910**, statt Sardellen 100 g **Schinken** (evtl. Zunge, Salami od. Magerspeck) in feine Streifchen geschnitten u. evtl. einige **Oliven** darüber verteilen.

Quiche Lorraine   (Lothringer Speckkuchen)   911

Eingerührter Teig Nr. 917
200 g Speckscheiben od. -würfelchen
100 g Gruyère, gehobelt (s. NB.)

Eierguss:
3 Eier
3 dl Milch od. halb Rahm
1–2 Pr. Salz u. Pfeffer, Aromat

Formen: Den Teig ca. 3 mm dick auswallen. Ein Wähenblech im ∅ von 30 cm damit auslegen, den Rand oben verdoppeln, gut andrücken. — **Füllung:** Den Speck kurz glasig braten und mit dem Käse auf den Kuchenboden geben. Den verklopften Eierguss darüber verteilen. **Backen** in guter Hitze ca. **30 Min.** — Heiss **servieren.**

NB. Der Kuchen schmeckt auch gut ohne Käse, jedoch mit 1–2 gekochten, grob geriebenen Kartoffeln vermischt, zubereitet.

Käse- und Gemüsewähen   (Gâteaux au fromage et aux légumes)   s. Tafel 22   912

Anmerkung: Wähen (flache Kuchen oder Fladen) werden als selbständige Mahlzeit serviert. Man verwendet als **Form** sog. Wähenbleche (evtl. eine Springform) oder viereckige Backbleche.

Teig: Eingerührter Teig Nr. 917 od. Hefe-Wähenteig Nr. 919, evtl. Blätterteig — **Füllungen:** s. S. 318.

Formen der Wähe: Den Teig ca. 3 mm dick auswallen, das Blech damit auslegen. Den Rand zu oberst verdoppeln (d. h. ca. 1 cm breit einrollen) und gut andrücken, den Teigboden evtl. leicht bestechen. — Die **Füllung** (je nach Rezept) auf dem Teig-

boden verteilen. — **Backen der Wähe,** möglichst sofort in heissem Ofen **ca. 40 Min.** mit guter Unterhitze. — Garprobe: Der Teigrand soll sich vom Blech lösen und der Boden hellbraun gebacken sein. — **Servieren** mögl. warm, da diese Wähen dann am besten schmecken.
NB. Statt grosser Wähen lassen sich auf gleiche Art **kleine Pastetchen** herstellen.

1. Käsefüllung, I.–III. Art:

I. Art: 30 g Mehl — 4–5 dl Milch 3–4 Eier, evtl. Salz, Muskat, evtl. Kümmel
150 g Käse, gerieben (s. NB.) 1–2 dl saurer Rahm oder Joghurt

Mehl und Milch im Pfännchen glatt anrühren, dann unter Schwingen aufkochen. Die übrigen Zutaten damit vermischen. — NB. ½ Sbrinz, ½ Emmentaler oder Gruyère, evtl. z. T. Magerkäse verwenden (gehobelt od. gerieben). — 1–2 Eier evtl. ersetzen durch 1–2 Essl. Sojamehl.
II. Art: 100 g Speckwürfelchen (glasig gebraten) oder Wurstädchen (v. 2–3 Cervelats), 200 g geriebenen Sbrinz und 100 g Gruyère auf dem Wähenboden verteilen. 1 dl Milch mit 2–3 Eigelb und 2–3 Eierschnee vermischt, darübergiessen. — **III. Art:** s. Quiche Lorraine **Nr. 911**, evtl. m. Kartoffeln.

2. Zwiebelfüllung:

Weisse Sauce Nr. 547 od. 549 etwas Rahm od. Joghurt
600 g Zwiebeln — evtl. 70 g Magerspeck 2–3 Eier, Salz, Muskat
30 g Kochbutter od. Öl ½ Teel. Kümmel, evtl. Aromat od. Fondor

Die Zwiebeln hacken oder in feine Streifchen, den Speck in ganz kleine Würfelchen schneiden. Beides in der Butter durchdämpfen, dann mit der Sauce, Rahm und Eiern vermischen, würzen. — Evtl. 1 Ei ersetzen durch 1–2 Essl. Sojamehl.
NB. Lauchfüllung: 500 g oder 3–5 Gemüselauch fein geschnitten (statt Zwiebeln) verwenden.

3. Spinatfüllung:

Weisse Sauce Nr. 547 od. 549 10 g Kochbutter
½–¾ kg Spinat (evtl. Reste) 3 Eier, 4–6 Essl. Rahm
1 Zwiebel, evtl. 40 g Magerspeck Salz, Muskat, evtl. Aromat

Den Spinat rüsten, kurz abkochen (siehe Nr. 443) und fein hacken. — Den Speck in kleine Würfelchen schneiden, die Zwiebel fein hacken, beides in der Butter dünsten, mit der Sauce, Spinat, Rahm, Eiern und Gewürz vermischen.
NB. Mangold-Wähe (Kraut) gleiche Zubereitung. — Vegetarisch: statt Speck ca. 40 g geriebenen Käse verwenden. — Evtl. 1 Ei ersetzen durch 1–2 Essl. Sojamehl.

4. Tomatenfüllung (s. Tafel 22):

¾ kg Tomaten — ½ Essl. Salz Eierguss { 2 Eier, 1 dl Milch od. Rahm
50–80 g Käse, gerieben od. gehobelt { evtl. Grünes und Kräuter

Den Wähenboden mit Tomatenscheiben schuppenartig dicht belegen, sorgfältig salzen, mit Käse bestreuen. Den Eierguss, evtl. mit gehacktem Grün und Kräutern (Majoran, Salbei, evtl. Basilikum) oder mit Sardellenstreifchen, gut verklopft, darüber verteilen.
NB. Statt Tomaten-, evtl. noch Zucchettischeiben mit auflegen od. kleine halbierte Tomaten.

5. Zucchettifüllung (s. Tafel 22):

Zubereiten wie Tomatenfüllung (Abschn. 4); statt Tomaten **Zucchetti** (grössere geschält) in Scheiben od. Würfelchen geschn. u. evtl. 50–100 g kleine Schinken- od. Wurstwürfelchen mit einfüllen.

6. Quarkfüllung:

500 g Speisequark 2 Eier, Salz, Muskat — evtl. Kräuter, gedämpft
2½ dl Milch od. halb Rahm evtl. 50 g Speckwürfelchen od. etwas Kümmel

Die Milch unter Rühren zum Quark mischen, die verklopften Eier und evtl. die gebratenen Speckwürfelchen oder Kümmel beigeben. Nach Geschmack würzen.

Teige

Allgemeines: Es gibt verschiedene **Teigarten,** je nach Zutaten und Verwendung.
1. Mürbe Teige (fetthaltig), eingerührt od. gerieben (für Pasteten, Wähen, Kuchen, Kräpfchen usw.)
2. Nudel- und Strudelteig — **3.** Blätterteig und -ersatz — **4.** Brühteig (für süsses und gesalzenes Gebäck) — **5.** Ausbackteig (für Gemüse, Fleisch, Fisch usw. sowie für Früchte) — **6.** Hefeteige.

Zutaten, a) Mehl: frisches Weiss- oder Halbweissmehl, am besten gesiebt, wodurch die Teige luftiger werden. — Wenn in den Rezepten nichts Spezielles vermerkt ist, wird für feinere Teige immer Weissmehl, sonst auch halbweisses verwendet. Mit **Vorteil** wird das Weissmehl zur Aufwertung mit **Biopharin** vermischt (ca. $1/10$ des Mehlquantums) und zugleich $1/10$ **mehr Fett** (Nussella od. Butter) beigegeben.

b) Frische Butter, evtl. Margarine (I. Qual.) vor allem für mürben Kuchen- und Blätterteig und für Konfekt. — Als Fett feste Pflanzenfette (Ambrosia, Nussa oder Nussella), f. spez. Teige ein gutes Öl (Ambrosia) sowie Sonnenblumen-, evtl. Maiskeimöl.

Regeln für die Zubereitung von Teigen 913

Geräte: Zum **Mischen** der Teige eine Schüssel mit rundem Boden und eine glatte, sog. Teigkelle, evtl. Teigschaber. — Zum **Auswallen:** Teigbrett (aus Ahorn) oder Tisch mit einem neuzeitlichen Belag (Textolite, Scobalit usw.), die auch leicht zu reinigen sind. Das Wallholz soll sich leicht rollen lassen und ganz glatt sein. — Zum Arbeiten ist **kühle Temperatur** günstig, vor allem für besonders fetthaltige Teige.

1. **Mischen** und evtl. **reiben:** leicht und rasch, damit der Teig zart wird. Ihn evtl. noch **kneten,** jedoch nur mit dem Handballen (nicht mit den Fingern).
   Der Druck der Hand soll weich u. elastisch sein, da der Teig sonst hart u. zäh werden kann.
   Bei **eingerührter** Zubereitung nur geschmolzenes, nie heisses Fett (Butter usw.) verwenden, da der Teig sonst nicht zart wird.

2. **Ruhen**-lassen des fertigen Teiges an kühlem Ort, mindestens 20 Min., bis er fest geworden ist. — Will man einen Teig länger liegen lassen, dann in Alu-Folie, in beöltes Papier oder in ein feuchtes Tuch einwickeln, damit er nicht austrocknet!

3. **Auswallen:** Tisch und Wallholz leicht mit Mehl bestäuben. — Dem Teig durch gleichmässigen, weichen Druck des Wallholzes die gewünschte Grösse und Form geben. — Möglichst wenig Mehl verwenden (nur so viel, um ein Ankleben des Teiges zu verhindern), sonst wird der Teig trocken und hart! Mürbe Teige, die leicht kleben, beim Auswallen mit einem **Pergamentpapier** belegen.

914   **Backen im Ofen** (bei Elektro- und Gasherden)

Die Hitze im Backofen ist, je nach Herdsystem, durch zwei Schalter (von **1–4** oder **1–8**) regulierbar in **Unter-** und **Oberhitze** (= **U** und **O**) oder ein Schalter heizt zugleich unten und oben (spez. bei Gasherden). — Die Hitzegrade sind je nach Backgut in verschiedener Stärke nötig. In der Regel brauchen Teige (besonders gefüllte) intensivere Unter- als Oberhitze. Wünschenswert wäre ein einheitliches Schaltersystem, am besten mit Grad-Angaben und Thermostat. Solange dies noch nicht überall eingeführt ist, halte man sich an die folgenden üblichen Bezeichnungen.

1. **Schwache Hitze:** spez. für Gebäck, das mehr trocknen als backen soll, bei zwei Schaltern = U auf -1 und O auf -1, bei den andern auf **2–3** schalten = ca. **130°–180°**.
2. **Mittelhitze:** für Brühteig, Aufläufe, Torten, Biscuits, Konfekt, Hefegebäck bei zwei Schaltern = U auf 2–3 und O auf -2, bei den andern auf **4–5** schalten = **180°–200°**.
3. **Gute** bis **starke Hitze:** für Blätter-, mürbe und andere stark fetthaltige Teige bei zwei Schaltern = U auf 4 und O auf 3–4, bei den andern auf **6–7** einstellen je nach Reglerstellung auch höher) = **200–250°**, für sehr starke Hitze **bis 275°** (max. 350°).

NB. Gebäck, das zu früh braun wird, mit nassem oder bebuttertem Papier bedecken!

---

915   **Zubereitung von geriebenem Teig**   (Pâte brisée)   Grundregel

Zutaten je nach Angabe im Rezept, in der **Regel** halb so viel Fett wie Mehl verwenden.

1. Das **Mehl** in eine Schüssel sieben, **Butter** oder **Fett** in kleinen Stückchen zum Mehl geben und zusammen von Hand leicht **reiben,** bis alles gleichmässig flockig aussieht. In der Mitte des Mehles eine Vertiefung machen. — Bei Teigen mit besonders **viel Fettzugabe** (Quark-, Mürbeteig sowie Konfektteig usw.) die Masse nicht von Hand reiben, sondern mit stumpfem Messer bearbeiten. — Hartes Fett direkt zum Mehl raffeln.
2. Die **übrigen Zutaten** (je nach Rezept) in die Vertiefung geben und mit der Mehlmasse vermischen (mit der Teigkelle).
3. **Kneten** des Teiges auf dem Tisch, leicht und rasch, bis er glatt ist und nicht mehr klebt. — Zum Kneten möglichst wenig Mehl verwenden!
4. **Ruhen lassen** an der Kälte (mindestens 15 Min.). — **Aufbewahren:** s. NB. v. Nr. 916.

916   **Zubereitung von eingerührtem Teig**   (Pâte au beurre fondu)   Grundregel

Vorteil: rasche und **einfachere** Zubereitung für die meisten Teige, die sonst auch «gerieben» zubereitet werden. — **Zutaten** je n. Angabe im Rezept (in der **Regel** halb so viel Fett wie Mehl verwenden).

1. Das **Mehl** in eine Schüssel sieben.
2. **Butter** oder **Fett** schmelzen (d. h. flüssig, jedoch nicht warm werden lassen) und mit den **übrigen Zutaten** (kaltes Wasser, Salz usw.) ins Mehl einrühren (mit Teigkelle) und leicht mischen, bis der Teig gleichmässig glatt ist (nicht kneten). **Wichtig:** zu stark erwärmte Butter (od. Fett) machen den Teig hart!
3. **Ruhen lassen** an der Kälte, bis der Teig fest ist (mindestens 20 Min.).

Aufbewahren möglichst kühl, eingewickelt in Alu-Folie, Butterpapier oder in ein feuchtes Tüchlein damit er nicht austrocknet. — Weitere **Regeln** für Teig-Zubereitung s. **Nr. 913.**

Eingerührter Teig   (Pâte au beurre fondu)   5-Minuten-Teig   917

Verwendung: zu Pasteten, Kuchen, Wähen (mittlere Grösse), Kräpfchen usw.
250 g Weissmehl, gesiebt — 100 g Fett oder Butter, flüssig — 1 dl kaltes Wasser, ½ Essl. Salz
Zubereitung des Teiges **eingerührt** nach **Nr. 916.** — An der **Kälte** ruhen lassen, mind. **20 Min.** — Einfaches Gebäck lässt sich auch mit Halbweissmehl zubereiten (siehe auch NB. von Nr. 918) od. zum Teig Biopharin verwenden (d. h. 25 g auf 225 g Mehl, und 25–40 g mehr Fett (s. Teige, Allgemeines S. 319). 
NB. Spez. **mürbe** Teige s. Nr. 925–926a. — **Grüner** eingerührter Teig (f. Kräpfchen, Krustaden u.ä.): Das **Wasser** z. Teig mit **Kräutern** (1–2 Handvoll) mixen.

Einfacher Kuchenteig   (Pâte simple)   gesalzen oder süss   918

Verwendung: zu Wähen, Kräpfchen, einfachen Kuchen.

I. Art
- 250 g Halbweiss- od. Weissmehl
- 50 g Kochfett, flüssig
- 4 Essl. Öl — ½ Essl. Essig
- 1 dl Wasser, ½ Essl. Salz

II. Art (süss)
- 250 g Halbweiss- od. Weissmehl
- 70 g Kochbutter od. Fett, flüssig
- 6 Essl. saurer Rahm, 30 g Zucker
- ¾ dl Wasser, ½ Essl. Salz

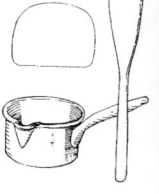

Zubereitung des Teiges **eingerührt** nach **Nr. 916.**
NB. Teige mit Halbweiss- oder Vollmehl werden mürber mit **Fett** zubereitet (statt mit Butter) z. B. mit Ambrosia-Tafelfett od. -öl, Nussa, Nussella usw., evtl. auch mit etwas Schweinefett.

Hefe-Wähenteig   (Pâte levée — Weggliteig)   I. und II. Art   919

Verwendung: für Wähen, Kräpfchen, Schinkengipfel, Pizza usw.
250 g Mehl — 5–10 g Hefe, ca. 1½ dl Milch u. Wasser — 50 g Butter oder Fett (flüssig) evtl. 2 Essl. Öl, ½ Essl. Salz — evtl. 1 Ei
I. Art: Zubereitung des Teiges **eingerührt** nach **Nr. 916.** — Die **Hefe,** mit der **lauwarmen Flüssigkeit** angerührt, beimischen. — Den fertigen Teig an leichter Wärme etwas gehen lassen (mit feuchtem Tüchlein od. Alufolie bedeckt).
NB. Wird der Teig nicht sofort verwendet, dann an **kühlem Ort** aufbewahren, damit er nicht treibt.
II. Art: Zum Teig nur 200 g Mehl und evtl. weniger Fett verwenden, jedoch 150 g erkaltete **Schalenkartoffeln,** fein gerieben, beigeben.

Kartoffelteig   (Pâte aux pommes de terre) I. und II. Art   920

Verwendung für gesalzene Wähen Nr. 784, Kräpfchen, evtl. Pizza
150 g Weissmehl — 150–200 g Schalenkartoffeln — 100–150 g Fett, Butter od. z. Teil Öl — 1 Teel. Salz, evtl. Muskat. — **II. Art:** z. Teig noch 2 Essl. Sojamehl od. Biopharin u. 50 g Quark verwenden.
Zubereitung: Das Mehl in die Schüssel sieben, die kalten Kartoffeln dazu reiben. Das flüssige (nicht warme) Fett, Salz und Muskat beigeben. Mischen mit der Kelle, leicht und rasch, bis der Teig zusammenhält.
NB. Kartoffelteig am besten sofort verwenden, ebenso das fertige Gebäck.

Quark-Blätterteig   (Pâte au fromage blanc)   921

Verwendung: für Pasteten, Kräpfchen, Kuchen, kleines süsses Dessert – sowie Salzgebäck usw.
150 g Weissmehl — ⅓ Essl. Salz — 150 g Rahmquark, s. NB. — 120–150 g Butter oder Fett
Zubereitung: Das Mehl in die Schüssel sieben. Salz, Quark und Butter (oder Fett)

dazugeben. Den Teig mit einem Tischmesser bearbeiten (nicht von Hand), bis er sich zusammenballt und gleichmässig aussieht. — Wenn möglich einige Stunden **an der Kälte** ruhen lassen.

NB. Am besten sog. Rahm-, nicht Speisequark verwenden. Für süsses Gebäck soll er ganz frisch (noch nicht säuerlich) sein. — Nach Belieben dem Teig noch **2–4 Touren** geben (wie bei Blätterteig Nr. 924).

922 Sauerrahmteig   (Pâte feuilletée simple)   Ersatz für Blätterteig

Verwendung: für feine Gemüse-, Pilz- oder Fleischpasteten, Fruchttorten, Ziegerkrapfen, kleines süsses Dessert- sowie Salzgebäck usw.

I. Art	270 g Weissmehl, ½ Essl. Salz 125 g Butter — 2 dl saurer Rahm ½ Essl. Essig oder Kirsch	**II. Art**	250 g Weissmehl, ½ Essl. Salz 180 g Butter od. Margarine ¾ dl saurer Rahm, ½ Essl. Essig

Zubereitung eines **eingerührten** Teiges nach **Nr. 916**. — Besonders blättrig wird Sauerrahmteig durch folgende Bearbeitung: **a)** Den Teig in drei gleiche Stücke schneiden. Jeden Teil für sich gross und dünn auswallen. Die drei Teigstücke aufeinander legen und von allen Seiten her zusammenschlagen, in ein Pergamentpapier einwickeln. Bis zum andern Tag an der **Kälte** ruhen lassen. Dann beliebig auswallen und verwenden. — **b)** Dem fertigen Teig 2–4 Touren geben wie bei Blätterteig **Nr. 924**.

923 Schnellblätterteig   (Fausse pâte feuilletée)

250 g Weissmehl, ½ Teel. Salz — 180–300 g Butter oder Margarine — 2–4 Essl. Wasser, ½ Essl. Essig

Zubereitung und **Verwendung** siehe Quarkteig Nr. 921.

924 Blätterteig   (Pâte feuilletée)

Verwendung: für einen Vol-au-vent, Blätterteigrand oder ca. 12 Pastetchen (bouchées) usw.

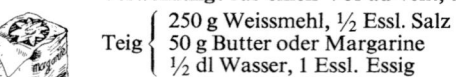

Teig	250 g Weissmehl, ½ Essl. Salz 50 g Butter oder Margarine ½ dl Wasser, 1 Essl. Essig	**z. Einschlagen**	200 g frische Butter (kalt und fest) oder Margarine I. Qualität

Bedingung: Kühler Raum, kalte Zutaten (im Sommer sind Kühlschrank oder Eis unerlässlich). — Blätterteig mindestens 1 Tag vor Verwendung herstellen. — Gewähr für gutes Gelingen: sorgfältiges und geschicktes Arbeiten und etwas Übung!

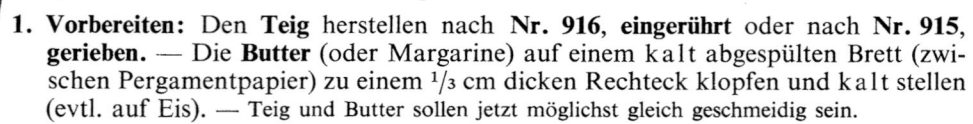

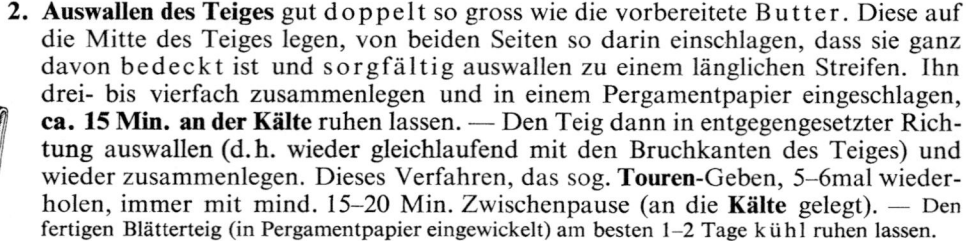

1. **Vorbereiten:** Den **Teig** herstellen nach **Nr. 916, eingerührt** oder nach **Nr. 915, gerieben.** — Die **Butter** (oder Margarine) auf einem kalt abgespülten Brett (zwischen Pergamentpapier) zu einem $1/3$ cm dicken Rechteck klopfen und kalt stellen (evtl. auf Eis). — Teig und Butter sollen jetzt möglichst gleich geschmeidig sein.

2. **Auswallen des Teiges** gut doppelt so gross wie die vorbereitete Butter. Diese auf die Mitte des Teiges legen, von beiden Seiten so darin einschlagen, dass sie ganz davon bedeckt ist und sorgfältig auswallen zu einem länglichen Streifen. Ihn drei- bis vierfach zusammenlegen und in einem Pergamentpapier eingeschlagen, ca. **15 Min. an der Kälte** ruhen lassen. — Den Teig dann in entgegengesetzter Richtung auswallen (d.h. wieder gleichlaufend mit den Bruchkanten des Teiges) und wieder zusammenlegen. Dieses Verfahren, das sog. **Touren**-Geben, 5–6mal wiederholen, immer mit mind. 15–20 Min. Zwischenpause (an die **Kälte** gelegt). — Den fertigen Blätterteig (in Pergamentpapier eingewickelt) am besten 1–2 Tage kühl ruhen lassen.

3. Bei **Verwendung** den fertigen Blätterteig beliebig auswallen je nach Angabe im Rezept. — Ihn scharf schneiden oder ausstechen, da die verschiedenen Teigschichten sonst verzogen und verklebt werden. Vor dem Backen möglichst nochmals an die Kälte stellen. — Beim **Bestreichen mit Eigelb** darauf achten, dass ringsum ein ca. 1 mm breiter Rand freibleibt (sonst klebt der Teig zusammen und kann nicht mehr aufgehen!). Das Backblech für Blätterteig kalt abspülen (nicht befetten) od. vor dem Backen mit etwas Wasser bespritzen.
4. **Backen** in guter Hitze. — Nichts anderes gleichzeitig im Ofen backen und anfangs möglichst nicht öffnen.

NB. Aufbewahren von Blätterteig (in Pergamentpapier eingewickelt) einen oder mehrere Tage an der Kälte. — **Reste** von Blätterteig nicht zusammenkneten, sondern aufeinanderlegen zum Auswallen, da das Gebäck sonst nicht mehr blätterig wird. (Diese **Regeln** gelten auch für gekauften oder für Ersatz-Blätterteig.)

Timbalteig (Pâte à pâté et timbale)   spez. Mürbeteig   925

Verwendung: für Gemüse-, Pilz- und Fleischtimbal oder kleine Pastetchen (Teigschälchen).
150 g Weissmehl — 70 g Butter, flüssig — ½ Teel. Salz, 2 Essl. Wasser, 2 Essl. Öl — 1 kleines Ei
Zubereitung eines **eingerührten** Teiges nach **Nr. 916**. — Den Teig ruhen, jedoch nicht steif werden lassen.

Krustadenteig   (Pâte à croustades)   926

Verwendung: für Krustaden (grosse od. kleine) Nr. 903 und 904 oder kleine Pastetchen (ca. 20 Stück).
150 g Weissmehl — 30 g Butter, flüssig — 1 Essl. Öl — ½ dl Wasser — ⅓ Teel. Salz — 1 Eigelb
Zubereitung eines **eingerührten** Teiges nach **Nr. 916**.

Mürbeteig, gesalzen   (Pâte brisée fine au sel)   926a

Verwendung: spez. für kleine Pastetchen (Teigschälchen), Kräpfchen, Salzgebäck u. ä. m.
250 g Weissmehl, gesiebt — 160 g Butter, Kochfett od. Margarine, flüssig — 1 Eigelb, ⅓ dl Wasser, ½ Teel. Salz
Zubereitung des Teiges **eingerührt** nach **Nr. 916**. — Ruhen lassen an der **Kälte** mind. ½ Std. — Evtl. dem Teig noch 25 g **Biopharin** beimischen (s. Allgemeines S. 319).

Mürbeteig, süsser   (Pâte brisée fine au sucre)   927

Verwendung: für feine Obstkuchen (mittlere Grösse) oder ca. 25 Törtchen (s. NB.)

250 g Weissmehl — 150–200 g Butter   2 Eigelb od. 1 Ei — 2–3 Essl. Rahm (evtl. Rum)
30–50 g Zucker — 2 Pr. Salz   etwas Zitronenschale, abgerieben

a) Zubereitung des Teiges, **geriebenen** nach **Nr. 915** (evtl. **eingerührt** nach **Nr. 916**). Während ca. 15 Min. kaltstellen.

b) Zubereitung, gerührt: Die Butter schaumig rühren, dann alle übrigen Zutaten mit Ausnahme des Mehles dazugeben und einige Minuten mitrühren. Das Mehl gesiebt dazumischen. — Den Teig, je nach Verwendung, an der Kälte fest werden lassen.

NB. Der gebackene Teig kann nach dem Füllen sofort serviert werden. Durch längeres Stehen mit einer Füllung wird er jedoch bald weich (siehe auch Bemerkung von Nr. 928). Mürbeteig ohne Zucker lässt sich zu **gesalzenem Teegebäck** verwenden, s. auch Mürbeteig, gesalzen Nr. 926a.

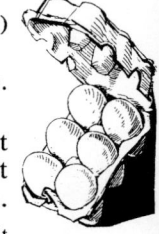

928   **Teig für Früchtekuchen, sog. Zuckerteig**   (Pâte sucrée)   I. oder II. Art

Verwendung: für Fruchtkuchen (z. B. Erdbeerböden), die nicht sofort serviert werden, da der gefüllte Teig auch bei längerem Stehen nicht durchgeweicht wird (bes. bei der Zubereitung n. II. Art).

I. Art
- 150–180 g Butter, 1 Pr. Salz
- 120 g Zucker, Zitrone, abgerieben
- 2–4 Eigelb od. 1–2 Eigelb und 1 Ei
- 250 g Weissmehl od. 1 Teil Biopharin (25 g)

II. Art
- 250 g Weissmehl, evtl. 1 Msp. Backp.
- 150 g Butter, 1 Pr. Salz
- 150 g Zucker, Zitrone abgerieben
- 1–2 Eier, evtl. 1 Msp. Zimt

I. Art: Zubereitung eines schaumig **gerührten** Teiges wie bei Mürbeteig **Nr. 927** (b). — Die Verwendung des grösseren Quantums Butter und Eigelb machen diesen Teig besonders mürb!

II. Art: Zubereitung eines **geriebenen** Teiges nach **Nr. 915**, ihn jedoch nicht kneten.

929   **Nudel- oder Ravioliteig**   (Pâte à nouilles)

Verwendung: für Nudeln, Ravioli, Lasagne usw. — Der Teig reicht für ca. 6 Dtz. Ravioli.

Teig: 300 g Weissmehl — verklopft: 5 Essl. Wasser, ½ Essl. Salz, 1–2 Eier, ½ Essl. Öl
Grüner Nudelteig: mit 3–4 Essl. Spinat, abgekocht, fein passiert oder puriert (statt Wasser).

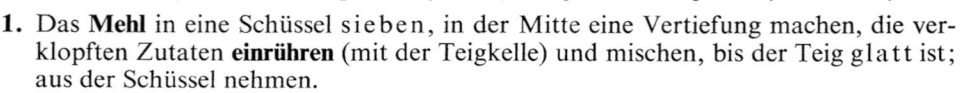

1. Das **Mehl** in eine Schüssel **sieben**, in der Mitte eine Vertiefung machen, die verklopften Zutaten **einrühren** (mit der Teigkelle) und mischen, bis der Teig glatt ist; aus der Schüssel nehmen.
2. **Kneten** des Teiges (zuerst mit dem Teigschaber) mit möglichst wenig Mehl, leicht und rasch, bis er ganz glatt und **elastisch** ist.
3. **Ruhen lassen** unter einem **erwärmten** Schüsselchen, ca. 20 Min. (für längere Zeit mit Alu-Folie überdeckt).
4. **Zum Verwenden** den Teig **auswallen,** bis er **nudeldünn** ist (ca. 1 mm).

930   **Strudelteig**   (Pâte à stroudel)   für 1 grossen oder 2 kleine Strudel

Teig: 300 g Weissmehl, gesiebt — verklopft: 1½ dl Milch, 2 Essl. Öl, 1 Ei, ½ Essl. Salz
Zubereitung wie Nudelteig **Nr. 929**, ihn noch einigemal tüchtig schlagen, bis er recht elastisch ist. — Den Teig bis zur **Verwendung** ruhen lassen unter erwärmtem Schüsselchen (für längere Zeit mit Alufolie überdeckt).

931   **Ausbackteig**   (Pâte à frire)   Eier- und Bierteig

Verwendung für Gemüse-, Fleisch- und Obstküchlein sowie für Fische.

I. Art mit Ei
- 150 g Mehl
- 1 dl Milch — 1 dl Wasser
- ½ Essl. Öl, ½ Essl. Salz
- 1–2 Eigelb — 1–2 Eiweiss (Schnee)

II. Art mit Bier
- 150 g Mehl
- 2 dl Bier (evtl. Wein od. Most)
- 1 Essl. Öl, ½ Essl. Salz
- evtl. 1 Eiweiss (z. Schnee) s. NB.

Die **Zutaten** (ohne das Eiweiss) in der angeführten Reihenfolge in eine kleine, tiefe Schüssel geben, dann **rühren** mit dem Schneebesen, bis der Teig glatt ist.
Teig I. Art etwa ½ Std. zugedeckt stehen lassen. — Ausbackteig soll so dick sein, dass er an einem eingetauchten Löffel hängen bleibt. — Die **Eiweiss** erst vor Verwendung des Teiges zu Schnee schlagen und darunterziehen.

NB. Bei der I. Art: evtl. Eigelb durch 1–2 Essl. Sojamehl ersetzen. — Für Gemüse dem Teig nach Belieben 30 g geriebenen **Käse** beigeben, für Fleisch fein gehackte **Kräuter**. — **Bierteig** eignet sich speziell für Fische, Kalbskopf usw., sowie für Apfel- und andere Obstküchlein (zu letzteren den Teig etwas versüssen). — Bierteig wird auch ohne Eierschnee knusprig und gut.

Brühteig oder Brandteig   (Pâte à chou)   Grundregel   932

Verwendung für Ofenküchlein, verbrühte Kugeln, Carolines, Käse- od. Kräutergnocchi usw.

| Quantität je n. Rezept | Weissmehl — Wasser Salz (evtl. Muskat) Butter (evtl. Fett) | weitere Zutaten n. Rezept | Eier und Zucker oder Eier und Käse, Kräuter oder Schinken usw. |

1. Das Mehl auf ein weisses Papier **sieben**.
2. In einem Pfännchen Wasser, Salz und Butter (evtl. Fett) zusammen **aufkochen** und das Mehl «im Sturz» beigeben, d. h. es direkt vom Papier in die siedende Flüssigkeit schütten und den Teig auf kleinem Feuer **tüchtig klopfen** (mit Teigkelle), bis er **glatt und glänzend** ist und sich von der Pfanne löst; vom Feuer nehmen.
3. Die Eier gut verquirlen und mit der weitern Zutat vermischt (je nach Angabe im Rezept) nach und nach unter **tüchtigem Klopfen** dem Teig beigeben.

Weitere Zubereitung (**Formen:** usw.) siehe betr. Rezepte

Kartoffeln

Allgemeines: Die frischen Kartoffeln enthalten 20 % Kohlehydrate, 1,5 % hochwertige Eiweisse mit ihren Baustoffen (Aminosäuren), 0,1 % Fett, ca. 75 % Wasser sowie reichlich Mineral- und Schutzstoffe (vor allem Vitamin C!), s. Kapitel über die Ernährung. Dank ihrer hervorragenden Eigenschaften, des billigen Preises und ihrer vielseitigen Verwendungsmöglichkeit ist die Kartoffel ein **äusserst wertvolles Nahrungsmittel,** ohne das sich die heutige Küche nicht mehr denken lässt.
Bei richtiger Zubereitung bilden Kartoffeln und Kartoffelgerichte eine vollkommene und wertvolle Ergänzung von Salaten, Gemüsen, Käse, Milch, Eiern sowie von Fleisch und Fisch.

Einkauf für grösseren **Vorrat** z. Einkellern (in städt. Verhältnissen nur noch beschränkt möglich): Die Kartoffeln sollen **gesund, trocken** und von der Erde gesäubert sein. — Kartoffel-**Sorten:** mit **rötlicher** Schale z. B. Désirée und Urgenta (mehr für Suppen, Purées usw.), spez. **gelbfleischige** wie die Hauptspeisesorte **Bintje** (gelbe Mäuse), dann Sirtema (eine Frühsorte, nicht z. Lagern), Patrones (mehliger als Bintje) u.a. Diese Sorten eignen sich gut zum Braten und Backen, aber auch für alle anderen Gerichte.

Aufbewahren an einem luftigen, kühlen und vor allem dunklen Ort. — Kühle und Dunkelheit verhindern das **Keimen** der Kartoffeln, deren Genuss schädlich ist und sogar Vergiftungserscheinungen hervorrufen kann. Auch vor **Frost** sind die Kartoffeln zu schützen: die Kartoffelstärke verwandelt sich in Zucker, daher schmecken gefrorene Kartoffeln süss. Um sie noch verwerten zu können, lässt man sie langsam auftauen (gebraten schmecken sie noch am besten). — Da heute vielerorts eine Vorratsmöglichkeit fehlt, sind günstige **Kleinpackungen** von Kartoffeln (auch gewaschen) im Handel. Ausserdem erleichtern bei Zeitmangel, für spez. kleine Portionen usw., vakuumverpackte und pfannen- oder tischfertige sowie tiefgekühlte Kartoffelgerichte deren Zubereitung (z.B. **Knorr-**Stocki, **Maggi-**Rösti, dann Pommes chips, Pommes frites u. a. m.).

Schälen und Zubereiten der Kartoffeln   933

Waschen der Kartoffeln, gründlich mit Hilfe von Bürste, Kupferlappen (od. ähnlichem) und **schälen,** jedoch so **dünn** als möglich mit dem Spar- oder Kartoffelschäler; **neue** Kartoffeln nur schaben. — Grüne oder angesteckte Stellen sowie die «Augen»

(Keimstellen) entfernen. — Geschälte Kartoffeln sofort **in kaltes Wasser legen,** um das Braunwerden zu verhüten. — Muss man die Kartoffeln länger geschält liegen lassen, dann unzerschnitten in kaltes Wasser geben oder mit nassem Tuch (evtl. Plastik) überdecken. — Zur Erhaltung der Nährstoffe die Kartoffeln möglichst oft **ungeschält** zubereiten oder gekocht schälen. (Das Nicht-Schälen bringt ausser dem Gewinn an Nährwert auch Zeitersparnis.)

Zubereitungsarten (zur **Garprobe** prüfen mit Messerchen):

1. Kochen im Dampf, geschält oder ungeschält. — (Nur alte Winterkartoffeln und für spezielle Gerichte in Wasser aufsetzen, s. Salzkartoffeln Nr. 935.) — Zu **Purée:** Die Kartoffeln noch heiss und in kleinen Portionen durch das Sieb drücken. — Praktisch sind Kartoffelpresse und Passe-tout. (Bei unzweckmässigen Sieben entsteht ein grauer, kleisteriger Brei!) Eventuelles **Kartoffelwasser** zum Ablöschen von Suppen verwenden.

2. Dämpfen oder **Dünsten** allein oder mit Gemüsen usw.

3. Braten oder **Backen** in ungebrauchtem heissem Fett oder Öl.

934 Schalenkartoffeln, gekocht (Pommes de terre en robe de chambre – Pellkartoffeln)

1½–3 kg Kartoffeln (gleichmässig gross) — 10–15 g Salz, evtl. 1–2 Essl. Kümmel

Pfanne mit passendem Siebeinsatz und gut schliessendem Deckel, ein Gemüsedämpfer oder ein Dampfkochtopf. — **Waschen** der Kartoffeln, gründlich, mit Bürste (s. unter Nr. 933).

Aufsetzen: Die Pfanne bis zum Siebboden mit Wasser füllen. Die Kartoffeln auf das Sieb geben, lagenweise mit Salz und evtl. Kümmel überstreut, gut zudecken. **Kochzeit im Dampf : 20–60 Min.** (grosse und alte Kartoffeln evtl. länger od. sie halbiert kochen). — Kochen im Dampfkochtopf (mit Sieb) nach Vorschrift, **8–10 Min.** (siehe **Nr. 1758**).

Servieren: a) Als Einzelgericht mit Butter und Käse, Quark-, Senf-, Kräuter- oder Kapernsauce, sowie mit Salaten, oder **gefüllt** mit dicker Meerrettich- oder Quarksauce (Nr. 601 und 602), evtl. gespritzt (siehe Bild auf Tafel 22).

b) Als Beigabe zu Fleischgerichten mit viel Sauce, zu Fleischhaché, zu einfacheren Fischplatten usw.

NB. Schalenkartoffeln **auf Vorrat:** Der langen Kochzeit wegen kocht man mit Vorteil grössere Portionen auf einmal. Sie lassen sich ungeschält sehr gut einige Tage aufbewahren (sie sind auch so zu kaufen). — **Verwendung** kalter Schalenkartoffeln: für Rösti, Kartoffelsalat, Klösse, Küchlein usw. — In Ermangelung eines Siebeinsatzes auf den Boden der Pfanne einen umgekehrten Aluminiumteller geben. — **Kartoffeln** Allgemeines, siehe Seite 325.

935 Salzkartoffeln (Pommes de terre à l'anglaise) I. und II. Art

1–1½ kg Kartoffeln, 1 Essl. Salz — evtl. Grünes, 20 g Butter od. geröst. Zwiebeln (Nr. 588)

Schälen der Kartoffeln (nach Nr. 933), je nach Grösse in 2–4 Stücke oder in kleinere Würfel, evtl. in ca. 2 cm dicke Stängelchen schneiden.

I. Art, Kochen im Dampf: Aufsetzen der Kartoffeln im Sieb des Gemüsedämpfers über warmem Wasser. Leicht salzen, durchschütteln, gut zudecken. — **Kochzeit 20–40 Min.**

Garprobe: Beim Einstechen mit der Messerspitze sollen die Kartoffeln bis innen weich, jedoch nicht zerfallen sein. — **Anrichten** und evtl. mit gehacktem Grün oder gerösteten Zwiebeln bestreuen oder mit heisser Butter abschmelzen.

II. Art, Kochen im Wasser: Aufsetzen mit soviel gut warmem Wasser, dass es die Kartoffeln knapp deckt, salzen, rasch **weichkochen** während **15–30 Min.** — Zum **Verdampfen** das Kochwasser mit Hilfe des Deckels vollständig abgiessen und

die Kartoffeln auf dem Feuer abgedeckt leicht aufschütteln, bis sie **mehlig** aussehen.
Da die Kartoffeln bei dieser Zubereitungsart am ehesten von ihrem Gehalt verlieren, sollten sie nur für spezielle Gerichte so gekocht werden (z. B. für Croquettes usw.). — Das Kartoffelwasser möglichst immer verwenden.

Fischkartoffeln   (Pommes au vapeur)   als **Garnitur** auf Tafel 26 u. 27   **936**

Zubereitung wie Salzkartoffeln im **Dampf** (auf dem Sieb) gekocht n. **Nr. 935**. — **I. Art:** Kleine runde od. längliche Kartoffeln (auch Fischli- od. Maltakartoffeln) verwenden. **II. Art.** Geschälte Kartoffeln speziell **formen: a)** Schnitze schneiden und aus diesen kleine ovale Kartöffelchen. — **b)** Mit einem **gerippten** Gemüsemesser Scheiben oder Stängelchen schneiden. — **c)** Aus grossen Kartoffeln mit einem Spezial-Aushöhler von 2–3 cm Ø **Kügelchen** ausstechen.  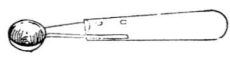
Die **Kartoffelabfälle** (im Wasser mitgekocht) zu Suppe, Kartoffelschnee, Küchlein usw. verwenden.

Kartoffelschnee   (Pommes de terre en neige)   **937**

Salzkartoffeln Nr. 935 (I. od. II. Art) — evtl. Grünes 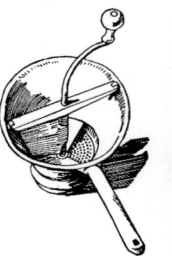
Die Kartoffeln möglichst sofort nach dem Weichkochen direkt **locker** auf eine erwärmte Platte passieren (mit Kartoffelpresse oder Passe-tout); evtl. mit gehacktem Grün bestreuen.

NB. Kartoffelschnee soll weiss und luftig sein. Er eignet sich auch als **Ersatz** für Kartoffelstock (z. B. im Sommer, wenn nur neue, noch wässrige Kartoffeln erhältlich sind). **Servieren** zu kräftigen Fleischgerichten mit viel Sauce (Rindsbraten, Ragout, Pfeffer usw.). Für dieses Gericht evtl. auch Schalenkartoffeln verwenden: sie **heiss** schälen, sofort durchpressen. — Kartoffelschnee ist **leicht** verdaulich, deshalb auch gut geeignet für die **Krankenküche** und für **Diät**.

Kartoffelstock   (Purée de pommes de terre)   I. und II. Art   **938**

Salzkartoffeln Nr. 935 — 4–6 dl Milch — Salz, Muskat — evtl. 3–6 Essl. Rahm oder 50 g Butter 
Geeignete Pfanne zum Rühren des Purées: grosse Stielpfanne aus säurefreiem Stahl oder Email (evtl. Aluminium, siehe NB.).

I. Art: Die **Kartoffeln sofort** nach dem Weichkochen passieren (mit Kartoffelpresse oder Passe-tout) am besten **direkt** in die Pfanne. — (Bis zum Verwenden zudecken, damit der Kartoffelschnee auf der Oberfläche nicht antrocknet!)

Die **Milch** aufkochen und nach und nach unter das Purée mischen, dann auf kleinem Feuer tüchtig **schwingen**, bis der Kartoffelstock ganz **heiss**, weiss und schaumig ist. Wenn nötig noch würzen mit Salz und etwas Muskat. Evtl. **verfeinern** mit Rahm oder Butter. — **Anrichten** in eine warme Schüssel, evtl. glattstreichen und **garnieren** (mit Gabel, Tischmesser oder Spritzsack). — Kartoffelstock möglichst kurz vor dem Anrichten fertig machen, da er durch Stehenlassen antrocknet und unansehnlich wird (evtl. mit nassem Papier bedecken). — Am luftigsten wird Kartoffelstock mit dem **Schneebesen** gerührt. (In einer Aluminiumpfanne jedoch eine Lochkelle benützen, da das Purée sonst grau wird!)

II. Art. Vereinfachte Zubereitung: — spez. günstig zur Zeitersparnis und für kleine Portionen, sowie zur Zubereitung in einem **Rührwerk** (im Geschmack etwas weniger fein).
Die rohen, in Würfel geschnittenen Kartoffeln, mit halb **Milch**, halb **Wasser** knapp bedeckt, aufsetzen, salzen und weichkochen. **a) Passieren** samt der nicht eingekochten Flüssigkeit, — **b)** mit einem spez. **Stössel** (direkt in der Pfanne) gut zerdrücken, —

c) das Ganze in der **Küchenmaschine purieren**. — Möglichst rasch arbeiten, damit das Purée nicht abkühlt! — Zuletzt gut durchschwingen, evtl. noch würzen und verfeinern mit Rahm oder Butter.

NB. Als **Krankenspeise** evtl. 1 Eigelb od. Eiweiss (geschlagen) unter das Purée mischen. Neue Kartoffeln ergeben einen wässerigen, körnigen Kartoffelstock. (Bes. kräftig wird er aus Schalenkartoffeln. Diese heiss schälen und sofort durchpressen!) — **Reste** von Kartoffelstock zu Suppe, Auflauf usw. verwenden, siehe auch Rezepte Nr. 940, 964 und 1764 (Abschnitt 7).

939 Grüner und roter Kartoffelstock (Purée de pommes de terre colorée)

Verwendung als hübsche **Garnitur** von Fleischplatten, evtl. mit weissem Purée zusammen.
Zubereitung wie Kartoffelstock **Nr. 938**, für **grünes** Purée eine Tasse voll sehr fein gehackten (oder mit etwas Rahm gemixten) Spinat oder Kräuter beimischen, für **rotes** 1–2 Essl. Tomatenpurée und 1 Msp. Paprika mit etwas Rahm verrührt.

940 Kartoffelstock mit Eiern oder Tomaten (Purée de pommes aux œufs)

Reste von Kartoffelstock, 1–2 dl Milch od. Rahm — pro Person: 1 Ei (s. NB.), Salz, Pfeffer

Den Kartoffelstock mit Milch oder Rahm unter Rühren erhitzen. Das Eiweiss von den Eigelb trennen, zu Schnee schlagen, darunterziehen. **Einfüllen** in eine bebutterte Gratinform. Mit nassem Löffel eine leichte Vertiefung machen für die Eigelb, diese vorsichtig hineingeben, würzen. — **Backen** im Ofen, bis die Eigelb leicht geronnen sind (wie Spiegeleier). — **Servieren** mit Salat oder einem Gemüse.

NB. Beim Trennen der Eier die Dotter bis zum Gebrauch einzeln in der Schalenhälfte auf einen Löffel setzen. — Statt Eigelb, je eine kleine **Tomate** verwenden: sie auf der Oberfläche kreuzweise einschneiden oder sie halbieren, mit Butterflöckchen belegen, evtl. mit gehacktem Grün bestreuen.

941 Schalenkartoffeln mit Sauce (Pommes de terre en sauce) I. bis III. Art

1 kg Schalenkartoffeln Nr. 934   **Saucen** z. B. { Käsesauce Nr. 551, Kräuter- oder Zwiebelsauce Nr. 552 und 567, Sauerrahm- od. Senfsauce Nr. 575–76

I. Art: Die Kartoffeln heiss schälen, in Scheiben oder Würfel schneiden. **Vermischen** mit der Sauce, noch einige Minuten kochen. — (Passend zu Rindsbraten, Würsten usw.)

II. Art: Die Kartoffeln heiss schälen, sie ganz oder halbiert (unten etwas flach zugeschnitten) als Reihe auf eine warme Fleischplatte setzen. Mit der Sauce überziehen, mit gehacktem Grün oder wenig Paprika bestreuen. Gebratene Fleisch-, Speck- oder Schinkenscheiben daneben anrichten.

III. Art, au gratin: Zubereitung wie Kartoffeln mit Béchamel **Nr. 942**, jedoch eine der oben erwähnten Saucen verwenden.

942 Kartoffeln mit Béchamel au gratin (Pommes de terre au gratin) I. u. II. Art

1 kg Schalenkartoffeln Nr. 934 — Béchamel Nr. 553 — z. Gratinieren: 30 g Käse, 30 g Butter

I. Art: Die Kartoffeln schälen, in ca. 1 cm dicke Scheiben schneiden, lagenweise mit der Béchamel in eine bebutterte Gratinplatte füllen. Geriebenen Käse und Butterstückchen darauf verteilen. — **Gratinieren** in guter Oberhitze **15–20 Min.**

II. Art: Die Kartoffeln lagenweise einfüllen mit **Schinkenstreifen** (100–200 g), glasig gebratenen **Speck**würfelchen oder 2–4 fein geschnittenen Lauchstengeln (kurz in Butter gedämpft). — Statt Béchamel: siehe **Saucen**-Angaben bei **Nr. 941**.

Gedämpfte Kartoffeln mit Gemüsen   (Pommes sautées aux légumes)   943

1–1½ kg Kartoffeln — Gemüse, siehe unten
30 g Kochbutter oder Öl
z. Ablöschen: ca. 1 Ltr. Bouillon od. Wasser
Gewürz: Salz, Muskat, Aromat

Vorbereiten: Die Kartoffeln schälen (n. Nr. 933), in ca. 3 cm grosse Würfel schneiden. Zurüsten der Gemüse (nur eine Sorte od. gemischt) z. B.:
2–3 **Zwiebeln** (in Streifen) — 2–4 Essl. gehacktes **Grün** (auch Kräuter) — 2–4 **Lauchstengel** (querüber ca. 2 cm dick geschnitten) — 1 **Sellerie** (die Blätter in Streifen, die Knolle in 2 cm grosse Würfelchen) ½ Wirsing (fein geschnitten) usw.
Dämpfen der Gemüse im Fett **ca. 5 Min.**, die Kartoffeln beigeben. **Ablöschen** mit soviel Flüssigkeit, dass sie knapp davon bedeckt sind. Wenn nötig noch leicht würzen, zudecken. — **Kochzeit 20–30 Min.** Die Brühe soll zuletzt etwa zur Hälfte eingekocht sein.
NB. Gemüsekartoffeln schmecken gut zu Hackbraten, Bratwürsten, Siedefleisch usw. — Als Eintopfgericht: **Speck-** oder **Wurst**würfelchen mitdämpfen.

Kartoffeln mit Pilzen   (Pommes de terre aux chanterelles)   944

Zubereitung wie gedämpfte Kartoffeln **Nr. 943**; statt der Gemüse ½ kg **Pilze** (Eierschwämme, Reizker, Boviste usw., gerüstet n. Nr. 345) klein schneiden, mit gehackter Zwiebel und Petersilie durchdämpfen. — Zum Verfeinern die Sauce evtl. zuletzt legieren mit 1–2 Eigelb und 3–5 Essl. Rahm (nach Nr. 546).
Servieren als Abend- oder vegetarisches Mittagessen mit Salat.

Gedämpfte Kartoffeln auf italienische Art   (Pommes sautées à l'Italienne)   945

1½ kg Kartoffeln — 2–3 Essl. Öl
z. Ablöschen: 1 Ltr. Bouillon
100 g Magerspeck — Salz, Muskat
30 g Parmesan od. Sbrinz, gerieben

Vorbereiten: Die Kartoffeln schälen (n. Nr. 933), in Würfel schneiden. Sie **dämpfen** im Öl, ablöschen, würzen und zudecken. **Kochzeit 20–30 Min.** — Den **Speck** in 1 cm grosse Würfelchen schneiden, glasig braten und ¼ Std. vor dem Anrichten den Kartoffeln beimischen. — Das Gericht zuletzt mit dem Käse überstreuen.
Servieren mit grünem Salat, als einfaches Mittag- oder Abendessen.

Schalenkartoffeln mit Speck   (Pommes au lard)   946

Schalenkartoffeln (Nr. 934), frisch gekocht
60–100 g Magerspeck, evtl. ca. 30 g Butter
50–100 g Käse, gerieben od. gehobelt (s. NB.)

Die **Kartoffeln** heiss schälen, ganz lassen oder halbieren und **anrichten**, den Käse darüber streuen, warm stellen. Den **Speck** in kleine Würfelchen schneiden, mit od. ohne Butter glasig braten, über die Kartoffeln verteilen. — (Mit Salat eine einfache, aber schmackhafte Mahlzeit und ganz bes. gut mit neuen Kartoffeln.)
NB. Statt Käse: 2–4 Essl. fein gehackte **Kräuter** (evtl. in der Butter gedämpft) beigeben oder das Kartoffelgericht mit **Quark**sauce Nr. 602 servieren.

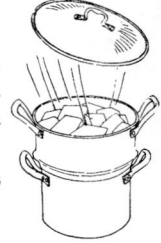

947   **Gebackene Schalen- od. Ofenkartoffeln**   (Pommes de terre au four) I. u. II. Art

I. Art, Kümmelkartoffeln (od. sog. Bircherkartoffeln):
1–1½ kg Kartoffeln (gleichmässig gross) — ca. 1 Essl. Salz, 10 g Kümmel, etwas Öl
Die rohen Kartoffeln gründlich waschen (nicht schälen), grössere halbieren, auf ein Blech legen. Mit Salz und etwas Kümmel bestreuen, mit Öl beträufeln. **Backen** während **20–45 Min.** in mittelheissem Ofen (hie und da schütteln). — Kleinere Portionen evtl. auf dem Grill backen.

II. Art, à l'Americaine: 12 mittelgrosse Kartoffeln — 50–80 g frische Butter, Salz, Pfeffer
Vorbereiten: Die Kartoffeln gründlich waschen und jede einzeln in ein Stück Alu-Folie einwickeln. **Backen** auf einem Blech im Ofen während **30–50 Min.**, hie und da wenden. **Anrichten** mit der Folie; zum Essen diese öffnen, das innere Weiche der Kartoffel mit Butter und etwas Salz zerdrücken, evtl. wenig Pfeffer darüber geben.

NB. Gebackene Schalenkartoffeln sind besonders kräftig, schmackhaft und gesund. — **Servieren** der Kümmelkartoffeln mit Eierspeisen, Pilzen, Gemüsen oder gemischten Salaten.

947a   **Gefüllte Ofenkartoffeln**   I. und II. Art

I. Art, Pommes de terre à l'Anglaise: 12 grössere Kartoffeln, 2–4 Essl. Öl, Salz
30–50 g Butter, ½–1 dl Rahm
Vorbereiten: Die Kartoffeln gründlich waschen, oben in der Mitte der Länge nach einschneiden (ca. 1 cm tief), auf ein Blech geben und mit Öl beträufeln. — **Backen** im Ofen während ¾–1¼ Std. Sobald sie gar sind, das innere Weiche herausnehmen, mischen mit Butter und Rahm, leicht salzen. Die Masse wieder in die Kartoffeln füllen. (Wenn nötig nochmals im Ofen heiss werden lassen.)

II. Art, Pommes de terre Suzette: Vorbereiten der Kartoffeln wie bei I. Art, jedoch nicht einschneiden. Nach dem **Backen** das Innere sorgfältig herausnehmen und passieren. **Mischen** mit 1 Ei, 30–50 g Butter und 30 g geriebenem Käse, gut würzen. — Die Masse mit dem Dressiersack in die Kartoffelhälften spritzen, mit hellem Paniermehl und kleinen Butterflöckchen bestreuen. — **Gratinieren** in guter Oberhitze zu goldbrauner Farbe.

948   **Kartoffelrösti**   (Pommes de terre rôties à la Suisse)

1–1½ kg Schalenkartoffeln Nr. 934, Salz — 100–150 g Kochbutter, Fett od. Öl — evtl. 30 g frische Butter
Vorbereiten: Die erkalteten Kartoffeln schälen und in dünne Scheiben schneiden oder grob raffeln. — **Braten:** Das Fett in einer grossen Omelettpfanne erhitzen, die Kartoffeln nach und nach hineingeben, evtl. mit Salz überstreuen, unter häufigem Wenden mit dem Schäufelchen leicht gelb werden lassen. Sie dann zu einem **Kuchen** zusammendrücken, 2–3 Essl. Wasser darüber verteilen, evtl. die frische Butter beigeben. Die Rösti **zudecken** und auf kleinem Feuer braten, bis sich unten eine gelbbraune Kruste gebildet hat (**10–15 Min.**). — Die Pfanne hie und da sorgfältig schütteln, da Rösti leicht anbrennt! Beim **Anrichten** die Rösti auf eine heisse Platte stürzen (mit Hilfe des Deckels).

NB. Wünscht man die Rösti beidseitig gelb gebacken, dann nach dem Wenden nochmals in die Pfanne geben. — Aus rohen Kartoffeln zubereitet, ist etwas längere Bratzeit nötig (ca. 25 Min.). Rösti schmeckt auch gut mit einer der nachstehenden Zutaten vermischt: **a)** 1–2 Essl. **Kümmel** —

b) 50–100 g **Speck**, kleinwürflig geschnitten od. **Hackfleisch** (roh od. gekocht) mitbraten —
c) 2–3 **Zwiebeln**, feingeschnitten oder gehackt, zuerst im Fett durchdämpfen (Zwiebeln machen die Rösti feucht und e r s p a r e n Fett) — d) 40–80 g **Käse**: fein geschnittene Scheibchen von Emmentaler, Tilsiter, auch Schachtelkäse usw. unter die Rösti geben, nachdem sie etwas angebraten ist.

Kartoffeln auf Freiburger Art   (Pommes de terre fribourgeoises)   949

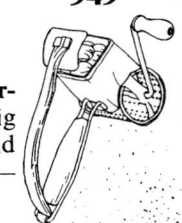

1 kg Kartoffeln, r o h e
60–80 g Kochbutter, ½ Essl. Salz

Eierguss ⎰ 2 Eier, 3 dl Milch, Salz, Muskat
verklopft ⎱ 50 g Käse, gerieben

Die **Kartoffeln** schälen (s. Nr. 933), in ca. 3 mm dicke Scheiben schneiden und **überbraten** in der heissen Butter, l e i c h t salzen. Zugedeckt w e i c h werden lassen (häufig wenden). — Den **Eierguss** über die Kartoffeln verteilen, sie wieder zudecken und fertigbraten während **10 Min.** (es soll unten eine gelbbraune K r u s t e entstehen). — Beim **Anrichten**, sorgfältig auf eine h e i s s e Platte stürzen (mit H i l f e des Deckels).
Servieren mit Salat als Abend- oder einfaches Mittagessen.

Gebratene Kräuterkartoffeln   (Pommes rôties aux fines herbes)   950

Zubereitung wie Kartoffeln auf Freiburger Art **Nr. 949**. Statt Käse 3–4 Essl. fein gehackte K r ä u t e r (Schnittlauch, Petersilie, Zwiebeln, etwas Lauch, evtl. 2–4 Salbeiblätter) beigeben (alles vorher in Butter gedämpft). — Evtl. zubereiten mit **Maggi-R ö s t i** Kartoffeln.

Spanische Kartoffelomelette   (Tortilla a la española)   951

1 kg Kartoffeln, r o h e
3–5 Zwiebeln (s. auch NB.)
5–8 Essl. Olivenöl

Gewürz: Salz, Pfeffer, Muskat
Eierguss, ⎰ 3–4 Eier, 1 Pr. Salz
verklopft ⎱ 1–2 dl Milch

Vorbereiten: Die Kartoffeln schälen (n. Nr. 933), in einem Tuche a b t r o c k n e n und in k l e i n e Würfelchen (von ca. 1 cm ⌀) schneiden, die Zwiebeln hacken.
Omelette: In einer Omelettenpfanne das Öl heiss werden lassen, die Kartoffeln und Zwiebeln lagenweise mit dem Gewürz bestreut, hineingeben. Unter sorgfältigem Wenden goldgelb anbraten. Sobald die Kartoffeln knapp weich sind, sie (o h n e das Öl) unter den E i e r g u s s mischen. Das Ganze wieder zum restlichen Öl in die Pfanne geben. Die Omelette etwas anbacken, dann mit H i l f e des Deckels wenden und auch unten gelb werden lassen. — Die Tortilla soll beim **Servieren** innen noch f e u c h t sein.
NB. Zur Abwechslung können der spanischen Omelette auch **Zutaten** wie Spargelspitzen, Erbsen, Peperoni- oder Schinkenwürfelchen, Fleischreste usw. beigegeben werden.

Bratkartoffeln auf verschiedene Art   (Pommes de terre rôties variées)   952

1½ kg Kartoffeln, r o h e — 100–150 g Kochfett od. 6–8 Essl. Öl — ca. 10 g Salz

Vorbereiten: Die Kartoffeln schälen (n. Nr. 933), in einem Tuch a b t r o c k n e n. In gleichmässige Würfel oder Schnitze schneiden, kleine Kartoffeln ganz lassen.
I. Art, auf dem Herd: In einer Omelettenpfanne das Fett gut erhitzen, die Kartoffeln hineingeben. Unter W e n d e n rasch gelbbraun überbraten. Auf kleinem Feuer (evtl. zugedeckt) w e i c h werden lassen **(ca. 20 Min.).** — Das übrige Fett von den Kartoffeln abgiessen (mit Hilfe des Deckels), leicht salzen und möglichst r a s c h auftragen.
II. Art, im Ofen (spez. für grosse Portionen): Die Kartoffeln auf einem Blech oder in

niederer Bratpfanne (Bräter) mit dem heissen Fett übergiessen. Im **Ofen** in guter Hitze unter häufigem Wenden goldbraun und gar braten **(30–50 Min.),** salzen.

III. Art, mit Speck oder Käse: Die Bratkartoffeln zubereiten (I. od. II. Art) und nach dem Abgiessen des Öles Speckwürfelchen (ca. 100 g) kurz mitbraten oder 1 Tasse voll gehobelten Käse beigeben und noch solange auf dem Feuer lassen, bis er etwas weich geworden ist. — **Servieren,** möglichst bald nach dem Zubereiten, mit Salat oder Gemüse.

953 Pariser Kartoffeln (Pommes parisiennes ou noisettes)

6–9 grosse Kartoffeln (möglichst gelbe) — Salzwasser — Öl z. Backen (ungebrauchtes)

Vorbereiten: Die Kartoffeln schälen, nussgrosse Kügelchen ausstechen (mit spez. Ausstechlöffel). Sie in Salzwasser ca. 5 Min. kochen, gut abtropfen lassen. — **Backen** in reichlich Öl (halb-schwimmend), bis sie knapp weich und goldgelb sind. Auf Seiden- oder Resartpapier entfetten, und evtl. mit Petersilie bestreuen. (Spez. als **Garnitur** von feinen Fleischplatten.)

Pommes Parmentier: gleiche Zubereitung, die Kartoffeln jedoch in kleine exakte Würfelchen schneiden.

954 Pommes frites (Gebackene Kartoffelstängelchen)

1 kg Kartoffeln (möglichst gelbe)   Backöl (ungebrauchtes) s. NB. — Salz

Vorbereiten: Die Kartoffeln schälen (n. Nr. 933). Sie mit einem Tuche abtrocknen, dann in 1 cm dicke Scheiben, diese in Stängelchen schneiden (von Hand od. mit einem Pommes frites-Schneider). — Evtl. bis zum Backen mit feuchtem Tuch zudecken.

Vorbacken: Die Kartoffeln portionenweise (d.h. ca. $1/3$ des Quantums auf einmal) im Backkorb in gut heisses Öl geben und schwimmend backen unter öfterem Aufschütteln, bis sie anfangen leicht gelb zu werden. Herausheben, abtropfen lassen und zum Erkalten auf einem Blech ausbreiten.

Fertigbacken: Kurz vor dem Servieren das Öl gut rauchheiss werden lassen. Die Kartoffeln (wieder portionenweise) rasch weich, gelb und knusprig backen. Sie abtropfen lassen, mit Salz bestreuen, möglichst sofort servieren.

NB. Fertig gebackene Pommes frites wenn nötig warmstellen im offenen warmen (nicht heissen) Ofen, und **nie** zudecken, da sie sonst nicht knusprig bleiben. — Der **Backkorb** (zur Pfanne passend, s. Bild bei Nr. 889) erleichtert das Zubereiten. — Kleinere Portionen werden das erstemal fertig gebacken. — Neue Kartoffeln nur gründlich waschen, evtl. schaben, nicht schälen. — In gebrauchtem, dunklem Backöl werden Pommes frites unansehnlich. — **Schwimmend Backen** s. Nr. 889.

955 Pommes paille (Strohkartoffeln)

Zubereitung wie Pommes frites **Nr. 954**. — Pommes paille jedoch in einem mal fertigbacken. — **Schneiden** der Pommes paille: Die geschälten Kartoffeln mit Messer oder Krauthobel in dünne Scheiben, diese in zündholzdicke Stängelchen schneiden, in dem man mehrere Scheiben aufeinanderlegt. In kaltem Wasser abspülen, dann in einem Tuch abtrocknen.

Pommes chips und -bricelets   (Kartoffelscheibchen und -waffeln)   956

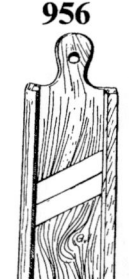

Zubereitung wie Pommes frites **Nr. 954**, jedoch in einem Mal fertigbacken. Für **Chips:** die Kartoffeln in dünne Scheiben schneiden (mit Messer oder Hobel), für **Bricelets** mit einem Spezialhobel in gitterartige Waffeln. In kaltem Wasser abspülen, dann gut abtropfen lassen und in einem Tuch abtrocknen. Die Scheibchen rasch einzeln nacheinander (damit sie nicht zusammenkleben) ins heisse Öl geben und so portionenweise rasch gelb und knusprig backen. — **Servieren** heiss, speziell zu Fleisch oder kalt zum Apéro, zu Tee, Bier usw. (wie Salzmandeln). — (Pommes chips sind auch fertig in kleineren und grösseren Packungen im Handel.)

Kartoffel-Croquettemasse   Grundrezept   957

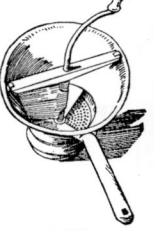

1 kg Salzkartoffeln Nr. 935 — 30 g Butter od. Fett — 2–3 Eigelb, Salz, Muskat

Durchpressen der heissen Kartoffeln direkt nach dem Verdampfen (mit Passe-tout oder Kartoffelpresse). — **Vermischen** des heissen Purées mit den übrigen Zutaten (evtl. von Hand). — Die Masse soll gut zusammenhalten und nicht nass oder klebrig sein. (Evtl. 1–2 **Probe-Croquettes** backen und wenn nötig noch 1 Eigelb oder 1 Essl. Sojamehl beigeben.)

NB. Diese Masse wird zu verschiedenen Croquettes-Arten verwendet (s. Nr. 958, 962 usw.). — Als **Beigabe zu Wild** nach Belieben 1 Handvoll **Rosinen** darunter mischen.

Panierte Kartoffelcroquettes   (Croquettes de pommes de terre)   s. Tafel 35   958

Croquettemasse Nr. 957
z. Backen: Öl
z. Panieren { 2 Eiweiss oder 1 Ei / feines Paniermehl

Formen der Masse zu ca. 2 cm dicken, daumengrossen Röllchen oder zu Kugeln. — **Panieren:** sorgfältig (n. Nr. 888) zuerst im Ei, dann im Paniermehl wenden. — **Schwimmend Backen** (n. Nr. 889): in sehr heissem Backfett, nur 1–2 Croquettes auf einmal. — Ist das Backfett zu wenig heiss, so löst sich die Panade und die Croquettes verfallen!

II. Art: Formen der Masse zu kleinen Birnen (**Pomme Williams**), zu Äpfeln oder Rüben, in diese beim Anrichten etwas Rübenkraut oder Petersilie stecken, in die Äpfel und Birnen eine Nelke als Fliege, ein Stück gebackene Spaghetti als Stiel (s. auch Bild auf Tafel 35).

Berny-Kartoffeln   (Croquettes Berny)   958a

Zubereitung wie Kartoffelcroquettes **Nr. 958**, der Masse jedoch 1 gehackte **Trüffel** (evtl. Totentrompeten) oder etwas gehackten Schinken (ca. 100 g) beimischen. Statt Paniermehl geschälte, feinblättrig geschnittene od. gehobelte **Mandeln** (ca. 40 g) verwenden. (Als **Ersatz** für Mandeln evtl. fein zerdrückte **Fideli**.)

Gebackene Kartoffelkügelchen, unpaniert   (Boulettes de pommes de terre)   959

1 kg Salzkartoffeln Nr. 935 — 2–3 Eigelb, 20 g Mehl, Salz, Pfeffer, Muskat — Backöl

Masse: Die Kartoffeln direkt nach dem Verdampfen durchpressen. Mit Eigelb, Mehl und dem nötigen Gewürz vermischen. — **Formen** auf bemehltem Brett zu ca. 3 cm dicken Rollen, davon nussgrosse Stücke abschneiden, diese zu Kugeln drehen. — **Schwimmend Backen** (s. Nr. 889) in sehr heissem Öl, nur 1–2 Croquettes auf einmal. Zuerst eine **Probekugel** backen und wenn nötig noch 1 Eigelb oder etwas Sojamehl beimischen.

960 Kartoffelcroquettes à la Dauphine (mit Brühteig)

½–1 kg Salzkartoffeln Nr. 935 (s. NB.)
z. Backen: Öl

Brühteig n. Nr. 932 { 125 g Mehl, gesiebt / 2 dl Wasser, 30 g Butter / 2–3 Eier, Gewürz

Croquettemasse: Die Kartoffeln direkt nach dem Verdampfen durchpressen und mit dem Brühteig vermischen, evtl. noch würzen.

Formen und **Backen:** Mit zwei ins heisse Fett getauchten Löffeln von der Masse Klösschen abstechen oder ca. 5 cm lange Würstchen formen (diese evtl. direkt durch den Dressiersack ins Fett spritzen) und langsam **schwimmend** gelbbraun **backen.**

NB. Das Backöl darf nur mässig heiss sein, da die Croquettes sonst nicht aufgehen (s. auch Nr. 889). Nur wenige auf einmal backen! — Evtl. Schalen- oder Restenkartoffeln verwenden.

961 Kartoffelcroquettes au gratin

1 kg Schalen- od. Salzkartoffeln od. Reste
40 g Butter od. Fett, 40 g Käse, gerieben
Panade Nr. 888

Eierguss { 1–2 Eier, 1 dl Milch / 1 Pr. Salz, Muskat
z. Gratinieren: 20–30 g Butter

Croquettemasse: Die Kartoffeln durchpressen, mit Butter oder Fett (evtl. flüssig) und dem Käse vermischen. — **Formen** zu länglichen Klössen, **panieren** nach Nr. 888. Den **Eierguss** gut verklopfen, auf den Boden einer bebutterten Gratinplatte giessen. Die Croquettes kranzartig darauf anordnen, reichlich Butterflöckchen darauf verteilen. **Gratinieren** in guter Oberhitze zu goldbrauner Farbe, während ca. **20 Min.**

NB. Zu Ragout, Würsten usw. serviert, evtl. ohne Eierguss zubereiten.

962 Kartoffelbrötchen im Ofen (Croquettes de pommes de terre au four)

Verwendung: spez. **als Garnitur** von Gemüse- oder Fleischplatten.
Croquettemasse Nr. 957 (auch aus Kartoffelresten) evtl. grüne, s. NB. — z. Bestreichen: 1 Ei

Formen der Masse zu eiförmigen Croquettes. Sie auf ein bebuttertes Blech legen, 2mal mit Ei bestreichen. — **Backen** in guter **Oberhitze,** bis sie gelbbraun sind (ca. 20 Min.). Den Ofen nicht ganz schliessen, da die Brötchen sonst verfallen.

NB. **Grüne** Kartoffelbrötchen: durch Beimischen von 3–5 Essl. fein gehackten, gedämpften Kräutern, Sellerieblättern oder Spinat.

963 Kartoffelwürstchen (Beignets de pommes de terre)

Croquettemasse Nr. 957   z. Braten: Kochbutter oder Öl

Formen der Masse auf bemehltem Brett, zu etwa 3 cm dicken Rollen. Von diesen fingerlange Stücke (Würstchen) abschneiden. — **Braten** in wenig, aber sehr heissem Fett, unter sorgfältigem Wenden.

964 Kartoffelküchlein auf verschiedene Art (Beignets de pomme de terre variés)

1 kg Schalen- od. Restenkartoffeln
20–40 g Mehl — Salz, Muskat
2–3 Eigelb od. 3 Essl. Sojamehl

z. Mischen: 50 g Käse od. Fleischreste
oder zum Füllen: 1–2 Cervelats od. Käse
evtl. Panade Nr. 888
z. Braten: Öl oder Kochfett (s. NB.)

I. Art, mit Käse oder Fleisch: Die erkalteten Kartoffeln fein reiben oder durch ein

Sieb drücken. Mehl, Gewürz, Eigelb oder Sojamehl beigeben, geriebenen Käse oder gehackte Fleischreste gut damit vermischen. — **Formen** zu Kugeln, diese etwas flachdrücken.

II. Art, gefüllt: gleiche Masse wie bei I. Art (jedoch ohne Käse und Fleisch). Dünne Plätzchen formen und zwischen je zwei eine Scheibe Cervelat oder Käse legen, gut aufeinanderdrücken.

III. Art, paniert: Küchlein nach I. oder II. Art, oder nur Scheiben von Schalenkartoffeln (gut 1 cm dick geschnitten) panieren nach Nr. 888.

Braten der Küchlein (I.–III. Art) in wenig heissem Fett, bis sie gelbbraun sind.

Servieren mit Gemüse oder Salat, Tomaten- oder Zwiebelsauce.

NB. Zur **Fettersparnis:** Die Küchlein auf eine bebutterte Gratinform oder ein Blech geben, mit wenig Fett beträufeln, im Ofen gelbbraun backen.

Kartoffelpuffer (Beignets aux pommes de terre crus) 965

1 kg Kartoffeln
1 Zwiebel, Petersilie (s. NB.)
z. Dämpfen: 10 g Butter oder Fett

40 g Mehl — Salz, Muskat, Knorr Aromat
2 Eier od. evtl. 2 Essl. Sojamehl
z. Backen: Öl od. Kochbutter

Masse: Die Kartoffeln gründlich waschen (nicht schälen), roh reiben (austretendes Wasser ableeren). Zwiebel und Grünes fein hacken, in Fett dämpfen und mit Mehl, Eiern oder Sojamehl unter die Kartoffeln mischen, würzen.

Backen (halb-schwimmend): Von der Masse löffelweise in die Omelettenpfanne ins heisse Fett geben. Die Küchlein unter Wenden gelb und krustig werden lassen.

NB. Die Kartoffelpuffer ohne Zwiebeln zubereiten und evtl. mit Zucker bestreut, essen.

Kartoffel-Omelettchen (Crêpes Parmentier) 965a

300 g gekochte Kartoffeln (Reste)
80 g Mehl, knapp 4 dl Milch

2–4 Essl. saurer Rahm, 2–3 Eier, Salz
z. Backen: 1–2 Essl. Öl od. Butter

Teig: Die Kartoffeln passieren (warm oder kalt). Die übrigen Zutaten rasch zusammen glatt anrühren (mixen) und mit den Kartoffeln vermischen. — **Backen** in der Omelettenpfanne auf starker Hitze zu dünnen handgrossen Omelettchen. — Die Pfanne nur mit befettetem Papier ausreiben! — Die Omeletten evtl. zur Hälfte überschlagen und schuppenartig auf eine warme Platte geben. — **Servieren** mit einer Salatplatte oder feinem Gemüse, als **Nachspeise** mit einem Kompott, oder mit Konfitüre gefüllt. — Evtl. Zubereiten mit **Knorr** Stocki.

Kartoffelklösse (Quenelles de pommes de terre) 966

800 g Schalenkartoffeln Nr. 934
3–4 Eier — 80 g Mehl, evtl. 20 g Griess

40 g Butter od. Nussa, Salz, Muskat
z. Kochen: 1½ l Salzwasser

Masse: Die erkalteten, geschälten Kartoffeln reiben, mit den Eiern, Mehl, evtl. Griess und der heissen Butter vermischen, gut würzen. — Evtl. 50–100 g kleine gebackene Brotwürfelchen (siehe Nr. 876) unter die Masse mischen. — Vor dem Formen etwas stehen lassen, dann einen **Probekloss** kochen und wenn nötig noch etwas Mehl, Sojamehl oder 1 Eigelb beigeben.

Formen der Masse mit wenig Mehl zu pflaumengrossen Kugeln.

Kochen: Die Klösse lagenweise im Salzwasser ziehen lassen (**ca. 10 Min.**).

Anrichten auf eine heisse Platte (mit umgestürztem Tellerchen am Boden) und evtl. mit brauner Butter (Nr. 585) oder mit gerösteten Zwiebeln (Nr. 588) abschmelzen.
Servieren zu Ragout, Pfeffer usw. oder mit Tomaten-, Käse- od. Kräutersauce und Salat. — Die Schalenkartoffeln am besten tags zuvor kochen.

967 Kartoffelgnocchi (Gnocchi de pommes de terre)

¾ kg Schalen- od. Salzkartoffeln (Nr. 934 u. 935)   Salz, Muskat, evtl. Grünes
150–250 g Mehl — 1–2 Eier – evtl. 10 g Butter   z. K o c h e n : 1½ l Salzwasser

Gnocchimasse: Die Kartoffeln reiben oder passieren und mit den übrigen Zutaten (evtl. mit gehacktem Grün) vermischen, würzen. — **Formen** des Teiges zu einer Rolle (ca. 1½ cm dick), davon 2–3 cm lange Stücke abschneiden, mit der Gabel etwas eindrücken. — **Kochen, Anrichten** und **Servieren** der Gnocchi siehe Kartoffelklösse **Nr. 966**.
II. Art: Die gekochten Gnocchi lagenweise mit **Sauerkraut**, geriebenem Käse und Speckwürfelchen od. Fettflöckchen in eine Auflaufform füllen. **Im Ofen** ca. 40 Min. überbacken. — Für Kartoffelgnocchi o h n e Eier: 400–500 g Mehl verwenden.

968 Kartoffelpfluten (Quenelles ménagère)

1 kg Schalen- od. Salzkartoffeln (Nr. 934 u. 935)   Kochbutter, ca. 80 g (od. 3–4 Essl. Oel)
2–3 dl Milch — evtl. 1–2 Eier   geröstete Zwiebeln Nr. 588 od. 2–3 Äpfel
Gewürz: Salz, Muskat, Pfeffer   1 Essl. Paniermehl

Masse: Die Kartoffeln noch h e i s s durchpressen, mit der heissen Milch, evtl. dem verklopften Ei und dem nötigen Gewürz vermischen.
Formen: Mit zwei in die flüssige Kochbutter getauchten Esslöffeln längliche Klösse abstechen, in eine e r w ä r m t e Platte anrichten. **Abschmelzen** mit den gerösteten Zwiebeln oder mit den k l e i n w ü r f l i g geschnittenen Äpfeln, die man mit dem Paniermehl im Rest der Kochbutter gedämpft hat. (Die Pfluten wenn nötig im Ofen kurz erwärmen.) —
Servieren zu Bratwürsten, Hackbeefsteaks usw. — (Schmeckt auch gut mit **Knorr** S t o c k i zubereitet.)

969 Kartoffelravioli (Ravioli aux pommes de terre)

Teig { 750 g Schalenkartoffeln (Nr. 934)   **Füllung:** Fleischhaché, ged. Spinat od. Pilze
      { 125 g Mehl, 2 Eier, Salz, Muskat   evtl. 30 g Käse, gerieb. — Braune Butter Nr. 585

Teig: Die Kartoffeln durchpressen und mit den übrigen Zutaten vermischen.
Auswallen des Teiges so dünn als möglich; ca. 8 cm grosse Plätzchen ausstechen. Sie am Rand leicht benetzen, füllen, zur Hälfte überschlagen, die Ränder zusammendrücken. — **Kochen,** sorgfältig l a g e n w e i s e, in Salzwasser (ca. **15 Min.**).
Anrichten auf eine heisse Platte, evtl. mit Käse bestreuen und mit brauner Butter abschmelzen. — **Servieren** mit Salat, evtl. mit Tomatensauce.

970 Kartoffelpudding (Pouding aux pommes de terre)

600 g Salzkartoffeln Nr. 935 od. Reste*   Gewürz { Salz, Muskat, evtl. Schinken
80 g Käse, gerieben   { oder Kräuter (s. II. Art)
1 dl saurer Rahm, 50 g Butter   2–3 Eigelb — 2–3 Eiweiss (z. Schnee)

Puddingmasse: Die Kartoffeln sofort nach dem Verdampfen heiss durchpressen und mit den übrigen Zutaten vermischen (ausser Eiweiss). Dieses direkt vor dem Kochen zu **Schnee** schlagen und unter die Masse ziehen. **Einfüllen** in die gut panierte Form. **Kochen** im Wasserbad ca. **1 Std.** — Beim **Anrichten** den Pudding sorgfältig stürzen. Evtl. **garnieren** mit einem Kranz von Lyonerkörbchen mit Rührei (Nr. 254) od. kleinen Bratwürstchen usw. — **Servieren** mit Madeira, Tomaten- od. Kapernsauce od. mit Salat.

II. Art: Statt Käse, 100–200 g gehackten **Schinken** oder **Fleischreste** od. 2–4 Essl. fein gehackte in Butter gedünstete **Kräuter** (Petersilie, Dill, Majoran usw.) beigeben. — Evtl. 1–2 Eigelb durch 1–2 Essl. Sojamehl ersetzen. — Kartoffelreste vor dem Passieren nochmals kurz aufkochen, das Wasser ableeren und verdampfen. — Evtl. **servieren** mit Meerrettichsauce — **Puddings,** Grundregel s. Nr. 1166.

Kartoffelauflauf (Soufflée aux pommes de terre) 971

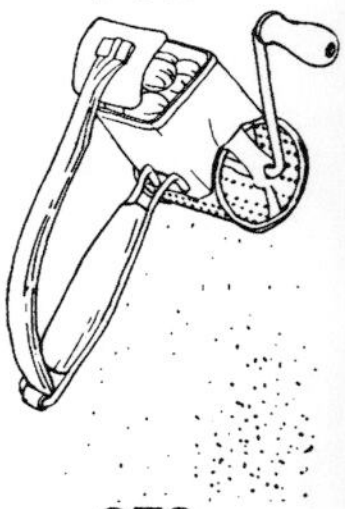

600 g Salzkartoffeln Nr. 935 od. Reste*
Béchamel Nr. 553
Gewürz: Salz, Muskat, Aromat
50 g Käse, grieb. od. 150 g Schinken, gehackt
3 Eigelb — 3–6 Essl. dicken Rahm
3 Eiweiss (z. Schnee)

Auflaufmasse: Die Kartoffeln **direkt** nach dem Verdampfen heiss durchpressen und mit den übrigen Zutaten (ausser Eiweiss) vermischen. Dieses ca. 1 Std. vor dem Essen zu steifem **Schnee** schlagen und darunter ziehen. **Einfüllen** in eine bebutterte Auflaufform. **Backen** in Mittelhitze **40–50 Min.** — **Servieren** wie Kartoffelpudding Nr. 970.

* **Reste** von Kartoffeln nochmals aufkochen (s. NB. bei Nr. 970). — **Aufläufe,** Grundregel s. Nr. 1189.

Kartoffelramquins 972

Croquettemasse Nr. 957 — 2 Eiweiss (z. Schnee) — 40 g Käse oder 100–150 g Schinken*

Der Croquettemasse den Eierschnee und den geriebenen Käse oder gehackten Schinken beimischen. — **Einfüllen** in kleine bebutterte Förmchen. **Backen** in guter Hitze **20–30 Min.** — Beim **Anrichten** die Rahmquins sorgfältig lösen und **stürzen.** — **Servieren** zu Gemüse- oder Salatplatten. — *__Vegetarisch:__ 1 kleine **Sellerie,** weichgekocht und passiert, verwenden. — Die Förmchen evtl. mit fein zerdrückten Fideli panieren.

Kartoffelring, gebacken (Bordure Parmentier) 973

¾ kg Salzkartoffeln Nr. 935 (od. Reste)
2 Eigelb, 2 Essl. Sojamehl — 30 g Käse, grieb.
30 g Butter od. Nussa, evtl. geschmolzen
Gewürz: Salz, Muskat, 1 Pr. Pfeffer

Masse: Die Kartoffeln **direkt** nach dem Verdampfen heiss durchpressen und mit den übrigen Zutaten vermischen. **Einfüllen** in eine sehr gut **bebutterte**, panierte Ringform. **Backen** mit guter Unterhitze ca. **30 Min.** — Beim **Anrichten** sorgfältig lösen und stürzen. — **Füllen** des Ringes mit einem Fleisch-, Pilz- oder Gemüseragout.

Als **Garnitur** von Fleisch- oder Gemüseplatten: die Masse in kleinen Timbalförmchen backen.

Kartoffelkuchen mit Kräutern (Gâteau à la paysanne) 974

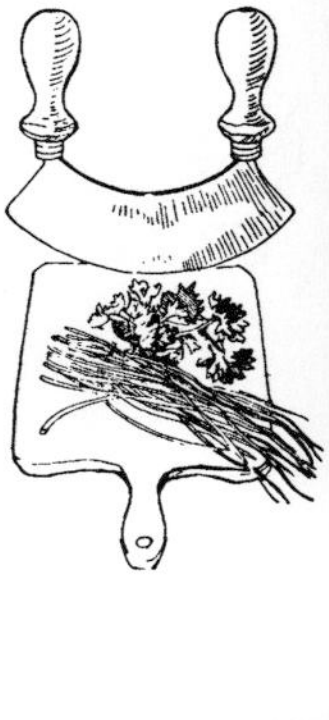

¾ kg Salzkartoffeln Nr. 935
Kräuter: Petersilie, Majoran, Dill usw.
50 g Butter od. Nussella
Gewürz: Salz, Muskat, Aromat
evtl. 40 g Käse, gerieben
2 Eigelb od. 2 Essl. Sojamehl od. Biopharin
50 g Mehl
2–4 Eiweiss (z. Schnee)

Kuchenmasse: Die Kartoffeln **direkt** nach dem Verdampfen durchpressen. — Die fein gehackten Kräuter in Butter oder Nussella dämpfen, mit den Kartoffeln und den übrigen Zutaten vermischen, gut würzen. Zuletzt den Eierschnee darunterziehen. **Einfüllen** in eine gut bebutterte, panierte Springform. — **Backen** in guter Mittelhitze während **30–40 Min.** — Sorgfältig lösen und anrichten. — **Servieren** mit gemischtem Salat, gedämpften Gemüsen, evtl. mit einer Béchamel- oder Tomatensauce.

975 Kartoffelpastete (Pâté aux pommes de terre)

1 kg Salzkartoffeln Nr. 935
oder Kartoffel r e s t e
40 g Butter od. Fett (evtl. flüssig, s. NB.)
evtl. 1–2 Eigelb od. 2 Essl. Sojamehl
Gewürz: Salz, Muskat, 1 Pr. Pfeffer

als **Füllung**
{ Fleischhaché Nr. 697 od.
gekochte Leberwurst,
gedämpften Spinat Nr. 449.
od. gedämpfte Pilze Nr. 347
z. B e l e g e n : 10–20 g Butter od. Fett

Vorbereiten: Eine Timbalform von ca. 15 cm ⌀ oder kleine Springform bebuttern, am Boden mit rund ausgeschnittenem Pergamentpapier belegen, dieses auch bebuttern, die Form panieren.
Masse: Die Kartoffeln nach dem Verdampfen durchpressen und Butter oder Fett, evtl. Eigelb und das nötige Gewürz damit vermischen. — **Auslegen der Form** mit einer 2–3 cm dicken Kartoffelschicht (den Boden etwas dünner). Die **Füllung,** die d i c k sein soll, in den Hohlraum geben. Mit einem Rest Kartoffelmasse bedecken, mit Butterstückchen belegen. **Backen** in guter Mittelhitze ca. **40 Min.** — Beim **Anrichten** sorgfältig lösen und s t ü r z e n. **Servieren** mit Petersilien-, Tomaten- oder Madeirasauce.
NB. Bei Verwendung k a l t e r Kartoffeln, Butter oder Fett f l ü s s i g beigeben. — Kartoffelpastete mit F i s c h f ü l l u n g siehe Nr. 647. — (Eine Springform stürzen o h n e sie zu öffnen.)

975a Shepherd's Pie (Pastete nach Schäferart)

ca. 300 g Reste von Schaf-, Rinds- od.
Schweinsbraten (s. NB.)
2 Zwiebeln, Sellerieblätter
20 g Kochfett — 1 Tasse Bratensauce

1 kg gekochte Kartoffeln (s. NB.)
1 Ei, ca. 1 dl Kaffeerahm
Salz, Muskat, Pfeffer
z. B e l e g e n : 20–30 g Butter od. Fett

Vorbereiten: Das Fleisch in kleine Würfel oder Scheibchen schneiden. Zwiebel und Sellerieblätter in feine Streifen, beides im Fett dünsten. — Die Kartoffeln passieren (heiss oder kalt), mit dem Ei, Rahm und Gewürz vermischen. — **Einfüllen:** Eine Auflaufform gut bebuttern, von der Hälfte der Kartoffelmasse einen ca. 2 cm breiten **Rand** andrücken. In den Hohlraum Fleisch, Zwiebeln und die Bratensauce geben, mit dem Rest Kartoffelmasse bedecken, die Butter in Flöckchen darauf verteilen. — **Backen** im Ofen in guter Hitze ca. **30 Min.** — **Servieren** mit grünem oder mit Rüben-, Randen-, Bohnensalat usw.

NB. Andere Füllungen: Fleischhaché Nr. 697, Pilze Nr. 347 oder gedämpfter Spinat Nr. 449. — Evtl. **Reste** von Kartoffelstock oder **Knorr** S t o c k i mit 1 Ei vermischt, verwenden.

976 Kartoffeln nach Savoyer Art (Pommes savoyardes)

1 kg Schalen- od. Restenkartoffeln
200 g Magerspeck-Würfelchen
oder 150–200 g Käse

zum
Übergiessen
{ 2–3 Eier und 5–7 dl Milch
o d e r nur Milch
Salz, Muskat, 1 Pr. Kümmel

Vorbereiten: Die Kartoffeln schälen, in ½ cm dicke Scheiben schneiden, mit den Speckwürfelchen, die man glasig gebraten hat, oder mit dem gehobelten Käse lagenweise in eine gut bebutterte Auflaufform füllen. **Übergiessen** mit der verklopften Eiermasse oder nur mit h e i s s e r Milch (soviel, dass die Kartoffeln knapp davon bedeckt sind). Mit reichlich Butterflöckchen belegen. — **Backen** ca. **50 Min.** im Ofen (evtl. zugedeckt auf dem Herd).
Servieren mit Salat, als einfaches Mittag- oder Abendessen.

Kartoffel-Brioches nach spanischer Art   (Pommes espagnoles)   s. Tafel 22   **977**

Verwendung: Zum Garnieren von Fleisch- und evtl. Gemüseplatten.

9–12 Kartoffeln (möglichst gleichmässig ovale) — Salzwasser — 30–50 g frische Butter

Vorbereiten: Die Kartoffeln schälen, in Salzwasser kurz vorkochen (d. h. knapp 10 Min.) und abtropfen lassen. Aus jeder Kartoffel mit dem runden Aushöhler von ca. 2 cm ⌀ eine Kugel ausstechen. Das entstandene Loch mit Butter füllen, die Kugel wieder darauf setzen. Die Kartoffeln leicht salzen und auf eine sehr gut bebutterte Gratinplatte geben. — **Backen** in mittelheissem Ofen, bis die Kartoffeln weich und schön gelb sind (**30–40 Min.**).

Tessiner Ofen-Kartoffeln   (Pommes de terre tessinoises)   s. Tafel 22   **978**

9–12 mittlere, ovale Kartoffeln   80–100 g Emmentaler od. Gruyère, gehobelt
3–6 Essl. Öl — Salz   oder dünne Magerspeckscheiben

Vorbereiten: Die Kartoffeln schälen, unten ein wenig flachschneiden (evtl. in Salzwasser kurz vorkochen und abtrocknen). Querüber Einschnitte machen im Abstand von ca. 2 mm, jedoch so, dass die Kartoffeln unten noch zusammenhalten. In die Spalten Käse- oder Speckscheibchen stecken (od. abwechselnd beides). Die Kartoffeln auf ein Blech setzen, mit Öl beträufeln. **Backen** in mittelheissem Ofen während **40–50 Min.** bis die Kartoffeln weich sind, evtl. mit wenig Salz bestreuen. — **Servieren** mit Salat, einem Gemüse oder Tomatensauce als schmackhaftes, kleines Gericht, ohne Speck auch als Beigabe von Fleischplatten.

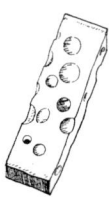

Gefüllte Kartoffeln   (Pommes de terre farcies)   **979**

9–12 mittelgrosse Schalenkartoffeln gekocht n. Nr. 934 (s. NB.)

Fleischfüllung { Zwiebel, Petersilie — 20 g Butter — 100 g Schinken, Speck oder Fleischreste
einige Essl. sauren Rahm oder Joghurt — evtl. 1 Ei — Salz, Muskat, Maggi Fondor

Vegetarisch { 50 g kleine Brotwürfelchen — 30 g Butter
40 g Käse, gerieben oder gehackte Pilze — 2 dl Milch, 1–2 Eier, verklopft
Salz, Muskat, etwas Majoran, einige Essl. sauren Rahm, Joghurt oder Quark

Eierguss: 1–2 Eier, 3 dl Milch, Salz, Muskat oder 1 Tasse Bouillon, 20 g Käse, gerieben
z. Belegen: 20 g Butter oder Fett

a) Fleischfüllung: Zwiebel und Petersilie hacken, in Butter dünsten, gehackten Schinken, Speck oder Fleisch und die übrigen Zutaten gut damit vermischen, kräftig würzen.

b) Vegetarische Füllung: Die Brotwürfelchen in der Butter backen, mit allen übrigen Zutaten mischen, kräftig würzen.

Vorbereiten und Füllen: Die gekochten Kartoffeln schälen, unten etwas flachschneiden. Sie gut aushöhlen, wenn nötig noch salzen, füllen und in eine bebutterte Gratinplatte setzen. — Den Eierguss oder die Bouillon um die Kartoffeln giessen, diese gut mit Butter- oder Fettstückchen belegen. — **Dämpfen** während **20–30 Min.** im Ofen oder zugedeckt auf dem Herd.

NB. Die Kartoffeln werden besonders schmackhaft durch viel Füllung, deshalb genügend aushöhlen. (Das Ausgehöhlte für Suppen, Küchlein usw. verwenden.) — Statt Schalenkartoffeln: die rohen Kartoffeln aushöhlen und füllen; Dämpfzeit ¾–1 Std. — Eier evtl. ersetzen durch 1–2 Essl. Sojamehl.

Weitere Kartoffelgerichte   siehe Vorspeisen oder Register

Getreide und Getreideprodukte

Getreide, Allgemeines

Nährwert des Getreides (ganzes Korn): vorwiegend Gehalt an Stärke (ca. 75%), etwas Eiweiss, wenig Fett, Mineral- und Schutzstoffe. — Die beiden letztgenannten Nährwerte liegen fast ausschliesslich in der Samenhaut (c) und im Keimling (e) des Kornes. Beim Schälen und Entfernen des Keimlings gehen sie weitgehend verloren. Siehe **Vollmehl** sowie **Vollreis** S. 341 und Kapitel Ernährung (Mineralstoffe, Spurenelemente, Vitamine) am Anfang des Buches.

Das Weizenkorn

a) der Kornbart

b) Die Zellulose- oder Strohhäute (zum Schutz des Kornes)

c) Die **Samenhäute** (innere Kleie) enthalten: Mineral-, Ergänzungs- od. Schutzstoffe und Kleber (Eiweissschicht)

d) Der **Mehlkern**: angefüllt mit den Stärkekörnern

e) **Keimling**: reich an Fett, Eiweiss, Mineral- und Ergänzungs- od. Schutzstoffen

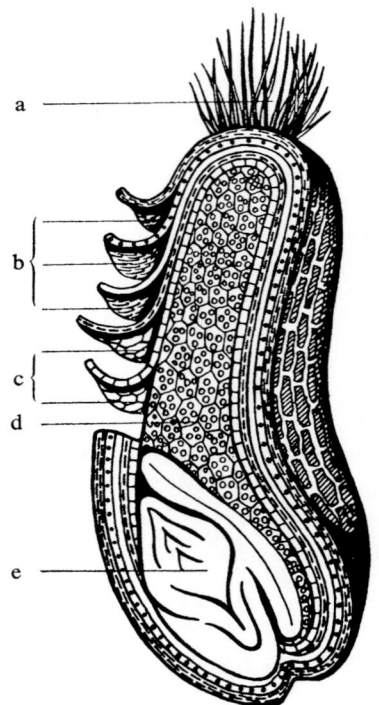

Die verschiedenen **Getreidearten** kommen in den Handel als:

1. **Kerne**, ganze (Hafer, Gerste, Weizen, Grünkern, Hirse, Reis usw.).
   Vorteil bei Verwendung der ganzen Kerne = voller Nährwertgehalt, kräftiger Geschmack, jedoch lange Kochzeit.
2. **Flocken** (gewalzte ganze Körner) von fast allen Getreidearten: Weizen, Hafer, Roggen, Gerste, Reis, Hirse, Mais (amerikanische Corn flakes) usw.
   Vorteil: Weitgehend voller Nährwertgehalt und bedeutend kürzere Kochzeit als bei Kernen. Günstig für Suppen, Breie, Küchlein, zu Rohkost usw.
3. **Grütze** und **Griess** von Weizen, Hirse, Hafer, Mais, Buchweizen usw.
4. **Mehl** von Weizen, Hafer, Roggen, Grünkern, Mais, Hirse, Gerste, Buchweizen usw.
   Das **Weizenmehl** wird verschieden ausgemahlen und kommt als **Voll-, Halbweiss- oder Weissmehl** in den Handel. Aus Weizenmehl wird auch unser tägliches Brot (Voll- oder Halbweiss- sowie

Weissbrot) gebacken. Spez. Brotsorten enthalten **Zusätze** von andern Mehlarten (Roggen, Mais usw.) oder sie sind aufgewertet mit Vitaminen und Mineralstoffen.

a) Weissmehl hat einen grösseren **Stärke**-Gehalt als Vollmehl. Es ist leichter verdaulich und backfähiger als dunkles Mehl und wird verwendet für feine **Teige und Gebäcke** aller Art sowie zu hellen Suppen, Saucen und Krankenspeisen. Es sollte jedoch auch in der Küche nach Möglichkeit aufgewertet werden durch eine Zugabe von Biopharin o. einem ähnlichen Produkt. — Weissmehl eignet sich besser zur Vorratshaltung als dunkles.

b) Halbweiss- und Vollmehl (bis ca. 80% ausgemahlen) haben noch erheblichen Gehalt an Eiweiss, Mineral- und Ergänzungsstoffen, sind jedoch durch die Kleie und den Eiweissgehalt (Kleber- und Aleuronschicht) schwerer und dunkler als Weissmehl und **nicht günstig für grösseren Vorrat**. Es eignet sich **nicht** für zartes Gebäck od. feine Saucen u. ä., sollte aber möglichst viel zur Zubereitung von Suppen, Omeletten, einfachen Teigen usw. verwendet werden. Auch **Teigwaren** aus Vollmehl sind erhältlich.

c) Hirse-, sowie **weisses Maismehl** können (spez. für Gebäck) das Weissmehl teilweise ersetzen oder ergänzen, desgl. auch Kartoffelmehl, Maizena, Paidol, Mondamin usw. Alle diese Spezial-Mehlarten sind lagerfähig.

Reis-, Griess-, Hirse-, Maisgerichte u. ä.

Reis, Allgemeines

Reis bildet seit Jahrtausenden die Hauptnahrung, d. h. das Brot der östlichen Völker, was besagt, dass die wichtigsten Bestandteile für die Ernährung darin enthalten sein müssen. Er gehört zu den kalorienreichsten Lebensmitteln mit bedeutendem Gehalt an Eiweiss, Kalzium, Phosphor und Vitaminen. — (Siehe Kapitel Ernährung: Vitamine.) Von grossem Vorteil ist auch die leichte Verdaulichkeit vor allem des in Wasser gekochten Reises, was ihn auch speziell in der Diätküche unentbehrlich macht.
Reis ist auch hinsichtlich **Preis** und **Lagerfähigkeit** günstig.

1. Vollreis: es gibt zwei Hauptarten, **a) ungeschälten**, von den Spelzen usw. befreit, in der Farbe graugelb. — Vollreis immer **gründlich verlesen**, evtl. noch auf einem Sieb schütteln oder waschen, da ihm eher Unreinigkeiten anhaften als dem geschälten Reis. Er eignet sich deshalb auch weniger gut für lange Vorratshaltung.

NB. Wilde Rice (Wilder Reis) aus U.S.A. Im Preis ziemlich teuer, benötigt die gleiche Vorbereitung wie ungeschälter Vollreis. Kochzeit (in reichlich Salzwasser) ca. ³/₄ Std. Verwendung wie Vollreis zu Risotto und -Variationen (Nr. 988), zu Pilaw usw.

b) Naturreis Ostiglia, Avorio u. a., **teilweise** geschält, d. h. so, dass das sogenannte Silberhäutchen (mit Vitamin B) dem Reis noch anhaftet. Dieser Reis ist weisslich in der Farbe und dem ganz ungeschälten vorzuziehen.
Verwendung für alle Reisgerichte, er benötigt jedoch ca. ¼ mehr Flüssigkeit und etwas längere Kochzeit als glasierter Reis.

2. Glasierter Reis, Rund- oder Langkorn (geschält und poliert), kommt in verschiedenen Sorten und Qualitäten in den Handel; z. B.: Vialone, Maratello, Camolino (Originario), Ostigliato (s. 1. b), nicht ganz geschält (für Risotto, Reisbrei und Suppen), dann Arborio (Edelvialone), Blue bonnet, Karoliner- und Siam-Patna-Reis. Letzterer, eine spez. schöne Langkorn-Sorte (sog. »Nadel-Reis«) wird vor allem für besonders körnige und trockene Reisgerichte (Indischen Reis, riz Créole) und feine Reisdesserts verwendet.

3. Parboiled Reis (in spez. Verfahren vorgekocht) enthält noch alle Schutzstoffe des Roh- oder Naturreises. Er ist roh gelblich, gekocht jedoch schneeweiss. Im Preis etwas teurer, aber sehr ausgiebig und verkocht nicht. Geeignet für Risotto, Pilav,

Brei usw. Sorten z. B.: »Uncle Ben's Reis«, »Aunt Caroline's Reis«, »Parboiled Patna« u. a. m.
4. **Kochfertiger Reis: Knorr** mit verschiedenen Zutaten od. als Trockenreis (Riset). **Kochzeit** für alle Sorten nur **7 Min.**

Hirse, Allgemeines

Hirse ist wie der Reis eine der ältesten Kulturpflanzen. In Europa wurde sie durch den Weizen und später durch den Reis verdrängt. Dank ihres grossen Gehaltes an äusserst wertvollen Mineralsalzen, spez. Kieselsäure und Fluor (wichtig für Knochen, Zähne und Nägel, Haut und Haar) ist sie heute wieder ein geschätztes Nahrungsmittel. — Hirse kommt entbittert und in I. Qualität in den Handel als: **Goldhirse** (ganze Körner) geeignet für viele Gerichte die sonst mit Reis zubereitet werden (z. B. Hirsotto, auch pfannenfertig von Fa. Zwicky), **Hirsegriess** und **-flocken** für Suppen, Breie, Schnitten, Puddings, Aufläufe (auch süsse) sowie Gebäck, Flocken auch für Birchermüesli (zusammen mit Hafer) und für andere Rohkostspeisen.

---

980 **Indischer Reis oder Trockenreis** (Riz à l'Indienne)

Anmerkung: Indischer Reis (Trockenreis) ist zart, leicht verdaulich und geschmacklich neutral, so dass er als Beigabe zu den verschiedensten Speisen passt, sowie auch für Diät. Er ist auch die obligate Grundlage von fast allen fernöstlichen Gerichten.

300 g Reis, glas. (Siam Patna, Avorio usw.)   ca. 2½ l Salzwasser
      siehe Reissorten S. 341.   (pro 1 Ltr. = 10 g Salz)

Zubereitung I. Art: Den Reis verlesen. — Das Salzwasser zum Sieden bringen, den Reis hineinstreuen und unter zeitweiligem Aufrühren knapp weich werden lassen. **Kochzeit** ca. **16–18 Min.** (je nach Reissorte). — Auf ein Sieb schütten und abtropfen. Der gekochte Reis soll weiss, trocken und noch körnig sein!

II. Art, im **Mewa-Sieb:** Den Reis ins Sieb geben und **6–8 Min.** im Salzwasser **kochen,** dann das Sieb (auf dem Ring) über das kochende Wasser setzen. Den Reis noch während ca. **10 Min.** im **Dampf** gar werden lassen. — Nach dieser Zubereitungsart wird der Reis besonders körnig.

Beim **Anrichten** den Reis locker in eine Schale füllen oder als Ring oder Köpfchen (siehe Nr. 991), evtl. lagenweise mit etwas geriebenem Käse, auf eine flache Platte stürzen. — **Servieren** mit einem Ragout, mit gedämpften Pilzen oder Gemüsen, auch als Beigabe von Aufschnitt und Salat usw. (evtl. mit heisser Butter abgeschmelzt).

NB. Das Reiswasser zu einer Suppe verwenden. — Für **Garnituren, Salate,** usw. den Reis evtl. in Salzwasser mit etwas **Safran** kochen, so dass er goldgelb wird. — **Reste** vom Reis lassen sich wieder wie frisch verwenden, indem man sie in kochendes Wasser gibt (z. B. im **Mewa-Sieb**), kurz aufkocht und dann abtropfen lässt. Hirse (siehe Nr. 994) gleiche Zubereitung (Kochzeit ca. **16 Min.**).

981 **Riz Créole** (Reis nach Kreoler Art)

Zubereitung: a) wie Indischer Reis (mit **Siam Patna**) nach **Nr. 980, II. Art,** (im Mewa-Sieb) unter Beigabe von etwas Zitronensaft. — Verwendet man keinen Patnareis, dann den Reis vor und nach dem 1. Abkochen mit kaltem Wasser kurz überspülen.

Beim **Anrichten** evtl. unter den fertigen Reis Butterflöckchen mischen, ihn überstreuen mit gelb gerösteten Pinienkernen oder geschälten, gebräunten Mandelstreifen. Evtl. servieren als **Reisring**, siehe Nr. 991 (dann den Ring stark bebuttern u. mit den Pinienkernen od. Mandeln bestreuen).

Wasser- oder Bouillonreis (Riso bianco) I.–III. Art 982

300 g Reis, glasierter oder Vollreis — 1–1¼ l Wasser oder Bouillon — evtl. frische Butter, ca. 50 g
Zubereitung I. Art: Den verlesenen Reis in die siedende, gut gewürzte Flüssigkeit in einer feuerfesten Form aufgesetzt,* einrühren, zudecken. **Kochzeit** ca. **18 Min.** (Nicht rühren!) — Vor dem **Servieren** evtl. mit heisser Butter übergiessen. 
II. Art: Die Reisform zugedeckt, nach **5 Min.** Kochzeit in einige Lagen Zeitungspapier einschlagen und ca. **40 Min.** stehen lassen (Zubereitung im **Selbstkocher** Nr. 1759).
III. Art: Den Reis im Dampfkochtopf (n. Vorschrift s. Nr. 1758) zubereiten, jedoch mit ca. $1/3$ **weniger** Flüssigkeit. **Kochzeit** 3–4 Min.
NB. Dem Reis kann auch etwas Käse oder Tomatenpurée beigemischt werden. — Evtl. anrichten als **Reisring**, siehe Nr. 991. — * Sehr gut eignen sich auch die **Tavola**-Servierkasserolle od. der **Duro**matic-**Servier**-Dampfkochtopf für diese Zubereitung.

Kubanischer Reis (Riz Cubaine) 983

Indischer Reis (Trockenreis) Nr. 980
Fleischhaché Nr. 697 (s. NB.)
od. Geschnetzeltes Kalbfleisch Nr. 738

Geflügelreste od. 150 g Schinkenwürfelchen
3–6 Bananen — 30 g Butter
6 gebackene Eier Nr. 231 od. Spiegeleier

Vorbereiten: Das Fleisch (Haché oder Geschnetzeltes) mit reichlich Petersilie und Zwiebeln zubereiten. Zuletzt die Geflügel- oder Schinkenwürfelchen darunter mischen. Die Bananen schälen, längs und quer halbieren, in der Butter leicht gelb überbraten. Die Eier sorgfältig backen. 
Anrichten: Den Reis bergartig auf eine weite Platte geben. Oben in der Mitte eine Vertiefung machen, in die man das Fleisch gibt, den Reis ringsum abwechselnd mit den Bananen und Eiern, belegen. Nach Belieben Currysauce dazu servieren.
NB. Vegetarisch schmeckt der Reis auch gut mit einer Mischung von gedämpften Peperoni, Artischockenböden-, Tomaten- und Zucchettiwürfelchen.

Riz frou-frou 984

Indischer Reis Nr. 980, 1–2 Msp. Safran
2–4 Ananasscheiben — 2–4 Bananen
50 g frische Butter
50 g Sultaninen — 50 g Mandeln

½ Büchse Mandarinenschnitze
Gekochte Rindszunge Nr. 704
oder Schinken Nr. 792 (s. auch NB.)
Curry- od. Paprikasauce Nr. 568 u. 570

Vorbereiten: Die Ananas in Stückchen, die Bananen in ½ cm dicke Rädchen schneiden, beides in wenig Butter kurz dünsten. — Die Sultaninen in warmem Wasser aufquellen lassen, abtropfen und in Butter durchschütteln. — Die Mandeln schälen. —
Zubereiten des Indischen Reises, jedoch dem Kochwasser soviel **Safran** beigeben, dass der Reis zitronengelb wird. Ihn nach dem Abtropfen sorgfältig mit den Früchten und Mandeln vermischen. — **Anrichten,** bergartig auf eine grosse Platte. Zunge oder Schinken möglichst dünn aufschneiden und die heissen Scheiben aufgerollt um den Reis legen. — **Servieren** mit einer der pikanten Saucen.
NB. Andere Beigaben: statt Schinken oder Zunge Cipolata-Würstchen Nr. 741, kleine, gedämpfte Solefilets oder Crevettes.

985   Sukiyaki   (Japanisches Gericht mit Reis)

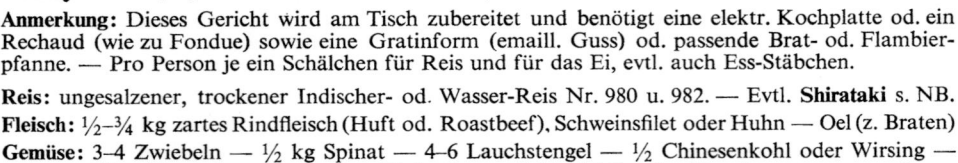

Anmerkung: Dieses Gericht wird am Tisch zubereitet und benötigt eine elektr. Kochplatte od. ein Rechaud (wie zu Fondue) sowie eine Gratinform (emaill. Guss) od. passende Brat- od. Flambierpfanne. — Pro Person je ein Schälchen für Reis und für das Ei, evtl. auch Ess-Stäbchen.

Reis: ungesalzener, trockener Indischer- od. Wasser-Reis Nr. 980 u. 982. — Evtl. **Shirataki** s. NB.

Fleisch: ½–¾ kg zartes Rindfleisch (Huft od. Roastbeef), Schweinsfilet oder Huhn — Oel (z. Braten)

Gemüse: 3–4 Zwiebeln — ½ kg Spinat — 4–6 Lauchstengel — ½ Chinesenkohl oder Wirsing — 200 g Champignons — evtl. 1 Büchse japan. Sukiyaki-Gemüse (Bambussprossen usw.)

Sauce: 1½–2 Essl. Shoyu, 2–4 Teel. Zucker, evtl. etwas Mirin od. Ajinomoto, 1–2 Tassen Wasser, ½–1 Essl. Sake (auch Sherry oder Whisky) — Rohe **Eier,** möglichst frische, je eines pro Person

Vorbereiten: Das Fleisch in ca. 2 cm grosse, dünne Plätzchen schneiden, die Zwiebeln in Streifen. — Die Gemüse zurüsten, gut waschen und in Streifen oder Stückchen schneiden. Alle Zutaten häufchenweise hübsch auf eine grosse Platte verteilen. — Pro Person in je ein Schälchen ein Ei aufschlagen, evtl. schon verklopfen.

Zubereitung: Die Pfanne mit wenig Öl (Butter od. Fett) auf Kochplatte od. Rechaud am Tisch erhitzen. Einen Teil der Fleischstückchen rasch darin wenden, bis sie etwas angebraten, jedoch innen noch rötlich und saftig sind. Sie auf die eine Seite der Pfanne schieben. — Die **Saucen**-Zutaten beigeben, etwas einkochen lassen, hie und da leicht umrühren. Etwa ⅓ der Gemüse in die Pfanne geben und durchdünsten während **5–10 Min.** (je nach Art der Gemüse), hie und da wenden. **Servieren:** Jeder Gast pickt sich jetzt Fleisch und Gemüse aus der Pfanne und taucht es zum Essen ins verklopfte Ei. Dazu nimmt man aus der zweiten Schale heissen t r o c k e n e n Reis. Unterdessen wieder einen Teil von Fleisch und Gemüse in die Pfanne geben, ebenso mit den Saucen-Zutaten ergänzen oder, wenn sie zu scharf geworden ist, verdünnen. — Als Getränk kann vorher als Aperitif oder zum Essen ein Schälchen (od. evtl. Kirschgläschen) mit im Wasserbad e r w ä r m t e m Sake (japan. Reiswein) serviert werden, auch passen Bier sowie japanischer Tee.

NB. Shirataki (dünne Glasnudeln, ca. 150 g) schmecken gut mit dem Gemüse gekocht. Sie vorher ca. 2 Std. in k a l t e m Wasser aufquellen lassen. — Die **Sauce** evtl. fertig gewürzt in einem K r u g bereit halten.

986   Kleine Javanische Reistafel

Anmerkung: Obwohl die «Kleine Rijstafel» nie den ganzen Zauber des fernen Ostens ausströmen wird wie die grosse indische mit ihren Dutzenden von Beigaben, ist sie doch auch in ihrer einfacheren Art voller Überraschungen für Auge und Gaumen. Und die Hausfrau wird auf ihrem Exkurs in die östliche Küche dankbare und angeregte Gäste haben. — Alle **Spezialitäten** der indonesisch-javanischen Küche sind in Delikatessgeschäften erhältlich. — Zum **Gedeck** gehört an jeden Platz ein grosser Teller sowie Gabel und Löffel (dieser rechts), ausserdem noch 2–4 kleine Schälchen, je nach Zutaten.

Die **Grundlage** bildet der **Indische** oder **Trocken-Reis** (Nr. 980), der reichlich aufgetischt, d. h. immer wieder h e i s s nachserviert werden soll. Dazu gibt es ein **Curry-Gericht** mit Huhn, Hammel- oder Kalbfleisch zubereitet (siehe Nr. 830, 801 u. 722). Den Reiz der Tafel bilden nun die verschiedensten **Beigaben: 1. Kroepoeks** (getrockneter Teig von Krabben) in h e i s s e m Öl gebacken, wobei sie rasch sehr stark aufgehen und knusprig werden. — **2. Crevettes** (evtl. kleine Makrelen) mit oder ohne Panade, in Kokosfett (oder Öl) gebraten oder statt dessen sog. **Saté Babi** = kleine Spiesschen von Schweinefleisch-Würfeln, gewürzt mit Zitrone, wenig Sambal Oelek und Salz, oder **Fleischklösschen** mit Koriandergeschmack. — **3. Lombok** = indische Pfefferschoten, die sehr scharf und wenn ungewohnt, vorsichtig zu geniessen sind.

4. Kleine **Maiskolben** (als Konserve erhältlich), evtl. noch in Öl braten sowie **Spiegeleier**.
Dazu werden die verschiedenen **Sambals** gereicht = Beigaben mit fertiger **Sambalsauce** vorbereitet, in Schälchen verteilt, auf einem Tablett serviert. Z. B. hartgekochte **Eier**, in Schnitze oder Scheibchen geschnitten, geschnetzelte Huhn- oder Kalbs-**Leber**, evtl. mit Pilzen, nur kurz gebraten, beides mit Sambalsauce bedeckt.

Gemüse (Lauch, Sellerie, Rübchen, Wirsing usw.) in Streifchen geschnitten, in Salzwasser knapp weichgekocht od. statt dessen, kurz eingeweichte, sog. «Sajoeran Kering» (getrocknete, gewürzte Gemüse) mit «Gado-Gado» oder mit «Ketjep Bentung» vermischt (alles in Büchsen erhältlich).

Die Reistafel wird noch **bereichert** durch verschied. Ketchups sowie Mango Chutney und, als Ausgleich und Kühlung des Gaumens, Tomaten- und Gurkenscheibchen mit oder ohne Salatsauce, oder Gewürzgurken. — Als Getränk: Bier, Wein, auch im Wasserbad leicht erwärmten Sake (Reiswein) oder Sherry.

Risotto I. Art und II. Italienische Art 987

300 g Reis, glasierter (s. NB.)
40–80 g Kochfett-, -butter oder Öl
½ Zwiebel — 1–1¼ l kräftige Bouillon
(auch von Knorr od. Maggi Bouillonwürfeln)

evtl. z. Würzen { Salz, Muskat, 1 Pr. Pfeffer / Liebig Fleischextrakt / 3–5 Essl. Weisswein

evtl. z. Beigeben: 30 g Käse, gerieben, od. Butter

Vorbereiten: Den Reis verlesen (nicht waschen). Die Bouillon aufkochen, gut würzen; die Zwiebel fein hacken.

I. Art: Den Reis im heissen Fett dünsten, bis er glasig, jedoch nicht gelb ist. Die Zwiebel beigeben, kurz mitdünsten (nicht bräunen). **Ablöschen** mit der kochenden, passierten Bouillon. Wenn nötig noch Gewürz beigeben, bis die Brühe kräftig schmeckt. — Die Pfanne nicht ganz zudecken; den Reis nicht mehr rühren.
Kochzeit 16–18 Min., d.h. bis der Reis körnig weich ist und alle Flüssigkeit aufgesogen hat. — (Im Reis bilden sich dann kleine Löcher! — Beim **Anrichten** den Käse mit einer Fleischgabel unter den Risotto ziehen, ihn locker in eine warme Platte geben, oder als Ring formen (nach Nr. 991) und möglichst bald servieren.

II. Italienische Art: Den Reis im heissen Öl (evtl. Butter) dünsten, bis er leicht gelb ist. Die Zwiebel beigeben, kurz mitdünsten (nicht bräunen). **Ablöschen** mit soviel heisser, kräftiger Bouillon, dass der Reis gerade davon bedeckt ist, und einkochen lassen. Wieder mit Bouillon bedecken, wieder einkochen lassen und so fortfahren, bis der Reis noch körnig und knapp weich ist (italienisch = al dente). **Kochzeit ca. 16 Min.**, evtl. länger (je nach Reissorte). Evtl. Käse oder etwas frische Butter darunterziehen.

NB. Risotto auf italienische Art wird oft so gekocht, dass er zuletzt noch saftig ist. Er wird für sich als »antipasto« serviert. — Reis, der nach dem Garsein nicht bald aufgetragen wird, kann zu weich und pappig werden. Eine Ausnahme bilden der Parboiled- sowie **Vollreis**, die beide nicht verkochen können. Sie mit ca. 1½ l Flüssigkeit ablöschen, **Kochzeit 30–45 Min.** (evtl. zudecken).

Reissorten siehe Seite 341. — **Risotto auf verschiedene Art** siehe **Nr. 988.**

988 Risotto Nr. 987 auf verschiedene Art (Risotto varié)

1. **Risotto à la Milanaise:** Kurz vor dem Anrichten 20–40 g frische Butter und 2–4 Msp. S a f r a n (evtl. in Wasser aufgelöst) sorgfältig unter den Reis mischen. Dieser Reis wird in Italien noch ziemlich feucht und saftig für sich als «antipasto» serviert.
2. **Risotto à la Napolitaine:** Nach dem Ablöschen mit dem Gewürz soviel konzentriertes T o m a t e n p u r é e beigeben, bis der Reis schön rot ist. Statt Tomatenpurée: evtl. ¾ kg frische Tomaten klein schneiden, weichkochen, passieren und mit der nötigen Bouillon ergänzt, zum A b l ö s c h e n verwenden.
3. **Curryreis** (Risotto à l'Indienne): Nach dem Ablöschen, mit dem Gewürz soviel Currypulver beigeben (1–3 Essl.), bis der Reis p i k a n t schmeckt. Mit etwas Rahm verfeinern.
4. **Risotto mit Pilzen** (— con funghi): Mit den Zwiebeln ¼–½ kg kleingeschnittene P i l z e durchdünsten. — Pilze zurüsten (s. Nr. 345), evtl. gedörrte, kurz eingeweichte, verwenden (50–60 g).
5. **Risotto mit Spinat oder Lauch** (— aux légumes): ½ kg roh gehackten S p i n a t oder 2–4 L a u c h stengel in Streifchen geschnitten, mit der Zwiebel zum Reis geben und einige Minuten durchdämpfen, bevor abgelöscht wird.
6. **Risotto mit Erbsen** (risi bisi): 250 g frische E r b s e n k e r n e und 50 g kleine Magerspeck- oder S c h i n k e n würfelchen mit dem Reis durchdünsten. Verwendet man Büchsenerbsen, dann Reis evtl. mit dem Erbsenwasser ablöschen und die Erbsen mit 50 g Butter kurz vor dem Anrichten unter den Reis ziehen.
7. **Risotto à la Reine:** Den Reis mit H ü h n e r b r ü h e ablöschen und 10 Min. vor dem Anrichten Würfelchen von Huhn (evtl. Poulet-Reste) beimischen. Hat man keine Hühnerbrühe, dann die abgelösten Knochen von Geflügelresten auskochen oder Maggi Hühnerbouillon verwenden.
8. **Risotto mit Leber:** 250 g fein geschnittene Kalbs- oder Geflügelleber kurz in Butter dünsten und mit dem Käse unter den f e r t i g e n Risotto ziehen oder n a c h dem Anrichten darüberstreuen.
9. **Risotto mit Schinken** (— vénitienne): 200 g Schinken (evtl. Magerspeck) in Würfelchen geschnitten, mit den Zwiebeln zum Reis geben. — Als **Garnitur** den angerichteten Risotto dicht belegen mit gefüllten, halbierten O l i v e n, die man in Butter erwärmt hat.
10. **Risotto truffé:** Einige weisse oder dunkle T r ü f f e l n in kleine Würfelchen schneiden. Sie in reichlich frischer Butter heiss werden lassen und unter einen fertigen Risotto à la Milanaise mischen. Mit Trüffelwürfelchen bestreuen.

989 Risotto aux Crevettes (Chinesische Art)

Risotto Nr. 987 (o h n e Käse) — 1 Büchse Crevettes od. tiefgekühlte — 1 dl Rahm, leicht geschlagen
Zubereiten des Risottos. Kurz vor dem **Servieren** die Crevettes und Rahm darunter ziehen und nochmals ganz heiss werden lassen. — **Soja-Gewürzsauce** dazu geben.

990 Orientalischer Reis (Riz oriental)

300 g Reis, glasierter — 4 Essl. Öl	
2 Zwiebeln, 1 Knoblauchzehe, 3 Peperoni	z. Beigeben { 200 g Schinken od. Zunge / 30 g Mandeln / 50 g Sultaninen (od. Pinienkerne)
¾ l kräftige Bouillon	
Gewürz: Salz, Safran, 1 Pr. Paprika	z. Garnitur: einige Senffrüchte (sog. mostarda)

Vorbereiten: Den Reis verlesen. — Zwiebel und Knoblauch f e i n hacken. Die Peperoni halbieren, die Kerne entfernen, heiss abspülen und in feine Streifen schneiden, den Schinken in erbsengrosse Würfelchen. — Die Mandeln geschält und halbiert, (od. Pinienkerne) in etwas Öl rösten. Die Sultaninen waschen.

Zubereiten: Den Reis sowie Zwiebeln, Knoblauch und Peperoni im heissen Öl einige Minuten gut durchdünsten. **Ablöschen** mit der kochenden Brühe und kräftig abschmecken, ca. **10 Min. kochen.** Dann die übrigen vorbereiteten Zutaten daruntermischen. Das Gericht zugedeckt, in den nicht zu heissen Ofen stellen, bis der Reis gar, jedoch noch saftig und körnig ist. — **Anrichten,** bergartig mit einer Fleischgabel aufgelockert, auf eine weite Platte. Den Rand belegen mit den klein geschnittenen Senffrüchten. Dazu **Curry**-Sauce. — Praktisch z. Zubereiten in der **Tavola**-Servierkasserolle.

Reisring oder -timbal, garniert   (Bordure ou timbale de riz decorée)   991

Indischer oder Trocken-Reis Nr. 980 oder Risotto Nr. 987 sowie 988

Garnitur: Den Boden einer bebutterten Ring- oder Timbalform belegen mit einem Kränzchen von blättrig geschnittenen Pilzen (Champignons, Eierschwämmen oder Trüffeln) u. gehacktem Grün od. Erbsen und Rübenscheibchen, evtl. mit ausgestochenen Tupfen von Schinken. — **Einfüllen** des Reises, indem man ihn sorgfältig andrückt. Beim **Anrichten** auf eine heisse flache Platte stürzen. Den R i n g füllen mit Fleisch-, Geflügel- oder Gemüseragout oder gedämpften Pilzen usw. oder diese rings um den T i m b a l geben.

NB. Hat man keinen Ring, dann eine Springform mit einer Timbalform in der Mitte verwenden. Nach dem Stürzen die Oberfläche evtl. rund und glatt streichen.

Reistimbal mit Schinken   (Timbale de riz au jambon)   992

Ind. Reis Nr. 980 oder Risotto Nr. 987 — 1–3 Cornichons — 150 g Schinken (Wurst, Haché usw.)

Vorbereiten: Eine Timbalform gut bebuttern, den Boden zuerst mit Papier, dann mit einer **Garnitur** von Schinken- und Cornichonsscheibchen belegen.

Einfüllen von Reis und Schinkenstreifen, lagenweise o d e r zuerst Boden und Wand der Form mit Reis bedecken, in den Hohlraum Schinken, Haché usw. geben, mit Reis abschliessen. Die Form evtl. im Wasserbad w ä r m e n. — Beim **Anrichten** auf eine flache Platte stürzen. **Servieren** mit Madeira- oder Tomatensauce, evtl. mit Salat.

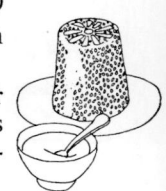

NB. Günstige Zubereitung für **Reste** von Reis, Wurst oder Fleisch, vegetarisch mit Pilzen.

Reis oder Hirse au gratin   (Riz ou millet au gratin)   993

Reis- oder Hirse-R e s t e
z. Gratinieren: 30 g Butter
Eierguss { 1–2 Eier, 2 dl Milch
30 g Käse, gerieben., Salz, Muskat

Reis oder **Hirse** locker in eine bebutterte Gratinform füllen. — Die Zutaten zum Eierguss verklopfen, darübergiessen. Mit reichlich Butterstückchen belegen. **Gratinieren** bis die Oberfläche goldgelb ist (ca. **20 Min.**). — **Servieren** mit Salat.

NB. Reis- und Hirsereste lassen sich auch zubereiten als Tomaten- oder Spinat-Reisspeise (Nr. 337 und 338) sowie mit gedämpften **Pilzen** oder mit **Wurst**scheibchen eingefüllt.

994 Hirse- und Gerstengerichte (Mets de millet et de l'orge)

Anmerkung: Hirse ist dank ihres grossen Mineralgehaltes besonders wertvoll für die Ernährung (siehe Seite 342).

Hirse (Goldhirse) lässt sich auf gleiche Art **zubereiten** wie Indischer Reis **Nr. 980** und als Risotto (sog. «Hirsotto») s. **Nr. 987** und **988**, oder wie die meisten andern Reisgerichte. — Zum Ablöschen etwa 1/5 weniger Flüssigkeit verwenden.
Die **Kochzeit** etwas kürzer berechnen (**ca. 15 Min.**).
Gerste (mittlere) wird sehr schmackhaft und kräftig, **zubereitet** wie Risotto **Nr. 987** (sog. «Gerstotto») sowie mit Tomaten oder Curry. — **Kochzeit** 3/4–1 Std. (zugedeckt) oder im **Dampfkochtopf** nach Vorschrift. — Grosskörnige Gerste zuerst ca. 1 Std. in warmem Wasser einweichen.

995 Reis- oder Hirseküchlein (Beignets de riz ou de millet)

Reis- oder Hirsereste (1 Tasse voll) — 1/2 Port. Omelettenteig Nr. 1039 — Kochbutter, ca. 80 g
Vorbereiten: Die Reste mit dem Omelettenteig vermischen. — **Backen** kleiner Küchlein, indem man vom Teig je einen Saucen-Schöpflöffel voll in die heisse Kochbutter gibt. Beidseitig gelbbraun werden lassen. — **Servieren** mit Salat oder Kompott.
NB. Als Omeletten gebacken, s. **Nr. 1049a**.

996 Reisbrei (Riz au lait) Milchreis

250 g Reis (evtl. Voll- od. Naturreis s. NB.) — 2 dl Wasser — 3/4–1 Ltr. Milch, Salz (ca. 5 g)
Vorbereiten: Den Reis verlesen, auf einem Sieb mit kaltem Wasser abspülen.
Brei: Reis und Wasser aufkochen, die kalte Milch und wenig Salz beifügen, zum Sieden bringen. (Hie und da sorgfältig umrühren.) — **Kochzeit 40–50 Min.** auf kleinem Feuer (mit Untersetzer). — **Servieren**, evtl. mit Zucker und Zimt oder mit Kompott.
NB. Da Reisbrei leicht anbrennt, ihn mit Vorteil nicht auf dem Feuer fertig kochen, sondern die Pfanne gedeckt, in 10–12 Lagen Zeitungspapier eingepackt, **ca. 1 Std.** stehen lassen (siehe **Selbst-Kocher Nr. 1759**). — Reisbrei lässt sich auch, vorsichtig gekocht, im **Dampfkochtopf** (siehe Nr. 1758) zubereiten. — Besonders kräftig wird der Brei aus Voll- od. Naturreis (dazu 1 1/4 l Milch verwenden), Kochzeit 1–1 1/4 Std.

997 Hirsebrei (Millet au lait)

Zubereitung wie Reisbrei **Nr. 996**. Statt Reis 300 g **Goldhirse** und ca. 2 dl. weniger Milch verwenden. Evtl. etwas abgeriebene Zitronenschale beigeben. — **Kochzeit** ca. **40 Min.**

998 Kochen eines Breies (von Griess, Mais usw.) Grundregel

Aufkochen der Flüssigkeit mit dem Salz (evtl. mit Muskat und Butter) und **Einrühren** der trockenen Zutat im Faden (Griess, Mais oder Grütze). — **Kochzeit** je nach Angabe im Rezept unter häufigem, sorgfältigem Umrühren.—(Evtl. zuletzt Zucker beifügen.)
NB. Für grosse Portionen ist das Garkochen durch **Warmhalten** vorteilhaft (s. Nr. 1759), jedoch die doppelte Garzeit berechnen.

Griessbrei (Bouillie de semoule ou de maïs) v. Weizen-, Hirse- od. Maisgriess 999

2½ l Milch (s. NB.), 5–10 g Salz — evtl. 40 g Butter — 300 g Griess — evtl. 50 g Zucker
Zubereitung des Breies nach **Nr. 998.** — **Kochzeit 15–30 Min.** (Mais etwas länger). Häufig umrühren. — **Servieren**, evtl. mit brauner Butter abgeschmelzt oder mit einigen Flöckchen Tafelbutter belegt, dazu evtl. Kompott oder Zucker und Zimt.
NB. Bei kleineren Portionen evtl. rühren bis der Brei gar ist. — Statt nur Milch evtl. einen Teil Wasser verwenden.

Griessauflauf mit Käse (Soufflé de semoule au fromage) 1000

½ Port. Griessbrei Nr. 999
2–3 Eigelb
30 g Emmentaler, 30 g Sbrinz

Gewürz: Salz, Muskat, 1 Pr. Pfeffer
evtl. 1 Essl. Kräuter, gehackt
2–3 Eiweiss (z. Schnee)

Auflaufmasse: Den heissen Brei mit Eigelb, geriebenem Käse, Gewürz und evtl. Kräutern vermischen. — Die **Eiweiss** zu Schnee schlagen, darunter ziehen. **Einfüllen** in die bebutterte Form. **Backen** ca. **40 Min.** — **Servieren** mit Salat, gedämpften Rüben und Erbsen oder Spinat. — **Aufläufe**, Grundregel siehe **Nr. 1189.**

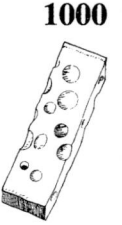

Griess- oder Maispfluten au gratin (Quenelles simples de semoule ou maïs) 1001

Griess- oder Maisbrei von Schnitten Nr. 1002
oder Reste von Brei
z. Bestreuen: 40 g Käse

Eierguss { 4 dl Milch, 1 Pr. Salz
         { 1–2 Eier, Muskat
z. Gratinieren: 20 g Butter

Formen der Pfluten: Zwei Löffel in kaltes Wasser tauchen und damit vom heissen Brei längliche Klösse (Pfluten) abstechen. Diese lagenweise mit dem geriebenen Käse in eine bebutterte Gratinform geben. — Den **Eierguss** gut verklopft, über das Gericht verteilen. Die Oberfläche mit Butterflöckchen belegen. — **Gratinieren** während ca. **30 Min.** — **Servieren** mit Salat oder Kompott.

Griess- oder Maisschnitten (Tranches de semoule ou de maïs) 1002

Brei { 6 dl Wasser, 6–8 dl Milch, ca. 10 g Salz
     { Muskat, evtl. 30 g Butter
     { 300 g Griess oder Mais (s. NB.)

evtl. { 1–2 Eier oder
z. Beimischen { 2–3 Essl. Sojamehl
z. Braten: Kochbutter, -fett od. -öl (ca. 100 g)

Zubereitung des Breies (n. Nr. 998), d.h. Flüssigkeit, Gewürz und evtl. Butter zum Kochen bringen, Griess oder Mais sorgfältig einrühren. Den Brei unter Rühren so lange kochen, bis er sich von der Pfanne löst. Evtl. **Beimischen** der verklopften Eier oder des Sojamehls. — **Ausstreichen** des Breies auf kalt abgespültem Brett, ca. 1 cm dick (am besten mit nassem Spachtel). **Erkalten** und steif werden lassen. — **Schneiden** der Masse in verschobene Vierecke, diese evtl. noch in Ei wenden. — **Braten**, beidseitig in heisser Butter oder auf einem Blech im **Ofen** mit Butter oder Öl beträufelt, bis sie gelbbraun sind. — **Servieren** mit Salat, Gemüse oder Kompott.

NB. Sehr gut werden die Schnitten auch mit halb Griess, halb Mais (gelbem oder weissem). — Maisschnitten evtl. mit weniger Milch und mehr Wasser oder Bouillon zubereiten. — Zu Griessschnitten lässt sich gut sauer gewordene Milch, sowie Mager- oder frische Buttermilch verwenden, sie jedoch direkt mit dem Griess unter Rühren aufkochen. — Griess- oder Maisschnitten **auf verschiedene Art**, siehe **Nr. 1003.**

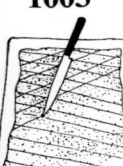

1003 Griess- od. Maisschnitten auf verschied. Art (Tranches de semoule ou de maïs)

Zubereitung der Schnitten nach **Nr. 1002**. — Vor dem Ausstreichen eine der folgenden Zutaten unter den Brei mischen:
a) Schinken oder **Fleischreste:** 100–150 g, fein gehackt. — **b) Käse:** 40–80 g Sbrinz, gerieben. — **c) Grüne Schnitten** mit 1 Schüsselchen **Spinat** (kurz abgekocht, evtl. Reste) fein gehackt (od. im Mixer püriert) oder gehackte, in Butter gedämpfte **Kräuter** (Petersilie, Schnittlauch, Majoran, wenig Salbei oder Thymian usw.). — **d) 2–4 Zwiebeln**, fein gehackt, in etwas Butter gedämpft.

1004 Bouchées de semoule au fromage (Griess-Käsepastetchen)

Griessschnitten-Masse von Nr. 1002
30 g Butter — Paprika

Füllung { 100 g Emmentalerkäse, gerieben
2–4 Essl. sauren Rahm

Formen: Vom gut 1 cm dick ausgestrichenen, erkalteten Griessbrei runde Plätzchen von ca. 6 cm ⌀ ausstechen, die Hälfte davon zu Ringen. Diese bebuttern und auf die Plätzchen setzen. In den Hohlraum die vermischte Käsemasse füllen, mit einem Butterflöckchen belegen, mit Paprika bestreuen. — **Backen** in guter Oberhitze, bis der Käse geschmolzen und die Bouchées goldgelb sind. — **Servieren** auf Spinat oder mit Salaten.

1005 Griessgnocchi au gratin (Gnocchi à la Romaine)

Griessschnitten-Masse von Nr. 1002
evtl. Béchamel Nr. 553 (s. NB.)

z. Gratinieren { 1–2 dl Bouillon
30 g Käse, gerieb., 40 g Butter

Formen: Vom ausgestrichenen erkalteten Griessbrei mit nassem Glas oder Ring Plätzchen (ca. 5 cm ⌀) ausstechen und diese ziegelartig auf eine bebutterte Gratinplatte legen. Wenig Bouillon dazu giessen, mit Käse bestreuen, mit Butterstückchen belegen. — **Gratinieren** zu goldgelber Farbe (ca. **20 Min.**). — **Servieren** mit Salat, evtl. als Beigabe zu Fleisch (statt Reis oder Teigwaren usw.).

NB. Als **Vorspeise:** vor dem Gratinieren mit dünner Béchamel (evtl. legiert) übergiessen. — Als **Garnitur** für Fleisch- od. Gemüseplatten die Plätzchen auf einem Blech mit Butterflöckchen belegt, im **Ofen** goldgelb backen.

1006 Maisgnocchi (Gnocchi de maïs)

Zubereitung wie Griessgnocchi **Nr. 1005**, evtl. mit reichlicher Käse bestreuen. Siehe auch Maisplätzchen mit Käse im Ofen **Nr. 1008**.

1007 Goldene Taler, gefüllt (Tranches dorées)

Maisschnitten nach Nr. 1002 — ca. 100 g Gruyère — Panade Nr. 888 — Öl z. Backen

Vorbereiten: Vom ausgestrichenen erkalteten Maisbrei ca. 5 cm grosse runde Plätzchen (Taler) ausstechen. Zwischen je zwei Plätzchen 2 mm dicke Käsescheibchen legen, gut aufeinanderdrücken. Sorgfältig panieren mit Ei und hellem Paniermehl. — **Backen,** halbschwimmend zu goldgelber Farbe. **Servieren** mit Salat oder einer Tomatensauce.

1008 Polenta e fontina (Maisplätzchen mit Käse im Ofen)

Maisschnitten nach Nr. 1002 — ca. 100 g Fontina (ital. Käse), evtl. Gruyère — Öl — Paprika

Vorbereiten: Den ausgestrichenen, erkalteten Maisbrei in gleichmässige Vierecke

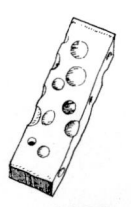

schneiden. Diese auf ein beöltes Blech legen und einzeln dicht mit ca. 2 mm dicken Käsescheibchen bedecken. Mit Öl beträufeln, mit wenig Paprika bestäuben.
Überbacken in guter Oberhitze, bis der Mais ganz heiss und der Käse geschmolzen ist. **Sofort servieren** mit reichlich Salat.

Polenta   (Maïs à l'Italienne)   1009

1½ l Wasser, ca. 10 g Salz, Muskat — 300 g Mais — evtl. 50 g Butter

Polenta I. Art: Das Wasser mit Salz und Muskat aufkochen. Den Mais im Faden einrühren. — **Kochzeit** ca. **40 Min.** auf **kleinem** Feuer, hie und da umrühren. Da Polenta leicht anbrennt, sie evtl. in Papier eingewickelt (s. NB. v. Nr. 998) garkochen (ca. 1Std.). **Anrichten** in eine heisse Platte, evtl. lagenweise mit geriebenem Käse, evtl. mit heisser Butter abschmelzen. — **Servieren** zu Rinds- oder Sauerbraten, Ragout, Leber, sowie mit Gemüse oder mit Kompott (auch von Dörrobst).

II. Italienische Art: Die Polenta ca. 15 Min. unter fortwährendem Rühren kochen, evtl. die Butter daruntermischen. Dann mit dem Kochlöffelstiel einige Löcher machen für den Dampf und die Polenta noch **30–40 Min.** leise weiterkochen. Die Masse soll sich zuletzt wie eine Kugel zusammenballen. Sie auf ein Brett stürzen und nach einigen Minuten in grosse Scheiben schneiden (mit Messer oder Faden).

Maisgericht   (Bouillie de maïs)   Polentina   1010

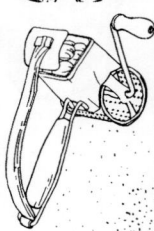

Brei { ¾ l Milch (s. NB.) ca. 10 g Salz, Muskat
       ¾ l Wasser oder Bouillon
       300 g Mais

30 g Käse, gerieben
Braune Butter Nr. 585
evtl. einige Tomaten

Den **Brei** nach **Nr. 998** zubereiten. **Kochzeit** ca. **40 Min.** — **Anrichten** in eine heisse Platte, lagenweise mit Käse bestreuen, zuletzt mit brauner Butter übergiessen.

NB. Servieren wie Polenta Nr. 1009. — Dieses Maisgericht schmeckt durch die Beigabe von Milch weniger herb als Polenta. — Evtl. beim Anrichten mit Tomatenscheiben belegen.

Porridge und Buchweizenbrei   (Bouillie d'avoine à l'anglaise ou de blé noir)   1011

1½ l Wasser (s. NB.), 15 g Salz
evtl. 50 g Butter

280 g grobe Hafergrütze (evtl. weisse) od.-flocken
oder Buchweizengrütze (Heidemehl)

Zubereitung des Breies nach **Nr. 998. Kochzeit** ca. **40 Min.** — **Servieren** mit frischer Butter und Milch oder Rahm, als Beigabe nach Belieben Rohzucker oder Melasse.

NB. Statt nur Wasser evtl. ⅓ Milch oder Rahm verwenden. Nach Belieben unter den fertigen Brei eine Handvoll gewaschene Rosinen mischen.

Hafergrütz- oder Buchweizenküchlein   (Beignets d'avoine ou de blé noir)   1012

Brei { 1 Ltr. Wasser od. Bouillon
       10 g Salz, Muskat
       300 g Hafer- od. Buchweizengrütze
Grünes { 1 Zwiebel, Petersilie, Majoran
         Sellerieblätter, Lauch usw.

evtl. 1 Ei oder 1–2 Essl. Sojamehl
Muskat, Maggi Fondor

z. Braten { Kochbutter, Öl
            oder Nussella, ca. 100 g

Den **Brei** nach **Nr. 998** zubereiten und unter Rühren kochen, bis er sich von der Pfanne löst. — Das **Grüne** fein hacken, in etwas Butter dünsten, mit dem Brei vermischen, evtl. Ei oder Sojamehl beigeben, wenn nötig noch würzen. — **Ausstreichen** der Masse, auf kalt abgespültem Brett (gut 1 cm dick). — Erkalten lassen, in Vierecke schneiden oder runde Plätzchen ausstechen. — **Braten** der Küchlein, bis sie schön braun sind. Evtl. mit gerösteten Zwiebelstreifen (Nr. 588) bestreuen. — **Servieren** mit reichlich Salat oder einem Saucengemüse. — **Hirseküchlein:** gleiche Zubereitung.

1013 Weizen- oder Grünkernküchlein (Beignets de blé ou blé vert)

Zubereitung wie Küchlein **Nr. 1012.** — Statt Hafer- oder Buchweizenbrei: 300 g **Weizen-** oder **Grünkerne** über Nacht einweichen, dann weichkochen (1½–2 Std.).

1014 Hafer- oder Hirseflockenküchlein (Beignets aux flocons d'avoine ou millet)

300 g Hafer- od. Hirseflocken (s. NB.)
½ l Milch (od. halb Wasser)
Grünes { Petersilie, Schnittlauch
          Sellerieblätter, Lauch, Zwiebel

1–2 Eier oder 1–2 Essl. Sojamehl
Gewürz: Salz, Muskat

z. Braten: Nussella, Öl usw.

Masse: Die Flocken mit der heissen Milch übergiessen, zudecken. — Das gehackte Grün in etwas Fett durchdünsten und mit den Eiern oder Sojamehl und Gewürz unter die Flockenmasse mischen. — **Formen** kleiner Küchlein (evtl. mit zwei Löffeln) und direkt in die Pfanne geben. **Braten** derselben, beidseitig, bis sie gelbbraun sind. **Servieren** mit Tomaten-, Curry- oder Käsesauce oder Salaten.

NB. Evtl. eine Mischung von Hafer-, Roggen- u. Weizenflocken verwenden. — Ausser dem Grünen evtl. etwas roh geriebene Sellerieknolle beigeben.

Teigwaren, Omeletten usw.

Getreide, Allgemeines Seite 340–341. — Weitere Teigwarengerichte siehe Register.

1015 Nudel-Zubereitung (Nouilles aux œufs) Hausgemachte Nudeln

Nudelteig Nr. 929: für Eiernudeln sowie für grüne Nudeln, Lasagne, Cannelloni usw.
Auswallen des Teiges in zwei Teilen, möglichst nudeldünn (d.h. ca. 1 mm), etwas antrocknen lassen (ca. 10 Min.).
Schneiden der Nudeln: Den Teig (bevor er brüchig ist) der Länge nach aufrollen und in ½–1 cm oder auch breiteren Streifen schneiden, diese auseinanderziehen.
a) Die Nudeln **frisch** kochen während ca. **5 Min.** (siehe Nr. 1016) oder
b) zum **Aufbewahren** die Nudeln trocknen, d.h. sie locker auf einem Tuch ausbreiten und 1–2 Tage liegen lassen, bis sie brüchig sind (hie und da aufschütteln). (An trockenem Ort aufbewahren.) — Je dünner der Teig ausgewallt wurde, desto feiner schmecken die Nudeln.

Kochen von Teigwaren   Grundregel   1016

Anmerkung: Werden die Teigwaren allein als Mahlzeit serviert, dann mind. 100 g pro Person berechnen.

Teigwaren { 250–400 g Nudeln, Hörnli, Makkaroni, Spaghetti, usw.   Salzwasser (pro Liter = 10 g Salz) evtl. 1 Essl. Öl (s. NB.)

1. Das Salzwasser **aufkochen** und die Teigwaren hineingeben (lange Spaghetti evtl. einmal gebrochen). — **Kochzeit 15–20 Min.** (je n. Art und Dicke), **halb** zudecken.
2. Abschütten auf ein Sieb, evtl. abschrecken (siehe NB.).
3. **Weitere Zubereitung** der Teigwaren je nach Rezept.

NB. Teigwaren in reichlich Salzwasser (evtl. mit ganz wenig Öl) kochen, damit sie nicht kleistrig werden und nicht zusammenkleben. Sie evtl. auf dem Sieb abschrecken, d. h. gut mit Wasser überspülen (warm oder kalt, je nach Verwendung). — Bei **Vollmehl**- und bei besonders **dicken** Teigwaren etwas längere Kochzeit berechnen oder 10 Min. kochen und zugedeckt (ohne Feuer) **aufquellen** lassen (oder sie evtl. im Dampfkochtopf kochen nach Vorschrift!).

Teigwaren à la Milanaise   1017

300 g Spaghetti, Hörnli od. Makkaroni
ca. 2 l Salzwasser

2–3 dl Milch, 1 Lorbeerblatt, Muskat
50 g Parmesan od. Sbrinz, gerieben, evtl. Salz

Weichkochen der Teigwaren nach **Nr. 1016**. — Sie nach dem Abtropfen wieder zurück in die Pfanne geben. **Zufügen** von Milch, Käse und Gewürz und **kochen** auf kleinem Feuer, bis die Flüssigkeit knapp **aufgesogen** ist. Sorgfältig schütteln oder rühren. (Nicht auf dem Feuer stehen lassen, brennt leicht an!)

Nudeln mit Butter   (Nouilles au beurre)   1018

300 g Eiernudeln — ca. 2 l Salzwasser

60–80 g frische Butter, 2–3 Essl. Paniermehl

Weichkochen der Nudeln nach **Nr. 1016**, gut abtropfen lassen.
Anrichten I. Art: Lagenweise mit Butterflöckchen in eine erwärmte Platte. — **II. Art:** In einem Pfännchen die Hälfte der Butter schmelzen, das Paniermehl beigeben, erhitzen bis die Butter leicht bräunlich ist und über die angerichteten Nudeln giessen. —
Servieren mit einem Ragout, zu Bratwürsten usw., mit Salat oder mit Kompott.

Nudeln à la Polonaise   (Nouilles à la Polonaise)   1019

300 g **Nudeln** — Salzwasser
250 g Champignons od. Steinpilze
1 kleine Zwiebel, Petersilie
Gewürz: Salz, Muskat, Zitronensaft
z. Beigeben: 1 dl Weisswein, 1 dl Rahm

50 g Sbrinz (od. Parmesan)
1–2 hartgekochte Eier
50 g frische Butter
z. Bereichern { 6–9 dünne Schinkenscheiben 50 g Butter

Vorbereiten: Die Nudeln weichkochen (nach **Nr. 1016**). — Die Pilze zurüsten (siehe Nr. 345), in Scheibchen schneiden, Zwiebel und Petersilie fein hacken. Beides in Butter durchdämpfen. Mit etwas Mehl bestäuben, mit dem Wein ablöschen, den Rahm beifügen, sorgfältig würzen. **Kochen** während ca. **15 Min.**
Anrichten: Die heissen Nudeln lagenweise mit den Pilzen auf eine Platte geben. Mit dem Käse und dem gehackten Ei überstreuen, mit heisser Butter übergiessen.
Zur Bereicherung: Die Schinkenscheiben, evtl. kleiner geschnitten, aufrollen und kurz in Butter heiss werden lassen. Sie rings um die Nudeln legen, dazwischen etwas Petersilie stecken. — **Servieren** als Einzelplatte, evtl. mit grünem Salat.

1019a Schlemmernudeln (Nouilles riches)

250 g **Nudeln**, spez. schmale — 2 l Salzwasser
½ Port. Brätkügelchenmasse Nr. 742 oder
3 geschwellte Bratwürste
200 g Milken — 300 g Champignons

z. Dämpfen: 50 g Butter
½ Zwiebel, wenig Kerbel u. Majoran, gehackt
1 dl Rahm — 1 Eigelb
z. Bestreuen: 2–3 Essl. Petersilie, gehackt

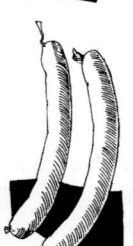

Vorbereiten: Von der Brätmasse kirschengrosse Kügelchen formen oder die geschwellten Bratwürste häuten, längs halbieren und in ½ cm dicke Rädchen schneiden. — Den Milken in heissem Salzwasser mit wenig Zitronensaft kurz aufkochen, dann möglichst gut häuten und in kleine Stückchen teilen. — Die Champignons zurüsten (nach Nr. 345) und in Blättchen schneiden.

Kochen: Die Nudeln ins heisse, leicht gesalzene Wasser geben. Sofort die Brätkügelchen oder Wursträdchen beifügen, ebenso Milken und Champignons. Sorgfältig umrühren. **Kochzeit** ca. **15 Min.**, d. h. bis alles weich und das Wasser eingedämpft ist. Direkt vor dem **Anrichten** das in der Butter gedämpfte Grün, sowie den Rahm (mit dem Eigelb verrührt) unter das Gericht mischen. Nochmals gut erhitzen (ohne zu kochen) und in eine erwärmte Platte geben, mit reichlich Petersilie bestreuen.

1020 Spaghetti à la Napolitaine

300 g Spaghetti (evtl. Makkaroni,
kleine Hörnli usw.)
ca. 2 l Salzwasser

Sauce
1 kleine Zwiebel, wenig Knoblauch
2–3 Essl. Öl oder Kochbutter
2–5 Essl. Tomatenpurée (s. NB.)
2–3 dl Bouillon (von Maggi usw.)

Weichkochen der Spaghetti (nach **Nr. 1016**). — **Sauce:** Zwiebel und Knoblauch fein hacken, in Öl oder Butter dünsten. Das Tomatenpürée, dann unter Rühren die Bouillon beigeben, dicklich einkochen, wenn nötig noch würzen. — **Vermischen** der abgetropften Spaghetti mit der Sauce, durchschütteln, bis sie wieder ganz heiss sind. Beim **Anrichten** evtl. geriebenen Parmesan (od. Sbrinz) darüberstreuen.

NB. Statt Purée: ½ kg frische Tomaten kleinschneiden (ohne Flüssigkeit) weichdämpfen, passieren.

1021 Spaghetti al sugo (Teigwaren mit Fleischsauce)

zur Sauce { 300–500 g Schenkelfleisch od. Fleischreste — 30 g Kochbutter od. Öl — 1 kleine Zwiebel
wenig Knoblauch — ca. 1½ l Wasser od. Bouillon — Salz, Muskat, 1 Pr. Pfeffer, 1 Lorbeerblatt

300 g **Spaghetti**, Salzwasser, evtl. 20 g Butter — z. Bestreuen: 40 g Parmesan od. Sbrinz

Sauce: Das Fleisch kleinschneiden oder hacken, in heisser Butter oder Öl überbraten. Zwiebel und Knoblauch, gehackt, beigeben, kurz mitdämpfen, ablöschen, würzen. **Kochzeit** ca. **2 Std.** — Die Sauce passieren.

Die **Spaghetti** weichkochen (n. **Nr. 1016**). — Sie abgetropft unter die **Sauce** mischen und so lange kochen, bis die Flüssigkeit fast eingedämpft ist. Evtl. etwas frische Butter darunterziehen. — **Servieren** mit geriebenem Käse als antipasto oder als Mahlzeit mit grünem Salat.

NB. Evtl. etwas gehackte Kräuter (Basilikum, Majoran usw.) mitdämpfen. — Das vom Passieren der Sauce übrig gebliebene Fleisch evtl. mit den Teigwaren servieren oder noch für gefüllte Kartoffeln usw. verwenden. — Gleiche Zubereitung für **Makkaroni**, **Hörnli** oder **Nudeln** (ital. Tagliatelli).

Spaghetti alla Bolognese (Teigwaren nach Bologneser Art) **1022**

Anmerkung: Bologneser Teigwaren sind reich und schmackhaft und lassen sich gut als selbständige Mahlzeit servieren.

z. Sauce: 100–200 g Rindfleisch (mager)
50 g Salami (Magerspeck od. Schinken)
1–2 Zwiebeln, etwas Knoblauch
1 kleine Rübe, 1 Scheibe Sellerie
Kräuter (Rosmarin, Majoran usw.)
50 g Pilze (evtl. gedörrte)
z. Braten: 3–5 Essl. Öl
z. Beigeben { 2–4 Essl. Tomatenpurée (od.
4–5 geschälte Tomaten)

z. Binden: ca. ½ Essl. Mehl
z. Ablöschen: 3–5 dl Bouillon
z. Würzen { Salz, Pfeffer, Muskat
1 Lorbeerblatt, 1 dl Rotwein

300–600 g lange **Spaghetti**, gekocht n. Nr. 1016
(nicht gebrochen)
Zerlassene Butter Nr. 585
40–60 g Parmesan od. Sbrinz, gerieben

Vorbereiten: Das Fleisch sowie Salami (Speck oder Schinken) in ganz kleine Würfelchen schneiden (evtl. hacken). — Zwiebel, Knoblauch (zerquetscht), Kräuter und Pilze (gedörrte, kurz eingeweicht) fein hacken. Rüben und Sellerie zurüsten und reiben.
Zubereitung: Im heissen Öl das Fleisch überbraten, die übrigen vorbereiteten Zutaten beifügen und gut durchdämpfen (10–15 Min.). Das Tomatenpurée (od. die zerschnittenen Tomaten) beigeben, mit dem Mehl bestäuben. **Ablöschen** mit der Bouillon, mit dem nötigen Gewürz kräftig abschmecken. — **Kochen der Sauce** während ca. **1 Std.** Beim **Anrichten** die **Spaghetti** mit der heissen Butter beträufeln, mit der Fleischsauce übergiessen. — **Servieren** mit geriebenem Käse.

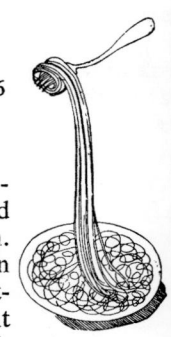

Nudeln mit Eiern (Nouilles aux œufs) I. und II. Art **1023**

300 g Nudeln — ca. 2 l Salzwasser
Butter, ca. 50 g

Eierguss { 2–3 Eier, 1 Pr. Salz, Muskat
1 dl Rahm oder Milch

Weichkochen der Nudeln nach **Nr. 1016**. — Die Butter in einer Omelettenpfanne erwärmen, die Nudeln gut abgetropft, hineingeben, häufig wenden. — Den **Eierguss** verklopft über die Nudeln giessen. Auf kleinem Feuer gut durchmischen, bis die Eiermasse leicht fest geworden ist. — **Servieren** mit Salat oder Kompott.
II. Art: Zuerst in der Butter 1–2 **Nieren,** klein geschnetzelt, rasch überbraten, oder gedämpfte **Pilze** (Nr. 347) unter das fertige Gericht mischen.

Nudel-Omelette (Omelette aux nouilles) **1024**

Zubereitung wie Nudeln mit Eiern **Nr. 1023**, die Masse jedoch so lange zugedeckt backen, bis sich eine gelbbraune Kruste gebildet hat. — Beim **Anrichten** die Omelette stürzen (mit Hilfe des Deckels).

Makkaroniküchlein (Tranches aux maccaroni) **1025**

250 g Makkaroni oder Hörnli
ca. 2 l Salzwasser
Gewürz: Salz, Muskat, Aromat

z. Beimischen { ½ Port. dicke Käsesauce
nach (Nr. 551) legiert
z. Braten: Kochfett oder Öl

Weichkochen der Makkaroni oder Hörnli nach **Nr. 1016** (jedoch für dieses Rezept in knapp Wasser geben).
Küchleinmasse: Die gut abgetropften (nicht abgespülten Teigwaren) mit der dick eingekochten Sauce, dem Eigelb und Gewürz vermischen. Auf einem bemehlten Brett ca. 1½ cm dick ausstreichen. Erkalten und fest werden lassen. — Runde Küchlein von

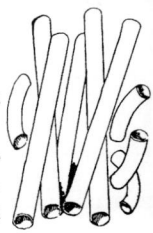

ca. 6 cm ∅ ausstechen. **Braten** in heissem Fett. — **Servieren** zu Fleisch- oder Gemüseplatten, mit Salaten usw.

1026 Nudelauflauf mit Käse (Soufflé de nouilles au fromage)

250 g Nudeln (s. NB.) — ca. 2 l Salzwasser
Buttersauce Nr. 549
80 g Käse, gerieben — Salz, Muskat
2–3 Eigelb — 2–3 Eiweiss (z. Schnee)

Weichkochen der Nudeln nach **Nr. 1016.** Sie gut abtropfen lassen. — **Auflauf:** Die Nudeln mit der Sauce, Käse, Eigelb und Gewürz vermischen. — Den Eierschnee darunterziehen. Einfüllen in die bebutterte Auflaufform. — **Backen** in guter Hitze während **50–60 Min.** — **Servieren** mit Tomatensauce, Salat oder einem Gemüse.
NB. Gleiche Zubereitung mit **Hörnli, Makkaroni,** auch **Fideli** usw.

1027 Nudelauflauf mit Schinken (Soufflé de nouilles au jambon)

250 g Nudeln (s. NB.) — ca. 2 l Salzwasser
150 g Schinken, gehackt (s. NB.)
40–60 g Käse, gerieben
Eierguss { 2–3 Eier, Salz, Muskat
2½ dl Milch od. Rahm
z. Belegen: 20 g Butter

Weichkochen der Nudeln nach **Nr. 1016.** Sie gut abtropfen lassen. — **Einfüllen,** lagenweise mit Schinken und Käse, in eine bebutterte Auflaufform. Den **Eierguss** verklopfen und über die Nudeln verteilen. Die Oberfläche mit Butterstückchen belegen. — **Backen** in guter Hitze während **30–40 Min.** — **Servieren** mit Salat oder Gemüse.
NB. Statt Schinken evtl. 100 g **Magerspeck** (in Würfelchen geschnitten und glasig gebraten), **Corned beef** oder **Restenfleisch** verwenden. — Gleiche Zubereitung mit **Hörnli** usw.

1028 Nudelauflauf mit Gemüsen (Soufflé de nouilles aux légumes)

Zubereitung wie **Nr. 1027.** Statt Schinken: **Tomaten**scheiben oder Reste von g e k o c h ten **Gemüsen** mit einfüllen.
Gemüse z. B.: Erbsen, Rübenscheiben, Blumenkohlröschen od. Broccoli, Spinat, junge Bohnen usw.

1029 Nudel- oder Makkaroniring od. -cake (Bordure ou cake aux nouilles etc.)

Nudelmasse von Nr. 1026 (mit 3 dl Milch z. Sauce) oder Makkaronimasse von Nr. 1025

Einfüllen der Masse in eine sehr g u t bebutterte, panierte Ring- od. Cakeform. — **Backen** mit guter Unterhitze ca. **50 Min.** — Beim **Anrichten** sorgfältig stürzen und mit Fleisch- oder Gemüseragout, gedämpftem Spinat oder Pilzen füllen. — Evtl. **Garnitur:** Die ganze Form mit Scheibchen von 2–3 Bratwürsten (geschwellt u. gehäutet) belegen.

1030 Nudel- oder Fidelipudding (Pouding aux nouilles ou vermicelles)

250 g Nudeln od. Fideli — Salzwasser
3 Eigelb — 60 g Käse gerieben
Gewürz: Salz, Muskat, etwas Majoran
3 Eiweiss (z. Schnee)

Weichkochen der Teigwaren nach **Nr. 1016.** Sie möglichst g u t abtropfen lassen. **Pudding:** Mischen der Teigwaren mit Eigelb, Käse und Gewürz. — Das Eiweiss zu S c h n e e schlagen, darunterziehen. **Einfüllen** in die gut bebutterte, panierte Form. **Kochen** im Wasserbad ca. **1 Std.** — **Servieren,** sorgfältig gestürzt, mit einer Tomatensauce oder gemischtem Salat. — **Puddings,** Grundregel siehe **Nr. 1166.**

Spaghetti-Timbal od. -Cake 1031

½ Port. Eingerührter Teig Nr. 917 (evtl. grüner)
Eierguss { 1 dl Milch / 2 Eier, Salz, Muskat }
Füllung { 150 g Spaghetti, gekocht (s. NB.) / 100 g Käse gerieben / Fleischhaché Nr. 697 (s. NB.) }

Vorbereiten: Eine Timbalform (v. ca. 12 cm Ø) od. Cakeform bebuttern und mit dem 2 mm dick ausgewallten Teig auslegen, so dass er etwa 1 cm über der Form heraussteht.
Füllen der Form, lagenweise mit Spaghetti, Käse und Fleischhaché (alles möglichst locker heineingeben). Den **Eierguss,** gut verklopft, darüber giessen. Die Form mit einem Teigdeckel abschliessen, am Rand benetzen, den vorstehenden Teig darauflegen und andrücken. **Backen** mit guter Unterhitze ca. **45 Min.** — **Servieren,** sorgfältig gestürzt, mit Madeira- oder Tomatensauce.

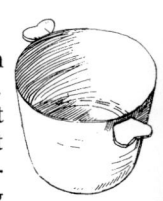

NB. Andere **Zutaten** z. Füllung: **Corned-beef,** gedämpfte **Pilze** od. **Spinat** auf ital. Art (evtl. Reste). Sehr gut schmeckt der Timbal auch mit **Fideli** od. feinen **Nudeln** zubereitet.

Hörnli mit Wurst oder Pilzen (Potée aux cornetti) Eintopfgericht 1032

2–3 Cervelats (s. NB.) od. ca. 300 g Pilze, frische (od. 100 g gedörrte)
1–2 Zwiebeln — 30 g Kochbutter

z. Ablöschen: ca. 1½ l Wasser
Gewürz: Salz, Muskat, evtl. Aromat
250 g **Hörnli** — evtl. 2–4 Essl. Rahm

Vorbereiten: Die Wurst häuten und in Würfelchen schneiden oder die Pilze zurüsten (n. Nr. 345), evtl. klein schneiden (gedörrte ca. 10 Min. einweichen). Die Zwiebel hacken und **dämpfen** in der Butter, zusammen mit Wurst oder Pilzen.
Ablöschen mit heissem Wasser, würzen, die Hörnli beigeben. **Weichkochen** während ca. **30 Min.** — Evtl. noch verfeinern mit etwas Rahm.

NB. Statt Cervelat: 1–2 Bratwürste, Wienerli, Restenfleisch oder Magerspeck (50 g) verwenden. — (Ein einfaches, schmackhaftes Gericht.)

Knöpfli und Spätzli 1033

Teig { 300 g Weissmehl (s. auch NB.) / 1½–2 dl Wasser (evtl. halb Milch) / 2–3 Eier, ½ Essl. Salz (gut verklopft) }

z. Kochen: Salzwasser, ca. 2 l
evtl. 30 g Käse, gerieben (s. NB.)
evtl. z. Übergiessen: 50 g heisse Butter (Nr. 585)

Teig-Zubereitung: Das Mehl in eine Schüssel sieben, in der Mitte eine Vertiefung machen. Nach und nach Wasser, Eier und Salz mit der Lochkelle einrühren und gut vermischen, bis der Teig glatt ist. Ihn dann tüchtig klopfen, bis er Blasen wirft und flockig von der Kelle fällt. — Den Teig ¼–½ Std. stehen lassen zum Aufquellen!

Formen und **Kochen:**

a) Knöpfli: Den Teig portionenweise durch das spez. Knöpflisieb (oder Passetout mit grossgelochtem Einsatz) ins schwach kochende Salzwasser fallen lassen und leise sieden, bis die Knöpfli an die Oberfläche steigen.

b) Spätzli: Das Spätzlibrett im Wasser netzen, einen grossen Löffel voll Teig darauf geben, ihn ganz dünn nach vorn ziehen und mit einem flach gehaltenen grossen Messer oder Spachtel in dünnen Streifchen ins leicht kochende Wasser schaben.

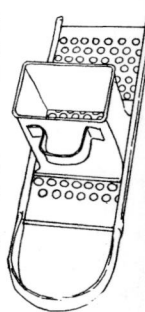

Herausziehen der Knöpfli oder Spätzli sobald sie schwimmen (mit einem Schaumlöffel) und direkt auf die Platte anrichten oder (bes. bei grösseren Portionen) in ein zweites warmes (nicht kochendes) Wasser legen. Zum **Anrichten** auf ein Sieb schütten, abtropfen lassen, auf eine heisse Platte geben. Die Knöpfli zuletzt evtl. mit Käse bestreuen und mit heisser Butter abschmelzen.

NB. Statt mit Käse, die Knöpfli mit in Butter gerösteten Zwiebeln oder Brösmeli überstreuen. — Das Knöpfliwasser evtl. zu Suppe verwenden. — Dem Knöpfliteig evtl. 30–50 g Biopharin beigeben. **Sparrezept:** Den Teig mit Halbweiss- od. Vollmehl zubereiten oder noch 100–150 g feingeriebene Kartoffeln (roh oder gekocht) beimischen. — **Weitere Knöpflirezepte siehe Nr. 1034.**

1034 Knöpfli oder Spätzli Nr. 1033 auf verschiedene Art

1. **Spinat- oder Kräuterknöpfli:** Dem Teig noch ca. 200 g fein gehackten od. mit wenig Wasser gemixten Spinat oder Kräuter beimischen. — **Kräuter:** Petersilie, Schnittlauch, Majoran, wenig Salbei, Kerbel usw. (siehe auch Nr. 1757 sowie Tafel 23 u. 24).
2. **Käse-, Wurst- oder Leberknöpfli:** Dem Teig noch 40–60 g geriebenen Käse (zur Abwechslung auch Glarner Schabziger) od. 100–200 g feingehackte Wurst, Leber (auch Rindsleber) sowie **Restenfleisch** oder rohes Brät beimischen.
3. **Knöpfli oder Spätzli mit Eierguss,** spez. zur Verwendung von Resten, gleiche **Zubereitung** wie Nudeln mit Eiern **Nr. 1023** und **1024.**

1035 Ravioli   siehe Abbildung rechts

Nudelteig: ½–1 Portion Nr. 929 (ergibt ca. 50 resp. 100 Ravioli)

a) Fleischfüllung
{ 150 g **Hackfleisch**, frisches od. Fleischreste (auch v. Reh usw.) — 100 g Schinken od. Mortadella — ca. 200 g Spinat, abgekocht (evtl. Reste) — 1 Essl. Haferflocken
1 kleine Zwiebel, Petersilie, wenig Knoblauch, Majoran — evtl. 1 Essl. Mehl
1 Essl. Öl od. Butter — etwas Bouillon — Salz, Muskat, 1 Pr. Pfeffer

b) Vegetarische Füllungen
{ **I. Art:** ca. 300 g Pilze od. Spinat (od. gemischt)
Zwiebel, Schnittlauch, Petersilie — 1 Essl. Haferflocken od. Mehl
1 Essl. Butter od. Öl — etwas Bouillon — Gewürz: Salz, Muskat, Aromat
II. Art: Schnittlauch u. Petersilie (je 1 Büschelchen) — etwas Majoran
1 Essl. Butter od. Öl — 100–150 g Quark — Gewürz: Salz, Muskat

z. Bestreuen: 40–60 g Käse, gerieben   z. Übergiessen { evtl. Tomatensauce Nr. 572
Braune Butter Nr. 585

Den **Nudelteig** zubereiten, und zugedeckt ruhen lassen mind. **20 Min.** (evtl. über Nacht).
Füllung:
a) Mit Fleisch: dieses sowie Schinken oder Wurst mit dem Spinat fein hacken. Zwiebel, Knoblauch und Kräuter ebenfalls fein hacken, in Öl oder Butter gut dünsten. Fleisch, Spinat und evtl. Haferflocken beigeben oder mit Mehl bestäuben, etwas Bouillon hinzufügen, kräftig würzen, gut durchkochen. — (Die Füllung soll ziemlich dick sein.)
b) Vegetarisch, **I. Art:** Pilze oder Spinat zurüsten, mit Zwiebel und Grünem fein hacken, in der Butter dämpfen. Haferflocken oder Mehl und soviel Bouillon beigeben, dass die Füllung dick ist, kräftig würzen. — **II. Art:** Das Grüne fein hacken, in der Butter durchdünsten, mit dem Quark und Gewürz vermischen.

Auswallen des Nudelteiges auf bemehltem Tisch möglichst viereckig und nudeldünn (ca. 1 mm). — **Formen der Ravioli, I. Art:** Den Teig auf der einen Hälfte in Abständen von ca. 5 cm mit kleinen Häufchen der Füllung belegen. Die Zwischenräume mit Wasser leicht benetzen. Die leere Teighälfte über die gefüllte schlagen, die Teigränder um die Füllung gut aufeinander drücken und mit dem Teigrädchen in **Vierecke** auseinanderschneiden (siehe Abbildung). — Oder den Teig im Abstand von 5 cm

Ravioli Nr. 1035, Formen I. und II. Art

mit dem Teigrädchen zu Streifen und diese zu Rechtecken von 7 cm Länge schneiden. Sie mit kleinen Häufchen der Füllung belegen, die obere Randhälfte mit Wasser benetzen. Jedes einzelne Plätzchen zur Hälfte zu einem **Täschchen** überschlagen, am Rand gut andrücken. — Für **Suppeneinlage** evtl. runde Plätzchen von 5 cm ⌀ ausstechen und füllen.

II. Art, mit spez. Ravioliform: Diese gut bemehlen, den ausgewallten Teig darauflegen. Ihn leicht in die Vertiefungen drücken und in dieselben etwas dicke Füllung geben. Die Zwischenräume evtl. ganz leicht benetzen. Den Rest des Teiges darauflegen und gut andrücken. Die Form umgekehrt auf den Tisch stürzen und sorgfältig abheben. Die einzelnen Ravioli nun mit dem Teigrädchen auseinanderschneiden.
Vorteil: Praktisches, leichtes und gleichmässiges Formen der Ravioli.

Kochen der Ravioli: Sie lagenweise in siedendes Salzwasser geben und ca. **7 Min.** leise kochen lassen. Mit dem Schaumlöffel herausziehen, gut abtropfen, in eine gebutterte Gratinplatte geben. Lagenweise mit dem geriebenen Käse bestreuen. — Die Platte unterdessen warmstellen! — **Servieren:** Die Ravioli evtl. mit wenig Tomatensauce übergiessen (od sie dazu servieren) und mit leicht gebräunter Butter abschmelzen.

NB. Sorgfältige Zubereitung des Teiges und dünnes Auswallen sind für das Gelingen der Ravioli besonders wichtig. — Den ausgewallten Teig rasch verarbeiten, da er sonst steif und brüchig wird.
Teigabfälle zu Suppennüdelchen schneiden. — **Frisch** zubereitete Ravioli schmecken besonders gut.

1036 Cannelloni Ravioli-Ersatz — rasche Zubereitung

200–300 g Cannelloni = Teigröhrchen
od. -plätzchen (s. auch NB.)
Salzwasser — **Füllung** von Ravioli Nr. 1035

z. Bestreuen: 40–60 g Käse, gerieben
z. Übergiessen { Tomatensauce Nr. 572
{ Braune Butter Nr. 585

Kochen der Cannelloni in Salzwasser (mit 1 Essl. Öl) auf einem Sieb **15–40 Min.**, sie abschrecken und a b t r o p f e n lassen (Plätzchen evtl. auf einem nassen Tuch). — **Füllen** der Cannelloni-R ö h r c h e n (evtl. mit Dressiersack), oder Bestreichen der P l ä tz c h e n und sie aufrollen. — **Anrichten** in eine gut bebutterte Gratinplatte, l a g e n w e i s e mit dem Käse bestreut. Etwas Sauce darübergiessen und die Platte im Ofen nochmals ganz h e i s s werden lassen. Vor dem **Servieren** mit brauner Butter abschmelzen.
NB. Statt Tomaten-, evtl. Béchamel- oder Kräutersauce oder bes. reichlich Käse verwenden. **Plätzchen** für Cannelloni lassen sich gut aus Nudelteig **Nr. 929** (auch aus grünem) selbst zubereiten (ca. 6/6 cm).

1037 Cannelloni Milanese

Zubereitung wie Cannelloni **Nr. 1036**, sie jedoch zuletzt mit 250 g blättrig geschnittenen, gedämpften Champignons (n. Nr. 346) überstreuen.

1038 Lasagne verdi al forno (Grüne Nudeln, überbacken)

Nudelteig, grüner, Nr. 929 (s. NB.)
Fleischfüllung von Ravioli Nr. 1035 od.
Sauce von Spaghetti Bolognese Nr. 1022

½ Port. Béchamel Nr. 553
od. Ital. Tomatensauce Nr. 572
60–80 g Parmesan od. Sbrinz, 50–80 g Butter

Vorbereiten: Den Nudelteig gut 1 mm dick auswallen, in Streifen von 5–6 cm Breite und 15 cm Länge, schneiden. **Kochen** derselben in einer weiten Pfanne in Salzwasser (mit 1 Essl. Öl). Sobald die Teigblätter knapp weich sind (ca. 10 Min.), sie sorgfältig abgiessen und evtl. einzeln auf einem n a s s e n Tuch ausbreiten (damit sie nicht zusammenkleben). — **Einfüllen der Lasagne:** Auf den Boden einer länglichen, gut bebutterten Gratinplatte ein Nudelblatt geben, mit der Füllung bestreichen, mit einem Nudelblatt bedecken und so lagenweise fortfahren, bis Blätter und Füllung aufgebraucht sind (4–6 Schichten). Das oberste Blatt mit wenig Sauce überziehen, mit reichlich Käse bestreuen, mit der flüssigen Butter übergiessen. Kurz **überbacken** im Ofen, bis sich eine goldgelbe Kruste gebildet hat.
NB. Auf gleiche Art (o h n e Spinat) helle Lasagne od. rote (mit wenig Tomatenpurée) zubereiten. — Gekaufte italienische Lasagne, helle sowie rote oder grüne (verschiedene Marken) brauchen in der Regel l ä n g e r e Kochzeit (je nach Dicke ½–¾ Std.)

1039 Omeletten (Crêpes) Eier- oder Pfannkuchen 12–15 Stück

Anmerkung: Omeletten gehören zu den Gerichten, die sich auf mannigfache Art variieren lassen und nach einiger Übung leicht herzustellen sind. Sie dürfen n i c h t fettig und schwer werden, sie deshalb immer mit möglichst w e n i g Fett backen (siehe unten) oder eine **Spezial**-Pfanne (sog. silikonisiert) benützen, spez. für D i ä t.

Teig { 300 g Mehl, weiss od. halbweiss *
{ 4–4½ dl Milch u. Wasser (s. NB.)
{ 3–4 Eier, 1–2 Essl. Öl, ½ Essl. Salz

z. **Backen** { ca. 50 g Kochbutter,
{ -fett od. Öl
Dessert- und **spezielle** Omeletten s. NB.

Omelettenteig: Alle Zutaten in der angeführten R e i h e n f o l g e in eine tiefe Schüssel geben (das Mehl evtl. gesiebt). Dann rasch **mischen** und **rühren** mit dem Schneebesen, bis der Teig g l a t t ist. — Er soll nur so dick sein, dass er beim Durchziehen mit dem Schneebesen sofort wieder zusammenfliesst. — Ihn, wenn möglich, etwas stehen lassen zum Aufquellen, bes. bei grösseren Portionen (½ Std. oder länger). Den Teig dann wenn nötig vor Gebrauch noch etwas verdünnen.

Backen: In einer Omelettenpfanne sehr wenig Kochbutter oder Öl erhitzen (od. sie nur mit befettetem Seidenpapier ausreiben). — Pro Omelette einen kleinen Schöpflöffel voll Teig hineingiessen, diesen durch Bewegen der Pfanne dünn und gleichmässig verlaufen lassen. Sobald die Omelette unten gelbbraun geworden ist, sie unter einmaligem Wenden und evtl. Beifügen von wenig Fett fertig backen (s. auch NB.). — Die gebackenen Omeletten aufeinanderlegen und warmstellen.)
a) Servieren mit einer Salat- oder Gemüseplatte oder mit Kompott (zu letzterem die Omeletten evtl. beim Aufeinanderlegen mit Zucker bestreuen).
b) Füllen der Omeletten, evtl. als Röllchen geformt usw. siehe **Nr. 1040** und **1041**.
NB. Bäckt man die Omeletten in zuviel Fett, werden sie dick und fettig. In **Spezial**-Pfannen (silikonisiert) kann **ohne** Fett gebacken werden. — Nur mit Milch zubereiteter Teig macht die Omeletten etwas weich, nur Wasser zu knusprig und weniger nahrhaft. — Das Eiweiss zu Schnee geschlagen unter den Teig mischt, ergibt luftige, aber auch dickere Omeletten. Für bes. zarte sowie für **Dessertomeletten:** den Teig mit 5-6 Eiern zubereiten, letztere auch gesüsst (mit 30-50 g Zucker). — *Besonders kräftige, nahrhafte Omeletten erhält man mit **Steinmetz**- oder **Buchweizenmehl** (dazu ca. 1 dl Milchwasser mehr verwenden). — Die Eier lassen sich z. T. durch das eiweisshaltige Sojamehl ersetzen (s. auch Soya-Omeletten Nr. 1049). — Omelettenteig mit Weissmehl evtl. aufwerten durch Beigabe von 3-5 Essl. **Biopharin**.

Omeletten Nr. 1039 auf verschiedene Art   (Crêpes variées)   1040

1. **Kräuteromeletten** (crêpes aux fines herbes): Dem Teig 200 g verschiedene fein gehackte **Kräuter**, evtl. in wenig Butter gedämpft, beimischen (od. sie mit dem Teig mixen.) — **Kräuter:** Petersilie, Schnittlauch, ½ Zwiebel, Sellerieblätter, Lauch, Kerbel, Basilikum, wenig Majoran usw. (siehe auch Nr. 1757 u. Tafel 23 u. 24).
2. **Spinatomeletten** (crêpes vertes): Zum Teig 200 g kurz abgekochten, sehr fein gehackten od. gemixten **Spinat** (auch Reste) mischen. — Servieren mit Béchamel- oder Tomatensauce oder mit etwas Sauce überziehen und kurz gratinieren.
3. **Florentiner Omeletten** (crêpes à la Florentine): Omeletten belegen mit gedämpftem **Spinat** n. Nr. 449 (ca. 500 g) und aufrollen. In einer Gratinplatte eine dünne Lage Käsesauce (Nr. 551) verteilen. Die Omeletten darauf geben, mit dem Rest der Sauce überziehen, mit reichlich Butterflöckchen belegen und leicht überbacken.
4. **Schinken- und Fleischomeletten** (crêpes au jambon ou viande): Dem Teig 100-200 g sehr fein gehackten **Schinken** oder **Fleischreste** beimischen. — Die Omeletten, evtl. aufgerollt, mit brauner Butter (Nr. 585) und wenig Zitronensaft beträufeln, mit gehackter Petersilie bestreuen.
5. **Käseomeletten** (crêpes Suisse): Dem ungesalzenen Omelettenteig 200 g geriebenen **Käse** beimischen, evtl. noch mit der nötigen Flüssigkeit verdünnen, 1 Pr. Pfeffer und Paprika, evtl. Salz beigeben.
6. **Omeletten mit Flocken** (crêpes aux flocons): Zum Teig nur 200 g Mehl (halbweisses) und 100 g **Flocken** (von Hafer, Hirse, Roggen usw.) verwenden.
(Bis zum Backen mind. ½ Std. stehen lassen zum Aufquellen.)

Gefüllte Omeletten in der Form   (Crêpes farcies variées)   s. Tafel 21   1041

Omeletten nach Nr. 1039
Füllung { Fleischhaché Nr. 697 — Kalbsragout Nr. 737 — Kleines Geflügelragout Nr. 849
             Spinat Nr. 449 od. 454 — Gemüseragout Nr. 503 — gedämpfte Pilze Nr. 347, s. auch NB.
z. Übergiessen: 1-2 dl Bratensauce (evtl. v. Knorr od. Maggi) oder kräftige Bouillon (evtl. Milch)
z. Beträufeln: Braune Butter Nr. 585 (20 g) — evtl. z. Bestreuen: gehackte Petersilie

I. Art: Die gebackenen Omeletten einzeln mit etwas heisser **Füllung** belegen, aufrollen und eine neben der andern auf eine Gratinplatte geben (evtl. in zwei Lagen). — Übergiessen der Omeletten mit etwas kochender Bratensauce oder Bouillon, evtl. beträufeln mit brauner Butter, bestreuen mit Petersilie. — Sollten die Omeletten zuletzt nicht mehr warm genug sein, dann ca. 10 Min. in den heissen Ofen stellen (nicht backen!)

II. Art als Röllchen: Die Omeletten in gleichmässige, ca. 6 cm breite Streifen schneiden (je nach Höhe der Gratinform), die abgeschnittenen Reste darauflegen, mit etwas **Füllung** bestreichen und aufrollen. Diese Röllchen dicht nebeneinander (am Rand beginnend) in die bebutterte Form stellen (Schnittfläche nach oben). Etwas Bratensauce oder Bouillon dazugiessen, mit Butterflöckchen belegen. — Im Ofen leicht überbacken (ca. 10 Min.) oder zugedeckt auf dem Herd erhitzen. **Servieren** der Omeletten mit Salat, Tomaten- oder Kräutersauce. — **NB.** Als **Tomaten im Nest:** mögl. kleine Tomaten zum **Füllen** in die Mitte der Röllchen stellen. — Die Omeletten evtl. früh vorbereiten und kurz vor dem Essen heiss machen.

1042 Omeletten mit Käsefüllung (Crêpes au fromage)

Omeletten nach Nr. 1039

Füllung I. Art
- 50 g Mehl — 4 dl Milch
- 100–150 g Käse, gerieb. (s. NB.)
- Salz, Muskat, Pfeffer
- 2–4 Essl. Rahm, (evtl. Joghurt)
- evtl. 1 Eigelb, 1 Eiweiss z. Schnee

II. Art
- 150–200 g Käse, gerieben
- 1 dl Weisswein, Joghurt od. Rahm
- Salz, Pfeffer, Muskat

z. Gratinieren
- 50 g Käse, Paprika
- ½–1 dl Milch od. Rahm

Zubereiten der Füllung I. Art: Im Pfännchen Mehl und Milch glatt vermischen, unter Rühren aufkochen. Käse, wenig Rahm (od. Joghurt) und evtl. das Eigelb und den Eierschnee beigeben, sorgfältig würzen.

II. Art: Den Käse mit dem Wein, Joghurt oder Rahm verrühren, sorgfältig würzen. Die **Omeletten** mit der **Füllung** bestreichen, in eine bebutterte Gratinplatte geben, evtl. in zwei Schichten kreuzweise übereinander. Mit geriebenem Käse überstreuen, mit wenig Milch oder Rahm übergiessen, mit etwas Paprika bestäuben. — **Gratinieren** im Ofen, bis die Omeletten heiss und auf der Oberfläche nur leicht gelb geworden sind. — **Servieren,** möglichst rasch, mit Tomatensauce oder einer Salatplatte.

NB. Als **Käse** eignen sich halb Emmentaler oder Gruyère und halb Sbrinz (gerieben od. gehobelt), doch kann irgend ein anderer, evtl. auch Schachtelkäse, verwendet werden.

1043 Omelettes riches   Bild auf Tafel 21

Omeletten Nr. 1039 (bes. zarte mit 5 Eiern)
100–150 g dünne Schinkenscheiben
1 Büchse Spargelspitzen

Erbsen in Butter Nr. 492
Champignonssauce Nr. 557 od.
Hollandaise Nr. 560 II. Art
z. Belegen: 50 g frische Butter

Vorbereiten: Vom Teig kleine, dünne Omeletten backen, sie evtl. halbieren. — Die Spargeln im Wasserbad erhitzen. Die Erbsen sowie die Champignonssauce zubereiten.
Füllen: Jede Omelette mit einer halben Schinkenscheibe belegen und zu einem Cornet (spitzer Tüte) formen. Die eine Hälfte der Omeletten füllen mit Erbsen, die andere mit Spargeln. Sie abwechselnd in eine bebutterte Gratinplatte legen (Öffnung nach aussen). In die Mitte den Rest der Erbsen verteilen, evtl. auch einige zurückbehaltene Champignons (von der Sauce). **Übergiessen** der Platte mit der heissen Butter. Wenn nötig, nochmals kurz im Ofen erhitzen. — **Servieren** mit Champignonssauce od. Hollandaise.

II. Art, einfacher: Grössere Omeletten backen und sie lagenweise mit den Zutaten (den Schinken in Streifen geschnitten) in die Platte geben.

362

Crêpes Veronese   (Kleine pikante Geflügelomeletten)   1044

Omeletten Nr. 1039 (bes. zarte, mit 5 Eiern)   Béchamel Nr. 553 — evtl. Zitronensaft
z. Füllen { Geflügelwürfelchen (von Resten) / 1 kleine Büchse Champignons   z. Belegen { 100 g Gruyèrekäse / 50–70 g frische Butter

Vorbereiten: Vom Teig kleine, dünne Omeletten backen. — Die Geflügelwürfelchen mit den blättrig geschnittenen Champignons und einigen Löffeln der Sauce vermischen, pikant abschmecken, evtl. etwas Zitronensaft beigeben.
Füllen der Omeletten mit dem Ragout, sie aufrollen und in eine bebutterte Gratinplatte geben. Jede Omelette mit wenig Sauce überziehen, mit **dünnen** Käsescheibchen bedecken. Butterflöckchen darauf verteilen. — **Gratinieren** der Platte kurz vor dem **Servieren**, bis die Oberfläche eine leicht gelbe Kruste hat.

Kleine Schinkenomeletten   (Petites crêpes au jambon)   1045

Teig { 250 g Weissmehl / ca. 2½ dl Wasser / 4 Eier, evtl. Salz   z. Beimischen: 150–200 g Schinken
z. Backen: ca. 50 g Kochbutter od. Öl

Zubereiten des Teiges: Das Mehl mit soviel Wasser übergiessen, dass es gut davon bedeckt ist, rasch glatt rühren. Den Rest des Wassers sowie nach und nach die Eier und den sehr fein gehackten Schinken damit vermischen, wenn nötig noch salzen. — **Backen** kleiner, dünner Omeletten. — **Servieren** als Vorspeise oder Abendessen mit grünem Salat.

Omeletten mit Brätfüllung, au gratin   (Crêpes gratinées)   1046

Omeletten nach Nr. 1039
Füllung { 200–300 g Bratwurstteig / evtl. 100 g Schinken
Eierguss { 1–2 Eier, 1 Pr. Salz, Muskat / 2 dl Milch, evtl. 1 dl Rahm
z. Belegen: 30 g Butter

Backen der Omeletten und sie beim Aufeinanderlegen in eine Gratinplatte mit Bratwurstteig (mit etwas Milch vermischt) bestreichen, nach Belieben mit Schinkenstreifchen bestreuen. — Den **Eierguss** verklopfen, über die Omeletten giessen, mit Butterflöckchen belegen. — **Gratinieren** in guter Oberhitze ca. **20 Min.** — **Servieren** mit Salat.

Schinkenomelette   (Omelette au jambon)   1047

200 g Schinken — 4–5 Eier, 3–4 dl Milch, 50 g Mehl, Salz, Muskat — z. Backen: 40 g Butter
Omelettenmasse: Den Schinken grob hacken. Eier, Milch und Mehl verklopfen, Schinken und Gewürz beigeben. — **Backen:** In einer Omelettenpfanne die Hälfte der Butter erhitzen, die ganze Eiermasse hineingiessen und auf kleinem Feuer zugedeckt aufziehen während **20–25 Min.** (nicht rühren). Zuletzt den Rest der Butter am Rand ringsum beifügen, dann die Omelette (mit Hilfe des Deckels) auf die Platte stürzen.
A la Provençale: der Masse noch 100 g kleine gebackene Brotwürfelchen beigeben.

Omelette à la Paysanne   (Omelette nach Bäuerinnenart)   1048

60–100 g Magerspeck
Reste von Kartoffeln, Risotto, Spaghetti, auch Gemüse
4–5 Eier, 2–3 dl Milch
Salz, Muskat, evtl. 1 dl Rahm
z. Backen: 20–40 g Butter od. Öl

Zubereitung wie Omelette **Nr. 1047.** Statt Schinken, den **Speck** in kleine Würfelchen

geschnitten, glasig braten. Die Omelettenmasse mit den klein geschnittenen Resten von Kartoffeln, Spaghetti usw. dazugeben und fertig backen.
Vegetarisch: statt Speck gedämpfte Pilze verwenden.

1049 Soja-Omeletten (ohne Eier)

Teig { 200 g Weiss- od. Vollmehl, 100 g Sojamehl   z. Backen: Kochbutter od. Öl
       5 dl Milchwasser, 2 Essl. Öl, ½ Essl. Salz

Zubereitung: Mehl und Sojamehl (gesiebt) miteinander vermischen, mit der Flüssigkeit übergiessen und rasch glattrühren, Salz und Öl beifügen. — Mind. ½ Std. stehen lassen zum Aufquellen. — **Backen** des Teiges zu kleinen Omeletten (grössere mit Hilfe eines Deckels umwenden). — Sojaomeletten schmecken gut mit Rohkostsalaten oder Kompott.

1049a Hirse-Omeletten (Crêpes au millet)

½ Port. Omelettenteig nach Nr. 1039, vermischt mit 1 Tasse gekochter Hirse (z.B. Resten von Hirsotto) od. mit rohen Hirseflocken — z. Backen: Nussella od. Oel — z. Beigeben f. **I. Art:** 30 g Käse od. gehackte Kräuter (in Butter gedämpft) — f. **II. Art:** 30–50 g Rosinen, gehackte Datteln, Feigen od. Nüsse

Zubereitung: Dem Hirse-Omelettenteig eine der angegebenen **Zutaten** beimischen. — **Backen** kleiner, möglichst dünner Omeletten — **Servieren: I. Art** mit Curry- oder Tomatensauce oder Salat — n. **II. Art** mit Melasse, Fruchtsaft oder Kompott.

1050 Fastenkutteln mit Käsecrème (Omelettes coupées, au fromage)

Omeletten Nr. 1039 od. übrig gebliebene   Eierguss { 2–3 Eier, 70 g Käse, gerieben
z. Belegen: 30 g Butter   6 dl Milch, Muskat, 1 Pr. Salz

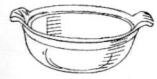

Vorbereiten: Die Omeletten aufrollen, in ½ cm breite Streifen schneiden und locker in eine bebutterte Auflaufform geben. Den Eierguss gut verklopft, über die Omeletten verteilen. Mit den Butterstückchen belegen. — **Backen** ca. **25 Min.** im Ofen oder zugedeckt auf dem Herd. — **Servieren** mit Salat oder Tomatensauce.

1051 «Chratzete»

Omelettenteig von Nr. 1039   z. Backen: ca. 100 g Kochbutter

Backen: In einer grossen Omelettenpfanne die Hälfte der Butter erhitzen. Den ganzen Teig hineingiessen und unter Schütteln der Pfanne zu einem Kuchen leicht anbacken lassen. Ihn mit dem Bratenschäufelchen in kleine Stückchen zerteilen. Den Rest der Butter nach und nach beigeben und die «Chratzete» unter häufigem Wenden gelb backen. — **Servieren** mit Kompott oder einer Salatplatte.

1052 Yorkshire Pudding (Englische Mehlspeise zu Braten)

Teig: 150 g Mehl — 4–5 dl Milch, 2–3 Eier, ½ Teel. Salz — z. Backen: 1 Tasse Bratenfett

Zubereitung: Alle Zutaten zum Teig tüchtig miteinander verrühren (evtl. das Eiweiss steif geschlagen beigeben). — Den Boden einer Gratin- od. engl. Blechform mit 4–5 Essl. heissem Fett (am besten vom Braten abgegossen) bedecken. Die Eiermasse hineingiessen (ca. 1½ cm hoch). — **Backen** mit guter Unterhitze bis der «Pudding» hellbraun ist, ca. **25 Min.** (Den Ofen anfangs möglichst nicht öffnen!) — Den Yorkshire Pudding in Stücke schneiden und sofort **servieren,** nach englischer Art zu gebratenem Roastbeef.
NB. Statt eine grosse Form, kleine Einzelförmchen backen.

«Vogelheu» Eierdünkli (Pain grillé) 1053

300 g Modelbrot, Weissbrot, Zopf usw. — z. Backen: ca. 100 g Butter — **Eierguss:** 4 Eier, 2 dl Milch, Salz
Das **Brot** in feine Scheibchen schneiden und in einer Omelettenpfanne in der heissen Butter leicht gelb rösten. — Den **Eierguss** verklopfen, über die gerösteten Brotscheibchen giessen und mit der Bratenschaufel fortwährend wenden, bis die Eiermasse flockig geronnen ist. — **Servieren** mit Kompott oder einer Salatplatte.

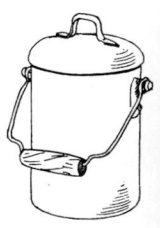

Brotauflauf mit Speck und Käse 1054

250 g Brot (evtl. Modelbrot) — 6 dl Milch
60–100 g Magerspeck in Würfelchen
100 g Emmentaler, gehobelt

Eierguss { 2–3 Eier od. 2–3 Essl. Sojamehl
2 dl Milch oder Rahm
Salz, Muskat, Maggi Würze

Vorbereiten: Das **Brot** in feine Scheibchen schneiden, mit der heissen Milch übergiessen, zugedeckt stehen lassen. — Den **Speck** glasig braten.
Einfüllen des Brotes, lagenweise mit Käse und Speck, in eine bebutterte Auflaufform. Den **Eierguss** gut verklopfen und über das Gericht giessen.
Backen während **40–50 Min.** im Ofen oder zugedeckt auf dem Herd. — **Servieren** mit viel grünem und Tomaten- oder Gurkensalat.
NB. Harte **Brotreste** nach dem Einweichen leicht zerstossen. — **Vegetarisch:** gehackte, gedämpfte **Kräuter** verwenden. (Brotauflauf ergibt ein schmackhaftes, billiges Gericht.)

Brotküchlein (Beignets au pain) 1055

250 g altbackenes Brot
1–2 Zwiebeln
Petersilie, Schnittlauch

1–2 Eier od. 1–2 Essl. Sojamehl
Gewürz: Salz, Muskat, Maggi Fondor
z. Braten: Kochfett od. Öl, ca. 100 g

Vorbereiten: Das **Brot** in heissem Wasser einweichen, gut ausdrücken (von Hand), evtl. noch durch die Hackmaschine geben. — Zwiebel und Grünes fein hacken, in wenig Butter dünsten. — **Mischen** von Brot, Grünem, Ei oder Sojamehl und dem nötigen Gewürz. **Formen** kleiner Küchlein. — **Braten** beidseitig, bis sie schön braun sind. — **Servieren** mit Tomaten-, Curry- oder Käsesauce oder Salaten.
NB. Sollte das erste Küchlein nicht zusammenhalten, dann noch etwas Mehl oder Sojamehl unter die Masse mischen.

Gekochter Brotkloss (Grande quenelle au pain) 1056

250 g Brot
3–6 dl Milch (od. halb Wasser)
1 Ei, 1 Essl. Sojamehl

Gewürz { Salz, Muskat, Maggi Fondor
evtl. Kräuterpulver
1–2 l Bouillon — Geröstete Zwiebeln Nr. 588

Vorbereiten: Das **Brot** kleinschneiden (trockenes klein brechen), mit der heissen Milch übergiessen, zudecken (evtl. einmal wenden). Sobald es weich ist, ausdrücken (von Hand od. mit einem Tüchlein), evtl. etwas zerstossen. — **Mischen** mit Ei, Sojamehl und Gewürz. Die Masse in eine Serviette einbinden. **Kochen** in der Bouillon (auf einem Siebboden) ca. **40 Min.** — **Anrichten** und mit den gerösteten Zwiebeln überstreuen. **Servieren** mit einer Tomaten- oder weissen Buttersauce oder Salaten.
II. Art: Der Brotmasse 250 g kurz abgekochten, gehackten **Spinat** und evtl. kleine gebackene Brotwürfelchen (n. Nr. 876) beimischen. — Zur **Sauce** die Kochbrühe v. Kloss verwenden.

Tabelle über die Essreife und Lagerfähigkeit der Apfelsorten

aufbewahrt im Hauskeller

Apfelsorte	Juli	Aug.	Sept.	Okt.	Nov.	Dez.	Jan.	Febr.	März	April
Klarapfel		■								
Gravensteiner			□■							
Berner Rosen				□■■						
Goldparmäne				□■	■■					
Sauergrauech				□■	■■					
Jakob Lebel					□■	■				
Golden Delicious					□	■■	■			
Cox' Orangen Reinette					□	■■				
Ananas Reinette					□	■■				
Chüsenrainer						□■				
Jonathan					□	■■				
Menznauer Jäger					□	■■				
Canada Reinette					□	■■	■			
Freiherr von Berlepsch					□	■■				
Gelber Bellefleur					□	■■				
Schöner von Boskoop						□	■■			
Schweizer Orangenapfel						□	■■			
Stäfner Rosen						□	■■			
Brünerling						□□	■			
Fraurotacher (Francroseau)						□□	■			
Ontario						□□				
Champagner Reinette						□□	■■			
Bohnapfel						□□	■■			
Glockenapfel						□□	■■			

□■ Essreife
□─ Lagerfähigkeit

Kessler/Schaer

Obst

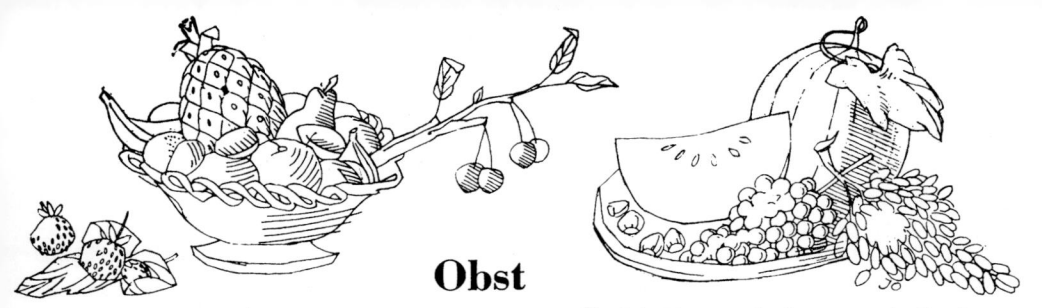

Allgemeines: Es gehören dazu das **Kernobst** (Äpfel, Birnen, Quitten usw.), **Steinobst** (Aprikosen, Pfirsiche, Zwetschgen, Kirschen, Datteln), alle Arten **Beeren**, der Rhabarber, die **Zitrusfrüchte** (Orangen, Grapefruit, Zitronen), dann Kaki und Feigen sowie die tropischen **Südfrüchte** (Bananen, Ananas, Papaya usw.), ausserdem das **Schalenobst** (Baum- und Haselnüsse, Mandeln, Erd-, Paranüsse usw.)

Der **Nährwert** der ausgereiften, **rohen** Früchte (auch der gedörrten) besteht im grossen Gehalt an **Mineralstoffen** und **Vitaminen** (lebenswichtige Schutzstoffe, die jedoch durch Erhitzen an Wirksamkeit verlieren) und vollwertigem **Zucker**. Ausserdem wirken die rohen Früchte durch ihren grossen Wasser- und Säuregehalt durststillend und erfrischend.

Schalenobst (Nüsse aller Art) enthält vor allem Fett und Eiweiss. (Letzteres vorzugsweise und in vollkommener Form in Baumnüssen, deshalb auch eine notwendige Beigabe zu Rohkost.) Das **Obst** ist für unsere Ernährung, ähnlich wie das Gemüse, von grösster Wichtigkeit und bildet auch eine willkommene Bereicherung und Ergänzung im Speisezettel.

Rohes Obst, frisch genossen (mind. einmal täglich), gewährt die **beste Ausnützung** der Nährwerte, auch in Form von rohen Fruchtspeisen, -säften, Kaltschalen, rohem Dörrobst. — Beim **Kochen** das Obst so behandeln, dass ihm die wertvollen Stoffe nach Möglichkeit **erhalten** bleiben. — Siehe **Zurüsten** Nr. 1086 und **Kochregeln** Nr. 1087.

Aufbewahren lassen sich vor allem **Äpfel;** jedoch nur bei günstiger Lagermöglichkeit.

Lagersorten siehe Tabelle über Lagerfähigkeit auf Seite 366 links. — **Lagerort:** kühl, gut zu lüften, dunkel, frostfrei. Temperatur: zwischen 4 und 10°. — **Regeln beim Einkauf:** gesunde Früchte ohne angesteckte oder Stossstellen. Vorteilhaft ist die Einlagerung von Apfelsorten, die verschieden früh essreif sind. — Für den städt. Haushalt (**ohne** geeignete Lagermöglichkeit) sind günstige **Kleinpackungen** im Handel.

Rohe Fruchtspeisen

Allgemeines: Es eignen sich zu ihrer Zubereitung alle **schönen rohen** und auch **gedörrten Früchte** sowie der **Saft** von Beeren, Zitronen, Orangen, Grape fruits usw. — Als vollwertiger Ersatz für die früchtearme Zeit gelten die **tiefgekühlten Früchte** (wie Frisco u.a.m.). Sie sind von bester Qualität, noch ganz aromatisch und mit dem vollen Nährstoff- und Vitamingehalt. Sie eignen sich auch besonders gut für die **Krankenküche**.

Auftauen, I. Art: Am schönsten bleiben die Früchte, wenn sie so eingekauft werden, dass sie **langsam** auftauen können, d.h. in der Verpackung in normaler Küchentemperatur (wenn nötig evtl. über warmem Wasser) oder ohne Verpackung in einer zugedeckten Schüssel (Dauer 2–3 Std.).

II. Art: Die Früchte mit der Verpackung in einer Schüssel unter das laufende, **kalte** Wasser stellen (Dauer 1–1½ Std.).

Rohe **Fruchtspeisen** sind erfrischend und gesund. Man **serviert** sie als Dessert oder Abendessen, evtl. mit einer der unten erwähnten Beigaben.

NB. Passende **Beigaben** sind: Rahm, alle Arten Getreideflocken, auch Weizenkeimlinge (s. Getreide, Allgemeines) sowie Nüsse (Baum-, Hasel-, Paranüsse, Mandeln, Pinienkerne). — Evtl. statt weissen raffinierten Zucker den braunen **Rohzucker** (noch leicht mineralhaltig) od. Bienenhonig verwenden.

1057 Rohes Apfelmus (Puré aux pommes crues)

3–4 Zitronen — 1 kg saure Äpfel — 100–150 g Zucker — evtl. etwas Süssmost

Die **Zitronen** auspressen. — Die **Äpfel** mit einem Tuch abreiben (Fliege und Stiel entfernen). Sie direkt in den Zitronensaft reiben (mit der Bircherraffel), häufig umrühren. Mit dem nötigen Zucker versüssen und evtl. etwas Süssmost beifügen. **Servieren** möglichst bald nach der Zubereitung, nach Belieben mit ungeschlagenem Rahm.

1058 Rohe Apfelspeise oder -schaum (Mousse aux pommes)

3–4 Zitronen oder Orangen — 2–3 Eiweiss — 2–3 dl Rahm (s. NB.)
¾ kg saure Äpfel — Zucker, ca. 150 g — evtl. 30 g Mandeln, gerieben

Die **Zitronen** auspressen. — Die Äpfel mit einem Tuche gut abreiben (Fliege und Stiel entfernen). Sie direkt in den Zitronensaft reiben (mit der Bircherraffel), sofort umrühren, mit dem nötigen Zucker versüssen und zudecken. — Den **Rahm** leicht, das **Eiweiss** zu steifem Schnee schlagen und unter die Apfelmasse ziehen. **Anrichten** in eine grosse oder in einzelne kleine Schalen; evtl. mit den Mandeln bestreuen.

NB. Rohe Apfelspeise möglichst rasch servieren, da sie bald zusammenfällt und unansehnlich wird. Evtl. etwas abgeriebene Zitronen- oder Orangenschale beimischen. — Aus **gedörrten Äpfeln** (helle, schöne Sorten, ca. 300 g) lässt sich diese Speise auch zubereiten (die Äpfel einweichen und durchstreichen oder im Mixer purieren). — Statt Rahm evtl. ½ Büchse ungezuckerte **Kondensmilch**, zu Schnee geschlagen, verwenden.

1059 Rohe gemischte Fruchtspeise (Dessert aux fruits crus)

Früchte (n. Jahreszeit): ¾ kg Äpfel — 2–3 Bananen — einige Datteln od. 30 g Sultaninen — 1–2 Trauben, frische Feigen, alle Arten Beeren — **Saft** von 3–5 Orangen und ½–1 Zitrone, evtl. auch von 1 Grapefruit — ca. 100 g weisser oder Rohzucker

Vorbereiten der Früchte: Die Äpfel waschen oder gut abreiben (Fliege und Stiel entfernen). Die Bananen schälen, evtl. Datteln entsteinen, beides in Scheibchen schneiden. Evtl. Sultaninen waschen, Beeren verlesen usw. — **Auspressen** der Orangen und Zitronen. Die Äpfel direkt in den Saft reiben (mit der Bircherraffel), häufig umrühren. **Beimischen** der übrigen vorbereiteten Früchte, mit dem nötigen Zucker versüssen und evtl. etwas fein abgeriebene Orangenschale beigeben. — **Anrichten** in eine Schale, garnieren mit schönen Orangen- und Bananenscheiben, Datteln oder Beeren usw. — **Servieren** möglichst bald, evtl. mit Hirse- oder Haferbiscuits, mit Weizenkeimlingen, Corn flakes oder andern Flocken, und evtl. mit ungeschlagenem Rahm.

1060 Birchermüesli Rohe Fruchtspeise, auch für Diät, nach Dr. med. M. Bircher-Benner, Zürich

6 Essl. Haferflocken (60 g), 12 Essl. Wasser — 6–12 Äpfel (je n. Grösse) s. NB.
6 Essl. gezuckerte Kondensmilch (s. NB.) — 6 Essl. geriebene Mandeln,
Saft von 3–4 Zitronen — Hasel- oder Baumnüsse

Einweichen der Haferflocken mit dem Wasser, ca. 12 Std. (je nach Flocken, s. NB.)
Mischen: Kondensmilch und Zitronensaft zum eingeweichten Hafer rühren. Die Äpfel waschen od. abreiben, Fliege und Stiel entfernen und sofort direkt in die Mischung reiben unter zeitweiligem Umrühren (um ein Anlaufen zu vermeiden). Das

Tafel 40

Fruchtsalat Nr. 1072, Platte garniert mit grünen Blättern und Orangenschale

Gefüllte Melone Nr. 1075

Tafel 41

Birnen mit Chaudeau
Nr. 1100 (II. Art), garniert
mit Schokolade-Spritzglasur
Nr. 1422

Junket Nr. 1164, garniert mit
Schokolade-Schlagrahm

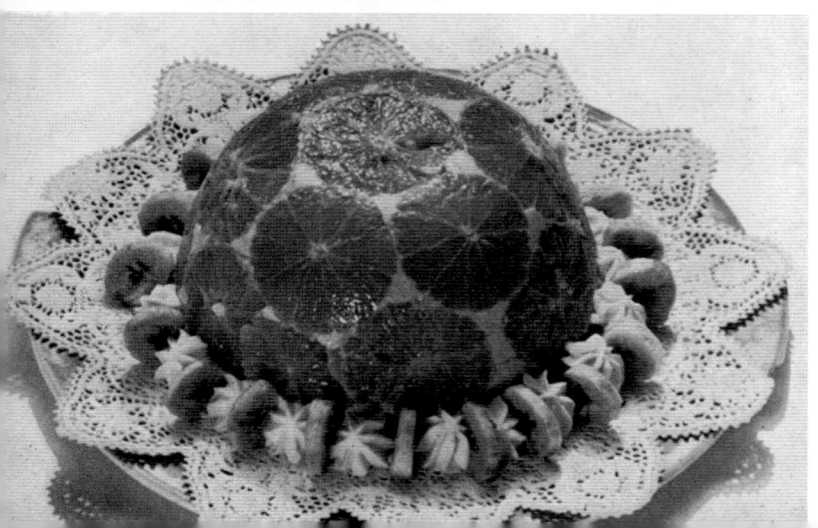

Rohe Fruchtspeise, gestürzt
Nr. 1080

fertige Müesli mit den geriebenen Nüssen bestreuen. — **Servieren,** möglichst b a l d nach der Zubereitung, als Frühstück oder Abendessen, evtl. als Zwischenverpflegung.

NB. Andere Früchte (statt Äpfel) je n. Jahreszeit, evtl. auch 2–3 Sorten gemischt, z.B.: alle Arten Beeren (¾ kg, evtl. zerdrückt) — Bananen in Scheibchen oder zerdrückt, 3–4 Orangen in Schnitzchen und -saft — Pfirsiche sowie Aprikosen, abgerieben, Kirschen, gewaschen und entsteint, alles klein geschnitten oder gehackt (mit der Maschine) — **Dörrfrüchte** (spez. im Winter) eingeweicht, zerkleinert. — **Reiben** der Äpfel: mit der r o s t f r e i e n **Bircherraffel** oder Rohkostmaschine. — Kleinflockigen **Hafer** nur k u r z einweichen. Zur Abwechslung **Hirse-** oder **andere Flocken** sowie **Weizenkeimlinge** dazumischen. — *Statt Kondensmilch: **Joghurt, Quark** oder frischen Rahm verwenden und n. Geschmack versüssen mit flüssigem Bienenhonig oder Zucker. (Bei der Zubereitung mit M i l c h kann die Speise g e r i n n e n !)

Rohes Brombeer- oder Holunderkompott (Compote de mûres et de sureau) 1061

½–¾ kg schöne, reife Beeren
100–150 g Rohzucker, 1–2 dl Wasser

evtl. Süssmost
Brotwürfelchen Nr. 876 od. 6–12 Zwieback

Die Beeren v e r l e s e n , mit einer Gabel leicht zerdrücken. Wasser und Zucker, aufgekocht und erkaltet (oder Süssmost) darübergiessen; etwas stehen lassen. — Beim **Anrichten** die Brotwürfelchen oder klein-würflig geschnittenen Zwieback unter die Beeren mischen. — Verwendet man S ü s s m o s t , dann nach Geschmack Zucker beigeben.

Rübenspeise, süsse   (Purée sucrée aux carottes crues)   1062

500 g Rüben — 2–3 Essl. Honig od. Zucker (n. Geschmack), etwas Zitronensaft — 2–3 dl Rahm

Die **Rüben** waschen, schaben, abtrocknen (mit Küchenpapier), f e i n reiben. — **Mischen** des Purées mit soviel Honig oder Zucker und wenig Zitronensaft, bis es angenehm schmeckt. **Anrichten** und mit ungeschlagenem Rahm übergiessen oder ihn dazu servieren.

«Heitisturm»   (Myrtilles à la Suisse bernoise)   Heidelbeerspeise n. Berner Art   1063

100 g Weissbrot
120 g Kochbutter — 100 g Mehl

1 kg Heidelbeeren
ca. 200 g Zucker, 1 Msp. Zimt — 4 dl Rahm

Vorbereiten: Das B r o t in ca. 1 cm grosse Würfelchen schneiden und in 60 g Butter gelbbraun backen. — Das Mehl im Rest der Butter braun rösten, erkalten lassen. — Die Heidelbeeren verlesen, kurz abspülen und gut abtropfen. — **Mischen** der Beeren mit dem Brot, Mehl, Zucker und Zimt. — Direkt vor dem **Servieren** den leicht geschlagenen Rahm s o r g f ä l t i g darunterziehen. — (Zu stark gerührt, kann die Speise g e r i n n e n !)

Rohe Frucht-Quarkcrème   (Purée de fruits crus au fromage blanc)   1064

½ kg Fruchtpurée od. -saft, s. NB.
400 g frischen Rahmquark
1–2 dl Milch oder Rahm
Zucker nach Geschmack

evtl. 1 Msp. Zimt od. etwas Zitronensaft
evtl. z. V e r f e i n e r n : 1–2 dl Rahm od.
½ Büchse ungezuckerte Kondensmilch
(=weniger fetthaltig)

Zubereitung: Den Quark mit wenig Milch oder Rahm schaumig rühren, Fruchtpurée oder -saft damit vermischen, nach Geschmack Zucker und evtl. etwas Zimt oder Zitronensaft beigeben. Evtl. v e r f e i n e r n mit dem geschlagenen Rahm oder Kondensmilch (auch schaumig geschlagen). — **Anrichten** in eine Schale oder in Coupes und **garnieren** mit schaumig gerührtem Quark oder Rahm und schönen Beeren.

NB. Fruchtpurée: roh geriebene Äpfel (evtl. gekochtes Apfel-, Rhabarber- oder Pflaumenmus), passierte Beeren (frische od. tiefgekühlte), auch Kakipurée od. Saft von 4–5 Orangen. Diese Frucht-Crèmemasse schmeckt auch gut als **Glace** gefroren (siehe Nr. 1306).

1065 Rohe Frucht-Joghurtcrème (Crème de fruit crus au Joghurt)

½ kg **Früchte:** Pfirsiche, Aprikosen, Pflaumen, Bananen, Kaki, alle Arten Beeren * (auch tiefgekühlte) — 1–1½ Glas Joghurt — ½–1 dl Rahm — Zucker n. Geschmack — evtl. 30 g grieb. Nüsse

Zubereitung: Die Früchte abreiben, klein schneiden (Beeren verlesen, evtl. zerdrücken), mit dem Zucker bestreuen und etwas ziehen lassen. — Den Joghurt mit dem Rahm gut verquirlen, die Früchte damit vermischen. **Anrichten,** mit Fruchtscheibchen oder Beeren garnieren, evtl. mit Nüssen bestreuen.

NB. Bes. zart wird die Crème durch Beigeben von **2–3 Eigelb,** mit dem Zucker schaumig gerührt.

Andere Art: Die Hälfte der Früchte mit dem Joghurt, Rahm und Zucker zusammen im **Mixer** pürieren. Vor dem **Anrichten** die übrigen Früchte (Pfirsiche usw. klein geschnitten) unter die Crème ziehen. — * Sehr gut wird die Crème auch mit **Sandbeeren-** od. **Cassis**saft.

1066 Gemischter Fruchtdessert (Fruits variés à la crème)

500 g Johannisbeeren, Zucker, ca. 150 g — 4 Bananen, 2 Pfirsiche — 3 dl Rahm, Zitronensaft

Vorbereiten: Die Hälfte der Johannisbeeren mit einer silbernen Gabel leicht zerdrücken, mit ca. 100 g Zucker mischen, etwa 10 Min. ziehen lassen, durchstreichen. Die übrigen Beeren mit Zucker bestreut stehen lassen. Bananen und Pfirsiche in feine Scheibchen schneiden. — **Mischen** der Johannisbeermasse mit dem geschlagenen Rahm, den übrigen Früchten und wenig Zitronensaft. — **Anrichten** in eine Schale, **garnieren** mit Rahm und Früchten.

1067 Melonen- oder Papaya-Kaltschale (Melon ou papaya au vin blanc)

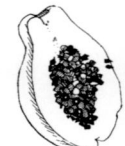

1 Zuckermelone od. 2–3 Papayas Weisswein (evtl. alkoholfreien)
feinen Zucker, ca. 100 g Zitronensaft

Vorbereiten: Melone oder Papaya schälen, gut entkernen, in feine Schnitze schneiden. Diese **anrichten** in eine Schale, lagenweise mit Zucker bestreut und mit Zitronensaft beträufelt. Übergiessen mit etwas Wein und ziehen lassen während etwa 30 Min. Evtl. sehr kalt gestellt, mit ungeschlagenem Rahm servieren. — **II. Art:** Die Früchte ungeschält, halbiert aushöhlen, die Schalenhälften z. **Füllen** verwenden.

1068 Johannisbeerschaum (Mousse aux groseilles)

½–¾ kg Johannisbeeren Zucker, ca. 200 g 4–5 Eiweiss (z.Schnee)

Die **Beeren** verlesen, ⅓ davon mit einer silbernen Gabel leicht zerdrücken, mit dem Zucker vermischen, etwa 10 Min. stehen lassen, durchstreichen (od. im Mixer purieren). — Die **Eiweiss** halbsteif schlagen, das Purée nach und nach beigeben und weiterschlagen, bis die Masse schaumig und dick ist. Die ganzen Johannisbeeren darunterziehen. — **Servieren,** möglichst bald oder unterdessen recht kalt stellen.

1069 Himbeer- od. Erdbeerschaum (Mousse aux framboises ou fraises) I. u. II. Art

I. Art: Zubereitung wie Johannisbeerschaum **Nr. 1068,** jedoch noch 2 dl **Rahm,** leicht geschlagen, unter die Masse ziehen. — **Anrichten** in Coupes, **garnieren** mit Beeren.

II. Art, gestürzt: Die Masse **binden** mit 8–10 Blatt **Gelatine**. Diese kurz in kaltes Wasser legen, d. h. bis sie weich ist. Dann in 1dl heissem Wasser auflösen und sorgfältig (evtl. gesiebt) unter die Fruchtmasse ziehen. In eine Form füllen und steif werden lassen an der Kälte. — Beim **Anrichten** stürzen und **garnieren** mit wenig Schlagrahm und schönen Beeren.

NB. Auf gleiche Art kann **Bananen-** od. **Kakischaum** (v. 5–6 Bananen, resp. Kaki) zubereitet werden.

Kaki-Coupes 1070

4–8 Kaki, gut reife — etwas Zitronensaft u. Zucker — evtl. Liqueur — 1–2 dl Rahm

Vorbereiten: Die Kaki waschen oder sorgfältig abreiben. Das Fruchtfleisch mit einem Teelöffel aus den Schalen nehmen und passieren oder im Mixer purieren. Nach Geschmack mit Zitronensaft, evtl. etwas Zucker und Liqueur vermischen. **Einfüllen** in Coupes-Gläser und **garnieren** mit einem Kränzchen von Rahmtupfen. — **Andere Art:** Unter das Kakipurée noch 1–2 dl geschlagenem Rahm oder 1–2 Eiweiss (zu Schnee geschlagen) mischen.

Früchte-Macédoine in Gläsern   (Macédoine aux fruits en coupes) 1071

Früchte, verschied. (je n. Jahreszeit) { 2–3 mürbe Äpfel, 1–2 Birnen, 1–2 Bananen, ½ kg Beeren od. Trauben
evtl. 2–3 Orangen, 1 kl. Büchse Ananas, evtl. Melonenschnitze od. 1 Avocado

Sirup { 2–3 dl Wasser od. halb Weisswein — 100–150 g Zucker — 1–2 Teel. Zitronensaft
evtl. etwas Maraschino, Kirsch od. Arrak

Vorbereiten: Die Früchte je nach ihrer Art schälen, abreiben oder abspülen, in kleine Schnitze oder ca. 1 cm grosse Würfelchen schneiden (grosse Traubenbeeren halbieren und entkernen). Alles miteinander gemischt in eine Schüssel geben. — Zum Sirup Zucker und Wasser zusammen aufkochen und abkühlen. Die übrigen Zutaten beigeben, die Früchte damit **übergiessen** und 20–30 Min. ziehen lassen. Wenn nötig nochmals abschmecken mit Zucker, Zitronensaft oder Liqueur. — **Einfüllen** der Macédoine in Coupes-Gläser, belegen mit einer schönen Orangenscheibe und Beeren. Evtl. unmittelbar vor dem **Servieren** mit einem Tupfen geschlagenem, versüsstem Rahm garnieren. — Kleine Biscuits dazu reichen.

Fruchtsalat im Winter   (Salade aux fruits en hiver)   s. Tafel 40   1072

4–6 Orangen — evtl. 1 Grape-fruit
3–5 mürbe Äpfel, evtl. 1–2 Birnen
1 kleine Büchse Ananas, 3–4 Bananen
evtl. Datteln od. rote Kirschen (Konserv.)

Sirup { 2–4 dl Weisswein (auch alkoholfr.) oder Süssmost
ca. 150 g Zucker — 4 Würfelzucker
2–4 Essl. Kirsch od. Maraschino
evtl. Zitronensaft (n. Geschmack)

Zum Garnieren: Datteln, einige Rosinen, geschälte Mandeln oder Nusskerne

Vorbereiten der **Früchte:** Die Orangen und evtl. die Grapefruit sorgfältig schälen (alles Weisse abziehen), mit einem scharfen Messer querüber in dünne Scheiben schneiden (Kerne entfernen). — Äpfel und evtl. Birnen schälen, halbieren (das Kerngehäuse ausstechen), in ganz dünne Scheiben schneiden. — Die Bananen schälen und in Rädchen, Ananas in Schnitzchen schneiden, Datteln entsteinen. Von allen Früchten sofort die schönsten Scheiben auf einen Teller für die **Garnitur zurücklegen.** — Für den **Sirup** alle Zutaten vermischen und gut abschmecken. Am Würfelzucker

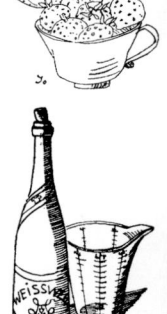

Orangenschale fein abreiben, ihn sowie den Ananasjus (v. der Büchse) und wenig Zitronensaft zum Sirup geben. — **Einfüllen** der vorbereiteten Früchte, lagenweise, in eine weite Schale und immer wieder mit dem Sirup übergiessen. — Der Saft soll die Früchte zuletzt bedecken. — **Garnieren** der Oberfläche mit den schönen zurückgelegten Orangen- und Bananenscheiben sowie gewaschenen Rosinen, geschälten Mandeln, Nusskernen, Datteln oder roten Kirschen usw. — **Servieren** mit kleinen Biscuits.
Hübsch wirkt der Fruchtsalat auf einer Platte, die man mit grünen Blättern und zugeschnittenen Orangenschalen, belegt hat.

NB. Fruchtsalat wenn möglich vor dem Auftragen etwa **1 Std.** ziehen lassen. — Die Früchte am besten mit einem fein gezahnten Messer schneiden. — Evtl. statt Orangen schöne **Dörrfrüchte**, z. B. Aprikosen, evtl. Feigen oder Zwetschgen (1–2 Tage eingeweicht) verwenden. — Die übrige **Orangenschale** lässt sich noch zu Sirup oder Konfitüre verwerten.

1073 Fruchtsalat im Sommer (Salade aux fruits en été)

6–8 reife Pfirsiche, 4–6 Orangen
evtl. 1 Grapefruit
Erdbeeren, ca. 250 g
1 Tasse schöne Himbeeren

½ l Büchse Ananas (s. NB.)
Sirup { 2–4 dl Weisswein
ca. 100 g Zucker
evtl. einige Essl. Malaga

Vorbereiten der **Früchte**: Die Pfirsiche schälen und in feine Schnitzchen teilen. — Die Orangen und evtl. Grapefruit sorgfältig schälen (alles Weisse abziehen), in dünne Scheiben schneiden (Kerne entfernen). — Erdbeeren evtl. waschen, halbieren, grosse in Scheiben schneiden, Himbeeren zuckern. — Ananas in kleinere Schnitze teilen. — **Einfüllen** mit dem Sirup und **Garnieren** des Fruchtsalates, s. **Nr. 1072**.

NB. Evtl. **anrichten** in halbe Grapefruitschalen und sie auf grosse Erdbeerblätter setzen. — Bei Verwendung einer **frischen Ananas**: a) diese schälen, in Scheiben schneiden (mit einem Ringförmchen das Holzige ausstechen) und in feine Schnitzchen teilen. b) Die **Ananas** der **Länge** nach halbieren, aushöhlen und zuletzt mit dem Fruchtsalat **füllen**.

1074 Fruchtsalat im Herbst (Salade aux fruits en automne)

6 frische Feigen — ½ kg Trauben
3–4 Butterbirnen — 3 Bananen
evtl. 1–2 Melonenschnitze od. Papaya
evtl. grosse Himbeeren

Sirup { 2–4 dl Wein (evtl. alkoholfr.)
od. Süssmost
Zucker ca. 100 g
etwas Zitronensaft
Maraschino od. Malaga

Vorbereiten der **Früchte**: Die Feigen mit einem Tüchlein abreiben und quer durch in ½ cm dicke Scheiben schneiden. — Die Traubenbeeren waschen (evtl. mit einem spitzen Messerchen die Kerne entfernen). — Die Birnen, evtl. den Melonenschnitz oder die Papaya (ganz entkernt) und Bananen schälen, alles in feine Scheibchen schneiden. — **Einfüllen** mit dem **Sirup** und **Garnieren** des Fruchtsalates, s. **Nr. 1072**.
Sehr hübsch wirkt es, wenn man die Schale auf einen Kranz farbiger Herbstblätter setzt.

1075 Gefüllte Melone (Melon farci) Bild auf Tafel 40

1 mittlere Zuckermelone, gut reif
3 weiche reife Pfirsiche — ½ kg Trauben
100–200 g Wald- od. Gartenerdbeeren,
schöne Himbeeren, Papayas usw.

Sirup { Zucker ca. 150 g
1–2 dl Wasser (s. NB.)
z. Beigeben { 2–4 Essl. Maraschino od. Malaga, evtl. etwas Zitronensaft

Den **Sirup** aufkochen, erkalten lassen. Liqueur oder Wein und evtl. etwas Zitronensaft beifügen. — Aus der **Melone** beim Stielansatz einen ca. 8 cm grossen Deckel schneiden. Die Melone mit einem Löffel oder Grapefruit-Messer aushöhlen. **Füllung:** Das Melonenfleisch in 1 cm grosse Würfelchen schneiden. Die Pfirsiche sowie evtl. Papayas (sehr gut entkernt), schälen und in feine Schnitzchen teilen. Die Traubenbeeren waschen, evtl. mit einem spitzen Messer die Kerne entfernen. Alle Früchte zusammen vermischen, mit dem erkalteten Sirup übergiessen und zugedeckt ca. **30 Min. ziehen** lassen (mögl. in Eiswasser gestellt). — **Anrichten:** Die Melone füllen, das Deckelchen darauf geben. Auf einen Kranz schöner Herbstblätter setzen. — **Servieren** mit kleinen Biscuits.

NB. Statt mit dem Sirup, die Früchte mit einem süssen Wein (evtl. auch alkoholfreiem oder Süssmost) übergiessen und nach Geschmack versüssen.

Gefüllte Papayas   (Melonenfrucht, gefüllt)   1075 a

Anmerkung: Papaya (nur zeitweise bei uns im Handel), die etwa faustgrosse Frucht des tropischen Melonenbaumes, ist im Geschmack der Zuckermelone ähnlich (bei uns sehr teuer). Die Kerne schmecken ausgeprägt nach Senf. 
Zubereitung wie gefüllte Melone **Nr. 1075.** Die Papayas (2–3) waschen, abtrocknen, halbieren, sorgfältig alle Kerne **entfernen.** Das Fruchtfleisch mit einem Löffel herausnehmen. Es in kleine Würfelchen schneiden und mit den übrigen vorbereiteten Früchten und dem Sirup vermischen. — Beim **Anrichten** die Mischung in die Papayas füllen, auf eine mit hübschen Blättern belegte Platte setzen oder auf einzelne Tellerchen.

Gefüllte Ananas   (Ananas farci)   1076

1 mittelgrosse Ananas, gut reif
500 g Walderdbeeren od. Himbeeren
Zucker, ca. 100 g

wenig Maraschino od. feinen Kirsch
feinen Dessertwein (z. B. Haute Sauterne)

Vorbereiten: Die Ananas gut waschen und mit einem Tüchlein wieder abtrocknen. Mit einem starken Messer einen Deckel abschneiden. (Dieser wird mitsamt den Blättern später wieder zum Decken verwendet, was sehr dekorativ wirkt.) — Das Fruchtfleisch mit einem Grapefruitmesser herauslösen und alles Holzige davon entfernen. Die Ananasstücke in Würfelchen oder Schnitzchen schneiden und mit den Beeren, lagenweise mit etwas Zucker bestreut und mit Liqueur beträufelt, in eine Schüssel geben. Soviel Wein darüber giessen, dass die Früchte knapp davon bedeckt sind. — Die Masse **ziehen** lassen während ca. **1 Std.** (am besten in Eiswasser gestellt), hie und da umrühren. — **Füllen** der Ananas, unmittelbar vor dem Auftragen. (Sie vorher wenn nötig am Boden etwas flachschneiden, damit sie besser steht.) — Das Deckelchen wieder daraufgeben, auf eine schöne Schale setzen und **servieren** mit kleinen Biscuits.

NB. **Einfacher:** Die Ananas der Länge nach halbiert, aushöhlen und etwas erhöht füllen.

Fruchtgelée   (Gelée de fruits crus)   1077

2 dl Wasser — 12 Blatt Gelatine, eingeweicht
oder 10 g Agar-Agar-Pulver

150–180 g Zucker
6 dl Fruchtsaft (s. NB.), etwas Zitronensaft

Gelée: Wasser und die eingeweichte Gelatine oder den Agar-Agar unter Rühren solange erhitzen, bis sich alles **aufgelöst** hat. Den Zucker beigeben, unter Rühren **abkühlen.** Den Fruchtsaft und etwas Zitrone damit vermischen, wenn nötig noch versüssen. Die Masse immer wieder rühren, bis sie **dicklich** wird, dann **sofort** in eine kalt ausgespülte Form giessen und steif werden lassen. — Beim **Anrichten** das Gelée stürzen, evtl. **garnieren** mit Schlagrahm und mit zurückbehaltenen schönen Beeren (bei einem Ring in die Mitte füllen). — **Servieren** mit Vanillemilch oder versüsstem Rahm.

NB. Fruchtsaft: passiert von ca. 1 kg rohen Johannis- od. Himbeeren oder gemischt.

1078 Früchte in Gelée (Fruits en gelée)

Fruchtgelée Nr. 1077 (siehe auch Nr. 1161)
500 g schöne **Früchte** { Bananen, Beeren, rote Kirschen, gut reife Aprikosen u. Pfirsiche, grosse Trauben (blaue u. weisse), evtl. grosse Mandeln, geschält

Vorbereiten: Die Früchte zurüsten, Aprikosen und Pfirsiche schälen und in dünne Schnitzchen schneiden, die Traubenbeeren halbieren und entkernen.

Einfüllen: In eine gut verzinnte Reisring-, Rehrücken oder Gugelhopfform ½ cm hoch Fruchtgelée giessen und halbfest werden lassen. Als **Garnitur** eine Lage der schönsten Früchte sowie Mandeln daraufgeben und mit Gelée bedecken (ca. ½ cm hoch). Dieses wieder halbsteif werden lassen, wieder mit einer Lage Früchte bedecken (nur 1 Sorte oder gemischt), wieder mit Gelée bedecken und so fortfahren, bis die Form gefüllt ist. An der **Kälte** fest werden lassen. — Beim **Anrichten kurz** in heisses Wasser tauchen und sorgfältig stürzen. — **Servieren** mit Rahm- oder Vanillesauce.

NB. Statt roher Früchte evtl. auch schöne gekochte einfüllen und diesen Saft zur Zubereitung des Gelées verwenden. Ihn nach Belieben mit etwas Weisswein ergänzen.

1079 Früchteköpfchen (Timbale aux fruits crus)

4 Bananen — 5–7 Orangen, 1–2 Zitronen — 100 g Datteln, 100 g Nusskerne — Zucker, ca. 100 g 100 g Corn flakes — 2–5 Essl. Milch — z. Garnieren 2 dl Rahm, 1 Teel. Zucker

Vorbereiten: Die Bananen schälen, in Scheibchen schneiden, 4–5 der Orangen schälen und in dünne Scheiben schneiden, die übrigen sowie die Zitronen auspressen. — Die Datteln entsteinen (3–5 zurückbehalten), die übrigen durch die Hackmaschine geben; die Nusskerne reiben. Beides mit dem Fruchtsaft vermischen. — Die Cornflakes mit einigen Esslöffeln roher Milch anfeuchten. — **Garnieren** der **Timbalform:** Sie am Boden mit rund ausgeschnittenem weissem Papier belegen, mit Zucker bestreuen. Die Mitte mit einem Stern von halben Datteln belegen, als Kränzchen an den Rand Bananenscheiben. — **Einfüllen:** Eine Lage Orangenscheiben (auf die Garnitur) in die Form geben, mit wenig Zucker bestreuen, mit einer Schicht der Dattelmasse bestreichen. Diese mit Bananenscheibchen belegen, mit einer Lage angefeuchteter Cornflakes bedecken. So lagenweise fortfahren, bis die Form gefüllt ist. Evtl. leicht beschweren und etwa ¼ Std. stehen lassen. — Beim **Anrichten** sorgfältig stürzen, mit dem geschlagenen, versüssten Rahm garnieren.

1080 Rohe gemischte Fruchtspeise, gestürzt (Dessert aux fruits crus) Tafel 41

4–6 Orangen (s. NB.)   5–7 Blatt Gelatine (gewaschen) s. NB.
2–3 Bananen — 2–3 Äpfel   3 dl Rahm, evtl. Kondensmilch (s. NB.)
einige Datteln od. 30 g Sultaninen   etwas Zitronensaft — Zucker n. Geschmack

Vorbereiten der **Form:** 2 kleinere Orangen schälen, in dünne Scheiben schneiden und ein rundes, mit Zucker bestreutes Schüsselchen (v. ca. 12 cm ⌀) hübsch damit auslegen.

Fruchtmasse: Die übrigen Orangen auspressen (man sollte **3 dl Saft** erhalten). Die Gelatine in 1 dl **heissem** Wasser auflösen und (evtl. passiert) langsam dem Orangensaft beimischen. An der Kälte rühren, bis die Masse **anfängt** dicklich zu werden. — Die Äpfel waschen, halbieren, das Kernhaus entfernen. Sie reiben und unter die **dickflüssige** Orangenmasse mischen. Den geschlagenen Rahm, die in Scheibchen geschnittenen Bananen und Datteln (oder Sultaninen) darunterziehen, nach Geschmack Zucker und Zitronensaft beigeben. — **Einfüllen** der noch **weichen** Masse in die ausgelegte Form, an der Kälte **steif** werden lassen. — Beim **Anrichten** sorgfältig stürzen, mit zurückbehaltenem Schlagrahm und Bananenscheibchen **garnieren**. 
NB. Statt mit Gelatine, evtl. mit ca. 5 g pulv. Agar-Agar binden (in 1 dl kaltem Wasser auflösen, aufkochen und passieren). — **Rahm** evtl. ersetzen durch ½ Büchse ungezuckerte **Kondensmilch**, geschlagen. — Im Sommer statt Orangen **Erdbeeren** (ca. 500 g) verwenden.

Zwetschgenring oder -köpfchen   (Bordure aux fruits secs)   1081

¾ kg gedörrte Zwetschgen (s. NB.)
einige getrocknete Feigen
Rohzucker n. Geschmack
etwas Zitronen- u. Orangensaft

evtl. 1–2 Essl. Kirsch
z. Garnieren { Nusskerne oder grosse Mandeln, geschält
evtl. 1–2 dl Rahm

Vorbereiten: Zwetschgen u. Feigen warm waschen, mit Wasser bedeckt über Nacht **einweichen**.
Masse: Die Zwetschgen aussteinen, mit den Feigen durch die Hackmaschine treiben, mit dem nötigen Zucker, Zitronen- und Orangensaft sowie evtl. Kirsch vermischen. Die Masse in eine kalt ausgespülte, bezuckerte **Ringform** oder ein Schüsselchen drücken. — **Anrichten:** Die Form stürzen, mit Nüssen oder Mandeln bestecken, evtl. mit Schlagrahm garnieren. — **Servieren** mit ungeschlagenem Rahm, Vanille-, Nuss- (auch Kokosnuss-) oder Rahmsauce. 
NB. **Fruchtmischung II. Art:** halb Zwetschgen, halb gedörrte **Birnen-** oder **Apfelschnitze** oder **roh** geriebene Äpfel. — Bes. nahrhaft wird die Speise durch Beimischen von **Hirseflocken** oder **Weizenkeimen**. — Die **Formen** lassen sich gut **stürzen**, wenn man (vor dem Bezuckern) einige ca. 2 cm breite Papierstreifen hineinlegt.

Feigenköpfchen   (Timbale aux figues sèches)   1082

300 g getrocknete Feigen
2–3 Bananen — 100 g Datteln
100 g Nüsse, gerieben

n. Geschmack: Rohzucker od. Honig
Saft von 1–2 Zitronen
z. Garnieren: 2–3 dl Rahm — Nusskerne

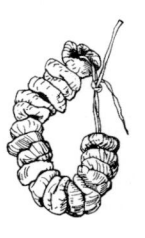

Vorbereiten: Die Feigen warm waschen, mit Wasser bedeckt über Nacht **einweichen**.
Die **Feigen** auf einem Sieb abtropfen lassen. Die Hälfte davon sowie die geschälten **Bananen** in schwach ½ cm dicke Scheibchen schneiden. Die **Datteln** entsteinen und halbieren. — Die **übrigen** Feigen durch die Hackmaschine treiben. **Mischen** mit den geriebenen Nüssen, dem nötigen Zucker, Zitronensaft und ein paar Löffel vom Feigenwasser (soviel bis die Masse leicht feucht ist).
Garnieren der **Timbalform:** Diese am Boden mit einem zugeschnittenen weissen Papier bedecken, mit Zucker bestreuen. — An den Rand aussen einen Kranz halber Datteln, innerhalb zurückbehaltene halbe Nusskerne legen. **Einfüllen** der Feigenmasse **lagenweise** mit den Früchten und ca. ¼ Std. stehen lassen. — Beim **Anrichten** das Köpfchen stürzen, mit Schlagrahm garnieren oder ungeschlagenen Rahm dazu servieren. 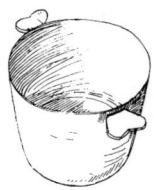
NB. Das Feigenwasser zum Dörrobst-Kochen verwenden. — Zum Garnieren: statt Rahm evtl. 100 g **frischen Rahm-Quark**, mit 3–5 Essl. Milch schaumig gerührt, verwenden.

1083 Feigenspeise (Dessert aux figues sèches)

300 g getrocknete Feigen — einige Datteln
3–4 dl Rahm, s. NB. — Zitronensaft
Rohzucker, n. Geschmack
einige Nusskerne

Vorbereiten: Die Feigen warm waschen, mit Wasser bedeckt über Nacht einweichen.

Masse: Feigen und Datteln durch die Hackmaschine treiben. Den Rahm steif schlagen und unter die Früchte mischen. Wenig Zitronensaft beigeben, mit dem nötigen Zucker versüssen. — **Anrichten** der Speise in eine Schale, **garnieren** mit zurückbehaltenem, versüsstem Schlagrahm und mit halbierten Datteln, in welche man einen Viertelsnusskern gelegt hat.

NB. Statt Rahm evtl. frischen Rahm-**Quark** (ca. 300 g) od. 3 dl **Joghurt**, geschlagen, verwenden.

1084 Dörrfruchttorte, roh («Tarte» aux fruits secs)

500 g **Dörrfrüchte:** Zwetschgen, Birnen, Äpfel, Feigen (1 Sorte od. gemischt) ca. 100 g Rohzucker — 50–80 g Baumnüsse
etwas Zitronensaft und -schale, abgerieben
Crème { 3–4 dl Rahm — etwas Zucker / 1 dl Milch — ca. 10 g Agar-Agar*
8–12 Zwieback

Vorbereiten: Die Früchte gut waschen, mit Wasser bedeckt 1–2 Tage einweichen.

Fruchtmasse: Die Früchte abtropfen lassen, durch die Hackmaschine treiben, mit dem nötigen Zucker, Zitronensaft und -schale vermischen. — Die Nüsse klein schneiden. — **Rahmcrème:** Den Rahm steif schlagen. Den Agar-Agar in der Milch aufkochen, etwas abkühlen, unter $^2/_3$ des Schlagrahmes mischen und versüssen.

Formen: Auf eine Tortenplatte den umgekehrten Rand einer mittleren Springform setzen. Den Boden mit Zwieback dicht belegen, mit etwas versüsstem Einweichwasser beträufeln. Die Fruchtmasse darauf ausstreichen, mit den Nüssen bedecken, die noch weiche Rahmcrème darüber verteilen und glattstreichen. Die Torte kühl stellen, bis die Crème steif ist. Den Springformrand sorgfältig entfernen. **Garnieren** der Oberfläche der Torte mit dem übrigen Schlagrahm und Nusskernen und evtl. mit schönen zurückbehaltenen Zwetschgen.

*Statt Agar-Agar: 6–7 Blatt gewaschene Gelatine, in heissem Wasser aufgelöst, beigeben.

1085 Dörrfruchtschnitten (Croûtes aux fruits secs)

Dörrfrüchte wie bei Nr. 1084 (evtl. nur ½ Port.) — 12 Zwieback
evtl. 30 g Baum- od. Haselnüsse
z. Garnieren: 2 dl Rahm od. 100 g Rahmquark

Vorbereiten: Die Früchte gut waschen, mit Wasser bedeckt 1–2 Tage einweichen.

Die **Früchte** abtropfen lassen und durch die Hackmaschine treiben, mit dem nötigen Zucker versüssen. — Den **Zwieback** mit etwas versüsstem Einweichwasser beträufeln, mit der Fruchtmasse gut ½ cm dick bestreichen. Die Schnitten bis zum Servieren etwas stehen lassen. — Vor dem **Anrichten** evtl. mit den blättrig geschnittenen Nüssen bestreuen. **Garnieren** mit dem geschlagenen, versüssten Rahm oder Quark. — Evtl. mit Vanillesauce servieren.

Fruchtmus und Kompotte mit Variationen

Obst, Allgemeines siehe Seite 367

Zurüsten der verschiedenen Obstarten 1086

1. **Kernobst** (Äpfel und Birnen): evtl. mit einem Tuch abreiben oder waschen oder möglichst dünn schälen (mit rostfreiem Messer), da sich wertvollste Nährstoffe zum Teil direkt unter der Schale befinden. — (Nicht rostfreie Messer zerstören die Vitamine.) — **Geschälte, helle Früchte** verändern an der Luft ihre Farbe, sie werden braun und unansehnlich. Sie deshalb unmittelbar vor der Zubereitung schälen oder bis zum Kochen in ein leicht gesalzenes oder mit Essig, Citrovin od. Zitronensaft gesäuertes Wasser legen, jedoch möglichst bald kochen, da das Wasser Nährwerte entzieht.

    Apfelschalen können im Ofen gedörrt, später zu Tee verwendet werden, oder sie im Zuckersirup auskochen (den Sirup vor dem Kochen der Äpfel passieren).

2. **Steinobst** (Aprikosen, Pfirsiche usw.): grosse, schöne Früchte abreiben mit einem Tuch, kleinere auf einem Sieb abspülen, dann halbieren und entsteinen.

3. **Beerenobst:** Die Beeren verlesen, evtl. Stielchen entfernen, hartbeerige Früchte (Johannis-, Stachel-, Heidelbeeren) wenn nötig auf einem Sieb sorgfältig mit Wasser abspülen. — Erdbeeren, falls sie sandig sind, auf einem Sieb mit Wasser überbrausen oder sie einzeln in Wasser abschwenken, gut abtropfen lassen (evtl. auf einem Tuch). — Für **Purée:** z. Durchstreichen das Passetout (gut verzinnt) oder einen elektr. Mixer verwenden.

Kochregeln für Obst 1087

Pfanne aus säurefreiem Stahl, Aluminium oder Email.

1. **Mus** = verkochte oder durchpassierte Früchte. Das **Passieren** (Durchstreichen) geschieht am besten mit dem Passetout od. durch Pürieren in einem **Mixer.**

    In nicht mehr gut verzinnten Sieben verändern die Früchte infolge ihres Säuregehaltes leicht Geschmack und Farbe! Hat man jedoch nichts anderes zur Verfügung, dann in kleinen Portionen und möglichst rasch passieren. Das Sieb von unten häufig abstreichen.

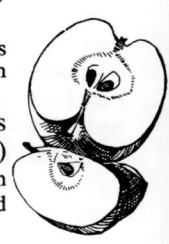

2. Als **Kompott** sollen die Früchte ihre Form behalten, sie deshalb – halbiert od. als Schnitze od. Scheiben – lagenweise **im Sirup** (Zuckersaft od. auch Süssmost) kochen. — Je weicher und reifer die Früchte sind (sowie bei sauren Apfelsorten und allen Beeren), um so dicklicher und süsser muss der Saft, resp. **Sirup** sein, um ein Verfallen und Musigwerden zu verhüten.

Anrichten und **Servieren:** je nach Rezept. — Fast alle gekochten Früchte schmecken am besten kalt serviert. — Als Beigabe eignen sich spez. zu Kompott kleine Biscuits, alle Arten Flocken, auch Weizenkeime und ungeschlagener Rahm oder Vanillesauce, evtl. auch Quark.

Apfelmus (Purée de pommes) 1088

1½ kg Äpfel
100–200 g Zucker (je nach Sorte)
1–4 dl Wasser od. Süssmost, etwas Zimt, evtl. Zitronenschale, s. NB.

I. Art: Die Äpfel schälen, mit dem Kernhaus in Achtel schneiden, mit Zucker und Wasser od. Süssmost aufsetzen, zugedeckt rasch weichkochen und sofort passieren (durchstreichen). — Das Mus in eine Kompottschüssel anrichten, evtl. mit etwas Zimtpulver bestäuben. —

Äpfel (ohne das Kerngehäuse) evtl. nur gut verkochen (nicht passieren), je nach Sorte.

II. Art: Die Äpfel waschen, kleinschneiden (mitsamt Schale und Kernhaus). Mit dem

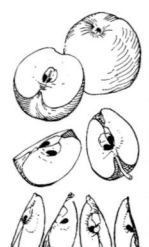

Wasser (ohne Zucker) aufs Feuer setzen, zugedeckt rasch weichkochen. Sofort passieren (durchstreichen). Das Mus jetzt mit dem nötigen Zucker versüssen.

Gebranntes Apfelmus: Das fertige Apfelmus (I. od. II. Art) in eine Kompottschale anrichten, mit hellbraun geröstetem, heissem Karamel-Zucker rasch übergiessen, oder mit dem erkalteten, geriebenen Karamel überstreuen. — (Brennen v. Apfelmus n. alter Art s. Fachausdrücke.)

Meringuiertes Apfelmus: Das Mus (I. od. II. Art) in eine Gratinplatte füllen. Garnieren mit Meringuemasse (Nr. 1497) und überbacken in guter Oberhitze zu zart gelber Farbe.

NB. Apfelmus nach II. Art ist vitaminhaltiger und sparsamer, bei roten Sorten auch hübsch in der Farbe, bei dickschaligen oft etwas herber im Geschmack. — Apfelmus schmeckt sehr gut durch Beigabe von abgeriebener Orangen- oder Zitronenschale, evtl. auch etwas -saft. — **Zurüsten** v. Aepfeln siehe Nr. 1086, **Kochregeln** von Obst Nr. 1087. — **Rohes Apfelmus** sowie **rohe Apfelspeisen** siehe Nr. 1057–1060 usw.

1089 Rosa Apfelschaum (Purée de pommes à l'aurore)

½ Port. Apfelmus Nr. 1088 (I. od. II. Art) — 2–4 Essl. **roten** Fruchtsaft (evtl. -purée v. Beeren, roten Pflaumen usw.) — 1 Teel. Zitronensaft — 3–4 Eiweiss (z. Schnee) — ca. 100 g Zucker

Zubereitung: Unter das abgekühlte Apfelmus, das möglichst dick sein soll, den **roten** Saft (oder das Purée) mischen, ebenso wenig Zitronensaft und das mit dem Zucker leicht geschlagene Eiweiss. Die Masse noch weiter schlagen, bis sie recht schaumig ist. — **Anrichten** in einzelne Gläser oder in eine Kompottschale und mit ausgestochenen roten Geléetupfen garnieren. — Bis zum **Servieren** kalt stellen.

1090 Quittenschaum (Purée mousse aux coigns)

Zubereitung wie Apfelschaum **Nr. 1189**, jedoch Purée von **Quitten**-Kompott **Nr. 1110** (evtl. Konfitüre) verwenden und n. Belieben noch etwas Arrak oder Rum beifügen.

1091 Westfälische Apfelspeise (Purée de pommes au pain noir)

Apfelmus Nr. 1088 od. rohes n. Nr. 1057 2–3 dl Rahm — 30 g Zucker
3–6 Scheiben Pumpernickel 2–3 Essl. Preiselbeeren (eingemachte)
od. Schwarzbrot (evtl. auch Lebkuchen) evtl. 30 g Schokolade

Vorbereiten: Den Pumpernickel oder das Brot usw. fein zerkrümeln oder reiben. — Den Rahm steif schlagen, leicht versüssen. — Beim **Anrichten** lagenweise Apfelmus und Brot in eine Schale füllen. Den Rahm als dicke Schicht daraufstreichen, von Preiselbeeren ein Rändchen darauflegen, evtl. in der Mitte mit etwas gehobelten Schokoladespänen bestreuen. — Bis zum **Servieren** recht kalt stellen.

1092 Apfelcrème (Crème au purée de pommes) s. Tafel 44

1 kg saure Äpfel (evtl. Boskop), 1 dl Wasser z. Beigeben: 3–4 Eiweiss (z. Schnee)
120–150 g Zucker — 2–3 Eigelb 6–8 kleine Makrönli od.
1 Glas Weisswein (auch alkoholfreien) z. Garnitur 1–2 Eierschnee, versüsst od.
od. Süssmost — Zitronenschale, abgerieben Meringuepilzchen (Nr. 1426)

Vorbereiten der Äpfel: Sie waschen, kleinschneiden, mit dem Wasser in gut zugedeckter Pfanne rasch weichkochen und durch ein feines Sieb streichen.

Crème: Das Apfelpurée mit den übrigen Zutaten (mit Ausnahme vom Eiweiss) in eine

Crèmepfanne geben (nicht in Aluminium). Unter tüchtigem Rühren bis zum Kochen bringen, sofort vom Feuer nehmen. Das **Eiweiss** steif geschlagen unter die heisse Crème ziehen; erkalten lassen. **Anrichten** der Crème u. nach Belieben garnieren.

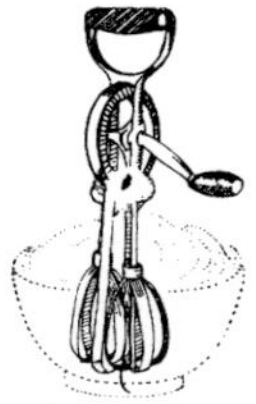

Süsse Apfelstückli   (Compote de pommes à l'ancienne)   1093

1½ kg Sauergrauch, Jonathan od. ähnl. Sorten   20 g Butter, ca. 80 g Rohzucker
z. Rösten: 60 g Zucker — 6 dl Wasser   1 Stück Zimtrinde

Vorbereiten: Die Äpfel waschen, **nicht** schälen (das Kerngehäuse entfernen), in 8–10 Schnitze teilen. — **Rösten** des Zuckers, bis er braun ist, mit dem Wasser ablöschen. Die Butter, den übrigen Zucker und Zimt beigeben. **Weichkochen** der Äpfel im Sirup.
Servieren zu Knöpfli sowie zu Brei, Schnitten, Griessköpfli, zu Brotpudding usw.

Apfelkompott in der Silbertüte   (schnell gemacht, auch prakt. für Einzelgänger)   1093a

6 Boskop od. Orangenäpfel (1 pro Pers.), 50–70 g Zucker, 1 Msp. Zimt, Schale u. Saft v. ½ Zitrone, 30 g Sultaninen — **Alufolie:** 6 Vierecke von ca. 25x25 cm.

Vorbereiten: Die Aepfel schälen, achteln, dann in kleine Schnitzchen schneiden (**ohne** das Kernhaus). Mischen mit allen übrigen Zutaten. **Sofort** als Häufchen auf die Folien verteilen. Diese sorgfältig nach oben zu einer Tüte zusammenfalten und auf die vorgewärmte Kochplatte setzen (b. Gas mit Untersetzer). — **Dämpfen** während **4–5 Min.** — **Servieren** mit der Tüte.

Apfelkompott (Schnitze) oder Halbäpfel   (Compote de pommes glacées)   1094

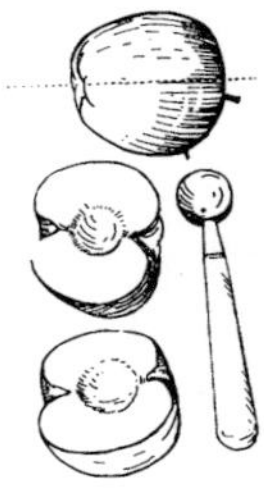

1½ kg Äpfel (Orangenäpfel, Jonathan u. ä.) s. NB.
Sirup { Zucker, 150–200 g
ca. 8 dl Wasser (od. Süssmost)
Zimtrinde od. dünne Zitronenschale }   evtl.
z. Beigeben { 1 dl Weisswein oder
1 Teel. Zitronensaft s. NB.
20 g Rosinen (spez. f. Apfeligel) }

Vorbereiten: Die Zutaten zum **Sirup** zusammen aufkochen (s. NB.). — **Zurüsten** der Äpfel: sie schälen, halbieren (das Kerngehäuse entfernen), evtl. noch in Viertel oder Achtel schneiden (je n. Verwendung). — **Kochen** der Äpfel lagenweise im Sirup (evtl. unter Wenden), bis sie gleichmässig **weich** sind (**10–15 Min.** je nach Sorte). Mit einem Schaumlöffel herausnehmen, evtl. direkt in eine Schale anrichten. — Den Saft wenn nötig noch etwas einkochen und über die Äpfel giessen.
Servieren, abgekühlt, **a)** als Kompott evtl. mit Rahm- oder Vanillesauce — **b)** als Halbäpfel gekocht, anrichten als «Igel» nach **Nr. 1095** — **c)** als Halbäpfel gekocht, die Vertiefung mit einer roten Kirsche, Beere oder Zwetschge (gekocht) belegen — **d)** verwenden für andere Apfelgerichte (siehe Nr. 1097 usw.). 
NB. Am besten eignen sich **härtere Apfelsorten,** die nicht leicht verkochen (für weiche etwas mehr Zucker verwenden). — Für wenig aromatische Äpfel (z. B. im Frühjahr) Weisswein oder Zitronensaft z. Sirup geben. — Sehr gut schmeckt Apfelkompott auch durch Mitkochen einiger Quittenschnitze.
Zurüsten siehe Nr. 1086 und **Kochregeln** für Obst Nr. 1087.

Äpfel als Igel   (Hérisson aux pommes)   1095

Halbäpfel n. Nr. 1094 — 50 g grosse Mandeln — Vanille- od. Rahmsauce Nr. 1217 und 1218
Vorbereiten der Stacheln: Die Mandeln schälen, der Länge nach halbieren (evtl. vierteilen). — Bes. fein werden die Stacheln, wenn man sie im Ofen leicht bräunt.
Anrichten des Igels: Die Äpfel bergartig aufeinander (ca. 3 Lagen) auf eine flache

Schale legen (Wölbung nach oben) so, dass das Ganze etwas länglich wird (Igelform). Den Kopf markieren durch ½ kand. Kirsche und zwei Rosinen (als Augen). Die ganze Oberfläche mit den Stacheln dicht bestecken. Einige Löffel des eingekochten Apfelsaftes darübergiessen. — **Servieren** mit Vanille- oder Rahmsauce.

1096 Birnenkompott (Compote de poires)

1½ kg Birnen — **Sirup** wie zu Apfelkompott Nr. 1094, evtl. mit 1 Nelke u. 1 Lorbeerblatt

Zurüsten der Birnen: Sie schälen, kleine ganz lassen, grössere halbieren, evtl. vierteln, evtl. Stiele etwas kürzer schneiden und schaben. — **Kochen,** wie Apfelkompott oder wie Halbäpfel **Nr. 1094** (jedoch nur sehr weiche Birnen **lagen**weise in einer weiten niederen Pfanne kochen). — **Kochzeit** je n. Grösse und Sorte: ½–1¼ Std.

NB. Für harte Birnen nur ca. 100 g Zucker verwenden. — **Rotes Birnenkompott** erhält man durch Kochen der Birnen in rotem Fruchtsaft (von Zwetschgen, Himbeeren usw.); sie wirken hübsch in einer Schale mit gemischtem Kompott angerichtet.

1097 Braune Birnen oder Äpfel (Poires ou pommes au caramel)

Birnenkompott Nr. 1096 oder Halbäpfel Nr. 1094

Crème { 80 g Zucker — 4 dl Sirup v. Kompott
10–20 g Kartoffel- od. Weissmehl
1–2 dl Rahm, s. NB.

Anrichten des Kompotts, bei Äpfeln die Wölbung, bei Birnen die Stielseite nach oben.
Crème: Den Zucker braun rösten. Sobald er anfängt zu schäumen, mit dem Sirup ablöschen, aufkochen. Das Mehl mit ½ dl kaltem Wasser anrühren, den Sirup damit binden, aufkochen und abkühlen. — Den leicht geschlagenen Rahm darunterziehen. Die Crème über das Kompott giessen.

NB. Sollte die Crème zu süss sein, ein wenig Zitronensaft und evtl. eine ganz kleine Prise Salz beifügen. — Statt Rahm evtl. ½ Büchse ungezuckerte, geschlagene **Kondensmilch** verwenden.

1098 Schokoladebirnen (Poires au chocolat) I. u. II. Art

Birnenkompott Nr. 1096
f. II. Art: Kompott v. grossen Birnen

Crème { 4 dl Birnensaft, 60 g Schokolade
5 g Kartoffelmehl, ½ dl Wasser

I. Art: Anrichten der Birnen, Stielseite nach oben.

Crème: Den Birnensaft mit der Schokolade erwärmen, das mit wenig kaltem Wasser vermischte Kartoffelmehl einrühren und aufkochen. — Die **Crème** abkühlen, den leicht geschlagenen Rahm darunterziehen, über die Birnen giessen.

NB. Ist die Crème zu süss, dann mit etwas Milch oder Rahm verdünnen. — **II. Art:** Grosse Birnen einzeln auf Tellerchen anrichten und mit der Crème überziehen oder nur die mit etwas Wasser geschmolzene Schokolade verwenden. Evtl. mit Schlagrahm garnieren.

1099 Birnen-Igelchen (Petits hérissons aux poires) helle und dunkle

Grosse Butterbirnen — Sirup v. Nr. 1094 — 50 g Mandeln — Pariserèrème Nr. 1416

Vorbereiten: Die Birnen schälen, halbieren, im Sirup weichkochen und auf einem Kuchengitter abtropfen. — Die Mandeln schälen, in schmale Stiftchen schneiden, im Ofen leicht bräunen. — **Igel:** für **helle,** die Birnen mit dem dicklich eingekochten Saft überziehen, für **dunkle,** mit der Schokoladecrème. Die Oberfläche mit den Mandelstacheln dicht bestecken, auf die schmale Seite zwei Rosinenaugen geben. — Beim **Anrichten** die Igel auf einzelne Tellerchen setzen oder auf eine grosse Platte, abwechselnd helle und dunkle. — Evtl. **servieren** mit leicht geschlagenem Rahm.

Birnen mit Chaudeau (Poires riches) I. und II. Art s. Tafel 41 **1100**

3–6 grosse Birnen — Sirup von Nr. 1094 — evtl. Füllung (siehe unten) — Chaudeau Nr. 1232 evtl. Biscuit Nr. 1339 — z. Garnieren: kand. Früchte oder Schokolade-Spritzglasur Nr. 1422

Vorbereiten: Die Birnen schälen, halbieren, das Kernhaus entfernen, **kochen** im Sirup, sorgfältig, evtl. lagenweise wie Halbäpfel. — **Anrichten I. Art:** Die Birnen in eine weite Schale legen, Wölbung nach oben. Überziehen mit der Chaudeau; evtl. servieren mit kleinen Biscuits. — **II. Art:** Die Birnen zuerst füllen, dann kranzartig nebeneinander auf eine hübsche, flache Platte geben und überziehen mit der Crème. (Evtl. jede Birne auf eine ovale Biscuit-Scheibe setzen.) **Garnieren** auf der Oberfläche, mit Tupfen od. Schnitzchen von kandierten Früchten oder mit Spritzglasur (s. Bild).

Füllung, a) 2–4 Makrönli oder Biscuitreste zerbröckeln oder reiben und mit soviel Rum vermischen, bis die Masse feucht ist. — **b)** 40 g Mandeln schälen, im Ofen etwas bräunen, sie gerieben mit 40 g Zucker und etwas Rum in einem Pfännchen auf dem Feuer dicklich abrühren.

Pfirsichkompott (Compote de pêches) **1101**

1–1½ kg od. 6–9 Pfirsiche **Sirup** { 150–200 g Zucker, 3–5 dl Wasser od. Süsswein (f. bes. feines Kompott)

Den **Sirup** aufkochen, evtl. mit 1–2 Pfirsichkernen oder etwas Vanille. — Die **Früchte** evtl. schälen (s. NB.) oder nur abreiben, halbieren, entsteinen und sorgfältig lagenweise weichkochen. Den Saft zuletzt etwas eingedickt über die Früchte giessen.

NB. Gut reife Pfirsiche lassen sich roh schälen, andere zuerst kurz in kochendes Wasser tauchen.

Pfirsichkompott Nr. 1101 auf verschied. Art (Compote de pêches variées) **1102**

1. Pfirsiche mit roten Kirschen: Die Pfirsiche in eine möglichst weite Schale anrichten, Wölbung nach unten. In die Höhlung je eine schöne **rote Kirsche** setzen. Den Saft der Pfirsiche und Kirschen dicklich einkochen, wenig Kirsch beigeben und über das Kompott giessen. — **Servieren** möglichst kalt, evtl. mit Schlagrahm oder kleinen Biscuits.

2. Pfirsiche mit Chaudeau: Die Pfirsiche in eine Schale **anrichten,** Wölbung nach oben. **Chaudeau** (Nr. 1232) darübergiessen, evtl. mit kleinwürflig geschnittenen kandierten Kirschen oder gebräunten Mandelspänen bestreuen od. **garnieren** mit Schok.-Spritzglasur Nr. 1422. — **Servieren,** noch leicht warm, mit kleinen Biscuits.

3. Pfirsiche à la Chantilly: Die Pfirsiche füllen mit Himbeer- oder Erdbeer-**Konfitüre** oder mit **Makrönli**-Masse von Birnen **Nr. 1100.** Sie auf eine weite Platte nebeneinander legen (Wölbung nach oben). Wenig eingekochten Saft dazugiessen und kaltstellen. **Garnieren** der Pfirsiche mit **Schlagrahm** (1–2 dl) unmittelbar vor dem Servieren.

4. Pêches Cardinal: Die Pfirsiche, evtl. gefüllt mit reifen, gezuckerten **Himbeeren**

und auf eine rund ausgestochene Biscuitscheibe gesetzt, auf eine Tortenplatte geben. **Überziehen** mit frischem Himbeerpurée, das man leicht versüsst hat. — **Garnieren** mit grossen geschälten **Mandeln** oder Tupfen von geschlagenem Rahm.

1103 Kompott von Aprikosen, Zwetschgen, Pflaumen und Mirabellen
(Compote d'abricots, de prunes etc.)

1 kg Aprikosen od. Zwetschgen usw. — **Sirup:** 150–200 g Zucker, 3–5 dl Wasser, Vanille

Vorbereiten: Die Früchte waschen (grössere abreiben), sie halbieren und entsteinen (weiche Pflaumen usw. ganz lassen). Den **Sirup** aufkochen und die Früchte darin **lagenweise leise kochen**, bis sie weich sind, d. h. bis sich die Haut anfängt zu lösen. Den Saft zuletzt noch dicklich einkochen und über die Früchte giessen.

NB. Früchte, die zum Belegen eines Kuchens bestimmt sind, sorgfältig auf einem Sieb abtropfen (s. betr. Rezepte). — Für weniger schönes Kompott od. **Mus** die Früchte zusammen mit dem Sirup aufsetzen u. zugedeckt weichkochen. Aprikosen als **Mus** gekocht, evtl. durchstreichen (je n. Verwendung).

1104 Gemischtes Kompott (Compote mêlée) I.–III. Art

I. Art: 1½ kg verschied. Früchte z. B.:
Äpfel, Birnen
Aprikosen, Pflaumen

Sirup { 150–200 g Zucker
Wasser, ca. 1 Ltr. — etwas Zimtrinde,
Zitronensaft od. Vanille

Kochen der Früchte: Den Sirup aufkochen. — Zuerst die geschälten Äpfel oder Birnen halbiert oder in Schnitzen, darin weich werden lassen, dann die entsteinten Aprikosen und zuletzt die Pflaumen. — **Anrichten** der Früchte sorgfältig, kranzweise mit den Farben abwechselnd. Den Sirup evtl. noch etwas dicklich einkochen und über die Früchte giessen, erkalten lassen. — **Servieren** evtl. mit ungeschlagenem Rahm oder kleinen Biscuits.

II. Art: 1½ kg Früchte = Äpfel, Quitten, Zwetschgen, Brombeeren.
III. Art: 1½ kg Früchte = Pfirsiche, Bananen in ½ cm dicken Scheibchen, Aprikosen, rote Kirschen.
Zubereitung wie bei **I. Art.** — Die hellsten Früchte immer zuerst kochen (Bananen nur kurz, d. h. bis sie etwas glasig sind).

NB. Regeln für das Kochen von Obst siehe Nr. 1087.

1105 Kirschenkompott (Compote de cerises)

1–1½ kg Kirschen, schwarze — 100–150 g Zucker, evtl. etwas Zimtrinde — Wasser, ca. 5 dl

Zubereitung: Die Kirschen entstielen, waschen, evtl. entsteinen. Sie mit Zucker, evtl. etwas Zimt und dem Wasser aufsetzen. **Weichkochen** während **10–15 Min.**

NB. Dem Kirschenkompott evtl. direkt vor dem Anrichten geröstete **Brotwürfelchen** Nr. 876 beigeben oder zuletzt mit 5–10 g kalt angerührtem Kartoffelmehl binden.

1106 Kompott von roten Kirschen (Compote de cerises rouges)

½–1 kg rote Kirschen (evtl. Weichseln) — **Sirup:** 150–200 g Zucker — 2–3 dl Wasser — Vanille

Den **Sirup** gut aufkochen. — Die **Kirschen** entstielen, waschen, evtl. entsteinen. Sie **lagenweise** im Sirup kochen, bis sie weich sind und wie glasiert aussehen.

Verwenden: für schönes, gemischtes Kompott, zum Füllen von Törtchen oder Kuchen, als Garnitur für Crèmen usw. — **Rote Kirschen** evtl. **tiefkühlen** als **Vorrat**, mit etwas Zuckersirup begossen.

Zwetschgenbrei (Purée de prunes) 1107

1 kg Zwetschgen
ca. 150 g Rohzucker, Wasser, ca. 3 dl
z. Brei: 10–20 g Mehl — 4 dl Milch
geröstete Brotwürfelchen Nr. 876

Die **Zwetschgen** entsteinen, mit Zucker und Wasser weichkochen. — **Brei:** Das Mehl mit der Milch (evtl. nur Wasser) glatt anrühren, die Flüssigkeit in die Zwetschgen einrühren, ca. **10 Min. kochen.** — Vor dem **Anrichten** die Brotwürfelchen beigeben.

Rhabarbermus (Purée de rhubarbe) 1108

1½ kg Rhabarber — 1–2 dl Wasser
Zucker, ca. 250 g — evtl. etwas Vanille

Den Rhabarber waschen (nur ältere Stengel schälen), in kleine Stückchen (ca. 1 cm lang) schneiden. — **Aufsetzen** mit dem Wasser, Zucker und evtl. Vanille. Zugedeckt rasch **weichkochen** (5–10 Min.).

NB. Rhabarber wird milder im Geschmack durch Binden mit 5 g Kartoffelmehl (mit kaltem Wasser angerührt). — Zum **Verfeinern** zuletzt eine Handvoll **Erdbeeren**, evtl. halbiert, beigeben.

Rhabarberkompott (Compote de rhubarbe) 1109

1½ kg Rhabarber — evtl. 1 Tasse Erdbeeren
Sirup { Zucker, ca. 250 g
3–4 dl Wasser, etwas Vanille

Den **Sirup** aufkochen. — Den **Rhabarber** waschen (nur ältere Stengel schälen), in ca. 3 cm lange Stücke schneiden. — **Kochen** im Sirup, lagenweise. — Den Saft zuletzt etwas einkochen und über das Kompott giessen. — Zum **Verfeinern** zuletzt evtl. halbe oder kleine Erdbeeren beigeben.

Quittenkompott (Compote de coings) 1110

¾ kg Quitten — Wasser, ca. 1 Ltr. — 150–300 g Zucker — Zitronenschale (dünn abgeschnitten)

Vorbereiten: Die Quitten mit einem Tuche gut abreiben, schälen, in Schnitze teilen (das Kerngehäuse entfernen). — **Kochen:** Die Schnitze mit kaltem Wasser bedeckt aufsetzen, knapp weich werden lassen (**25–40 Min.**), auf ein Sieb schütten. Das Quittenwasser mit Zucker und Zitronenschale (evtl. -saft) aufsetzen. Die Schnitze darin lagenweise sorgfältig einige Minuten kochen, zuletzt den Saft darüber anrichten.

NB. Schale und Kerngehäuse der Quitten noch **für Gelée** (Nr. 1748) verwerten.

Johannis- u. Brombeerkompott (Compote de groseilles ou mûres) 1111

1 kg Johannis- od. Brombeeren — **Sirup** von 2–4 dl Wasser, ca. 200 g Zucker

Sirup: Wasser und Zucker zusammen aufsetzen. — **Kochen** der verlesenen Beeren lagenweise im Sirup (nur kurz, d. h. ca. **5 Min.**). **Anrichten** u. zuletzt den eingekochten Saft darübergiessen. — (Das Kompott schmeckt ausgezeichnet zu Brei, Puddings, Omeletten usw.)

1112 Brombeerkompott mit Äpfeln (Compote de mûres et de pommes)

Apfelkompott (Schnitze) Nr. 1094 (von ¾ kg) ½ kg Brombeeren

I. Art: Im zurückbleibenden Saft vom Apfelkompott die verlesenen Brombeeren lagenweise kurz kochen. Den eingekochten Saft über das gemischte Kompott giessen.

II. Art: Die Beeren mit dem heissen Saft übergiessen, etwas ziehen lassen und rings um das Apfelkompott anrichten.

1113 Heidelbeerkompott (Compote de myrtilles)

1 kg Heidelbeeren — 1½–2 dl Wasser Zucker, ca. 150 g — evtl. 30 g Kartoffelmehl

Die Heidelbeeren verlesen, evtl. auf einem Sieb leicht überspülen. — **Aufsetzen** mit Zucker und Wasser, zugedeckt r a s c h weichkochen. Evtl. binden mit dem Kartoffelmehl (k a l t angerührt).

NB. Heidelbeerkompott schmeckt auch gut über gebackene **Brotwürfelchen** Nr. 876 oder über Zwieback angerichtet.

1114 Kompott von gedörrtem Obst (Compote de fruits secs)

300–500 g **gedörrtes Obst**: Äpfel od. Birnen, Zwetschgen, Feigen, Aprikosen, Pfirsiche oder Kirschen

100–200 g weisser od. Rohzucker

Gewürz { Zimtrinde, dünne Zitronenschale od. Vanille, evtl. 1 Nelke

Einweichen der Früchte: Sie waschen, mit Wasser gut bedeckt 1–2 Tage stehen lassen.
Kochen: Die Früchte m i t dem Einweichwasser aufs Feuer setzen und langsam aufquellen lassen. Zucker nach Geschmack beigeben. — Das Obst kochen, bis es weich ist, schön glänzend aussieht und der Saft etwas seimig geworden ist.

NB. Als **Gewürz** schmeckt gut: zu Aprikosen etwas Vanille, zu Zwetschgen und Birnen Zimtrinde oder Zitronenschale, evtl. eine Nelke. — Durch l a n g e s Einweichen werden die Früchte feiner im Aroma, schöner in der Form, ausgiebiger und brauchen nur noch k u r z e Kochzeit. Es kann dann evtl. auch **ungekocht** serviert werden, jedoch wenn nötig noch etwas versüssen oder nur den Saft mit Zucker aufkochen.

1115 Gemischtes Kompott von Dörrobst (Compote de fruits secs mêlés)

400 g **gedörrtes Obst**, z. B.: Zwetschgen, Aprikosen, Kirschen — Feigen, Pfirsiche und Äpfel usw.

Einweichen und Kochen nach **Nr. 1114** (h e l l e Früchte für sich aufsetzen). — **Anrichten** im Kranz, in hübscher Farbenabwechslung. — Evtl. ungeschlagenen Rahm oder Vanillesauce dazu servieren.

1116 Orangenkompott (Compote d'oranges)

3–5 Orangen — **Sirup:** ca. 150 g Zucker, 2–3 dl Wasser, etwas dünn abgeschnittene Orangenschale

Vorbereiten: Die Orangen sorgfältig schälen, in S c h n i t z e teilen (alle weissen Häutchen entfernen) oder in S c h e i b e n schneiden und in eine Schale legen. — Den **Sirup** kochend h e i s s über die Orangen giessen (evtl. gesiebt) und ca. 1 Std. zugedeckt z i e h e n lassen (an einem warmen Ort). — **Servieren** zu Puddings, Brei, Schnitten usw.
— Werden die Orangen gekocht, schmecken sie nachher bitter!

Bananenkompott (Compote de bananes) 1117

Anmerkung: Gekochte Bananen werden sehr aromatisch. Sie eignen sich vor allem für Garnituren, zum Füllen oder zum Belegen von Kuchen usw.
3–6 Bananen — **Sirup:** 2–4 dl Wasser, ca. 100 g Zucker, evtl. 1 Msp. Vanille od. 2 Essl. Sherry
Den **Sirup** aufkochen. — Die **Bananen** schälen, in Scheibchen schneiden oder sie halbieren, evtl. vierteilen (je nach Verwendung). — **Kochen** der Bananen im Sirup, sorgfältig lagenweise, bis sie glasig und gelblich geworden sind. — (Zu lange gekocht, verfallen die Bananen.)

Bananenschiffchen (Bananes Chantilly ou à l'Espagnole) auf Tafel 44 1118

Anmerkung: hübscher, rasch zubereiteter Dessert.
6 Bananen — ½ Tasse Himbeerkonfitüre   1–2 dl Rahm
Zitronensaft — 2–4 Essl. Liqueur   kand. Früchte od. Pistazien

Vorbereiten: Die ungeschälten Bananen waschen, abtrocknen, der Länge nach exakt halbieren. Die Bananen herausheben, evtl. kurz in Sirup kochen (s. Nr. 1117). Die Bananen**schalen** mit Konfitüre ausstreichen, die Früchte wieder hineinlegen. Sie mit einem kleinen (**nicht** spitzen) Messer in Scheibchen schneiden, mit Zitronensaft und Liqueur beträufeln. Bis zum **Servieren** etwas ziehen lassen, dann **garnieren** mit dem geschlagenen Rahm und evtl. mit kandierten Früchten oder Blättchen von Pistazien.

Bananes au chocolat 1119

3–6 Bananen — evtl. Biscuit Nr. 1339 — Pariserkrème Nr. 1416 — evtl. 1 dl Rahm, einige Pistazien
Vorbereiten: Die Bananen schälen, der Länge nach halbieren, auf eine Platte legen, evtl. zuerst auf eine schmale Biscuitscheibe, die man mit Liqueur beträufelt hat.
Überziehen der Bananen mit der Crème und **garnieren** mit einem Rest davon (an der Kälte dicklich gerührt) oder mit etwas Schlagrahm sowie mit blättrig geschnittenen Pistazien.

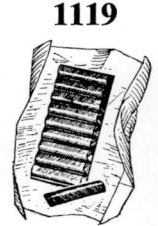

Bananes Cardinal 1119a

4–6 Bananen — 2–3 Essl. Zitronensaft od. Liqueur — 2 Tassen rohes Himbeerpurée, leicht versüsst
z. Garnieren: 2 dl Rahm, einige Himbeeren
Vorbereiten: Die geschälten, der Länge nach halbierten Bananen im Kranz auf eine hübsche Platte geben, sie mit Zitronensaft oder Liqueur bepinseln. Mit einem Löffel das Himbeerpürée so über die Bananen verteilen, dass sie ganz bedeckt sind. —
Zum **Garnieren** die Bananen mit Rahmtupfen besprtizen, die Mitte der Platte mit Rahm füllen, mit Himbeeren bestecken.

Glückskäfer (Porte-bonheur) 1120

(Eine kleine, schnell zubereitete Dessertplatte für Geburtstage oder Kindereinladungen usw.)
6 Ananasscheiben   Schokolade-Spritzglasur Nr. 1422
6 grosse Erdbeeren, mögl. reife   2–3 dl Rahm, Zucker
2–3 Essl. Frucht-Gelée   für **II. Art:** Biscuit Nr. 1339

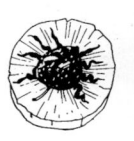

Anrichten: Die Ananasscheiben im Kranz auf eine schöne Platte geben oder auf einzelne Tellerchen. — Die Erbeeren mit dem erwärmten Gelée überziehen und sie auf je einen Ananasring setzen. Mit der Glasur auf die Erdbeeren Tupfen spritzen, ringsum die Beinchen der Glückskäfer. Bei der grossen Platte die leere Mitte bergartig mit Schlagrahm auffüllen, diesen mit kleinen oder geschnittenen Erdbeeren belegen. Bis zum **Servieren** recht kalt stellen; dazu kleine Biscuits reichen.

II. Art: Die Ananas- auf gleich grosse Biscuitscheiben setzen, die man mit Ananassaft (spez. für Kinder) oder evtl. mit feinem Liqueur beträufelt hat.

1121 Flambierte Früchte (Les fruits flambés)

Anmerkung: Flambierte Früchte sind beliebt als leichter und schnell zubereiteter Dessert. — Zur Zubereitung am Tisch sind ein spez. Flambierrechaud und ein Flambier- od. anderes flaches Pfännchen nötig. F e h l e n diese Geräte, dann die Früchte in einer Gratinform vorbereiten und zum **Flambieren** den Liqueur (im Wasserbad e r w ä r m t) am Tisch darüber giessen und anzünden.

1. Bananes flambées:

6–8 Bananen — 4–6 Essl. Zucker u. 4 Würfelzucker an der Orangenschale abgerieben, 50 g frische Butter — Saft von 2–4 Orangen, 3–6 Essl. Liqueur de bananes, Curaçao, Grand Marnier etc.
Zum Flambieren: 3–5 Gläschen Cognac od. Rum.

Vorbereiten: In der Flambierpfanne den Zucker (auch die Würfel) und Butter zusammen schmelzen und leicht gelb werden lassen, 3–4 Essl. Orangensaft und etwas Liqueur beifügen. Die Bananen geschält und längs halbiert, in die Pfanne geben und **3–5 Min.** l e i s e **kochen** (unter Begiessen mit dem Saft), bis sie glasig und gelblich geworden sind. Zum **Flambieren** jetzt den Cognac oder Rum darübergiessen und rasch anzünden (oder die Pfanne gegen die Flamme halten). Kurz b r e n n e n lassen, dann mit dem Rest Orangensaft ablöschen und die Bananen sofort auf die einzelnen Teller anrichten.

Variationen: a) Mit den Bananen schöne **Beeren,** Schnitze von **Ananas, Mandarinen** oder **Orangen** (aus Büchsen) f l a m b i e r e n oder sie (evtl. g e k ü h l t) dazu servieren.

b) Zum Servieren mit den Bananen, eine Schale voll in Würfel geschnittene **Vanille-** oder **Himbeerglace** (gekauft oder selbst gemacht) bereit halten.

2. Pêches flambées:

6–9 schöne Pfirsiche, gut r e i f e oder g e k o c h t e — 3–6 Essl. Zucker, etwas Himbeersaft
Zum Flambieren: 2–3 Gläschen feinen Kirsch, Cointreau oder Maraschino (od. gemischt)

Vorbereiten: Die Pfirsichhälften in der Flambierpfanne mit etwas Zucker bestreuen, mit wenig Fruchtsaft und einigen Löffeln Liqueur begiessen. Die Pfirsiche leise kochen, bis sie vom Saft gut durchzogen sind. — Ein Schälchen voll Himbeeren miterhitzt, erhöht das feine Aroma! — Zum **Flambieren** den Rest des Liqueurs darüber verteilen, a n z ü n d e n und unter Begiessen kurz brennen lassen, dann auf die einzelnen Teller verteilen. Evtl. mit gerösteten Mandelsplittern bestreuen. — S e r v i e r e n mit kleinen Biscuits.

3. Andere Früchte:
z. B. Butterbirnen-, Melonen- oder Mandarinenschnitze, frische Feigen, halbiert, sowie rote Herzkirschen, Ananas, Beeren usw. können auf gleiche Art am Tisch flambiert werden.

Warme Fruchtspeisen verschiedener Art

Bananen, gratiniert   (Bananes à la crème au four)   1122

6–9 Bananen, wenig Zitronensaft — 40–50 g Zucker — 30 g frische Butter — 1–2 dl Rahm

Vorbereiten: Die Bananen schälen, der Länge nach halbieren, auf eine bebutterte Gratinplatte legen. Sie mit wenig Zitronensaft beträufeln und leicht mit Zucker bestreuen. Butterstückchen darauf legen, den Rahm dazugiessen. — **Dämpfen** im Ofen (ca. **15 Min.**), bis die Bananen l e i c h t gelb sind. — Sie s o f o r t servieren (fallen rasch zusammen!). — Kleine Portionen zugedeckt auf dem Herd zubereiten.

Bananen, meringuiert   (Bananes meringuées)   1123

6–9 Bananen
2–3 Essl. Himbeerkonfitüre (s. NB.)
ca. 1 dl Wasser, Zitronensaft
z. Garnieren: ½ Port. Meringuemasse Nr. 1497

Vorbereiten: Die Bananen schälen, der Länge nach halbieren, in eine bebutterte Gratinplatte geben. Sie mit Konfitüre bestreichen, mit Wasser und Zitronensaft beträufeln. **Dämpfen** während ca. **10 Min. im Ofen** (od. zugedeckt auf dem Herd). **Garnieren** mit Meringuemasse und in guter Oberhitze kurz **überbacken,** sofort servieren.

NB. Statt Konfitüre folgende Masse verwenden: 30–50 g geriebene **Nüsse** (od. Mandeln usw.) mit 20–30 g Zucker vermischen, mit einigen Löffeln Rahm dicklich anrühren.

Meringuierte Apfelspeise   (Mousse aux pommes meringuées)   1124

Apfelmus (roh od. gekocht) Nr. 1057 od. 1088
3–5 Bananen — 100 g Datteln (s. auch II. Art)
40 g Nusskerne, gerieben
½ Port. Meringuemasse n. Nr. 1497

Einfüllen von Apfelmus, Bananen- und Dattelscheibchen, lagenweise, in eine bebutterte Gratinplatte. — **Meringuieren:** Die Nüsse unter die Eiweissmasse mischen, die Apfelspeise damit überziehen, in O b e r h i t z e leicht gelb überbacken.

II. Art: Statt Bananen und Datteln geriebenen **Pumpernickel** od. **Lebkuchen** mit einfüllen.

Äpfel mit Backcrème   (Pommes à la crème pâtissière)   1125

Halbäpfel od. Schnitze, gekocht n. Nr. 1094
4 Makrönli od. Nougatmasse Nr. 1423
z. Gratinieren: 30 g Butter — 30 g Zucker

Backcrème:
- 1–2 Eigelb, 30 g Zucker
- 3 dl Milch, 15 g Kartoffelmehl
- 2–3 Eiweiss z. Schnee (s. NB.)
- etwas Zitronenschale, abgerieben

Einfüllen der Äpfel (ohne Saft) in eine bebutterte Gratinplatte (bei Halbäpfeln Wölbung nach o b e n). — Die Makrönli oder Nougatmasse reiben, über die Äpfel streuen. **Backcrème:** Alle Zutaten (ausser Eiweiss und Zitrone) unter R ü h r e n aufkochen. Den E i e r s c h n e e und wenig Zitronenschale darunter mischen, über die Äpfel verteilen. Die Oberfläche mit Zucker bestreuen, mit reichlich Butterstückchen belegen. **Gratinieren** der Platte ca. **20 Min.,** bis die Oberfläche schön gelb ist.

NB. II. Art: Das Eiweiss als **Meringue-Masse** mit 80 g Zucker geschlagen (n. Nr. 1497) an den **Rand** der Form spritzen.

1126 Äpfel au gratin (Pommes au gratin)

Halbäpfel od. Schnitze, gekocht n. Nr. 1094 z. Gratinieren: 20 g Butter — 20 g Zucker
Eierguss: 2–3 Eier, 2 dl Milch, 20 g Zucker

Die **Äpfel ohne** Saft in eine bebutterte Gratinplatte geben. — Den **Eierguss,** gut verklopft, darübergiessen, mit Zucker bestreuen, Butterstückchen darauf verteilen. **Gratinieren** bis die Oberfläche schön gelb ist (ca. **20 Min.**).

1127 Gebratene Äpfel (Pommes rôties) I. und II. Art

9–12 mittelgrosse Äpfel 2–4 dl Weisswein (evtl. alkoholfreier),
z. Bestreuen: Griess- u. Puderzucker Wasser oder Süssmost

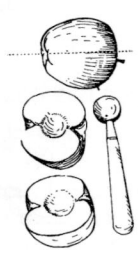

I. Art. Vorbereiten: Die **ganzen** Äpfel waschen, Fliege und Stiel entfernen, in eine bebutterte Gratinplatte setzen. Soviel Wein oder Wasser dazugiessen, dass sie etwa ½ cm hoch darin stehen, mit Griesszucker bestreuen. — **Braten** im Ofen, bis die Äpfel weich sind (ca. **40 Min.**, je nach Sorte). Sie jetzt sofort mit Puderzucker reichlich besieben und noch **warm** servieren.

II. Art: Die halbierten Äpfel **ungeschält** aushöhlen. **Füllen** mit etwas Konfitüre oder versüsstem Quark (evtl. noch mit Rosinen und 2–3 Essl. geriebenen Haselnüssen vermischt). Mit Zucker bestreuen, mit Butterflöckchen belegen, Flüssigkeit dazugiessen und **braten** wie oben.

1128 Gefüllte Äpfel (Pommes farcies)

9–12 mittelgrosse Äpfel (z. B. Boskop) je 40 g Mandeln u. Haselnüsse
120–200 g Zucker — 50 g Butter zur Schale u. Saft v. ½ Zitrone
1–2 dl Weisswein oder **Füllung** etwas Rahm od. Milch
1–2 dl Wasser und etwas Zitronensaft 20 g Rosinen — 80 g Zucker

Vorbereiten: Die Äpfel schälen, das Kerngehäuse mit dem Apfelausstecher sorgfältig von oben her entfernen und etwas aushöhlen. — **Füllen** der Äpfel und sie in eine bebutterte Gratinplatte setzen. Mit reichlich Zucker bestreuen, mit Butterstückchen belegen. Soviel Weisswein oder Wasser mit etwas Zitronensaft dazugiessen, bis die Flüssigkeit ½–1 cm hoch steht. — **Weichdämpfen** im Ofen in guter Hitze während **20–40 Min.** und bis der Zucker oben etwas karamelisiert ist. — (Mit Dressiernadel oder Hölzchen prüfen.) — Noch **warm** servieren.

Füllung: Mandeln und Haselnüsse reiben, mit den übrigen Zutaten vermischen. (Die Füllung soll feucht, aber nicht flüssig sein.)

NB. Statt ganzer, **halbe** Äpfel schälen, aushöhlen und füllen. — Gefüllte **Äpfel im Käfig** s. Nr. 1142.

1128a «Silver Delicious» (Äpfel in der Silberfolie)

Alufolie pro Apfel in Vierecke 30x30 cm geschnitten. — Zum **Servieren:** Tellerchen mit einem grossen Goldstern beklebt, Tannenzweiglein. — Ein hübscher leichter Dessert (auch für Alleinstehende).

Vorbereiten und **Füllen der Äpfel** nach **Nr. 1128.** Jeden gefüllten Apfel auf eine Alufolie setzen, mit Zucker bestreuen, mit ½ Essl. Weisswein beträufeln. Die Folie sofort an den Kanten doppelt einfalzen, dann **oben** zusammennehmen und möglichst gut schliessen. — **Dämpfen** der Äpfel auf der vorgewärmten Kochplatte (Mittelhitze) während ca. **15 Min.** — **Servieren** auf den vorbereiteten Tellerchen. Den Apfel direkt aus der Folie essen und evtl. etwas frischen **kalten** Rahm oder Chaudeau (Nr. 1252) darübergeben. — **Günstige Apfelsorten:** Boskop, Reinetten, Schweizer Orangen u. ä.

Gefüllte Halb-Äpfel, meringuiert (Pommes farcies méringuées) 1129

9–12 Äpfel — ca. 150 g Zucker
1–2 dl Wasser, Zitronensaft od. 1 dl Weisswein
50 g Butter — Aprikosen- od. Himbeerkonfitüre
½ Port. Meringuemasse n. Nr. 1497

Vorbereiten: Die Äpfel schälen, halbieren (das Kerngehäuse entfernen), in eine bebutterte Gratinplatte setzen, mit Zucker bestreuen. In jeden Apfel etwas Konfitüre füllen, mit einem Butterstückchen belegen, evtl. Wein od. wenig Zitronensaft und etwas Wasser dazugiessen (ca. ½ cm hoch). — **Weichdämpfen** im Ofen während **20–40 Min.** (je nach Sorte). Dann auf jeden Apfel eine Haube von Meringuemasse spritzen und in guter Oberhitze rasch gelb **überbacken.** — Die Platte leicht warm servieren.

Einfacher Apfelauflauf (Soufflé aux pommes ménagère) I.–III. Art 1130

1 kg Äpfel* — 250 g Einback od. Zwieback
150 g Rohzucker (od. weisser)
Eierguss: 2–3 Eier, 6–8 dl Milch
z. Belegen: 30 g Butter

I. Art: Die Äpfel schälen, in Schnitzchen schneiden, Einback in Scheiben und diese halbieren (Zwieback kleinbrechen). Beides lagenweise mit Zucker bestreut, in die bebutterte Auflaufform füllen. Den Eierguss verklopfen, darübergiessen. Mit Butterstückchen belegen. — **Backen** ca. **50 Min.** im Ofen oder zugedeckt auf dem Herd.

II. Art: Die Einback- oder Zwiebackscheiben zuerst mit Butter bestreichen oder darin leicht gelb überbacken. (In einer Glasform evtl. zuerst halbe Einbackscheiben dem Rand nach aufstellen.) — **III. Art:** Brot (ca. 300 g) in Scheibchen schneiden und zuerst mit der Hälfte warmer Milch übergiessen.

* **Gedörrte Apfelringe** (1–2 Tage eingeweicht) lassen sich auch gut für diesen Auflauf verwenden.

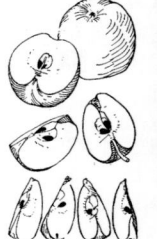

Meringuierter Apfelauflauf (Soufflé aux pommes méringuées) 1131

1 kg Äpfel — 150 g Zucker
6 Weggli — 8 dl Milch
3–4 Eier, gut verklopft
30 g Rosinen, gewaschen
30 g Mandeln od. Haselnüsse, gerieben
½ Port. Meringuemasse n. Nr. 1497

Vorbereiten: Die Äpfel schälen, in Scheibchen schneiden, mit dem Zucker bestreuen. (Äpfel die nicht saftig sind, mit ca. 1 dl Wasser kurz vordünsten.) — Die Weggli in Würfelchen schneiden, mit der warmen Milch übergiessen und leicht zerdrücken, die Eier beigeben. — **Einfüllen** der Wegglimasse in die bebutterte Auflaufform, lagenweise mit den Äpfeln, Mandeln und Rosinen bestreut. — **Backen** ca. **50 Min.** im Ofen in Mittelhitze. — **Meringuieren:** Den fertigen Auflauf gitterartig mit der Eiweissmasse verzieren, in guter Oberhitze rasch gelb **überbacken.**

Früchteauflauf, einfach oder meringuiert (Soufflé aux fruits variés) 1132

Zubereitung wie einfacher Apfelauflauf **Nr. 1130** oder meringuierter **Nr. 1131.** Statt Äpfel folgende **Früchte** verwenden: Zwetschgen, Pflaumen, Aprikosen (halbiert, entsteint), Rhabarber (in Stückchen und kurz vorgekocht) oder Kirschen (evtl. entsteint). Evtl. **Dörrfrüchte** (1–2 Tage eingeweicht) verwenden.

Früchteauflauf mit Weggli (Soufflé de fruits aux petits pains) 1133

Masse von Brot- oder Wegglipudding Nr. 1176 od. 1178 — 100 g Rohzucker (od. weisser), etwas Zimt
Früchte: ¾–1 kg Kirschen od. Rhabarber, Zwetschgen, Brombeeren usw. (evtl. gemischt)
Vorbereiten: Die Früchte je nach ihrer Art zurüsten, halbieren oder vierteln, Rhabar-

ber in Würfelchen schneiden (sie evtl. **kurz vorkochen**), Kirschen evtl. entsteinen, Zucker und Zimt beigeben. — **Mischen** der Früchte mit der Brot- oder Wegglimasse. Das **Eiweiss** zu steifem Schnee schlagen, darunterziehen. Die Masse in die bebutterte Auflaufform füllen. — **Backen** ca. **60 Min.** im Ofen (evtl. zugedeckt auf dem Herd).

1134 Früchte-Reis oder -Hirse, meringuiert (Riz ou millet aux fruits meringués)

Gekochte Früchte: ca. ½ kg Apfel- od. Birnenschnitze, halbe Aprikosen od. Zwetschgen, Rhabarber in Stückchen usw. (nur eine Sorte oder gemischt). — **Dörrfrüchte** (ca. 200 g) gut eingeweicht.

½ Port. Reis- od. Hirsebrei (Nr. 996 u. 997)   Meringuemasse ⎰ 2 Eiweiss (z. Schnee)
2 Eigelb — 50 g Zucker   n. Nr. 1497 ⎱ 80 g Zucker

Vermischen des Breies mit dem schaumig gerührten Eigelb und Zucker.
Einfüllen: Die Früchte in 1–2 Lagen auf dem Boden einer Gratin- od. Auflaufform verteilen, mit dem Reis- oder Hirsebrei bedecken. — Mit der **Meringuemasse** die Oberfläche gitterartig oder mit Tupfen verzieren. — **Backen** mit guter Oberhitze zu gelber Farbe (ca. **20 Min.**).
II. Art: Nicht meringuieren, statt dessen die Oberfläche nach dem Backen mit hell geröstetem, heissem Karamel-Zucker (ca. 80 g) rasch übergiessen od. mit reichlich Zucker bestreut in Oberhitze karamelisieren.

1135 Ravioli mit Früchten (Ravioli aux fruits)

Nudelteig Nr. 929   z. **Füllen** ⎰ ½ kg Zwetschgen od. Aprikosen
Braune Butter Nr. 585 (evtl. Paniermehl)   ⎱ od. Dörrfruchtmasse v. Nr. 1084

Zubereitung wie Ravioli **Nr. 1035,** zum **Formen** am besten runde Plätzchen ausstechen (im ⌀ v. ca. 7 cm). Sie nach dem **Füllen** zur Hälfte überschlagen und (vorher leicht benetzt) **gut aufeinanderdrücken.** — Zum Übergiessen der fertigen Ravioli die Butter evtl. mit 2 Essl. Paniermehl erhitzen.
Füllung: Die rohen Zwetschgen oder Aprikosen abreiben (nicht waschen), halbieren und direkt vor dem Einfüllen in Zucker drehen, oder Dörrfruchtmasse verwenden.
NB. Das Gericht wird auch gut mit Cannelloni-Teigplätzchen (Marke Ami usw.) zubereitet. (Beliebte einfache **Fastenspeise** od. als Abendessen.)

1136 Zwetschgenknödel (Quenelles aux prunes)

Teig ⎰ 1 kg Schalenkartoffeln Nr. 934   Zwetschgen, ca. ½ kg — Würfelzucker
⎨ 50 g Butter od. Fett   ⎰ 80–100 g Butter
⎨ 100 g Mehl, 30–50 g Griess   z. Wenden ⎨ 2–4 Essl. Paniermehl
⎱ 1–2 Eier, Salz, Muskat   ⎱ 50–100 g Zucker mit Zimt

Kartoffelteig: Die erkalteten Kartoffeln schälen, durchpressen oder fein reiben. Die flüssige, warme Butter und die übrigen Zutaten damit vermischen. Den Teig leicht durchkneten, d. h. bis er glatt ist und zu einer dicken Rolle formen.
Knödel: Die Zwetschgen abreiben, den Stein entfernen (ohne zu stark zu öffnen) und dafür ½ Stücklein Zucker heineinstecken. — Vom Teig gut fingerdicke Stücke abschneiden. Sie in der Hand etwas flach drücken und je eine Zwetschge darin einpacken.
Kochen der Knödel lagenweise in leicht gesalzenem Wasser, bis sie schwimmen (**8–10 Min.**). Sie herausheben und gut abtropfen lassen. — Das Paniermehl in der heissen Butter hellgelb rösten, Zucker und Zimt damit vermischen und die Knödel darin wenden. — **Anrichten** auf eine warme Platte.
NB. Statt Kartoffelteig, einen **Brühteig** zubereiten nach **Nr. 932** von: 1 dl Wasser, 1½ dl Milch, Salz, Muskat, 150 g Weissmehl, gesiebt, 1–2 Eier. — **Formen u. Kochen** der Knödel siehe oben.

Apfelküchlein (Beignets de pommes) — **1137**

9 grosse, saure Äpfel — Ausbackteig Nr. 931 (I. od. II. Art) — Backfett — z. Wenden: Zucker mit Zimt

Vorbereiten: Die Äpfel schälen, das Kernhaus mit dem Apfelaushöhler entfernen, querdurch in 1 cm dicke Scheiben schneiden. — **Schwimmend Backen** (n. Nr. 889): Die Scheiben (mit 2 Gabeln) im Teig wenden und in heissem Öl od. Nussella hellbraun werden lassen. — Abtropfen lassen, noch warm in Zucker und Zimt wenden. Heiss servieren.

Gedörrte Apfelringe: Einweichen, gut abtropfen und verwenden wie frische.

Kirschen- oder Zwetschgenküchlein (Beignets de cerises ou prunes) — **1138**

Vorbereiten der Kirschen: ½–¾ kg, waschen, gut abtropfen lassen (evtl. auf einem Tuch), je 3–5 an den Stielen mit einem Faden zusammenbinden. — **Zwetschgen:** ½ bis ¾ kg, mit einem Tuch abreiben, einschneiden (nicht halbieren), den Stein entfernen, evtl. ein Stücklein Zucker hineinstecken. — **Gedörrte** Zwetschgen über Nacht einweichen, gut abtropfen lassen. — **Zubereitung** wie Apfelküchlein **Nr. 1137**. Bei Kirschen die Büschelchen an den Stielen halten, in den Ausbackteig tauchen und backen. — **Servieren** der Küchlein solange sie noch warm sind.

Gebackene Bananen (Banana fritters) — **1139**

Zubereitung wie Apfelküchlein **Nr. 1137**. — Die Bananen schälen und der Länge nach halbieren oder vierteln, evtl. mit etwas Zitronensaft einreiben.

Johannisbeerträubchen, gebacken (Beignets de groseilles) — **1140**

500 g gut reife Johannisbeer-Träubchen   z. Backen: Öl od. Nussella
Meringuemasse Nr. 1497 (½ Port.)
20 g Kartoffelmehl, gesiebt   z. Besieben: Puderzucker

Vorbereiten: Die Johannisbeeren waschen, (nicht abzupfen) und gut abtropfen, evtl. auf einem Tüchlein. — Das Mehl unter die Meringuemasse sieben. — **Backen:** Die Träubchen 2–3mal im Eiweissschaum wenden und sofort im Backfett (nicht zu heiss) hellgelb werden lassen. Nach dem Abtropfen mit Puderzucker besieben. **Servieren** lauwarm, in einem Kranz von Johannisbeerblättern.

Apfelscheiben im Krätzchen oder Käfig (Pommes en cage) — **1141**

6–9 grosse Äpfel, mögl. saure   z. Backen: Öl od. Nussella
Teig Nr. 917 od. Teigreste   z. Wenden: Zucker und Zimt

Vorbereiten der Äpfel: Sie schälen, querdurch in Scheiben schneiden, das Kerngehäuse ausstechen. — Den Teig 2–3 mm dick auswallen, in 1 cm breite Streifen schneiden (mit dem Teigrädchen) und die Apfelscheiben (sternförmig) damit umwickeln; die Enden benetzt aufeinander drücken. — **Schwimmend Backen** (siehe Nr. 889), nicht zu heiss, bis die Äpfel weich und die Teigstreifen braun sind. — Abtropfen lassen, in Zucker und Zimt wenden. — **Servieren,** warm oder kalt.

1142 Gefüllte Äpfel im Krätzchen oder Käfig (Pommes farcies en cage)

Gefüllte Äpfel, rohe, vorber. n. Nr. 1128
Eingerührter Teig Nr. 917 oder
Sauerrahmteig Nr. 922 od. Teigreste

z. Backen: Öl od. Nussella
Puderzucker (zum Besieben)
evtl. 1–2 dl Rahm (z. Garnieren)

Krätzchen: Den Teig ca. 3 mm dick auswallen, in gut 1 cm breite Streifen schneiden. Die gefüllten Äpfel damit umwickeln, indem man vom Stielansatz nach oben fährt und wieder zurück und so fort, bis der Apfel von Teigstreifen (wie im Käfig) umschlossen ist. — **Schwimmend Backen** der Äpfel (n. Nr. 889), einzeln (auf dem Schaumlöffel) n i c h t zu heiss, bis sie weich sind und der Teig goldbraun geworden ist (Probe mit Nadel od. Hölzchen). A b t r o p f e n lassen, mit Puderzucker stark besieben. — Evtl. **garnieren** oder **servieren** mit leicht geschlagenem, versüsstem Rahm.

1143 Apfelrösti (Pommes au pain rôti)

1 kg Äpfel (jede Sorte, auch Fallobst)
160–200 g Zucker, 1–2 dl Wasser

100–150 g Kochbutter (evtl. Nussella)
250 g Weissbrot, 1 Tag altes (evtl. dunkles)

Die **Äpfel** schälen, halbieren (das Kerngehäuse entfernen), in feine Scheibchen schneiden, mit dem Zucker und wenig Wasser h a l b weich dämpfen. — Das **Brot** in dünne Scheibchen schneiden (wie Dünkli), in einer Omelettenpfanne in heisser Butter unter stetem Wenden leicht gelb rösten. **Beigeben** der vorbereiteten Äpfel, gut mischen und noch so lange **dämpfen,** bis die Äpfel ganz weich sind. — (Gutes, einfaches Abendessen.)

1144 Apfelmaisschnitten (Pommes au maïs)

Zubereitung wie Maisschnitten **Nr. 1002.** Dem Maisbrei jedoch unmittelbar vor dem Ausstreichen 3–5 geschälte, in f e i n e Scheibchen geschnittene **Äpfel** beimischen. — Die g e b a c k e n e n **Schnitten** mit Zucker und Zimt bestreuen.

1145 Fruchtschnitten mit Einback oder Zwieback (Croûtes aux fruits)

Fruchtmus od. Beeren (siehe unten)
6–8 Einback oder Zwieback

z. Backen: 80–100 g Kochbutter
evtl. z. Garnieren: 1–2 dl Rahm, Zucker

Vorbereiten: a) Einback in schwach 1 cm dicke Scheiben schneiden, in Butter gelbbraun backen oder mit wenig flüssiger Butter bepinseln und auf einem Blech im Ofen gelb backen. — **b) Zwieback** direkt verwenden oder mit flüssiger Butter bepinseln und im Ofen k u r z heiss werden lassen (b ä h e n).

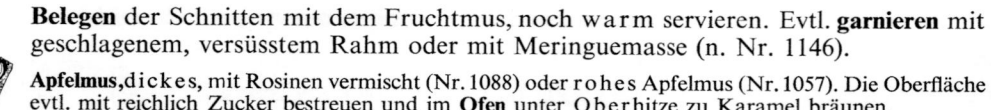

Belegen der Schnitten mit dem Fruchtmus, noch w a r m servieren. Evtl. **garnieren** mit geschlagenem, versüsstem Rahm oder mit Meringuemasse (n. Nr. 1146).

Apfelmus, d i c k e s, mit Rosinen vermischt (Nr. 1088) oder r o h e s Apfelmus (Nr. 1057). Die Oberfläche evtl. mit reichlich Zucker bestreuen und im **Ofen** unter O b e r h i t z e zu Karamel bräunen.

Aprikosen- und Zwetschgenmus (s. NB. v. Nr. 1103) — **Rhabarbermus** (Nr. 1108) evtl. mit Erdbeeren vermischt. — **Beerenmus:** ½–¾ kg Erdbeeren, Himbeeren oder Brombeeren usw. mit einer silbernen Gabel leicht zerdrücken, versüssen. — **Ananasscheibchen** direkt auf dem ungebackenen Zwieback verteilen, evtl. mit Schlagrahm garnieren.

Meringuierte Fruchtschnitten   (Croûtes aux fruits méringuées)   1146

Zubereitung der Schnitten nach **Nr. 1145** (mit Einback oder Zwieback). — Sie kurz vor dem Servieren mit **Meringuemasse Nr. 1497** (½ Port.) verzieren und im **Ofen** in Oberhitze rasch leicht gelb **überbacken**.

NB. Garnieren mit dem Spritzsack (mit gezackter od. glatter Tülle) od. mit zwei Löffeln von der Meringuemasse längliche Klösschen formen und auf die Schnitten geben oder sie nur damit bestreichen. — Bei Verwendung von **Johannis-, Erd- oder Himbeeren**, diese evtl. direkt mit der Meringuemasse vermischt, auf die Schnitten verteilen.

Dörrfruchtschnitten und Fruchtschnitten mit Biscuits s. Nr. 1085 u. 1484

Apfelcharlotte, feine   (Charlotte aux pommes)   1147

Füllung { 10–12 Äpfel, mögl. saure
2–6 Essl. Wasser od. Weisswein
100–150 g Zucker, 50 g Rosinen

z. Form { 10–12 Einback
ca. 150 g Butter
oder Nussa (s. NB.)

Vorbereiten der Form: Eine weite Timbalform (von ca. 14 cm ⌀) am Boden mit rund zugeschnittenem Butterpapier belegen, das Ganze sehr gut bebuttern, dann mit Zucker bestreuen.

Füllung: Die **Äpfel** schälen (das Kernhaus entfernen), in Schnitze und diese in kleine Scheibchen schneiden. Sie mit dem Wasser oder Weisswein aufsetzen und zugedeckt

Apfelcharlotte Nr. 1147

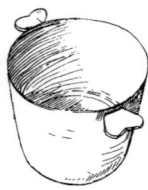

unter Aufschütteln kurz durchdünsten. — Die Äpfel dürfen nur mürbe werden, nicht weich! (s. auch NB.)

Auslegen der Form: Den **Einback** in gut ½ cm dicke Scheiben schneiden. Die **Butter** zergehen lassen. — Den Boden der vorbereiteten Form zuerst in der Mitte mit einem rund ausgestochenen Scheibchen, dann mit Dreiecken von Einback belegen, nachdem man sie in die Butter getaucht hat. Der Wandung der Form nach Einbackscheiben so aufstellen, dass immer die eine die andere zur Hälfte deckt. — Alle Einbackscheiben vorher ebenfalls in die flüssige Butter tauchen!

Füllen der Form: Die Äpfel jetzt leicht mit Zucker und Rosinen vermischen und mit einem Löffel möglichst gut gegen die Einbackschicht andrücken. — Die Form soll gut voll sein, da die Äpfel während des Backens zusammenfallen. — **Backen** mit guter Unterhitze ca. **45 Min.** — Wenn nötig mit nassem Papier decken. — Die Apfelcharlotte nach dem Backen sorgfältig lösen und stürzen. **Servieren,** leicht warm, mit Vanille- oder Rahmsauce.

NB. Das Gelingen der Apfelcharlotte hängt weitgehend von der **sorgfältigen Zubereitung** ab. — Je nach Apfelsorte evtl. nicht alle Flüssigkeit mit einfüllen. — Ist die Form nicht gut gefüllt, fällt sie beim Stürzen leichter auseinander. — Evtl. weniger Butter verwenden, jedoch mit etwas Milch od. Rahm mischen.

1148 Englische Fruchtpastete (Fruit pie) I. und II. Art

Früchte (ca. 1 kg) **je nach Jahreszeit,** eine Sorte od. gemischt, z. B.: Äpfel mit Rosinen od. Bananen und evtl. Brombeeren — Zwetschgen und Birnen — Rhabarber, evtl. mit Kirschen od. Erdbeeren — Pfirsiche und rote Kirschen — Aprikosen, Birnen — Trauben, Äpfel, Quitten usw.

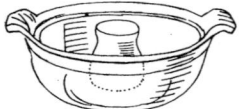

z. Einfüllen
- 1–2 dl Weisswein od. Wasser
- u. 1 Teel. Zitronensaft (s. NB.)
- ca. 150 g Zucker
- evtl. etwas Vanille

f. d. Teigdeckel
- Eingerührter Teig Nr. 917 (evtl. mit 30 g Zucker)
- od. Mürbeteig Nr. 927

z. Bestreichen: 1 Ei

Vorbereiten der Früchte: Sie je nach ihrer Art schälen, entsteinen, evtl. ganz lassen, halbieren oder in Scheiben schneiden usw. — Eine **Auflaufform** von 18–20 cm ⌀ bebuttern.

I. Art, Füllen der Form: In die Mitte einer Auflaufform einen umgekehrten Eierbecher (oder ein Förmchen) stellen. Die **Früchte,** lagenweise mit Zucker bestreut, mit Wein usw. beträufelt, hineingeben (s. auch NB.). — Nach Belieben zuerst eine Lage von bebuttertem **Zwieback** einfüllen (150–200 g). — Den **Teig** gut 3 mm dick auswallen, einen Streifen davon abschneiden und an den benetzten äussern Rand der Form kleben. Den übrigen Teig als **Deckel** über die Form spannen und am untern Teigstreifen, leicht angefeuchtet, gut andrücken. Den Rand gleichmässig abschneiden. — In die Mitte des Deckels ein kleines Loch machen für den Dampf. Die Oberfläche mit Ei bestreichen, **garnieren** mit Teigstreifen, -tupfen usw. und nochmals mit Ei bepinseln.

II. Art: Auslegen der Form mit dem ausgewallten Teig (bevor sie gefüllt wird). Den Teigrand gleichmässig abschneiden, jedoch so, dass er ca. 2 cm über der Form vorsteht. Nach dem Füllen, mit dem Teigdeckel abschliessen, die Ränder von Form und Deckel gut aufeinanderdrücken, evtl. einrollen. — **Garnieren,** mit Ei bestreichen usw. wie oben.

Backen mit guter Unterhitze während **30–40 Min.** — Die Pastete lauwarm servieren.

NB. Als Flüssigkeit je nach Fruchtart, evtl. auch Süssmost, alkoholfr. Wein, Wasser mit etwas Kirsch oder Fruchtsaft verwenden. — Die **Früchte** (spez. Rhabarber, Äpfel oder Birnen usw.) mit Vorteil vor dem Einfüllen mit der Flüssigkeit kurz verdünsten.

Falsche Spiegeleier (Faux oeufs sur le plat) I.–III. Art **1149**

Kirsch-Crème: 4 dl Milch — 30 g Zucker / 20 g Kartoffelmehl, 1 Pr. Salz / 2–3 Essl. Kirsch — 1–2 dl Rahm

n. II. Art: 9–12 runde Zwieback (z. B. Belfarin)

z. Belegen: 9–12 schöne Aprikosen (halbe, gekocht)

n. III. Art: möglichst flache Mürbeteig- od. Blätterteigschälchen, gebacken n. Nr. 1430 (c)

z. Bestreuen: 2 Essl. Zucker mit Vanille

Crème: Milch, Kartoffelmehl und Zucker unter Rühren zusammen aufkochen und abkühlen lassen (häufig umrühren). — Kirsch und den leicht geschlagenen Rahm darunterziehen. — Sorgfältig mischen, da die Crème sonst gerinnt! — Die **Aprikosen** auf einem Kuchengitter abtropfen und **glasieren,** d. h. mit 1 dl dicklich eingekochtem, noch versüsstem Aprikosensaft bepinseln bis sie glänzen.

Anrichten, I. Art: Die Crème in eine weite, niedere Platte giessen. — Die Aprikosen in Abständen von ca. 6 cm, versetzt, darauf verteilen, Wölbung nach oben (evtl. zwei aufeinandergeben). — Die Oberfläche der «Spiegeleier» bestreuen mit etwas Zucker mit 2 Msp. ausgekratzten Vanillesamen vermischt = «Pfeffer und Salz».

II. Art: Die Zwiebackscheiben mit Aprikosensaft beträufeln, mit der Crème bedecken und mit je einer Aprikose belegen. Zuletzt mit Vanille-Zucker bestreuen.

III. Art: Die Teigschälchen mit Crème füllen, mit einer Aprikose belegen und bestreuen mit Vanille-Zucker, oder (statt Kirschcrème) zuerst bis zur Hälfte Karamelcrème (Nr. 1240) einfüllen, die Aprikose daraufsetzen und ringsum dicht aneinander Röschen von Schlagrahm spritzen (1–2 dl).

Süss-Speisen

Köpfchen (Kalte «Puddings» oder Flammeri)

Zubereitung eines Köpfchens (Flamri) Grundregel **1150**

1. Kochen der Masse je nach Rezept. — In der Regel bestehen die Köpfchen aus einem Brei und einer Aroma gebenden Zutat (Schokolade, Vanille usw.).

2. Heiss einfüllen des Breies in eine kalt ausgespülte **Form.** Diese soll aus gut glasiertem, evtl. gut verzinntem Material (Timbal-, Rehrückenform usw.) oder aus spez. geruchlosem Kunststoff bestehen, damit sich weder Farbe noch Geschmack der Köpfchen verändern.

3. Erkalten und **fest** werden lassen. — Beim **Anrichten** das Köpfchen dem Rand nach lösen (evtl. etwas schütteln) und auf eine Platte **stürzen. Servieren** als einfache Nachspeise oder als Abendessen, mit Sauce oder Kompott (je nach Angabe im Rezept).

1151 Griessköpfchen (Flamri au semoule) Grundregel s. Nr. 1150

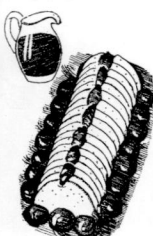

Brei { 1¼ l Milch, 1 Pr. Salz
180 g Griess (evtl. Hirsegriess)
evtl. 30 g Butter — evtl. 1 Ei

100 g Zucker, Zitronenschale, abgerieben
evtl. 30 g Rosinen, gewaschen
oder 40 g Haselnüsse, geröstet u. gerieben

Kochen des Griessbreies nach **Nr. 998** unter **Rühren** (5–10 Min.) bis er sich von der Pfanne löst. **Beigeben** des Zuckers (evtl. mit dem Ei verklopft), der Zitronenschale, evtl. auch Rosinen oder Haselnüsse.

Einfüllen der heissen Masse in die **kalt ausgespülte Form. Erkalten** und **fest werden** lassen. — Beim **Anrichten** das Köpfchen stürzen, evtl. mit gekochten Früchten oder mit Beeren garnieren. — **Servieren** mit Fruchtsauce (Nr. 1228) oder Kompott.

1152 Reis- oder Hiseköpfchen (Flamri de riz ou millet) Grundregel s. Nr. 1150

Brei { 200 g Reis od. Goldhirse
1 Ltr. Milch, 1 Pr. Salz

100 g Zucker — Zitronenschale, abgerieben
60 g Mandeln, gerieben od. 50 g Sultaninen

Brei: Den Reis verlesen, auf einem Sieb mit kaltem Wasser überspülen (Hirse **nur** verlesen), in die Pfanne geben, die Milch dazugiessen, leicht salzen und zum Sieden bringen. **Kochen** auf kleinem Feuer, zugedeckt (evtl. auf Untersetzer) bis die Körner weich und die Flüssigkeit aufgesogen ist (ca. **45 Min.**).— Wenn nötig hie und da sorgfältig umrühren. — **Beigeben** von Zucker, Zitronenschale, Mandeln oder Sultaninen (gewaschen). **Einfüllen** der heissen Masse in die **kalt ausgespülte Form**, evtl. in einen gut verzinnten Ring, den man vorher mit Erdbeeren oder schönen gekochten Aprikosen ausgelegt hat. **Erkalten** und fest werden lassen. — Beim **Anrichten** die Form stürzen, evtl. mit Beeren oder gekochten Früchten garnieren oder den Ring damit füllen. **Servieren** mit Fruchtsauce (Nr. 1228), Kompott oder Schokoladensauce (Nr. 1220).

1153 Riz à la Trautmannsdorf (Feines Reisköpfchen)

Brei { 150 g Reis (Patna)
7 dl Milch, 1 Pr. Salz
½ Vanillestengel

z. Beigeben: 60 g Zucker — 5 Blatt Gelatine
z. Verfeinern: 3 dl Rahm
z. Garnieren: 1 dl Rahm, Früchte, s. unten

Zubereiten des Breies: Den Reis verlesen, auf einem Sieb mit kaltem Wasser überspülen, in die Pfanne geben. Die Milch dazugiessen, die Prise Salz beifügen. **Leise kochen** auf **kleinem Feuer**, zugedeckt (evtl. auf Untersetzer), bis der Reis **körnigweich** und die Milch fast eingekocht ist (ca. 40 Min.). — **Beigeben** des Zuckers und der eingeweichten Gelatine unter sorgfältigem Umrühren, bis sie sich gut **aufgelöst** hat. **Erkalten,** aber **nicht fest** werden lassen. — Den Rahm halbsteif schlagen, leicht versüssen und sorgfältig unter den Reis ziehen. (Bei zu starkem Rühren kann der Rahm gerinnen!) — **Einfüllen** der Masse in eine kalt ausgespülte Form und **fest** werden lassen an der Kälte (ca. 1 Std.). — Beim **Anrichten** das Köpfchen stürzen (evtl. die Form vorher kurz in heisses Wasser tauchen). **Garnieren** mit geschlagenem, versüsstem Rahm, kleinen Stückchen von Himbeergelée, mit Ananasspalten od. kandierten Kirschen. — **Servieren** mit Fruchtsauce oder frischen Beeren.

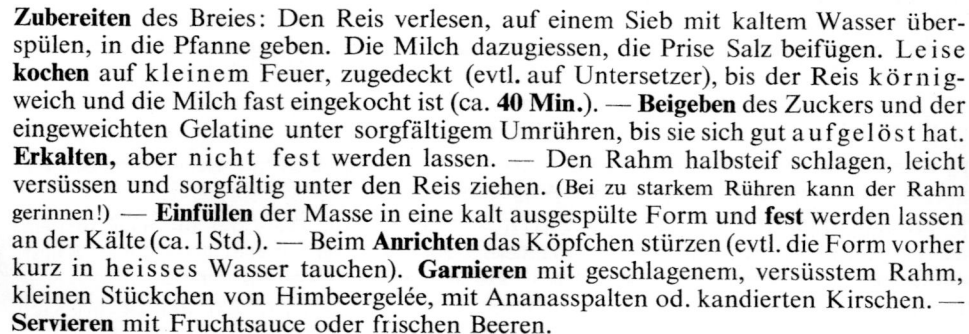

II. Art: Den Reis **ohne** Gelatine zubereiten, in eine **Crèmeschale anrichten** und die Oberfläche garnieren.

Riz à l'Impératrice   1154

Zubereitung wie Riz à la Trautmannsdorf **Nr. 1153**. Zum **Beigeben** jedoch den Zucker mit 2–3 **Eigelb** schaumig rühren. — Nach dem Erkalten ausser dem geschlagenen Rahm noch 60–80 g **kandierte Früchte** würflig geschnitten (spez. Ananas), mit etwas feinem **Liqueur** angefeuchtet, sowie 1–3 Tropfen Bittermandelöl darunterziehen. — **Garnieren** mit Schlagrahm und kandierten Früchten.

Maizena- od. Paidolköpfchen   (Flamri aux amandes)   Grundregel s. Nr. 1150   1155

Brei { 1 Ltr. Milch, 1 Pr. Salz / 120 g Maizena od. Paidol   z. Beigeben { 80 g Zucker, 2 Eier / Zitronenschale, 40 g Mandeln

Brei: Die kalte Milch, Salz, Maizena oder Paidol glatt anrühren, unter ständigem Schwingen zum Sieden bringen und **5–10 Min. kochen.** — **Beigeben** des Zuckers, mit den Eiern gut verklopft, abgeriebener Zitronenschale und den geschälten geriebenen Mandeln. **Einfüllen** der Masse in eine kalt ausgespülte Form. **Erkalten** und fest werden lassen. — Beim **Anrichten** das Köpfchen stürzen. — **Servieren** mit einer Fruchtsauce (siehe Nr. 1224–1228).

Schokoladeköpfchen   (Flamri au chocolat)   Grundregel s. Nr. 1150   1156

Brei { 1 Ltr. Milch, 1 Pr. Salz / 180 g Schokolade — 150 g Griess   ca. 80 g Zucker — 2–3 Eiweiss (z. Schnee) / evtl. z. Garnieren: 1–2 dl Rahm

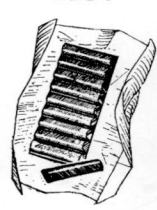

Brei: Milch, Salz und Schokolade (klein gebrochen) unter **Rühren** zusammen erhitzen, bis die Schokolade flüssig ist. Den Griess im Faden einrühren und dicklich kochen. — **Beigeben** des Zuckers, und den Eierschnee darunterziehen. **Einfüllen** der Masse in eine kalt ausgespülte Form. **Erkalten** und fest werden lassen. — Beim **Anrichten** das Köpfchen stürzen, evtl. mit geschlagenem Rahm garnieren. **Servieren** mit Vanille- od. Rahmsauce (Nr. 1217 und 1218).

Karamelköpfchen   siehe Karamelpudding Nr. 1184

Rote Grütze   (Flamri aux fruits)   Grundregel s. Nr. 1150   1157

¾ l **Saft** v. Johannis- od. Himbeeren, nur eine Art od. gemischt (s. NB.)   100–150 g Zucker — ¼ Vanillestengel / 100 g Sago od. 90 g Maizena

Aufkochen des Saftes mit dem Zucker und Vanillestengel. — **Einrühren** von Sago oder Maizena (dieses mit ca. 1½ dl kaltem Wasser angerührt). **Kochen** bis die Masse **dicklich** oder der Sago **klar** ist (während ca. **15 Min.**), den Vanillestengel entfernen. **Einfüllen** der Masse in eine kalt ausgespülte Form. **Erkalten** und fest werden lassen. — Beim **Anrichten** die Rote Grütze stürzen. **Servieren** mit kalter Milch, Vanille- oder Rahmsauce (Nr. 1217 und 1218).

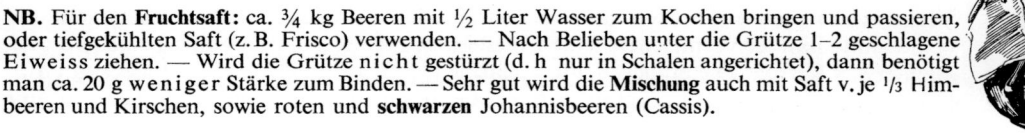

NB. Für den **Fruchtsaft:** ca. ¾ kg Beeren mit ½ Liter Wasser zum Kochen bringen und passieren, oder tiefgekühlten Saft (z. B. Frisco) verwenden. — Nach Belieben unter die Grütze 1–2 geschlagene Eiweiss ziehen. — Wird die Grütze nicht gestürzt (d. h nur in Schalen angerichtet), dann benötigt man ca. 20 g weniger Stärke zum Binden. — Sehr gut wird die **Mischung** auch mit Saft v. je ⅓ Himbeeren und Kirschen, sowie roten und **schwarzen** Johannisbeeren (Cassis).

1158 Apfelgrütze (Flamri de pommes)

Zubereitung wie Rote Grütze **Nr. 1157.** Statt Beerensaft, ¾ l dünnes passiertes **Apfelmus** verwenden, **gekocht** von: ¼ kg Äpfeln (evtl. Fallobst), 3 dl Wasser, Wein oder Süssmost, ½ Zitrone (Saft und Schale).

Rote Apfelgrütze: Dem Mus 2–3 Blatt rote Gelatine beigeben oder die Äpfel mit einigen roten Pflaumen kochen. — **Apfelgrütze** evtl. (statt mit Maizena usw.) mit **Griess** (160 g) binden, siehe Rhabarbergrütze Nr. 1160.

1159 Trauben- oder Brombeergrütze (Flamri de raisins ou mûres)

Zubereitung wie Rote Grütze **Nr. 1157,** jedoch statt Beeren-, durchgepressten **Traubensaft** (von 1 kg Trauben, hellen oder dunklen) oder **Brombeersaft** verwenden.

1160 Rhabarbergrütze (Flamri de rhubarbe) Grundregel s. Nr. 1150

1 kg Rhabarber, 3–4 dl Wasser, 1 Msp. Vanille   z. Einrühren: 160 g Griess — 150–200 g Zucker

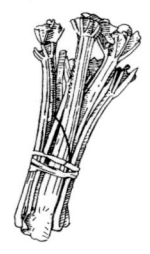

Vorbereiten: Den Rhabarber waschen, klein schneiden, mit Wasser und Vanille weichkochen (ca. 10 Min.). Durchstreichen oder nur gut verrühren. — Das Purée soll dünnflüssig sein, ¾ l davon **zur Grütze** verwenden. — **Aufkochen** des Purées, den Griess einrühren und kochen (unter Umrühren), bis der Brei dicklich ist und sich von der Pfanne löst, den Zucker beigeben. — **Einfüllen** der Masse in die kalt ausgespülte Form. **Erkalten** und fest werden lassen. — **Anrichten** und **Servieren** siehe Angaben bei Roter Grütze **Nr. 1157.**

1161 Früchte im Geléering (Fruits cuits en bordure au gelée)

Zubereitung wie Früchte in Gelée **Nr. 1078,** jedoch statt Saft von rohen Früchten solchen von **gekochten,** auch von Konserven, verwenden. Ihn evtl. noch ergänzen mit Wasser oder Wein. Wenn nötig noch versüssen und Vanille, Zitronensaft oder Liqueur beigeben. — Zum **Garnieren** der Form (Ring, Timbal usw.) ausser schönen Früchten evtl. grosse geschälte Mandeln, Pistazien, rote Kirschen oder auch kandierte Früchte einlegen.

II. Art: Verwendet man Saft von frischen Orangen, Mandarinen oder Grapefruits, dann das Gelée evtl. in die ausgehöhlten, ausgezackten Schalen füllen. — Früchtegelee schmeckt sehr gut mit einer eisgekühlten **Rahmsauce** Nr. 1218 serviert.

1162 Joghurtköpfchen (Flamri de yogourt)

3 Fläschchen Joghurt
2–3 Eiweiss (z. Schnee)
100–120 g Zucker, Vanille

evtl. etwas Kirsch
5 Blatt Gelatine (in kaltes Wasser gelegt)
evtl. z. Garnieren: 1 dl Rahm

Vorbereiten: Den Joghurt schaumig rühren, das Eiweiss zu Schnee schlagen und beides miteinander vermischen. Nach Geschmack Zucker und Vanille beigeben, evtl. auch etwas Kirsch. Die eingeweichte Gelatine mit 2–3 Essl. heissem Wasser gut auflösen und (evtl. gesiebt) sorgfältig unter die Joghurtmasse ziehen. **Einfüllen** in eine kalt ausgespülte Form (oder in einzelne Schalen). An der **Kälte** steif werden lassen. Beim **Anrichten** die Form **kurz** in heisses Wasser tauchen, stürzen, evtl. **garnieren** mit geschlagenem Rahm. — **Servieren** mit frisch püriertem, leicht versüsstem Himbeer- oder Erdbeermark, mit gezuckerten Beeren oder schönem Kompott.

Junket mit Früchten (Junket avec fruits) 1163

Anmerkung: Junket ist rasch zubereitet und kann als Dessert in verschiedenen Varianten sowie als Kaltschale oder auch als leichte Speise für Kranke oder Kinder serviert werden.

1 Junket-Tablette, s. NB. — 1 Ltr. rohe Milch   80–100 g Zucker, ½ Vanillestengel

Vorbereiten: Die Junkettablette mit 1 Esslöffel **kaltem** Wasser gut auflösen. Zucker, Vanille und die Milch solange erhitzen, bis der Zucker gut aufgelöst ist. **Abkühlen** bis auf **ca. 35⁰** = lau- oder handwarm.

Junket: Die aufgelöste Junkettablette unter **Rühren** in die lauwarme Milch mischen und **sofort** in kleine Schalen oder evtl. in eine Crèmeschüssel füllen. In temperiertem Raum (ca. 20⁰) ruhig stehen lassen, bis die Milch gallertig steif geworden ist, was **10–20 Min.** dauert. — Die Schalen nun sorgfältig an die **Kälte** stellen für 1–2 Std. (nicht schütteln).

Wichtig: Ist die Milch beim Mischen mit der Junket-Tablette wärmer als 35⁰, dann gerinnt sie flockig; ist sie viel kälter, wird das Steifwerden sehr verlangsamt!

Servieren mit Früchten (gezuckerten Beeren oder schönen gekochten Aprikosen, Pfirsichen usw.) oder die einzelnen Schalen mit Früchten und Schlagrahm garnieren.

NB. Junket-Tabletten (Labtabletten) sind in Drogerien erhältlich, mit einem Rezeptbüchlein.

Junket mit Schokolade oder Kaffee (Junket au chocolat ou café) s. Tafel 41 1164

I. Art: Zubereitung wie Junket **Nr. 1163.** Ihn in kleine Crèmeschalen verteilen. Zum **Servieren** reichlich **garnieren** mit **Schokolade** – und etwas weissem od. **Kaffee-Schlagrahm** und evtl. mit Schokolade-Moccabohnen.

Schokolade- od. Kaffeeschlagrahm: 2–3 Essl. Schokolade od. -pulver mit 2–3 Essl. Wasser oder Kaffee in einem Pfännchen an der Wärme schmelzen und glatt rühren. Diese Masse sorgfältig unter 2–3 dl geschlagenen Rahm ziehen. — **Kaffee-Schlagrahm:** 2–3 Teel. Nescafé mit etwas heissem Wasser aufgelöst, unter den Schlagrahm mischen und versüssen.

II. Art: Die **Milch** für den Junket mit 150–200 g **Schokolade** (evtl. -pulver) oder mit 3–4 Essl. **Nescafé** aufkochen. Weitere Zubereitung wie Junket **Nr. 1163.** — Diesen Junket **garnieren** mit weissem Schlagrahm und bestreuen mit geriebener Schokolade oder Schokolade-Vermicelles od. ihn mit 1 Msp. Nescafé bestäuben.

Junket mit Karamel (Junket au sucre brûlé) 1165

Zubereitung wie Junket **Nr. 1163.** Statt m. Vanille folg. mit **Karamel** zubereiten: 150 bis 180 g Zucker in der Pfanne braun rösten, bis er anfängt zu schäumen. Ablöschen mit 2–4 Essl. Wasser, dann die Milch beifügen und erwärmen, bis sich aller Karamel aufgelöst hat. Die Milch auf **35⁰** abkühlen, die aufgelöste Junkettablette beigeben, sofort in Schalen füllen und fertig machen wie oben. — Vor dem **Servieren** mit Schlagrahm **garnieren** und evtl. bestreuen mit in Zucker gerösteten geriebenen Haselnüssen (s. Nougat Nr. 1423).

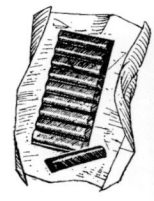

Puddings (süsse, warme)

1166 Zubereitung eines Puddings   Grundregel für alle Arten

Form: Puddingform (mit oder ohne Rohr) oder Timbalform (mit oder ohne Deckel), zur Abwechslung auch eine Cakeform.

1. **Zubereiten der Puddingmasse,** je nach Angabe im Rezept:
   Kochen des stärkehaltigen Nahrungsmittels als dicken Brei (von Griess, Reis, Mehl usw.) oder Einweichen von Brot, Weggli u. ä. — Die Masse binden mit Eigelb und Beimischen der übrigen Zutaten, sowie Gewürze, je nach Rezept. —
   Die Puddingmasse soll ziemlich **dick** sein, da sie sonst leicht zusammenfällt.
   Die **Eiweiss** zu steifem Schnee schlagen und in dem Moment unter die Puddingmasse ziehen, bevor sie ins Wasserbad kommt, d. h. in der Regel **1 Std.** vor dem Essen.
   (Der Eierschnee bewirkt das Aufgehen der Puddingmasse. Diese kann beim Mischen warm oder kalt sein.)

2. **Einfüllen** der Masse in die gut **panierte Form,** bis zu max. ¾ **Höhe,** da der Pudding während des Kochens ungefähr um einen Viertel steigt.
   Panieren der Form siehe Fachausdrücke. Bes. kannelierte (gerippte) Formen sehr gut mit Butter ausstreichen, damit das Paniermehl hält und der Pudding sich beim Stürzen gut löst! Einfache glatte Formen mit Vorteil am Boden zuerst mit einem zugeschnittenen Papier belegen!!

3. **Kochen des Puddings** ca. **1 Std.** im zugedeckten Wasserbad (s. Fachausdrücke).
   Den Pudding (in offener od. geschlossener Form) auf dem **Herd** in zugedeckter Pfanne (auch im Dampfkochtopf) oder im **Ofen** (abgedeckt) garkochen. — **Garprobe:** Mit einer Dressiernadel hineinstechen, es soll nichts mehr daran hängenbleiben.

4. **Anrichten:** Den Pudding aus dem Wasserbad nehmen, einen Moment stehen lassen. Ihn dann sorgfältig von der Form **lösen,** d. h. bei glatten Formen mit einem Dessert- od. anderem stumpfen Messer hart dem Rand nach ringsum fahren. Den Pudding **stürzen,** indem man die Platte daraufgibt, dann rasch umkehrt. Die Form noch einen Moment darauf lassen, nachher sorgfältig abheben.
   Den Pudding vor dem Stürzen etwas stehenlassen, da er sonst eher zusammenfällt. Löst sich ein Pudding **nicht** von der Form (z. B. wenn **nicht** genügend befettet!), dann am besten kurz in kaltes Wasser tauchen oder ein nasses (kaltes) Tuch darauf legen.

5. **Heiss servieren,** mit Sauce usw., je nach Angabe im betreffenden Rezept.

NB. Puddings (süsse und gesalzene), eignen sich (durch den Gehalt an Eiern) als Fasten- od. Abendessen, bes. zarte süsse als Dessert. Sie sind auch sehr beliebt als Krankenspeise. — **Alle Puddingmassen** können auch als **Auflauf** im Ofen gebacken, in der Form serviert werden (siehe **Nr. 1189**).

1167 Griesspudding   (Pouding à la semoule)   Grundregel s. Nr. 1166

Brei { 1 Ltr. Milch, 1 Pr. Salz
       180 g Griess (evtl. Hirsegriess)

z. Beimischen { 40 g Butter (evtl. Nussa)
               3–4 Eigelb, 80 g Zucker

Zitronenschale, abgerieben
30 g Rosinen, gewaschen
od. 30 g Haselnüsse, gerieben
3–4 Eiweiss (z. Schnee)

Puddingmasse: Den Griessbrei nach **Nr. 998** zubereiten und etwas abkühlen. — Butter, Zucker und Eigelb zusammen schaumig rühren, mit Zitronenschale, Rosinen oder Haselnüssen unter den Brei mischen. — Die **Eiweiss** zu steifem Schnee schlagen und

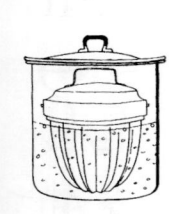

unter die Masse ziehen. **Einfüllen** in die panierte Form. **Kochen** im zugedeckten Wasserbad während **50–70 Min.** — Beim **Anrichten** den Pudding sorgfältig lösen und stürzen. — **Servieren** mit Chaudeau (Nr. 1232), Fruchtsaft oder einer Fruchtsauce.
Reste von Griesspudding schmecken auch kalt gut, oder in Scheiben geschnitten, in Butter gebraten.

Reis- oder Hirsepudding   (Pouding au riz ou millet)   1168
Zubereitung wie Griesspudding **Nr. 1167.** Statt Griess-, **Reis-** oder **Hirsebrei Nr. 996 und 997** verwenden, diesen jedoch nur mit 7 dl Milch zubereiten und dick einkochen.

Tapioka- oder Fidelipudding   (Pouding au tapioca ou vermicelle)   1169
Zubereitung wie Griesspudding **Nr. 1167.** Statt Griessbrei folgende Massen (jedoch ohne Haselnüsse) verwenden: **Tapiokabrei:** 5 dl Milch und 1 Pr. Salz aufkochen, 125 g Tapioka einrühren, ca. 15 Min. kochen. — **Fidelimasse:** 250 g Fideli in knapp Wasser (leicht gesalzen) weichkochen, gut abtropfen lassen (nicht abschrecken).
NB. Tapiokapudding à la Jamaika: Der Masse ca. 50 g kandierte Früchte, in Würfelchen geschnitten und mit **Rum** gut angefeuchtet, beigeben. Die **Form** zuerst mit gebranntem Zucker ausgiessen, wie zu Karamelpudding Nr. 1184.

Schwammpudding   (Pouding mousseline)   Grundregel s. Nr. 1166   1170

50 g Butter — 80 g Weissmehl
3 dl Milch, 1 Pr. Salz

4 Eigelb, 80–100 g Zucker — Zitronenschale
4 Eiweiss (z. Schnee)

Puddingmasse: Butter und Mehl zusammen leicht durchdünsten (ohne gelb werden zu lassen); etwas abkühlen. Nach und nach mit der Milch ablöschen, **glattrühren** und aufkochen, die Prise Salz beigeben. Eigelb, Zucker und abgeriebene Zitronenschale schaumig rühren, mit dem Brei vermischen. — Die **Eiweiss** zu steifem Schnee schlagen und unter die Masse ziehen. — **Einfüllen** in die mit Mehl panierte Form. — **Kochen** im zugedeckten Wasserbad (evtl. im Ofen) **50–60 Min.** — Beim **Anrichten** den Pudding lösen und stürzen. — **Servieren** mit Chaudeau (Nr. 1232).

Marmorpudding   (Pouding rubané)   1171
Zubereitung: wie Schwammpudding **Nr. 1170,** jedoch unter ⅓ der Masse sorgfältig 30–50 g **Schokolade** (Pulver oder gerieben) mischen. — Beim **Einfüllen** abwechselnd 2–3 Löffel helle und 1 Löffel Schokolademasse in die Form geben.

Pouding royal   (Pudding nach königlicher Art)   1172
Zubereitung wie Schwammpudding **Nr. 1170,** jedoch zuerst den Boden oder die ganze Form belegen mit gut ½ cm dick geschnittenen Scheiben einer **Biscuitroulade** von ca. 5 cm Ø (n. Nr. 1381), mit Konfitüre gefüllt. — Dieser Pudding wirkt bes. hübsch in einer abgerundeten, sog. Kuppelform zubereitet.

1173 Zitronen- oder Orangenpudding (Pouding au citron ou à l'orange)

Zubereitung wie Schwammpudding **Nr. 1170,** jedoch vor dem Mischen mit dem Eierschnee soviel Zitronen- oder Orangensaft und **fein** abgeriebene Schale beigeben, bis die Masse angenehm schmeckt. — **Servieren** mit Vanillesauce.

1174 Orangenpudding mit Mandeln (Pouding d'oranges aux amandes)

2–3 Orangen z. Form
50 g Butter — 120 g Zucker
4–5 Eigelb, Orangenschale, abgerieben
100 g Mandeln, gerieben (evtl. geschält)
100 g Paniermehl — 2–4 Essl. Orangensaft
4 Eiweiss (z. Schnee)

Vorbereiten einer glatten Form (Timbal): Sie gut buttern (vorher am Boden mit zugeschnittenem Papier belegen), mit Zucker bestreuen und dicht mit kleinen Orangenscheiben belegen.

Puddingmasse: Butter, Zucker, Eigelb und die **fein** abgeriebene Orangenschale zusammen schaumig rühren. Mandeln und Paniermehl (dieses mit etwas Orangensaft angefeuchtet) beigeben. — Die **Eiweiss,** zu steifem Schnee geschlagen, darunter ziehen. — **Einfüllen** in die vorbereitete Form. **Kochen** im zugedeckten Wasserbad während **ca. 40 Min.** — Beim **Anrichten** sorgfältig lösen und stürzen. — **Servieren** mit Orangensauce (Nr. 1224), mit reichlich Curaçao abgeschmeckt.

1175 Schokoladepudding (Pouding au chocolat) Grundregel s. Nr. 1166

125 g Schokolade, 2–3 Essl. Kaffee od. Wasser
4 Weggli — 3 dl Milch
50 g Butter, 3 Eigelb, Zucker ca. 50 g
3 Eiweiss (z. Schnee)

Puddingmasse: Die Schokolade in einem Pfännchen mit Kaffee oder Wasser an der Wärme schmelzen. — Die Weggli in ca. 1 cm grosse Würfelchen schneiden, mit der heissen Milch übergiessen und zudecken. — Butter, Zucker und Eigelb schaumig rühren, Schokolade und Weggli beimischen. — Die **Eiweiss** zu steifem Schnee schlagen und unter die Masse ziehen. **Einfüllen** in die panierte Form. **Kochen** im zugedeckten Wasserbad während **ca. 60 Min.** — Beim **Anrichten** den Pudding lösen und stürzen. — **Servieren** mit Vanille- oder Rahmsauce (Nr. 1217 und 1218).

NB. Die Masse evtl. ohne Butter zubereiten.

1176 Einfacher Brotpudding (Pouding de pain) Grundregel s. Nr. 1166

250 g getrocknetes Brot — 6–8 dl Milch
40 g Butter, Nussa od. Quark
3 Eigelb (s. NB.), 80–100 g Rohzucker
Zitronenschale, abgerieben
60 g Haselnüsse od. Mandeln, gerieben
30 g Rosinen, gewaschen
3–4 Eiweiss (z. Schnee)

Puddingmasse: Das Brot reiben (mit der Mandelmaschine), in einer Schüssel mit der heissen Milch übergiessen, zudecken. — Butter (Nussa oder Quark), Zucker und Eigelb schaumig rühren. Haselnüsse oder Mandeln, Rosinen, Zitronenschale und das Brot daruntermischen. — Die **Eiweiss** zu steifem Schnee schlagen und unter die Masse ziehen. **Einfüllen** in die panierte Form. **Kochen** im zugedeckten Wasserbad ca. **50 Min.** — Beim **Anrichten** den Pudding lösen und stürzen. — **Servieren** mit Vanille- oder Bischofsauce (Nr. 1230) oder einem Kompott.

Einfacher: Das Brot evtl. nur zerbrechen und nach dem Einweichen mit einem Stössel zerdrücken. — Evtl. keine Butter (Nussa usw.) verwenden, evtl. 1–2 Eigelb ersetzen durch 1–2 Essl. Sojamehl. — **Reste** von Brotpudding, kalt, oder als Schnitten gebraten, verwenden.

Zwiebackpudding   (Pouding aux biscottes)   1177

Zubereitung wie Brotpudding **Nr. 1176**, statt Brot: 250 g **Zwieback** verwenden. Diese in kleine Stücke brechen, mit der heissen Milch übergiessen, zugedeckt stehen lassen, evtl. etwas zerdrücken. — Evtl. 4–5 Eier beigeben.

Wegglipudding   (Pouding de petits pains)   1178

4 Weggli — 3 dl Milch
50 g Butter od. Nussa
3 Eigelb, 90 g Zucker, 1 Msp. Zimt

40 g Mandeln od. Haselnüsse
20 g Rosinen, Zitronenschale, abgerieben
1–2 Essl. Rum — 3 Eiweiss (z. Schnee)

Vorbereiten der Weggli: Sie in ca. 1 cm grosse Würfelchen schneiden, mit der heissen Milch übergiessen, zudecken, hie und da wenden. — Weitere **Zubereitung** wie Brotpudding **Nr. 1176**. Die Masse sorgfältig mischen, damit die Weggli nicht breiig werden. — **Servieren** mit Chaudeau (Nr. 1232) od. Fruchtsauce (Nr. 1228).

Kirschenpudding   (Pouding aux cerises)   Grundregel s. Nr. 1166   1179

5 Weggli — ca. 4 dl Milch
½ kg Kirschen
evtl. 80 g Butter od. Nussa
3 Eigelb (s. NB.)

100 g Rohzucker (od. weissen Zucker)
80 g Mandeln, gerieben
evtl. 1 Essl. Kirsch od. etwas Zimt
3 Eiweiss (z. Schnee)

Puddingmasse: Die Weggli in 1 cm grosse Würfelchen schneiden, mit der heissen Milch übergiessen, zudecken. — Die Kirschen entstielen (nicht entsteinen), abspülen. — Butter, Eigelb und Zucker schaumig rühren. Mandeln, Kirsch oder Zimt, Weggli und die Kirschen damit vermischen. — Die **Eiweiss** zu steifem Schnee schlagen und unter die Masse ziehen. **Einfüllen** in die panierte Form. **Kochen** im zugedeckten Wasserbad **ca. 60 Min.** — Beim **Anrichten** den Pudding lösen und stürzen. — **Servieren** mit Vanille- oder Rahmsauce.

NB. II. Art, einfacher: Brotpuddingmasse von **Nr. 1176** mit den Kirschen vermischen. Evtl. 1–2 Eigelb ersetzen durch 1–2 Essl. Sojamehl. — **Gedörrte Kirschen:** 1–2 Tage einweichen.

Früchtepudding   (Pouding aux fruits variés)   1180

Zubereitung wie Kirschenpudding **Nr. 1179**. — Statt Kirschen z. B. folgende **Früchte** verwenden: Aprikosen oder Zwetschgen (geviertelt), Johannis- od. Brombeeren sowie kleine Rhabarber- oder Apfelstückli (beide kurz vorgekocht).

Dörrobst-Pudding   (Pouding aux fruits secs)   1181

Zubereitung wie einfacher Brotpudding **Nr. 1176**. — 200–250 g **Dörrfrüchte** (über Nacht eingeweicht) abtropfen lassen, hacken oder klein schneiden und lagenweise mit der Puddingmasse in die Form füllen.

NB. Zum Einweichen des Brotes evtl. statt nur Milch etwas Einweichwasser verwenden.

1182 Englischer Brotpudding (Bread and butter pudding)

200 g Model- od. Toastbrot (od. Weggli)
100–120 g Butter
50 g Rosinen od. Sultaninen, gewaschen

100–120 g Zucker, evtl. Vanille
Eiermilch { 3–5 Eier, 1 Pr. Salz / 5 dl Milch

Das **Brot** in ½ cm dicke Scheiben schneiden, mit der Butter bestreichen und lagenweise mit Rosinen und Zucker (evtl. mit Vanille) bestreut, **einfüllen** in die panierte Form. Die **Eiermilch** gut verklopft darübergiessen. — **Kochen** im gedeckten Wasserbad (evtl. im Ofen) ca. **50 Min.** — Beim **Anrichten** den Pudding lösen und stürzen, mit Puderzucker besieben. — **Servieren** mit Fruchtsauce oder Kompott.

1183 Kabinettspudding (Pouding de Cabinet)

Reste von Torten, Biscuits
od. anderem Gebäck (ca. 200 g)
3–4 Essl. Rum, Arrak oder Kirsch
einige Tropfen Zitronensaft

250 g Aprikosen- od. Erdbeerkonfitüre
oder 100 g Sultaninen
z. Übergiessen { 3–4 Eier / 2½ dl Milch

Vorbereiten und **Einfüllen:** Die Timbalform am Boden mit einem rund zugeschnittenen Papier belegen, bebuttern, mit Zucker bestreuen. — Das **Gebäck** in kleine Würfelchen schneiden. Liqueur und Zitronensaft, mit 2–3 Essl. Wasser vermischt, darüberträufeln. Es lagenweise mit wenig Konfitüre oder den gewaschenen Sultaninen in die Form geben. Eier und Milch verklopft, darübergiessen. — **Kochen** im gedeckten Wasserbad **45–60 Min.** — Beim **Anrichten** den Pudding lösen und stürzen. — **Servieren** mit Zitronen- oder Vanillesauce oder Chaudeau (Nr. 1232).

1184 Karamelpudding oder -köpfchen (Pouding au caramel)

z. Rösten: 100 g Zucker (zum Ausgiessen der Form mit Karamel)

Eiermasse { 4 Eier, 60 g Zucker / 5 dl Milch, 1 Pr. Salz / Zitronenschale, abgerieben

Evtl. z. Garnieren { 1–2 dl Rahm / Vanillezucker / gekochte Früchte, s. NB.

Vorbereiten: Die Timbalform leicht erwärmen. — Das Wasserbad bereitstellen.

Karamel: Die 100 g Zucker ohne Wasser auf kleinerem Feuer schmelzen und bräunen. Sofort in die erwärmte Form giessen und unter Drehen rasch darin herumfliessen lassen, so, dass Boden und Wand leicht davon überzogen sind.

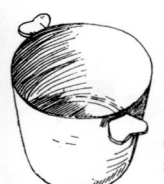

Eiermasse: Eier, Zucker und Salz zusammen verklopfen, Milch und die fein abgeriebene Zitronenschale damit vermischen. — **Einfüllen** der Eiermasse (evtl. gesiebt) in die Timbalform, bis zu ¾ Höhe. — **Ziehen lassen** im zugedeckten Wasserbad, auf dem Herd **ca. 50 Min.** (evtl. im Ofen abgedeckt). — Das **Wasserbad** darf nicht richtig kochen (d. h. nicht wallen), da der Pudding sonst löcherig und käsig wird. Am besten kaltes Wasser bereitstellen und wenn nötig dazugiessen. — **Garprobe:** Mit Dressiernadel oder Hölzchen in die Mitte einstechen (es soll nichts mehr daran hängen bleiben).

Abkühlen der Form in kaltem Wasser (ca. 1 Std.). — **Anrichten:** Unmittelbar vor dem Stürzen die Form rasch heiss machen (über die Flamme halten od. in kochendes Wasser stellen), damit sich der Karamel am Boden besser löst. — **Garnitur à la Chantilly:** Den angerichteten Pudding direkt vor dem Servieren mit Schlagrahm und Früchten garnieren (z. B. gekochte Mirabellen, rote Kirschen oder Orangenkompott).

NB. Nach spanischer Art: Den Boden der mit Karamel überzogenen Form zuerst mit einer Lage gekochter Früchte belegen, hübsch angeordnet (Ananas, Bananen, rote Kirschen usw.). — Karamelpudding kann einige Stunden vor dem Essen zubereitet oder auch warm serviert werden. — Er eignet sich auch sehr gut als **Krankenspeise**.

Pouding à la Crème Brésilienne   (Brasilianischer Kaffeecrème-Pudding)   1185

Zubereitung wie Karamelpudding **Nr. 1184.** Die Form jedoch **nicht** karamelisieren, statt dessen zur Eiermasse folgende **Mischung** geben: 50 g Zucker braun rösten, mit 2–3 Essl. **starkem Kaffee** (v. Nescafé) ablöschen, etwas Vanille und 50 g **Schokolade** beigeben und rühren, bis sich alles gut aufgelöst hat. (Die Eiermasse soll davon ein feines Kaffeearoma bekommen.) — **Servieren,** möglichst kalt, evtl. **garniert** mit geschlagenem Rahm und Schokolade-Kaffeebohnen.

Canadien Rice Pudding   (Früchte-Reispudding)   1185a

z. Form: 50 g Butter, 50 g Rohzucker
250 g Früchte, gekocht od. gut reife
(1 Sorte od. gemischt, s. NB.)

½ Port. Reisbrei v. Nr. 996
Eiermilch { 3 Eier — 80 g Zucker
4 dl Milch, Muskat

Vorbereiten: Die Form **sehr stark** bebuttern und mit dem Zucker bestreuen. — 2–3 Lagen der **Früchte** einfüllen, mit dem Reisbrei **locker** bedecken bis zu ¾-Höhe. Die verklopfte Eiermilch darübergiessen. — **Kochen** im gedeckten Wasserbad während ca. **50 Min.,** etwas abkühlen lassen. — Beim **Anrichten** sorgfältig lösen und stürzen. — **Servieren** mit frischem Rahm oder Rahmsauce (Nr. 1218).
NB. Geeignete **Früchte:** Aprikosen, Pfirsiche, Ananas, rote Kirschen.

Kastanienpudding   (Pouding de marrons)   Grundregel s. Nr. 1166   1186

500 g frische Kastanien
2½ dl Milch, 2½ dl Wasser
1 Pr. Salz, ¼ Vanillestengel

60 g Butter od. Nussa
50–100 g Zucker — 3 Eigelb
evtl. Maraschino — 4 Eiweiss (z. Schnee)

Puddingmasse: Die Kastanien schälen nach **Nr. 380.** — Sie mit der Milch, Wasser, Salz und Vanille weichkochen (die Flüssigkeit soll zuletzt ganz eingedämpft sein) und heiss **durchstreichen.** — Butter (od. Nussa), Zucker und Eigelb schaumig rühren, das Kastanienpurée und evtl. 1–2 Essl. Maraschino damit vermischen. — Die **Eiweiss** zu steifem **Schnee** schlagen und unter die Masse ziehen. **Einfüllen** in die mit Mehl panierte Form. **Kochen** im gedeckten Wasserbad während **60–70 Min.** — Beim **Anrichten** den Pudding lösen und stürzen. — **Servieren** mit Vanille- od. Rahmsauce od. schönem Apfelkompott.
NB. Der Pudding schmeckt auch sehr gut **kalt** oder als **Auflauf** zubereitet, s. Nr. 1189.

Quarkpudding   (Pouding au fromage blanc)   Grundregel s. Nr. 1166   1187

200 g Quark (s. auch Nr. 1188)
Brei { 2 dl Milch, 40 g Butter, 1 Pr. Salz
70 g Griess od. Mehl
3 Eigelb, 80–100 g Zucker

40 g Mandeln, geschält u. gerieben
Zitronenschale, abgerieben
40 g Rosinen od. Sultaninen, gewaschen
2–3 Eiweiss (z. Schnee)

Brei: Milch, Butter und Salz aufkochen, den Griess einrühren oder das Mehl gesiebt hineinschütten (wie zu Brühteig). Auf kleinem Feuer abkochen, bis die Masse **dick** und **glatt** ist. — **Puddingmasse:** Eigelb und Zucker schaumig rühren, die Mandeln, Zitronenschale, Rosinen, Quark und den Brei damit vermischen. — Die **Eiweiss** zu steifem **Schnee** schlagen und unter die Masse ziehen. **Einfüllen** in die panierte Form. **Kochen** im gedeckten Wasserbad (evtl. im Ofen) **ca. 60 Min.** — Beim **Anrichten** den Pudding lösen und stürzen. — **Servieren** mit einem Kompott oder mit Fruchtsauce.

1188 Quarkzubereitung (Fromage blanc – riccota – cottage cheese)

Anmerkung: Quark lässt sich aus sauer gewordener oder frischer Milch selbst herstellen. Er wird jedoch nicht so fein wie der gekaufte, der heute in allen Milchgeschäften (als Rahm- od. Vollmilchquark und als sog. Speisequark) erhältlich ist.

2 Ltr. Milch — 1 Junkettablette (Lab) ergibt ca. 250 g **Quark**

Erwärmen der Milch, sie jedoch nicht kochen, und wieder abkühlen auf **ca. 40°**. — Die Junkettablette mit 2 Essl. kaltem Wasser auflösen, in die Milch geben und ca. ½ Std. stehen lassen. — Während dieser Zeit scheidet sich das Eiweiss flockig aus = **Quark, Zieger** oder **Topfen.** — **Abtropfen** der geronnenen Milch auf einem feinen Sieb oder Tuch. **Durchstreichen** des Quarks durch das Passetout.

Verwenden: Zu Pudding, Auflauf, Gebäck, Käse, Quarkrahmsauce usw.

NB. Die abgetropfte **Flüssigkeit** (Molke oder Schotte) je nach ihrem Säuregehalt noch verwenden zu Griess au gratin oder -schnitten. — Hat man schon saure Milch, dann genügt ein leichtes Erwärmen (ohne Beigabe der Junkettablette), um sie vollständig zum **Gerinnen** zu bringen; fertig machen und verwenden wie oben.

Aufläufe und süsse Omeletten

Allgemeines: Aufläufe sind (wie die Puddings) in der Regel leicht verdaulich. Deshalb eignen sie sich auch vorzüglich als Krankenspeise.

1189 Zubereitung und Backen eines Auflaufs   Grundregel

1. Zubereiten der Auflaufmassen nach Rezept. — Auch die meisten Rezepte für Puddings (s. Nr. 1167 bis Nr. 1187) können als Aufläufe gebacken werden.

2. Einfüllen der Masse in eine bebutterte, feuerfeste Form (Steingut, Porzellan oder Glas) nur bis zu etwa ¾ der Höhe, da der Eierschnee ein Aufgehen der Masse bewirkt.

3. Backen im Ofen in mittlerer bis guter Hitze, immer etwas mehr Unter- als Oberhitze, z. B. **U = 3** und **O = 2–3** oder bei nur einer Schaltung einstellen auf **6** oder nach betr. Tabelle). — **Backzeit: 20–60 Min.**, je nach Rezept und Grösse der Form. Sie so berechnen, dass die Aufläufe **direkt** nach dem Backen **serviert** werden können.

Garprobe: Einstechen mit Hölzchen oder Dressiernadel (es soll nichts mehr daran hängen bleiben). Wenn fertig gebackene Aufläufe (besonders die leichten) auch nur wenige Minuten stehen bleiben, fallen sie zusammen. — Etwas festere Aufläufe kann man, wenn nötig, bis zum Servieren im halboffenen Ofen stehen lassen, z. B. Brot-, Früchteauflauf usw. Sie können auch in der zugedeckten Grillpfanne auf dem Herd auf kleiner Flamme (mit Untersetzer) gebacken werden.

4. Servieren des Auflaufes **in der Form.** — Diese auf einen spez. Untersetzer geben oder auf eine Platte mit etwas Salz bestreut oder belegt mit Tortenpapier oder Serviettchen.

1190 Griessauflauf   (Soufflé à la semoule)   Grundregel s. Nr. 1189

Masse wie zu Griesspudding **Nr. 1167**, jedoch 4 Eigelb und 4–5 Eiweiss verwenden. **Einfüllen** in die bebutterte **Form. Backen** in Mittelhitze ca. **50 Min.** — **Sofort servieren,** evtl. mit Kompott.

Maisauflauf (Soufflé au maïs) Grundregel s. Nr. 1189   1191

Brei nach Nr. 998 { 1 Ltr. Milch, 1 Pr. Salz   200 g Mais   etwas Vanille

50 g Butter, Nussa od. 3 Essl. Rahm
4 Eigelb — 100 g Zucker
4–5 Eiweiss (z. Schnee)

Auflaufmasse: Den **Brei** ca. **20 Min.** auf kleinem Feuer kochen, häufig rühren, abkühlen. — Butter, Eigelb und Zucker schaumig rühren, mit dem Maisbrei vermischen. Die **Eiweiss** zu steifem Schnee schlagen, unter die Masse ziehen. **Einfüllen** in die bebutterte Form. **Backen** in Mittelhitze ca. **50 Min.** — **Servieren** mit Kompott.

II. Art: Den Boden der Form evtl. zuerst mit eingeweichten Dörrzwetschgen belegen.

Hafer-, Hirse- od. Buchweizenauflauf (Soufflé d'avoine, de millet ou blé noir)   1192

Hafer- od. Buchweizenbrei Nr. 1011
oder Hirsebrei Nr. 997
Zitronenschale, abgerieb. od. Vanille

20 g Butter od. Nussa
60–90 g Zucker — 2–3 Eigelb (s. NB.)
3–4 Eiweiss (z. Schnee)

Auflaufmasse: Den Brei nur 5–10 Min. kochen. — Butter, Zucker, Eigelb und Zitronenschale oder Vanille schaumig rühren, mit dem Brei vermischen. — Die **Eiweiss** zu steifem Schnee schlagen, unter die Masse ziehen. **Einfüllen** in die bebutterte Form. **Backen** in Mittelhitze ca. **50 Min.** — **Servieren** mit Kompott.

NB. Evtl. 1–2 Eigelb durch 1–2 Essl. Sojamehl ersetzen. — Rohzucker (statt weissen) verwenden und evtl. 30 g geriebene Hasel- oder Baumnüsse beigeben.

Butter-Reis in der Form (English baked rice-pudding)   1193

120 g Butter — 250 g Reis — 8 dl Milch, 5 g Salz, 130 g Zucker — n. II. Art: ca. 500 g Früchte

Vorbereiten: Die Butter in einer Auflaufform zergehen lassen. Den Reis verlesen, auf einem Sieb abspülen, in die Butter geben. Milch, Salz und Zucker vermischen, über den Reis giessen. — **Backen** ca. **2 Std.** in mittelheissem Ofen. (Anfangs hie und da leicht aufrühren.) — **Servieren** mit Kompott, evtl. mit einer Fruchtsauce oder mit Zucker und Zimt oder etwas Muskat darüberreiben (nach englischer Art).

II. Art: In die Form zuerst eine Lage gekochte Apfelschnitze oder Aprikosen (auch gedörrte, eingeweichte) geben.

Reisauflauf (Soufflé au riz) Grundregel s. Nr. 1189   1194

Reisbrei Nr. 996 (m. Vanille) — 3–4 Eigelb, 80 g Zucker, evtl. 40 g Butter — 4 Eiweiss (z. Schnee)

Auflaufmasse: Den Reisbrei etwas abkühlen. — Zucker und Eigelb (evtl. mit der Butter) schaumig rühren und mit dem Brei vermischen. Die **Eiweiss** zu steifem Schnee schlagen, unter die Masse ziehen. **Einfüllen** in die bebutterte Form. **Backen** in Mittelhitze ca. **50 Min.** — **Sofort servieren** mit Kompott, Frucht- oder Schokoladesauce.

Vanilleauflauf (Soufflé à la vanille) Grundregel s. Nr. 1189   1195

50 g Butter — 100 g Weissmehl
5 dl Milch, 1 Pr. Salz

4 Eigelb — 70 g Zucker, 2–3 Msp. Vanille
4 Eiweiss (z. Schnee)

Auflaufmasse: Butter und Mehl durchdünsten, etwas abkühlen. Nach und nach unter

Rühren mit der Milch ablöschen und zu einem dicken glatten Brei kochen, sorgfältig salzen. — Eigelb, Zucker und Vanille schaumig rühren, mit dem Brei vermischen. Die **Eiweiss** zu steifem Schnee schlagen, darunterziehen. — **Einfüllen** in die bebutterte Form. **Backen** in Mittelhitze ca. **50 Min. Sofort servieren,** evtl. mit feinem Kompott.

1196 Haselnussauflauf (Soufflé aux noisettes)

Zubereitung wie Vanilleauflauf **Nr. 1195.** Der Masse noch 50–80 g geschälte, geriebene **Haselnüsse** beigeben. — Schälen der Haselnüsse siehe Fachausdrücke.

1197 Zitronen- und Orangenauflauf (Soufflé au citron ou à l'orange)

Masse wie Schwammpudding **Nr. 1170,** jedoch vor dem Mischen mit dem Eierschnee soviel Zitronen- oder Orangensaft (ca. 1 dl) und fein abgeriebene Schale, evtl. auch etwa sCuraçao beigeben, bis die Masse angenehm schmeckt. — **Orangen-Auflauf** lässt sich auch gut in den übrigen halben **Orangen-Schalen** backen.

1198 Kartoffelauflauf (Soufflé aux pommes de terre sucré)   Grundregel s. Nr. 1189

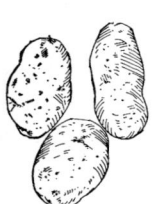

500 g Schalenkartoffeln (n. Nr. 934)
50 g Butter od. Nussa
2–3 Eigelb od. 2–3 Essl. Sojamehl
70–100 g Zucker

ca. 1 dl Rahm od. Milch
30–60 g Haselnüsse, gerieben
Zitronenschale, abgerieben
3 Eiweiss (z. Schnee)

Auflaufmasse: Die Kartoffeln fein reiben oder passieren. — Butter od. Nussa, Eigelb oder Sojamehl und Zucker schaumig rühren. Etwas Rahm oder Milch, die Haselnüsse, Zitronenschale und die Kartoffeln dazumischen. — Die **Eiweiss** zu steifem Schnee schlagen, unter die Masse ziehen. — **Einfüllen** in die bebutterte Form. **Backen** in Mittelhitze **ca.** ¾ **Std.** im Ofen (evtl. zugedeckt auf dem Herd). — **Servieren** mit Kompott.

1199 Kastanienauflauf (Soufflé aux marrons)

Masse wie zu Kastanienpudding **Nr. 1186,** jedoch 3–4 dl Milch und 4 Eier verwenden. **Backen** in Mittelhitze ca. **50 Min.** — **Sofort servieren,** mit Vanille- od. Rahmsauce. Gleiche Zubereitung mit **Sweet Potatoes** (diese vorher weichkochen und schälen).

1200 Zwieback- oder Einbackauflauf (Soufflé aux biscottes)

200 g Zwieback oder 4–6 Einback (s. NB.)
Eiermilch: 2–3 Eier, ½ l Milch, Vanille

z. Bestreuen { 30 g Zucker / 30–60 g Butter

Einfüllen der Zwieback oder dünnen Einbackscheiben in die bebutterte Form. Die **Eiermilch** gut verklopft, darübergiessen, etwa ½ Std. stehen lassen. — **Bestreuen** mit dem Zucker und reichlich Butterflöckchen. — **Backen** ca. **50 Min.** im Ofen (evtl. zugedeckt auf dem Herd). — Die **Einbackscheiben** evtl. vor dem Einlegen mit Butter (ca. 50 g) bestreichen oder kurz in Butter überbacken.

Schokoladenauflauf   (Soufflé au chocolat)   Grundregel s. Nr. 1189   **1201**

100 g Schokolade, gerieben od. -pulver
120 g Mehl, 1 Msp. Vanille
7 dl Milch, 1 Pr. Salz

evtl. 80 g Butter
50 g Zucker, 4–5 Eigelb
4–5 Eiweiss (z. Schnee)

Auflaufmasse: Schokolade, Mehl u. Vanille mit ca. $1/3$ der Milch in der Pfanne anrühren. Die restliche Milch mit 1 Pr. Salz beigeben und unter stetem R ü h r e n zu einem glatten Brei aufkochen, abkühlen. Butter, Zucker und Eigelb schaumig rühren, mit der Schokolademasse vermischen. Die **Eiweiss** zu steifem S c h n e e schlagen und darunter ziehen. **Einfüllen** in die bebutterte F o r m. **Backen** in Mittelhitze ca. **50 Min.** — **Sofort servieren** mit Vanille- oder Rahmsauce (Nr. 1217 u. 1218).

NB. Zerbrochene (nicht geriebene) Schokolade zuerst mit etwas Milch schmelzen und das Mehl a n g e r ü h r t beigeben. — Den Auflauf evtl. o h n e Butter zubereiten.

Kirschenauflauf   (Soufflé aux cerises)   **1202**

Zubereitung der Masse wie zu Kirschenpudding **Nr. 1179,** jedoch in der Auflaufform b a c k e n, ca. **50 Min.** — E i n f a c h e r e Masse: Brotpudding **Nr. 1176** mit $1/2$ kg Kirschen.

Früchteauflauf   (Soufflé aux fruits et au pain)   **1203**

Zubereitung der Masse wie zu Kirschenpudding **Nr. 1179** oder die e i n f a c h e r e Masse von Brotpudding **Nr. 1176.** — **Backen** in der Auflaufform ca. **50 Min.**

Als **Früchte** eine Sorte oder gemischt: $3/4$–1 kg Aprikosen, Zwetschgen, Brombeeren, Rhabarber usw. (Letzteren vor dem Einfüllen kurz vorkochen, da der Auflauf sonst zu lange Backzeit braucht.)

Feiner Früchteauflauf   (Soufflé mousse aux fruits)   **1204**

$1/2$ Port. der Masse v. Vanilleauflauf Nr. 1195
3–4 Zwieback — ca. 150 g Zucker

$1/2$ kg **Früchte:** Pfirsiche, Aprikosen, weiche Birnen, Zwetschgen, Bananen, Erdbeeren

Zubereitung: Den Zwieback reiben, auf den Boden einer bebutterten Auflaufform streuen. — Die Früchte (eine Sorte oder gemischt) rüsten, kleinschneiden und mit Zucker bestreut einfüllen. Die Auflaufmasse darüber verteilen. **Backen** in Mittelhitze während **ca.** $3/4$ **Std.** — **Sofort servieren,** evtl. mit frischem Voll- oder Kaffee-Rahm.

Clafoutis   (Kirschendessert au gratin n. französ. Art)

$3/4$–1 kg Kirschen, schöne, reife (s. NB.)
z. Bestreuen: 100–150 g Zucker

Eiermasse { 40 g M
3 Eier
Vanill

Vorbereiten: Die Kirschen abspülen, entsteinen, auf dem B Gratinplatte verteilen, mit dem Zucker bestreuen. — **Eiern** miteinander verklopfen, über die Kirschen giessen. — **Backen** hitze ca. **45 Min.** — **Servieren,** leicht abgekühlt und mit F

NB. Schmeckt auch gut mit Pfirsichen, Aprikosen, Bananen od. Be

1206 Plattenmüesli (Flan — leichte und beliebte Kinder- sowie Krankenspeise)

6 Eier — 6 dl Milch — 25 g Zucker, 1 kl. Pr. Salz, evtl. Vanille oder abgeriebene Zitronenschale

Eiermasse: Alle Zutaten zusammen verklopfen und in eine bebutterte Gratinplatte giessen. — **Backen** im Ofen (evtl. zugedeckt auf dem Herd) **ca. 20 Min.**, d. h. bis die Masse leicht gallertig geworden ist. (Das Plattenmüesli darf nicht fest oder grützlig geronnen sein!) — **Sofort servieren,** mit Puderzucker besiebt.

1206a Salzburger Nockerln

Anmerkung: Diese beliebte und delikate österreichische Spezialität sollte nur mit frischen Eiern und möglichst exakt und rasch zubereitet und serviert werden.

z. Nockerl-Masse:
- 30 g Butter — 4–5 Eigelb
- 20 g Puderzucker, Vanille
- 15–20 g Kartoffelmehl, 1 Pr. Salz
- 6–7 Eiweiss (z. Schnee), 20 g Zucker

z. Form:
- 1–1½ dl Milch, 1 Pr. Salz
- 1–2 Essl. Zucker, Vanille
- 20 g Butter

z. Besieben: 20–30 g Puderzucker

Vorbereiten: In die gut bebutterte Gratinform (von ca. 22 cm ⌀) die oben erwähnten Zutaten geben (max. ½ cm hoch) und erhitzen. — **Nockerl-Masse:** Die Butter schaumig rühren, nach und nach Eigelb, Zucker, Vanille und Salz beigeben und weiter rühren bis die Masse luftig und hellgelb ist. Das Mehl dazusieben. — Die **Eiweiss** unter langsamem Beigeben des Zuckers sehr steif schlagen und sorgfältig und locker unter die Eigelbmasse ziehen. Sie rasch in die Form auf die jetzt kochende Milch verteilen. **Backen** im Ofen in Mittelhitze während **5–8 Min.**, d.h. bis die Nockerln stark aufgegangen und hellgelb geworden sind. **Sofort servieren,** mit Puderzucker besiebt.

1207 Omelette soufflée (Eier-Schaumomelette) Grundrezept I. und II. Art

6 Eigelb — 100–120 g Zucker
Zitronenschale od. 1–2 Essl. Rum
6–8 Eiweiss (z. Schnee), evtl. 20 g Zucker

z. Backen: frische Butter, ca. 50 g
evtl. Puderzucker z. Besieben

Vorbereiten: Eigelb und Zucker schaumig rühren, abgeriebene Zitronenschale oder Rum beigeben. — Die **Eiweiss** zu steifem Schnee schlagen (evtl. unter Beigabe von 2 Essl. Zucker) und unter die Eigelbmasse ziehen.

I. Art, auf dem Herd: In der Omelettenpfanne die Butter schmelzen. Die Eiermasse hineingiessen, einen passenden (möglichst gewölbten) **Deckel** daraufsetzen. **Backen** auf kleinerem Feuer, bis die Masse aufgegangen und unten hellbraun geworden ist **(15 bis 20 Min.).** — (Einmal vorsichtig nachsehen und evtl. nochmals etwas Butter beigeben.)
Beim **Anrichten** die fertige Omelette (mit Hilfe des Schäufelchens) zur Hälfte überschlagen. Sie auf eine heisse Platte stürzen, evtl. mit Puderzucker besieben, **sofort servieren.**

II. Art, im Ofen: (Bes. praktische Zubereitung, da die fertige Omelette in der **Form** serviert wird.) — Die Masse in eine gut bebutterte Auflaufform (evtl. grosse Gratinform) …en und im Ofen in Mittelhitze **backen** während **15–20 Min.** — Evtl. mit Puder… besieben oder mit Früchten belegen usw. und **sofort servieren.**

…für Omelettes soufflées (au chocolat, aux fruits usw.) s. Nr. 1208, mit **Glace** s. Nr. 1315.

Omelette soufflée Nr. 1207 variée   (nach I. oder II. Art)   1208

1. **— au chocolat:** Zur Eiermasse nur die Hälfte des Zuckers verwenden, jedoch 80–120 g **Schokolade** beigeben. Diese mit 3–5 Essl. Wasser oder Kaffee in einem Pfännchen **schmelzen**, glattrühren bevor man sie zur Eigelbmasse mischt. — Die fertige Omelette evtl. zum **Garnieren** belegen mit schönen gekochten Früchten (Birnen-, Pfirsich- oder Ananasschnitze oder Bananenscheibchen). — **Servieren** mit Vanille- oder Rahmsauce (Nr. 1217 u. 1218), evtl. eisgekühlt. 
2. **— aux fruits:** Gut reife od. schöne gekochte **Früchte** wie Aprikosen, rote Kirschen, auch Beeren, sowie Orangen mit fein abgeriebener Schale usw. — **a)** Den Boden der bebutterten **Auflaufform** zuerst mit Früchten belegen, dann mit der Eiermasse bedecken. — **b)** Die fertige Omelette sorgfältig und rasch mit Früchten hübsch belegen. — **c)** Die Omelette n. I. Art in der Pfanne zubereiten und vor dem Überschlagen mit den Früchten zur Hälfte bedecken. 
3. **— au Rhum:** Die angerichtete Omelette mit ca. 40 g Zucker bestreuen. Unmittelbar vor dem Servieren 4–6 Essl. starken Rum (im Wasserbad leicht erwärmt) darübergiessen od. einige Zuckerstückchen, mit Rum getränkt, darauflegen. Anzünden und **brennend servieren,** od. am Tisch mit erwärmtem Rum übergiessen u. **flambieren.**
4. **— au Grand Marnier:** Unter die Omelettemasse 4–6 Essl. Grand Marnier mischen. Evtl. mit Grand Marnier **flambieren,** s. Omelette au Rhum, Abschn. 3.

NB. Omelette soufflée mit **Glace** siehe **Nr. 1315.**

Süsse französische Omelette   (Omelette française sucrée)   1209

6 Eier, 6–9 Essl. Milch, 30 g Zucker, 1 kl. Pr. Salz, verklopft — z. Backen: 40 g frische Butter
Zubereitung wie französische Omelette **Nr. 226.** — Möglichst **sofort servieren.** Die Omelette kann auch auf verschiedene Arten fertig gemacht werden, z. B.:

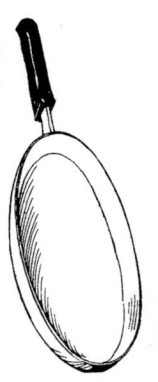

1. **Omelette au caramel:** Die Omelette mit reichlich Zucker bestreuen und ganz kurz in den Ofen unter den **Grill** halten, bis der Zucker gebräunt ist, oder zu Karamel gerösteten, erkalteten Zucker (ca. 80 g) reiben und über die Omelette streuen.
2. **Omelette au confiture:** Die Omelette vor dem Überschlagen mit 2–3 Essl. Aprikosen-, Himbeer- oder Orangenkonfitüre belegen.
3. **Omelette au Rhum flambée:** Die angerichtete Omelette mit ca. 40 g Zucker bestreuen. Unmittelbar vor dem Servieren 6–8 Essl. starken **Rum,** evtl. Kirsch, Cognac usw. (im Wasserbad leicht erwärmt) darübergiessen, oder einige Zuckerstückchen mit dem Liqueur getränkt, darauf legen. Anzünden und **brennend servieren,** oder erst am Tisch **flambieren.**
4. **Omelette mit Früchten:** Ein gemischtes Kompott von feineren Früchten (siehe Nr. 1104 u. 1210 unten) auf eine Platte geben. — Die fertige Omelette daneben anrichten. — **Garnieren** der Oberfläche mit einer Reihe besonders schöner Früchte (rohe od. gekochte). — Möglichst **sofort servieren.** — **Früchte:** Mirabellen, rote Kirschen, frische Beeren, Bananen, Aprikosen, Pfirsiche, Orangen usw.

Omeletten mit Früchten gefüllt   (Crêpes aux fruits)   1210

Zarte Omeletten n. **Nr. 1039, NB.** (mit 6–7 Eiern u. evtl. 30 g Zucker) — **Früchte,** siehe unten 
Die **Omeletten** zubereiten, noch warm füllen und aufrollen. — Beim **Anrichten** mit

etwas Fruchtsaft beträufeln oder mit Zucker bestreuen. (Diesen evtl. im Ofen in Oberhitze rasch bräunen.)

Früchte, z. B. Apfelmus od. Purée von sehr reifen passierten Aprikosen, versüsst — Kompott von Zwetschgen, Aprikosen, od. Pfirsichen usw. — Zerdrückte, gezuckerte Brombeeren, Erd- oder Himbeeren — in Zuckersaft gedünstete Bananenscheibchen, schöne gekochte Dörrfrüchte od. Mandarinenschnitze aus Büchsen usw.

1211 Crêpes Suzette (Kleine süsse Omeletten, flambiert)

Omeletteteig n. Nr. 1039:
- 150 g Weissmehl
- 3–4 dl Milch, Muskat
- 3–5 Eier, 1 Pr. Salz
- 40 g feinen Zucker
- 50 g flüssige Butter

z. Backen: 20–30 g Butter (m. Seidenpapier)

z. Füllen:
- 50 g Butter — 50 g Zucker
- 2–3 Orangen (Saft u. Schale)
- feinen Liqueur, s. NB.

z. Besieben: 2–3 Essl. Puderzucker
Saft u. Würfelchen von 2–3 Orangen
z. Flambieren: Rum, Grand Marnier usw. (s. NB.)

Backen zarter, sehr dünner **Omeletten** (in der Grösse einer Untertasse), evtl. warm stellen. — Den Teig vorher mind. ½ Std. stehenlassen, dann durchsieben. — Die Pfanne zum Backen nur mit bebuttertem Papier ausreiben. — Die Omeletten lassen sich gut tags zuvor backen.

Zum **Füllen:** Butter und Zucker in einem Pfännchen schmelzen und gelbbraun werden lassen. Orangensaft, abgeriebene -schale und nach Geschmack etwas Liqueur beigeben. — Die Omeletten mit der Orangenmasse bestreichen, aufrollen oder vierfach zusammenlegen u. in eine Gratinplatte geben. Sie mit Puderzucker besieben, mit etwas Orangensaft und evtl. Liqueur beträufeln und im Ofen leicht warm werden lassen.

Zum Flambieren: a) Die Crêpes mit 4–8 Essl. Liqueur (diesen im Wasserbad erwärmt) übergiessen und **brennend servieren.** — **b)** Am Tisch in der Flambierpfanne 3–4 Essl. Zucker und 20 g Butter schmelzen und gelb werden lassen. Etwas Orangensaft und -würfelchen sowie die vorbereiteten Crêpes in die Pfanne geben. Sie unter Wenden und Begiessen mit dem Saft erwärmen. Dann 2–4 Gläschen **Liqueur** darüber verteilen und anzünden. Die **flambierten** Crêpes nach kurzem Brennen mit Orangensaft ablöschen und sie mit der Sauce auf die einzelnen warmen Teller verteilen.

NB. Andere Füllung: Orangen- oder Himbeer-Konfitüre — für **Crêpes Jaques:** Bananen-, Ananaswürfelchen und kleine Erdbeeren — für **Crêpes Rose:** dickes Erdbeermark (frische Beeren im Mixer püriert und gezuckert). — Passende **Liqueurs** (evtl. 2–3 gemischt): feiner Rum, Curaçao, Crème de Mandarine, Grand Marnier, Cointreau, Gin, fine Champagne.

1212 Apfelomeletten (Omelettes aux pommes) — 8–10 Stück

Omelettenteig v. Nr. 1039 (mit 5 Eiern, 100 g Zucker) — ¾ kg mürbe Äpfel — 30 g Butter
z. Backen: ca. 150 g Kochbutter — z. Bestreuen: Puderzucker

Vorbereiten: Den Omelettenteig anrühren, etwas stehen lassen. — Die Äpfel schälen, in feine Scheibchen schneiden (evtl. am Hobel), kurz in der Butter dünsten und unter den Teig mischen. — **Backen:** In der Omelettenpfanne 1–2 Essl. Kochbutter erhitzen, soviel Teig hineingiessen, dass er ca. ½ cm hoch steht. Die Omelette auf kleinem Feuer backen, bis sie unten gelb ist. Mit Hilfe eines Deckels wenden, nochmals 1 Essl. Kochbutter beifügen und auch auf dieser Seite gelb backen. Sorgfältig auf eine warme Platte geben und mit Puderzucker reichlich besieben. — Die gebackenen Omeletten aufeinanderlegen.

Wiener Omeletten   (Crêpes au riz Viennoise)   1213

1 Port. Omeletten Nr. 1039
z. Bestreuen { 20 g Butter / 20 g Zucker
z. Dazugiessen { 1–2 dl Milch / oder Rahm
z. Füllen, vermischt
Reisbrei Nr. 996 (¹/₃ Port.)
30 g Haselnüsse od. Mandeln, gerieben
1 Ei oder 100 g Quark
Zitronenschale, abgerieben

Die **Omeletten** nach dem Backen mit der **Füllung** bestreichen und in einer Gratinplatte alle aufeinanderlegen. — **Bestreuen** mit Zucker und Butterflöckchen. Milch oder Rahm dazugiessen. — **Backen** ca. **20 Min.** im Ofen oder zugedeckt auf dem Herd. — **Servieren** mit Kompott oder Vanillesauce.

NB. Die Füllung evtl. o h n e Reisbrei zubereiten, jedoch 2–4 Essl. Paniermehl beigeben.

Deutscher Omelettenkuchen   (Pfannkuchen)   1214

1 Port. Omeletten von Nr. 1039 — z. F ü l l e n: Konfitüre, dickes Apfelmus, evtl. Zucker

Die **Omeletten** nach dem Backen aufeinanderlegen und jedesmal mit etwas Konfitüre oder Apfelmus bestreichen oder nur mit Zucker bestreuen. (Während des Backens die Omeletten möglichst w a r m halten.) — **Servieren,** mit Zucker übersiebt und gegen die Mitte in Stücke geschnitten, wie einen Kuchen. (Als Fastenspeise beliebt bei Kindern.)

Fastenkutteln, süsse   (Omelettes coupées)   1215

Omeletten nach Nr. 1039 oder R e s t e — Vanillesauce Nr. 1217 — z. Belegen: 10 g Butter

Die gebackenen **Omeletten** aufrollen und in ca. ½ cm breite Streifen schneiden. **Einfüllen,** möglichst locker, in eine bebutterte Gratinform. Die Vanillesauce darübergiessen, Butterstückchen auf der Oberfläche verteilen. — **Backen** ca. **20 Min.** im Ofen oder zugedeckt auf dem Herd. — **Servieren** mit Kompott.

Süsse Saucen

Vanillemilch   (Lait vanillé)   1216

4 dl rohe Milch (past.) — 30 g Zucker — Vanillezucker od. -samen (aus Vanilleschoten ausgekratzt)

Alle **Zutaten** miteinander vermischen und hie und da umrühren, bis sich der Zucker gelöst hat. — Bis zum Gebrauch kaltstellen. — **Servieren** zu roter Grütze (Nr. 1157), mit rohen Heidelbeeren, Dörrfruchtköpfchen usw. (evtl. e i s gekühlt.)

Vanillesauce   (Sauce à la vanille)   1217

4 dl Milch, Vanillezucker (od. -samen) — 10–20 g Kartoffelmehl — 1–2 Eigelb — 30 g Zucker

Alle **Zutaten** in ein Pfännchen geben und gut verrühren (mit Schneebesen). Die Sauce unter stetem S c h w i n g e n auf kleinem Feuer bis zum Kochen bringen. — Erkalten lassen, häufig umrühren. — **Servieren** zu gekochten Früchten, Roter Grütze, Puddings usw. — W e i s s e Vanillesauce o h n e Eigelb zubereiten.

1218 Rahmsauce (Sauce à la crème vanillée)

3 dl Milch — 20 g Zucker, etwas Vanillin od. Vanillesamen — 5–10 g Kartoffelmehl — 1–2 dl Rahm

Alle **Zutaten** (ausser Rahm) in einem Pfännchen vermischen. Die Sauce unter Schwingen (mit Schneebesen) aufkochen und erkalten lassen (häufig umrühren). Den leicht geschlagenen **Rahm** darunterziehen. — **Servieren** zu Apfelcharlotte, Früchtepudding, Halbäpfeln, verschiedenen Schokoladedesserts usw. (oft auch eisgekühlt).

1219 Karamelsauce (Sauce au caramel)

60 g Zucker z. Rösten — 4 dl Milch — 5–10 g Kartoffelmehl — evtl. ca. 1 dl Rahm (z. Verfeinern)

Den **Zucker** in einem Pfännchen **rösten,** bis er anfängt zu schäumen. Mit 1–2 Essl. Wasser ablöschen, 3 dl Milch dazugiessen, aufkochen. — Die übrige Milch mit dem Kartoffelmehl mischen und in die Sauce einrühren. Erkalten lassen (häufig rühren). **Servieren** zu Puddings, Apfelspeisen usw. — Evtl. zum Verfeinern etwas **Rahm** leicht geschlagen, mit der kalten Sauce vermischen.

1220 Schokoladesauce (Sauce au chocolat)

4 dl Milch, 20 g Zucker (evtl. 1 Eigelb) — 60–100 g Schokolade, gerieben — 5–10 g Kartoffelmehl

Alle **Zutaten** in einem Pfännchen gut vermischen. Die Sauce unter stetem Rühren auf kleinem Feuer bis zum Kochen bringen. — Erkalten lassen (häufig rühren). — **Servieren** zu Maizenaköpfchen, Vanilleeis usw. — Evtl. z. Verfeinern 1 dl Rahm, leicht geschlagen, beigeben. — **Spez. Schokoladen-Sauce** zu Glace usw. siehe **Nr. 1323, NB.**

1221 Nuss-Sauce (Sauce aux noix)

50 g Nusskerne, Haselnüsse od. Mandeln — 1 Weggli — 20 g Zucker, 4 dl Milch — 1 dl Rahm

Die Nüsse reiben, das Weggli fein schneiden. Beides mit Milch und Zucker zum Kochen bringen, durch ein feines Sieb passieren. — Erkalten lassen (häufig rühren). Den leicht geschlagenen Rahm darunterziehen.
Servieren zu Früchteköpfchen, Dörrfrüchttorte, Zwetschgenring usw.
NB. II. Art: Statt Weggli ca. 10 g Kartoffelmehl verwenden. — Den passierten Rückstand von Nüssen usw. noch verwenden, z. B. für Fruchtspeisen, zu Brotpudding, Wieneromeletten usw.

1222 Kokosnuss-Sauce (Sauce au noix de coco)

Zubereitung wie Nussauce **Nr. 1221,** jedoch 50–80 g geriebene **Kokosnuss** (Kokosraspel) verwenden und die Sauce mit 10–20 g Kartoffelmehl (statt m. Weggli) binden.

1223 Zitronensauce (Sauce crème au citron)

Vanillesauce Nr. 1217 (mit 20–30 g Kartoffelmehl) — 1–2 Zitronen (Saft und Schale)

Der erkalteten, dicklichen Vanillesauce soviel gesiebten Zitronensaft und fein abgeriebene Schale beimischen, bis sie angenehm säuerlich schmeckt. Wenn nötig noch versüssen und evtl. absieben. — **Servieren** zu Puddings.
(Wird die Sauce noch warm gemischt, kann sie gerinnen.)

Orangensauce (Sauce à l'orange) 1224

Saft von 2–4 Orangen (od. aus Büchsen)
Orangenschale, abger. — 50–80 g Zucker
5–10 g Kartoffelmehl, 1 dl Wasser
2–3 Orangen (f. Würfelchen)
od. Orangenkonfitüre
etwas Curaçao

Orangenschale (fein abgerieben), Zucker, Kartoffelmehl und Wasser zusammen aufkochen. Der erkalteten, gesiebten Masse den Orangensaft und 2–4 Essl. kleine Orangenwürfelchen oder etwas -konfitüre und Curaçao (nach Geschmack) beigeben. **Servieren** zu Wegglipudding, kleinen Omeletten usw.

Ananassauce (Sauce aux ananas) 1225

1 kleine Büchse Ananas — 5 g Kartoffelmehl — wenig Zitronensaft

Die **Ananas** durchstreichen oder im Mixer mit etwas Saft pürieren. Die Hälfte davon mit dem kalt angerührten Kartoffelmehl aufkochen (z. Binden), abkühlen und mit dem übrigen Purée und wenig Zitronensaft vermischen. — **Servieren** zu Reispudding oder -köpfchen usw.

Aprikosensauce (Sauce aux abricots) I. und II. Art 1226

Vanillesauce Nr. 1217 — Aprikosenpurée, 2–4 dl (s. NB.) — Zitronensaft

I. Art: Der erkalteten Vanillesauce das dicke Aprikosenpurée (ca. 2 dl) und evtl. etwas Zitronensaft beimischen.

II. Art: 4 dl Aprikosenpurée kurz aufkochen, mit 5–10 g Kartoffelmehl (kalt angerührt) binden und nach Geschmack versüssen.

Servieren zu kleinen Dessertomeletten, Wegglipudding usw.

NB. Zum **Purée:** 1/3 kg reife oder gekochte **Aprikosen** (evtl. gedörrte, eingeweichte) mit 2 dl Wasser oder Saft durch ein feines Sieb streichen oder im Mixer pürieren. — **Bananensauce** gleiche Zubereitung.

Hagebuttensauce (Sauce aux églantines) 1227

150 g Hagebuttenmark (evtl. -konfitüre) — 80 g Zucker — 2 dl Rotwein (auch alkoholfreien)

Das Hagebuttenmark mit Zucker vermischen, aufkochen, den Rotwein beigeben, evtl. verdünnen mit etwas Wasser. **Servieren** zu Puddings, süssen Omeletten usw.

II. Art: Das Mark roh mit den übrigen Zutaten vermischen.

Fruchtsaft-Sauce (Sauce au sirop) I. und II. Art 1228

2 dl Fruchtsirup (s. NB.), 2 dl Wasser — etwas Zitronensaft od. Liqueur, wenn nötig noch Zucker

I. Art: Sirup und Wasser zusammen verrühren. Je nach Geschmack Zitronensaft oder Liqueur (Rum, Arrak oder Kirsch) und evtl. noch Zucker beigeben.

Servieren zu Köpfchen, Puddings usw.

II. Art: Statt fertigen **Sirup**, Saft oder Purée von allen Arten Beeren, sowie v. **Cassis** u. **Sanddorn**, auch von rohen oder gekochten Früchten (Aprikosen usw.) oder tiefgekühlten Fruchtsaft verwenden. Zucker und Wasser nach Bedarf beifügen.

1228a Erdbeer- oder Himbeersauce (Sauce aux fraises ou framboises)

500 g Erd- od. Himbeeren, 120–150 g Puderzucker, wenig Zitronensaft — evtl. 1 dl Rahm od. Joghurt

Die Beeren mit dem Zucker im Mixer pürieren oder durch das Passetout streichen. Nach Geschmack etwas Zitronensaft beigeben. — **Servieren** zu gekochten Pfirsichen, Birnen oder Bananen, zu Blanc manger, feinem Reisköpfchen u. ä. m.

NB. Als Sauce zu Früchten, evtl. den Rahm od. Joghurt, leicht geschlagen beimischen.

1229 Rotweinsauce (Sauce au vin rouge)

4 dl Rotwein (auch alkoholfreien)
1 dl Wasser — evtl. Zimtrinde
80–100 g Zucker — 30 g Rosinen
z. Binden: 5–15 g Kartoffelmehl

Rotwein, Wasser, evtl. Zimt und Zucker aufkochen, die gewaschenen Rosinen beigeben. Das Kartoffelmehl, mit wenig kaltem Wasser vermischt, einrühren. — **Servieren**, warm oder kalt, zu Puddings, Aufläufen oder Fettgebackenem usw.

1230 Bischofsauce (Sauce bishop)

4 dl Rotwein (s. NB.) — 80 g Zucker — 1 Stück Zimtrinde, Orangen- od. Zitronenschale

Alle **Zutaten** zusammen aufkochen und passieren. — **Servieren**, heiss oder kalt, zu Puddings, Aufläufen oder Fettgebackenem.

NB. Evtl. halb Wein, halb Wasser, auch Süssmost oder alkoholfreien Wein verwenden.

1231 Punsch- oder Rumsauce (Sauce au punch)

100–150 g Zucker — 3 dl Weisswein (evtl. alkoholfreien) — 2 dl Wasser od. Süssmost
Saft von ½–1 Zitrone, ½–1 dl Rum (evtl. alkoholfreien od. Orangensaft)

Zucker, Weisswein und Wasser oder Süssmost aufkochen und erkalten lassen. Den passierten Zitronensaft und Rum (oder Orangensaft) beigeben, umrühren.

NB. Speziell auch geeignet zum Tränken vom **Savarin**.

1232 Chaudeau (Weinschaumsauce)

2 dl Weisswein (evtl. alkoholfreien)
s. auch NB.
schaumig { 40–60 g Zucker
gerührt { 2 Eier oder 3–4 Eigelb

Alle **Zutaten** in eine Chromstahl- oder gut glasierte Emailpfanne geben und verklopfen. Die Masse auf kleinem Feuer oder im Wasserbad andauernd **tüchtig schwingen**, bis sie **steigt**. — Beim ersten Aufkochen sofort zurückziehen und noch einen Moment weiter schwingen. — Die Chaudeau soll dick und schaumig sein. Sie evtl. im Wasserbad warm halten, da sie, abgekühlt, leicht zusammenfällt.

Servieren als Sauce zu Puddings, Erdbeeren, gekochten Pfirsichen od. Birnen usw.

NB. Andere Mischung: Mit dem Weisswein noch 1–2 Essl. Rum verwenden oder Fruchtsaft (z.B. Orangen- oder Zitronensaft [diesen mit Wasser verdünnt]). — Zum **Überziehen** von Birnen, Pfirsichen usw. 1–2 Msp. Kartoffelmehl beigeben oder 1 Eigelb durch 5 g Kartoffelmehl ersetzen.
Zabaione als Crème serviert, siehe Nr. 1250.

Tafel 42

Charlotte russe Nr. 1275, garniert

Formen und Einfüllen (n. Nr. 1274)

Feines Blanc-manger Nr. 1264

Nuss-Bavarois Nr. 1267

Tafel 43

Bombe panachée Nr. 1308, I. u. II. Art

Feines Früchte-Eis, garniert, Nr. 1306 (in der Eisschublade gefroren)

Gekochte Crèmen

Allgemeines: Crèmen sind erfrischende und zugleich nahrhafte Süssspeisen. Die sorgfältige und exakte Zubereitung einer Crème bedingt sowohl wie die Zutaten (frische Milch und Eier, evtl. Beigabe von Rahm usw.) ihren feinen Geschmack. Crèmen sollen dickflüssig sein und schmecken besonders fein, wenn sie bis zum Auftragen gut kalt gestellt werden, anrichten in Schalen aus Glas oder Kristall. **Serviert** werden Crèmen oft mit kleinem Backwerk, einfachen Torten usw.

Zubereitung einer gekochten Crème Grundregel 1233

Geräte: Kleinere **Pfanne** aus gut glasiertem Email oder Chromstahl (möglichst kein Aluminium, s. NB.). — **Schneebesen** zum Schwingen, kleinere tiefe **Schüssel** für Eier und Zucker.
Grundzutaten: Eigelb oder ganze Eier — Zucker — Milch — z. Binden ein feines Stärkemehl: Kartoffel- od. Weissmehl, Maizena od. Maispuder (Weissmehl bindet bes. gleichmässig. Kartoffelmehl usw. bindet leicht und zart, verändert sich jedoch oft beim Abkühlen so, dass die Crème wieder dünner wird.) — je nach Rezept: eine aromagebende Zutat, evtl. 1 kleine Prise Salz.

1. **Schaumigrühren** der Eigelb oder der ganzen Eier mit dem Zucker in einer kleinen Schüssel während ca. 5 Min. (bis die Masse hellgelb und dicklich ist).
2. a) Die kalte **Milch** mit dem Stärkemehl unter **Rühren** aufkochen.
   b) **Aufkochen** von $^2/_3$ **der Milch** (z. B. mit Karamel, zerbrochener Schokolade usw.) **Einrühren** des **Stärkemehls,** das man mit dem Rest der Milch glatt vermischt hat (Weissmehl evtl. im Schüttelbecher). — Diese Methode anwenden: z. B. bei Karamel- und Schokoladecrèmen — bei grösseren als den angegebenen Portionen — wenn nur eine Aluminiumpfanne zur Verfügung steht.
3. Von der aufgekochten Milch etwa die Hälfte unter tüchtigem Rühren mit der **schaumig gerührten Eimasse vermischen** und **zurückgiessen** in die Pfanne. (Pfanne unterdessen neben dem Feuer!)
4. **Schwingen** der Crème auf kleinem Feuer während 2–3 Min., d.h. bis sie schaumig und dicklich ist, sie jedoch **nicht kochen** lassen. — Beim Kochen gerinnen die Eier: die Crème ist nicht mehr schön glatt, sondern «griessig» oder hat kleine Eierfetzchen und wird evtl. wieder dünner! — Je nach Angabe im Rezept **Eierschnee** unter die **heisse** Crème ziehen.
5. **Erkalten lassen** der Crème unter öfterem Rühren, damit sich keine Haut bildet.
6. Evtl. **verfeinern** mit geschlagenem, ungesüsstem Rahm (je nach Angabe). — Crèmen möglichst **kaltstellen** bis zum Servieren. — **Anrichten** in eine schöne Schale (Glas od. Kristall) oder in einzelne Coupes.

NB. Vereinfachte Zubereitung: Crèmen mit besonders starkem Aroma (Karamel-, Schokoladecrème usw.) werden auch fein mit weniger oder ohne Eier zubereitet. Je 1 Ei ersetzen mit 5 g Stärkemehl. Die erkaltete Crème jedoch **verfeinern** mit etwas geschlagenem Rahm (1–2 dl).
Die **Crèmezubereitung** soll nur in einer Pfanne geschehen, in welcher weder durch Schwingen mit dem Schneebesen noch durch Stehenlassen Farbe oder Geschmack verändert werden. (In Aluminium nur mit Holzkelle rühren, da z.B. helle Crèmen mit Schneebesen gerührt, grau und unansehnlich werden können.)

Vanillecrème (Crème à la vanille) 1234

2–3 Eier od. 3–4 Eigelb, 60 g Zucker — 5 dl Milch, Vanille — 10–20 g Kartoffel- od. Weissmehl
Zubereitung der Crème nach **Nr. 1233,** Grundregel. — Die **Eier** evtl. getrennt verwenden und das Eiweiss, zu Schnee geschlagen, unter die heisse Crème ziehen. — Vanille siehe Fachausdrücke. — Evtl. zum **Verfeinern** 1–2 dl Rahm, geschlagen, unter die kalte Crème mischen.

1235 Vanillecrème mit Schneeballen (Crème aux boules de neige)

Zubereitung wie Crème **Nr. 1237,** jedoch **ohne** Schokolade beizumischen.

1236 Schokoladecrème (Crème au chocolat)

schaumig rühren { 2–3 Eier od. Eigelb (s. NB.) / 30–50 g Zucker (je n. Schokolade)

Aufkochen: 100 g Schokolade — 5 dl Milch
z. Binden: 10–15 g Kartoffel- od. Weissmehl

Zubereitung der Crème nach **Nr. 1233,** Grundregel (Abschnitt 2b), d.h. die Schokolade zerbrochen zuerst mit der Milch auflösen.

NB. Evtl. zum **Verfeinern:** 1–2 dl Rahm geschlagen unter die kalte Crème ziehen.

II. Art: Vereinfachte Zubereitung (ohne Eier, jedoch mit 25 g Mehl binden) siehe **NB.** von **Nr. 1233.**

1237 Schokoladecrème mit Schneeballen (Boules de neige sur crème Suchard)

zum Vorbereiten { 2–3 Eigelb, 20 g Zucker / 5 g Kartoffel- od. Weissmehl / 1 dl Milch, 1 Pr. Salz / 80–100 g Schokolade

z. Aufkochen { 5 dl Milch, 1 Pr. Salz / 30 g Zucker, Vanille

Schneeballen { 2 Eiweiss (z. Schnee) / 50 g Zucker

Vorbereiten: Eigelb und Zucker schaumig rühren. — Kartoffelmehl und Milch anrühren (z. Binden). — Die Schokolade reiben oder zerbrechen.

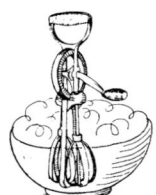

Aufkochen der 5 dl Milch mit Zucker und Vanille. — **Schneeballen:** Das Eiweiss zu steifem Schnee schlagen unter löffelweisem Beifügen des Zuckers. Davon mit zwei Teelöffeln Klösschen formen, sie direkt auf die kochende Milch legen, zudecken und so lange leise kochen, bis sie fest geworden sind (evtl. einmal wenden). — Nur wenige auf einmal kochen, damit sie sich nicht berühren. — Die Klösschen sorgfältig mit einem Schaumlöffel herausheben und in eine weite Crèmeschale anrichten.

Schokoladecrème-Zubereitung: In der vom Kochen der Schneeballen übrigen Milch die Schokolade auflösen, dann zum Binden das Kartoffelmehl einrühren und aufkochen. Die Crème an die Eigelbmasse schwingen, nochmals unter Rühren erhitzen (jedoch nicht kochen) und abkühlen lassen. — Die erkaltete Crème sorgfältig zu den Schneeballen giessen, so dass diese an die Oberfläche steigen. Sie mit wenig Schokoladepulver bestreuen.

1238 Haselnusscrème (Crème au nougat)

Crème { 2–3 Eigelb — 30 g Zucker / 5 dl Milch, 1 kl. Pr. Salz / 10–20 g Kartoffel- od. Weissmehl

z. Beigeben { geröstete Nussmasse (Nougat) Nr. 1423

z. Verfeinern { 1–2 Essl. Rum / 2 dl Rahm

Zubereitung der Crème nach **Nr. 1233,** Grundregel. — Der Crème nach dem Erkalten die gerösteten, geriebenen Haselnüsse beigeben. — **Verfeinern** mit Rum oder ein paar Tropfen Zitronensaft und dem leicht geschlagenen Rahm. — Evtl. garnieren mit zurückbehaltenem Rahm und gerösteten Nüssen.

Feine Mokkacrème (Kaffeecrème — crème au café) 1239

Crème
- 2–3 Eier od. 3–4 Eigelb
- 60 g Zucker, Vanille
- 4 dl Milch, 1 Pr. Salz
- 10–20 g Weissmehl

z. Beigeben
- 3–4 Teel. Nescafé, aufgelöst in ca. 1 dl heissem Wasser

z. Verfeinern
- 1–2 dl Rahm
- evtl. 1–2 Essl. Kirsch

Zubereitung der Crème nach **Nr. 1233**, Grundregel. — Unter die Crème so viel Kaffee mischen, bis sie ein starkes Kaffeearoma hat. Nach dem Erkalten **verfeinern** mit geschlagenem Rahm und nach Belieben mit Kirsch. — **Anrichten** der Crème in eine Schale. **Garnieren** der Oberfläche mit zurückbehaltenem Rahm und evtl. mit Schokolade-Kaffeebohnen. Bis zum Servieren recht kalt stellen.

Karamelcrème (Gebrannte Crème — Crème brûlée) I. und II. Art 1240

Vorbereiten
- 1–3 Eigelb — 30 g Zucker
- 1 dl Milch, 1 Pr. Salz
- 10–20 g Kartoffel- od. Weissmehl

Pfanne aus Chromstahl (evtl. Aluminium).

z. **Rösten** (für Karamel): 70–100 g Zucker
z. **Abkühlen**: 1 Essl. Wasser
z. **Beigeben**: 4 dl Milch
evtl. z. **Verfeinern**: 1–2 dl Rahm

I. Art, Vorbereiten: Eigelb und Zucker schaumig rühren. — Das Kartoffel- oder Weissmehl mit der Milch (1 dl) anrühren. — Die 4 dl Milch und das Wasser bereitstellen. **Rösten** des Zuckers, bis er braun ist und anfängt zu schäumen, den Esslöffel Wasser beigeben (zum Abkühlen). Sofort die Milch dazugiessen und erhitzen, bis sich aller Zucker aufgelöst hat. — Die Crème mit dem angerührten Mehl binden und aufkochen. Sie unter Schwingen an die Eimasse und wieder zurück in die Pfanne giessen, dann auf kleinem Feuer dicklich rühren (nicht kochen!) und erkalten lassen. — Evtl. zum **Verfeinern** den leicht geschlagenen Rahm unter die Crème ziehen.

NB. Wird der Zucker zu dunkel geröstet, schmeckt die Crème bitter, zu hell, hat sie zu wenig Aroma. — Die Milch nie direkt zum gerösteten Zucker giessen, da sie dann leicht gerinnt.
II. Art: Vereinfachte Zubereitung: Da die Crème durch den Karamel sehr aromatisch wird, kann sie gut ohne Eier zubereitet werden. Dann jedoch allen Zucker rösten (100 g) und mit ca. 20 g Mehl binden; zuletzt mit dem leicht geschlagenen Rahm verfeinern. (Crème-Grundregel s. Nr. 1233.)

Diplomatencrème (Crème aux diplomats) 1241

Crème
- 3–5 Eigelb — 70 g Zucker
- 4 dl Milch, Vanille
- 5 g Kartoffelmehl

z. Beigeben: 3 Blatt Gelatine (in kaltes Wasser gelegt)

z. Verfeinern
- 2–4 Essl. Rum od. Arrak
- 3–5 Makrönli
- kandierte Früchte (ca. 50 g)
- 2 Eiweiss (z. Schnee)
- 2–3 dl Rahm

Zubereitung der **Crème** nach **Nr. 1233**, Grundregel. — Sobald die Crème vom Feuer kommt, die eingeweichte Gelatine (gut abgetropfte) beigeben und schwingen, bis sie sich aufgelöst hat. Unter häufigem Rühren erkalten, aber nicht steif werden lassen. Zum **Verfeinern**: Makrönli und kandierte Früchte in kleine Stückchen schneiden, mit Rum oder Arrak beträufeln. Eiweiss und Rahm steif schlagen. Diese **Zutaten** unter die noch weiche Crème mischen, sofort in eine schöne Schale oder in Coupes anrichten. — **Garnieren** mit zurückbehaltenem Rahm und kandierten Früchten. Bis zum Servieren recht kalt stellen.

1242 Götterspeise (Crème délicieuse)

Crème { 3 Eigelb — 70 g Zucker / 5 dl Milch, Vanille / 5 g Kartoffelmehl
z. Beigeben { 3 Blatt Gelatine (eingeweicht) / 3 Eiweiss (z. Schnee)

100 g Löffelbiscuits
2–3 Essl. Konfitüre (Aprikosen od. Himbeer)
etwas Zitronensaft od. Liqueur
z. Garnieren: 1 dl Rahm

Zubereitung der **Crème** nach **Nr. 1233, Grundregel.** — Sobald die Crème vom Feuer kommt, die eingeweichte Gelatine beigeben und schwingen, bis sie sich aufgelöst hat. Das **Eiweiss** zu Schnee schlagen und unter die heisse Crème ziehen. Sie unter häufigem Rühren erkalten, jedoch nicht steif werden lassen. — Die **Biscuits** in Würfel schneiden, mit der Konfitüre bestreichen, in die Crèmeschale legen, mit wenig Zitronensaft oder Liqueur beträufeln. Beim **Anrichten** die Crème sorgfältig über die Biscuits giessen. — **Garnieren** mit Biscuits, Konfitüre und Schlagrahm.

Andere Art: Statt Vanillecrème **Chaudeau** Nr. 1232 über die Biscuits giessen.

1243 Tutti-Frutti à la crème

Früchte: ca. ½ kg, verschiedene gekochte od. gut reife, sowie Beeren (auch tiefgekühlte), s. NB.

Crème { 2–3 Eigelb — 50 g Zucker / etwas Vanille / 4 dl Milch, 1 Pr. Salz / 20 g Weissmehl
evtl. z. Binden: 2 Blatt Gelatine (in kaltes Wasser gelegt)
z. Beigeben { 3 Eiweiss (z. Schnee) / etwas Zitronensaft / evtl. etwas Liqueur (s. NB.)
z. Garnieren { 1 dl Rahm / od. 1 Eiweiss (z. Schnee) / Beeren od. Fruchtgelée

Die **Früchte** in Schnitzchen oder kleine Scheiben schneiden. Sie in Zuckersirup lagenweise weich oder glasig kochen und abgekühlt auf dem Boden einer Crèmeschale verteilen.

Zubereitung der **Crème** nach **Nr. 1233, Grundregel;** evtl. die eingeweichte Gelatine beigeben und schwingen, bis sie sich aufgelöst hat. — Die **Eiweiss** zu Schnee geschlagen sofort unter die heisse Crème ziehen und erkalten lassen unter öfterem Umrühren. — Vor dem **Anrichten** der Crème etwas Zitronensaft und evtl. Liqueur beigeben; sie sorgfältig über die Früchte giessen. (Die Crème soll dicklich sein, damit die Früchte nicht steigen!)— **Garnieren** mit versüsstem Schlagrahm oder Eierschnee und mit Fruchtgelée oder schönen Früchten.

NB. Früchte nach Jahreszeit (roh od. gekocht, auch aus Büchsen): rote Kirschen, Apfel- oder Quittenschnitzchen, Zwetschgen od. Bananen — rohe Orangenscheiben (od. Mandarinenschnitzchen aus Büchsen), Datteln, glasig gekochte Bananenscheibchen — schöne, gekochte Apfelschnitze, Melonen, Brombeeren — Aprikosen (gekochte, evtl. gedörrte), kurz gekochte Bananenscheibchen und Pfirsichschnitze, Himbeeren od. Erdbeeren, auch tiefgekühlte. — **Liqueur** z. B.: Rum, Arrak oder Cointreau.

1244 Zuppa Inglese (Früchte mit Crème, meringuiert)

Früchte, ca. 400 g: Erdbeeren, Himbeeren, Aprikosen und Pfirsiche (gekochte od. gut reife), je 50 g Cedrat und Angélique — Zucker nach Geschmack
Crème von Tutti-frutti **Nr. 1243** — 150 g Biscuitreste od. Löffelbiscuits, 4–6 Essl. Rum od. Curaçao — für Meringuemasse nach **Nr. 1497:** 3 Eiweiss (z. Schnee), 120 g Zucker

Vorbereiten: Die Früchte rüsten, evtl. klein schneiden, mit etwas Zucker bestreuen.

Cedrat und Angélique in feine Streifen schneiden. — Die **Crème** zubereiten, die Gelatine damit vermischen (jedoch k e i n e n Eierschnee beigeben). 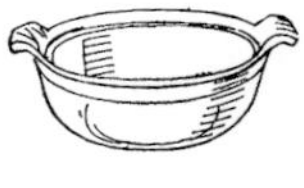
Einfüllen: In eine Auflaufform (bis zu ¾ Höhe) l a g e n w e i s e die Früchte, die klein geschnittenen Biscuits (mit Liqueur beträufelt) sowie die noch w e i c h e Crème geben und kaltstellen. — Zum **Meringuieren** die Eiweiss zu sehr steifem Schnee schlagen, indem man nach und nach den Zucker beigibt. Diesen Schaum als 2–3 cm dicke Schicht über die eingefüllte Crème geben. In guter O b e r h i t z e rasch leicht gelb überbacken (bei offenem Ofen). — Evtl. Fruchtsaft dazu servieren.

Fruchtpurée-Crème   (Crème au purée de fruits)   1245

Anmerkung: Fruchtcrèmen sind e r f r i s c h e n d und ausgiebig. — Sie lassen sich auch für G l a c e n verwenden, s. unten.

Crème { 3 dl Milch, 1 Pr. Salz / 25 g Weissmehl / 1–2 Eigelb, 60 g Zucker
Purée von ¾ kg F r ü c h t e n (s. NB.)
z. Beigeben { 2–3 dl Rahm, s. NB. / evtl. 2 Eiweiss (z. Schnee) / wenig Zitronensaft / evtl. 1–2 Essl. Liqueur s. NB.

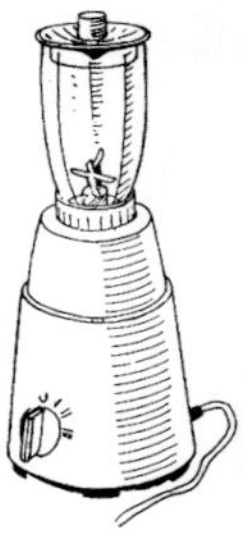

Vorbereiten des Purées: Die Früchte (je n. Art) rüsten und roh oder gekocht (mit od. ohne Zucker) passieren oder im Mixer purieren, k a l t stellen.
Zubereiten der Crème: Das Mehl mit der kalten Milch im Pfännchen g l a t t anrühren. Eigelb, Zucker und Salz beigeben und unter Schwingen zum Kochen bringen. Erkalten lassen unter häufigem R ü h r e n. — Den **Rahm** und evtl. das E i w e i s s s t e i f schlagen. — **Vermischen** des Fruchtpurées mit der Crème (beides kalt), ¾ des Rahmes und evtl. das Eiweiss darunter ziehen, ganz wenig Zitronensaft und nach Belieben Liqueur beigeben, wenn nötig noch versüssen. — **Garnieren** der angerichteten Crème mit dem Rest des Schlagrahmes und evtl. mit zurückbehaltenen Früchten. Bis zum **Servieren** k a l t stellen.

NB. Zum **Fruchtpurée** eignen sich: **Aprikosen,** sehr reife od. gekochte (evtl. gedörrte gut eingeweicht) — **Beeren** (Johannis-, Erd- od. Himbeeren, Heidel- od. Brombeeren) — **Bananen,** 3–5 Stück, gut reife — **Pflaumen,** möglichst rote, sowie **Zwetschgen,** gut reife, rohe oder gekochte — **Rhabarbermus,** dickes (gekocht n. Nr. 1108, mit etwas Vanille) — **Tessinertrauben** (blaue) r o h durchgepresst. — Statt Rahm evtl. ungezuckerte geschlagene K o n d e n s m i l c h , Gredfil oder frischen Q u a r k verwenden. — Als L i q u e u r : Maraschino, Abricot Brandy od. feinen Kirsch.

Für **Glace-Zubereitung** (im Eisschrank) unter die h e i s s e Crème noch 2–4 Blatt gewaschene G e l a t i n e mischen und o h n e R ü h r e n gefrieren lassen (s. **Früchteeis Nr. 1306**).

Zitronen- oder Orangencrème   (Crème au citron ou à l'orange)   1246

Crème { 2–3 Eigelb (s. NB.) / 80–100 g Zucker / 4 dl Milch, 1 Pr. Salz / 30 g Weissmehl
z. Beigeben { Saft v. 3–5 Zitronen od. Orangen / 2 dl Rahm (s. NB.) / 2 Eiweiss (z. Schnee)
z. G a r n i e r e n : einige Pistazien

Zubereitung der Crème nach **Nr. 1233,** G r u n d r e g e l und e r k a l t e n lassen. (Sie soll jetzt sehr dick sein, da sie nachher durch den Fruchtsaft erheblich dünner wird.) Den Fruchtsaft auspressen, etwas fein abgeriebene Schale beigeben, evtl. passieren. **Vermischen** der Crème mit soviel Saft, bis sie angenehm s ä u e r l i c h schmeckt. Rahm und Eiweiss steif schlagen und unter die Crème ziehen (vom Rahm z. **Garnieren** zurückbehalten). — **Anrichten** der Crème und gitterartig **garnieren** mit dem Rest des versüssten Rahmes und mit gehackten oder fein geschnittenen Pistazien.

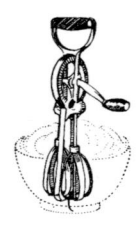

NB. Unter die Orangencrème evtl. etwas Crème de Mandarine od. Curaçao mischen. — Zitronencrème evtl. vor dem Garnieren mit ca. 50 g braun geröstetem Zucker (erkaltet gerieben) dick bestreuen. Die Crème soll beim Mischen mit dem Saft ganz kalt sein, damit sie nicht gerinnt.

Einfachere Zubereitung: Nur 1 Eigelb und keinen Rahm verwenden, statt dessen 3–4 **Eiweiss** zu Schnee geschlagen unter die heisse Crème ziehen.

1247 Orangen-Schaumcrème (Chaudeau à l'orange)

I. Art
- 5 dl Saft v. 6–8 Orangen
- (evtl. etwas Weisswein)
- 5–6 Eier — 200 g Zucker
- evtl. etwas Liqueur

II. Art
- 4 dl Saft von 4–6 Orangen
- (evtl. etwas Weisswein)
- 2–3 Eier — 100 g Zucker
- 5–10 g Kartoffelmehl

Vorbereiten: Die Orangen auspressen. Den Saft absieben, evtl. bis zum genauen Quantum mit Weisswein (oder Wasser) auffüllen.

Crème, I. und II. Art: Eier und Zucker in der Chromstahl- oder gut glasierten Emailpfanne gut verrühren, den Saft beifügen. — Auf kleinem Feuer (evtl. im Wasserbad) tüchtig schwingen während ca. **10 Min.**, d.h. solange, bis die Crème doppelt so hoch und ganz schaumig ist. Beim ersten Aufkochen zurückziehen, etwas abkühlen. **Servieren** mit kleinen Biscuits oder einem Cake usw.

NB. Evtl. die Crème auf dem Feuer nur mit dem Eigelb schwingen; die Eiweiss mit 20 g Zucker steif geschlagen unter die heisse Crème ziehen.

1248 Zitronen-Schaumcrème (Chaudeau au citron)

Zubereitung wie Orangen-Schaumcrème **Nr. 1247,** II. Art. — Statt Orangensaft 2 dl **Zitronensaft** und 2 dl Wasser (evtl. Weisswein) verwenden.

1249 Süssmost-Schaumcrème (Chaudeau au cidre)

½ l Süssmost — 3–4 Eier — 120 g Zucker — evtl. 5 g Kartoffelmehl, etwas Zitronenschale, abgerieb.

Zubereitung wie Orangen-Schaumcrème **Nr. 1247.**

Einfacher: Nur 2 Eier und 10–20 g Kartoffelmehl (z. Binden) verwenden.

1250 Zabaione (Crème Sabayon)

3 dl Marsala od. halb Weisswein (s. auch NB.) — 180 g Zucker — 5–6 Eigelb (od. 2 Eier, 3 Eigelb)

Pfanne aus Chromstahl oder gut glasiertem Email — z. **Anrichten:** spez. Gläser oder Coupes-Schalen (evtl. Tassen).

Die **Zutaten** in die Pfanne geben, gut verklopfen, dann auf kleinem Feuer (evtl. im Wasserbad) andauernd **tüchtig schwingen,** bis die Masse dick und schaumig ist. Sobald sie steigt, die Crème zurückziehen und sofort anrichten oder im Wasserbad warm halten (nicht kochen). — **Servieren** (evtl. auch kalt) mit kleinen Biscuits oder einem Cake.

NB. Evtl. nur Weisswein verwenden und 2–4 Essl. Rum oder Curaçao beigeben. — Als **Sauce** zu Puddings usw. siehe **Chaudeau** od. **Weinschaumcrème** Nr. 1232. — **Sabayon glacé** s. Nr. 1301a.

Rahmcrèmen (ungekocht zubereitet)

Allgemeines: Rahmcrèmen gehören zu den bes. feinen und reichen Desserts und sind rasch zubereitet.
Servieren als **Crème** in einer Schale (möglichst kalt gestellt) oder mit Gelatine gebunden **gestürzt,** oder als **Rahmeis** (Bombe) gefroren, siehe Nr. 1293 und 1294. — Die Grund-Zutaten der Rahmcrèmen sind:
Rahm, geschlagen (s. Fachausdrücke). — Evtl. 1–2 dl Rahm ersetzen durch Beigabe von geschlagener, ungezuckerter Kondensmilch oder von geschlagenem Eiweiss (als Ersatz pro 1 dl Rahm ca. 1 Eiweiss). Die Crèmen werden dadurch auch etwas leichter und luftiger.
Zucker: feiner weisser Griess- oder gesiebter Puderzucker. — **Aromagebende Zutaten** wie flüssige Schokolade, Fruchtpurées, Vanille, Liqueurs usw.
NB. Die Crèmen beim Mischen nicht zu stark rühren, da der Rahm sonst leicht gerinnt. — Alle Rahmcrèmen eignen sich ausgezeichnet zum **Gefrieren** für **Glacen** (spez. auch für Bomben). Ihnen dann keinen oder nur wenig Alkohol und statt dessen etwas Zitronensaft beigeben, da die Glacen sonst nicht genügend gefrieren und evtl. beim Stürzen nicht stehen. — Als **gestürzte Crème** den Rezepten von Nr. 1251–57 noch 3–5 Blatt (kalt eingeweichte) heiss aufgelöste Gelatine beigeben.

Schokolade-Rahmcrème (Mousse au chocolat — Feine Schokoladencrème) 1251

2–3 Eigelb — 30–50 g Zucker
100–120 g feine Schokolade, dunkle Lindt
3–5 Essl. Kaffee od. Wasser m. Nescafé
4–5 dl Rahm
2–3 Eiweiss (z. Schnee) s. NB.

Vorbereiten: Eigelb und Zucker schaumig rühren. — Die Schokolade klein brechen, mit dem Kaffee (od. nur Wasser) in einem Pfännchen auf kleinem Feuer schmelzen, glattrühren und warm zur Eigelbmasse mischen. — **Crème:** Den Rahm leicht steif schlagen, ebenso das Eiweiss, und sorgfältig unter die Schokolademasse ziehen. (Wird zu stark gerührt, kann die Crème gerinnen!) — **Anrichten** in eine Schale oder in Coupes und **garnieren** mit zurückbehaltenem versüsstem Schlagrahm, evtl. mit Schokolade-Spritzglasur (s. unten) oder kleinen Schokoladeplätzchen. — Bis zum **Servieren** möglichst kalt stellen.
NB. Hübsch wirkt auf der Crème eine **Garnitur** von Schokolade-Spritzglasur nach Nr. 1422 (s. auch Rübentorte, auf Tafel 46). — **Rahmcrèmen,** Allgemeines, s. oben.

Kaffee-Rahmcrème (Mousse au café) 1251a

3 Eigelb — 60 g Zucker
1 dl starken Kaffee
(v. 3–5 Teel. Nescafé aufgelöst)
3 dl Rahm (geschlagen)
2–3 Eiweiss (z. Schnee)
Schokolade-Kaffeebohnen

Vorbereiten: Eigelb und Zucker schaumig rühren, den Kaffee beigeben. Den leicht geschlagenen Rahm und den Eierschnee sorgfältig darunter ziehen. — **Anrichten** in eine Schale und **garnieren** mit zurückbehaltenem Rahm und den Mokkabohnen. — Bis zum **Servieren** möglichst kalt stellen.
Rahmcrèmen, Allgemeines, siehe oben.

Haselnuss- oder Nuss-Rahmcrème (Mousse pralinée) 1252

Rösten n. Nr. 1423 { 70 g Hasel- od. Baumnüsse
70 g Zucker
5 dl Rahm (s. NB.)
evtl. etwas Nussliqueur od. Zitronensaft

Vorbereiten: Die im Zucker gerösteten, erkalteten Nüsse reiben, einige zurückbehalten zum Garnieren. — **Crème:** Den Rahm leicht steif schlagen, die geriebenen Nüsse daruntermischen, evtl. etwas Liqueur (auch Rum) oder Zitronensaft beigeben, wenn nötig noch versüssen. — **Anrichten** in eine Schale oder in Coupes und **garnieren** mit zurückbehaltenem Schlagrahm und den schönen Nüssen.

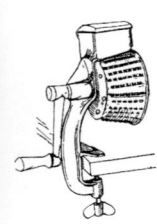

NB. Baumnüsse evtl. ungeröstet, nur gerieben, verwenden. — Evtl. nur 3 dl Rahm und 2–3 geschlagene Eiweiss beigeben, siehe **Rahmcrèmen,** Allgemeines S. 423, sowie **gestürzte** Nusscrème Nr. 1268.

1253 Russische Crème (Crème russe)

4–6 Eigelb — 150 g Zucker — 5 dl Rahm (s. NB.) — feinen Rum, ca. 1 dl

Crème: Eigelb und Zucker schaumig rühren, den geschlagenen Rahm darunterziehen und während 1–2 Std. in den Eisschrank oder Eiswasser stellen. (Je kälter die Masse, um so feiner wird die Crème.) — **Anrichten:** Unmittelbar vor dem **Servieren** den Rum unter die Crème mischen, in Gläser füllen. **Garnieren** mit Schlagrahm und kandierten Früchten. Biscuits und evtl. frische Erdbeeren dazu reichen.

NB. Der Crème evtl. 2–3 Blatt Gelatine (gewaschen und mit 2–3 Essl. Wasser heiss aufgelöst) beimischen. — Evtl. etwas Rahm ersetzen durch 1–2 Eiweiss, siehe **Rahmcrèmen,** Allgemeines S. 423.

1254 Früchte-Macédoine mit Rahm (Feines Tutti-frutti)

| Feine **Früchte,** roh oder gekocht | Erdbeeren, Himbeeren Ananas, Pfirsiche, Trauben, Bananen, Aprikosen, Melonen | Zucker n. Geschmack 2–4 Essl. feinen Liqueur, Zitronensaft 5 dl Rahm |

Vorbereiten der **Früchte:** Sie je nach ihrer Art schälen, halbieren, in Scheibchen oder kleine Schnitze teilen (Beeren ganz lassen). Evtl. in Zuckersirup kochen oder mit feinem Zucker bestreuen (spez. Beeren) und mit Liqueur sowie Zitronensaft beträufeln. Etwa ½ Std. ziehen lassen. — **Crème:** Den Rahm leicht steif schlagen, die Früchte sorgfältig damit vermischen, in eine Schale oder in einzelne Coupes füllen. — **Garnieren** mit schönen Früchten und Schlagrahm; bis zum Servierens kalt stellen.

Rahmcrèmen, Allgemeines, siehe Seite 423.

1255 Dänischer Früchtebecher (Coupe aux fruits danoise)

1 Tasse voll Erd-, Himbeeren oder Brombeeren usw.
1–2 Bananen — je 1 kl. Büchse Ananas und Mandarinenschnitze
Zucker n. Geschmack

feinen Liqueur (z. B. Grand Marnier, Maraschino od. Curaçao)
6–9 Mandelmakrönli od. Meringuesschalen
3–4 dl Rahm
50 g dunkle Schokolade (evtl. bittere)

Vorbereiten: Die Beeren verlesen, Bananen und Ananas in Würfelchen schneiden, mit etwas Zucker bestreuen, mit Liqueur gut beträufeln. — Beim **Anrichten** in die einzelnen Coupes (oder in kleine Schälchen) 1–1½ Makrönli oder Meringues legen. Die Früchte bis zu halber Höhe darüber verteilen und etwas ziehen lassen. Mit einem Häubchen von geschlagenem Rahm bedecken, mit der zu Spänen gehobelten Schokolade dick bestreuen. Bis zum **Servieren** möglichst kalt stellen.

Bananenmousse   (Mousse aux bananes)   1256

3–4 gut reife Bananen   2 dl Rahm — 2 Eiweiss (z. Schnee)
2 Eigelb, 20–30 g Zucker   wenig Zitronensaft, Bananenliqueur, Pistazien

Vorbereiten: Die Bananen schälen, passieren oder im Mixer pürieren. — **Crème:** Eigelb und Zucker schaumig rühren, das Bananenpurée damit vermischen. Den Eierschnee und ¾ vom geschlagenen Rahm darunter ziehen, nach Geschmack Zitronensaft und Liqueur beigeben, wenn nötig noch versüssen. — **Anrichten** der Crème in eine Schale oder in Coupes und **garnieren** mit dem zurückbehaltenem Rahm und gehackten Pistazien oder glasig gekochten Bananenscheibchen.

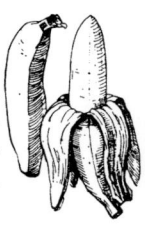

Feine Frucht-Rahmcrème   (Purée de fruits à la crème)   1257

½–¾ kg **Früchte** z. B.: Schöne, gut reife oder gekochte Aprikosen, Pfirsiche, rote Pflaumen sowie Bananen und Papayas, alle Arten Beeren (auch Heidel- und Brombeeren, frische sowie tiefgekühlte, z. B. Frisco).
Zum **Mischen:** 4–5 dl Rahm — Zucker, 100–150 g, ½ Essl. Zitronensaft — evtl. 1–3 Eiweiss (z. steifem Schnee geschlagen) s. auch NB. — Evtl. **Liqueur** z. B.: Abricot Brandy, Crème de Kirsch, Maraschino usw.

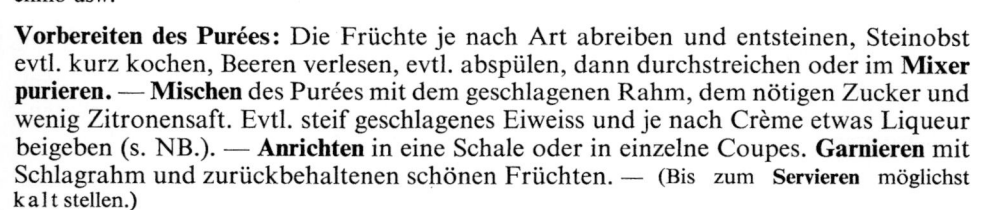

Vorbereiten des Purées: Die Früchte je nach Art abreiben und entsteinen, Steinobst evtl. kurz kochen, Beeren verlesen, evtl. abspülen, dann durchstreichen oder im **Mixer** **pürieren**. — **Mischen** des Purées mit dem geschlagenen Rahm, dem nötigen Zucker und wenig Zitronensaft. Evtl. steif geschlagenes Eiweiss und je nach Crème etwas Liqueur beigeben (s. NB.). — **Anrichten** in eine Schale oder in einzelne Coupes. **Garnieren** mit Schlagrahm und zurückbehaltenen schönen Früchten. — (Bis zum **Servieren** möglichst kalt stellen.)

NB. Beigabe von **Eiweiss** macht die Crème etwas leichter (erspart auch 1–2 dl Rahm) ebenso geschlagene ungezuckerte **Kondensmilch** (ca. ½ Büchse). — Crèmen, die bis zum Servieren etwas stehen bleiben müssen, mit 2–3 Blatt Gelatine, in ½ dl heissem Wasser aufgelöst u. gesiebt, binden. — Für **Glace:** den Crèmen sehr wenig oder **keinen** Liqueur beigeben, da sie sonst **nicht** genügend gefrieren (s. auch **Rahmcrèmen,** Allgemeines Seite 423).

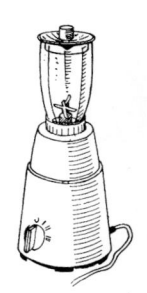

Gestürzte Crèmen, Bavaroises, Charlotten, Vacherins

Allgemeines: Die gesulzten od. **gestürzten Crèmen** (Bavaroises, Charlotten usw.) gehören zu den feinsten Dessertspeisen und passen als krönender Abschluss zu jeder festlichen Tafel.

Als **Grundmasse** eine gekochte Crème **vorbereiten** oder gekochte Mandel-, Nussmilch, Fruchtsaft oder ähnliches. — Zum **Steifmachen** so viel **Gelatine** verwenden, dass man die Crème nachher **stürzen** kann (Angabe n. Rezept).
Gelatine I. Qual. weiss, 1–1¼ Blatt pro 1 dl Flüssigkeit (od. Agar-Agar) s. Fachausdrücke.

Zum **Verfeinern:** Schlagrahm (evtl. Eierschnee, evtl. auch ungezuckerte Kondensmilch, geschlagen) beigeben, sowie kandierte Früchte, Nüsse, Liqueur usw. je nach Rezept.

1258 Zubereitung einer gestürzten gesulzten Crème (Bavaroise) Grundregel

Form: z. B. eine gut verzinnte Timbal-, evtl. Pudding- od. Rehrückenform, evtl. Form aus Steingut.

1. **Vorbereiten** je nach Rezept: eine gekochte **Crème** herstellen nach **Nr. 1233** (Grundregel) oder eine Mandelmilch usw.
2. Zum **Steifmachen** n. Rezept **Gelatine** beigeben: Die Blätter w a s c h e n od. einweichen, (d. h. einlegen in kaltes Wasser und dieses wieder abstreifen, siehe Fachausdrücke). Die so vorbereitete **Gelatine** unter die **heisse** Crème mischen, in dem Moment, da sie vom Feuer genommen wird. Rühren, bis sie sich vollständig aufgelöst hat.
3. **Erkaltenlassen der Crème** unter häufigem Umrühren, bis sie anfängt dicklich (gallertig) zu werden. — Ist sie zu fest geworden, dann einen Moment über die Flamme halten (nicht direkt daraufstellen) oder in heisses Wasser, und tüchtig schwingen, bis sie wieder gallertig weich (jedoch nicht flüssig) geworden ist. (Steif gewordene Crèmen lassen sich nicht gut mischen, es entstehen Klümpchen.)
4. Zum **Verfeinern** die vorbereiteten **Zutaten** beigeben (nach Angabe im Rezept) z. B. geschlagenen R a h m (evtl. Eierschnee), kandierte Früchte, Liqueur usw.
5. **Einfüllen** der dickflüssigen Crème in die kalt ausgespülte Form. Die Crème soll jetzt noch so weich sein, dass sie die Form des Gefässes gut annimmt und dadurch beim Stürzen glatt ist. — **Kaltstellen**, bis die Crème steif ist (während 1–2 Std., evtl. in Eiswasser gestellt).
6. Beim **Anrichten** die Crème kurz in heisses Wasser tauchen, evtl. mit einem Dessertmesser sorgfältig dem Rand nach etwas lösen, dann auf die Platte stürzen. **Garnieren** (je nach Angabe) mit Schlagrahm, evtl. mit Früchten, Nüssen usw.

NB. Wird beim Anrichten ein Tortenpapier auf die Platte gelegt, dann dieses in der Mitte mit 1 Msp. angefeuchtetem Mehl festkleben, damit es beim Servieren nicht rutscht. — **Gestürzte Crèmen, Allgemeines, siehe Seite 425.**

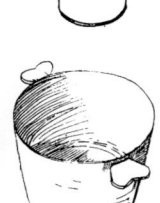

1259 Crème Nesselrode

Crème	zum Verfeinern
3 Eigelb — 70 g Zucker	2 Eiweiss (z. Schnee)
4 dl Milch, 1 Pr. Salz	3–4 Makrönli od. Marons glacés
5 g Kartoffelmehl	30 g geschälte Mandeln
1 Msp. Vanille	40 g Cedrat od. kand. Früchte
	2–3 Essl. Rum od. Arrak
z. Steifmachen: 5 Blatt Gelatine (eingelegt in kaltes Wasser)	etwas Zitronensaft
	z. Garnieren: 1 dl Rahm, kand. Früchte

Vorbereiten der Crème nach **Nr. 1233**. — **Beigeben** der Gelatine und **erkalten** lassen unter häufigem Rühren. — **Weitere Zubereitung** der gestürzten Crème nach **Nr. 1258, Grundregel.**

Vorbereiten der **Zutaten** zum Verfeinern: Die geschälten Mandeln reiben. Makrönli oder Marons glacés, das Cedrat oder die kand. Früchte in kleine Stückchen schneiden, mit dem Rum oder Arrak beträufeln. — Das Eiweiss zu steifem Schnee schlagen.

Einfüllen der fertig gemischten Crème in eine Timbalform und **steif** werden lassen an der Kälte. Beim **Anrichten** stürzen und **garnieren** mit dem geschlagenen Rahm und kandierten Früchten, evtl. **servieren** mit etwas Fruchtsaft oder -sauce (Nr. 1228).

Crème Bavaroise rubanée   (Bayrische Crème, zweifarbig)   1260

Vanille-Crème { 3 Eier — 70 g Zucker / 4 dl Milch, 1 Pr. Salz / 5 g Kartoffelmehl / 1 Msp. Vanille

z. Verfeinern { 2 dl Rahm, geschlagen / 2 Essl. Rum od. Arrak

z. Beigeben: 70 g Schokolade, geschmolzen
z. Garnieren: 1 dl Rahm, wenig Zucker
z. Steifmachen: 5 Blatt Gelatine (eingelegt in kaltes Wasser)

Vorbereiten der Crème nach **Nr. 1233**. — **Beigeben** der Gelatine, sowie **weitere Zubereitung** der gestürzten Crème nach **Nr. 1258**, Grundregel. — Sie nach dem Mischen mit dem geschlagenen Rahm in 2 Hälften teilen. Die **1. Hälfte** verfeinern mit etwas Liqueur, in die Form füllen und halbsteif werden lassen. — Unter die **2. Hälfte** die mit 2 Essl. Wasser an der Wärme geschmolzene Schokolade mischen und auf die helle Crème in die Form geben; kalt stellen. — Beim **Anrichten** die Crème stürzen und **garnieren** mit geschlagenem Rahm.
NB. Auf gleiche Art evtl. je 2 helle und 2 dunkle Schichten (Bänder) einfüllen.

Crème Royale   1261

Zubereitung der Vanillecrème von **Nr. 1260**. — Sie nach dem Erkalten mischen mit dem geschlagenen Rahm und 2–3 Essl. feinem **Kirsch** (statt Rum). — Die **Form** am Boden mit einem zugeschnittenen Papier bedecken und dicht mit ½ cm dicken Scheiben einer dünnen **Biscuitroulade** (nach Nr. 1381) mit gezuckertem Himbeermark gefüllt, belegen. — Beim **Anrichten** stürzen und als **Garnitur** auf den Rand oben und unten ein Kränzchen von Rahmtupfen spritzen. **Servieren** mit einer Sauce aus verdünntem Himbeermark.

Kalter Schokolade-«Soufflé»   (»Soufflé froid« au chocolat)   1262

100–120 g dunkle Schokolade
1½ dl Milch, 1 Teel. Nescafé
3 Eigelb, 50 g Puderzucker

3–4 Blatt Gelatine (eingelegt in kaltes Wasser)
3 Eiweiss (z. Schnee), 1–2 Essl. Zucker
2 dl Rahm, geschlagen — Schokoladepulver

Vorbereiten: Schokolade, Milch und Nescafé in einem Pfännchen unter Rühren erhitzen, bis die Masse ganz glatt ist. — Von der Gelatine das Wasser abstreifen, dann mit 2 Essl. heissem Wasser auflösen. — **Crème:** Eigelb und den gesiebten Zucker schaumig rühren, die Schokoladenmasse damit vermischen, ebenso die Gelatine (evtl. gesiebt). — Das Eiweiss mit 2 Essl. Zucker zu steifem Schnee schlagen und mit dem geschlagenen Rahm sorgfältig unter die Crème ziehen, **sofort** in eine hübsche **Aufl aufform** füllen. — Die Masse soll 2–3 cm **über der Form** herausstehen (wie ein aufgegangener Auflauf). Evtl. vorher am obern Formrand einen Streifen Papier festkleben. — Oberfläche und Rand mit einem Spachtel ganz glattstreichen und den «**Soufflé**» recht **kalt** stellen, damit er steif wird. — Zum **Servieren** mit Schokoladepulver oder mit Puderzucker besieben. — Siehe auch Schokolade- «Soufflée gracé» Nr. 1296a.

Bavarois au café   (Gestürzte Mokkacrème)   1263

Crème { 4–5 Eigelb — 80 g Zucker / 5 dl Milch, 1 Pr. Salz / 5 g Kartoffelmehl / 2–4 Teel. Nescafé, Vanille
z. Steifmachen: 6–7 Blatt Gelatine (eingelegt in kaltes Wasser)

z. Verfeinern { 3 dl Rahm, geschlagen / evtl. etwas feinen Kirsch

z. Garnieren { 1 dl Rahm, wenig Zucker / evtl. Schokolade-Kaffeebohnen

Vorbereiten der Crème nach **Nr. 1233**, mit soviel Kaffee vermischt, dass sie recht

aromatisch schmeckt. — **Beigeben** der Gelatine sowie **weitere Zubereitung** der gestürzten Crème nach **Nr. 1258**, Grundregel. (Mit dem geschlagenen Rahm nach Belieben etwas Kirsch beifügen.) — **Einfüllen** in eine Timbal- oder Rehrückenform und möglichst kalt stellen. — Beim **Anrichten** die Crème stürzen und **garnieren** mit Schlagrahm und evtl. mit Schokolade-Kaffeebohnen.

1264 Feines Blanc-manger
Bild auf Tafel 42

Mandelmilch von:
- 120 g Mandeln
- 60 g Zucker
- 5 dl Milch
- ½ Vanillestengel

z. Steifmachen: 5 Blatt Gelatine, s. NB. (eingelegt in kaltes Wasser)
z. Verfeinern: 2 dl Rahm, geschlagen
z. Garnieren: 1–2 dl Rahm, wenig Zucker

Zubereitung der **Mandelmilch**: Die Mandeln schälen, trocknen und reiben. — Sie mit der Milch, Vanille und Zucker aufkochen, durch ein feines Sieb passieren (nicht durchdrücken). Nochmals abmessen und wenn nötig bis zu **4 dl** mit Milch ergänzen. **Blanc manger**: Die Mandelmilch zurückgiessen in das ausgewaschene Pfännchen und erwärmen. — **Beigeben** der eingeweichten **Gelatine** und mischen, bis sie vollständig aufgelöst ist. Erkalten lassen unter häufigem Umrühren, bis die Masse dicklich wird. — Den geschlagenen Rahm sorgfältig darunter ziehen, evtl. noch versüssen. **Einfüllen** in eine abgerundete Form (oder kleine Schüssel), an der **Kälte** steif werden lassen. Beim **Anrichten** stürzen und **garnieren** mit Schlagrahm. — (Bes. hübsch wirkt das Blanc-manger, wenn die ganze Oberfläche dicht mit Tupfen von Rahm besprizt wird.) — Evtl. **servieren** mit Himbeer- oder Erdbeersaft.

NB. Blanc-manger ist besonders zart und fein im Geschmack. Es sieht auch hübsch aus in Gläsern (Coupes) serviert (dann nur 3 Blatt Gelatine verwenden). — Wünscht man das Mandelaroma etwas stärker, gibt man noch 1–2 Tropfen Bittermandelöl dazu. — Den **Mandelrückstand** noch verwenden zu Brotpudding oder -auflauf, gefüllten Omeletten, Hefekranz, gefüllten Äpfeln usw. — **Zubereitung** der gestürzten Crème, Grundregel, s. **Nr. 1258**, Gelatine siehe Fachausdrücke.

1265 Nuss-Blanc-manger

Zubereitung wie Blanc-manger **Nr. 1264**. — Statt Mandeln geriebene **Nusskerne** oder evtl. geschälte **Haselnüsse** verwenden, zum Garnieren glasierte Nüsse n. Nr. 1424.

1266 Gestürzte Haselnusscrème (Bavarois au pralin)

Crème:
- 2 Eigelb — 20 g Zucker
- 4 dl Milch, 1 Pr. Salz
- 5 g Kartoffelmehl

z. Steifmachen: 5 Blatt Gelatine (eingelegt in kaltes Wasser)

z. Rösten n. Nr. 1423:
- 80 g Zucker
- 60 g Haselnüsse

z. Verfeinern:
- 2 dl Rahm, geschlagen
- 1–2 Essl. Rum
- od. wenig Zitronensaft

z. Garnieren: 1 dl Rahm, glas. Haselnüsse

Vorbereiten der Crème nach **Nr. 1233**. — **Beigeben** der Gelatine und erkalten lassen. **Weitere Zubereitung** der gestürzten Crème nach **Nr. 1258**, Grundregel. — Die gerösteten Haselnüsse nach dem Erkalten reiben (einige zurückbehalten zum Garnieren) und mit den übrigen Zutaten zur Crème geben. — **Einfüllen** in eine Timbalform und kalt stellen. — Beim **Anrichten** stürzen und **garnieren** mit Schlagrahm und glasierten Haselnüssen.

Nuss-Bavaroise Bild auf Tafel 42   1267

Crème { 150 g Nusskerne, 4 dl Milch / 2 Eigelb, 90 g Zucker / 5 g Kartoffelmehl, 1 Pr. Salz

z. Steifmachen: 5–6 Blatt Gelatine (eingelegt in kaltes Wasser)

z. Verfeinern { 2 dl Rahm, geschlagen / 1 Essl. Kirsch, Nussliqueur / od. wenig Zitronensaft

z. Garnieren { 1 dl Rahm / glasierte Nüsse Nr. 1424

Vorbereiten: Die Nüsse reiben, mit der Milch aufkochen, passieren. Mit dieser Nussmilch die **Crème** herstellen nach **Nr. 1233,** Grundregel. — **Beigeben** der Gelatine und erkalten lassen. — **Weitere Zubereitung** der gestürzten Crème nach **Nr. 1258.**

Gestürzte Nuss-Rahmcrème   (Bavarois au nougat chantilly)   1268

Zubereitung einer **Haselnuss-** oder **Nuss-Rahmcrème** nach **Nr. 1252.** Der Crème jedoch zum Steifmachen 3–4 Blatt gewaschene **Gelatine,** mit 1 dl heissem Zuckerwasser aufgelöst, beimischen. In eine **Form** füllen und fest werden lassen an der Kälte. — Beim **Anrichten** stürzen und **garnieren** mit Schlagrahm und glasierten Nüssen.

Gestürzte Frucht-Rahmcrème   (Bavarois aux purée de fruits)   1269

1–3 Eigelb (ohne Ei bei roten Früchten)
100–150 g Zucker
4–5 Blatt Gelatine
3 dl Fruchtpurée od. -mark (s. unten)

z. Verfeinern { 3 dl Rahm, geschlagen / 2–3 Eiweiss (z. Schnee)

z. Garnieren { 1 dl Rahm, wenig Zucker / schöne Früchte

Crème: Eigelb und Zucker gut schaumig rühren. — Die Gelatine in kaltes Wasser einlegen (bis sie weich ist), in ½ dl heissem Wasser auflösen und (evtl. gesiebt) mit dem Fruchtmark unter die Eigelbmasse mischen. Die Crème an der Kälte leicht rühren, bis sie anfängt dicklich zu werden. Sofort zum **Verfeinern,** den mit 30 g Zucker geschlagenen Eierschnee sowie den steifen Rahm sorgfältig darunter ziehen. **Einfüllen** in die Form und möglichst **kalt stellen** während 1–2 Std. — **Garnieren** der gestürzten Crème mit Schlagrahm und passenden rohen oder glasierten Früchten (n. Nr. 1425).

1. **Aprikosenpurée:** Ca. 300 g Aprikosen, gut reife oder gekochte, evtl. auch gedörrte (eingeweichte) durch ein feines Sieb streichen oder im Mixer pürieren.
2. **Erdbeer-** oder **Himbeerpurée:** 250 g Beeren, durchpassiert od. im Mixer püriert. — Evtl. einige Beeren unter die Crème ziehen (Erdbeeren in Stückchen geschnitten).
3. **Ananas:** Saft aus Büchsen und die Ananas in Würfelchen geschnitten od. alles im Mixer püriert.
4. **Zitronen-** oder **Orangensaft,** passiert. — Siehe auch «Dänische Fromage» Nr. 1270.

Zubereitung der gestürzten Crème, Grundregel siehe Nr. 1258.

Dänische «Apfelsine- oder Citronfromage»   1270

Zubereitung einer gestürzten Frucht-Rahmcrème **Nr. 1269,** der man als Fruchtpurée Saft und fein abgeriebene Schale von 3–4 **Orangen** oder 2 **Zitronen** beigegeben hat. — Beim **Anrichten** die Crème stürzen und mit etwas Schlagrahm und kleinen Marzipan-Zitronen oder -Orangen und Blättchen von Angélique garnieren.

1271 Gestürzte Orangencrème (Bavarois à l'orange)

Crème { 1–2 Eigelb / 100–150 g Zucker / 2 dl Milch / 5 g Kartoffelmehl

z. Steifmachen: 6–7 Blatt Gelatine
evtl. 1–2 davon rote (s. NB.)

z. Beimischen { 4 dl Orangensaft (s. NB.) / etwas Zitronensaft

z. Verfeinern { 2 dl Rahm, 2 Eiweiss (z. Schnee) / evtl. Curaçao u. Cognac

evtl.

z. Garnieren { 1 dl Rahm — evtl. Orangenschnitze (glasiert n. Nr. 1425)

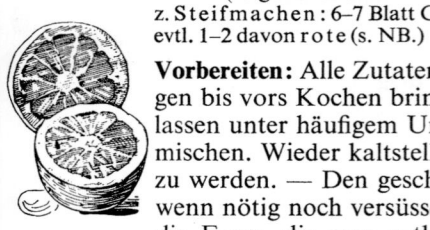

Vorbereiten: Alle Zutaten zur **Crème** in der Pfanne gut vermischen und unter Schwingen bis vors Kochen bringen. — **Beigeben** der gewaschenen Gelatine und erkalten lassen unter häufigem Umrühren. Sofort den Orangen- und wenig Zitronensaft beimischen. Wieder kaltstellen und häufig umrühren, bis die Crème anfängt dicklich zu werden. — Den geschlagenen Rahm und das Eiweiss darunter ziehen, die Crème wenn nötig noch versüssen und evtl. nach Geschmack Liqueur beigeben. **Einfüllen** in die Form, die man evtl. vorher mit Zucker bestreut und mit dünn geschnittenen Orangenscheiben ausgelegt hat (wie Bild auf Tafel 41). An der Kälte steif werden lassen. **Garnieren** der sorgfältig gestürzten Crème mit Schlagrahm und evtl. mit glasierten Orangenschnitzen.

NB. Möglichst den **Saft** von 4–6 Halbblutorangen auspressen oder die Crème evtl. zart rosa färben durch Beigabe von 1–2 Blatt roter Gelatine. — Gestürzte Crème, Grundregel s. **Nr. 1258.** — Orangen-**Rahm**crème (ohne Milch) s. **Nr. 1269** (4).

1272 Gefüllte Orangen (Oranges farcies à la crème) Bild auf Tafel 44

6 grosse Halbblutorangen
Orangen-Rahmcrème n. Nr. 1269 oder
Orangencrème Nr. 1271 (m. 3–4 Blatt Gelatine)

z. Garnieren { 1 dl Rahm, wenig Zucker / Fruchtgelée oder / 3–6 kand. Kirschen

Vorbereiten der **Orangen:** Sie waschen und mit einem spitzen Messerchen (oder mit dem spez. Schneider) querdurch zackig einschneiden und so halbieren, oder Körbchen mit Henkeln ausschneiden. Sie sorgfältig **auspressen** oder mit einem Löffelchen aushöhlen. Den Saft evtl. noch passieren. — **Füllen** der Orangenschalen mit einer der beiden **Crèmen,** solange sie noch dickflüssig ist, kalt stellen. — **Garnieren** mit Schlagrahm und Fruchtgelée oder Stückchen von kandierten Kirschen.

1273 Gefüllte Zitronen (Citrons farcis à la crème)

Zubereitung wie Orangen **Nr. 1272.** — Statt Orangensaft halb **Zitronensaft,** halb Wasser und evtl. etwas **mehr** Zucker verwenden.

1274 Zubereitung einer Charlotte Grundregel

Crème zum Einfüllen mit Gelatine gebunden (je n. Rezept) — Biscuits für den Rand nach Nr. 1339 (½ Port.) oder 150 g Löffelbiscuits

z. Garnieren: Rahm, geschlagen, evtl. Früchte, Silberkügelchen usw. (je nach Rezept)

Vorbereiten der **Form:** Auf eine Tortenplatte den umgekehrten Rand einer kleineren Springform (v. ca. 20 cm Ø) setzen (s. NB.). — Innerhalb des Randes Löffelbiscuits (evtl. halbiert) oder 2 cm breite, stark ½ cm dicke Biscuitstreifen aufstellen, so dicht, dass keine Zwischenräume entstehen. Den Boden mit einigen dünn geschnittenen

Biscuitscheibchen belegen. Diese und den Rand mit verdünntem Liqueur beträufeln.
Einfüllen der zubereiteten Crème. — **Kaltstellen** während 1–2 Std.
Garnieren: Kurz vor dem Servieren den Springformrand sorgfältig entfernen (d. h. ihn hochheben, nicht öffnen). Den Rand der Charlotte mit dicht aneinander gereihten Stäbchen von Schlagrahm, die Oberfläche gitterartig oder mit Röschen von Schlagrahm und evtl. mit Früchten verzieren (je nach Art der Charlotte).

NB. Hat man keine passende Springform, dann einen weissen ca. 5 cm breiten Kartonstreifen (Tortenring) verwenden. — **Einfachere Art:** Die Charlotte formen durch Verwendung einer weiten Timbal- oder Auflaufform (evtl. die Springform mit dem Boden) und diese beim Anrichten stürzen.

Charlotte Russe   Bild auf Tafel 42   1275

Schok.-Crème n. Nr. 1233
- 2 Eigelb
- 40 g Zucker
- 150 g Schokolade, dunkle
- 3½ dl Milch

z. Steifmachen: 4 Blatt Gelatine (in kaltes Wasser gelegt)
z. Verfeinern: 2½ dl Rahm
z. Form: 100 g Löffelbiscuits oder Biscuit Nr. 1339 (½ Port.)

Vanille-Crème n. Nr. 1233
- 3 Eigelb, 40 g Zucker
- 3 dl Milch
- 2–3 Msp. Vanille

z. Steifmachen: 4 Blatt Gelatine (in kaltes Wasser gelegt)
z. Verfeinern:
- kand. Früchte, 80–100 g
- 2–4 Essl. feinen Liqueur
- 2½ dl Rahm, geschlagen

z. Garnieren:
- 2–3 dl Rahm (s. NB.)
- kandierte Früchte

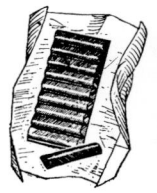

Schokoladecrème: Der Crème, solange sie noch heiss ist, die eingeweichte Gelatine beigeben, unter häufigem Rühren erkalten, aber nicht steif werden lassen. — Den geschlagenen Rahm darunterziehen.

Vanillecrème: Der Crème, solange sie noch heiss ist, die eingeweichte Gelatine beigeben, erkalten, aber nicht steif werden lassen (häufig umrühren!). — Unterdessen die kandierten Früchte in kleine Würfelchen schneiden und mit dem Liqueur (z. B. Grand Marnier, Curaçao, feinen Rum, wenig Arrak usw., evtl. gemischt) anfeuchten. — Sobald die Crème anfängt dicklich zu werden, zuerst den geschlagenen Rahm, dann die kandierten Früchte darunterziehen.

Vorbereiten der **Form** für die Charlotte siehe Grundregel **Nr. 1274.** Beim **Einfüllen** zuerst die Schokoladecrème und, wenn diese halbsteif geworden ist, die Vanillecrème daraufgeben. — **Garnieren** kurz vor dem Servieren (nachdem man den Ring sorgfältig abgehoben hat) mit Schlagrahm, kand. Früchten, evtl. Silberkügelchen usw.

NB. Einfacher: Evtl. nur die helle Crème (jedoch die doppelte Portion) zubereiten. — Den **Rahm** zum Garnieren evtl. mit wenig Karmin leicht rosa od. mit flüssig gemachter Schokolade braun färben.

Charlotte à la Parisienne   1276

Crème n. Nr. 1233
- 4–5 Eigelb
- 80 g Zucker
- 4 dl Milch
- 2–3 Msp. Vanille

z. Steifmachen: 5 Blatt Gelatine (in kaltes Wasser gelegt)

z. Verfeinern:
- 2–3 Essl. feinen Liqueur (Grand-Marnier, Apricot-Brandy usw.)
- 3 dl Rahm, geschlagen

z. Form:
- 1 kleine Tasse Aprikosenkonfitüre
- 100 g Löffelbiscuits — etwas Liqueur

z. Garnieren: 2 dl Rahm, wenig Zucker

Der **Crème,** solange sie noch heiss ist, die eingeweichte Gelatine beigeben, erkalten, aber nicht steif werden lassen (häufig umrühren). — Den geschlagenen Rahm und Liqueur unter die Crème ziehen.

Vorbereiten der **Form** für die Charlotte siehe Grundregel **Nr. 1274.** — Vor dem **Ein-**

füllen der Crème, den Biscuitrand innen mit verdünntem Liqueur beträufeln und mit etwas weicher Aprikosenkonfitüre bestreichen. — Zum **Garnieren** kurz vor dem Servieren die Oberfläche der Charlotte mit Aprikosenkonfitüre dünn bestreichen, dann den Ring sorgfältig entfernen. — Den Rand der Charlotte mit dicht aneinander gereihten Stäbchen von Schlagrahm, die Oberfläche gitterartig damit garnieren, evtl. Tupfen von der Konfitüre darauf setzen.

1276a Charlotte Royal

Zubereitung wie Charlotte à la Parisienne **Nr. 1276,** jedoch Boden und Rand der Form hübsch und exakt auslegen mit gut ½ cm dicken Scheiben einer **Biscuitroulade** (m. Aprikosen u. im ⌀ v. 4 cm). Beim **Anrichten** stürzen und leicht mit heisser Aprikosenkonfitüre glasieren.

1277 Erdbeer-Charlotte (Marquise Alice)

Crème n. Nr. 1233
- 2–3 Eigelb
- 100 g Zucker
- 2 dl Milch
- wenig Vanille

z. Steifmachen: 5–6 Blatt Gelatine (in kaltes Wasser gelegt)

z. Verfeinern
- ½ kg Erdbeeren
- wenig Zitronensaft
- 3 dl Rahm, geschlagen

für die **Form**
- 100 g Löffelbiscuits
- od. Biscuit Nr. 1339

z. Garnieren: 1–2 dl Rahm — Erdbeeren

Der **Crème**, solange sie noch heiss ist, die gewaschene Gelatine beigeben, erkalten aber nicht steif werden lassen (häufig rühren). — Die Hälfte der **Erdbeeren** durchstreichen oder im Mixer pürieren (man sollte 2 dl Purée erhalten), die übrigen in feine Scheibchen schneiden. Beides unter die noch weiche Crème mischen, etwas Zitronensaft und den geschlagenen Rahm darunterziehen.

Vorbereiten der **Form** und **Einfüllen** der Charlotte siehe Grundregel **Nr. 1274.** — **Garnieren** kurz vor dem Servieren, mit Schlagrahm und schönen Erdbeeren.

NB. Die Crème evtl. mit Karmin stärker rosa färben od. 3–4 Blatt weisse und 1–2 Blatt rote Gelatine verwenden. — Evtl. Erdbeer-Rahmcrème von **Nr. 1269** (Abschn. 2) einfüllen.

1278 Ananas-Charlotte

Zubereitung wie Erdbeer-Charlotte **Nr. 1277.** Statt der Erdbeeren, ½ Ltr.-Büchse **Ananas** zur **Crème** verwenden, d. h.: 2 dl Ananassaft und 3–4 -scheiben (in kleine Würfelchen geschnitten). — **Garnieren** mit kandierter Ananas und roten Kirschen.

1279 Aprikosen-Charlotte

Zubereitung wie Charlotte **Nr. 1277.** Statt der Erdbeer-, **Aprikosen-**Rahmcrème **Nr. 1269** (Abschn. 1) verwenden. — **Garnieren** mit Schlagrahm und Aprikosenpurée, gespritzt.

1280 Früchteköpfchen (Timbale aux fruits)

Früchte: ½ kg verschiedene, gekochte (Aprikosen, Pfirsiche, Zwetschgen, Bananen usw.) oder Johannis-, Erd- oder Himbeeren (gezuckert).

Leichtes Biscuit Nr. 1339
Frucht- u. Zitronensaft — evtl. 1–2 Essl. Rum

z. Garnieren
- 2 dl Rahm, geschlagen
- schöne Früchte

Vorbereiten: Die vom Kochen übrigen Fruchtsäfte zusammengiessen, mit etwas

Zitronensaft u. evtl. Rum vermischen. — Das Biscuit in Würfel od. Scheiben schneiden. Den Boden einer Timbal- oder evtl. Cakeform mit einem passend zugeschnittenen Papier belegen, mit Zucker leicht bestreuen.

Füllen der Form: Den Boden mit einer Lage Biscuit bedecken, darauf eine Lage Früchte (z. B. Aprikosen) geben, wieder mit Biscuit bedecken. Diese mit etwas Saft beträufeln, wieder Früchte darauf geben (evtl. Zwetschgen) und so lagenweise fortfahren, bis die Form gefüllt ist. Sie leicht beschweren und etwa ½ Std. stehen lassen. — Beim **Anrichten** das Köpfchen stürzen, mit Schlagrahm und schönen zurückbehaltenen Früchten garnieren. — **Servieren** mit Nuss- oder Rahmsauce (Nr. 1221 und 1218).

Vacherin à la Chantilly 1281

Meringuemasse ⎰ 3 Eiweiss   6–8 dl Rahm, geschlagen
n. Nr. 1497   ⎱ 120–150 g Zucker   Zucker, ca. 40 g — Vanillestengel, evtl. -zucker

Vorbereiten des Bleches: Gut bebuttern, mit Mehl bestäuben, mit einer Form von 12–15 cm ⌀ 3–4 Ringe markieren, siehe Abbildung.

Meringue-Böden: Die Meringuemasse in einen Dressiersack mit glatter Tülle füllen. Auf das Blech gitterartige Böden dressieren, mit wenig Griesszucker überstreuen. —

Meringue-Böden und **-Schwänchen** gespritzt (dressiert), vor und nach dem Backen.

Hübsch wirken als **Garnitur** auch kleine **Schwäne,** gespritzt (siehe auch Meringues **Nr. 1498**). — **Backen** der Böden in schwacher Hitze ¾–1 **Std.**, bis sie hell-beige und leicht fest sind. (Den Ofen nicht ganz schliessen!)
Die Meringue-Böden sofort nach dem Backen sorgfältig abheben und auf dem Blech oder auf Kuchengitter steif werden lassen (nicht an die Kälte geben).

Formen des Vacherins: Den Rahm steif schlagen, Zucker und ausgekratzte Vanille damit vermischen. — Auf eine Tortenplatte wenig Schlagrahm geben, einen Meringueboden darauf legen, ihn mit Schlagrahm bestreichen. Noch zwei Böden darauflegen, jedesmal mit Rahm bestreichen. Oberfläche und Rand zuletzt mit Rahm glatt überziehen. — Als **Garnitur** den Rand des Vacherins mit dicht aneinandergereihten Rahmstäbchen, die Oberfläche mit Gittern oder Röschen von Schlagrahm bespritzen, evtl. mit kandierten Früchten oder Veilchen, Silberkügelchen, Meringue-Schwänchen oder kleinen Cornets (Nr. 1499) verzieren. — **Servieren** möglichst sofort, oder den Vacherin bis zum Auftragen ganz kalt stellen.

NB. Meringue-Böden lassen sich gut in verschlossener Blechschachtel einige Zeit aufbewahren (in temperiertem Raum). — Bäckt man die Meringuemasse in zu starker Hitze, dann wird sie klebrig und zügig, auch zu dunkel. — Statt selbstgebackener Meringueböden, gekaufte -schalen verwenden und den Vacherin mit Hilfe eines Springformrandes formen.

1282 Erdbeer-Vacherin (Vacherin aux fraises)

Zubereitung wie Vacherin **Nr. 1281.** — 200–500 g **Wald-** oder **Gartenerdbeeren** (letztere klein geschnitten) mit Puderzucker bestäuben und ²/₃ des geschlagenen, noch unversüssten Rahms mit den Beeren vermischen, evtl. noch etwas Zucker beigeben. — **Garnieren** mit Erdbeeren und Schlagrahm.

1283 Schokolade-Vacherin (Vacherin au chocolat)

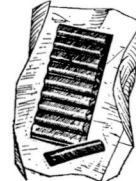

Zubereitung wie Vacherin **Nr. 1281.** — Unter die Hälfte des geschlagenen, noch unversüssten Rahmes 100 g mit 1–2 Essl. Wasser oder Kaffee geschmolzene **Schokolade** mischen. — **Garnieren** mit hellem und dunklem Rahm, besteckt mit Silberkügelchen, oder ringsum Meringueschwänchen setzen.

1284 Vacherin mit Kastanien (Vacherin aux vermicelles)   Bild auf Tafel 45

Zubereitung wie Vacherin **Nr. 1281.** — **Kastanienpurée** sowie **Dressieren** desselben siehe **Nr. 1287.**

I. Art: Statt den Rand des Vacherins mit Schlagrahm zu garnieren, um denselben nestartig **Kastanienpurée** dressieren. Die Oberfläche gitterartig oder mit Röschen von Rahm verzieren.

II. Art: Den Rand des Vacherins mit Rahm garnieren und nur auf die Oberfläche **Kastanienpurée** dressieren (evtl. gitterartig oder als Ring).

III. Art: Lagenweise auf die Vacherinböden zuerst etwa ½ cm dick **Kastanienpurée** und darüber Schlagrahm streichen, die Oberfläche (gespritzt) damit garnieren.

Kastaniendesserts mit Äpfeln   (Vermicelles de marrons aux pommes)   1285

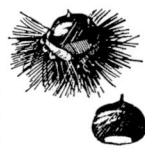

Kastanienpurée Nr. 1287
Apfelmus (Nr. 1088, ½ Port.)
oder -kompott (Nr. 1094)

evtl. 5–7 Blatt Gelatine
2–4 dl Rahm, geschlagen
10–20 g Zucker, 1 Msp. Vanille

1. **Kastanientorte:** Das Purée auf der Tortenplatte mit Hilfe eines Springformrandes 1 cm dick ausstreichen (am Rand etwas höher). Mit dem dicken Apfelmus bedecken. — Reichlich **garnieren** mit Schlagrahm. — Evtl. unter das noch warme Apfelmus die Gelatine (mit 3 Essl. heissem Wasser aufgelöst) mischen.
2. **Kastanienring:** Das Purée in eine beölte (mit 4–5 Papierstreifen belegte) bezuckerte Ringform füllen, gut andrücken, sorgfältig stürzen. — **Überziehen** mit Rahm- oder Vanillesauce, oder mit Schlagrahm reichlich garnieren. In die Mitte Apfelkompott füllen.
3. **Kastanienköpfchen:** Das Purée in eine (am Boden mit Papier bedeckte) beölte, bezuckerte Timbalform geben, so dass Boden und Wand etwa 2 cm dick belegt sind. Einfüllen von rohem oder gekochtem Apfelmus oder gekochten Apfelschnitzen (ohne Saft). Sorgfältig stürzen, **garnieren** mit Schlagrahm und evtl. mit schönen gekochten Apfelschnitzen. Den Apfelsaft zum Köpfchen servieren.

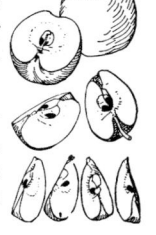

Kastaniendessert mit Rahmcrème   (Vermicelles à la crème)   1286

Kastanienpurée Nr. 1287
evtl. 3–4 Meringueschalen
z. Garnieren { 1–2 dl Rahm
{ evtl. Apfelschnitze, gekocht

Rahm- { 2½ dl Milch — 40 g Zucker
crème { 1 Msp. Kartoffelmehl
{ 3 Blatt Gelatine
{ 2 dl Rahm — evtl. 1–3 Essl. Kirsch

Rahmcrème: Milch, Kartoffelmehl und Zucker unter Rühren aufkochen, die gewaschene Gelatine darin auflösen, erkalten, aber **nicht** steif werden lassen. Den geschlagenen Rahm darunterziehen, evtl. etwas Kirsch beifügen.

Formen: Das Kastanienpurée auf einer Tortenplatte mit Hilfe eines Springformrandes ca. 1 cm dick ausstreichen (evtl. einen kleinen Rand vom Purée auflegen), evtl. mit klein gebrochenen Meringueschalen bedecken. Die Crème darauf geben, glattstreichen, steif werden lassen. — **Garnieren** der Oberfläche mit Kastanienpurée (durch die Konfektspritze) sowie mit Schlagrahm und evtl. mit schön gekochten Apfelschnitzen.

Kastanienpurée, süss   (Vermicelles aux marrons)   1287

1 kg Kastanien — Wasser
(evtl. tiefgekühlte Frisco-Kastanien)
1–2 dl Milch, 1 Prise Salz

50 g frische Butter oder Nussa
etwas Vanille oder Kirsch
50–100 g Zucker (s. NB.)

Schälen der Kastanien: Sie waschen, auf der gewölbten Seite einschneiden, mit Wasser bedeckt ca. 5 Min. **vorkochen**, dann, noch möglichst heiss die Schale und alle braunen Häutchen abziehen. Zum **Weichkochen** die Kastanien mit Wasser bedeckt aufsetzen. Garzeit ½ bis 1 Std. oder ca. 15 Min. im Dampfkochtopf (n. Vorschrift). — Die Milch beigeben und unter Rühren gut einkochen. Die Masse heiss durch ein feines Sieb passieren. 
Mischen des noch warmen dicken **Purées** mit der Butter. Nach Geschmack Zucker, etwas Vanille oder 1–2 Essl. Kirsch beigeben und erkalten lassen.
Verwendung des Purées zu Kastanien-Desserts (Nr. 1285–86), zu -Vacherin und -Törtchen oder mit Apfelmus und Vanillesauce oder Rahm (evtl. geschlagen) serviert.

NB. Das **Dressieren** des Kastanienpurées geschieht am besten mit der Konfektspritze, evtl. mit dem Passe-tout. Es sieht dadurch hübsch aus, wird feiner und leichter verdaulich. — Ältere Kastanien brauchen weniger Zucker. — Sehr praktisch ist die Verwendung von **tiefgekühltem** Kastanienpurée.

Gefrorenes (Glace oder Eis)

Allgemeines: Man unterscheidet 3 Hauptgruppen von Gefrorenem: **a)** Crème- und Frucht-Eis — **b)** Rahm-Eis (evtl. als Bombe) — **c)** Coupes, Sorbets (halbfestes Eis) und verschiedene Varianten und Kombinationen.

Zu grosser Zuckergehalt oder Beigabe von Alkohol können das Gefrieren der Glacemassen erschweren oder ganz verhindern! — Im **Haushalt** sind praktisch zwei Möglichkeiten Gefrorenes herzustellen, die bei einiger Übung leicht zu machen sind.

I. Art, im **Eisschrank,** siehe Nr. 1288, heute die üblichste Art. Sie ist auch für kleine Portionen günstig und vor allem für Glace mit Rahmmischung.

II. Art, ohne Eisschrank: Zubereitung mit Hilfe einer **Eis-Salz-Mischung,** s. Nr. 1289 u. 1294.

1288 Zubereitung von Crème- und Fruchteis im Eisschrank Grundregel

Vorbereiten: Den Eisschrank auf einen tieferen Kältegrad einstellen (mind. 1–2 Std. vorher od. nach Vorschrift).

Anmerkung: Da **Crème- und Fruchteis** beim Gefrieren im Eisschrank gerne hart und splittrig werden, diese Massen evtl. mit Gelatine binden (pro dl = ½ Blatt) oder mit spez. **Glacepulver** mischen. Feiner wird die Glace, wenn $1/3$–$1/2$ der Flüssigkeit durch **Rahm** oder ungezuckerte Kondensmilch (beides geschlagen od. ungeschlagen) ersetzt wird (sie vor dem Gefrieren beigeben oder evtl. erst unter die halb gefrorene Glace ziehen oder mixen).

1. **Gefrieren** der Masse unter **Rühren:** d. h. von Zeit zu Zeit (ca. alle 10 Min.) mit einer Gabel gut umrühren oder ein einsetzbares elektrisches Spezial-**Rührwerk** benützen, damit die Glace gleichmässig und geschmeidig wird (nicht hart und splittrig). — Sobald alles gefroren ist, die Glace in der Schublade glattstreichen und fertig gefrieren. — **Gefrierdauer** im ganzen **3–5 Std.** (je nach Eisschrank).
2. **Anrichten:** Die Eisschublade kurz in heisses Wasser tauchen (bis drei zählen!), abreiben und die Glace auf die Platte stürzen (evtl. in Einzelportionen teilen). — Zur Abwechslung kann die Glace auch zu einem Stern oder zu einer Rosette zugeschnitten werden. — (Verwendung zu Coupes siehe betr. Rezepte.)
3. **Garnieren** der Glace mit geschlagenem, versüsstem Rahm, evtl. mit passenden Früchten, glasierten Nüssen, Biscuits usw. — **Servieren** mit kleinen leichten Biscuits, Blätterteig-Gebäck, einem leichten Cake usw.

NB. Gefrieren von **Rahmcrèmen** im Eisschrank, siehe Nr. 1293.

1289 Glace-Zubereitung in Eis-Salz-Mischung (ohne Eisschrank)

Anwendung: a) für **Crème-** und **Fruchteis** (spez. auch für grosse Portionen). — **b)** zum Gefrieren der bes. festlich wirkenden sog. **Bombenformen,** die nicht Platz haben im Gefrierabteil des Eisschrankes.

1. Die **Crème** oder **Fruchtmasse** vollständig erkalten lassen. — **Einfüllen** in eine gut verschliessbare Timbal- oder Puddingform (bis zu ca. ¾ Höhe). Ein befettetes Butterpapier darüberlegen, den Deckel gut andrücken, den Rand mit einem Leukoplaststreifen überkleben (od. stark mit Fett bestreichen).
2. **Verpacken der Form** in ein Gefäss mit der **Eis-Salz-Mischung,** so dass der Griff der Form noch gut zu sehen ist. Durch diesen einen Kochlöffel stecken und damit die Form möglichst rasch **hin-** und **herdrehen** während ca. **30 Min.** — Die Form

dazwischen 3–4mal herausheben, vor dem Öffnen gut abwaschen, das Gefrorene vom Rand abstossen und mit der noch weichen Masse vermischen.

3. Anrichten: a) Vom **Gefrorenen** mit zwei in heisses Wasser getauchten Löffeln (oder spez. Gerät) eigrosse Portionen abstechen und auf Glastellerchen oder in Coupes-Gläser geben oder bergartig in eine Glasschale anrichten. — Evtl. **garnieren** mit geschlagenem Rahm, mit Früchten usw. **Servieren** mit kleinen Biscuits.
b) als Bombe: (Dazu sind nochmals 3–5 kg Eis und 1–2 kg Salz nötig.) — Das **Gefrorene** in eine gut schliessende, am besten sog. **Bombenform** (evtl. auch Puddingform) füllen, indem man die Masse gut in die Form presst, damit sie nach dem Stürzen schön glatt ist. — Über die Oberfläche der gefüllten Form wieder ein Butterpapier spannen, mit dem Deckel fest verschliessen und die Ränder mit Fett verstreichen oder mit einem Leukoplaststreifen überkleben. — Die Form nochmals gut in **Eis-Salz-Mischung** verpacken, so dass sie etwa handbreit davon bedeckt ist. — **Gefrieren** der Bombe während **2–3 Std.** (s. auch Rahmeisbomben Nr. 1294). — Zum **Anrichten** die Form sorgfältig aus dem Eis heben, kalt abwaschen, dann vorsichtig kurz in heisses Wasser tauchen. Die Form mit einem Tuch gut abreiben, öffnen und die Bombe auf die Platte **stürzen**. — **Garnieren** mit geschlagenem Rahm, evtl. mit schönen Früchten usw. (je nach Rezept). **Servieren** mit kleinen Biscuits.

Eis-Salz-Mischung   für Glacezubereitung sowie zum Kühlen   1290

Verwendung zum Gefrieren von Glace sowie Bomben **ohne** Eisschrank (s. Nr. 1289).
Für 1 Port. Gefrorenes (für 6–8 Personen): 6–10 kg **Eis** = 2 Teile und 2–3 kg **Salz** = 1 Teil

Zurichten: Das **Eis** wenn nötig noch zerkleinern (evtl. in einem Sack u. etwa eigross) mit Hammer od. dem sog. Eiszerteiler. — Zum **Gefrieren** das **Eis** mit etwas **Salz** bestreut, lagenweise fest um das betreffende Gefriergefäss oder die Bombenform füllen und hinunterstossen.

NB. Durch Beigabe von Salz wird dem Eis Wärme entzogen, so dass die Mischung bedeutend kälter wird als Eis allein (8–12° unter 0°). Da es rasch schmilzt, muss man sich bildendes Salzwasser von Zeit zu Zeit abgiessen und neues Salz und Eis nachfüllen. — (Das Eis kann im Winter durch **Schnee** ersetzt werden, diesen besonders gut an die Form anpressen.) — Für Haushalt und Betriebe stehen elektr. Rührmaschinen zur Verfügung.

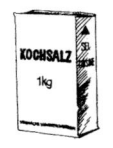

Crème-Eis (Crèmes glacées)

Crème-Eis, verschiedene Arten (Glace à la crème variée — s. Abschn. 1–7, S. 438)   1291

Gefrieren der erkalteten Crème **a)** im **Eisschrank** n. **Nr. 1288** (Grundregel), d. h. unter öfterem Umrühren (mit Gabel) damit das Eis geschmeidig (nicht hart und splittrig) wird. — **b)** ohne Eisschrank mit Hilfe einer **Eis-Salz-Mischung,** n. **Nr. 1289.**
Anrichten der Glace (je n. Angabe) als ganze Form auf eine Platte gestürzt, als Kugeln oder Würfel in eine Schale sowie in Coupes, oder evtl. die Glacé noch **als Bombe** gefrieren (s. **Nr. 1289,** Abschn. 3 b). — **Garnieren** mit Schlagrahm, evtl. mit Früchten usw., je nach Art der Glace und dem spez. Rezept.

NB. Alle Arten von **Crèmen** können so gefroren werden, in der Regel ohne Alkoholbeigabe.

1. Vanille-Eis   (Glace à la vanille)

Vanillecrème Nr. 1234 — evtl. z. Garnieren: 1 dl Rahm, geschlagen, leicht versüsst

Das Vanille-Eis (evtl. noch als **Bombe** geformt und gefroren) wird auch gern **serviert** mit heisser, dunkler **Schokoladesauce** (Nr. 1219) oder mit folg. **Sauce:** 100 g Schokolade mit 1 dl Wasser, etwas Vanillezucker und ½ dl Rahm oder 20 g Butter aufgelöst.

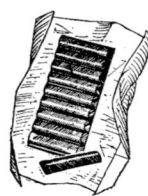

2. Schokolade-Eis   (Glace au chocolat)

Schokolade-Crème Nr. 1236 — evtl. z. Garnieren: 1 dl Rahm, geschlagen, leicht versüsst

Das Schokolade-Eis (evtl. noch als **Bombe** geformt und gefroren) kann auch **serviert** werden mit heisser **Vanillesauce** (Nr. 1217). — Die Glace **garnieren** mit Schlagrahm und evtl. mit kleinen Schokolade-Plätzchen (Bild auf Tafel 43).

3. Mokka-Eis   (Glace au café)

Mokkacrème Nr. 1239 * (mit starkem Kaffeearoma)   z. Garnieren { 1 dl Rahm, geschlagen, versüsst / Schokolade-Kaffeebohnen

* **Feines** Mokka-Eis mit halb Milch, halb **Rahm** zubereiten.

4. Tee-Eis   (Glace au thé)

Zubereitung wie Mokka-Eis, jedoch mit starkem **Schwarztee** (statt Nescafé).

5. Karamel-Eis   (Glace au caramel)

Karamelcrème Nr. 1240 (I. oder II. Art)
z. Garnieren: 1 dl Rahm, geschlagen — evtl. 20 g gerösteten Zucker oder kandierte Veilchen

Garnieren der Glace mit geschlagenem Rahm, evtl. bestreuen mit dem erkalteten, grob geriebenen Karamel-Zucker oder mit kleinen Veilchen.

6. Haselnuss- oder Nuss-Eis   (Glace aux noix)

Haselnusscrème Nr. 1238, evtl. mit Baumnüssen zubereitet   z. Garnieren { 1 dl Rahm, geschlagen / glas. Hasel- od. Baumnüsse

Baumnuss-Eis schmeckt auch gut mit ungerösteten, geriebenen Nüssen. Das Eis evtl. als **Bombe** gefrieren.

7. Zitronen- oder Orangencrème-Eis   (Glace au citron ou à l'orange)

Zitronen- oder Orangencrème Nr. 1246 od. 1247 (evtl. mit **tiefgekühltem** Saft).
z. Garnieren: 1 dl Rahm, geschlagen — glas. Orangenschnitze (Nr. 1425), evtl. rote Kirschen und Ananas (beides aus Büchsen od. kandiert).

NB. Orangen-Eis wirkt hübsch mit Blutorangen zubereitet. — Bes. feines Zitroneneis siehe unter Fruchteis **Nr. 1292** (Abschn. 1). — Gleiche Zubereitung für **Mandarinen**-Eis (s. Nr. 1318). —

Frucht-Eis   (Glaces aux fruits)

Frucht-Eis, verschiedene Arten   (Glaces aux fruits variés) s. **Abschnitt 1–6** unten   **1292**

Gefrieren der Fruchtmasse, **a)** im **Eisschrank** siehe **Nr. 1288** (Grundregel) d. h. unter häufigem **Umrühren** oder **b)** mit Hilfe von **Eis-Salz-Mischung** nach **Nr. 1289** (Grundregel). — **Anrichten** der Glace in eine Schale oder als Einzelportionen in Tellerchen od. Coupes-Gläser oder sie evtl. noch **formen als Bombe** (s. **Nr. 1289, b**). **Garnieren** mit Schlagrahm, evtl. mit den passenden Früchten usw., je nach Angabe im Rezept.

NB. Fruchteis schmeckt **kälter** als Crème- oder Rahmeis. — Um das Fruchtaroma stärker hervorzuheben, der Masse einige Tropfen Zitronensaft beigeben. Bei Fruchteis wird leicht zu viel Zucker beigegeben, was das Gefrieren verhindern kann, deshalb eher zu **knapp** versüssen. (Man rechnet auf 1 Liter Fruchtmasse 200–250 g Zucker.) Die Verwendung der Zuckerwaage ist vorteilhaft, bes. bei häufiger Zubereitung und bei grösseren Portionen (sie soll dann auf 18° stehen).

1. Zitronen-Eis   (Glace au citron)

Fruchtmasse: 1 Ltr. Wasser — ca. 400 g Zucker — 6–8 Zitronen

Zubereitung: Wasser, Zucker und die dünn abgeschälte Schale der Zitronen zusammen aufkochen, erkalten lassen. — Den Saft der Zitronen beigeben und absieben.

NB. Zitronen-Eis wird selten allein, sondern meistens zusammen mit anderem Gefrorenem serviert. — Es wird **feiner** und weniger hart, wenn 2–3 **Eiweiss** und evtl. 1 dl **Rahm**, beides geschlagen, zuletzt unter das Eis gemischt werden (evtl. im Mixer).

2. Orangen-Eis   (Glace à l'orange)

6–8 Halbblutorangen (s. NB.), 1–2 Zitronen   z. Garnieren { 1 dl Rahm, geschlagen, versüsst
6 dl Wasser, ca. 200 g Zucker   Orangenschnitze n. Nr. 1425

Zubereitung der Fruchtmasse: Von 3 Orangen die Schalen ganz dünn abschneiden, sie mit dem Wasser und Zucker aufkochen, erkalten lassen. Den Saft von allen Orangen und Zitronen beigeben, passieren.

NB. Erhält man keine Blutorangen, dann die Masse evtl. mit wenig Karmin rötlich färben (oder durch Beigabe von 1–2 Blatt roter Gelatine). — Evtl. **tiefgekühlten** Orangensaft verwenden. — **Mandarinen-Eis** gleiche Zubereitung.

3. Aprikosen-Eis   (Glace à l'abricot)

1 kg gut reife Aprikosen (sonst gekochte)
5 dl Wasser, ca. 300 g Zucker   z. Garnieren { 1 dl Rahm, geschlagen,
Saft von ½–1 Zitrone   u. leicht versüsst
                                                              schöne Aprikosen, gekocht

Zubereitung der Fruchtmasse: Die Aprikosen mit einem Tuch abreiben, entsteinen, durchstreichen. — Wasser und Zucker aufkochen, erkalten lassen. Mit dem Aprikosenpurée und dem gesiebten Zitronensaft vermischen.

NB. Evtl. im **Mixer** Früchte und Sirup zusammen pürieren. — Hat man gekochte Aprikosen, dann anstatt Wasser den Aprikosensaft und entsprechend weniger Zucker verwenden. — **II. Art:** Die Masse mit halb Wasser, halb Milch oder etwas Rahm zubereiten.

4. Pfirsich-Eis (Glace aux pêches)

1 kg reife Pfirsiche (od. gekochte)
6 dl Wasser — ca. 250 g Zucker, Zitr.-Saft

z. Garnieren { 1 dl Rahm, geschlagen, versüsst
schöne Pfirsiche, evtl. rote Kirschen

Zubereitung der Fruchtmasse wie zum Aprikosen-Eis (Abschnitt 3, S. 439). — **Garnieren** der Glace mit Schlagrahm, evtl. mit einem Kranz von halben Pfirsichen, in deren Höhlungen man eine gekochte oder kandierte rote Kirsche gelegt hat.

5. Erdbeer- oder Himbeer-Eis (Glace aux fraises ou framboises)

1 kg reife Erd- od. Himbeeren
ca. 250 g Zucker, 3 dl Wasser
2 dl Rahm, Kondensmilch od. Joghurt (s. NB.)

z. Garnieren { 1–2 dl Rahm
geschlagen u. versüsst
schöne Beeren

Zubereitung der Fruchtmasse: Die Beeren durchpassieren oder im Mixer pürieren. — Wasser und Zucker aufkochen, erkalten lassen, mit dem Fruchtpurée, wenig Zitronensaft und Rahm vermischen. — Evtl. mit Vanilleeis (½ Port.) als **Bombe panachée** gefrieren (s. Nr. 1308). — **Garnieren** der angerichteten Glace mit Schlagrahm, schönen Beeren und evtl. mit kleinen Erdbeer- oder Himbeerblättern.

NB. Statt frischer Beeren, tiefgekühlte (z. B. Frisco) verwenden oder ungezuckertes Frucht-Mark aus Büchsen (dieses evtl. mit wenig Karmin oder 1–2 Blatt roter Gelatine stärker färben.) — Das Eis evtl. **ohne Rahm** (Kondensmilch, ungezuckerte, Gredfil od. Joghurt), dann jedoch mit 5 dl Wasser (statt 3 dl) zubereiten.

6. Johannis-, Brombeer- oder Heidelbeer-Eis

Zutaten und **Zubereitung** wie Erdbeer- oder Himbeereis Abschnitt 5 (oben).

NB. Brombeer- und Heidelbeereis sowie von schwarzen Johannisbeeren evtl. ohne Rahm (jedoch mit 5 dl Wasser) zubereiten. Sie werden in der Farbe ziemlich dunkel, schmecken aber sehr aromatisch.

Rahm-Eis (Parfait oder Mousse) und Bomben

Allgemeines: Rahm-Eis ist rascher und einfacher herzustellen als Crème- oder Fruchteis und auch bedeutend weniger kalt als dieses. Als Grundmasse dienen die **Rahmcrèmen**, Allgem. s. S. 423 u. **Nr. 1251–1257**. Bei diesen Rezepten lässt sich gut etwas Rahm ersetzen durch geschlagenes Eiweiss oder ungezuckerte Kondensmilch, für Fruchtmassen auch durch frischen Quark, Gredfil oder Joghurt (leicht geschlagen). Das **Gefrieren** von Rahmeis kann auf 2 Arten geschehen: **a)** im Gefrier-Abteil eines **Eisschrankes**, siehe **Nr. 1293** oder **b)** in **Eis-Salz-Mischung** spez. auch für hohe Formen, siehe **Nr. 1294**.

1293 Rahmeis und Bomben im Eisschrank gefroren

Vorbereiten: Den Eisschrank auf einen tieferen Kältegrad einstellen (mind. 2–3 Std. vorher oder nach Vorschrift). — **Rahm-Eis**, Allgemeines, siehe oben.

1. **Einfüllen** der Glacemasse (Rahmcrème) in die kalt ausgespülte Eisschublade (evtl. den Boden zuerst mit Pergamentpapier belegen). — Möchte man **2 Sorten** von Glace ge-

frieren (z. B. Vanille- und rotes Fruchteis), dann mit einem Kartonring oder -streifen abgrenzen, oder zuerst die eine Lage leicht gefrieren, nachher die zweite darübergeben.
2. **Gefrieren lassen** je nach Kältegrad oder nach Gebrauchsanweisung des Eisschrankes, in der Regel **ca. 3 Std.** — Spez. **Bomben-** od. **Glace-Formen** (Rehrücken, Melone usw.) lassen sich je nach Höhe, gut in einem grösseren **Tiefkühlabteil** eines **Eisschrankes** od. in einer **Tiefkühltruhe** gefrieren.
3. **Anrichten:** Die Eisschublade (od. evtl. Bombe) kurz in heisses Wasser tauchen (bis drei zählen), abreiben und das Eis auf die Platte stürzen. — Löst sich das Rahmeis nicht leicht von der Form, klopfe man sie einigemal auf den Tischrand. — Die Glace aus der Eisschublade kann auch zu einem Stern, einer Rosette (auch erhöht, d. h. 2–3 Schichten aufeinandergesetzt) oder zu Einzelportionen zugeschnitten werden. — Belegt man die Platte mit Torten- oder spez. Glacepapier, es (mit 1 Msp. angefeuchtetem Mehl) festkleben, damit es nicht rutscht.
4. **Garnieren** der Glace mit versüsstem Schlagrahm und je n. Rezept mit passenden Früchten, glasierten Nüssen usw. — **Servieren** mit kleinen leichten Biscuits, Blätterteig-Gebäck, evtl. mit einem Cake.

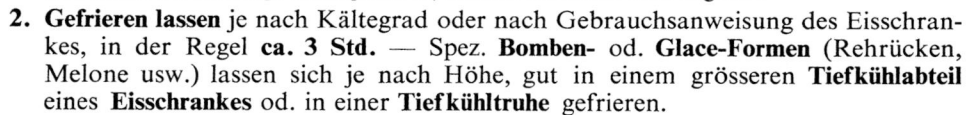

Rahmeis-Bomben in Eis-Salz-Mischung gefroren   ohne Eisschrank   1294

Als **Form:** Eine gut verschliessbare, gut verzinnte **Bomben-** od. **Glaceform** oder eine Puddingform. — **Rahm-Eis,** Allgemeines, siehe S. 440. — z.**Gefrieren:** Eis-Salz-Mischung **Nr. 1290.** 
1. **Einfüllen** der fertigen Rahmcrème in die Form. Diese sehr gut **verschliessen,** d. h. über die Oberfläche zuerst ein gut befettetes Papier spannen, dann den Deckel (der fest sitzen soll) daraufgeben. Den Rand mit Fett verstreichen oder mit einem Leukoplaststreifen überkleben. (Der gute Verschluss ist wichtig, damit kein Salzwasser eindringen kann!)
2. **Verpacken** der Form in einem grossen Eimer mit der **Eis-Salz-Mischung** (od. mit Schnee u. Salz). — Diese dabei gut um die Form anpressen u. ca. 10 cm hoch damit bedecken.
3. **Gefrieren** während **ca. 3 Std.** — Bomben, die viel länger gefrieren, werden hart oder splittrig und verlieren an Aroma. — Während des Gefrierens von Zeit zu Zeit das sich bildende Salzwasser abgiessen und mit neuem Salz und Eis auffüllen!
4. **Anrichten:** Die Form sorgfältig aus der Eismischung heben, dann kalt abspülen. Sie kurz in heisses Wasser tauchen (bis drei zählen), gut abreiben, vorsichtig öffnen und stürzen. Löst sich die Bombe nicht von der Form, dann klopfe man sie einigemal auf den Tischrand. — **Garnieren** der Bombe mit versüsstem Schlagrahm und, je nach Rezept, mit passenden Früchten, Nüssen, evtl. kleinen Biscuits usw.

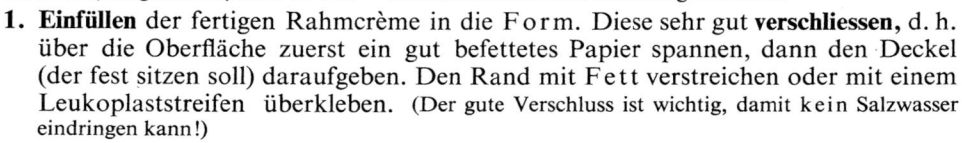

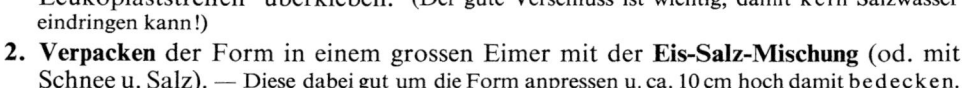

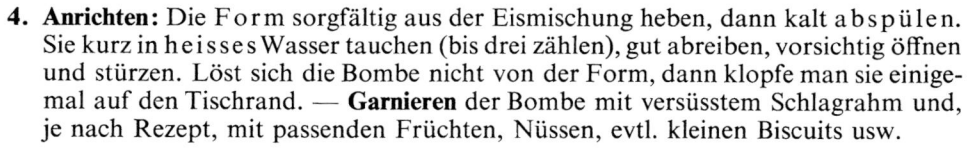

Vanille-Rahmeis   (Parfait à la vanille)   1295

Crème { 3 Eier — 60–80 g Zucker
2–3 Msp. Vanille — 3 dl Rahm*

z. Garnieren { 1–2 dl Rahm,
geschlagen u. versüsst

Crème: Die Eier mit dem Vanille und Zucker schaumig schlagen (an der Wärme und wieder kühl schlagen, wie zu einem Biscuit, siehe auch NB.). Den Rahm steif schlagen und sorgfältig unter die Eiermasse ziehen.

Einfüllen und **Gefrieren** der Crème: **a)** in der Eisschublade oder Glaceform im Gefrier-Abteil des Eisschrankes (s. **Nr. 1293**) — **b)** in einer Bombenform in Eis-Salz-Mischung (s. **Nr. 1294**). — Beim **Anrichten** stürzen und **garnieren** mit Schlagrahm, evtl. mit kleinen Pralinés, Schokoladeplätzchen oder kleinen Biscuits.

NB. II. Art: Eigelb und Zucker allein schaumig rühren, den Eiweiss-Schnee, mit dem geschlagenen

Rahm unter die Masse ziehen (raschere Zubereitung, aber weniger zart). — *Zur Crème evtl. nur 2 dl Rahm und 2 Blatt Gelatine (eingeweicht) in 1½ dl heisser Milch aufgelöst verwenden. Als **Bombe panachée:** s. Nr. 1308, II. Art.

1296 Schokolade-Rahmeis (Parfait au chocolat)

Schokolade-Rahmcrème Nr. 1251
z. Garnieren: 1–2 dl Rahm, geschlagen — evtl. einige Schokolade-Trüffeln od. 10 g -Granulés

Die **Schokoladecrème** zubereiten, evtl. 2–3 Essl. Schokoladewürfelchen beigeben. **Einfüllen** und **Gefrieren** der Crème: **a)** in der Eisschublade od. Glaceform im Gefrier-Abteil des Eisschrankes (s. **Nr. 1293**) — **b)** in einer Bombenform in Eis-Salz-Mischung (s. **Nr. 1294**). — Beim **Anrichten** stürzen und **garnieren** mit Schlagrahm, evtl. mit kleinen Schokolade-Trüffeln oder -Granulés, Schokoladepulver oder -plätzchen usw.

1296a Schokolade-«Soufflé» glacé

Zubereitung und **Einfüllen** der Schokolademasse nach **Nr. 1262** (evtl. nur zwei Blatt Gelatine verwenden). **Gefrieren** im Gefrierabteil des Eisschrankes s. **Nr. 1293**. — **Servieren,** mit Puderzucker oder Schokoladepulver bestäubt.

1297 Haselnuss-Rahmeis (Bombe pralinée)

z. Rösten: 70 g Haselnüsse, 70 g Zucker

Rahmcrème { 1–3 Eigelb, ca. 30 g Zucker / 2–3 Eiweiss (z. Schnee) / 2–3 dl Rahm, geschlagen

z. Garnieren { 1 dl Rahm, geschlagen u. leicht versüsst / glasierte Haselnüsse

Vorbereiten: Haselnüsse und Zucker hellbraun rösten, auf beöltem Blech erkalten lassen, reiben.
Haselnuss-Rahmcrème: Eigelb und Zucker schaumig rühren, die vorbereiteten Haselnüsse beigeben, den Eierschnee und geschlagenen Rahm darunterziehen.
Einfüllen und **Gefrieren** der Crème: **a)** in der Eisschublade od. Glaceform im Gefrier-Abteil des Eisschrankes (s. **Nr. 1293**) — **b)** in einer Bombenform in Eis-Salz-Mischung (s. **Nr. 1294**). — Beim **Anrichten** stürzen, **garnieren** mit Schlagrahm und glasierten Haselnüssen.

1298 Nuss-Rahmeis (Mousse aux noix)

Zubereitung wie Haselnuss-Rahmeis **Nr. 1297**. — Die **Nusskerne** geröstet oder ungeröstet verwenden. Evtl. etwas Nusslikör beigeben.

1299 Bombe-Pistaches (Pistazien-Eis)

Crème { 100 g Pistazien, 50 g Mandeln / 3 dl Milch, ca. 100 g Zucker / 2–3 Blatt Gelatine / 2–3 dl Rahm, evtl. «Spinatgrün»

z. Garnieren { 1–2 dl Rahm, geschlagen u. leicht versüsst / 3–5 geschälte Pistazien

Crème: Mandeln und Pistazien schälen, trocknen, fein reiben. Beides mit der Milch und dem Zucker aufkochen, durch ein feines Sieb passieren (nicht durchdrücken). Die gewaschene Gelatine in der noch heissen Masse auflösen und erkalten lassen

unter häufigem Rühren. — Den Rahm geschlagen unter die Crème ziehen, diese wenn nötig mit etwas Spinatgrün leicht nachfärben (bis zart gelbgrün!).
Einfüllen und **Gefrieren** der Crème: **a)** in der Eisschublade od. Glaceform im **Gefrier-Abteil des Eisschrankes** (s. **Nr. 1293**) — **b)** in einer Bombenform in Eis-Salz-Mischung (s. **Nr. 1294**). — Beim **Anrichten** stürzen und **garnieren** mit Schlagrahm, sowie mit blättrig geschnittenen oder gehackten Pistazien.

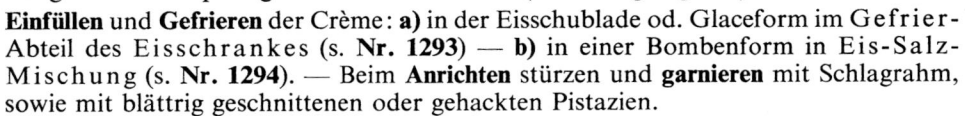

Parfait au Maraschino 1300

Rahmcrème { 2–3 Eigelb, 50–80 g Zucker (s. NB.) — 3–4 dl Rahm, 2 Eiweiss (z. Schnee), 10–15 Maraschino-Kirschen mit 3–5 Essl. -saft, evtl. Maraschino-Liqueur

Crème: Eigelb und Zucker gut schaumig rühren. Den Rahm steif schlagen, ebenso das Eiweiss (dieses unter Beigabe von 2 Essl. Zucker) und beides mit der Eigelbmasse vermischen. Die kleingeschnittenen Kirschen und den Maraschinosaft darunterziehen, evtl. noch etwas Liqueur oder Zitronensaft und Zucker beigeben.
Einfüllen und **Gefrieren** der Crème in der Eisschublade (oder in einer hübschen Form) im Eisschrank (n. **Nr. 1293**). — Beim **Anrichten** stürzen und **garnieren** mit etwas zurückbehaltenem geschlagenem Rahm und Maraschino-Kirschen.
NB. Das Parfait sieht auch hübsch aus in einzelne **Coupes** angerichtet. — Evtl. noch 1½ dl Milch mit 1 Msp. Kartoffelmehl aufgekocht, zur Eigelbmasse mischen.

Parfait au Grand Marnier 1301

Zubereitung wie Parfait au Maraschino **Nr. 1300**. Statt Maraschinokirschen und -saft oder -Liqueur der Rahmcrème etwas Vanille (ausgekratzte) und soviel **Grand Marnier** beigeben (3–6 Essl.), bis die Crème gut parfümiert ist. — Das angerichtete Parfait **garnieren** mit etwas Schlagrahm und mit **Schokolade**-Spänen oder -Pulver bestreuen.

Sabayon glacé 1301a

Crème Sabayon { 2 dl Marsala / 2 Eier, 2–3 Eigelb / 180 g Zucker / 1 dl Rahm

z. Beigeben: 2 Blatt Gelatine (eingelegt in kaltes Wasser)
z. Garnieren { 1–2 dl Rahm, geschlagen, leicht versüsst

Zubereitung: Die Zutaten zur Crème gut verquirlen, dann im Wasserbad unter stetem Schwingen erhitzen, bis die Masse dick und schaumig ist. Vom Feuer nehmen, die eingeweichte Gelatine beigeben und mischen, bis sie sich aufgelöst hat. — **Erkalten** lassen unter Rühren. Sobald die Crème dicklich wird, sie in die Eisschublade füllen. **Gefrieren** im Eisschrank (s. **Nr. 1293**) während **2–3 Std.** — Beim **Anrichten** stürzen und **garnieren** mit Schlagrahm.

Bananen-Split 1302

Vanillecrème-Eis Nr. 1291 (1) od. -Rahmeis Nr. 1295 im Eisschrank (in der Eisschublade) gefroren. 3–6 Bananen — Parisercrème Nr. 1416 — z. Garnieren: einige Pistazien — evtl. 1–2 dl Rahm
Anrichten: Das Eis auf eine längliche Platte stürzen und mit den geschälten, der Länge nach halbierten Bananen belegen. Alles überziehen mit der kalten Parisercrème und **garnieren** mit blättrig geschnittenen Pistazien, evtl. auch mit etwas Schlagrahm.
NB. Die **einzelnen Portionen** evtl. mit einem heissen Messer abschneiden und auf kleine Teller anrichten.

1303 Bananen-Rahmeis (Mousse aux bananes)

Crème
- 6–7 Bananen
- Saft v. 1 Orange u. ½ Zitrone
- 50–80 g Zucker, 4 dl Rahm
- evtl. 1–2 Eiweiss (z. Schnee)

z. Garnieren
- 1 dl Rahm, geschlagen
- wenig Zucker
- Bananenscheibchen (glasiert n. Nr. 1425)

Crème: 5 Bananen durch ein feines Sieb streichen, mit dem Orangen- und etwas Zitronensaft vermischen (oder zusammen im Mixer pürieren), den geschlagenen Rahm und evtl. den Eierschnee darunterziehen. Eine Banane in Würfelchen schneiden und mit dem nötigen Zucker der Crème beigeben. — **Einfüllen** und **Gefrieren** der Crème in der Eisschublade im Eisschrank (siehe **Nr. 1293**). — Beim **Anrichten** stürzen und **garnieren** mit Schlagrahm und den Bananenscheibchen. — NB. **Papaya-Eis** gleich zubereiten, es jedoch in den ausgehöhlten Fruchthälften gefrieren. (Papayas immer gut entkernen!)

1304 Ananas-Rahmeis (Mousse à l'ananas)

Zubereitung wie Bananen-Rahmeis **Nr. 1303**. Statt Bananen: ½ Ltr.-Büchse **Ananas** verwenden. Diese im Mixer pürieren (evtl. keinen oder nur ganz wenig Orangensaft beigeben. — **Garnieren** mit Ananasstückchen (evtl. kandierten) und mit roten Kirschen. Evtl. **servieren** mit frischem, leicht versüsstem Himbeermark.

1305 Orangen-Rahmeis (Mousse à l'orange)

Zubereitung wie Bananen-Rahmeis **Nr. 1303**. Statt Bananen: ½-Ltr.-Büchse **tiefgekühltes Orangenmark** verwenden, als Garnitur Mandarinenschnitze (aus Büchsen).

1306 Feines Früchte-Rahmeis, verschied. (Mousse aux fruits variés) Tafel 43–44

Geeignete Früchte für die **Crème:** Alle Arten Beeren sowie Ananas, Aprikosen, Bananen, Papaya usw.
Feine Frucht-Rahmcrème Nr. 1257,
Fruchtpurée-Crème Nr. 1245 od.
Rohe Frucht-Quark- od.
-Joghurtcrème (Nr. 1064 u. 1065)

z. Garnieren
- 1–2 dl Rahm, geschlagen u. versüsst
- schöne Früchte (je n. Crème)

Eine der **Fruchtcrème-Massen** zubereiten. — Nicht zu viel dünnes Fruchtpurée od. -saft beifügen (da die Crème sonst beim Gefrieren hart wird) oder den Saft mit **Gelatine** binden (pro dl = ½–1 Blatt). **Einfüllen** und **Gefrieren** der Crème: **a)** in der Eisschublade oder Form im Gefrier-Abteil des Eisschrankes (n. **Nr. 1293**) — **b)** in einer Bombenform in Eis-Salz-Mischung (n. **Nr. 1294**). — Beim **Anrichten** stürzen und **garnieren** mit Schlagrahm und schönen Früchten. — NB. Als **Bombe panachée:** Siehe Nr. 1308, II. Art.

1307 Bombe Tutti-Frutti

feine Früchte ca. 300 g
- Walderdbeeren, Himbeeren, Ananasspalten, Pfirsiche od. gekochte Aprikosen usw.

ca. ½ dl feinen Kirsch od. Maraschino
5 dl Rahm od. 4 dl u. 2 Eiweiss (z. Schnee)
ca. 100 g Puderzucker, gesiebt

z. Garnieren
- 1–2 dl Rahm, geschlagen u. versüsst
- schöne Früchte

Vorbereiten und Einfüllen: Den **Rahm** (und evtl. das Eiweiss) steif schlagen, mit dem

Zucker vermischen. — Die **Früchte** einzeln in Kirsch und evtl. in feinen Zucker tauchen und immer nur einige aufs Mal, lagenweise mit der Rahmmasse, in die Eisschublade oder in eine Bombenform geben (nicht mischen). 
Gefrieren: a) in der Eisschublade oder Form im Eisschrank (n. **Nr. 1293**) oder **b)** in einer Bombenform in Eis-Salz-Mischung (n. **Nr. 1294**).
Beim **Anrichten** stürzen und **garnieren** mit Schlagrahm und Früchten.
NB. Früchte, die nicht in Alkohol getaucht werden, gefrieren meistens glasig hart.

Bombe panachée   I. und II. Art   Bild auf Tafel 43   **1308**

I. Art { ½ Port. Vanille-Rahmeis Nr. 1295
½ Port. Schokolade-Rahmeis Nr. 1296
od. ½ Port. Frucht-Rahmeis Nr. 1306

II. Art { ½ Port. Vanillecrème-Eis Nr. 1291 (1)
½ Port. Schokolade-Eis Nr. 1291 (2)
Erd- od. Himbeer-Eis Nr. 1292 (5)

z. **Garnieren:** 1–2 dl Rahm, geschlagen und versüsst. — Evtl. einige Schokoladeplätzchen od. schöne Beeren.

Bombe panachée I. Art: In eine hohe Form bis zur Hälfte **Vanille-Rahmeis** einfüllen und kalt stellen, bis die Crème etwas angefroren ist (ca. 20 Min.). Unterdessen die **Schokolade-** oder **Frucht-Rahmcrème** (v. Erd- od. Himbeeren usw.) zubereiten und die Form damit auffüllen, nach Vorschrift verschliessen. — **Gefrieren: a)** in einem Eisschrank od. Tiefkühler nach **Nr. 1293** (2) oder **b)** in Eis-Salz-Mischung nach **Nr. 1294** (die Form gut mit Leukoplast verklebt). 
II. Art: Vom **Vanillecrème-Eis** soviel in eine Bombenform pressen, bis sie zur Hälfte gefüllt ist. Sie kalt stellen, evtl. gut verschlossen in Eis-Salz-Mischung. — Unterdessen das **Schokolade-** oder **Erdbeer-Eis** zubereiten. Die Form sorgfältig aus der Eismischung nehmen und die zweite Glace einfüllen. (Gut andrücken, damit an den Wandungen keine Löcher entstehen, die Form verschliessen.) — **Gefrieren** der Bombe: **a)** im Gefrier-Abteil des Eisschrankes od. Tiefkühler nach **Nr. 1293** (2) — oder **b)** in Eis-Salz-Mischung nach **Nr. 1294** (die Form gut mit Leukoplast verklebt). 
Beim **Anrichten** die Bombe stürzen und **garnieren** mit Schlagrahm und, je nach Glace, mit Schokoladegranulés oder -plätzchen oder mit Erdbeeren usw.

Cassata   (nach Hausfrauen-Art)   **1309**

4–5 dl Rahm — 1 kl. Büchse Kondensmilch, ungezuckerte — 50–80 g Schokolade, dunkle
1–2 Eigelb, Vanille — ca. 100 g Zucker
1 Tasse Erdbeermark (pürierte Beeren)

evtl. rote Speisefarbe (Karmin)
80 g kand. Früchte u. Cedrat
2–4 Essl. feinen Liqueur
evtl. einige Makrönli od. Löffelbiscuits
einige Pistazien, 30 g Mandeln

Als Cassata-**Form:** Rehrücken- od. evtl. Cakeform, die im Gefrier-Abteil des Eisschrankes Platz hat.

Vorbereiten: Den Rahm steif schlagen, ebenso die Kondensmilch. Beides zusammen mischen und je ¼ davon in Schüsselchen verteilen. — **Einfüllen der Cassata:** Den **1. Teil** der Rahmmasse mit der geschmolzenen, abgekühlten Schokolade mischen, evtl. noch etwas versüssen und ca. 1 cm dick in der Form ausstreichen. Diese nun **sehr kalt** stellen (im Eisschrank). — Für den **2. Teil:** 1–2 Eigelb mit 2 Essl. Zucker und Vanille schaumig rühren, die Rahmmasse dazumischen und in die Form füllen (auf das Schokoladeeis), wieder sehr **kalt** stellen. — Unter den **3. Teil** das Erdbeermark und Zucker nach Geschmack mischen, evtl. etwas Zitronensaft und wenn nötig, 1–3

Tropfen Karmin beigeben. Die Crème über die Vanillemasse streichen, wieder **kalt** stellen. — Für den **Rest** des Rahmes die kandierten Früchte in ½ cm grosse Würfelchen, die Pistazien in Blättchen schneiden und mit dem Liqueur anfeuchten. Die Mandeln schälen, in Streifen schneiden, im Ofen bräunen u. erkalten lassen. Alles m. der Rahmmasse vermischen, versüssen und die Form damit auffüllen. — Nach Belieben vor dem Einfüllen der letzten Masse die Makrönli oder Biscuit in die Form geben und gut mit Liqueur beträufeln. — **Gefrieren** der Cassata während **ca. 3 Std.** im Gefrier-Abteil des Eisschrankes. — Beim **Anrichten** stürzen und in gut 1 cm dicke Scheiben schneiden (mit heissem Messer), evtl. mit Schlagrahm garnieren. — **NB.** Evtl. zuerst die helle, dann die Schok.-Masse einfüllen.

1310 Fürst-Pückler-Bombe

3–4 Makrönli — 1 Msp. Vanille
1–2 Essl. Maraschino
80–100 g Schokolade, dunkle
8 dl Rahm — Zucker, ca. 100 g
ca. 1 Tasse dickes Erdbeerpurée

z. Garnieren { 1–2 dl Rahm, geschlagen / wenig Zucker / evtl. Schokoladepulver / evtl. schöne Erdbeeren

evtl. z. Gefrieren: Eismischung n. Nr. 1290

Vorbereiten: Eine hohe Bombenform kalt ausspülen, in eine Eismischung stellen. Die **Makrönli** in ca. ½ cm grosse Würfelchen schneiden, Vanille beigeben, mit dem Maraschino anfeuchten. — Die **Schokolade** mit 1–2 Essl. Wasser auf kleinem Feuer schmelzen. — Den **Rahm** steif schlagen und je einen Drittel für sich in eine Schüssel geben.

Einfüllen: Den **1. Teil** des Rahmes mit der Makrönlimasse vermischen, leicht versüssen und in die Bombenform geben, ca. 10 Min. **kalt** stellen. — Dem **2. Teil** soviel Erdbeerpurée beigeben, bis er schön rot ist, nach Geschmack versüssen und auf die helle Schicht einfüllen. — Den **3. Teil** mit der geschmolzenen, wieder abgekühlten Schokolade vermischen (er soll recht dunkel sein) und als letzte Schicht in die Form geben. — Nach Vorschrift **verschliessen** und **gefrieren, a)** nach **Nr. 1294** in der Eis-Salz-Mischung während **ca. 3 Std.** — oder **b)** in einem Tiefkühler oder genügend grossen Gefrier-Abteil des Eisschrankes (s. **Nr. 1293** (2). — Beim **Anrichten** die Bombe stürzen und **garnieren** mit reichlich Schlagrahm und evtl. mit Erdbeeren. Etwas Schokoladepulver auf die Spitze streuen.

NB. Beim Einfüllen der 1. und 2. Rahmmasse darauf achten, dass an der Formwand nichts davon haften bleibt, da die Bombe sonst beim Stürzen nicht schön aussieht.

1311 Gefüllte Orangen-Bombe

Orangen-Eis Nr. 1292 (Abschn. 2)
Füllung { 2 dl Rahm — 30 g Zucker / 50 g kand. Früchte / 2–3 Essl. Maraschino

z. Garnieren { 1–2 dl Rahm, geschlagen / kandierte Früchte / Orangenschnitze n. Nr. 1425

Füllung: Die Früchte kleinwürflig schneiden, mit Liqueur beträufeln, mit dem geschlagenen Rahm und Zucker vermischen, evtl. nochmals wenig Maraschino beigeben.
Bombe: Die Wandungen einer Bombenform mit dem fertigen Orangen-Eis ca. 2 cm dick belegen und überall gut anpressen. — (Die Form während dieser Zeit in Eis und Salz stellen.) — In den Hohlraum die Rahmmasse einfüllen, nach Vorschrift **verschliessen**. **Gefrieren** der Bombe, **a)** nach **Nr. 1294** in Eis-Salz-Mischung während **ca. 3 Std.** — oder **b)** in einem Tiefkühler oder genügend grossen Gefrier-Abteil des Eisschrankes (s. **Nr. 1293** (2). — Beim **Anrichten** die Bombe stürzen und **garnieren** mit Schlagrahm und den Früchten.

Eis-Melone   (Bombe à la melon)   1312

Pistazien-Eis Nr. 1299, Himbeer-Eis Nr. 1292 (5) oder Himbeer-Rahmcrème Nr. 1257

Das **Pistazien-Eis** herstellen, die Wand einer **Melonen-** (evtl. Kuppel-)**Form** ca. 2 cm dick damit auslegen, gut anpressen und gut verschlossen in Eismischung setzen. — Unterdessen das **Himbeer-Eis** oder die **-Rahmcrème** zubereiten. Die Form wieder aus der Eismischung nehmen. Sie sorgfältig abreiben und öffnen und Himbeer-Masse in den Hohlraum füllen.
Gefrieren der Melone, **a)** nach **Nr. 1294** in Eis-Salz-Mischung ca. 3 Std. — (Die Form zum Gefrieren am besten in befettetes Papier einwickeln.) — **b)** nach **Nr. 1293** im Tiefkühler oder Gefrier-Abteil des Eisschrankes. — Beim **Anrichten** die Melone sorgfältig aus der Form lösen und stürzen. **Garnieren** mit kleinen grünen Blättern (v. Himbeeren) und einem Stiel von Angélique oder Cedrat.

Eiscake, meringuiert   (Cake glacé)   Bild auf Tafel 44   1313

Himbeer- od. Erdbeer-Rahmeis, Nr. 1306 (s. NB.)
Vanille-Rahmeis Nr. 1295 (½ Port.) s. NB.
Biscuit Nr. 1339 (½ Port.)
feinen Liqueur — schöne Beeren
Meringuemasse Nr. 1497 (½ Port.)

Vorbereiten: Das **Biscuit** in einer Cakeform backen. — Die beiden **Eissorten,** jede für sich, in einer Schublade gefrieren, oder beide in der gleichen Schublade aufeinander. (Dann die erste Schicht zuerst etwas angefrieren lassen während ca. 15 Min.)
Formen: Vom **Biscuit** querdurch zwei ½ cm dicke Scheiben schneiden. Die erste auf ein flaches Blech setzen (evtl. zuerst auf einen Karton) und mit Liqueur gut beträufeln. Die beiden Eisschichten darauf stürzen (die rote nach unten), mit der zweiten Biscuitscheibe bedecken, wieder mit Liqueur beträufeln. — Die Oberfläche mit der **Meringuemasse** gitterartig bespritzen und unter sehr guter **Oberhitze** od. Grill leicht gelb **überbacken** (bei offenem Ofen!). Den Eiscake sorgfältig auf eine längliche Platte heben, mit Beeren bestecken und rasch servieren.

NB. Eiscake kann auch mit Heidel- od. Brombeeren oder beliebigen **andern Glace**-Arten zubereitet werden, z. B. Vanille-Schokolade, Mokka-Haselnuss usw. — **Eistorte:** Gleiche Zubereitung, dazu das Biscuit jedoch in einer Springform backen, ebenso das Eis darin gefrieren.

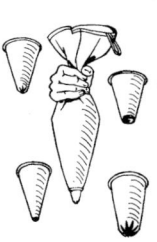

Himbeer-Eistorte   (Gâteau glacé aux framboises)   1313a

Zubereitung wie Eiscake **Nr. 1313,** jedoch nicht meringuiert. — Das **Biscuit** zur Torte in einer Springform von 20–24 cm ⌀ backen und erkalten lassen. Das **Himbeer-Eis** in derselben Springform leicht gefrieren lassen.
Formen: Das Biscuit halbieren, den Boden wieder in die Springform geben und mit **Himbeerkonfitüre** bestreichen (statt mit Liqueur). Das Himbeer-Eis darauf setzen und mit der zweiten Biscuitscheibe bedecken. Diese wieder mit Konfitüre bestreichen und mit einer ½ Port. **Vanille-Rahmmasse** (ungefroren) v. **Nr. 1295** bedecken. Sofort im Gefrier-Abteil des Eisschrankes (n. **Nr. 1293**) oder im Tiefkühler fest werden lassen (ca. 2 Std.). — Zum **Servieren** mit Schlagrahm und schönen Himbeeren garnieren.

Baked Alaska   1314

Biscuit Nr. 1339 (½ Port.) — Erdbeer- od. Himbeer-Eis Nr. 1292 (5) — ca. 250 g reife Beeren
Meringuemasse Nr. 1497, evtl. zart rosa gefärbt — 3–5 Essl. guten Cognac oder Whisky
Vorbereiten: Das Biscuit in einer Springform von ca. 20 cm ⌀ backen und erkalten

lassen. — Wird die Glace in einer Eisschublade im Eisschrank gefroren, dann das Biscuit in der Cakeform backen.

Formen: Das Biscuit auf einen Blechboden (evtl. Kartonscheibe) setzen, mit einer Lage gezuckerter Beeren bedecken. Die Glace bergartig darauf geben und glattstreichen (evtl. mit heissem Spachtel). — Die Glace evtl. nochmals im Eisschrank recht kalt stellen! — **Meringuieren:** Die ganze Oberfläche des Eisberges mit Meringuemasse bestreichen, dann voller Röschen spritzen (mit grosser Sterntülle) oder mit einem Löffel Spitzen aufziehen. Sofort unter sehr guter **Oberhitze** (od. Grill) während **2–4 Min.** leicht gelb **überbacken** (bei offenem Ofen!). Sorgfältig auf eine Tortenplatte heben. — Zum **Servieren** evtl. oben in der Mitte leicht eindrücken, den Liqueur hineingiessen, anzünden und das brennende Alaska-Eis möglichst rasch auftragen.

1315 Omelette surprise à la Norvégienne

Vanille-Eis Nr. 1291 (1) ½ Port.
Himbeer-Eis Nr. 1292 (5) ½ Port.
50 g Löffelbiscuits — 4–6 Essl. feinen Liqueur
Omelette-Soufflée-Masse Nr. 1207

Vorbereiten: Eine grosse ovale Auflaufform auf ein Blech setzen und umgeben mit einem dichten Rand von **Eis**-Stückchen.

Einfüllen: Den Boden der Form der Länge nach je zur Hälfte mit Vanille- und mit Fruchteis bedecken. Die Löffelbiscuits, mit dem Liqueur beträufelt, darüber legen. — Die Hälfte der Omelette-Masse in die Form geben, den Rest mit dem Dressiersack (mit grosser Sterntülle) hübsch darauf spritzen. — **Überbacken** der Form unter sehr starker **Oberhitze** (od. Grill) während einiger Minuten, d. h. bis die Oberfläche leicht gelb ist. Sofort **servieren** und evtl. am Tisch noch mit erwärmtem Liqueur übergiessen und **flambieren**.

NB. Varianten, a) nur das Frucht-Eis (ohne Biscuit) einfüllen. — **b)** als **Omelette Stromboli:** den Boden der Form mit gezuckerten Beeren bedecken, evtl. mit feinem Kirsch od. Arrak beträufeln. Darüber das Vanille-Eis (1 Port.) verteilen, die Soufflée-Masse zuletzt darauf geben. — **c)** Statt die Soufflée-Masse in der Form im Ofen zu überbacken (bes. bei kleineren Portionen), sie in der Pfanne zubereiten und gestürzt über das Eis anrichten, nachher **flambieren**.

1316 Soufflé glacé Hawaii

Vanille- od. Schokolade-Eis Nr. 1291 (1 u. 2)
1 kleine Büchse Ananas od. 2 Bananen
3–5 Essl. feinen Liqueur (Cointreau usw.)
6 kleine runde Meringueschalen
2–3 dl Rahm, geschlagen
Schokoladepulver

Einfüllen: Ananas oder Bananen (evtl. beides) in kleine Würfel schneiden und in einzelne Auflaufförmchen verteilen, mit dem Liqueur beträufeln. Je eine Meringueschale darauflegen, mit dem Eis bis zu ¾ Höhe auffüllen u. glattstreichen. Mit dem **steif** geschlagenen Rahm bedecken, so, dass er etwa 1 cm hoch über der Form steht (wie bei einem aufgegangenen Auflauf). Die Oberfläche mit Schokoladepulver bestäuben. Die Förmchen bis zum **Servieren** noch etwa ½–1 Std. **sehr kalt** stellen.

1317 Gefüllte Ananas oder Melone, gefroren (Ananas ou melon glacé)

Von einer gut reifen **Ananas** oder **Melone** einen Deckel von ungefähr 8 cm Grösse herausschneiden, sorgfältig aushöhlen. Diese Fruchtmasse in Würfelchen schneiden, mit Maraschino-Eis (Nr. 1300) vermischen. — **Einfüllen** der Glace in die Ananas oder Melone, den Deckel wieder darauf setzen. Sofort **servieren** auf einer Platte, die man mit einer Serviette oder mit schönen Blättern belegt hat.

Oben:	(links)	Eiscake, meringuiert Nr. 1313	
	(rechts)	Apfelcrème Nr. 1092, garniert mit Meringuepilzchen Nr. 1426	
Unten:	(links)	Gefüllte Orangen Nr. 1272	
	(rechts)	Bananenschiffchen Nr. 1118	**Tafel 44**

Tafel 45 Oben: (links) Profiteroles à la crème Nr. 1496
Rechts: Schwarzwälder Torte Nr. 1390 (I. Art)
Unten: Vacherin mit Kastanien Nr. 1284

Eis-Orangen oder -Mandarinen (Les Oranges ou mandarines en surprise) 1318

Orangen- od. Mandarinen-Eis Nr. 1292 (2)
od. Orangen-Rahmeis Nr. 1305
z. Garnieren { 1–2 dl Rahm, wenig Zucker / einige kandierte Kirschen

Vorbereiten der Orangen oder Mandarinen: Sie erst anshöhlen nach dem Formen a) etwa 6 cm grosse Deckelchen ausschneiden, die man nach dem Füllen wieder aufsetzt, — b) Körbchen mit Henkeln formen, dann mit einem Teelöffel sorgfältig aushöhlen, evtl. den Rand mit einer Schere auszacken. — c) Die Orangen ausgezackt halbieren wie Zitronenkörbchen Nr. 877, I. Art.
Füllen der ausgehöhlten Orangen- oder Mandarinen-Schälchen mit dem **Eis**, glattstreichen und nochmals **gefrieren** während 1–3 Std. — **Servieren a:** Die offenen Schälchen **garnieren** mit Schlagrahm und mit kleinen Stückchen kandierter Kirschen. — **b:** Das abgeschnittene Deckelchen daraufgeben und mit einem grünen Blatt bestecken. Auf eine Tortenplatte setzen, den Rand mit grünen Blättern belegen (s. auch Bild auf Tafel 44).

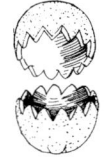

Meringues glacées 1319

Meringueschalen Nr. 1498 – Vanilleglace Nr. 1291 (1) – ½ kg Walderdbeeren — Schlagrahm 3–4 dl

Anrichten: Auf die Mitte einer schönen Platte bergartig den leicht versüssten Schlagrahm spritzen. Im Kranz darum die mit der **Glacé** gefüllten Meringues (auch als Schwänchen geformt) geben, abwechslend mit einem Häufchen gezuckerter Erdbeeren.

Eis-Champignons 1319a

Vanille- od. Schok.-Eis Nr. 1291 – Meringueschalen n. Nr. 1498 – 2–3 dl Rahm, geschl., einige Pistazien

Vorbereiten: Die **Glace** in einer Eisschublade ca. 4 cm hoch eingefüllt, gefrieren. — Die **Meringueschalen** mit dem Dressiersack (ohne Tülle) im ∅ von ca. 5 cm und möglichst rund spritzen. Sie mit grobem **Schokolade**-Pulver bestreuen.
Formen der Champignons: Vom Eis runde, zylindrische Stücke ausstechen (mit einem Ring v. ca. 4 cm ∅). Diese gegen den obern Rand etwas abrunden, dann mit Rahm bespritzen und einen Meringuehut daraufsetzen. Jeden Pilz unten mit einem Rahmkränzchen abgrenzen und diesen mit geschälten, fein gehackten Pistazien bestreuen.

Coupes und Sorbets Bild auf Tafel 54

Allgemeines: Diese Glacen oder Glacemischungen werden in schalenförmigen oder Fuss-Gläsern (Coupes) serviert. Sie enthalten oft auch Zusätze von Liqueurs und lassen sich geschmacklich auf viele Arten variieren. — Coupes können fertig eingefüllt, gut im Eisschrank bereit gehalten werden. — Die Coupes **garnieren** m. Schlagrahm, evtl. Früchten usw. (je nach Rezept). — **Servieren** mit leichten Biscuits, Cake oder Blätterteig-Gebäck.

Coupe Pêches Melba 1320

Vanille-Eis Nr. 1291 (1) od. evtl. Nr. 1295
4 gut reife od. gekochte Pfirsiche
feinen Liqueur — 3 dl Rahm
z. Garnieren { 1–2 dl Rahm, geschlagen / 8–10 halbe Pfirsiche
½ Tasse Himbeergelée od. -mark (s. NB.)

Vorbereiten: Die Pfirsiche schälen, in Würfelchen schneiden, mit dem Liqueur beträufeln. — Den Rahm steif schlagen, ihn mit den Pfirsichstückchen unter das **Vanille-Eis** (das nicht zu fest sein darf) mischen. **Einfüllen** in Coupes und mit je einem halben

Pfirsich (mit rotem Gelée überzogen) belegen. — **Garnieren** mit etwas Schlagrahm und einigen Geléetupfen. — **Servieren** mit kleinem Gebäck.

NB. Bes. fein wird die Coupe, wenn man zum Überziehen frische Himbeeren passiert (od. im Mixer püriert) und leicht gezuckert, verwendet.

1321 Coupe Jacques   Bild auf Tafel 54

feine Früchte { Erdbeeren, Himbeeren, Trauben, Ananas, Pfirsiche, Aprikosen usw.

Maraschino — Puderzucker

Vanille-Eis Nr. 1291 (½ Port.)

z. Garnieren { 2 dl Rahm, geschlagen gerösteten Zucker (ca. 30 g)

Die Früchte, wenn nötig klein schneiden, in schalenförmige **Gläser** verteilen bis zu ⅓ der Höhe. Sie mit Maraschino beträufeln, mit Puderzucker übersieben. — Das **Vanille-Eis** über die Früchte einfüllen, glattstreichen. — **Garnieren** mit Schlagrahm und Früchten, oder bestreuen mit braun geröstetem, geriebenem Zucker.

1321a Coupe Monsieur

Sabayon glacé Nr. 1301a – 2 dl Rahm, geschlagen – Malagatrauben – **Sirup:** 1 dl Marsala, 50 g Zucker

Zubereitung: Das Eis bis zu **halber Höhe** in die Coupes verteilen, wieder **kalt** stellen. **Vorbereiten:** Die Traubenbeeren abreiben, halbieren, die Kerne entfernen. Den Zuckersirup aufkochen, die Beeren kurz darin **ziehen** lassen und abtropfen. — **Einfüllen:** Die Hälfte der Trauben auf die Coupes verteilen. Diese bis zu ¾ Höhe mit dem Eis auffüllen, mit dem Schlagrahm hoch überdecken und mit den übrigen Trauben belegen.

1322 Coupe Poires Belle Hélène

3–6 kleinere schöne Butterbirnen, halbiert, in Sirup mit etwas Vanille weichgekocht

Vanille-Eis Nr. 1291 (½ Port.) z. Garnieren: 2 dl Rahm, geschlagen, versüsst

Anrichten: Die Coupes mit dem Eis füllen, glattstreichen, mit den Birnen belegen, **garnieren** mit Schlagrahm. — Evtl. **servieren** mit heisser **Schokoladesauce** v. **Nr. 1323** (NB.).

1323 Coupe Danemark

Vanille-Eis Nr. 1291 (1)
Schokoladensauce s. NB.

z. Garnieren { 1–2 dl Rahm, geschlagen evtl. Schokoladeplätzchen

Anrichten: Die Gläser (Coupes) mit dem Eis hoch auffüllen, dasselbe glattstreichen. **Garnieren** mit Schlagrahm und Schokoladeplätzchen oder -spänen. — **Servieren** mit der **heissen** Schokoladesauce, in einer hübschen Saucière od. Rahmkrüglein angerichtet.

NB. Schokoladesauce: 120–150 g dunkle Schokolade mit 1 dl Wasser und ½ dl Rahm oder 30 g frischer Butter auf kleinem Feuer (evtl. im Wasserbad) heiss auflösen und glattrühren.

1323a Coupe Cassis   (nach Kochschul-Art)

Feine **Schwarz-Johannisbeer-**Rahmcrème n. **Nr. 1257** — **Purée** von 500 g Erdbeeren (im Mixer püriert), leicht versüsst, mit etwas Zitronensaft und 1 Essl. Maraschino parfümiert — z. **Garnieren:** 1 dl Rahm, geschlagen, einige kleine Erdbeeren

Gefrieren der Frucht-Crème in einer Schublade im Eisschrank (n. **Nr. 1293**). — Beim **Anrichten** die Glace etwas erhöht in Coupes füllen, glattstreichen und mit Erdbeerpürée überziehen. **Garnieren** mit Rahmtupfen und Erdbeeren.

Coupe panachée   Bild auf Tafel 54   1324

Erdbeer-Eis Nr. 1292 (5) ½ Port.
Vanille-Eis Nr. 1291 (1) ½ Port.   z. Garnieren { 1–2 dl Rahm, geschlagen / schöne Erdbeeren

Anrichten: Schalenförmige Gläser je zur Hälfte mit Erdbeer- und Vanille-Eis füllen, so dass es **senkrecht** geteilt und die Oberfläche auf diese Weise zweifarbig ist, glattstreichen. — **Garnieren** der Mitte mit Schlagrahm, an den Rand evtl. einen Kranz von kleinen Erdbeeren setzen.

Coupe Carnaval   1325

Glace: Himbeer- und Haselnuss-Eis Nr. 1292 (5) u. 1291 (6) oder Ananas- und Schokolade-Eis Nr. 1304 und 1291 (2) — **z. Garnieren:** 1–2 dl Rahm, evtl. Speisefarbe oder Schokolade — bunte Schokolade-Dragées und -Pralinées in farbigen Stanioltütchen (evtl. aus Folie mit Trüffelmasse gefüllt, selbst gemacht).

Anrichten der Glace in Coupes möglichst **hoch**, und glattstreichen. — Als **Garnitur** die Oberfläche spiralförmig mit rosa oder gelb gefärbtem oder mit Schokolade-Schlagrahm bespritzen. Die Dragées darüber verteilen. Auf die Spitze das bunte Hütchen setzen. Eine fächerförmige Waffel, Hüppe od. Biscuit an den Rand stecken.

Coupes rêve d'enfants   (Kindertraum)   1326

Glace: Schokolade-Eis Nr. 1291 (2), Erdbeer- oder ein beliebiges anderes Eis
z. Garnieren: Meringues-Schwänchen (Nr. 1498) od. -Buchstaben (Nr. 1590, nach Namen der Kinder) od. Marzipanfrüchtchen, passende -figürchen usw. — Bunte Schokolade-Dragées

Anrichten der Glace (eine oder zwei Sorten) in Coupes-Gläser oder hübsche Schälchen, möglichst **hoch** und glattstreichen. Auf der Oberfläche die Dragées verteilen, die Mitte krönen mit einem Schwänchen, mit den Buchstaben oder einem Marzipanfigürchen. — Leichte Biscuits dazu servieren.

Coupe Noël   (Weihnachts-Coupe)   1327

Ananas-Rahmeis Nr. 1304   Parisercrème Nr. 1416
3 Bananen, gekocht (n. Nr. 1117)   2 dl Rahm — Silberkügelchen

Anrichten: Zuerst in die Coupes-Gläser die gekochten Bananenscheibchen verteilen. Dann recht hoch mit dem Rahmeis auffüllen und glattstreichen. Die Oberfläche mit der **kalten** Parisercrème überziehen. — **Garnieren** mit Sternchen von Schlagrahm, den man goldgelb gefärbt hat (mit Speisefarbe) und bestecken mit Silberkügelchen. Auf die Spitze einen **Stern** v. Gebäck stecken (Mailänderli usw.). — Weihnachtsgebäck dazu servieren. — **NB.** Evtl. dekorieren mit ausgestochenen **Marzipan**-Sternchen.

Joghurt-Eisbecher   1328

Crème { 2 Gläser Joghurt (4 dl) / 80–120 g Zucker, 1 Msp. Vanille   2–3 dl Rahm, geschlagen (evtl. Kondensmilch) / 3–5 Essl. Kirsch od. Maraschino

z. Garnieren: 1 dl Rahm, geschlagen und versüsst — Mandarinenschnitze (aus Büchsen)

Crème: Joghurt, Zucker und Vanille zusammen schaumig schlagen. Den Liqueur und geschlagenen Rahm damit vermischen. **Einfüllen** und **Gefrieren** der Crème in der Eisschublade im **Eisschrank** (n. Nr. 1293, jedoch **nicht** ganz fest). — **Anrichten** der Glace in hohe Gläser und **garnieren** mit Schlagrahm und Mandarinenschnitzchen.

1329 Eisschokolade Bild auf Tafel 54

Schokolade-Eis Nr. 1291 (2)
z. Bestreuen: Schokoladepulver od. -Granulés   z. Garnieren { 2–3 dl Rahm, geschlagen und leicht versüsst

Anrichten: Die Gläser mit dem Eis bis zu ²/₃ Höhe füllen. — **Garnieren** mit Schlagrahm (möglichst hoch) und bestreuen mit wenig Schokoladepulver oder Schok.-Granulés.

1329a Eiskaffee oder -tee   (Café ou thé glacé)

Mokka- od. Tee-Eis Nr. 1291 (3 u. 4)
z. Garnieren: 2–3 dl Rahm, geschlagen, versüsst — Schok.-Kaffeebohnen od. kandierte Veilchen

Anrichten: Die Gläser mit dem Eis bis zu ²/₃ Höhe füllen. — **Garnieren** mit Schlagrahm (möglichst hoch) und mit Blättchen von kandierten Veilchen oder mit Schokolade-Kaffeebohnen.

1330 Café diable

Vanille-Eis Nr. 1291 (1)   2 dl Rahm, geschlagen, leicht versüsst
5–7 dl sehr **starken** Kaffee   Schokolade-Kaffeebohnen

Anrichten: Das Vanille-Eis bis zu halber Höhe in **hohe** Gläser verteilen, etwa ½ Tasse vom kochend-heissen Kaffee darübergiessen. Mit einer hohen Haube von Schlagrahm bedecken, mit etwas Kaffeepulver bestäuben, ein paar Schokolade-Bohnen darauf geben. **Sofort servieren,** mit kleinen Biscuits.

1331 Ice-Cream-Soda

Vanille-Eis Nr. 1291 (1)   Himbeergelée — Siphon

I. Art: In hohe Gläser 1–2 Essl. Himbeergelée geben. Mit Vanille-Eis auffüllen bis zu ¾ Höhe, Siphon dazu giessen und **sofort** servieren.

II. Art: Siphon unter das Vanille-Eis **mischen**, bis es recht schaumig ist, dann einfüllen wie oben.

1332 Römischer Punsch   (Punsch à la Romaine — sorbet au citron)

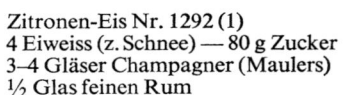

Zitronen-Eis Nr. 1292 (1)   { 1 kleine Büchse Ananas
4 Eiweiss (z. Schnee) — 80 g Zucker   z. Garnieren { 2 dl Rahm
3–4 Gläser Champagner (Maulers)   { wenig Zucker
½ Glas feinen Rum

Zubereitung: Das Zitroneneis herstellen. — Direkt vor dem Servieren das Eiweiss zu steifem Schnee schlagen (unter Beigabe des Zuckers) und mit dem Champagner unter das Zitronen-Eis ziehen. — **Anrichten** in hohe Gläser, mit dem Rum beträufeln. **Garnieren** mit reichlich Schlagrahm und Ananasstückchen. — **Servieren** mit kleinem Gebäck. — **Sorbet au citron** (ohne Rahmgarnitur) kann auch als Apéritif gereicht werden.

1333 Orangen- oder Mandarinen-Sorbet

Zubereitung wie Römischer Punsch **Nr. 1332,** jedoch statt Zitroneneis: **Orangen-** oder **Mandarineneis** Nr. 1292 (2) verwenden, als **Garnitur** Mandarinenschnitze (aus Büchsen) oder grosse Orangenscheiben (mit der Schale und bis zur Hälfte eingeschnitten) an den Glasrand gesteckt.

Eine der erfolgreichsten Erfindungen aus dem Schwarzwald.
Und eine Kuckucksuhr.

Der Unterschied heisst Gaggenau.

Manche Dinge aus dem Schwarzwald ändern sich nie. Andere werden seit 1683 immer besser. Denn seit unserer Gründung als „Hammerwerk und Nagelschmiede" haben Innovationen bei uns Tradition. Bestes Beispiel: unsere Backofen-Serie 400, mit Backofen, Dampfbackofen und Wärmeschublade. Sie vereint modernste Technik und erlesene Materialien mit einzigartigem Design. Schliesslich werden unsere Geräte nicht nur immer besser. Sie sehen auch immer besser aus.

Informieren Sie sich unter www.gaggenau-genusswelt.ch

GAGGENAU

FORSTER
SCHWEIZER STAHLKÜCHEN

forster

SWISS DESIGN
FOR GENERATIONS

www.forster-kuechen.ch

Backwerk

Torten, Kuchen und Cakes

Allgemeines: Torten, je nach Anlass hübsch garniert, machen immer Freude und bilden oft die bewunderte Krönung einer festlichen Tafel, sie passen aber auch als willkommenes Geschenk. Ihre Herstellung erfordert natürlich etwas Übung und vor allem sorgfältiges Arbeiten. — Die Zutaten sollen von bester Qualität sein. — Für zarte und helle Massen kommen zur Verwendung nur feiner, weisser Griesszucker, Weissmehl, Kartoffelmehl, Maizena od. Paidol (evtl. z. Anreicherung etwas Biopharin) sowie frische od. Tafelbutter usw. — Dunkle, schwerere Tortenmassen (mit Mandeln, Schokolade usw.) lassen sich evtl. mit Halbweissmehl, mit feinem Rohzucker und evtl. auch mit gutem Pflanzenfett (z. B. Nussa, Nussella oder Margarine I. Qual.) herstellen. — **Vorbereiten** der Zutaten (Butter schaumig rühren, Mandeln schälen usw.) siehe Fachausdrücke in der Einleitung des Buches.

Geräte in richtiger Form und Grösse erleichtern die Arbeit, z. B.:

1. **Steingut-** od. moderne **Pyrex-Teigschüssel,** tiefe Form (spez. gut glasiert), m. abgerundetem Boden.
2. **Eierrädli,** rostfrei (evtl. Schneebesen, eine Spirale) auch elektr. **Handrührwerk** od. **Küchenmaschine:** zum Schlagen ganzer Eier mit Zucker, oder Eiweiss, sowie zum Rühren von Eigelb und Zucker.
3. Glatte **Teigkelle** zum Schaumigrühren von Butter. — Zum Mischen der Zutaten ist auch eine **Lochkelle** od. ein Spezialgerät sehr praktisch.
4. Spez. **Mehlsieb** (oder ein gewöhnliches Draht-, evtl. Nylonsieb).
5. **Springform** (Tortenform mit abnehmbarem Rand), für die nachstehenden Rezepte im ⌀ von 24–26 cm, wenn nichts anderes vermerkt ist. — **Cake-** od. **Rehrückenform** von 24–26 cm Länge (praktisch ist auch die ausziehbare Cakeform).
6. **Gummischaber** (z. B. Teigspachtel Mühlex) zum Entfernen der Teigreste aus der Schüssel.
7. **Kuchengitter** (Drahtuntersatz) zum Auskühlen der Torten.
8. **Spachtel** zum Lösen der Torten von Rand und Boden sowie zum Aufstreichen einer Glasur oder Crème (nötigenfalls ein Tranchiermesser).
9. Evtl. **Dressier-** od. **Spritzsack** mit einer klein gezackten u. evtl. einer glatten **Tülle** z. Garnieren.

Die **Zubereitung** für Torten beschränkt sich hauptsächlich auf **2 Grundarten,** die im folgenden so genau wie möglich beschrieben sind:

1. **Biscuitmassen** siehe Grundregel **Nr. 1338.**
2. **Gerührte Tortenmassen** s. Grundregel **Nr. 1337 a)** ohne Butter, **b)** mit Butter.
3. **Spez. Massen** nach den betr. Rezept-Angaben.

Backen und Lösen der Torten Grundregel 1334

Hitzegrade: siehe das Backen im Ofen **Nr. 914.** — Ist die Hitze eines Ofens nicht gut regulierbar (d. h. eher zu heiss), dann die Kuchenform am Boden mit einem rund zugeschnittenen Papier belegen, dieses befetten (mit Kochfett, evtl. Butter) und evtl. bemehlen (je nach Rezept).

Backen: Den Ofen während der ersten Zeit (d. h. ca. 20 Min.) möglichst nicht od. nur vorsichtig öffnen. — Durch langes oder häufiges Öffnen sinkt die im Aufgehen begriffene Masse zusammen! — Gebäck, das braun, aber noch nicht genügend durchgebacken ist, mit benetztem Papier bedecken, oder ein kaltes Blech in den Ofen schieben, um zu starkes Bräunwerden od. Verbrennen zu verhüten.

Garprobe: Die Torte soll sich ringsum vom Rande etwas lösen und bei einem hellen Biscuits eine gelbbraune Farbe haben. — Zur Sicherheit mit Hölzchen oder Dressiernadel in die Mitte der Torte stechen; es soll nichts mehr daran hängen bleiben. — Nach dem Herausnehmen aus dem Ofen einige Minuten in der Form stehen lassen und vor kalter Luft schützen.

Lösen der Torte von der Form, indem man mit einem stumpfen, z. B. Dessertmesser sorgfältig hart dem Blechrand nach ringsum fährt und so ablöst. (Mit spitzem Messer schneidet man sehr leicht in den Tortenrand!) — Die Springform öffnen und den Rand wegnehmen. Die Torte mit einem langen Spachtel (evtl. mit stumpfem Messer) sorgfältig vom Blechboden ablösen und auf einen Drahtuntersatz (Kuchengitter) stürzen. — Damit das Gitter die Torte nicht eindrückt, sie vor dem Stürzen mit etwas Zucker bestreuen und mit einem festen weissen Papier oder Tortenkarton belegen. — **Erkalten** lassen und, wenn irgend möglich, während einiger Stunden kühl stellen, da sich das Biscuit dann besser schneiden und fertig machen lässt.

1335   Durchschneiden und Füllen einer Biscuittorte   Grundregel

Durchschneiden einer Torte, je nach Höhe, in 2 oder 3 flache Scheiben, **a)** indem man mit einem grossen, spitzen Messer am Rand hineinsticht, mit der Spitze bis in die Mitte stösst und dann durch Drehen das Biscuit waagrecht auseinanderschneidet, **b)** mit Hilfe eines starken Fadens, den man in 3–4 eingeritzte Stellen am Rand anlegt und dann zusammenzieht (günstig für Torten die nur halbiert werden). — Die einzelnen Scheiben am besten mit einem Tortenkarton (resp. -teller) abheben, um das Brechen derselben zu verhüten. — Der **Tortenboden** wird zuletzt als Oberfläche benützt, da er gewöhnlich ganz **flach** ist.

Füllen: Die unterste Tortenscheibe auf eine flache Platte legen, mit der Füllung gleichmässig bestreichen. Die zweite Scheibe (mit Hilfe des Kartontellers) darauf legen, diese ebenfalls mit Füllung bestreichen und mit der dritten Scheibe (dem Tortenboden) bedecken. — **Aufstreichen** lassen sich Buttercrèmen am besten mit einem langen in heissem Wasser erwärmten Spachtel (evtl. Messer). Ihn dazwischen immer wieder an einem kurzen Spachtel od. evtl. Messer abstreifen. Damit die Torten schön **feucht** werden, die einzelnen Biscuitböden zuerst mit einer **Lösung** von Zuckerwasser und Liqueur, Zitronensaft od. Kaffee (n. Füllung) beträufeln.

Die **Oberfläche** der Torte ganz glatt mit Crème (Nr. 1414) oder mit Glasur (n. Nr. 1419) überziehen, oder nur mit Puderzucker bestäuben. — Den **Rand** (je n. Angabe) mit vorbereiteten Mandelspänen (Nr. 1423a), geriebenen Mandeln od. Nüssen (im

Ofen gebräunt), mit geriebener od. gehobelter Schokolade usw. bestreuen (bei glasierten Torten solange die Glasur noch **weich** ist). — Dazu die Oberfläche evtl. mit einem leichten Deckel od. Teller überdecken. — **Garnieren** der Torten je n. Angabe; s. auch **Nr. 1136.**

Garnieren der Torten (siehe Tafeln 46–48 und 50–51) 1336

Allgemeines: Torten zu **garnieren** ist eine dankbare Aufgabe, bereiten sie doch nachher durch ihr festliches Aussehen besondere Freude. Mit einiger Geschicklichkeit, **Übung** und etwas Phantasie lassen sich oft überraschend hübsche Wirkungen erzielen. In der **Regel** sind einfache, **exakt** ausgeführte Garnituren am schönsten.

Hilfsmittel sind: Puderzucker, kandierte Früchte, Buttercrèmen gespritzt (evtl. in kleinen Cornets n. Nr. 1587), auch Spritzglasuren (Nr. 1422), glasierte Mandeln, Nüsse usw. (nach Nr. 1424) sowie Pistazien, Schokolade-Granulés, Zuckerveilchen, Silberkügelchen usw.

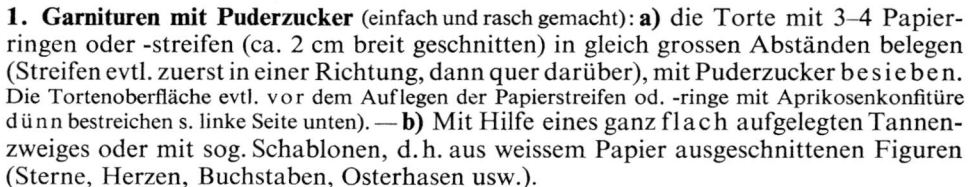

1. Garnituren mit Puderzucker (einfach und rasch gemacht): **a)** die Torte mit 3–4 Papierringen oder -streifen (ca. 2 cm breit geschnitten) in gleich grossen Abständen belegen (Streifen evtl. zuerst in einer Richtung, dann quer darüber), mit Puderzucker **besieben**. Die Tortenoberfläche evtl. **vor** dem Auflegen der Papierstreifen od. -ringe mit Aprikosenkonfitüre **dünn** bestreichen s. linke Seite unten). — **b)** Mit Hilfe eines ganz **flach** aufgelegten Tannenzweiges oder mit sog. Schablonen, d. h. aus weissem Papier ausgeschnittenen Figuren (Sterne, Herzen, Buchstaben, Osterhasen usw.).

2. Garnituren mit Buttercrèmen: Siehe Angaben bei den Torten sowie betr. Tafeln.

3. Garnituren mit Spritzglasuren (Nr. 1422): Sie sind dekorativ und **rasch** gemacht, s. auf Tafel 41, 46 u. 47. — Bes. hübsch wirken folg. **Schok.-Spritz-Garnituren: a)** Auf die noch **weiche** Glasur einer Torte im Abstand von ca. 3 cm parallele Linien spritzen. **Sofort** mit einem Messerchen zuerst von links nach rechts waagrecht durch die Linien ziehen, im Abstand von ca. 6 cm, nachher von rechts nach links, also in entgegengesetzter Richtung. Bei diesem Durchziehen werden in der noch **weichen** Glasur die gespritzten Linien so gebogen, dass ein geflammtes Muster entsteht. — **b)** In gleicher Weise auf die Mitte einer Torte (od. Crème usw.) mehrere ineinanderliegende Ringe spritzen, diese einigemal von innen nach aussen, und umgekehrt durchziehen, wodurch eine Rosette oder Spinne entsteht. — **c)** An den Rand der Fläche Girlanden spritzen od. kurze Stäbchen (ca. 2 cm lang) und diese mit dem Messerchen so durchziehen, dass eine kleine Bordüre von Blättchen entsteht (s. Torte **Nr. 1373**). — Auf gleiche Art lassen sich Torten m. Schok.-Glasur mit **weisser** Spritzglasur verzieren.

4. Garnituren für spez. Festtorten: Herzen, auch Namen sowie Verse gespritzt mit Buttercrème oder Spritzglasur. — Für **Weihnachten:** Marzipankerzchen, gespritzte Sterne sowie Tannenzweige usw. — Für **Ostern:** Kleine Zuckereier, -hühnchen oder -häschen u. ä. auflegen. — Spez. für **Kinder:** Farbige Zucker- od. Schokoladeplätzchen, auch -tierchen oder mit Spritzglasur gezeichnete od. von Marzipan geformte (evtl. gekaufte) Glückskäfer, Pilze sowie Figuren aus Märchen usw.

Gerührte Tortenmassen Grundregel 1337

Anwendung für Cakes, Rüben-, Linzer-, Schokoladetorten u. ä. m. — **Masse** nach Rezept für Tortenformen von 24–26 cm ⌀ oder ca. 28 cm lange Cakeform. — **Geräte:** siehe Torten, Allgemeines S. 453. Die **Form** befetten, am Boden exakt mit **Papier** belegen, wieder gut befetten und evtl. bemehlen.
Vorbereiten der Zutaten je nach Rezept: Evtl. Schokolade schmelzen oder Mandeln reiben usw. — Bei Angabe von Mehl und Backpulver, beides **gesiebt**, bereitstellen. — Den **Ofen** leicht **vorwärmen** (spez. wenn elektrisch) ca. 10 Min.: U2 und O2 (bei einem Schalter mit 8 Stufen auf **4–5**).

1. a) Massen ohne Butter: In der Teigschüssel **Eigelb** und **Zucker** schaumig rühren mit Eierrädli oder Schneebesen während **10–20 Min.** an leichter Wärme (z. B. über einem Wasserbad) oder in der Küchenmaschine, bis die Masse **hell** und **luftig** ist.

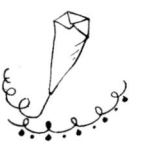

b) **Massen mit Butter:** In der Schüssel zuerst die Butter mit der Teigkelle an leichter Wärme weichrühren, dann Zucker und Eigelb beigeben und **10–20 Min.** weiterrühren, bis die Masse **schaumig** geworden ist (mit Lochkelle, Schneebesen oder einer Küchenmaschine).

2. **Beigeben** der vorbereiteten **Zutaten,** d.h. sie löffelweise und abwechselnd mit dem **Eierschnee** (den man unmittelbar vorher steif geschlagen hat) sorgfältig unter die schaumig gerührte Masse ziehen.
3. **Sofort einfüllen** in die vorbereitete Form, evtl. glattstreichen.
4. **Backen:** In gleichmässiger **Mittelhitze** während **45–60 Min.**, siehe **Nr. 1334.**

1338 Biscuitmassen, geschlagen — Grundregel

Anwendung für Biscuittorten, -schnitten usw. — **Masse** nach Rezept für Tortenformen von 24–26 cm Durchmesser. — **Geräte:** siehe Torten, Allgemeines Seite 453.
Vorbereiten: Alle **Zutaten,** die zur Biscuitmasse gehören, exakt abwägen und bereitstellen. — Die **Springform** gut befetten (mit gutem Kochfett) und mit **Mehl** bestäuben. — Mehlsieb, Loch-Kelle (od. Spez.-Gerät zum Mischen) und Gummischaber bereit halten. — Den **Ofen** leicht **vorwärmen** (spez. wenn elektrisch) während ca. 10 Min.: **U2** und **O2** (bei 8 Schaltungen auf **4–5**).

1. **Schaumigschlagen:** Die ganzen Eier und Zucker in einer Teigschüssel (evtl. mit 1 Essl. warmem Wasser) an der Wärme, d.h. am besten auf ein heisses (aber nicht kochendes) **Wasserbad** gestellt (auf kleinem Feuer, mit einem Lappen zwischen Schüssel und Pfanne), **schlagen** während **15–20 Min.** (mit einem neuzeitlichen Eierrädli). Benützt man eine Küchenmaschine, dann die Rührschüssel heiss ausspülen! — Die Masse soll nachher etwa 3mal so hoch sein wie bei Beginn und in dickem Band abfliessen! Jetzt die Masse am Tisch noch ca. **5 Min.** weiterschlagen, d.h. bis sie wieder abgekühlt ist (**wichtig!**).
2. **Dazusieben** von Mehl, Kartoffelmehl, evtl. Backpulver. (Alles zusammen auf das Sieb geben!) Leicht und sorgfältig darunterziehen, d.h. melieren mit der Loch-Teigkelle oder einem Spezialgerät. — Nie stark rühren, sonst fällt die Masse wieder zusammen! Je nach Torte, evtl. noch eine **spez. Zutat** beifügen (z.B. fein abgeriebene Zitronen-, evtl. Orangenschale (gut gewaschen) od. gerieb. Haselnüsse, Liqueur, usw.).
3. Evtl. **Butter** beigeben (je n. Angabe im Rezept). Sie nur leicht geschmolzen (nicht warm!) im letzten Moment langsam zur Biscuitmasse träufeln. (Durch starkes Rühren oder zu warme Butter wird das Biscuit käsig!!)
4. **Sofort einfüllen** in die vorbereitete Springform.
5. **Backen:** In gleichmässiger **Mittelhitze** während **30–50 Min.**, siehe **Nr. 1334.**

NB. Zu heiss gebacken, wird das Biscuit nicht gleichmässig und zart, sondern steigt in der Mitte in die Höhe und wird trocken od. strohig, bei zu wenig Wärme evtl. käsig.

1339 Leichtes Biscuit ohne Butter (Biscuit léger, sans beurre)

Verwendung: Bes. zu Torten, die noch gefüllt werden, od. auf einem viereckigen Blech gebacken (ca. 30 Min.), zu Köpfchen, Igel, Tannzapfen, Biscuitschnitten, evtl. Baumstamm usw.

zum Schaumig- schlagen	4–5 Eier (je n. Grösse) 160 g Zucker, 1 Pr. Salz evtl. 1 Essl. warmes Wasser	spez. Zutat: Zitronenschale, abgerieben z. Dazu- sieben { 70 g Weissmehl, 70 g Kartoffelmehl (od. evtl. nur 140 g Weissmehl)

Vorbereiten der Form, Geräte bereitlegen, den Ofen vorwärmen (ca. 10 Min.).

Zubereiten und **Backen des Biscuits** nach **Nr. 1338,** Biscuitmassen geschlagen (Grundregel). — Wünscht man das Biscuit für spez. Rezepte (z.B. Petits Fours) od. für Kranke noch leichter, dann nur 120 g Zucker und 120 g Weissmehl verwenden.

Feines Biscuit oder Biscuit Gênois   (Biscuit mit Butter)   1340

Verwendung: Für Mokka-, Punsch-, Ananastorte usw.

z. Schaumig- { 5 Eier
schlagen   { 160 g Zucker
spez. Zutat { Zitronenschale, abgerieben
                  oder 1 Essl. Liqueur

z. Dazu- { 80 g Weissmehl
sieben   { 60 g Kartoffelmehl
z. Verfeinern:
60–100 g frische Butter, geschmolzen (s. NB.)

Vorbereiten der Form, Geräte bereitlegen, den Ofen **vorwärmen** (ca. 10 Min.).
Zubereiten und **Backen** des Biscuits nach **Nr. 1338**, Biscuitmassen geschlagen (Grundregel). — Durch die Beigabe von **Butter** wird dieses Biscuit besonders zart. Sie jedoch **nur** geschmolzen (**nicht** warm) beimischen, da das Biscuit sonst käsig wird!

Biscuittorte mit Konfitürefüllung   1341

Leichtes Biscuit Nr. 1339
z. Füllen { 1 Tasse Aprikosen- oder
                Himbeerkonfitüre

Puderzucker od. Zitronenglasur Nr. 1420 (2)
evtl. f. den Rand { 50 g Mandelspäne,
                          gebräunt (n. Nr. 1423a)

Durchschneiden und **Füllen** des Biscuits siehe **Nr. 1335** (Grundregel). —
Die Konfitüre zum Füllen evtl. mit 1–2 Essl. Wasser erwärmen und weichrühren.
Garnitur I. Art: Die Oberfläche der Torte mit Puderzucker besieben oder mit Glasur überziehen (n. Nr. 1419). — **II. Art:** Die ganze Torte mit erwärmter Konfitüre bestreichen und mit den Mandeln bestreuen, evtl. einen äussern Ring mit Puderzucker bestäuben (s. Bild S. 454 unten).

Biscuittorte mit Backcrème und Schokoladeglasur   1342

Leichtes Biscuit Nr. 1339
Vanille- od. Schokolade-Backcrème Nr. 1417

z. Glasieren: Schokoladeglasur Nr. 1421
z. Garnieren: grosse, geschälte Mandeln

Durchschneiden und **Füllen** des Biscuits siehe **Nr. 1335** (Grundregel).
Glasieren nach **Nr. 1419**. — **Garnieren** mit einer Bordüre oder Rosette von Mandeln.

Punschtorte   (Gênoise glacée au rhum)   1343

Feines Biscuit Nr. 1340
Füllung: Aprikosenkonfitüre

z. Glasieren: Rumglasur Nr. 1420 (4)
z. Garnieren: kand. Früchte, evtl. Mandeln usw.

Durchschneiden und **Füllen** des Biscuits siehe **Nr. 1335** (Grundregel). — **Glasieren** nach **Nr. 1419**. — Als **Garnitur** z. B. auf die Mitte eine Rosette von kand. Früchten, auf den Rand in Abständen von etwa 6 cm, eine halbe Kirsche legen, zu beiden Seiten davon kleine Blättchen von einer grünen, kandierten Frucht oder von Angélique.

Viktoria-Torte   1344

Feines Biscuit Nr. 1340
Karamel: von 100–150 g Zucker

Füllung { 4–5 dl Rahm, ca. 40 g Zucker
              { ca. 1 dl feinen Rum

Füllung: Den Rahm steif schlagen, ihn leicht versüssen und einige Tropfen Rum darunter ziehen. — Wird die Torte nicht bald serviert, dann 2 Blatt gewaschene Gelatine, in ½ dl heisser Milch aufgelöst, beimischen. — Den übrigen Rum mit etwas Wasser und Zucker vermischen (z. Beträufeln der Tortenböden). —

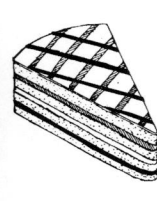

Karamel: Den Zucker rösten, bis er braun ist und anfängt zu schäumen. Ihn **sofort** auf ein beöltes Blech giessen, erkalten und fest werden lassen, dann fein reiben (mit der Mandelmaschine). — Möglichst bald verwenden oder verschlossen in ein Gefäss geben, da Karamel rasch klebrig wird.

Durchschneiden des Biscuits nach **Nr. 1335** (Grundregel). — **Füllen:** Jeden Boden zuerst mit Rumlösung beträufeln, dann mit dem Rahm bestreichen. — Die **Oberfläche** mit einer ½ cm dicken, den **Rand** mit einer dünnen Rahmschicht bestreichen und diesen mit dem geriebenen Karamel bestreuen. **Garnitur:** Auf der Torte mit einem langen Spachtel kreuzweise Linien markieren. Mit einer Papiertüte den Rest des gerösteten Zuckers auf die eingezeichneten Linien streuen. — (Papiertüte s. auf Tafel 47.)

1345 Rahm-Fruchttorte Elisabeth (Tourte aux «vitamines»)

Biscuit Nr. 1339, evtl. mit **Voll-** oder **Steinmetzmehl** zubereitet (s. NB.)

3–4 dl Rahm — Zucker n. Geschmack 2–3 Bananen — 3–4 Orangen
100–150 g Datteln (od. Sultaninen, s. NB.) Nusskerne, ca. 100 g (s. NB.)

Durchschneiden des Biscuits 3mal, siehe **Nr. 1335** (Grundregel). — **Füllen:** Den Rahm steif schlagen, leicht versüssen. — Den untersten Tortenboden ca. ½ cm dick mit Rahm bestreichen und mit Dattelscheibchen bedecken. Den zweiten Boden darauf geben, mit Rahm bestreichen und mit Bananenscheibchen belegen. Auf den dritten ebenfalls Rahm streichen, dann mit geriebenen Nüssen bestreuen, mit dem letzten Boden zudecken. — Die **Oberfläche** ganz mit Rahm überziehen. Den **Rand** mit geriebenen Nüssen bestreuen. — Als **Garnitur** kranzartig dünne Orangenscheiben, schöne halbe Nusskerne und Dattelscheibchen auflegen, die Mitte mit Rahm verzieren.

NB. Das Biscuit wird mit **Steinmetzmehl** dunkler in der Farbe, passt jedoch gut zur Füllung und schmeckt ausgezeichnet. — Statt Datteln, evtl. Sultaninen oder eingeweichte, klein geschnittene Dörrzwetschgen verwenden (im Sommer Beeren), statt Baum-, evtl. geriebene Hasel- od. Kokosnüsse.

1346 Meringuierte Himbeertorte (Biscuit aux framboises meringué)

Leichtes Biscuit Nr. 1339 — Meringuemasse Nr. 1497 (v. 3 Eiweiss), 500 g Himbeeren, ca. 80 g Zucker

Füllung: Die Himbeeren mit einer Gabel zerdrücken (die Hälfte für die Oberfläche auf die Seite stellen), die übrigen zum **Füllen** mit Zucker vermischen.

Durchschneiden des Biscuits (nur in der Mitte) s. **Nr. 1335** (Grundregel) und **füllen** mit den Beeren. — Die **Oberfläche** der Torte mit den ungezuckerten Himbeeren bedecken, mit der Hälfte der Meringuemasse überziehen. Den Rest als **Garnitur** durch einen Dressiersack (mit grosser Sterntülle) auf die Torte spritzen, mit feinem Zucker bestreuen. Bei offenem Ofen in guter **Oberhitze** leicht gelb **überbacken** (3–5 Min.).

1347 Himbeer- oder Brombeertorte mit Rahm

Leichtes Biscuit Nr. 1339 — ca. ½ kg Himbeer- od. Brombeerkonfitüre — 4–5 dl Rahm

Füllung: Den Rahm steif schlagen, die Hälfte desselben mit so viel Konfitüre vermischen, bis er rosa aussieht und gut schmeckt. — **Durchschneiden** des Biscuits 2mal, s. **Nr. 1335** (Grundregel). — **Füllen:** Den untersten Boden mit der Konfitüre-Rahmmasse bestreichen, den zweiten Boden daraufgeben. Ihn zuerst mit Konfitüre dünn bestreichen, dann mit einem Drittel des weissen Rahmes bedecken, den letzten Boden darauf legen. — Die **Oberfläche** der Torte (nicht den Rand) mit dem Rest der Rahmmasse bestreichen. — **Garnieren** mit Schlagrahm und evtl. mit kleinen Tupfen von Konfitüre.

NB. Den Rand der Torte nicht bestreichen, damit man die verschiedenen Schichten sieht.

Einfache Erdbeertorte (Gâteau aux fraises)   1348

Leichtes Biscuit Nr. 1339
½–¾ kg Erdbeeren, ca. 100 g Zucker

Sirup, gekocht { 50 g Zucker, 1 dl Wasser / 1–2 Blatt rote Gelatine

Durchschneiden des Biscuits siehe **Nr. 1335** (Grundregel) und **füllen** mit der **Hälfte** der Erdbeeren, die man mit einer Gabel zerdrückt und mit etwas Zucker vermischt hat. Als **Garnitur** die übrigen Erdbeeren (ganz od. halbiert) auf der **Oberfläche** der Torte kranzartig verteilen und 2–3mal mit dem erkalteten, dicklichen Sirup bepinseln.

Biscuittorte mit Frucht-Rahmcrème (Tourte Eugénie aux fruits)   1349

Leichtes Biscuit Nr. 1339 (½ Port.) m. 3 Eiern
Frucht-Rahmcrème siehe unten (1–3)

z. Garnieren { 1–2 dl Rahm, geschlagen / schöne Früchte (je n. Füllung)

Zubereitung des Biscuits. — Es nach dem Erkalten querdurch halbieren und einen Boden wieder in die Form geben. (Diese vorher dem Rand nach mit einem Streifen Pergamentpapier auslegen.)

Zum **Füllen** den Biscuitboden mit etwas Fruchtcrème bestreichen und mit der 2. Biscuithälfte bedecken. Die übrige Crème auf der Oberfläche verteilen und glattstreichen. An der Kälte steif werden lassen (½–1 Std.). — Sollte die Crème schon vor dem Einfüllen zu fest geworden sein, dann an der Wärme gut rühren, bis sie wieder gallertig weich (nicht flüssig) geworden ist. Beim Anrichten den Springformrand sorgfältig wegnehmen. — **Garnieren** der Torte mit geschlagenem, versüsstem Rahm und den entsprechenden Früchten.

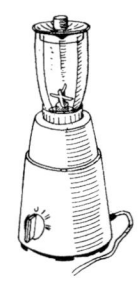

1. **Erdbeer-Rahmcrème**

   250 g Erdbeeren — ca. 100 g Zucker — 3–4 dl Rahm* — 2–3 Blatt Gelatine, evtl. rote

   Vorbereiten: Die Erdbeeren verlesen, im Mixer pürieren, den Zucker damit vermischen. Die eingeweichte Gelatine (in ca. ½ dl heissem Wasser aufgelöst) sorgfältig unter die Erdbeermasse rühren. Den steif geschlagenen Rahm darunterziehen, evtl. noch versüssen, sofort verwenden.

2. **Aprikosen-Rahmcrème**

   3 dl Aprikosen-**Purée** von ca. ½ kg gekochten od. sehr reifen rohen Aprikosen (s. NB.)
   z. **Beigeben:** 3–4 Blatt Gelatine (eingelegt in kaltes Wasser) — 3–4 dl Rahm*, Zucker — etwas Zitronensaft — evtl. etwas feinen Kirsch oder Crème d'abricots

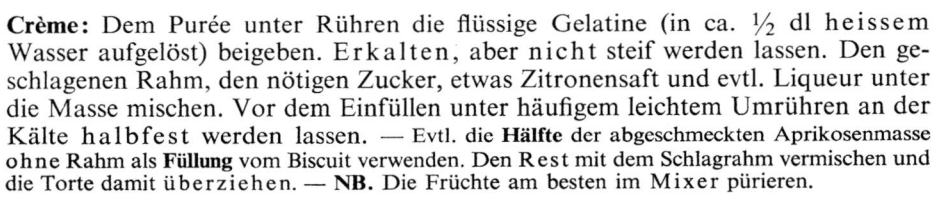

   Crème: Dem Purée unter Rühren die flüssige Gelatine (in ca. ½ dl heissem Wasser aufgelöst) beigeben. Erkalten, aber nicht steif werden lassen. Den geschlagenen Rahm, den nötigen Zucker, etwas Zitronensaft und evtl. Liqueur unter die Masse mischen. Vor dem Einfüllen unter häufigem leichtem Umrühren an der Kälte halbfest werden lassen. — Evtl. die **Hälfte** der abgeschmeckten Aprikosenmasse ohne Rahm als **Füllung** vom Biscuit verwenden. Den Rest mit dem Schlagrahm vermischen und die Torte damit überziehen. — **NB.** Die Früchte am besten im Mixer pürieren.

3. Ananas-Rahmcrème

2½ dl Milch, ca. 50 g Zucker
2–3 Blatt Gelatine — 3 dl Rahm *
evtl. 1–2 Essl. Grand Marnier od. Kirsch usw.
1 kleine Büchse Ananas — evtl. Zitronensaft

Crème: Milch und Zucker aufkochen, die eingeweichte Gelatine beigeben. Unter häufigem Rühren erkalten, jedoch **nicht** steif werden lassen. — Den geschlagenen Rahm (davon etwas zurückbehalten zum Garnieren), evtl. wenig Liqueur und die in kleine Würfelchen geschnittene Ananas unter die Crème ziehen. Wenn nötig noch versüssen oder etwas Zitronensaft beigeben und an der Kälte unter häufigem Umrühren **halbfest** werden lassen, **sofort** verwenden.

NB. Das **Biscuit** evtl. vor dem Einfüllen der Crème mit Liqueur oder Ananassaft beträufeln. — * Statt nur Rahm evtl. 2 Eiweiss od. halb ungezuckerte Kondensmilch, geschlagen, verwenden. — Die Torte lässt sich auch zubereiten mit 1–2 **Böden** von Dobostorte **Nr. 1379**.

1350 Torte mit Kirsch- od. Maraschino-Rahmcrème (Tourte Eugénie au kirsch)

Zubereitung wie Biscuittorte mit Ananas-Rahmcrème **Nr. 1349** (Absch. 3), die Crème jedoch ohne Ananas zubereiten, statt dessen ca. 1 dl feinen **Kirsch** oder **Maraschino** beimischen. Die Biscuitböden mit etwas verdünntem Liqueur beträufeln. — **Garnieren** mit Rahm und fein geschnittenen oder gehackten Pistazien und evtl. mit kandierten oder mit Maraschino-Kirschen.

1351 Ananastorte mit Buttercrème

Feines Biscuit Nr. 1340
z. Füllen: Ananasbuttercrème Nr. 1415 (3)
z. Beträufeln: Ananassaft
z. Glasieren: Ananasglasur Nr. 1420 (3)
z. Garnieren: 50–100 g kandierte Ananas
f. d. Rand: 30 g Mandelspäne (n. Nr. 1422a)

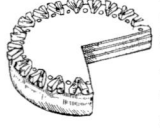

Durchschneiden des Biscuits siehe **Nr. 1335** (Grundregel). — Vor dem **Füllen** die Böden zuerst mit etwas Ananassaft beträufeln, dann mit der Crème bestreichen und mit Ananasstückchen dicht belegen. — **Glasieren** der ganzen Oberfläche (s. Nr. 1419), oder evtl. den **Rand** mit Buttercrème bestreichen und mit den Mandelspänen bestreuen. — **Garnieren** mit Ananasstückchen und zurückbehaltener Buttercrème.

NB. Evtl. die ganze Torte mit Buttercrème überziehen (nicht glasieren.)

1352 Orangentorte, leichte   Bild auf Tafel 50

Biscuit Nr. 1339 od. 1340, mit möglichst fein abgeriebener Orangenschale
z. Glasieren: Orangenglasur Nr. 1420 (2)
z. Garnieren { Orangenschnitze Nr. 1425
             { evtl. Spritzglasur Nr. 1422

Füllung:
I. Art
II. Art:
3–5 Äpfel. Saft von 1–2 Orangen
Zucker, ca. 100 g
evtl. 1–2 Essl. Curaçao,
Crème de Mandarine od. Arrak
Orangenbackcrème Nr. 1417

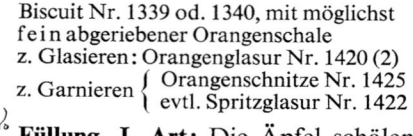

Füllung, I. Art: Die Äpfel schälen, klein schneiden, mit 2–3 Essl. Orangensaft (zugedeckt) **rasch** weichdämpfen und durchstreichen. Das Purée mit Zucker, etwas Orangensaft und evtl. Liqueur vermischen. — Die Masse soll dick sein, sonst nach dem Durchstreichen nochmals einkochen od. 1–2 Blatt Gelatine beigeben.

Durchschneiden und **Füllen des Biscuits** siehe **Nr. 1335** (Grundregel). Füllung I. od. II. Art verwenden. — **Glasieren** der Torte nach **Nr. 1419**. — **Garnieren** mit den glasierten Orangenschnitzen (od. ganz kleinen Marzipanorangen u. etwas Angelique) und evtl. mit Schokolade-Spritzglasur. Diese Orangentorte ist erfrischend u. bleibt 2–3 Tage schön feucht.

Orangentorte mit Buttercrème 1353

Feines Biscuit Nr. 1340, mit möglichst
fein abgeriebener Orangenschale
z. Füllen: Orangen-Buttercrème Nr. 1415 (2)
f. d. Rand: 40 g Mandelspäne (n. Nr. 1422a)

z. Garnieren { kandierte Orangenscheiben
od. glas. -schnitze (Nr. 1425)
evtl. Schokolade-Spritzglasur

Durchschneiden des Biscuits siehe **Nr. 1335** (Grundregel). — Vor dem **Füllen** mit der Buttercrème, die Böden zuerst mit etwas Orangensaft beträufeln. — Die ganze **Torte** zuletzt überziehen mit Buttercrème. Den Rand mit den Mandelspänen bestreuen. — **Garnitur** von Buttercrème (gespritzt) und in Achtel geschnittenen, kandierten Orangenscheiben oder glasierten -schnitzen. Evtl. noch eine Verzierung mit Spritzglasur.

NB. Evtl. auf die Mitte der Tortenoberfläche **Orangenglasur** (Nr. 1420) geben, das Übrige mit Buttercrème überziehen und zum Abgrenzen eine **Garnitur** auflegen (s. oben).

Mandarinentorte 1354

Zubereitung wie Orangentorten **Nr. 1353** u. **1377,** jedoch statt von Orangen Saft und fein abgeriebene Schale von **Mandarinen** verwenden. — Als **Garnitur** evtl. kleine Marzipanmandarinen und Blättchen von Angélique auflegen.

Zitronentorte mit Butter- oder Backcrème   (Tourte au citron) 1355

Zubereitung wie Orangentorte **Nr. 1353,** jedoch zum Beträufeln **Zitronen**-Saft (mit wenig Zucker vermischt) verwenden. — Als **Füllung:** Zitronen-Buttercrème Nr. 1415 oder -Backcrème Nr. 1417 od. 1418 verwenden. — **Überziehen** der Torte mit der Crème oder mit Zitronenglasur (Nr. 1420). — Als **Garnitur:** Buttercrème gespritzt, kandierte Früchte oder kleine Marzipanzitronen (in Confiserien erhältlich).

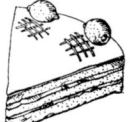

Festliche Früchtetorte   (Tourte tutti frutti) 1356

Mürbeteig (½ Port.) Nr. 927 od. v. Nr. 1488 — 1 kl. Tasse Aprikosenkonfitüre od. 50 g Schokolade
Biscuitboden v. Nr. 1339 (½ Port.) — z. Beträufeln feinen Liqueur — Vanille-Buttercrème Nr. 1415 (⅓ Port.) — Sirup: 1–2 dl Wasser, ca. 150 g Zucker, 1 Msp. Vanille — 1–2 Blatt Gelatine

Früchte, verschied. { 2–3 Bananen, gelbe Mirabellen, rote Kirschen, grosse helle od. blaue Trauben
(ca. ¾ kg) rohe   je 1 kl. Büchse Ananas -u. Orangenschnitzchen od. japan. Zwergorangen usw.
od. gekochte

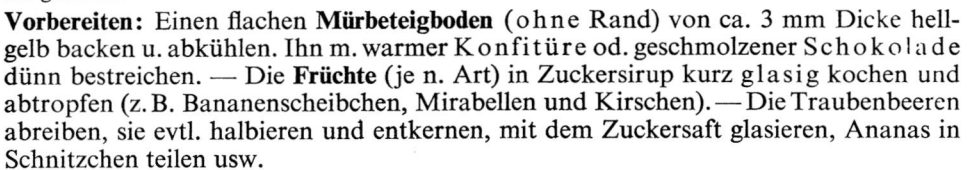

Vorbereiten: Einen flachen **Mürbeteigboden** (ohne Rand) von ca. 3 mm Dicke hellgelb backen u. abkühlen. Ihn m. warmer Konfitüre od. geschmolzener Schokolade dünn bestreichen. — Die **Früchte** (je n. Art) in Zuckersirup kurz glasig kochen und abtropfen (z. B. Bananenscheibchen, Mirabellen und Kirschen). — Die Traubenbeeren abreiben, sie evtl. halbieren und entkernen, mit dem Zuckersaft glasieren, Ananas in Schnitzchen teilen usw.

Torte: Das Biscuit von beiden Seiten mit dem Liqueur (evtl. mit Fruchtsaft) beträufeln, auf den Mürbeteigboden setzen und mit der Buttercrème bestreichen. Die **Früchte** kranzweise (am Rand beginnend), abwechselnd in den Farben, sorgfältig daraufleigen. — Zum **Glasieren** den Fruchtsaft wenn nötig noch etwas einkochen und versüssen, die eingeweichte Gelatine darin auflösen, erkalten lassen. Sobald der Saft dicklich wird, alle Früchte so oft damit überziehen, bis sie schön glänzen.

NB. Den Rand nicht bestreichen, man darf die Schichten sehen.

1357 Zuger Kirschtorte (Tourte zougoise au kirsch) Bild auf Tafel 48

2 Japonaisböden n. Nr. 1392
Leichtes Biscuit Nr. 1339 (½ Port.)
Kirsch-Buttercrème Nr. 1415 (1),
zart rosa gefärbt

z. Beträufeln { 1–2 dl feinen Kirsch
½ dl Wasser, 1 Essl. Zucker
f. d. Rand: 40 g feine Mandelspäne (Nr. 1422a)

Zubereitung der Torte: Den 1. Japonaisboden mit ⅓ der Kirschcrème bestreichen. Das Biscuit auf einer Seite mit der Kirschlösung gut beträufeln und auf den Japonaisboden stürzen, wieder mit Kirschlösung tränken, mit Crème bestreichen und mit dem 2. Japonaisboden bedecken. Die Tortenoberfläche sowie den Rand mit der Crème gleichmässig überziehen. Den Rand mit den Mandelspänen bestreuen. Die Torte kalt stellen, bis die Crème oben fest geworden ist. — Als **Garnitur** die Oberfläche mit Puderzucker gleichmässig besieben. Mit einem langen Spachtel (od. Messer) Linien im Abstand v. 3–4 cm eindrücken, so, dass verschobene Vierecke entstehen. Auf die Mitte evtl. eine schöne halbe, kandierte Kirsche setzen.

NB. Den Puderzucker erst auf die fest gewordene Crème sieben, da er sonst schmilzt.

1358 Frankfurterkranz Bild auf Tafel 51

Biscuit { 5 Eier — 125 g Zucker
60 g Weissmehl
60 g Kartoffelmehl
1 Essl. Arrak od. etwas Vanille

Vanille-Buttercrème Nr. 1415 (1)
geröstet { 180 g Zucker
n. Nr. 1423 { 150 g Mandeln od.
evtl. Haselnüsse

Vorbereiten der Form: Eine breite Ring- od. eine Springform mit einem Förmchen in der Mitte, sehr gut bebuttern und bemehlen.

Zubereitung der **Biscuitmasse** geschlagen, n. **Nr. 1338** (Grundregel). Sie sofort in die Ringform füllen. — **Backen** in mässiger Hitze ca. **45 Min.** (siehe Nr. 1334). — **Rösten** der Mandeln (oder Haselnüsse) im Zucker, sofort auf beöltem Teller abkühlen, dann grob hacken (einige schöne zurückbehalten zum Garnieren). — Den **Kranz** nach dem Auskühlen ein- bis zweimal quer durchschneiden, mit ⅓–½ der Buttercrème **füllen** (nach Nr. 1335). Die ganze Oberfläche mit dem Rest der Crème bestreichen, mit den vorbereiteten Mandeln überstreuen. — Evtl. **garnieren** mit grossen glasierten Mandeln und etwas Buttercrème.

1359 Torte mit verschiedenen Crèmen (Tourte aux crèmes variées)

Leichtes- od. Feines **Biscuit** Nr. 1339 od. 1340

für den Rand { 50 g Haselnüsse, 50 g Zucker
n. Nr. 1423 { (zus. geröstet, gerieben)

Crème { 250 g Tafelbutter
200 g Puderzucker, gesiebt
1–2 Eigelb, 1 Msp. Vanille
½ Tasse starken Kaffee — 50 g Schokolade

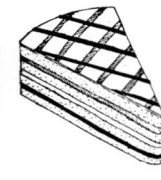

Die **Buttercrème** mit Vanille zubereiten n. **Nr. 1414,** davon ⅓ in ein Schüsselchen geben. Die übrige Crème halbieren, einer Hälfte soviel Kaffee beimischen, bis sie ein feines Aroma hat, der anderen die mit 1–2 Essl. Wasser geschmolzene Schokolade. — **Durchschneiden** des Biscuits 3mal, s. **Nr. 1335** (Grundregel). — Zum **Füllen** den ersten Boden mit ¾ der Schokolade-, den zweiten mit der halben Vanille-, den dritten mit ⅔ der Mokkacrème bestreichen. — Die ganze **Oberfläche** mit der Vanillecrème überziehen. Den Rand mit der Haselnussmasse bestreuen. — **Garnieren,** gitterartig, zuerst mit dem Rest der Mokka-, dann mit der Schokoladecrème.

Mokkatorte (Tourte à la crème au beurre mocca) Bild auf Tafel 46 **1360**

Feines Biscuit Nr. 1340 s. NB. **II. Art**)
Mokka-Buttercrème Nr. 1415 (4) s. NB.
evtl. Mokkaglasur Nr. 1420 (5)

f. d. Rand ⎰ 30 g Haselnüsse, 30 g Zucker
n. Nr. 1423 ⎱ (zus. geröstet, gerieben)
evtl. z. Garnieren: Schokolade-Kaffeebohnen

Durchschneiden und **Füllen des Biscuits** siehe **Nr. 1335** (Grundregel). — Die einzelnen Biscuitböden (vor dem Bestreichen mit Crème) mit Vanille-Zuckerwasser beträufeln. — Zuletzt die ganze **Oberfläche** der Torte überziehen mit Mokkacrème od. -glasur (Nr. 1419). Den Rand nachher mit der Haselnussmasse bestreuen. — **Garnieren** mit Mokkacrème und zurückbehaltenen glasierten Haselnüssen oder mit Schokoladebohnen.
NB. Wird die Torte glasiert, dann benötigt man nur ½–⅔ Port. Buttercrème. — **II. Art:** Der halben **Biscuitmasse** zuletzt 3–4 Teel. **Nescafé** (aufgelöst) beigeben und für sich backen. (Ergibt ein feines Aroma und sieht durch die dunklere Schicht hübsch aus.)

Mokka-Igel (Gâteau au café «le Hérisson») Bild auf Tafel 48 **1361**

Leichtes Biscuit Nr. 1339
(od. evtl. 250 g Löffelbiscuits)
Mokka-Buttercrème Nr. 1415 (4) s. NB.

z. ⎰ 5–6 Essl. Zuckerwasser
Beträufeln ⎱ m. Vanille od. Kirsch
50–80 g grosse Mandeln (f. die Stachelm)

Durchschneiden des Biscuits in 3 Scheiben n. **Nr. 1335** (Grundregel), davon zwei in ca. 4 cm grosse Würfel schneiden, eine ganz lassen. — **Formen des Igels:** Eine kleinere, runde Schüssel (ca. 15 cm Ø) mit einer Lage von Biscuitwürfeln auslegen. Diese mit Vanille- oder Kirschlösung beträufeln. Mit Crème bestreichen (am besten mit einem Löffel, in heisses Wasser getaucht!), mit einer Lage Biscuitwürfel bedecken. Wieder beträufeln und mit Crème bestreichen und so lagenweise fortfahren, bis das Schüsselchen gefüllt ist. Die letzte ganze Biscuitscheibe als Boden darauflegen. Die Form stürzen und dem Igel eine längliche Form geben (d. h. ihn mit beiden Händen oval drücken und das unten vorstehende Biscuit abschneiden). Ihn ganz mit zurückbehaltener Crème (ca. ⅓) überziehen. In den Kopf zwei Rosinen (od. Schok.-Kaffeebohnen) stecken als Augen. Die ganze Oberfläche mit den «Stacheln» dicht bestecken. — **Stacheln:** Die Mandeln schälen, der Länge nach halbieren (evtl. vierteilen), auf einem Blech im Ofen leicht gelb rösten.
NB. Den Igel evtl. mit **Schokolade**-Buttercrème Nr. 1415 (Abschn. 6) od. mit **Backcrème** Nr. 1417 (2 od. 3) herstellen. Ihn statt mit Crème evtl. mit Mokka- oder Schokolade-Glasur überziehen.

Mokkaköpfchen (Timbale au café) **1362**

Zubereitung wie Mokka-Igel **Nr. 1361.** — Die Masse jedoch in eine Timbalform einfüllen. — Nach dem Stürzen mit Schlagrahm od. zurückbehaltener Crème garnieren.

Tannzapfen mit Buttercrème (Cône à la crème au beurre) Bild auf Tafel 48 **1363**

Leichtes Biscuit Nr. 1339 — z. **Füllen:** Mokka- od. Schokolade-Buttercrème Nr. 1415 (4 u. 6)
z. Bestecken: 150–200 g kleine Schokoladeplätzchen od. Mandelschuppen, leicht gebräunt *
Muster: Aus Papier in Form eines Tannzapfens (d. h. etwas schmäler als ein Bügeleisen) 4–5 Muster schneiden, das grösste ca. 26 cm lang, jedes weitere gut 1 cm kleiner als das vorhergehende. —
Form zum Backen des Biscuits: Breite Cake- oder grosse Springform, evtl. ein Wähenblech.
Formen: Das erkaltete **Biscuit** (je nach Höhe) 1–3mal querdurch teilen, dann mit Hilfe des Musters die einzelnen Tannzapfenscheiben ausschneiden. Die grösste Scheibe auf eine Platte legen, mit verdünntem Kaffee oder Kirsch beträufeln und mit Crème

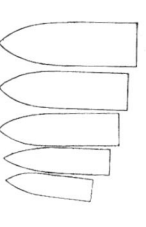

gleichmässig bestreichen. Mit der zweiten Scheibe bedecken, ebenfalls beträufeln und bestreichen, und so fortfahren, bis alle Scheiben aufeinandergesetzt sind. Den Tannzapfen m. zurückbehaltener Crème (noch ca. $^1/_3$ d. Masse) glatt überziehen. — **Bestecken mit Schuppen** von Mandeln od. Schokoladeplätzchen (an der Spitze beginnend!) od. die ganze Oberfläche mit kleinen, länglichen Zacken von zurückbehaltener Crème dicht bespritzen. Den Tannzapfen leicht mit Puderzucker besieben und an die stumpfe Seite ein Tannenzweiglein stecken, evtl. mit einem Gold- oder Silberband.

* **Mandelschuppen:** 150–200 g grosse Mandeln schälen, flach halbieren, im Ofen leicht bräunen.

1364 Nuss-, Haselnuss- oder Mandelbiscuit (Biscuit aux noix ou aux amandes)

4–5 Eier — 160 g Zucker
40–80 g Baum- od. Haselnüsse, gerieben
od. Mandeln (s. auch I. und II. Art unten)

60 g Weissmehl
60 g Kartoffelmehl, 1 Msp. Backpulver
evtl. 50–100 g Butter (spez. fürs Mandelbiscuit)

Zubereitung des Biscuits, geschlagen nach **Nr. 1338** (Grundregel). — Je nach Verwendung der Biscuitmasse zum Verfeinern evtl. die flüssige Butter beimischen.
I. Art: Die **Haselnüsse** z. Biscuit evtl. schälen (d. h. leicht rösten im Ofen od. auf dem Herd), was sie auch aromatischer macht. — **Mandeln** ungeschält verwenden oder sie schälen, trocknen und fein reiben. — **II. Art:** Nüsse od. die ungeschälten Haselnüsse oder Mandeln in **30 g Zucker rösten,** auf einem beölten Blech erkalten lassen und fein reiben.

1365 Nuss- oder Haselnusstorte mit Backcrème (Tourte à la crème pâtissière)

Nuss- od. Haselnussbiscuit Nr. 1364
z. Füllen: Backcrème Nr. 1417 (1 od. 4)
z. Glasieren: Zitronenglasur Nr. 1420 (2)

f. d. Rand ⎧ 40 g Zucker — 40 g Baum- od.
n. Nr. 1423 ⎩ Haselnüsse, geröstet, gerieben
z. Garnieren: evtl. Spritzglasur Nr. 1422

Durchschneiden und **Füllen des Biscuits** siehe **Nr. 1335** (Grundregel). — **Glasieren** nach **Nr. 1419.** — Den Rand bestreuen mit der geriebenen Nussmasse. — **Garnieren** der Oberfläche gitterartig mit Schokolade-Spritzglasur. In jedes Feld eine zurückbehaltene glasierte Baum- oder Haselnuss setzen. — (Andere Garnituren siehe auch Nr. 1336).

1366 Mandeltorte mit Backcrème (Tourte aux amandes à la crème pâtissière)

Zubereitung wie Torte **Nr. 1365,** jedoch zum **Biscuit** 100 g fein geriebene **Mandeln** (geschält od. ungeschält) sowie die Butter und fein abgeriebene Schale von 1–2 Zitronen verwenden.

1367 Nuss- oder Haselnusstorte mit Buttercrème (Tourte au nougat)

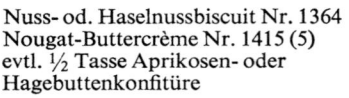

Nuss- od. Haselnussbiscuit Nr. 1364
Nougat-Buttercrème Nr. 1415 (5)
evtl. ½ Tasse Aprikosen- oder
Hagebuttenkonfitüre

f. d. Rand ⎧ 40 g Zucker — 30 g Baum- od.
n. Nr. 1423 ⎩ Haselnüsse, geröstet, gerieben

evtl. Garnitur: glas. Nüsse (n. Nr. 1424)

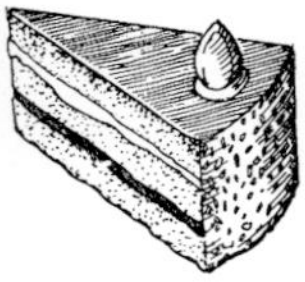

Durchschneiden und **Füllen des Biscuits** siehe **Nr. 1335** (Grundregel). — Den untersten Boden evtl. mit erwärmter Konfitüre dünn bestreichen, den zweiten mit Buttercrème. Die ganze **Oberfläche** der Torte mit Crème überziehen. Den Rand mit der Nussmasse bestreuen. — **Garnieren** mit zurückbehaltener Crème (ohne Nussmasse) und mit glasierten Hasel- oder Baumnüssen, oder die ganze Oberfläche bestreuen wie den Rand.
NB. Statt Buttercrème evtl. Rahmcrème Nr. 1252 (½ Port.) einfüllen.

1 Linzertorte Nr. 1397 (II. Art) – **2** Nusstorte mit Rahmcrème Nr. 1370 – **3** Lagentorte Nr. 1394 garniert mit weisser Spritzglasur – **4** Rübentorte, glasiert, Nr. 1376 und garniert mit Schok.-Spritzglasur (n. Nr. 1336 [3]) – **5** Mokkatorte Nr. 1360, garniert mit Buttercrème und glasierten Haselnüssen

Tafel 46

Tafel 47 1 Plum-Cake Nr. 1411 (I. Art) – **2** Kleine Mandeltorte, garniert mit Buttercrème und Mandeln Nr. 1368 – **3** Papiertütchen mit Schokolade-Spritzglasur Nr. 1422 – **4** Schwarzbrottorte Nr. 1399 – **5** Papierstreifen zur Garnitur oben (nach Nr. 1336, Abschn. 1)

Mandeltorte mit Buttercrème Bild auf Tafel 47 1368

Mandel-Biscuit Nr. 1364
z. Füllen { Buttercrème Nr. 1415 (1) mit kandierten Früchten 2–4 Essl. Aprikosenkonfitüre
z. Garnieren { glasierte Mandeln Nr. 1424 20–50 g kandierte Früchte
f. den Rand { 50 g feine Mandelspäne, gebräunt (n. Nr. 1423a)

Durchschneiden und **Füllen des Biscuits** siehe **Nr. 1335** (Grundregel). — Den ersten Boden dünn mit erwärmter Konfitüre, den zweiten mit Buttercrème bestreichen. — **Oberfläche** und **Rand** mit Buttercrème überziehen, diesen mit den Mandelspänen bestreuen. — **Garnieren** mit zurückbehaltener Crème (jedoch ohne Früchte) und mit glasierten Mandeln sowie mit hübsch zugeschnittenen kandierten Früchten.

Haselnusstorte, reiche (Garnitur: Schachbrett) Bild auf Tafel 50 1369

Haselnussbiscuit v. Nr. 1364
Vanille-Buttercrème Nr. 1415 (1)
z. Crème: 40 g Schokolade, 1–2 Essl. Wasser
½ Tasse Aprikosenkonfitüre
z. Rösten { 60 g Haselnüsse, 60 g Zucker
n. Nr. 1423 { (zus. geröstet, gerieben)

Vanille-Buttercrème zubereiten und zum **Garnieren** ¼ davon in den Spritzsack mit kleiner Zackentülle füllen. — Einen zweiten Viertel mit der geschmolzenen Schokolade vermischen, ebenfalls zum Garnieren auf die Seite stellen. — Unter den Rest der Crème die Hälfte der gerösteten, geriebenen Haselnüsse geben (die übrigen zum Bestreuen des Randes zurückbehalten). — **Durchschneiden** und **Füllen des Biscuits** siehe **Nr. 1335** (Grundregel). — Den 1. Boden mit Konfitüre, den 2. mit Haselnusscrème bestreichen. Die ganze **Oberfläche** mit Haselnusscrème überziehen, mit geschälten Haselnüssen bestecken. Den **Rand** mit dem Rest der Haselnüsse bestreuen. Als bes. reiche **Garnitur** gilt das «Schachbrett» (s. Tafel 50): es mit einem grossen Messer auf der Oberfläche der Torte durch Linien in Abständen von ca. 3 cm markieren. In jedes zweite Feld 3–4 helle Crèmestäbchen oder entsprechend Tupfen spritzen. Die ausgesparten Felder auf gleiche Art mit Schokoladecrème-Stäbchen (jedoch quer zu den andern) oder mit Tupfen ausfüllen.

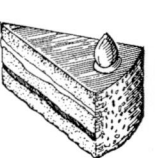

Nuss- oder Haselnusstorte mit Rahmcrème Bild auf Tafel 46 1370

Nuss- od. Haselnussbiscuit Nr. 1364
Crème { 1 dl Milch, 10 g Zucker 5 g Kartoffelmehl 2–3 Blatt Gelatine 3 dl Rahm
geröstet { 40 g Zucker — 30 g Baum-
n. Nr. 1423 { od. Haselnüsse
z. Bestreichen { 2 Essl. Aprikosen- oder des Bodens { Hagebuttenkonfitüre
evtl. 2–3 Essl. Rum (mit 1 Essl. Wasser u. Zucker)
z. Garnitur { schöne glas. Baum- od. Haselnüsse (n. Nr. 1424) 1–2 dl Rahm, versüsst Angélique od. Cedrat, grünes

Crème z. Füllen: Milch, Zucker und Kartoffelmehl unter Rühren aufkochen, die eingeweichte Gelatine beigeben und mischen, bis sie vollständig aufgelöst ist. Unter Rühren erkalten, aber nicht steif werden lassen. Sofort den geschlagenen Rahm unter die Crème ziehen sowie die Hälfte der gerösteten, geriebenen Nussmasse. Wenn nötig noch versüssen. — **Durchschneiden** und **Füllen des Biscuits** siehe **Nr. 1335** (Grundregel). — Den untersten Tortenboden vor dem Füllen mit etwas verdünnter Konfitüre bestreichen. Die übrigen evtl. mit der Rumlösung beträufeln. — Den **Rand** der Torte mit dem Rest der Nussmasse bestreuen. — Zum **Garnieren** die Oberfläche der Torte mit Rahmcrème überziehen und mit den glasierten Nüssen, kleinen verschobenen Vierecken von Cedrat oder Angélique und Schlagrahm verzieren.

NB. Die **Füllung** kann auch ohne Milchmasse zubereitet werden, d. h. direkt unter den geschlagenen

Rahm die geriebenen Nüsse und wenn nötig Zucker mischen. (Die Torte lässt sich jedoch so gefüllt nur bei bes. **kalter** Temperatur auf den andern Tag vorbereiten.)

1370a Haselnuss- oder Mandeltorte, einfache od. -cake   (bleibt lange feucht)

Biscuitmasse
- 3 Eier — 180 g Zucker
- 200 g Haselnüsse od. Mandeln, ungeschält, gerieben
- Zitr.-Schale, abgerieb., 1 Pr. Salz
- 150 g Weissmehl, 1 Teel. Backpulver
- 80 g Butter — 1 dl Rahm

evtl. z. überziehen
- Zitronen- od. Rumglasur Nr. 1420 (2 u. 4)
- od. Schokoladeglasur Nr. 1421

Zubereiten der Biscuitmasse geschlagen, nach **Nr. 1338** (Grundregel). **Einfüllen** in eine gut befettete Spring- od. Cakeform. — **Backen** in mässiger Hitze ca. **50 Min.** — Nach dem **Abkühlen** evtl. mit einer Glasur überziehen.

1371 Nussbavaroise-Torte   (Tourte aux noix riche)

Crème: 1–2 Eigelb, 60 g Zucker, 2 dl Milch
z. Binden: 3–4 Blatt Gelatine (eingeweicht)
z. Verfeinern { 60 g Nüsse, gerieben
{ 3 dl Rahm, Nussliqueur

Nussbiscuit Nr. 1364 (½ Port.)
½ Tasse Aprikosenkonfitüre
z. Garnieren { 1–2 dl Rahm, versüsst
{ glasierte Nüsse Nr. 1424

Vorbereiten: Das **Biscuit** nach dem Erkalten wieder in die Springform geben. Diese jedoch vorher dem **Rand** nach mit einem Pergamentpapierstreifen auslegen. 
Crème: Eigelb, Zucker, Milch und evtl. Vanille unter Schwingen bis vors Kochen bringen, die Gelatine beigeben. Die Crème unter **Rühren** erkalten, jedoch **nicht** steif werden lassen. Nüsse, etwas Liqueur und den geschlagenen Rahm darunterziehen, sofort verwenden. — **Torte:** Den Biscuitboden mit erwärmter Konfitüre dünn bedecken. Die Crème darauffüllen und glattstreichen. An der **Kälte** fest werden lassen. Springformrand und Papier sorgfältig abheben. — **Garnieren** der Oberfläche mit Schlagrahm und glasierten Nüssen.

1372 Leichtes Nussköpfchen   (Timbale aux noix)

Leichtes Biscuit Nr. 1339 od.
250 g Löffelbiscuits
Nussliqueur — Zitronensaft

Nuss-Rahmcrème n. Nr. 1370 (s. auch NB.)
z. Garnieren { 1–2 dl Rahm, versüsst
{ glas. Nusskerne v. Nr. 1424

In eine **Timbalform** dem **Rand** nach ca. 2 cm breite Streifen vom Biscuit (oder Löffelbiscuits) aufstellen, sie mit verdünntem Liqueur beträufeln. — Lagenweise Crème und Biscuitstückchen einfüllen. Die Form 1–2 Std. an die **Kälte** stellen. — Das **Köpfchen** stürzen, mit Schlagrahm und Nüssen garnieren.

NB. Evtl. Nuss-**Buttercrème** Nr. 1415 (5), mit 1 dl geschlagenem Rahm vermischt, verwenden.

1373 Mandeltorte, ungefüllt   (bleibt lange feucht)

Biscuit n. Nr. 1338
- 6 Eier, 180 g Zucker
- 150 g Mandeln, geschält u. fein gerieben, 50 g Weissmehl
- evtl. Zitronenschale, abgerieben

z. Beigeben { (für bes. **reiches** Mandelbiscuit)
{ 50–100 g flüssige Butter

n. I. Art: Puderzucker z. Besieben
n. II. Art: { Zitronenglasur Nr. 1420 (2)
{ Schok.-Spritzglasur Nr. 1422
{ glas. Mandeln od. kand. Früchte
evtl. f. d. Rand { 40 g Mandeln gerieben,
{ im Ofen gebräunt

I. Art: Die **Oberfläche** des erkalteten Mandelbiscuits nur mit Puderzucker besieben.
II. Art: Oberfläche und **Rand** mit Glasur überziehen. — **Garnieren** mit glasierten Mandeln oder kandierten Früchten sowie mit Spritzglasur (n. **Nr. 1336 Abschn. 3 b u. c**). Den Rand evtl. mit den geriebenen, gebräunten Mandeln bestreuen.

Mandelfisch oder -cake   1373a

Zubereitung der **Biscuitmasse** von Mandeltorte **Nr. 1373,** jedoch **kein** Mehl verwenden, dafür **200 g Mandeln** (evtl. auch ungeschälte) und nach Belieben 1–2 Tropfen Bittermandelöl beigeben. — **Backen** in einer Fisch-, Cake- oder Rehrückenform, die man gut bebuttert und mit dünnen Mandelspänen bestreut hat. — Etwas abgekühlt, mit Puderzucker leicht bestäuben.

Knacktorte   (ungefüllt — bleibt lange feucht)   1374

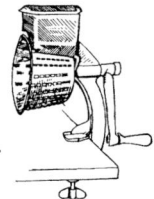

125 g Haselnüsse (od. halb Nusskerne)
125 g Mandeln, ungeschält
6 Eigelb — 200 g Zucker
abgeriebene Schale v. 1–2 Zitronen

2 Essl. Zitronensaft od. Kirsch
6 Eiweiss (z. Schnee)
evtl. { Zitronen-Glasur Nr. 1420 (2)
       { 50 g kandierte Früchte

Vorbereiten: Haselnüsse und Mandeln (beides ungeschält) fein reiben.
Zubereiten und **Backen** der Tortenmasse, **gerührt** nach **Nr. 1337** (Grundregel), Abschnitt **1a**). — Evtl. **glasieren** n. Nr. 1419 und **garnieren** mit kandierten Früchten.

Nusstorte   (ungefüllt — bleibt lange feucht)   1375

150 g Nusskerne, gerieben (s. NB.)
50 g Haselnüsse — 50 g Paniermehl, gerieben
6 Eigelb — 200 g Zucker

Saft u. abgeriebene Schale v. ½ Zitrone
6 Eiweiss (z. Schnee)
evtl. Glasur Nr. 1420 (2), glas. Nüsse Nr. 1424

Zubereiten und **Backen** der Nusstortenmasse **gerührt,** nach **Nr. 1337** (Grundregel) Abschn. **1a**. — Evtl. **glasieren** nach Nr. 1419 und **garnieren** mit glasierten Nüssen.

NB. Zusammen mit den Nusskernen noch Haselnüsse verwenden, da die Masse sonst zu ölig wird.

Rübentorte   (Tourte aux carottes)   Bild auf Tafel 46   1376

I. Art einfach
150 g Haselnüsse od. Mandeln
250 g Rüben
5 Eigelb — 250 g Zucker
100 g Mehl, 1 Msp. Backpulver
Saft u. abger. Schale v. ½ Zitrone
5 Eiweiss (z. Schnee)

II. Art feuchter
200 g Mandeln, evtl. geschält
200 g Rüben
5 Eigelb — 200 g Zucker
abger. Zitronenschale, 1 Essl. -saft
evtl. 1–2 Essl. Arrak od. Kirsch
2–3 Essl. Mehl
5 Eiweiss (z. Schnee)

evtl. z. **Glasieren:** Zitronenglasur Nr. 1420 (2)
evtl. f. den **Rand:** 40 g Haselnüsse od. Mandeln, gerieben u. gebräunt od. Mandelspäne Nr. 1422a
evtl. z. **Garnieren:** kand. Früchte, Marzipan-Rübchen, glas. Mandeln od. Schok.-Spritzglasur Nr. 1422

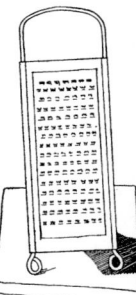

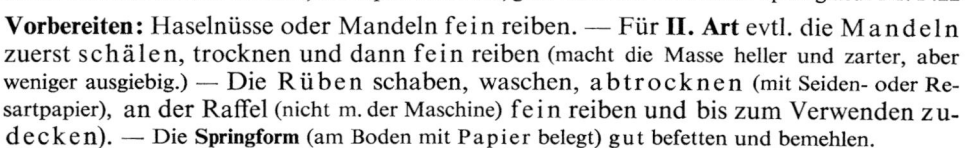

Vorbereiten: Haselnüsse oder Mandeln **fein reiben.** — Für **II. Art** evtl. die **Mandeln** zuerst **schälen,** trocknen und dann **fein reiben** (macht die Masse heller und zarter, aber weniger ausgiebig.) — Die **Rüben** schaben, waschen, **abtrocknen** (mit Seiden- oder Resartpapier), an der Raffel (nicht m. der Maschine) **fein reiben** und bis zum Verwenden **zudecken**). — Die **Springform** (am Boden mit **Papier** belegt) **gut befetten und bemehlen.**

Zubereiten der **Tortenmasse gerührt,** nach **Nr. 1337** (Grundregel), Abschn. **1a**. — **Backen** in mässiger Hitze ca. **50 Min.** — Die Torte dem **Rand** nach sorgfältig lösen und **stürzen** (n. **Nr. 1335**), das Papier vorsichtig abziehen, erkalten lassen. — Die Torte mit Puderzucker besieben (evtl. mit einer aufgelegten Schablone, s. **Nr. 1336**) oder **glasieren** nach **Nr. 1419**. — Evtl. den **Rand** solange die Glasur noch **weich** ist,

mit den vorbereiteten Haselnüssen oder Mandeln bestreuen. — **Garnieren** der Oberfläche (n. Nr. 1336) mit Stückchen von kand. Früchten, grossen gerösteten Mandeln, Marzipan-Rübchen (möglichst klein geformt) oder mit Schokolade-Spritzglasur (s.Bild).
NB. Rübentorte bleibt lange **feucht** (bes. glasiert). Sie schmeckt nach 2–3 Tagen am besten. — Die Masse evtl. in der **Cakeform** backen. — **Marzipan-Rübchen** s. Nr. 1598 od. gekaufte kleiner formen.

1377 Orangen-Mandeltorte

Zubereitung wie Rübentorte **Nr. 1376,** I. od. II. Art, jedoch (statt Rüben und Zitrone) Schale und Saft von 2–3 **Orangen,** statt Mehl fein geriebenen **Zwieback** beigeben. — **Glasieren** mit Orangenglasur Nr. 1420 (2), **garnieren** mit kandierten Orangenscheiben, ganz kleinen Marzipanorangen sowie Angélique oder mit glasierten Orangenschnitzchen (Nr. 1425) und evtl. mit Spritzglasur Nr. 1422.
NB. Die Torte bleibt lange feucht und schmeckt erfrischend. — Sie evtl. halbieren und **füllen** mit Schlagrahm.

1378 Reiche Festtagstorte (Tourte anniversaire)

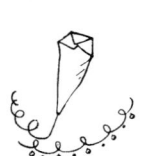

Schokoladetorte Nr. 1386 (II. Art)
Feines Biscuit Nr. 1339
Parisercrème Nr. 1416
½ Port. Mokkacrème u. -glasur Nr. 1415 u. -20

evtl. ⅓ Port. Kirsch-Buttercrème Nr. 1415 (1)
½ Port. rosa Glasur m. Liqueur Nr. 1420 (4)
50 g kand. Kirschen, evtl. Silberkügelchen
Schok.-Kaffeebohnen — Spritzglasur Nr. 1422

Vorbereiten: Die Schokoladetorte in einer Form von 26–28 cm ∅ backen (evtl. mit Hilfe eines Ringes von Alufolie). — Von der Biscuitmasse ⅔ in einer Form von 20 cm Durchmesser, den Rest noch etwas kleiner backen (evtl. in einer Timbalform).
Füllen und **Glasieren:** Die ganze Oberfläche der **Schokoladetorte** mit der Parisercrème überziehen. — Das grössere **Biscuits** halbieren, füllen mit Mokkacrème und glasieren mit Mokkaglasur. — Das kleine **Biscuit** gut tränken mit der Liqueurlösung oder füllen mit Kirsch-Buttercrème und überziehen mit der rosa Glasur. — **Formen:** Alle 3 Torten aufeinandersetzen und den Rand, wo die Mokkatorte aufliegt, abwechselnd mit Spitzchen von Pariser- und Mokkabuttercrème und evtl. mit Schokoladebohnen garnieren. Das kleine Törtchen an der Kante mit halben kandierten Kirschen belegen und die Oberfläche je nach Anlass mit Herzen, Sternen usw. (evtl. von Marzipan ausgestochen) oder mit Schrift verzieren, mit Silberkügelchen, Zuckerröschen od. -veilchen, Marzipanfigürchen od. mit kleinen Kerzen bestecken. 
NB. Die Torte wirkt auch hübsch mit andern Tortenmassen hergestellt (z. B. mit Mandel- od. Nuss- und Orangenbiscuit). Sie evtl. nur mit einer Art Crème od. Glasur überziehen und entsprechend garnieren. — Zum Bestecken mit **Kerzchen** gibt es spezielle kleine Halter.

1379 Dobostorte

4 Eigelb, ½ Essl. Wasser
80 g Zucker, 1 Msp. Vanille
4 Eiweiss (z. Schnee) — 80 g Weissmehl

z. **Füllen** { Schokoladecrème Nr. 1416 (6) (½ Port.)
z. Rösten: 200 g Zucker

Vorbereiten: 1–2 grosse Backbleche bebuttern und bemehlen. 5–6 Ringe im ∅ von ca. 22 cm darauf markieren.
Masse: Eigelb, Wasser, Zucker und Vanille gut schaumig rühren. Das Eiweiss zu steifem Schnee schlagen und abwechselnd mit dem gesiebten Mehl darunterziehen. Von der Masse knapp ½ cm dicke **Böden** innerhalb der markierten Ringe ausstreichen.

Backen in guter Hitze zu hellgelber Farbe (**ca. 10 Min.**). Sofort mit einem Spachtel vom Blech abheben, **flach** legen und erkalten lassen. — Zur **Torte** die Böden mit der Crème dünn bestreichen und aufeinander setzen, bis auf den letzten. Diesen mit dem zu **Karamel** gerösteten Zucker übergiessen, rasch mit beöltem Spachtel verteilen und sofort (d. h. solange noch **warm**) die einzelnen Tortenstücke leicht einschneiden. Dann die **ganze** glasierte Platte als Abschluss auf die Torte setzen. 
NB. Einfacher (aber weniger fein): Statt einzelner Böden das **Biscuit Nr. 1339** backen und erkaltet in 4–5 Scheiben schneiden. — Für Dobos-**Schnitten** den Teig zu einem ca. ½ cm dicken Rechteck ausstreichen und dieses sofort nach dem Backen möglichst exakt in 5–6 handbreite Streifen schneiden. Füllen und fertigmachen wie die Torte.

Baumstamm (Bûche) Bild auf Tafel 48 **1380**

Biscuitroulade Nr. 1381 (evtl. leichtes Biscuit Nr. 1339, auf **flachem** Blech gebacken s. auch **NB.**) — z. **Füllen:** Mokka- od. Schokolade-Buttercrème Nr. 1415 (4 od. 6) — z. **Garnieren:** einige Pistazien, evtl. kandierte Veilchen, ganz kleine Zuckereier oder Meringuepilzchen Nr. 1426 usw.

Zubereitung der Biscuitroulade (n. **Nr. 1381**) und sie im Papier eingerollt gut **erkalten** lassen. — **Formen:** Die Roulade ganz flachlegen, mit ca. ⅓ der Crème bestreichen und wieder aufrollen. Die **Oberfläche** (jedoch **nicht** die Schnittflächen) dünn mit Crème überziehen. Ein bis zwei von der Rolle schräg abgeschnittene Stücke seitlich an den Baumstamm anstossen (als Ast-Ansatz). — **Garnieren:** Baumstamm und Ast der **Länge** nach (eher unregelmässig) mit der restlichen Crème bespritzen (mit kleinster Zackentülle) oder die Crème etwas dicker aufstreichen und mit einer **heiss** gemachten Gabel Rillen (Baumrinde) markieren. — An einigen Stellen mit Büschelchen von geschälten, in Streifchen geschnittenen Pistazien und evtl. Veilchenblättchen bestecken, oder Nestchen von Crème aufspritzen, mit gehackten Pistazien bestreuen, evtl. mit winzigen Zuckerblümchen, -eiern usw. belegen, oder Meringuepilzchen auf den Baumstamm setzen. 
NB. Das Biscuit n. Nr. 1339 ist etwas lockerer, bricht aber oft beim Aufrollen. — Den Baumstamm evtl. auf der Oberfläche (vor dem Garnieren) extra etwas einritzen, damit er nicht ganz glatt wird. — **II. Art:** Zum **Füllen** evtl. Backcrème Nr. 1417 verwenden; zum Garnieren dann nur ½ Port. Buttercrème zubereiten.

Biscuitroulade (Biscuit roulé — Swiss roll) **1381**

Biscuit	4 Eigelb, 70 g Zucker, 1 Pr. Salz 1 Msp. Vanille od. Zitr.-Schale, abgerieben — 70 g Weissmehl, 4 Eiweiss (z. Schnee)	zum **Füllen** z. B.	1 Tasse **Konfitüre** (v. Himbeeren, Aprikosen, Hagebutten usw.) **Backcrème** Nr.1417 m. Zitrone- od. Karamel **Buttercrème** mit Zitrone, Orange, Mokka od. Schokolade, oder **Schlagrahm** mit Vanillezucker versüsst
evtl. z. Überziehen	½ Port. Glasur (je n. Füllung)		

z. Garnieren: evtl. kandierte Früchte, Schok.-Kaffeebohnen, Spritzglasur (Nr. 1421) usw.
Vorbereiten: Ein Blech mit Pergamentpapier (ca. 30/40) cm exakt belegen, dasselbe **gut** befetten und bemehlen. — Einen Bogen Pergamentpapier auf dem Tisch bereitlegen und leicht bezuckern.

Biscuitmasse: Eigelb, Zucker, Vanille oder Zitronenschale (evtl. mit 1–2 Essl. Wasser) an der **Wärme** (über einem Wasserbad) gut **schaumig** rühren (**ca. 15 Min.**), dann (**ohne Wärme**) kurz weiterrühren zum Abkühlen. — Die Eiweiss zu **steifem** Schnee schlagen und **abwechselnd** mit dem **gesiebten Mehl sorgfältig** unter die Eigelbmasse ziehen. **Sofort** auf dem vorbereiteten Blech schwach **1 cm dick** ausstreichen. — **Backen** in **guter** Hitze, d. h. **8–10 Min.** bis das Biscuit durchgebacken, jedoch nur **leicht**

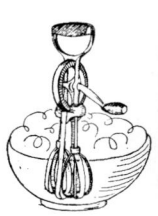

hellbraun ist. — **Füllen** und **Aufrollen:** Das Biscuit sofort nach dem Backen auf das bereitliegende Pergamentpapier stürzen, das Papier (v. Backen) rasch abziehen. (Evtl. das warme Blech ein paar Minuten über dem Biscuit liegen lassen, damit es weich bleibt.)

a) Bei **Konfitüre**-Füllung: diese jetzt sofort erwärmt auf das Biscuit streichen und es sorgfältig aufrollen.

b) Bei **Back-** oder **Buttercrème** -oder **Rahm-Füllung** das Biscuit sofort (nach dem Abziehen des Papiers) mit dem Pergamentpapier aufrollen und darin erkalten lassen. Zum Füllen sorgfältig flachlegen, bestreichen mit der Crème u. wieder zur Roulade formen.

Glasieren der Roulade und **garnieren a:** mit kandierten Früchten und evtl. Spritzglasur oder **b:** mit Puderzucker besieben — **c: überziehen** und **garnieren** mit Crème und bestreuen mit Mandelspänen, geriebener Schokolade usw., je nach Füllung.

1382 Schokolade-Roulade (Biscuit roulé au chocolat) I. und II. Art

Zubereitung wie Biscuitroulade **Nr. 1381,** jedoch für **Schok.-Roulade I. Art** zur Masse nur 50 g Weissmehl und noch 50 g geriebene **Schokolade** oder 40 g **-pulver** verwenden. Für **II. Art** folg. **feine Roulade-Masse** verwenden: 3 Eigelb, 50 g Zucker, 1 Msp. Vanille — 50–80 g Schok.-Pulver (Lindt), 3–4 Eiweiss (z. Schnee) — Als **Füllung:** 2 dl Rahm steif schlagen, mit etwas Vanillezucker leicht versüssen, evtl. mit 1 Blatt Gelatine (in 1 Essl. heissem Wasser aufgelöst) binden. — Die Roulade evtl. **garnieren** mit Schlagrahm und bestäuben mit etwas Schokoladepulver oder statt dessen **glasieren** mit Parisercrème (Nr. 1416).

NB. Schokoladeroulade **II. Art** schmeckt auch **eisgekühlt** sehr gut.

1383 Rehrücken, süsser (Gâteau St. Hubert) I.–III. Art

I. Art: { Biscuitmasse v. Nr. 1340 oder   Schokolade-Buttercrème Nr. 1415, ½ Port.
           { von Mandeltorte Nr. 1373   Schokoladeglasur Nr. 1421 od. Parisercrème

Die «**Rehrückenform**» sehr gut bebuttern und bemehlen. — **Zubereitung** der Biscuit- oder Mandelmasse, **einfüllen** in die Form u. **backen** (mit guter Unterhitze) **ca. 45 Min.** Sorgfältig lösen und stürzen. Nach dem Erkalten zweimal quer durchschneiden und mit Schokoladecrème **füllen** (s. Nr. 1335). — **Glasieren** der Oberfläche nach **Nr. 1419,** evtl. bestecken mit schönen geschälten Mandeln.

II. Art, Schokolade-Rehrücken (ungefüllt)

Zubereiten von ¾ Port. der Schokolademasse von **Nr. 1386** (II. Art). — **Backen** in der Rehrückenform (mit guter Unterhitze) **ca. 45 Min.** — **Glasieren** mit Schokoladeglasur Nr. 1421 oder mit Parisercrème Nr. 1416.

III. Art, Mandel-Rehrücken, gefüllt

Biscuit { 4 Eigelb — 150 g Zucker   30 g Mandeln ungeschält, gerieben
        { 125 g geschälte Mandeln,   1–2 Essl. Kakao od. gerieb. Schokolade
        { fein gerieben, Zitr.-Schale abgerieb. evtl. 1–2 Tropfen Bittermandelöl
        { 100 g Weissmehl   z. Form: 30 g Mandelspäne (geschälte)
        { 5 Eiweiss (z. Schnee)   z. Füllen: ¼ Port. Kirsch-Buttercrème

Die **Rehrücken-Form** sehr gut bebuttern und mit den fein geschnittenen Mandelspänen bestreuen.

Die **Biscuitmasse** zubereiten nach **Nr. 1337, I. Art.** Davon etwa ¼ in ein Schüsselchen geben, mit den ungeschälten Mandeln und dem Kakao (od. Schokolade) vermischen und die Form ca. ½ cm dick damit ausstreichen. — Sofort die übrige helle Masse einfüllen, der man nach Belieben noch eine Spur Bittermandelöl beigemischt hat. **Backen** mit guter Unterhitze **40–50 Min.** — Sorgfältig lösen und stürzen, dann erkalten lassen. — **Füllen:** Aus dem Biscuitboden der Länge nach von beiden Seiten schräg gegen die Mitte ein Stück herausschneiden. Die Crème einfüllen, das Biscuitstück mit Kirsch beträufeln, wieder daraufsetzen und andrücken. Den Rehrücken stürzen und leicht mit Puderzucker bestäuben. — (Bleibt lange frisch.)

Schokoladebiscuit mit Backcrème 1384

Biscuit
- 4 Eier — 150 g Zucker
- 80 g Kartoffelmehl
- 50 g Weissmehl
- 40 g Kakao, gezuckert

Füllung: Vanille-Backcrème Nr. 1417
z. Glasieren: Schokoladeglasur Nr. 1421
z. Garnieren { geschälte Mandeln / evtl. weisse Spritzglas. Nr. 1422

Das **Biscuit** zubereiten nach **Nr. 1338,** Grundregel (mit dem Mehl den Kakao dazusieben). — **Durchschneiden** und **Füllen** des Biscuits siehe **Nr. 1335.** — **Glasieren** nach **Nr. 1419.** — **Garnieren** mit grossen, geschälten Mandeln, evtl. mit weisser Spritzglasur.

Feines Schokoladebiscuit mit Buttercrème 1384a

Feines Biscuit Nr. 1340, mit
70 g Schokolade-Pulver (Linth)

Vanille-Buttercrème Nr. 1415 (1)
Parisercrème Nr. 1416

Vorbereiten: Unter die Biscuitmasse (mit dem Mehl gesiebt) das nicht zu süsse Schokoladepulver ziehen. — **Durchschneiden** und **Füllen** des Biscuits n. **Nr. 1335:** Den untersten Boden mit der Hälfte Parisercrème bestreichen, den zweiten mit Vanillebuttercrème. **Glasieren** der ganzen Torte (auch den Rand) mit der übrigen (an der Wärme wieder weich gerührten) Parisercrème. Evtl. als **Garnitur** auf die Mitte 1–3 Silberkügelchen setzen oder eine Rosette von grossen geschälten Mandeln.

Sachertorte 1385

70–125 g Butter — 1 Msp. Vanille
75 g Zucker — 8 Eigelb
140 g dunkle Schokolade (Lindt)
8 Eiweiss (z. Schnee), 50 g Zucker
120 g Weissmehl, 1 Teel. Backpulver

z. Überziehen { 3–4 Essl. Aprikosenkonfitüre / Parisercrème Nr. 1416 / od. Schok.-Glasur Nr. 1421

Vorbereiten: Eine Springform v. 22 cm ∅ am Boden mit Papier belegen, gut bebuttern u. bemehlen.

Sachertorten-Masse: Butter, Zucker und Eigelb gut schaumig rühren (an der Wärme). Die Schokolade in einem Pfännchen im Wasserbad schmelzen, etwas abgekühlt beigeben. Das Eiweiss unter langsamer Beigabe der 50 g Zucker zu sehr steifem Schnee schlagen und abwechselnd mit dem gesiebten Mehl unter die Tortenmasse ziehen, einfüllen in die Form. **Backen** in mässiger Hitze **ca. 50 Min.** — Sorgfältig lösen, abkühlen (s. Nr. 1335), evtl. durchschneiden und **füllen** mit wenig Aprikosenkonfitüre. **Glasieren** der Torte nach **Nr. 1419,** d. h. sie zuerst mit heisser Konfitüre ganz **dünn** bestreichen und etwas antrocknen lassen, dann mit der Glasur überziehen. Evtl. **garnieren** mit (an der Kälte) dicklich gerührter Parisercrème.

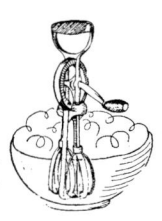

1386 Schokoladetorten (mit Mandeln) I.–III. Art

I. Art einfach
- 100 g Mandeln — 50 g Zwieback
- 150 g Schokolade, dunkle
- 3 Essl. Wasser od. Kaffee
- 50 g Butter, Nussa od. Margarine
- 4 Eigelb — 150 g Zucker
- 4–5 Eiweiss (z. Schnee)

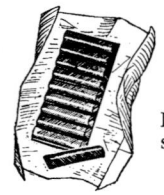

II. Art sehr gut
- 250 g Mandeln — 50 g Zwieback oder Biscuitreste
- 120–150 g Schokolade, dunkle
- 4 Essl. Wasser, ½ Teel. Nescafé
- 120–150 g Butter (evtl. Nussa)
- 5–6 Eigelb — 250 g Zucker
- 5–7 Eiweiss (z. Schnee)

III. Art bes. reich
- 125 g Mandeln
- 60–100 g Löffelbiscuits od. Zwieback
- 200 g Schokolade, dunkle (z. B. Lindt)
- 3 Essl. Wasser, ½ Teel. Nescafé
- 120–180 g Butter — 1 Msp. Vanille
- 6 Eigelb — 200 g Zucker
- 6 Eiweiss (z. Schnee)

evtl. z. Glasieren und Garnieren
- Puderzucker (z. Besieben)
- od. Schokoladeglasur Nr. 1421
- od. Parisercrème Nr. 1416
- od. Schok.-Buttercrème Nr. 1415
- (je ½ Port.) — evtl. Spritzglasur 1422
- evtl. grosse Mandeln, geschält

Vorbereiten: Mandeln (ungeschälte) und Zwieback oder Biscuitreste, evtl. Löffelbiscuits (spez. für III. Art) fein reiben. — Die Schokolade mit Wasser und Nescafé in einem Pfännchen an der Wärme (evtl. im Wasserbad) schmelzen und glatt rühren.

Die Form am Boden exakt mit Papier belegen, gut bebuttern und bemehlen.

Zubereiten der **Tortenmasse gerührt** nach **Nr. 1337,** Abschn. **1b** (Grundregel), d. h. zuerst die Butter weich rühren, dann nach und nach Eigelb und Zucker beigeben, und zusammen schaumig rühren (ca. 10 Min.). Die vorbereiteten Zutaten abwechselnd mit dem gut steifen Eierschnee dazumischen. Sofort in die Form geben und glattstreichen. — **Backen** in mässiger Hitze **50–60 Min.** Prüfen mit Hölzchen od. Dressiernadel.

Schokolade-Torten dürfen jedoch noch etwas feucht sein, sie halten sich einige Tage frisch.

Garnieren der erkalteten Torte:

a) Mit **Puderzucker** besieben, siehe Nr. 1136 und auf Tafel 47.

b) Mit **Schokoladeglasur** überziehen, evtl. mit Schokolade- oder weisser Spritzglasur verzieren.

c) Mit **Parisercrème** oder **Schokolade-Buttercrème** überziehen und damit garnieren.

Spez. Garnituren:

I. Art: Mit Hilfe eines etwa 8 cm grossen runden Ausstechers auf dem Rand Halbbogen eindrücken, diese mit **Schok.-Granulés** (evtl. gerieb. Schokolade) ausfüllen und mit kleinen, dicht aneinander gesetzten Tupfen von Schokoladecrème abgrenzen. Da wo die Halbbogen aneinanderstossen, mit je einer kleinen oder halben Schokolade-Trüffel oder mit Crème garnieren. Den Rand mit Granulés (od. geriebener Schokolade) bestreuen.

II. Art: Ein Gitter von Schokolade-Buttercrème spritzen. In die Mitte jedes Zwischenraumes wenig Granulés streuen, kleine halbierte Pralinés auflegen oder mit Silberkügelchen bestecken.

III. Art: Als Festtorte für Kinder, die glasierte Torte garnieren mit bunten Zuckerplätzchen, -blümchen oder -tierchen oder Schokolade-Dragées od. durch Aufspritzen von Namen, Versen usw.

Wachauer Torte   (Schokolade-Nusstorte)   1387

6 Eigelb — 120 g Zucker
120 g Schokolade, gerieben
80 g Haselnüsse, gerieben
40 g Nusskerne, gerieben
6 Eiweiss (z. Schnee)

z. Füllen: Schokolade-Buttercrème Nr. 1415
z. Glasieren { Schokoladeglasur Nr. 1421 / od. Mokkaglasur Nr. 1420
f. d. Rand { 40 g Haselnuss-Späne, / im Ofen gebräunt

Zubereiten der **Tortenmasse gerührt,** nach **Nr. 1337,** Abschn. **1a** (Grundregel).

Backen in einer bebutterten Spring- oder Cakeform (am Boden mit Papier belegt) in mässiger Hitze ca. **50 Min.** — **Durchschneiden** und **Füllen** der Torte nach **Nr. 1335** und sie überziehen mit einer der angegebenen **Glasuren,** den Rand mit den Haselnuss-Spänen (n. Nr. 1423a) bestreuen.

NB. Die Wachauer Torte schmeckt auch **ungefüllt** sehr gut und hält sich lange frisch (mind. 2 Wochen).

Schokolade-Cake   Bild auf Tafel 50   1388

Zubereitung der Masse von Schokolade-Torte **Nr. 1386, II. Art.** — **Einfüllen** in eine grosse oder zwei kleine Cake- oder Rehrückenformen. **Backen** mit guter Unterhitze ca. **50 Min.** — **a)** Den Cake noch warm **glasieren** mit Schokoladeglasur Nr. 1421 oder Parisercrème Nr. 1416. Evtl. **garnieren** mit Schok.-Granulés, Silberkügelchen, grossen geschälten Mandeln oder Schokolade-Buttercrème.— **b)** Den erkalteten Cake mit Schokolade-Buttercrème (Nr. 1415) bestreichen, mit Schokoladespänen oder -Granulés bestreuen.

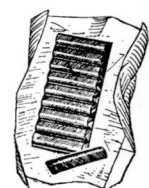

Schokolade- oder Zebra-Cake, ungebacken   1388a

Anmerkung: Dieser Cake ist schnell zubereitet und ist auch günstig als Vorrat.

200–250 g Petit-Beurre
(evtl. Löffelbiscuits)
z. Garnieren { 50 g Schokoladeplätzchen / oder / 2–3 Essl. Schokoladepulver

Crème { 1–2 Eigelb — 50–80 g Zucker, Vanille / 200 g Schokolade, dunkle / 6 Essl. Wasser mit 1–2 Teel. Nescafé / 150 g Nussella, Nussa od. Kokosfett / 50 g Tafelbutter

Vorbereiten: Eine **Cakeform** (ca. 20 cm lang) mit Pergamentpapier oder Alufolie auslegen.

Crème: Eigelb mit Zucker und Vanille schaumig rühren. — Die Schokolade mit dem Wasser und Nescafé an leichter Wärme schmelzen und glattrühren. Fett und Butter flüssig, jedoch nicht warm werden lassen. Beides abwechselnd zur Eigelbmasse mischen.

Einfüllen: Den Boden der Form mit einer ca. 3 mm dicken Schicht Crème bestreichen. Eine Lage Biscuits so darauf geben, dass ringsum ein etwa ½ cm breiter Zwischenraum bleibt. Diesen mit Crème ausfüllen. Wieder mit einer Lage Biscuits bedecken, wieder mit Crème bestreichen und so fortfahren, bis die Zutaten aufgebraucht sind. — Die Form an die Kälte stellen, bis die Crème steif geworden ist (am besten über Nacht). Den Cake stürzen und als **Garnitur** die Oberfläche **a:** mit einer heissen Gabel wellenförmig durchziehen — **b:** mit einem heissen Spachtel etwas weich machen und mit Schokoladeplätzchen belegen. — **c:** Den Cake nur mit Schokoladepulver bestäuben.

NB. Schokolade- oder Zebra-Schnittchen siehe Nr. 1602.

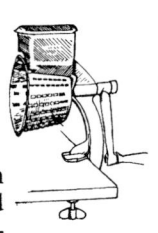

1389 Leichter Schokoladekuchen oder -cake (Wiener Torte)

8 Eiweiss (z. Schnee) — 180 g Zucker
150 g Schokolade, 1 Msp. Vanille
100–120 g Weissmehl — 100–120 g Butter
evtl. 30 g Schokolade-Würfelchen

Vorbereiten: Die Cake- oder Rehrückenform ganz gut bebuttern und leicht bemehlen. — Die Schokolade mit 2–4 Essl. Wasser in einem Pfännchen schmelzen (evtl. im Wasserbad).

Cakemasse: Das Eiweiss zu sehr steifem Schnee schlagen, indem man nach und nach die Hälfte des Zuckers dazugibt. Sorgfältig die weiche, aber nicht warme Schokolade, das gesiebte Mehl und den übrigen Zucker beigeben. Zuletzt die leicht geschmolzene Butter und evtl. die kleinen Schokoladewürfelchen unter die Masse ziehen. — **Einfüllen** in die Form und **backen** in mässiger Hitze ca. **50 Min.** — Den abgekühlten Kuchen evtl. mit Schokoladeglasur od. Pariscrème (Nr. 1421 u. 1416) überziehen oder nur mit Puderzucker besieben.

1390 Schwarzwälder Torte (Tourte de la forêt noire) I. u. II. Art s. Tafel 45

I. Art:
4–5 Japonaisböden nach Nr. 1392 — 150–200 g Schokolade, ½ Teel. Nescafé, 4–6 Essl. Wasser
z. **Füllen:** 3–4 dl Rahm — z. **Bestreuen:** 50–80 g Schokolade, gehobelt oder gerieben

Vorbereiten: Die Schokolade mit dem Kaffee und Wasser schmelzen, glattrühren und abkühlen, dann die **Japonaisböden** dünn damit bestreichen. — Zum **Füllen** den 1. Boden mit geschlagenem (ungezuckertem) Rahm etwa ½ cm dick bedecken, den 2. Boden darauf geben, wieder mit Rahm bestreichen und so alle Böden aufeinander setzen. Die **Torte** mit dem Rest des Rahmes überziehen und mit den Schokoladespänen gleichmässig bestreuen. — Bis zum Servieren kalt stellen.

NB. Wird die Torte länger stehen gelassen, dann den Rahm evtl. mit 1–2 Blatt Gelatine (heiss aufgelöst) binden. — Wünscht man die Torte möglichst hoch, dann ca. 6 Böden v. 22 cm ⌀ backen.

II. Art, mit Rahm-Crème
1 Japonaisboden n. Nr. 1392 (½ cm dick)
50 g Schokolade, geschmolzen
½ **Port.** von Schokoladebiscuit Nr. 1384
od. v. leichten Schokoladekuchen Nr. 1389

Rahmcrème { 3 dl Rahm — 20 g Zucker
1–2 Blatt Gelatine (eingelegt, in kaltes Wasser)
z. Bestreuen { 100 g Schokolade, gehobelt od. gerieben

Vorbereiten: Als unterste Lage den Japonaisboden verwenden. Ihn mit der geschmolzenen, abgekühlten Schokolade gleichmässig bestreichen, den Biscuitboden darauf setzen. — **Crème:** Den Rahm steif schlagen, leicht versüssen, die in 2–3 Essl. heissem Wasser aufgelöste Gelatine sorgfältig (evtl. gesiebt) darunterziehen und sofort auf der **Torte** verteilen (ca. 3 cm hoch). Oberfläche und Rand mit einem Spachtel rasch gleichmässig glattstreichen, dann mit den Schokoladespänen bestreuen. — An der Kälte steif werden lassen!

1391 Schwarzwälder Kirschtorte (Tourte de la Forêt noire au kirsch)

Zubereitung wie Schwarzwälder-Torte **Nr. 1390, II. Art,** jedoch den Japonaisboden (statt mit Schokolade) mit in Zuckersaft gekochten, gut abgetropften Weichselkirschen oder -konfitüre gut bedecken. Das **Biscuit** beidseitig gut mit Kirsch (mit wenig Zucker und Wasser vermischt) beträufeln und darauf setzen. — Die Rahmcrème mit 3 Blatt Gelatine binden (s. Nr. 1390), dann ½–1 dl feinen **Kirsch** beimischen, auf die Torte geben. Die glattgestrichene Oberfläche mit Schok.-Spänen bestreuen. (Kalt stellen.)

Japonais-Torte   1392

f. 4–5
Böden von
ca. 24 cm ⌀
- 120 g Mandeln od. Haselnüsse, fein gerieben
- 5–6 Eiweiss (z. Schnee)
- 150 g Zucker — 20 g Mehl

Füllung: Mokkacrème Nr. 1415 (4), ¾ Port.
z. Rösten { 40 g Zucker — 40 g Mandeln
n. Nr. 1423 { od. Haselnüsse
z. **Garnieren:** rosa od. Schok.-Glasur Nr. 1420–21

Tortenböden: Die Eiweiss mit ⅔ des Zuckers (den man nach und nach beigibt) zu steifem Schnee schlagen. Den übrigen Zucker, Mehl und die Mandeln oder Haselnüsse darunterziehen. Je ¼–⅕ der Masse auf einem sehr gut bebutterten Springformboden gleichmässig flach ausstreichen. — **Backen** in guter Hitze möglichst rasch (**5–10 Min.**), siehe auch NB. Die Böden sofort sorgfältig ablösen und auf flache Platten oder Kuchengitter legen zum Erkalten. — **Füllen:** Die Böden mit Crème bestreichen und aufeinandersetzen. Die ganze **Oberfläche** (d. h. auch den Rand) mit Crème überziehen und mit der geriebenen Nougatmasse bestreuen. Evtl. garnieren mit einem grossen oder mehreren kleineren Tupfen von Schokolade- od. rosa Himbeerglasur.

NB. Das Blech evtl. zuerst mit Papier belegen und gut bebuttern. — Hart gewordene Böden, die sich nicht vom Blech ablösen lassen, nochmals kurz in den Ofen geben. Daneben eine kleine Schale mit heissem Wasser stellen (durch den Dampf werden die Böden wieder weich!). — Japonaisböden lassen sich gut zum voraus herstellen. Sie in einer Blechschachtel in temperiertem Raum aufbewahren (kühl gestellt, können sie weich und klebrig werden).

Silvana-Torte   1393

Zubereitung wie Japonais-Torte **Nr. 1392,** jedoch zum Füllen **Kirsch-Buttercrème Nr. 1415** (1) verwenden. — Die Oberfläche mit groben Schokoladespänen bestreuen und als **Garnitur** mit Puderzucker so bestäuben, dass 5–6 helle Streifen entstehen.

Lagentorte   Bild auf Tafel 46   1394

Tortenmasse
- 180 g Butter, 1 Msp. Vanille
- 2 Eigelb — 60 g Zucker
- 190 g Weissmehl

z. **Füllen:** { Buttercrème Nr. 1415 (1), ¼ Port.
mit kandierten Früchten, (s. NB.)
½ Tasse Aprikosenkonfitüre

z. **Garnieren** { weisse Spritzglasur Nr. 1422
kandierte Früchte

z. **Glasieren:** Zitronenglasur Nr. 1420 (2)

Tortenböden: Die Butter schaumig rühren. Vanille, Eigelb und Zucker beigeben, gut mischen, das Mehl dazusieben. Je ⅓ der Masse auf dem bebutterten Boden einer kleinen Springform (von 20 cm ⌀) ca. 2 mm dick ausstreichen (am besten mit heissem Spachtel). — **Backen** der Böden, bis sie leicht gelb sind (**ca. 20 Min.**). Sie dann sorgfältig abheben und auf flache Platten legen zum Erkalten. — Zum **Füllen** die erste Lage dünn mit Konfitüre, die zweite mit der Buttercrème (mit Vanille- oder Rum-Aroma) bestreichen. — **Glasieren** nach Nr. 1419 (dünne Schicht v. ⅓ Port.). — **Garnieren** mit Spritzglasur und kleinen Stückchen kandierter Früchte.

NB. Die Tortenböden sind sehr mürbe und brechen leicht, sie deshalb sehr sorgfältig abheben und bestreichen! — Der Buttercrème verschied. kand. Früchte ganz kleinwürflig geschn. beimischen.

Baum- oder Schichtkuchen   nach Hausfrauen Art   (hält gut als Vorrat)   1394a

250 g Butter — 1 Pr. Salz, 1 Msp. Zimt
250 g Zucker — 8 Eigelb
1 Essl. Arrak, Zitronenschale, abgerieben
50 g geschälte Mandeln, fein gerieben
250 g Weissmehl — 8 Eiweiss (z. Schnee)
Glasur: mit Arrak od. Vanille Nr. 1420 (1 u. 4) evtl. kandierte Früchte od. Pistazien

Eine **Cake-** oder **Springform** (diese mit einem Förmchen in der Mitte) am Boden mit Papier belegen und gut bebuttern.

Zubereitung der Masse **gerührt** nach **Nr. 1337** (b) Grundregel. — **Backen:** Vom Teig eine 2–3 mm dicke Schicht in die Form streichen und in guter Hitze gelb werden lassen. Sofort wieder mit einer 2 mm dicken Schicht bedecken und wieder gelb backen (jedoch nur noch mit Oberhitze) und so schichtenweise fortfahren, bis die Masse aufgebraucht ist. — (Evtl. unter den Kuchen ein kaltes Blech schieben.) — **Glasieren** des Kuchens solange er noch warm ist. Belegen der Oberfläche mit hübsch zugeschnittenen kandierten Früchten oder bestreuen mit 4–6 geschälten, gehackten Pistazien.

NB. Der Kuchen ist reich und hält längere Zeit. — Der echte Baumkuchen wird in spez. Öfen, auf einer sich drehenden Walze gebacken (dabei bilden sich die typischen Zacken). Nachher wird der Kuchen hoch aufgestellt.

1395 Holländertorte

Mürbeteig Nr. 927, evtl. Sauerrahm- od. Blätterteig Nr. 922 od. 924
——
½ Tasse Aprikosenkonfitüre
z. Bestreichen: 1 Eigelb
¼ Port. Zitronenglasur Nr. 1420 (2)

Füllung
120 g Mandeln, geschält
80–100 g Butter
120 g Zucker — 3–4 Eigelb
50 g Weiss- od. halb Kartoffelmehl
½ Zitrone — 1 Msp. Backpulver
2–3 Eiweiss (z. Schnee)

Füllung: Die Mandeln schälen, trocknen, fein reiben. — Butter, Zucker und Eigelb gut schaumig rühren. Mandeln, Mehl, Backpulver, Zitronensaft und abgeriebene Schale beigeben, das steif geschlagene Eiweiss darunterziehen.

Torte: Den Teig dünn auswallen (ca. 2 mm), eine bebutterte Springform damit auslegen, so dass er etwas über dem Rand vorsteht. — Den Teigboden mit Konfitüre leicht bestreichen, die Füllung darauf verteilen. — Den Teigrest auswallen, in 1 cm breite Streifen schneiden, mit Eigelb bestreichen und gitterartig auf die Füllung legen. Den vorstehenden Teig evtl. noch gleichmässig nachschneiden (m. Teigrädli), nach unten rollen und ebenfalls mit Eigelb bestreichen. — **Backen** mit guter Unterhitze, ca. **50 Min.** — Sofort nach dem Backen mit Zitronenglasur bestreichen.
(Die Torte gut durchbacken, da sie sonst zusammenfällt und käsig wird.)

1396 Engadiner Nusstorte (lange haltbar)

250 g Butter (Nussa od. Margarine I. Qual.)
150 g Zucker, 1 Essl. Wasser od. Rum
1 Ei u. 1 Eigelb, 2 Pr. Salz
Zitronenschale, abgerieben
450 g Weissmehl

Füllung
300 g Zucker — 2 dl Rahm
300 g Nusskerne, grob gehackt
(evtl. ein Teil Mandeln)
3 Essl. Honig — evtl. 1 Essl. Rum
z. Bestreichen: 1 Ei

Teig-Zubereitung: Butter (oder Nussa usw.) weich werden lassen, die übrigen Zutaten (ausser Mehl) beigeben und zusammen schaumig rühren. Das Mehl gesiebt dazumischen. Sobald der Teig gleichmässig ist, ihn an der Kälte ruhen lassen. — **Füllung:** Den Zucker hellgelb rösten, die vorbereiteten Nüsse dazu geben, noch kurz mitrösten. Mit dem Rahm ablöschen, gut umrühren, Honig und Rum beifügen, etwas abkühlen.
Formen: ⅓ des Teiges auf dem Boden der Springform ca. 3 mm dick auswallen. Den Rand leicht benetzen und mit einer fingerdicken Teigrolle belegen, gut andrücken. — Die Füllung auf dem Boden verteilen. Das Ganze mit dem übrigen Teig (wieder 3 mm dick ausgewallt) überdecken, evtl. mit Teigtupfen oder -blümchen garnieren und mit einer Gabel bestechen, oder die ganze Oberfläche der Füllung gitterartig mit Teigstreifen belegen. Evtl. mit Ei bestreichen. — **Backen** in Mittelhitze (auf unterer Rille) ca. **45 Min.**

NB. Evtl. 2–3 kleinere Torten backen, dazu wenn nötig, mit Hilfe von Alu-Folie, Ringe formen.

Linzertorte

Bild auch auf Tafel 46   **1397**

Anmerkung: Linzertorte schmeckt nach 2–3 Tagen am besten und hält sich lange frisch.

150 g Butter (Nussa od. Margarine)
150 g Zucker, 1 Msp. Zimt, 1 Pr. Salz
1 Ei (s. NB.) — 1 Pr. Nelkenpulver
150 g Weissmehl
150 g Mandeln, s. auch NB.

für d. R a n d : 40 g Mehl z. Beimischen
z. **Füllen** { 1 Tasse Johannis- od. Himbeerkonfitüre od. Mandelcrème (s. u n t e n)
z. Bestreichen: 1 Eigelb od. ½ Ei

Vorbereiten: Die Mandeln f e i n reiben (n i c h t schälen). Das Mehl sieben.
Tortenmasse: Die Butter schaumig rühren, Ei und Zucker beigeben, ca. 10 Min. rühren, alle übrigen Zutaten dazumischen. — **Formen:** ²/₃ des Teiges auf bebuttertem Springformboden f l a c h ausstreichen (ca. 1 cm dick). — Für den **Rand:** den Rest des Teiges mit den 40 g Mehl vermischen und ca. ½ cm dick auswallen. Davon mit Hilfe eines kleinen Ringes oder Liqueurgläschens linsenförmige Plätzchen ausstechen oder statt dessen k l e i n e Herzchen. Diese schuppenartig auf den benetzten Rand des Teigbodens legen. In den Zwischenraum die **Füllung** geben. — **Garnieren** der Oberfläche mit Teigstreifen, -herzen oder -blümchen, diese sowie den Rand mit Ei bestreichen (mit etwas Zucker vermischt). — **Backen** in mässiger Hitze **ca. 50 Min.**

Mandelcrème { 150 g Mandeln / 70 g Butter — 70 g Zucker   1 Ei od. Eiweiss, oder etwas Milch / Saft und Schale von ½ Zitrone

Die Mandeln schälen, trocknen und f e i n reiben. Die Butter schaumig rühren und alle Zutaten (wenn Eiweiss, dann leicht zu Schnee geschlagen) damit vermischen.

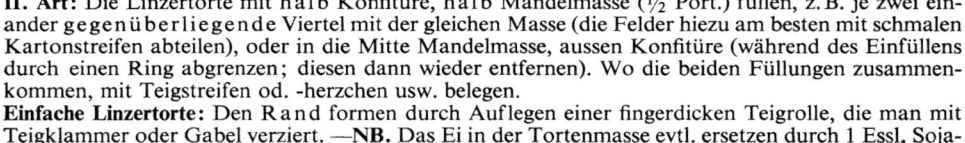

II. Art: Die Linzertorte mit h a l b Konfitüre, h a l b Mandelmasse (½ Port.) füllen, z. B. je zwei einander g e g e n ü b e r l i e g e n d e Viertel mit der gleichen Masse (die Felder hiezu am besten mit schmalen Kartonstreifen abteilen), oder in die Mitte Mandelmasse, aussen Konfitüre (während des Einfüllens durch einen Ring abgrenzen; diesen dann wieder entfernen). Wo die beiden Füllungen zusammenkommen, mit Teigstreifen od. -herzchen usw. belegen.
Einfache Linzertorte: Den R a n d formen durch Auflegen einer fingerdicken Teigrolle, die man mit Teigklammer oder Gabel verziert. —**NB.** Das Ei in der Tortenmasse evtl. ersetzen durch 1 Essl. Sojamehl u. 2–3 Essl. Milch. — Statt Mandeln, Haselnüsse od. z. T. geriebene Gebäckreste verwenden.

Österliche Linzertorte (Gateau de Pâques, création nouvelle)   **1397a**

Linzertorten-Masse und -Füllung von Nr. 1397 — z. B e s t r e i c h e n : 1–2 Eigelb
z. Garnieren: Kleine Gelée- od. Zucker-Eier oder von Marzipan sowie -Häschen oder -Hühnchen, kand. Früchte, Mandel-Dragées, grosse geschälte Mandeln usw.

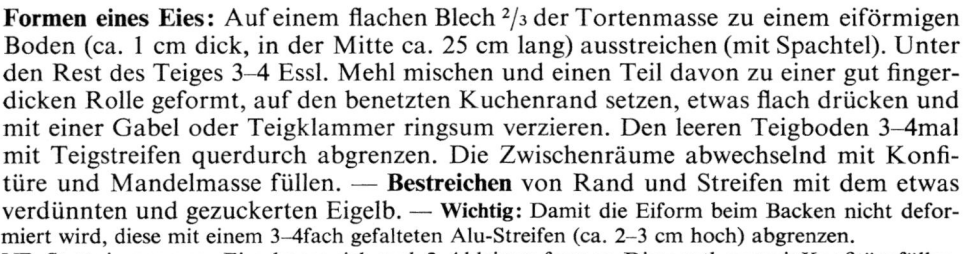

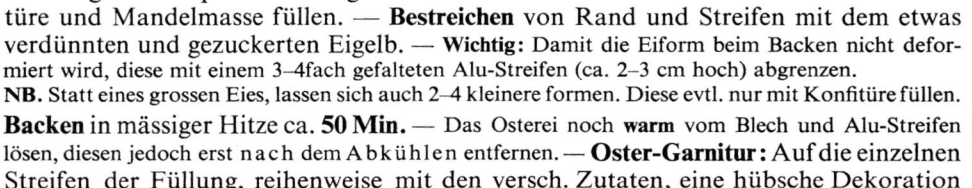

Formen eines Eies: Auf einem flachen Blech ²/₃ der Tortenmasse zu einem eiförmigen Boden (ca. 1 cm dick, in der Mitte ca. 25 cm lang) ausstreichen (mit Spachtel). Unter den Rest des Teiges 3–4 Essl. Mehl mischen und einen Teil davon zu einer gut fingerdicken Rolle geformt, auf den benetzten Kuchenrand setzen, etwas flach drücken und mit einer Gabel oder Teigklammer ringsum verzieren. Den leeren Teigboden 3–4mal mit Teigstreifen querdurch abgrenzen. Die Zwischenräume abwechslend mit Konfitüre und Mandelmasse füllen. — **Bestreichen** von Rand und Streifen mit dem etwas verdünnten und gezuckerten Eigelb. — **Wichtig:** Damit die Eiform beim Backen nicht deformiert wird, diese mit einem 3–4fach gefalteten Alu-Streifen (ca. 2–3 cm hoch) abgrenzen.
NB. Statt eines grossen Eies, lassen sich auch 2–4 kleinere formen. Diese evtl. nur mit Konfitüre füllen. 

Backen in mässiger Hitze ca. **50 Min.** — Das Osterei noch **warm** vom Blech und Alu-Streifen lösen, diesen jedoch erst n a c h dem A b k ü h l e n entfernen. — **Oster-Garnitur:** Auf die einzelnen Streifen der Füllung, reihenweise mit den versch. Zutaten, eine hübsche Dekoration auflegen. (Zum Fixieren derselben wenig Puderzucker mit Zitronensaft u. evtl. Eiweiss, dicklich angerührt, verwenden.)

1398 Sudeltorte

Linzertortenmasse v. Nr. 1397 — z. **Füllen**: Himbeer- od. Aprikosenkonfitüre, evtl. z. Bestreichen: 1 Ei

Formen: Die Hälfte d. **Tortenmasse** in einer bebutterten Springform glatt ausstreichen, so dass der Boden ca. 1 cm dick davon bedeckt ist und ein kleiner Teigrand gebildet wird. Konfitüre in den Zwischenraum geben, mit dem übrigen Teig zudecken, die Oberfläche glatt streichen. — Zum **Garnieren** einen kleinen zurückbehaltenen Teigrest mit etwas Mehl verkneten, auswallen und Streifen oder Blümchen ausstechen. Die Oberfläche der Torte damit verzieren, evtl. alles mit Ei bestreichen. — **Backen** in mässiger Hitze ca. **60 Min.** — (Schmeckt nach 2–3 Tagen am besten, auch günstig als **Vorrat**.)

1399 Schwarzbrottorte (Gâteau au pain noir) Bild auf Tafel 47

150 g Schwarzbrot (gedörrt) auch Schrotbrot, Lebkuchen u. ä.
100 g Mandeln od. Haselnüsse
125 g Butter, Nussa od. Margarine
6 Eigelb — 250 g feinen Rohzucker
1 Essl. Zitronensaft, 1 Msp. Zimt
1 Msp. Nelkenpulver
6–8 Eiweiss (z. Schnee)
evtl. 2 Essl. Schokoladepulver
z. Garnieren: siehe unten

Vorbereiten: Schwarzbrot usw. sowie Haselnüsse od. Mandeln (ungeschält) fein reiben. **Zubereiten** der Torte, gerührt nach **Nr. 1337**, Abschn. 1b. — **Backen** ca. **50 Min. Garnieren** der erkalteten Torte, **I. Art**: mit Puderzucker besieben (siehe Bild).
II. Art: mit Zitronenglasur Nr. 1420 (2) überziehen, evtl. mit Spritzglasur garnieren.
III. Art: mit einer Schicht versüsstem Schlagrahm bestreichen, mit Schokoladepulver bestäuben. — Evtl. **servieren** mit Schlagrahm oder Vanillesauce.
Einfacher: Die Masse ohne Butter zubereiten und nur 4 Eier verwenden.

1400 Einfacher Gewürzkuchen oder Fladen (Pain d'épices)

20 g Butter, Nussa od. Margarine
1–2 Eier — 150 g Zucker, 1 Pr. Salz
½ Tasse Milch od. Rahm
30 g Schokoladepulver od. 15 g Kakao
5 g Zimtpulver, 1 Pr. Muskat
evtl. 30 g geschnittene Mandeln
evtl. 40 g Cedrat, gehackt
250 g Mehl, 1½ Essl. Backpulver

Kuchenmasse: Butter od. Fett, Zucker und Eier schaumig rühren, alle übrigen Zutaten beifügen (Mehl und Backpulver gesiebt). **Einfüllen** in eine bebutterte Spring- oder Cakeform. **Backen** in Mittelhitze ca. **50 Min.** — **Servieren** mit Vanillecrème oder mit Schlagrahm, oder den Kuchen durchgeschnitten, mit Butter bestreichen.

1401 Kartoffeltorte (Gâteau aux pommes de terre) I. und II. Art

I. Art ohne Butter:
1 kg Schalenkartoffeln
250 g Zucker — 1–2 Eigelb
1 Essl. Sojamehl, 1 Pr. Salz
2 Essl. Backpulver
evtl. ½–1 dl Milch
abgerieb. Schale v. 2 Zitronen
1 Essl. Zitronensaft
3–4 Eiweiss (z. Schnee)

II. Art reicher:
400 g Schalenkartoffeln
60 g Butter, Nussa od. Margarine
180 g Zucker — 4 Eigelb
abgerieb. Schale v. 1–2 Zitronen
1 Essl. Zitronensaft, 1 Pr. Salz
180 g Haselnüsse, gerieben oder Nusskerne, fein geschnitten
1 Essl. Backpulver, 4 Eiweiss (z. Schnee)

evtl. z. **Glasieren**: Zitronenglasur Nr. 1420 (2) — z. **Garnitur**: kand. Früchte od. Marzipankartoffeln
Vorbereiten: Die Kartoffeln schälen, durch ein feines Sieb drücken. — Die **Springform** gut befetten und bemehlen.

Zubereitung der Torte (I. und II. Art) gerührt nach **Nr. 1337** (Grundregel) Abschn. **1 u. 2. — Backen** in Mittelhitze ca. **50 Min. —** Die erkaltete Torte evtl. **glasieren** nach **Nr. 1419** und mit der **Garnitur** hübsch belegen.

Kastanienkuchen (Gâteau aux marrons) 1402

500 g Kastanien — ½ l Milch, 1 Pr. Salz
60 g Butter, Nussa od. Margarine
150–200 g Zucker (evtl. Rohzucker)
4–5 Eigelb od. 2 Eigelb u. 3 Essl. Sojamehl
50 g gerieb. Hasel-, Baumnüsse od. Mandeln
1 Essl. Backpulver — 1 Msp. Vanille
5–6 Eiweiss (z. Schnee)

Vorbereiten der Kastanien: Sie schälen (n. Nr. 380), dann mit Wasser bedeckt aufsetzen und weichkochen. Die Milch beifügen und rühren, bis sie eingedämpft ist; durch ein feines Sieb streichen. — **Kuchenmasse:** Butter (oder Nussa usw.) mit Zucker und Eigelb gut schaumig rühren, dann das Kastanienpurée, Vanille und Backpulver damit vermischen. Nüsse oder Mandeln abwechselnd mit dem steifen Eierschnee darunterziehen. **Einfüllen** in die vorbereitete Form. — **Backen** in Mittelhitze ca. **50 Min.** Erkaltet, evtl. **glasieren** mit Vanilleglasur Nr. 1420 (1).

Eiweisstorte (Gâteau Financier) 1403

100–150 g Butter, 1 Pr. Salz
120 g Zucker, 1 Essl. Kirsch
evtl. 1–2 Tropfen Bittermandelöl
50 g geschälte Mandeln, fein gerieben
z. Beigeben { 150 g Weissmehl, 1 Msp. Backp.
9 Eiweiss (z. Schnee), 80 g Zucker
z. Form: 30 g Mandelspäne (geschälte)
evtl. Zitronen- od. Rumglasur Nr. 1420 (2)

Form: Rehrücken- od. Cakeform sehr gut bebuttern, mit den Mandelspänen bestreuen.

Tortenmasse: Butter, Zucker, Kirsch und evtl. ganz wenig Bittermandelöl an der Wärme zusammen schaumig rühren (ca. 20 Min.). — Die feingeriebenen Mandeln dazumischen. — Das Eiweiss mit den 80 g Zucker (diesen zuletzt nach und nach beigefügt) zu steifem Schnee schlagen und abwechselnd mit dem gesiebten Mehl und Backpulver sorgfältig unter die Masse ziehen. **Einfüllen** in die vorbereitete Form. — **Backen** in mässiger Hitze (auf unterer Rille) ca. **50 Min. —** Erkaltet, bestäuben mit wenig Puderzucker oder mit Glasur dünn überziehen.

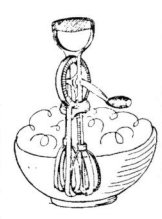

Sandtorte (Biscuit sablé) 1404

170 g Butter, 1 kleine Prise Salz
6 Eigelb — 250 g Zucker
250 g Kartoffelmehl
5 g Backpulver, 1 Essl. Kirsch
Zitronenschale, abgerieben
6 Eiweiss (z. Schnee)

Tortenmasse: Die Butter schaumig rühren. Eigelb, Zucker und das gesiebte Kartoffelmehl abwechselnd beigeben. Diese Masse an leichter Wärme ca. **30 Min. rühren.** Zitronenschale, Backpulver und Kirsch beifügen und den steifen Eierschnee sorgfältig darunter ziehen. Sofort einfüllen in die bebutterte Springform. — **Backen** in guter Hitze (auf unterer Rille) **ca. 50 Min. —** Nach dem Abkühlen mit Puderzucker besieben, evtl. mit einer ausgezackten Papiermanchette versehen.

Bedingung zum Gelingen: Tüchtiges Rühren und richtige Ofenhitze. Wenn nötig mit Butterpapier bedecken, damit die Sandtorte nicht zu braun wird.

1405 Gesundheitskuchen, feiner (Gugelhopf von Backpulverteig)

175 g Butter, 1 Pr. Salz
200 g Zucker — 4 Eigelb
2 dl Milch — Zitronenschale, abgerieb.

400 g Mehl, 1½ Essl. Backpulver
4 Eiweiss (z. Schnee)
evtl. 60 g Rosinen od. Sultaninen, gewaschen

Vorbereiten: Eine Gugelhopfform sehr **gut** bebuttern und bemehlen oder fein panieren.

Kuchenmasse: Butter, Zucker und Eigelb schaumig rühren. Zitronenschale und Milch beigeben. Das Mehl mit dem Backpulver dazusieben, abwechslend damit den steifen Eierschnee und evtl. die Rosinen darunterziehen. Sofort **einfüllen** in die Form. **Backen** in mässiger Hitze (auf unterster Rille) ca. **50 Min.** — V o r s i c h t i g lösen und stürzen, noch warm mit Puderzucker besieben.

1406 Eineikuchen

Anmerkung: Ein schnell zubereiteter einfacher aber schmackhafter Kuchen. Ihn evtl. noch mit einer Konfitüre füllen oder servieren mit einem Kompott oder einer Crème.

300 g Mehl, 1–1½ Essl. Backpulver
150 g Zucker — 50 g Butter od. Nussa
2½ dl Milch — 1 Ei, verklopft

z. Bestreuen { 50 g Mandeln od. Haselnüsse, gerieben
50 g Zucker, ½ Essl. Zimt
z. Beträufeln: 50–80 g Butter od. 1 dl Rahm

Eine **Springform** befetten und bemehlen.

Kuchenmasse: Mehl und Backpulver in eine Schüssel s i e b e n. Zucker und Salz beigeben. — Die Butter schmelzen, die Milch dazugiessen und rasch zusammen l a u w a r m in das Mehl einrühren, das Ei beigeben und gut daruntermischen. Die Masse sofort **einfüllen** in die Form. — **Backen** in m ä s s i g e r Hitze ca. **50 Min.** — **Bestreuen** des Kuchens sobald er durchgebacken aber noch nicht braun ist, mit der vermischten Mandelmasse (möglichst gleichmässig) und beträufeln mit der flüssigen Butter oder mit Rahm. Noch ca. **10 Min.** weiterbacken (mit g u t e r O b e r h i t z e), bis der Streusel **goldbraun** ist.

NB. Statt Butter und Milch: knapp 4 dl Haushaltrahm verwenden. — **Als Cake** (evtl. o h n e Streusel): der Masse 100 g Rosinen und Sultaninen (gewaschen) u. abgeriebene Zitronenschale beigeben.

1407 Marmorkuchen (Beliebter Kinder-Geburtstagskuchen)

200 g Zucker, 4 Eier — Zitr.-Schale, abgerieb.
150 g Butter — 1 dl Milch, 1 Pr. Salz

200 g Weissmehl, 1 Essl. Backpulver
70 g dunkle Schokolade, gerieben

Vorbereiten: Eine Cake- od. **Gugelhopfform** (evtl. Springform) g u t bebuttern und bemehlen.

Masse: Zucker und Eier mit der Zitronenschale s c h a u m i g s c h l a g e n an der Wärme **(15–20 Min.)** und unter weiterem Schlagen wieder a b k ü h l e n (s. auch **Nr. 1338**. Dann a b w e c h s l e n d die l e i c h t geschmolzene (n i c h t warme) Butter, Milch und das mit dem Backpulver g e s i e b t e Mehl unter die Eiermasse z i e h e n. — Ca. ¼ von der Masse in einem Schüsselchen mit der Schokolade vermischen. — **Einfüllen** in die Form: A b w e c h s l e n d 2–3 Löffel helle und einen Löffel Schokolademasse hineingeben, evtl. zuletzt mit einer Gabel 1–2mal l e i c h t durch die Masse ziehen. — **Backen** in guter Mittelhitze (unten) **40–50 Min.** — S o r g f ä l t i g lösen und stürzen, noch warm mit Puderzucker besieben oder mit Schokoladeglasur (Nr. 1421) überziehen.

NB. Evtl. etwas w e n i g e r Butter oder statt dessen Nussa verwenden. — In Alufolie eingepackt, bleibt der Marmorkuchen einige Tage frisch.

Oben:	Zuger Kirschtorte Nr. 1357
Mitte: (rechts)	Mokka-Igel Nr. 1361
Links:	Tannzapfen mit Mokka-Buttercrème, besteckt mit Mandelschuppen Nr. 1363
Unten:	Baumstamm Nr. 1380, mit Schokolade-Buttercrème, garniert mit ganz kleinen Zuckereiern und Pistazien

Tafel 48

Tafel 49 **Links:** Savarin als Körbchen Nr. 1666 (als Timbal gebacken)
Oben: (rechts) Fastnachtsküchlein oder Eieröhrli Nr. 1684
Unten: Ostergebäck: Eier im Nest und Tauben Nr. 1665 (1) und (3)

Schachbrett-Cake 1408

Cake-Masse
- 180 g Butter, Zitr.-Schale, abgerieb.
- 180 g Zucker, 3 Eigelb, 1 Pr. Salz
- 160 g Weissmehl, 1 Msp. Backpulver
- 3 Eiweiss (z. Schnee)

z. Beigeben
- 40 g Schokolade, gerieben
- 1 Msp. Vanille
- 1 Tasse Aprikosenkonfitüre, etwas Rum

z. Bestreuen: 40 g Mandelspäne (s. Nr. 1422a)

Vorbereiten: Eine **Cakeform** (von ca. 28 cm) am Boden mit Alu-Folie so belegen, dass sie in der Mitte (durch einen aufstehenden Falt der Folie) der Länge nach halbiert ist, oder ein Kuchenblech mit Alu-Folie auf diese Art abgrenzen, gut bebuttern.

Zubereitung der Cake-Masse, gerührt nach **Nr. 1337**, Abschn. **1b** (Grundregel). — Beim **Einfüllen** in die Form die **Hälfte** der Masse auf die eine Seite der Folie geben. Unter den **Rest** die Schokolade und Vanille mischen, ebenfalls einfüllen und glatt streichen. — **Backen** in mässiger Hitze ca. **45 Min.** (auf unterster Rille). Sorgfältig lösen, stürzen und abkühlen lassen. — **Formen als Schachbrett:** Jedes Biscuitstück der Länge nach halbieren, mit der heiss gemachten, mit Rum vermischten Konfitüre bestreichen und versetzt aufeinander legen. Ringsum ebenfalls mit der Konfitüre bestreichen und mit den Mandelspänen bestreuen. — Den Cake in exakte, ca. 1 cm dicke Scheiben aufschneiden.

NB. Als **English Battenberg-Cake:** Statt mit Mandelspänen, den Cake mit einer ca. 2 mm dick ausgewallten Marzipanschicht (zub. nach Nr. 1598 od. fertig gekauft) umgeben und diese gut andrücken. Vor dem Schneiden etwas stehen lassen.

Leichter Cake ohne kand. Früchte, Rosinen usw. 1409

- 100 g Butter, 1 Pr. Salz
- 125 g Zucker — 3 Eigelb
- 120 g Weissmehl, ½ Teel. Backpulver
- Zitronenschale, abgerieben
- 1 Essl. Rum od. Zitronensaft
- 3 Eiweiss (z. Schnee)

Vorbereiten: Die **Cake-** od. **Rehrückenform** (erstere am Boden mit Papier belegt) sehr gut bebuttern.

Zubereitung der **Cake-Masse**, gerührt nach **Nr. 1337**, Abschn. **1b** (Grundregel) oder nach **Nr. 1338** (Grundregel für Biscuitmassen, geschlagen). Die Butter zuletzt leicht flüssig beifügen. — **Backen** in Mittelhitze ca. **50 Min.** (auf unterster Rille).

NB. Dieser Cake ist besonders leicht und zart, hält sich (in einer Büchse od. Alufolie) einige Tage frisch und eignet sich auch gut als Gebäck für Kranke.

Kirsch-, Zitronen-, Orangen- oder Ananas-Cake 1410

Zubereitung wie Cake **Nr. 1409**, jedoch mit folgenden speziellen **Zutaten:**

1. Als **Kirschcake:** statt Rum 1–3 Essl. **Kirsch** beifügen. — Den Cake nach dem Abkühlen evtl. mit **Kirschglasur** Nr. 1420 (Abschn. **4**) überziehen und mit halben kandierten Kirschen belegen. — Evtl. **füllen** mit Kirsch-Buttercrème v. Nr. 1415 (1), ¼ Port.

2. **Zitronencake:** schmeckt erfrischend mit **Zitronenglasur** Nr. 1420 (Abschn. **2**) überzogen. — Evtl. **füllen** mit Zitronen-Buttercrème, ¼ Port. von Nr. 1415, Abschn. **2**.

3. **Orangencake:** ihn mit fein abgeriebener **Orangenschale** und **-saft** zubereiten (statt mit Zitrone), evtl. 1–2 Essl. **Curaçao** und fein geschnittenes Orangeat (ca. 50 g) beigeben. — Nach Belieben überziehen mit **Orangenglasur** Nr. 1420 (Abschn. **2**) und garnieren mit Schnitzchen von kand. Orangenscheiben od. mit kleinen Marzipanorangen. — Evtl. **füllen** mit Orangen-Buttercrème, ¼ Port. von Nr. 1415 (2).

4. **Ananascake:** Der Masse noch 1–2 kleinwürflig geschnittene **Ananas**-Scheiben (kand. od. aus Büchsen) und etwas -saft beigeben. — Evtl. mit **Ananasglasur** Nr. 1420 (Abschn. **3**) überziehen, mit Stückchen von kand. Ananas garnieren.

1411 Plum-Cake I. und II. Art — hält 2–3 Wochen auf Vorrat Bild auf Tafel 47

I. Art reich
120–200 g Rosinen u. Sultaninen
80–100 g Cedrat u. Orangeat
evtl. 50–100 g kand. Früchte
evtl. 50 g geschälte Mandeln, gerieb.
—
80–120 g Butter, 1 Pr. Salz
3 Eigelb — 120 g Zucker
Zitronenschale, abgerieben
1–2 Essl. Rum od. 1 Teel. Zitr.-Saft
180 g Weissmehl (od. halbweisses)
1 Teel. Backp. — 3 Eiweiss (z. Schnee)

II. Art leicht u. zart
50 g Rosinen u. Sultaninen
30–50 g Cedrat u. Orangeat
evtl. 50 g kand. Kirschen
—
100 g Butter, 1 kl. Pr. Salz
3 Eigelb — 125 g Zucker
Zitronenschale, abgerieben
1–2 Essl. Rum od. 1 Teel. Zitr.-Saft
120 g Weissmehl, 1 Msp. Backpulver
3 Eiweiss (z. Schnee)

Die **Cakeform** (von ca. 24 cm Länge) mit einem Pergamentpapier ganz auslegen. (Dieses dazu über die umgestülpte Form geben, an den Ecken abfalzen und ausschneiden.) Alles gut befetten.

Vorbereiten: Rosinen und Sultaninen waschen, an der Wärme etwas trocknen (evtl. auf Seiden- od. Resartpapier). Cedrat, Orangeat und kandierte Früchte hacken oder in feine Stückchen schneiden. — Mehl und Backpulver absieben.

Zubereitung der **Cake-Masse** gerührt nach **Nr. 1337**, Abschn. **1b** (Grundregel) d. h.: Die Butter weichrühren, Eigelb, Zucker, Salz, Rum, Zitronenschale und -saft nach und nach beifügen. Die Masse ca. 10 Min. schaumig rühren. Abwechselnd das mit dem Backpulver gesiebte Mehl und den steifen Eierschnee sorgfältig darunterziehen. Zuletzt die vorbereiteten Rosinen usw. beigeben. **Einfüllen** in die Cakeform. **Backen** in Mittelhitze **60–70 Min.** auf 1. Rille (anfangs etwas heisser). — Wenn nötig mit nassem Papier überdecken, damit der Cake nicht zu früh braun wird. Er sollte der Länge nach aufspringen, sonst evtl. etwas einschneiden. Zur **Garprobe** kontrollieren mit langer Nadel!

Evtl. **Garnitur: a)** Den Cake nach ca. ½ Std. Backzeit sorgfältig mit grossen, geschälten Mandeln und in Streifen geschnittenem Orangeat oder halben kandierten Kirschen belegen, indem man den Cake im Ofen ganz nach vorn zieht, aber nicht herausnimmt. **b)** Den Cake nach dem Backen mit grossen, geschälten Mandeln und kandierten Früchten verzieren, indem man sie mit dicklich eingekochtem Zuckersaft festklebt und glasiert (2–4 Essl. Zucker, 2–3 Essl. Wasser).

1411a Sultaninencake Schnell zubereitet und gut geeignet als Vorrat

3 Eier — 100 g Zucker
abgerieb. Schale von 1–2 Zitronen
100 g Mandeln, 100 g Haselnüsse, gerieben
150 g Sultaninen — evtl. 2 Essl. Schok.-Pulver

Vorbereiten: Eine Cakeform am Boden mit Papier belegen, gut befetten.
Zubereitung: Eier und Zucker schaumig schlagen (s. **Nr. 1338**), alle übrigen Zutaten leicht daruntermischen. Einfüllen in die Form. — **Backen** in mässiger Hitze ca. **50 Min.**

1412 Hirse-Cake (Cake au millet)

80 g Butter od. Nussa, 1 Pr. Salz
120 g feinen Rohzucker (od. weissen Zucker)
3 Eigelb od. 1–2 Eigelb, 20 g Sojamehl
1 dl Milch od. Rahm
1 Essl. Zitronensaft u. abgerieb. Schale
100 g Hirseflocken, 1 Teel. Backpulver
30–60 g Rosinen, gewaschen
3–4 Eiweiss (z. Schnee)

Die **Cakeform** befetten, am Boden mit einem befetteten Papier belegen.
Zubereiten und **Backen** der **Cakemasse**, gerührt nach **Nr. 1337**, Abschn. **1b** (Grundregel). — Abgekühlt, evtl. mit Zitronenglasur überziehen. — Der Cake bleibt lange feucht.

Nuss-Cake   (Cake aux noix)   1413

I. Art
- 100–150 g Nusskerne
- 100 g Sultaninen
- 1 Ei od. 1 Essl. Sojamehl
- 4 dl Milch (s. NB.), ½ Teel. Salz
- 20–50 g Zucker — 150 g Kleie
- 200 g Graham- od. Schrotmehl
- 20 g Backpulver od. 5 g Natron

II. Art
- 200 g Nusskerne
- 100 g Sultaninen
- 2 Eier, 250 g Zucker
- Zitronenschale, abgerieben
- 3½ dl Milch, ¼ Teel. Salz
- 450 g Voll- od. feines Grahammehl
- 20 g Backpulver

Vorbereiten: Die **Nüsse** in Scheibchen schneiden oder grob hacken. Die **Sultaninen** waschen, an der Wärme etwas trocknen (auf Seiden- od. Resartpapier). — Eine grosse **Cakeform** befetten, am Boden mit bebuttertem Papier belegen.

Masse: Eier und Zucker s c h a u m i g rühren (ca. 10 Min.). Abwechslend alle übrigen Zutaten (das Mehl mit dem Backpulver vermischt und evtl. g e s i e b t) beifügen. — **Einfüllen** in die Form, glattstreichen und mit halben Nüssen belegen. **Backen** in mässiger Hitze während **50–70 Min.** — Beim S e r v i e r e n die Cake-Scheiben evtl. mit Butter bestreichen.

NB. Statt frischer Milch evtl. s a u r e oder B u t t e r m i l c h verwenden. — Nuss-Cake ist ausgiebig und lässt sich als Vorrat gut einige Zeit aufbewahren. — Grahammehl usw. ist im Reformhaus erhältlich.

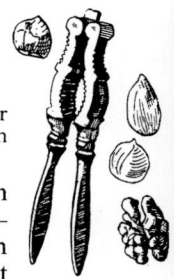

Butter- und Backcrèmen

Zubereitung einer Buttercrème   Grundregel   1414

Tafelbutter, frische (evtl. Nussa) an der Wärme s c h a u m i g rühren mit Teigkelle (siehe Fachausdrücke). — Den **Puderzucker** durch eine f e i n e s Sieb stossen (auf ein Papier) und nach und nach zur Butter mischen. — **Beigeben** von Eigelb (bes. bei h e l l e n Crèmen) und einer aromatischen **Zutat,** je nach Angabe (s. **Nr. 1415** unten) z. B.: Vanille, Liqueur, Kaffee, geschmolzene Schokolade usw.

NB. Gerinnt eine Buttercrème, dann an der W ä r m e tüchtig rühren, bis sie wieder glatt ist oder 1–2 Essl. h e i s s e s Wasser langsam darunter mischen. — Buttercrèmen werden etwas **leichter** (auch billiger) durch Beimischen von folg. **Milchcrème:** 1–1½ dl Milch mit 1 Teel. Kartoffelmehl, 1 Essl. Zucker und evtl. 1 Eigelb unter Schwingen bis zum Kochen bringen. Am besten l a u w a r m zur Crème rühren (dafür ca. 50 g Butter w e n i g e r verwenden). — Hat man keinen Puderzucker, dann Griesszucker mit ½–1 dl Wasser k o c h e n, bis er ganz a u f g e l ö s t ist (sonst wird die Buttercrème körnig).

Verschiedene Buttercrèmen   (Crème au beurre varié)   1415

Zubereitung der **Buttercrèmen** nach **Nr. 1414.** — Die nachstehenden Portionen reichen zum F ü l l e n (für 1–evtl. 2 Lagen) sowie zum Ü b e r z i e h e n und G a r n i e r e n einer Torte von 24–26 cm ⌀. **Aufstreichen** einer Buttercrème siehe **Nr. 1335** (Grundregel).

1. Vanille-Buttercrème sowie Kirsch-*, Rum- oder andere Liqueur-Buttercrèmen:

schaumig rühren { 200 g Tafelbutter / 180 g Puderzucker }   z. Beigeben { 1–2 Eigelb — 1–2 Msp. Vanille (aus -Schoten) oder 1–2 Essl. feinen Kirsch, Rum, Arrak usw. }

NB. Der Buttercrème (je n. Torte) 50–80 g klein geschnittene k a n d i e r t e Früchte beimischen. Zum G a r n i e r e n (Spritzen) die Crème o h n e Früchte verwenden. — ***Kirsch**-Buttercrèmen mit wenig Himbeersaft oder 1–2 Tropfen Karmin zart r o s a färben.

2. Zitronen- und Orangen-Buttercrème:

schaumig- ⎰ 200 g Tafelbutter
rühren ⎱ 180 g Puderzucker, gesiebt
z. Beigeben ⎰ 1–2 Eigelb — 2-5 Essl. Zitronen-
⎱ od. Orangensaft, gesiebt

NB. Einer **Orangen**-Buttercrème evtl. kleingeschnittene kand. Orangen beimischen.

3. Ananas-Buttercrème:

schaumig- ⎰ 200 g Tafelbutter
rühren ⎱ 50–100 g Puderzucker, gesiebt
z. Beigeben ⎰ 1 Eigelb — wenig Zitronensaft
⎱ ca. 1 dl Ananassaft

NB. «Crushed Ananas» od. 2–4 A n a n a s s c h e i b e n (aus Büchsen) in kleine Würfelchen geschnitten, als L a g e über die aufgestrichene Ananascrème verteilen (n i c h t unter die Crème mischen, da diese sonst leicht gerinnt). — Statt aus Büchsen, evtl. 2–3 **kand.** Ananas-Scheiben verwenden.

4. Mokka-Buttercrème, I. und II. Art:

I. Art: schaumig- ⎰ 200 g Tafelbutter
rühren ⎱ 170 g Puderzucker, gesiebt
z. Bei- ⎰ ca. ½ Tasse **starken** Nescafé (aufgelöst)
geben ⎱ evtl. etwas Vanille od. Kirsch

Der Crème soviel vom s t a r k e n warmen Kaffee beimischen, bis sie ein feines Aroma hat und hellbraun aussieht. — Evtl. verfeinern mit 1–2 Eigelb (dieses sorgfältig dazurühren, da die Crème davon leicht gerinnt!).

II. Art (etwas ausgiebiger): Zutaten wie oben, jedoch 2 Eiweiss mit der H ä l f t e des Zuckers (den man nach und nach beigibt) steif schlagen und v o r dem Kaffee unter die schaumige Butter rühren.

5. Baumnuss-, Haselnuss- oder Mandel-Buttercrème (crème au nougat):

schaumig-
rühren
⎰ 200 g Tafelbutter*, 120 g Puderz.
⎨ ½–1 Essl. Zitr.-Saft od. Rum
⎱ evtl. 1 Eigelb
n. Nr. 1423
geröstet, gerieben
⎰ 30–50 g Zucker
⎨ 30–50 g Baum-, Hasel-
⎱ nüsse od. Mandeln

NB. Zum G a r n i e r e n (Spritzen) die Crème evtl. o h n e Nussmasse verwenden. — * Evtl. mit ca. ⅓ w e n i g e r Butter zubereiten und b i n d e n mit **Milchcrème** (siehe **NB.** von **Nr. 1414**).

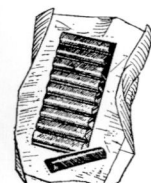

6. Schokolade-Buttercrème:

schaumig ⎰ 200 g Tafelbutter
rühren ⎱ 80–100 g Puderzucker, gesiebt
z. Bei- ⎰ 150–200 g dunkle Schokolade
geben ⎱ ½ Teel. Nescafé, 2–4 Essl. Wasser

Die S c h o k o l a d e zum Beigeben mit dem Kaffee und Wasser in einem Pfännchen auf k l e i n e m Feuer (evtl. im Wasserbad) schmelzen und ganz g l a t t rühren.

7. Karamel-Buttercrème:

schaumig- ⎰ 200 g Tafelbutter od. Nussa
rühren ⎱ 50 g Puderzucker, Vanille
Karamel ⎰ 150 g Zucker, 1 Essl. Wasser
z. Beigeben ⎱ 1 dl Milch, ca. 5 g Kartoffelmehl

Zum **Karamel** den Zucker r ö s t e n, bis er anfängt zu schäumen, sofort 1 Essl. Wasser, dann die Milch beigeben. Sobald der Karamel aufgelöst ist, ihn mit 1–2 Teel. Kartoffelmehl (mit Milch angerührt) binden und etwas abgekühlt, zur Buttermasse mischen.

1416 Parisercrème   als feine Glasur sowie zum Garnieren von Torten, Cakes usw.

150 g dunkle Schokolade (Lindt & Sprüngli, Crémant od. ä.) — 1½ dl Rahm

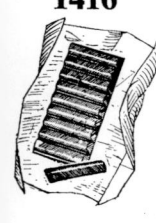

Zubereitung: In einem Pfännchen (am besten im W a s s e r b a d) Schokolade und Rahm zusammen unter R ü h r e n erwärmen, bis die Masse ganz g l a t t ist, leicht abkühlen. — Als **Glasur** d i c k f l ü s s i g über das Gebäck giessen, bis es gleichmässig davon überzogen ist (o h n e einen Spachtel zu benützen, s. **Nr. 1419b**). — Zum **Garnieren** (Spritzen) oder **Füllen,** die Crème solange k a l t stellen und rühren, bis sie anfängt d i c k l i c h zu werden.

Backcrèmen zum Füllen (Crème pâtissière) f. Torten, Schnitten, Eclairs usw.   1417

1. **Vanille-Backcrème**
- 2 dl Milch od. halb Rahm
- 30 g Weissmehl
- 1 Ei u. 1 Eigelb od. 2–3 Eigelb
- 60 g Zucker, 1 Msp. Vanille

evtl. z. Beigeben
- 1–2 Eiweiss (z. Schnee)
- 20–50 g Butter od. Nussa
- 2 Blatt Gelatine (spez. für Torten)

evtl. z. **Verfeinern**: 1–2 dl Rahm, geschlagen

Andere Backcrèmen siehe unten (Abschnitt **2–6**)

Zubereitung: Alle Zutaten zur Crème in einem Pfännchen glatt vermischen und auf kleinem Feuer fortwährend schwingen, bis sie dicklich wird. — Je nach Verwendung Butter beigeben, evtl. auch Gelatine (vorher eingeweicht) und rühren, bis sie sich gut aufgelöst hat. — Nach Belieben Eierschnee unter die heisse Crème ziehen. Erkalten lassen unter häufigem Umrühren. — Je nach Verwendung die Crème **verfeinern** mit geschlagenem Rahm.

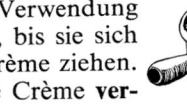

2. **Schokolade**-Backcrème: 50–80 g geriebene Schokolade mit der Crème erhitzen.
3. **Mokka**-Backcrème: einige Essl. starken Kaffee oder 3–4 Teel. aufgelösten Nescafé beimischen.
4. **Haselnuss**-Backcrème: geröstete Nussmasse (Nougat) n. **Nr. 1423** zubereiten. Sie gerieben der fertigen Crème beimischen.
5. **Mit Früchten:** unter die erkaltete Crème 30–50 g kandierte, kleinwürflig geschnittene Früchte (mit etwas Liqueur angefeuchtet) oder kleine Erdbeeren mischen.
6. **Zitronen-** oder **Orangen-**Backcrème **I. Art:** der Crème nach dem Erkalten etwas Zitronen- oder Orangensaft und fein abgeriebene Schale beigeben. — **II. Art:** 50 g Butter, 80 g Zucker, 2 Eier oder Eigelb sowie Saft und fein abgeriebene Schale von 2 Zitronen oder Orangen schaumig rühren und unter Schwingen bis vors Kochen bringen (s. auch **Nr. 1418** unten).

Einfachere Zubereitung einer Backcrème: mit einem fertigen **Puddingpulver** und nach Belieben verfeinern durch Beigabe von Butter oder geschlagenem Rahm.

Feine Zitronencrème zum Füllen spez. für Biscuitroulade, Törtchen usw.   1418

Crème
- 2–3 Eigelb — 50–100 g Zucker
- 2 Essl. Wasser, 10 g Kartoffelmehl
- 3–6 Essl. Zitronensaft und etwas fein abgeriebene Zitr.-Schale

evtl. z. Beigeben
- 1–2 Blatt Gelatine
- 50–80 g Tafelbutter
- 1–2 Eiweiss (z. Schnee)

evtl. z. **Verfeinern:** ½–1 dl Rahm

Zubereitung: Die Zutaten zur Crème in einem Pfännchen im Wasserbad unter stetem Schwingen erhitzen, bis sie dicklich geworden ist. — Je nach **Verwendung,** evtl. die eingeweichte Gelatine, Butter und Eierschnee sofort unter die heisse Crème mischen und erkalten lassen. — Nach Belieben **verfeinern** mit etwas geschlagenem Rahm.

Glasuren für Torten sowie Spritzglasur, glasierte Nüsse usw.

1419 Glasieren einer Torte — Grundregel

Wichtig: Nur Torten mit **ganz glatter** Oberfläche (resp. Tortenboden) können **schön** glasiert werden (s. NB.). Glasierte Torten bleiben länger feucht, auch können sie bes. hübsch verziert werden.

Gerät: Ein langer Spachtel (evtl. Messer), möglichst im Durchmesser der Torte und evtl. einen zweiten kurzen (z. Abstreifen der Glasur); Krug mit **heissem** Wasser, in welches man den Spachtel eintaucht, damit er beim Aufstreichen nicht an der Glasur klebt (evtl. m. Seidenpapier wieder abreiben).

Glasieren, a) ²/₃ der Glasur auf die Oberfläche der Torte geben, sofort mit dem **warmen** Spachtel gleichmässig verteilen, den Rest der Glasur am **Rand** verstreichen. Ist die Oberfläche **nicht eben,** dann zuerst abricotieren, d. h. sie **vor** dem Glasieren mit gut erwärmter Aprikosen- od. Hagebuttenkonfitüre ganz **dünn** bestreichen und etwas antrocknen lassen.

b) Schokoladeglasuren **nicht** ausstreichen, sondern nur durch **leichtes Bewegen** der Torte darüber fliessen lassen.

NB. Evtl. nur die Oberfläche einer Torte glasieren, den Rand mit **heisser** (passierter) Konfitüre dünn bestreichen (oder mit Buttercrème) und sofort mit Mandelspänen usw. (je nach Torte) bestreuen.

1420 Glasuren, verschiedene — mit Zitrone, Mokka usw.

Gerät: Eine kleinere Schüssel mit unbeschädigter Glasur. — Zum **Rühren** Silber- oder Chromstahllöffel oder **neue** Holzkelle. (In schlecht glasierten Gefässen sowie mit Geräten aus Aluminium werden Glasuren in der Farbe unansehnlich und im Geschmack unangenehm verändert.)

Zubereitung: Den **Puderzucker** zerdrücken. (Sehr harten, grobknolligen Zucker sieben oder durch die Mandelmaschine geben.) — Nach und nach **wenig Flüssigkeit** (Wasser, Fruchtsaft, Kaffee usw. je nach Rezept) zum Zucker mischen, d. h. so viel, bis die Glasur **ganz glatt** und so **dickflüssig** ist, dass sie den Löffel gut überzieht und kaum abfliesst. **Zu dünne** Glasur sickert in die Torte hinein und wird nicht trocken und fest, **zu dicke** lässt sich nicht gut ausstreichen. — **Glasieren** einer Torte siehe **Nr. 1419,** oben. — **Glasur,** die **nicht** sofort verwendet wird, mit Wasser beträufeln oder mit **nassem** Tuch oder mit **Alu-Folie** überspannen, damit sie nicht austrocknet.

1. Vanilleglasur:

200 g Puderzucker — ca. ½ dl Wasser — 1 Msp. Vanillesamen od. ganz wenig Vanilleextrakt.

2. Zitronen- oder Orangenglasur:

250 g Puderzucker — 1–3 Essl. Zitronen- od. Orangensaft, gesiebt — **NB.** Blutorangensaft ergibt eine schöne rosa Farbe. — Glasur von gelben Orangen evtl. mit etwas Karmin **rosa färben.**

3. Ananas-, Erdbeer- oder Himbeerglasur:

200 g Puderzucker — 3–6 Essl. Ananassaft aus Büchsen — Erdbeer- oder Himbeersaft, frisch ausgepresst (gesiebt), od. evtl. von Konserven oder Sirup.

4. Liqueurglasur (mit Rum, Kirsch, Arrak usw.):

250 g Puderzucker — 1–3 Essl. Liqueur — evtl. etwas Zitronensaft — evtl. 1–2 Essl. Wasser

5. Mokkaglasur:

200 g Puderzucker — 3–5 Essl. starken Nescafé (aufgelöst) od. filtrierten Kaffee (s. Nr. 1427)

6. Eiweissglasur (spez. gut deckend):

200 g Puderzucker, fein gesiebt — 1 Eiweiss zu **Schnee** geschlagen — 2–3 Teel. Zitronen-, Orangensaft, Liqueur, Kaffee usw. — Die Glasur ca. 5 Min. **rühren,** bis sie glatt und glänzend ist.

Schokoladeglasur   I.–III. Art 1421

Anmerkung: Schokoladeglasuren lauwarm auftragen und **nicht** ausstreichen, sondern nur durch leichtes **Bewegen** der Torte darüber verteilen (siehe **Nr. 1419b**).

I. Art: 150 g dunkle Schokolade   100–150 g Puderzucker, gesiebt
4–6 Essl. Wasser od. Kaffee   20 g Tafelbutter (od. Margarine)

Zubereitung: Die Schokolade mit der Flüssigkeit in einem Pfännchen (am besten im Wasserbad) schmelzen, den fein gesiebten Puderzucker und die Butter beigeben, gut vermischen.

NB. Wünscht man die Glasur rasch trocknend und eher hart, dann statt Puder-, Griesszucker verwenden. Ihn mit etwas Wasser zum Faden kochen und der geschmolzenen Schokolade beigeben.

II. Art, bes. fein: 150–200 g dunkle Schokolade mit 3–6 Essl. Wasser schmelzen (ohne Zuckerbeigabe).
III. Art: Parisercrème Nr. 1416 als bes. zarten, nicht zu süssen Überzug verwenden.

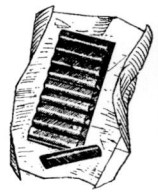

Spritzglasuren   für Garnituren, Schrift usw. 1422

Verwendung: Auf glasierte oder mit Buttercrème bestrichene Torten, auf spez. Crèmen, Birnen mit Chaudeau usw. — für Linien, Figuren, evtl. auch Schrift, s. **Tafeln** 41, 46, 47, 50 sowie **Nr. 1336**.

Kleiner Papierspritzsack: Von Butterbrot-Papier eine kleine **Tüte** formen (Längsseite des Papier-Dreiecks ca. 20 cm), oben umbiegen z. Befestigen. Die Spritzglasur bis zur Hälfte einfüllen, gut schliessen und unten (je n. Garnitur) soviel von der Papierspitze wegschneiden, bis die Glasur in der richtigen Dicke herauskommt (s. Bild auf **Tafel 47**).

Schokolade-Spritzglasur: 20–40 g Schokolade- od. -pulver mit $\frac{1}{2}$–1 Essl. Wasser in einem Pfännchen (oder Becher) auf kleinem Feuer schmelzen und rühren, bis die Masse ganz glatt und so dick ist, dass ein Tropfen davon erstarrt.

Weisse Spritzglasur (bes. hübsch auf Schok.-Torten, Lebkuchenherzen usw.): 30–50 g Puderzucker (fein gesiebt), ca. $\frac{1}{4}$ Eiweiss und einige Tropfen Zitronensaft (mit einem Teelöffel) in einer Tasse gut verrühren, bis die Masse ganz glatt und so dick ist, dass ein Tropfen davon nicht mehr auseinanderläuft. — Wird eine Glasur nicht sofort verwendet, dann mit einem feuchten Tüchlein oder Alu-Folie überdecken.

Rosa Spritzglasur: Unter die Glasur 1–2 Tropfen Karmin oder etwas Randensaft mischen. —
Grüne Spritzglasur: einige Tropfen Spinatgrün oder Saft von zerquetschtem Spinat, für **gelb** etwas Safran beigeben. (Praktisch sind auch die spez. Speisefarben.)

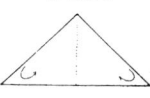

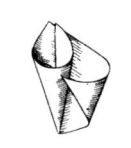

Mandelspäne   für Tortenränder usw. 1422a

Vorbereiten: 40 g Mandeln schälen und in möglichst dünne Blättchen schneiden (von Hand oder mit der Mandelmaschine mit Hobel-Einsatz). — Die erhaltenen **Späne** auf einem kleinen Blech **im Ofen** leicht gelb-braun rösten (ca. 15 Min.), hie und da wenden.

Geröstete Nussmasse   Nougat- oder Pralin-Masse 1423

Verwendung: gerieben, für Füllungen und Crèmen oder zum Bestreuen von Tortenrändern.
30 g Zucker — 30 g ganze Haselnüsse, Mandeln oder Nusskerne

Vorbereiten: Ein kleines Blech oder Teller leicht beölen. — **Pfanne:** kleine Chromstahl-, Aluminium- oder saubere Omelettenpfanne.

Den **Zucker** schmelzen und hellgelb rösten. — Sofort die Haselnüsse (Nüsse od. Mandeln) dazugeben und auf kleinem Feuer solange rühren, bis die Masse hellbraun und glänzend ist und ein leicht knackendes Geräusch entsteht. — Die Masse jetzt rasch auf das beölte Blech giessen und erkalten lassen. (Evtl. einige Nüsse oder Mandeln zum Garnieren auf die Seite legen.) — Je nach Verwendung fein oder grob reiben (mit der Mandelmaschine).

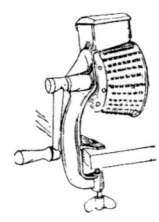

NB. Zu stark geröstet wird die Masse bitter! — Gut verschlossen lässt sie sich (gerieben) einige Zeit aufbewahren. — Nie in der Pfanne erkalten lassen, da die Masse sich sonst nicht mehr lösen lässt!

1424 Glasierte Mandeln, Baum- oder Haselnüsse   für Garnituren

Einige schöne grosse Mandeln (evtl. geschält), Hasel- oder halbe Baumnüsse, ca. 60 g Zucker

Zubereitung nach **Nr. 1423.** — Die Kerne jedoch sofort nachdem sie goldgelb geröstet sind, einzeln auf ein leicht beöltes Blech geben zum Erkalten.

NB. Von Baumnüssen nur wenige auf einmal sorgfältig im gerösteten Zucker wenden und einzeln herausnehmen (evtl. mit zwei Gabeln), da sie sonst brechen. Sie evtl. auch nur mit Sirup glasieren n. **Nr. 1425.**

1425 Glasierte Früchte   zum **Garnieren** von Torten, Schnitten usw.

Sirup: ca. 1 dl Wasser, 50–80 g Zucker — Äpfel- od. Orangenschnitze, Ananas, Bananen usw.

Den **Sirup** kochen, bis er dicklich ist. — **Probe:** Ein Tropfen Sirup zwischen Zeigefinger und Daumen soll beim Auseinanderziehen einen Faden bilden.

Die **Früchte** (in schöne Schnitze oder Scheibchen geteilt) lagenweise im Sirup ziehen lassen, bis sie glasig oder glänzend aussehen. Sie mit einer Gabel sorgfältig herausheben, auf einen kalt abgespülten, mit Zucker bestreuten Teller legen und erkalten lassen.

NB. Apfelschnitze von harten Apfelsorten vorher in dünnerem Zuckersirup halbweich kochen. — **Orangen**schnitze nur ganz kurz kochen, da sie sonst bitter werden, oder sie nur mit dem Sirup bepinseln (ebenso **Baumnüsse**).

1426 Meringuepilzchen   als **Garnitur** für Crèmen und Torten   s. auf Tafel 44

½ Port. Meringuemasse Nr. 1497 — etwas Schokoladepulver, 1 Essl. rotes Gelée

Vorbereiten: Ein Backblech bebuttern und bemehlen. — Die **Meringuemasse** zubereiten und mit dem Dressiersack (mit glatter Tülle) von der Hälfte nussgrosse Häufchen auf das Backblech setzen, sie mit Schokoladepulver bestreuen. Vom Rest etwa 3 cm lange Stengelchen spritzen. — Die Pilzchen in ganz schwacher Hitze backen, bis sie fest sind. (Den Ofen nicht ganz schliessen.) Vom Blech lösen. — Beim **Anrichten** die Häufchen mit rotem Gelée bepinseln und je eines davon auf ein Stengelchen legen. —

NB. Als **Tortengarnitur** die Pilzhütchen auf gespritzte Buttercrème setzen.

1427 Mokka   starker **Kaffee** für Crèmen, Eis und Glasuren

I. Art, einfach und praktisch: 3–5 Teel. **Nescafé** in ½–1 dl heissem Wasser auflösen (od. Quantum nach Angabe in den betr. Rezepten).

II. Art: ca. 3 dl Wasser, ½ Teel. Kaffee-Extrakt — 40–60 g gemahlenen Kaffee (gute Qual.)

In einem Pfännchen Wasser und Extrakt aufkochen, das Kaffeepulver hineinwerfen, 1–2mal aufkochen lassen. Zugedeckt 2–3 Min. beiseite stellen, dann durch den **Melita**-Filter absieben.

Süsse Wähen, Frucht-, Osterkuchen usw.

Allgemeines: a) Wähen (mit Früchten usw.) werden oft als selbständige Mahlzeit mit Kaffee oder Tee serviert, evtl. nach einer kräftigen Suppe od. einem Salatteller.

Teige für Wähen: Weggli-, Kartoffel-, eingerührter oder geriebener Teig, evtl. Blätterteig. — Als **Form** ein sog. Wähenblech (auch Springform) oder ein viereckiges Backblech verwenden.

Füllung (resp. Belag): Früchte (mit Eierguss nach Zürcherart), Reis- od. Rahmmasse usw.

b) Kuchen werden als Nachspeise oder zum Tee serviert.

Teige für Kuchen: Mürbe-, Zucker-, Quark- oder Blätterteig. — Als **Form** eine Springform oder spez. Form mit niederem, abnehmbarem Rand verwenden.

Die Kuchenränder evtl. vor dem Backen verzieren und mit Eigelb (mit 1 Pr. Zucker vermischt) bestreichen. — Kuchenböden für spez. Früchte (wie Erdbeeren usw.) vor dem Belegen «**vorbacken**», siehe **Nr. 1430**. — **Füllung**: Feine Früchte, Mandel- oder Eiermassen usw.

Fruchtwähen   (Gâteau aux fruits)   Fruchtkuchen oder Fladen   1428

Allgemeines über Wähen siehe oben. Als **Form** ein sog. Wähenblech (rund, ca. 28 cm ⌀), evtl. eine Springform oder ein viereckiges Backblech verwenden.

Teig: Eingerührter Teig Nr. 917, Hefe-Wähenteig Nr. 919 od. evtl. Blätterteig Nr. 924

Füllung: 1 kg Früchte, s. unten / 100–150 g Zucker, evtl. 50 g Butter

Eierguss, verklopft: 2–3 Eier (s. NB.) / 2–3 dl Milch od. halb Rahm / 50 g Zucker, evtl. 1 Msp. Zimt / 10 g Mehl od. Kartoffelmehl / evtl. 50–100 g Quark (s. **NB.**)

Formen der Wähe: Den Teig ca. 3 mm dick auswallen, das bebutterte Blech damit auslegen. Den Rand oben verdoppeln durch Einrollen (damit er beim Herausheben weniger bricht). Ihn evtl. rasch verzieren (d.h. mit der Fingerspitze den Teigrand fixieren, ihn dann daneben hinunterschieben [mit der Messerspitze] so, dass kleine Bögen entstehen). Den Teig-

Apfelwähe Nr. 1428 (1.) mit verziertem Rand

boden evtl. leicht bestechen. — Die **Frucht-Füllung** mit Eierguss (je n. Angabe) auf dem Teigboden verteilen. — **Backen** mit guter Unterhitze **30–40 Min.** (auf 1.–2. Rille).

Garprobe: Der Kuchenrand soll sich vom Blech lösen und der Boden hellbraun gebacken sein. Mit Hilfe des langen Spachtels vom Blech auf die Platte gleiten lassen. — **Servieren:** warm oder kalt.

1. **Apfelfüllung: a)** Die Äpfel schälen und in ½–1 cm dicke Schnitze schneiden. Den Wähenboden kranzartig (aussen beginnend), dicht damit belegen, mit Zucker bestreuen. Den Eierguss darüber verteilen. — Mit weichen **Birnen:** gleiche Zubereitung.

   b) Die Äpfel schälen, in Viertel und querüber in feine Scheibchen schneiden. Die Butter in einer weiten Pfanne erhitzen, die Äpfel unter häufigem Aufschütteln kurz darin dünsten (nicht weich werden lassen). Den Eierguss mit den Äpfeln vermischen und auf dem Wähenboden verteilen. — Für diese Zubereitungsart eignen sich auch weniger schöne Äpfel, sowie evtl. **gedörrte** (über Nacht eingeweichte).

2. **Rhabarberfüllung:** Die Stengel waschen (wenn nötig schälen), in ca. 1 cm grosse Würfelchen schneiden. Sie auf den Kuchenboden geben, den Eierguss und die Hälfte des Zuckers darüber verteilen. Nach ¼ Std. Backzeit den Rest des Zuckers darüberstreuen, in guter Hitze fertig backen. — Dem Eierguss für Rhabarber evtl. etwas **Vanille** beimischen. — Die Wähe lässt sich auch gut aus roh eingemachtem Rhabarber (s. **Nr. 1715**) zubereiten.

3. **Zwetschgen-, Pflaumen-** oder **Aprikosenfüllung:** Die Früchte waschen, halbieren, entsteinen. Kranzartig, dicht nebeneinander auf den Wähenboden legen, Wölbung (d. h. Hautseite) nach unten. Mit dem Zucker bestreuen, den Eierguss darüber verteilen. Bei **Bedarf** tiefgekühlte, sterilisierte od. auch **gedörrte**, eingeweichte Früchte verwenden.

4. **Kirschen:** Sie entstielen, kurz abspülen, abtropfen (evtl. entsteinen), auf dem Kuchenboden verteilen, Zucker mit 1 Msp. Zimt und evtl. Butterflöckchen darüberstreuen, mit oder ohne Guss backen.

NB. Zum Guss evtl. 1 Ei ersetzen durch 1 Essl. **Sojamehl.** — Statt Eierguss folg. **Quark-Masse** verwenden: 1 Tasse Rahm mit 50–100 g Quark und 50 g Zucker verrühren oder die Wähe nur mit reichlich Butterflöckchen belegen (50–80 g).

1429 Zubereitung von Mandel-, Crème-, Oster-Kuchen und ä. m.

Grundregeln für das **Formen, Füllen** und **Backen.** — **Form:** eine Springform (24–26 cm ⌀) od. spez. Kuchenform (mit niederem abnehmbarem Rand) gut befetten.

1. **Den Teig** ca. 3 mm dick auswallen, die Form damit auslegen. Den Rand (ca. 3 cm hoch) gut andrücken, gleichmässig nachschneiden (mit Teigrädli), evtl. oben verdoppeln (ca. 1 cm breit) durch Einrollen. Den Teigboden evtl. leicht bestechen.

2. **Die Füllung** (nach Rezept) auf dem Teigboden verteilen.

3. **Backen** (möglichst sofort) in guter Hitze **ca. 40 Min.** (mehr Unter- als Oberhitze). — **Garprobe:** Der Kuchenrand soll sich von der Form lösen und der Boden hellbraun gebacken sein. Zum Abkühlen auf ein Kuchengitter geben.

1430 Vorbacken eines Kuchenbodens oder kleiner Teigschälchen

Anwendung für Kuchen, bei denen die Füllungen (Früchte, Crèmen usw.) nicht mitgebacken werden. **Form:** Eine Springform (v. 24–26 cm ⌀) od. spez. Kuchenform (mit niederem, abnehmbarem Rand).

1. **Auslegen** der am Boden befetteten Form mit dem **Teig,** nach **a)** oder **b):**

   a) Den Teig 2–3 mm dick auswallen, die bebutterte Form so damit auslegen, dass der Rand (je

Vorbacken von Krustaden oder Törtchen Nr. 1430 (c)

n. Art der Füllung) 2–4 cm **hoch** steht. Ihn gut andrücken und zuoberst evtl. verdoppeln oder nur mit dem Teigrädchen abschneiden, evtl. mit Eigelb bepinseln.

b) $2/3$ des Teiges **direkt** auf dem befetteten Springformboden etwa 3 mm dick auswallen. — Vom übrigen $1/2$ cm dick ausgewallten Teig kleine längliche **Plätzchen** (evtl. Herzchen, s. Bild **Nr. 1397**) ausstechen und diese schuppenartig übereinander auf den leicht benetzten Rand des Kuchenbodens legen **oder** statt dessen nur eine fingerdicke Teigrolle auf den Rand drücken. Diese evtl. mit Teigklammer oder Gabel verzieren. Den Rand mit Eigelb **bestreichen**.

c) Kleine Teigschälchen für Frucht- oder Kastanientörtchen usw.: Den Teig ca. 2 mm dick auswallen, mit einem gezackten Ausstecher 8–10 cm grosse Plätzchen ausstechen. Kleine Pastetenförmchen (oder Schiffchen) damit auslegen (siehe Bild oben).

2. Beschweren des Teiges: ihn zuerst mit **bebuttertem** Pergamentpapier auslegen, dann bestechen und mit Aprikosen- oder Pflaumensteinen gut bedecken.
Die Steine vorher waschen und trocknen. Sie lassen sich immer wieder verwenden. (Hat man keine Fruchtsteine zur Verfügung, dann den Boden mit einem zweiten Blech, resp. kleinen Förmchen beschweren oder im Notfall Erbsen oder kleine gründlich gewaschene Kieselsteine verwenden.)

3. Backen des Kuchenbodens in **guter** Hitze **ca. 30 Min.**, d. h. solange, bis der Teig **fest** geworden ist, dann die Steine mitsamt dem Papier **entfernen.** — Werden Steine und Papier zu früh entfernt, so wird der Boden uneben und der Teigrand fällt wieder hinunter. — Wenn nötig den Kuchen (**ohne** Steine) **weiterbacken,** bis er gelbbraun ist. — (Ist der Kuchen stellenweise schon braun gebacken, dort mit benetztem Papier bedecken.)

4. Den gebackenen Boden mit **Füllung** belegen (z. B. Erdbeeren, **gekochte** Früchte usw.), je nach Angabe im Rezept.

NB. Andere Art zum Formen kleinerer Böden: den 3 mm dick ausgewallten Teig über ein **umgekehrtes** Wähenblech legen, den Rand **gut** andrücken, unten abrädeln. Die Oberfläche **bestechen**. Die Form auf ein Gitter oder Kuchenblech geben (evtl. mit einem andern Blechboden beschweren!). — **Backen** in guter Hitze ca. **25 Min.**, nachher sorgfältig **stürzen**.

1431   **Feiner Fruchtkuchen**   (Tarte aux fruits)

Teig { Blätterteig Nr. 924, Quark- od. Sauerrahmteig Nr. 921/22 oder Mürbeteig Nr. 927

Füllung { 1 kg Früchte (s. unten) / 100–150 g Zucker, evtl. Vanille

Eierguss { 2 Eier, 1–2 dl Rahm, 5 g Kart.-Mehl / 50 g Zucker — evtl. 100 g Quark

oder

z. Bestreuen { 30 g gerieb. Mandeln / 20 g Paniermehl, 20 g Zucker

z. Belegen: 50 g Butter (od. evtl. 1 dl Rahm)

Form: Eine Springform (v. 24–26 cm ⌀) od. eine Spezial-Kuchenform (mit abnehmbarem, niederem Rand), evtl. kleineres Wähenblech, am Boden leicht befetten.

Formen des Kuchens: Den **Teig** ca. 3 mm dick auswallen, das Blech damit auslegen, den Rand ca. 3 cm hoch. Ihn gut andrücken, gleichmässig nachschneiden (mit Kuchenrädchen) oder ihn oben verdoppeln (durch Einrollen). — **Füllung: a)** Eine Lage **Früchte** auf den Teigboden geben, den Eierguss darüber verteilen. — **b)** Den Boden zuerst mit der Mandelmasse bestreuen, dann mit den Früchten belegen, Butterflöckchen (od. den Rahm) darüber verteilen (s. unten). — **Backen:** (möglichst sofort) mit guter Unterhitze während **30–40 Min.** Sobald der Kuchen etwas gebacken ist, ihn mit der Hälfte des Zuckers bestreuen, mit dem Rest direkt vor dem Herausnehmen.

Garprobe: Der Kuchenrand soll sich vom Blech lösen und der Boden hellbraun gebacken sein. Zum Abkühlen auf ein Kuchengitter geben. — **Servieren** des Kuchens, abgekühlt, evtl. mit Schlagrahm garniert.

1. **Apfelfüllung: a)** Die Äpfel (mögl. mürbe) schälen, in 1 cm dicke Schnitze schneiden, kranzartig auf den Kuchenboden legen, mit dem Zucker bestreuen und mit Butterflöckchen belegen. — **b)** Die Äpfel nach dem Auflegen mit dem Eierguss bedecken (schmeckt auch sehr gut mit Quark vermischt). — **c)** Dickes Apfelmus auf den Kuchenboden verteilen. Die Oberfläche mit Teigstreifen gitterartig belegen, diese sowie den Rand mit Ei bestreichen.

2. **Rhabarberfüllung:** Die Stengel waschen (wenn nötig schälen), der Länge nach halbieren, in etwa 3–4 cm lange Stücke schneiden und kranzartig dicht auf den Kuchenboden legen oder den Rhabarber in Würfelchen geschnitten, darauf verteilen, ebenso den Eierguss. Die Hälfte des Zuckers (mit etwas Vanille) darüberstreuen. — Nach Belieben (anstelle v. Eierguss) den Kuchenboden zuerst mit der Mandelmasse bestreuen (nach Abschn. **b** oben).

3. **Zwetschgen-, Pflaumen-** oder **Aprikosenfüllung:** Die Früchte waschen, entsteinen, halbieren, evtl. einschneiden oder vierteilen und kranzartig dicht auf den Kuchenboden verteilen (Wölbung nach unten). — **Backen** nach Abschn. **a)** mit Eierguss bedeckt oder **b)** den Boden zuerst mit Mandelmischung bestreuen, die Früchte mit Butterflöckchen belegen. — Zu Aprikosen-Kuchen lassen sich auch gedörrte, eingeweichte Früchte verwenden.

4. **Kirschenfüllung:** Die Kirschen waschen, gut abtropfen, entstielen (evtl. entsteinen). Den Eierguss evtl. mit etwas Zimt vermischen. — Siehe auch **Füllung** Abschn. **b)** oben.

5. **Johannis-, Erdbeer-** oder **Heidelbeerfüllung:** Die Beeren verlesen, kurz überspülen, gut abtropfen (Erdbeeren evtl. halbieren). — Alle Beeren nur mit ½ Port. Eierguss backen.

6. **Bananen:** In Scheibchen geschnitten, auflegen. — Bananen evtl. nur mit ½ Port. Eierguss backen.

7. **Birnen:** (kleinere, weiche Sorten) wie Apfelfüllung (s. oben 1. Abschn. **a)**.

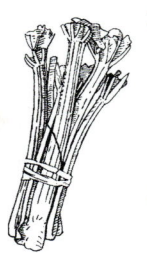

Feiner Apfelkuchen mit Rahm (nach Hamburger Art) Bild auf Tafel 51 **1432**

Kuchenboden aus Mürbeteig Nr. 927

Apfelfüllung
{ 1 kg Äpfel — ½–2 dl Wasser od. Weisswein (s. NB.)
ca. 120 g Zucker
30 g Rosinen, gewaschen
Zitronenschale, abgerieben }

Mandelmasse { 40 g Mandeln, 40 g Zucker
3–5 Essl. Wasser }

z. Garnieren { 2–4 dl Rahm
ca. 20 g Zucker, Vanille
glasierte Apfelschnitze Nr. 1425 }

Den **Kuchenboden** in der Springform (v. 26 cm ⌀) vorbacken n. Nr. **1430**. — **Füllung:** Die Äpfel schälen, klein schneiden, mit möglichst wenig Wasser oder Weisswein in der Pfanne zugedeckt, rasch weichkochen und durch ein feines Sieb streichen. Das Apfelmus mit Zucker, Rosinen und Zitronenschale vermischen. — Das Mus soll sehr dick sein; evtl. nach dem Passieren sofort 4–6 Blatt gewaschene Gelatine od. 10 g Agar-Agar (aufgekocht) beigeben. — **Mandelmasse:** Die Mandeln schälen, trocknen und fein reiben. Sie mit dem Wasser u. Zucker in einem Pfännchen auf kleinem Feuer dicklich abrühren.

Füllen des Kuchens: Den ausgekühlten Teigboden mit der Mandelmasse bestreichen, das erkaltete Apfelmus (etwa fingerdick) darauf verteilen. — Den Rahm steif schlagen, mit Zucker und etwas Vanille vermischen, ¾ davon ca. 1 cm dick auf die Apfelmasse streichen. — **Garnieren** der Oberfläche mit den glasierten Apfelschnitzen und dem übrigen Rahm. — **Servieren** als feines Dessert.

NB. Je saftiger die Äpfel sind (z. B. im Herbst), um so weniger Flüssigkeit ist nötig. — Statt der Rahmschicht: evtl. **Rahmcrème** von Nr. 1286 oder Vanille-**Backcrème** Nr. 1417 aufstreichen oder den Kuchen mit **Meringuemasse** (1 Port.) hübsch bespritzen und leicht überbacken (siehe Nr. 1433).

Meringuierter Fruchtkuchen **1433**

Fruchtkuchen Nr. 1431 (ohne Eierguss zubereitet) — Meringuemasse Nr. 1497 (½ Port.)

Die **Meringuemasse** in einen Dressiersack füllen (mit glatter Tülle), den fertig gebackenen Kuchen gitterartig oder spiralförmig damit verzieren. — **Überbacken** in guter Oberhitze (bei offenem Ofen) zu hellgelber Farbe (ca. 5 Min.).

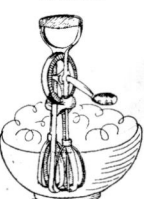

Apfelpastete (Pâté aux pommes) I. und II. Art **1434**

Mürbeteig Nr. 927,
Sauerrahmteig Nr. 922
oder Quarkteig Nr. 921
z. Bestreichen: 1 Eigelb

Füllung { 1 kg Äpfel
½ dl Wasser od. Weisswein
ca. 150 g Zucker, ½ Teel. Zimt
30 g Sultaninen, gewaschen }

Füllung: Die Äpfel schälen, in feine Scheibchen schneiden, mit Wasser oder Weisswein kurz durchdünsten (nicht weich werden lassen). Direkt vor dem Einfüllen Zucker, Sultaninen und Zimt beigeben.

Formen I. Art: ⅓ des Teiges stark tellergross auswallen (3 mm dick). Auf einen Springformboden legen, die Füllung so darauf verteilen, dass ringsum ein ca. 3 cm breiter Rand frei bleibt, diesen leicht benetzen. Den übrigen Teig etwas grösser als den Boden auswallen, ihn über die Apfelmasse spannen. Die Ränder gut aufeinander drücken, einrollen und mit der Teigklammer verzieren. Die Oberfläche mit Teigstreifchen garnieren und mit Eigelb bestreichen. — Statt rund, die Pastete evtl. länglich formen (sog. Apfelweggen). — **Backen** in guter Hitze ca. **40 Min.**

Formen II. Art: 2/3 des Teiges auswallen, eine kleinere Springform so damit auslegen, dass der Teig etwas über dem Rand vorsteht, die Apfelmasse einfüllen, den übrigen ausgewallten Teig darüber spannen, den vorstehenden Rand leicht benetzen, hinunterdrücken, evtl. einrollen. Die Oberfläche verzieren und bestreichen wie oben.

1435 Apfelschneck

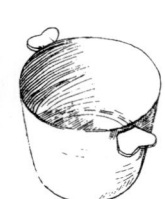

Zubereitung wie Apfelpastete **Nr. 1434**, II. Art, mit **Mürbeteig**. Eine Timbal- oder Springform von ca. 18 cm Ø verwenden. Sie sehr stark bebuttern, dann mit reichlich Zucker ausstreuen, damit beim Backen eine Karamelschicht entsteht. — Nach dem **Backen** sofort stürzen. — **Servieren:** leicht warm, als Dessert mit Vanille- od. Rahmsauce oder kalt zu Tee usw.

Andere Art: Die Form zuerst mit geröstetem Zucker (ca. 80 g) ausgiessen und erkalten lassen, bevor man sie mit Teig auslegt. — Die Form noch warm stürzen, da der Karamel sonst fest wird und sich nicht mehr löst.

1436 Mannheimer Apfelkuchen

Gekochte Apfelschnitze (n. Nr. 1094), ca. ¾ kg
6 frische Weggli (s. NB.) — 3–4 dl Milch
30 g Rosinen — 50 g Haselnüsse od. Mandeln

Zitronen- od. Orangenschale, abgerieben
50 g Quark od. Nussa — 60–80 g Rohzucker
3 Eigelb (s. NB.) — 3 Eiweiss (z. Schnee)

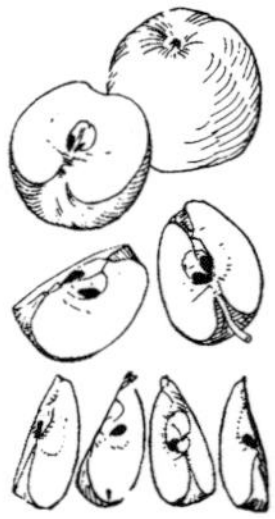

Vorbereiten: Die Weggli in 1 cm grosse Würfelchen schneiden, mit der heissen Milch übergiessen, zudecken (einmal wenden). — Die Rosinen waschen, Haselnüsse od. Mandeln reiben. — **Kuchenmasse:** Quark oder Nussa, mit Eigelb und Zucker gut schaumig rühren. Die vorbereiteten Zutaten sorgfältig damit vermischen. Das zu Schnee geschlagene Eiweiss darunterziehen. — **Einfüllen** der Hälfte der Masse in eine befettete, panierte Springform. Eine Lage gekochter Apfelschnitze (ohne Saft) darauf geben. Die zweite Hälfte der Wegglimasse darüber verteilen. — **Backen** in mässiger Hitze ca. **50 Min.** — Den Kuchen mit Puderzucker besieben; am besten noch warm servieren, evtl. mit dem Apfelsaft od. mit Vanillesauce.

NB. Einfachere Masse: statt Weggli frisches oder altes **Brot** verwenden (dieses mit ca. 6 dl Milch oder halb Milch, halb Apfelsaft einweichen). 1–2 Eigelb evtl. ersetzen durch Sojamehl (10 g pro Eigelb). — Gleiche Zubereitung (jedoch ohne Rosinen) mit rohen oder gekochten **Kirschen, Zwetschgen** usw.

1437 Früchtekuchen mit Weggli

½ Port. Mürbeteig Nr. 927,
Quarkteig Nr. 921 od.
eingerührter Teig Nr. 917
—
750 g Früchte (s. unten)

5 frische Weggli (s. NB.) — 4 dl Milch
50–80 g Butter od. Quark — ½ Teel. Zimt
3–4 Eigelb — ca. 150 g Rohzucker (od. weisser)
40–80 g Mandeln, gerieb. — evtl. 1 Essl. Kirsch
3–4 Eiweiss (z. Schnee)

Vorbereiten der Früchte:

Kirschen: entsteinen, abspülen und abtropfen. — **Zwetschgen** od. **Pflaumen,** evtl. **Aprikosen:** abreiben, entsteinen, halbieren oder vierteln. — **Rhabarber:** die Stengel waschen, in 1 cm grosse Würfel schneiden (m. 2–3 Essl. Wasser u. Zucker kurz vordünsten). — **Erdbeeren:** evtl. abspülen und halbieren.

Den **Teig** dünn auswallen, eine bebutterte Springform damit auslegen. — **Kuchenmasse:** Die Weggli in kleine Würfel schneiden, mit der heissen Milch übergiessen und zerdrücken. — Butter oder Quark, Eigelb, Zucker und Zimt schaumig rühren und mit den Mandeln, evtl. auch Kirsch unter die Wegglimasse mischen. Die **Früchte** und das zu S c h n e e geschlagene Eiweiss darunterziehen. **Einfüllen** in die ausgelegte Form. **Backen** in Mittelhitze (auf 1. Rille) ca. **60 Min.** — Nach dem Abkühlen mit Puderzucker besieben. — **NB. Einfachere Masse:** statt Weggli Brot (auch altes) oder Zwieback verwenden, 2 Eigelb evtl. ersetzen durch Sojamehl (20 g).

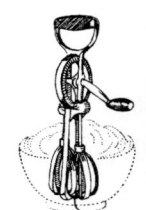

Frucht-Hefekuchen 1438

Hefeteig von Butterkuchen Nr. 1654 oder von Streuselkuchen Nr. 1652
1 kg **Früchte,** r o h e : Zwetschgen, Aprikosen, Kirschen oder Äpfel usw.
z. B e s t r e u e n { 120–180 g Zucker, mit etwas Zimt od. Vanille vermischt
Butterflöckchen (60–100 g) od. 1 dl dicken Rahm — evtl. 30 g Mandeln usw., s. NB.

Den **Teig** auswallen und auf einem bebutterten Blech ca. 1 cm dick ausziehen. An leichter Wärme etwas aufgehen lassen. — Die **Früchte** vorbereiten: Z w e t s c h g e n oder A p r i k o s e n waschen, halbieren — Äpfel schälen, in Schnitze teilen — K i r s c h e n waschen (n i c h t entsteinen). — **Kuchen:** Den Teigboden dicht mit den Früchten belegen, evtl. nochmals etwas gehen lassen. Bestreuen mit Zucker und reichlich Butterflöckchen oder den Rahm darüber verteilen. — **Backen** in guter Mittelhitze **30–40 Min. Servieren,** warm oder kalt.

NB. Nach Belieben den Kuchen (v o r dem Auflegen der Früchte) mit flüssiger Butter oder Rahm beträufeln, mit geriebenen **Mandeln** und etwas **Zucker** (evtl. mit Zimt vermischt) bestreuen.

Früchte-Biscuitkuchen (Biscuit aux fruits) I. und II. Art 1439

Früchte: ½ kg Äpfel, Aprikosen od. Kirschen

| Biscuit I. Art, einfach | 300 g Weissmehl, 10 g Backpulver
200 g Zucker, 1 Pr. Salz
2½ dl Milch od. Rahm
50–100 g Butter (od. Nussa)
2 Eier | Biscuit II. Art, bes. fein | 150 g Zucker, 1 Pr. Salz
4 Eier, Zitronenschale, abgerieb.
220 g Weissmehl, 10 g Backpulver
120–150 g Butter |

z. B e s t r e u e n : 50–80 g Puderzucker od. z. B e p i n s e l n : Zitronenglasur Nr. 1420 (2), ½ Port.

Vorbereiten der **Früchte:** Äpfel schälen, in ca. ½ cm dicke Schnitze schneiden, Aprikosen halbieren oder Kirschen abspülen und gut abtropfen.
Biscuitteig, I. Art: Mehl und Backpulver in eine Schüssel sieben, Zucker und Salz beigeben. — Die Butter flüssig machen, Milch oder Rahm dazugiessen und beides mit den Eiern unter das Mehl mischen. — **II. Art:** Zubereitung des **Biscuits** nach **Nr. 1338**, Biscuitmassen, **geschlagen** (Grundregel).
Kuchen: Die Biscuitmasse (I. oder II. Art) in eine gut bebutterte, bemehlte Springform füllen. Die vorbereiteten Früchte kranzartig darauf verteilen, mit Zucker bestreuen. **Backen** in mässiger Hitze ¾–**1 Std.** — Den Kuchen evtl. noch heiss mit der **Glasur** überpinseln oder gut mit Puderzucker besieben.

Gestürzter Fruchtkuchen (Upside-down fruit cake) 1440

Früchte, roh od. gekocht, 1 Sorte od. gemischt: Ananas, rote Kirschen (evtl. Maraschinokirschen), 2–3 Bananen (in Scheibchen), schöne halbe Aprikosen — z. **Form** ca. 100 g Rohzucker (od. weissen)
Biscuitmasse von **Nr. 1439** oben, I. od. II. Art.
Vorbereiten: Eine Springform bebuttern, am Boden mit Pergamentpapier oder mit

Alu-Folie exakt belegen, gut bebuttern und mit dem Zucker bestreuen oder mit zu Karamel geröstetem Zucker überdecken. — Von aussen nach innen kranzartig mit den **Früchten** belegen.

Die **Biscuitmasse** zubereiten und über die Früchte einfüllen. — **Backen** mit guter Unterhitze ca. **50 Min.** — Den Kuchen etwa 10 Min. stehen lassen, dann sorgfältig lösen und **stürzen.** — Evtl. geschlagenen oder flüssigen Rahm dazu servieren.

1441 Orangenkuchen (Tarte à l'orange)

Kuchenboden von Sauerrahmteig Nr. 922,
Blätterteig Nr. 923 od. Mürbeteig Nr. 927

6–8 Orangen — 4–6 Essl. Aprikosenkonfitüre
ca. 120 g Zucker — 50–80 g Tafelbutter

Den **Kuchenboden** in einer Springform **vorbacken** nach **Nr. 1430** (Abschn. **1 b**). — **Füllen:** Den fertigen Boden mit Konfitüre leicht bestreichen, dann mit den geschälten, halbierten, in dünne Scheiben geschnittenen Orangen, schuppenartig dicht belegen. Den Zucker darüberstreuen und reichlich Butterflöckchen auf der Oberfläche verteilen. **Überbacken** des Kuchens in guter Oberhitze ca. **15 Min.** Noch leicht warm servieren.

1442 Aprikosenkuchen (Tarte aux abricots)

Kuchenboden v. Zuckerteig Nr. 928 (s. NB.)
z. Bestreichen: 1 Eigelb
z. Belegen: ca. 1 kg gekochte Aprikosen

etwas Zitronensaft od. 1 Essl. Kirsch
30–50 g Zucker — evtl. 1 Blatt Gelatine
z. Garnieren: 30 g Mandeln, evtl. 1 dl Rahm

Den **Kuchenboden** in der Springform **vorbacken** nach **Nr. 1430** (Abschn. **1 b**). — **Belegen** desselben mit schönen halben Aprikosen, möglichst dicht aneinander (Wölbung nach oben). — ½ Tasse Aprikosensaft mit etwas Zitronensaft oder Kirsch und dem Zucker zu Geléedicke einkochen (evtl. 1 Blatt Gelatine beigeben), etwas abkühlen. Die Aprikosen so oft damit überziehen, bis sie schön glasiert sind. — **Garnieren** mit geschälten Mandeln, evtl. mit Schlagrahm.

NB. Bis zum Servieren 1–2 Std. stehen lassen, damit der Teig etwas weicher wird. — Wünscht man den Kuchen etwas weniger süss, dann **Mürbeteig** Nr. 927 verwenden. — Siehe auch NB. v. Nr. 1443.

1443 Erdbeerkuchen (Tarte aux fraises)

Boden v. Zucker- od. Mürbeteig Nr. 928/927
z. Belegen: 1 kg schöne Erdbeeren (s. NB.)

Sirup { Zucker, ca. 150 g — 1 dl Wasser
{ 1–2 Blatt rote Gelatine (s. NB.)

Den **Kuchenboden** in der Springform **vorbacken** nach **Nr. 1430** (Abschn. **1 b**). — **Belegen:** Die Erdbeeren verlesen. Die weniger schönen in dünne Scheibchen schneiden, mit etwas Zucker vermischen und auf dem gebackenen Kuchenboden verteilen. Die schönen Erdbeeren möglichst dicht darauf anordnen. — **Sirup:** Einige Erdbeeren mit ca. 100 g Zucker und dem Wasser kochen, bis die Masse sirupartig dick ist. Die eingeweichte Gelatine beigeben, rühren, bis sie sich aufgelöst hat. Den Sirup erkalten und dicklich werden lassen und die Erdbeeren 2–3mal damit überziehen, d. h. so oft bis sie glänzen. — Evtl. **garnieren** mit Schlagrahm oder ihn dazu servieren.

NB. Den Sirup evtl. (statt mit Gelatine) mit 1–2 Teel. Kartoffelmehl, kalt angerührt, binden. — **Grosse** Erdbeeren halbiert auflegen, indem man am Rand beginnt.

Tafel 50

Orangentorte, glasiert
und garniert, Nr. 1352

Kleine Schokoladetorte
Nr. 1386 od. 1384a, garniert
Schokolade-Cake Nr. 1388

Haselnusstorte, reiche
Nr. 1369
(Garnitur Schachbrett)

Tafel 51

Feiner Apfelkuchen
mit Rahm Nr. 1432

Rosenkuchen Nr. 1656 (1)

Frankfurterkranz Nr. 1358

Meringuierter Erdbeer-, Himbeer- oder Johannisbeerkuchen 1444
(Tarte aux fraises, framboises et groseilles, meringuée)

Kuchenboden von Zuckerteig Nr. 928 (I. od. II. Art) oder Mürbeteig Nr. 927
500-750 g Erdbeeren, Himbeeren, Zucker, ca. 100 g
Johannis- od. Brombeeren Meringuemasse Nr. 1497, ½–1 Port.

Den **Kuchenboden** in der Springform vorbacken nach **Nr. 1430 (Abschn. 1a.)** — Bei Verwendung von **Zuckerteig**, diesen direkt ca. **1 cm dick** in die Form geben (gegen den Rand nur leicht erhöht), gut bestechen und ohne Steine vorbacken.
Füllung I. Art: Die Beeren verlesen (Erdbeeren evtl. klein schneiden), mit Zucker vermischen und auf dem gebackenen Kuchenboden verteilen. — Die **Meringuemasse** in den Dressiersack füllen, den Kuchen damit garnieren (gitterartig oder mit Röschen). Mit feinem Zucker überstreuen, leicht gelb **überbacken** in guter Oberhitze ca. **5 Min.** (bei offenem Ofen). — **II. Art:** Die ungezuckerten Beeren mit der Meringuemasse vermischt, auf den Kuchenboden geben, evtl. mit etwas zurückbehaltener Meringuemasse garnieren (od. nur mit einem Löffel Spitzen aufziehen). Den Kuchen rasch leicht gelb **überbacken** wie bei I. Art.
NB. Zu mering. Kuchen lassen sich evtl. auch weniger schöne sowie tiefgekühlte Beeren verwenden.

Meringuierter Weichsel- oder Rhabarberkuchen 1445
(Tarte aux griottes ou rhubarbe)

Zubereitung wie meringuierter Kuchen **Nr. 1444,** jedoch zur Füllung (statt Beeren) ¾ kg **Weichseln** (roh od. kurz in Sirup gekocht) oder **Rhabarber** (diesen in Würfelchen geschnitten, in Zuckersaft knapp weichgekocht) u. beides gut abgetropft, verwenden.

Stachelbeerkuchen, glasiert (Tarte aux groseilles vertes) 1446

Kuchenboden von Mürbeteig Nr. 927 ¾–1 kg kleine Stachelbeeren
z. Bestreichen für den Rand: 1 Ei Sirup: 150 g Zucker, ca. 3 dl Wasser (s. unten)

Den **Kuchenboden** in der Springform vorbacken nach **Nr. 1430 (Abschnitt 1b)**. — Die **Stachelbeeren** abspülen (die Stielchen entfernen), mit einer Nadel stechen, damit sie weniger platzen. Den **Sirup** zum Sieden bringen und die Beeren darin lagenweise ca. 10 Min. leise kochen, in eine weite Schüssel geben. Zuletzt den Saft über die Beeren giessen und darin erkalten lassen. Sie dann sorgfältig herausnehmen und gut abtropfen.. — **Füllen:** Den fertigen Kuchenboden mit den Stachelbeeren dicht belegen. Vom Saft 1–2 dl dicklich einkochen, evtl. 1–2 Blatt Gelatine od. 1 Teel. Kartoffelmehl (kalt angerührt) beigeben u. abkühlen. Die Beeren so oft damit überziehen, bis sie glänzen. — Evtl. mit Schlagrahm garnieren oder ihn dazu servieren.

NB. Trauben- und Weichselkuchen: gleiche Zubereitung, oder meringuieren nach Nr. 1444.

Ananas- und Bananenkuchen 1447

Teig und **Füllung** wie bei Ananas- und Bananentörtchen **Nr. 1469** und **1470.** — Den **Kuchenboden** in der Springform vorbacken nach **Nr. 1430 (Abschn. 1b).** — **Belegen** desselben, kranzartig mit **Ananas**-Schnitzchen oder halben Scheiben (evtl. mit roten Kirschen dazwischen) od. mit den glasig gekochten **Bananen**-Scheibchen. — **Glasieren** des Kuchens mit d. dicken Saft wie bei den Törtchen. — Evtl. **garnieren** mit Schlagrahm.

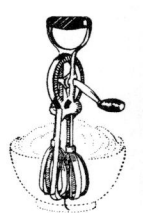

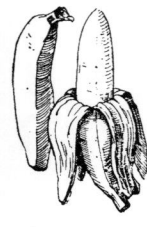

1448 Bunter Früchtekuchen   (Tarte aux fruits variées)

Zubereitung wie Kuchen **Nr. 1447.** Ausser Ananas und Bananen noch folg. **Früchte** verwenden: In Zuckersirup k u r z gekochte schöne Aprikosen, kleine grüne Pflaumen, rote Kirschen, grosse Traubenbeeren und Mandarinenschnitze (aus Büchsen). — Die **Früchte** (gut abgetropft) im K r a n z, abwechselnd in den Farben, auflegen. — Den Kuchen n i c h t mit Rahm garnieren, diesen jedoch evtl. ungeschlagen dazu reichen.

1449 Norddeutscher Johannisbeerkuchen

I. Art:
Mandel-
teig
- 100 g Butter od. Margarine
- 150 g Zucker, 1 Msp. Zimt
- 1 Ei oder 2–3 Eigelb, 1 Pr. Salz
- 150 g geschälte Mandeln, gerieben
- 150 g Weissmehl (m. 1 Pr. Backpulver)

II. Art: Teig f. Früchtekuchen Nr. 928, I. Art
z. Bestreichen: 1 Eigelb

Füllung
- ¾ kg Johannisbeeren
- 2 dl Wasser — 180 g Zucker
- 6 Blatt weisse Gelatine, 2 Blatt r o t e

evtl. z. **Garnieren:** 2 dl Rahm, 5 g Zucker

Teig I. Art: Zur weichen Butter den Zucker, Salz, Zimt, Ei oder Eigelb geben und gut s c h a u m i g rühren. Die vorbereiteten Mandeln und das gesiebte Mehl darunter- mischen. — Für den **Kuchenboden** ¾ des Teiges (n. **I. od. II. Art**) in der bebutterten Springform ca. 1 cm dick ausstreichen und bestechen. Den Rest des Teiges mit etwas Mehl vermischen, zu einer Rolle formen. Diese auf den leicht benetzten Kuchenrand legen, mit Teigklammer oder Gabel verzieren und mit Eigelb bestreichen. — **Backen** in Mittelhitze ca. **40 Min.** — **Johannisbeermasse:** Wasser und Zucker einige Minuten kochen, die eingeweichte Gelatine beigeben, rühren, bis sie sich vollständig aufgelöst hat. — Die Johannisbeeren verlesen, kurz abspülen, gut abtropfen und in den h e i s s e n Saft geben. Die **Füllung** erkalten und dicklich, aber n i c h t steif werden lassen und auf dem Kuchenboden gleichmässig verteilen. An die K ä l t e stellen, bis die Johannis- beermasse ganz g e l i e r t ist. — Die Oberfläche des Kuchens mit Schlagrahm garnieren oder ihn (evtl. ungeschlagen) dazu servieren.

NB. Mit **Weichseln** oder **Himbeeren** gleiche Zubereitung, letztere jedoch in den a b g e k ü h l t e n Saft geben.

1450 Meringuierter Zitronenkuchen   (Lemon meringue pie)

Mürbeteig Nr. 927
od. Sauerrahmteig Nr. 922

Meringuemasse n. **Nr. 1497:**
von 4 Eiweiss und 160 g Zucker

Crème
- 3–4 Eigelb — 150–200 g Zucker
- 1 dl Wasser, 6–8 Essl. Zitr.-Saft
- abgeriebene Schale von 1 Zitrone
- 40 g Weiss- od. Kartoffelmehl
- 30 g frische Butter, 1 Pr. Salz

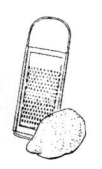

Den **Kuchenboden** (mit ca. 4 cm hohem Teigrand) **vorbacken** in einer Springform nach **Nr. 1430** (Abschn. **1a**). — **Zitronencrème:** Eigelb und Zucker schaumig rühren. Die übrigen Zutaten in einem Pfännchen unter Rühren aufkochen, mit der Eigelbmasse vermischen. Nochmals heiss und dicklich schwingen, die Butter beigeben, etwas ab- kühlen. — **Kuchen:** Die Crème gleichmässig auf dem Kuchenboden verteilen, mit der **Meringuemasse** bedecken (3–4 cm hoch) und glattstreichen. **Überbacken** des Zitronen- kuchens in guter Oberhitze (bei offenem Ofen) bis die Oberfläche leicht gelb ist. Mit Puderzucker bestäuben, etwas a b g e k ü h l t servieren.

Amerikanischer Zitronenkuchen (Lemon chiffon pie)   1451

Mürbeteig Nr. 927

Crème
{ 3–4 Eigelb — 200 g Zucker
6–8 Essl. Zitronensaft
1 dl Wasser, 1 Zitrone, abgerieben
20 g Kartoffelmehl, 1 Pr. Salz

z. Beigeben { 3 Blatt Gelatine, eingeweicht
4 Eiweiss (z. Schnee), 50 g Zucker

z. Garnieren { 1 dl Rahm, geschlagen
evtl. Schok.-Späne od. Pistazien

Den **Kuchenboden** in einer Springform mit einem 3-4 cm hohen Teigrand formen. Ihn **vorbacken** n. **Nr. 1430** (Abschn. **1a**) und erkalten lassen. — **Zitronencrème:** Eigelb und Zucker schaumig rühren. Die übrigen Zutaten in einem Pfännchen unter Rühren aufkochen, mit dem Eigelb vermischen. Nochmals heiss und dicklich schwingen. Die eingeweichte Gelatine unter die heisse Crème mischen. Erkalten lassen unter häufigem Umrühren. — Das Eiweiss zu steifem Schnee schlagen, indem man nach und nach den Zucker beifügt, dann unter die noch weiche Crème ziehen. — **Kuchen:** Die Crème gleichmässig glatt auf dem Kuchenboden verteilen und kalt stellen, bis sie steif geworden ist. Vor dem Servieren mit geschlagenem Rahm garnieren und evtl. mit Schokoladespänen oder mit gehackten Pistazien bestreuen.

NB. Der Rahm kann auch geschlagen unter die Crème gemischt werden.

Reiskuchen   (Gâteau au riz)   1452

Eingerührter Teig Nr. 917
oder Sauerrahmteig Nr. 922
Puderzucker z. Besieben

Füllung { Reisbrei Nr. 996 (²/₃ Port.)
2–3 Eier, 150 g Zucker, 20 g Zimt
40 g Rosinen, gewaschen

Zubereitung des Kuchens nach **Nr. 1429.** — Zur **Füllung** Eier und Zucker schaumig rühren, Rosinen, Zimt und Reisbrei dazumischen. — (Gute Verwendung von Reisbrei-Resten.)

Osterkuchen   (Gâteau de Pâques)   1453

Mürbeteig Nr. 927, Quarkteig Nr. 921 od.
Sauerrahmteig Nr. 922

Füllung: mit Weggli, Reis od. Griess (s. unten)
Puderzucker z. Besieben

Zubereitung des Kuchens in einer Springform nach **Nr. 1429.** — **Backen** mit guter Unterhitze **40–50 Min.** — Evtl. mit Nadel oder Hölzchen prüfen, ob er durchgebacken ist. — Mit Puderzucker besieben, evtl. mit einer aufgelegten Osterhasen-Schablone garnieren.

Wegglifüllung
{ 4 Weggli — 2 dl Milch
125 g geschälte Mandeln, gerieben
80 g Butter
5 Eigelb — 160 g Zucker

1 dl Rahm, Zitronenschale, abgerieben
50 g Rosinen od. Sultaninen, gewaschen
2 Essl. Arrak od. wenig Zitronensaft
5 Eiweiss (z. Schnee)

Die Rinde der Weggli am Reibeisen leicht abreiben, in kleine Würfel schneiden und mit der heissen Milch übergiessen, zudecken. — Butter, Eigelb und Zucker gut schaumigrühren, die Wegglimasse und die übrigen Zutaten damit vermischen. — Das zu Schnee geschlagene Eiweiss leicht darunterziehen.

Reisfüllung
{ Reisbrei Nr. 996, ½ Port.
3–4 Eigelb — 125 g Zucker
Zitronenschale, abgerieben

1 dl Rahm od. 30 g Butter
125 g Mandeln od. Haselnüsse, gerieben
50 g Rosinen od. Sultaninen, gewaschen
3–4 Eiweiss (z. Schnee)

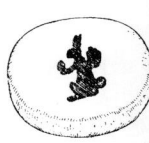

Zucker und Eigelb schaumig rühren, mit den übrigen Zutaten unter den Reisbrei mischen. — Das zu Schnee geschlagene Eiweiss darunterziehen. — **NB.** Nach altem Zürcher Rezept den Reisbrei durch ein Sieb streichen.

Griessfüllung
- ½ Ltr. Milch, 1 Pr. Salz
- 125 g Griess — 50 g Butter
- 3–4 Eigelb — 125 g Zucker
- Zitronenschale, abgerieben
- 125 g geschälte Mandeln, gerieben
- 50 g Rosinen od. Sultaninen, gewaschen
- evtl. 1 dl Rahm
- 3–4 Eiweiss (z. Schnee)

Milch und Salz aufkochen, den Griess im Faden einrühren, die Butter dazugeben, etwas abkühlen. — Eigelb, Zucker und Zitronenschale gut schaumig rühren. Die übrigen Zutaten und den Griessbrei damit vermischen. — Das zu Schnee geschlagene Eiweiss darunterziehen.

1454 Quarkkuchen   (Gâteau au fromage blanc)

Eingerührter Teig, Nr. 917, Mürbeteig Nr. 927 oder Sauerrahmteig Nr. 922.

Füllung
- 500–700 g Rahm-Quark (s. NB.)
- 50–80 g Mandeln od. Haselnüsse
- 50 g Mehl od. Griess, 1 Pr. Salz
- 1 dl Milch oder halb Rahm
- 3–4 Eigelb — 100–150 g Zucker
- 50 g Rosinen od. Sultaninen, gewaschen
- Zitronenschale, abgerieben
- 2–3 Eiweiss (z. Schnee)
- evtl. z. Bestreichen: 1 Eigelb

Füllung: Mandeln oder Haselnüsse schälen und reiben. — Mehl oder Griess, Milch (evtl. mit Rahm) und Salz zusammen unter Rühren aufkochen. — Eigelb und Zucker schaumig rühren, Milchmasse, Quark und die übrigen Zutaten damit vermischen. — Das zu Schnee geschlagene Eiweiss darunterziehen.

Kuchen: Den Teig ca. 2 mm dick auswallen, eine bebutterte Springform damit auslegen (den Rand ca. 4 cm hoch). Die **Füllung** darauf verteilen. Die Oberfläche des Kuchens evtl. gitterartig mit schmalen Teigstreifen belegen, den vorstehenden Rand hinunterrollen. Rand und Streifen mit Eigelb bestreichen. — **Backen** in Mittelhitze (auf unterster Rille) ca. **40 Min.**

NB. Erhält man keinen Quark, ihn von Milch zubereiten n. **Nr. 1188** und fein durchstreichen.

1455 Nidelwähe oder Rahmkuchen   (Flan à la crème)

Eingerührter Teig Nr. 917, Hefeteig Nr. 919 od. Sauerrahmteig Nr. 922

Füllung
- 30 g Butter — 40 g Weissmehl
- 3 dl Milch, 1 Pr. Salz
- 3–4 dl leicht sauren Rahm (Nidel)
- 3–4 Eier, 1 Pr. Muskat — evtl. 80 g Zucker

Zubereitung des Kuchens (Wähe) n. **Nr. 1429,** in Wähenblech oder Springform. — **Füllung:** Das Mehl in der Butter durchdünsten, etwas abkühlen, mit der Milch ablöschen, glattrühren und aufkochen. Rahm, Eier, Salz und nach Geschmack etwas Muskat damit vermischen. — Die Füllung nach Belieben leicht versüssen.

NB. Einfacher (ohne Butter): Mehl und Milch glatt vermischen und unter Rühren aufkochen. —

1456 Crèmekuchen   (Tarte à la crème patissière)

Sauerrahmteig Nr. 922 od. Blätterteig Nr. 924

z. **Füllen:** Vanille-Backcrème Nr. 1417 (1)
z. Bestreichen: Eiweiss und Eigelb

Formen: Den Teig ½ cm dick auswallen, auf einen Springform-Boden von ca. 26 cm ⌀

legen. Den Rand **scharf** nachschneiden, mit **Eiweiss** bepinseln und mit einem 4 cm breiten, 1 cm dicken Teigrand belegen. Diesen sorgfältig mit **Eigelb** bepinseln, die Mitte leicht bestechen. — Den Rand in regelmässigen Abständen 6–8mal einkerben (ca. 2 cm tief). — **Backen** des Teigbodens in **guter Hitze 30–40 Min.** — Den Teig in der Mitte evtl. leicht eindrücken. — **Einfüllen** der möglichst **dicken** Backcrème. Die Oberfläche mit gehackten Pistaches bestreuen oder reichlich Zucker darüber verteilen und unter dem **Grill** (od. starker **Oberhitze**) rasch **karamelisieren.**

Gâteau St. Honoré   Feiner Crème-Kuchen auf französische Art   **1457**

Mürbeteig Nr. 927 (½ Port.)
Brühteig von Ofenküchlein Nr. 1494

Sirup: 80 g Zucker, Wasser, 1 Msp. Vanille
z. **Füllen** { Vanille-Backcrème Nr. 1417 (1)
evtl. etwas Rum

Vorbereiten des Kuchens: Den Mürbeteig auf einem Springformboden (ohne Rand) auswallen (ca. 3 mm dick), ihn gut bestechen. — Vom **Brühteig** mit dem Dressiersack einen gut daumendicken **Rand** aufspritzen, mit Ei bestreichen. — Vom Rest des Brühteiges auf ein Blech nussgrosse Häufchen dressieren, auch mit Ei bestreichen. — **Backen** in guter Mittelhitze während **25–30 Min.** — Während dieser Zeit den Ofen möglichst nicht öffnen, damit der Brühteig gut aufgehen kann. — **Garnieren:** Den Zucker für den Sirup braun rösten, mit 2–3 Essl. Wasser ablöschen, mit etwas Vanille dicklich einkochen. Die Ofenküchlein in den Sirup tauchen und dicht aneinander auf den gebackenen Kuchenrand setzen. — Zum **Füllen** der Torte die **Backcrème** zubereiten und, solange sie noch **heiss** ist, 1–2 steif geschlagene Eiweiss darunterziehen, erkalten lassen. Den Rest vom Karamelsirup und nach Belieben etwas Rum beigeben.

Mandelkuchen, einfacher   (Gâteau aux amandes)   **1458**

Mürbeteig Nr. 927
Füllung { 20 g Mehl, ½ l Milch, 1 Pr. Salz
60 g Butter — 120 g Zucker, 4 Eier

250 g Mandeln, gerieben — ca. 1 dl Rahm
Zitronenschale, abgerieben
evtl. 20 g Rosinen, gewaschen

Füllung: Mehl, Milch und Salz unter **Rühren** aufkochen. — Die Butter etwas weich machen, Zucker und Eier beigeben, ca. 5 Min. gut rühren. Die Milchmasse und die übrigen Zutaten daruntermischen. — **Zubereitung** des Kuchens nach **Nr. 1429** (in einer Springform). — **Backen** in Mittelhitze während **30–40 Min.**

Mandelkuchen   (mit Konfitüre)   **1459**

Sauerrahm- od. Mürbeteig Nr. 922 u. 927 — z. Bestreichen: 1 Ei — 1 Tasse Aprikosenkonfitüre
Füllung: 2 Eiweiss — 100 g Zucker — 150 g Mandeln, gerieben

Füllung: Das Eiweiss zu sehr **steifem** Schnee schlagen, indem man den Zucker nach und nach beigibt. Die geriebenen Mandeln damit vermischen. — **Kuchen:** Den Teig 2–3 mm dick auswallen, eine leicht bebutterte Springform damit auslegen. Den Rand (ca. 4 cm hoch) oben verdoppeln (durch Einrollen), verzieren, mit Ei bepinseln. — Den Boden dünn mit Konfitüre bestreichen. Die Mandelfüllung in einen Spritzsack mit glatter Tülle geben und in Abständen von 4–5 cm gitterartig auf die Konfitüre dressieren. — **Backen** in Mittelhitze ca. **45 Min.** (siehe auch **Nr. 1429**).

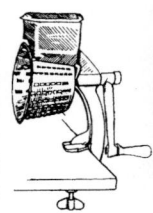

1460 Quark- oder Topfen- und Rahmstrudel

Strudelteig Nr. 930 (ergibt 1 grossen oder 2 kleine Strudel)

Quarkfüllung
- 50 g Butter — 1 Pr. Salz
- 100 g Zucker — 1–2 Eigelb
- 200–400 g Quark — 1 dl Rahm
- 50 g Rosinen — 1 Msp. Vanille
- od. abgerieb. Zitronenschale
- 1–2 Eiweiss (z. Schnee)

Rahmfüllung
- 50 g Butter, 2 Msp. Vanille
- 60 g Zucker, 2–3 Eigelb
- evtl. 50 g Rosinen od. Sultaninen
- 3 dl dicken (evtl. sauren) Rahm
- 2 Eiweiss (z. Schnee)
- evtl. 1–2 Weggli, gerieben (z. Binden)

z. Bestreichen: 20–40 g flüssige Butter, gezuckerte Milch oder 1 Ei

Füllung (beide Arten): Butter, Zucker und Eigelb schaumig rühren, alle übrigen Zutaten beimischen. — **Zubereitung** (Formen) und **Backen:** wie Fruchtstrudel **Nr. 1461.**

1461 Frucht-Strudel

Strudelteig Nr. 930 (ergibt 1 grossen v. ca. 28 cm ⌀ oder 2 kleinere Strudel)

z. **Beträufeln** des Teiges: 50–80 g flüssige Butter

z. **Bestreuen** des Teiges: ca. 30 g Paniermehl — evtl. 50 g Mandeln od. Haselnüsse, gerieben

z. **Füllen:** 1 kg Früchte (s. unten **a-d**) — 100–150 g Zucker, evtl. etwas Zimt oder Vanillezucker

z. **Bestreichen** des Strudels (während des Backens): 20–40 g flüssige Butter — evtl. gezuckerte Milch (s. NB. II. Art)

Den **Strudelteig** zubereiten, unter einem erwärmten Schüsselchen (od. im Schüsselchen mit Alufolie bedeckt) ruhen lassen (ca. ½ Std. od. länger). — Die **Füllung** vorbereiten:

a) **Äpfel** schälen, in kleine Scheibchen schneiden, zudecken — ca. 50 g Rosinen waschen u. abtropfen.

b) **Zwetschgen, Aprikosen,** evtl. **Pfirsiche** abreiben und in dünne Schnitze schneiden. **Kirschen** abspülen, gut abtropfen und entsteinen.

c) **Rhabarber:** Die Stengel waschen, in kleine Würfelchen schneiden. Schmeckt auch sehr gut mit **Erdbeeren** gemischt (diese allein sind zu wässerig).

d) **Dörrfrüchte** (ca. 300 g) lassen sich ebenfalls gut verwenden. — Sie über Nacht einweichen, gut abtropfen und kleiner schneiden.

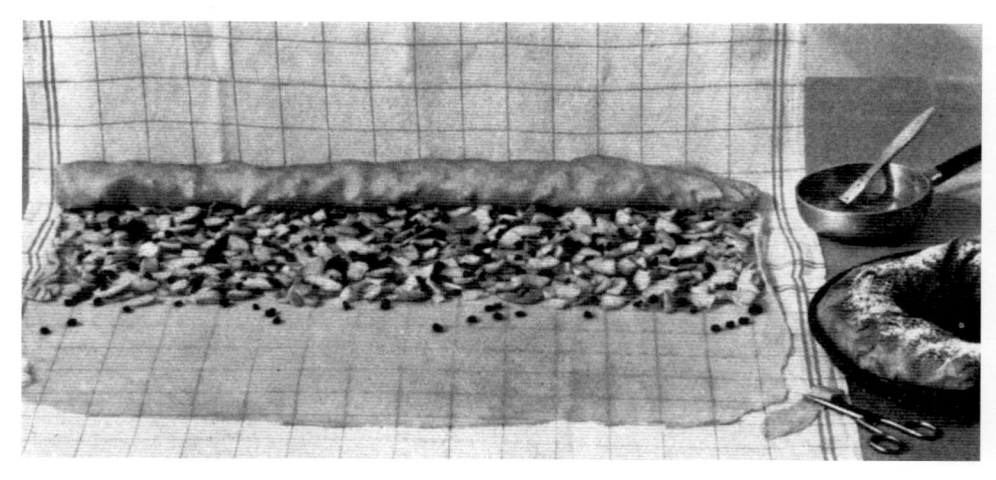

Apfelstrudel: Belegen mit Früchten usw. und Aufrollen mit Hilfe des Tuches — rechts: Strudel aufgerollt und gebacken.

Formen des Strudels: Auf den Tisch eine grosse Serviette oder ein Tuch legen (für den grossen Strudel mind. 80 cm/1 m), die Mitte gut bemehlen. Den Teig darauf zuerst so dünn wie möglich auswallen. (Er sollte nie am Tuch kleben!) Ihn dann sorgfältig von Hand ausziehen, bis er überall seidenpapierdünn ist. — Dicke Randstellen abschneiden (mit Schere) sie auswallen, wieder dünn ausziehen und evtl. entstandene Löcher damit bedecken oder wenn nötig zum Ansetzen am Rand verwenden. — Den ganzen Teig mit der flüssigen Butter gut beträufeln, mit Paniermehl und evtl. mit Mandeln oder Haselnüssen bestreuen. Die vorbereiteten **Früchte**, den **Zucker** mit Zimt od. Vanille (und evtl. Rosinen) darauf verteilen, so dass noch etwa $1/3$ des Teiges leer bleibt. Ihn auf beiden Längsseiten knapp 2 cm breit einschlagen, dann den Strudel (zuerst von Hand), nachher durch sorgfältiges Hochheben des Tuches, aufrollen und ringförmig auf ein gebuttertes Blech legen. Mit flüssiger Butter bestreichen. — **Backen** in guter Mittelhitze während ca. **40 Min.** Von Zeit zu Zeit mit flüssiger Butter bepinseln. — **Servieren,** am besten solange der Strudel noch leicht warm ist, evtl. mit Puderzucker besiebt, nach Belieben mit Vanille- oder Rahmsauce oder evtl. mit Schlagrahm.

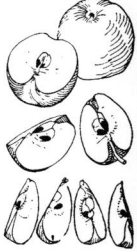

NB. II. Art: Den Strudel in einer **Gratinform** backen, während der letzten Viertelstunde 1–2 dl gezuckerte Milch oder Rahm dazugiessen. — **Kleinere** Strudel evtl. nicht zu einem Ring formen.

Zwetschgen- oder Birnenfladen (Flan aux fruits secs) Dörrobstkuchen 1462

Weggliteig Nr. 919, Eingerührter Teig Nr. 917
oder Blätterteig Nr. 924
500 g Dörr-Zwetschgen u. -Birnen
Rohzucker nach Geschmack

50–100 g Nusskerne, gehackt
je 1 Msp. Nelken- u. Zimtpulver
1–2 Essl. Zitronensaft
evtl. 1 Essl. Kirsch

Füllung: Die Früchte waschen, mit Wasser bedeckt, 1–2 Tage einweichen. — Sie gut abtropfen (Zwetschgen entsteinen), durch die Hackmaschine treiben, mit allen übrigen Zutaten vermischen. — Die Masse soll feucht, aber nicht flüssig sein. Wenn nötig noch etwas Einweichwasser beigeben. — **Zubereitung** u. **Backen** des Fladens wie Kuchen **Nr. 1429.**

II. Art: Vom Teig $1\frac{1}{2}$ Port. herstellen, $2/3$ für den Boden verwenden. Die Fruchtmasse nach dem Einfüllen glattstreichen, mit dem Rest des ausgewallten Teiges überdecken. Die Ränder gut aufeinanderdrücken. Mit Butter, Milch oder Ei bepinseln, mit einer Gabel leicht bestechen. — Den Fladen nach dem Backen evtl. mit Puderzucker besieben.

Glarnerpastete (Pâté doux Glaronais) 1463

Blätterteig Nr. 924, $1\frac{1}{2}$ Port.
Dicke Zwetschgen- oder
Himbeerkonfitüre (s. auch NB.)
z. Bestreichen: 1 Eigelb

Mandelmasse

130 g geschälte Mandeln, gerieben
evtl. 50 g frische Butter
100 g Zucker — 1–2 Eigelb
$\frac{1}{2}$ Essl. Zitronensaft u. -schale

Mandelmasse: Butter, Zucker und Eigelb zusammen schaumig rühren (ca. 5 Min.). Mandeln, Zitronenschale und -saft daruntermischen. (Die Masse soll dick sein.)

Pastete: Den Blätterteig $\frac{1}{2}$ cm dick auswallen, auf einen kalt abgespülten, ca. 28 cm grossen Springform-Boden oder ein Blech legen, exakt rund ausschneiden. Den Rand mit Eiweiss benetzt, mit einem ca. 3 cm breiten Teigstreifen belegen. — Die eine Hälfte des Bodens mit der Mandelmasse bestreichen, die andere (ein wenig höher) mit der Konfitüre (od. in der Mitte Mandelmasse, aussen Konfitüre), jedoch so, dass ringsum ein ca. 3 cm breiter Rand frei bleibt. Diesen leicht mit Eiweiss bepinseln. — Den übrigen Teig wieder gut $\frac{1}{2}$ cm dick auswallen und zum Decken über die Füllung legen. Die

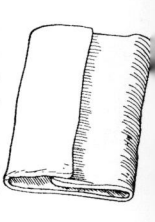

Ränder aufeinanderdrücken und 9–12mal (ca. 2 cm tief) einkerben. — In die Oberfläche der Pastete, in Abständen von ca. 4 cm, Einschnitte machen (mit der Schere), evtl. noch mit Teigstreifen und -blümchen garnieren, sorgfältig mit Eigelb bestreichen. **Backen** in guter Hitze **ca. 40 Min.** — Die ersten 20 Min. den Ofen möglichst **nicht** öffnen.

NB. Die Einschnitte bilden nach dem Backen (durch das Aufgehen des Teiges) über der Füllung mandelförmige Öffnungen. — Statt Konfitüre evtl. folg. Füllung verwenden: 250 g **gedörrte** Zwetschgen gut eingeweicht, ca. ¾ Std. kochen und entsteint, durch die Hackmaschine treiben, nach Geschmack versüssen und etwas Kirsch oder Zitronensaft beigeben. — **Einfacher:** Die Pastete nur mit einer der beiden Füllungen zubereiten. — Die erkaltete Pastete m. **Puderzucker** besieben.

1464 Birnenweggen nach Zürcher Art (Pain de poires à la mode Zuricoise)

Teig n. Nr. 916 (eingerührt):
- 1 kg Mehl
- 350 g Butter od. Nussa,
- 6 Essl. Öl od. Fett (flüssig)
- 3 dl Wasser, 15 g Salz
- 2 Eier, verklopft

andere Teige: Hefeteig Nr. 919 oder Sauerrahm- od. Blätterteig Nr. 922 und 924

z. Bestreichen: 1–2 Eier. 1 Essl. Milch

Füllung
- ¾–1 kg gedörrte Birnen
- 200 g gedörrte Zwetschgen
- evtl. 100 g Feigen od. 200 g Sultaninen
- ca. ¾ l Rotwein od. Wasser
- 150–200 g Nusskerne
- 100–150 g Zucker
- 50–100 g Cedrat und Zitronat
- 15 g Zimt, 5 g Nelkenpulver
- ca. 5 Essl. Kirsch od. Zitronensaft

Vorbereiten: Birnen, Zwetschgen, evtl. Feigen gut waschen und 1–2 Tage in Wein oder Wasser (oder gemischt) einweichen.

Füllung: Die Früchte in der Einweichflüssigkeit ca. **20 Min. kochen** (s. NB.), dann auf einem Sieb abtropfen. Die Birnen (ohne Fliege und Stiel) und Zwetschgen (entsteint) durch die Hackmaschine treiben. Die Feigen in kleine Stückchen, die Nüsse grob zerschneiden. Cedrat und Zitronat fein hacken, evtl. Sultaninen waschen. Alle Zutaten sowie die Gewürze gut miteinander vermischen, nach Geschmack versüssen. —

NB. Gut eingeweichte Früchte (spez. Zwetschgen) evtl. ungekocht verwenden. Ist die Füllung zu wenig feucht, evtl. etwas Einweichwasser daruntermischen.

Formen der Weggen: Den Teig ca. 3 mm dick auswallen und daraus 3–4 grosse oder mehrere kleinere Rechtecke schneiden. — Mit der Füllung ca. 1 cm dick bestreichen, jedoch **nicht** bis ganz zum Rand. Diesen beidseitig etwas einschlagen, damit beim Backen keine Füllung austreten kann. Aufrollen der bestrichenen Teigstücke und am Ende mit etwas Eiweiss festkleben, flachdrücken. Die Weggen (glatte Seite nach oben) auf ein Blech setzen, mit Ei bestreichen. Mit einer Gabel einige Male kreuzweise über die Oberfläche streichen (als Verzierung) und in kleinen Abständen bestechen. **Backen** in Mittelhitze, bis die Weggen hellbraun sind, d.h. **30–50 Min.** (je n. Grösse).

1465 Dörrfrucht-Brot (Pain de fruits secs)

Füllung
- 1¼ kg Birnen u. 300 g Feigen
- 350 g Sultaninen, gewaschen
- 400–600 g Nusskerne, grob gehackt
- evtl. 200 g Pinienkerne
- etwas Muskat
- 150 g Orangeat u. Cedrat, geschnitten
- ½ dl Rosenwasser — evtl. etwas Kirsch
- evtl. 300 g Datteln, in Scheibchen
- 150–200 g Zucker, 40 g Zimt

Weggliteig Nr. 919 (2½ Port. v. Rezept)   z. Bestreichen: 1–2 Eier, 1–2 Essl. Milch

Vorbereiten: Birnen und Feigen gut waschen, mit Wasser bedeckt, 1–2 Tage einweichen.

Füllung: Die Früchte mit dem Einweichwasser ca. **20 Min. kochen**, dann auf einem Sieb abtropfen und durch die Hackmaschine treiben (Birnen ohne Fliege und Stiel).

Dieser Masse alle übrigen **Zutaten** beimischen. Evtl. mit etwas Einweichwasser verdünnen, nach Geschmack versüssen. — **Formen der Brote:** Den **Teig** ca. 3 mm dick auswallen, etwa 30 cm lange, 25 cm breite Rechtecke davon schneiden, auf die Mitte Fruchtmasse ausstreichen (ca. 3 cm dick, 6–7 cm breit). Den Teig darüber schlagen, am Rand mit etwas Wasser benetzen, die Enden (ca. 4 cm breit) überall gut aufeinanderdrücken. Die **glatte** Oberfläche mit verklopftem Ei bestreichen, mit einer Gabel verzieren und bestechen. — **Aufgehen** lassen an leichter Wärme (ca. 30 Min.). — **Backen** der Brote in mittlerer Hitze, bis sie schön braun sind, d.h. ca. **45 Min.**
NB. Fruchtbrot ist kräftig und nahrhaft. Es wird in Scheiben geschnitten und mit Butter bestrichen, genossen. — Günstig als **Vorrat**, in Pergamentpapier od. Alufolie eingeschlagen.

Dörrfrucht-Brot auf Glarner Art (Pain de fruits sec Glaronais) 1466

Dörrfrüchte: 700 g Birnen, 300 g Zwetschgen

z. Beigeben: 250 g Sultaninen, ca. 200 g Nusskerne, 100 g Zucker, 1 Teel. Zimt, 1 Msp. Nelkenpulver u. Muskat

Hefeteig: 750 g Weiss- od. Halbweissmehl, 50 g Hefe — 5 dl Milchwasser, 50 g Zucker, 1 Essl. Salz, 3 Essl. Öl — evtl. 2 Essl. Kirsch

Vorbereiten: Die **Früchte** waschen und 1–2 Tage **einweichen.** — Sie mit dem Einweichwasser ca. 15 Min. kochen, dann abtropfen und durch die Hackmaschine treiben (Birnen **ohne** Fliege und Stiel, Zwetschgen entsteint). — Die Nüsse grob hacken.

Zubereitung des Hefeteiges nach **Nr. 1638,** 1/3 davon unter tüchtigem Wirken und Kneten mit den Früchten und den übrigen Zutaten vermischen. — Den Rest des Teiges dünn auswallen und in 3–6 längliche Stücke teilen. Die Fruchtmasse zu 3–6 länglichen Broten geformt, so in je einem Teigstück einwickeln, dass die Enden gut übereinander liegen, auf ein Blech geben. Die **glatte** Oberfläche evtl. mit Ei bestreichen, mit einer Gabel verzieren und bestechen. — **Aufgehen** lassen in leichter Wärme (ca. **40 Min.**). — **Backen** des Brotes in mässiger Hitze, 3/4–**1 Std.** — Evtl. nach dem Backen mit etwas Zuckerwasser bepinseln. — Siehe auch **NB.** von Nr. 1465.

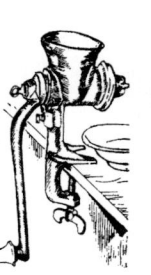

Törtchen, Biscuitschnitten usw.

Erdbeer- oder Himbeertörtchen usw., glasiert (Tartelettes aux fraises etc.) 1467

für 12–15 Stück: Zuckerteig Nr. 928, I. od. II. Art, Mürbeteig Nr. 927 oder evtl. Quarkteig Nr. 921

z. Füllen: 500 g Erd- od. Himbeeren, Johannis- od. Brombeeren, Zucker, ca. 100 g

evtl. z. Garnieren: 1–2 dl Rahm, 5 g Zucker

Teigschälchen formen und **vorbacken** nach **Nr. 1430** (Abschn. **1c**). — **Füllen** und **Glasieren** siehe Erdbeerkuchen **Nr. 1443.** — Evtl. garnieren mit Schlagrahm.
II. Art: Statt mit Rahm zu garnieren, vor dem Auflegen der Beeren, etwas Vanille-**Backcrème** (Nr. 1415) in die Schälchen füllen. — Brombeeren evtl. vor dem Einfüllen kurz in Zuckersaft ziehen lassen.

Meringuierte Törtchen mit Beeren (Tartelettes aux fruits meringuées) 1468

Teig, siehe bei Nr. 1467 — **Beeren:** 1/2 kg Wald- oder Gartenerdbeeren, Himbeeren, Johannis- oder Brombeeren — feiner Zucker (ca. 150 g) — Meringuemasse Nr. 1497
Teigschälchen formen und **vorbacken** nach **Nr. 1430** (Abschn. **1c**). — **I. Art: Füllen**

der Törtchen mit den gezuckerten Beeren. (Grössere Erdbeeren evtl. klein schneiden, Brombeeren evtl. mit einer Gabel leicht zerdrücken.) — **Garnieren** mit der Meringuemasse, spiralförmig oder mit Tupfen usw. — **Überbacken** in guter Oberhitze (bei offenem Ofen) bis die Törtchen leicht gelb sind (**3–5 Min.**). — **II. Art:** Die ungezuckerten Beeren mit der Meringuemasse **vermischen**, einfüllen und **überbacken** wie bei I. Art.

1469 Ananastörtchen (Tartelettes aux ananas) 12–15 Stück

Zuckerteig Nr. 928 od. Mürbeteig Nr. 927
Büchsen-Ananas — wenig Zucker
40 g Mandeln, geschälte — 40 g Zucker
1 Eiweiss od. 2 Eigelb, evtl. 1–2 Essl. Ananassaft

Teigschälchen formen und **vorbacken** n. Nr. 1430 (Abschn. **1c**). — **Füllung:** Die Ananas in Würfelchen schneiden. — Die Mandeln fein reiben, mit Zucker und Eiweiss oder Eigelb u. evtl. Saft in einem Pfännchen auf kleinem Feuer abrühren, bis die Masse noch leicht feucht ist. Wenig davon in die Schälchen geben und mit **Ananas**würfelchen auffüllen. Zum **Glasieren** ca. 2 dl Ananassaft mit etwas Zucker solange einkochen, bis er sirupdick ist. Die Ananas damit überziehen.

1470 Weichseln-, Trauben- oder Bananentörtchen
(Tartelettes aux griottes, raisins ou bananes)

Zubereitung wie Ananastörtchen **Nr. 1469**. — **Weichseln** waschen, entsteinen, **Traubenbeeren** waschen, evtl. entkernen, **Bananen** (2–4) schälen, in ½ cm dicke Scheibchen schneiden. Die **Früchte** vor dem Einfüllen in dickem Zuckersirup (2 dl Wasser, ca. 100g Zucker) kurz glasig weichkochen.

1471 Aprikosen-, Pfirsich- od. Zwetschgentörtchen (Tartelettes aux fruits variés)

ca. 15 Stück { Sauerrahm- od. Blätterteig Nr. 922 u. 924 od. Mürbeteig Nr. 927
z. Garnieren: Mandelspäne, gebräunt (n. Nr. 1422a)
Früchte, gekochte (ca. ½ kg), s. Nr. 1103
2–3 dl Fruchtsaft, Zucker (s. NB. v. Nr. 1473)
— evtl. 1 dl Rahm, etwas Zucker

Teigschälchen formen und **vorbacken** nach **Nr. 1430** (Abschn. **1c**). — **Füllen** der Schälchen mit den Früchten (Wölbung nach oben). — Den **Saft** mit etwas Zucker einkochen, bis er dicklich ist. Die Früchte damit glasieren und mit den Mandelspänen bestreuen, evtl. mit versüsstem Schlagrahm garnieren.

1472 Kirschentörtchen (Tartelettes aux cerises)

12–15 Stück { Blätter- od. Quarkteig Nr. 924 u. 921 oder Sauerrahmteig Nr. 922
¾ kg Kirschen (helle od. dunkle)
ca. 100 g Zucker, ½ Teel. Zimt

Den **Teig** ca. 2 mm dick auswallen, bebutterte Förmchen damit auslegen. — Die **Kirschen** waschen, evtl. entsteinen, mit Zucker, Zimt und evtl. 20 g gerieb. Mandeln vermischt, in die ungebackenen Förmchen füllen. — **Backen** in guter Hitze **20–30 Min.**

1473 Törtchen mit roten Kirschen (Tartelettes aux cerises rouges)

Mürbeteig Nr. 927
Kirschenkompott Nr. 1106
evtl. 2–3 Blatt rote Gelatine (eingeweicht)
evtl. z. Garnieren: 1–2 dl Rahm

Teigschälchen formen und **vorbacken** n. Nr. 1430 (Abschn. **1c**). — **Einfüllen** der Kirschen und mit dem eingekochten Sirup **glasieren.** — Evtl. direkt vor dem Servieren mit versüsstem Schlagrahm garnieren.

NB. Den Kirschensaft z. Glasieren evtl. mit der Gelatine (od. mit Dawagel) binden.

Zitronentörtchen (Tartelettes au citron) — 1474

Zubereitung wie Apfeltörtchen **Nr. 1478,** unten. — Vor dem Füllen, die Förmchen am Boden mit etwas Aprikosenkonfitüre bestreichen.

Füllung: 50 g Butter, 100 g Zucker, 1 Ei — 125 g Mandeln, geschält, gerieben, 1 Zitrone (Saft u. Schale)

Butter, Zucker und Ei zusammen schaumig rühren. Die Mandeln und soviel Zitronensaft und abgeriebene Schale beigeben, bis die **Füllung** angenehm säuerlich schmeckt.

NB. Evtl. die Törtchen direkt nach dem Backen mit Zitronen**glasur** (Nr. 1420, ¼ Port.) bepinseln.

Crèmetörtchen (Tartelettes à la crème patissière) ca. 20 Stück — 1475

Blätterteig Nr. 924 od. Sauerrahmteig Nr. 922 — Backcrème Nr. 1417 (1) — 50 g Zucker z. Rösten

Teigschälchen formen und **vorbacken** nach **Nr. 1430** (Abschn. **1c**). — **Füllen** derselben mit der dicken Backcrème. Die Oberfläche mit hellbraun geröstetem Zucker (Karamel) beträufeln oder ihn erkaltet (auf beöltem Teller) gerieben, über die Törtchen streuen.

Frangipane-Törtchen (Meringuierte Mandelcrème-Törtchen) — 1476

Zubereitung wie Crèmetörtchen **Nr. 1475,** jedoch als **Füllung** der Vanille-Backcrème (die dick sein soll) 30 g geschälte, fein geriebene **Mandeln** sowie 1–2 Tropfen Bittermandelöl beigeben. Sie nach dem Einfüllen bedecken mit **Meringuemasse** (Nr. 1497), ca. 2 cm dick und leicht gelb **überbacken** in guter Oberhitze (bei offenem Ofen).

NB. Auf gleiche Art lässt sich ein grosser **Frangipane-Kuchen** in der Springform backen.

Nidel- oder Rahmtörtchen (Petit flans à la crème) ca. 20 Stück — 1477

Blätter- od. Sauerrahmteig, Nr. 924 u. 922 od. Mürbeteig Nr. 927

Füllung { 3 Eier, 30 g Zucker — 1 dl Milch / 3 dl Rahm*, 5 g Maizena, 1 Pr. Salz

Den **Teig** ca. 2 mm dick auswallen, kleine Förmchen damit auslegen. — **Füllung:** Eier und Zucker schaumig rühren. Die übrigen Zutaten gut damit vermischen und bis zu ¾ Höhe in die Törtchen geben. — **Backen** in guter Hitze ca. **25 Min.** Warm oder kalt servieren. —* Die **Füllung** mit süssem oder leicht saurem Rahm und evtl. ohne Zucker zubereiten.

Apfeltörtchen (Tartelettes à la purée de pommes) — 1478

Blätter- od. Sauerrahmteig Nr. 924 u. 922 od. Mürbeteig Nr. 927

z. Bestreichen: 1 Eigelb

Füllung { dickes Apfelmus n. Nr. 1088 mit / 40 g Rosinen u. Zitronenschale, abger.

Törtchen: Den Teig ca. 2 mm dick auswallen, kleine Förmchen damit auslegen, so dass der Teig ca. 1 cm über dem Rand steht. — **Füllen** mit dem Apfelmus, darauf kreuzweise einen schmalen, mit Ei bestrichenen Teigstreifen legen. Das vorstehenden Teigrändchen einrollen, mit der Teigklammer garnieren, mit Ei bestreichen. — **Backen** in guter Hitze ca. **25 Min.**

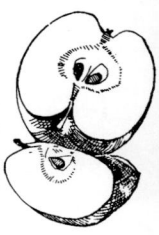

1479   **Apfelweggen oder -bollen**   (Pommes en robe de chambre)

Sauerrahmteig Nr. 922 od.
Blätterteig Nr. 923 od. 924
12 Äpfel (Boskop) mittelgross
z. Bestreichen: 1 Ei

Füllung, zus. vermischt
60 g Mandeln, gerieben
etwas Zitronensaft u. -schale
1 Ei od. einige Essl. Rahm
80–100 g Zucker

Die **Äpfel** schälen, mit dem runden Aushöhler das Kerngehäuse entfernen, **füllen**.
Weggen: Den Teig 3 mm dick auswallen, in ca. 25 cm grosse Vierecke schneiden. Je einen Apfel darauf setzen, mit etwas Zucker bestreuen. Die Teigränder mit Eiweiss bestreichen, die vier Zipfel oben zusammenfassen, die Ränder zusammendrücken. Die ganze Oberfläche mit Ei bestreichen. Die Äpfel auf ein Blech setzen.
Backen in Mittelhitze ca. **30 Min.** (Mit Stricknadel prüfen, ob die Äpfel weich sind.)
Billigere Apfelweggen: Eingerührter od. Weggli-Teig (Nr. 917 u. 919) verwenden und folg. **Füllung:**
a) etwas Butter mit Zucker und Zimt vermischt — b) 3–5 Essl. Paniermehl und Haselnüsse (gerieben), 20 g Rosinen, 60 g Zucker sowie ½ Teel. Zimt mit soviel Milch verrühren, bis die Masse feucht ist.

1480   **Apfelkrapfen oder -taschen**   (Rissoles aux pommes)   ca. 20 Stück

Füllung
¾ kg Äpfel — 40 g Rosinen
50 g Haselnüsse oder
Mandeln, gerieben
80 g Zucker, 1 Msp. Zimt

Sauerrahm- od. Blätterteig Nr. 922 u. 924
od. Eingerührter Teig Nr. 917
evtl. z. Bestreichen: 1 Ei, m. 1 Essl. Milch
Sirup: 80 g Zucker, ½ dl Wasser, zus. gekocht

Füllung: Die Äpfel schälen, in feine Scheibchen schneiden, Zucker, gewaschene Rosinen, Zimt, Haselnüsse oder Mandeln gut damit vermischen.
Formen der Krapfen: Den Teig 2–3 mm dick auswallen. Plätzchen von ca. 12 cm Ø ausstechen, die Hälfte vom Rand mit Wasser bepinseln. Die Mitte mit einem Häufchen **Füllung** belegen. Die Plätzchen zur Hälfte überschlagen u. die Ränder gut aufeinanderdrücken. Sie auf ein Blech legen, evtl. mit Ei bepinseln. — **Backen** in guter Hitze **20–30 Min.** Die Krapfen in dieser Zeit 2–3mal mit dem dicklichen **Sirup** bepinseln.
NB. Weniger reich, jedoch saftiger wird die Krapfenfüllung ohne Haselnüsse od. Mandeln.

1481   **Bananenkrapfen**   (Rissoles aux bananes)

Sauerrahm- od. Blätterteig Nr. 922 u. 924
z. Bestreichen: 1 Ei, m. 1 Essl. Milch

6–9 Bananen — 2 Essl. Rum, 50 g Zucker
etwas Johannis- od. Himbeerkonfitüre

Die **Bananen** schälen, der Länge nach halbieren, mit Zucker bestreuen, mit Rum beträufeln, etwas ziehen lassen (einmal wenden). — Den **Teig** ca. 3 mm dick auswallen und in so grosse Rechtecke schneiden, dass man die Bananen gut darin einschlagen kann. — **Formen:** Jedes Teigstück in der Mitte mit wenig Konfitüre bestreichen, mit einer Banane belegen, diese im Teig einwickeln (das Ende mit etwas Eiweiss bepinseln). Die Krapfen mit Ei bestreichen, mit einer Gabel leicht bestechen. — **Backen** in Mittelhitze ca. **25 Min.** zu goldbrauner Farbe. Etwas abgekühlt, mit Puderzucker besieben.

1482   **Kastanientörtchen**   (Tartelettes aux vermicelles de marrons)   12–15 Stück

Mürbeteig Nr. 927 — ½ Port. Kastanienpurée Nr. 1287 — z. Garnieren: 2–3 dl Rahm, versüsst

Teigschälchen formen und **vorbacken** nach **Nr. 1430** (Abschn. **1c**). — **Füllen:** In die erkalteten Schälchen etwa 1 cm hoch geschlagenen, versüssten Rahm geben. Mit der

Konfektspritze (mit kleingelochtem Einsatz) Kastanienpurée locker hineindressieren. **Garnieren** mit einem grossen Tupfen Schlagrahm.

NB. Ohne Konfektspritze das Purée mit dem Passe-tout auf einen Teller durchpressen und mit zwei Gabeln sorgfältig locker in die Törtchen heben. — Statt Schlagrahm: **Backcrème** Nr. 1417 (1) in die Törtchen füllen. — (Das Rezept sieht auch hübsch aus als grosse **Torte** geformt, s. auch Vacherin mit Kastanien Nr. 1284.)

Kastanien-Meringues-Törtchen (Baisers aux vermicelles de marrons) 1483

12 kleine Papierförmchen
Meringueschalen, kleine (evtl. 4–6 Makrönli)
½ Port. Kastanienpurée Nr. 1287
2–4 dl Rahm, Vanillezucker

Den **Rahm** steif schlagen und versüssen. — **Einfüllen:** Die Meringueschalen oder Makrönli (evtl. klein gebrochen) in die Papierförmchen verteilen und gut 1 cm hoch Rahm darauf geben. Das Kastanienpurée m. der Konfektspritze (mit kleingelochtem Einsatz) hineindressieren. **Garnieren** mit einem grossen Tupfen Schlagrahm.
(Siehe auch NB. bei Nr. 1482.)

Biscuitschnitten mit Früchten und Rahm (ca. 20 Stück) 1484

Leichtes Biscuit Nr. 1339 — **Füllungen** : s. unten — z. Garnieren : 2–3 dl Rahm, versüsst
Form: Ein Backblech mit Pergamentpapier belegen, gut befetten und bemehlen.

Das **Biscuit** auf dem vorbereiteten Blech **backen (ca. 25 Min.),** dann sofort lösen und stürzen. — Erkaltet, in Quadrate oder verschobene Vierecke schneiden, diese querdurch halbieren und **füllen.** — **Garnieren** der Schnitten mit dem geschlagenen, versüssten Rahm und schönen Früchten (s. Bild unten).
Füllung, I. Art: Gekochtes Mus von Zwetschgen, Äpfeln, Rhabarber, Quitten oder

Biscuit-
schnitten
mit Beeren

Aprikosen. — Evtl. **gedörrte** Aprikosen od. Zwetschgen (eingeweicht, evtl. gekocht) fein hacken und versüssen. — **II. Art:** Ananas in Würfelchen geschnitten. Beeren (Erd- od. Himbeeren, Brombeeren usw., auch tiefgekühlte) evtl. mit einer Gabel zerdrücken, nach Geschmack versüssen. — **III. Art:** Konfitüre (auch von Hagebutten); sie nach Belieben mit ²/₃ des geschlagenen Rahmes vermischen.

1485 Nuss- oder Haselnussschnitten mit Rahm   15–20 Stück

Leichtes Biscuit Nr. 1339
oder Biscuit n. Nr. 1338 { 4 Eier — 100 g Zucker
150 g Baum- od. Haselnüsse, fein gerieben
50 g feines Paniermehl

z. Beträufeln { 2–3 Essl. Wasser, 10 g Zucker
evtl. 1 Essl. Arrak od. Rum
Füllung { 3 dl Rahm — 60 g Zucker
50 g Baum- od. Haselnüsse
z. Garnieren: 2 dl Rahm, glas. Nüsse Nr. 1424

Form: Ein Backblech mit Pergamentpapier belegt, gut befetten.

Das **Biscuit** auf dem vorbereiteten Blech backen (**ca. 25 Min.**), dann sofort lösen und stürzen. Erkaltet in Quadrate oder verschobene Vierecke schneiden und sie querdurch halbieren (s. Bild S. 509).

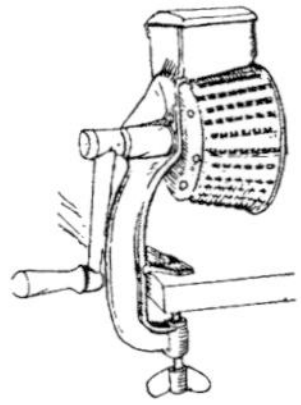

Füllen der Schnitten, nachdem man sie zuerst mit der Liqueurlösung beträufelt hat. **Garnieren** mit geschlagenem, versüsstem Rahm und schönen, glasierten Nüssen.

Füllung I. Art: Die Nüsse reiben, mit dem geschlagenen Rahm vermischen, nach Geschmack versüssen. — **II. Art:** Die Nüsse zuerst im Zucker braun rösten (n. Nr. 1423), erkalten lassen (auf beöltem Blech), dann reiben und unter den Schlagrahm mischen. Evtl. 1 Blatt Gelatine (in 1 dl heisser Milch aufgelöst) beigeben.

1486 Haselnussschnitten mit Backcrème   ca. 15 Stück

Haselnussbiscuit nach Nr. 1364 od. Nr. 1485
Backcrème Nr. 1417 (1, 3 od. 4)

Zitronenglasur Nr. 1420 (2) od. 2 dl Rahm
z. Garnieren: Haselnüsse, geröstet

Das **Biscuit** in einer flachen Form backen, lösen und erkalten lassen. Mit einem ca. 6 cm grossen Ring Stücke ausstechen, diese querdurch halbieren. — **Füllen** mit Vanille-, Mokka- oder Haselnuss-**Backcrème. Glasieren** der Schnitten oder sie **garnieren** mit Schlagrahm und mit einer geschälten Haselnuss bestecken.

1487 Feine Aprikosen-Biscuittörtchen   ca. 15 Stück

Butter-Biscuit { 130 g Butter, 1 Pr. Salz
130 g Zucker, 3 Eigelb
Zitronenschale, abgerieb. od. Vanille
130 g Weissmehl — 3 Eiweiss (z. Schnee)

ca. 15 grosse, gedörrte Aprikosen (eingeweicht)
wenig Zucker — evtl. 1–2 Pistazien

Biscuitmasse: Butter, Salz, Zucker und Eigelb schaumig rühren, Zitrone oder Vanille beigeben. Das gesiebte Mehl abwechselnd mit dem Eierschnee leicht darunter ziehen. — **Einfüllen** in kleine gut bebutterte Förmchen (kannellierte) bis zu ¾ Höhe. Je eine gut abgetropfte Aprikose darauf legen. — **Backen** in mässiger Hitze (auf unterer Rille) ca. **25 Min.** Sofort lösen und **glasieren** mit etwas versüsstem, dicklich eingekochtem Aprikosensaft, evtl. bestreuen mit gehackten Pistazien.

Mürbe Orangen- oder Ananastörtchen   1488

Butterteig { 125 g Butter, 1 Pr. Salz / 100 g Zucker — 2 Eigelb / 170 g Weissmehl
z. Beigeben { Orangenschale, abgerieben / od. 50 g kand. Ananaswürfelchen

z. Garnieren { Glasur mit Orangen- od. Ananassaft, Nr. 1420 (2 od. 3) / 1–2 kand. Orangenscheiben od. Orangenschnitze (aus Büchsen) od. 1 Scheibe kand. Ananas

Den **Teig** zubereiten nach **Nr. 1512** (schaumig gerührt). **Beigeben** einer der angegebenen Zutaten. — **Einfüllen** in kleine bebutterte Förmchen 1½ cm dick, leicht bestechen. — **Backen** in guter Mittelhitze zu hellgelber Farbe (ca. **20 Min.**) Die **Törtchen** sofort lösen und glasieren solange sie noch **heiss** sind, dann belegen mit Stückchen der entsprechenden kandierten Frucht.

Orangenwürfel   ca. 15 Stück   1489

Biscuit Nr. 1339 od. 1340 — Orangenglasur Nr. 1420 (2), glasierte Orangenschnitze nach Nr. 1425
z. **Füllen:** Orangen-Buttercrème Nr. 1415 (2) oder Füllung von Orangentorte Nr. 1352
Form zum Backen: ein viereckiges Blech mit Papier belegt und befettet.

Das **Biscuit** zubereiten mit abgeriebener **Schale** von 1–2 **Orangen** (statt v. Zitronen). Es auf dem vorbereiteten Blech ca. 1½ cm dick ausstreichen. — **Backen** in mässiger Hitze ca. **15 Min.**, dann lösen, stürzen und erkalten lassen. In 4–5 cm grosse Vierecke schneiden. Die Hälfte derselben mit **Füllung** bestreichen, mit den übrigen bedecken. — **Glasieren** der Würfel, und sie mit je einem glasierten Orangenschnitz belegen.

Kirsch- oder Mokkawürfel   ca. 15 Stück   1490

Zubereitung wie Orangenwürfel **Nr. 1489,** jedoch zum **Füllen** Kirsch- oder Mokka-Buttercrème **Nr. 1415** (1 od. 4) verwenden, zum Überziehen die entsprechende **Glasur.** Als **Garnitur** halbe kandierte Kirschen oder Schokolade-Mokkabohnen auflegen.

Petits Fours   feines Pariser Dessertgebäck, auch zu schwarzem Kaffee usw.   1491

Anmerkung: Es sind dies sehr kleine Törtchen von feiner Biscuit-, evtl. Mandelmasse, beliebig zugeschnitten od. ausgestochen u. gefüllt, mit Glasur (evtl. mit Buttercrème) überzogen u. hübsch verziert.
Zubereitung wie die Würfel von **Nr. 1489,** das Biscuit jedoch zum **Formen** in max. 4 cm grosse Würfel, verschobene Vier- oder Dreiecke schneiden oder Herzen, Sterne usw. ausstechen. — Zum **Füllen** irgend eine feine **Buttercrème** verwenden (von **Nr. 1415** Abschn. 1–6), evtl. auch eine feine passierte Konfitüre, zum **Überziehen** die passende **Glasur.** — Petits Fours hübsch **garnieren** mit Schokoladebohnen oder -lentilles, Zuckerveilchen, kandierten Früchten (alles in Confiserien erhältlich) oder durch zartes Aufspritzen von Namen (od. Initialen), Rosetten usw. mit Spritzglasur od. entsprechender Buttercrème. — **NB.** Bei **grossen** Portionen das **ganze** Biscuit halbieren und füllen, dann mit heissem Messer in Würfel, Dreiecke usw. schneiden.

Süsse, gefüllte Pilze   (Champignons doux farcis)   1492

Biscuitmasse n. Nr. 1339 od. 1340
etwas Liqueur od. Kaffee

Buttercrème { mit Mokka, Schokolade od. Haselnuss s. Nr. 1415 (4–6)

Die **Biscuitmasse** zubereiten und in kleine Förmchen (wie zu Tartelettes) verteilen bis zu halber Höhe. — **Backen** in mässiger Hitze und sofort lösen. — **Pilze:** Die Biscuits

auf der breiteren Seite mit etwas verdünntem Liqueur oder versüsstem Kaffee beträufeln und mit einer der **Crèmen** ca. 3 mm dick bestreichen. Mit einer Gabel (in heisses Wasser getaucht) von der Mitte aus Lamellen markieren oder mit Crème daraufspritzen (mit grober Zackentülle), leicht mit Schokoladepulver bestäuben. In die Mitte einen Biscuit-Pilzstiel stecken (von ca. 1 cm ⌀, evtl. mit Tülle ausgestochen).

1493 Linzerschnitten (Tranches de Linz)   12–16 Stück

Linzertortenteig von Nr. 1397
z. Bestreichen: 1 Eigelb, m. 1 Prise Zucker

Füllung { Konfitüre (v. Himbeeren od. Aprikosen) oder Mandelmasse, s. unten

Formen und **Füllen** der **Schnitten:** ²⁄₃ des Teiges auf einem viereckigen Kuchenblech zu einem 10 cm breiten, gut ½ cm dicken Streifen ausstreichen. Die Ränder des Streifens mit Wasser bepinseln und vom Rest des Teiges (mit den 40 g Mehl vermischt) je eine fingerdicke Rolle daraufdrücken, diese mit Teigklammer (od. Gabel) verzieren (den Rand evtl. mit einem festen Alustreifen arretieren). — In den Zwischenraum Konfitüre od. Mandelmasse (od. beides) streichen u. gitterartig schrägüber mit Teigstreifen belegen. Diese sowie den Rand mit Eigelb bestreichen. — **Backen** in Mittelhitze ca. **45 Min.** — Etwas auskühlen lassen und in 12–16 Schnitten teilen.

Mandelfüllung: 100 g Mandeln, 80 g Zucker, abgerieb. Zitronenschale u. -saft, ca. ¾ dl Milch
Die Mandeln schälen, trocknen und reiben. Sie mit den übrigen Zutaten in einem Pfännchen auf kleinem Feuer rühren, bis die Masse dicklich gebunden ist, evtl. etwas Rosenwasser oder einen Tropfen Bittermandelöl beigeben.

1494 Ofenküchlein (Choux à la crème oder Windbeutel)   ca. 20 Stück

Brühteig { 2 dl Wasser, 1 Pr. Salz
n. Nr. 932   50–70 g frische Butter
                  125 g Weissmehl
                  3–4 Eier — 20 g Zucker

z. Füllen { 2–3 dl Rahm
              etwas Zucker mit Vanille

Andere **Füllungen** siehe unten

Formen: Vom Brühteig auf ein befettetes Blech ca. 4 cm grosse, hohe Häufchen setzen im Abstand von 4–5 cm (wenn möglich ca. ¼ Std. kalt stellen). Evtl. mit Ei bestreichen, mit etwas Zucker oder mit dünnen Haselnussspänen bestreuen. — **Backen** in Mittelhitze **30–40 Min.** — Nicht zu heiss backen (bes. anfangs), damit die Küchlein gut aufgehen können. Den Ofen während des Backens nicht öffnen (oder nur sehr vorsichtig) da sie sonst zusammenfallen! — **Füllen:** Die Ofenküchlein nach dem Erkalten bis zur Hälfte aufschneiden (am besten mit einer Schere). — Den **Rahm** steif schlagen, versüssen, mit Löffel oder Spritzsack in die Küchlein füllen.

Andere Füllungen: a) Backcrème Nr. 1417 — **b)** dickes Apfelmus mit Rosinen (evtl. einen Tupfen Rahm auf die Küchlein spritzen) — **c)** Schlagrahm, vermischt mit Wald- od. kleinen Gartenerdbeeren, kleingeschnittenen Bananen od. kandierten Früchten (mit Rum od. Maraschino beträufelt) od. 1-2 Essl. Himbeerkonfitüre. — Als **Schwänchen** geformt: Vom Teig noch einige fingerdicke «S» spritzen und mitbacken. — Die erkalteten Ofenküchlein halbieren, die untere Hälfte mit Rahm bedecken, die obere längs halbiert als Flügel darauflegen, den Hals dazwischen stecken.

1495 Eclairs au cafè ou au chocolat

Brühteig wie zu Ofenküchlein Nr. 1494 (s. NB.)
Glasur Nr. 1420 (5) od. 1421 (je n. Füllung)

z. Füllen { Backcrème mit Kaffee od.
              mit Schokolade Nr. 1417 (2 u. 3)

Formen: Den Brühteig in einen Dressiersack mit glatter Tülle (von 1,5–2 cm ⌀) füllen und auf ein gut gefettetes Blech 8–10 cm lange Streifen spritzen. — **Backen** in

Mittelhitze **ca. 30 Min.** (Siehe Backen der Ofenküchlein.) — **Füllen:** Die Eclairs nach dem Erkalten der Länge nach bis zur Hälfte aufschneiden, mit der Crème füllen und die Oberfläche mit Glasur bestreichen (od. evtl. nur mit Puderzucker bestäuben). 
NB. Mokka-Eclair II. Art: Für den Brühteig Kaffee verwenden (statt Wasser) und die Eclairs mit versüsstem Schlagrahm füllen.

Profiteroles à la crème   Kleine Ofenküchlein   Bild auf Tafel 45   1496

Kleine Ofenküchlein n. Nr. 1494   Schokolade-Crème Nr. 1236 od. Nr. 1416
z. Füllen: 2 dl Rahm — Zuckersirup (v. 100 g)   od. Mokka-Crème Nr. 1239

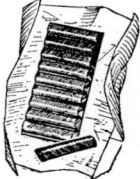

Vorbereiten: Die erkalteten Ofenküchlein (nur 2–3 cm gross gespritzt) aufschneiden u. mit ungezuckertem Schlagrahm füllen. — Den Zucker mit etwas Wasser sirupdick einkochen (z. Faden). — **Anrichten** der Küchlein auf eine Platte, bergartig aufeinander gesetzt, indem man sie immer mit heissem Zuckersirup bepinselt. Das Ganze sorgfältig mit **Crème** überziehen, evtl. mit wenig gehackten Pistazien oder zerbrochenen kandierten Veilchen bestreuen. — **Servieren** mit dem Rest der Crème.

Meringuemasse   für Meringueschalen und -böden, Garnituren usw.   1497

4 Eiweiss (z. Schnee) — 160–200 g feinen Griesszucker, gesiebt (40–50 g pro Eiweiss)

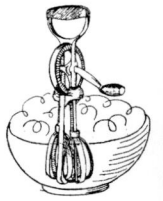

Zubereitung I. Art: Das **Eiweiss** zu halbsteifem Schnee schlagen, dann nach und nach gut die Hälfte des Zuckers während des Schlagens beifügen. Zuletzt den restlichen Zucker sorgfältig und leicht darunterziehen (d.h. melieren, nicht rühren).
II. Art: Allen Zucker nach und nach z. Eierschnee geben und solange schlagen bis sich die Masse schneiden lässt. (Ist mühsamer zu arbeiten, fällt aber weniger rasch zusammen.) **Verwenden** der Meringuemasse möglichst sofort.
NB. Durch unsorgfältiges Zubereiten oder längeres Stehenlassen wird die Masse wässerig, lässt sich nicht mehr gut formen und ist nach dem Backen zügig! — (Benötigte Bleche immer zuerst vorbereiten!)

Meringues   (Baisers)   20–30 Halbschalen   Abbildung s. S. 433   1498

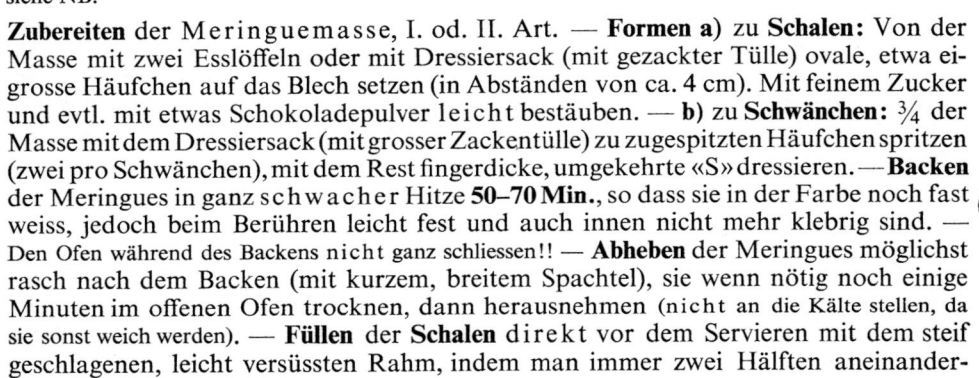

Vorbereiten: Ein grosses Backblech gut befetten und mit Mehl bestäuben. — Den Ofen leicht vorwärmen (spez. elektrisch) U = **1–3** und O = **1–2**, je nach Schalter des Ofens.
Meringuemasse **Nr. 1497** — z. **Füllen:** 3–4 dl Rahm, 10–15 g Zucker mit Vanille — andere Füllungen: siehe NB. 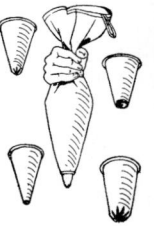
Zubereiten der Meringuemasse, I. od. II. Art. — **Formen a)** zu **Schalen:** Von der Masse mit zwei Esslöffeln oder mit Dressiersack (mit gezackter Tülle) ovale, etwa eigrosse Häufchen auf das Blech setzen (in Abständen von ca. 4 cm). Mit feinem Zucker und evtl. mit etwas Schokoladepulver leicht bestäuben. — **b)** zu **Schwänchen:** ¾ der Masse mit dem Dressiersack (mit grosser Zackentülle) zu zugespitzten Häufchen spritzen (zwei pro Schwänchen), mit dem Rest fingerdicke, umgekehrte «S» dressieren. — **Backen** der Meringues in ganz schwacher Hitze **50–70 Min.**, so dass sie in der Farbe noch fast weiss, jedoch beim Berühren leicht fest und auch innen nicht mehr klebrig sind. — Den Ofen während des Backens nicht ganz schliessen!! — **Abheben** der Meringues möglichst rasch nach dem Backen (mit kurzem, breitem Spachtel), sie wenn nötig noch einige Minuten im offenen Ofen trocknen, dann herausnehmen (nicht an die Kälte stellen, da sie sonst weich werden). — **Füllen** der **Schalen** direkt vor dem Servieren mit dem steif geschlagenen, leicht versüssten Rahm, indem man immer zwei Hälften aneinander-

drückt. — Bei **Schwänchen** je zwei Meringues-Flügel immer zusammen so anrichten, dass der Spalt nach o b e n kommt, diesen mit Schlagrahm garnieren, evtl. mit Schok.-Pulver bestäuben und je ein «S» (als Hals) dazwischenstecken (s. S. 433).

NB. Andere Füllungen für Schalen: **a)** B a c k c r è m e Nr. 1417 (1 od. 2) mit Vanille- od. Schokolade. **b)** Unter den Schlagrahm etwas Schokoladepulver oder leicht gezuckerte Walderdbeeren od. passiertes Erdbeer- od. Himbeermark mischen. — Meringueschalen lassen sich in gut verschliessbarer Blechschachtel einige Zeit **aufbewahren** (n i c h t an der Kälte).

1499 Cornets (Rahmtüten) ca. 30 Stück

Teig { 100 g Weissmehl / 100 g feinen Griesszucker / 2 dl Rahm   **z. Füllen** { 2–3 dl Rahm / 10–15 g Zucker mit Vanille
A n d e r e Füllungen: siehe u n t e n

Spez. Gerät: Cornetbrille und Cornetholz (siehe NB.) — **Bleche:** kleinere flache, z. B. Springformböden. Da Cornets nach dem Backen s e h r rasch steif werden und dann beim Formen sofort brechen, ist es am besten, sie e i n z e l n zu backen.

Teig: Mehl und Zucker mit dem Rahm glatt und dickflüssig anrühren.

Formen der Cornets: Die Bleche befetten, mit Mehl bestäuben und den Teig mit Hilfe von Cornetbrille und Spachtel so d ü n n wie möglich (d.h. ca. 1 mm) darauf ausstreichen. — **Backen** in guter Hitze bis die Plätzchen hellbraun sind. Sie s o f o r t vom Blech lösen, rasch umkehren, so dass die glänzende Seite nach u n t e n kommt, und s o f o r t (heiss) um das Cornetholz rollen. — **Füllen** der Cornets k u r z vor dem Servieren mit dem leicht versüssten Schlagrahm (evtl. mit 1 Tasse frischen zerdrückten Erd- od. Himbeeren vermischt) oder nach Angabe u n t e n.

NB. Cornets lassen sich in gut verschliessbarer Büchse einige Zeit aufbewahren. — Hat man keine Cornetbrille, so schneidet man sich einen weissen Kartonring mit einem ca. 10 cm grossen runden Ausschnitt. — Statt mit einem Cornetholz: die Tüten von Hand (od. evtl. mit Hilfe einer Spritztülle) formen oder sie nur aufrollen. — Kleine **Schokolade-Cornets** für Garnituren s. Nr. 1587.

Andere Füllungen, z. B. als Dessert: **a)** dickes Apfelmus mit Rosinen (evtl. mit einem Tupfen Rahm garniert) — **b)** Vanille-Backcrème Nr. 1417 (1) — **c)** Frucht-Quarkcrème Nr. 1064.

1500 Schokoladerollen ca. 30 Stück

Cornet- od. Japonais-Teig (Nr. 1499 od. 1392)
z. **Füllen:** 2–3 dl Rahm, versüsst   z. **Glasieren** { 150 g dunkle oder / Couverture-Schokolade

Zubereitung wie Cornets, jedoch ca. 8 cm grosse **Vierecke** ausstreichen (mit Hilfe einer «Brille») und nach dem Backen um ein Tabakrollenholz od. einen dicken Kochlöffelstiel rollen. — **Glasur:** Die Schokolade mit 4–6 Essl. Wasser in einem Pfännchen im W a s s e r b a d schmelzen. Die Rollen einzeln hineintauchen, bis sie von Schokolade überzogen sind (od. damit bepinseln). Sie auf ein festes, beöltes Pergamentpapier legen und trocknen lassen. — **Füllen** der erkalteten Rollen mit dem l e i c h t versüssten Schlagrahm.

1501 Baumkuchenspitzen

Baum- od. Schichtkuchen Nr. 1394a — Schokoladeglasur Nr. 1421 oder Parisercrème Nr. 1416

Formen und Glasieren: Den Baumkuchen (evtl. Reste) in 1 cm dicke Scheiben schneiden und diese in 2–3 exakte h o h e Dreiecke. Jedes derselben in die Glasur tauchen, gut abtropfen und **steif** werden lassen (auf einem Kuchengitter).

Löffelbiscuits   (Pélerines)   I. und II. Art   1502

I. Art: Zubereitung des Biscuits **Nr. 1339.** Backen in spez. Löffelbiscuitförmchen.

II. Art: 3 Eigelb — 70 g Zucker
Zitronenschale abgerieben
od. 1 Msp. Vanille
100 g Spezialgriess «Ami» od. Paidol
od. Weissmehl — 3 Eiweiss (z. Schnee)

Vorbereiten: Ein grosses Backblech gut befetten, bemehlen.
Biscuitmasse: Eigelb, Zucker, fein abgeriebene Zitronenschale oder Vanille schaumig rühren (ca. 20 Min.). Löffelweise Spezialgriess oder Mehl (gesiebt) und den Eierschnee darunterziehen. — **Formen:** Den Teig (spez. v. II. Art) durch einen Dressiersack mit glatter Tülle (von ca. 1 cm Ø) zu fingerlangen Streifen auf das Blech spritzen. Mit Zucker leicht bestreuen. **Backen** in Mittelhitze zu hellgelber Farbe, **15–20 Min.** Sofort vom Blech lösen. **Verwenden** als leichte Beigabe zu Kompott, Crèmen oder Glacen.

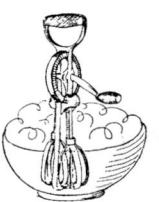

Gleichschwer und Madeleines   (Schmelzbrötchen)   1503

für Gleichschwer:
5 Eier — 150 g Zucker, Zitrone, abgerieben
100 g Weissmehl, 100 g Kartoffelmehl
evtl. 1 Teel. Backpulver
1 Essl. Rum od. 1 Teel. Zitronensaft
150 g Butter, flüssig (nicht warm)

für Madeleines (bes. zart):
2–3 Eier — 125 g Zucker
Zitronenschale, abgerieben
60 g Weissmehl, 1 Msp. Backpulver
80 g Kartoffelmehl
60–100 g Butter, flüssig (nicht warm)

Vorbereiten: Kleine Biscuit- resp. Madeleinesförmchen gut bebuttern.
Die **Biscuitmasse** zubereiten nach **Nr. 1338,** Grundregel. — Die leicht geschmolzene Butter sorgfältig unter die Masse ziehen! — **Einfüllen** in die Förmchen bis zu ²/₃ Höhe. — **Backen** in guter Hitze ca. **20 Min.** Sofort aus den Förmchen lösen.

Glacéstengel   (Bâtons glacés)   1504

Blätterteig od. Quarkteig Nr. 924 u. 921 — z. **Glasur:** 2 Eiweiss (Schnee), 150 g Puderzucker, gesiebt
Glasur: Eierschnee und Puderzucker zusammen glatt und dicklich rühren (ca. 5 Min.).
Formen der Glacéstengel: Den Teig ½ cm dick auswallen, in 10 cm breite Stücke schneiden, davon 3–4 cm breite Streifen. Diese auf ein Blech legen, mit der Eiweissglasur sorgfältig bepinseln. — **Backen** in guter Hitze ca. **20 Min.**, zu hellgelber Farbe.

Prussiens   (Palmblätter)   Bild auf Tafel 54   1505

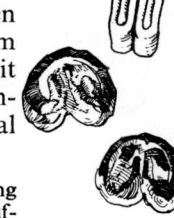

Blätterteig Nr. 924, Quark- od. Sauerrahmteig Nr. 921 u. 922 — z. Bestreuen: Griesszucker
Formen: Den Teig ½ cm dick zu einem Rechteck auswallen (ca. 20 cm breit). Mit Zucker bestreuen und von beiden Seiten her gegen die Mitte aufrollen. Die beiden Rollen mit dem Wallholz leicht aufeinanderdrücken und querdurch in schwach 1 cm dicke Scheiben schneiden. Diese auf ein Blech legen, Schnittfläche nach unten, mit wenig Zucker bestreuen. — (10–20 Min. kaltstellen.) — **Backen** in guter Mittelhitze während ca. **20 Min.**, d. h. bis die Prussiens gelbbraun und karamelig sind, sie evtl. einmal wenden. — Den Ofen während der ersten Minuten nicht öffnen.

NB. Prussiens sorgfältig backen, da sie des Zuckers wegen leicht anbrennen. — Gute Verwendung von Blätterteigresten. — Prussiens schmecken am besten frisch (sie wenn nötig kurz im Ofen aufbacken). — Prussiens als **Salzgebäck** siehe Nr. 1611.

1506 **Schuhsohlen** (Semelles sucrées)

Teige: siehe Prussiens Nr. 1505 — Griesszucker

Formen: Den Teig ca. ½ cm dick auf Zucker auswallen. Etwa 8 cm grosse, gezackte runde Plätzchen ausstechen. Diese mit dem Wallholz zu einem Oval ausdrücken, auf ein Blech legen, mit Zucker bestreuen. — **Backen** in guter Mittelhitze ca. **15 Min.** Die Schuhsohlen evtl. während des Backens einmal wenden. — Siehe auch **NB.** von Nr. 1505.

1507 **Blätterteig-Hufeisen** (Fers de cheval sucrés)

Teige: siehe Prussiens Nr. 1505 Mandelfüllung v. Linzerschnitten Nr. 1493
z. Bestreichen: 1 Eigelb oder dicke Himbeerkonfitüre

Formen: Den Teig ½ cm dick auswallen, in 6–8 cm breite, ca. 20 cm lange Streifen schneiden. Diese in der Mitte (der Länge nach) mit der Füllung ca. 1 cm breit bestreichen. Den Rand benetzen, den Teig darüberschlagen, der Länge nach aufeinanderkleben. Die Streifen wenden und hufeisenförmig aufs Blech setzen, Schnittkante nach aussen. Die Oberfläche mit Eigelb bestreichen, mit etwas Zucker bestreuen. — **Backen** in guter Mittelhitze ca. **30 Min.** — Siehe auch **NB.** von Nr. 1505.

1508 **Crèmeschnitten** (Mille-feuilles)

Teige: siehe Prussiens Nr. 1505 Vanille-Backcrème Nr. 1417 (1)
Weichsel-, evtl. Himbeerkonfitüre (s. NB.) Zitronenglasur Nr. 1420 (2)

Auswallen des Teiges zu einem möglichst gleichmässigen Rechteck von ca. 30 cm Breite. Ihn auf ein Blech heben und nochmals kalt stellen. Dann in drei gleiche Streifen von ca. 10 cm Breite schneiden, mit einer Gabel bestechen. — **Backen** in guter Hitze ca. **20 Min.**, zu hellgelber Farbe. — Einen Streifen (evtl. umgekehrt) solange er noch warm ist, mit der Glasur überziehen. — **Formen:** Nach dem Erkalten ein Teigstück mit Konfitüre bestreichen, mit dem zweiten Stück bedecken und die Crème darauf verteilen (ca. 1 cm dick). Das glasierte Teigstück in 2–3 cm breite Streifen schneiden und diese dicht aneinander als oberste Schicht auf die Crème legen. Mit einem grossen Messer die Schnitten jetzt durchschneiden.

NB. Als **Füllung** lässt sich auch gut nur Backcrème verwenden.

1508a **Crèmeschnitten Tusnelda**

Zubereitung wie Crèmeschnitten **Nr. 1508,** jedoch **4 Streifen** von gleicher Breite schneiden. — **Füllung:** Die **1. Lage** mit Weichsel-Konfitüre bestreichen, die **2.** mit Vanille-Backcrème, die **3.** mit Schlagrahm (2 dl), evtl. mit 1 Eierschnee vermischt, leicht versüsst und mit 1 Blatt Gelatine (heiss aufgelöst) gebunden. — Der **Glasur** etwas Kirsch beigeben.

Kleines Gebäck (Konfekt)

Allgemeines. Die Herstellung von schönem kleinem Backwerk verlangt sorgfältiges und exaktes Arbeiten. — **Hauptzutaten:** Frische Butter (evtl. Pflanzenfett Nussa, sowie Margarine I. Qualität). Feiner Griesszucker (grober, körniger Zucker eignet sich nicht für zartes Gebäck); für spezielle, vor allem dunkle Teige evtl. feinen Rohzucker. — Weissmehl wenn möglich für alles mürbe, helle Gebäck, wenn nichts Besonderes erwähnt ist. Ersatz für Weissmehl: Spezialgriess (Marke «Ami») sowie $^1/_3$ Maizena oder Kartoffelmehl (Fécule). Halb-Weissmehl für alles einfache und dunkle Gebäck. Übrige Zutaten: gute Qualität Mandeln, Nüsse, frische Eier usw.
Teig-Zubereitungsarten: a) Konfektteig (ohne Butter), gerührt = **Nr. 1511.** — **b)** Konfekt-Butterteig, gerührt = **Nr. 1512.** — **c)** Konfekt-Butterteig, gerieben = **Nr. 1513.** — **d)** Makrönliteig = **Nr. 1570** (Mandelmakrönli od. -makronen).

Regeln beim Zubereiten und Backen von Konfekt 1509

Vorbereiten und **exaktes Abwägen** der **Zutaten** (ungenau zubereitet, ergibt oft kein gutes Resultat). — Butter schaumig rühren, Mandeln schälen usw., siehe Fachausdrücke. — Allen Teigen, die Mehl enthalten, eine kleine Prise feines Salz beimischen.

1. **Zubereiten** und **Mischen** des Teiges nach Angabe. Dann in der Regel an der **Kälte ruhen** lassen, damit der Teig etwas fester wird und sich leichter auswallen lässt. Besonders weiche Butterteige evtl. über Nacht ruhen lassen (mit Alufolie überdeckt).
2. **Auswallen** nur kleiner Stücke auf einmal und mit möglichst wenig Mehl, damit das Gebäck nicht hart und trocken wird! — Um besser auswallen zu können, den Teig mit einem Pergamentpapier belegen! Ihn während des Auswallens und vor allem direkt vor dem Ausstechen mit einem langen Spachtel vom Tisch od. Teigbrett lösen (sonst schrumpft der ausgestochene Teig wieder zusammen).
3. **Das Ausstechen** oder **Formen** soll exakt geschehen. — **Bestreichen mit Ei** immer so, dass es nicht über das Konfekt hinunterfliesst, da es sonst nicht mehr richtig aufgeht. Das Ei od. Eigelb mit etwas Zucker (f. Salzkonfekt m. 1 Pr. Salz) u. einigen Tropfen Milch od. Wasser vermischen.
4. **Auflegen aufs Blech:** Im Abstand von ca. 2 cm und versetzt (es soll sich nicht berühren). Gebäck, das stärker aufgeht (Makrönli usw.) ca. 4 cm auseinander. — Das Blech mit flüssigem Kochfett dünn bepinseln od. mit befettetem Papier abreiben. Für Konfekt, das kein Mehl enthält (Makrönli, Eiweissgebäck usw.), das Blech gut befetten, dann mit Mehl bestäuben.
5. **Backen** und **Hitzegrade:** Alles Konfekt in der Regel in der Mitte des Ofens mit etwas mehr Unter- als Oberhitze backen, damit es etwas aufgeht und gut durchgebacken wird. Deshalb auch immer nur 1 Blech aufs Mal in den Ofen schieben.
    a) **Schwache Hitze:** für Mandel- und Eiweisskonfekt, das mehr trocknen soll: z.B. U 1–2/O 1–2, bei einem 8-Stufen-Schalter auf **3–4** oder **100–140°**, evtl. bei nicht ganz geschlossenem Ofen.
    b) **Mittelhitze:** für Gebäck, das leicht gelb werden soll, z. B.: U2 und O2, oder **5** bei einem 8-Stufen-Schalter auf **150–180°**.
    c) **Gute Hitze:** für Blätterteiggebäck und Butterkonfekt z.B. U3 od. 4 u. O3, bei Schaltern mit 8 Stufen auf **6–7** oder **200–250°**.
    Die **Dauer** des **Backens** richtet sich bei Konfekt nach Art und Dicke des Teiges, deshalb häufig nachsehen. Die Zeit lässt sich nicht genau berechnen.
6. **Lösen** und **Abheben** des Gebäckes vom Blech direkt nach dem Backen, damit es nicht klebt (mit breitem, kurzem Spachtel). — Das Gebäck während des Backens gut **kontrollieren** und schon gelb Gebackenes auf ein Kuchengitter herausnehmen. Nicht aufeinanderlegen, solange es warm ist, damit es nicht krumm und unansehnlich wird.
7. Evtl. **Glasieren** von Konfekt: d.h. mit der Glasur bepinseln, möglichst solange es noch **heiss** ist, damit es nachher glänzt.

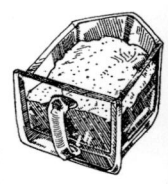

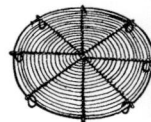

1510 Aufbewahren von Konfekt auf Vorrat

Gewisse Konfekte lassen sich gut auf Vorrat herstellen. — **Aufbewahren:** Am besten in einer gut verschliessbaren Blechschachtel (evtl. Porzellandose). Es ist vorteilhaft, **jede Sorte separat** in eine Büchse zu geben, damit sie ihren speziellen Geschmack behält und knusprig oder evtl. auch weich bleibt, je nach Art (wichtig für den Vorrat von Weihnachtsgebäck!).

1. **Mandel-, Eiweisskonfekt** und ähnliches (ohne Butter) hält sich am besten. Es bekommt oft erst nach einigen Tagen den richtigen Wohlgeschmack.
   Bei Makrönli, Zimtsternen usw., die nicht hart werden sollen, ist es gut, einen kleinen Apfel- od. Rübenschnitz od. etwas Zitronenschale in die Büchse zu legen (auf einem Stücklein Papier).
2. **Einfaches Konfekt** (ohne Butter): Kräbeli, Pomeranzenbrötchen usw. anfangs in offener Büchse und kühl (jedoch nicht direkt an der Kälte) aufbewahren, da sie sonst hart werden.
3. **Butterkonfekt** lässt sich am wenigsten gut lange aufbewahren. — Nach 8–10 Tagen verliert es den feinen Geschmack (im Notfall nochmals kurz im heissen Ofen aufbacken).

1511 Zubereitung von Konfektteig (ohne Butter) Quantum der Zutaten n. Rezept

Regeln zum Zubereiten u. Backen von **Konfekt** siehe **Nr. 1509**. — **Aufbewahren auf Vorrat Nr. 1510.**

1. **Schaumigrühren** (oder -schlagen) der Eier oder Eigelb mit dem Zucker an der Wärme während **5–10 Min.** (Mit Eierrädli od. Schneebesen od. in einer Küchenmaschine.)
2. **Beigeben** der übrigen vorbereiteten Zutaten n. Rezept. Das **Mehl** am besten nach und nach dazusieben.
3. Den **Teig** evtl. noch zusammenkneten (mit Teigschaber) und an der **Kälte** ruhen lassen (evtl. über Nacht).

1512 Zubereitung von Konfekt-Butterteig, gerührt Quantum der Zutaten n. Rezept

Regeln zum Zubereiten u. Backen von **Konfekt** siehe **Nr. 1509**. — **Aufbewahren auf Vorrat Nr. 1510.**

1. **Schaumigrühren** der Butter (Margarine od. Nussa) an leichter Wärme, bis sie weich, d. h. schaumig ist (mit Teigkelle). Zucker und (je n. Angabe) Eigelb, ganze Eier od. evtl. nur Eiweiss hinzufügen und nochmals ca. **10 Min. rühren** (evtl. mit Schneebesen).
2. **Beigeben** der übrigen vorbereiteten Zutaten, je nach Angabe im Rezept (z. B. Rosinen, Mandeln usw.). — Zuletzt das **Mehl** nach und nach dazusieben.
3. Den **Teig** evtl. noch zusammenkneten (mit Teigschaber) und an der **Kälte** ruhen und fest werden lassen (20 Min. oder länger, evtl. über Nacht).

1513 Zubereitung von Konfekt-Butterteig, gerieben Quantum der Zutaten n. Rezept

Regeln zum Zubereiten u. Backen von **Konfekt** siehe **Nr. 1509**. — **Aufbewahren auf Vorrat Nr. 1510.**

1. Zum **Reiben:** Das Mehl in die Schüssel sieben. Den Zucker und die in kleine Stückchen geschnittene Butter (Nussa, Margarine usw.) dazugeben. Alles zusammen von Hand (d. h. mit den Fingerspitzen) leicht und rasch reiben, bis die Masse gleichmässig trockenflockig aussieht (nicht fettig oder klebrig).
2. **Beigeben** der übrigen Zutaten unter Rühren (wenn Eier, diese gut verklopft).
3. Den **Teig** leicht zusammenkneten (mit Teigschaber od. wenn nötig von Hand), und an der **Kälte** ruhen und fest werden lassen (20 Min. oder länger, evtl. über Nacht). — **Wichtig:** Butterteige dürfen jedoch nicht hart werden, da sie sonst beim Auswallen leicht brechen. Immer nur kleine Teigstücke aufs Mal auswallen!

Badener Kräbeli 60–80 Stück oder ca. 700 g 1514

Schaumig-rühren { 3 Eier, 1 Pr. Salz / 300 g feinen Griesszucker oder Puderzucker, gesiebt / Zitronenschale, abgerieben

z. Beigeben { ca. 2 Essl. Änis / ½ Essl. Kirsch od. 1 Msp. Triebsalz / 300–350 g Weissmehl (evtl. halbweisses)

Zubereitung des Konfektteiges nach **Nr. 1511**. — Eier und Zucker zusammen sehr gut schaumig rühren (ca. **40 Min.**). Das Mehl (evtl. leicht vorgewärmt) dazusieben. **Formen** zu fingerdicken Rollen, davon 4–5 cm lange Stückchen schräg abschneiden. Diese auf einer Seite 2–3mal schräg einkerben und leicht gebogen auf ein befettetes Blech legen. Das Konfekt über Nacht in einem warmen Raum stehen lassen. — **Backen** am folgenden Tag mit schwacher Unterhitze (ca. **20 Min.**).

NB. Die Kräbeli sollen beim Backen sogenannte «**Füssli**» bekommen und oben weisslichgelb aussehen. — Kräbeli sind ausgiebig und längere Zeit als **Vorrat** haltbar.

Änisplätzchen (Galettes d'anis) 1515

Gleicher **Teig** sowie **Backen** wie Badener Kräbeli **Nr. 1514** (mit 300 g Mehl). **Formen**, indem man mit einem Löffel kleine, runde Plätzchen aufs Blech setzt.

Springerli 1516

Gleicher **Teig** sowie **Backen** wie Badener Kräbeli **Nr. 1514** (mit 350–400 g Mehl). **Formen der Springerli:** Den Teig gut 1 cm dick auswallen, mit dem speziellen **Holzmodel** den Teig leicht eindrücken und die Formen möglichst exakt ausschneiden.

Änisschnitten (Zwieback à l'anis) I. und II. Art — ca. 40 Stück 1517

Schaumig-rühren { 100 g Butter, 1 Pr. Salz / 3–4 Eier / 250 g feinen Zucker

z. Beigeben { evtl. 1 dl Milch / 2 Essl. Änis / 500 g Mehl, 5 g Backpulver

I. Art: Zubereitung des Konfekt-Butterteiges **gerührt**, nach **Nr. 1512**. Ihn in eine grosse, gut bebutterte Rehrücken- od. Cakeform füllen (letztere am Boden mit Papier belegt) und glattstreichen.

II. Art: 3–4 Eier, 250 g feiner Zucker, 1 Pr. Salz — 2 Teel. Änis — 250 g Mehl, 5 g Backpulver **Zubereitung** des Konfektteiges (ohne Butter) nach **Nr. 1511** und einfüllen wie oben. **Backen** (I. und II. Art) mit mässiger Unterhitze ca. ¾ Std. — Das so erhaltene Änisbrot aus der Form stürzen und noch warm in 1 cm dicke Scheiben schneiden. Diese auf einem Blech überbacken, bis sie gelbbraun sind. — Gut geeignet als **Vorrat**.

Rosinenhöckchen (Petits gâteaux aux raisins) 30–40 Stück od. ca. 600 g 1518

Schaumig-rühren { 100–125 g Butter od. Nussa / 120 g Zucker — 2 Eier, 1 Pr. Salz
z. Besieben: Puderzucker

z. Beigeben { 250 g Mehl (evtl. halbweisses) / 1 Pr. Backpulver / 150 g Rosinen, s. unten

Vorbereiten: Die Rosinen waschen, in warmem Wasser aufquellen lassen und gut abgetropft (evtl. auf Resartpapier) zuletzt dem Teig beimischen. — (Siehe auch **Nr. 1520** m. Zwetschgen od. Datteln.) **Zubereitung** des Konfekt-Butterteiges **gerührt**, nach **Nr. 1512**. — **Formen:** Von der Masse auf ein bebuttertes Blech mit einem Löffel kleine Häufchen setzen. — **Backen** in Mittelhitze (ca. **30 Min.**). — Noch warm mit Puderzucker leicht besieben.

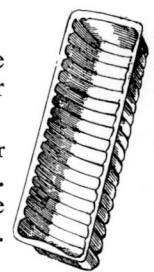

1519 Rosinenplätzchen ca. 60 Stück Bild auf Tafel 53

zus. Reiben
{ 250 g Mehl (evtl. halbweisses)
100 g Butter od. Nussa
80 g Zucker, 1 kl. Pr. Salz }

z. Beigeben: 2 Eier — 100 g Rosinen
½ Port. Zitronenglasur Nr. 1420 (2)
evtl. einige Tropfen Karmin

Vorbereiten: Die Rosinen waschen, in warmem Wasser aufquellen lassen. Sie gut abgetropft (evtl. auf Resartpapier), zuletzt dem Teig beimischen.
Zubereitung des Konfekt-Butterteiges **gerieben,** nach **Nr. 1513.** — **Formen:** Den Teig ½ cm dick auswallen und ca. 5 cm grosse Plätzchen ausstechen. — **Backen** in Mittelhitze, bis sie gelbbraun sind. — Die Plätzchen sofort nach dem Backen mit der **Glasur** bepinseln (evtl. je zur Hälfte mit weisser und mit rosa gefärbter).

1520 Dörrzwetschgen- und Dattelkonfekt

1. **Zubereitung** wie Rosinen-**Höckchen Nr. 1518** oder -**plätzchen Nr. 1519,** jedoch (statt Rosinen) 200 g weiche, gedörrte **Zwetschgen** (nicht eingeweicht) oder **Datteln** verwenden. Sie ganz klein zerschneiden od. grob hacken (evtl. mit Hackmaschine).
2. **Zwetschgen- oder Dattelschnittchen:** Den Teig von Plätzchen **Nr. 1519** (jedoch ohne Früchte) zubereiten und etwa 2 mm dick auswallen. Auf die eine Teighälfte die gehackten **Zwetschgen** oder **Datteln** verteilen und andrücken, mit der andern bedecken, leicht darüber wallen. In 2 cm breite, ca. 8 cm lange Streifen schneiden. **Backen** und **glasieren** wie Rosinenplätzchen.

NB. Das Konfekt ist ausgiebig (auch gut für Kinder) und ist günstig als **Vorrat.**

1521 Pomeranzenbrötchen ca. 35 Stück Bild auf Tafel 53

2 Eier — 170 g Zucker, 1 Pr. Salz — 200 g Mehl — Orangenschale, abgerieben, 80 g Orangeat

Vorbereiten des Orangeates: Die eine Hälfte hacken und dem Teig beimischen, die andere in Streifchen schneiden (diese zum Garnieren zurückbehalten).
Zubereitung des Konfektteiges **gerührt** nach **Nr. 1511.** — **Formen** des Teiges zu einer Rolle, kleine Stücke davon abgeschnitten, zu 4–5 cm langen ovalen Brötchen. Diese 3mal mit dem Messerrücken leicht einkerben und in jeden Einschnitt ein Streifchen Orangeat legen. — **Backen** in Mittelhitze, bis sie gelbbraun sind (ca. **25 Min**).
Ein ausgiebiges Konfekt, das sich längere Zeit aufbewahren lässt.

1522 Orangengebäck 60–80 Stück Bild auf Tafel 53

Schaumigrühren
{ 125 g Butter, 1 Pr. Salz
80 g Zucker — 2 Eigelb
Orangenschale, abgerieben
1 Essl. Orangensaft }

z. Beigeben: 250 g Weissmehl
½ Port. Orangenglasur Nr. 1420 (2)

Zubereitung des Konfekt-Butterteiges **gerührt,** nach **Nr. 1512.** — **Formen:** Den Teig ½ cm dick auswallen, in ca. 4 cm grosse verschobene Vierecke schneiden (mit Messer od. Ausstecher). Die Oberfläche evtl. mit dem Messerrücken einigemal einkerben oder mit einem Stückchen Orangeat od. einem Tupfen Orangenschale (dünn abgeschnitten) belegen. — **Backen** in Mittelhitze zu hellgelber Farbe (ca. **20 Min**.). — **Glasieren,** solange das Gebäck noch heiss ist.

NB. Als **Zitronengebäck** gleiche Zubereitung oder mit **kand. Früchten** (ca. 50 g, klein geschnitten, mit 2 Essl. Rum angefeuchtet).

1 Mandelmakrönli Nr. 1570 – 2 Nusskonfekt Nr. 1555 – 3 Zimtsterne Nr. 1566 – 4 Spitzbuben Nr. 1531 – 5 Mandelringli Nr. 1562 – 6 Vanille- und Schokoladebrezeli Nr. 1534 und 1535 – 7 Haselnussstängelchen Nr. 1553

Tafel 52

Tafel 53   1 Vanillegipfeli Nr. 1533 – 2 Rosinenplätzchen Nr. 1519, mit Dörrzwetschgen od. Datteln Nr. 1520 – 3 Kokosbiscuits Nr. 1556 – 4 Hirseflockenbrötchen Nr. 1545 – 5 Pommeranzenbrötchen Nr. 1521 – 6 Mürbes Schwarz-Weiss-Konfekt Nr. 1536 – 7 Kleine Wienerwaffeln Nr. 1564 – 8 Orangengebäck Nr. 1522 – 9 Mandelhäufchen Nr. 1569

Orangen- oder Ananasschnittchen (Fruit-Shortbread)   schnell zubereitet   1523

Mürbeteig von Törtchen Nr. 1488
Orangen- od. Ananasglasur Nr. 1420 (3)

50–100 g Orangeat
oder kandierte Ananas

Den **Teig** auf bebuttertem Blech ca. ½ cm dick ausstreichen (mit warmem Spachtel). — **Backen** in guter Hitze zu leicht gelber Farbe (ca. 20 Min.). — Sofort mit der **Glasur** bepinseln und bestreuen mit dem feingeschnittenen Orangeat oder kleinen Ananaswürfelchen. **Schneiden** des Gebäcks in 3 cm breite, etwa 6 cm lange Streifen.

Dekorations- und Weihnachtsgebäck   1524

Anmerkung: Dieses Gebäck eignet sich vor allem als Tischdekoration, z. B. auf jedes Gedeck od. auf weihnachtliche Kuchenteller gelegt. Bei sorgfältiger Ausführung und etwas Fantasie sehen die Förmchen sehr dekorativ und hübsch aus. In Ermangelung von passenden Ausstechern schneidet man sich ein **Papiermuster** (Tännchen, Körbchen, Buchstaben, Fische od. andere beliebige Formen je n. Anlass).

Teig von Orangengebäck Nr. 1522
Orangenglasur Nr. 1420 (2)

z. Dekorieren { kand. Früchte, grosse Mandeln
                Silberkügelchen usw.

Auswallen des Teiges ca. ½ cm dick, dann ausstechen oder -schneiden wie folgt, z. B.:

1. **Tannenbäumchen** (nach einem Papiermuster) von 10–12 cm Höhe. Die Spitzen mit geschälten, halbierten Mandeln bestecken (als Kerzen). — Nach dem **Backen** sofort mit der Glasur bepinseln und mit ausgestochenen Früchten und Silberkügelchen dekorativ belegen.

2. **Sterne mit Kerzen:** Aus dem Teig Sterne von drei verschiedenen Grössen (z. B. von 10, 8 und ca. 6 cm ∅) ausstechen, den kleinsten mit einem Loch in der Mitte. — Sie mit Ei bestreichen, an den Spitzen mit geschälten Mandeln belegen. — Nach dem **Backen** die Sterne sofort mit der Glasur bepinseln, je drei versetzt aufeinander geben, den obersten mit Silberkügelchen belegen, in die Mitte eine kleine Kerze stecken.

3. **Für Körbchen** (nach einem Papiermuster ausgeschnitten) werden Rand und Henkel aus gedrehtem Teig aufgelegt. — Sofort nach dem **Backen** die Körbchen glasieren und «füllen», d. h. belegen mit ausgestochenen kandierten Früchten oder ganz klein geformten Marzipan-Früchten od. -Gemüsen (auch gekauften).

4. **Tannzapfen,** indem man aus dem Teig etwa 8 cm lange zugespitzte Stücke ausschneidet. Sie mit Ei bestreichen und mit kleinen geschälten, flach halbierten Mandeln schuppenartig belegen. — Nach dem **Backen** leicht mit Puderzucker bestäuben und hinten mit einem ganz kleinen Tannenzweiglein bestecken.

Butter-S   (Petites «S» au beurre)   ca. 40 Stück   1525

I. Art: { 110 g Butter, 1 Pr. Salz
z. Rühren   100 g Zucker — 2 Eigelb
            Zitronenschale, abgerieb.
z. Beigeben: 140 g Weissmehl
z. Glasieren: Zitronenglasur Nr. 1420 (2)
evtl. z. Bestreuen: weissen Hagelzucker

II. Art: { 125 g Butter, 1 Pr. Salz
z. Rühren   80 g Zucker — 3 Eigelb
z. Beigeben: 200 g Weissmehl
z. Wenden { 1 Eiweiss
            50 g geschälte Mandeln

Zubereitung des Konfekt-Butterteiges **gerührt,** nach Nr. 1512. — **Formen I. Art:** Vom Teig ca. 1 cm dicke Röllchen drehen u. von diesen ca. 8 cm grosse «S» auf ein bebuttertes, bemehltes Blech legen. — **II. Art:** Die «S» in verklopftem Eiweiss und in gehackten Mandeln wenden. — **Backen** in guter Hitze zu leicht gelber Farbe (ca. **20 Min.**). — Die «S» nach I. Art s o f o r t (d. h. solange sie noch heiss sind) mit der Glasur bepinseln, evtl. mit Hagelzucker bestreuen.

1526 Albertbiscuits (Biscuits anglais) 50–60 Stück oder ca. 500 g

Schaumig- { 100 g Butter, 1 Pr. Salz
rühren   { 125 g Zucker, 2 Eier, 1 Msp. Vanille

z.   { 180 g Kartoffelmehl
Beigeben { 180 g Weissmehl, 1 Msp. Backpulv.

Zubereitung des Konfekt-Butterteiges **gerührt**, nach **Nr. 1512**. — **Formen:** Den Teig ½ cm dick auswallen, mit einem Reibeisen Eindrücke darauf machen oder mit einer Gabel bestechen (s. auch NB.). Ca. 5 cm grosse Plätzchen ausstechen und aufs Blech legen. — **Backen** in mässiger Hitze, bis sie hellgelb sind (ca. **20 Min.**).

NB. Gefüllte Albertbiscuits: Zwischen je 2 Plätzchen etwas **Schokolade**-Buttercrème (Nr. 1415 [6], ⅓ Port.) streichen. — Evtl. den spez. gelochten Albertbiscuit-**Ausstecher** benützen.

1527 Mürbes Teegebäck ca. 25 Stück

z. Reiben { 250 g Weissmehl, 1 Pr. Salz
          { 70 g Zucker, 150 g Butter
z. Beigeben: 1 Eigelb — 1 Msp. Vanille

z. Bestreichen { 2–3 Essl. Himbeergelée
               { oder Hagebuttenkonfitüre
z. Bestreuen: Griesszucker (s. auch NB.)

Zubereitung des Konfekt-Butterteiges **gerieben**, nach **Nr. 1513**. — **Formen:** Den Teig ca. 1½ cm dick auswallen, 3–4 cm grosse runde Plätzchen ausstechen, in ca. 4 cm Abstand aufs Blech setzen. — **Backen** in Mittelhitze, bis sie leicht gelb sind. — Die Oberfläche des Teegebäcks direkt nach dem Backen mit der Konfitüre dünn bestreichen und in Griesszucker tauchen.

NB. II. Art: Die Plätzchen v o r dem Backen je mit einer halben kandierten Kirsche belegen.

1528 Friesenkuchen 25–30 Stück oder ca. 500 g

Schaumig- { 125 g Butter, 1 Pr. Salz
rühren   { 125 g Zucker — 2 Eigelb

z. Beigeben { 200 g Weissmehl
            { 5 g Zimt

Zubereitung des Konfekt-Butterteiges **gerührt**, nach **Nr. 1512**. — **Formen:** Den Teig 3 mm dick auswallen, mit einem gezackten Ring von ca. 7 cm ⌀ Plätzchen ausstechen, diese halbieren, aufs Blech legen. — **Backen** in guter Hitze zu leicht gelber Farbe (ca. **20 Min.**). — Das Gebäck hält sich, gut verschlossen, lange frisch.

1529 Sandplätzchen oder Sablés ca. 400 g

I. Art (bes. mürb) { 125 g Butter, 1 Pr. Salz
z. Rühren   { 70 g Zucker
                       { 1 Msp. Vanille
z. Beigeben: 200 g Weissmehl

II. Art: { 130 g Butter od. Nussa
z. Rühren   { 1 Pr. Salz — 1 Msp. Vanille
              { 75 g Zucker, 1 Ei
z. Beigeben: 250 g Weissmehl, 1 Pr. Backpulver

Zubereitung des Konfekt-Butterteiges **gerührt**, nach **Nr. 1512**. — **Formen: a)** Den Teig schwach ½ cm dick auswallen, 5 cm grosse runde, gezackte Plätzchen ausstechen. — **b)** Den Teig als Rolle von ca. 5 cm ⌀ in Pergamentpapier einwickeln und an der Kälte s t e i f werden lassen. Ihn mit breitem Messer in ½ cm dicke Plätzchen schneiden. — **Backen** in Mittelhitze zu hellgelber Farbe (ca. **20 Min.**).

Mikados oder bunte Plätzchen 1530

Zubereitung wie Sandplätzchen **Nr. 1529 (I. Art)**, dem Teig jedoch (vor dem Mehl) noch 100 g feste **kandierte Früchte**, in ca. 3 mm dicke Würfelchen geschnitten, beigeben. — **Früchte:** kand. grüne Mandeln, rote Kirschen, Ananas, Orangen, Angélique usw.

Mürbe Schokoladeplätzchen 1530a

z. Reiben
{ 300 g Weissmehl
160 g Butter, 100 g Zucker
30 g Schokolade, gerieben
2 Eigelb, 1 Msp. Vanille }

120 g Schokolade, geschmolzen (im Wasserbad)
z. Bestreuen: 100 g Schokolade-Vermicelles

Zubereitung des Konfekt-Butterteiges **gerieben**, nach **Nr. 1513**. (Alle Zutaten zusammen reiben!) Den Teig ca. 3 mm dick auswallen und ovale Plätzchen davon ausstechen. — **Backen** in guter Mittelhitze bis sie hellgelb sind (ca. **20 Min.**). Die Plätzchen abgekühlt, zur **Hälfte** in flüssige Schokolade tauchen und mit Schok.-Vermicelles bestreuen.

Spitzbuben 80–100 Stück od. ca. 900 g   Bild auf Tafel 52   1531

z. Reiben
{ 380 g Weissmehl
125 g Zucker, 2 Msp. Vanille
250 g Butter, 1 Pr. Salz }

z. Füllen { feine Aprikosen- oder Hagebuttenkonfitüre
z. Wenden: ca. 30 g Griesszucker

Zubereitung des Konfekt-Butterteiges **gerieben**, nach **Nr. 1513**. — **Formen:** Den Teig 2–3 mm dick auswallen, Plätzchen von ca. 4 cm ⌀ (evtl. auch Herzen oder Sterne) ausstechen. — Evtl. die Hälfte der Plätzchen (zum Decken) mit einem oder drei Löchern verzieren (mit einer Tülle, evtl. mit kleinem Herz- oder Sternausstecher).

Backen in Mittelhitze zu leicht hellgelber Farbe (ca. **20 Min.**). — Zum **Füllen** je ein Plätzchen auf der unteren Seite mit Konfitüre bestreichen, ein zweites (evtl. gelochtes) zum Decken darauf drücken, den Rand im Zucker drehen.

Rumplätzchen (Petits gâteaux au Rhum) ca. 350 g   1532

Schaumig-rühren
{ 125 g Butter, 1 kl. Pr. Salz
75 g Zucker — 1 Eigelb }

z. Beigeben { 1 Essl. Rum, 2 Msp. Vanille
150 g Weissmehl

Zubereitung des Konfekt-Butterteiges **gerührt**, nach **Nr. 1512**. — **Formen:** Den Teig ca. 3 mm dick auswallen, gezackte Halbmonde ausstechen. — **Backen** in guter Hitze, bis sie leicht gelb sind (ca. **15 Min.**).

Vanillegipfeli bes. mürbe — ca. 100 Stück od. 600 g   Bild auf Tafel 53   1533

Schaumig-rühren
{ 200 g Butter, 1 Pr. Salz
100 g feinen Griesszucker
2–3 Msp. Vanille }

z. Beigeben { 100 g Mandeln (s. unten)
250 g Weissmehl
z. Wenden: Zucker mit 1 Msp. Vanille vermischt

Vorbereiten der Mandeln: sie schälen, trocknen und fein reiben.

Zubereitung des Konfekt-Butterteiges **gerührt**, nach **Nr. 1512**. — **Formen** der Masse zu einer Rolle von ca. 4 cm ⌀, kleine Scheiben abschneiden. Diese zu 1 cm dicken Würstchen rollen, in 5–6 cm lange Stücke schneiden und zu Gipfelchen geformt, auf das Blech setzen. — **Backen** in mässiger Hitze, bis sie leicht gelb sind (ca. **20 Min.**). — **Wenden** der Gipfeli, direkt nach dem Backen, in Vanillezucker.

1534   Vanillebrezeli   ca. 100 Stück   Bild auf Tafel 52

I. Art: (bes. mürb) z. Reiben { 300 g Weissmehl, 100 g Zucker, 2 Msp. Vanille, 200 g Butter, 1 Pr. Salz, 1 kleines Eiweiss

II. Art: z. Reiben { 260 g Weissmehl, 100 g Zucker, 130 g Butter, 1 Pr. Salz, 1 Ei, 1 Msp. Vanille

Zuckerglasur Nr. 1420 (2), ½ Port.

Zubereitung des Konfekt-Butterteiges **gerieben,** nach **Nr. 1513.** — **Formen:** Vom Teig kleine Scheibchen abschneiden, sie (auf dem Tisch) sorgfältig mit flach gehaltener Hand bleistift-dick ausrollen. Diese Röllchen in 15–20 cm lange Stücke schneiden und zu Brezeli formen. — **Backen** in Mittelhitze, bis die Brezeli leicht gelb sind (ca. **20 Min.**). — **Glasieren** solange sie noch heiss sind, indem man sie mit Zuckerglasur bepinselt oder mit der Oberfläche darin eintaucht, bis sie schön glänzen. Auf einem Kuchengitter erkalten lassen.

1535   Schokoladebrezeli   ca. 100 Stück   Bild auf Tafel 52

z. Reiben { 300 g Weissmehl, 1 kl. Pr. Salz, 125 g Zucker — 200 g Butter

z. Beigeben { 40 g Cacao, 1 Msp. Vanille, 1 grosses Eiweiss

Schokolade- od. Zitronenglasur ½ Port. von Nr. 1421 od. 1420 (2).

Zubereitung des Konfekt-Butterteiges **gerieben,** nach **Nr. 1513.** — **Formen, Backen** und **Glasieren** siehe Vanillebrezeli **Nr. 1534.**

1536   Mürbes Schwarz-Weiss-Konfekt   Bild auf Tafel 53

½ Port. Brezeli-Teig Nr. 1534, I. Art   ½ Port. Schokoladebrezeli-Teig Nr. 1535

Formen I. Art: Vom Teig je zwei daumendicke **Rollen** formen. Diese mit etwas Eiweiss bepinseln, dann versetzt gut aufeinander legen und an der Kälte fest werden lassen. — **Schneiden** in ½ cm dicke Scheiben.

II. Art: Jeden Teig zu einem gleich grossen, ca. 3 mm dicken Rechteck auswallen, beide aufeinanderlegen, aufrollen und kalt stellen. — **Schneiden** in ½ cm dicke Scheiben, die nun schneckenförmig schwarz-weiss sind.

III. Art: Jeden Teig ca. 3 mm dick auswallen, 4–5 cm grosse, gezackte Plätzchen ausstechen, daraus in der Mitte einen 2–3 cm grossen Tupfen. In die hellen Ringe einen Tupfen von Schokoladeteig setzen, in die restlichen schwarzen Ringe einen vom hellen Teig. (Das Konfekt in ca. 3 cm Abstand aufs Blech legen.)

Backen in Mittelhitze. — Noch heiss dünn **glasieren** (siehe Brezeli **Nr. 1534**).

1537   Bricelets   ca. 50 Stück   Bild auf Tafel 54

Anmerkung: Bricelets eignen sich bes. als Gebäck zu Gefrorenem und zu Crèmen (sie lassen sich auch gut aufbewahren in einer Büchse).

Schaumigrühren { 100 g Butter, 1 Pr. Salz, 100 g Zucker — 1 Msp. Vanille, 1 Ei, 1 Eigelb

z. Beigeben { 200 g Weissmehl (f. bes. mürbe ¼ davon Kartoffelmehl), evtl. 30 g Haselnüsse, gerieben

Gerät: Ein Briceleteisen, das auf Gas od. elektr. Kochplatte gleichmässig erhitzt wird, oder das spezielle und besonders praktische elektrische Briceleteisen.

Zubereitung des Konfekt-Butterteiges **gerührt,** nach **Nr. 1512.** Ihn an der Kälte fest werden lassen. — **Formen** zu nussgrossen Kugeln. — **Backen:** Das Briceleteisen erhitzen (auf der elektr. Platte oder Gas), die Innenflächen leicht befetten (am besten mit einer Speckschwarte). Die Felder mit je einer Teigkugel belegen, das Eisen sorgfältig schliessen. **Backen,** unter Wenden des Eisens, bis die Bricelets auf beiden Seiten hellgelb sind. Sie mit breitem Spachtel abheben und zum Erkalten flach auf ein Gitter legen.

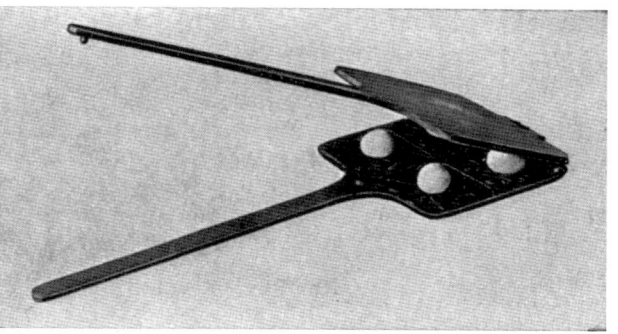

NB. Die Bricelets evtl. aufrollen (um einen Kochlöffelstiel) und **füllen** mit Schlagrahm.

Mailänderli (Petits gâteaux de Milan)   40–60 Stück od. ca. 500 g   1538

Schaumigrühren { 125 g Butter, 1 Pr. Salz / 125 g Zucker — 1 Ei / Zitronenschale, abgerieben   z. Beigeben { 250 g Weissmehl (evtl. halbweisses) }
z. Bestreichen: 1–2 Eigelb (mit Zucker)

Zubereitung des Konfekt-Butterteiges **gerührt,** nach **Nr. 1512.** — **Formen:** Den Teig schwach 1 cm dick auswallen. Mit Förmchen Herzen, Sterne usw. ausstechen, sie sorgfältig mit Eigelb bestreichen. — **Backen** in Mittelhitze, gelbbraun (ca. **20 Min.**).

NB. Die Mailänderli sollen zuerst etwas aufgehen; der Ofen darf deshalb (bes. anfangs) nicht zu heiss sein. — Den Teig nicht dünner auswallen, da das Gebäck sonst hart wird. — Frisch gebacken sind Mailänderli besonders fein. Sie lassen sich jedoch auch gut aufbewahren als **Vorrat** (s. Nr. 1510).

Pfaffenkäppli   (Petits Chapeaux de curé)   25–30 Stück od. ca. 600 g   1539

Mailänderli-Teig Nr. 1538 — 1 Eiweiss
z. Bestreichen: 1 Eigelb (mit Zucker)   z. Füllen { dicke Himbeer- oder Aprikosenkonfitüre }

Formen: Den Teig 3 mm dick auswallen, ca. 5 cm grosse, runde Plätzchen ausstechen, in die Mitte derselben wenig Konfitüre geben. Die Plätzchen am Rand mit Eiweiss bestreichen, oben zusammendrücken zu «Pfaffenkäppli» (Dreispitz), auf ein bebuttertes Blech setzen und an der Kälte etwas steif werden lassen. — **Backen:** Das Konfekt mit Eigelb bestreichen und in guter Hitze rasch gelbbraun backen (ca. **25 Min.**).
Siehe auch **NB.** von **Nr. 1538.**

Ochsenäuglein   ca. 30 Stück   1540

Zubereitung des Teiges wie zu Mailänderli **Nr. 1538,** jedoch mit 2 Eigelb (statt 1 Ei), ihn ½ Std. an die Kälte stellen. — **Formen:** Den Teig ½ cm dick auswallen, runde Plätzchen im Ø von ca. 4 cm ausstechen, die Hälfte davon zu Ringli (mit Hilfe einer Tülle). Die Plätzchen am Rand mit Eiweiss bestreichen und je ein Ringlein darauf legen, dieses auf der Oberfläche mit Eigelb bepinseln. — Die Vertiefung mit dicker Aprikosenkonfitüre füllen. — **Backen** in guter Hitze, gelbbraun (ca. **25 Min.**). —
Ochsenäuglein schmecken bes. gut nach 1–2 Tagen.

1541 Quarkkräpfchen mit Konfitüre ca. 40 Stück

z. Reiben
{ 220 g Weissmehl, 1 Pr. Salz
20 g Zucker — 200 g Butter
200 g frischen Rahmquark }

z. Füllen { Hagebutten- oder Himbeerkonfitüre }

z. Bestreichen: 1 Eigelb (mit Zucker)

Zubereitung des Konfekt-Butterteiges **gerieben**, nach **Nr. 1513**. — **Formen:** Den Teig ca. 3 mm dick auswallen. Runde Plätzchen von 7 cm Grösse ausstechen, am Rand mit etwas Eiweiss benetzen. Die Mitte mit wenig Konfitüre belegen, zur Hälfte überschlagen, gut aufeinanderdrücken, mit Eigelb bestreichen. (Auf ein unbefettetes Blech legen.) **Backen** in guter Hitze, gelbbraun (ca. **30 Min.**). — Quarkkräpfchen schmecken am besten **frisch** gebacken.

1542 Haferbiscuits (Biscuits d'avoine) I. Art — ca. 80 Stück

Schaumigrühren
{ 150 g Butter od. Nussa
170 g feinen Rohzucker
2 Eier, 1 Pr. Salz
Zitronenschale, abgerieben }

z. Beigeben
{ 150 g Kartoffelmehl od. Maizena
120 g Mehl, 1 Pr. Backpulver
200 g Haferflocken (s. NB.) }

evtl. z. Bestreichen: 1 Ei od. Milch (m. Zucker)

Zubereitung des Konfekt-Butterteiges **gerührt**, nach **Nr. 1512**. — **Formen:** Den Teig 3 mm dick auswallen, 5–6 cm grosse Plätzchen davon ausstechen, sie evtl. mit Ei oder Milch bestreichen. — **Backen** in Mittelhitze zu hellgelber Farbe (ca. **20 Min.**).

NB. Ein einfaches, gutes Gebäck, auch für Kinder. — Günstig als **Vorrat** (Aufbewahren s. **Nr. 1510**). — Die Haferflocken evtl. vor dem Beigeben leicht **rösten**.

1543 Haferbiscuits II. Art einfache, ohne Eier

125–150 g Haferflocken — 80 g Rohzucker
50 g Voll-, evtl. Steinmetzmehl

125 g Nussa (leicht flüssig), 1 Msp. Zimt
4 Essl. Rahm od. Milch, 1 Pr. Salz

Zubereitung des Konfekt-Butterteiges **gerieben**, nach **Nr. 1513**. — (Sollte der Teig nicht zusammenhalten, dann noch etwas Rahm beifügen.) — **Formen:** Den Teig ca. $1/3$ cm dick auswallen, mit dem Teigrädchen in kleine Vierecke schneiden. — **Backen** in guter Hitze, hellbraun (ca. **20 Min.**). — Siehe auch **NB.** von **Nr. 1542**.

1544 Vollweizenmehl-Konfekt

270 g Vollweizen- od. Steinmetzmehl
140 g Butter od. Nussa (evtl. Nussella)
140 g Rohzucker — 1 Ei, 1 Pr. Salz

70 g Mandeln, gerieb. — 1 Pr. Backpulver
2 Essl. Milch od. Rahm, Zitr.-Schale, abgerieb.
z. Bestreichen: Milch od. Eiweiss

Zubereitung des Konfekt-Butterteiges **gerieben**, nach **Nr. 1513**. (Alle Zutaten miteinander reiben, bis der Teig zusammenhält.) — **Formen:** Den Teig ca. $1/2$ cm dick auswallen, Sterne oder Ringe usw. ausstechen, mit Milch oder verklopftem Eiweiss bepinseln. — **Backen** in guter Hitze, bis das Konfekt hellbraun und knusprig ist (ca. **20 Min.**). Siehe auch **NB.** von **Nr. 1542**.

1545 Hirseflockenbrötchen Bild auf Tafel 53

Schaumigrühren
{ 100 g Butter od. Nussa
120 g Rohzucker — 2 Eier
Zitronenschale und -saft }

z. Beigeben
{ 100 g Vollmehl, 1 Pr. Salz
1 Msp. Backpulver
40–80 g Hirseflocken }

Zubereitung des Konfekt-Butterteiges **gerührt**, nach **Nr. 1512**. — **Formen:** Vom Teig mit zwei Teelöffeln kleine Häufchen auf ein gut bebuttertes Backblech setzen. — **Backen** in mittlerer Hitze, bis sie leicht gelb sind (ca. **20 Min.**).

Hirseplätzchen   ca. 250 g   1546

Schaumig-   { 50 g Butter od. Nussa
rühren   70 g Rohzucker, 1 Pr. Salz
              1 Ei (od. Eiweiss)
              etwas Zitr.-Saft u. -Schale
              od. Vanille

z. Beigeben { 80 g Hirseflocken *
              1 Msp. Backpulver
              evtl. 50 g Haselnüsse, gerieben
              oder 50–80 g Rosinen

Zubereitung des Konfekt-Butterteiges **gerührt,** nach **Nr. 1512. — Formen:** Den Teig 2–3 mm dick auswallen, in verschobene Vierecke schneiden. — **Backen** in guter Hitze leicht braun und knusprig. — * Evtl. halb Haferflocken oder halb Vollmehl verwenden.

Spekulatius   ca. 500 g   1547

Schaumig   { 120 g Butter, Nussa od. Margarine
rühren   120 g weissen od. feinen Rohzucker
             1 Ei — evtl. 1 Essl. Honig
             1 Teel. Kakao, Zitr.-Schale, abger.

z. Beigeben { 250 g Mehl, 1 Teel. Backpulver
              od. 1 Msp. Natron
              60 g Mandeln, gehobelt, 1 Teel. Zimt
              je 1 Msp. Kardamon u. Nelkenpulver
              od. das spez. Spekulatiusgewürz

Zubereitung des Konfekt-Butterteiges **gerührt,** nach **Nr. 1512** (den Zucker evtl. zuerst mit 2–3 Essl. Wasser warm auflösen). Den Teig an die Kälte stellen (1–2 Std. oder über Nacht). — **Formen:** Den Teig auf möglichst wenig Mehl ca. 2 mm dick auswallen, mit kleinen Förmchen ausstechen oder in ca. 5 cm grosse Vierecke schneiden (mit Teigrädchen). — **Backen** in guter Hitze, bis das Konfekt hellgelb und **knusprig** ist **(15–20 Min.).** — Evtl. die originellen spez. holländ. Spekulatius-Förmchen (Männchen, Tiere usw.) verwenden. — Das Gebäck hält sich, gut verschlossen, lange frisch und knusprig.

Ingwerbiscuits   (Gingerbread Cookies)   1548

Schaumig-   { 70 g Nussa od. Margarine
rühren   2 Eier, 1 Eigelb, 1 Pr. Salz
              200 g feinen Rohzucker (evtl.
              weissen) — 10–15 g Ingwerpulver

z. Beigeben { 250 g Weissmehl, 5 g Backpulver
              1 Msp. Zimt, abgerieb. Zitr.-Schale
              evtl. 50 g Mandeln, fein geschnitten

Zubereitung des Konfekt-Butterteiges **gerührt,** nach **Nr. 1512.** An der Kälte ruhen lassen. — **Auswallen** des Teiges ca. 2 mm dick und mit dem Messer in 5 cm breite Streifen und diese in gleichmässige Dreiecke schneiden oder runde Plätzchen von 5 cm ⌀ ausstechen. — **Backen** in guter Hitze **(15–20 Min.).** — Das Gebäck kann auch mit 3 Essl. Öl (statt Nussa) oder ohne Fett zubereitet werden. Es eignet sich gut als **Vorrat.**

Zimtringe   (Ronds au cannelle)   Bild auf Tafel 54   1549

200 g Weissmehl — 200 g Mandeln, gerieben — 200 g Butter od. Margarine, 1 Pr. Salz — 200 g Zucker
1 Essl. Zitronensaft, 15 g Zimt   z. Bestreichen: 1 Eigelb mit wenig Zucker

Zubereitung des Konfekt-Butterteiges **gerieben,** nach **Nr. 1513.** (Alle Zutaten zusammen reiben. Den Teig an der Kälte ½–1 Std. ruhen lassen). — **Formen:** Den Teig knapp ½ cm dick auswallen, ca. 6 cm grosse Ringe ausstechen, mit Eigelb bestreichen. — **Backen** in guter Hitze, gelbbraun (ca. **25 Min.).**

1550 Mandelplätzchen (Petits biscuits aux amandes) 30–40 Stück, ca. 400 g

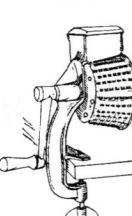

Schaumig- ⎰ 100 g Butter, 1 Pr. Salz
rühren ⎱ 80 g Zucker — 1 Eigelb
z. Beigeben ⎰ 80 g Mandeln, geschält,
⎱ fein gerieben

dazusieben: 150 g Mehl, 1 Pr. Backpulver
—
z. Bestreichen: Ei od. Milch m. 1 Pr. Zucker
z. Garnieren: 30 g Mandeln, geschält

Zubereitung des Konfekt-Butterteiges **gerührt,** nach **Nr. 1512.** — **Formen:** Den Teig 2–3 mm dick auswallen, 6 cm grosse Plätzchen ausstechen, die Oberfläche mit Ei oder Milch bestreichen. — **Garnieren** der Mitte mit geschälten halbierten Mandeln oder sie gehackt darauf streuen. — **Backen** in Mittelhitze zu gelbbrauner Farbe (ca. **20 Min.**).

1551 Kastanienplätzchen (Petits gâteaux aux marrons)

200 g Kastanien, weichgekocht (n. Nr. 382)
60 g Butter od. Nussa, 1 Pr. Salz

60 g Zucker — 1 Eigelb od. Eiweiss, evtl. Vanille
40 g Mehl — 40 g Haselnüsse, gerieben

Vorbereiten: Die gekochten Kastanien durch ein feines Sieb drücken.

Zubereitung des Konfekt-Butterteiges **gerieben,** nach **Nr. 1513.** (Alle Zutaten miteinander leicht und rasch reiben, bis der Teig zusammenhält.) — **Formen:** Den Teig knapp ½ cm dick auswallen, mit Förmchen ausstechen oder in Streifen schneiden, evtl. mit Ei bestreichen. — **Backen** in guter Hitze zu hellbrauner Farbe (ca. **20 Min.**).

1552 Schwabenbrötchen ca. 80 Stück oder 600 g

Schaumig- ⎰ 150 g Butter, 5 g Zimt
rühren ⎱ 125 g Zucker — ½–1 Eiweiss
⎱ Zitronenschale, abgerieben

z. Beigeben ⎰ 200 g Mehl (evtl. halbweisses)
⎱ 125 g Mandeln, gerieben
z. Bestreichen: 1 Ei od. Milch (m. Zucker)

Zubereitung des Konfekt-Butterteiges **gerührt,** nach **Nr. 1512.** — **Formen:** Den Teig stark ½ cm dick auswallen, mit kleinen Förmchen ausstechen. Die Oberfläche mit Ei oder Milch bestreichen. — **Backen** der Plätzchen, bis sie gelbbraun sind (ca. **25 Min.**).

NB. Ein ausgiebiges Konfekt, das sich, gut verschlossen, lange frisch hält.

1553 Haselnussstängelchen (Bâtonnets aux noisettes) ca. 100 Stück — Bild auf Tafel 52

Schaumig- ⎰ 125 g Butter, 1 Pr. Salz
rühren ⎱ 150 g Zucker — 2 Eigelb

z. Beigeben ⎰ 125 g Haselnüsse, gerieben
⎱ 180 g Weissmehl
z. Bestreichen: 1 Eigelb mit 1 Pr. Zucker

Zubereitung des Konfekt-Butterteiges **gerührt,** nach **Nr. 1512.** — **Formen:** Den Teig möglichst exakt zu einem gut 1 cm dicken, ca. 6 cm breiten Stück auswallen. Dieses querüber in etwa 1 cm breite Stängelchen schneiden, mit Eigelb bestreichen und mit dem Spachtel aufs Blech setzen (möglichst reihenweise). — **Backen** in guter Hitze zu gelbbrauner Farbe (**15–20 Min.**).

NB. Sollten die Stängelchen während des Backens breiter werden, dann mit Spachtel oder Schäufelchen zusammenschieben und zum Fertigbacken wieder auseinandersetzen. — **Spar-Rezept:** 100 g Nussa od. Margarine, nur 1 Eigelb, jedoch 2 Essl. Rahm u. evtl. Vollmehl verwenden.

1554 Nussstängelchen (Bâtonnets aux noix)

Zubereitung wie Haselnussstängelchen **Nr. 1553.** — Statt Haselnüsse 125 g geriebene **Nusskerne,** jedoch nur 100 g Butter verwenden.

Nusskonfekt ca. 25 Stück Bild auf Tafel 52 **1555**

Schaumig-rühren { 100 g Butter od. Nussa / 60 g feinen Rohzucker / 1 Eigelb, 1 Pr. Salz   z. Beigeben { 80 g Nusskerne, gerieben / 150 g Mehl (evtl. halbweisses)   z. Bestreichen: 1 Ei — z. Belegen: Nüsse

Zubereitung des Konfekt-Butterteiges **gerührt**, nach **Nr. 1512**. Ihn an der Kälte fest werden lassen. — **Formen:** Den Teig schwach 1 cm dick auswallen, in kleine verschobene Vierecke schneiden. Diese mit Eigelb (u. etwas Zucker) bestreichen und mit je einem halben oder Viertels-Nusskern belegen. — **Backen** in Mittelhitze zu gelbbrauner Farbe (ca. **25 Min.**).

Kokosbiscuits ca. 60 Stück Bild auf Tafel 53 **1556**

Schaumig-rühren { 125 g Butter, 1 Pr. Salz / 150 g Zucker / 2 kleine Eier   z. Beigeben { 150 g Kartoffelmehl / 120 g Weissmehl, 1 Pr. Backp. / 200 g geriebene Kokosnuss

Zubereitung des Konfekt-Butterteiges **gerührt**, nach **Nr. 1512**. Ihn an der Kälte fest werden lassen. — **Formen:** Den Teig 3 mm dick auswallen, kleine Drei- oder Vierecke ausstechen (od. schneiden). — **Backen** in Mittelhitze zu leicht gelber Farbe (ca. **20 Min.**).

Totenbeinchen (Croquants aux amandes) 60–80 Stück od. ca. 900 g **1557**

Schaumig-rühren { 75 g Butter, 1 Pr. Salz / 250 g Zucker — 3 Eier / 1 Teel. Zimt   z. Beigeben { 350 g Weissmehl / 250 g Mandeln od. Haselnüsse, geschält und halbiert

Zubereitung des Konfekt-Butterteiges **gerührt**, nach **Nr. 1512**. — **Formen** des Teiges zu einem ca. 4 cm dicken Rechteck. Es an der Kälte ganz fest werden lassen (evtl. über Nacht). — Von der Masse 1 cm dicke, 6–8 cm lange Stängelchen schneiden, sie evtl. mit Eigelb bestreichen. — **Backen** in Mittelhitze, bis sie gelbbraun sind (**20–25 Min.**). — Totenbeinchen halten sich, gut verschlossen, lange als **Vorrat** (s. Nr. 1510).

Belgraderbrot 70–80 Stück od. ca. 750 g **1558**

Schaumig-rühren { 2 Eier — 220 g Zucker / 15 g Zimt, 1 Teel. Zitronensaft   Dazusieben: 200 g Mehl (evtl. halbweisses)   z. Beigeben { 125 g Haselnüsse, gerieben / 125 g Mandeln (s. Vorbereiten) / 30 g Zitronat, gehackt   z. Bestreichen: Zitronenglasur Nr. 1420 (2)

Vorbereiten der Mandeln: Sie schälen und der Länge nach in Streifen schneiden.

Zubereitung des Konfektteiges nach **Nr. 1511**. Ihn an der Kälte etwas fest werden lassen. — **Formen:** Den Teig gut ½ cm dick auswallen, in ca. 6 cm lange, 2 cm breite, schräg abgeschnittene Streifen schneiden. — **Backen** in Mittelhitze zu leicht gelber Farbe (**ca. 30 Min.**). — Sofort nach dem Backen mit Zitronenglasur bepinseln. — Belgraderbrot eignet sich sehr gut als **Vorrat** (s. Nr. 1510).

Butterfly (Mandelknusperli) ca. 600 g **1559**

Schaumig-rühren { 110 g Butter od. Margarine / 120 g Zucker — 1 Ei, 1 Pr. Salz / etwas Muskat, 1 Msp. Ingwer / je 1 Teel. Zimt u. Zitronensaft   z. Beigeben { 200 g Weissmehl, gesiebt / 120–150 g geschälte Mandeln, ganz od. halbiert

Zubereitung des Konfekt-Butterteiges **gerührt**, nach **Nr. 1512**. Die Mandeln abwechselnd mit dem gesiebten Mehl beigeben. — Den Teig, zu einer Rolle von ca. 4 cm ⌀

geformt, auf ein Pergamentpapier legen, dann etwas flach drücken, so, dass der Querschnitt rechteckig wird. Im Papier einrollen und an der K ä l t e recht s t e i f werden lassen. **Formen**, d. h. von der Rolle 2–3 mm dicke Scheibchen abschneiden (am besten mit einem breiten Messer) und auf ein befettetes Blech legen. — **Backen** in Mittelhitze, goldbraun und knusprig (ca. **15 Min.**). — Butterfly sind ausgiebig u. eignen sich gut als **Vorrat** (s. Nr. 1510).

1560 Mandelhörnchen ca. 100 Stück

Schaumigrühren { 180 g Butter, 1 kl. Pr. Salz / 180 g Zucker, 1 Msp. Vanille / 2 Eier, 1 Eigelb   z. Beigeben { 120 g Mandeln (s. Vorbereiten) / 300 g Weissmehl, 1 Pr. Backp.
z. W e n d e n: 1 Ei — 100 g Mandeln

Vorbereiten: Die Mandeln schälen, trocknen, f e i n reiben; diejenigen z. W e n d e n schälen u. hacken.

Zubereitung des Konfekt-Butterteiges **gerührt**, nach **Nr. 1512**. — **Formen** zu kleinen Hörnchen, sie in verklopftem Ei und gehackten Mandeln wenden. — **Backen** in guter Hitze (ca. **20 Min.**). — Gut geeignet für **Vorrat** (s. Nr. 1510).

1561 Mandelgebäck ca. 30 Stück   Bild auf Tafel 54

Schaumigrühren { 120 g Butter, 1 kl. Pr. Salz / 120 g Zucker / 2 Eigelb, 2 Msp. Zimt   z. Beigeben { 120 g Mandeln, geschält u. fein gerieben / 180 g Weissmehl

Zubereitung des Konfekt-Butterteiges **gerührt**, nach **Nr. 1512**. — **Formen:** Den weichen Teig s o f o r t durch die Konfektspritze (mit gezackter, schmaler Öffnung) in etwa 10 cm langen B ä n d e r n auf ein befettetes Blech dressieren. — **Backen** in Mittelhitze zu gelbbrauner Farbe (ca. **15 Min.**).

NB. Statt das Gebäck zu spritzen, kleine Ringe formen, indem man den Teig auswallt u. aussticht.

1562 Mandelringli ca. 60 Stück   Bild auf Tafel 52

Schaumigrühren { 150 g Butter, 1 kl. Pr. Salz / 120 g Zucker, 1 Msp. Vanille / 1 grosses Ei   z. Beigeben { 125 g Mandeln, geschält u. fein gerieben / 250 g Weissmehl

Zubereitung des Konfekt-Butterteiges **gerührt**, nach **Nr. 1512**. — **Formen:** Den noch weichen Teig s o f o r t in die Konfektspritze füllen (mit kleiner Sternscheibe) und auf einem Blech kleine Ringe (von 4–5 cm ⌀) formen. — **Backen** in Mittelhitze zu leicht gelbbrauner Farbe (ca. **20 Min.**).

NB. Hat man keine Konfektspritze, dann den Teig von Hand zu kleinen Ringen formen oder ca. ½ cm dick auswallen und Ringe ausstechen. Evtl. mit Ei bestreichen, mit geschälten feinen Mandelspänen bestreuen. — Mandelringli halten sich, gut verschlossen, lange frisch. (**Aufbewahren** s. Nr. 1510.)

1563 Gefüllte Mandelhalbmonde ca. 25 Stück

z. Reiben { 250 g Weissmehl / 100 g Zucker / 150 g Butter, 1 Pr. Salz   z. Beigeben { 100 g Mandeln, geschält, gerieben / 3 Eigelb
z. **Füllen:** Aprikosenkonfitüre (püriert)

Zubereitung des Konfekt-Butterteiges **gerieben**, nach **Nr. 1513**. — **Formen:** Den Teig 2–3 mm dick auswallen, mit einem gezackten Ausstecher Halbmonde von etwa 6 cm

Grösse ausstechen. — **Backen** in guter Hitze, hellgelb (ca. **25 Min.**). — **Füllen:** Zwischen je zwei gebackene Plätzchen etwas weiche Konfitüre streichen, sie leicht aufeinanderdrücken und in gesiebtem Puderzucker wenden.

Kleine Wienerwaffeln ca. 35–48 Stück od. 700 g   Bild auf Tafel 53   **1564**

z. Reiben { 250 g Weissmehl, 1 Pr. Salz / 180 g Butter – 160 g Zucker / 100 g Mandeln, fein gerieben

z. Beigeben: 1 Ei, verklopft

z. Füllen { Weisse Spritzglasur Nr. 1422 (s. NB.) / Aprikosenmark- oder Hagebuttenkonfitüre

Zubereitung des Konfekt-Butterteiges **gerieben**, nach **Nr. 1513.** — **Formen:** Den Teig halbieren und jedes Stück für sich direkt auf einem ganz flachen oder umgekehrten Blech zu einem ca. 3 mm dicken, genau gleich grossen Rechteck auswallen. — Dasjenige Teigstück, welches für die Oberfläche bestimmt ist (evtl. schon in Vierecke marquiert), mit der **Spritzglasur** gitterartig garnieren (in Abständen von ca. 1 cm) und einige Minuten an die Kälte stellen. — **Backen** der Teigstücke in Mittelhitze, bis sie leicht gelb sind (**20–30 Min.**). — **Wichtig:** darauf achten, dass beide Teigstücke (durch Wechseln im Ofen) genügend Unter-, resp. Oberhitze erhalten. — Das nicht bespritzte Stück sofort mit warmer Konfitüre dünn bestreichen. Das zweite Teigstück sorgfältig lösen und mit Hilfe eines grossen Spachtels vom Blech weg auf den bestrichenen Teil schieben. — **Schneiden** möglichst sofort (d. h. noch warm) in ca. 4 cm grosse Vierecke. — **Einfacher** (ungespritzt): Die fertigen Wienerwaffeln nur mit Puderzucker bestäuben.

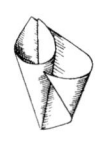

Gewürzschnittchen   (Petits gâteau d'épices)   **1565**

Schaumig- { 30 g Nussa od. Margarine / 120 g Zucker — 2 Eier / ½ Essl. Zimt, etwas Muskat / rühren   Zitronen- od. Orangenschale, gewaschen u. fein abgerieben

z. Beigeben { 150 g Mandeln, gehackt (s. Vorber.) / 60 g Zitronat od. Orangeat (s. Vorb.) / 130 g Mehl (evtl. halbweisses)

Glasur { 2 Eiweiss (z. Schnee), 80 g Puderzucker / 1–2 Teel. Zitronen- od. Orangensaft

z. Bestreuen: Zitronat od. Orangeat, gehackt

Vorbereiten: Mandeln, Zitronat usw. hacken (evtl. mit der Hackmaschine). — Zur **Glasur** den Puderzucker sieben und mit dem zu Schnee geschlagenen Eiweiss und wenig Zitronen- oder Orangensaft 5–10 Min. glatt verrühren.

Zubereitung des Konfekt-Butterteiges **gerührt**, nach **Nr. 1512.** — Als **Gewürz** Zitronenschale zusammen mit Zitronat oder Orangenschale mit Orangeat verwenden, das gleiche gilt für die Glasur. — Den fertigen Teig auf einem befetteten Blech ca. 1 cm dick ausstreichen (mit Spachtel). — **Backen** in mässiger Hitze (ca. **30 Min.**). — Sofort mit der Glasur bestreichen, mit dem gehackten Zitronat oder Orangeat bestreuen, nochmals kurz in den Ofen schieben (zum Antrocknen). Dann in gleichmässige Schnittchen oder in verschobene Vierecke schneiden. — Hält sich gut als **Vorrat** (s. Nr. 1510).

Zimtsterne   (Etoiles à la cannelle)   I. u. II. Art — ca. 50 Stück   Bild a. Tafel 52   **1566**

Vorbereiten { 200 g Puderzucker / 300 g Mandeln
s. unten

3 Eiweiss (z. Schnee) s. NB.
½ Essl. Zitronensaft, 1 Essl. Zimt

Vorbereiten: Ein grosses Backblech gut befetten und mit Mehl bestäuben. — Den Puderzucker sieben oder fein reiben (mit der Mandelmaschine). — Die Mandeln fein reiben (nicht schälen).

I. Art. Zubereitung: Die Eiweiss zu steifem Schnee schlagen, den gesiebten Puderzucker beigeben, **10–20 Min. rühren.** — Eine kleine Tasse davon für die **Glasur** zurückstellen. Der übrigen Masse die Mandeln, Zimt und Zitronensaft beimischen und evtl. zusammenkneten (etwas ruhen lassen zum Trocknen). — **Formen:** Vom Teig nur wenig auf einmal ca. 1 cm dick auswallen, kleine oder grosse Sterne ausstechen, aufs Blech legen. Die Oberfläche sorgfältig und exakt mit der zurückbehaltenen Glasur bepinseln. — **Backen** in mässiger Hitze, bis die Glasur leicht gelblich od. beige ist (ca. **20 Min.**).

II. Art: Nur 2 Eiweiss verwenden und keine Masse zur Glasur zurückstellen. Die Zimtsterne gut antrocknen lassen (evtl. über Nacht). Kurz backen, noch warm mit Zitronenglasur Nr. 1420 (2) bepinseln oder mit Eiweissglasur Nr. 1420 (6).

NB. Bei grossen Zimtsternen evtl. aus der Mitte ein Loch ausstechen. — Zimtsterne halten sich gut als **Vorrat** (s. Nr. 1510). — Als **Sparrezept:** 180 g Haselnüsse und 80–100 g feines Paniermehl (oder evtl. kleine mitgeriebene Haferflocken) und abgeriebene Zitronenschale verwenden.

1567 Schokoladesterne und -herzchen (Etoiles et petits cœurs au chocolat)

200 g Puderzucker, gesiebt
280 g Mandeln, fein gerieben

3 Eiweiss (z. Schnee) — 1 Msp. Vanille
60 g Schokolade, gerieben

Zubereitung wie Zimtsterne **Nr. 1566,** jedoch zusammen mit dem Eierschnee den Zucker, die **Schokolade** sowie 1 Msp. **Vanille** verrühren. — Von dieser Masse eine kleine Tasse voll für die **Glasur** zurückstellen.

II. Art: Das Konfekt (statt mit zurückbehaltener Masse) nach dem Backen, solange es heiss ist, mit Vanille- oder Schokoladeglasur (Nr. 1420, Abschn. 1 od. Nr. 1421) bestreichen. Evtl. sofort bestreuen mit farbigen Zuckerkügelchen (sog. Nonpareilles) od. mit einem gezuckerten Veilchen usw. belegen (so, auch geeignet als **Christbaumschmuck**).

1568 Baslerbraun («Brunsli») I. u. II. Art — ca. 60 Stück Bild auf Tafel 55

für I. Art		für II. Art	
200 g Mandeln, fein gerieben		200 g Mandeln, gerieben	
200 g Puderzucker, gesiebt od. gerieb.		200 g Zucker — 1 Msp. Zimt	
125 g Schokolade, gerieben		40 g süsse und	
2–3 Essl. Kirsch (s. NB.)		40 g bittere Schokolade, gerieben	
1–1½ Essl. Wasser		½ Essl. Kirsch (s. NB.)	
		2–3 Eiweiss (z. Schnee)	

Das **Backblech** mit Seidenpapier belegen, mit Zucker leicht bestreuen (nur für I. Art).

I. Art, Zubereitung: Alle Zutaten (evtl. miteinander gerieben) zusammen vermischen und von Hand kneten, bis der Teig gut zusammenhält. — **Formen:** Von der Masse in mit Griesszucker ausgestreute Förmchen drücken, herausklopfen und auf das vorbereitete Blech geben. — Hat man keine geeigneten sog. Petits-fours- oder Marzipanförmchen, dann den Teig knapp 1 cm dick auswallen und ausstechen wie bei II. Art. — **Trocknen** (nicht backen) in schwacher Hitze (5–10 Min.), d.h. die Baslerbraun dürfen nicht aufgehen und keine Sprünge bekommen. (Zu stark erwärmt, werden sie nachher trocken u. hart!) — Sie evtl. nur in warmem Raum über Nacht trocknen lassen.

II. Art, Zubereitung: Das Eiweiss halbsteif schlagen, alle Zutaten darunter mischen. Zum **Formen** den Teig in kleinen Stückchen auf Griesszucker auswallen, mit Förmchen (Herzen, Ringli usw.) ausstechen, auf ein leicht befettetes, bemehltes Blech geben. **Backen** in schwacher Hitze **(10–15 Min.).**

NB. Statt Kirsch, evtl. Vanille und 2 Essl. Wasser mehr verwenden. — Baslerbraun lassen sich kühl einige Zeit **aufbewahren,** evtl. mit einem Stücklein Vanille in der Büchse (siehe **Nr. 1510**).

Mandelhäufchen ca. 50 Stück Bild auf Tafel 53 **1569**

½ Port. Mürbeteig Nr. 927 je 30 g kand. Kirschen, Cedrat u. Orangeat
250 g Mandeln 3 Eiweiss (z. Schnee) — 250 g Zucker

Vorbereiten: Die Mandeln schälen und der Länge nach in dünne Blättchen, Kirschen und Cedrat in Würfelchen schneiden, das Orangeat hacken.

Den **Mürbeteig** 2 mm dick auswallen, gezackte Plätzchen (v. ca. 5 cm Ø) ausstechen, auf ein Blech legen. — **Mandelmasse:** Das Eiweiss zu steifem Schnee schlagen, den Zucker beigeben, 10 Min. rühren. Die vorbereiteten Mandeln usw. beigeben. — Von der Masse kleine Häufchen auf die Teigplätzchen setzen. — **Backen** in mässiger Hitze (ca. **25 Min.**). — **Regeln** beim Zubereiten von **Konfekt** siehe Nr. 1509, **Aufbewahren** Nr. 1510.

Linzerkonfekt **1569a**

Schaumig- { 150 g Butter (Nussa od. Margarine)
rühren   { 75 g Zucker, 1 Msp. Zimt
         { 2–3 Eigelb, Zitr.-Schale, abgerieben

z. Bestreichen { 1 Tasse Himbeerkonfitüre
               { 2–3 Eiweiss (z. Schnee)
               { 170 g Zucker
               { 125 g Haselnüsse, gerieben

z. Beigeben: 250 g Weissmehl

Zubereitung des Konfekt-Butterteiges **gerührt,** nach **Nr. 1512.** Ihn direkt auf einem befetteten Blech ca. ½ cm dick auswallen. — **Bestreichen** der Teigschicht mit der Konfitüre, dann mit der Schaummasse (ca. 1 cm dick). — **Backen** in guter Mittelhitze **(20–25 Min.).** — Das Gebäck leicht abkühlen, dann in 2–3 cm breite Streifen, diese in ca. 5 cm lange Schnittchen schneiden. — **Schaummasse:** Das Eiweiss zuerst halbsteif, dann mit ¹/₃ des Zuckers zu steifem Schnee schlagen, den übrigen Zucker und die Haselnüsse darunterziehen (sofort verwenden).

Mandelmakrönli (Macarons aux amandes) ca. 35 Stück Bild auf Tafel 52 **1570**

Zur **Masse:** 250–300 g Mandeln — 3 Eiweiss (z. Schnee) — 200–250 g Zucker

Vorbereiten der **Mandeln:** sie schälen, trocknen, fein reiben, einige zurückbehalten zum Bestecken der Makrönli. — Das **Backblech** gut befetten und bemehlen.

Makrönlimasse:
1. Das Eiweiss zuerst halbsteif, dann zu sehr steifem **Schnee** schlagen unter langsamem Beifügen von ca. ²/₃ des Zuckers, zuletzt den übrigen Zucker darunterziehen.
2. Von den **Mandeln** nach und nach sorgfältig soviel darunter mischen, bis die Masse noch etwas feucht, aber nicht mehr klebrig ist. — Ist die Masse zu feucht (z. B. durch bes. grosse Eiweiss), dann noch etwas geriebene Mandeln (od. entsprechende Nüsse) oder evtl. 1–2 Essl. Griess beigeben (sonst fliessen die Makrönli beim Backen zu stark auseinander).

Formen zu kleinen runden oder ovalen Häufchen (von Hand oder mit zwei Teelöffeln) und auf das Blech setzen im Abstand von 3–4 cm. Jedes mit einer geschälten Mandel bestecken. — **Backen** in Mittelhitze **(ca. 20 Min.).** — Makrönli sollen etwas aufgehen u. aussen fest, innen jedoch noch weich sein. — Sofort vom Blech lösen. — **Aufbewahren** s. Nr. 1510.

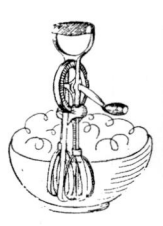

Haselnuss-, Nuss- und Kokosmakrönli (Macarons variés) **1571**

Zubereitung wie Mandelmakrönli **Nr. 1570.** Statt der Mandeln verwendet man:
a) 200–250 g **Haselnüsse,** evtl. geschält (siehe Fachausdrücke) und zum Bestecken Haselnüsse. — **b)** 250 g **Nusskerne** (von ca. 1 kg Baumnüsse mit Schalen). — Als gutes **Sparrezept:** Nur 180 g Nüsse und 60–80 g kleine Haferflocken, evtl. Zitronensaft und -schale beigeben.
c) 180–200 g **Kokosnuss** (gerieben erhältlich) jedoch nur 130–160 g Zucker verwenden. (Diese Masse nur leicht mischen, damit die Kokosmakrönli nicht hart werden.)

1572 Schokolademakrönli   I. und II. Art — ca. 40 Stück

4 Eiweiss (z. Schnee)	125 g Mandeln, fein gerieben
150 g Zucker, 1 Msp. Vanille	125 g Haselnüsse, fein gerieben
120–150 g Schokolade, gerieben	z. Bestreuen: 30 g Hagelzucker (evtl. Nonpareilles)

I. Art: Zubereitung wie Mandelmakrönli **Nr. 1570.** — Die geformten Makrönli vor dem Backen mit Hagelzucker (oder mit farbigen Zuckerkügelchen) bestreuen.
II. Art: Die Mandeln in feine Streifchen schneiden, mit 2–4 Essl. Wasser und der Hälfte des Zuckers auf kleinem Feuer kochen, bis alles trocken und brüchig wird, dann der Schokolademasse beimischen.
NB. Als gutes **Sparrezept:** 125 g Haselnüsse und 125 g kleine Haferflocken verwenden.

1573 Hagebutten- und Dattelmakrönli   (Macarons aux églantines et aux dattes)

Zubereitung wie Mandelmakrönli **Nr. 1570,** jedoch nur 200 g Zucker verwenden, dafür unter die Masse 1–2 Essl. **Hagebutten-**Konfitüre od. 100–150 g feingeschnittene **Datteln** mischen. — **Andere Art:** Zubereitung wie Mandelmakrönli (ohne Hagebutten) und nach dem Formen die Oberfläche mit einem angefeuchteten Teelöffel (od. Apfelausstecher) eindrücken, dann mit Hagebutten-Konfitüre oder -Mark füllen.

1574 Zürcher Marzipanleckerli   (Leckerlis au massepain) 24-28 Stück od. ca. 500 g

Teig: Marzipan Nr. 1598	
evtl. 2 Essl. feines Sandelpulver	z. Auswallen: Puderzucker
evtl. z. **Füllen:** Hagebuttenkonfitüre *	Glasur { 200 g Puderzucker — ½ Eiweiss / 2–3 Essl. Orangenblütenwasser

Formen: Auf den Teigtisch Puderzucker sieben, das Marzipan schwach 1 cm dick darauf auswallen. — Mit dem Leckerli-Model Abdrücke darauf machen. Mit einem Messer die Förmchen exakt auseinander schneiden und auf befettete mit Mehl bestäubte Bleche legen. Die Leckerli 1–2 Tage in warmem Raum trocknen lassen. (In dieser Zeit nach Belieben ein- bis zweimal mit Orangenblütenwasser bepinseln.)
Backen der Leckerli in schwach heissem Ofen (mit mehr Oberhitze) während **10–15 Min.** Sofort nach dem Backen mit der Glasur bepinseln. — Zur **Glasur** den Puderzucker sieben, die übrigen Zutaten und (wenn nötig) etwas Wasser dazumischen, bis die Glasur glatt und dickflüssig ist.
Rote Leckerli: Der Marzipanmasse etwas Sandelpulver beimischen.
Gefüllte Leckerli: Die Hälfte des Marzipans zu einem schwach ½ cm dicken Viereck auswallen, mit Hagebuttenkonfitüre dünn bestreichen. Die zweite Hälfte gleich gross auswallen, mit dem Model Abdrücke darauf machen und sorgfältig auf die bestrichene Teighälfte legen. (Auseinanderschneiden und fertig machen wie oben.)
NB. Zürcher Marzipanleckerli (sowie n. **Nr. 1575–76**) gelten als bes. feines Gebäck. Sie sollen nur leicht gebacken werden, so dass sie inwendig noch feucht sind (längeres Backen macht sie trocken und hart). — Als **Vorrat aufbewahren** siehe Nr. 1510. — * Evtl. Quitten- od. Aprikosenkonfit. verwenden.

1575 Zürcher Nuss- od. Haselnussleckerli   (Leckerlis aux noix ou noisettes) ca. 30 St.

Teig { 250 g Baum- od. Haselnüsse / 100 g Mandeln (ungeschält) / 300 g Puderzucker — 1 Ei, 1 Eiweiss / 1–2 Essl. Nussliqueur (od. Arrak)	Glasur { 200 g Puderzucker / ca. 2 Essl. Nussliqueur (od. Arrak) / wenig Zitronensaft, evtl. Wasser

Vorbereiten: Den Puderzucker sieben od. ihn mit den Haselnüssen usw. fein reiben (m. d. Maschine).
Teig: Die vorbereiteten Zutaten mit dem Ei, Eiweiss (geschlagen) und Liqueur gut

vermischen und zusammenkneten. — **Formen** u. **Backen** s. Marzipanleckerli **Nr. 1574.**
NB. Statt Liqueur evtl. nur Zitronensaft verwenden und der Masse ca. 30 g fein gehacktes Cedrat beigeben. — Den Teig evtl. auf Mehl (statt auf Zucker) auswallen. — **Aufbewahren** siehe Nr. 1510.

Zürcher Schokoladeleckerli   ca. 25 Stück   1576

zus. fein gerieben
- 150 g Mandeln u. 150 g Haselnüsse
- 50 g bittere Schokolade
- 70 g Schokolade (süsse dunkle)
- 280 g Puderzucker

2 Eiweiss, leicht geschlagen
½ Teel. Crème de Mocca od. Kirsch
Glasur
- 200 g Puderzucker, 1-2 Essl. Wasser
- ½ Teel. Crème de Mocca od. Kirsch

Teig: Die geriebenen Zutaten mit dem Eiweiss und Liqueur gut vermischen und zusammenkneten. — **Formen** und **Backen** siehe Marzipanleckerli **Nr. 1574.**

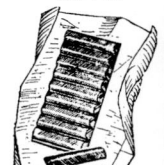

Honigleckerli   (Leckerlis au miel)   1577

80–150 g Mandeln — 200 g Orangeat u. Cedrat
250 g Honig — 160 g Zucker
2 Eier — 1 Essl. Kirsch od. Zitronensaft
1–2 Essl. Zitronenschale, abgerieben

400–500 g Mehl, ca. 3 g Triebsalz od. Backpulver
½–1 Teel. Zimt, wenig Muskat
1 Msp. Nelkenpulver, evtl. 1 Msp. Kardamom
Glasur: Zitronenglasur Nr. 1420 (2)

Vorbereiten: Die Mandeln schälen, grob hacken oder in Streifchen schneiden. Orangeat und Cedrat hacken. — Den Honig mit der Hälfte des Zuckers an die Wärme stellen (evtl. auf kleinem Feuer) nur bis er flüssig ist. — Eier, Kirsch oder Zitronensaft und den übrigen Zucker gut schaumig rühren.
Zubereitung: Das **Mehl**, Triebsalz (od. Backpulver) und die Gewürze in eine Schüssel sieben. In der Mitte eine Vertiefung machen und alle vorbereiteten **Zutaten** mit der Kelle nach und nach unter das Mehl mischen. Den Teig evtl. noch mit etwas Mehl kneten, bis er nicht mehr klebt. — **Formen:** Den Teig schwach 1 cm dick auswallen, in Rechtecke (von ca. 4/5 cm) schneiden (evtl. mit spez. Ausstecher). Sie dicht nebeneinander auf befettetem bemehltem Blech, bis zum andern Tag stehen lassen. — **Backen** in Mittelhitze (ca. **30 Min.**). — Sofort nach dem Backen die Leckerli wieder auseinanderschneiden und solange sie heiss sind mit der **Glasur** dünn bepinseln.
NB. **Formen II. Art:** Den Teig direkt auf dem Blech auswallen und nach dem Backen sofort in Rechtecke schneiden. — Den **Teig** evtl. 3-4 Tg. **ruhen** lassen. — Als **Vorrat aufbewahren** s. Nr. 1510.

Basler Leckerli   (Leckerlis à la bâloise)   1578

Zubereitung wie Honigleckerli **Nr. 1577,** jedoch 450 g Honig, 200 g Mandeln und 500–600 g Mehl sowie die übrigen Zutaten, aber keine Eier verwenden. — Als **Glasur:** 250 g Puderzucker mit etwas Wasser kochen, bis sich ein **Faden** bildet. (Die aufgestrichene Glasur soll nach dem Erkalten weisslich werden.)

Hamburger Braunkuchen   1579

250 g Honig (evtl. Melasse)
80–125 g Butter (Nussa od. Margarine)
450–500 g Mehl — 70 g Zucker
70–100 g Mandeln

125 g Cedrat und Orangeat
1 Zitrone, abgerieben — 5 g Zimt
1 Pr. Nelkenpulver — 2 Essl. Rosenwasser
½ Essl. Triebsalz (od. Backpulver)

Vorbereiten: Honig, Butter (od. Fett) und Zucker zusammen erwärmen, d.h. bis die Masse flüssig ist, sie wieder abkühlen. — Mandeln, Cedrat und Orangeat hacken (mit der Hackmaschine).
Teig: Das Mehl in eine Schüssel sieben, die Gewürze, Zitronenschale und die gehackten Zutaten damit vermischen, in der Mitte eine Vertiefung machen. Die Honigmasse sowie das mit dem Rosenwasser angerührte Triebsalz ins Mehl einrühren und

gut durchkneten. — **Formen:** Den 3-5 mm dick ausgewallten Teig in Rechtecke schneiden (5/8 cm) oder beliebig ausstechen (Herzen, Figuren, Bäumchen usw.), evtl. mit geschälten Mandeln garnieren, auf bebutterte, bemehlte Bleche legen und etwas stehen lassen (auch über Nacht). — **Backen** in Mittelhitze (ca. **20 Min.**). — **Bestreichen** solange die Braunkuchen noch heiss sind, mit dicklich eingekochtem Zuckerwasser od. nach Belieben mit Eiweissglasur (½ Port. von Nr. 1420, Abschn. 6), s. Abb. Seite 535 unten.

1580 Lebkuchen-Herzen, -Kläuse, -Tännchen -Häuschen usw.

Teig wie zu Hamburger Braunkuchen **Nr. 1579** (jedoch **ohne** Butter). Evtl. 1-3 Tage stehen lassen. z. **Garnieren:** geschälte Mandeln, bunte Schokolade-Dragées u.ä.m. od. Weisse Spritzglasur Nr. 1422
Formen: Vom ausgewallten Teig etwa handgrosse Herzen ausstechen oder mit Hilfe von gezeichneten Kartonformen Kläuse, Tännchen usw. ausschneiden. — Sie nach dem **Backen** leicht mit Zuckerwasser bepinseln, dann evtl. mit entsprechenden Bildchen bekleben (Samikläuse usw.) oder hübsch **garnieren** mit Mandeln, Dragées, evtl. mit Spritzglasur (z.B. Verzierungen aufspritzen oder Namen, Sprüche, Figuren u.a.m.).
NB. Lebkuchen-Häuschen: Vom Teig 9 Rechtecke v. ca. 9/14 cm **backen** (m. Tür- u. Fensteröffnung). Zum **Formen** die hochgestellte Vorder- u. Hinterseite für den Giebel schräg abschneiden und alles mit dicker **Eiweissglasur** n. Nr. 1420 (6) zusammensetzen. Zutaten z. **Garnieren** s. oben.

1581 Schaffhauserzungen   ca. 20 Stück

125 g Mandeln, fein gerieben — 20 g Mehl
4 Eiweiss (z. Schnee) — 120 g Zucker
z. **Füllen:** Vanille-Buttercrème Nr. 1415 (1)
z. B e s i e b e n: Puderzucker

Teig: Das Eiweiss zu steifem Schnee schlagen unter löffelweiser Beigabe der H ä l f t e des Zuckers. Den übrigen Zucker, Mandeln und Mehl darunter ziehen. — **Formen:** Auf ein gut befettetes, bemehltes Blech, mit Hilfe einer sogenannten «Brille» (von Karton ausgeschnitten) 6 cm grosse ovale, etwa 2 mm dicke Plätzchen ausstreichen. **Backen** der Plätzchen in guter Hitze, bis sie hellbraun sind. S o f o r t vom Blech abheben und auf einer f l a c h e n Platte erkalten lassen. **Füllen:** Die Hälfte der Plätzchen mit Crème bestreichen, mit den andern bedecken, leicht mit Puderzucker besieben.

1582 Zitronenplätzchen   ca. 40 Stück

2 Eier — 80–120 g Zucker
120 g Weissmehl
1 Zitrone (Saft und Schale)
z. B e s t r e u e n: 20 g Mandeln, ungeschält

Zubereitung des Konfektteiges nach **Nr. 1511.** — **Formen:** Von der Masse etwa 2-Franken-grosse Häufchen auf ein Blech setzen. Dieses gegen den Tisch klopfen, damit sie etwas flacher werden. Die Oberfläche mit fein geschnittenen Mandelblättchen bestreuen. — **Backen** in guter Hitze zu hellgelber Farbe **(10–15 Min.).**
NB. Geeignet als **Beigabe** zu Crèmen oder Glace. — Das Gebäck lässt sich, gut verschlossen, längere Zeit **aufbewahren** (siehe Nr. 1510).

1583 Haselnussziegel   (Tuiles aux noisettes) ca. 60 Stück   Bild auf Tafel 54

3 Eiweiss (z. Schnee)
150 g Puder- od. feinen Griesszucker
30 g Haselnüsse, fein gerieben, 20 g Mehl
z. B e s t r e u e n { 30 g Haselnüsse, in dünne Blättchen geschnitten

Zubereitung: Das Eiweiss zu steifem Schnee schlagen, indem man nach und nach den

gesiebten Zucker beifügt. Die geriebenen Haselnüsse und das Mehl daruntermischen.
Formen: Von der Masse auf ein bebuttertes, bemehltes Blech mit Hilfe einer 4–5 cm grossen «Brille» (von Karton ausgeschnitten) dünne Plätzchen ausstreichen, in der Mitte mit Haselnussblättchen bestreuen. — **Backen** in guter Hitze, bis die Plätzchen gelbbraun sind. Sie sofort vom Blech lösen und auf einem kleinen Wallholz (od. Fläschchen) andrücken, damit das Gebäck ziegelartig gebogen wird.

NB. Geeignet als **Beigabe** zu Crèmen und Glace. — Statt Haselnüsse, Mandeln od. Nüsse verwenden. Das Gebäck lässt sich gut **aufbewahren** (siehe Nr. 1510), jedoch nicht kalt stellen, damit es knusprig bleibt. (Keinen Apfelschnitz beigeben!)

Katzenzüngli   (Langues des chats)   ca. 40 Stück   1584

100 g Puderzucker, gesiebt — 100 g Mehl — ca. 2 dl Rahm (od. 1 dl Rahm u. 1 Eiweiss)
Das **Backblech** gut befetten und bemehlen.

Teig: Mehl und Zucker vermischen und mit dem Rahm dickflüssig und glatt anrühren. Evtl. nur die Hälfte Rahm und 1 Eiweiss, leicht geschlagen, verwenden. (Ist der Teig zu dünn, so verlaufen die Katzenzüngli, ist er jedoch nur ein wenig zu dick, werden sie zäh und mehlig.) — **Formen:** Den Teig durch den Dressiersack mit 1 cm grosser, glatter Tülle auf dem Blech zu fingerlangen, in der Mitte etwas dünneren Streifen spritzen. — **Backen** in guter Hitze auf unterer Rille **(ca. 5 Min.)**, bis die Katzenzüngli hellbraune Rändchen haben, aber **innen** noch **hell** sind.

NB. **Palais des dames:** gleiche Zubereitung, jedoch runde Häufchen aufs Blech setzen. Dieses gegen die Tischkante klopfen, damit die Häufchen flach werden. — Das Gebäck eignet sich gut als **Beigabe** zu Crèmen und Glace. — **Aufbewahren** siehe NB. von **Nr. 1583.**

Plaisir des dames   ca. 25 Stück   1585

Teig wie zu Katzenzüngli **Nr. 1584.** — **Formen:** Den Teig mit Hilfe der Cornetbrille (im ⌀ von ca. 8 cm) auf bebuttertem, bemehltem Blech zu dünnen Plätzchen ausstreichen. — **Backen** in guter Hitze. — Sobald die Plätzchen am Rand gelb sind, sie sofort abheben, um eine Tabakrollenform oder Kochlöffelstiel legen (glänzende Seite nach aussen) und leicht andrücken, damit kleine Rollen entstehen.

NB. Die Rollen können auch mit einer viereckigen «Brille» von 6–8 cm Grösse geformt werden.

Hobelspäne   ca. 40 Stück   Bild auf Tafel 54   1586

I. Art { Teig von Katzenzüngli   II. Art: Teig { 2 Eier, 100 g Zucker, Vanille
       { (Nr. 1584) mit Eiweiss   n. Nr. 1511   { 100 g Weissmehl — ¾ dl Rahm

Formen: Den Teig durch den Dressiersack mit glatter Tülle auf ein befettetes, bemehltes Blech zu 1 cm breiten, ca. 15 cm langen Streifen spritzen. — **Backen** mit guter Unterhitze (ca. **5 Min.**), d.h. bis die Streifen am Rand gelb, innen jedoch noch weiss sind. — Sofort vom Blech lösen und **formen,** indem man sie noch warm (glänzende Seite nach aussen) spiralförmig um eine Tabakrollenform oder einen Kochlöffelstiel wickelt. Einen Moment leicht andrücken, dann sorgfältig abstreifen.

NB. Dem Teig nach **I. Art** evtl. nur 1 dl Rahm und noch 1 Ei beimischen. — Die Hobelspäne **II. Art** vor dem Backen mit Vanillezucker oder fein geschnittenen Mandelstreifchen bestreuen. — **Aufbewahren** siehe NB. von **Nr. 1583.**

1587 Schokolade-Cornets ca. 25 Stück

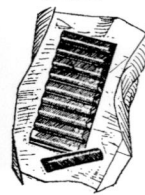

Cornets Nr. 1499 (½ Port.) — Schokolade-Buttercrème, ¼ Port. von Nr. 1415 (6) — einige Pistazien

Kleine Cornets formen, d. h. mit einer Brille im Ø von ca. 5 cm (evtl. aus Karton). — **Füllen** nach dem Erkalten: mit Schokolade-Buttercrème und mit wenig gehackten Pistazien bestreuen. — Geeignet zum **Garnieren** von Torten oder servieren als kleines **Konfekt**.

1588 Florentinerli ca. 50 Stück

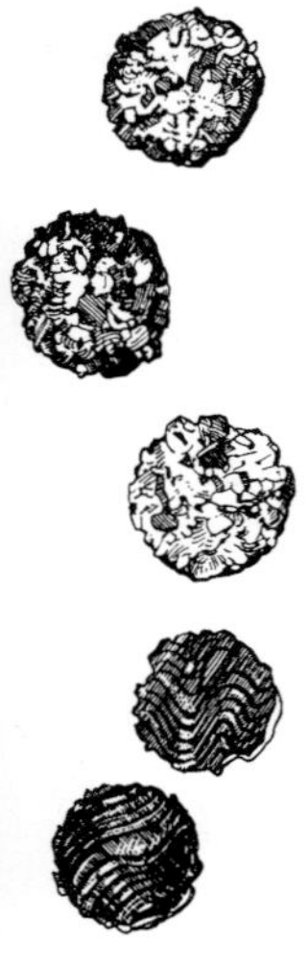

150 g Mandeln, geschält
50 g Haselnüsse geröstet, geschält
150 g Cedrat und Orangeat
50 g kandierte Kirschen

1½–2 dl Rahm — 50 g Butter, 150 g Zucker
30 g Mehl, 1 Msp. Zimt, evtl. 2 Essl. Honig
Glasur: { 100 g Schokolade, 20 g Schok.-Pulver
10 g Butter od. Margarine

Vorbereiten der Zutaten: Die geschälten Mandeln in Streifchen, die Haselnüsse blättrig schneiden, Cedrat, Orangeat und Kirschen in kleine dünne Stückchen.
Masse: Rahm, Butter, Zucker (evtl. Honig) sowie Mehl und Zimt unter Rühren gut aufkochen. Alle vorbereiteten Zutaten dazumischen und auf kleinem Feuer weiter rühren, bis das Ganze dicklich ist. — **Formen:** Von der Masse mit einem Teelöffel kleine Häufchen auf das gut befettete Blech setzen (im Abstand von ca. 4 cm) und mit dem Löffelchen etwas flachstreichen. — **Backen** in guter Oberhitze (**5–10 Min.**) bis die Plätzchen leicht auseinandergelaufen und gelblich-karamelig geworden sind. Sofort sorgfältig ablösen, möglichst flach auf Kuchengitter legen, abkühlen und steif werden lassen. — **Glasieren** der Florentinerli auf der unteren Seite mit der geschmolzenen noch warmen Schokolademasse. Sobald diese etwas angetrocknet ist, mit Gabel oder Butterroller gewellte Rillen durchziehen. (Während des **Glasierens** die Schokolade am besten im Wasserbad **warm** halten.) — **NB.** Florentinerli lassen sich gut in einer Blechbüchse **aufbewahren**, sie jedoch nicht direkt kalt stellen, da sie sonst weich werden.

1589 Schokolade-Schäumchen oder -«S» ca. 30 Stück s. Tafel 55

3 Eiweiss (z. Schnee)
150–200 g feinen Griess- od. Puderzucker

50–80 g Crémant-Schokolade oder -pulver
(evtl. mit 1 Essl. Wasser geschmolzen)

Vorbereiten: Ein Blech sehr gut befetten und mit Mehl bestäuben.

Masse: Das Eiweiss halbsteif schlagen, nach und nach etwa ⅔ des Zuckers dazusieben und weiterschlagen, bis der Schnee sehr steif und glänzend ist. Den Rest des Zuckers mit dem Schokoladepulver od. mit der fein geriebenen, evtl. (im Wasserbad) geschmolzenen Schokolade leicht und sorgfältig darunterziehen (d. h. melieren, nicht rühren). Die Masse in einen Dressiersack mit glatter oder Sterntülle füllen und auf das Backblech Häufchen, Stengelchen oder «S» setzen. — **Backen** (resp. trocknen) in ganz schwacher Hitze (ca. **50 Min.**), bis die Schäumchen fest sind (den Ofen nicht ganz schliessen!). — Sie sollen sich vom Blech lösen, d. h. sich schieben lassen. (Die fertigen Schäumchen nicht kalt stellen, da sie sonst weich werden.)

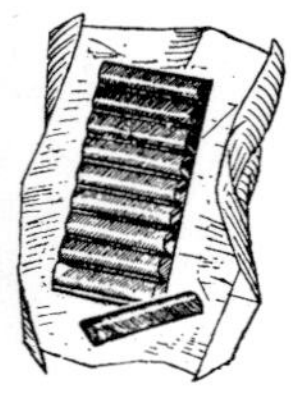

II. Art: Die Eiweissmasse im **Wasserbad** auf kleinem Feuer schaumig rühren, bis sie anfängt dicklich zu werden. Dann unter Rühren abkühlen lassen. Die Schokolade beigeben, formen und backen wie oben.

NB. Zur Schäumchenmasse evtl. zum Binden 1 Teel. Kartoffelmehl sieben. Dadurch wird Masse etwas fester, jedoch weniger zart.

Bunte Meringue-Schäumchen, -Buchstaben, -Herzen usw. 1590

3 Eiweiss (z. Schnee), 150–180 g feinen Griesszucker — Speisefarben, farbige Zuckerkügelchen
Zubereitung wie Schokolade-Schäumchen **Nr. 1589**, jedoch statt der Schokolade einige Tropfen der gewünschten Farbe od. Kaffee-Essenz usw. beigeben (evtl. 2–3 Arten).
Formen: Die Masse durch einen Spritzsack mit gezackter oder glatter Tülle zu kleinen Ringen, Herzen, auch Buchstaben usw. auf entsprechend ausgestochene, ca. 2 mm dicke Mürbeteigplätchen (n. **Nr. 927**) oder direkt auf das Blech dressieren. Evtl. mit Silber- od. auch farbigen Zuckerkügelchen (sog. «Nonpareilles») bestreuen od. mit kand. Veilchen, Zuckerblümchen usw. verzieren.
Verwendung: z. B. als Dekoration für Weihnachten, Kindereinladungen oder -geburtstage.

Einfache Pralinés, Marzipan usw.

Es folgt nachstehend nur eine kleine Auswahl von Pralinés-Rezepten, welche verhältnismässig leicht und rasch herzustellen sind. — (Die Zubereitung gefüllter und besonders verzierter Pralinés erfordert spezielle Geräte sowie viel Zeit und Material und lohnt sich nur bei grosser Übung.)

Schokolade-Trüffeln (Truffes au chocolat) ca. 25 Stück Bild auf Tafel 55 1591

125 g feine Schokolade (z. B. dunkle Lindt)
½–2 Teel. Nescafé (Pulver), 1–2 Essl. Wasser
70–100 g Tafelbutter (evtl. Nussa)
125 g Puderzucker

z. Wenden { Schokolade, gerieben oder geschabt, Schokoladepulver oder 100 g-granulés (Vermicelle)

Vorbereiten: Schokolade, Kaffee und Wasser in einem Pfännchen auf kleinem Feuer (im Wasserbad) **schmelzen** und **glattrühren** (nicht heiss werden lassen, siehe NB.). — Den Puderzucker durch ein **feines Sieb** geben. — **Trüffelmasse:** Die Butter schaumig rühren, Schokolade und Puderzucker dazumischen, erkalten und **fest** werden lassen (an der **Kälte**, evtl. über Nacht). — **Formen** von Hand zu etwa nussgrossen **Kugeln** oder mit einem runden **Aushöhler** (in heisses Wasser getaucht) ausstechen. Diese in einer der Zutaten wenden. Sie an der **Kälte** ganz fest werden lassen.
Die Trüffeln evtl. in kleine Papier-(Pralinée-)Kapseln setzen.
NB. Die Schokolade **nicht** stark erhitzen da sie leicht scheidet. — **Liqueur-Trüffeln** 2 Essl. Rum, Kirsch oder Maraschino beigeben (statt Kaffee). — Für **Nusstrüffeln:** Baumnüsse oder geschälte, in Zucker geröstete Haselnüsse (n. **Nr. 1423**), grob gehackt, unter die Schokolademasse mischen. Nach dem Formen evtl. in flüssiger Schokolade wenden, auf beöltes Papier setzen, steif werden lassen. — Schokolade-Granulés (Schok.-Vermicelles) sind in Confiserien od. Kaffeegeschäften erhältlich.

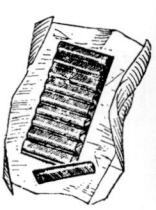

Schokoladehäufchen mit Mandelsplittern 1592

150 g Mandeln (evtl. Pinienkerne)
50 g Haselnüsse, 80 g Zucker
50 g Datteln, 30 g Sultaninen
50 g Cedrat u. kandierte Früchte

150 g Schokolade, dunkle
70 g Nussa od. Margarine
—
einige Pistazien

Vorbereiten: Die Mandeln schälen, in schmale Splitter schneiden. — Die Haselnüsse mit dem Zucker rösten, bis sie glänzen, auf einen beölten Teller giessen, erkaltet reiben oder hacken. — Alle Früchte (ausser den Sultaninen) in kleine Würfelchen schneiden.
Schokoladehäufchen: Schokolade und Nussa oder Margarine in einem Pfännchen (im Wasserbad) schmelzen und glattrühren. Sofort alle vorbereiteten Zutaten darunter

mischen. — **Formen,** indem man mit 2 Teelöffeln kleine Häufchen auf ein leicht beöltes Pergamentpapier oder in Pralinéskapseln setzt. Zuoberst evtl. in feine Scheibchen geschnittene Pistazien streuen. Stehen lassen (in temperiertem Raum), bis die Pralinés angetrocknet sind. — **Nougathäufchen** auf gleiche Art zubereiten, jedoch o h n e die Früchte, aber das doppelte Quantum Haselnüsse und Zucker rösten (s. auch Nusspralinés Nr. 1594, II. Art). — **Flockenhäufchen:** Unter die geschmolzene Schokolade (evtl. o h n e Nussa od. Margarine) 100–150 g Cornflakes od. kurz im Ofen gebähte Hafer-, sowie Hirseflocken mischen. **Formen** und Trocknen s. oben.

1593 Nusspralinés (Pralinés au noix) ca. 500 g Bild auf Tafel 55

ca. 200 g schöne, h a l b e Nusskerne
300 g Couverture-Schokolade, dunkle
10 g Tafelbutter od. Nussa

Füllung
{ 150 g Puderzucker — ½–1 Eiweiss
wenig Kirsch od. Maraschino,
Zitronen- od. Himbeersaft

Vorbereiten: Ein Pergamentpapier beölen, auf eine f l a c h e Platte legen.

Füllung: Den Puderzucker sieben und mit soviel Eiweiss und Liqueur oder Fruchtsaft glatt anrühren, bis die Masse teigartig dick ist, einen Moment an der Wärme durchmischen. — **Pralinés:** Von der F ü l l u n g je ½ Teel. voll zu einer Kugel drehen, von zwei Seiten eine halbe Nuss daraufdrücken. An die K ä l t e geben, bis die Pralinés fest sind (ca. 15 Min.). — Die Schokolade mit der Butter in einem Pfännchen (im Wasserbad) unter Rühren schmelzen. — Die Nussbonbons, eines nach dem andern (am besten mit einer Pinzette), so in die Schokolade tauchen, dass die eine Nusshälfte davon überzogen wird. Auf das beölte Papier setzen und steif werden lassen (n i c h t an der Kälte); wenn nötig ein zweites Mal in die Schokolade tauchen.

NB. Andere F ü l l u n g: **Marzipan** Nr. 1598 oder gehackte **Datteln** mit etwas Honig vermischt.

1594 Nuss- oder Mandelpralinés

150 g feine, dunkle Schokolade, 30 g gehackte Nüsse — ca. 30 g möglichst g r o s s e halbe Nusskerne

Vorbereiten: Ein Pergamentpapier beölen, auf eine f l a c h e Platte legen.

Die Schokolade in einem Pfännchen (im Wasserbad) leicht schmelzen, die gehackten Nüsse dazu mischen. Davon mit einem Teelöffel s o f o r t kleine Plätzchen auf das Papier setzen, je eine halbe **Nuss** darauf drücken und f e s t werden lassen.

Mandelpralinés: Gleiche Zubereitung, jedoch geschälte **Mandeln** geröstet und gehackt unter die Schokolade mischen. Zum **Belegen:** g r o s s e geschälte, im Ofen gelb geröstete Mandeln.

1595 Nougat von Mandeln, Nüssen usw.

200 g Mandeln od. Haselnüsse, evtl. auch
Baumnüsse oder Pinienkerne

evtl. 50 g Cedrat und Orangeat
250 g Zucker
1 Msp. Vanille od. ½ Essl. Zitronensaft

Vorbereiten: Mandeln schälen und in feine S t r e i f e n schneiden (evtl. hacken) oder Haselnüsse schälen (s. Fachausdrücke) und in B l ä t t c h e n schneiden, evtl. Baumnüsse od. Pinienkerne hacken (letztere evtl. auch ganz lassen). — Cedrat und Orangeat fein schneiden. (Alles im offenen Ofen l e i c h t warm werden lassen.) — Eine grosse Platte oder ein Blech leicht beölen.

Nougat: Den Zucker hellgelb rösten, Vanille oder Zitronensaft beigeben sowie die übrigen vorbereiteten Zutaten. Alles zusammen solange r ö s t e n (unter R ü h r e n), bis es leicht knackt. S o f o r t auf die beölte Platte oder das Blech giessen, mit leicht beöltem Kartoffelstössel oder einem Glas flach drücken. — Den **Nougat** kurz nachdem er abgekühlt ist, in Streifen oder Stengel schneiden.

NB. Formen des ausgestrichenen aber noch warmen Nougats, z. B.: mit bebuttertem Tee-Ei od. glatter Zitrone zu kleinen Schälchen, oder indem man die Masse in spez. Blechformen drückt, zu Eiern, Körbchen mit Henkeln usw. — **Füllen** mit kleinen Pralinés, Schokoladeplätzchen od. -dragées u. ä. — (Ist die Masse während des Formens hart geworden, dann kurz über die Flamme halten oder in den heissen Bratofen stellen.)

Fondantpralinés   I. und II. Art   1596

250 g Puderzucker, 2–4 Essl. Wasser (evtl. ½ Eiweiss) — ca. 1 Essl. Zitronen- od. Orangensaft, auch Liqueur (Maraschino, Kirsch od. Curaçao usw.) — z. Überziehen: Couverture-Schokolade, ca. 200 g

Fondant I. Art: Den Puderzucker in einem Pfännchen mit wenig Wasser auflösen, Zitronen- oder Orangensaft beigeben und unter Rühren kochen (dabei den sich bildenden Schaum entfernen). — **Probe:** Sobald man von einem mit flüssigem Zucker bedeckten Schaumlöffel kleine Bläschen fortblasen kann, ist der Fondant genügend gekocht. — In diesem Moment den Zucker rasch auf eine grosse flache Platte (evtl. Marmor, Textolite usw.) giessen, ihn leicht abkühlen lassen und in dieser Zeit einigemale mit kaltem Wasser bespritzen. Wenn der Zucker schon etwas fest geworden ist, mit einem kurzen, festen Spachtel rasch von der Platte losstossen und tüchtig durcheinander mischen. Nach einiger Zeit einige Tropfen Milch darüber spritzen. Den Zucker mit dem Spachtel weiter bearbeiten, bis er schön weiss ist und sich wie ein geschmeidiger Teig von Hand kneten lässt.

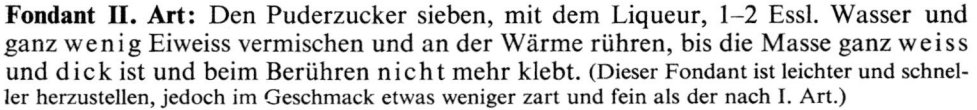

Fondant II. Art: Den Puderzucker sieben, mit dem Liqueur, 1–2 Essl. Wasser und ganz wenig Eiweiss vermischen und an der Wärme rühren, bis die Masse ganz weiss und dick ist und beim Berühren nicht mehr klebt. (Dieser Fondant ist leichter und schneller herzustellen, jedoch im Geschmack etwas weniger zart und fein als der nach I. Art.)

Formen der Fondantmasse (von Hand) zu kleinen runden, ovalen oder viereckigen Stückchen. — Zum **Überziehen** die Schokolade in einem Pfännchen (im Wasserbad) schmelzen. Die Fondantstückchen an Kartoffelspiesschen (od. mit spez. Ringhalter) in die Schokolade tauchen, bis sie ganz davon überzogen sind. Auf einem beölten Papier in temperiertem Raum fest werden lassen.

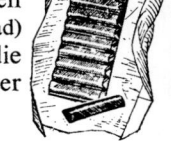

Marzipanpralinés   (Pralinés au massepain)   1597

Formen und **Überziehen** wie Fondantpralinés **Nr. 1596,** jedoch **Marzipan** (Nr. 1598) verwenden, dem man evtl. kleine Stückchen von kandierten Früchten oder Pistazien beigegeben hat. — **Formen a)** von Hand zu Kugeln, Plätzchen usw. **b)** auf gesiebtem Puderzucker auswallen (ca. 1 cm dick) und beliebige kleine Förmchen (Herzchen, Sterne usw.) ausstechen — **c)** die spez. Marzipanförmchen verwenden (s. auch **Nr. 1568** I. Art).

Marzipan   (Massepain)   1598

250 g Mandeln — 250 g Puderzucker   ca. 1 Essl. Rosen- od. Orangenblütenwasser
½–1 Eiweiss   evtl. 1–2 Tropfen Bittermandelöl

Vorbereiten: Die Mandeln schälen, gut trocknen und reiben. Dann zusammen mit dem Zucker noch 2–3mal durch die Mandelmaschine geben (evtl. in den Mixer), bis alles fast mehlig fein ist.

Marzipan: Die vorbereitete Masse mit den übrigen Zutaten vermischen. In einem

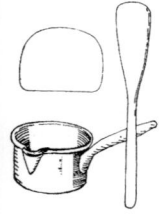

Pfännchen auf kleinem Feuer abrühren, bis sich das Marzipan vom Boden ablöst und beim Berühren nicht mehr klebt.
NB. Verwendung von Marzipan: zu verschied. Pralinés, Leckerli, Füllungen, evtl. zu Rübchen (gelb gefärbt) usw. — **Aufbewahren:** In einem Schüsselchen mit Alu-Folie (od. feuchtem Tüchlein) bedeckt, hält sich Marzipan einige Zeit. Wenn nötig vor dem Formen wieder mit wenig Eiweiss verkneten. — Statt Rosenwasser usw. Kirsch, statt Mandelöl ca. 30 g Bittermandeln verwenden. — Marzipan lässt sich auch ohne Eiweiss zubereiten, dann jedoch mehr Rosenwasser beigeben (Eiweiss macht die Masse jedoch geschmeidiger).

1599 Marzipankartoffeln (Pommes de terre au massepain) ca. 40 Stück

Marzipanmasse Nr. 1598   Schokoladepulver oder Kakao

Formen des Marzipans zu kleinen Kartoffeln. Diese in Schokoladepulver wenden. Mit einer Strick- od. Spicknadel «Augen» markieren, mit einem kleinen Messer die Kartöffelchen einschneiden (aufgesprungene Schale). — **Trocknen** in leichter Wärme.

1600 Marzipanherzen, -sterne usw.   Altes Weihnachtsgebäck

Marzipanmasse Nr. 1598 — z. Bestreichen: 1 Eigelb — 50–100 g kandierte Früchte (s. auch unten)
Formen: Das Marzipan ca. ½ cm dick auswallen, Herzen beliebiger Grösse ausstechen. Den Rand bepinseln mit etwas Rosenwasser (od. mit Eiweiss) und mit einem Marzipanröllchen belegen, dieses flach drücken und mit Gabel oder Teigklammer verzieren, mit Eigelb bestreichen. (Über Nacht trocknen lassen.) — **Backen** in Oberhitze zu leicht gelber Farbe. — **Garnieren** der Mitte mit hübsch aufgelegten kandierten Früchten, grossen geschälten Mandeln, Silberkügelchen usw. — Diese Zutaten mit etwas dicklichem Zuckersirup od. -glasur Nr. 1420 (6) ankleben. — **Andere Art:** Die Mitte mit rotem Gelée od. rosa Glasur (s. Nr. 1420, 3) ausstreichen od. m. Quittenpaste s. Nr. 1608 (nicht zu dick) belegen u. m. weisser **Spritzglasur** (Nr. 1422) dekorieren.

1601 Marzipankugeln   ca. 60 Stück   Bild auf Tafel 55

200 g Mandeln — 250 g Puderzucker   z. Wenden: 1 Eiweiss, 100 g Puderzucker
2 Eiweiss
1–3 Teel. Maraschino od. Apricot Brandy   z. Bestecken { einige geschälte Pistazien oder kandierte Kirschen

Marzipanmasse: Die Mandeln schälen, trocknen und fein reiben. Den Puderzucker sieben oder mit den Mandeln fein reiben. Beides in einem Pfännchen mit dem Eiweiss und Liqueur (auf kleinem Feuer) zu einem glatten Teig gut vermischen. — **Formen** zu nussgrossen Kügelchen. Diese in Eiweiss und dann in gesiebtem Puderzucker wenden, mit halben Pistazien od. Kirschen bestecken. In kleine Papier-(Pralinés-)Förmchen setzen oder auf ein mit weissem Papier belegtes Blech geben. — In leicht warmem Ofen etwas **trocknen** lassen.

1602 Schokolade- oder Zebraschnittchen (ungebacken)

Anmerkung: Diese Schnittchen sind ein beliebtes, schnell zubereitetes und ausgiebiges Konfekt, das sich auch gut hält als **Vorrat**.
Zubereitung des **Schokolade-** oder **Zebracakes Nr. 1388 a.** — Die Form an die Kälte stellen, bis die Crème recht steif geworden ist (am besten über Nacht).
Schnittchen: Den Cake stürzen, mit einem heissen Messer in gut ½ cm dicke Scheiben schneiden, diese in Dreiecke oder Streifen. — Evtl. m. **Schok.-Glasur** überziehen.

Gebrannte Mandeln oder Haselnüsse   (Pralinés — Krachmandeln)   **1603**

150 g grosse Mandeln od. Haselnüsse — 150 g Zucker — 2 Essl. Wasser

Vorbereiten: Mandeln od. Haselnüsse verlesen, in einem Tuch abreiben. — Ein Blech leicht beölen.

Zubereitung: Zucker und Wasser in einer gut ausgeriebenen Omelettenpfanne kochen, bis aller Zucker aufgelöst ist. — Mandeln oder Haselnüsse beigeben und unter fortwährendem Rühren **5–10 Min.** erhitzen, d.h. bis der Zucker fest wird, sich um die Mandeln legt und leicht knackt. Die Masse unter Rühren etwas abkühlen lassen. Dann wieder erhitzen auf kleinem Feuer, bis der Zucker wieder geschmolzen ist und die Mandeln karamelartig davon überzogen sind. Jetzt sofort auf das vorbereitete Blech geben, ausbreiten oder evtl. mit zwei Gabeln auseinandernehmen und langsam abkühlen lassen.

Rote Mandeln: Dem Zucker 2–4 Tropfen rote Speisefarbe beigeben oder Himbeersaft statt Wasser verwenden. — **Vanille-** oder **Schokolade**-Mandeln: Dem Zucker etwas Vanille beigeben oder 1–2 Essl. Schokoladepulver oder ½ Teel. Kakao.

Karamels   (Caramels mous)   ca. 100 Stück   **1604**

Weisse Karamels: 5 dl Rahm — 2–3 Msp. Vanille — 600 g Zucker — evtl. ca. ½ dl Milch

Braune Karamels: Zutaten wie oben, jedoch zuerst 100 g Zucker braun rösten oder die Masse etwas länger einkochen und noch 1–2mal etwas Milch beifügen.

Schokolade-Karamels: Zutaten wie oben mit 50 g geriebener Schokolade.

Haselnuss-Karamels: Zutaten wie oben mit 50 g gerösteten (geschälten), geriebenen Haselnüssen.

Vorbereiten: Den Deckel einer viereckigen Biscuitschachtel oder eine ganz flache Tortenplatte leicht beölen (evtl. nur kalt abspülen).

Zubereitung: Alle Zutaten zusammen aufsetzen. — **Kochen** unter stetem Rühren, bis die Masse anfängt dick zu werden und sich von der Pfanne löst (ca. **25 Min.**). Wird die Masse plötzlich zu dick und blasig, noch 2–3 Essl. kalte Milch oder Wasser dazumischen und wieder ganz glatt rühren. Sofort auf das vorbereitete Blech (oder Platte) giessen. Wenn nötig mit nassem Spachtel ausstreichen, ca. ½ cm dick. **Abkühlen** und **fest** werden lassen (probieren mit einem Messer). — **Schneiden** der jetzt steifen Masse in viereckige Täfelchen (ca. 2/2 cm) mit einem in warmes Wasser getauchten stumpfen Messer oder mit dem speziellen Karamel-Ausstecher.

Nidelzeltli   (Rahm-Milchbonbons)   **1605**

Zubereitung wie Karamels **Nr. 1604,** jedoch zur Masse halb Rahm, halb Milch oder Kondensmilch (gezuckerte) oder nur Milch mit ca. 40 g Butter verwenden.

Gefüllte Datteln   (Dattes farcies)   Bild auf Tafel 55   **1606**

250 g schöne grosse Datteln
evtl. Hagelzucker (z. Wenden)

z. Füllen { Nusskerne, Marzipan (Nr. 1598), Nuss- od. Pistazienmasse, s. unten

I. Art: Die Datteln entsteinen und statt des Steines einen Viertelsnusskern hineinlegen, zusammendrücken und evtl. in Hagelzucker wenden.

II. Art: Von der Marzipan-, Nuss- oder Pistazienmasse in der Länge eines Dattelkerns, jedoch **doppelt** so dick, Röllchen formen. Je eines in eine entsteinte Dattel legen so, dass die Füllung gut zu sehen ist.

Nussfüllung: 80 g Nusskerne, 70 g Puderzucker (zus. fein gerieben) ½ Eiweiss, 1 Essl. Nussliqueur

Alle Zutaten in einem Pfännchen auf kleinem Feuer so lange abrühren, bis die Masse zusammenhängend und noch etwas **feucht** ist. — Die Nussfüllung evtl. nach dem Formen noch in Eiweiss, dann in gesiebtem Puderzucker wenden (s. Bild)

Pistazienfüllung { 40 g Pistazien, 40 g Mandeln   ½ Eiweiss, etwas Zitronensaft
70 g Puderzucker   evtl. «Spinatgrün»

Pistazien und Mandeln schälen, trocknen und mit dem Puderzucker **fein** reiben. — Weitere **Zubereitung** gleich wie bei Nussfüllung. (Die Masse evtl. mit ganz wenig «Spinatgrün» stärker, d. h. gelblich-grün färben.)

1607 Gefüllte Zwetschgen (Prune sèches farcies)

200 g schöne grosse Dörr-Zwetschgen od. -Pflaumen   z. **Füllen:** { Marzipan Nr. 1598
od. Nussfüllung v. 1606 oben

Von der **Füllung** (in der **Länge** der Zwetschgen) 1 cm dicke Röllchen formen. — Die **Zwetschgen** (ganze oder halbierte) **füllen**, indem man sie sorgfältig auseinanderzieht und die Röllchen so hineinlegt, dass man sie noch ein wenig sieht.

1608 Quittenpaste (Quittenbrot oder -pästli — Pâte de coings)

Vorbereiten und **Kochen:** Die Quitten gut waschen, mitsamt Schale und Kerngehäuse in Stücke schneiden. Mit möglichst **wenig** Wasser (am besten im Dampfkochtopf) weichkochen und (in einer Schüssel) über Nacht stehen lassen. Eine Handvoll **Brombeeren** mitgekocht, ergibt eine bes. **rötliche** Paste. — Die Quitten am folgenden Tag auf einem Sieb über einer Schüssel (für den Saft) gut abtropfen, dann durchstreichen oder durch die Fruchtpresse treiben. Das erhaltene Fruchtpuré = Mark **abwägen.** — (Den Saft zu **Gelée** verwenden.)

Masse zu Pasten: 500 g **Mark** und 400–500 g **Zucker**

Paste: Das Quittenmark aufs Feuer setzen, den Zucker und nach Belieben 2–4 Essl. Zitronensaft hinzufügen. — **Kochen** der Masse unter **Rühren,** bis sie breiartig **dick** ist und sich von der Pfanne **löst** (ca. ¾ Std.). — Sie auf eine mit Zucker bestreute, flache Platte ca. 1 cm dick ausstreichen. — **Trocknen** lassen an leichter Wärme während einiger Tage. — **Formen:** Aus der Paste kleine Förmchen (Herzen, Sterne usw.) ausstechen oder Vierecke schneiden und sie in Hagel- oder **grobem** Griesszucker wenden.

Aufbewahren der Quittenpasten für längere Zeit: lagenweise mit Pergamentpapier oder Alu-Folie bedeckt, in Blechschachtel an leicht kühlem Ort.

NB. Um zu langes Einkochen zu vermeiden, kann je nach Quantum etwas Apfelpektin (Dawagel oder Opecta) beigegeben werden. Ist das Mark nicht rot genug, dann n. Belieben m. etwas Sandelpulver od. Karmin röter färben. — **Formen andere Art: a)** Die Paste **vor** dem Ausstreichen mit geschälten Mandelsplittern vermischen. **b)** Die ausgestochenen Pasten mit weisser Spritzglasur (Nr. 1422) hübsch verzieren. **c)** Garnieren mit geschälten Mandeln (diese mit etwas dickem Zuckersirup festkleben). — Die heisse Quittenpaste kann zum **Trocknen** auch in eine mit Pergamentpapier oder Alu-Folie ausgelegte Blech(Biscuit-)schachtel gefüllt werden. Bei Bedarf davon abschneiden u. evtl. noch formen.

1608a Apfelpaste (Pâte de pommes)

Zubereitung wie Quittenpaste **Nr. 1608,** dazu **unreife Äpfel** (Fallobst) verwenden.

1 Coupe Jacques Nr. 1321 (mit Himbeeren garniert) – 2 Eisschokolade Nr. 1329 – 3 Parfait au Maraschino en Coupes Nr. 1300 – 4 Coupe panachée Nr. 1324 – 5 Hobelspäne Nr. 1586 – 6 Bricelets Nr. 1537 – 7 Prussiens Nr. 1505 und Haselnussziegel Nr. 1583 – 8 Mandelgebäck Nr. 1561 und Zimtringe Nr. 1549 – Madeleines Nr. 1503, unten rechts

Tafel 54

Tafel 55 1 Schokolade-Trüffel Nr. 1591 – 2 Baslerbraun Nr. 1568 (I. Art) – 3 Nusspralinés Nr. 1593 – 4 Gefüllte Datteln Nr. 1606 (II. Art) – 5 Marzipankugeln Nr. 1601 – 6 Schokoladeschäumchen Nr. 1589

Marrons glacés (Glasierte Kastanien) 1609

Anmerkung: Für die Zubereitung dieser Süssigkeit braucht es spezielle Sorgfalt und Geduld, da die Kastanien während des Arbeitens sehr leicht zerbrechen.

1 kg mögl. g r o s s e **Kastanien** (Marroni) — **Sirup:** 1 kg Zucker, 1 Vanillestengel, 1–1½ Ltr. Wasser

Vorbereiten: Die Kastanien waschen, kurz aufkochen und nur die äusserste h a r t e Schale entfernen.

Zubereitung: Die vorbereiteten Kastanien **im Sieb** in reichlich Wasser aufsetzen (dieses mit 1–2 Msp. Kartoffelmehl etwas binden). Das Wasser soll immer nur l e i s e ziehen (n i e wallen). Ist das Kochwasser bräunlich geworden, dann sorgfältig abgiessen und durch frisches heisses ersetzen. — **Garzeit:** ¾–1½ Std., d. h. bis man die Kastanien mit einer Nadel leicht durchstechen kann. Jetzt s o r g f ä l t i g alle b r a u n e n H ä u t c h e n abziehen, o h n e die Kastanien zu zerbrechen. (Sie einzeln herausnehmen, da sie sich heiss am besten schälen lassen.) — **Glasieren: a)** Den Zuckersirup mit dem halbierten Vanillestengel in einer weiten Pfanne lebhaft aufkochen. Die Kastanien auf einem Siebboden (z. B. v. Dampfkochtopf, in den Sirup setzen u. solange darin z i e h e n lassen (n i c h t k o c h e n) bis der Sirup dicklich eingedämpft ist und die Kastanien von einer Zuckerschicht umhüllt sind. Sie e i n z e l n herausnehmen und auf eine leicht beölte Tortenplatte oder Pergamentpapier setzen. — **b)** Die Kastanien mit einem Pralinéehalter (Metallring) od. evtl. mit einem Kartoffelspiesschen, einzeln in den dicklichen Zuckersirup tauchen u. auf die Tortenplatte setzen (wie oben). Dieses Eintauchen in den Sirup noch 3–4mal wiederholen. — Die Marrons glacés im o f f e n e n leicht warmen O f e n gut antrocknen lassen, dann (nach vollständigem E r k a l t e n!), einzeln in Alu-Folie verpacken oder in spez. Papierkapseln setzen (in Papeterien erhältlich).

NB. Als **Geschenk**-Packung evtl. zusammen mit einigen kand. Veilchen in eine hübsche Schachtel geben. — **Wichtig:** Zu früh verpackte Marrons können schimmeln!

Gesalzenes Gebäck zu Tee, Brunch und Apéro

Allgemeines: Das meiste Salzgebäck schmeckt am besten, wenn es warm serviert wird. Es kann, wenn nötig, im Bratofen oder auf dem Herd (evtl. in Alu-Folie) wieder erwärmt werden.
Spez. R e g e l für alles Käsegebäck: Es nie dunkel backen, da es sonst leicht bitter wird.

Kleines Blätterteiggebäck, gesalzen (Petit pâtés au fromage ou cumin etc.) 1610

Teig: Quark- od. Sauerrahmteig Nr. 921 od. 922 od. Blätterteig Nr. 924 (auch gekauften) z. Bestreichen: 1–2 Eigelb — evtl. z. Bestreuen: Kümmel, Käse usw., siehe u n t e n

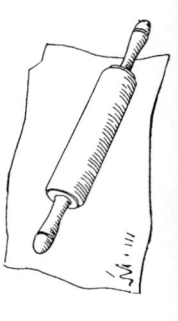

Auswallen und **Formen** des Teiges siehe nachstehende Abschnitte 1–7. — **Backen:** in guter Hitze **15–25 Min.**, je nach Dicke des Teiges. Die ersten Minuten den Ofen nicht öffnen. — Mit **Käse** bestreut, n i c h t zu stark backen, da das Gebäck sonst bitter wird.

1. Kümmel- und Käsestengelchen (Abb. S. 550): Den Teig ca. 3 mm dick auswallen, in 8–10 cm lange, knapp 2 cm breite Streifen schneiden, aufs Blech legen (ziemlich nah zusammen). — Bestreichen mit Eigelb und bestreuen mit Kümmel oder Käse, evtl. Mohnsamen. — Evtl. aus einem Teil des Teiges R i n g e von ca. 5 cm Ø ausstechen und mit Eigelb bestreichen. Beim Anrichten dann je drei Stengelchen durch einen Ring stecken (s. Bild auf Tafel 1).

2. Herzen und **Sterne** mit Kümmel usw.: Den Teig ½ cm dick auswallen, davon

Herzen, Sterne, Halbmonde usw. ausstechen, auf das Blech legen. **Bestreichen mit Eigelb** und bestreuen mit Kümmel, gerieb. Käse od. Mandeln, evtl. Mohnsamen.

3. **Spanisch-Brötchen:** Vom ausgewallten Teig kleine verschobene **Vierecke** schneiden (od. ausstechen), mit Eigelb bestreichen, mit Mohnsamen bestreuen.

4. **Sardellen- od. Sardinenstengeli:** Den Teig dünn auswallen, in Streifen von 6–8 cm Länge und 4 cm Breite schneiden. Die Hälfte davon leicht benetzen, die Mitte mit einem Fischfilet belegen. Mit den übrigen Plätzchen bedecken, mit Eigelb bestreichen.

5. **Sacristains:** Den Teig 3 mm dick auswallen, in fingerlange, ca. 3 cm breite Streifen schneiden. Sie mit Eigelb bestreichen, mit blättrig geschnittenen Mandeln bestreuen, dann spiralig umdrehen. Auf dem Blech die **Enden** etwas andrücken.

6. **Käse-Kräbeli:** Vom ausgewallten Teig kleine Hufeisen im Ø von ca. 6 cm ausstechen (evtl. mit Hilfe von einem grösseren und kleineren Ring). Den äussern Rand 3–4mal schräg einschneiden (wie bei Äniskräbeli Nr. 1514). Mit Eigelb bestreichen, mit geriebenem Käse und etwas Paprika bestreuen.

NB. Das gleiche Gebäck kann auch **süss** zubereitet werden, es jedoch nach dem Bestreichen mit Eigelb, mit grobem **Zucker** bestreuen, evtl. auch mit Mandelspänen (wie bei Sacristains) oder mit gehackten Pinienkernen.

1611 Gesalzene Prussiens und Kravättchen

Quark- od. Blätterteig Nr. 921 u. 924 — Sbrinz, gerieben od. 100 g dünne Scheiben v. Fleischkäse

1. **Prussiens:** Den Teig knapp ½ cm dick auswallen, zu einem Rechteck von ca. 15 cm Breite schneiden. Dieses mit geriebenem Käse bestreuen oder mit dünn geschnittenem Fleischkäse belegen. Das Teigstück von **beiden** Längsseiten her zweimal gegen die Mitte einschlagen. Die entstandenen Rollen leicht aufeinanderdrücken und mit einem breiten Messer in knapp 1 cm dicke Stücke schneiden. Diese mit der Schnittfläche aufs Blech setzen im Abstand von ca. 4 cm.
(Die Prussiens sollen beim Backen auseinander gehen.)

2. **Kravättchen:** Den Teig ½ cm dick auswallen, in 8–10 cm breite Streifen schneiden und je vier davon mit Käse bestreut oder mit den Scheiben von Fleischkäse bedeckt, aufeinander legen. Diese Schichten mit einem breiten Messer in gut 1 cm dicke Scheiben schneiden, in der Mitte etwas zusammendrücken u. einmal umdrehen, bevor man sie aufs Blech legt. — **Backen** in guter Hitze und noch **warm** servieren.

1612 Pikante Blätterteig-Fischchen

Sauerrahmteig Nr. 922 — 1 kleine Büchse Sardellen oder Sardinen — z. Bestreichen: 1 Eigelb
Als **Muster** aus weissem Karton einen Fisch (evtl. ohne Flossen) von 8–12 cm Länge ausschneiden.
Formen: Den Teig ca. 3 mm dick auswallen, mit Hilfe des Musters die benötigte Anzahl **Fischli** ausschneiden. Die eine Hälfte mit etwas Wasser leicht benetzen, mit einem Sardellenfilet oder ½ Sardine belegen, mit einem zweiten Teigfisch, bei welchem man mit einer Tülle ein Auge markiert (od. ausgestochen) hat, bedecken, die Ränder gut aufeinander drücken. Mit einer Schere Kiemen, Schwanz und Flossen gut einschneiden (evtl. auszacken). — Die Fischchen mit Eigelb bestreichen, evtl. am Rücken mit Mohnsamen bestreuen, als Augen eine Kaper einstecken. — **Backen** in guter Mittelhitze zu goldbrauner Farbe (ca. **25 Min.**).

Kleines luftiges Käsegebäck ca. 50 Stück   Abbildung Seite 550   **1613**

100 g Butter, 1 Pr. Salz, Muskat — 120 g Sbrinz und 100 g Emmentaler, gerieben
½ Teel. Zitronensaft od. Essig — 200 g Weissmehl, 1 Msp. Backpulver

Zubereitung: Butter und Gewürz schaumig rühren, den Käse und Zitronensaft oder Essig damit vermischen, das Mehl dazu sieben. Den Teig ½–1 Std. an die **Kälte** stellen. — **Formen:** Den Teig ca. 3 mm dick auswallen, mit einem gezackten Ring (von ca. 8 cm Ø) Plätzchen ausstechen, diese halbieren. Die Oberfläche mit Eigelb bestreichen, mit wenig Käse und evtl. 1 Pr. Paprika bestreuen. — **Backen** in guter Hitze (**15–20 Min.**) bis das Gebäck gelb und luftig aufgegangen ist.

Einfache Käsebrezel   **1614**

I. Art: Kartoffelteig { 200 g gekochte Kartoffeln, gerieb. 50–100 g Mehl — 100 g Sbrinz, gerieb. — 80–100 g Butter od. Fett

II. Art: einfacher Teig { 300 g Mehl, auch halbweisses 50 g Nussella od. Öl — 1 dl Milch 100 g Käse, gerieben, 2–3 Pr. Salz

z. Bestreichen: 1 Ei od. Milch — z. Bestreuen: Kümmel, Mohn od. geriebenen Käse

Zubereitung des Teiges I. od. II. Art, **eingerührt** nach **Nr. 916.** — An der Kälte ruhen lassen. — **Formen:** Den Teig ½ cm dick auswallen, in 1 cm dicke, ca. 20 cm lange Stengel schneiden, diese zu Brezeln formen. — Bestreichen mit Ei od. Milch und **bestreuen** mit einer der Zutaten. — **Backen** in guter Hitze zu leicht gelber Farbe (**15–20 Min.**). — Schmecken auch gut mit einer gerösteten Mehlsuppe od. zum Brunch.

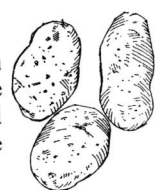

NB. Evtl. halb Sbrinz od. Appenzellerkäse und halb Emmentaler oder Gruyère verwenden.

Gefüllte Käsegipfel   **1614a**

Käseteig von Nr. 1614, I. od. II. Art
z. Bestreichen: 1 Ei od. Milch
z. Bestreuen: gerieb. Käse

z. Füllen { Fleischhaché Nr. 697, gehackten Schinken (ca. 100 g) od. gedämpften Spinat Nr. 449

Formen: Den Teig ca. 2 mm dick auswallen, gut 10 cm grosse runde Plätze ausstechen od. in Dreiecke schneiden, am Rand leicht benetzen. Die Mitte mit **Füllung** belegen, aufrollen und zu Gipfeln umgebogen, auf das Blech setzen. Bestreichen mit Ei od. Milch. — **Backen** in guter Hitze (ca. **25 Min.**). — Passen auch gut zum Brunch oder mit einer Suppe serviert.

Käse-Hefestengel ca. 40 Stück   **1615**

200 g Mehl, 1 Pr. Salz, Muskat
50 g Butter od. Nussa
80 g Sbrinz u. 30 g Emmentaler, gerieben
10 g Hefe, ½ dl Milch od. Wasser

1 Ei od. 1–2 Eigelb — 2–4 Essl. sauren Rahm
—
z. Bestreichen: 1 Ei od. Eiweiss
z. Bestreuen: 1–3 Essl. Kümmel

Zubereitung des Teiges: Das Mehl in die Schüssel sieben, Butter und Käse beigeben, zusammen leicht verreiben. — Die Hefe mit der lauwarmen Milch (od. Wasser) anrühren, Ei, Rahm und Gewürz zusammen verklopfen und alles mit der Mehlmasse vermischen. — Den Teig sorgfältig durchkneten und an leichter Wärme ca. ½ Std. gehen lassen. — **Formen:** Den Teig ½ cm dick auswallen, in ca. 15 cm lange, 1–2 cm breite Streifen schneiden, mit Ei bestreichen, evtl. noch mit Kümmel bestreuen. — **Backen** in guter Hitze, hellgelb (ca. **20 Min.**). — Passen auch warm zu Suppe oder Brunch.

1616 Feine Käsestengel (Bâtonnets au fromage) ca. 35 Stück

Gerieb. Teig n. Nr. 915
- 170 g Weissmehl,
- 120 g Butter od. Nussa
- 2 Essl. Kirsch od. Essig, 3 Pr. Salz

z. Bestreuen: ca. 150 g Käse
z. Bestreichen: 1 Eigelb

Dem **Teig** 4–6 Touren geben wie bei Blätterteig (**Nr. 924**). Nach jedem Auswallen mit geriebenem **Käse** bestreuen und kalt stellen.

Formen: Den fertigen Teig ca. ½ cm dick auswallen und in 1½ cm breite, 7–8 cm lange Stengelchen schneiden. Etwa 10 Min. an die Kälte stellen, dann mit Eigelb bestreichen. — Backen in guter Hitze gelbbraun (ca. **15 Min.**).

NB. Die Käsestengel nicht dunkel backen, da sie sonst bitter werden. — **Andere Teige:** Sauerrahm- oder Quarkteig Nr. 922 und 921.

1617 Roquefort-Konfekt   Pikante Spitzbuben, heiss od. kalt serviert

Teig
- 100 g Weissmehl, je 1 Pr. Salz u. Curry
- 80 g Butter od. Nussa
- 100 g Parmesan od. Sbrinz, gerieben
- 1–2 Eigelb, ca. ½ dl sauren Rahm

Füllung
- 50 g Tafelbutter — ½ dl Rahm
- 75 g Roquefort, gerieb. — 2 Eigelb
- 10 g Mehl — 1 dl Milch
- 1 Eiweiss (z. Schnee), Gewürz

z. Bestreuen: Mohnsamen od. Kümmel

Teig-Zubereitung: Alle Zutaten in eine Schüssel geben und mit einem stumpfen Messer bearbeiten, bis sich die Masse zusammenballt. An der Kälte ruhen lassen.

Füllung: Die Butter schaumig rühren, Roquefort, Eigelb und Rahm beigeben. Mehl und Milch glatt anrühren, aufkochen und zur Käsemasse mischen. Den Eierschnee darunter ziehen, nach Geschmack würzen.

Formen: Den Teig ca. 3 mm dick auswallen. Aus der Hälfte 4–5 cm grosse gezackte Plätzchen ausstechen und aufs Blech legen. Aus dem übrigen Teig in der gleichen Grösse Ringe ausstechen und mit Eigelb zweimal bepinseln. — **Backen** in guter Hitze hellgelb (ca. **15 Min.**). — Beim **Füllen** je ein Plätzchen mit der Masse bestreichen und ein Ringlein darauf drücken. In das Loch etwas Mohnsamen oder Kümmel streuen.

1618 Kleine gefüllte Chestercakes

Teig
- 150 g Weissmehl, je 1 Pr. Pfeffer u. Salz
- 80 g Butter, 2 Eigelb, 1 Pr. Paprika
- 80 g Chesterkäse, gerieben

z. Bestreichen: 1–2 Eigelb
Füllung von Nr. 1617 mit Chesterkäse (statt Roquefort) u. ohne Butter zubereitet

Teig: Alle Zutaten in eine Schüssel geben und mit einem stumpfen Messer bearbeiten (nicht von Hand), bis die Masse gleichmässig ist und gut zusammenhält. An der Kälte 1–2 Std. ruhen lassen. — **Formen:** Den Teig 2–3 mm dick auswallen, 5 cm grosse, gezackte Plätzchen ausstechen, mit Eigelb bestreichen, evtl. mit einer Prise Salz bestreuen. — Backen in guter Hitze gelbbraun (ca. **15 Min.**). — **Füllen** der Plätzchen (heiss od. kalt), indem man je zwei mit etwas Käsefüllung bestreichen, aufeinanderdrückt.

1619 Mürbeteigplätzchen mit Käsefüllung   ca. 25 Stück

Zubereitung wie Chestercakes **Nr. 1618**, jedoch mit **Mürbeteig** gesalzen, n. **Nr. 926a** od. **Nr. 927** (ohne Zucker). Zur **Füllung** einen beliebigen Käse (Gala u. ä.) verwenden. Zum **Formen** etwa 8 cm grosse Plätzchen ausstechen, diese halbieren. Sie beim **Füllen** so aufeinandersetzen, dass die runde Seite etwas aufsteht.

Käse-Mandelcrackers   1620

Teig
- 80 g geschälte Mandeln, gerieben
- 120 g Mehl, je 1 Pr. Salz u. Paprika
- 100 g Butter od. Nussa
- 60 g Sbrinz u. 40 g Gruyère, gerieben

z. Bestreichen: 1 Ei
z. Bestreuen: 20–30 g Mandeln, geschält und blättrig geschnitten

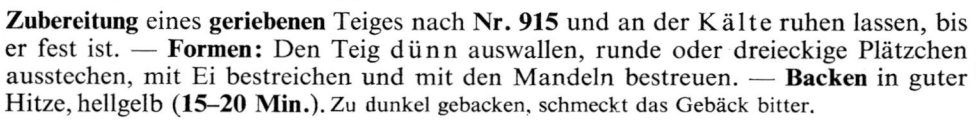

Zubereitung eines **geriebenen** Teiges nach **Nr. 915** und an der Kälte ruhen lassen, bis er fest ist. — **Formen:** Den Teig dünn auswallen, runde oder dreieckige Plätzchen ausstechen, mit Ei bestreichen und mit den Mandeln bestreuen. — **Backen** in guter Hitze, hellgelb (**15–20 Min.**). Zu dunkel gebacken, schmeckt das Gebäck bitter.

Biscuits Gruyère   Pikante Käsecrackers   1620a

- 250 g Butter od. Margarine
- 250 g Gruyère, fein gerieben
- 1 Ei — 2–3 Essl. Rahm, 1 Pr. Salz
- 250 g Mehl (evtl. halbweisses), Muskat

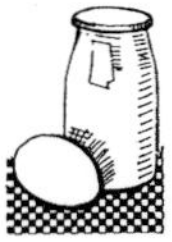

Zubereitung: Butter (od. Margarine) schaumig rühren, alle übrigen Zutaten nach und nach dazumischen. Den Teig auf einem Pergamentpapier zu einer gleichmässigen Rolle von ca. 5 cm ⌀ formen. An der Kälte steif werden lassen (evtl. über Nacht). **Formen:** Den Teig in ½–1 cm dicke Plätzchen schneiden (mit breitem Messer), auf ein Blech geben. — **Backen** in guter Mittelhitze unter 1maligem Wenden, zu hellgelber Farbe (ca. **20 Min.**). — **Servieren** heiss oder abgekühlt.

Galettes salées   Gesalzene Plätzchen — ca. 30 Stück   1621

Teig
- 200 g Weissmehl — 2–3 Pr. Salz
- 80–100 g Butter od. Nussa
- 1 Eigelb od. 3 Essl. sauren Rahm
- ½–1 dl Milch od. Joghurt einige Tropfen Zitronensaft

evtl. z. Beigeben: 80 g Sbrinz
z. Bestreichen: 1–2 Eigelb
z. Bestreuen: Kümmel, Mohnsamen, Paprika od. Mandeln, gerieben

Zubereitung des Teiges **eingerührt,** nach **Nr. 916** (evtl. mit Käse). — **Formen:** Den Teig dünn auswallen (ca. 2 mm) und mit einer Stricknadel dicht bestechen oder mit einer Käseraffel leicht eindrücken. Dann 6–10 cm grosse, runde Plätzchen oder Dreiecke ausstechen, mit Eigelb bestreichen. **Bestreuen** mit einer der angegebenen Zutaten. — **Backen** in guter Hitze, gelbbraun (**10–15 Min.**).

Kümmel- oder Käsebricelets   ca. 50 Stück   1622

Teig wie zu Salzbricelets **Nr. 1623,** jedoch noch ½–1 Essl. **Kümmel** (auf einem Papier etwas zerstossen) oder 30 g geriebenen **Sbrinz** beigeben. (Diese Bricelets ungefüllt servieren.)

Gefüllte Salzbricelets   ca. 25 Stück   Abbildung Seite 550   1623

Teig
- 75–100 g Butter od. Nussa
- 2–3 Eigelb, 2 Essl. Rahm
- Muskat, 1 Pr. Pfeffer u. Salz
- 200 g Weissmehl

Füllung
- 50 g Tafelbutter
- 120 g Emmentaler, Mascarpone od. Gervais, Chesterkäse usw.
- ca. 1 dl Rahm, Gewürz

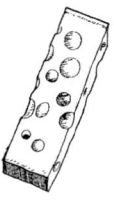

Zubereitung des **Teiges:** Die Butter schaumig rühren, Eigelb und Gewürz beigeben, das Mehl dazu sieben. Den Teig an der Kälte fest werden lassen (mind. ½ Std.).

Füllung: Die Butter schaumig rühren, den geriebenen Käse und soviel Rahm daruntermischen, bis die Masse dicklich ist, sorgfältig würzen. — **Formen** und **Backen** der Bricelets siehe **Nr. 1537**. — **Füllen:** Die Hälfte der erkalteten Bricelets mit etwas Füllung bestreichen, mit einem zweiten Bricelet bedecken.

1624 Käserollen (Cannelons au fromage) I. und II. Art

Quark- od. Sauerrahmteig Nr. 921 u. 922 od. Blätterteig Nr. 924 — z. Bestreichen: 1 Ei
für **I. Art:** Käsefüllung von Nr. 1623 — für **II. Art:** Stengel v. Käse, 1 cm dick u. 6–8 cm lang geschnitten

Formen: Den Teig ca. 2 mm dick auswallen, in Vierecke von 8–10 cm schneiden oder zu 2 cm breiten, ca. 20 cm langen Streifen. Sie um Tabakrollen-Formen wickeln (die Streifen spiralförmig), die Enden (leicht benetzt) gut übereinanderlegen und andrücken. Mit Ei bestreichen. — **Backen** der Rollen in guter Hitze (ca. **20 Min.**) Heiss von den Formen abstreifen. **Füllen** mit der Käsecrème. — Die Rollen schmecken am besten warm serviert (z. B. zum Brunch od. mit einer Suppe).

II. Art: Die Teigplätzchen mit einem Käsestengelchen eingerollt, backen.

1624a Blätterteigcornets mit Käsefüllung

Blätterteig Nr. 924 od. Sauerrahmteig Nr. 922 — **Käsefüllung** v. Nr. 1617 — z. Bestreichen: 1 Ei

Zubereitung: Den Teig ca. 2 mm dick auswallen, mit dem Teigrädchen in Vierecke von ca. 15 cm Grösse schneiden und zu Dreiecken halbieren. Diese **formen** zu Cornets (Tüten), den Rand mit Eiweiss festkleben und etwas zerknülltes Seidenpapier in die Öffnung stecken. — **Backen** in guter Hitze (ca. **20 Min.**). — **Füllen** der Cornets und heiss oder kalt servieren. — Passen auch gut zu einem Brunch.

Salz-
mandeln
Nr. 1632

Kleine
Schinken-
gipfel
Nr. 1626

Gefüllte
Salz-
bricelets
Nr. 1623

Kümmel-
stengelchen
Nr. 1610

Käse-
gebäck
Nr. 1613

Käsemüffchen   (Petits manchons fourrés)   1625

Teig wie zu Käserollen Nr. 1624 — 100 g dünne Schinken- od. Speckscheiben — 100 g Gruyère od. Emmentaler — z. Bestreichen: 1 Ei — z. Bestreuen: Kümmel, gerieben. Käse od. Mohnsamen

Formen: Den Teig 2–3 mm dick auswallen, in Rechtecke von 6 auf 10 cm schneiden. Sie mit Schinken und mit einem Käsestengelchen (in der Breite des Teiges) belegen, aufrollen. — Mit Ei bestreichen und mit einer der Zutaten bestreuen. — **Backen** der Müffchen in guter Hitze, bis sie goldbraun sind (ca. **20 Min.**). Heiss oder kalt servieren.

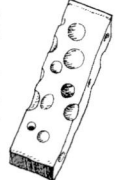

Kleine Schinkengipfel   (Petits croissants au jambon) ca. 35 Stück — Bild s. links   1626

Quark- od. Sauerrahmteig Nr. 921 od. 922
od. Schnellblätterteig Nr. 923
z. Bestreichen: 1 Ei

Füllung
{ 200 g Schinken
(evtl. noch 50 g Brät)
3–4 Essl. Rahm od. Joghurt
od. 1 Eiweiss, leicht geschlagen

Füllung: Den Schinken fein hacken, mit soviel Rahm, Joghurt oder Eiweiss (und evtl. Brät) vermischen, bis die Masse feucht, aber nicht flüssig ist.

Formen: Den Teig 2 mm dick auswallen, in 8–10 cm grosse Vierecke und diese in je zwei Dreiecke schneiden. — Die Mitte mit etwas Schinkenfüllung bestreichen, zu Gipfeli aufrollen, mit Ei bepinseln. — **Backen** in guter Hitze, gelbbraun (ca. **20 Min.**).

Kleine Sardellengipfel   (Petits croissants aux sardines ou anchois)   1627

Zubereitung wie Schinkengipfeli **Nr. 1626,** als Füllung jedoch klein geschnittene **Sardellen** (od. auch Sardinen) und evtl. einige Kapern verwenden.

Laugengipfeli oder -brezel   1628

300 g Weissmehl, ½ Teel. Salz, 20 g Hefe, 1¼ dl lauwarmes Wasser — ca. 40 g Natron (evtl. Soda)

Zubereitung des **Teiges:** Das Mehl in die Schüssel sieben. Hefe und Wasser anrühren und mit dem Salz unter das Mehl mischen. Gut durchkneten und **aufgehen** lassen an leichter Wärme. — **Formen:** Den Teig in 10–16 gleichmässig grosse Stücke teilen. Diese zu fingerdicken Würstchen drehen, als Gipfel od. Brezel auf ein bemehltes Brett legen u. ca. ½ Std. aufgehen lassen. — **Kochen:** Die Gipfeli od. Brezel lagenweise in ca. 1 Ltr. siedendes Natron-Wasser geben. Sobald sie an die Oberfläche steigen und etwas aufgesprungen sind (**2–3 Min.**), sofort auf ein bemehltes od. mit befettetem Papier belegtes Blech legen und mit wenig Salz bestreuen. — **Backen** im Ofen in sehr guter Hitze (ca. **15 Min.**) bis sie schön braun und knusprig sind. — **Servieren** möglichst frisch, durchgeschnitten und mit Butter bestrichen.

Schinkenküchlein   (Petites tartelettes au jambon)   1629

100 g gekochte Kartoffeln, gerieben — 1 Pr. Salz und Pfeffer — 2 Eier und 4 dl Milch (verklopft) 40 g Mehl, 2 Msp. Backpulver — 100–150 g Schinken oder Salami, gehackt — 1–2 Essl. gehacktes Grün

Zubereitung: Alle Zutaten gut zusammen vermischen, in bebutterte Biscuitförmchen (evtl. Schiffli) füllen. — **Backen** in guter Hitze (ca. **20 Min.**). Heiss od. kalt servieren.

NB. Die Küchlein sind rasch zubereitet und passen zu einem Lunch oder Brunch.

1630   **Scones**   (Englisches Frühstücksgebäck, auch passend z. Tee od. Brunch) ca. 50 Stück

300 g Weissmehl, 1 Essl. Backpulver — 30–50 g Butter — ca. 2 dl Milch (evtl. z.T. sauere od. Joghurt) ½ Teel. Salz — evtl. 20–40 g Zucker und 30 g Rosinen

Zubereitung: Mehl und Backpulver in eine Schüssel sieben, in der Mitte eine Vertiefung machen. Die Butter leicht schmelzen und mit Milch oder Joghurt, Salz (evtl. Zucker) in das Mehl einrühren. Den Teig leicht durchkneten, zuletzt nach Belieben gewaschene Rosinen hineinmischen. — Zum **Formen** 1½ cm dick auswallen, etwa 5 cm grosse Plätzchen ausstechen, auf ein gut befettetes Blech geben (im Abstand von ca. 4 cm). — **Backen** in guter Hitze, bis sie hellgelb und gut aufgegangen sind (ca. 20 Min.). — Die Scones warm servieren. Halbiert u. mit Butter bestrichen, schmecken sie bes. gut.

1631   **Gesalzene Haferbiscuits**   (Biscuits d'avoine)

60 g Nussa — 60 g Haselnüsse, gerieben
100 g kleine Haferflocken
60 g Voll- od. Steinmetzmehl
1 Ei od. 4–6 Essl. Milch

z. Bestreichen: 1 Ei od. Milch

z. Bestreuen { Kümmel, Mohnsamen od. Käse, gerieben

Zubereitung wie Konfektteig **gerieben,** nach **Nr. 1513.** — **Formen:** Den Teig ca. 2 mm dick auswallen, in Drei- oder Vierecke schneiden. Mit Ei oder Milch bestreichen, mit einer der Zutaten bestreuen. — **Backen** in guter Hitze zu hellbrauner Farbe (ca. 25 Min.). — Mit Käse bestreut, nicht zu lange backen, da das Gebäck sonst bitter wird.

1632   **Salzmandeln, -haselnüsse usw.**   (Amandes etc. salées)

150 g Mandeln, Kernels od. Pinienkerne, sowie geschälte Haselnüsse — feines Salz — Öl zum Backen

Vorbereiten: Die Mandeln schälen, in einem Tüchlein trocknen. — Haselnüsse schälen s. Fachausdr.

Backen: Öl heiss werden lassen, Mandeln od. Pinienkerne usw., so lange darin halbschwimmend backen, bis sie leicht gelb und knusprig sind. Auf einem Sieb oder Seidenpapier abtropfen lassen. Mit Salz leicht bestreuen und gut durchschütteln.

NB. Servieren wie Pommes chips (Nr. 956) zum Apéro, zu Tee oder Wein.
Andere Art: Rösten ohne Fett auf einem Blech im Ofen. — Als **Vorrat** in einer Büchse aufbewahren.

Pommes chips und -bricelets   siehe **Nr. 956.**

1633   **Pikante Käsemousse-Törtchen**

Förmchen: Sog. Papierkapseln (in Papeterien erhältlich) oder kleine Krustaden (nach Nr. 904).

2 Gala- od. andern feinen Weichkäse
(oder evtl. 100 g Rahmquark)
etwas Saft: von Cocktailkirschen,
Orangen oder Ananas — 2 dl Rahm od.
ungezuckerte Kondensmilch (evtl. Joghurt)

z. Würzen { Salz, Paprika od. Cayenne etwas Zitr.-Saft u. abgerieb. Schale
z. Binden: 2 Blatt Gelatine, eingeweicht
z. Belegen { Cocktailkirschen, Orangen- od. Ananasschnitzchen

Vorbereiten: Den Käse schaumig rühren unter Beigabe von etwas Fruchtsaft. Rahm oder Kondensmilch (evtl. Joghurt) geschlagen darunter ziehen, nach Geschmack würzen. — Zum **Binden:** Die Gelatine mit 2 Essl. Wasser heiss auflösen und sofort sorgfältig unter die Mousse ziehen. — **Einfüllen** in die Förmchen und belegen mit den passenden Früchten. Bis z. **Servieren** kalt stellen. — Auch passend als kleines Hors d'œuvre.

Kleine Apéro-Brötchen   s. Abb. mit Kohlkopf S. 38 u. auf Tafel 3   1634

Kümmelbrot Nr. 1641
Cornichons od. Oliven   z. Bestreichen { Kräuter- od. Paprika-butter usw. (s. Nr. 608)

Formen: Vom Brot 1 cm dicke Scheiben schneiden, kleine Herzen, Sterne, Halbmonde usw. ausstechen. Sie bestreichen mit einer Buttermischung (oder mit Weichkäse) und mit einem Cornichonscheibchen oder einer Olive an Hölzchen stecken. — **Servieren** zum Apéro oder Tee, evtl. auf einen Kohlkopf od. Grapefruit gespickt.

Zur Bereicherung den Kohl noch mit 1 cm dicken Käsesternchen sowie mit Wursträdli bestecken. Diese dann zum Essen über einer Kerze, die man in den Kohl gesteckt hat, etwas rösten. — Siehe auch **Cocktail-Brötchen** Nr. 116.

Heisse Toastbrötchen   (Croques monsieur) spez. auch zum Brunch   1635

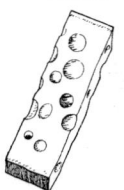

Brot: Toast- od. Modelbrot (evtl. Modelbrot n. Nr. 1639) — Zum **Belegen:** siehe Abschn. 1–3
Zubereitung: Das Brot in ½ cm dicke Scheiben schneiden, evtl. mit Butter bestreichen. Den Belag zwischen je zwei Scheiben geben. — Toasten (bähen) auf elektrischem oder Gas-Toaster, evtl. direkt auf der elektrischen Kochplatte (evtl. in Alufolie). — **Servieren** der Brötchen möglichst **heiss** zu Tee, mit Bouillon in Tassen oder zu Wein.

1. **Käse-Toast:** ca. 2 mm dicke Käsescheibchen (Emmentaler-, Gruyère- oder Schachtelkäse) und evtl. noch eine Schinkenscheibe zwischen die Brötchen geben.
2. **Schinken- oder Speck-Toast:** Die Brotscheiben mit Schinken-, Zungen- oder Delikatess-Speckscheiben dicht belegen, die zweite Brotscheibe gut darauf drücken.
3. **Sardinen- oder Thon-Toast:** Die Brotscheiben mit halbierten, entgräteten Sardinen oder mit Thonstücken belegen, evtl. mit etwas Öl beträufeln.

Verschiedene süsse Teebrötchen   1636

Brot: Rundes Toast-, englisches oder Bircherbrot, Nelly-Snackbrot oder spez. kleine runde oder ovale Weggli. — Die Brötchen sollen etwa 5 cm gross sein, exakt geformt und belegt werden, damit sie hübsch präsentieren. — **Servieren** anstatt Patisserie.

1. **Nussbrötchen:** Die Brötchen mit schaumig gerührter Tafelbutter, Nussa oder Quark bestreichen und mit dieser Seite auf geriebene Nüsse oder Haselnüsse drücken, mit einem halben Nusskern belegen und evtl. mit dicker Quark-Mayonnaise oder Schlagrahm garnieren. — **II. Art:** Die Nüsse mit Butter und evtl. etwas Schlagrahm od. Petit Suisse vermischt, aufstreichen.
2. **Schokoladebrötchen:** Die Brötchen mit schaumig gerührter Butter oder Nussa bestreichen, auf grob geschabte Schokolade oder Schokolade-Granulés drücken.

   II. Art: Die Brötchen mit leicht versüsstem Schlagrahm garnieren od. statt mit Butter mit Schlagrahm od. evtl. m. Quark bestreichen. — (Schokolade-Granulés sind in Confiserien erhältlich.)
3. **Dattelbrötchen:** Die Brötchen mit schaumig gerührter Tafelbutter, Quark od. Petit Suisse bestreichen und mit dünnen Dattelscheiben dicht belegen. — **II. Art:** Die Datteln fein geschnitten mit etwas Schlagrahm vermischt, aufstreichen; mit halben Datteln garnieren.
4. **Bananenbrötchen:** Die Brötchen mit Tafelbutter dünn bestreichen und schuppenartig mit Reihen od. rundum dicht mit Bananenscheibchen belegen, diese mit wenig

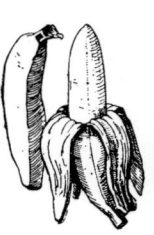

Zitronensaft beträufeln, evtl. mit dicker Mayonnaise oder Schlagrahm garnieren.
II. Art: Bananen durchstreichen, das Purée mit etwas Quark vermischen und aufspritzen.

5. **Mandarinen- oder Ananasbrötchen:** 1–2 Petit Suisse oder 100 g Rahmquark mit etwas Saft von Mandarinen oder Ananas sowie mit wenig abgeriebener Schale von Mandarinen oder mit kleinen Ananasstückchen vermischen, nach Geschmack versüssen. Garnieren mit Mandarinen- oder Ananasschnitzchen. — Gleiche Zubereitung mit **Maraschino-Kirschen.**

6. **Preiselbeerbrötchen:** 1–2 Galakäsli (evtl. Rahmquark) mit Preiselbeeren (eingemachten) vermischen, soviel bis die Masse gut schmeckt und rosa ist. — Gleiche Zubereitung mit **Himbeeren, Brombeeren** usw. — **Garnieren** mit den betr. Beeren und evtl. mit Tupfen von Schlagrahm od. Quark.

7. **Dörrfruchtbrötchen:** Eingeweichte Zwetschgen oder Aprikosen (evtl. Birnen) fein hacken, mit ein wenig Honig od. Rohzucker und evtl. etwas Zitronensaft vermischen. Die Brötchen damit bestreichen, m. Nusskernen u. Schlagrahm od. Quark garnieren.

1636a Pikanter Hefegugelhopf oder -cake

Hefeteig { 250 g Mehl, ¼ Teel. Salz
20 g Hefe, 5 g Zucker
2–3 Essl. Öl, 1–1½ dl Milch

z. Beigeben { 100 g Schinken gehackt — 50 g Magerspeck — 100 g Sbrinz, gerieben
1 Büschel Petersilie, gehackt

Vorbereiten: Den Speck in ganz kleine Würfelchen geschnitten, kurz glasig braten.
Zubereitung des Hefeteiges nach **Nr. 1638,** ihn tüchtig bearbeiten, dann die vorbereiteten Zutaten daruntermischen. **Einfüllen** in die gut befettete Form. **Aufgehen** lassen um das Doppelte (ca. ¾ Std.). — **Backen** in guter Mittelhitze ca. **40 Min.** — **Servieren** noch warm, zum Tee oder Brunch.

1637 Sandwichring

Teig von Modelbrot Nr. 1639 od. von Kümmelbrot Nr. 1641
z. Füllen: Kräuter- od. Pfefferminzbutter Nr. 607 u. 608 (2) — Käsemasse v. Bricelets Nr. 1623 — Roquefort- od. Käsebutter Nr. 118 (5) — Paprikabutter Nr. 608 (6) — Nussmasse v. Nr. 1636 (1) usw.
Zubereitung des Teiges und **einfüllen** in eine gut bebutterte, panierte Ringform. Ihn um das Doppelte aufgehen lassen (d. h. bis ca. 1 cm unter den Rand). — **Backen** mit guter Unterhitze (ca. **30 Min.**) dann abkühlen lassen. — **Füllen** des Ringes, nachdem man ihn 2–3mal quer durchgeschnitten hat, mit den verschiedenen Massen. — Die Oberfläche garnieren mit Nusskernen (mit etwas Buttermasse aufgelegt) oder den ganzen Ring mit einer der Massen dünn bestreichen und mit gehackter Petersilie gleichmässig grün überstreuen, was sehr hübsch wirkt. — **Servieren** z. Tee, Brunch oder zu Wein.

Sandwichtorte oder -cake siehe Vorspeisen **Nr. 185 — Schinkencake** s. **Nr. 908a**

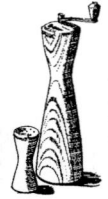

1637a Heisser Käsering (Couronne au fromage chaude)

1 Port. Scones-Teig Nr. 1630 — 100–150 g Gruyère, gehobelt, 1 dl Rahm, 2–3 Msp. Paprika u. Pfeffer
z. Bepinseln: 30 g Butter
Form: Eine Springform von 24 cm ⌀ befetten, in die Mitte ein Töpfchen oder Timbalform stellen, so, dass ein ca. 8 cm breiter **Ring** entsteht.
Zubereitung des Scones-Teiges und ihn direkt auf dem Formboden ca. 2 cm dick auswallen. In der Mitte ein Loch ausschneiden für das Förmchen. — **Backen** in guter Hitze (ca. **25 Min.**). — Den Ring (ohne ihn vom Blech zu nehmen) querdurch halbieren.

Die untere Hälfte mit dem Käse d i c h t belegen, mit wenig Rahm beträufeln, mit etwas Paprika und Pfeffer bestreuen. — **Überbacken** in guter O b e r hitze bis der Käse geschmolzen ist. Mit der abgeschnittenen Ringhälfte bedecken, mit Butter bepinseln und noch ca. 5 Min. im Ofen stehen lassen. **Sofort** knusprig-**heiss** servieren (zum Tee, zu einem Brunch oder zu Wein).

Hefegebäck

Allgemeines: Für Hefebackwerk wird als Treibmittel sog. P r e s s h e f e verwendet. Sie enthält grosse Mengen von Hefepilzen = mikroskopisch kleine Lebewesen.

Frische Presshefe (in Bäckereien erhältlich) ist gelblich, bröcklig und riecht gärig. — Q u a n t u m : auf 250 g Mehl 5–20 g Hefe berechnen (für Teige mit Eiern und reichlich Butter immer die grössere Menge), siehe Angaben in den Rezepten. — Alte Hefe (bräunlich ausgetrocknet oder schmierig) wirkt n i c h t oder ungenügend.

Trockenhefe (z. B. amerikan. Lofty-Hefe) ist längere Zeit haltbar. Aufschrift auf den Packungen beachten.

Wirkung der Hefe im Teig: Die Hefepilze vermehren sich in der zucker- und stärkehaltigen Masse. Dabei wird ein kleiner Teil von Zucker und Stärke in Alkohol und Kohlensäure umgewandelt. Diese G ä r u n g bewirkt das A u f g e h e n und die Lockerung des Teiges. — Am raschesten vollzieht sich dieser Gärungsprozess bei einer Temperatur von ca. 35^0, dem sog. O p t i m u m für Hefepilze, d. h. wenn die Masse l a u - oder handwarm ist **(Fingerprobe)**.

NB. Sobald der Teig grösserer Wärme (40^0 und mehr) ausgesetzt ist, werden die Hefepilze a b g e t ö t e t, der Teig geht n i c h t auf! — Bei einer Temperatur von ca. 10^0 C vermehren sich die Hefepilze viel langsamer (**wichtig** für die **langsame Gärung** für spezielle Teige), bei einer solchen von z. B. nur 5^0 und weniger entwickeln sich die Hefepilze überhaupt nicht.

Zubereitung eines Hefeteiges (Pâte levée) Grundregel 1638

Allgemeines über Hefegebäck s. oben. — **Anmerkung:** Zur Zubereitung von Hefegebäck braucht es einige Übung sowie vorschriftsmässiges Arbeiten, um gute Resultate zu erhalten. — **Zutaten:** Für Hefeteige in der Regel Weissmehl verwenden (evtl. z. **Anreichern** ca. ¼ des Mehlgewichtes Biopharin, Paidol u. ä. m.) oder für spez. Rezepte nach Angabe halbweisses, dunkles od. ein Spezial-Mehl. Statt Butter kann man (bes. für einfacheres Hefegebäck) auch Fett od. Öl nehmen. Evtl. statt Milch etwas Joghurt sowie saure od. Buttermilch. — Das **Warmstellen** des Hefeteiges kann auf folg. Art geschehen: **a)** in einer weiten Schüssel mit w a r m e m Wasser od. **b)** in schwach warmem Ofen oder auf einer Heizung (immer mit Zeitungen unterlegt). **Zudecken** mit erwärmtem Deckel, einem feuchten Tüchlein oder mit Alu-Folie (letztere spez. bei Teigen die langsam aufgehen müssen).

1. Das **Mehl** in eine Schüssel s i e b e n und leicht w a r m stellen (siehe oben).
2. **Vorbereiten** der übrigen **Teig-Zutaten,** die im Rezept angegeben sind: Die H e f e mit 1 Teel. Zucker anrühren u. ca. 5 Min. stehen lassen, d. h. bis sie f l ü s s i g geworden ist. — B u t t e r (od. Fett) leicht schmelzen (ca. 35^0 = lauwarm), evtl. die kalte Milch dazugiessen. (Prüfen durch Fingerprobe! — Durch zu h e i s s e Butter od. Milch werden

die Hefepilze abgetötet und der Teig geht nicht auf!) — Zucker, Salz und Eier bereitstellen (evtl. zusammen gut verklopft), Rosinen waschen usw.

3. Im erwärmten Mehl eine **Vertiefung** machen, die vorbereiteten **Zutaten** hineingeben und mischen mit der Teigkelle. Dann **bearbeiten** während 10–15 Min.:
a) Weiche Teige in der Schüssel **rühren** und **klopfen** (mit der Teig- od. Lochkelle).
b) Festere Teige **kneten** und **schlagen** (am besten von Hand oder in der Haushaltmaschine). Dann auf dem Tisch kräftig bearbeiten, bis der Teig sich von der Hand löst, glatt und glänzend aussieht und elastisch ist. — Die Beigabe von Rosinen und Weinbeeren erfolgt am besten erst nach dem Bearbeiten des Teiges, damit sie ganz bleiben!

4. **Den fertigen Hefeteig** je nach Angabe im Rezept: **a)** direkt in die Form geben und an leichter Wärme um das Doppelte aufgehen lassen (z.B. Gugelhopf, Savarins usw.). — **b)** Den Teig in der Schüssel etwas aufgehen lassen (ca. ½ Std.). Dann nochmals leicht durchkneten, auswallen, evtl. füllen und formen. Jetzt zugedeckt ums Doppelte aufgehen lassen an leichter Wärme (Dauer 1–3 Std., je n. Rezept) oder über Nacht kühlstellen zur sog. **langsamen** Gärung. Vor dem Backen noch etwas gehen lassen an der Wärme, dann 10 Min. kalt stellen. — Die langsame Gärung ist vor allem geeignet für Hefekranz, Stollen, Zöpfe usw. Sie immer sorgfältig zudecken (am besten mit **Alufolie** od. feuchtem Tuch), damit der Teig auf der Oberfläche nicht trocken und krustig wird (sonst mit warmer Milch bestreichen). Während des Aufgehens dürfen Hefeteige nicht gestossen und nicht dem Durchzug ausgesetzt werden, da sie dadurch leicht wieder zusammenfallen.

5. **Backen:** In gut mittelheissem Ofen (in der Regel vorgewärmt). — Backdauer je nach Angabe. — **Teige,** die noch etwas steigen sollen, in den mässig warmen Ofen geben, Gebäck, das seine **Form** behalten soll, zuerst in guter Hitze backen. — **Garprobe:** Das Hefegebäck soll sich von der Form lösen und gut braun sein. Beim Einstechen mit einer Nadel darf nichts mehr daran hängen bleiben.

1639 **Modelbrot**   für Sandwiches, Toast, Croûtons usw.

Verwendung des Teiges spez. für Modelbrot sowie für Pizza (mit Olivenöl zubereitet), ausserdem für Wähen, Gipfel, Weggli oder für Zöpfe (s. auch Nr. 1644).

500 g Weissmehl — 5 g Hefe, ½ Teel. Zucker — evtl. 50 g Butter od. 2 Essl. Öl — 3 dl Milch, 1 Teel. Salz

Zubereitung des Hefeteiges nach **Nr. 1638. Einfüllen** in eine mittlere, bebutterte Cakeform. **Aufgehen** lassen um das Doppelte an leichter Wärme (ca. 30 Min.). — **Backen** in gut heissem Ofen (mit mehr Unterhitze) **20–30 Min.**

NB. Evtl. keine Butter beigeben (z. B. f. Modelbrot u. Pizza). — Anstatt Butter eignen sich auch gut Nussa, Nussella, Ambrosiafett oder Öl. — Für **Drusenweggen:** (anstatt Butter usw.) sog. «Ankendruse od. -lüüre» verwenden (= Rückstand vom Butter-Einkochen s. Nr. 1756).

1639a **Weggli oder Frühstücksbrötchen**   (Les petits pains)

Modelbrotteig Nr. 1639 (in der Regel ohne Butter) — z. **Bestreichen:** 1 Ei (oder Milch mit Zucker

Formen: Den Teig etwas gehen lassen (ca. ½ Std.), dann nochmals leicht durchkneten und zu einer gleichmässigen Rolle formen. Diese in eigrosse Stücke schneiden, von Hand (mit wenig Mehl) zu Kugeln drehen und auf ein befettetes Blech setzen. Evtl. mit dem Messerrücken in der Mitte tief einkerben. Die Weggli noch etwas gehen lassen (ca. 5 Min.), dann an die Kälte stellen (mind. 15 Min.). — Bestreichen mit Ei (oder Milch). **Backen** in guter Mittelhitze bis die Weggli hellgelb sind, ca. **20 Min.**

Graham-, Roggenbrot usw.   1640

Zubereitung wie Modelbrot **Nr. 1639**, jedoch das entsprechende Spezialmehl (Graham-, Roggen- sowie etwas Biopharinmehl u. ä. m.) und etwas mehr Milch (ca. 4 dl), auch **saure** od. etwas Joghurt oder **halb** Milch, **halb** Wasser, verwenden.

NB. Der Teig eignet sich auch zum Herstellen von **kleinen Brötchen** od. von Semmeli usw., evtl. mit einer **Beigabe** von 2–3 Essl. Zucker und je 50 g Sultaninen und Haselnüssen (grob gemahlen).

Kümmel- oder Mohnbrot   (Pain au cumin ou graines de pavot)   1641

250 g Weissmehl, ½ Teel. Salz
15 g Hefe, 1 Teel. Zucker
1–1½ dl saure Milch od.
halb frische Milch, halb Joghurt

zum Beigeben:
- 1 Ei od. 2 Eigelb — 50 g Butter, Fett od. Öl
- 1–2 Essl. Kümmel od. Mohnsamen
- evtl. 2 Essl. gerieb. Parmesan od. Sbrinz

Zubereitung des Hefeteiges nach **Nr. 1638**, zuletzt Kümmel oder Mohn und evtl. Käse beigeben. **Einfüllen** des Teiges in eine gut befettete mittlere Cake- oder Ringform oder evtl. in kleine Pastetenförmchen. **Aufgehen** lassen um das **Doppelte** an leichter Wärme während 30–40 Min. (kleine Förmchen nur etwa 15 Min.). — **Backen** in guter Hitze ca. **25 Min.** — **Verwendung** für belegte oder Apéro-Brötchen, zu gefüllten Sandwichring (Nr. 1637) usw.

NB. Einfacher: Den Teig gut 1 cm dick in eine Springform geben (von Hand gleichmässig ausdrücken). Die Oberfläche noch mit Milch oder evtl. mit Ei bestreichen, mit Kümmel, Mohn oder etwas Salz bestreuen. Nach dem Backen in Stücke schneiden und **warm servieren** zu Tee, Wein oder einer Suppe, evtl. zum Brunch.

Kartoffelbrot   (Pain aux pommes de terre)   1642

150 g Mehl, ½ Teel. Salz
10–15 g Hefe, 1 Teel. Zucker
ca. 1 dl Milch u. Wasser, gemischt

20–40 g Butter od. Fett
n. Belieben: 1 Essl. Kümmel
100–150 g Kartoffeln (gekochte)

Zubereitung des Hefeteiges nach **Nr. 1638**. Die Kartoffeln durch ein feines Sieb drücken und dem fertig gekneteten **Teig** beimischen. — **Formen** zu länglichen Brötchen oder den Teig in eine Cakeform füllen. — **Aufgehen** lassen um das **Doppelte** an leichter Wärme (ca. 1 Std.). — **Backen** in Mittelhitze ¾–**1 Std.**

Kümmel- und Mohnweggen oder -zopf   1643

Zubereitung von Modelbrotteig **Nr. 1639**, evtl. statt Milch nur Wasser oder Butter-, Sauermilch od. z. T. Joghurt dazu verwenden. — **Formen** zu 1–2 kleinen Weggen od. Zöpfchen. Mit Ei bestreichen, mit **Kümmel** od. **Mohnsamen** bestreuen, an leichter Wärme etwas aufgehen lassen. — **Backen** in guter Hitze goldbraun, ca. **25 Min.**

Hefezopf   («Ankewegge oder Züpfe»)   1644

500 g Weissmehl, 1 Teel. Salz
5 g Hefe, 1 Teel. Zucker

50–80 g Butter, 3 dl Milch — evtl. 1 Ei
z. Bestreichen: 1 Ei od. 1–2 Eigelb

Zubereitung des Hefeteiges nach **Nr. 1638**. Den Teig tüchtig durchkneten und bearbeiten, bis er glatt, ziemlich fest und elastisch ist. Ihn **aufgehen** lassen an leichter Wärme um das Doppelte (ca. 1¼ Std.) oder während längerer Zeit gut zugedeckt (z. B. mit Alu-Folie) und **kühl** gestellt (evtl. über Nacht). — **Formen:** Den

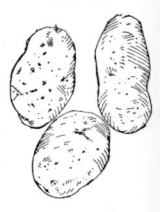

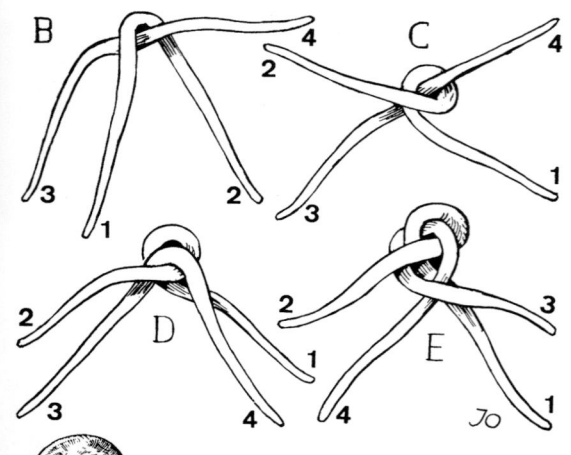

Teig in 2 gleiche Stücke teilen, davon (mit beiden Händen) 80–90 cm lange, an den Enden zugespitzte Rollen machen. Je zwei übers Kreuz aufeinander legen (A), dann (n. Angaben links) **vierteilig** zu einem Zopf flechten, der am Anfang dick, an den Enden dünner ist. (So wirkt der Zopf besonders hübsch, er lässt sich jedoch auch auf die leichtere Art 3teilig flechten.) Den Zopf an leichter Wärme kurz etwas gehen lassen (5–10 Min.). Ihn mit verklopftem Ei bestreichen, dann an die **Kälte** stellen (10–20 Min.) Nochmals sorgfältig mit Ei bestreichen. **Backen** in guter Hitze goldbraun, ca. **35 Min.** (Gut prüfen mit einer Nadel.)

NB. Den Zopf evtl. als Kranz in einer Springform (mit einem Förmchen in der Mitte) backen. — Evtl. 2–3 Zöpfchen formen.

1645 Süsser Hefe- oder Eierzopf

500 g Weissmehl, 1 Teel. Salz
15–20 g Hefe, 1 Teel. Zucker
50–80 g Butter — ca. 2½ dl Milch

50 g Zucker — 1 Ei und 1 Eigelb (spez. f. Eierzopf)
½ Zitrone, abgerieb., evtl. 50–100 g Sultaninen
z. Bestreichen: 1 Ei od. Eigelb mit etwas Zucker

Zubereitung des Hefeteiges nach **Nr. 1638**. — **Aufgehen** lassen, **Formen** und **Backen** siehe Hefezopf **Nr. 1644**.

NB. Der Teig kann auch verwendet werden für Gipfeli, süsse Weggli usw. od. als **Brot** geformt. Dieses evtl. mit einer Schere so einschneiden, dass 2 Reihen aufstehende Zipfelchen entstehen.

1646 Englische Osterbrötchen (Hot cross buns)

Zubereitung eines süssen Zopfteiges nach **Nr. 1645**, unter Beigabe aller Zutaten, jedoch 100 g Zucker (statt 50 g), ausserdem etwas Muskat sowie 50 g gehacktes Orangeat. — Den bearbeiteten **Teig** gut gehen lassen an leichter Wärme. — **Formen** zu kleinen runden Brötchen und sie auf ein bebuttertes, bemehltes Blech setzen. Die Oberfläche mit der Schere kreuzweise einschneiden. Die Brötchen wieder gehen lassen (ca. 15 Min.), mit Eigelb bestreichen und das Kreuz nochmals nachschneiden. — **Backen** in guter Hitze, ca. **20 Min.** Sofort in die eingeschnittene Stelle dicke **Glasur** spritzen (1 Eierschnee mit 80 g Puderzucker gut verrührt). —**Servieren** der heissen Brötchen mit Butter.

1647 Sonntagsbrot

Hefeteig
500 g Weissmehl
25 g Hefe, 1 Teel. Zucker
80–100 g Butter — ca. 3 dl Milch
60 g Zucker, 1 Teel. Salz

evtl. z. Beigeben: 100 g Sultaninen (gewaschen, gut abgetropft)
z. Bestreichen: ½ Tasse Milch
z. Bestreuen: 30 g Zucker

Zubereitung des Hefeteiges nach **Nr. 1638**. Ihn gut mischen und kneten, evtl. zuletzt die Sultaninen beigeben. Zum **Formen** aus dem Teig 6–10 Kugeln drehen, diese etwas länglich drücken und dicht aneinander in eine grosse, gut bebutterte Cakeform geben. **Aufgehen** lassen an leichter Wärme (ca. 40 Min.). Die Oberfläche 2–3mal mit lauwarmer Milch bepinseln. — **Backen** in mittelheissem Ofen zu hellbrauner Farbe, **ca. 25 Min.** Sofort nochmals mit Milch bestreichen und mit Zucker gut bestreuen.

Gugelhopf 1648

250 g Weissmehl, ½ Teel. Salz
15 g Hefe, 1 Teel. Zucker
50–100 g Butter, ¾–1 dl Milch
50–80 g Zucker — 2–3 Eier
50–80 g Sultaninen und Rosinen
abgerieb. Zitronenschale

Zubereitung des Hefeteiges nach **Nr. 1638**. Ihm nach dem Klopfen (mit der Lochkelle) die gewaschenen, in warmem Wasser aufgequollenen Sultaninen und Rosinen (evtl. entkernte Weinbeeren) beigeben. **Einfüllen** des Teiges in die sehr gut bebutterte, panierte Gugelhopfform (s. NB.). **Aufgehen** lassen an leichter Wärme um das Doppelte (ca. ¾ Std.) bis max. 1 cm unter den Rand. — **Backen** mit guter Unterhitze, ca. **30 Min.** Sofort sorgfältig lösen und stürzen, noch warm mit Puderzucker besieben.
NB. Die Form evtl. (statt mit Paniermehl) mit geschälten, blättrig geschnittenen **Mandeln** bestreuen oder den Boden mit den ganzen geschälten Mandeln hübsch belegen.

Panettone alla padrona   Ital. Hefegebäck n. Hausfrauen-Art 1649

Hefe-Vorteig { ca. 40 g Hefe, ½ Teel. Zucker
150 g Weissmehl
5-6 Essl. Wasser, lauwarm

z. **Hefeteig** { 350 g Weissmehl, ½ Teel. Salz
80 g Butter, 2 Essl. Öl
80 g Zucker — 3–4 Eier, 2 Eigelb

z. Beigeben { 70–100 g Sultaninen, gewaschen
100–130 g Cedrat u. Orangeat
1–1½ Essl. Vanillezucker
abgerieb. Zitronenschale
einige Tropfen Zitronensaft
evtl. 20 g Glukose u. 1 Msp. Kardamon

Hefe-Vorteig: Die Hefe, 1 Pr. Zucker und 50 g des Mehles mit ganz wenig lauwarmem Wasser (3–4 Essl.) zu einem dicklichen Teiglein anrühren. Zugedeckt stehen lassen (in Küchentemperatur) bis es blasig aufgegangen ist (ca. 20 Min.). Dem Teiglein noch 2mal je 50 g Mehl und etwas Wasser beifügen, und **aufgehen** lassen.
Vorbereiten der Form: Eine hohe Panettone- oder Timbalform von ca. 15 cm ⌀ gut bebuttern und mit Pergamentpapier so auslegen, dass es oben 5–6 cm heraussteht.
Als Ersatz einen ca. 15 cm hohen Kartonring zusammenheften, auf ein Blech setzen, Boden und Wand innen mit Pergamentpapier od. Alu-Folie auskleiden und gut bebuttern.
Weitere Zubereitung des Hefeteiges nach **Nr. 1638** unter Beimischen des Hefe-**Vorteiges**. Den Teig nun sehr gut bearbeiten (klopfen, kneten und schlagen) während **30–40 Min.** bis er schön locker und elastisch ist u. nicht mehr klebt. Dann die Sultaninen und das in kleine Stückchen geschnittene Cedrat, Vanille usw. beigeben. — **Einfüllen** des Teiges in die Form, die Oberfläche kreuzweise einzwicken (m. d. Schere). **Aufgehen** lassen (nicht warmgestellt) mind. ums Doppelte (3–6 Std.). — Vor dem Backen die Oberfläche evtl. nochmals nachschneiden. — **Backen** auf unterster Rille, zuerst in mässiger, später in guter Hitze, bis der Panettone goldbraun und gut durchgebacken ist (¾–1 Std.). Probieren mit einer langen Nadel!

Hamburger Klöben   Süsses Brot mit Rosinen 1650

Anmerkung: Dieses Gebäck lässt sich gut auf Vorrat herstellen, da es lange frisch bleibt. Es eignet sich zum Servieren mit Tee od. Kaffee und (evtl. mit etwas weniger Zucker) auch für belegte Brote.

Hefeteig { 500 g Weissmehl, ½ Teel. Salz
30–50 g Hefe, 1 Teel. Zucker
100–150 g Butter od. Kochfett
2½–3 dl Milch
50–80 g Zucker — 1 Ei

z. Beigeben { Zitronenschale, abgerieben
150–200 g Rosinen u. Sultaninen
100–200 g Cedrat, kleinwürflig geschn.

z. Bestreichen: ½ Tasse Milch
z. Besieben: Puderzucker

Zubereitung des Hefeteiges nach **Nr. 1638**. Ihn sehr gut bearbeiten (ca. 15 Min.) und

nach dem Kneten die gewaschenen, in warmem Wasser aufgequollenen Rosinen und Sultaninen sowie das Cedrat beimischen. — **Einfüllen** in eine oder zwei gut bebutterte Cakeformen (je nach Grösse) oder 1–2 **Brote** davon **formen**. — **Aufgehen** lassen an leichter Wärme ums Doppelte (1½–2 Std.) oder über Nacht kühl stellen und nachher an der Wärme gehen lassen (evtl. 1–2mal mit lauwarmer Milch bestreichen). — **Backen** in Mittelhitze **50–70 Min.** — Noch warm mit Puderzucker besieben.
NB. Evtl. 50 g geschälte fein geschnittene **Mandeln** unter den Teig mischen od. die Form damit ausstreuen.

1651   Weihnachts-Stollen

Hefeteig
- 500 g Weissmehl, ½ Teel. Salz
- 30–40 g Hefe, 1 Teel. Zucker
- 100–150 g Butter, 1½ dl Milch
- 2 Eigelb od. 1–2 Eier (s. NB.)
- 80 g Zucker — 1–2 Msp. Vanille
- 1 Essl. Rosenwasser, 1 Pr. Muskat

z. Beigeben
- 150–250 g Rosinen u. Sultaninen
- 80–150 g Zitronat u. Cedrat od. 100 g Mandeln — Zitrone, abgerieb., 1–2 Tr. Bittermandelöl

z. Bestreichen: 40 g Butter
z. Besieben: Puderzucker (mit Vanille)

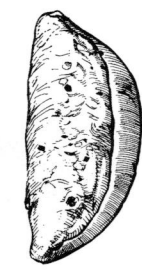

Vorbereiten der Zutaten: Rosinen und Sultaninen warm waschen, gut abtropfen (auf Resartpapier). Die Hälfte von Zitronat u. Cedrat hacken, das übrige in Würfelchen schneiden. — Die Mandeln schälen und hobeln oder in schmale Streifen schneiden. — Mind. **40 g Hefe** verwenden bei Zugabe der grösseren Quantität Rosinen usw.
Zubereitung des Hefeteiges nach **Nr. 1638**. Ihn sehr gut bearbeiten, bis er glatt und ziemlich fest, jedoch elastisch ist. Nach dem Kneten die vorbereiteten Zutaten beigeben. — **Aufgehen** lassen an leichter Wärme ums Doppelte (ca. 1½ Std.) oder über Nacht kühl stellen und nachher aufgehen lassen. — **Formen:** Den Teig halbieren und jedes Stück sorgfältig ca. 1 cm dick und gut tellergross auswallen. In der Mitte mit dem Wallholz stark eindrücken und knapp zur Hälfte überschlagen (die untere vorher leicht benetzen). Nochmals **aufgehen** lassen, ungefähr ums Doppelte (ca. ¾ Std.), dann an die Kälte stellen während 10–20 Min. (damit er gut in der Form bleibt). — Die Oberfläche bestreichen mit flüssiger Butter. — **Backen** in Mittelhitze (vorgeheizt) ¾–1¼ **Std.** Von Zeit zu Zeit mit Butter bestreichen. — Noch warm mit Vanille-Puderzucker besieben.
NB. Der Stollenteig kann auch ohne Ei, mit ½ dl mehr Milch od. Rahm (auch saurem) zubereitet werden. Da er zweimal aufgehen muss, stellt man ihn mit Vorteil das 2. Mal über Nacht an einen kühlen Ort. Nachher lässt man den Stollen an leichter Wärme noch etwas gehen. Weitere Zubereitung s. oben. Stollen auf **Vorrat** in Alu-Folie (evtl. in Pergamentpapier od. Zellophan) einschlagen und von Zeit zu Zeit kontrollieren.

1652   Streuselkuchen

Hefeteig
- 250 g Mehl (s. NB.), ¼ Teel. Salz
- 15 g Hefe, 1 Teel. Zucker
- 60 g Butter od. Nussa, ¾ dl Milch
- 60 g Zucker — 1–2 Eier

z. Bepinseln: etwas Butter od. Milch

Streusel
- 80 g Butter — 100 g Mehl
- 80 g Zucker, ½ Teel. Zimt
- evtl. 60 g Mandeln, geschält, gerieb.

Zubereitung des Hefeteiges nach **Nr. 1638**. Ihn 1 cm dick auswallen, auf ein gut bebuttertes Kuchenblech legen. — **Aufgehen** lassen an leichter Wärme um das Doppelte (1–1½ Std.). — Den Kuchen von Zeit zu Zeit mit flüssiger Butter oder Milch bepinseln, zuletzt mit dem Streusel bestreuen. — **Backen** in Mittelhitze **20–30 Min.** — Für den **Streusel** das Mehl in der Butter gelb dünsten, die übrigen Zutaten beigeben.
NB. Streuselkuchen kann mit Weiss-, Voll- oder auch Steinmetzmehl zubereitet werden (mit ca. 1½ dl Milch).

Gefüllter Bienenstich 1653

Streuselkuchen von Nr. 1652 (mit Weissmehl)

Füllung { Vanille-Backcrème Nr. 1417 (1),
evtl. mit 1 Essl. Rum vermischt
od. Aprikosenkonfitüre

Streusel { 100 g Mandeln — 1 Msp. Zimt
1–2 Tr. Bittermandelöl
50–80 g Butter — 100 g Zucker
1 dl saurer Rahm, 2–3 Essl. Milch
evtl. 2 Essl. Rosenwasser

Zubereitung wie Streuselkuchen **Nr. 1652**, jedoch diesen **Mandel-Rahmstreusel** darauf geben. — **Streusel**: Die Mandeln schälen und blättrig schneiden. Butter, Zucker, Rahm und Milch erhitzen, die Mandeln und die übrigen Zutaten beigeben und rühren auf kleinem Feuer, bis die Masse karamelartig wird. (Vor dem Verwenden etwas abkühlen lassen.) Zum **Füllen**: den erkalteten Kuchen querdurch halbieren und mit Backcrème oder Konfitüre bestreichen.

Hamburger Butterkuchen 1654

Hefeteig { 300 g Weissmehl, ½ Teel. Salz
20 g Hefe, 1 Teel. Zucker
90 g Butter, 1–1¼ dl Milch
40 g Zucker, 1–2 Eier
Zitronenschale, abgerieben

Streusel { 130 g Butter — 130 g Zucker
70 g Mandeln, gerieben (s. unten)
1–2 Tropfen Bittermandelöl
1–2 Essl. Rosenwasser
evtl. einige Essl. Milch

Zubereitung des Hefeteiges nach **Nr. 1638**. Ihn ca. 1 cm dick auswallen, auf ein grosses, gut befettetes Blech legen, mit wenig flüssiger Butter bepinseln. — **Aufgehen** lassen ums Doppelte an leichter Wärme. — **Backen** in Mittelhitze, ca. **30 Min**. — Sofort nach dem Backen den Streusel darauf verteilen, ihn antrocknen lassen oder nochmals kurz in den Ofen schieben. — **Streusel**: Die Butter erwärmen, den Zucker auf kleinem Feuer darin zergehen lassen, alle übrigen Zutaten dazumischen (die Mandeln evtl. geschält und blättrig geschnitten).

Gefüllter Hefekranz (Hefering) 1655

Hefeteig { 300 g Weissmehl, ½ Teel. Salz
20 g Hefe, 1 Teel. Zucker
50–80 g Butter (Nussa usw.)
1 dl Milch, 70 g Zucker, 1 Ei
oder Hefeblätterteig Nr. 1663 (s. NB.)

Füllungen: siehe unten

z. Glasieren { 5 Essl. Puderzucker
1 Essl. Zitr.-Saft od. Wasser

z. Bestreuen { einige Mandeln od. Haselnüsse, blättrig geschnitten

Zubereitung des Hefeteiges nach **Nr. 1638**. Ihn gut bearbeiten, dann an leichter Wärme in der Schüssel etwas gehen lassen (ca. 30 Min.). — **Formen**: Den Teig nochmals leicht klopfen, dann sorgfältig zu einem ca. 1 cm dicken Rechteck auswallen (evtl. von Hand ausziehen). Das Ganze mit der **Füllung** gleichmässig bestreichen, der Länge nach aufrollen u. in eine gut gebutterte, panierte Spring-Ringform legen (mit spez. Einsatz od. Timbalform in der Mitte). — **Aufgehen** lassen an leichter Wärme ums Doppelte (1–1½ Std.) oder über Nacht kühl gestellt und nachher aufgehen lassen. — **Backen** in Mittelhitze (vorgewärmt) ca. **30 Min**. — Den Hefekranz noch warm sorgfältig aus der Form lösen (am besten m. Dessertmesser). Sofort die Oberfläche (nicht den Rand) mit der angerührten Glasur bepinseln und mit den blättrig geschnittenen (evtl. gebräunten) Mandeln od. Haselnüssen bestreuen.

1. **Haselnuss-** oder **Mandelfüllung**:
    120 g Haselnüsse od. Mandeln (od. gemischt), ungeschält gerieben — 3–6 Essl. Rahm od. Milch, ca. 80 g Zucker, 1 Msp. Zimt — evtl. 50 g Rosinen, gewaschen — Zitronenschale, abgerieben — evtl. 1 Eiweiss od. 1 Ei (beides leicht geschlagen)

Vermischen aller Zutaten und evtl. das geschlagene Eiweiss oder gut verklopfte Ei, evtl. Rosinen beigeben. Die Füllung soll **feucht**, aber nicht flüssig sein.

2. Weisse Mandel- oder **Marzipanfüllung:**

120 g Mandeln — 100 g Puderzucker
1 Eiweiss, 1 Msp. Vanille

z. Bestreichen { 2–3 Essl. Aprikosen- oder Hagebuttenkonfitüre

Die Mandeln schälen und trocknen. Sie **fein** reiben (zusammen mit dem Puderzucker) und mit dem leicht geschlagenen Eiweiss und wenig Vanille in einem Pfännchen auf kleinem Feuer abrühren, bis die Masse **feucht**, aber nicht mehr flüssig ist. — Den ausgewallten Teig (auf der ganzen Fläche) zuerst **dünn** mit der **Konfitüre** und dann mit der Füllung bestreichen.

3. Nussfüllung, wie zu Nussgipfeln **Nr. 1661.**

NB. Bes. **fein** wird der Kranz mit Hefeblätterteig. — **Andere Form** von Hefekranz: siehe **Nr. 1656-1660.**

1656 Rosenkuchen, gefüllter Hefezopf und Wickelkuchen

Grundrezept: Teig und Füllung sowie Backen und Glasieren siehe **Hefekranz Nr. 1655,** jedoch **formen** auf folgende Arten:

1. Rosenkuchen (s. Tafel 51): Den ausgewallten Hefeteig mit der **Füllung** bestreichen, aufrollen und querdurch in 10–12 gleichgrosse Stücke schneiden. — Die so erhaltenen **Schnecken** in 2–3 cm grossen Abständen auf den Boden einer Springform setzen (evtl. als **Ring** wie beim Hefekranz). — Durch das Aufgehen dehnen sich die Schnecken aus und bilden dann einen zusammenhängenden Kuchen.

2. Gefüllter Hefezopf: Den Hefeteig auswallen und der **Länge** nach in 3 Streifen schneiden. Diese in der Mitte mit **Füllung** bestreichen und jeden Streifen sorgfältig zusammenlegen, so dass die Füllung eingeschlossen ist. Die 3 Streifen von der Mitte aus zusammenflechten und in die Ringform legen (wie Hefekranz).

3. Wickelkuchen: Eine ca. 30 cm lange Cakeform befetten, evtl. am Boden mit Papier belegen. Den Hefeteig in der Länge der **Form** und gut doppelt so breit auswallen. Dann mit wenig Aprikosenkonfitüre **dünn** bepinseln und mit der **Füllung** (der man evtl. noch 50 g Butter beigegeben hat) bestreichen. Von **beiden** Seiten her gegen die Mitte einrollen und in die **Form** legen.

1657 Russenzopf

Teig von Hefekranz Nr. 1655
od. Hefeblätterteig Nr. 1663
Weisse Mandelfüllung s. Nr. 1655 (2), ½ Port.

z. Bestreuen { 80 g kand. Früchte
40 g dünne Mandelstreifchen
Glasur von Hefekranz Nr. 1655

Formen: Den Hefeteig zu einem Rechteck auswallen (etwas länger als eine grössere Cakeform) mit der **Füllung** bestreichen. Das Ganze aufrollen und mit grossem Messer (oder Schere) der **Länge** nach halbieren. Die beiden Teile kreuzweise aufeinanderlegen, gegen beide Enden miteinander verschlingen (Schnittflächen immer nach **oben**) und auf ein Blech legen. — Damit der Zopf beim Aufgehen **nicht** zu breit wird, ihn seitlich abgrenzen mit einem gefalteten (ca. 3 cm hohen) Streifen von Alu-Folie oder Pergamentpapier od. in die verstellbare (breite) Cakeform geben.

Aufgehen lassen an leichter Wärme ums **Doppelte** (ca. 1 Std.) oder über Nacht kühl stellen und nachher aufgehen lassen. — **Backen** in Mittelhitze (vorgewärmt) während **25–30 Min. Sofort** mit der Glasur bestreichen und bestreuen mit den kleingeschnittenen Früchten und Mandeln.

Schwedischer Kaffeekranz 1658

Teig von Hefekranz Nr. 1655
od. Hefeblätterteig Nr. 1663
z. Bepinseln: 40–80 g Butter
z. Bestreichen: 1 Ei

Zum Füllen { 80–120 g Sultaninen u. Rosinen / 80–100 g Cedrat u. Orangeat / 40 g Mandeln — Zitrone, abgerieben
Glasur v. Hefekranz (Nr. 1655) m. Vanille

Zur Füllung: Sultaninen und Rosinen waschen, in warmem Wasser etwas aufquellen und gut abtropfen lassen. Cedrat und Orangeat in dünne Streifchen, die Mandeln (evtl. geschält) in Blättchen schneiden (evtl. mit der Maschine).

Formen: Den Hefeteig zu einem ½ cm dicken Rechteck auswallen (evtl. noch von Hand ausziehen) und mit der weichen (nicht flüssigen) Butter bepinseln (bei Hefeblätterteig nur 40 g). Mit den Zutaten zur **Füllung** bestreuen, aufrollen und als **Ring** in eine bebutterte Springform v. 26 cm ∅ legen (mit einem Förmchen in der Mitte). — Den Kranz von der **äussern Kante** her bis gut zur **Hälfte** gegen innen in fingerbreiten Abständen blätterartig einschneiden (mit warmem Messer oder Schere). Diese Blätter wie einen Fächer nach aussen drehen, d. h. so, dass die Schnittfläche nach **oben** kommt. — **Aufgehen** lassen an leichter Wärme (ca. 1½ Std.) oder über Nacht kühl gestellt, und nachher aufgehen lassen. **Bestreichen** mit Ei (nicht die Schnittfläche der Blätter). — **Backen** in Mittelhitze (vorgewärmt) ca. **45 Min.** — Sofort mit der Glasur ziemlich **dick** bestreichen, mit Cedrat- und Orangeatstreifen und evtl. mit grossen geschälten Mandeln hübsch belegen.

Frucht-Hefekuchen siehe **Nr. 1438.**

Zuckerkreuzchen (Petits pains russes) 1659

Teig von Hefekranz Nr. 1655 — z. Bestreichen: 50–80 g Butter — z. Bestreuen: 50–80 g Zucker

Formen: Den Hefeteig knapp ½ cm dick zu einem Viereck auswallen und in handbreite Streifen schneiden. Sie mit der weichgerührten Butter bestreichen, mit Zucker gut bestreuen und von der Längsseite her dicht aufrollen. Die Rollen in ca. 12 cm lange Stücke teilen und diese der Länge nach halbieren. Je zwei davon kreuzweise übereinander (Schnittfläche nach oben) auf ein Blech legen. — **Aufgehen** lassen an der Wärme (ca. 30 Min.). — **Backen** in Mittelhitze **20–25 Min.**, d. h. bis die Kreuzchen goldbraun sind und der Zucker auf der Oberfläche leicht karamelig geworden ist.

Hefeschnecken ca. 40 Stück 1660

Teig von Hefekranz Nr. 1655
od. von Modelbrot Nr. 1639
Zitronenglasur Nr. 1420 (⅓ Port.)

z. **Füllen** { 50 g Rosinen, gewaschen / oder 3–5 Essl. Konfitüre / od. Füllung v. Kranz Nr. 1655

Füllen und **Formen:** Den Hefeteig in der Schüssel etwas gehen lassen, dann auf reichlich Mehl knapp 1 cm dick auswallen. Mit Rosinen gleichmässig bestreuen oder mit Konfitüre oder Füllung bestreichen und **aufrollen.** Die Rolle in ca. 3 cm dicke Stücke schneiden, diese in Abständen von 5–6 cm auf ein gut befettetes (evtl. bemehltes) Blech setzen. Die Oberfläche der Schnecken mit Ei oder versüsster Milch bestreichen und nach Belieben noch mit Rosinen bestreuen. — **Aufgehen** lassen an leichter Wärme (ca. 30 Min.). — **Backen** in Mittelhitze goldbraun, ca. **25 Min.** — **Sofort** mit Glasur oder etwas Zuckerwasser bepinseln.

1661 Nussgipfel ca. 30 Stück

Hefeteig
- 300 g Weiss- od. Halbweissmehl
- 10–15 g Hefe, ½ Teel. Zucker
- 60 g Butter od. Fett — 1 dl Milch
- 40 g Zucker, 1 Ei, ½ Teel. Salz
- Zitronenschale, abgerieben

Andere Teige siehe NB.

Füllung
- 100 g Nusskerne, gerieben
- ca. ½ dl Rahm od. Milch
- 50 g Zucker
- Zitronensaft u. -schale

oder **Füllung** von Hefekranz Nr. 1655
Zitronenglasur (wie zum Hefekranz)

Zubereitung des Hefeteiges nach **Nr. 1638**. **Aufgehen** lassen an leichter Wärme (ca. 30 Min.). — **Nussfüllung:** Alle Zutaten zusammen vermischen. (Die Masse soll feucht, aber nicht flüssig sein.) — **Formen:** Den Teig knapp ½ cm dick auswallen. In Vierecke von 10 cm Grösse schneiden, auf die Mitte etwas Füllung streichen. Den Teig an einem Zipfel fassen und aufrollen. Die so entstandene Rolle etwas länglich ziehen, in Form eines Gipfels umbiegen und auf ein befettetes Blech legen. Nochmals etwas **aufgehen lassen.** — **Backen** in guter Mittelhitze ca. **25 Min.** — Sofort nach dem Backen mit der Glasur bestreichen.

NB. II. Art: Aus den angegebenen Zutaten den Hefeteig **gerieben** zubereiten (nach Nr. 915). — III. Art: Besonders fein werden die Gipfel mit **Hefeblätterteig** Nr. 1663.

1662 Dänischer Plunder (Wienerbröd)

Hefeblätterteig Nr. 1663 — Konfitüre oder weisse Mandelfüllung v. Nr. 1655 — z. Bestreichen: 1 Ei

Formen: Den Teig ca. ½ cm dick auswallen und zu Drei- oder Vierecken ausrädeln oder Plätzchen ausstechen. Zum **Füllen** in der Mitte mit Konfitüre oder Mandelmasse belegen und **formen** zu Gipfelchen, Täschchen oder Windrädchen (durch Einschneiden des Teiges in den Ecken und Umbiegen derselben), oder zu Hufeisen. Diese evtl. am Rande noch ca. 1 cm tief **einkerben** zu sog. Hahnenkämmen. — **Aufgehen** lassen in Küchentemperatur (ca. 30 Min.), dann **kalt stellen** während ¼–½ Std. — Nach Belieben bestreichen mit gezuckertem Ei. — **Backen** in guter Mittelhitze zu goldbrauner Farbe, **20–30 Min.** Das Gebäck abgekühlt, mit Puderzucker besieben oder noch **warm** mit Glasur (Nr. 1420) bepinseln.

1663 Hefeblätterteig (Pâte levée tourée)

Hefeteig
- 300 g Weissmehl, ½ Teel. Salz
- 30–40 g Hefe, 1 Teel. Zucker
- 20–40 g Butter od. Nussa
- 1–1½ dl Milch
- 40 g Zucker — 1 Ei od. Eigelb

evtl. d. Teig beigeben
- Zitronenschale, abgerieben
- oder 1 Msp. Vanille

z. Belegen des Teiges
- 100–200 g Butter, Margarine
- od. Nussa

Zubereitung des Hefeteiges nach **Nr. 1638**. Ihn leicht und rasch bearbeiten, zugedeckt stehen lassen, (nicht an der Wärme), bis er etwas gegangen ist. — Butter od. Margarine usw. (od. gemischt) zwischen Pergamentpapier ganz dünn ausklopfen. — **Auswallen** des Teiges ca. 1 cm dick, das Butterstück auf die Mitte legen und den vorstehenden Teig so darüberschlagen, dass es überall davon bedeckt ist. Den Teig leicht und sorgfältig zu einem länglichen Stück auswallen. Dieses vierfach zusammenlegen (d.h. gegeneinander einschlagen), dann an der Kälte ruhen lassen (ca. 20 Min.). Den Teig nochmals zu einem langen Stück auswallen (die Bruchkanten seitlich wie bei Blätterteig) und wieder 3–4fach zusammenlegen. Den Teig **kühl** stellen bis zum Gebrauch. — Zum **Formen** den Teig ca. ½ cm dick auswallen oder nach Angabe im

Rezept. — **Verwendung** zu verschiedenem feinem Hefegebäck (s. nachstehend).

NB. Hefeblätterteig braucht etwas Übung, eignet sich jedoch vorzüglich für Hefekranz, süsse Gipfeli (auch ungefüllte), Dänischen Plunder usw. — Das Gebäck immer nach dem Formen nochmals etwas gehen lassen (jedoch nicht warmstellen) und vor dem Backen ca. ¼ Std. an die Kälte geben. Der Teig kann auch ohne Zucker und Ei hergestellt werden, dann 2-3 Essl. Milch mehr beigeben.
II. Art: Die **Butter** (Margarine usw.) nicht als Stück auf den ausgewallten Teig geben, sondern zuerst mit ¼ des Mehles verarbeiten, dann in dünnen **Flocken** auf dem Teig verteilen.

Kleine Mandelbrioches 1664

Hefeteig
- 250 g Weissmehl, 2 Pr. Salz
- 25 g Hefe, ½ Teel. Zucker
- 150-200 g Butter, 20 g Zucker
- 2-3 Eier, ½ dl Wasser, lauwarm

z. Bestreichen: 1 Ei

z. Bestreuen: 40 g geschälte Mandeln, gehobelt

Zubereitung des Hefeteiges nach **Nr. 1638.** Ihn **aufgehen** lassen an leichter Wärme um das Doppelte (ca. 30 Min.). Dann den Teig in der Schüssel nochmals leicht durchkneten und zugedeckt **kühl** stellen (1-2 Std.). — **Einfüllen** in die gut bebutterten, mit Mandeln ausgestreuten Brioche- oder Timbalförmchen, bis zu halber Höhe. Die Oberfläche bestreichen mit Ei und bestreuen mit Mandelblättchen (mit etwas Zucker vermischt), dann mit der Schere kreuzweise einschneiden. Die Brioches nochmals etwas aufgehen lassen an leichter Wärme. — **Backen** in guter Hitze, goldbraun während ca. **25 Min.**

Oster-, Weihnachts- u. Klausgebäck (als Tischdekoration für gross und klein) 1665

Zubereitung des Teiges (evtl. das doppelte Rezept) wie zu süssem Hefe- oder Eierzopf **Nr. 1645** oder Hefezopf **Nr. 1644** (ohne Zucker). — Den Teig an leichter Wärme etwas aufgehen lassen, dann daraus verschiedene Formen herstellen (s. Angaben unten). Das geformte Gebäck evtl. nochmals ca. 5 Min. gehen lassen, dann recht **kalt** stellen (mind. 15 Min.). — Zum **Backen** in den gut heissen Ofen geben, damit das Gebäck seine Form behält. Es dann etwas weniger heiss fertig backen.

1. **Eier im Nest** (spez. für **Ostern** — s. Bild auf Tafel 49)
   I. Art: Handgrosse ovale Teigstücke formen (ca. 2 cm dick). Auf die Mitte je ein gekochtes weisses oder farbiges Ei (Osterei) setzen, indem man es etwas in den Teig eindrückt. Den Rand mit Ei bestreichen. Als Garnitur mit Rosinen oder kandierten Fruchtstücken bestecken oder mit weissem Hagelzucker bestreuen. Hübsch wirkt auch ein Rand und ein kleiner Henkel (aus Teigresten geflochten) über die Eier gelegt. (Evtl. eine Kugel aus Alu-Folie geformt auf den Teig drücken [anstelle der Eier] und diese erst nach dem Backen auflegen.) — **Backen** während ca. **20 Min.**
   II. Art (bes. festlich): Einen grossen Kranz formen, den Rand 6mal einkerben. Die Eier im Abstand darauf drücken. Garnieren wie bei den kleinen Nestern.
   III. Art: Als **Körbchen**, evtl. mit Henkel geformt u. mit Eiern belegt (s. auch Gebäck Nr. 1524, Körbchen Abschn. 3).

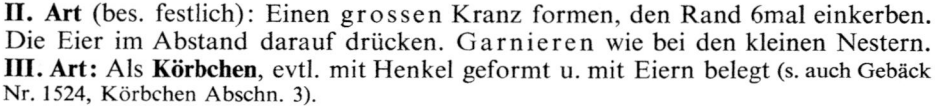

2. **Hasen oder Fische:** Den Teig 1 cm dick auswallen und mit Hilfe eines Kartonmusters einen oder mehrere Hasen oder Fische ausschneiden, mit Rosinenaugen bestecken. — Fische, nach dem **Bestreichen** mit Ei, mit einer Schere einzwicken oder mit geschälten, flach halbierten Mandeln am «Rücken» unregelmässig schuppenartig belegen, bis zum Schwanz. — **Backen** in Mittelhitze ca. **20 Min.**

3. **Tauben** (s. Bild auf Tafel 49): Den Teig zu ovalen Broten formen, die Flügel ein-

schneiden. Durch Ausziehen des Teiges Köpfchen und Schnabel formen, mit Rosinenaugen bestecken. Nach dem **Bestreichen** mit Ei, evtl. die Flügel garnieren durch Einzwicken mit der Schere oder Belegen mit geschälten, flach halbierten Mandeln und evtl. mit weissem Hagelzucker bestreuen oder nach dem **Backen** mit Eiweissglasur (Nr. 1422) besprtitzen. — **NB. Kleine Tauben:** 40 cm lange, daumendicke Teigrollen zu einem Knoten formen, das Köpfchen etwas herausziehen, ebenso den Schwanz, als Augen Rosinen oder Apfelkerne (s. Abb. links).

4. **Kläuse oder Grittibänzen:** Den Hefezopfteig von **Nr. 1644,** evtl. noch leicht versüssen (mit ca. 40 g Zucker), zu einem oder 2–4 länglichen Teigstücken formen und auf das Blech legen. Mit der Schere Arme und Beine einschneiden und sie etwas nach aussen biegen. Den Kopf rundlich ausziehen. Die Kläuse mit Ei **bestreichen**, mit Rosinenaugen versehen, sowie mit Krawatte, Hut, Knöpfen usw. (aus zurückbehaltenem Teig). Evtl. noch verzieren mit geschälten Mandeln, Rosinen und kandierten Früchten. — Nach dem **Backen** (ca. **20 Min.**) eine kleine Rute oder ein Tannenzweiglein in den Arm stecken.

5. **Tannenbäumchen:** Aus dem Teig mit Hilfe eines Kartonmusters etwa handgrosse Tannenbäumchen ausschneiden. — Nach dem **Bestreichen** mit Ei, die Äste mit körnigem weissem Zucker bestreuen, mit kandierten roten und grünen Fruchttupfen belegen oder nach dem **Backen** (ca. **20 Min.**) mit weisser Spritzglasur (Nr. 1422) und mit Silberkügelchen usw. garnieren.

6. **Weihnachts- od. Hefestern** (auch hübsch z. Schenken)**:** Den Teig in 6 Teile schneiden, 5 derselben zu Zöpfchen flechten. Den 6. Teil zu einem Streifen auswallen (ca. 4 cm breit, 25 cm lang), ihn mit etwas Butter bestreichen, mit Rosinen oder Sultaninen bestreuen und aufrollen. Diese Rosette auf die Mitte eines grossen befetteten Bleches setzen, ringsum mit etwas Eiweiss bepinseln und die Zöpfe sternförmig anstossen, indem man sie von Hand etwas andrückt (bes. unten). Den **Stern** ca. 5 Min. an leichter Wärme etwas gehen lassen, dann recht **kalt** stellen (mind. 15 Min.). **Bestreichen** mit Eigelb bis der Stern überall schön gelb ist (2–3mal). — **Backen** in guter Hitze **30–40 Min.** — Zum **Servieren** evtl. auf ein Tablett legen, mit Tannenzweigen dazwischen. — **NB.** Bei einem Teig v. 500 g Mehl am besten **2 Sterne** formen.

7. **Dreikönigskuchen:** Vom Teig 1/3 zu einer Rolle formen und in die befettete Springform (mit einem Förmchen in der Mitte) legen, mit Butter bepinseln. Den restlichen Teig in 8 Stücke teilen, jedes von Hand zu einer Kugel formen und in eine derselben das Figürchen (Geldstück, Glaskugel od. ä.) verstecken. Die Teigkugeln auf dem Ring verteilen, indem man vorher in exakten Abständen 8 Vertiefungen eindrückt. **Aufgehen** lassen an leichter Wärme (ca. 30 Min.). Den Kuchen mit Eigelb gut bestreichen, auf die Mitte jeder Kugel etwas Zucker streuen. — **Backen** in Mittelhitze zu goldbrauner Farbe, **30–40 Min.** Zum **Servieren** eine goldene **Krone** für den König daraufsetzen (z.B. v. einem ausgezackten Streifen aus Goldfolie gebastelt).

1666 **Savarin**   (Punschring — Baba au rhum)   s. auch Bild auf Tafel 49

Hefeteig	250 g Weissmehl, 2–3 Pr. Salz 20 g Hefe, 1 Teel. Zucker 50–80 g Butter — 1 dl Milch 70 g Zucker — 1–2 Eier 1 Essl. saurer Rahm od. Joghurt	z. Übergiessen	Rumsauce Nr. 1231 od. Fruchtsauce (s. NB.)
		z. Bestreichen	dünne Aprikosen- oder Hagebuttenkonfitüre
		evtl. z. Garnieren:	2 dl Rahm, versüsst

Zubereitung des Hefeteiges nach **Nr. 1638a**. Ihn bis zu halber Höhe in die sehr gut bebutterte, bemehlte Savarin-Ringform füllen (oder in eine weite Timbalform).

Aufgehen lassen um das Doppelte, d.h. bis etwa 1 cm unter den Rand (ca. 30 Min.).

Backen in guter Mittelhitze (unten) **20–30 Min.** Sofort nach dem Backen sorgfältig lösen, stürzen und abkühlen lassen. — **Übergiessen** des Savarins mit lauwarmer Sauce, so oft, bis er ganz schwammig ist. Ihn zum Übergiessen am besten wieder in die Form geben. Die Sauce darf nicht heiss sein, da der Savarin sonst zu weich wird und auseinanderfällt. — Hat man einen Timbal gebacken, dann vor dem Übergiessen einen flachen Deckel abschneiden, den man nachher glasiert wieder aufsetzt (wie bei einem Körbchen, siehe Tafel 49). — **Bestreichen** (glasieren) der Oberfläche des Ringes (oder des Deckels) mit verdünnter warmer Konfitüre oder dicklich eingekochtem Fruchtsaft, bis sie etwas glänzt.

Anrichten I. Art: In die Mitte des Savarins schöne gekochte Früchte geben, evtl. mit geschlagenem versüsstem Rahm garnieren. — Den Rest der Sauce dazu servieren.

Bei einem **Timbal** auf die Oberfläche Schlagrahm dressieren (nach aussen etwas höher), den Deckel, halbiert so darauf setzen, dass er am Rand etwas aufsteht. Aus Angélique oder Cedrat einen 1 cm breiten Streifen schneiden u. als Henkel darüberlegen. Evtl. mit Beeren oder roten Kirschen garnieren.

II. Art: Den fertig getränkten Savarin servieren mit Zitronenschaumcrème (Nr. 1248) oder Chaudeau (Nr. 1232), evtl. einen Teil derselben in den Ring geben.

NB. Zur **Fruchtsauce** den Saft (Sirup) von gekochten Früchten mit etwas Zitronensaft und evtl. etwas Rum mischen. — **Früchte zum Einfüllen:** schöne gekochte Birnen- od. Apfelschnitze, halbe Aprikosen, gedörrte Zwetschgen usw. oder rohe gezuckerte Beeren (evtl. tiefgekühlte «Frisco»).

Savarinring mit Früchten gefüllt und mit Rahm garniert

Kleine Savarins (Marignans) 1667

Zubereitung wie Savarin **Nr. 1666**, den Teig jedoch in Schiffchen, kleinen Ringen oder Pastetenförmchen backen. Vor dem Übergiessen evtl. ein Deckelchen abschneiden und glasieren. Beim **Anrichten** mit versüsstem Schlagrahm oder mit Vanille-Backcrème (Nr. 1417) füllen oder nur **garnieren** mit einem Tupfen Rahm.

1668 Dampfnudeln ca. 20 Stück

Hefeteig
- 250 g Weissmehl, ½ Teel. Salz
- 15 g Hefe, 1 Teel. Zucker
- 40 g Butter od. Nussa, 1 dl Milch
- 50 g Zucker — 1 grosses Ei

Vanillemilch z. Dazugiessen
- 40 g Butter
- 1½–2 dl Milch
- 80 g Zucker
- 1 Msp. Vanille

Zubereitung des Hefeteiges nach **Nr. 1638**. — Ihn gut durchkneten und an leichter Wärme **aufgehen** lassen, ca. 1½ Std. — **Vanillemilch:** Die Butter erwärmen, die übrigen Zutaten damit vermischen. Die Hälfte davon in eine bebutterte Auflaufform geben. — **Formen:** Vom Teig mit zwei Löffeln gleichmässige Stücke abstechen, diese dicht nebeneinander in die Form setzen und nochmals aufgehen lassen (ca. 30 Min.). — Den Rest der Vanille-Milch zwischen die Dampfnudeln giessen. — **Backen** in Mittelhitze im Ofen **ca. 45 Min.** (od. gut zugedeckt auf dem Herd). — **Servieren,** noch warm, mit Vanille- oder Mandelsauce, evtl. mit Kompott.

Fettgebackenes

Allgemeines: Es gehören in diese Rubrik vor allem die süssen Gebäckarten, welche in viel Fett, sog. **schwimmend gebacken** werden (s. unter **Nr. 889**). Sie werden am leichtesten in **Öl** gebacken, Dieses jedoch nur noch 2–3mal verwenden, sonst ist es gesundheitlich nicht mehr zuträglich.

1669 Brotschnitten oder Arme Ritter (Pains perdus) ca. 15 Stück

- 1 Modelbrot (evtl. Einback)
- 3 dl Milch (z. Anfeuchten)
- z. Backen: Kochbutter, ca. 100 g

Teiglein
- 20 g Mehl, 3 dl Milch
- 4–5 Eier, 1 Pr. Salz

evtl. z. Bestreuen: Zucker u. Zimt

Vorbereiten: Das **Brot** in 1 cm dicke Scheiben schneiden. — Die **Milch** (zum Anfeuchten) erwärmen, über die Schnitten giessen und stehen lassen, bis sie ganz durchfeuchtet sind (evtl. einmal umdrehen). — Zum **Teiglein** alle Zutaten verklopfen und die eingeweichten Schnitten darin wenden. — **Backen,** halbschwimmend (s. Nr. 889), bis die Schnitten goldbraun sind. Abtropfen lassen, evtl. mit Zucker und Zimt bestreuen. **Servieren** als Fastenspeise oder Abendessen mit Kompott oder Salat.

NB. Sehr schmackhaft werden die Schnitten auch mit Voll-, Graham- oder Bircherbrot (evtl. die äusserste harte Rinde davon abschneiden).

1670 Fotzelschnitten (Croûtes dorées)

Zubereitung wie Brotschnitten **Nr. 1669.** — Die eingeweichten Schnitten, statt im Teig, nur in verklopftem Ei (4–6 Eier) wenden, d. h. sie gut durchziehen lassen.

1671 Mandelschnitten (Croûtes aux amandes)

- 1 Modelbrot — 2 dl Milch
- 150 g Mandeln, gerieben
- 150 g Zucker — 2–3 Eiweiss (z. Schnee)
- z. Backen: Kochbutter (ca. 80 g)

Vorbereiten: Das Brot in 1 cm dicke Scheiben schneiden, sie mit Milch ganz leicht anfeuchten. — Die Mandeln mit dem Zucker und dem Eierschnee vermischen, die Schnitten damit bestreichen. — **Backen,** halbschwimmend (s. Nr. 889) auf beiden Seiten, bis die Schnitten hellbraun sind. Abtropfen lassen. — **Servieren** mit Kompott.

NB. Andere Art: Zwieback verwenden und sie im Ofen überbacken. — Statt Eiweiss, ungezuckerte kond. Milch geschlagen, verwenden.

«Schiterbig» (gebackene Brotstengel) 1672

½ Modelbrot
3 dl Milch, 30 g Zucker, 1 Msp. Zimt
z. Wenden: 1–2 Eier

z. Backen: Öl, evtl. Nussella (ungebrauchtes)
z. Übergiessen { Chaudeau Nr. 1232
od. Vanillesauce Nr. 1217

Vorbereiten: Vom Modelbrot die Rinde dünn abschneiden, dann in 2 cm dicke Scheiben, davon 2 cm dicke Stengel schneiden. — **Zubereitung:** Milch, Zucker und Zimt vermischen. Die Stengel darin einweichen, nachher in verklopftem Ei wenden. — **Schwimmend backen** (s. Nr. 889), bis die Stengel goldbraun sind. Abtropfen lassen.

Anrichten, gitterartig aufeinander, und mit heisser Chaudeau oder Vanillesauce übergiessen. — **Servieren** als einfaches Dessert.

Kapuzinerklösse (Pain des capucins) 1673

9 Weggli — 3–4 dl Milch
30 g Rosinen, 2–3 Eigelb, 80 g Zucker

z. Backen: Öl, evtl. Nussella (ungebrauchtes)
z. Wenden: ca. 50 g Zucker, 1 Msp. Zimt

Vorbereiten: Die Weggli in kleine Stücke schneiden, mit der heissen Milch übergiessen, **zugedeckt** stehen lassen, bis sie **weich** sind (wenn nötig ausdrücken).

Klösse: Die Weggli durch die Hackmaschine treiben, mit den Rosinen, Eigelb und Zucker vermischen, nussgrosse **Kugeln** formen. — **Schwimmend backen** (s. Nr. 889), bis die Klösse goldbraun sind. Abtropfen lassen, in Zucker und Zimt wenden. — **Servieren** als einfaches Dessert oder Abendessen, mit Kompott od. einer süssen Sauce.

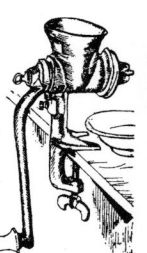

Karthäuserklösse   24 Stück   Abbildung s. unten 1674

6 Weggli
2–3 Eier — 4–5 dl Milch (s. auch NB.)

z. Backen: Öl, evtl. Nussella (ungebrauchtes)
z. Wenden: ca. 50 g Zucker, 1 Msp. Zimt

Vorbereiten: Die **Rinde** der Weggli an der Raffel leicht abreiben, in Viertel schneiden.

Zubereitung: Eier und Milch verklopfen und die Weggli darin einweichen, bis sie sich ganz mit Flüssigkeit **vollgesogen** haben. Sie leicht ausdrücken oder auf einer Gabel abtropfen lassen und in der abgeriebenen Rinde wenden. — **Schwimmend Backen** der Klösse (s. Nr. 889), **langsam**, bis sie schön aufgegangen und hellbraun sind. — Abtropfen lassen; noch warm in Zucker und Zimt wenden.

Servieren als einfacheres Dessert od. Abendessen, mit Bischofsauce od. Kompott.

NB. Die Klösse sollen gut durchgebacken sein; zur **Probe** den ersten Kloss durchschneiden.

Andere Art: Der Eiermilch zum Einweichen 40–60 g geriebenen **Käse** beimischen. **Servieren** mit Tomatensauce oder Salat.

1675 Gefüllte Weggli (Petits pains farcis)

Füllung
- 60 g Mandeln, gerieben
- 40 g Rosinen, gewaschen
- 40 g Zucker, 1 Msp. Zimt
- 1 Ei, einige Essl. Rahm

12 Mürrli (runde Weggli)
—
z. Backen: Öl od. Nussella
z. Wenden: Zucker, 1 Msp. Zimt

Vorbereiten: Die Rinde der Mürrli an der Raffel leicht abreiben, querdurch halbieren, ein wenig aushöhlen.

Füllung: Die ausgehöhlte weiche Krume hacken, mit allen übrigen Zutaten vermischen. (Die Masse soll ziemlich dick sein.) — **Füllen** der Weggli mit der Mandelmasse und beide Hälften wieder exakt aufeinanderlegen. Die Ränder mit zurückbehaltenem Eiweiss überpinseln, mit der abgeriebenen Rinde leicht panieren. — **Schwimmend backen** (s. Nr. 889), bis die Weggli hellbraun sind. Abtropfen lassen, noch warm in Zucker und Zimt wenden. — **Servieren** mit Frucht-, Bischof- oder Rotweinsauce.

1676 Gebackene Griesskugeln (Boules au semoule frites)

Masse von Griessköpfchen Nr. 1151
(mit Butter und 1–2 Eiern)

z. Backen: Öl oder Nussella
z. Wenden: Zucker, 1 Msp. Zimt

Formen: Von der Masse mit zwei grossen Löffeln Klösse abstechen, ins heisse Fett geben und **schwimmend backen,** bis sie goldbraun sind. — Abtropfen lassen, wenden in Zucker und Zimt. — **Servieren** mit Fruchtsauce, Kompott oder frischen Beeren.

NB. Sehr gut passen die Kugeln (Klösse) auch (ohne Zucker) zu Tomatensauce od. einer Salatplatte. — Die **Masse** lässt sich mit Löffeln am besten formen, solange sie noch **heiss** ist, sonst mit nassen Händen zu Kugeln drehen.

1677 Natronringli (ca. 80 Stück)

Teig
- 250 g Mehl, 10 g Natron oder Backpulver, 1 Pr. Salz
- 1 dl Milch od. Rahm, 2 Eier
- 100 g Zucker, 60 g flüssige Butter

z. Backen: Öl od. Nussella (ungebrauchtes)
—
z. Wenden: ca. 50 g Zucker, 1 Msp. Zimt

Teig: Mehl und Natron (od. Backpulver) in eine Schüssel sieben. In der Mitte eine Vertiefung machen und die übrigen Zutaten zusammen verklopft, im Mehl einrühren. Den Teig leicht durchkneten, bis er glatt ist. Zum **Formen** sofort ½ cm dick auswallen und ca. 6 cm grosse Ringe ausstechen. — **Schwimmend backen** (s. Nr. 889) in mässig heissem Fett, bis die Ringli gleichmässig aufgegangen, durchgebacken und hellbraun sind. — Abtropfen lassen, in Zucker und Zimt wenden. — **Servieren** zu Kaffee oder Tee oder mit Kompott.

NB. Natronringli sind ausgiebig. Sie schmecken am besten frisch und noch etwas warm serviert.

1678 Märmel

Teig
- 200 g Mehl, 1 Essl. Backpulver
- 1 Ei, 1 dl Milch, 2–3 Pr. Salz, Muskat
- evtl. 50 g Zucker

z. Backen: Öl od. evtl. Nussella (ungebrauchtes)

Teig: Mehl und Backpulver in eine Schüssel sieben, alle übrigen Zutaten zusammen verklopft, einrühren. Gut mischen und rasch durchkneten. — **Formen:** Den Teig

1 cm dick auswallen, mit einem Ring od. Glas Plätzchen ausstechen (von ca. 5 cm ⌀).
Schwimmend backen (s. Nr. 889), bis die Märmel hellbraun und schön aufgegangen sind. — **Servieren** mit gedämpften Pilzen, einem Ragout oder Sauerbraten oder einer Salatplatte, süsse mit Fruchtsauce od. Kompott, zu Kaffee sowie Tee.

Salbei-Küchlein («Müsli» — Beignets à la sauge) 1679

ca. 30 frische Salbeiblätter (mit mögl. langen Stielen als Mäuseschwänzchen)
Ausbackteig Nr. 931 (I. Art)

z. Backen: Öl od. Nussella
—
evtl. z. Wenden: ca. 50 g Zucker, 1 Msp. Zimt

Vorbereiten: Die Blätter kurz abspülen, auf einem Tüchlein abtrocknen.
Schwimmend Backen (s. Nr. 889): Die Blätter (d. h. eins nach dem andern) an den Stielen halten, in den Ausbackteig tauchen und sofort ins heisse Fett geben. Backen, bis die Küchlein hellbraun und knusprig sind, abtropfen lassen. Evtl. in Zucker und Zimt wenden.

NB. «Müsli» (kleine Mäuse) sind ein gesundes Gebäck, auch beliebt bei Kindern. — Auf gleiche Weise können **Holunder-**, Akazien- und **Kürbisblüten** als Küchlein gebacken werden.

Berner Strübli (Strauben oder Trichterchüechli — Beignets bernois) 1680

Teig
350 g Weissmehl, 1-2 Pr. Salz
ca. 5 dl Milch, 20 g Butter
3 Eier, 70 g Zucker

z. Backen: Öl od. evtl. Nussella (ungebrauchtes)
z. Bestreuen: ca. 50 g Zucker, 1 Msp. Zimt od. Puderzucker

Gerät: ein enger Trichter (unten ca. 1 cm ⌀).
Teig: Das Mehl in eine Schüssel sieben. 4 dl der Milch gut erwärmen, die Butter beigeben und im Mehl glatt einrühren. Eier und Zucker verklopft, ebenfalls in den Teig mischen. Mit dem Rest der siedenden Milch verdünnen. — Der Teig soll so dick sein, dass er noch durch den Trichter läuft. — **Schwimmend Backen** (s. Nr. 889): Je einen Schöpflöffel voll Teig durch den Trichter in das heisse Backfett einlaufen lassen, so dass sich (durch Bewegen des Trichters) ein flacher, spiralförmiger Kuchen bildet. Ihn beidseitig hellbraun backen. Abtropfen lassen und noch warm mit Zucker und Zimt bestreuen oder mit Puderzucker besieben.

Schneeballen (Boules de neige) ca. 12 Stück 1681

Teig
3 Eier, 80 g Zucker, 3 Essl. sauren Rahm
80 g Butter (od. Nussa), 1 Pr. Salz
250 g Weissmehl

z. Backen: Öl evtl. Nussella (ungebrauchtes)
—
z. Besieben: Puderzucker

Teig: Eier, Zucker, Rahm und Salz zusammen verklopfen. Die Butter schmelzen und beifügen, das Mehl dazu sieben. Den Teig leicht kneten und ca. 20 Min. an die Kälte geben. — **Formen:** Den Teig dünn auswallen. Mit dem Teigrädchen knapp handgrosse Vierecke schneiden, in diese 1 cm breite, 10 cm lange Einschnitte machen, so, dass ringsherum der Rand ganz bleibt. — **Schwimmend Backen** (s. Nr. 889): Je eines der Teigstücke locker in eine kleinere Schöpfkelle legen, ins mässig heisse Fett tauchen, sofort begiessen und hellbraun backen. Abtropfen lassen, noch warm mit Puderzucker reichlich besieben.

NB. Die Küchlein sollen schön aufgehen und durch die Schöpfkelle kugelig rund werden.

1682 Schlupfküchlein   (Schlüferli, Räderkuchen)

Teig { 35 g Butter, 75 g Zucker, 1 Ei, 1 Pr. Salz
¾–1 dl Rahm — Zitrone, abgerieben
200–250 g Weissmehl

evtl. z. Beigeben: 30 g Mandeln, gerieben
z. Backen: Öl od. Nussella
z. Besieben: Puderzucker

Teig: Butter, Zucker, Ei und Salz zusammen schaumig rühren. Rahm, Zitronenschale, das gesiebte Mehl und nach Belieben die geriebenen Mandeln beigeben und an der Kälte fest werden lassen (ca. 1 Std.). — **Formen:** Den Teig ca. 3 mm dick auswallen, mit dem Teigrädchen in 5 cm breite Streifen und diese in verschobene Vierecke schneiden. In der Mitte kurz einschneiden und mit dem einen Teigzipfel durch den Schnitt schlüpfen. — **Schwimmend backen** der Küchlein in gut heissem Backfett (s. Nr. 889), bis sie etwas aufgegangen und hellbraun sind. Abtropfen lassen und noch warm mit Puderzucker besieben.   (Schlüferli eignen sich gut als **Vorrat**.)

1683 Schenkeli   (Croquets) ca. 50 Stück

50 g Butter, 125 g Zucker, 2 Eier
evtl. 1 Essl. Kirsch — 1 Pr. Salz
Zitronenschale, abgerieben — 250 g Weissmehl
z. Backen: Öl od. evtl. Nussella (ungebrauchtes)

Teig: Butter, Zucker, Eier und evtl. Kirsch schaumig rühren (ca. 20 Min.). Zitronenschale und das gesiebte Mehl beigeben. Mischen bis die Masse glatt ist, dann an der Kälte ruhen lassen (ca. 1 Std.). — **Formen:** Vom Teig nussgrosse Kugeln oder fingerlange Röllchen drehen. — Die Schenkeli langsam und sorgfältig **schwimmend backen** (s. Nr. 889) in mässig heissem Fett, bis sie hellbraun und etwas aufgesprungen sind.

NB. Zu schnell gebacken, sind Schenkeli nicht durchgebacken. — Als **Vorrat** lassen sie sich, gut verschlossen, einige Tage aufbewahren.

1684 Fastnachtsküchlein oder Eieröhrli   (Beignets de carnaval)   16–18 Stück

Teig { 300 g Weissmehl, ½ Teel. Salz
2 Eier, 20 g Zucker
5 Essl. Milch od. Rahm
20 g flüssige Butter (evtl. Öl)

z. Backen: Öl (ungebrauchtes)
—
z. Besieben: Puderzucker

Teig: Das Mehl in eine Schüssel sieben, in der Mitte eine Vertiefung machen. In einem Schüsselchen die übrigen Zutaten zusammen verklopfen, sie in das Mehl einrühren und gut vermischen. Den Teig leicht und rasch durchkneten und ½–1 Std. zugedeckt ruhen lassen (nicht an der Kälte). — **Formen** des Teiges zu einer Rolle, diese in 16–18 Stücke schneiden. Jedes auf bemehltem Teigbrett so dünn als möglich d.h. rund, etwa tellergross und ca. 1 mm dick, auswallen. Diese Plätze dann noch von Hand ganz dünn ausziehen und auf den Tisch legen (evtl. lagenweise auf Tücher, bis alle geformt sind). Die Küchlein **schwimmend backen** (s. Nr. 889) unter einmaligem Wenden mit zwei flachen Holzstäben, bis sie hellgelb sind. — Sorgfältig mit den Stäben herausheben, auf einem flachen Kuchengitter abtropfen lassen, noch warm mit Puderzucker gut besieben und 8–10 zu Beigen aufeinandersetzen.

NB. Als Holzstäbe eignen sich am besten Schindeln (sonst evtl. 2 Holzgabeln verwenden). Als **Vorrat** können Eieröhrli in einem trockenen, temperierten Raum 1–2 Wochen aufbewahrt werden (grosse Portionen in einem mit Tüchern ausgelegten Wäschekorb).

Verbrühte Kugeln   (Beignets soufflés)   1685

Brühteig { 4 dl Wasser — 50 g Butter / 250 g Weissmehl, 1 Pr. Salz / 5–6 Eier, 70 g Zucker

z. Backen: Öl (ungebrauchtes)

Zubereitung des Teiges nach **Nr. 932,** davon mit zwei Löffeln etwa halb-eigrosse Kugeln abstechen. Sie in mässig heissem Fett **schwimmend backen** (s. Nr. 889) unter stetem Begiessen und Wenden, bis sie stark aufgegangen und goldbraun sind. (Immer nur 2–3 Kugeln auf einmal in die Pfanne geben, damit sie schön aufgehen können!) — Die Kugeln abtropfen lassen. — **Servieren** als Kaffee- oder Teegebäck, evtl. mit Vanillecrème, Schlagrahm oder Kompott.

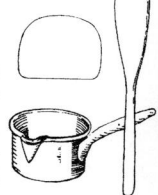

Brühteigstengel und -kränzchen   (sog. Spritzgebäck)   1686

Zubereitung des Teiges und **Backen,** wie verbrühte Kugeln **Nr. 1685.** — **Formen der Stengel:** Vom Teig durch einen Dressiersack mit grosser, gezackter Tülle ca. 6 cm lange Stücke herausdrücken, abschneiden und direkt ins Backfett fallen lassen. Sorgfältig backen unter Begiessen und Wenden. — **Formen** der **Kränzchen:** Den Teig durch den Dressiersack auf ca. 8 cm grosse, bebutterte Vierecke von Pergamentpapier zu Kränzchen spritzen. Sie mit dem Papier auf den Schaumlöffel legen, ins Fett tauchen und backen. (Das Papier lässt sich nachher leicht ablösen.)

Tabakrollen   (Rouleaux à la confiture) 12–15 Stück   1687

Teigzuber. n. Nr. 1683 { 60 g Butter, 1 Pr. Salz / 60 g Zucker, 1 Ei / 180 g Weissmehl / 1 Msp. Zimt

z. Backen: Öl, ungebrauchtes
z. Wenden: 50 g Zucker, 1 Msp. Zimt
z. **Füllen** { Aprikosen-, Himbeer- od. Zwetschgenkonfitüre

Spez. Gerät: 2–4 Tabakrollenformen aus Holz oder Blech (bei letzterem bäckt der Teig rascher durch). An jeder Rolle eine ca. 40 cm lange, dünne Schnur befestigen.

Formen: Den Teig 2 mm dick auswallen und in etwa 8 cm grosse Vierecke schneiden. Diese um die Rolle wickeln, die Enden mit Ei oder Wasser benetzt andrücken. Die Schnur spiralförmig um den Teig geben, jedoch ohne sie stark anzuziehen. Die Rollen **schwimmend backen** (s. Nr. 889) unter gleichmässigem Bewegen auf einem Schaumlöffel. Abtropfen lassen, noch warm die Schnur ablösen und die Rolle sorgfältig von der Form abziehen. Sofort in Zucker und Zimt wenden. — **Füllen** der Tabakrollen indem man sie inwendig mit etwas Konfitüre ausstreicht.

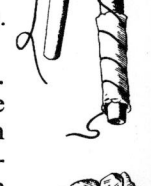

NB. Tabakrollen lassen sich, ungefüllt, in einer Blechschachtel gut einige Zeit **aufbewahren.**

Ziegerkrapfen   (Beignets au fromage blanc) I. und II. Art — ca. 25 Stück   1688

Füllung { 100 g Rahm-, evtl. Speisequark / 80 g geschälte Mandeln, gerieben / 80 g Zucker — 3–5 Essl. Rahm / 30 g Rosinen, gewaschen

Sauerrahmteig Nr. 922
oder Blätterteig Nr. 924
z. Backen: Öl, ungebrauchtes
z. Wenden: ca. 50 g Zucker, 1 Msp. Zimt

Füllung: Quark, Mandeln und die übrigen Zutaten vermischen. (Die Füllung soll feucht, aber nicht flüssig sein.) — **Krapfen:** Den Teig 2 mm dick auswallen, gezackte Plätzchen von ca. 10 cm ⌀ ausstechen. Diese in der Mitte mit einem Teelöffel voll Füllung belegen. Den Rand mit Eiweiss bestreichen, die Kräpfchen zur Hälfte überschlagen, die Ränder gut aufeinanderdrücken. — **I. Art: Schwimmend backen** (s. Nr. 889) in mässig heissem Fett, bis die Krapfen gut durchgebacken und hellbraun sind. (Die ersten Krapfen kontrollieren.) — Abtropfen lassen u. noch warm in Zucker u. Zimt wenden.

II. Art: Im Ofen, am Rand mit Gabel oder Teigklammer verziert und mit Ei bestrichen, auf einem Blech **backen (25–30 Min.).**

1689 Waffeln (English waffles)

Teig:
- 80–100 g Butter (mit 1 Pr. Salz)
- 4 Eigelb, 4 Eiweiss (z. Schnee)
- 250 g Weissmehl
- 3 dl Rahm od. Milch (evtl. saure)

evtl. d. Teig beigeben: Zitronen- od. Orangenschale od. 4 Essl. Kokosnussraspel
z. Bestreuen: Zucker u. Zimt od. Puderzucker
z. Backen: 30–50 g Kochbutter

Spez. Gerät: ein sog. Waffeleisen (auch elektr.) Käsewaffeln usw. s. NB.

Teig: Die Butter schaumig rühren, Eigelb und Eierschnee abwechselnd mit dem gesiebten Mehl beigeben, Rahm oder die leicht erwärmte Milch hinzufügen. Den Teig sorgfältig mischen, bis er glatt und gleichmässig ist. — **Backen:** Das Waffeleisen erhitzen, inwendig stark mit Butter bepinseln. In die tiefer gefurchte Seite Teig einfüllen, das Eisen langsam schliessen und die Waffeln auf beiden Seiten goldbraun backen. Vom Eisen lösen und mit Zucker und Zimt bestreuen oder mit Puderzucker besieben. — **Servieren** zu Kaffee oder Tee, evtl. mit Kompott oder einem Sirup.

NB. Als **Variation** dem Waffelteig geriebenen **Käse** (ca. 40 g), 1–2 Essl. **Kümmel** oder 50–100 g gehackten **Schinken** beimischen. Auch passend zu einem Brunch.

1690 Rosenküchlein (Beignets façonnés à la rose) ca. 15 Stück

Teig:
- 2 Eier, 50 g Zucker
- 1 dl Rahm — Zitrone, abgerieben
- ca. 1 dl Milch od. Wasser
- 150 g Weissmehl, 1 Pr. Salz

z. Backen: Öl od. Nussella (ungebrauchtes)
z. Besieben: Puderzucker
—
Spez. Gerät: ein sog. Rosenkuchen-Eisen

Teig: Eier und Zucker zusammen schaumig rühren, die übrigen Zutaten beigeben (das Mehl gesiebt). — **Schwimmend Backen** (s. Nr. 889): Das Rosenkuchen-Eisen im heissen Fett erwärmen, etwas abtropfen und so in den Teig tauchen, dass er nicht über dem Eisen zusammenfliesst. Dieses sofort wieder ins Backfett halten und das Küchlein backen, bis es hellbraun ist. Dann sorgfältig vom Eisen abstossen, abtropfen lassen und mit Puderzucker besieben. — Vom übrigen Teig auf gleiche Weise Rosenküchlein backen.

NB. Der Teig benötigt je nach der Dicke des Rahmes etwas mehr oder weniger Flüssigkeit.

1691 Römische Pastetchen (Petits patés à la Romaine) 15–20 Stück

Teig:
- 150 g Weissmehl, 2 Pr. Salz
- 1 dl Milch, 1 dl Wasser
- 2 Eigelb, 1 Teel. Öl

z. Backen: Öl, ungebrauchtes
—
Spez. Gerät: ein Römisch-Pasteteneisen

Teig: Die Zutaten in der angegebenen Reihenfolge in ein Schüsselchen geben und glatt anrühren.

Backen der Pastetchen: Das Eisen im Fett erwärmen (nicht zu heiss werden lassen), dann bis ca. 1 cm unter den obern Rand in den Teig tauchen und rasch wieder ins Fett halten. Das Pastetchen hellbraun backen, vom Eisen abstossen und abtropfen lassen. — Die übrigen Pastetchen auf gleiche Weise backen.

NB. Vom Förmchen nach dem Erwärmen das anhaftende Fett etwas abschütteln, da der Teig beim Eintauchen sonst nicht daran hängen bleibt. — Damit man auch vom Teigrest noch Pastetchen backen kann, wird er am besten in eine Tasse gefüllt (od. vom Rest Einlaufsuppe oder Flädli herstellen).
Füllungen, a) süsse: Apfelmus (evtl. mit Rosinen), Mus von Rhabarber, Zwetschgen usw. oder gezuckerte Beeren. Als Garnitur evtl. einen Tupfen Schlagrahm oder Meringuemasse (diese kurz überbacken). — **b) gesalzene:** Rührei, Fleischhaché, kleines Ragout (Nr. 697 u. 737) passend zu Risotto, Kartoffelstock sowie Polenta, oder Erbsen, kleines Gemüseragout (Nr. 503), gedämpfte Pilze usw.

Hefeküchlein   (Beignets à levure) 30–40 Stück   1692

Hefeteig
- 400 g Mehl, ½ Teel. Salz
- 30 g Hefe, 1 Teel. Zucker
- 2 Eier, 100 g Zucker
- 1½ dl Milch — Zitr.-Schale, abger.
- 80–100 g Butter od. Margarine

evtl. z. Beigeben { 80 g Rosinen / 1 Essl. Rum

z. Backen: Öl od. Nussella
z. Wenden: ca. 50 g Zucker, 1 Msp. Zimt

Zubereitung des Hefeteiges nach **Nr. 1638**, evtl. zuletzt Rosinen und Rum beigeben. Ihn etwas aufgehen lassen an leichter Wärme (ca. 30 Min.). — **Schwimmend Backen** (s. Nr. 889): Vom Teig mit einem ins heisse Fett getauchten Löffel etwas abstechen, ins Fett geben und langsam, unter ständigem Begiessen, braun werden lassen. Abtropfen lassen, in Zucker und Zimt wenden, noch warm servieren.

Berliner Pfannkuchen   (Boules de Berlin — Faschingskrapfen) ca. 25 Stück   1693

Hefeteig
- 350 g Weissmehl, ½ Teel. Salz
- 20–30 g Hefe, 1 Teel. Zucker
- 40–60 g Butter — 1½ dl Milch
- 1–2 Eier od. 2 Eigelb, 80 g Zucker
- Zitrone, abgerieb., evtl. 1 Essl. Rum

z. Füllen { dicke Aprikosen- od. Himbeerkonfitüre

z. Backen: Öl od. Nussella (ungebrauchtes)
z. Wenden: ca. 50 g Zucker, 1 Msp. Zimt

Zubereitung des Hefeteiges nach **Nr. 1638**. Ihn aufgehen lassen an leichter Wärme (ca. 30 Min.). — **Formen:** Den Teig sorgfältig 1 cm dick auswallen. Plätzchen von ca. 6 cm Grösse ausstechen. Auf die Hälfte der Plätzchen in die Mitte wenig Konfitüre geben. Den Rand mit Eiweiss bestreichen, je ein zweites Plätzchen darauf legen, am Rand gut zusammendrücken (evtl. nochmals mit einem etwas kleineren Ring ausstechen). Auf einem bemehlten Blech ein wenig aufgehen lassen (ca. 30 Min.). — Die Pfannkuchen **schwimmend backen** (s. Nr. 889), jedoch nur in so viel Backfett, dass die Berliner etwa zur Hälfte darin liegen (dadurch bekommen sie auch in der Mitte ein helles Rändchen). 1–2 auf einmal ins mässig heisse Fett geben (untere Seite nach oben) und sorgfältig unter Begiessen und Wenden braun backen. (Am besten zuerst die Pfanne einen

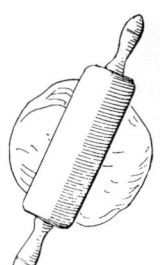

Moment zudecken, damit die Berliner schön aufgehen.) — Abtropfen lassen und noch warm in Zucker und Zimt wenden.

NB. Die Berliner sollen gut **durchgebacken** sein, sie deshalb nicht zu rasch, resp. **nicht zu heiss backen**, **zur Probe** einen durchschneiden.

Andere Art zum Formen der Berliner: **a)** Vom Teig ca. 8 cm grosse runde Plätzchen ausstechen, diese in der Mitte mit ganz wenig Konfitüre belegen, die Ränder zusammennehmen und gut zusammendrücken. Zum Aufgehen, mit der glatten Seite nach oben, auf ein bemehltes Blech setzen. — **b)** Vom Teig eigrosse Stücke abschneiden, zu Kugeln drehen und aufgehen lassen wie oben. Sie ungefüllt backen, dann mit einer **Spezial-Tülle** die Konfitüre hineinspritzen.

1694 Hamburger Apfelpfannkuchen   (aus Grossmutters Küche)

Hefeteig von Küchlein Nr. 1692
z. Beigeben { 6–8 Äpfel, 2 Essl. Zucker
2 Essl. Rum, Zitrone, abgerieben

Backfett (evtl. Kochbutter, s. NB.)
z. Wenden: Zucker, 1 Msp. Zimt

Zubereitung des Hefeteiges. Ihn gut bearbeiten, dann **aufgehen** lassen an leichter Wärme (ca. 30 Min.). — Zum Beigeben die **Äpfel** schälen, halbieren, das Kernhaus entfernen, in kleine dicke Schnitzchen schneiden. Diese mit dem Zucker, Rum und Zitronenschale vermengt etwas stehen lassen, zuletzt unter den aufgegangenen Teig mischen. — Zum **Formen** mit einem Löffel etwas Teig abstechen und **schwimmend backen** in nicht zu heissem Fett, bis die Pfannkuchen gleichmässig aufgegangen und gut durchgebacken sind (zur **Probe** einen Pfannkuchen durchschneiden). — Abtropfen lassen und wenden in Zucker und Zimt.

NB. Nach **alter Art** werden diese Pfannkuchen in einer speziellen Pfanne mit Vertiefungen gebacken, in welchen man vor dem Einfüllen des Teiges immer wieder etwas Kochbutter (oder Oel) erwärmt. Für diese Zubereitung dem Teig etwas mehr Milch beimischen.

1694a Ensaimadas   (Brioches de Majorque)

Hefeteig { 500 g Weissmehl
20-30 g Hefe, 5 g Zucker
½-1 dl Wasser, 3 Essl. Oel
3 Eier — 200 g Zucker

z. Bestreichen: 200 g Schweinefett
(evtl. Margarine od. Oel)
———
z. Besieben: Puderzucker

Zubereitung des Hefeteiges nach **Nr. 1638**. Ihn leicht und rasch bearbeiten, bis er blasig wird. In einer Schüssel zugedeckt kühl ruhen lassen während mind. **6 Std.** (od. über Nacht). — Den **Teig** gross und dünn auswallen, mit dem Fett (od. Öl) bestreichen und wieder zusammenlegen. Nochmals etwas gehen lassen (ohne Wärme). **Formen der Ensaimadas:** Den Teig etwa ½ cm dick auswallen, aufrollen und ihn schneckenförmig auf ein Blech legen, oder den Teig fingerdick zu kleinen Schnecken rollen. Das Gebäck nochmals etwas gehen lassen (wieder ohne Wärme), dann mit kaltem Wasser bespritzen. **Backen** in guter Hitze **ca. 25 Min.** Sofort mit Puderzucker stark besieben. — Schmecken frisch am besten.

Milch-Shakes, Milch- und Säfte-Drinks sowie festliche Getränke

Milch-Cocktails 1695

Anmerkung: Diese werden gerne anstelle einer Suppe serviert oder als pikante Zwischenmahlzeit, bes. auch für Kranke, die einen gewürzten Milchdrink einem süssen vorziehen. Die Mischungen lassen sich vielfach variieren. Zu Milchdrinks möglichst pasteurisierte, sog. **Past-Milch** verwenden oder **Joghurt** sowie **Gredfil** (eine leicht bekömmliche, fettarme, schwedische Milchspezialität).

Frühlings-Milchcocktail

Für 1–2 Personen: 2–2½ dl Past-Milch, etwas Petersilie, Schnittlauch u. wenig Kräuter (n. Geschmack Mayoran, Dill, Boretsch usw.), 1 Handvoll Spinat (kurz gedämpft), 1 Pr. Salz (auch Sellerie- od. Meersalz usw.), Knorr Aromat

Zubereitung: Alles zusammen rasch **mixen** und **sofort** servieren. Evtl. zum Kühlen 1–2 Eiswürfel kurz hineingeben, aber **nicht** zergehen lassen.

Andere Mischungen, a) mit Fleischgeschmack:

2–2½ dl Past-Milch od. Joghurt usw. — 1 Eigelb — 1 grosse Msp. Liebig Fleischextrakt (in 1 Essl. heissem Wasser aufgelöst), etwas Aromat, evtl. 1 Pr. Salz, 1 Msp. Paprika oder Curry, fein gehackte Zitronenschale (gewaschen).

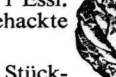

b) mit Gemüse: 2 dl Past-Milch od. Joghurt — 1 geschälte Tomate, 1 kleines Rübchen od. 1 Stückchen Sellerie, etwas Aromat — 2–4 Essl. Rahm, 1 Eigelb od. 1 Essl. Mandelpurée, 1 Pr. Salz.

c) Mint-Cocktail: 1 Joghurt oder Gredfil — einige frische Pfefferminzblätter, etwas Zitronensaft, 1 Pr. Zucker.

Milch-Shakes (Schüttel-Milch) 1696

Anmerkung: Milch-Shakes sind angenehm erfrischend, zugleich auch nahrhaft und gesund. Sie eignen sich deshalb auch hervorragend für Kinder und Kranke. (Sie werden mit einem Trinkhalm serviert.) Die **Zusammenstellung** lässt sich vielfach variieren.

Die **Zubereitung** geschieht, spez. bei kleinen Portionen, am einfachsten im Schüttelbecher, bei grösseren in einem **Mixer** oder durch tüchtiges Quirlen mit einem Schneebesen oder Eierrädli. — Man **verwende** möglichst **pasteurisierte,** sog. **Past-Milch** oder auch **Gredfil** (eine schwed. Milchspezialität, s. oben).

Wünscht man den Shake **gekühlt,** dann 1–2 Eiswürfel mitschütteln, jedoch **nicht** zergehen lassen, damit die Masse **nicht** wässrig wird. Die nachstehenden **Mischungen** sind f. **1–2 Personen** berechnet.

1. **Milch-Shake mit Früchten** (Florida-Shake)

    Für die Zubereitung im Mixer eignen sich **frische Früchte** sowie sterilisierte oder tiefgekühlte, z. B.: alle Arten Beeren, auch Bananen, Pfirsiche, Aprikosen, Ananas usw.
    2 dl Past-Milch — 1–3 Essl. Zucker od. Milchzucker (v. Reformhaus) — ca. 1 dl Fruchtpurée od. konzentrierten Saft, 1 kleine Tasse Beeren od. ½ Banane usw. — evtl. ½ dl Rahm od. Joghurt

2. **— mit Cassis**

    2 dl Past-Milch, 2–3 Essl. Cassissaft od. Konfitüre von schwarzen Johannisbeeren (evtl. frische Beeren, passiert), 1–3 Essl. Zucker (n. Geschmack), 2–4 Essl. Kondensmilch od. Rahm

3. **— mit Hagebutten od. mit Kornelkirschen** (sog. Tierli)

    2 dl Past-Milch, 2–3 Essl. Hagebutten- od. Kornelkirschenkonfitüre oder -mark, wenig Zitronensaft, Zucker oder Honig nach Geschmack, evtl. 3 Essl. Rahm, Gredfil od. Joghurt

4. — mit gerösteten Nüssen

2 dl Past-Milch — 15 g Baum- oder Haselnüsse in 2 Essl. Zucker geröstet und erkaltet gerieben — ½ dl Rahm oder ungezuckerte Kondensmilch — evtl. Eiswürfel

5. — mit Kaffee, Schokolade, auch **Ovomaltine, Nescao** u. a. Kraftnahrungsmitteln

2 dl Past-Milch, ½–1 Teel. Nescafé oder 1 Stücklein Schokolade aufgelöst (in wenig heissem Wasser) oder Ovo usw. — ½ dl Rahm (oder Kondensmilch) — evtl. Eiswürfel

1696a Joghurt-Shake

Zubereitung wie Milch-Shakes **Nr. 1696,** jedoch statt Milch pro Person ½–1 Glas **Joghurt** (ca. 2 dl) evtl. gekühlt, verwenden. — Alle Mischungen mit Früchten eignen sich vorzüglich für Joghurt-Shakes. — **Servieren** in hohem Milchglas mit langem Teelöffel.

1696b Joghurt-Zubereitung

1 Ltr. rohe **Milch** aufkochen und unter Schwingen rasch **abkühlen** auf ca. 50° (kontrollieren mit Thermometer). 1 Essl. Joghurt mit 2–3 Essl. Milch vermischen, dann unter die übrige Milch rühren. Sofort **abfüllen** in vorgewärmte Becher oder Gläser und **warmstellen** in einem weiten Gefäss (dieses mit Papier ausgelegt und mit dickem Wolltuch überdeckt). — **Dauer:** 3–4 Std. od. über Nacht. — **Servieren** (evtl. geschlagen) mit oder ohne Zucker, mit Früchten od. Saft. — Joghurt hält sich im Eisschrank 2–3 Tage frisch. Er lässt sich auch verwenden zu Milch-**Cocktails** Nr. 1695. — Weitere Verwendg. v. Joghurts. im Register.

1697 Milch-Frappés   (Ice-cream frappé)

Zutaten wie zu den Milch-Shakes **Nr. 1696,** jedoch allen Mischungen noch 2–3 Essl. **Rahm** und 2–3 Essl. (d. h. eine Port.-Kugel) **Glace** mit Vanille od. mit Früchten usw. beifügen. — Die **Zubereitung** geschieht am besten und einfachsten **im Mixer.**

1698 Milch-Egg-Nogs   (Milch-Shakes mit Eiern)

Anmerkung: Milch-Egg-Nogs sind noch nahrhafter als die Milch-Shakes und sind **gekühlt,** aber auch **warm** beliebt.

Zutaten (f. 1-2 Personen) wie zu den Milch-Shakes **Nr. 1696,** jedoch nur die Hälfte der Milch verwenden und noch ½–**1 Ei od. Eigelb** mit der Masse verschwingen. Beim **Einfüllen** von kalten Egg-Nogs pro Glas 1–2 Eiswürfel beigeben und kurz mitschütteln, jedoch nicht zergehen lassen.

NB. Bei Egg-Nogs mit Nüssen, Mokka oder Schokolade usw., das Aroma evtl. verstärken mit dem entsprechenden **Liqueur** (Crème de Cacao od. -Vanille, Crème de Mandarine usw.). Milch-Egg-Nogs schmecken auch gut mit einem Schuss Sherry od. Rum zubereitet. — Hat man keinen Mixer od. Schüttelbecher, dann die Masse tüchtig schwingen mit einem Eierrädli.

1699 Milch-Siphon, gespritzt

1 Ltr. Past-Milch	2 kg Eis zum Kühlstellen
100–150 g Zucker, etwas Vanille	1 Flasche Siphon

Die Milch mit Zucker (Quantum n. Geschmack) und Vanille vermischen, in verklopftem Eis kühl stellen. — Direkt vor dem **Servieren** die Milch bis zur Hälfte in hohe Gläser giessen u. mit Siphon gespritzt, auffüllen. (Auch als erfrischendes u. nahrhaftes Getränk f. Kinder u. Kranke.) — Zur Abwechslung, der Milch 2–4 Essl. konzentr. Fruchtsaft beigeben.

Joghurt-Eisbecher, Eisschokolade, Eiskaffee oder -tee siehe Nr. 1328–1330.

Ice-Cream-Soda und Sorbets siehe Nr. 1331–1333.

Fruchtsäfte oder Limonaden 1700

Als erfrischende **Getränke** verwendet man im Haushalt in erster Linie **Säfte** von frischen **rohen** Früchten, sowie von tiefgekühlten (z. B. Frisco-Säfte), ausserdem sterilisierte Fruchtsaft-Konserven. Da besonders die ersteren ausserordentlich reich an Vitaminen und Mineralstoffen sind, leisten sie nicht nur Gesunden, sondern vor allem auch in der Kinder- und Krankenernährung wertvolle Dienste. Man geniesse den Rohsaft (evtl. mit Zucker od. Honig versüsst) möglichst oft auch an Stelle einer Suppe oder als Zwischenverpflegung.

NB. Die **Fruchtsäfte** konzentriert oder verdünnt mit **Apfelsaft**, evtl. auch in Mischungen verwenden. Das **Auspressen** geschieht für grössere Portionen am besten mit einer Spezial-Presse (Zylyss-, Babyod. elektr. Presse, evtl. Saft-Zentrifuge). — **Konservieren** von Fruchtsäften s. Nr. 1750–53 od. durch **Tiefkühlen** s. Nr. 1721. **Weitere Getränke** s. nachstehend. (Siehe auch Kapitel Ernährung am Anfang des Buches, sowie **Kaltschalen** Nr. 106–111 und **Frucht-Cocktails** Nr. 113 (1–5).

Orangeade 1701

Sirup: 1 Ltr. Wasser u. Zucker (ca. 300 g) od. halb Apfelsaft — 6–8 Orangen, 3–4 Zitronen — Eiswürfel
Den **Sirup** aufkochen und **erkalten** lassen. — Den **Saft** von 5–6 Orangen und den Zitronen auspressen, passieren und unter den Sirup mischen, kleine Eisstückchen hineingeben, umrühren. — Die übrigen Orangen schälen, das Weisse **sorgfältig** abziehen, in dünne Scheiben schneiden (alle Kerne entfernen), 1–2 davon in jedes Glas legen, mit dem fertigen Sirup auffüllen. Je eine Orangenscheibe (ungeschält) bis in die Mitte eingeschnitten, an den Glasrand stecken. **Sofort** servieren. — Nach Belieben in jedes Glas Orangeade einige Tropfen Maraschino od. Curaçao mischen.

Summer-Drink 1702

2 dl Himbeersaft (frischen), 2 dl Ananassaft   Saft von ½ Grapefruit od. von 1–2 Zitronen
Saft von 2 Orangen   Zucker nach Geschmack

Alle **Zutaten** gut miteinander vermischen (quirlen). Nach Belieben mit Eiswürfeln kühlen und etwas Maraschino beigeben. — In einem Mixer gemischt, lassen sich auch gut die ganzen Beeren verwenden. — Als **hübsche Garnitur:** Die noch leeren Gläser am Rand in Zitronensaft tauchen, dann in Griesszucker.

Teenager-Drink 1702a

Himbeersaft, frischen (gezuckert s. NB.) — Weisswein, alkoholfr. od. Apfelsaft, Zitr.-Saft — Siphon
Himbeersaft und Weisswein od. Apfelsaft zu gleichen Teilen mischen, mit Zitronensaft angenehm säuern und mit dem nötigen Siphon verdünnen. Den Drink **sofort** servieren.
NB. Statt Himbeer-, irgendeinen anderen Saft od. 2–3 verschiedene (auch **Frisco-Saft**) beigeben. Besonders aromatisch wird das Getränk auch mit **Cassis** (Saft von schwarzen Johannisbeeren, im Reformhaus erhältlich).

Kaltes Teegetränk 1703

1 Ltr. leichten Schwarz-, Pfefferminz-   Orangensirup Nr. 1752 od. frischen -saft
oder Lindenblütentee   Zucker n. Geschmack, Zitrone, evtl. Eiswürfel

Den kalten Tee mit Orangensirup vermischen, den nötigen Zucker beigeben, nach Geschmack mit Zitrone säuern. — Evtl. mit Eisstückchen kühlen.

1704 Irish Coffee (Heisser irischer Kaffeedrink)

Pro Person: 2–3 Essl. Whisky — ca. 1 dl starken Kaffee, Zucker n. Geschmack — ½–¾ dl Rahm, Kaffee- od. Schokoladepulver

Zubereitung: Hohe Gläser **heiss** ausspülen (u. abtrocknen), zuerst den Whisky, dann den ganz **heissen**, versüssten Kaffee heineingiessen, bis das Glas etwa zu ⅔ voll ist. Mit dem leicht geschlagenen Rahm hoch auffüllen (**nicht** umrühren!), mit 1 Pr. Kaffee- od. Schokoladepulver bestäuben. — Der Kaffee wird möglichst heiss durch den Rahm hindurch «geschlürft» (mit Löffelchen od. Trinkhalm).

1704a Milch-Punsch

Anmerkung: Dieser wird, wie jeder Punsch, **heiss** serviert. Milchpunsch ist bekömmlich, angenehm im Geschmack, auch günstig für Kranke. — **Zubereitung: Für 1–2 Personen** ca. 2 dl **Past-Milch** verwenden, diese für den Punsch auf ca. 80° erhitzen. Die übrigen **Zutaten** gut damit vermischen, am besten **quirlen** (nicht mixen).

1. **Sirup-Punsch:** 2 dl heisse Past-Milch, einige Esslöffel Fruchtsaft (tiefgekühlten od. frischen versüssten, oder Sirup) zusammen verquirlen.
2. **Tee-Milchpunsch:** 3 dl heisse Past-Milch direkt über 1 gehäuften Löffel Schwarzteeblätter giessen. Zugedeckt ziehen lassen (ca. 5 Min.), absieben und mit Zucker (vermischt mit 1 kleinen Msp. Vanille) oder mit Honig versüssen. 
3. **Kräuter-Milchpunsch:** Gleiche Zubereitung wie mit Schwarztee (Abschn. 2), jedoch entsprechend Pfefferminzblätter, Lindenblüten usw. verwenden.
4. **Karamel-Milchpunsch:** 2 dl heisse Past-Milch vermischen mit 30 g zu Karamel geröstetem Zucker (mit ½ dl Wasser aufgelöst) und 2–3 Essl. Rahm. 
5. **Orangen- od. Ananas-Milchpunsch:** 2–3 dl heisse Past-Milch an sehr dünn abgeschälte Schale von 2 Orangen od. 3–4 Essl. Ananaswürfelchen giessen, mit etwas Honig versüssen und (heissgestellt) etwas ziehen lassen, dann absieben. — **NB.** Die Orangen zuerst gründlich heiss waschen (evtl. gespritzt!). — **Kalt** serviert = **Florida-Drink**.
6. **Nuss-Milchpunsch:** 3 dl heisse Past-Milch über 2–3 Essl. geriebene Baum- oder Haselnüsse (evtl. Kokosnuss) giessen und etwas ziehen lassen. Dann ½ dl Rahm, ca. 1 Essl. Zucker und 1 Pr. Muskat damit verquirlen und absieben.

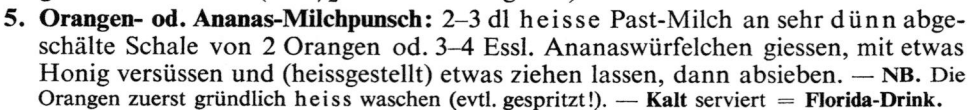

1705 Rum-Punsch

1 Ltr. Wasser, ca. 200 g Zucker — Zitronenscheiben, 1–2 dl feinen Rum (evtl. alkoholfreien)

Aufkochen des Wassers mit dem Zucker. — Die Zitronenscheiben in die Gläser verteilen und einige Esslöffel Rum darauf giessen. Mit dem **kochenden** Zuckerwasser auffüllen. — Den Punsch möglichst **heiss** servieren.

NB. Als **Eier-Grog** (od. -Punsch) zuerst in jedem Glas 1 Eigelb mit 3–5 Essl. Rum verquirlen.

1706 Glühwein

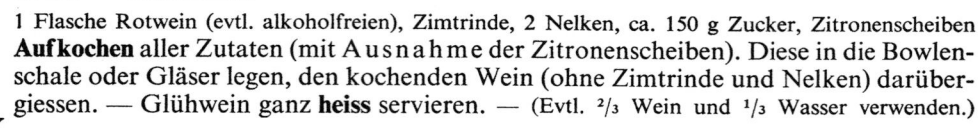

1 Flasche Rotwein (evtl. alkoholfreien), Zimtrinde, 2 Nelken, ca. 150 g Zucker, Zitronenscheiben

Aufkochen aller Zutaten (mit Ausnahme der Zitronenscheiben). Diese in die Bowlenschale oder Gläser legen, den kochenden Wein (ohne Zimtrinde und Nelken) darübergiessen. — Glühwein ganz **heiss** servieren. — (Evtl. ⅔ Wein und ⅓ Wasser verwenden.)

1707 Seemannsgrog

Zubereitung wie Rum-Punsch **Nr. 1706**, jedoch den Zucker nur mit 2 dl Wasser aufkochen. Ihn mit ½ Ltr. **Schwarztee** und 1½–2 dl **Arrak** (od. Rum) vermischt, über Zitronenscheiben in die Gläser giessen. Je 1 Zitr.-Scheibe eingeschnitten an den Glasrand hängen.

Silvesterpunsch 1708
2 Orangen, 1–2 Zitronen
250 g Würfelzucker — 2–3 Nelken, Zimtrinde
1 Ltr. Wasser — 1 Flasche Rotwein (s. NB.)
ca. 2 dl Rum od. Arrak (evtl. alkoholfreien)

Vorbereiten: Die Sch a len der Orangen und Zitronen am Zucker abreiben. Ihn mit dem Gewürz, heissem Wasser und Wein aufsetzen, rasch zum Kochen bringen, dann zugedeckt 10 Min. ziehen lassen, absieben. Mit Rum od. Arrak vermischen und in die Gläser giessen. **Heiss** servieren.

NB. Evtl. **alkoholfreien** Wein und (statt Wasser) **Apfelsaft** verwenden.

Erdbeerbowle   siehe auch II. Art, alkoholfrei 1709
500 g Walderdbeeren (bes. fein) od. reife Gartenerdbeeren, auch tiefgekühlte (schon gezuckert)
ca. 300 g Zucker (für frische Beeren)
2 Flaschen leichten Weisswein (s. NB.)
evtl. 1 Flasche Champagner (s. NB.)

Zubereitung: Den Zucker in eine Bowlenschüssel geben, soviel Wein darübergiessen, bis er gut bedeckt ist. (Immer wieder umrühren, bis sich der Zucker gelöst hat.) — Die **Erdbeeren** (grosse halbiert) hinzufügen, zudecken u. ca. 2 Std. recht **kalt** stellen (evtl. in verklopftem Eis). — Vor dem **Servieren** den übrigen unterdessen gekühlten Wein dazugiessen.

NB. Evtl. der Bowle zuletzt sorgfältig etwas Champagner (Mauler) od. Asti beimischen. — Bei Bowlen soll das Fruchtaroma vorherrschen, deshalb nicht zu stark versüssen. Sie mit den Früchten in schalenförmigen Gläsern (m. Sticks)servieren. — Die Zutaten sollten möglichst kalt sein (jedoch keine Eiswürfel direkt in die Bowle geben!). — Für II. Art Zubereitung: alkoholfreien Wein, evtl. auch ganz oder teilweise Mineralwasser (z. B. Henniez) und etwas Siphon od. Rimuss Asti verwenden.

Himbeerbowle 1710
Zubereitung wie Erdbeerbowle **Nr. 1709,** jedoch **frische** oder **tiefgekühlte Himbeeren** (z. B. Frisco, schon gezuckert) verwenden.

Pfirsichbowle 1711
Zubereitung wie Erdbeerbowle **Nr. 1709,** jedoch anstatt Beeren 1 kg reife **Pfirsiche** verwenden. Sie schälen, halbieren oder in Viertel schneiden. — Der Pfirsichbowle evtl. etwas feinen **Kirsch** oder **Maraschino** und wenn möglich eine Flasche Champagner oder Rimuss Asti (alkoholfrei) beigeben. — Sehr aromatisch wird die Bowle auch mit tiefgekühlten **Frisco-Pfirsichen**.

Ananasbowle 1712
Zubereitung wie Erdbeerbowle **Nr. 1709,** jedoch statt Beeren **Ananas** aus Büchsen verwenden. Die Scheiben in Schnitze schneiden und lagenweise mit wenig Zucker bestreut, mit dem Ananassaft und dem Wein begossen, 1–2 Std. in der Bowlenschale stehen lassen. Den restl. Weisswein darübergiessen, zudecken und die Bowle noch ca. 1 Std. auf Eis stellen. — Besonders fein wird die Bowle mit einer **frischen Ananas** zubereitet. Diese möglichst dünn schälen, in ca. 1 cm dicke Scheiben schneiden, aus der Mitte alles Holzige herausstechen, dann in Schnitzchen teilen. Zum Bestreuen etwas mehr Zucker verwenden als bei Büchsenananas.

Maitrank oder Waldmeisterbowle 1713
Zubereitung wie Erdbeerbowle **Nr. 1709,** statt der Beeren: 1–2 Büschel **Waldmeister** verwenden, evtl. zuletzt etwas **Rotwein** beigeben.

Vorbereiten des Waldmeisters: Von jungem, frischem Waldmeister (der noch keine offenen Blüten haben darf) die langen Stiele entfernen, ihn waschen und zu einem Sträusschen zusammenbinden. — Vor dem Servieren den Waldmeister wieder herausnehmen.

Konservieren

Zweck allen Konservierens: Den Ernteüberschuss von Obst und Gemüse während der Sommer- und Herbstmonate (auch weil dann preislich günstig) auszunützen und **haltbar** zu machen, um dadurch auch in der früchte- und gemüsearmen Jahreszeit genügend Abwechslung in den Speisezettel bringen zu können. — **Das Prinzip ist:** Abtöten aller bestehenden Fäulnis- und Gärungserreger und das Verhindern sich neubildender Zersetzungskeime und deren Sporen.

Die Anwendung der verschiedenen Verfahren lohnt sich vor allem für den ländlichen und jeden grösseren Haushalt sowie für Gartenbesitzer. — Die **Tiefkühlung** (s. Nr. 1721) hat heute besonders das Sterilisieren schon stark verdrängt, da durch diese relativ einfache Methode, bei Gemüsen und Früchten, der Gehalt an Vitaminen am besten geschont wird, sowie Farbe und Geschmack weitgehend erhalten bleiben. Da das Tiefkühlen aber doch relativ teuer zu stehen kommt (Anschaffen der Kühltruhe usw.) und sich auch nicht für alles eignet, bewähren sich daneben immer noch die bekannten Methoden des Einmachens (s. Nr. 1714–20). — Geschätzt werden auch vor allem die hausgemachten **Konfitüren** (Nr. 1737–49), sowie die pikanten, **sauersüss** eingemachten Konserven (Nr. 1729–36) usw.

Roh-Konserven, Kochend-Einfüllen und Sterilisieren

1714 **Grundregeln beim Konservieren**

1. Nur **frische, gesunde Früchte** und **Gemüse** gewähren haltbare Konserven.
   Obst, das angesteckt ist, **nicht** sterilisieren, es evtl. noch für Konfitüren oder zum Einmachen von Mus verbrauchen. Gemüse möglichst kurz vorher ernten; es darf nie welk oder lahm sein! Mit Ausnahme von Tomaten und Zucchetti können **Gemüse und Fleisch** nicht kochend eingefüllt, sondern müssen **immer sterilisiert** oder **tiefgekühlt** werden! — Für den kleinen Haushalt lohnt sich viel mehr das Konservieren von Obst als von Gemüse.

2. **Gläser** und **Flaschen** gründlich **reinigen** durch Waschen in heissem Sodawasser und nachheriges Spülen. — **Gummiringe** vor dem Verwenden prüfen, sie sollen noch **elastisch** sein. Sie in warmem Wasser gut waschen und darin etwas liegen lassen. Vor Gebrauch mit einem reinen Küchentuch abtupfen. (Es dürfen keine Stoff-Fasern hängen bleiben!) — Evtl. von älteren Ringen 2 aufeinanderlegen.

3. Die **Vorschriften** bei den verschiedenen Einmachverfahren **gut beachten.**

4. **Aufbewahren** des Sterilisiergutes: etikettiert, stehend, kühl (2–8°), dunkel und trocken! — Häufige **Kontrolle,** besonders die ersten Tage und Wochen.
   Einfacher statt etikettieren: **anschreiben** der noch warmen Gläser mit einem sog. Fettstift.

NB. Sich merken: Die Flüssigkeit soll bei den Konserven immer klar bleiben. Evtl. aufgegangene, schimmelige oder gärende **Frucht-Konserven** aufkochen und rasch verbrauchen, jedoch aufgegangene **Gemüse-,** evtl. **Fleischkonserven nicht** mehr verwenden, **da sie ungeniessbar,** d. h. **giftig sind!!**

Roh Konservieren in Flaschen — Grundregel für Rhabarber und saure Beeren — **1715**

Vorbereiten: Den Rhabarber waschen, wenn nötig schälen, in ca. 1 cm grosse Würfelchen schneiden. — Beeren verlesen, mit kaltem Wasser kurz überbrausen. — **Einfüllen** in gewöhnliche, enghalsige gut **gereinigte Flaschen** (s. Nr. 1714) unter zeitweiligem Aufstossen auf einem mehrfach gefalteten Tuch. Direkt mit frischem, kaltem, laufendem Wasser auffüllen, bis die Früchte bedeckt sind. — **Verschliessen** mit neuen Korken, evtl. mit Paraffin überziehen. — Flaschen mit Verschluss mit noch gutem Gummiring, lassen sich auch sehr gut verwenden, jedoch nur solche mit engem Hals. — **Aufbewahren** der Flaschen: etikettiert, stehend und dunkel.

Kochend-Einfüllen — Grundregel — **1716**

Wichtig beim Kochend-Einfüllverfahren: Flinkes und exaktes Arbeiten!

Vorteil: Es ist kein Sterilisiertopf nötig, ausserdem lässt sich jedes beliebige Quantum rasch und ohne grosse Mühe konservieren. Die Verwendung der bekannten **Bülachergläser** (Flaschen) erleichtert dank ihres praktischen Verschlusses die Arbeit ganz wesentlich. **Anmerkung:** Es gibt eine neue kleine Broschüre «**Vom Erntesegen im Bülacherglas**» (Bülach 1966) die in praktischer, übersichtlicher Art über das Kochend-Einfüllverfahren, auch mit spez. Hinweis zum Konservieren ohne Zucker orientiert (**wichtig f. Diabetiker od. f. eine kalorienarme Kost**).

Vorwärmen der gereinigten **Gläser** und **Verschlüsse: a)** Die Gläser (max. 2–3 auf einmal) mit kochend heissem Wasser gefüllt, bereitstellen oder **b)** In einer Pfanne etwas Wasser zum Sieden bringen. Einen Siebboden hineinlegen und die Gläser umgekehrt über den Dampf, darauf stellen.

Glasdeckel (mit den Gummiringen), evtl. **Korke** in heisses Wasser legen. Möglichst **neue** Korke und genau zu den Flaschen passende verwenden! — **Trichter** und **Schöpfkelle** bereit halten und ebenfalls vorwärmen.

I. Art: Kochend-Einfüllen in **gewöhnliche Flaschen** (mit engem Hals).
Geeignet für Sirup (siehe Nr. 1750) oder Süssmost (Nr. 1753).
Die vorgewärmte, zu füllende Flasche in eine Schüssel stellen.
Vorbereiten des Einmachgutes: Den **Sirup** während ca. 5 Min. lebhaft kochen. **Süssmost** nicht ganz kochen (d.h. nur auf ca. 90° erhitzen). **Einfüllen** von Sirup oder Süssmost: ihn möglichst in einem Zug (durch den Trichter) in die Flasche giessen und **sofort verkorken**. (Die Korke mit einem Kartoffelstössel sorgfältig hineinklopfen und wenn nötig nach ca. 10 Min. nochmals etwas tiefer einklopfen.) Die Flaschen evtl. 1–2 Mal in warmes Paraffin tauchen, bis die verkorkte Stelle gut überzogen ist.

II. Art: Kochend-Einfüllen in **Bülachergläser** (mit weitem Hals u. Patentverschluss).
Geeignet für Mus und Kompott.
Vorbereiten des Einmachgutes: **a) Fruchtmus** zubereiten wie üblich. — **b) Kompott** kochen von Aprikosen, Zwetschgen, Äpfeln, Quitten, Rhabarber, kleinen Birnen (halbe oder Schnitze) usw. — **c) Konfitüre** zubereiten mit kleiner Zuckerbeigabe (z.B. ca. 400 g pro kg Früchte). — **d) Tomaten**, halbe od. Schnitze (evtl. mit etwas Majoran) verkochen lassen, evtl. passieren. — **e) Zucchetti** in Scheiben geschnitten, ca. 5 Min. in Salzwasser vorkochen.

Einfüllen: Das vorgewärmte, zu füllende Glas in eine Schüssel stellen. — Das Mus oder Kompott usw., evtl. Tomaten od. Zucchetti 5–10 Min. lebhaft **kochen** und möglichst rasch (mit weitem Trichter) in die Gläser füllen, bis sie fast überlaufen. Sofort mit dem Glasdeckel (samt Gummiring) und der Klammer verschliessen. — Bei spez.

schönem Kompott (Aprikosen, evtl. Äpfel usw.), diese sorgfältig gekocht in die Gläser geben, zuletzt **rasch** mit dem **siedenden Sirup** auffüllen. — Die verschlossenen Gläser nachher mit warmem, feuchtem Lappen abreiben, auf einen Tisch stellen und abkühlen lassen. Evtl. mit Tuch decken, d.h. vor Zugluft schützen!

Aufbewahren der Gläser: etikettiert (od. angeschrieben), stehend und dunkel.

1717 Sterilisieren im Wasserbad   Grundregel

Anmerkung: Eine willkommene und praktische Hilfe ist für die Hausfrau die neue Broschüre «**Vom Erntesegen im Bülacherglas**» (Bülach 1966).

Anwendung: für **Früchte** und **Gemüse** (evtl. **Fleisch**). — Notwendige **Gefässe** sind: **Bülachergläser** mit **weiter Öffnung** oder **Sterilisiergläser** (verschied. Marken). Ein **Sterilisiertopf** (od. hohe weite Pfanne) mit **Siebeinsatz** und **Deckel,** evtl. mit Thermometer (s. Abschn. 5).

1. **Vorbereiten** der **Gläser** mit den passenden Deckeln u. Gummiringen, s. Nr. 1714 (2).
2. a) **Früchte vorbereiten** und **einfüllen** siehe Angaben bei **Nr. 1719.**
   b) **Gemüse vorbereiten** und **einfüllen** siehe Angaben bei **Nr. 1720.**
3. **Verschliessen** der Gläser mit **Gummiring, Deckel und Klammer,** nachdem man die Glasränder **sorgfältig** mit einem Tuch abgetupft oder abgerieben hat. — Bei Sterilisiergläsern (Marke Weck, Helvetia u.ä.) darf die **Klammer** nur so fest gespannt sein, dass man den Deckel noch ein wenig bewegen kann (hält sie zu fest, dann können Glas oder Deckel beim Erhitzen springen!).
4. **Aufsetzen** der Gläser **im Sterilisiertopf** mit soviel lauwarmem **Wasser,** dass sie etwa zur **Hälfte** darin stehen. Die Gläser dürfen weder einander noch die Wand des Topfes berühren, da sie sonst springen! Evtl. einen Lappen oder etwas Papier dazwischen stecken. Den Topf **zudecken** und das Wasser zum **Kochen** bringen.
5. **Kochzeit:** sie immer vom **Siedepunkt** des Wassers an berechnen, s. Tabellen von **Nr. 1719 und 1720.** — Regulieren der Kochhitze **ohne** Thermometer: das Wasser zum **Kochen** (Sieden) bringen = **100°.** Die Flamme dann so stellen, dass es **gleichmässig** aber **leise** weiterkocht: ca. **90°** = so **kleine Flamme, dass es summt** (also **nicht ganz kocht**). — Um die **genaue Kochzeit** einzuhalten, ist es ratsam, sie auf ein Papier notiert, in den Deckelgriff des Sterilisiertopfes zu stecken.
6. **Abkühlen lassen** der Gläser im Sterilisiertopf, oder sie (wenn nötig) herausnehmen und (evtl. mit Tüchern leicht **zugedeckt**) erkalten lassen. Vor Zugluft schützen!
7. **Aufbewahren** und **Kontrollieren** der Konserven siehe **Nr. 1714** (Abschn. 4).

1718 Sterilisieren im Bratofen   Grundregel für Elektrisch oder Gas

Anwendung: Für **Früchte** und **Gemüse** (jedoch nicht für ganze Tomaten und Fleisch). Für den Haushaltofen eignen sich: max. **1-Ltr.-Bülachergläser** (wo nicht erhältlich, evtl. andere Sterilisiergläser).

1. **Vorbereiten** der **Gläser** mit den passenden Deckeln u. Gummiringen, s. Nr. 1714 (2).
2. **Früchte vorbereiten** und **einfüllen** s. Angaben bei **Nr. 1719.** — **Gemüse vorbereiten** siehe **Nr. 1720.** — Für das Sterilisieren im **Bratofen** müssen die Gläser mindestens bis zu ¾ Höhe Früchte od. Gemüse mit **Flüssigkeit** enthalten.
3. **Verschliessen** der Gläser mit **Gummiring, Deckel und Klammer,** nachdem man die Glasränder **sorgfältig** mit einem Tuch abgerieben hat.
4. **Sterilisieren im Ofen:** Die Gläser **auf das Gitter** auf die **unterste** Rille stellen, immer **4–6 auf einmal.** — Für eine kleinere Anzahl wird die Hitze zu stark, die Gläser **springen**! Sie nie direkt auf den Herdboden stellen! Die Gläser sollen auch weder einander noch irgendwo den Herd berühren!

Im **Bratofen** immer nur mit **Unterhitze** sterilisieren. — Den Ofen **nicht** vorwärmen.

Gasflamme unten (Unterhitze):		klein	gelöscht	gelöscht
Elektrisch = Unterhitze:		Höchste Stufe (od. spez. f. Sterilis.)	Stufe 1–2	Stufe 0
Obst	1-Ltr.-Gläser	50 Min.	30 Min.	30–40 Min.
	¾-Ltr.-Gläser	40 Min.	30 Min.	30 Min.
Gemüse	1-Ltr.-Gläser	80 Min.	30 Min.	60 Min.
	¾-Ltr.-Gläser	70 Min.	30 Min.	60 Min.

Während der Sterilisierzeit den Ofen und die Klappe (od. Schieber) auf alle Fälle **nicht öffnen!!**

Wichtig: Während der 1. Kochzeit **muss** der **Siedepunkt** erreicht werden = erkennbar an wiederholtem Zischen.

Nach der Sterilisierzeit und dem **Abkühlen** im Ofen die Gläser herausnehmen, evtl. noch mit Tüchern decken, bis sie ganz erkaltet sind.

NB. Die **Hitze** im Bratofen ist **grösser** als im Wasserbad, deshalb ist es hier (mit Ausnahme von **Bohnen**) weniger nötig, Gemüsekonserven zweimal zu sterilisieren.

Früchte sterilisieren   Grundregel   **1719**

Vorbereiten und **Einfüllen:**

a) Steinobst: Kirschen evtl. entsteint, lagenweise mit Zucker einfüllen (100–150 g auf 1 Literglas) oder mit Zuckersirup (300–500 g Zucker in 1 Ltr. Wasser aufgelöst) bis zu knapp ½ Höhe der Früchte. — Aprikosen und Pfirsiche mit einem Tuch abreiben, in der Regel halbieren, im Glas aufeinander schichten, bis es knapp voll ist, dann Zuckersirup (wie bei Kirschen) bis zu ½ Höhe dazugiessen. Nach Belieben 2–3 Aprikosen- oder Pfirsichkerne beigeben. — Pfirsiche evtl. häuten, nachdem man sie zuerst in kochendes Wasser getaucht hat. — Halbierte Zwetschgen, kleine Pflaumen, Mirabellen (letztere nicht entsteint) mit Zuckersirup einfüllen (wie Kirschen).

b) Kernobst: Birnen, Quitten (evtl. Äpfel) schälen, rasch in Gläser füllen, mit Zuckersirup (wie bei Steinobst) knapp bedecken. — Dem Sirup etwas Zitronensaft und -schale beifügen, evtl. 1 Nelke und 1 Lorbeerblatt (spez. für Birnen). Kleine Birnen evtl. nicht schälen, nur die Fliege entfernen, den Stiel schaben.

c) Beeren verlesen, evtl. auf einem Sieb kurz abspülen (mit Ausnahme von Himbeeren und Brombeeren) und einfüllen, lagenweise mit Zucker bestreut (100–150 g auf 1-Liter-Glas), oder etwas Zuckersirup (wie bei Steinobst) dazugiessen, spez. bei Stachel- und schönen Johannisbeeren. — (Spätere **Verwendung** der sterilisierten Beeren als Kompott od. zu Birchermüesli, evtl. für Kuchen, sowie für Glace.)

Verschliessen der Gläser sorgfältig nach Vorschrift siehe **Nr. 1717** (3).

I. Art: Sterilisieren im **Wasserbad** nach **Nr. 1717** (Grundregel).

Kochzeit	Beeren	15–20 Min. bei 90°
	Steinobst (Kirschen, Zwetschgen usw.)	20–35 Min. bei 90°
	Kernobst (Birnen-, Quittenschnitze usw.)	30–60 Min. bei 100°
	spez. harte Birnen	60–90 Min. bei 100°

II. Art: Sterilisieren im **Bratofen** nach Vorschrift siehe **Nr. 1718** (Grundregel).
Aufbewahren und **Kontrolle** nach **Nr. 1714** (4).

1720 Gemüse sterilisieren — Grundregel

Anmerkung: Nur frisch geerntetes Gemüse verwenden, siehe Nr. 1714 (Abschn. 1).

Zurüsten und **Vorkochen** (blanchieren): Das Gemüse (Bohnen, evtl. Bleichsellerie usw.) sorgfältig zurüsten, evtl. klein schneiden (je nach Art). In leicht gesalzenes, kochendes Wasser geben und 5 Min. abgedeckt kochen (oder auf einem Sieb 5–10 Min. vordämpfen), nachher abschrecken. — Pilze zurüsten (s. Nr. 345) und vorkochen wie Gemüse oder sie in etwas Kochbutter durchdünsten, bis sie zusammengefallen sind. (Pilze in Essig einmachen, s. Nr. 1723.) — **Tomaten**, schöne feste (nicht überreife) mit einem Tuch abreiben oder waschen, sie ganz lassen oder halbieren (diese evtl. auch aushöhlen. Nicht vordämpfen.

Einfüllen der Gemüse möglichst dicht in die vorbereiteten Gläser, bis zu ¾ **Höhe**. Salzwasser dazugiessen (10 g pro Ltr.) bis die Gemüse knapp davon bedeckt sind (nicht bedeckte Gemüse werden dunkel). — Tomaten benötigen weniger Flüssigkeit (d.h. nur ca. 2 cm hoch!). **Verschliessen** der Gläser nach Vorschrift, s. Nr. 1717 (3).

I. Art: Sterilisieren im **Wasserbad** nach **Nr. 1717** (Grundregel).

Kochzeit:	Kochgrad	1. Tag	2. Tag (nach 24–48 Std.)
Bohnen	100°	60–90 Min.	45 Min.
Bleichsellerie, Schwarzwurzeln, Rübchen	100°	60 Min.	40 Min.
Pilze	100°	60 Min.	40 Min.
Tomaten, ganze (je n. Grösse)	90°	15–20 Min.	—
Tomaten, halbe oder in Scheiben	90°	15 Min.	—

II. Art: Sterilisieren und Kochzeit im **Bratofen:** nach **Nr. 1718** (Grundregel).

Aufbewahren und **Kontrolle** siehe Nr. 1714 (4).

NB. Wichtig: Gemüsekonserven, bei denen die Flüssigkeit trüb geworden ist oder die wieder aufgegangen sind, immer **wegwerfen**, sie sind sehr **giftig** (Botulinus!!).

1721 Tiefkühlen im Haushalt — in Tiefkühlschrank oder -truhe

Anmerkung: Von allen Konservierungsmethoden ist das **Tiefkühlen** (ausser den hohen Anschaffungskosten) die rationellste. Sie ist nicht nur einfach und zeitsparend, es werden dabei vor allem Nährwert, Farbe und Geschmack der Lebensmittel am besten erhalten. Im **Verbrauch** ist das Gefriergut dem frischen praktisch gleichzusetzen. **Wichtig beim Tiefkühlen:** Man halte sich genau an das vorschriftsmässige Verfahren. Eine grosse Hilfe sind dafür die folg. sehr gut orientierenden Broschüren: »**Tiefkühlung im Haushalt**« von H. u. G. Albonico, Erlenbach ZH, »**Anleitung zum Tiefkühlen**« von der Schweiz. Zentralstelle für Obstverwertung Wädenswil sowie die Flugschrift Nr. 59 »**Die Gefrierkonservierung im Haushalt**« von der Eidg. Versuchsanstalt Wädenswil. Diese Schriften beruhen auf mehrjähriger gründlicher Erfahrung und sind handlich und praktisch im Gebrauch.

Allgemeine Regeln für das Tiefkühlen:

Material zum **Verpacken:** Säcke od. Dosen aus Polyäthylen, Cellophan, paraffinierte Kartonbecher, evtl. Alu-Folie. — Die Lebensmittel immer in kleinen Portionen (max. ¾–1 kg) gefrieren. Beim Einpacken möglichst **alle Luft** aus den Beuteln usw. pressen und **rasch** verschliessen. — Früchte und Gemüse **1. Qual.** gefrieren! — Einmal aufgetaute Nahrungsmittel **nicht** nochmals gefrieren. — Alles (mit spez. Klebeband) **etikettieren** mit Inhalts- u. Datumangabe. — Das **Gefrieren** von **Früchten: a)** mit Zucker bestreut (sog. Trockenzucker) einfüllen (z. Verbrauch f. Wähen, Kuchen u.ä.) — **b)** mit Zuckersirup (als Kompott), harte Früchte kurz darin vorgekocht — **c)** als Purée oder kleingeschnitten, mit etwas Zucker (f. Glace, Crèmen od. Konfitüre). **Gemüse** (auch Pilze): Immer vorher kurz **abkochen** (= abwellen, blanchieren) während ca. **3 Min.**, anschliessend in Wasser mit Eiswürfeln **rasch** abkühlen (wieder ca. 3 Min.). **Fleisch** ohne dickere Fettschicht (dieses wird leicht ranzig) in Portionen von ca. ¾–1 kg

oder Plätzchen (jedes mit etwas Cellophan belegt). — **Gebäck**: Zöpfe, Cakes, Torten u. ä. m. so in Alu-Folie einpacken, dass sie davon dicht umschlossen sind.
Praktisch ist folg. **kleiner Vorrat** an Tiefgekühltem im **Gefrierabteil** eines Eisschrankes, auch für einen kleineren Haushalt (ohne Gefriertruhe):
1. Tiefgekühlte Erbsen oder junge Bohnen. — **2.** Ein Stück Kalb- od. Schweinefleisch für Plätzchen (es lässt sich, tiefgefroren, sehr gut dünn aufschneiden) od. Entrecôtes. — **3.** Beeren für einen Dessert, Steinobst für Kuchen usw. — **4.** Spez. **für den Winter:** gehackte Petersilie, Schnittlauch, auch Kräuter (einzeln od. gemischt), siehe Nr. 1728a. — **5.** Toastbrot oder Zopf, auch Weggli (in Alu-Folie verpackt), letztere zum Servieren rasch aufbacken, Toastbrot usw. auftauen (ca. 3 Std.), dann aufbacken u. verwenden wie frisches. (Aufgebacken, ist es im Moment knusprig, wird aber nachher schnell hart u. trocken.)
NB. Auch übriges **Eiweiss** kann tiefgekühlt werden. Es n. d. Auftauen (1–2 Std.) verwenden wie frisches.

Dörren von Obst und Gemüse im Haushalt 1721a

Das **Dörren** ist eine der ältesten, und heute noch bewährten einfachsten Konservierungsmethoden. — Der Sigg-**Dörrex**-Apparat, praktisch und einfach im Gebrauch, ergibt ein einwandfreies Dörrgut. **Geeignet** zum **Dörren** in einem grösseren Haushalt (spez. f. Gartenbesitzer) sind: Bohnen, Pilze (günstig für Pilzsucher), Suppengemüse, Kräuter — Birnen, Äpfel usw.
Vorbereiten des Dörrgutes: Bohnen waschen, entfädeln, dickere Sorten der Länge nach halbieren, kurz abkochen und rasch abkühlen. — **Pilze** zurüsten (n. Nr. 345) und blättrig schneiden. — Suppengemüse waschen, abtropfen (auf einem Tuch), grob zerschneiden, von Kräutern die harten Stiele entfernen. — Birnen usw. (mit oder ohne Schale) halbieren od. in Schnitze teilen — Die **Dörrdauer** richtet sich nach dem Feuchtigkeitsgehalt des Dörrgutes. Es ist **wichtig**, die Angaben des Dörrex gut zu beachten.

Essigkonserven

Essigzwiebelchen (auch Schalotten) 1722

Verwendung: Als Beigabe zu Siedefleisch, Hasenpfeffer, kalten Platten usw.
½ kg Perlzwiebeln (evtl. Schalotten) 6–8 Pfefferkörner, 2 Lorbeerblätter
Salz, ca. 5 g — 5 dl guten Weinessig evtl. ½ Peperone, 2–3 Scheibchen Meerrettich
Vorbereiten: Die Zwiebeln mit einer handvoll Salz vermischen und 2–4 Std. stehen lassen. Dann in ein grobes, altes Tuch geben und solange reiben, bis sich die dunklen Häutchen ablösen (sie sonst mit einem rostfreien Messer entfernen).

1. Den Essig mit den übrigen Zutaten aufkochen. Die vorbereiteten Zwiebelchen lagenweise ganz kurz darin sieden, in kleine Gläser oder einen Steinguttopf füllen. — Den Essig erkaltet, darübergiessen und **2–4 Tage** stehen lassen. (Die Zwiebeln sollen vom Essig bedeckt sein.) — **2.** Den Essig von den Zwiebeln abgiessen, aufkochen, erkalten lassen und wieder zurückgiessen. Verschliessen mit Pergamentpapier od. Alu-Folie. — Kühl aufbewahren.

Gewürz- oder Salzgurken   Cornichons oder Pfeffergurken 1722a
Verwendung: Als Beigabe zu Siedefleisch, kalten Platten, Brötchen usw.
1 kg Zwerggurken od. Cornichons   Knoblauch (1 Zehe), evtl. ½ Teel. Zucker
50 g Salz — 2 Nelken, 10 Pfefferkörner 5 Perlzwiebelchen — 1 Zweiglein Estragon
2 Lorbeerblätter, 1 Teel. Senfkörner evtl. 1 Scheibe Meerrettich
1 Peperone (in Streifen) 5 dl guten Kräuter-, evtl. Weinessig (z. B. Aeschbach)
1. Tag: Die Gurken waschen, am besten mit einem Bürstchen. Sie mit dem Salz in

einem Steinguttopf gut durchschütteln und über Nacht kühlstellen. — **2. Tag:** Die Gurken auf einem Sieb abtropfen lassen, mit einem alten Tuch gut abreiben und jetzt **lagenweise** mit den Gewürzen in den Topf füllen. Den **Essig** aufkochen und leicht **abgekühlt** darübergiessen. — **3. Tag:** Den Essig abgiessen, aufkochen und **erkaltet** zurückgiessen. — Nach **8 Tagen** den Essig wieder aufkochen (evtl. jetzt od. auch später mit etwas frischem Essig ergänzen) und abgekühlt über die Gurken giessen. (Wenn nötig m. einem Holzbrettchen beschweren!) Den Topf m. Deckel od. Pergamentpapier verschliessen.
NB. Grössere **Gurken** (evtl. in Stengel geschnitten) auf die gleiche Art einmachen.

1723 Essigpilze für Salate, Mayonnaisen, zu Siedefleisch usw.

Pilzsorten: Es eignen sich dazu junge feste Boviste, kleine Reizker, Totentrompeten, Steinpilze, Semmelstoppelpilze, Cantharelles, Eierschwämme usw.

Zurüsten der Pilze nach **Nr. 345.** — **Weichkochen** in leichtem Salzwasser (ca. 15 Min.). Auf einem **Sieb** abschrecken und abtropfen lassen. **Einfüllen** der Pilze in kleine Bülachergläser oder Steinguttöpfe. — **Zum Übergiessen:** Guten weissen **Essig** mit kleinen Zwiebeln, Lorbeerblatt, Pfefferkörnern und einigen Wachholderbeeren **aufkochen.** Ihn etwas abgekühlt über die Pilze giessen (er soll ca. 1 cm darüber stehen). — An den **nächsten** 2–3 Tagen den Essig abgiessen, nochmals aufkochen und lauwarm über die Pilze giessen (er soll jetzt ca. 2 cm darüberstehen). Zuletzt eine Schicht Öl darauf geben. — **Verschliessen** und **kühl** aufbewahren.

1724 Tomaten und Peperoni in Essigwasser für Salate und pikante Saucen

Tomaten, kleinere, feste — **Peperoni,** grüne, gelbe oder rote — Essigwasser mit Gewürzen (s. unten)

Vorbereiten: Tomaten waschen und halbieren. — Peperoni vierteln, entkernen und gut waschen. — **Zubereitung:** Essigwasser (halb Essig, halb Wasser), Salz, 1 Lorbeerblatt und etwas Estragon aufkochen. Tomaten **2–4 Min.** darin **ziehen** lassen, Peperoni ca. **8 Min. kochen.** — **Einfüllen** in ein **heiss** ausgespültes Bülacherglas. Mit dem **kochenden** Essigwasser **randvoll** auffüllen; **sofort** verschliessen.

1725 Randensalat als Vorrat

2 kg Randen — 1 kl. Stück Meerrettich
½–¾ Ltr. Essig, ½ Ltr. Wasser

Gewürz { 6 Pfefferkörner, 1 Lorbeerblatt,
5 g Salz, ½ Teel. Zucker
z. Bedecken: Öl (1½–2 dl)

Kochen und **Schneiden** der Randen siehe **Nr. 418.** — **Einlegen** der **erkalteten** Randen in einen Steinguttopf oder Sterilisierglas, **lagenweise** mit dem geschälten, in dünne Scheibchen geschnittenen Meerrettich. — Essig und Wasser mit dem Gewürz aufkochen, erkalten lassen und über die Randen giessen, soviel, bis sie davon **bedeckt** sind. Eine Schicht Öl (ca. 1 cm hoch) darübergeben, damit die Randen von der Luft abgeschlossen sind. — **Aufbewahren** des Topfes an kühlem Ort, zugedeckt.

Bei **Verwendung** den Randensalat noch mit dem nötigen Öl und evtl. mit gehackten Zwiebeln vermischen. (Evtl. im Wasserbad erwärmen.) — Wünscht man den Salat etwas schärfer, dann **unverdünnten** Essig und evtl. 1 Teel. Senfpulver verwenden. — Darauf achten, dass nach jedem Gebrauch die Randen wieder gut vom **Öl** bedeckt sind.

Estragon im Essig   Praktisch als Vorrat für Béarnaise, Fischgerichte usw.   1726

Estragon, möglichst frischen, waschen, die groben Stiele entfernen. In ein Glas geben und ihn mit hellem mildem Kräuteressig (z. B. Aeschbach) übergiessen, bis er ganz bedeckt ist. — Der Essig erhält davon den spez. feinen und würzigen Estragon-Geschmack.

Tomaten-Ketchup   Pikante Würze   1727

2 kg reife Tomaten, 3–4 rote Peperoni, 4 Zwiebeln, 4 Schalotten — etwas frischen Mayoran, evtl. Liebstöckl, 25 g Rohzucker, 1 Teel. Salz — evtl. 2 dl guten Essig

Zubereitung: Tomaten und Peperoni kurz in kochendes Wasser tauchen, schälen, in Schnitze schneiden und entkernen. — Die Zwiebeln und Schalotten schälen und in dünne Streifen schneiden. — Diese 3 Zutaten mit den Kräutern, Salz sowie Zucker, wenig Wasser und evtl. Essig, möglichst lange einkochen, d. h. bis alles ganz weich und breiartig dick ist. Die Masse passieren (od. im **Mixer** pürieren), in kleine Bülacherflaschen abfüllen. Mit etwas Öl bedecken und verschlossen, kühl aufbewahren.

Kräutermischung in Öl   als Vorrat   1728

Verwendung für Béarnaise, Kräuterbutter, Vinaigrette usw.

Kräuter, gedörrte, siehe NB. von **Nr. 1757**. Einige Esslöffel voll davon mit soviel gutem Salat-, evtl. Olivenöl vermischen, bis die Masse püreartig dick ist.

Aufbewahren in einem Glas, verschlossen und kühl (evtl. im Eisschrank).

Küchenkräuter, Petersilie usw., tiefgekühlt   1728a

Kräuter (die einzelnen Arten für sich od. gemischt) sowie Petersilie waschen, abtropfen, von den Stielen zupfen. Sie fein gehackt, mögl. dicht in kleine Cellophansäckchen, in Joghurtbecher od. paraffin. Dosen füllen und **tiefkühlen** (evtl. nur im Gefrierabteil des Eisschrankes). — Bei **Bedarf** ein Säckchen verwenden oder von grösseren Dosen mit einer Gabel etwas abkratzen. — Im Gebrauch wie **frisch!**

Sauersüsse Früchte

Preiselbeeren, sauersüss   (Airelles rouges aigres doux)   1729

Verwendung: Als Beigabe zu Wildgeflügel oder -braten (warmem od. kaltem), zu Siedefleisch, zu Curry-Gerichten, evtl. zur Zubereitung der Cumberlandsauce (Nr. 606) usw.

1½ kg Preiselbeeren — 500 g Zucker   im Gaze- ⎰ 2 Nelken, Pfefferkörner, Lorbeer
2 dl Rotwein, 2 dl Wasser (od. nur Wein)   beutelchen ⎱ Zimtrinde, evtl. etwas Ingwer
2 dl Essig

1. Tag: Die Preiselbeeren verlesen, auf einem Sieb kurz abspülen. — **Alle übrigen Zutaten** zusammen aufkochen. Die Beeren lagenweise darin leise kochen, bis sie anfangen zu platzen und sie in einen Steinguttopf füllen. Den Saft heiss darübergiessen. (Bis zum Erkalten hie und da umrühren.) — **2. und 3. Tag:** Den Saft jedesmal abgiessen, ihn ca. 10 Min. kochen, abkühlen und wieder über die Beeren giessen. — Sie sollen zuletzt davon bedeckt sein. Hie und da umrühren und das Ganze evtl. abfüllen in kleinere Gläser. **Verschliessen** mit Cellophan oder Alu-Folie.

Johannisbeeren, Kornelkirschen (Tierli) u. Berberitzen (Spitz- od. Essigbeere)   1730

Gleiche Zubereitung und **Verwendung** wie Preiselbeeren sauersüss, **Nr. 1729**.

1731 Johannisbeergelée, sauersüss

Verwendung: Als Beigabe zu Wildgeflügel oder -braten (warmem od. kaltem), evtl. zur Zubereitung der Cumberlandsauce (Nr. 606).

Zubereitung: wie Johannisbeergelée **Nr. 1748,** jedoch z. Vorbereiten n. **I. Art** statt Wasser **Rotwein** und 2–5 Essl. **Zitronensaft** oder Citrovin beigeben.

1732 Quittenschnitze, sauersüss (Coings aigres doux)

Verwendung: Als Beigabe zu Siedefleisch, Wild, Riz Colonial, Würsten, Griess- od. Maisschnitten usw.

1. Tag — Vorbereiten:

Die Quitten gut waschen (Stiel und Fliege entfernen), in beliebig grosse, jedoch gleichmässige **Schnitze** teilen und schälen. Das Kerngehäuse ausstechen und mitsamt den Schalen mit Wasser bedeckt zum Sieden bringen, ca. 30 Min. kochen, absieben. Diesen **Saft** mit den Quittenschnitzen aufsetzen und sie sorgfältig halbweich kochen. — Bis zum anderen Tag im Saft stehen lassen.

2. Tag: Die Quitten auf ein Sieb schütten, den Saft abmessen.

6 dl Quittensaft
2 dl guten Obst-Essig od. Citrovin
2 dl Weisswein — 600 g Zucker

im Gazebeutelchen
{ 2 Nelken, ca. 5 Pfefferkörner
1 Lorbeerblatt, Zimtrinde
evtl. 1 Stück Ingwer

Die angegebenen **Zutaten** zusammen erhitzen. Die Quittenschnitze lagenweise im Saft ca. **10 Min. kochen,** herausziehen und sie in einen Steinguttopf geben. Den Saft zuletzt dicklich einkochen (10–15 Min.) und über die Schnitze giessen.

3. Tag: Den Saft von den Quitten 10 Min. kochen und wieder zurückgiessen.

4. Tag: Zuerst nur den Saft 10 Min. kochen (mit dem Gewürzbeutel). — Die Schnitze kurz lagenweise darin ziehen lassen, dann in den ausgewaschenen, gut ausgetrockneten Steinguttopf oder in Gläser füllen. — Den Saft noch etwas einkochen, erkalten lassen und über die Schnitze giessen. (Das Gewürzbeutelchen jetzt entfernen.) — **Verschliessen** mit Cellophan oder Alu-Folie. — Kühl aufbewahren.

NB. Kleine **Birnen** können auf gleiche Art zubereitet werden.

1733 Weichseln (Griottes), Zwetschgen und unreife Tomaten, sauersüss

Verwendung: siehe Quittenschnitze, sauersüss, Nr. 1732.

1 kg Weichseln, Zwetschgen
od. kleine feste Tomaten (auch grüne)
3 dl Essig, 2 dl Rotwein — 500 g Zucker

im Gazebeutelchen
{ Zimtrinde, ca. 5 Pfefferkörner
1–2 Lorbeerblätter, 2 Nelken
evtl. etwas Ingwer

1. Tag: Die **Früchte** mit einem Tuch abreiben, mit einer Nadel leicht bestechen, in einen Steinguttopf füllen. — Alle **übrigen Zutaten** zusammen gut **aufkochen,** abkühlen lassen und über die Früchte giessen. (Sie sollen davon bedeckt sein.)

2. Tag: Den Saft abgiessen, gut aufkochen lassen, erkaltet über die Früchte geben.

3. Tag: Den Saft in einer weiten Pfanne oder in 2 Portionen mit den Früchten aufs Feuer setzen und langsam erhitzen. So lange leise **kochen,** bis die Haut an einzelnen Früchten anfängt sich abzulösen. Die Früchte **sofort** mit dem Schaumlöffel herausziehen und in den Steinguttopf geben. — Den Saft (evtl. mit etwas mehr Zucker) jetzt einkochen, bis er **sirupdick** ist. Ihn abkühlen und über die Früchte giessen (hie und da umrühren). — Sie sollen vom Saft möglichst bedeckt sein. — **Verschliessen** des Topfes mit Cellophan- oder Alu-Folie. — Kühl aufbewahren.

Zucchetti, sauersüss 1734

Verwendung: Als Beigabe zu Siedefleisch, Wild, heissem Schinken, zu Würsten, Fondue Bourguignonne u. Apéro od. zu indon. Reisgerichten (statt Mango Chutney). S. auch **Senffrüchte** Nr. 1732.

1–2 grosse Zucchetti (ca. 1 kg)
2 dl Weisswein — 1–2 dl Wasser, je n. Essig
2-3 dl Essig od. Citrovin — 400–500 g Zucker
im Gazebeutelchen { 1 Lorbeerblatt, 2 Nelken
ca. 5 Pfefferkörner, Zimtrinde,
1 Stückchen Ingwer
1 Teel. Senfpulver od. -körner

1. Tag: Die **Zucchetti** schälen, in ½ cm dicke Scheiben schneiden, aus diesen ca. 3 cm grosse Plätzchen (evtl. gezackte) ausstechen (das schwammige Innere zurücklassen) oder die Scheiben in Stückchen schneiden (wie b. Ananasringen). — Alle **übrigen Zutaten** zusammen aufkochen. In diesem Saft die Zucchetti (evtl. lagenweise) glasig **weichkochen** (ca. 10 Min.). Sie in einen Steinguttopf od. grosses Glas füllen, zuletzt den Saft darübergiessen.
2. Tag: Den Saft von den Zucchetti abgiessen ca. 10 Min. kochen und abkühlen lassen. Ihn wieder in den Topf zurückgiessen.
3. Tag: Den Saft nochmals abgiessen, wieder einige Minuten kochen und erkaltet über die Zucchetti giessen. (Diese sollen nun vom Saft bedeckt sein.) — Den Topf **verschliessen** mit Cellophan oder Alu-Folie. — Kühl aufbewahren.

Gurken, Kürbis und Melone, sauersüss 1735

Zubereitung wie Zucchetti, sauersüss, Nr. 1734. — Als hübsche **Dekoration** für kalte Platten: aus Kürbis oder Melone **Kügelchen** ausstechen (mit dem Apfelaushöhler).

Senffrüchte (Mostarda di frutta) 1736

Früchte: Zucchetti, Melone, gelbe Pfirsiche, Birnen, rote Kirschen, frische Feigen usw. Unreife grüne Baumnüsse und Mandeln. — **Verwendung:** siehe Zucchetti, sauersüss **Nr. 1734.**

Zubereitung der Früchte wie sauersüsse Zucchetti **Nr. 1734,** jedoch am 3. Tag den Saft sorgfältig mit **3–6 Essl. Senfpulver,** evtl. engl. (80–120 g) vermischen, bevor man ihn wieder über die Früchte giesst.

Konfitüren, Gelées und Sirup

Konfitüre und Gelée — Grundregel für Geräte, Einfüllen, Verschliessen usw. 1737

1. **Geräte zum Kochen:** Pfanne aus rostfreiem Stahl od. Aluminium. (Ungünstig ist Email, da darin Konfitüre bes. leicht anbrennt!) — Eine Holzkelle, die möglichst nur für Konfitüre verwendet wird. — Evtl. einen Schöpflöffel (aus rostfreiem Stahl oder Aluminium).
2. **Vorbereiten der Gläser:** sie in Sodawasser gründlich waschen und kochendheiss ausspülen oder ganz gut austrocknen.
3. **Zubereitung der Konfitüren:** siehe **Nr. 1738 (2)** — **Gelée** siehe **Nr. 1748.**
4. **Einfüllen** der kochend-heissen Konfitüre od. des Gelées: randvoll und aufeinmal. Das Glas zum Einfüllen auf ein feuchtes Tuch stellen und einen silbernen Löffel hineingeben

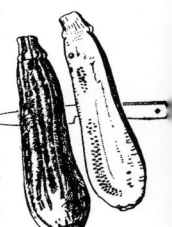

(zum Ableiten der Hitze, damit das Glas **nicht** springt). Die gefüllten Gläser wenn nötig, solange sie noch **heiss** sind, mit einem reinen Lappen warm abwaschen und sie etikettieren oder **anschreiben** (solange warm) mit einem sog. **Fettstift**.

5. Verschliessen der Gläser, heiss od. erkaltet: Am einfachsten mit dem schon rund zugeschnittenen **Cellophan**. Das Cellophanblatt in lauwarmes Wasser legen, auf einem reinen Tuch abtupfen und sofort über das Glas spannen, mit dem Gummiring gut befestigen. Vorteil von Cellophan: sauber und rasch gemacht; auch kann die Konfitüre gut kontrolliert werden. — Es gibt im Handel auch Gläser mit praktischen **Plastik**-Deckelchen.

6. Aufbewahren der Konfitüre: trocken, luftig und mäusesicher.
(Evtl. auch schützen vor Wespen und Ameisen.)

NB. Schimmlig gewordene Konfitüre kann man noch verwenden, nachdem man den Schimmel sorgfältig entfernt hat. — **Gärend** gewordene Konfitüre mit etwas Zuckerzusatz nochmals gut aufkochen, nachher rasch verbrauchen.

1738 Zubereitung der Konfitüren — Grundregel zum Vorbereiten und Einkochen

Masse: 1 kg Früchte und 800 g bis 1 kg Zucker — **Mischungen** für Konfitüren s. **Nr. 1739**.

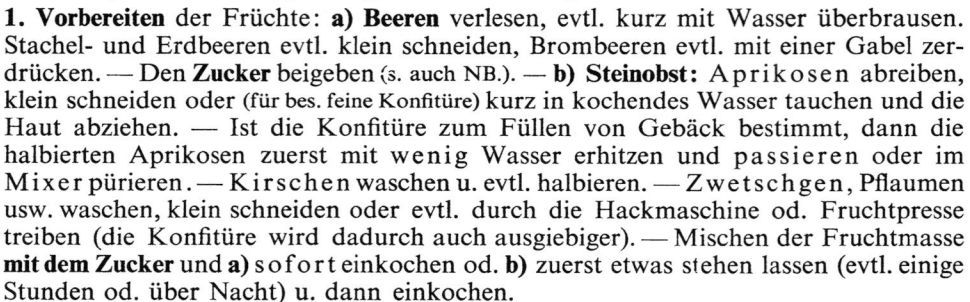

1. Vorbereiten der Früchte: **a) Beeren** verlesen, evtl. kurz mit Wasser überbrausen. Stachel- und Erdbeeren evtl. klein schneiden, Brombeeren evtl. mit einer Gabel zerdrücken. — Den **Zucker** beigeben (s. auch NB.). — **b) Steinobst**: Aprikosen abreiben, klein schneiden oder (für bes. feine Konfitüre) kurz in kochendes Wasser tauchen und die Haut abziehen. — Ist die Konfitüre zum Füllen von Gebäck bestimmt, dann die halbierten Aprikosen zuerst mit wenig Wasser erhitzen und passieren oder im Mixer pürieren. — Kirschen waschen u. evtl. halbieren. — Zwetschgen, Pflaumen usw. waschen, klein schneiden oder evtl. durch die Hackmaschine od. Fruchtpresse treiben (die Konfitüre wird dadurch auch ausgiebiger). — Mischen der Fruchtmasse **mit dem Zucker** und **a)** sofort einkochen od. **b)** zuerst etwas stehen lassen (evtl. einige Stunden od. über Nacht) u. dann einkochen.

c) Rhabarber: Waschen, in kleine Würfelchen schneiden.
Rhabarber wird meistens mit einer andern Frucht zusammen eingekocht, siehe **Nr. 1739** (1-3).

d) Tessinertrauben, blaue: Überspülen, mit etwas Wasser aufsetzen und während des Kochens die aufsteigenden Kerne mit einem Schaumlöffel entfernen, oder die Beeren vorher mit zwei Fingern aus den Häuten drücken. Diese u. das Ausgedrückte aufkochen, die Kerne absieben. Die Masse, evtl. gehackt (mit der Hackmaschine) aufsetzen, den **Zucker** beigeben u. einkochen. — **e) Tomaten** (rote od. auch grüne unreife): Waschen, klein schneiden und ohne Wasserzusatz weichkochen, evtl. durchstreichen. — Zur Konfitüre: Auf 1 kg Tomaten 600 g Zucker, 1 Zitrone (Saft u. abger. Schale), 2 Msp. Ingwer- od. Zimtpulver.

2. Einkochen der Konfitüren: In kleinen Portionen, d.h. nur 1–2 kg auf einmal.
Bei grösseren Portionen ist die Kochzeit länger, wobei die Konfitüre mehr Aroma verliert und leichter anbrennt.

Die vorbereitete **Fruchtmasse** (mit dem Zucker) in der Pfanne erhitzen u. unter fortwährendem **Rühren** lebhaft kochen bis zum «**Breitlauf**», d.h. bis die Konfitüre in dicken Tropfen von der Kelle fällt od. dieser auf einem kalten Tellerchen nicht mehr verläuft.
Kochzeit: 10–40 Min. (je nach Quantum der Zuckerbeigabe und Art der Früchte).

Bei Früchten mit bes. viel **Saft** (Erdbeeren, Pflaumen usw.) empfiehlt es sich, die weichgewordenen Früchte in die Gläser zu füllen und den Saft allein etwas einzukochen oder einen Teil abzugiessen und als Sirup zu verwenden (diesen evtl. kochend einfüllen in Flaschen).
Am raschesten gelieren Johannis-, Stachel- und Brombeeren, da sie besonders viel Pektin (Geléestoff)

enthalten. — Bei andern Früchten kann man, um zu langes Einkochen zu vermeiden, **Pektin** (aus Äpfeln gewonnen) beigeben, z. B. **Dawagel, Opecta** usw. (Quantum n. Vorschrift des betr. Präparates).

3. **Einfüllen, Verschliessen** und **Aufbewahren** siehe **Nr. 1737** (Abschn. 4-6).

NB. **Sparkonfitüre**, d.h. mit wenig Zuckerbeigabe, am besten **kochend einfüllen** in Bülacherflaschen, siehe **Nr. 1716** (II. Art).

Zwei- und Dreifrucht-Konfitüren   Zubereitung n. Nr. 1738, Grundregel   1739

Die **Früchte** können zu gleichen oder verschiedenen Teilen **gemischt** werden, je nachdem wird der eine oder andere Geschmack vorherrschen.

1. **Rhabarber-Orangen:** ²⁄₃ Rhabarber, in ½ cm dicke Scheibchen und ¹⁄₃ Orangen, diese in sehr dünne Streifen geschnitten (evtl. gehackt).
2. **Erdbeer-Rhabarber** ist sehr aromatisch und weniger süss als Erdbeeren allein. Als weitere Frucht evtl. noch **Pfirsich**schnitzchen.
3. **Kirschen-Rhabarber** — **Kirschen-, Johannis- oder Stachelbeeren:** Hält besser als Kirschen allein und ist nicht so wässerig (Kirschen immer entsteinen).
Evtl. auch **drei** oder **vier** Fruchtarten zusammen verwenden.
4. **Johannisbeer-Himbeer:** Zu beliebigen Teilen mischen. Die Johannbeeren evtl. passiert (d. h. ohne Kerne) verwenden. — Siehe auch Zubereitung nach Nr. 1741 und 1742.
5. **Brombeeren-Äpfel oder -Pfirsiche, evtl. -Birnen:** Zu beliebigen Teilen mischen. — Die Früchte vorbereiten: **a)** mit wenig Wasser weichkochen und durchstreichen — **b)** roh reiben (evtl. mit der Schale) — **c)** geschält in feine Scheibchen schneiden (spez. Pfirsiche). Harte Früchte kurz vorkochen. Die Brombeeren am besten vorher mit einer Gabel zerdrücken.
6. **Zwetschgen-Äpfel:** Die Äpfel (mögl. unreife) ungeschält roh reiben. Zwetschgen kleinschneiden oder hacken (mit Hackmaschine). Gute Sparkonfitüre.
7. **Pflaumen-Zwetschgen:** Beides kleinschneiden oder durch die Hackmaschine treiben oder (kurz gekocht) durchstreichen.
8. **Holunder-Äpfel** (unreife): Diese roh reiben oder sehr klein schneiden, Holunder von den Stielen streifen. — Evtl. noch **Brombeeren** mitkochen.
9. **Zwetschgen-Brombeeren-Tomaten** (letztere unreif): Alles mit wenig Wasser kurz gekocht, grob durchstreichen. Statt Tomaten evtl. Rüben beimischen (diese roh reiben).
10. **Preiselbeeren-Äpfel:** letztere roh reiben.
11. **Tessinertrauben (blaue) -Äpfel** (roh gerieben): Trauben vorbereiten n. Nr 1738 (d).

Dörrfrucht-Konfitüre   Winterkonfitüre   1740

Dörrfrüchte (in Ermangelung frischer Früchte) z. B.: Aprikosen, Feigen oder Zwetschgen.

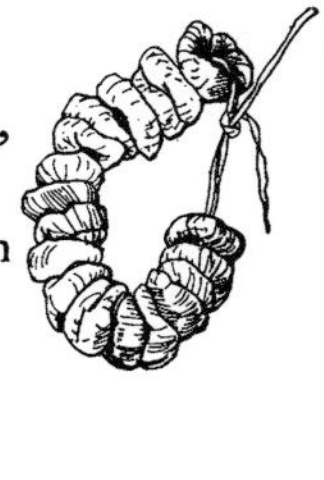

Vorbereiten: Die Früchte (eine Sorte oder gemischt) waschen, 1–2 Tage einweichen, klein schneiden oder hacken oder durchs Passe-tout geben (evtl. mixen).

¾ kg Fruchtmasse, 1 Ltr. Einweichwasser — 600 g Zucker, 2–5 Essl. Zitronensaft, evtl. 1–2 Orangen (sehr fein geschnitten) — **Zubereitung** der Konfitüre nach **Nr. 1738** (Grundregel).

1741 Konfitüre-Zubereitung, spez. Art für schöne Beeren, Aprikosen usw.

1 kg Früchte — 1–2 dl Wasser — 800 g bis 1 kg Zucker

Vorbereiten der **Früchte: a)** Beeren verlesen — **b)** Steinobst waschen, entsteinen, klein schneiden. (Von Aprikosen und Pfirsichen evtl. die Haut abziehen, nachdem man sie kurz in kochendes Wasser getaucht hat.)

Zubereitung der Konfitüre: Zucker und Wasser zusammen aufsetzen und solange einkochen, bis die Masse **sirupdick** ist. — Die vorbereiteten Früchte in den Sirup geben und unter Rühren und Abschäumen zum Breitlauf einkochen, n. **Nr. 1738** (2).

a) 5–8 Min. für Früchte, die leicht gelieren (z. B. **Johannis-**, **Stachel-** und **Himbeeren**).

b) 8–12 Min. für Früchte, die weniger leicht gelieren (z. B. **Erdbeeren**, rote **Kirschen**, **Weichseln**, schöne kleine **Pflaumen, Pfirsiche, Aprikosen**). — Sind die **Früchte** gar (d. h. glasig), der Saft jedoch noch zu dünn, so sind sie mit einem Schaumlöffel herauszuziehen und den **Saft** noch **dicklich** einkochen. Die Früchte nochmals für einige Minuten darin sieden lassen. Sie anrichten, den Saft erkaltet darüber verteilen, leicht umrühren (tournieren). — Evtl. dem Saft etwas Opecta od. Dawagel beigeben, siehe **Nr. 1738** (2). — **Einfüllen, Verschliessen** und **Aufbewahren** siehe **Nr. 1737** (4-6).

1742 Schüttelfrüchte-Konfitüre bes. fein im Aroma

Früchte { Johannisbeeren — Johannis- und Himbeeren oder Himbeeren und Stachelbeeren — Erdbeeren und Stachelbeeren

Menge { ½–1 kg Beeren: verlesen, evtl. überbrausen, Stachel- und evtl. Erdbeeren kleinschneiden
½–1 kg Zucker (d. h. gleichviel wie Früchte)

1. Früchte und Zucker lagenweise zusammen in die Pfanne geben. Unter fortwährendem leichtem Schütteln der Pfanne zum Kochen bringen, dann lebhaft weiterkochen immer unter sorgfältigem Schütteln. — **Kochzeit a)** 5 Min. bei Johannisbeeren od. Mischungen mit Johannisbeeren. — **b)** 7–10 Min. bei den andern Früchten.

2. Einfüllen, Verschliessen und **Aufbewahren** siehe **Nr. 1737** (Abschn. 4-6).

1743 Quitten-Marmelade

Vorbereiten: Die Quitten mit einem Tuch gut abreiben (evtl. waschen), die Fliege entfernen.

I. Art: Die Quitten klein schneiden, mit Wasser knapp bedeckt aufsetzen, zugedeckt knapp weichkochen, 20-40 Min. (od. im Dampfkochtopf) und über Nacht stehen lassen. — Die Masse durchstreichen. (Sie wird etwas dunkler in der Farbe durch Mitkochen roter Apfelschalen.)

II. Art: Die Quitten ohne Schale und Kerngehäuse weichkochen und nachher durchstreichen. Quittenschalen und -kerne zu Gelée verwenden (s. Nr. 1748).

Kochen der Konfitüre: Das Mus aufs Feuer setzen und pro 1 kg = $\frac{3}{4}$–1 kg Zucker beifügen. — Unter fortwährendem Rühren zu Konfitürdicke einkochen (15-25 Min.), s. **Nr. 1738** (2). — **Einfüllen, Verschliessen** und **Aufbewahren** siehe **Nr. 1737** (4-6).

1744 Quittenkonfitüre mit Schnitzchen

Vorbereiten: Die Quitten mit einem Tuch gut abreiben (evtl. waschen). Schälen, in Schnitze teilen (Fliege und Kerngehäuse entfernen) und in kleine, dünne Scheibchen schneiden. — (Schalen und Kerngehäuse für **Gelèe**, verwenden siehe **Nr. 1748**.)

Zubereitung der Konfitüre: Die Quittenschnitzchen, mit Wasser knapp bedeckt, halb-

weich kochen (**30–40 Min.**), über Nacht stehen lassen. — Saft und Schnitzchen zusammen abmessen und mit dem Zucker aufsetzen (auf 1 kg Fruchtmasse = ¾–1 kg Zucker.)
Einkochen zu Konfitüredicke siehe **Nr. 1738** (2). — Sind die Schnitzchen schon gut weich, dann nur noch kurz mitkochen. — **Einfüllen, Verschliessen** und **Aufbewahren** siehe **Nr. 1737**.

Hagebutten-Marmelade (bes. vitaminreich) 1745

½ kg Hagebuttenmark (im Herbst im Reformgeschäft od. auf dem Markt erhältlich) ½ kg Zucker, 1 dl Wasser
1–2 Essl. Zitronensaft

Zubereitung: Den Zucker mit dem Wasser kochen, bis er sirupdick ist, Hagebuttenmark und Zitrone beifügen. — **Kochzeit** ca. **10 Min.** unter fortwährendem Rühren.
Einfüllen, Verschliessen und **Aufbewahren** siehe **Nr. 1737** (4-6).
NB. Verwendung vor allem auch zum Füllen von Torten und feinem, kleinem Gebäck.

Kornelkirschen- (Tierli)- und Berberitzen-Marmelade 1746

Vorbereiten: Die Früchte abspülen und entsteinen oder mit wenig Wasser kurz aufkochen und so gut als möglich durchpassieren (spez. Berberitzen). — Übrige **Zubereitung**, sowie Verwendung siehe Hagebuttenmarmelade **Nr. 1745**.

Orangenkonfitüre I. und II. Art 1747

I. Art: 6 bittere Orangen (od. die Hälfte süsse, gelbe) — ½ Grapefruit od. 1 Zitrone
3–4 Ltr. Wasser — z. Einkochen pro 1 kg Fruchtmasse = 1–1¼ kg Zucker

Vorbereiten: Die Früchte abreiben oder waschen. Der Länge nach vierteilen oder achteln und in papierdünne Scheibchen schneiden (evtl. mit Maschine). Mit dem Wasser in einen Topf geben. Die Kerne für sich in einem Glas mit Wasser bedecken. Alles **24 Std.** stehen lassen. — **Kochen** der Orangenmasse (ohne Zucker), bis sie glasig und weich ist (evtl. im Dampfkochtopf ca. 7 Min.). Das gelierte Wasser von den Kernen auch dazugeben. — Die Masse evtl. nochmals bis zum andern Tag stehen lassen. — **Einkochen der Konfitüre:** Die Orangenmasse abmessen und in eine genügend grosse Pfanne geben. Den Zucker beifügen und das Ganze lebhaft einkochen zu **Konfitüredicke** (Breitlauf) während **30–40 Min.**, siehe **Nr. 1738** (2). —
Einfüllen, Verschliessen und **Aufbewahren** siehe **Nr. 1737** (4-6).

II. Art: 1 kg Orangen (evtl. z. Teil bittere)   1 Essl. Zitronensaft
1 kg Zucker   5 dl Orangen-Kochwasser

Vorkochen: Die Orangen abreiben oder waschen, mit Wasser bedeckt aufsetzen, **ca. 1 Std.** sieden bis sie gut weich sind (od. im Dampfkochtopf ca. **10 Min.**) und abkühlen lassen. — **Schneiden** der Orangen: Sie der Länge nach achteln und in papierdünne Scheibchen schneiden. Die Kerne in ein Glas geben u. mit Wasser bedecken. — Die Orangen in einem Topf mit dem Zucker, Orangen-Kochwasser und Zitronensaft gut vermischen und ca. **24 Std. stehen** lassen. — **Einkochen** der Masse (mit dem jetzt gelierten Wasser von den Kernen) zu Konfitüredicke siehe **Nr. 1738** (2). 
NB. Aus **übrigen Orangenschalen** (z.B. von Fruchtsalat od. -saft) kann auf gleiche Art Konfitüre zubereitet werden. Evtl. ergänzen mit einer Zitrone oder ½ Grapefruit.

1748 Früchte-Gelées (Fruchtgallerte — Jelly)

Nur der **Saft** von Früchten mit **viel Pektin**gehalt ergibt ein gut stehendes Gelée, z. B. von **Johannisbeeren** (roten und schwarzen) — **Himbeeren** — unreifen **Stachelbeeren** (evtl. gemischt mit Himbeeren) **Brombeeren** — **Holunder** — **Tessinertrauben** (blaue) — **Berberitzen** — **Quitten** und **unreifen Äpfeln** (beide mit Schale und Kerngehäuse).

Johannis- und Himbeeren werden meistens **gemischt** verwendet, da Johannisbeersaft besser geliert und mit Himbeersaft zusammen ein feineres Aroma erhält. — Gelée von **schwarzen** Johannisbeeren wird ausgezeichnet, jedoch etwas herb.

Vorbereiten der Beeren, I. Art: Sie verlesen, mit Wasser bis zu **halber Höhe** der Früchte, aufsetzen. Langsam erhitzen, d. h. solange, bis die Beeren **geplatzt** sind, dann noch einige Minuten **ziehen** lassen. (Harte Beerenarten mit Vorteil mit ganz wenig Wasser im **Dampfkochtopf** aufsetzen.) **Tessinertrauben** zuerst aus den Häuten drücken, n. Nr. 1738 (d).

Filtrieren des Fruchtsaftes durch ein aufgespanntes **Passiertuch**.

Nicht drücken oder auspressen, da das Gelée sonst trüb wird. — Den **Rückstand** noch zu einfacher Konfitüre (Nr. 1738) verwenden, evtl. mit einer andern frischen Frucht ergänzt.

II. Art: Die **rohen** Beeren mit der Fruchtpresse ausdrücken, um den Saft zu erhalten. Dieses Gelée wird sehr aromatisch (da es kein Wasser enthält), jedoch **nicht ganz klar**.

Vorbereiten der Quitten oder **Äpfel:** Sie mit einem Tuch gründlich abreiben, Fliege und Stiel entfernen, schälen. **Schalen** und **Kerngehäuse** mit Wasser knapp bedeckt aufs Feuer setzen und **30–50 Min.** leise **weichkochen** oder sie mit Wasser bis zu $1/3$ Höhe im **Dampfkochtopf** aufsetzen, **Kochzeit** ca. **5 Min.** (ergibt ein bes. konzentriertes Gelée). Die Masse am besten über **Nacht** stehen lassen. — Am folg. Tag nochmals erhitzen. **Filtrieren** durch ein **feines** Sieb oder aufgespanntes Tuch. — Dem Saft nach Belieben etwas Zitronensaft beigeben. — Die Quittenschnitze können auch im Saft mitgekocht und später als Konfitüre, für sauersüsse Quitten oder Kompott verwendet werden.

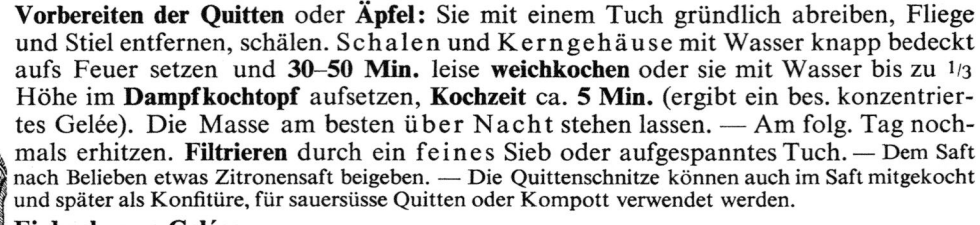

Einkochen zu Gelée:

Regel { nur **kleine** Quantitäten auf einmal kochen, da dadurch das Fruchtaroma **feiner** bleibt; z. B.: ½ Ltr. Saft, ½ kg Zucker (d. h. immer gleichviel Zucker wie Saft).

Aufsetzen von Saft und Zucker und unter **Rühren lebhaft** kochen lassen. — **Kochzeit** 5–15 Min., d. h. bis zur Geléedicke. — **Probe:** Der Saft, der beim Aufziehen zuletzt noch an der Kelle haftet, soll sich in 2–3 Tropfen zusammenziehen und elastisch hängen bleiben (sog. **Breitlauf**), oder ein Tropfen Saft darf auf einem Teller nicht mehr verlaufen. (Zu lange gekochtes Gelée wird «zügig» und verliert das feine Aroma.)

Einfüllen: Sofort, kochend heiss in Geléegläser. — **Verschliessen** und **Aufbewahren** nach **Vorschrift**, siehe **Nr. 1737** (Abschn. 5 u. 6).

1749 Johannisbeergelée   spezielle Zubereitung

Vorbereiten: Die Johannisbeer-Träubchen wenn nötig mit Wasser überbrausen und sie (**ohne** von den Stielchen zu zupfen) in eine Pfanne geben. Mit wenig Wasser langsam zum **Kochen** bringen und ziehen lassen, bis sie **platzen**. — **Filtrieren** durch ein aufgespanntes Passiertuch. — **Gelée:** ½ kg **Puderzucker** unter Rühren erhitzen, bis er flüssig ist und kaum anfängt gelb zu werden. ½ Ltr. noch **heissen** Johannisbeersaft dazugiessen, kurz aufkochen, d. h. **1–2 Min.** — Einen Moment ruhig auf die Seite stellen, wenn nötig abschäumen und **sofort einfüllen** in Geléegläser. — **Verschliessen** und **Aufbewahren** nach Vorschrift siehe **Nr. 1737** (Abschn. 5 u. 6)

NB. II. Art: Den Saft nach dem Filtrieren **sofort** (d. h. wenn er noch kochend **heiss** ist) mit Zucker vermischen (auf ½ Ltr. = ½ kg Griesszucker) und rasch in Geléegläser füllen. (Hält gut bei ganz sorgfältiger Zubereitung und ist ausgezeichnet im Aroma.)

Sirup eingekochter Fruchtsaft   1750

Saft von: **Johannis-** od. **Himbeeren** — **Holunder** — **Erd-** od. **Brombeeren** — **Pflaumen** — **Zwetschgen** evtl. **Quitten** — **Kornelkirschen** (Tierli) — **Berberitzen** — **Schwarzen Johannisbeeren** (Cassis)

Vorbereiten: Die Beeren verlesen, Johannisbeeren kurz abspülen, Pflaumen usw. entsteinen. — Mit Wasser gut bedeckt aufs Feuer setzen, nur kurz aufkochen und noch 10 Min. leise ziehen lassen, od. den Dampfkochtopf benützen. Bes. praktisch ist (spez. bei grösseren Quantitäten) ein **Entsafter** (Duro, Saftborn usw.). — **Filtrieren** des Saftes durch ein aufgespanntes Tuch (s. NB.). — Die Masse nicht drücken, da der Sirup sonst trüb wird! — Den Saft abmessen und auf 1 Liter = 300–500 g Zucker beimischen. **Kochend-Einfüllen** des Sirups in Flaschen siehe **Nr. 1716** (nach I. Art).
NB. Wird der Saft mit zuviel Zucker eingekocht, dann geliert er beim Erkalten in den Flaschen. **Verwendung** von Sirup als **Getränk** oder als **Sauce** zu Puddings, Köpfchen usw. — Den **Rückstand** des Fruchtsaftes noch zu einfacher Konfitüre (s. Nr. 1738) verwerten. Ihn evtl. mit wenig Wasser aufkochen und durchdrücken und 1–2 roh geriebene Äpfel, kleine Rhabarberstückchen od. ein anderes frisches Obst beimischen. — Das **Filtrieren** ist nicht nötig b. Benützen eines Entsafters.

Himbeer- und Johannisbeersirup, vergoren   1751

3 kg Himbeeren oder Johannisbeeren (oder gemischt), 2 l Wasser, 40 g Weinsteinsäure — 3 kg Zucker
Vorbereiten: Johannisbeeren entstielen, evtl. waschen; Himbeeren verlesen.
Zubereitung: 1. Beeren, Wasser und Weinsteinsäure in einem Steinguttopf vermischen und ca. 2 Tage stehen lassen. (Den entstandenen Schaum entfernen.) — **2.** Den **Saft** durch ein Tuch passieren, den Zucker beigeben, nochmals 48 Std. stehen lassen (hie und da aufrühren). — **3.** Den **Sirup** in Flaschen füllen, sie mit Gazeläppchen zubinden und ca. drei Wochen im Keller zum **Gären** stehen lassen. — Nachdem die Gärung ganz vorüber ist, die Flaschen verkorken. — **Aufbewahren:** Etikettiert, stehend, kühl.

Orangensirup   I. und II. Art   1752

I. Art: 6–8 Orangen oder auch übrige **Schalen** von Orangen (von Fruchtsalat usw.).
   3 Ltr. Wasser — 2 kg Zucker — 60 g Zitronensäure (kristallisierte)
Vorbereiten: Die Orangen gründlich u. heiss waschen, das Gelbe von den Schalen **dünn** abschneiden.
Zubereitung: Wasser, Zucker, Orangenschalen und Zitronensäure in einem grossen Steinguttopf vermischen. **6 Tage** stehen lassen. (Täglich ein- bis zweimal gut aufrühren.) — Den Sirup absieben, in vorbereitete Flaschen füllen, gut verkorken, evtl. paraffinieren. — **Aufbewahren:** Etikettiert, stehend, kühl.

II. Art: 3 kg Blutorangen, 8 Zitronen   1¾ Ltr. Wasser
   2 kg Zucker   30 g Zitronensäure (kristallisierte)
Vorbereiten: Die Orangen und Zitronen waschen, das Gelbe von den Schalen **dünn** abschneiden, die Orangen auspressen. Den **Saft** passiert beimischen. **Zubereitung** wie bei **I. Art**

Süssmost konservieren   1753

I. Art: Kochend-Einfüllen von ganz frischem Süssmost in Flaschen, nach **Nr. 1716**.
   Süssmost nur auf **80°** erhitzen (nie kochen).
II. Art: Fallobst zurüsten, waschen, kleinschneiden im **Saftborn** (im Dampf) erhitzen. Den so erhaltenen **Süssmost** direkt in Flaschen abfüllen und sofort verkorken.

1754 Früchte im Rumtopf oder in Kirsch eingelegt

Früchte (verschied. Sorten): sehr schöne jedoch nicht überreife **rote** Kirschen od. Weichseln, Erdbeeren, grosse, trockene Himbeeren, Pfirsiche (mögl. reife), Bananen- und Ananasscheibchen, halbe Aprikosen, Birnen- u. Quittenschnitze — **Zucker** — guten, konzentrierten **Rum** od. **Kirsch** (**Quantum** je nach Topf und Früchten).
Gefäss: einen Steinguttopf (gewaschen und gut ausgetrocknet) oder ein dunkles Glas (Bülacher).
Vorbereiten der Früchte, die eingefüllt werden: Sie wenn nötig abspülen und gut abtropfen lassen (evtl. auf einem Tüchlein) oder abreiben, härtere kurz in einem Zuckersaft **ziehen** lassen, z. B. Weichseln, Aprikosen, geschälte Pfirsich- und evtl. auch Papayaschnitze (diese gut entkernt!). 
Einfüllen der Früchte, die gerade **reif sind** (d. h. je nach Saison) mit **halb** soviel Zucker bestreut. Dann mit soviel **Rum od. Kirsch übergiessen,** bis er 2–3 cm **über** den Früchten steht. — Werden neue Früchte eingefüllt, dann jedesmal, mit dem halben Quantum Zucker bestreut, in den Topf geben und wenn nötig wieder mit Rum oder Kirsch auffüllen. Hie und da sorgfältig aufrühren, da sich der Zucker leicht auf den Boden setzt (bes. anfangs). — **Stehen lassen** des Rumtopfes nach dem letzten Einfüllen während **2–3 Mon.** (von Zeit zu Zeit leicht umrühren und kontrollieren). Sollte die Flüssigkeit doch einmal **gären,** sie abgiessen, mit etwas Zucker ca. 5 Min. kochen. Erkaltet wieder über die Früchte geben.
Verwenden der Rumfrüchte zum Apéritif (evtl. an Hölzchen gesteckt), als feine Beigabe zu einem Tee (evtl. mit etwas Schlagrahm serviert), zum schwarzen Kaffee oder als Einlage in Cakes usw.

1755 Orangeat und Zitronat   Als Verwertung übrig gebliebener Schalen

Vorkochen: Die Schalen (**ohne** das innere Weisse zu entfernen) mit Wasser oder Süssmost **bedeckt** aufsetzen und so lange kochen, bis man sie mit einem Hölzchen leicht durchstechen kann (ca. 1 Std.). In **kaltem** Wasser einige Stunden stehen lassen, dann dieses abgiessen. — **Kandieren:** Einen **Sirup** von 300–500 g Zucker auf ½ Ltr. Wasser aufkochen und über die Schalen giessen. (Sie sollen davon **bedeckt** sein.) — Nach 1–2 Tagen die Schalen mit dem Sirup zusammen aufsetzen und **kochen,** bis sie **glasig** geworden sind und der Zucker **dick** eingekocht ist.
Arancini: Die Schalen während 4–6 Tagen in Wasser bedeckt, stehen lassen (dieses täglich wechsen). Nach dieser Zeit die innere weisse Schicht gut ablösen und von den Schalen ca. 4 cm grosse runde Stücke ausstechen. **Kandieren** der Schalen wie **oben.** — Verwenden als kleine Beigabe zum Tee oder schwarzen Kaffee.

1756 Butter einkochen

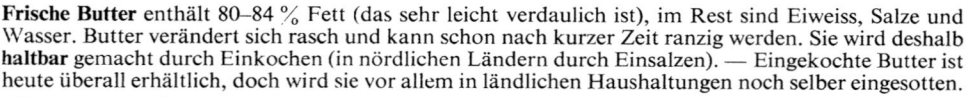

Frische Butter enthält 80–84 % Fett (das sehr leicht verdaulich ist), im Rest sind Eiweiss, Salze und Wasser. Butter verändert sich rasch und kann schon nach kurzer Zeit ranzig werden. Sie wird deshalb **haltbar** gemacht durch Einkochen (in nördlichen Ländern durch Einsalzen). — Eingekochte Butter ist heute überall erhältlich, doch wird sie vor allem in ländlichen Haushaltungen noch selber eingesotten. 
Einkochen: Die Butter in kleine Stücke schneiden, in eine Aluminium- oder Chromstahlpfanne geben bis sie **halb**voll ist, und schmelzen. Dann **kochen** unter fortwährendem Aufziehen und Bewegen mit einer Schaumkelle, um das Heraussteigen über die Pfanne zu verhindern. — Im Notfall rasch vom Feuer ziehen und weiter rühren, bis die Butter wieder gesunken ist (od. in eine bereitstehende Schüssel abgiessen). — Nach dem zweiten Aufsteigen der Butter soll sich der Eiweissrückstand (sog. Druse od. Lüre) am Pfannenboden angesetzt haben und gelbbraun geworden sein (sonst noch einmal aufkochen). — Stehenlassen der Butter, bis sie ganz klar und der Schaum vergangen ist.
Absieben in einen Steinguttopf (den man gewaschen und gut ausgetrocknet hat). Die Butter **erkalten** und erstarren lassen unter häufigem Umrühren (dadurch wird sie feiner, d. h. nicht körnig und auch ausgiebiger). — **Verschliessen:** Zuerst mit Pergamentpapier bedecken,

dann ein festes, **dunkles Papier** darüberbinden. — **Aufbewahren:** Kühl und dunkel (Haltbarkeit ca. 1 Jahr).

NB. **Verwendung** der eingekochten Butter: Allein oder gemischt mit einem Pflanzenfett (Ambrosia od. Nussella) od. Öl. — Den Butter-**Rückstand** (Druse) verwenden: zum Braten von Kartoffelrösti, für Griess-, Brot- oder Hafersuppe, als Brotaufstrich, evtl. für Drusenweggen, s. NB. von **Nr. 1639. Unrichtig,** d. h. zu **wenig** gekochte Butter hält nicht, sie wird bald **ranzig** und lässt sich nur noch verwenden nach Erhitzen mit geschnittenen Zwiebeln, solange, bis diese gelb geworden sind.

Die Gewürz- oder Küchenkräuter   siehe Tafel 23 und 24   1757

Allgemeines und **Verwendung** in der Küche: Durch ihren grossen Gehalt an ätherischen Ölen (Aromastoffen), Vitaminen und Mineralstoffen erhöhen vor allem die frischen Kräuter den Geschmacks- u. Nährwert sowie die Verdaulichkeit unserer Speisen. Sie können die ausländischen Gewürze weitgehend ersetzen und sind bes. auch bei salzarmer od. salzloser Diät sehr geschätzt. — Da die meisten Gewürzkräuter einen stark ausgeprägten Eigengeschmack haben, ist es ratsam, nur wenig davon den Speisen beizugeben. — Kräuter auf **Vorrat**, siehe unten.

1. **Basilikum:** für Suppen, Salate, Kräuter-, Pilz- und Tomatensaucen, gedämpfte Gemüse (spez. Zucchetti, Tomaten, auch Kohl usw.), bei fettem Geflügel, sowie als Beigabe von Hülsenfrüchten.
2. **Bohnenkraut:** für alle Bohnengerichte, für Kartoffelsuppen und -gerichte, Schweins-, Hammel- oder Schafsragout, Hülsenfrüchte.
3. **Boretsch:** zu Kräutermayonnaise, spez. für Gurken (deshalb auch Gurkenkraut genannt) für Salat-, Kräuter- u. Tomatensauce, Kräuterschnitten u. -gnocchi — gehackt (statt Petersilie) auf Salzkartoffeln und Suppen.
4. **Dill:** für alle Gurken- und Zucchettigemüse, zu Kohlarten, zum Einmachen von Cornichons und Gurken. — (Dillsamen verwenden wie Kümmel.)
5. **Estragon:** für pikante kalte und warme Saucen (spez. Béarnaise) — zum Einbeizen von Fleisch und Fischen — für Estragonessig (Nr. 1726).
6. **Kerbel:** für Suppen, Kräuterschnitten und -sauce, Béarnaise, Kartoffeln.
7. **Liebstöckel** (Maggikraut): für alle Gemüsesuppen und -saucen, für gedämpfte Gemüse, Fleischhaché, Kartoffel- und Pilzgerichte.
8. **Majoran** sowie **Origano** (ähnlich jedoch milder als Majoran): für pikante Saucen, zu allen Tomaten- u. Kartoffelgerichten, gebratenem Geflügel, Kalbsragout, Salat, Pizza usw.
9. **Melisse** (spez. Zitronenmelisse): zu Suppen, Blattgemüsen und Salaten.
10. **Pfefferminz:** zu engl. mint-sauce, zu Fischen, Hammelfleisch — Hülsenfrüchten.
11. **Petersilie** und **Schnittlauch:** zu Saucen, Suppen, Fischen, über Kartoffeln gestreut usw. Dürfen ausgiebig verwendet werden. Praktisch auch **tiefgekühlt**, s. Nr. 1728a. — **Frische Petersilie** auf Vorrat für 8–10 Tage: gewaschen, ohne Wasser in verschloss. Glas im Eisschrank.
12. **Rosmarin:** als Beigabe zu gebratenem und gedämpftem Poulet (ital. Art), zu Kaninchenbraten, Pilzgerichten, Tomaten- und anderen kräftigen Saucen.
13. **Salbei:** für Suppen, zu Fischen (spez. Aal), Lebergerichten, Hammelfleisch, Salbeiküchlein (Müsli).
14. **Thymian:** zu Salaten, Fischgerichten, Sauerbraten, Ragout von Kalb- und Schweinefleisch sowie Kaninchen.

NB. **Kräuter gehackt, tiefgekühlt:** einfach, rationell und praktisch im Verbrauch, siehe **Nr. 1728a**.

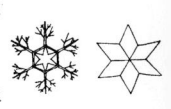

Kräuterpulver: Frische Kräuter dörren, solange sie noch recht aromatisch sind (an der Luft, auf einem Tuch ausgebreitet oder aufgehängt, evtl. im **Dörrex** n. Nr. 1721a). Vom Gedörrten nachher alle holzigen Teile entfernen, die Blättchen zwischen weissem Papier od. in einem Mörser so gut als möglich zerreiben, dann durchsieben. **Aufbewahren** (einzeln oder gemischt) gut verschlossen und etiquettiert (in Büchsen od. Gläsern). **Verwendung** lt. Angaben oben. S. auch **Kräuter in Öl** als Mischung, **Nr. 1728.**

1758 Kochen im Dampfkochtopf (Schnellkocher — Pressure Cooker)

Allgemeines: Dampfkochtöpfe sind seit Jahrzehnten bekannt. Für die moderne Küche sind verschiedene neuere Modelle im Handel, die alle so konstruiert sind, dass sie bei sorgfältiger Bedienung (gut gereinigten Ventilen usw.) die grösstmögliche Sicherheit bieten (wie der «Duromatic, Plusvite, Flex Sil» u.a.m.). Sie können in der Regel für jeden Kochherd benützt werden und sind vor allem praktisch und handlich in der Ausführung, sowie leicht zu reinigen.

Vorteile:

1. Das Kochen im Dampfkochtopf ermöglicht durch die **erhöhte** Temperatur (entstanden unter Luftabschluss und Dampfdruck) ein **rascheres** Garkochen der Speisen als in einer gewöhnlichen Pfanne. Auch werden dabei die Mineralstoffe und Vitamine sowie der Geschmack weitgehend erhalten. — Sorgfältige wissenschaftliche und praktische Versuche bestätigen diese Erfahrung.
2. Kochgeruch u. Dampf in der Küche machen sich bedeutend weniger bemerkbar.
3. **Ersparnis** an Heizmaterial (bis zu 40%) und vor allem auch an Zeit.

NB. Wichtig beim Gebrauch ist das **genaue** Einhalten der jeweiligen Kochzeit! — An Hand der den Töpfen beigelegten **Kochtabelle** kann man sich leicht über das Aufsetzen, die Kochzeit usw. orientieren. Diese ist immer vom Kochpunkt an zu berechnen, d. h. wenn das bei jedem Topf spez. konstruierte Manometer (roter Stift, Ring usw.) den vollen Dampfdruck anzeigt. Während der berechneten Kochzeit (gewöhnlich auf kleinster Flamme) müssen Stift oder Ring usw. konstant in der bezeichneten Stellung bleiben. — Folgende Rezepte (sowie die Angaben bei verschiedenen Gerichten) illustrieren, wie vielseitig die modernen Schnellkocher verwendet werden können.

Erbsengericht

40 g Kochbutter — 1 Zwiebel, gehackt
100 g Speckwürfelchen

4–6 Rüben — 250 g gedörrte Erbsen
Wasser, Salz, Muskat — 3–6 Essl. Rahm

Vorbereiten: Die Rüben rüsten, in Scheiben schneiden. — Die Erbsen verlesen (nicht einweichen).
Zubereitung: Zwiebel und Speck im Dampfkochtopf in der Butter durchdünsten. Erbsen und Rüben beigeben, mit **heissem** Wasser gut überdecken. Sorgfältig würzen. Nach Vorschrift verschliessen. — **Kochzeit 20 Min.** Das Gericht mit Rahm verfeinern.

Siedefleisch siehe **Nr. 658.** — Der Dampfkochtopf darf nur bis ²/₃ Höhe mit Flüssigkeit gefüllt sein. — Nach Vorschrift verschliessen. — **Kochzeit 20–30 Min.**

Gefüllte Kalbsbrust siehe **Nr. 713.** — Das Anbraten kann in einer Omelettenpfanne oder direkt im Dampfkochtopf geschehen. Mit ganz wenig Flüssigkeit ablöschen. — Nach Vorschrift verschliessen. — **Dämpfzeit ca. 15 Min.**
Nach dem Herausnehmen den Braten evtl. nochmals kurz in der Omelettenpfanne krustig überbraten.

Gemüseragout siehe **Nr. 343.** — Die Gemüse (evtl. ohne Blumenkohl) direkt im Dampfkochtopf zubereiten. Nur wenig heisse Flüssigkeit dazu giessen, würzen. Nach Vorschrift verschliessen. — **Kochzeit 5–8 Min.** (je nach Gemüse). Nach dem Anrichten mit brauner Butter abschmelzen.

Halbe Birnen oder Äpfel: Im Dampfkochtopf 4 dl Süssmost oder Wasser mit 3–5 Essl.

Zucker erhitzen, etwas Zitronenschale und 1 Nelke beigeben. Die geschälten, halbierten Birnen od. Äpfel (ohne Kernhaus) hineinlegen. Nach Vorschrift verschliessen. — **Kochzeit 3–5 Min.** (je n. Sorte). — Evtl. servieren mit Vanille- od. Karamelsauce.

Garkochen durch Warmhalten in Papier, Selbstkocher oder Kochkiste 1759

Anmerkung: Die frühere Methode, die Speisen in der eigenen Hitze, d. h. durch einen schlechten Wärmeleiter isoliert, gar werden zu lassen, erübrigt sich weitgehend durch die modernen Kochmöglichkeiten. Trotzdem kann es auch noch heute für die Hausfrau von Nutzen sein, sei es aus Zeitmangel oder durch irgendwelche Umstände (fehlender Strom od. Gas usw.), eine Speise mit langer Kochzeit ohne weitere Aufsicht garkochen zu können.

Die einfachste Art des «Selbst-Kochens» ist folgende:
Vorbereiten: 10–12 Lagen Zeitungspapier ausgebreitet so aufeinander legen, dass die Pfanne gut darin eingeschlagen werden kann.
Das Gericht ca. **1/6** der normalen Kochzeit in geschlossener Pfanne **vorkochen** (damit sich Wärme ansammelt). Die Pfanne (ohne sie nochmals abzudecken!) nun auf die Zeitungen stellen und diese dicht darüberschlagen. An einen zugfreien Ort stellen.
Zum **Garwerden** das Doppelte der normalen Kochzeit berechnen.
Z. B.: Kalbsragout, normale Kochzeit: 1 Std. Bei der Methode des Selbstkochens, Vorkochen: **10 Min.**, im **Papier** eingepackt: **2 Std.** (Längeres Kochen macht ein Gericht unschmackhaft! Möglichst nie über Nacht darin stehen lassen, da die Gerichte in dieser Zeit an Nährwert verlieren und sauer werden könnten.) — Das Gericht wie üblich **ergänzen** mit **frischen Salaten, Gemüsen, Obst** usw.

Elektrische Küchenmaschinen und ihre Anwendung 1760

Allgemeines: Seit Jahren sind die verschiedensten Modelle von Klein-Küchenmaschinen im Handel. Ihre Anschaffung kann eine grosse Hilfe sein zur Rationalisierung der Arbeit in der Küche. — Durch die Benützung von **Mixer** oder **Saftpresse** ergeben sich auch für Diät ganz neue Möglichkeiten um die Speisen gehalt- und wertvoller zu machen im Sinne einer gesunden und natürlichen Ernährung. — Eine **Küchenmaschine** bringt bei richtigem Einsatz viele zeit- und kräftesparende **Vorteile:** Die oft langdauernden und mühsamen Vorbereitungen zum Kochen und Backen (Rühren, Kneten, Reiben, Durchpressen usw.) werden durch die Maschine der überbeanspruchten Hausfrau abgenommen. Ausserdem ist die **Ausgiebigkeit** der mit der Maschine gerührten Massen erheblich grösser als gewöhnlich. — In einem **Mixer** (Turmix u. ä.) werden die Nahrungsmittel (rohe und gekochte samt der schwerverdaulichen Zellulose) intensiv zerkleinert und damit so aufgeschlossen, dass sie im Körper die grösstmögliche **Ausnützung** erfahren. Auch lassen sich gekochte Gerichte und spez. Suppen durch die Beigabe von im Mixer püriertem Gemüse **bereichern.**
Z. B. Bei Spinatsuppe Nr. 72 den Spinat direkt vor dem Anrichten **roh** od. **kurz** abgekocht, mit etwas Rahm püriert beimischen; Farbe, Vitamine und Mineralstoffgehalt bleiben sozusagen vollständig erhalten. — Durch eine **Saftpresse** erhält man die konzentrierten köstlichen Frucht- und Gemüsesäfte, die für Diät- und Kinderkost sowie für Gesunde unschätzbare Dienste leisten. — Sie z. B. servieren anstelle einer Suppe oder als Zwischenverpflegung mit Knäcke- oder Vollkornbrot, Haferbiscuits u. ä. — Siehe auch Kaltschalen sowie Cocktails S. 31–34. Beim Gebrauch der Presse halte man sich an die Gebrauchsanweisung, evtl. auch an das dazugehörende Rezeptbüchlein mit den spez. ausprobierten Angaben. In diesem Zusammenhang sei auch hingewiesen auf das anregende, auf grosser Erfahrung beruhende und leicht verständliche Säftebuch «**Bleib jung und frisch**» von Friedel Strauss und PD. Dr. med. A. Jung (Fribourg), Verlag Techag AG., Zürich.

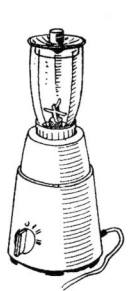

1760a Praktische Geräte und Hinweise

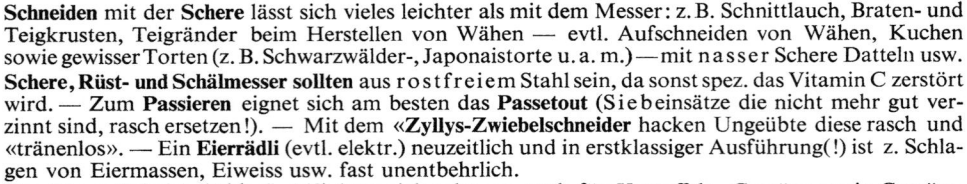

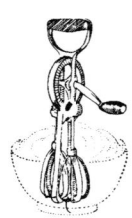

Schneiden mit der **Schere** lässt sich vieles leichter als mit dem Messer: z. B. Schnittlauch, Braten- und Teigkrusten, Teigränder beim Herstellen von Wähen — evtl. Aufschneiden von Wähen, Kuchen sowie gewisser Torten (z. B. Schwarzwälder-, Japonaistorte u. a. m.) — mit nasser Schere Datteln usw.
Schere, Rüst- und Schälmesser sollten aus rostfreiem Stahl sein, da sonst spez. das Vitamin C zerstört wird. — Zum **Passieren** eignet sich am besten das **Passetout** (Siebeinsätze die nicht mehr gut verzinnt sind, rasch ersetzen!). — Mit dem «**Zyllys-Zwiebelschneider** hacken Ungeübte diese rasch und «tränenlos». — Ein **Eierrädli** (evtl. elektr.) neuzeitlich und in erstklassiger Ausführung(!) ist z. Schlagen von Eiermassen, Eiweiss usw. fast unentbehrlich.
Das Mewa-Reissieb (Abb. S. 342) lässt sich sehr gut auch für Kartoffeln, Gemüse sowie Gemüse-Julienne (Nr. 10), Kastanien (Nr. 383, II. Art) od. zum Aufwärmen. v. Trockenreis usw. benützen.
Der **Dampfkochtopf** ist für die praktisch und neuzeitlich eingestellte Hausfrau fast unerlässlich, bedeutet er doch eine grosse Erleichterung und Ersparnis an Zeit und Heizmaterial (s. Nr. 1758). —
Service-Geschirr, d. h. feuerfestes Geschirr (Langenthal, Thomas-Tavola, Service-Pfannen Duro, Sigg usw.) sind schön u. praktisch, da darin Ragout, Gemüse u. ä. gekocht u. zugleich serviert werden kann. 
Ein **Eisschrank** ist für jeden Haushalt wünschenswert. Er ermöglicht (bes. auch im Sommer) ein einwandfreies Aufbewahren auch empfindlicher Nahrungsmittel (evtl. auch tiefgekühlter als Vorrat) sowie der Speisereste (was eine erhebliche Ersparnis bedeuten kann!). Zudem lassen sich darin manche erfrischende Speisen herstellen, die in einem Haushalt immer willkommen sind. Ihn wöchentlich einmal abeisen und gut ausreiben! Allfällig vorkommender Geruch lässt sich binden durch eine rohe Kartoffel, die man ungeschält halbiert in den Eisschrank legt.
Alu-Folie: ist sehr praktisch z. Einpacken, zum Zudecken (z. B. von Hefeteig während des Aufgehens), z. Abschliessen von Vorrats-Gläsern, sowie anstelle von Formen od. indem man die Folie entsprechend falzt (z. B. zu einem Herz, Stern usw.) — In der Folie **kochen** (s. Nr. 470), **braten** (s. Nr. 835 NB.), **dämpfen** (s. Nr. 1093a, 1128a u. a. m.) — **Pergamentpapier:** Bloc od. Rolle (z. Auslegen von Kuchenformen, z. Einpacken von Teigen usw.). — **Resart-Küchenpapier:** Zum Abtropfen von Fettgebackenem, zum Abtrocknen von nassen Fischen, Gemüsen, auch gewaschenen Rosinen u. ä. m.
— **Flexaton-** od. Flextil-Lappen: ersparen Küchentücher (spez. für Küchengeschirr, Pfannen usw.).

1761 Merkblatt und erprobte Küchentips — Fachausdrücke s. S. XV–XVIII

Als Ersatz z. B. für eine **fehlende** Zutat sowie **für Diät** oder **zum Sparen:**
Rahm-Ersatz (auch für Diät): **a)** ungezuckerte Kondensmilch, möglichst steif geschlagen (spez. für Glacen, Cremen u. ä. m.) — **b)** Eiweiss, zu Schnee geschlagen (1–2 ersetzen 1 dl Rahm) — **c)** frischer Quark, schaumig gerührt od. Gredfil (z. B. für Fruchtcrèmen u. -glace, s. betr. Rezepte).
Saurer Rahm für Salat-, Wild-, Sauerrahmsauce lässt sich ergänzen od. ersetzen durch Buttermilch od. Joghurt. (**Sauer** und dick wird Rahm durch Stehenlassen an der Luft, evtl. an der Wärme.)
Eigelb zum Binden wenn nötig ersetzen durch **Sojamehl,** z. B. bei Hackbraten, Suppen, kleinen Teigen usw. (erhältlich im Reformhaus). 
Als **Butter-Ersatz** für Buttercrèmen und Gebäck: Nussa (ist ausgiebig u. zart im Geschmack). Für Teige: Nussella, Ambrosia oder ein anderes gutes Pflanzenfett, auch Margarine I. Qual. — Statt **Braune Butter Nr. 585:** Haushalt-Rahm oder etwas Milch (ca. 1 dl) mit 2 Essl. geriebenem Käse und evtl. gehacktem Grün gut aufkochen, wenn nötig noch würzen (s. auch Fachausdrücke).

Erprobte Küchentips:

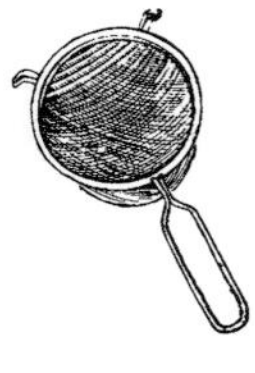

Mehl für Gebäck: Immer 1–2mal sieben, da es dadurch im Teig feiner und luftiger wirkt.
Mehl, gedünstet: bildet beim Ablöschen weniger Knollen, wenn man es vorher etwas abkühlen lässt und beim Hinzufügen von Flüssigkeit diese immer an den Rand giesst.
Versalzene Gerichte werden wieder etwas milder durch Mitkochen einiger geschälter roher Kartoffelscheiben od. durch Beigabe von etwas Rahm od. Milch. Bei **scharf** schmeckenden Gemüsen (spez. Kohlarten) etwas Zitronensaft beigeben od. 2–3 Brotrinden, evtl. rohe Kartoffelscheiben mitkochen.
— Blumenkohl des unangenehmen Geruches wegen evtl. in Alu-Folie eingepackt kochen! 
Fettarm kochen durch **eingerührte** Zubereitung der Suppen und Saucen, durch Abfetten einer benötigten Brühe (nach d. Erkalten) sowie Abschneiden jeglichen Fettes am Fleisch.
Fett vom Fischbacken lässt sich für anderes (aber **nicht** süsses) Gebäck noch 1–2mal verwenden, wenn in Streifen geschnittene Zwiebeln darin erhitzt werden, bis sie gelb sind, s. Nr. 889 (5).
Angebrannte Bratensaucen schmecken weniger bitter durch Beigabe einiger Tropfen Zitronensaft.

Süssen Speisen (auch Crèmen u. Gebäck) eine ganz kleine Prise Salz beifügen, was ihren Geschmack erhöht, — **gesalz. Gerichten** (spez. Saucen) eine kl. Prise Zucker, z. Verfeinern 1 Msp. Liebig.
Teigreste halten sich, mit Öl bestrichen oder in Pergamentpapier (evtl. in Alu-Folie) eingewickelt, kühl gestellt, sehr gut einige Tage.
Zitronen ergeben mehr Saft, wenn man sie zuerst unter der Hand etwas weich rollt od. klopft.
Orangen- und Zitronenschale verwerten: a) sie abreiben und mit Zucker vermischt, in ein Glas geben (für Gebäck und Süssspeisen). Ist lange haltbar. — b) Die Schale dünn abschneiden und dörren (f. Getränke, Saucen usw.). — c) Orangeat selbst herzustellen s. Nr. 1755, Orangensirup s. Nr. 1752. — Wird die Schale **roh** verwendet (z.B. gehackt z. Bestreuen) sie vorher **heiss waschen** (da evtl. gespritzt).
Kartoffeln: roh gerieben beigegeben, binden ein Masse, **gekocht** gerieben, machen sie locker.
Knoblauch immer nur kurz mitdämpfen (wird sonst gern bitter!). Ihn zerquetschen mit dem Küchenmesser (lässt sich nicht gut hacken.)
Salatköpfe bleiben länger frisch durch Einwickeln in nasses Papier oder, wenn gerüstet, in einem Plastiksack (evtl. im Eisschrank).
Petersilie, frische auf Vorrat (f. 8–10 Tage): Sie gewaschen, ohne Stiele u. ohne Wasser in einem Glas gut verschlossen im Eisschrank aufbewahren. Küchenkräuter, auch tiefgekühlte, s. **Nr. 1728a**
Angebrochene Konserven von Fleisch, Pilzen und Gemüse möglichst rasch verbrauchen, d. h. sie höchstens für **1 Tag**, in Glas od. Schüssel umgefüllt (nicht im Metall stehen lassen) und kalt stellen.

Vorrathaltung   auch für den kleineren Haushalt   1762

Allgemeines: Jede **Vorrathaltung** ist nicht nur vorsorglich, sondern auch praktisch, zudem erleichtert und verbilligt sie das Kochen wesentlich. Als **Grundlage** gilt der empfohlene, obligate **Notvorrat**, den sich jeder Schweizer Haushalt pflichtgemäss halten, regelmässig kontrollieren und laufend erneuern sollte, das sind **pro Person:** 2 kg Zucker (weissen), 1–2 kg Reis, 1 kg Teigwaren, 1 kg Fett, 1 Fl. Öl. Nach Möglichkeit ergänze man auch immer folg. **Lebensmittel (Quantum** je n. Platz z. Aufbewahren u. nach Grösse der Familie): 1–5 kg Weissmehl, je ½ - 1kg Griess, Hafer, Gerste, Salz, etwas Mandeln, Haselnüsse, Dörrobst, 1 Fl. Citrovin od. Essig, gewisse Gewürze usw.
Ausserdem ist es praktisch, wenn auch folgende Zutaten immer zur Hand sind:
Paniermehl, selbstgemachtes, (s. Fachausdrücke): fein abgesiebt, in Glas oder Büchse (od. v. Knorr).
Sojamehl: Zum Verwenden als teilweiser **Ersatz** für Eier (10 g pro Ei) zu Suppen, Omeletten, einfachen Kuchen, für Eierguss u.ä. (je nach Angabe in den betr. Rezepten).
Tomatenpurée: Grosse Büchsen sind rationeller im Verbrauch. — Das angebrochene Purée (evtl. in einem Glas) glatt gestrichen, mit einer ca. ½ cm hohen Ölschicht bedeckt, bleibt monatelang frisch.
Kräuter, gedörrte oder tiefgekühlte (einzelne Sorten od. gemischt) sowie **Petersilie** und **Schnittlauch** siehe 1728a und NB. von **Nr. 1757** od. in Öl **Nr. 1728**.
Dörrgemüse (auf dem Dörrex getrocknet od. gekauftes): für Bouillon, Suppen und Bratensauce. Spez. **Lauch** (bes. Gemüselauch) querüber in feine Streifen geschnitten und gedörrt, eignet sich gut als Ersatz für Zwiebeln (im Frühjahr).
Gedörrte Pilze, evtl. v. Dörrex n. Nr. 1721a (in Büchsen), bes. im Winter praktisch für Saucen usw.
Geröstetes Mehl, gekauftes oder nach **Nr. 85** (NB.) geröstetes.
Konserven verschied. Art: Früchte — Gemüse — Sardinen, Thon — Würstchen, Fleisch (z.B. Cornedbeef für kalte Platten, au gratin u.ä.) — Pilze usw.
Anstatt **Brot:** Knäckebrot, Zwieback, Crackers, auch Cornflakes usw.
Vanillestengel (-schote): in gut verschlossenem Glas in Griesszucker aufbewahrt, ergibt durch das starke Aroma Vanillezucker. Die Stengel beim Gebrauch der Länge nach aufschlitzen, die Sämchen (od. Mark) mit der Messerspitze herauskratzen. Die übrig bleibenden Schoten im Zucker lassen und gelegentlich in einer Crème usw. auskochen.
Evtl. **Bouillonfarbe** Nr. 609, zum Dunklerfärben von Bouillon, Saucen usw.
Salatsauce auf Vorrat in einer Flasche aufbewahren (ohne Kräuter, Milch od. Rahm zubereitet) s. NB. von **Nr. 590.** Im Moment der Verwendung die Sauce gut durchschütteln und dem Salat noch die gewünschten Zutaten (z.B. Kräuter, Rahm, evtl. gehackte Eier usw.) beigeben.

1763 Verwendung von Fleisch-, Geflügel- und Fisch-Resten

1. Diverse Fleischreste zu:

Fleischcroquettes und -gipfel Nr. 266 u. 273
Fleischgnocchi u. -klösse Nr. 285 u. 286
Fleischhaché Nr. 697
Fleischhaché auf Croûtons Nr. 274
Fleischklösschen (Suppen-Einlage) Nr. 28
Fleischkräpfchen Nr. 267
Fleischomeletten Nr. 1040 (4) u. 1041
Fleischpastete, einfache Nr. 899
Fleischresten-Auflauf und -Pudding Nr. 287, 288 u. 290
Fleischroulade u. -strudel Nr. 908 u. 909
Fleischpastetchen Nr. 900
Fleischsalat Nr. 435

Zungenragout (v. Ochsenzunge) Nr. 705 (b)
Zwiebelfleisch (spez. v. Siedefleisch) Nr. 699
Restenfleisch au gratin Nr. 698
Gefüllte Zucchetti, Gurken usw. Nr. 310–313
Gefüllte Kartoffeln Nr. 979
Gefüllte Kohlrabi Nr. 314 u. -Lattich Nr. 320
Gefüllte Tomaten Nr. 303–305
Gefüllte Kohlrouladen u. -köpfchen Nr. 321–24
Kartoffelpastete Nr. 975, Sheherd's Pie Nr. 975a
Hackbraten und -beefsteaks Nr. 668 u. 694
Netzwürstchen Nr. 695
Ravioli und Cannelloni Nr. 1035 u. 1036
Spaghettitimbal Nr. 1031

2. Bratenreste (spez. von Kalbsbraten, Filet, Roastbeef, Schinken usw.) für:

Kalte Platten Nr. 201
Eier in Förmchen Nr. 215
Sulzplatte, einfache Nr. 166, evtl. f. Nr. 170
Kleine gesulzte Krustaden Nr. 180 (1)

Feines Kalbsragout Nr. 737 in Omeletten usw.
Füllung von röm. Pastetchen s. Nr. 284
sowie Fleischpastetchen Nr. 283
Shepherd's Pie Nr. 975a

3. Geflügelreste für:

Pastetchen Nr. 281 u. 282
Kleine Krustaden Nr. 180 (1)
Französische Omeletten Nr. 227 (6)
Eier-Gerichte Nr. 215 u. 221
Chartreuse Nr. 293

Königinsuppe Nr. 65
Suppenklösschen Nr. 31
Kubanischer Reis Nr. 983
Geflügelmayonnaise Nr. 134 u. 135
Kalte Hühnerplatte Nr. 203

4. Wildbratenreste für:

Wildhackbraten Nr. 821 — für Pastetchen, Eclairs Nr. 183, als kleines Ragout usw. s. Nr. 819
Haché in Ravioli — Wildsuppe Nr. 94 — **kalte** Platten usw.

5. Fischreste für:

Fischsuppe Nr. 67
Fischpudding od. -auflauf Nr. 644
Fischmayonnaise I. u. II. Art Nr. 136
Fischcroquettes Nr. 645
Einfache Fischklösse od. -knödel Nr. 644b

Fisch in Muscheln au gratin Nr. 643
Fischgnocchi Nr. 644c
Kartoffelpastete mit Fisch Nr. 647
Schüsselpastete mit Fisch Nr. 906
Fisch auf Croûtons Nr. 646

Verwendung diverser Reste ohne Fleisch   1764

1. **Brotreste** von Modelbrot: für Kapuziner-, evtl. Karthäuserklösse Nr. 1673 u. 1674 Apfelrösti Nr. 1143 — Apfelauflauf Nr. 1130 — Von gewöhnlichem Brot: Einfacher Brotpudding Nr. 1176 — Brotsuppe Nr. 91 — Brotküchlein Nr. 1055 — Käse-Brot-Auflauf Nr. 247 — Gekochter Brotkloss Nr. 1056 — Paniermehl.
2. **Eigelb** (z. Aufbewahren mit Alu-Folie überdecken): für Einlaufsuppe, zum Legieren von Suppen od. Saucen — zu Mayonnaisen — Puddings — Kartoffelcroquettes od. -küchlein — unter Rührei oder Omeletten — zu verschied. Gebäck (Haselnussstengeli, Mandelplätzchen, mürbe Orangen- u. Ananastörtchen usw.).
3. **Eiweiss** (hält im Eisschrank einige Tage od. gefroren): f. Makrönli, Schaffhauserzungen, Haselnussziegel, Zimtsterne, Eiweiss- u. leichte Schokoladetorte Nr. 1403 u. 1389, Japonaisböden Nr. 1392, zu Meringuemasse Nr. 1497 (für -schalen, -pilzchen und Vacherinböden) — zum Meringuieren von Kuchen und Törtchen — zum Klären v. Fleisch-Sulz — z. Mischen unter Auflaufmassen, Mayonnaisen, Rührei usw. z. Panieren (statt ganzem Ei) — z. Bestreichen von Gebäck — Hartes Eiweiss (in einer Tasse gekocht) z. Ausstechen v. Garnituren f. Hors d'œuvres, Brötchen usw.
4. **Gebäckreste** (Biscuit, Konfekt u. ä.): für Kabinettspudding Nr. 1183 und Schok.-Torten Nr. 1386. Zum Bestreuen von Tortenrändern gerieben (statt Nüssen).
5. **Gemüse** (abgekocht od. gedämpft): zu Italienischem Salat Nr. 120. — Gemüsejulienne Nr. 10 — Gemüse in Sauce: zu gebundenen Suppen, in Muscheln gratiniert, zu Auflauf Nr. 330, Gemüseküchlein Nr. 295 .— Spargelreste: zu Suppe Nr. 64, mit Mayonnaise auf Brötchen, Spargeltimbal Nr. 907. — Spinat: zu Wähe Nr. 912 (3), zu Pudding u. -Auflauf Nr. 326 u. 329, Suppe Nr. 72, Omeletten Nr. 1041–43, Spinatknöpfli Nr. 1034 (1), zu Fischplatten Nr. 622 u. 624.
6. **Hirse:** Gleiche Verwertung wie Reis (siehe Abschnitt 12 unten).
7. **Kartoffeln:** zu Kartoffelküchlein Nr. 964, -brötchen Nr. 962, -suppen Nr. 80–84 u. 88, -rösti Nr. 948, -salat Nr. 120–123, 427, -pudding Nr. 970, -pastete Nr. 975, -croquettes Nr. 957–961 u. ähnliche Gerichte.
8. **Knöpfli** (od. Spätzli): gebraten, mit Eiern usw. s. Nr. 1034 (1-3).
9. **Mandel-** oder **Nussreste** (von Blanc-manger od. Nussauce): für Hefegebäckfüllung, gefüllte Äpfel, Brotpudding, Aufläufe usw.
10. **Omeletten:** zu Fastenkutteln Nr. 1050 (m. Käse) od. 1215 (süsse) — Flädli Nr. 17.
11. **Polenta:** zu gebratenen Maisschnitten Nr. 1002 u. 1007, Maissuppe Nr. 47, Maispfluten au gratin Nr. 1001.
12. **Reis**, gesalzener: für Reis mit Käse au gratin Nr. 993, Reisküchlein Nr. 995, -timbal Nr. 992 — Kohlköpfchen Nr. 323, Kabisrouladen Nr. 321 u. 322, gefüllte Tomaten Nr. 303–305 (11), Suppe Nr. 58, Frikadellen sizilianische Art Nr. 696.
13. **Saucenreste:** für gebundene Suppen und zum Gratinieren von Gemüsen.
14. **Teigreste**, kleine: für Apfelscheiben od. gefüllte Äpfel im Krätzchen, Salzstengeli, Apfel- sowie Fleisch- oder Käsekräpfchen usw.
15. **Teigwaren:** für Nudelomelette Nr. 1024, -auflauf Nr. 1026–28, Nudeln mit Eiern Nr. 1023 usw. — Kleine Reste: zu Bouillon mit Teigwaren, mit Omelettenteig vermischt zu Küchlein, für Omelette à la Paysanne Nr. 1048, in eine Gemüsesuppe oder Minestra — Spaghetti- oder Hörnlisalat Nr. 429.
16. **Zitronen- und Orangenschalen** (z. B. von Fruchtsalat usw.): für Sirup Nr. 1752, Orangeat usw. Nr. 1755 — Verwerten der Schalen s. Küchentips Nr. 1761 (S. 603).

Speisezettel (Menus)

1765 Zusammenstellung von Speisezetteln (Menus) Grundregeln

Allgemeines: Die zweckmässige **Zusammenstellung** der verschiedenen Gerichte zu einer kleinen oder grösseren **Mahlzeit** erfordert Sorgfalt, Erfahrung und Verständnis. — Sie richtet sich nach denjenigen Personen, für welche die Speisen bestimmt sind. Alter, Tätigkeit, Ansprüche sowie Gesundheitszustand u. Klima sind dabei ausschlaggebend. — **NB.** Kleinkinder- und Krankenkost sowie Diät erfordern spez. Zusammenstellung. Bei Übergewichtig bewährt sich in der Regel die Beschränkung, vor allem im Genuss v. Stärkegerichten u. Zucker (als Ersatz: Assugrin).

Folgende Gesichtspunkte sind zu beachten:

1. Die **Nährstoffe,** von denen unsere Leistungsfähigkeit weitgehend abhängt, sollten in den Tagesmahlzeiten in der nötigen Menge vorhanden sein und genügend Sättigungswert besitzen (s. **Kapitel Ernährung** in der Einleitung des Buches). In vielen Familien ist es bereits zur guten Gewohnheit geworden täglich rohen **Salat,** frisches **Gemüse** oder auch **Obst** auf den Tisch zu bringen, sei es vor oder anstatt einer Suppe in Form einer bunten Rohkost-Platte oder zur Abwechslung und der leichten Verdaulichkeit wegen, als Saft. — Ratsam ist es auch, häufig vegetarische Tage einzuschalten! — **Vollwertige Nahrungsmittel,** vor allem in der Regel Vollkorn-, Ruch- od. Bauernbrot oder sog. aufgewertete Sorten (Vitalin-, Biopan-Brote u. ä.) verwenden, ebenso zum Kochen nicht ganz ausgemahlenes Mehl (od. weisses mit Vit.-Zusatz) spez. für die täglichen Saucen, Suppen usw. Auch Vollreis sowie Hirse ergeben gesunde, schmackhafte Gerichte.

2. Die **Ausgaben** für die Mahlzeiten richten sich nach dem Haushaltungsbudget, den Bedürfnissen und Ansprüchen. — **Rationell** kochen heisst auch:

a) Rechtzeitiges Überlegen des Speisezettels unter Berücksichtigung der zur Verfügung stehenden Mittel und der Zeit. — Vorteilhaft, auch für den Einkauf im kleinen, ist die jeweilige Zusammenstellung der Menus für 2-3 Tage oder eine Woche, wobei am besten zuerst das Hauptgericht bestimmt wird. Dieses Vordisponieren bedeutet meistens auch eine wesentliche Entlastung für die Hausfrau. — Wichtig ist auch eine gut durchdachte **Vorratshaltung** (s. Nr. 1762), evtl. auch in bezug auf tiefgekühlte Nahrungsmittel (siehe Nr. 1721, Seite 587).

b) Gemüse- u. Obstarten d. **Saison** einkaufen (s. Gemüsetab. Tafel 12 u. 13). Sog. **Primeurs** sind immer teuer und oft noch nicht vollwertig.

Die Nahrungsmittel gut ausnützen, ebenso auch allfällige Reste. (Keine Speisen oder Nahrungsmittel durch Unachtsamkeit usw. verderben lassen!)

c) Die **täglichen Mahlzeiten** sollen gesund, einfach und schmackhaft, jedoch nicht stark gewürzt sein! Dies ist auch bes. **wichtig,** wenn nur eine kurze Mittagspause für einen **Quick Lunch** eingeschaltet wird. Er sollte leicht verdaulich, trotzdem nahrhaft und reich an Schutzstoffen sein. Günstig ist dafür eine Zusammenstellung von leichten Fleischgerichten, Milch (auch als Getränk) und allen Milchprodukten, Vollkornbrotarten, Gemüse (roh od. gekocht) und Früchten (od. Fruchtsäften als Getränk). — Einfach in der Zubereitung, **ausgiebig** und **sparsam** sind Eintopfgerichte, die auch mit wenig Fleisch zubereitet werden können. Die geschickte Zusammenstellung gewisser Speisen mit Kartoffeln, Brot usw. (s. S. 608), ergeben billige und gute Essen. BratenZubereitung ist auch für kleinere Familien relativ günstig und praktisch, da ein Teil davon für eine zweite Mahlzeit (kalte Platte, Küchlein, Haché, Pastetchen usw. je nach Fleischart) verwendet werden kann. (Teuer sind immer Plätzchen, Beefsteaks, Côtelettes u. ä. m.) — Allfällige **Reste** sorgfältig verwerten, so dass sie wieder ein schmackhaftes Gericht ergeben (s. Nr. 1763-64). Sie jedoch ergänzen durch frisches Gemüse, Salat oder Obst. Beim Zubereiten der Mahlzeiten sonst möglichst darauf achten, dass nicht zu häufig

Reste entstehen, da die meisten Speisen (spez. die Gemüse) durch das Wiedererhitzen an Nährwert, Geschmack und Aussehen einbüssen und wertlos werden können (sog. totgekochte Nahrung!).
Bereichern lässt sich jede Mahlzeit (z. B. bei unerwartetem Besuch usw.) durch eine passende Vorspeise oder einen Dessert.

3. Abwechslung in der Zusammenstellung (d. h. in der Wahl der Gemüse, des Fleisches usw.) auch betr. Form und Farbe, ist zu beachten.

a) Die **Fleisch-Art** soll sich z. B. nicht wiederholen, wenn mittags und abends oder in einem grösseren Menu zweimal Fleisch serviert wird. Unrichtig wäre: mittags Roastbeef, abends Rindshuftplätzchen, oder als Vorspeise Milkenpastetchen, gesottene oder gedämpfte Fische und als Hauptgericht Kalbsbraten oder Bratwürste. — In der Regel immer nur ein Haupt-**Stärkegericht** servieren, z. B.: Reis, Kartoffeln oder Teigwaren (mit Ausnahme der Beigabe v. Kartoffeln zu Fisch). — **Gleiche Zubereitungsarten vermeiden:** z. B. nicht im selben Menu 2–3mal Fettgebackenes wie panierte Schnitzel, Pommes frites, Apfelbeignets — oder mehrere Puréegerichte: z. B. eine passierte Suppe, Kartoffelstock, gehackter Wirsing und eine Crème od. Apfelmus als Dessert.

b) Die **Farben** wirken bes. stimulierend, deshalb auch die täglichen, einfacheren Mahlzeiten hübsch zusammenstellen. Unrichtig wäre **a)** helle Mehlsuppe, weisses Kalbsragout, Indischer Reis, Chicoréesalat, Apfelkompott oder Vanillecrème — **b)** geröstete Griessuppe, Rindsbraten, Bratkartoffeln — **c)** Tomatensuppe, Bratwürste, Rotkraut und Erdbeeren — **d)** Lauch- oder Kräutersuppe, Spinatpudding mit Sauce, Rhabarberkompott.

c) Die **Form** ist bes. bei grösseren Menus wichtig, d.h. sie soll sich möglichst nicht wiederholen. Unrichtig wäre: Hirnpudding als Vorspeise und eine gestürzte Crème als Dessert. — Pilzschnitten als Vorspeise, nachher Côtelettes — Rindfleischvögel und als Dessert kleine gefüllte Omeletten usw.

4. Die **Jahreszeit** spielt beim Speisezettel ebenfalls eine wesentliche Rolle. Im Sommer wählt man in der Regel leichtere Gerichte, beginnt die Mahlzeiten evtl. auch häufiger mit Rohkostsalaten und -säften sowie Obst. Im Winter sind auch fettere und schwerere Speisen zuträglich und ab und zu willkommen. Zu üppige sowie stark gewürzte Gerichte aber eher auf Ausnahmen beschränken!

5. Das **Anrichten** und **Servieren** der Mahlzeiten soll sorgfältig, appetitlich und hübsch geschehen. — Stimmung und Esslust werden schon durch das Auge angeregt und damit auch eine bessere Verdauung und Ausnützung der Speisen gewährleistet, zum Vorteil für Gesundheit und Wohlbefinden.

6. Beispiele für Menu-Zusammenstellungen aus der Fülle der Möglichkeiten für **Mittagessen,** einfache und reichere, auch vegetarische, sowie für kleine **Abendessen** od. zu einem **Lunch** oder **Brunch** (breakfast mit lunch) mit und ohne Fleisch, siehe nächstfolgende Seiten.

Einfachere vegetarische Abendessen, evtl. Lunch, warme und kalte

a) Gesalzene Abendessen: Servieren mit Gemüsebouillon in Tassen oder mit einem Tee.
1. Buchweizenküchlein, gemischter Salat
2. Fastenkutteln mit Kopfsalat oder Tomatensauce
3. Freiburgerkartoffeln mit rohem Sauerkrautsalat
4. Gebratene Maisschnitten oder goldene Taler mit Gurkensalat od. Tomatensauce
5. Gefüllte Gurken oder Zucchetti mit Salzkartoffeln oder Wasserreis
6. Gefüllte Peperoni und Tomaten (mit Pilz-, resp. Wegglifüllung), Indischer Reis
7. Gefüllte Tomaten (mit ganzen Eiern), Petersilienkartoffeln
8. Gemüse- oder Pilzküchlein mit Tomatensauce
9. Griessgnocchi à la Romaine mit gemischten Salaten
10. Kabisrouladen, kleine — Kompott oder rohe Früchte
11. Kartoffelpudding oder Tessiner Kartoffeln mit Kräutersauce oder Salat
12. Käse- oder Spinatgnocchi mit Salat
13. Käse-Brot-Auflauf mit Salat
14. Käseschnitten mit Salat oder Tomatensauce
15. Käse-, Eier- und Kressebrötchen — Zwetschgenkompott mit Flocken
16. Nudelauflauf mit Tomatensauce oder Spaghetti alla Bolognese
17. Omelette à la Paysanne mit Tomaten- und Rettichsalat
18. Omeletten mit Spinat- oder Käsefüllung
19. Gedämpfte Pilze im Reisring oder in Omeletten
20. Reis oder Hirse mit Käse au gratin, Salat
21. Rohkost-Quarkbrötchen mit Kressesalat
22. Rührei od. Verlorene Eier in Krustaden oder auf Croûtons, Salat
23. Pizza od. Calzone mit Salat, oder Käsefondue
24. Schalenkartoffeln, Käse, Radieschen, Quarksauce oder frische Butter
25. Spinat auf italienische Art und gebackene Schalenkartoffeln
26. Spinat- oder Mangold- und Käse- oder Tomatenwähe
27. Vogelheu mit Salat oder Kompott

b) Süsse Abendessen: Servieren mit Milchkaffee, Schwarz- od. Kräutertee (evtl. vorher eine Suppe).
1. Apfelreis oder -hirse (evtl. meringuiert)
2. Apfelschmarren oder Apfelrösti
3. Apfel- und Zwetschgenwähe oder Quarkkuchen
4. Birchermüesli, Vollkorn- oder Knäckebrot mit Butter
5. Brot- oder Dörrobstpudding mit Vanillesauce od. Gredfil
6. Chratzete mit Kirschen- oder Zwetschgenkompott
7. Gemüsesuppe — «Haitisturm» oder Hefekranz mit Kompott
8. Hirsegriess- oder Maisschnitten mit Kompott
9. Kastanienpudding mit Apfelmus
10. Kirschen- oder Apfelauflauf oder Mannheimer Apfelkuchen
11. Maispfluten au gratin mit Heidelbeer- oder Brombeerkompott
12. Hirsepudding oder Milchreis mit Zwetschgen- oder rohem Brombeerkompott
13. Nidel- und Kirschen- oder Zwetschgenwähe
14. Omeletten oder Knöpfli mit Pflaumen- oder Apfelkompott
15. Zwetschgen- oder Apfelstrudel mit Vanille- oder Rahmsauce

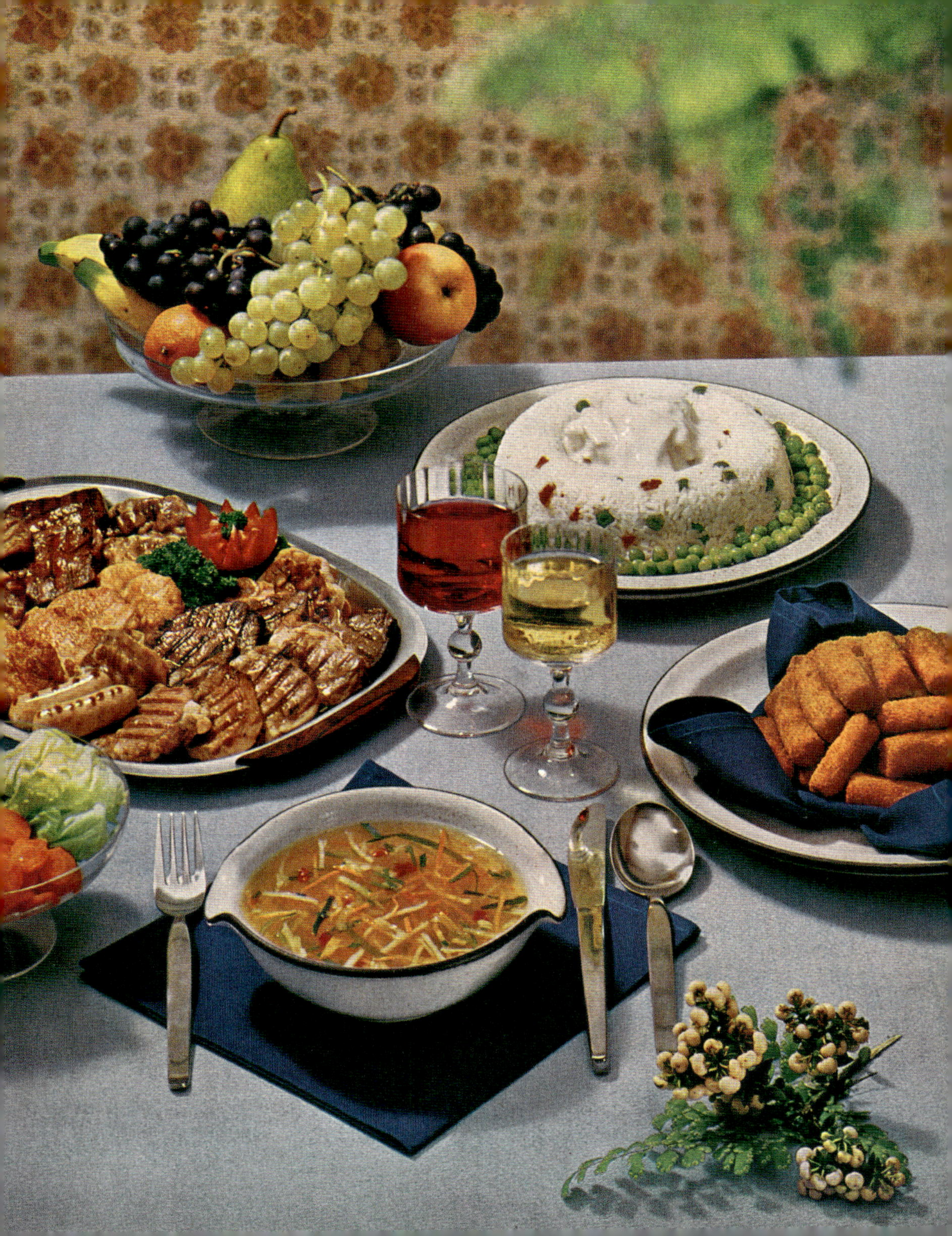

Kleinere warme Abendessen mit Fleisch (z.T. auch geeignet für **Brunch**)

Servieren mit Bouillon in Tassen, mit Schwarz- oder Kräutertee — evtl. vorher Joghurt od. Past-Milch, eine heisse Grapefruit oder nach Belieben rohe Früchte.

1. Aufschnitt oder Kalte Fleischplatte, Indischer Reis, Randen- und grüner Salat
2. Beefsteaks, Bratkartoffeln, Blumenkohl mit Sauce oder frische Kresse
3. Brätkügelchen in Sauce mit Tomatenreis
4. Bratwurstteig auf Croûtons oder Schinkenschnitten, Salat
5. Braunes Kalbsragout im Maisring, grüner Salat
6. Brotauflauf mit Speck, Salat
7. Cervelat- oder Corned-beef-Küchlein mit Kartoffel- und Spinatsalat
8. Fisch- oder Fleischcroquettes, Tomaten- od. Senfsauce (evtl. Salzkartoffeln)
9. Fleischhaché mit Schalenkartoffeln, Salat
10. Fleischkräpfchen, Schinkenweggen oder Calzone, evtl. mit Kabissalat
11. Fleischpudding mit Zwiebelsauce
12. Fritto misto alla Bolognese mit Kräutersauce
13. Geschnetzelte Nieren, -Leber oder -Kalbfleisch mit Kartoffelrösti, Salat
14. Geflügelpastetchen (aus Resten), Salat
15. Gefüllte Chicorées, Risotto
16. Gefüllte Gurken oder Zucchetti, Hirsotto
17. Gefüllte Omeletten mit Fleischhaché oder kleinem Ragout, Salat
18. Plat de Jambon en surprise
19. Dschumbo-Steaks mit Kresse
20. Wurstkrapfen mit Kartoffelteig, Salat
21. Hackbeefsteaks, Nudeln, Tomatensalat
22. Kabisrouladen mit Zwiebel- oder Tomatensauce
23. Schottische Schinkeneier, Risotto, gedämpfte Erbsen
24. Kalbsplätzchen mit Rahmsauce, Spaghetti, Rübensalat
25. Kalbszüngli mit Kapernsauce, gedämpfte Bohnen
26. Kalte Platte mit Eiern, Aufschnitt und Sulz in Förmchen, Butterbrot
27. Gefüllte Kartoffeln, verschiedene Salate
28. Kartoffeln mit Speck (in der Form), Salat
29. Kartoffelpastete oder Shepherd's pie, mit Kapern- oder Madeirasauce
30. Käse-Brot-Auflauf mit Speck, roher Sauerkraut- und grüner Salat
31. Kleine Bratwürstchen mit Rotkraut und Halbäpfeln
32. Krustade mit Fleischhaché, Salat
33. Leber à l'Anglaise, neue Schalenkartoffeln
34. Lyonerkörbchen mit Rührei auf Spinat, Kartoffelstengeli
35. Ofenküchlein mit Schinkenfüllung, Salat
36. Französische Omelette mit Nierchen, gedämpfte Tomaten
37. Türkisches Pilaw mit Endiviensalat
38. Ravioli oder Cannelloni mit Tomatensauce au gratin
39. Schinkengnocchi, Salat
40. Schinkenrollen, gedämpfter Spinat oder grüner Salat
41. Spaghetti al sugo oder alla Bolognese, Salat
42. Spinatpudding oder -auflauf mit Speck, Béchamelsauce
43. Tessiner Kartoffeln mit Speck und Käse, Tomaten- und Kressesalat

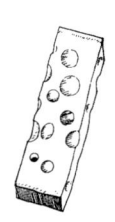

Einfache Mittagessen (spez. mit Kartoffel-, Brot- und Hirseverwendung)

Ohne Fleisch	Mit Fleisch
Brombeerkaltschale	Kohlrabisuppe
Kartoffelkuchen oder -gnocchi	Kartoffelpastete od. Shepherd's pie
Gedämpfter Lauch mit Béchamel	Tomatensauce oder Salat
—	Früchte
Brotsuppe	—
Pommes de terre à l'Anglaise	Früchte oder Hirsegriessuppe
Bunter Salatteller	Gefüllte Kartoffeln mit Schinken
—	Roher Fenchel- und grüner Salat
Salatplatte	—
Gedämpfte Erbsen und Rüben im Hirsering	Grüne Selleriesuppe
Frische Beeren	Hasenpfeffer und Kartoffelklösse
	Apfelsauce
—	—
Spinatsuppe	Kartoffelküchlein (gefüllt mit Wurst)
Kartoffelauflauf mit Pilzsauce	Petersilien- oder Kräutersauce
evtl. Randensalat	Fruchtsalat
Rohe Apfelspeise, Haferbiscuits	—
—	Früchte oder Hafermehlsuppe
Flädlisuppe oder Früchte	Brotauflauf mit Speck und Käse
Kartoffeln mit Käse in der Form	Randen- und roher Sauerkrautsalat
Gurken- und Kopfsalat	—
—	Juliennesuppe oder roher Rübensalat
Tomatensuppe oder -jus	Spinat- oder Lauchröllchen mit Speck
Brotkloss mit gerösteten Zwiebeln	Béchamel — Salzkartoffeln
Gemischter Salat	—
Äpfel au gratin	Fleischklösse (mit Brot)
—	Gedämpfter Broccoli
Gebundene Hirsesuppe	Hirseauflauf mit Kompott
Kartoffelravioli mit Spinat	—
Tomatensauce	Gerstensuppe oder roher Randensaft
	Brot-Fleischküchlein
	Sellerie oder Rüben in Sauce
	Apfel- oder Birnenkompott
Roh-Gemüsesaft oder Sagosuppe	—
Kartoffelcroquettes mit Kräutersauce	Weisse Kartoffelsuppe
Schokolade-Junket	Brät auf Croûtons u. gemischte Salate
	Heidelbeeren
Rohes Apfelmus od. -saft	—
Kartoffeln auf Freiburger Art	Lasagne verdi al forno
Grüner Salat	Karthäuserklösse mit Kompott

NB. Alle Rezepte der hier genannten Gerichte sind im Buche zu finden. Zusammenstellung von Speisezetteln (Grundregeln) siehe **Nr. 1765**.

Wochen-Speisezettel Mittag- und einfachere Abendessen (Seite 611–613)

Frühling		Sommer
Früchte oder Hafersuppe Spinatpudding, garniert mit Pilzen auf Croûtons Weisse Buttersauce	**Montag**	Kalte Bouillon mit Käsebrezel Sauerbraten — Polenta Gefüllte Halbäpfel
•		•
Goldene Taler Rettich- und Schnittsalat	Abends	Brotpudding mit Vanille- sauce und Beeren
Früchte oder Brotsuppe Kalbsbraten mit Hirsotto Rüben- und Kresse- oder Löwenzahnsalat	**Dienstag**	Rohkostsalatplatte Kartoffelauflauf mit Madeirasauce Bananenschiffchen
•		•
Birchermüesli (mit Rhabarber) Vollkornbrot mit Butter	Abends	Gebackene Gemüseküchlein Grüner und Tomatensalat
Kräutercocktail oder -suppe Römische Pastetchen mit Rüben und Erbsen Kartoffelstock	**Mittwoch**	Luftsuppe oder Kirschen Heisser Fleischkäse Petersilienkartoffeln Salat
•		•
Rhabarberkuchen (mit Weggli) — Milchkaffee	Abends	Rote Grütze mit Vanillemilch
Fidelisuppe Siedefleisch mit Beigaben Gedämpfter Broccoli Salzkartoffeln Meringuierte Rhabarberschnitten	**Donnerstag**	Kirschen- oder Apfelsuppe Wienerschnitzel Teigwaren Gedämpfte Bohnen
•		•
Früchte Ofenküchlein mit Käsefüllung Salat	Abends	Kalter Hackbraten Sülzchen Halbe Eier auf Salat
Tomatensuppe Fische à la meunière Wasserreis, Salat Dörrfruchtköpfchen mit Nussauce	**Freitag**	Spinatauflauf mit Käsesauce Neue Kartoffeln Junket oder Joghurt mit Erdbeeren
•		•
Nudelauflauf, Pflücksalat	Abends	Gedämpfte Zucchetti, Risotto

NB. Alle Rezepte der hier genannten Gerichte sind im Buche zu finden.
Zusammenstellung von Speisezetteln (Grundregeln) siehe **Nr. 1765.**

Wochen-Speisezettel Mittag- und einfachere Abendessen

Frühling		**Sommer**
Salatteller oder Gebundene Griessuppe Irish Stew Dörrfruchttorte	**Samstag**	Kirschen oder Beeren Cervelatküchlein od. Käsespiesschen Kartoffel-, Tomaten- und Spinat- od. Catalogna-Salat
•		•
Spaghetti- und Kressesalat Heisse Würstchen	Abends	Kaffee complet
Milch-Cocktail Roastbeef auf dem Rost Blumenkohl mit Sauce Bratkartoffeln Fruchtsalat	**Sonntag**	Grapefruit Braunes Kalbsragout à la Provençale Indischer Reis oder Hirse Erdbeertorte
•		•
Omelette à la paysanne Salat	Abends	Kirschen-Kaltschale Belegte Brötchen
Herbst		**Winter**
Traubensaft od. Spinatsuppe Braunes Schweinsragout Hirsotto — Lattichsalat Bratäpfel	**Montag**	Geröstete Mehlsuppe Kleine Netzwürstchen Rotkraut mit Halbäpfeln Kartoffelstock
•		•
Kleine Omeletten mit Brombeerkompott	Abends	Reis mit Käse au gratin Endiviensalat
Frische Trauben oder Gerstensuppe Ungarischer Braten Gedämpfter Lauch od. Catalogna Kartoffelschnee	**Dienstag**	Heisse Grapefruit Rinds- od. Schweinsplätzchen Gedämpfte Chicorées Grüne Nudeln
•		•
Kastanienpudding mit Apfelmus	Abends	Rohe Früchte Käsegnocchi, Salat

NB. Alle Rezepte der hier genannten Gerichte sind im Buche zu finden. Zusammenstellung von Speisezetteln (Grundregeln) siehe **Nr. 1765.**

Wochen-Speisezettel Mittag- und einfachere Abendessen

Herbst

Verlorene Eier mit Schinken
Spinat auf italienische Art
  mit Béchamel
Gebackene Schalenkartoffeln
Rohe Fruchtspeise

·

Gefüllte Tomaten, Hörnli

—

Trauben oder Pilzsuppe
Geschnetzeltes Kalbfleisch
  im Reisring
Randen- und Kopfsalat

·

Fastenkutteln
Apfelmus

—

Trauben od. Brombeeren
Gefüllter Kohlkopf mit
Tomatensauce — Knöpfli
Meringueschwänchen

·

Schalenkartoffeln
Quark-Kräutersauce
Käseplatte

—

Rohe Früchte und Nüsse
Schweinsbraten-Eintopf

·

Apfelrösti, Milchkaffee

—

Gemüse-Cocktail od. Luftsuppe
Hohlpastete mit Brätkügeli
Wasserreis — Salat
Mokkacrème

·

Spaghetti Bolognese
Brombeerkompott

Winter

Mittwoch

Linsensuppe oder Orangen
Kartoffelpastete mit Haché
Gedämpfter Spinat oder
Topinambur in Sauce

·

Abends

Hühnerbouillon (Knorr)
Apfelstrudel, Vanillesauce

—

Donnerstag

Birnen od. Falsche Krebssuppe
Schafbraten
Wirsing mit Kastanien
Salzkartoffeln

·

Abends

Hackbeefsteaks
Endivien- und Randensalat

—

Freitag

Spinatsuppe od. Salatteller
Gedämpfte Fischtranchen
Salzkartoffeln, Kapernsauce
Wegglipudding mit
  Dörrzwetschgen- und
  Orangenkompott

·

Abends

Apfel-Vollreis au gratin

—

Samstag

Hirsesuppe
Schweinsrippli mit Sauerkraut
Erbsenpurée

·

Abends

Käse-Brotauflauf, Salat

—

Sonntag

Feiner Selleriesalat
Poulet vom Rost
Rosenkohl auf franz. Art
Bratkartoffeln
Ananas flambé

·

Abends

Kleine Eieromeletten mit
Schinken, Salat
Rohes Apfelmus

NB. Alle Rezepte der hier genannten Gerichte sind im Buche zu finden.
Zusammenstellung von Speisezetteln (Grundregeln) siehe **Nr. 1765.**

Kleine Menus mit Fleisch mit kurzer Zubereitungszeit (auch für **Lunch**)
Für **Berufstätige:** evtl. unter Verwendung von Tiefgekühltem oder Büchsen sowie Maggi- oder Knorr-Produkten usw.

Frühling	Sommer
Schweinsfilet mit Rahmsauce	Frischer Cassissaft
Feine Teigwaren	Bratwurstkügelchen, gebraten
Junge glasierte Rüben	Gedämpfte Kefen, Risotto
Orangen-Bananen-Salat	Himbeeren mit frischem Rahm
—	—
Rhabarber-Kaltschale	Junket mit Erdbeeren
Rahmschnitzel — Risotto	Omelette à la Paysanne
Gedämpfter Broccoli	Kresse-, Rettich- und Kopfsalat
—	—
Kräutersuppe od. -joghurt	Güggeli vom Grill mit Curryreis
Pilaw mit Salat	Grüner- und Tomatensalat
Rohe Früchte, Nüsse	Johannisbeerschaum
—	—
Thonmayonnaise in Muscheln	Kirschen od. Milch-Siphon
Schinkenscheiben à l'Américaine	Hackbeefsteaks
Gedämpfter Spinat	Blumenkohl à la Polonaise
Bratkartoffeln	Neue gedämpfte Kartoffeln
Rohe Fruchtspeise	
—	—
Milch-Frappé oder Sagosuppe	Gemischte Salatplatte
Zigeunerauflauf	Cannelloni mit Tomatensauce
Tomatensauce — Salat	Melonenschnitze
Halbäpfel mit Rosinen	
—	—
Vogelnester (mit Brät)	Verlorene Eier auf Croûtons mit **Leber**
Kartoffelschnee — Nüsslisalat	Gedämpfte Erbsen und Zucchetti
Aprikosenkompott (v. gedörrten)	Neue Schalenkartoffeln
	Erdbeerglace
—	—
Spinat-Kaltschale	Tomaten-Kaltschale
Dschumbo-Steak — Polenta	Gebackene Schweinsplätzchen
Roher Rüben- und Kressesalat	Petersiliensauce
Orangenkompott	Wasserreis oder -hirse
	Pfirsiche mit Chaudeau

NB. Alle Rezepte der hier genannten Gerichte sind im Buche zu finden.
Menu-Zusammenstellung (Grundregeln) siehe **Nr. 1765.**

Kleine Menus mit Fleisch mit kurzer Zubereitungszeit (auch für **Lunch**)

Für Berufstätige: evtl. unter Verwendung von Tiefgekühltem oder Büchsen sowie Knorr- oder Maggi-Produkten usw.

Herbst

Salatteller
Lasagne al forno
Kaki-Coupe

—

Trauben
Entrecôte mit Risotto
Tomaten- und grüner Peperonisalat
Zabaione mit Biscuits

—

Roher Randen-, Zucchetti-
und Endiviensalat
Kalbsplätzchen au gratin
Sellerie-Kartoffeln
Früchte

—

Gril-Cocktail
Leber à l'Anglaise
Indischer Reis
Rohe Heidelbeercrème

—

Nüssli- u. roher Rübensalat
Spaghetti à la Napolitaine
Corned beef (heiss) mit
Champignonsauce
Brombeeren mit Zucker

—

Fondue Bourguignonne
oder
Gulasch mit Kopfsalat
Trauben

—

Gemüsecrèmesuppe (Maggi)
Fische à la Meunière
Kartoffelstängeli und Nüsslisalat
Zwetschgenmus auf Zwieback,
meringuiert

Winter

Nüssli- und roher Randensalat
Geröstete Griessuppe
Kleine Bratwürstchen
Kartoffeln in Sauce
Früchte

—

Bouillon in Tassen
Châteaubriand mit Kräuterbutter
Pommes frites
Erbsen und Blumenkohl, franz. Art
Bananes flambées

—

Randen-Cocktail
Kubanischer Reis
Karamelcrème

—

Tomatenjus oder
eingerührte Lauchsuppe
Filets de Soles, gebraten
Pikante Senfsauce, Wasserreis
Fruchtsalat mit Feigen

—

Früchteschale
Cervelatküchlein
Kartoffel- und grüner Salat
Haselnussauflauf

—

Lyonerkörbchen mit Erbsen
um gedämpfte Champignons
Feine Nudeln mit Butter
Rohe Apfelspeise

—

Heisse Grapefruit
Saltimbocca
Fenchel mit Käsesauce au gratin
Kartoffelschnee
Schokolade-Rahmcrème

NB. Alle Rezepte der hier genannten Gerichte sind im Buche zu finden.
Menu-Zusammenstellung (Grundregeln) siehe **Nr. 1765**.

Kleine vegetarische Menus mit kurzer Zubereitungszeit (auch für Lunch)
Für Berufstätige: evtl. unter Verwendung von Tiefgekühltem oder Büchsen sowie Maggi- oder Knorr-Produkten usw.

Frühling

Früchte und Nüsse
Tee mit
Kräuter-, Tomaten- und
Spargelbrötchen
Schokolade-Soufflé

—

Gemüsebouillon mit Reis
Spinatomeletten
Gemischte rohe Salate
Orangencrème, Biscuits

—

Früchteschale
Käse-Kartoffelschnitten
Kressesalat mit Radieschen

—

Grüner Salat mit Eiersauce
Gemüseragout im Reisring
Rohes Apfelmus

—

Grünkernmehlsuppe
Cannelloni mit Pilzfüllung
Salat
Falsche Spiegeleier

—

Salatteller oder Luftsuppe
Gebackene Spinatküchlein
Indischer Reis und Tomatensauce
Macédoine aux fruits en coupes

—

Grapefruit od. Milch-Egg-Nogs
Gemüseroulade mit Hollandaise
Kopfsalat

Sommer

Neue gebratene Schalenkartoffeln
verschiedene Käse
Roher Lattich- und Rübensalat
Johannis- oder Himbeerschaum

—

Melone mit Salz und Pfeffer
Englische Käseschnitten
Gedämpfte Kefen
Junket mit Erdbeeren

—

Gemüsesaft oder Früchte
Feine Nudeln mit Eiern
Gedämpfte Tomaten — Salat
Karamelcrème oder -Eis

—

Kirschen-Kaltschale
Vegetarisches Hors d'œuvre
mit Toast
Crêpes Suzette

—

Tomatenjus od. Joghurt-Shake
Reis au gratin
Gedämpfte Erbsen und Rüben
Pfirsiche mit Kirsch

—

Kalte Grilbouillon
mit Käsestengeln
Verlorene Eier auf Spinat
Neue Kartoffeln
Gefüllte Melone

—

Salatteller
Krustade mit Pilzen
Joghurt-Eisbecher

NB. Alle Rezepte der hier genannten Gerichte sind im Buche zu finden. Menu-Zusammenstellung (Grundregeln) siehe **Nr. 1765.**

Kleine vegetarische Menus mit kurzer Zubereitungszeit (auch für Lunch)

Für Berufstätige: evtl. unter Verwendung von Tiefgekühltem oder Büchsen sowie Knorr- oder Maggi-Produkten usw.

Herbst

Trauben
Gedämpfte Pilze im Reisring
Zuckerhut- und Tomatensalat

—

Kräutersuppe od. Joghurt
Tomaten mit Eiern au gratin
Bratkartoffeln
Brombeeren mit Zucker

—

Roher Bleichsellerie
Französische Omelette mit Pilzen
Kleine junge Kartoffeln
Zwetschgenkuchen

—

Polenta e fontina
Gedämpfter Spinat
Gemischte Fruchtspeise
Cornflakes, Rahm od. Gredfil

—

Hagebutten-Kaltschale
Lauchröllchen, gedämpfte
Spaghetti à la Milanaise
Früchteteller

—

Hirsesuppe od. Past-Milch
Gemüseauflauf mit Kopfsalat
Trauben und Birnen

—

Salatteller
Zuppa pavese
Rote Grütze mit Kaffeerahm

—

Ratatouille mit Polenta
Heidelbeerspeise

Winter

Orangensaft
Rührei mit Erbsen
Kartoffelpuffer und Sauerkrautsalat

—

Reissuppe od. roher Selleriesalat
Spinat auf italienische Art
Kartoffelbrötchen im Ofen
Dörrzwetschgen-Kompott mit Rahm

—

Zwiebelsuppe od. heisse Grapefruit
Brotküchlein
Chicorée- und Randensalat
Bananencrème

—

Grünerbsmehlsuppe od. Milchcocktail
Käsepudding mit Salat
Orangensalat, Biscuits

—

Tomatenjus oder -suppe
Vollmehl-Knöpfli mit Eierguss
Nüsslisalat
«Silver Delicious»

—

Birnen, Nüsse und
Roter Chicoréesalat
Schottische Eier mit Senfsauce
Risotto

—

Rohkost-Salatplatte
Hirsegericht mit Pilzen
Feigenkompott
mit Vanillesauce

—

Bulgarischer Kräuterbecher
Broccoli mit Käsesauce
Kartoffelstock
Meringuierte Apfelschnitten

NB. Alle Rezepte der hier genannten Gerichte sind im Buche zu finden. Menu-Zusammenstellung (Grundregeln) siehe **Nr. 1765.**

Vegetarische Menus mit Rohkost (leichte)

Trauben
Kräuterquark-, Tomaten- und
Selleriebrötchen
Kopfsalat mit halben Eiern
Haselnuss-Rahmcrème

—

Joghurt oder saure Milch
mit Beeren und Vollkornbrot
Spinatpudding mit Pilzsauce

—

Roher Rüben-, Fenchel- u. Kressesalat
Vollreis-Risotto
Meringuierte Erdbeertörtchen

—

Früchteteller und Nüsse
Quiche Lorraine
Gemischter Salat
Blanc-manger mit Himbeersaft

—

Tomaten-Kaltschale
Neue Kartoffeln mit Käse, Butter,
Radieschen und kalter Meerrettichsauce
Schokoladesoufflé

—

Spinatsaft
Bouchées de semoule au fromage
Sellerie-, Tomaten- und Endiviensalat
Pfirsiche à la Chantilly

Vegetarisches Hors d'œuvre
Käseauflauf — gedämpfter Lattich
Gefüllte Papayas

—

Junket mit Beeren
Tessiner Kartoffeln
Lauchsalat oder -gemüse

—

Tomaten mit rohem Selleriesalat
Buchweizenküchlein oder
Verlorene Eier auf Croûtons
Gedämpfter Spinat
Rohe Feigenspeise

—

Roher Blumenkohl-, Randen-
und Nüsslisalat
Polenta mit ged. Steinpilzen
Früchteköpfchen mit Rahm

—

Grapefruitsaft
Gemüsefrittura mit Käsesauce od.
Zucchettiküchlein mit Tomatensauce
Grüner Salat

—

Frühlings-Cocktail
Kartoffelgnocchi au gratin
Roher Kohlrabi- und Kopfsalat
Brombeer-Biscuitschnitten

NB. Alle Rezepte der hier genannten Gerichte sind im Buche zu finden.
Menu-Zusammenstellung (Grundregeln) siehe **Nr. 1765.**

Reichere vegetarische Menus

Frühling

Prinzessuppe oder Salatteller
Junge Rübchen und Erbsen
im Makkaroniring
Rhabarbercrème mit Meringuepilzen

—

Eier auf Florida-Salat
Gehackter Wirsing
Schalenkartoffeln à l'Anglaise
Rohe Apfelspeise mit Hirsekonfekt

—

Gemüsebouillon mit Sago und Pilzen
Sellerie mit Käsesauce au gratin
Kartoffelcroquettes — Salat
Orangenkompott

—

Avocado-Cocktail
Zwiebel-Maisschnitten
Rettich-, Tomaten und Schnittsalat
Schwammpudding mit Chaudeau

—

Chicoréeplatte à l'Italienne
Spinatröllchen mit Béchamel
Bratkartoffeln
Frische Früchte

—

Crecysuppe oder Rübensaft
Gefüllte oder Tessiner-Kartoffeln
Randen- und Nüsslisalat
Zwetschgenring mit Vanillesauce

—

Salatteller
Verlorene Eier Italienische Art
auf Risotto
Meringuierte Rhabarberkuchen

Sommer

Kefen auf Croûtons
Pilzragout und Kopfsalat
Johannis- oder Erdbeercrème

—

Tomaten mit Crevettesmayonnaise
Risotto und gedämpfter Spinat
Fruchtsalat mit Kokosbiscuits
oder Schokoladeroulade, eisgekühlt

—

Roher Rüben- und Kopfsalat
Kleine gefüllte Zucchetti
Kartoffelpudding mit Zwiebelsauce
Frische Himbeeren mit Rahm

—

Früchteteller
Spargeln mit pikanter Sauce
Reis mit Käse au gratin
Gemischte Salate
Karamel-Eis, Bricelets

—

Gefüllte Birnen nach amerik. Art
Lattich mit brauner Butter
Knöpfli — Tomatenalat
Junket mit Schokolade oder Beeren

—

Juliennesuppe od. frischer Cassissaft
Spinatauflauf mit Hollandaise
Pommes frites
Rohe Pfirsiche mit Kirsch

—

Vegetarisches Hors d'œuvre
Pilzkrustade mit Petersiliensauce
Bananes Cardinal mit Himbeeren

NB. Alle Rezepte der hier genannten Gerichte sind im Buche zu finden. Menu-Zusammenstellung (Grundregeln) siehe **Nr. 1765.**

Reichere vegetarische Menus

Jedes Menu kann vereinfacht werden durch Weglassen der Vorspeise oder des Desserts.

Herbst

Rohkost-Salatplatte oder
Braune Mehlsuppe
mit Kümmel-Quarkstengeli
Spinatpudding mit Rahmsauce
Bratkartoffeln
Trauben und Kaki

—

Tomaten-Cocktail
Nudelauflauf
Endiviensalat mit Kastanien
Gefüllte Melone, gefroren — Cake

—

Brombeer-Kaltschale
Pilzschnitten auf Spinat
Lasagne mit Käse au gratin
Kopfsalat
Riz à la Trautmannsdorf

—

Käseplatte mit Birnen u. Radieschen
Blumenkohl-Reisspeise
Zuckerhut- und Tomatensalat
Zwetschgentörtchen

—

Herbstliche Früchteschale
Fenchel au gratin
Pilztimbal und Salat
Quittenkompott mit Vanillesauce

—

Gemüsebouillon mit Käseflädli
Maiskolben mit Butter
Gedämpfte Tomaten mit Eiern
Gebackene Schalenkartoffeln
Zitronencrème oder -eis

—

Frischer Traubensaft
Omeletten mit Käsefüllung
Broccoli- und Kopfsalat
Bananenmousse

Winter

Heisse Grapefruit od. feine Hafersuppe
Gedämpfter Lauch mit
Tessiner Kartoffeln
Äpfel mit Backcrème od. Clafouti

—

Salatteller oder Crecysuppe
Ungarische Eier
Chines. Wirsing mit Kartoffelküchlein
Gestürzte Nusscrème

—

Grünkernmehlsuppe
Gebackene Schwarzwurzeln
mit ungar. Tomatensauce
Fidelipudding mit verschied. Salaten
Früchte und Nüsse, od. Kakicoupe

—

Gemüse-Cocktail
Pilzroulade mit Hollandaise
Griessgnocchi Romaine — Salat
Birnen-Igelchen, dunkle

—

Bouillon mit Julienne
Verlorene Eier auf Croûtons
Rotkraut mit Kastanien
Kartoffelstock
Apfelcrème, garniert

—

Grüne Kartoffelsuppe
Stachis in legierter Sauce
Käsewähe mit gemischtem Salat
Dänischer Früchte-Becher

—

Chicorées mit Quarkmayonnaise
Gemüseragout im Reisring
Kastaniendessert mit Apfelschnitzen
Rahmsauce

NB. Alle Rezepte der hier genannten Gerichte sind im Buche zu finden.
Menu-Zusammenstellung (Grundregeln) siehe **Nr. 1765.**

Menus für Feste und Gäste

Frühling

Feine Tomatensuppe oder -Kaltschale
Spinat mit Schottischen Eiern
Kalbsragout mit Champignonsauce
Indischer Reis — Salat
Karamelcrème mit Konfekt

—

Gril-Cocktail oder Bouillon mit Reis
Käsepastetchen, Salat
Roastbeef mit Gemüsemacédoine
Neue Kartoffeln
Orangen-Schaumcrème

—

Kerbelsuppe oder rohe Früchte
Felchen à la Meunière
Kleine Fischkartoffeln
Riz frou-frou mit Paprikasauce
Schwammpudding mit Chaudeau

—

Orangen oder Bouillon in Tassen
Leberspiesschen auf Bohnen
Gigot, Kartoffelcroquettes, Salat
Blanc-manger en coupes
mit Erdbeersaft

—

Schwarzwurzeln à la Polonaise
Gebratenes Gitzi oder Lamm
Römische Pastetchen mit Pilzen
und Erbsen — Kartoffeln mit Petersilie
Sabajon glacé

—

Frühlings-Cocktail
Riz Colonial oder
Rindsfilet Wellington
Parfait Grand Marnier

Sommer

Kalte Bouillon od. Grapefruitsaft
Gedämpfte Kohlrabi in Muscheln
Schweinsfilet im Teig, Salatplatte
Pfirsichkompott mit roten Kirschen

—

Gefüllte Avocados (II. Art)
Forelle mit Sauce Béarnaise
Kleine Fischkartoffeln
Entrecôtes, Risotto mit Pilzen
Deutscher Johannisbeerkuchen

—

Mousse aux tomates
Kalbsnierenbraten und junger Lattich
Griessgnocchi Romaine — Salat
Coupe Danemark

—

Cassis-Cocktail
Französ. Omelette mit Champignons
Hühnercurry im Blätterteigrand
Junger Fenchel- und Kopfsalat
Glückskäfer

—

Bouillon mit Markklösschen
Spargelauflauf
Junge Ente, gebraten
Neue Kartoffeln
Roher Sellerie- und Schnittsalat
Bananenschiffchen od.
Bananes flambées mit Himbeereis

—

Pikante Roulade — Kressesalat
Kalbsfricandeau auf dem Rost
Garnitur à l'Italienne
Aprikosen-Rahmcrème

NB. Alle Rezepte der hier genannten Gerichte sind im Buche zu finden.
Menu-Zusammenstellung (Grundregeln) siehe **Nr. 1765.**

Menus für Feste und Gäste

Herbst

Feiner Blumenkohlsalat
Ungarischer Braten
Indischer Reis — ged. Aubergines
Traubentorte

—

Kleiner Hors d'œuvre-Teller
Kaninchenragout im Nudelring
Feine Erbsen — Salat
Heidelbeercrème mit Konfekt

—

Salade mexicaine od. Juliennesuppe
Lattich mit brauner Butter
Hohlpastete mit Brätkügelchen
und Milken — Kopfsalat
Pfirsiche à la Chantilly
oder Eis-Champignons

—

Hors d'œuvre riche
Gespicktes Rindsfilet auf dem Rost
Kartoffelpastetchen mit Spinat
Gefüllte Ananas od. Melone

—

Selleriesaft oder Bouillon mit Traufen
Ravioli mit Tomatenketchup
Rindfleischroulade mit Eiern
Kartoffelstengeli im Dampf — Salat
Brombeer-Eis mit Haselnussziegeln

—

Kaki-Cocktail
Gefüllte Zucchetti
Bœuf Stroganoff im Reisring
Lattichsalat
Brühteig-Schwänchen

Winter

Bulgarischer Kräuterbecher
Hirnpudding mit Mousselinsauce
Gedämpfte Ochsenrippe
Rosenkohl — Kartoffelbrötchen
Fruchtsalat mit Bricelets

—

Salade Waldorf
Gefülltes Kalbsfilet — Ind. Reis
Rübchen à la Vichy
Omelette soufflée au chocolat

—

Avocado-Cocktail
Schaumeier in Förmchen
Crown Roast of Porc
Broccoli — Feine Nudeln
Apfelcharlotte mit Rahmsauce

—

Bouillon mit Butterklösschen
Bleichsellerie à la Polonaise
Hasenpfeffer mit Fleurons
Knöpfli — Apfelsauce
Kastaniendessert

—

Spinat-Kaltschale oder
Bouillon m. grünen Biscuitwürfelchen
Gebratene Gans à la Bigarade
Gedämpfte Kastanien — Rotkraut
Westfälische Apfelspeise

—

Heisse Grapefruit
Entrecôte Café de Paris
Frisco-Bohnen — Pariser Kartoffeln
Crêpes Suzette

NB. Alle Rezepte der hier genannten Gerichte sind im Buche zu finden. Menu-Zusammenstellung (Grundregeln) siehe **Nr. 1765.**

Grössere Diners

Ochsenschwanzsuppe
Milken au gratin — junge Bohnen
Spanferkel vom Rost — Pariser Kartoffeln
Sellerie- u. Kopfsalat
Savarin mit Ananas und Rahm
oder
Omelette soufflée aux fruits mit Himbeersauce

—

Bouillon mit Käsekügelchen
Salmtranchen grilliert, mit Sauce tartare
Gespickter Rehrücken, garniert mit Ananas und Kirschen
Rosenkohl auf französische Art — Nudeln oder Knöpfli
Poularde, gebraten — Kopfsalat
Charlotte russe

—

Hors d'œuvre riche
Consommé royal
Champignonspastetchen
Rindsfilet à la Jardinière — Neue Kartoffeln
Coupes Pêches Melba
Käseplatte — Früchte

—

Heisse Grapefruits mit Sherry
Spargelcrèmesuppe
Forellen blau, mit frischer Butter — neue Fischkartoffeln
Chateaubriand vom Grill
Kleine Krustaden mit feinen Erbsen — Riz Créole
Tomaten- und Kopfsalat
Crème royal oder Baked Alaska

—

Hummermayonnaise
Bouillon in Tassen mit Galettes
Spargel und Artischocken mit Sauce verte chaude
Gefülltes Fricandeau — Garnitur à l'Italienne
Erdbeer-Vacherin oder Eiscake, meringuiert

NB. Alle Rezepte der hier genannten Gerichte sind im Buche zu finden. Menu-Zusammenstellung (Grundregeln) siehe **Nr. 1765.**

PRIVAT-KOCHSCHULE
ELISABETH FÜLSCHER

Sprensenbühlstraße 7, ob Römerhof, 8032 Zürich, Telephon (051) 32 44 61

Morgenkurse (Dauer 6 Wochen): Das sorgfältig zusammengestellte, zeitgemäße Programm ermöglicht es den Kursteilnehmerinnen, sich genügend Kenntnisse zu erwerben zur Führung einer gepflegten Küche.
Nachmittags- und Abendkurse, kurzfristig für die feinere Küche sowie auch für Hors d'oeuvre, Backen usw.
Auskunft und Prospekt unverbindlich.

Kochbuch, 8. Auflage, im Selbstverlag von Elisabeth Fülscher

Alphabetisches Inhaltsverzeichnis

Inhaltsverzeichnis nach Kapiteln siehe Seite XIX–XXXVIII
am Anfang des Buches

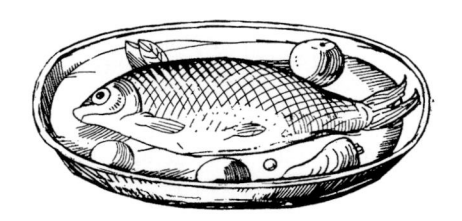

Die Rezepte sind für 6 Personen berechnet,
für 2–3 Personen die Hälfte zubereiten

Aal – Aprikosentorte mit Rahmcrème

A

	Nr.
Aal, gesotten	618
— suppe, Hamburger	96
Abendessen und warme Vorspeisen	210-243
Abendessenbrötchen (Sandwiches)	114
Albertbiscuits	1526
Amerikanischer Reissalat mit Früchten	131
— Selleriesalat (Salade Waldorf)	128
— Zitronenkuchen	1450-1451
— Zwiebelpudding	328
Ananas-Bowle	1712
— brötchen (Abschn. 5)	1636
— -Buttercrème	1415
— -Charlotte	1278
— -Cocktailcrackers (1. Abschn.)	116
— eis, feines	1306
— gefüllte	1076
— od. Melone, gefüllte u. gefroren	1317
— glasur sowie v. Erd- u. Himbeeren (3)	1420
— kuchen	1447
— -Rahmeis	1304
— sauce	1225
— schnittchen (Konfekt)	1523
— -Schnitten (m. Ein- od. Zwieback)	1145
— -Schnitten, meringuiert	1146
— -Schnitten mit Biscuit	1484
— törtchen	1469
— törtchen, mürbe	1488
— torte mit Buttercrème	1351
— torte mit Rahmcrème (Abschn. 3)	1349
Anchovisbutter (Abschn. 8)	608
Anchovisbutter-Brötchen (Abschn. 4)	118
Änis-Kräbeli	1514
— plätzchen	1515
— schnitten	1517
Apéro-Brötchen, kleine (Appetizers) (Tafel 3)	116, 1634
Apfelauflauf, einfacher	1130
— auflauf, meringuierter	1131
— -Biscuitkuchen	1439
— charlotte, feine	1147
— crème (Tafel 44)	1092
— dessert mit Kastanien	1285
— grütze	1158
— kompott in der Silbertüte	1093a
— kompott (Schnitze od. Halbäpfel)	1094
— krapfen od. -taschen	1480
— kuchen, feiner (Abschn. 1)	1431
— kuchen, feiner, m. Rahm (Tafel 51)	1432
— kuchen, Mannheimer	1436
— kuchen, meringuierter	1433
— küchlein	1137
— maisschnitten	1144
— -Mayonnaise (Abschn 11)	595

	Nr.
— mus (auch gebrannt u. meringuiert)	1088
— mus, rohes	1057
— omeletten	1212
— pasten	1608a
— pastete	1434
— pfannkuchen, Hamburger	1694
— reis od. -hirse, mering. (Früchtereis)	1134
— rösti	1143
— sauce	587
— schaum, rosa	1089
— scheiben im Krätzchen od. Käfig. Abb. s. b/Nr. 1137	1141
— schneck	1435
— schnitten (mit Ein- od. Zwieback)	1145
— schnitten, meringuierte	1146
— sine, dänische od. «Citronfromage»	1270
— speise, meringuierte	1124
— speise, rohe (Apfelschaum)	1058
— speise, westfälische	1091
— strudel	1461
— stückli, süsse	1093
— suppe (warm od. als Kaltschale)	102
— törtchen	1478
— wähe (Fruchtwähe, Abschn. 1)	1428
— weggen	1479
Äpfel als Igel	1095
— au gratin	1126
— braune, oder Birnen	1097
Äpfelchen, glasierte (Garnitur, Tafel 32)	872
Äpfel, gebratene	1127
— gebratene od. Bananen, als Garnitur	870
— gefüllte, ganze (od. halbe)	1128
— gefüllte halbe, meringuiert	1129
— gefüllte halbe, mit Preiselbeeren	871
— gefüllte, im Krätzchen od. Käfig	1142
— gefüllte, meringuiert	1129
— in der Silberfolie (Silver Delicious)	1128a
— Lagerfähigkeit (s. Tabelle S. 366)	
— mit Backcrème	1125
Appetitbrötchen (Tafeln 3 u. 7)	115-118
Aprikosen-Biscuitkuchen	1439
— -Biscuittörtchen, feine	1487
— -Charlotte	1279
— -Eis, Fruchteis (Abschn. 3)	1292
— -Eis, feines Fruchteis	1306
— -Hefekuchen	1438
— -Kompott (od. Mirabellen usw.)	1103
— kuchen	1442
— kuchen, feiner (Abschn. 3)	1431
— kuchen, gestürzter	1440
— kuchen (mit Wegglimischung)	1437
— purée-Crème	1245
— sauce	1226
— strudel (Fruchtstrudel)	1461
— törtchen	1471
— torte mit Rahmcrème (Abschn. 2)	1349

Aprikosenwähe – Biscuitschnitten

	Nr.
— wähe (Abschn. 3)	1428
Arme Ritter (Brotschnitten)	1669
Artischocken (Tafeln 13 u. 19)	526
— böden, gefüllte (Tafel 19)	527
— blätter, gefüllte (Garn. Tafel 5) NB. v.	151
Aspic (Fleisch-Sulz)	164
— Schnellsulz (auch vegetarisch)	165
Aubergines (Eierfrucht), gebackene	297
— frites	534
— gefüllte	311
— gefüllte (als Garnitur) Abschn. 5	858
— in Sauce, au gratin usw. (Tafel 16)	535
— mit Mayonnaisefüllung	150
Aufläufe und süsse Omeletten	1190-1215
Auflauf, Zubereitung (*Grundregel*)	1189
Ausbackteig (Eier- u. Bierteig)	931
Avocado-Cocktail (Abschn. 10)	113
— gefüllte (Tafel 19)	154
— -Mayonnaise (Abschn. 12)	595
— z. Garnieren von Grapefruitsalat	130

B

	Nr.
Backcrème (1-6) z. Füllen v. Torten usw.	1417
Backen, schwimmend u. halbschwimmend	889
— von Konfekt (*Regel*)	1509
— von Teigen im Ofen	914
— u. Lösen v. Torten (*Grundregel*)	1334
Backfett (Reinigen usw.)	
s. Fachausdrücke Seite XV	
Backhähnchen, Wiener	838
Backwerk (Torten usw.) *Allgem.* s. S.	453
— (Konfekt), *Allgem.* s. S.	517
Badener Kräbeli (Änis-Kräbeli)	1514
Bain-marie (Wasserbad)	
s. Fachausdrücke Seite XVIII	
Baked Alaska	1314
Bananen a. pikante Art (Hors d'oeuvre)	152
— brötchen (Teebrötchen, Abschn. 4)	1636
— -Crème (Fruchtpurée-Crème)	1245
— eis, feines	1306
— gebackene	1139
— gebraten, als Garnitur (od. Äpfel)	870
— gratiniert	1122
— in Nusspanade (Abschn. 1)	152
— kompott	1117
— krapfen	1481
— - kuchen	1447
— meringuiert	1123
— mit Kaviar (Abschn. 3)	152
— mousse	1256
— -Rahmeis	1303
— schiffchen, süsse (s. Tafel 44)	1118
— schiffchen, pikante (Abschn. 2)	152
— -Split	1302
— -Sticks (Abschn. 4)	116

	Nr.
— törtchen	1470
Bananes au chocolat	1119
Bananes Cardinal	1119a
— flambées	1121
Barben, siehe Fische S. 195-207	
Baslerbraun («Brunsli», Tafel 55)	1568
Basler Leckerli	1578
Battenberg-Cake s. NB. von	1408
Baumkuchenspitzen	1501
Baum- od. Schichtkuchen	1394a
Baumstamm m. Schokolade, Mokka usw. (Tafel 48)	1380
Bavarois au café (gest. Mokkacrème)	1263
Bavaroise (gest. Crème) *Grundregel*	1258
Bayrische Crème, zweifarbig	1260
Béarnaise-Sauce	562
Béchamel-Sauce (Milchsauce)	553
Beefsteaks auf verschied. Art	680
— kleine = Tournedos	681
Beefsteak tartare	682
Beeftea (für Kranke)	7
Beerenpurée-Crème	1245
Beigaben zu Siedefleisch	852
Beize (Marinade) f. Fleisch u. Fisch	886
Belegte Brötchen (Tafeln 3,4,7)	114-119
Belgraderbrot (Konfekt)	1558
Berberitzen-Marmelade	1746
— sauersüss	1730
Berechnungen der Portionen s. S. XIV	
Berliner Pfannkuchen	1693
Bernerplatte	789
Berner Strübli	1680
Besteckte Zwiebel (Bratengarnitur)	879
Bienenstich, gefüllter	1653
Bierteig (Ausbackteig)	931
Bildtafeln-Angabe s. S. VI	
Birchermüesli (rohe Fruchtspeise)	1060
Birnen, braune (od. Äpfel)	1097
— fladen (Wähe von Dörrbirnen)	1462
— halbe, m. Preiselbeeren (Garnitur)	871
— gefüllte, pikante I. u. II. Art	153
— -Igelchen, helle u. dunkle	1099
— kompott	1096
— kuchen, feiner (Abschn. 6)	1431
— mit Chaudeau (Tafel 41)	1100
— mit Schokoladesauce	1098
— weggen nach Zürcher Art	1464
Bischofsauce	1230
Biscuit, feines (mit Butter) f. Torten	1340
— kuchen mit Früchten	1439
— leichtes (ohne Butter) f. Torten	1339
— massen, geschlagen (*Grundregel*)	1338
— roulade	1381
— schnitten mit Früchten u. Rahm	1484
— schnitten, Törtchen usw.	1467-1508

Biscuittorte – Brei

	Nr.
Biscuittorte, Durchschneiden u. Füllen (*Grundregel*)	1335
-torte m. Backcrème u. Schokoladeglasur	1342
Schokoladeglasur	1342
— torte mit Frucht-Rahmcrème	1349
— torte mit Kirsch- od. Maraschino-Rahmcrème	1350
— torte mit Konfitürefüllung	1341
— würfelchen (Bouillon-Einlage)	25
Biscuits Gruyère	1620a
Blanc-Manger, feines (Tafel 42)	1264
Blätterteig	924
—-cornets m. Käsefüllung	1624c
—-Ersatz u. Schnellblätterteig	922-923
—-Fischchen, pikante	1612
—-Garnitur od. Fleurons (Tafel 14)	875
— gebäck, kleines gesalzenes	1610
— gebäck, kleines süsses	1504-1507
—-Hufeisen	1507
— mit Quark (f. versch. Gebäck)	921
—-Pastetchen (Bouchées)	901
— pastetchen mit Fleischfüllung	283
— pastete (grosser Vol-au-vent)	891
— rand (z. Anrichten m. Ragouts usw.)	902
Blaukraut (Rotkraut od. -kabis) ged.	481
Bleichsellerie au gratin	515
— gedämpft	516
— (engl. Sellerie), gekocht (Tafel 16)	514
— od. Chicoréeplatte, pikante	151
— salat, roher	411
Blumenkohl auf verschied. Art	471
— gekocht	470
—-Reissspeise	339
— salat, feiner (Tafel 11)	124
— salat, gekochter	420
— salat, roher	419
— suppe, feine	62
—-Timbal (Gemüsetimbal)	907
Bodenkohlrabi, gedämpfte	505
— (Kohl- od. Steckrüben)	504
Boeuf à la mode (Schmorbraten)	663
— Stroganoff (geschnetz. Rindfilet)	684
Bohnen, gedörrte	490
— gerichte (Hülsenfruchtgerichte)	371
— grosse, gedämpfte	485
— grüne, abgekocht	483
— junge, auf französ. Art	484
— junge, gedämpfte	486
— kerne, frische, und Puffbohnen	489
— salat v. frisch. Bohnenkernen s. NB. v.	425
— sterilisierte u. gedörrte, s. NB. von	485
— weisse od. Soyabohnen, in Sauce	368
— weisse od. Soya, m. Tomatenpurée	370
Böhnli- u. Linsensalat	426
Bomben, im Eisschrank gefroren	1293

	Nr.
— in Eis-Salzmischung gefroren	1294
— (Mousse) u. Rahmeis, Allg. s. S.	440
Bombe panachée (Tafel 43)	1308
— Pistaches (Pistazien-Eis)	1299
— Tutti-Frutti	1307
Bomben, verschiedene	1307-1312
Borschtsch- od. Randen-Cocktail (Abschn. 9)	113
Bouchées de semoule au fromage (Griess-Käsepastetchen)	1004
Bouillabaisse (franz. Fischgericht)	618a
Bouillonfarbe (Zuckercouleur)	609
— garnitur	878
Bouillon kalte, s. NB. von	5
— klare	1-6
— mit Biscuitwürfelchen	25
— mit Brotkügelchen	21
— mit Brühteigkügelchen	22
— mit Ei, I. u. II. Art	14
— mit Eierstich (Cons. Royal, Tafel 1)	16
— mit Einlage - *Grundregel*	8
— mit Flädli	17
— mit Goldwürfelchen	19
— mit Käsekügelchen	23
— mit Markwürfelchen	20
— mit Schinkenkügelchen	24
— mit Traufen (Teigtropfen)	18
—-od. Wasserreis	982
— sauce - *Grundsauce*	554
Bowlen, verschiedene	1709-1713
Brachsmen, s. Fische S. 200-209	
Brandteig od. Brühteig (*Grundregel*)	932
Brät-Croquettchen	263
Bratengarnitur («Besteckte Zwiebel»)	879
Braten, *Grundregeln:* auf d. Herd	651
— auf d. Rost im Ofen	653
— gedämpfte	650
— in der Pfanne im Ofen	652
— kleiner Fleischstücke auf d. Grill	656
— kleiner, in d. Pfanne	665
— kleiner panierter Fleischstücke	657
— Tranchieren u. Anrichten - *Grundregel*	654
— sauce, falsche	580
— ungarischer od. Zigeunerbraten	671
Bratkartoffeln auf verschied. Art	952
— mit Speck od. Käse (Abschn. 5)	952
Brätkügeli- od. Hohlpastete (Tafel 39)	890
Brät- u. Kräuterfüllung	881
Bratwürste I. u. II. Art (v. Grill, s. T. 31)	741
Bratwurstkügelchen, gebraten	744
— -in Sauce	743
— -masse	742
Bratwurst-Teig auf Croûtons	278
— u. Schinkenweggen	271
Braunkuchen, Hamburger	1579
Brei, Kochen - *Grundregel*	998

Brennessel – Chinesenkohlsalat

	Nr.
Brennessel, s. NB. von	456
Bricelets (Tafel 54)	1537
Brioches m. Mandeln	1664
— de Majorque (Ensaimadas)	1694a
Broccoli (ital. Spargelkohl)	472
Broccoli-Salat	420a
Brochettes bonne femme (Spinatspiesschen)	318
Brombeer-Auflauf	1203
— eis (Abschn. 6)	1292
— eis, feines, mit Rahm	1306
— grütze	1159
— kompott	1111
— kompott mit Äpfeln	1112
— od. Holunderkompott, rohes	1061
— -Schnitten (m. Ein- od. Zwieback)	1145
— -Schnitten, meringuierte	1146
— -Schnitten mit Biscuit	1484
— torte mit Rahm	1347
Brotauflauf mit Speck und Käse	1054
Brötchen, belegte (Tafel 3, 4, u. 7)	114-119
— belegt auf verschied. Art	117
— heisse (Toastbrötchen)	1635
— kleine, für Apéro	1634
— mit Aufstrich (Pasten, Pains)	118
— mit ital. Salat, Spargeln usw.	119
— mit Schinkenfüllung, heisse	279
Broteiergerstensuppe	48
— füllung (f. Kalbbrust usw.)	880
— kloss, gekochter	1056
— küchlein	1055
— kügelchen (Bouillon-Einlage)	21
— pudding, einfacher	1176
— pudding, englischer	1182
— sauce, englische	586
— scheiben usw., geback. (Croûtons)	876
— schnitten (Arme Ritter)	1669
— stengel, gebackene («Schiterbig»)	1672
— suppe	91
— würfelchen (Bouillon-Einlage)	19
Brühteig - *Grundregel* (f. Eclairs usw.)	932
— kügelchen (Suppen-Einlage)	22
— stengel und -kränzchen	1686
Brunnenkressesalat	393
«Brunsli» od. Baslerbraun (Tafel 55)	1568
Brüsseler Endives (Chicorées) m. Butter	520
Brüsseler-Salat (Chicoréesalat)	399
Buchweizen-, Hafer- u. Hirseauflauf	1192
— brei	1011
— -Küchlein (od. mit Hafergrütze)	1012
— suppe, siehe geröstete Griessuppe	89
Buffet, kaltes (Smörgasbröd)	209
Bulgarischer Kräuterbecher	112
Bündnerfleischcornets (Tafel 7)	175
Butter, braune	585
— crèmen, verschiedene (1-7)	1415

	Nr.
— crème, Zubereitung - *Grundregel*	1414
— einkochen	1756
Butterfly (Mandelknusperli)	1559
Butter, gewürzte, versch. Art (1-14)	608
— klösschen (Bouillon-Einlage)	29
— kuchen, Hamburger	1654
— od. Wachsbohnen m. Bechamel	487
— od. Wachsbohnen m. Tom.-Sauce	488
— -Reis in der Form	1193
— -«S» (Konfekt)	1525
— sauce, weisse - *Grundsauce*	549
— traube (für kalte Platten)	199
— zerlassene	584

C

Cabliau, siehe Fische S. 200-211

	Nr.
Café diable	1330
Cake, leichter (ohne kand. Früchte)	1409
— mit Kirsch, Zitrone od. Orange	1410
Calzone ticinese (Tess. Käseweggen)	269
Canadien Rice Pudding	1185a
Canapés, feine Teebrötchen (Tafel 17)	115
Canard à l'orange (Ente, Tafel 34)	839
Cannelloni Milanese	1037
— (Ravioli-Ersatz)	1036
Cardons = Karde	517
Carolines (pikante Eclairs)	182
Cassata (n. Hausfrauen-Art)	1309
Cassis-Cocktail (Abschn. 3)	113
Catalogna u. Namenia (ital. Gemüse)	458a
Cervelatküchlein	259
Champignons I. u. II. Art	346
— brötchen, kalte (Abschn. 1)	119
— klösschen (Bouillon-Einlage)	33
— - od. Morchelnsauce	557
— s. auch unter: Pilzgerichte	
Charlotte à la Parisienne	1276
— Royal	1276a
— Russe (Tafel 42)	1275
— Zubereitung - *Grundregel*	1274
— verschied. (m. Früchten)	1275-1279
Chartreuse au voleile (Geflügelpudding)	293
Châteaubriand garni	676
Chaudeau (Weinschaumsauce)	1232
Chaud-froid (weisse Decksauce)	600
Chestercakes, kleine gefüllte	1618
Chicken-Curry (Hühner-Curry, gebraten)	830
Chicorées au gratin	521
— (Brüsseler Endives) mit Butter	520
— gedämpft	522
— pikante, I.-III. Art	523
— platte à l'Italienne	400
— platte, pikante (od. m. Bleichsellerie)	151
— salat (Endives de Bruxelles od. Zichorie)	399
Chinesenkohl-Salat s. NB. von	422
— -od. Schnittkohl-Zubereitung	474

	Nr.
«Chratzete»	1051
Citron- od. Apfelsinefromage, dänische	1270
Clafoutis (Kirschendessert au gratin)	1205
Cocktail-Brötchen, Allg. (Tafeln 3 u. 8)	116
— mit Milch	1695
— verschied., Absch. 1-13 (Tafel 2)	113
— -Sauce pikante	113a
Colin, siehe Fische S. 200-211	
Consommés, kalte, s. NB. von	5
— (Bouillons, verschied.)	1-6
— mit verschied. Einlagen	8-33
— Royal (mit Eierstich, s. Tafel 1)	16
Coq au vin bourguignon	834a
Cordon bleu (Gefülltes Schnitzel)	736
Corned-beef au gratin	258
— -Küchlein	260
Cornets (Rahmtüten)	1499
Cornichons (Gewürz- od. Essiggurken)	1722
Côtelettes à la Zingara	734
— auf pikante Art	735
Coupe-Cassis	1323a
— Carnaval	1325
— Danemark	1323
— Jacques (Tafel 54)	1321
— Monsieurs	1321a
— Noël	1327
— panacheé (Tafel 54)	1324
— Pêche Melba	1320
— Poires Belle Hélène	1322
— rêve d'enfant	1326
— u. Sorbets, Allg. S. 449 (Tafel 54)	1320-33
Crème Nesselrode	1259
— Bavaroise rubanée	1260
— brûlée (Karamelcrème)	1240
— délicieuse (Götterspeise)	1242
— -Eis, versch. Arten (Abschn. 1-7)	1291
— -Eis, Zubereitung - *Grundregel*	1288-1290
— gestürzte, gesulzte - *Grundregel*	1258
— kuchen	1456
— kuchen, franz. (Gâteau St.Honoré)	1457
— kuchen u. ä., Zub. - *Grundregel*	1429
— Royale	1261
— russe	1253
— Sabayon (Zabaione)	1250
— schnitten Tusnelda	1508a
— schnitten (Mille-feuilles)	1508
— suppe	56
— törtchen	1475
Crèmen, gekochte, Allg. s. S. 417	1234-50
— gekochte, Zub. - *Grundregel*	1233
— gestürzte usw., Allg. s. S. 425	
Crêpes Suzette (süsse Omeletten, flamb.)	1211
— Veronese (Geflügelomeletten)	1044
— siehe auch unter Omeletten	
Crevettes-Brötchen (Abschn. 8)	117
— -Cocktail (Abschn. 12)	113

	Nr.
— -Mayonnaise (Abschn. 10)	595
— -Mayonnaise od. Thon (Tafel 8)	137
— -Mousse en Gelée	173
— od. Thon au gratin	642
— -od. Thonmayonnaise à la Hawaii	137
— -Sauce (Krabbensauce)	566
Croûtes de Gruyère (Käseschnitten)	236
Croûtons (geback. Brotscheiben od. -würfelchen)	876
Crown Roast of Porc (Krone v. Schweinsrippen, gebraten)	771a
Crown Roast of Mutton or Lamb (Krone v. Hammel od. Lamm, gebr.)	796a
Cumberlandsauce (zu Sulzpast. usw.)	606
Curry-Mayonnaise (Abschn. 3)	595
— reis (Abschn. 3)	988
— mit Huhn	830
— mit Schweinefleisch u. Reis	787
— sauce (Sauce à l'Indienne) I. u. II. Art	568

D

	Nr.
Dampfkochtopf, *Allgem. u. Rezepte*	1758
Dampfnudeln	1668
Dän. «Apfelsine- od. Citronfromage»	1270
Dänischer Früchtebecher	1255
— Plunder, Wienerbröd	1662
Dattelbrötchen (Abschn. 3)	1636
— konfekt	1520
Datteln, gefüllte (Tafel 55)	1606
Decksauce, weisse (Chaud-froid)	600
Dessertgebäck, feines (Petit Fours)	1491
Diät-Mayonnaise (ohne Ei)	599
Diplomatencrème	1241
Dobostorte	1379
Dörrfrucht-Brot	1465
— -Brot auf Glarner Art	1466
— brötchen (Abschn. 7)	1636
— fladen (Wähe)	1462
— -Konfitüre (Winterkonfit.)	1740
— köpfchen od. -ring, roh	1081
— schnitten	1085
— strudel (Füllung = Abschn. d)	1461
— torte, roh	1084
Dörrobst-Kompott	1114
— -Kompott, gemischtes	1115
— -Pudding	1181
Dörrzwetschgen- u. Dattelkonfekt	1520
Dorsch-Filets s. Fische S. 200-211	
Drei- und Zweifrucht-Konfitüren	1739
Drusenweggen, s. NB. von	1639
Dschumbo-Steaks (m. Fleischkäse)	257

E

	Nr.
Eclairs mit Wildfüllung, kalt	183
— pikante (Carolines)	182

	Nr.
Eclairs au café ou chocolat	1495
Egli Meunière usw. s. Fische S. 204-210	
Eier auf Croûtons	163
— brötchen (Abschn. 1)	117
— dünkli («Vogelheu»)	1053
— gebackene, auf Croûtons	231
— gefüllte, auf Mayonnaise (Tafel 8)	157
— gefüllte, nach Strassburger Art	158
— gekocht - *Grundrezept*	210
— gekochte, auf Reis	212
— gekochte, in Sauce	211
— gerichte, kalte	155-163
— gerichte, warme	210-233
— -Grog, s. NB. von	1706
— halbe, auf Tomaten (Tafel 4)	155
— in Förmchen	215
— in Krustaden	162
— kuchen (Pfannkuchen, Crêpes)	1039-1050
— kutteln mit Käse	214
— mit ital. Salat gefüllt	160
— mit Kaviar	161
— mit Morcheln-Sauce	216
— -od. Hefezopf, süsser	1645
— öhrli od. Fastnachtsküchlein	1684
— omeletten, feine	228
— salat, I. u. II. Art	437
— sauce für Salate	592
— -Schaumomelette (Omelette soufflée) - *Grundrezept*	1207
— schottische	232
— schottische mit Schinken	233
— schwedische (Tafel 7)	159
— speisen, *Allgemeines* s. S. 79	
— stich f. Consommé Royal (Tafel 1)	16
— suppe, ital. (Zuppa pavese)	15
— teig (z. Ausbacken)	931
— ungarische (Tafel 15)	213
— verlorene, auf Croûtons (Tafel 15)	219
— verlorene, auf ital. Art	222
— verlorene - *Grundrezept*	218
— verlorene, in Krustaden	221
— verlorene, kalte m. Mayon. (Tafel 4)	162a
— verlorene, mit Sauce	220
Einback- oder Zwiebackauflauf	1200
Einbeizen = Marinieren v. Fisch u. Fleisch	886
Eineikuchen	1406
Eingerührter Teig, *Grundregel*	916
— od. 5-Minuten-Teig	917
Einlaufsuppe	46
Eintopfgerichte mit Fleisch s. Nr. 42, 43, 324, 478 (NB.), 482 (II. Art), 483, 658-660, 663 (NB.), 687, 689, 692, 786-790, 792, 795, 800-801, 826, 857, 866, 883, 943, 1032	
— vegetarische s. Nr. 340, 342, 378, 385, 539	
Eiscake (Tafel 44)	1313

	Nr.
— -Champignons	1319a
— (Gefrorenes, Glace) *Allg.* s. S. 425	
— kaffee od. -tee	1329a
— -Melone	1312
— -Mischung mit Salz (f. Glacezubereitung ohne Eisschrank)	1290
— -Orangen oder -Mandarinen	1318
— schokolade (Tafel 54)	1329
— -Zubereitung im Eisschrank	1288
— -Zubereitung in Eis-Salzmischung	1289
Eiweissglasur (Abschn. 6)	1420
Eiweisstorte	1403
Endives, Brüsseler (Chicorées) mit Butter	520
— de Bruxelles, Salat	399
Endivie, gedämpfte	496
Endiviensalat (salade d'endive)	395
— salat mit Kastanien	396
Engadiner Nusstorte	1396
Englische Brotsauce	586
— Fruchtpastete (Fruit pie)	1148
— Pfefferminzsauce	605
Englischer Brotpudding	1182
English Battenberg-Cake, s. NB. von	1408
Ensaimadas (Brioches de Majorque)	1694a
Ente, gefüllte, gebraten	841
— grosse, fette, gebraten	840
— m. Orangen (Canard à l'orange, T. 34)	839
Entrecôtes, garniert (Tafel 29)	677
— Café de Paris	678
— aux morilles (mit Morcheln)	679
— flambées	677a
Erbsen auf französ. Art	493
— auflauf u. -pudding (aux pois secs)	379
— gedämpfte, frische	495
— gericht (pois secs en sauce)	376
— in Béchamel	494
— in Butter	492
— mehl- od. Linsenmehlsuppe	49
— pudding od. -auflauf (aux pois secs)	379
— purée (von gedörrten)	372
— purée (von frischen)	496
— suppe od. v. Linsen (Potage Faubonne)	42
— suppe (aus frischen Erbsen)	51
— und Rübchen, junge, gedämpfte	497
Erbsmehl-Küchlein	375
— -Purée	373
Erdbeer-Bowle	1709
— -Charlotte	1277
— eis, feines	1306
— glasur (Abschn. 3)	1420
— kuchen	1443
— kuchen, feiner (Abschn. 5)	1431
— Kuchen, meringuierter	1444
— kuchen mit Wegglimischung	1437
— - od. Himbeer-Fruchteis (Absch. 5)	1292
— - od. Himbeersauce	1228a

	Nr.
Erdbeer- od. Himbeerschaum	1069
— -Schnitten, meringuiert	1146
— -Schnitten (m. Ein- od. Zwieback)	1145
— -Schnitten mit Biscuit	1484
— törtchen, glasierte	1467
— törtchen, meringuierte	1468
— torte, einfache	1348
— torte m. Rahmcrème (Abschn. 1)	1349
— -Vacherin	1282
Essiggurken (Cornichons)	1722a
— konserven	1722-1727
— pilze (für Salate, Mayonnaisen)	1723
— zwiebelchen	1722
Estragon im Essig	1726

F

Fachausdrücke s. S. XV-XVIII	
Falsche Bratensauce	580
— Krebssuppe	68
— Mayonnaisen (Abschn 1-3)	598
— Schildkrötensuppe (Mock turtlesoup)	93
— Spiegeleier I.-III. Art	1149
Falscher Salm (Tafel 7)	194
Fasan, gebraten (Wildgeflügel)	844
Fastenkutteln m. Käse (Omelettes)	1050
— süsse (Omelettes coupées)	1215
Fastnachtsküchlein (Eieröhrli)	1684
Federkohl (Winter- od. Grünkohl)	480
Feigenköpfchen	1082
— speise	1083
Felchen à la Meunière, m. Mandeln usw.	630
— -Filets au gratin	623
— gedämpft	619
— gesotten	615
— grosse, gebraten	628
— od. Forellen, gesulzt	179
— -Tranchen, gebacken	635
Fenchel, franz. Art (Tafeln 12 u. 19)	518
— au gratin	519
— salat, roh	398
Fèves (Puff- od. Saubohnen)	489
Festtagstorte, reiche	1378
Fettgebackenes, Allg. s. S. 554	1669-1694
Fidelipudding (od. m. Nudeln)	1030
— od. Tapiokapudding, süsser	1169
— suppe (m. Bouillon) Abschn. 3	9
Filets de Soles à la Mayonnaise	139
— mignons de porc (Schweinsplätzchen)	777
Filet Wellington	897
Fische, Allg. s. S. 198 (Tafel 25)	
Fisch auf Croûtons	646
— croquettes	645
— gnocchi	644c
Fische, blau gesotten (Forellen usw.)	616
— gebraten à la Meunière et variées	630

	Nr.
— gedämpfte n. Genfer Art (Hecht usw.)	619
— gedämpfte, en papillotes (in Papier)	620
— gesotten (s. Salm auf Tafel 27)	615
— gespickt u. gefüllt	628a
— gesulzt	179
— grosse, gebraten (s. Hecht, Tafel 26)	628
— häuten u. in Filets teilen	612
— in Muscheln au gratin	643
— kleine gebackene (Frittura)	638
— Vorbereiten - *Grundregel*	611
— Zubereiten u. Anrichten, Allgem.	613
Fischfilets au gratin (- au vin blanc)	623
— au gratin, gerollte, gefüllt (Tafel 27)	624
— im Ofen gedämpft	621
— gericht, franz. (Bouillabaisse)	618a
— gericht, japanisches (Tempura)	640
— kartoffeln als Garnitur (s. T. 26 u. 27)	936
— -Kartoffelpastete	647
— -klösschen, feine	644a
— -klösse, einfache od. -knödel	644b
— mayonnaise I. Art od. à la l'Indienne	136
— mit Paprikasauce	613a
— pastete, festliche	894a
— platte mit Spinat au gratin	622
— pudding od. -auflauf	644
— ragout, ungarisches	632
— restengerichte (*Regel* s. S. 212)	643-647
— röllchen in Krustaden à l'Anglaise	626
— röllchen à l'Indienne	625
— röllchen, gebackene, gefüllt	636
— sauce, legierte	558
— sauce mit Kapern, feine s. NB. v.	559
— sauce mit Kapern, pikante	582
— -Schüsselpastete	641
— sud (Court-bouillon)	614
— suppe, legierte	67
— tranchen Lyonnaise (mit Zwiebeln)	631
— tranchen u. -filets, gebacken	635
Fladen (einfacher Gewürzkuchen)	1400
Flädli (Bouillon-Einlage)	17
Flambieren von Fleisch s. Nr. 655a, 677a, 738 (III.), 751	
Flambierte Früchte	1121
Flan (Plattenmüesli)	1206
Fleisch, *Allgemeines* s. S. 214	
— brühe	4 u. 658
— croquettes	266
— Flambieren kl. Stücke am Tisch	655a
— -Fondue, Bourguignonne	294
— -Fondue, Chinoise u. Orientale	294a
— gerichte, kleine	254-294a
— gipfel (od. mit Schinken)	273
— gnocchi (od. mit Schinken)	285
— haché	697
— haché auf Croûtons	274
— käse-Steaks (Dschumbo-Steaks)	257

	Nr.
Fleischkäse u. Kalbfleisch-Terrine	774a
— klösschen (Bouillon-Einlage)	28
— klösse	286
— kräpfchen	267
— omeletten (Abschn. 4)	1040
— pastetchen, gedeckte	900
— pastete, reiche (Tafel 38)	892
— pastete, einfache	899
— platten, kalte	201-202
— pudding	290
— -Reisgericht (türk. Pilaw, s. Tafel 18)	786
— resten-Verwendung	1763
— roulade (Tafeln 4 u. 37)	908
— salate, verschiedene	435
— , Sieden - *Grundregel*	649
— strudel	909
— -Sulz (Aspic)	164
— topf, irischer (Irish Stew)	800
— -Zubereitungsarten *(Grundregel)*	648-657
Fleurons, Blätterteig-Garnitur (Tafel 14)	875
Flockensuppe mit Gemüse	38
Florentinerli	1588
Florentiner Omeletten (Abschn. 3)	1040
Florida-Salat	129
Fondantpralinés	1596
Fondue (Käsegericht)	253
— Bourguignonne	294
— Chinoise u. Orientale (NB)	294a
Forellen à la Meunière, m. Mandeln usw.	630
— blau gesotten	616
— gesulzt	179
— grosse, gesotten	615
Fotzelschnitten	1670
Frangipane-Törtchen	1476
Frankfurterkranz (Tafel 51)	1358
Franz. Omelette auf versch. Art	227
— Omelette nature - *Grundrezept* (Tafel 15)	226
— Omeletten, süsse, verschiedene	1209
Frappés mit Milch	1697
Fricandeau farci (gef. Kalbsbr. - Taf. 30)	712
— gespicktes (als Ofen- od. Rostbraten)	711
Friesenkuchen (Konfekt)	1528
Frikadellen (Hackbeefsteck, Hamburger)	694
— nach sizilian. Art	696
Frikassee n. Grossmutter-Art	721
Frisch-Erbsensuppe	51
Frisco- sowie Findus-Gemüse, tiefgekühlt	448
Fritto misto alla Bolognese	264
Froschschenkel, gebackene	262
Fruchtdessert, gemischter	1066
— eis m. Rahm, feines (Tafeln 43 u. 44)	1306
— -Eis, verschied. Arten	1292
— eis, Zub. im Eisschrank - *Grundregel*	1288
— gelée (Dessert)	1077
— gelée siehe Konservieren	1748 u. 1749

	Nr.
— -Hefekuchen	1438
— -Joghurtcrème, rohe	1065
— Kaltschalen	106
— kuchen, bunter	1448
— kuchen, feine (m. Äpfeln, Bananen usw.)	1431
— kuchen, gestürzter (upside-down)	1440
— kuchen, meringuierter	1433
— kuchen mit Wegglimischung	1437
— kuchen u. Wähen, Allg. s. S. 489	
— kuchen, Zubereitung - *Grundregel*	1429
— mus und Kompotte	1088-1121
— pastete, englische (Fruit pie)	1148
— purée-Crème	1245
— -Quarkcrème, rohe	1064
— -Rahmcrème, feine	1257
— -Rahmcrème, gestürzte (Bavarois)	1269
— säfte od. Limonaden	1700
— saft, eingekochter (Sirup)	1750
— saft, vergorener (Sirup)	1751
— saft-Getränk, gemischtes	1703
— saft-Sauce I. u. II. Art	1228
— salat im Winter (Tafel 40)	1072
— salat im Sommer	1073
— salat im Herbst	1074
— salat, kalifornischer	432
— schnitten, meringuierte	1146
— schnitten mit Biscuit	1484
— schnitten mit Ein- od. Zwieback	1145
— speisen, rohe (Allg. S. 367)	1057-1085
— speise, rohe, gemischte	1059
— speise, rohe, gestürzt (Tafel 41)	1080
— speise, rohe (Birchermüesli)	1060
— speisen, warme, versch. Art	1122-1148
— strudel	1461
— suppe	103
— suppe mit Reis od. Griess (Tafel 2)	104
— torte, festliche	1356
— torte mit Rahm («Vitamintorte»)	1345
— wähe (Kuchen oder Fladen)	1428
Früchteauflauf (mit Brot)	1203
— auflauf, einfach od. meringuiert	1132
— auflauf, feiner	1204
— auflauf mit Weggli	1133
— becher, dänischer	1255
— -Biscuitkuchen	1439
— -Brot (von Dörrfrüchten) I. Art	1465
— -Brot nach Glarner Art	1466
— , flambierte	1121
— -Gelées (Konservieren)	1748, 1749
— , glasierte (zum Garnieren)	1425
— im Geléering	1161
— im Rumtopf	1754
— in Gelée	1078
— köpfchen m. Biscuit	1280
— köpfchen, rohes	1079

	Nr.
Früchte-Macédoine in Gläsern	1071
— -Macédoine m. Rahm	1254
— mit Crème, mering. (Zuppa Inglese)	1244
— -Omelette, soufflée (Abschn. 2)	1208
— -Omelette, süsse, französ. (Abschn. 4)	1209
— pudding	1180
— -Ravioli	1135
— -Reis oder -Hirse, meringuiert	1134
Früchte-Reispudding (Canad. Rice Pd.)	1185a
—, sauersüsse	1729-1736
— sterilisieren - *Grundregel*	1719
Frühlingscocktail (Abschn. 8)	113
Frühstücksbrötchen	1639a
— -gebäck, engl. (Scones)	1630
— gebäck, span. (Ensaimadas)	1694a
Füllungen f. Fleisch, Geflügel usw.	878-884
— für Tomaten	304-305
Fürst-Pückler-Bombe	1310

G

Galantine von Huhn	191
— von Kalbfleisch	190
Galettes (gesalzene Plätzchen)	1621
Gans, gebratene	840
— gefüllte, gebraten	841
Gänsehals, gefüllter, s. NB. von	197
— leber-Brötchen, feine (Abschn. 9)	117
— leberpain	197
— leberpain- od. feine Leberwurstbrötchen (Abschn. 3)	118
— leberscheiben in Sulz	177
Garkochen d. Warmhalten (in Papier, Selbstkocher od. Kochkiste)	1759
Garnituren aus Zitronen (f. Fische usw.)	877
— für veget. u. Fleischplatten	852-877
Garnitur à la Bigarade (m. Orangen)	869
— à la Florentine (Reis- u. Spinat)	865
— à la Jardinière (Tafel 28)	855
— à la Milanaise	863
— à la Mirza	871
— à la Napolitaine	866
— alla Luganese	859
— à l'Italienne (aus Purées)	862
— aus Blätterteig (Fleurons, Tafel 14)	875
— mit Croûtons (geb. Brotscheiben)	876
— mit Gemüsen, verschied.	855-862
— mit Gemüseschälchen (Abschn. 1-8)	858
— mit Kartoffeln (Abschn. 1-7)	867
— mit Lattich u. Schwarzwurzeln	861a
— St. Germain	860
Gartenmelde und Mangold	455
Gâteau St.Honoré (frz. Crèmekuchen)	1457
Gebäck, gesalzenes (zu Tee, Brunch u. Apéro), *Allg.* s. S. 545	1610-1637

	Nr.
— kleines, süsses (Konfekt)	1514-1590
Allg. S. 505	
Gebrannte Crème (Karamelcrème)	1240
— Mandeln od. Haselnüsse	1603
Geflügel, *Allgemeines* s. S. 280	882-825
— auf d. Rost od. Grill	837
— crèmesuppe (Königinsuppe)	65
— Dressieren - *Grundregel*	824
— füllung	882
— gebratenes (Tafel 34)	835
— gefülltes, gebraten	836
— klösschen (Bouillon-Einlage)	31
— leber, s. Gänse- u. Hühnerleber	
— mayonnaise (od. mit Schinken)	134
— mayonnaise à l'Indienne	135
— omeletten (Crêpes Veronese)	1044
— pastetchen, I. u. II. Art	282
— pastete	894
— pudding (Chartreuse au voleille)	293
— ragout, kleines (v. Resten) als Füllung	849
— -Schüsselpastetchen	281
— Tranchieren u. Anrichten, *Grundregel*	825
— Vorbereiten u. Ausnehmen - *Grundregel*	822 u. 823
Gefrorenes (Glace od. Eis), *Allg.* S. 436	
Geléering mit Früchten	1161
Gelées u. Konfitüren - *Grundregel*	1737
— von Früchten (Konserven)	1748
— von rohen Früchten (als Ring)	1077 u. 1078
Gemsbraten (wie Reh)	813
— pfeffer (wie Reh)	818
Gemüse, *Allgemeines* s. S. 147	
— au gratin - *Grundregel*	445
— auflauf	330
— auflauf, gemischter	331
— bouillon	1
— -Cocktail (Abschn. 7)	113
— crèmesuppe, eingerührte	50
— -Einkauf - *Grundregel* (Taf. 12 u. 13)	440
— -Frittura	298
— -Früchte-Cocktail (Abschn. 6)	113
— -Garnituren	855-862
— gebacken (Gemüseküchlein)	295-296a
— gedämpfte - *Grundregel*	442
— gefüllte	302-324
— gehackte - *Grundregel*	446
— gerichte, verschiedene	295-325
— -Hirse od. Reis (Eintopfgericht)	341
— -Hörnli u. -Gerste (Eintopfgericht)	340
— im Dampf gekocht - *Grundregel*	444
— in Salzwasser abgek. - *Grundregel*	443
— -Kaltschalen	109-112
— -Kartoffeln (Eintopfgericht)	342
— konserven, gekochte	447
— kräpfchen	301
— küchlein, gebacken	295

Gemüseküchlein, gefüllte – Gurkensalat

	Nr.
— küchlein, gefüllte (s. NB.)	296a
— küchlein, panierte	296
— -Macédoine (Gemüse, gemischt)	856
— muscheln au gratin	332
— - oder Pilzkrustade	905
— pastetchen (Tartelettes)	300
— platte, italienische	538
— puddings, -aufläufe usw.	326-343
— -Ragout (Tafel 9)	343
— ragout, kleines (als Füllung)	503
— -Reis (Eintopfgericht)	341
— roulade (Tafeln 4 u. 37)	908
— salat- u. Rohkost-Brötchen	119
— schälchen, gefüllte (Garnitur)	858
— sterilisieren - *Grundregel*	1720
— strudel	909
— suppe, gebundene	82
— suppe, ital. (Minestrone)	83
— suppe, klare (Julienne)	10
— tabelle f. Haupterntezeit (Tafel 12-13)	
— tiefgekühlte	448
— timbal od. mit Pilzen (Tafel 37)	907
— wähen, Abschn. 2-5 (Tafel 22)	912
— , Zurüsten u. Waschen (*Grundregel*)	441
Gerichte mit *kurzer* Zubereitungszeit siehe *Menus* S. 614-617	
Geriebener Teig (Zuber. - *Grundregel*)	915
Geröstete Griessuppen, verschied.	89
— Mehlsuppe	86
Gerstencrèmesuppe	57
— gerichte (od. mit Hirse)	994
— schleimsuppe, feine (f. Diät)	40
— suppe	41
Geschnetzeltes Kalbfleisch I. -III. Art	738
— m. Reis u. Früchten (Risotto Casimir)	740
Gesundheitskuchen (Backp.-Gugelhopf)	1405
Getreide u. Getreideprodukte, *Allgemeines* s. S. 340-342	
Gewürzbutter u. kalte Saucen	589-608
Gewürz-Kuchen, einfacher (Fladen)	1400
— - od. Salzgurken (Cornichons)	1722a
— - od. Küchenkräuter, *Allgem.* u. Verwendung (Tafeln 23 u. 24)	1757
— schnittchen (Konfekt)	1565
Gewürzte Butter (für Brötchen usw.)	608
Gigot (Hammelschlegel - Tafel 35)	794
Gitzibraten	805
— küchlein u. -plätzchen, panierte	807-808
— ragout, weisses u. braunes	806
Glacé (Gefrorenes od. Eis) *Allg.* S. 436	
— stengel	1504
— -Zubereitung im Eisschrank	1288
— -Zubereitung in Salz-Eismischung	1289
Glarnerpastete	1463
Glasieren einer Torte - *Grundregel*	1419
Glasierte Aepfelchen (Tafel 32)	872

	Nr.
— Früchte (f. Garnituren)	1425
— Kastanien (f. Garnituren)	1425
— Mandeln u. Nüsse (f. Garnituren)	1424
— Zwiebelchen	853
Glasuren, verschiedene (Abschn. 1-6)	1420
Gleichschwer und Madeleines	1503
Glückskäfer	1120
Glühwein	1706
Gnocchi à la Romaine (Griessgnocchi)	1005
— m. Käse (Kromeski Parisienne)	252
— mit Schinken od. Fleisch	285
— mit Spinat od. Kräutern	335
Goldene Taler, gefüllt (Maisplätzchen)	1007
Goldwürfelchen (Bouillon-Einlage)	19
Götterspeise (Crème délicieuse)	1242
Graham- und Roggenbrot	1640
Grapefruits, I. u. II. Art (Tafel 2)	108
— -Cocktail (Abschn. 2)	113
— -Salat	130
Gredfil (schwed. Milchpräp.) s. u.	1695-1696
Croûtes de Gruyères (Käseschnitten)	236
Griessauflauf	1190
— auflauf mit Käse	1000
— brei	999
— gnocchi au gratin (à la Romaine)	1005
— -Käsepastetchen (Bouchées)	1004
— klösschen (Bouillon-Einlage)	27
— köpfchen	1151
— kugeln, gebackene	1676
— od. Maispfluten au gratin	1001
— od. Maisschnitten	1002
— od. Maisschnitten a. versch. Art	1003
— pudding	1167
— suppe, gebundene	58
— suppen, geröstete (od. Hirse usw.)	89
— suppe, legierte	36
— suppe, Waadtländer	37
Gril-Cocktail (Abschn. 11)	113
Grünkernküchlein (od. mit Weizen)	1013
— mehlsuppe	61
— suppe (Schleimsuppe, feine)	40
Grünkohl (Winter- od. Federkohl)	480
Grütze, rote	1157
— , verschiedene	1158-1160
Gugelhopf (mit Hefe)	1648
— mit Backp. (Gesundheitskuchen)	1405
Gulasch, ungar. – Szegediner s. NB.	690
— versch. Arten (I.-IV.)	689
Gurken au gratin	531
— brötchen (Abschn 4)	119
— gefüllte	312-313
— -Gemüse auf verschied. Art	533
— in Sauce	532
— , Kürbis u. Melone, sauersüss	1735
— salat	404

	Nr.
Gurkenschälchen als Garnitur, Absch. 4	858
— schälchen, pikante (Tafel 4)	147
— schiffchen, pikante	147a

H

	Nr.
Haché (von Fleisch)	697
Hackbeefsteak (Frikadellen) I.-III. Art	694
— braten, I.-II. Art	668
— braten, gefüllter, gesulzt	192
— braten in der Form	669
— braten, kleiner	670
Haferauflauf (od. Hirse u. Buchweizen)	1192
— biscuits, I. Art	1542
— biscuits, II. Art (einf., ohne Eier)	1543
— biscuits, gesalzene	1631
— brei (Porridge)	1011
— crèmesuppe, feine (m. Hafermehl)	59
— flocken- u. -grützsuppe, geröstete	90
— flockensuppe m. Gemüse	38
— griessuppe, geröstete	89
— grütz-Küchlein (od. mit Buchweizen)	1012
— od. Hirseflockenküchlein	1014
— schleimsuppe, feine	40
— suppe (leichte Schleimsuppe)	39
Hagebutten-Kaltschale	107
— makrönli	1573
—Marmelade	1745
— sauce	1227
Hähnchen a. d. Rost od. Grill	837
— gebacken (Wiener Backhähnchen)	838
Halb-Äpfel, gefüllte, meringuiert	1129
Halbäpfel u. Apfelschnitze (Kompott)	1094
— od. -birnen m. Preiselbeeren (Garnitur)	871
Halbe Eier auf Tomaten (Tafel 4)	155
Hamburger (Hackbeefsteaks)	694
— Aalsuppe	96
— Apfelpfannkuchen	1694
— Braunkuchen	1579
— Butterkuchen	1654
— Klöben (süsses Brot mit Rosinen)	1650
Hammelcôtelettes à la Nelson	799
— côtelettes a. d. Grill	798
— curry u. -pilaw	801
— plätzchen, grill. (Mutton chops)	797
— ragout u. -pfeffer	802
—, Schaf- u. Lammfleisch	794-804
— schlegel (Gigot), gebrat. (Tafel 35)	794
— schulter, gefüllte	796
Haselnussauflauf	1196
— -Backcrème (als Füllung, Absch. 4)	1417
— biscuit (für Torten)	1364
— -Buttercrème (Absch. 5)	1415
— crème	1238
— crème, gestürzt (Bavarois au pralin)	1266
Haselnüsse od. Mandeln, gebrannte	1603
— od. Mandeln, glas. (f. Garnituren)	1424
Haselnuss-Eis (Abschn. 6)	1291
— leckerli, Zürcher	1575
— makrönli	1571
—, Nuss- od. Mandelsauce	1221
— - od. Nuss-Rahmcrème	1252
— -Rahmeis	1297
— -Schnitten mit Backcrème	1486
— -Schnitten mit Rahm	1485
— stängelchen (Tafel 52)	1553
— torte mit Backcrème	1365
— torte mit Buttercrème	1367
— torte mit Rahmcrème (Tafel 46)	1370
— torte, reiche (Schachbrett, Tafel 50)	1369
— torte od. m. Mandeln, einfache	1370a
— ziegel (Tafel 54)	1583
Hase, Ausbalgen u. Vorbereiten	810
Hasen- od. Wildpastete	893
— peffer, garniert (Tafel 33)	817
— rücken mit Rahmsauce	811
Hausfrauen-Pasteten	895
Hecht à la Meunière	630
— blau gesotten	616
— -Filets au gratin	623
— gedämpft n. Genfer Art	619
— gesotten	615
— grosser, gebratener (Tafel 26)	628
— -Tranchen, gebacken	635
Hefeblätterteig	1663
— gebäck, *Allgm.* s. S. 555 - Rez. 1639-1668	
— -Gugelhopf	1648
— -Gugelhopf od. -cake, pikanter	1636a
— kranz, gefüllter (Hefering)	1655
— kuchen mit Früchten	1438
— küchlein	1692
— - od. Eierzopf, süsser	1645
— schnecken	1660
— - od. Weihnachtsstern	1665
— teig, Zubereitung - *Grundregel*	1638
— -Wähenteig	919
— zopf («Ankewegge od. Züpfe»)	1644
— zopf, gefüllter, Abschn. 2 von	1656
Heidelbeer-Eis (Abschn. 6)	1292
— kompott	1113
— kuchen, feiner (Abschn. 5)	1431
— speise Berner Art («Heitisturm»)	1063
Heilbutt, gesotten	615
Himbeer-Bowle	1710
— -Eis (Abschn. 5)	1292
— eis, feines, mit Rahm	1306
— -Eistorte	1313a
— glasur (Abschn. 3)	1420
— kuchen, meringuierter	1444
— - od. Erdbeersauce	1228a

	Nr.
— - od. Erdbeerschaum	1069
— -Schnitten (m. Ein- od. Zwieback)	1145
— -Schnitten, meringuiert	1146
— -Schnitten mit Biscuit	1484
— sirup, eingekochter	1750
— sirup, vergor. (od. v. Johannisbeer)	1751
— törtchen, glasierte	1467
— törtchen, meringuierte	1468
— torte, meringuierte	1346
— torte mit Rahm (od. v. Brombeeren)	1347
Hirnauflauf	289
Hirn auf Croûtons	276
— auf versch. Art (gebrat., gebacken usw.)	749
— gekocht	748
— - od. Leber-Klösschen (Bouillon-Einlg.)	32
— pudding	291
— ragout in Muscheln (Abschn. 5)	749
Hirschbraten (wie Reh u. Gemse)	813
Hirseauflauf (od. Hafer u. Buchweizen)	1192
Hirse, *Allgem.* s. S. 342	
— au gratin (od. Reis)	993
— brei	997
— -Cake	1412
— flockenbrötchen (Tafel 53)	1545
— gerichte (od. mit Gerste)	994
— griessuppe, geröstete	89
— köpfchen (od. mit Reis)	1152
— küchlein (od. mit Reis)	995
— mit Früchten, meringuiert	1134
— - od. Haferflockenküchlein	1014
— -Omeletten	1049a
— plätzchen	1546
— pudding (od. mit Reis)	1168
— suppe, gebundene (od. mit Reis)	58
Hobelspäne (Tafel 54)	1586
Hohlpastete (Brätkügelipastete - Tafel 39)	890
Holländertorte	1395
Holländische Sauce, feine, I. u. II. Art	560
Hollywood-Eier	163
— -Salat	433
Holundersuppe (Fruchtsuppe)	103
— - od. Brombeerkompott, rohes	1061
— konfitüre und -gelée	1739, 1748
— küchlein, s. NB. von	1679
— sirup	1750
Honigleckerli	1577
Hörnli mit Gemüsse (Eintopf)	340
— mit Wurst od. Pilzen (Eintopf)	1032
Hors d'oeuvres - *Allgem.* s. S. 35-37	
— -Brötchen	114-119
— Brötchen (Canapés - Tafel 7)	115
— -Eiergerichte	155-163
— -Einzelteller	205

	Nr.
— Galantinen, Hummer, Pains	190-198
— -Gemüse u. Früchte, pikante	143-154
— -Krustaden u. Sulzpasteten	180-189
— riche (Tafel 7)	208
— -Salate u. Mayonnaisen	120-142
— -Sulz u. gesulzte Gerichte	164-179
— varié (Tafel 8)	207
— vegetarisches	206
— -Zusammenstellungen	200-209
Hufeisen, kleine, aus Blätterteig	1507
Huftbraten, gespickter	673
— plätzchen i. d. Form (Eintopf)	687
— plätzchen, paniert (Rindsplätzchen)	685
Hühnerbouillon	6
— -Curry, gebraten (Chicken-Curry)	830
— galantine	191
— leber -Croûtons, -Garnitur usw.	219, 835
— leber- od. -fleisch-Klösschen f. Suppen	31
— platte, kalte	203
— ragout, braunes	829
— reis, brasilianischer	828
— -Reisgericht, ind. (Nasi Goreng)	851
— -Reisgericht, span. (Paella)	850
Huhn, gedämpft (Poulet sauté)	832
— gesotten (Suppen- od. Reishuhn)	826
— mit Currysauce	827
— n. Jägerart (Poulet chasseur)	833
Hülsenfrüchte, *Allg.* s. S. 127	
— Rezepte	368-379
— Zubereitung - *Grundregel*	367
— Eintopfgericht	378
— -Küchlein	374
Hummer-Cocktail (Abschn. 13)	113
— , gekocht, mit Sauce	617
— mit Mayonnaise	195
— -Mayonnaise (aus Büchsen)	140

I

Ice-Cream-Soda	1331
Igel von Äpfeln od. Birnen	1095
— kleine, von Birnen, helle u. dunkle	1099
— mit Biscuit u. Buttercrème	1361
Indischer Reis od. Trockenreis usw.	980
— Reis m. Fleisch, Früchten usw. (Riz Colonial - Tafel 36)	739
Ingwerbiscuits	1548
Irish Coffee (Irischer Kaffedrink)	1704
Irish Stew (Irischer Fleischtopf)	800
Ital. Eiersuppe (Zuppa pavese)	15
— Gemüseplatte	538
— Salat (Tafel 8)	120

J

	Nr.
Japan. Fleisch-Reisgericht (Sukiyaki)	985
Japonais-Torte	1392
Javanische Reistafel, kleine	986
Joghurt-Eisbecher	1328
— -Fruchtcrème, rohe	1065
— -Kaltschale	99
— köpfchen	1162
— -Mayonnaise (Abschn. 2)	598
— -Quark-Kaltschale	100
— -od. Rahm-Salatsauce	591
— -Shake	1696a
— -Zubereitung	1696b
Johannisbeer-Eis (Abschn. 6)	1292
— -Eis, feines	1306
Johannisbeeren, sauersüss	1730
Johannisbeer-Gelée	1748
— -Gelée, sauersüss	1730
— -Gelée, spez. Zubereitung	1749
— kompott (u. v. Brombeeren)	1111
— kuchen, feiner (Abschn. 5)	1431
— kuchen, mering. (u. v. Bromb. usw.)	1444
— kuchen, norddeutscher	1449
— -Melonen-Cocktail (Absch. 4) von	113
— schaum	1068
— sirup, eingekochter (auch Cassis)	1750
— sirup, vergoren	1751
— törtchen, meringuierte	1468
— träubchen, gebacken	1140
Juliennesuppe (klare Gemüsesuppe)	10
Jungschwein u. Spanferkel v. Rost	771
Junket mit Früchten	1163
— mit Karamel	1165
— m. Schokolade od. Kaffee (Tafel 41)	1164

K

Kabinettspudding	1183
Kabis (Chou blanc)	479
— gedämpft	478
— gerichte, s. auch Kohl- od. Wirsing	
— roulade, grosse	322
— rouladen, kleine	321
— salat, roh und gedämpft	423
Kaffeecrème-Pudding, brasilianischer	1185
— crème (feine Mokkacrème)	1239
— -Eclairs (od. mit Schokolade)	1495
— kranz, schwedischer	1658
— -Rahmcrème (Mousse au café)	1251a
Kaki-Cocktail (Abschn. 3)	113
— -Coupe	1070
Kalbfleisch, *Allg.* u. Einteilung s. S. 238	
— galantine	190
— , geschnetzeltes (III. Art, flambiert)	738

	Nr.
— geschnetzeltes m. Reis (Riz Casimir)	740
— Ofen- od. Rostbrat. (Fricandeau, gesp.)	711
— suppe	66
— -Terrine u. Fleischkäse	744a
— vögel	714
— wurst (gesulzt)	193
Kalbsbraten, einfacher	706
— gefüllter (Fricandeau, Tafel 30)	712
— gefüllt mit Eiern	708
Kalbsbratwürste (Tafel 31)	741
Kalbsbrust, gefüllte	713
Kalbscôtelettes od. -plätzchen Milanaise	733
— côtelettes à la Zingara	734
— côtelettes auf pikante Art	735
— côtelettes nature od. paniert	732
— curry	722
— filet, gefülltes, pikantes	710
— filet mit Rahmsauce	709
— -Frikassee n. Grossmutterart	721
— haxen, gebraten (Ossi bucchi)	723
— herz, gefülltes	757
— herz-Ragout	758
— hirn auf verschied. Art	749
— hirn, gekocht	748
— kopf à la tortue	763
— kopf od. -füsse, gebacken	762
— kopf od. -füsse, gesotten	761
— kopfsalat (Abschn. 3)	435
— leber, geschnetzelte	755
— leber, flambiert s. NB. von	751
— leberklösse od. -knödel	756
— leberplätzchen à l'Anglaise	754
— leber-Spiesschen Zürcher Art (T. 31)	753
— milken auf verschied. Art	746
— milken, gekocht	745
— nieren auf verschied. Art	750
— nieren, flambierte	751
— nierenbraten	707
— plätzchen à la Milanaise	733
— plätzchen alla Toscana	728
— plätzchen au gratin	727
— plätzchen, kleine, gebackene	261
— plätzchen mit Champignonsauce	725
— plätzchen, pan. u. Wienerschnitzel	731
— plätzchen Tessiner Art (Piccata)	726
— ragout à la Provençale	719
— ragout auf ital. Art	720
— ragout, braunes	717
— ragout, feines (f. Füllungen)	737
— ragout mit Rahmsauce	718
— ragout, weisses (Blanquette de veau)	716
— -Rahmschnitzel	724
— röllchen, kleine	730
— schnitzel Cordon bleu	736
— schnitzel ital. Art (Saltimbocca)	729
— zunge	760

Kalte Fleisch- u. Hühnerplatten — Käseplatte

	Nr.
Kalte Fleisch- u. Hühnerplatten . .	201-203
Kaltes Buffet (Smörgasbröd)	209
Kaltschalen (Milch- u. Fruchtsuppen)	97-108
Kaninchenbraten, -ragout usw. . .	805-809
Kapernsauce	559
Kapuzinerklösse	1673
Karamelcrème (gebrannte Crème) . .	1240
— -Eis (Abschn. 5)	1291
— -Omelette (Abschn. 1)	1209
— pudding od. -köpfchen . . .	1184
— pudding (span. Art) s. NB. v. . .	1184
— sauce	1219
Karamels (mit Vanille, Schok. usw.) .	1604
Karde (Cardons, s. Tafel 12) . . .	517
Karpfen-Filets au gratin	623
— gebraten	628
— junge, blau gesotten	616
— -Tranchen, gebacken	635
Karthäuserklösse	1674
Kartoffelauflauf	971
— auflauf, süsser	1198
— -Brioches n. span. Art (Tafel 22) .	977
— brot	1642
— brötchen im Ofen	962
— croquant (Garnitur) Abschn. 7 . .	867
— -Croquettemasse - *Grundrezept* .	957
— -Croquettes à la Dauphine (Brühteig)	960
— -Croquettes au gratin	961
— Croquettes Berny	958a
— -Croquettes, panierte (Tafel 35) .	958
— -Croquettes u. Gemüse (Garnitur) .	857
— garnituren (zu Gemüse od. Fleisch)	867
— gnocchi	967
— klösse	966
— körbchen (Garnitur), Abschn. 5 .	867
— kuchen mit Kräutern	974
— küchlein auf verschied. Art . .	964
— kügelchen, gebackene, unpaniert .	959
— nestchen (Garnitur), Abschn. 6 . .	867
— -Omelettchen (Crêpes)	965a
— omelette, spanische (Tortilla) . .	951
— pastetchen (Garnitur) Abschn. 3 .	867
— pastete mit Fisch	647
— pastete (mit Fleisch, Gemüse usw.)	975
— pastete = Shephards Pie	975a
— pfluten	968
— pudding	970
— puffer	965
— ramquins	972
— ravioli	969
— ring, gebacken	973
— rösti	948
— salat	427
— salat auf verschied. Art (1-5) . .	428
— salat, feiner	122
— schälchen (Garnitur) Abschn. 4 .	867
— schnee	937
— schnitten mit Käse	237
— stock (auch vereinfachte Zuber.) .	938
— stock, grüner u. roter (Garnitur) .	939
— stock mit Eiern oder Tomaten . .	940
— suppe, braune	88
— suppe, grüne	80
— suppe, weisse	81
— teig (für gesalzene Wähen u. ä.) .	920
— torte	1401
— würstchen (-küchlein)	963
Kartoffeln, *Allgm*. s. S. 325	
— auf Freiburger Art	949
— gebackene: Pommes frites, Chip u. ä.	954
— gebraten, auf verschied. Art . . .	952
— gedämpfte, auf ital. Art	945
— gedämpfte, mit Gemüsen . . .	943
— gefüllte (m. Fleisch u. vegetar.) .	979
— gekochte, mit Speck u. Käse . .	946
— in der Schale gebacken, I.-II. Art	947
— in d. Schale gekocht (Schalenkart.) .	934
— mit Béchamel au gratin . . .	942
— mit Kräutern, gebraten	950
— mit Kümmel geback. (Abschn. 1) .	947
— mit Pilzen	944
— nach Savoyer Art	976
— Schälen u. Zubereiten *(Allgem.)*	933
Käseauflauf	248
— brezel, einfache	1614
— bricelets (od. mit Kümmel) . . .	1622
— -Brot-Auflauf, I. u. II. Art . . .	247
— -Brot-Auflauf mit Speck	1054
— brötchen m. Pumpernickel (Abschn. 2)	117
— butter-Sauce	603
— butter-Brötchen (Abschn. 5) . . .	118
— croquettes	242
— füllung f. Ofenküchlein u. Eclairs .	246
— gebäck, kl. luftiges (Abb. S. 550) .	1613
— gipfel, gefüllte	1614a
— gnocchi (Kromeski parisienne) . .	252
— -Hefestengel	1615
— -Kartoffelschnitten	237
— knöpfli od. Spätzli (Abschn. 2) .	1034
— köpfchen	250
— kräpfchen, I. u. II. Art	244
— küchlein	241
— kügelchen (Bouillon-Einlage) . .	23
— kugeln od. -trüffel, pikante (Abschn. 3)	116
— -Mandelcrackers	1620
— mousse-Törtchen, pikante . . .	1633
— müffchen	1625
— od. Kümmelbricelets	1622
— pastetchen (Tartelettes)	245
— platte	200

Käsepudding – Konfitüren, Gelée und Sirup

	Nr.
Käsepudding	249
— -Quarkpudding	251
— ring, heisser	1637a
— röllchen od. m. Schinken (2. Abschn.)	116
— rollen I. u. II. Art	1624
— salat	436
— sauce	551
— Schichtbrötchen m. Pumpernickel (2)	117
— schnitten im Ofen od. v. Grill	234
— schnitten, gebackene	235-238
— speisen (auch Fondue)	234-253
— spiesschen	243
— stengel u. -kräbeli (Abschn. 1-6)	1610
— stengel, feine	1616
— suppe	44
— suppe, braune	87
— -Toast (Abschn. 1)	1635
— toast, engl. (Welsh rarebits)	238
— -Waffeln, s. NB. von	1689
— wähe, Abschn. 1	912
— weggen (Calzone ticinese)	269
— weggli, gebackene	239
Kastanien, *Allgemeines* s. S. 131	
— auflauf	1199
— dessert mit Äpfeln	1285
— dessert mit Rahmcrème	1286
— gebratene	381
— gedämpfte	383
— gedörrte (Châtaignes séches)	387
— gekochte	382
— glasierte für Garnituren	384
— kandierte (Marrons glacés)	1609
— kuchen	1402
— -Meringues-Törtchen	1483
— mit Wirsing (Eintopf)	385
— plätzchen	1551
— pudding	1186
— purée, gesalzen	386
— purée, süss	1287
—, Schälen, I.-III. Art	380
— törtchen	1482
— -Vacherin	1284
Katzenzüngli	1584
Kaviar-Brötchen (Abschn. 10)	117
— mit Mayonnaise	141
Kefen, ged. (Süss- od. Kiefelerbsen)	491
Kerbelbutter, s. NB. von	607
Kerbel- od. Sauerampfersuppe	74
Ketchup von Tomaten	1727
Kirschenauflauf	1202-1205
— -Biscuitkuchen	1439
— dessert au gratin (Clafoutis)	1205
— -Kompott	1105
— kompott, rotes (als Garnitur)	1106
— kuchen, feiner (Abschn. 4)	1431
— kuchen mit Weggli	1437
— od. Zwetschgenküchlein	1138
— pudding	1179
— strudel (Abschn. b)	1461
— suppe (Fruchtsuppe)	103
— suppe m. Reis od. Griess (Fruchtsuppe)	104
— törtchen	1472
— törtchen mit roten Kirschen	1473
— wähe (Abschn. 4)	1428
Kirsch-Buttercrème (Abschn. 1)	1415
— od. Mokkawürfel	1490
— torte, Zuger (Tafel 48)	1357
—, Zitronen, Orangen- u. Ananascake	1410
Klare Suppen (Bouillons)	1-6
— Suppen mit Einlagen *(Grundregel)*	8
Klausgebäck usw. (evtl. Tischdekoration)	1665
Klöben, Hamburger (süsses Brot)	1650
Klösschen für Suppen *(Grundregel)*	26
Knacktorte	1374
Knochenbrühe	3
Knöpfli und Spätzli	1033
— auf verschied. Art	1034
Knorrsuppen s. NB. v. gebd. Suppen	45
Kochend-Einfüllen *(Grundregel)*	1716
Kochen im Dampfkochtopf	1758
— im Selbstkocher (d. Warmhalten)	1759
— im Wasserbad (bain-marie)	
s. Fachausdrücke S. XVIII	
Kohl, s. auch Kabis u. Wirsing	
— chinesischer od. Schnittkohl	474
— kopf, gefüllter, auch veget. (Tafel 17)	324
— kopf in der Form	325
— köpfchen auf türk. Art (Tafel 17)	323
— rouladen, kleine u. grosse	321-322
— salat, roher	422
Kohlrabi auf verschied. Art	468
— -Crèmesuppe (Abschn. 2)	50
— gedämpfte	469
— gefüllte, auch vegetar.	314
— gekochte	467
— salat, roher	421
Kohlrüben (Bodenkohlrabi)	504
Kokosbiscuits (Tafel 53)	1556
— makrönli (Abschn. c)	1571
— nuss-Sauce	1222
Kompotte u. Fruchtmus siehe	1088-1121
Kompott, gemischtes	1104
—, gemischtes von Dörrobst	1115
— von gedörrtem Obst	1114
— von roten Kirschen (Garnitur)	1106
Konfekt (kl. Gebäck, *Allg.* S. 517)	1514-1520
—, Aufbewahren auf Vorrat	1510
— -Butterteig, gerieben	1513
— -Butterteig, gerührt	1512
— teig (ohne Butter)	1511
— Zubereitung u. Backen *(Regeln)*	1509
Konfitüren, Gelées u. Sirup	1737-1753

Konfitüre und Gelée-Grundregeln – Leber, geschnetzelte

	Nr.
Konfitüren u. Gelée-*Grundregeln* (Geräte Einfüllen, Verschliessen usw.)	1737
— Zubereitung - *Grundregel*	1738
— Zuber. spez. Art. f. schöne Beeren usw.	1741
— -Zwei- u. Dreifruchtmischung	1739
Königinsuppe (Geflügelcrèmesuppe)	65
Konservieren, *Allg.* s. S. 582	1756
—, *Grundregeln*	1714
— roh, in Flaschen - *Grundregel*	1715
— von Süssmost	1753
Köpfchen (kalte Puddings, Flammeri)	1151-65
— Zubereitung - *Grundregel*	1150
Kopfsalat	389
— ganzer	390
— gedämpfter	459
Kornelkirschen- (Tierli-) u. Berberitzen-Marmelade	1746
—, Johannisbeeren usw. sauersüss	1730
Kostsuppe (v. Hülsenfrüchten, Tafel 1)	43
Kräbeli, Badener	1514
Krachmandeln od. Haselnüsse gebrannte	1603
Kraftbrühe	5
Kräuterbecher, bulgarischer	112
— butter	607
— butter-Brötchen (Abschn. 1)	118
— -Dörren	1721a
— füllung f. Kalbsbrust, Tomaten usw.	881
— gnocchi	335
— kartoffeln, gebratene	950
— knöpfli (Abschn. 1)	1034
— -Mayonnaise (Abschn. 1)	595
— mischung in Öl (als Vorrat)	1728
— - od. Petersiliensauce	548, 552
— - od. Spinatschnitten	299
— omeletten (Abschn. 1)	1040
— pulver siehe NB. von	
— suppe	73
— tiefgekühlte (als Vorrat)	1721
— u. ihre Verwend. (Tafeln 23 u. 24)	1757
Krautstiele auf verschied. Art	466
— gekocht	465
Kravättchen u. Prussiens, gesalzene	1611
Krebssuppe u. Krebsklösschen	95
— suppe, falsche	68
Kressebutter s. NB. von	607
— salat	393
Krustade, grosse gefüllte, gesulzt (T. 5)	184
Krustaden, kleine, gefüllt (Garnit. T. 32)	873
Krustade, grosse (Teigboden I. u. II. Art)	903
Krustaden, kl. Teigschälchen (Tafel 32)	904
— kleine gesulzte (1-8)	180
— teig	926
— u. Pasteten, gesulzte, verschied.	180-189
Kubanischer Reis	983
Küchen- od. Gewürzkräuter, *Allg.* u. ihre Verwendung (Tafeln 23 u. 24)	1757

	Nr.
Küchenmaschinen, el. u. ihre Anwendung	1760
Küchentips, erprobte u. Merkblatt	1761
Kuchen, *Allgemeines* s. S. 489	
— boden, Vorbacken	1430
— teig, einfacher	918
Kümmelkartoffeln (Abschn. 1)	947
— - od. Käsebricelets	1622
— - od. Käsestängelchen (Abschn. 2)	1610
— - od. Mohnbrot	1641
— - und Mohnweggen od. -zopf	1643
— -Waffeln s. NB. von	1689
Kürbisblüten-Küchlein s. NB. von	1679
Kürbis, gefüllter	537
— gemüse	536
— küchlein (Gemüseküchlein im Teig)	295
— küchlein, panierte (Gemüseküchlein)	296
— sauersüss sowie Gurken u. Melone	1735
Kurländer Speckkuchen	268
Kutteln à la mode de Caën	702
— mit Currysauce od. Vinaigrette	703
— salat (Fleischsalate, Abschn. 2)	435
— v. Omeletten (Fastenkutteln) s.	1050, 1215

L

	Nr.
Lachsbrötchen (Abschn. 7)	117
— gesotten (Salm, Tafel 27)	615
— -Krustaden, schwed. (Abschn. 7)	180
— schinken- od. Wurströllchen, gesulzt	176
Lagentorte (Tafel 46)	1394
Lagerfähigkeit der Äpfel s. Tab. S. 366	
Lammbraten	803
— brust, gefüllte	804
— côtelettes (od. v. Hammel) a. d. Grill	798
Languste, garniert	196
Lasagne verde al forno (grüne Nudeln)	1038
Lattich, gedämpfter, mit Speck	458
— gefüllter	320
— abgekocht	457
— salat	397
Lettoghino: Zubereitung wie Catalogna	458a
Lauch auf verschied. Art (1-6)	461
— gedämpfter	462
— gekocht	460
— mit Mayonnaise (kalt)	126
— röllchen, gefüllte, als Garnitur	861
— röllchen, gefüllte m. Speck (Tafel 14)	317
— salat, roher	401
— salat, gekochter	402
— suppe	78
Laugengipfeli od. -brezel	1628
Leber à l'Anglaise	754
— auf Croûtons (Toast Strasbourg)	275
— gerichte v. Schweinsleber	779
—, geschnetzelte (Kalbleber)	755

	Nr.
Leberklösschen (Bouillon-Einlage)	32
— klösse (Knödel)	756
— knöpfli (Abschn. 2)	1034
— pain (Hors d'oeuvre)	198
— pudding	292
— reissuppe (Consommé au riz de foie)	12
— spiesschen Zürcher Art (Tafel 31)	753
— spiesschen, einfache s. NB. v. 753	
— von Geflügel s. Garnitur von	835
Lebkuchen-Herzen, -Kläuse usw.	1580
Leckerli, verschied. Arten	1574-1578
Legieren einer Sauce - *Grundregel*	546
— eine Suppe - *Grundregel*	34
Leichtes Biscuit (ohne Butter) für Torten	1339
Lemon pies, amerikan.	1450-1451
Linsengericht	377
— -Eintopf	378
— in Senfsauce	369
— -od. Erbsmehlsuppe	49
— purée	372
— - od. Böhnlisalat	426
— -od. Erbsensuppe	42
Linzerschnitten	1493
— konfekt	1569a
— torte (Tafel 46)	1397
— torte, österliche	1397a
Liqueur-Buttercrème (Abschn. 1)	1415
— Glasur, mit Rum, Kirsch usw. (4)	1420
Löffelbiscuits I. u. II. Art	1502
Lothringer Speckkuchen	911
Löwenzahnsalat	394
Luftsuppe	13
Lunch- od. Teebrötchen (Sandwiches)	114
Lungen-Ragout	759
Lyoner-Körbchen (a. f. Garnitur) 254 u.	868
— -Körbchen m. ital. Salat usw. (Tafel 4)	142

M

	Nr.
Macédoine mit Früchten u. Rahm	1254
— mit Gemüse	856
— -Salat (gem. Gemüsesalat)	416
Madeirasauce (sce. Madère)	577
Madeleines und Gleichschwer	1503
Maggisuppen s. NB. von gebd. Suppen	45
Mailänderli	1538
Mais à l'Italienne (Polenta)	1009
Maisauflauf	1191
— brei (Griess- u. Hirsebrei)	999
— gericht (Polentina)	1010
— gnocchi	1006
— kolben, grüne, junge (Tafel 16)	528
— körner (aus Büchsen) s. NB. v.	492
— körner-Salat, s. Floridasalat	129
— körner-Salat (Salade Mexicaine)	433b
— - od. Griesspfluten au gratin	1001
— - od. Griesschnitten	1002
— - od. Griesschnitten auf versch. Art	1003
— plätzchen gefüllte (Goldene Taler)	1007
— plätzchen m. Käse (Polenta im Ofen)	1008
— suppe	47
Maitrank (Waldmeister-Bowle)	1713
Maizena- od. Paidolköpfchen	1155
Makkaroni, Kochen v. Teigwaren	
Grundregel	1016
— küchlein	1025
— - od. Nudelring od. -cake	1029
Makrelen auf dem Grill	634
Makrönli, verschiedene	1570-1573
Mandarinen-Brötchen (Abschn. 5)	1636
Mandarinen- od. Orangen-Sorbet	1333
— torte	1354
Mandelbiscuit (u. v. Nuss od. Haselnuss)	1364
— brioches, kleine	1664
— -Buttercrème (Abschn. 5)	1415
— fisch oder -cake	1373a
— gebäck (Tafel 54)	1561
— halbmonde, gefüllte	1563
— häufchen (Tafel 53)	1569
— hörnchen	1560
— knusperli (Butterfly)	1559
— kuchen, einfacher	1458
— kuchen (mit Konfitüre)	1459
— makrönli (Tafel 52)	1570
— -Orangentorte	1377
— - od. Haselnusstorte, einfache	1370a
— -oder Nusspralinés	1594
— plätzchen	1550
— -Rehrücken, gefüllt, III. Art	1383
— ringli (Tafel 52)	1562
— schnitten	1671
— schuppen s. * von	1363
— späne (f. Tortenränder)	1422a
— torte mit Backcrème	1366
— torte mit Buttercrème (Tafel 47)	1368
— torte, ungefüllte	1373
Mandeln od. Nüsse, glasierte, f. Garnit.	1424
— od. Haselnüsse, gebrannte	1603
Mangold (Kraut)	455
Mannheimer Apfelkuchen	1436
Marinade (Beize) u. Marinieren 886 u.	887
Marignans (kleine Savarins)	1667
Markklösschen (Bouillon-Einlage)	30
— würfelchen (Bouillon-Einlage)	20
Märmel	1678
Marmelade v. Quitten u. Hagebutten	1743-45
— v. Kornelkirschen (Tierli), Berberitzen	1746
Marmorkuchen	1407
— pudding	1171
Marrons glacés (kand. Kastanien)	1609
Marzipan	1598

Marzipanherzen usw. – Nouilles Casimir

	Nr.
— herzen usw. (Weihnachtsgebäck)	1600
— kartoffeln	1599
— kugeln (Tafel 55)	1601
— leckerli, Zürcher	1574
— pralinés	1597
Mayonnaise	594
— à l'aurore (Abschn. 9)	595
— auf verschied. pikante Art (1-12)	595
— -Ersatz, Abschn. 1-3 (m. Joghurt usw.)	598
— feine, verschied. in Sulz (Tafel 4)	171
— gesulzte (zum Ueberziehen)	596
— leichte (sauce mousse froide, Absch. 3)	598
— m. Mandelmilch (auch für Diät)	599
Médaillons de chevreuil aux mûres (Rehschnitzel mit Brombeeren)	815
Meerfische zubereiten, s. Fische	611-647
Meerrettichbrötchen (Abschn. 5)	119
— -Mayonnaise (Abschn. 6)	595
— sauce, gekochte	569
— sauce, kalte	601
Mehlbutter (beurre manié)	610
— sauce, braune - *Grundregel*	574
— sauce, weisse, auf versch. Art (1-5)	548
— sauce, weisse eingerührt - *Grundsauce*	547
— suppe, geröstete u. *Grundregel*	85 u. 86
— suppe, weisse - *Grundsuppe*	54
— suppe, weisse mit Gemüsen	55
Melde (Gemüse) u. Mangold	455
Melone, gefüllte (Tafel 40)	1075
— mit Schinken	204
— od. Ananas, gefroren	1317
— - od. Papaya-Kaltschale	1067
— od. Gurke u. Kürbis sauersüss	1735
Menu-Zusammenstellung - *Grundregel*	1765
— -Beispiele s. S. 608-623	
Meringues (Baisers)	1498
— -Schwänchen II. Art von	1498
— glacées	1319
— masse	1497
— pilzchen (Garnit. f. Crèmen usw.)	1426
— -Schäumchen, -Buchstaben usw.	1590
Merkblatt u. erprobte Küchentips	1761
Mikados od. bunte Plätzchen	1530
Milch-Cocktails	1695
— -Egg-Nogs (-Shakes m. Eiern)	1698
— Frappés	1697
— marinade (f. Wild, Gigot usw.)	887
— reis (Reisbrei)	996
— sauce (Béchamel)	553
— -Shakes, versch. (Schüttel-Milch)	1696
— -Syphon, gespritzt	1699
— suppe	97
Milken a. versch. Art (Abschn. 1-6)	746
— füllung für Pastetchen	747

	Nr.
— gekocht	745
Minestrone (ital. Gemüsesuppe)	83
Mirabellen-Kompott (od. Aprikosen usw.)	1103
Miroirs mit Schinkenbutter (Abschn. 2)	180
Mixed Grill sowie Spiesschen	683
Mock Turtle- od. falsche Schildkrötensuppe	93
Modelbrot (f. Sandwiches, Toasts usw.)	1639
Mohn- od. Kümmelbrot	1641
Mohn- u. Kümmelweggen od. -zopf	1643
Mokka-Backcrème zum Füllen (3)	1417
— -Baumstamm (od. mit Schokol.)	1380
— -Buttercrème (Abschn. 4)	1415
— crème, feine Kaffeecrème	1239
— crème, gestürzte (Bavarois au café)	1263
Mokka-Eis (Abschn. 3)	1291
— od. Kaffee f. Crèmen, Eis, Glasuren	1427
— glasur (Abschn. 5)	1420
— -Igel (Tafel 48)	1361
— köpfchen	1362
— - od. Kirschwürfel	1490
— -Tannzapfen (od. mit Schokol.)	1363
— torte (Tafel 46)	1360
Morcheln- od. Champignonsauce	557
— sauce, einfache v. NB. von	550
Moules à la Marinière	617a
Mousse aux tomates	146
Mousseline-Sauce	563
Mürbe Schokoladeplätzchen	1530a
Mürbes Schwarz-Weiss-Konfekt (T. 53)	1536
Mürbeteig (f. feine Obstkuchen, Törtchen)	927
—, gesalzen	926a
— plätzchen mit Käsefüllung	1619
Müsli- od. Salbeiküchlein	1679
Mutton chops (grill. Hammelplätzchen)	797

N

Namenia u. Catalogna (ital. Gemüse)	458a
Navet (weisse Räben, Taf. 16)	858(3) u. 506
Nasi Goreng (indonesisch)	851
Natronringli	1677
Nesselrode-Crème	1259
Netzbraten (s. Hackbraten), II. Art	668
— würstchen	695
Nidelwähe od. Rahmkuchen	1455
— od. Rahmtörtchen	1477
— zeltli (Rahm-Milchbonbons)	1605
Nieren auf verschied. Art (1-5)	750
— flambiert	751
Norddeutscher Johannisbeerkuchen	1449
Nougat (von Mandeln, Nüssen usw.)	1595
— masse (geröst. Nuss- od. Pralinmasse)	1423
Nouilles Casimir s. NB. von	740

Nudelauflauf mit Gemüsen – Orangecrème, gestürzte

	Nr.
Nudelauflauf mit Gemüsen	1028
— auflauf mit Käse	1026
— auflauf mit Schinken	1027
— - od. Makkaroniring od. -cake	1029
— od. Fidelipudding	1030
— teig (auch f. Ravioli u. Lasagne)	929
Nudeln à la Polonaise	1019
— grüne, überbacken (Lasagne verde)	1038
— hausgemachte (Zubereitung)	1015
— Kochen s. Teigwaren - *Grundregel*	1016
— mit Butter	1018
— mit Eiern	1023
— -Omelette	1024
—, reiche Zub. (Schlemmernudeln)	1019a
Nuss-Bavaroise (Tafel 42)	1267
— bavaroise-Torte	1371
— -Blanc-manger	1265
— brötchen (Abschn. 1)	1636
— -Buttercrème (Abschn. 5)	1415
— -Cake	1413
— gipfel	1661
— -, Haselnuss- od. Mandelbiscuit	1364
— konfekt (Tafel 52)	1555
— köpfchen, leichtes	1372
— makrönli (Abschn. b)	1571
— masse, geröst. (Nougat od. Pralin)	1423
— - od. Haselnusscrème-Eis (Abschn. 6)	1291
— - od. Haselnussleckerli, Zürcher	1575
— - od. Haselnuss-Rahmcrème	1252
— - od. Haselnuss-Schnitten m. Rahm	1485
— -Panade s. NB. von	888
— pralinés (Tafel 55)	1593 u. 1594
— -Rahmcrème	1252
— -Rahmcrème, gestürzte (Bavarois)	1268
— -Rahmeis (Mousse aux noix)	1298
— -Sauce (od. m. Haselnüssen usw.)	1221
— stängelchen	1554
— torte, Engadiner	1396
— torte mit Backcrème	1365
— torte mit Buttercrème	1367
— torte mit Rahmcrème (Tafel 46)	1370
— torte, ungefüllte	1375
— trüffeln s. NB. von	1591
Nüsse, glas. (Garnitur f. Torten usw.)	1424
Nüsslisalat (Feldsalat od. Rapunzel)	391

O

	Nr.
Obst, *Allgemeines*, s. S. 367	
— Kochregeln	1087
— tabelle s. S. 366	
— Zurüsten der versch. Arten	1086
Ochsenäuglein	1540
— markrezepte s. unter Mark	
— marksauce (sauce Bordelaise)	578
— maul- u. Kuttelsalat (Abschn. 2)	435
— rippe à la Liégeoise	666
— rippe auf französ. Art	667
— schwanzragout, pikantes	703a
— schwanzsuppe, gebd. (Oxtail soup)	92
— zunge, gekocht	704
— zunge als Restengerichte	705
Oeufs aux Morilles (Eier m. Morcheln)	216
— Mimosa (Hors d'oeuvre)	156
Ofenkartoffeln, gefüllte I. u. II. Art	947a
Ofen-Kartoffeln, Tessiner (Tafel 22)	978
— küchlein	1494
— küchlein, kleine (Profiteroles, T. 45)	1496
— küchlein od. Eclairs m. Käsefüllung	246
— küchlein mit Schinkenfüllung	280
Okras (Gumbo) s. NB. v. Gemüseplatte	538
Omelette à la Paysanne (Bäuerinnenart)	1048
Omelette en surprise à la Norvégienne	1315
— feine, dünne (sog. Eieromelettes)	228
— franz., a. versch. Art (Tafel 15)	227
— französ., nature - *Grundrezept*	226
— französ., süsse	1209
— soufflée - *Grundrezept* (I. u. II. Art)	1207
— souflée flambiert (Abschn. 4)	1208
— soufflée variée (Abschn. 1-4)	1208
Omeletten (Eier-, Pfannkuchen, Crêpes)	1039
— auf versch. Art (Abschn. 1-5)	1040
— gefüllte, in der Form (Tafel 21)	1041
— kleine, gemischt mit Schinken	1045
— -kuchen, deutscher (Pfannkuchen)	1214
— mit Brätfüllung au gratin	1046
— mit Früchten gefüllt	1210
— mit Geflügelfüllung (Cr. Veronese)	1044
— mit Hirse	1049
— mit Käsefüllung	1042
— mit Pilzen	352
— mit Sojamehl (ohne Eier)	1049
— süsse, flambiert (Crêpe Suzette)	1211
— süsse, u. Aufläufe, versch.	1190-1215
—, Wiener	1213
Omelettes coupées (gesalz. Fastenkutteln)	1050
— coupées (süsse Fastenkutteln)	1215
— riches (Tafel 21)	1043
Orangeade	1701
Orangeat u. Zitronat (kandieren)	1755
Orangenauflauf (od. v. Zitronen)	1197
— -Backcrème z. Füllen (Abschn. 6)	1417
— -Bombe, gefüllte	1311
— -Buttercrème (Abschn. 2)	1415
— cake (Abschn. 3)	1410
— -Cocktail (Abschn. 1)	113
— crème (od. mit Zitronen)	1246
— crème, gestürzte	1271

Orangencrème-Eis — Pilze, Champignons

	Nr.
— crème-Eis (Abschn. 7)	1291
— -Eis (Abschn. 2)	1292
— gebäck (Tafel 53)	1522
— gefüllte (Tafel 44)	1272
— glasur (od. mit Zitrone)	1420
— -Kompott	1116
— konfitüre I. u. II. Art	1747
— kuchen	1441
— -Mandeltorte	1377
— - od. Ananasschnittchen	1523
— - od. Ananastörtchen, mürbe	1488
— - od. Mandarinen mit Eis	1318
— - od. Mandarinen-Sorbet	1333
— pudding mit Mandeln	1174
— pudding (od. m. Zitronen)	1173
— -Rahmeis	1305
— sauce	1224
— -Schaumcrème	1247
— sirup I. u. II. Art	1752
— torte, leichte (Tafel 50)	1352
— torte mit Buttercrème	1353
— würfel	1489
Orientalischer Reis	990
Ossi bucchi (Kalbshaxen gebraten)	723
Osterbrötchen, englische (buns)	1646
— -Hefegebäck (Tischdekor., Tafel 49)	1665
— kuchen (m. Weggli, Reis od. Griess)	1453
— -Linzertorte	1397a
— platte, gesulzte	172
Oxtail Soup (Ochsenschwanzsuppe, gebd.)	92

P

Paella Valenciana (span. Hühner-Reis)	850
Paidol- od. Maizenaköpfchen	1155
Panade «à la Milanaise» s. NB. von	888
— u. Panieren (v. Fleisch, Fisch usw.)	888
Panieren v. Formen, s. Fachausdr. S. XVII	
Paniermehl s. Fachausdrücke S. XVII	
Panettone alla padrona	1649
Papaya- od. Melonen-Kaltschale	1067
— gefüllte	1075a
Paprikabutter-Brötchen (Abschn. 1)	118
— -Huhn	831
— -Mayonnaise (Abschn. 4)	595
— platte, bulgarische	540
— ragout, feines (m. Schweinsfilet)	781
— sauce	570
— schnitzel, ungarische	773
Parfait au Grand Marnier	1301
— au Maraschino	1300
Pariser-Crème (z. Füllen u. Glasieren)	1416
— Kartoffeln	953
Pastetchen v. Blätterteig (Bouchées)	901
— römische (m. versch. Füllungen)	1691

	Nr.
— römische (als Garnitur)	874
— römische, mit Fleischfüllung	284
Pastete, neue n. Kochschulart	896a
— -Rindsfilet Wellington	897
Pasteten n. Hausfrauen-Art	895
— u. Krustaden, gesulzte	180-189
— warme, Rouladen, Wähen usw.	890-912
Peperoni, gefüllte, ganze (roh)	148
— gefüllte, als Garnitur (Abschn. 8)	858
— gefüllte, auf ungar. Art	309
— gefüllte, auf verschied. Art	308
— -Salat	406
— -Schnitze, gefüllte (roh)	149
— u. Tomaten in Essigwasser konserv.	1724
Perlhuhn à la Bigarade	843
— gebraten (Wildgeflügel)	844
— gefüllt, gebraten	845
Perlzwiebelchen, glasierte	853
Petersilie, gebackene	854
Petersilien-Crèmesuppe (Abschn. 4)	50
— - od. Kräutersauce	552
— -od. Kräutersauce (ohne Fett)	548
Petits Fours (feines Dessertgebäck)	1491
Petite Marmite (Sonntags-Suppentopf)	660
Pfaffenkäppli	1539
Pfannkuchen, Berliner	1693
— (deutscher Omelettenkuchen)	1214
— mit Äpfeln (Hamburger Art)	1694
— (Omeletten mit Mehl)	1039-1050
Pfefferminzsauce (Engl. mint sauce)	605
Pfirsich-Bowle	1711
— crème, rohe, mit Joghurt	1065
Pfirsiche à la Chantilly (Abschn. 3)	1102
— Cardinal, m. Chaudeau usw. (1-4)	1102
— flambierte (Abschn. 2)	1121
Pfirsich-Eis (Abschn. 4)	1292
— kompott	1101
— kompott auf versch. Art (1-4)	1102
— strudel s. Apfelstrudel (Abschn. b)	1461
— törtchen (sowie v. Aprikosen usw.)	1471
Pflaumen-Kompott (od. Zwetschgen u. ä.)	1103
— kuchen, feiner (Abschn. 3)	1431
— kuchen mit Weggli	1437
— purée-Crème s. NB. von	1245
— wähe (Abschn. 3)	1428
Piccata alla Ticinese (Kalbsplätzchen)	726
Pikante braune Sauce	581
— Fischsauce mit Kapern	582
— Rahmsaucen, feine (Abschn. 1-3)	561
Pilaw, türk. Reisgericht, s. Tafel 18	786
Pilzauflauf	355
— brötchen	364
Pilze, *Allgemeines*, s. S. 121	
— au gratin	348
— , Champignons	346

Pilze, gebratene — Quiche Lorraine

	Nr.
Pilze, gebratene	357
— gedämpfte	347
— gefüllte	356
— in Essig konserviert (Essigpilze)	1723
— süsse, gefüllte	1492
— u. ihre Verwendung, *Grundsätzliches*	344
— Zurüsten - *Grundregel*	345
Pilzfüllung (f. Tomaten, Tauben usw.)	883
— gericht auf ital. Art	351
— gericht auf Schweizerart	350
— köpfchen, kleine	353
— kräpfchen	365
— krustade (od. mit Gemüse)	905
— küchlein, grüne	360
— küchlein im Teig	359
— küchlein mit Brot	362
— küchlein, panierte	358
— mayonnaise	127
— -Omeletten	352
— pastetchen I. u. II. Art	366
— pudding	354
— ragout	349
— -Reis (Abschn. 4)	988
— roulade (Tafel 4 u. 37)	908
— salat	434
— schnitten	363
— spiesschen	361
— strudel	909
— suppe	75
— timbal od. m. Gemüse (Tafel 37)	907
Piperade Provençale (Rührei m. Peperoni)	225
Pistazien-Eis (Bombe Pistaches)	1299
Pizza Napoletana (Tafel 22)	910
— con prosciutto (m. Schinken)	910a
Plaisir des dames	1585
Plat de Jambon en surprise (Schinkenrollen)	255
Plat de sole riche (ged. Seezungen)	627
Plattenmüesli (Flan)	1206
Plätzchen, bunte, od. Mikados	1530
— gesalzene (Galettes)	1621
Plum-Cake (Tafel 47)	1411
Plunder, dänischer	1662
Polenta (Maîs à l'Italienne)	1009
Polenta e fontina (Maisplätzli im Ofen)	1008
Polentina (Maisgericht)	1010
Pomeranzenbrötchen (Tafel 53)	1521
Pommes à l'Anglaise (I. Art)	947a
— chips und -bricelets	956
— de terre Suzette (II. Art)	947a
— espagnoles (Tafel 22)	977
— frites	954
— pailles (Strohkartoffeln)	955
— parisiennes ou noisettes	953

	Nr.
— Parmentier, NB. von	953
— savoyardes	976
Porridge (Haferbrei) u. Buchweizenbrei	1011
Potage clair (Klare Suppe) m. Einlage	8
— Crécy (feine Rübensuppe)	52
Pot-au-feu (Siedefleisch-Eintopf)	659
— od. Petite Marmite (m. Huhn)	660
Pouding Royal	1172
Pouding Crème Brésilienne	1185
Poulet à l'Indienne (Huhn mit Curry)	827
Poulet au paprika	831
— Bourguignon (Coq au vin bourg.)	834a
— brésilien (brasil. Hühnerreis)	828
— chasseur (Huhn nach Jägerart)	833
— gebraten (s. Geflügel, gebraten)	835
— Marengo	834
— sauté (gedämpftes Huhn)	832
Pralinés (v. Schok., Marzipan usw.)	1591-1607
Pralinmasse (geröst. Nüsse f. Torten usw.)	1423
Preiselbeerbrötchen (Abschn. 6)	1636
Preiselbeeren, sauersüss	1729
Prinzessuppe	60
Profiteroles (Ofenküchlein, Tafel 45)	1496
Prussiens, Palmblätter (s. Tafel 54)	1505
— u. Kravättchen, gesalzene	1611
Puddings, kalte (Köpfchen od. Flammeri)	1150-1165
— süsse warme	1167-1187
— u. Aufläufe von Gemüsen	326-331
— Zubereitung - *Grundregel*	1166
Puffbohnen (Fèves) u. fr. Bohnenkerne	489
Punsch- od. Rumsauce	1231
— ring od. Savarin (Tafel 49)	1666
— , römischer (sorbet au citron)	1332
— torte	1343

Q

Quark-Blätterteig	921
— -Brötchen, versch. (Abschn. 6)	118
— crème mit rohen Früchten	1064
— -Joghurt-Kaltschale	100
— kräpfchen mit Konfitüre	1541
— kuchen	1454
— mayonnaise (f. Garnituren)	597
— - od. Topfen- u. Rahmstrudel	1460
— pudding	1187
— sauce auf verschied. Art	602
— wähe, gesalzene (Abschn. 6)	912
— zubereitung	1188
Quiche Lorraine (Lothr. Speckkuchen)	911

Quittenkompott – Rhabarbergrütze

	Nr.
Quitten-Kompott	1110
— konfitüre mit Schnitzchen	1744
— -Marmelade	1743
— paste (Quittenbrot)	1608
— schaum	1090
— schnitze, sauersüss	1732

R

	Nr.
Räben als Küchlein, roh od. gek.	295
— kraut, s. NB. v. Sauerkraut	482
—, weisse Rüben od. Navets (Tafel 16)	506
— salat	407
Räderkuchen (Schlüferli)	1682
Radieschen (als Salat)	408
Rahmcrème mit Früchten, feine	1257
— crème mit Früchten, gestürzte	1269
— crème mit Nüssen, gestürzte	1268
— crèmen, gestürzte, *Allg.* S. 425	1259-79
— crèmen (ungekochte), *Allg.* S. 423	1251-57
— eis, Parfait u. Bomben, *Allg.* s. S. 440	
— eis, im Eisschrank gefroren	1293
— eis, in Eismischung gefroren	1294
— eis, verschiedenes	1295-1313
— -Fruchtcrème, gestürzte	1269
— -Fruchttorte («Vitamintorte»)	1345
— kuchen od. Nidelwähe	1455
— -Milchbonbons (Nidelzeltli)	1605
— - od. Nideltörtchen	1477
— - od. Joghurt-Salatsauce	591
— sauce, saure braune	576
— sauce, saure helle	550
— sauce, süsse	1218
— sauce, pikante	583
— saucen, feine pikante (1-3)	561
— schnitzel	724
— strudel (od. m. Quark)	1460
— tüten (Cornets)	1499
Randen-Cocktail (Borschtsch) Abschn. 9	113
— gekochte, in Béchamel	507
— salat als Vorrat	1725
— salat, gekochter	418
— salat, roher	417
Ratatouille Provençale	539
Ratsherrentopf, Zürcher	755a
Ravioli (m. Fleisch- od. veget. Füllung)	1035
— mit Früchten	1135
— mit Kartoffelteig	969
— - od. Nudelteig	929
Rebhuhn (Wildgeflügel)	846
— à la Polonaise	848
— nach Elsässer Art	847

	Nr.
Rehcôtelettes od. -schnitzel en papillotes	816
— filet à la Crème	814
— leber (Zubereitung n. Nr. 754, 755)	820
— pfeffer (od. von Gemsen)	818
— rücken mit Rahmsauce (Tafel 32)	812
— rücken süsser, I.-III. Art	1383
— schlegel-, Hirsch- u. Gemsbraten	813
— schnitzel m. Brombeeren (Medaillons)	815
Reis, *Allgemeines*, s. S. 341	
— auflauf	1194
— brei (Milchreis)	996
— crèmesuppe (od. v. Gerste)	57
— füllung (f. Tomaten, Peperoni, Gurken)	884
— gekocht, in Wasser od. Bouillon	982
— gerichte mit Fleisch u. a.	786, 787, 985, 986
— gerichte mit Gemüsen u. a.	337-339, 341
— gericht m. Geschnetz. (-Casimir)	740
— gericht mit Huhn (Nasi Goreng)	851
— gericht m. Huhn, span. Art. (Paella)	850
— huhn (Gesottenes Huhn)	826
— indischer od. Trockenreis	980
— indischer od. Riz Colonial (Tafel 36)	739
— köpfchen (Garnitur Napol., s. T. 29)	864
— köpfchen, fein. (Riz Trautmannsdorf)	1153
— kubanischer	983
— kuchen	1452
— n. Kreoler Art (Riz Créole)	981
— od. Hirse au gratin	993
— - od. Hirseköpfchen	1152
— - od. Hirseküchlein	995
— od. Hirse mit Früchten, mering.	1134
— - od. Hirsepudding	1168
— orientalischer	990
— pudding mit Früchten (Canad. Rice)	1185a
— pudding, geback. (Engl. Butterreis)	1193
— ring od. -timbal, garniert	991
— salat	430
— salat à l'Indienne	132
— salat m. Früchten (à l'américaine)	131
— salat mit Safran	431
— schleimsuppe, feine	40
— schleimsuppe, leichte	39
— suppe, gebundene (od. m. Hirse)	58
— tafel, kleine javanische	986
— timbal mit Schinken	992
— trockener od. Ind. Reis	980
— - u. Spinatköpfchen als Garnitur	865
Restenfleisch-Auflauf	288
— fleisch au gratin	698
— suppe	84
— verwendung verschied.	1763, 1764
Reste von Wildbraten	819
Rettich-Salat (od. v. Räben)	407
Rhabarberauflauf (Früchteauflauf)	1203
— grütze	1160

Rhabarberkompott – Salade à la Californie

	Nr.
Rhabarberkompott	1109
— kuchen, feiner Fruchtkuchen (2)	1431
— kuchen, mering. (od. m. Weichseln)	1445
— kuchen mit Weggli (Früchtekuchen)	1437
— mus	1108
— purée-Crème (Fruchtpuréecrème)	1245
— schnitten (m. Einback od. Zwieback)	1145
— schnitten, meringuierte	1146
— strudel (s. Fruchtstrudel, Abschn. c)	1461
— wähe (Fruchtwähe, Abschn. 2)	1428
Rindfleisch, *Allg. Einteilung* s. S. 220-221	
— gekochtes (Siedefleisch)	658
— gekocht als Eintopf (Pot-au-feu)	659
— geschnetzeltes (Boeuf Stroganoff)	684
— geschnetzeltes	684a
— im Saft	687a
— roulade (m. verschied. Füllungen)	672
— vögel (kleine Rouladen)	688
Rindsbraten, gedämpfter	661
— braten, gedämpfter, ital. Art (Stufato)	665
— gedämpfter mit Gemüsen	662
— filet auf engl. Art, gespickt	675
— filet Wellington (Pastete)	897
— gulasch u. ungarisches	689-690
— -Huftbraten, gespickter	673
— -Huftplätzchen i. d. Form (Eintopf)	687
— -Huftplätzchen, paniert	685
— leber-Klösse (Knödel)	701
— leber mit Zwiebeln	700
— plätzchen au gratin	686
— ragout, braunes	692
— ragout mit Kräutersauce	691
— ragout, saures	693
— zunge = Ochsenzunge	704
— zunge (Ochsenzunge)-Restengerichte	705
Risotto I. Art u. II., ital. Art.	987
— auf versch. Art (Abschn. 1-10) mit Safran, Tomaten, Curry usw.	988
— aux Crevettes (Chin. Art)	989
— Casimir (Reis m. Geschnetzeltem)	740
Riz à la Trautmannsdorf (Reisköpfch.)	1153
— à l'Impératrice	1154
— Colonial (Ind. Reis m. Fleisch, Früchten usw. — s. Tafel 36)	739
— Créole	981
— frou-frou	984
Roastbeef auf engl. Art (Tafel 28)	674
Roggen- u. Grahambrot	1640
Roh-Konservieren (in Flaschen)	1715
— kostsalat-Brötchen (Abschn. 6)	119
— kost-Salatplatten (Tafel 11)	439
Römische Pastetchen	874,1691
— Pastetchen mit Fleischfüllung	284
Römischer Punsch (Sorbet au citron)	1332
Roquefort-Konfekt (pik. Spitzbuben)	1617

	Nr.
Rosenkohlauflauf od. -pudding	327,329
— auf verschied. Art (1-5)	473
— -Salat s. NB. von	422
Rosenkuchen (Abschn. 1)	1656
— küchlein	1690
Rosinenbrot, süsses (Hamburger Klöben)	1650
— höckchen	1518
— plätzchen (Tafel 53)	1519
Rösti (Röstkartoffeln n. Schweizerart)	948
Rote Grütze	105,1157
— Mandeln s. NB. von	1603
Rotkraut (Rotkabis od. Blaukraut), ged.	481
Rotweinsauce	1229
Roulade, gef. mit Fleisch, Pilzen usw.	908
— pikante, kalte (Tafel 4)	186
Rouladen von Fleisch	672,688,708,714,730
—, süsse	1380-1382
Rübchen à la Vichy	499
— glasierte (für Garnituren)	498
— u. Erbsen, junge, gedämpft	497
Rüben, gedämpfte	501
— gedämpfte mit Büchsenerbsen	502
— in Béchamel	500
— salat, gekochter	415
— salat, roher	414
— schälchen, Garnitur (Abschn. 1)	858
— speise, süsse	1062
— suppe, feine (Potage Crécy)	52
— torte (Tafel 46)	1376
— weisse (Räben od. navets, Tafel 16)	506
Rührei - *Grundrezept*	223
— auf verschied. Art (Abschn. 1-9)	224
— m. Peperoni (Piperade Provençale)	225
Rum-Buttercrème (Abschn. 1)	1415
— - od. Punschsauce	1231
— -Omelette flambée (Abschn. 3)	1209
— -Omelette soufflée (Abschn. 3)	1208
— plätzchen	1532
— -Punsch	1705
— topf-Früchte (od. m. Kirsch)	1754
Russenzopf	1657
Russische Crème	1253
Russischer Salat	121

S

Sachertorte	1385
Sacristains (Mandelstengeli, Abschn. 5)	1610
Safran-Mayonnaise (Abschn. 5)	595
— -Reis (à la Milanaise, Abschn. 1)	988
Säfte, Milch-Cocktails,-Shakes usw.	1695-1713
Sago- u. Tapiokasuppe	11
Salade à la Californie (Fruchtsalat)	432

Salade Mexicaine-Schinkenküchlein

	Nr.
Salade Mexicaine	433b
Salade Mikado	433a
— au Riz Créole	133
— Napolitaine (Spaghetti- od. Hörnlisalat)	429
Salate, *Allg. s. S.* 133 (Tafel 11)	
— rohe u. gekochte	389-439
— u. Mayonnaisen in Sulz (Tafel 4)	171
— Zurüsten, Waschen - *Grundregel*	388
Salat, gemischter (Macédoine-Salat)	416
— Italienischer (Tafel 8)	120
— platten, gemischte (Tafel 11)	438
— platten mit Rohkost (Tafel 11)	439
— russischer	121
— sauce	590
— saucen - *Grundregel*	589
— sauce mit Eiern	592
— sauce mit Rahm od. Joghurt	591
Salbei-Küchlein («Müsli»)	1679
Salm, falscher (Tafel 7)	194
— gesotten (Tafel 27)	615
— mit Mayonnaise	138
— tranchen, grilliert	633
Saltimbocca (Kalbschnitzel, ital. Art)	729
Salzbricelets, gefüllte (Abb. s. S. 550)	1623
Salzburger Nockerln	1206a
Salzgebäck zu Tee u. Apéro	1610-1637a
— od. Gewürzgurken	1722a
— kartoffeln	935
— mandeln, -haselnüsse usw.	1632
Sandplätzchen od. Sablés	1529
— torte	1404
Sandwiches (Belegte Brötchen)	114
— -Ring	1637
— -Torte oder -Cake	185
Sardellen- od. Anchovisbutter (Abschn. 8)	608
Sardellenbutterbrötchen (Abschn. 4)	118
— gipfel, kleine (od. mit Sardinen)	1627
— stengeli od. m. Sardinen (Abschn. 4)	1610
Sardinen in Sulz	178
— od. Thon, gebacken	639
— - od.Thon-Toast, heisse (Abschn. 3)	1635
— sauce mit Mayonnaise (Abschn. 7)	595
Sauce aux crevettes I. und II. Art	566
— Béarnaise	562
— Béchamel (Milchsauce)	533
— Madère (Madeirasauce)	577
— Maltaise	564
— Morney (Käsesauce)	551
— Mousseline (Sauce Chantilly)	563
— Normande, pikante Rahmsauce (1)	561
— pikante, braune	581
— Tartare (Mayonnaise, pik., Abschn. 8)	595
— Turque, pikante Rahmsaucen (2)	561
— verte (Mayonnaisen, Abschn. 2)	595
— verte chaude, pikante Rahmsaucen (3)	561

	Nr.
— braune - *Grundregel*	574
Saucen, braune u. pikante	574-583
— helle, eingerührte - *Grundregel*	545
— helle, gedünstet - *Grundregel*	544
— kalte u. Gewürzbutter	589-608
— Legieren - *Grundregel*	546
— süsse	1216-1232
— warme, *Allgemeines s. S.* 180	
— weisse, eingerührte - *Grundsauce*	547
— weisse, auf versch. Art	548
Sauerampfer (oseille)	456
— ampfer- od. Kerbelsuppe	74
— braten	664
— kraut, gedämpft	482
— kraut m. geräuch. Schweinefleisch	788
— krautsalat, roher	424
— rahmsauce, braune	576
— rahmsauce, helle	550
— rahmteig (Ersatz f. Blätterteig)	922
— -süsse Früchte (Preiselbeeren, Kürbis, Zucchetti usw.)	1729-36
Savarin od. Punschring (s. Tafel 49)	1666
Savarins, kleine (Marignans)	1667
Schachbrett-Cake	1408
Schaf-, Lamm- u. Hammelfleisch	794-804
— od. Hammelbraten	795
Schaffhauserzungen	1581
Schalenkartoffeln, gebackene, im Ofen (m. Kümmel usw.)	947
— gefüllte, im Ofen (I. u. II. Art)	947a
— gekocht	934
— mit Sauce (I.-III. Art)	941
— mit Speck	946
Schalotten wie Essigzwiebelchen	1722
Schaumcrème v. Orangen, Zitronen, Süssmost	1247-49
— crème, ital. (Zabaione)	1250
— eier in Förmchen	217
— sauce, leichte	565
— sauce, süsse m. Wein (Chaudeau)	1232
Schenkeli	1683
Schicht- od. Baumkuchen	1394a
Schildkrötensuppe, falsche (Mockturtle)	93
Schinken à l'Américaine, gekocht (a u. b)	193
— brötchen (Abschn. 3)	117
— butter od. -pain-Brötchen (Abschn. 2)	118
— cake	908a
— cornets(od. v. Bündnerfleisch, Taf. 7)	175
— eier, schottische	233
— geräucherter, gekocht	792
— gipfel (od. mit Fleisch)	273
— gipfel, kleine	1626
— im Teig	898
— klösschen (Bouillon-Einlage)	31
— küchlein	1629

Schinkenkügelchen – Schweinscôtelette auf pikante Art

	Nr.
Schinkenkügelchen (Bouillon-Einlage)	24
— kugeln (mit Brühteig)	265
— - od. Geflügelmayonnaise	134
— - od. Fleischgipfel	273
— - od. Bratwursteggen	271
— - od. Fleischgnocchi	285
— - od. Specktoast (Abschn. 2)	1635
— - od. Fleischomeletten (Abschn. 4)	1040
— omelette	1047
— omeletten, kleine	1045
— röllchen (Abschn. 2)	116
— röllchen auf Spinat	256
— rollen, gebacken	272
— rollen, gefüllt, kalte (Tafel 4)	174
— schnitten (Croûtes au jambon)	277
— -Waffeln s. NB. von	1689
«Schiterbig» (gebackene Brotstengel)	1672
Schleie s. blau gesottene Fische	616
— s. gesottene Fische	615
Schleimsuppe, feine	40
— suppe, leichte	39
Schlemmernudeln	1019a
Schlesisches Himmelreich (Bauerngericht)	791
Schlupfküchlein (Räderkuchen)	1682
Schmor- od. gedämpfte Braten-*Grundregel*	650
— -braten od. Boeuf à la Mode	663
Schnecken	642a
Schneeballen	1681
— suppe	98
Schnellblätterteig	923
— bouillon (Zwiebelbouillon)	2
— kocher (Dampfkochtopf), *Allgem.*	1758
— sulz (Aspic, v. Maggi od. Knorr)	165
Schnell zuber. Gerichte s. Menüs S. 614-617	
— zubereit. od. 5-Min.-Teig (eingerührter)	917
Schnepfen, gebraten (s. Wildgeflügel) 844 u. 845	
Schnitzel Cordon bleu	736
Schokoladeauflauf	1201
— -Backcrème (als Füllung) Absch. 2	1417
— birnen	1098
— biscuit, feines, m. Buttercrème	1384a
— biscuit mit Backcrème	1384
— brezeli (Tafel 52)	1535
— brötchen (Abschn. 2)	1636
— -Buttercrème (Abschn. 6)	1415
— -Cake (Tafel 50)	1388
— -Cornets	1587
— crème	1236
— crème mit Schneeballen	1237
— -Eclairs	1495
— -Eis u. -Crème (Abschn. 2)	1291
— glasur I. u. III. Art	1421
— glasur mit Parisercrème	1416
— häufchen mit Mandelsplittern	1592
— köpfchen (Flamri)	1156

	Nr.
— kuchen od. -cake, leichter (Wiener)	1389
— leckerli, Zürcher	1576
— makrönli	1572
— -Mandeln s. NB. von	1603
— -Tannzapfen (od. mit Mokka)	1363
— -Nusstorte (Wachauer Torte)	1387
— - od. Zebracake, ungebacken	1388a
— - od. Zebraschnitten, ungebacken	1602
— - od. Mokkabaumstamm (s. Tafel 48)	1380
— - od. Parisercrème	1416
— pudding	1175
— -Rahmcrème (feine Schok.-crème)	1251
— -Rahmeis	1296
— -Rehrücken (II. Art) ungefüllt	1383
— rollen	1500
— -Roulade	1382
— sauce	1220
— schäumchen od. -«S» (Tafel 55)	1589
— -«Soufflé»glacé	1296a
— -Soufflé, heisser (Abschn. 1)	1208
— «Soufflé», kalter	1262
— -Spritzglasur	1422
— sterne u. -herzchen	1567
— torten, I.-III. Art	1386
— -Trüffeln (Tafel 55)	1591
— -Vacherin	1283
Schottische Eier	232
— Schinkeneier	233
Schuhsohlen	1506
Schüsselpasteten (kleine) m. Geflügel	281
— mit Fisch (engl. fish-pie)	641
— mit Fleisch, Gemüse, Pilzen (Tafel 37)	906
Schüttelfrüchte-Konfitüre	1742
Schwabenbrötchen	1552
Schwammpudding (poud. mousseline)	1170
Schwarzbrottorte (Tafel 47)	1399
Schwarzwälder Kirschtorte	1391
— Torte, I. u. II. Art (Tafel 45)	1390
Schwarz-Weiss-Konfekt (Tafel 53)	1536
Schwarzwurzel-Crèmesuppe (3)	50
Schwarzwurzeln auf versch. Art	508
— pikante	333
Schwarzwurzel-Salat, roh od. gekocht	412
Schwedische Eier (Tafel 7)	159
Schwedischer Kaffeekranz	1658
Schwed. Smörgasbröd (kaltes Buffet)	209
Schweinefleisch, *Allg.* u. Einteil. S. 259	
— geräuchertes mit Sauerkraut	788
— mit Kastanien (Eintopf)	784
Schweinsbraten a. d. Rost	767
— -Eintopf (Abschn. 1-4)	766
— gedämpft (sog. Wasserbraten)	764
— n. Hamburger Art	765
Schweins- od. Kalbscôtelettes à la Zingara	734
— - od. Kalbscôtelettes auf pikante Art	735

Schweinscôtelettes «en papillote» – Spießchen nach Hausfrauenart

	Nr.
— -côtelettes «en papillote» (in Papier)	775
— -côtelettes nature od. paniert	774
— -côtelettes pikante, gefüllt	776
— curry-Reisgericht	787
— filet-Paprikaragout (feines)	781
— filet en papillote	769
— filet im grünen Mantel	769a
— filet im grünen Mantel als Pastete	869a
— filet, gefülltes	770
— im Teig (Tafel 38)	896
— mit Rahmsauce	768
— leber- u. Schweinshirngerichte	779
— nierchen a. d. Rost	780
— pfeffer	785
— plätzchen, kleine (Filets mignons)	777
— plätzchen, panierte	772
— ragout auf versch. Art (a-c)	783
— ragout mit Curry	782
— -Rippchen-Krone	771a
— schnitzel (Paprikaschnitzel, ungar.)	773
— spiesschen à la Ménagère	778
Schwimmend-Backen	889
Scones (engl. Frühstücksgebäck)	1630
Seemannsgrog	1707
Seezungen, s. unter Soles	
Seezunge, gedämpfte (sole riche moderne)	627
Selbstkocher s. Garkochen d. Warmhalten	1759
Sellerie auf versch. Art (1-4)	512
— -Crèmesuppe (Abschn. 1)	50
— gedämpfte	513
— gefüllte	315
— gekocht (Knollensellerie)	511
— platte au gratin, feine u. Florentina	334
— platte, pikante (u. Chicorée)	151
— salat, amerikan. (Salade Waldorf)	128
— salat, feiner	123
— salat, gekochter	410
— salat, roher	409
— schälchen-Garnitur (s. Abschn. 2)	858
— suppe, feine	63
— suppe, grüne (od. mit Wirsing)	79
Senfbutter s. gewürzte Butter (6)	608
— früchte (Mostarda di frutta)	1736
— sauce, braune	575
— sauce, helle	556
— sauce, helle, eingerührt (Abschn. 3)	548
Shephard's Pie (Kartoffelpastete, engl.)	975a
Siedefleisch (gekochtes Rindfleisch)	658
— -Beigaben (in Muscheln, s. Bild)	852
— -Eintopf (Pot-au-feu)	659
— für Sonntags (petite Marmite)	660
Sieden v. Fleischstücken - *Grundregel*	649
Silvana-Torte	1393
«Silver Delicious» (Äpfel in der Silberfolie)	1128a

	Nr.
Silvesterpunsch	1708
Sirup (Fruchtsaft, eingekocht oder vergoren)	1750-51
— von Orangen	1752
Smörgasbröd, schwed. kaltes Buffet	209
Soja-Omeletten (ohne Eier)	1049
Soja- u. weisse Bohnen in Sauce	368
— - u. weisse Bohnen m. Tomatenpurée	370
Soles (Seezungen) à la Meunière usw.	630
— -Filets au gratin	623
— -Filets, gebacken	635
— -Filets in Krustaden	626
— -Filets mit Mayonnaise	139
— gebackene (ganze)	637
— gedämpft, n. Genfer Art	619
— gesotten	615
— häuten u. in Filets teilen	612
— -Platte garniert (Sole riche)	627
Sommer-Drink	1702
Sonntagsbrot	1647
Sorbets u. Coupes, *Allg.* s. S. 449 u. (Tafel 54)	
Soufflé glacé Hawaii	1316
Spaghetti à la Napolitaine	1020
— alla Bolognese	1022
— al sugo	1021
— -Garnitur à la Napolitaine	866
— - od. Hörnlisalat	429
— -Timbal od. -Cake	1031
Spanferkel u. Jungschwein (v. Rost)	771
Spanisch-Brötchen (Abschn. 3)	1610
Spargelbrötchen (Abschn. 2)	119
— crèmesuppe (Tafel 1)	64
— schalen-Verwertung, s. NB. von	524
— -Timbal	907
— auf versch. Art (1-3, Tafel 19)	524
— au gratin	525
— platte mit Mayonnaise (Tafel 8)	125
Spätzli u. Knöpfli	1033
— od. Knöpfli auf versch. Art (1-3)	1034
Speck, geräucherter, gekocht	790
— kuchen, Kurländer	268
— kuchen, Lothringer (Quiche Lorraine)	911
— - od. Schinkentoast, heiss (2)	1635
Speisezettel-Zusammenst. - *Grundregel*	1765
Spekulatius	1547
Spicken von Fleisch, evtl. Fisch usw.	885
Spiegeleier - *Grundrezept*	229
— auf verschied. Art (1-5)	230
— falsche, I. -III. Art	1149
Spiesschen mit Käse, I. u. II. Art	243
— mit Leber n. Zürcher Art	753
— mit Schweinsfiletplätzchen	778
— mit Spinat u. Brät (Brochettes)	318
— sowie Mixed Grill	683
— nach Hausfrauenart	752

Spinat auf italienische Art – Teigwaren, Kochen

	Nr.
Spinat auf italien. Art	451
— auflauf (od. m. Wirsing od. Rosenkohl)	329
— auf Tessiner Art	452
— gedämpfter	449
— gedämpfter, auf französ. Art	453
— gehackter	454
— gericht (in der Form)	450
— -Kaltschale	111
— od. Kräuterknöpfli (Abschn. 1)	1034
— - od. Kräutergnocchi	335
— - od. Kräuterschnitten	299
— omeletten (Abschn. 2)	1040
— pudding (Tafel 14)	326
— -Reisspeise	338
— röllchen (Laubfrösche)	319
— roulade (Gemüse- od. Pilzroulade usw.)	908
— salat	392
— schnitten (od. Kräuter) m. Mais	1003
— spiesschen mit Brät (Brochettes)	318
— suppe	72
— - u. Reisköpfchen (Garnitur)	865
— wähe (Abschn. 3)	912
Spitzbuben (Tafel 52)	1531
— pikante od. Roquefort-Konfekt	1617
Springerli (Äniskonfekt)	1516
Spritzglasuren f. Garnituren, Schrift usw.	1422
Stachelbeerkuchen, glasiert	1446
— konfitüre	1738-1739
Stachis auf verschied. Art (1-3)	509
Steckrüben (Bodenkohlrabi, 1-4)	504
Sterilisieren im Bratofen - *Grundregel*	1718
— im Wasserbad - *Grundregel*	1717
— von Früchten - *Grundregel*	1719
— von Gemüsen - *Grundregel*	1720
Sterne u. Herzen m. Kümmel, Teegeb. (2)	1610
Stollen (Weihnachtsstollen)	1651
Streuselkuchen	1652
Strohkartoffeln (pommes paille)	955
Strübli, Berner	1680
Strudel m. Früchten, Quark usw.	1460-61
— mit Gemüse, Zwiebeln, Fleisch	909
— teig	930
Stufato (ged. Rindbraten ital. Art)	665
Sudeltorte	1398
Sukiyaki (jap. Gericht mit Reis)	985
Sultaninencake	1411a
Sulz (Aspic, Schnellsulz)	165
— -Zubereitung mit Fleisch	164
— m. Schinken od. Zunge (Tafel 5)	170
— pastetchen, kleine	181
— pastete m. Fleischfüllung (einf. s. NB.)	188
— pastete m. Geflügelfüllung	189
— pastete m. pikant. Leberfüllung (T. 6)	187
— pasteten u. Krustaden, versch.	180-189
— platte, einfache	166
— u. gesulzte Hors d'oeuvres	164-179

	Nr.
Sülzchen auf Galettes	169
— mit Pain, kleine	167
— mit Schinken, kleine	168
Suppen, *Allgemeines* s. S. 1	
— einlagen, einfache	9
— einlagen, feinere	10-33
— gebundene, *Allgem.* s. S. 10	
— gebundene, gedünstet - *Grundregel*	53
— gebundene, geröstet - *Grundregel*	85
— gebund., nass eingerührt - *Grundregel*	45
— gebd., trocken eingerührt - *Grundregel*	35
— huhn, gesotten (Reishuhn)	826
— klare, Bouillons	1-6
— klare mit Einlage - *Grundregel*	8
— klösschen - *Grundregel*	26
— süsse u. Kaltschalen, *Allg.* S. 29	97-108
— topf, kleiner (petite Marmite)	660
Süsserbsen (Kefen), gedämpft	491
Süssmost konservieren	1753
— -Schaumcrème	1249
Szegediner Gulasch s. NB. von	690

T

	Nr.
Tabakrollen	1687V
Tafel-(Bilder)-Verzeichnis s. S. VI	
Taler, goldene, gefüllt	1007
Tannzapfen m. Buttercrème (Tafel 48)	1363
Tapioka- od. Fidelipudding	1169
— pudding à la Jamaika s. NB. von	1169
— suppe I. und II. Art	11
Tauben, gebraten (gebrat. Geflügel)	835
— gebratene, gefüllte I.-III. Art	836
Tee-Brötchen (Sandwiches)	114
— brötchen feine (Canapés - Tafel 7)	115
— brötchen, verschied. süsse	1636
— -Eis (Abschn. 4)	
— gebäck, gesalz. (*Allg.* S. 545)	1610-1637
— gebäck, mürbes	1527
— getränk, kaltes	1703
Teige, *Allg.* S. 319 - *Grundregel*	913-914
— verschiedene	917-932
Teig, eingerührte Zuber. - *Grundregel*	916
— eingerührter (5-Minuten-Teig)	917
— für Früchtekuchen (Zuckerteig)	928
— für Krustaden u. Timbals	926,925
— für Nudeln, Ravioli usw.	929
— für Strudel	930
— geriebener, Zubereit. - *Grundregel*	915
— schälchen, Vorbacken	1430
— tropfen geback. (Bouilloneinlage)	18
— waren à la Milanaise	1017
— waren-Auflauf mit Käse	1026
— waren, Kochen - *Grundregel*	1016

Teigwaren mit Fleischsauce — Vanilleglasur

	Nr.
— waren mit Fleischsauce (al sugo)	1021
— waren-Rezepte	1015-1038
Tempura (Japan. Fisch-Gemüsegericht)	640
Terrine s. unter Kalbfleisch u. Wild	
Tessiner Käseweggen (Calzone ticinese)	269
— Ofen-Kartoffeln (Tafel 22)	978
— Tomaten	306
— Traubenkonfitüre (Abschn. d)	1738
— Traubenpurée-Crème (s. auch NB.)	1245
Thon- od. Crevettesmayonnaise (Tafel 8)	137
— - od. Crevettesmayon. Hawaii, II. Art v.	137
— od. Crevettes au gratin	642
— od. Sardinen, gebacken	639
— - od. Sardinen-Toast (Abschn. 3)	1635
Tilsiterschnittchen, panierte	240
Timbalform s. Fachausdrücke S. XVIII	
— teig	925
Tintenfisch, gefüllter (Calamar)	629
—, Polpi u. Seppie gebacken	635
Toast à la Strasbourg	275
— brötchen, heisse (1-3)	1635
Tomaten à la Provençale	307
— als Pilze	145
— brötchen od. m. Gurken (Abschn. 4)	119
— butter-Brötchen (Abschn. 1)	118
— en robe de chambre (im Teig geb.)	302
— füllungen (Weggli, Fleisch, Eier usw.)	304
— gedämpfte, halbe (I. u. II. Art)	542
— gedämpfte, gefüllt (Abschn. 1-11)	305
— gedämpft (kleine ganze, f. Garnituren)	541
— gefüllte (*Grundrezept*)	303
— -Kaltschale (Tafel 2)	109
— Kaltschale, pikante	110
— -Ketchup	1727
— Konservieren (Purée u. ganze)	1720,1738-39
— mit Spargeln (kalt)	144
— -Mousse (à l'Américaine)	146
— purée (spez. für Garnituren)	543
— -Reisspeise	337
— rohe, gefüllt (1-6) Taf. 3 u. 7)	143
— salat	403
— sauce	571
— sauce, italienische	572
— sauce, kalte	604
— sauce, ungarische	573
— speise au gratin	336
— suppe, feine	70
— suppe mit Brot	69
— suppe mit Einlagen (Tafel 1)	71
—, Tessiner	306
— u. Peperoni im Essigwasser kons.	1724
— unreife, f. Konfitüren (Abschn. e)	1738
— unreife, sauersüss konserviert	1733
— wähe (Abschn. 4)	912

	Nr.
Topinambur (Erdbirne) versch. Art (1-3)	510
— salat	413
Torta verde (Ital. Spinatpastete)	899a
Törtchen, Biscuitschnitten usw.	1467-1508a
— mit roten Kirschen	1473
Torten, *Allg.* s. S. 453	
— Backen u. Lösen - *Grundregel*	1334
— Durchschneiden u. Füllen-*Grundregel*	1335
— Garnieren (Tafeln 46-48, 50-51)	1336
— Glasieren, *Grundregel*	1419
— massen, gerührte, 1a u. b - *Grundregel*	1337
— massen, geschlagen - *Grundregel*	1338
Torte mit verschied. Crèmen	1359
Totenbeinchen	1557
Tournedos auf versch. Art (I.-IV.)	681
Tranchieren, Anricht. v. Braten - *Grundrg.*	654
— u. Anrichten v. Geflügel - *Grundregel*	825
Trauben- od. Brombeergrütze	1159
—, s. auch Tessinertrauben	
—törtchen (od. Weichseln usw.)	1470
— kuchen s. NB. von	1446
Traufen (geback. Teigtropfen) f. Bouillon	18
Trockenreis od. Ind. Reis	980
Truthahn, gefüllter, gebraten	842
Türk. Pilaw (Fleisch-Reis, s. Tafel 18)	786
Tutti-Frutti à la crème	1243
— -Bombe	1307
— feines (Früchte-Macédoine m. Rahm)	1254

U

Ungarische Eier (Tafel 15)	213
— Peperoni, gefüllte	309
— Tomatensauce	573
Ungarischer od. Zigeuner-Braten	671
Ungarisches Gulasch (u. Szegediner)	690

V

Vacherin à la Chantilly	1281
— mit Erdbeeren	1282
— mit Kastanien (Tafel 45)	1284
— mit Schokolade	1283
Vanilleauflauf	1195
— brezeli (Tafel 52)	1534
— -Buttercrème (Abschn. 1)	1415
— crème	1234
— crème mit Schneeballen	1235
— crème-Eis (1) m. Schok.-Sauce	1291
— gipfeli (Tafel 53)	1533
— glasur (Abschn. 1)	1420

Vanille-Mandeln, gebrannte – Wurstknöpfli und Schinkenweggen

Nr.

Vanille-Mandeln, gebrannte s. NB. von	1603
— milch	1216
— Rahmeis (Parfait)	1295
— sauce	1217
Vegetarisches Hors d'oeuvre I. u. II. Art	206
— Schnell-Sulz s. NB. von	165
Verbrühte Kugeln	1685
Verlorene Eier - *Grundrezept*	218
— auf Croûtons, Abschn. 1-5 (Tafel 15)	219
— auf Croûtons, kalte (Tafel 4)	162a
— auf ital. Art	222
— in Krustaden	221
— mit Sauce	220
Vermicelles siehe Kastaniendesserts	1284-87
Viktoria-Torte	1344
Vinaigrette (zu Siedefleisch usw.)	593
«Vitamintorte» (Rahm-Fruchttorte)	1345
Vitello Tonnato	194a
«Vogelheu» (Eierdünkli)	1053
Vogelnester I. u. II. Art	715
Vol-au-vent, grosser (Blätterteigpastete)	891
Vollweizenmehl-Konfekt	1544
Vorbacken v. Kuchenböden u. Teigschälch.	1430
Vorratshaltung, *Allgemeines*	1762
Vorspeisen, kalte (Hors d'oeuvre) *Allg.* S.	35-36
— Galantinen, Hummer, Pains	190-199
— gesulzte (Krustaden u. Pasteten)	180-189
— Hors d'oeuvres u. Kalte Platten	200-209
— mit feinen Salaten u. Mayonnaisen	120-142
— kalte, mit Eiern	155-163
— warme, mit Eiern	210-233
— warme, mit Fleisch	254-294a
— m. Gemüse u. Früchten, kalt pik.	143-154
— m. Sulz u. gesulzte Hors d'oeuvre	164-179
— warme, mit Gemüse u. Pilzen	295-365
— warme mit Käse	234-253
— warme u. Abendessen s. S. 79-126	

W

Waadländer Griessuppe	37
Wachauer Torte (Schok.-Nusstorte)	1387
Wachs- od. Butterbohnen m. Béchamel	487
— - od. Butterbohnen m. Tomaten	488
Waffeln, süsse (m. Käse usw. s. NB.)	1689
Wähen m. Früchten (Kuchen od. Fladen)	1428
— m. Käse u. Gemüse, 1-6 (Tafel 22)	912
— teig mit Hefe (f. Wähen, Pizza usw.)	919
Waldmeister-Bowle od. Maitrank	1713
Wasserbad s. Fachausdrücke S. XVIII	
Wasser- od. Bouillonreis	982

Nr.

Weggli, gefüllte	1675
— od. Frühstücksbrötchen	1639a
— pudding	1178
— teig s. Modelbrot	1639
Weichselkuchen s. NB. von	1446
Weichseln (Griottes) sauersüss	1733
Weichsel- od. Rhabarberkuchen, mering.	1445
Weihnachtsgebäck (f. Dekorationen)	1524
—, Oster-Hefegebäck usw. (f.Dekor.)	1665
Weihnachts-Stollen	1651
Weinschaumsauce (Chaudeau)	1232
Weisse Buttersauce - *Grundsauce*	549
— Decksauce (Chaud-froid)	600
— Mehlsauce, eingerührt - *Grundsauce*	547
— Mehlsuppe - *Grundsuppe*	54
— Mehlsuppe mit Gemüsen	55
Weissweinsauce	555
Weizen- od. Grünkernküchlein	1013
Welsh rarebits (engl. Käsetoast)	238
Wickelkuchen (Abschn. 3)	1656
Wiener Backhähnchen	838
— Omeletten	1213
— schnitzel u. pan. Kalbsplätzchen	731
— Torte (leicht. Schok. kuchen od. -cake)	1389
— waffeln, kleine (Tafel 53)	1564
Wild, *Allg.* s. S. 275 und Rezepte	810-821a
— braten m. Rahmsauce (Reh, Hase usw.)	812
— braten-Restenverwertung	819
Wildbret-Terrine	820a
— geflügel (-Ente usw.), gebraten	844
— geflügel, gefülltes, gebraten	845
— -Hackbraten	821
— pastete (v. Hasen od. Reh)	893
— peffer (v. Hase, Reh, Gemse usw.)	817
Wildschwein (Braten od. Pfeffer)	821a
— suppe	94
Windbeutel (Ofenküchlein, Choux)	1494
Winterkohl (Feder- od. Grünkohl)	480
— konfitüre (Dörrfruchtkonfitüre)	1740
Wirsing-Auflauf (od. v. Spinat u. Rosenk.)	329
— auf verschied. Art (Abschn. 1-4)	476
— gehackt	477
— gekocht (Koł.l, Wirz)	475
— od. Kabis, gedämpft	478
— od. Kabisroulade, grosse	322
— od. Kabisrouladen, kleine	321
— pudding (pouding au chou)	327
— suppe, grüne (od. m. Sellerie)	79
Wurstknöpfli (Abschn. 2)	1034
— krapfen mit Kartoffelteig	270
— od. Lyonerkörbchen, gefüllt	254
— röllchen (od. v. Lachsschinken) in Sulz	176
— - und Schinkenweggen	271

Y

	Nr.
Yorkshire Pudding	1052

Z

	Nr.
Zabaione (Crème Sabayon)	1250
Zander, siehe Fischrezepte	
Zebra- od. Schokoladeschnittchen	1602
— od. -Schokoladecake, ungebacken	1388a
Zerlassene Butter	584
Zicklein (Gitzi) u. Kaninchen	805-809
Ziegerkrapfen (Quarkkrapfen)	1688
Zigeuner-Auflauf	287
Zimtringe (Tafel 54)	1549
— sterne (Tafel 52)	1566
Zitronat u. Orangeat (Schalenverwertung)	1755
Zitronen-Backcrème z. Füllen (6)	1417
— -Buttercrème (Abschn. 2)	1415
— crème feine (f. Rouladen, Torten usw.)	1418
— crème-Eis (Abschn. 7)	1291
— -Eis (Abschn. 1)	1292
— garnitur. (f. Fischplatten u. Kalte Pl.)	877
— gefüllte	1273
— glasur (Abschn. 2)	1420
— kuchen, amerikanischer	1451
— kuchen, meringuierter	1450
— - od. Orangenauflauf	1197
— - od. Orangencake (Abschn. 2 u. 3)	1410
— - od. Orangencrème	1246
— - od. Orangenpudding	1173
— plätzchen	1582
— sauce	1223
— -Schaumcrème	1248
— törtchen	1474
— torte (m. Butter- od. Backcrème)	1355
Zöpfe = Hefe- und Eierzopf	1644 u. 1645
Zucchetti gedämpfte (Tafel 16)	529
— gefüllte, auch veg. (Tafeln 9, 16)	310
— mit Schinken au gratin	530
— od. Aubergines frites	534
— od. Aubergines, gebackene au gratin	297
— od. Gurken au gratin	531
— -Salat	405
— sauersüss	1734
— spiesschen, s. II. Art von	243
— suppe	77
— wähe, Abschn. 5 (Tafel 22)	912
Zuckercouleur (Bouillonfarbe)	609
— hut-Salat	396a
Zuckerkreuzchen (petits pains russes)	1659
— teig f. Früchtekuchen usw.	928

	Nr.
Zuger Kirschtorte (Tafel 48)	1357
— röteli s. gesottene Fische	615
— röteli s. gebratene Fische, variés	630
Zunge, gesotten (Ochsen- od. Rindszunge)	704
— gesotten (Kalbszunge)	769
— od. Schinken in Sulz (Tafel 5)	170
— -Restenverwendung	705
Zungenbrötchen s. Abschn. 3 von	117
Zuppa Inglese (Früchte m. Crème)	1244
— pavese (ital. Eiersuppe)	15
Zürcher Leberspiesschen	753
— Marzipan- u. Nussleckerli	1574-75
Zürcher Ratsherrentopf	755a
Zusammenstellung v. Speisezetteln	
Grundregeln - (Beisp. s. S. 608-623)	1765
Zwei- u. Dreifrucht-Konfitüren	1739
Zwetschgenauflauf (Früchteauflauf)	1203
— brei	1107
— fladen (Wähe v. Dörrzwetschgen)	1462
— gefüllte (Prunes sèches farcies)	1607
— knödel	1136
— -Kompott (od. von Pflaumen)	1103
— -Kompott (v. gedörrten)	1114 u. 1115
— kuchen, feiner (Abschn. 3)	1431
— kuchen mit Weggli	1437
— od. Kirschenküchlein	1138
Zwetschgenpuréecrème (s. auch NB.)	1245
— ring od. -köpfchen (v. gedörrten)	1081
— sauersüss (sowie Weichseln usw.)	1733
— strudel (Fruchtstrudel, Abschn. b)	1461
— suppe (Fruchtsuppe)	103
— törtchen (sowie Aprikosen usw.)	1471
— - u. Dattelkonfekt (I. u. II. Art)	1520
— wähe (Fruchtwähen - Abschn. 3)	1428
Zwieback- od. Einbackauflauf	1200
— -Schnitten mit Früchten	1145 u. 1146
— pudding	1177
Zwiebelbouillon (Schnellbouillon)	2
Zwiebelchen, glasierte (Perlzwiebeln)	853
Zwiebelfleisch (von Resten)	699
— küchlein im Teig geback. (Abschn. a)	295
— -Maisschnitten	1003
— pudding, amerikan.	328
— roulade (Gemüseroulade)	908
— sauce (Sauce Soubise)	567
— sauce, braune (Sauce Robert)	579
— strudel	909
— suppe	76
— wähe od. -kuchen (Abschn. 2)	912
Zwiebeln au gratin	464
— gedämpfte	463
— gefüllte	316
— geröstete	588

PRIVATKOCHSCHULE
SUSANNE VÖGELI & MAX RIGENDINGER

Schachenallee 29, 5000 Aarau

Lassen Sie sich in unseren Kochkursen inspirieren und erweitern Sie Ihr Küchenhandwerk.
Ob Firmenjubiläum oder runder Geburtstag – feiern Sie Ihr Fest im Cookuk: Sie kochen mit Ihren Gästen, oder Sie lassen sich vom Cookuk-Team bekochen.
Verbessern Sie die Zusammenarbeit in Ihrem Team durch einen Kochen-im-Team-Workshop.
Erleben Sie Gastfreundschaft: beim Selberkochen am Herd und beim Essen und Trinken am gedeckten Tisch.

Kontakt: mail@cookuk.ch / www.cookuk.ch
Telefon 062 823 52 92, 079 380 01 40

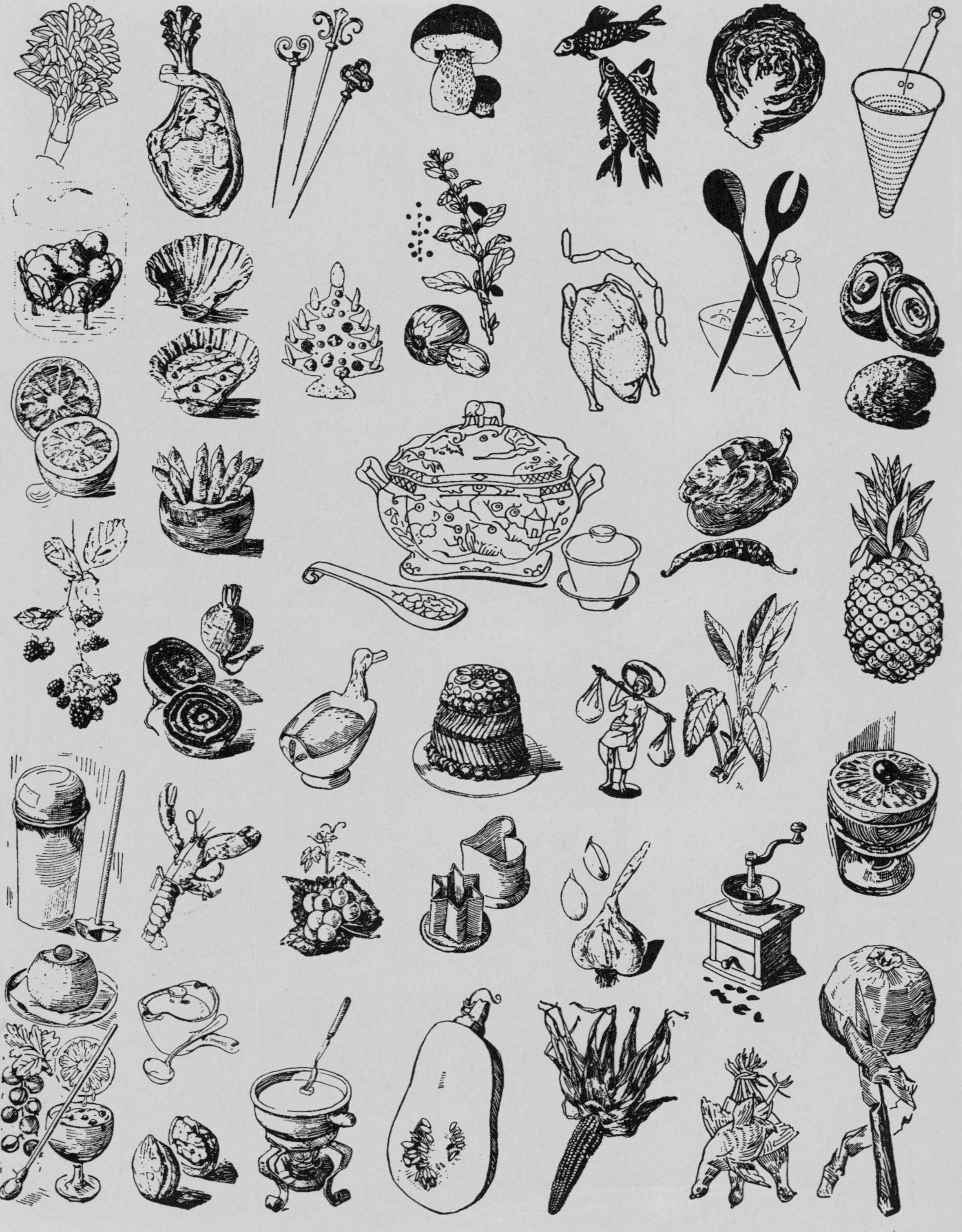